Recht und Wirtschaft in der öffentlichen Verwaltung

Grundlagenband

von

Hans-Gerd Düngen
Jörg Behncke
Marion Dräger
Marion Joswig-Kind
Bernhard Limbeck
Volker Müller
Dr. Günter Schiller
Antje Schneyer
Dr. Frank Schneyer
Ursula Wathling

Winklers

Vorwort

Die Buchreihe zur Verwaltungsausbildung im Winklers Verlag deckt alle Lernfelder des Rahmenlehrplans der Kultusministerkonferenz für den Beruf Verwaltungsfachangestellte/-r ab.

Die Lernfelder 7 und 13 werden im Band **Rechnungswesen in der öffentlichen Verwaltung (mit ergänzender CD)** dargestellt. Die beiden Bände **Recht und Wirtschaft in der öffentlichen Verwaltung** behandeln alle übrigen Lernfelder.

Der Band **Lernsituationen und Übungen (mit ergänzender CD)** erschließt die Lernfelder über Handlungssituationen und Aufgaben. Er dient der weitgehend selbstständigen Erarbeitung und dem Training beruflicher Handlungskompetenz im Unterricht. Der vorliegende **Grundlagenband** bietet als „Wissensspeicher" Sachinformationen zu den Lernfeldern des Berufs und unterstützt so die selbstständige Arbeit der Lernenden.

Beide Bände sind gleichartig aufgebaut. Die Gliederungen entsprechen sich auf den beiden ersten Gliederungsebenen jedes Lernfelds, sodass das parallele Thema im jeweils anderen Band in der Regel unter der gleichen Gliederungsziffer zu finden ist.

Landesrechtliche Grundlagen werden im Buch nicht explizit angegeben, um den Text nicht unangemessen auszuweiten. Im Unterricht sollte daher eine Vorschriftensammlung verwendet werden, die auch Landesrecht enthält.

Abweichend von unserer im Kommunikationsleitfaden (S. 670 ff.) ausgesprochenen Empfehlung haben wir zur besseren Lesbarkeit darauf verzichtet, durchgehend beide Geschlechter sprachlich zu berücksichtigen.

Über Vorschläge und Anregungen zur Verbesserung des Buches freuen wir uns.

Frühjahr 2013
Autoren und Verlag

3., neu bearbeitete Auflage, 2013

Postfach 33 20 · 38023 Braunschweig
service@winklers.de
www.winklers.de
Umschlaggestaltung und Konzept Innen-Layout:
Anja Fass, Kommunikations-Design, Braunschweig
Lektorat: Helga Antkowiak
Druck: westermann druck GmbH, Braunschweig
ISBN 978-3-8045-**5740**-6

LF5 2 Beschäftigung im öffentlichen Dienst

LF 6 Rechtsgrundlagen zur Ermittlung von Einkommen im öffentlichen Dienst anwenden und Arbeitsentgelte berechnen

LF6 1 Rechtsgrundlagen zur Ermittlung von Einkommen im öffentlichen Dienst

574012

LF 11 Aufgaben der gewährenden Verwaltung bearbeiten

LF 12 Öffentliche Leistungen in alternativen rechtlichen Formen erbringen

LF 14 Staatliches Handeln in nationale und internationale wirtschaftliche Zusammenhänge einordnen

Abb.	Abbildung
Abs.	Absatz
AG	Aktiengesellschaft
AGG	Allgemeines Gleichbehandlungsgesetz
AGVwGO	Ausführungsgesetz (eines Landes) zur VwGO
AktG	Aktiengesetz
ALG	Arbeitslosengeld
Anmerk.	Anmerkung
AO	Abgabenordnung
AöR	Anstalt des öffentlichen Rechts
ArbGG	Arbeitsgerichtsgesetz
ArbPlSchG	Arbeitsplatzschutzgesetz
ArbSchG	Arbeitsschutzgesetz
ARGE	Arbeitsgemeinschaft
Art.	Artikel
ASB	Allgemeine Systematik für Bibliotheken
Ausn.	Ausnahme
AZG	Arbeitszeitgesetz
BA	Bundesagentur für Arbeit
BAG	Bundesarbeitsgericht
BAT	Bundes-Angestelltentarifvertrag (ersetzt durch TVöD)
BauGB	Baugesetzbuch
BaWüGO	Gemeindeordnung für Baden-Württemberg
BayGO	Gemeindeordnung für den Freistaat Bayern
BBesG	Bundesbesoldungsgesetz
BBG	Bundesbeamtengesetz
BbgKVerf	Kommunalverfassung des Landes Brandenburg
BBiG	Berufsbildungsgesetz
BCG	Boston Consulting Group
BDSG	Bundesdatenschutzgesetz
BeamtStG	Beamtenstatusgesetz (Entwurf)
BetrVG	Betriebsverfassungsgesetz
BGB	Bürgerliches Gesetzbuch
BGBl.	Bundesgesetzblatt
BGH	Bundesgerichtshof
BHO	Bundeshaushaltsordnung
BIC	Bank Identifier Code (internationale Bankleitzahl)
BImschG	Bundes-Immissionsschutzgesetz
BIP	Bruttoinlandsprodukt
BPersVG	Bundespersonalvertretungsgesetz
BRRG	Beamtenrechtsrahmengesetz
Bsp.	Beispiel
BUrlG	Bundesurlaubsgesetz
BVerfG	Bundesverfassungsgericht
BVerfGE	Sammlung der Entscheidungen des Bundesverfassungsgerichts
BVerfGG	Gesetz über das Bundesverfassungsgericht
BVerwG	Bundesverwaltungsgericht
BVwVG	Bundes-Verwaltungsvollstreckungsgesetz
bzw.	beziehungsweise
CGB	Christlicher Gewerkschaftsbund
d. h.	das heißt
DBB	Deutscher Beamtenbund
DGB	Deutscher Gewerkschaftsbund
DIN	Deutsches Institut für Normung
DrittelbG	Gesetz über die Drittelbeteiligung der Arbeitnehmer im Aufsichtsrat
DV	Datenverarbeitung
DVA	Deutscher Vergabe- und Vertragsausschuss für Bauleistungen
DVAL	Deutscher Vergabe- und Vertragsausschuss für Lieferungen und Leistungen
DVP	Deutsche Verwaltungspraxis
e. G.	eingetragene Genossenschaft
e. K.	eingetragener Kaufmann
e. Kffr.	eingetragene Kauffrau
e. V.	eingetragener Verein
EDV	Elektronische Datenverarbeitung
EFQM	European Foundation for Quality Management
EG	Europäische Gemeinschaft
E-Government	Electronic Government
EGr.	Entgeltgruppe (im TVöD)
EG-Vertrag	Vertrag zur Gründung der Europäischen Gemeinschaft
EntgFG	Entgeltfortzahlungsgesetz
EStG	Einkommensteuergesetz
ESZB	Europäisches System der ZB
etc.	et cetera (und so weiter)
EU	Europäische Union
EuGH	Europäischer Gerichtshof
evtl.	eventuell
EZB	Europäische Zentralbank
f.	folgende Seite bzw. folgender Paragraf
ff.	folgende Seiten bzw. folgende Paragrafen
GastG	Gaststättengesetz
GbR	Gesellschaft des bürgerlichen Rechts
GdB	Grad der Behinderung
gem.	gemäß
GemHVO	Gemeindehaushaltsverordnung
GewO	Gewerbeordnung
GG	Grundgesetz für die Bundesrepublik Deutschland
ggf.	gegebenenfalls
gGmbH	gemeinnützige Gesellschaft mit beschränkter Haftung
GKV	Gesetzliche Krankenversicherung
GmbH	Gesellschaft mit beschränkter Haftung
GmbHG	Gesetz betreffend die Gesellschaften mit beschränkter Haftung
GO LSA	Gemeindeordnung Sachsen-Anhalt
GO NW	Gemeindeordnung Nordrhein-Westfalen
GO SH	Gemeindeordnung Schleswig-Holstein
GWB	Gesetz gegen Wettbewerbsbeschränkungen
HandwO	Handwerksordnung
HessGO	Hessische Gemeindeordnung
HGB	Handelsgesetzbuch
Hrsg.	Herausgeber
HV	Hauptversammlung
i. A.	im Auftrag

i. V.	in Vertretung
i. V. m.	in Verbindung mit
IBAN	International Bank Account Number (internationale Kontonummer)
IFG	Informationsfreiheitsgesetz
IKO-Netz	Interkommunales Netz der KGST
IMK	Ständige Konferenz der Innenminister und -senatoren der Länder
insb.	insbesondere
JAM	Jahresarbeitsminuten
JArbSchG	Jugendarbeitsschutzgesetz
JAV	Jugend- und Auszubildendenvertretung
Kap.	Kapitel
KG	Kommanditgesellschaft
KGSt	Kommunale Gemeinschaftsstelle für Verwaltungsmanagement
KJHG	Kinder- und Jugendhilfegesetz
KrW-/AbfG	Kreislaufwirtschafts- und Abfallgesetz
KSchG	Kündigungsschutzgesetz
KV M-V	Kommunalverfassung Mecklenburg-Vorpommern
LBG	Landesbeamtengesetz
LF	Lernfeld
LHO	Landeshaushaltsordnung
LPersVG	Landespersonalvertretungsgesetz
LV	Landesverfassung
MitbestG	Mitbestimmungsgesetz
Mrd.	Milliarden
MuSchG	Mutterschutzgesetz
Nds. SOG	Niedersächsisches Gesetz über die öffentliche Sicherheit und Ordnung
NGO	Niedersächsische Gemeindeordnung
NKomVG	Niedersächsisches Kommunalverfassungsgesetz
NPersVG	Niedersächsisches Personalvertretungsgesetz
NRW	Nordrhein-Westfalen
OBG NRW	Ordnungsbehördengesetz Nordrhein-Westfalen
OHG	Offene Handelsgesellschaft
OVG	Oberverwaltungsgericht
OWiG	Ordnungswidrigkeitengesetz
PartG	Partnerschaftsgesellschaft
PBefG	Personenbeförderungsgesetz
PEP	Public Electronic Procurement
PIN	Personal Identification Number
POG RhPf	Polizeigesetz und Ordnungsbehördengesetz Rheinland-Pfalz
POS	Point of Sale
PVG	Preußisches Polizeiverwaltungsgesetz (1931)
RhPfGO	Gemeindeordnung Rheinland-Pfalz
s.	siehe
S.	Satz, Seite
s. o.	siehe oben
SaarlKSVG	Saarländisches Kommunalselbstverwaltungsgesetz
SächsGO	Gemeindeordnung für den Freistaat Sachsen
SEPA	Single Euro Payments Area (einheitlicher Euro-Zahlungsverkehrsraum)
SGB	Sozialgesetzbuch
SGG	Sozialgerichtsgesetz
StAG	Staatsangehörigkeitsgesetz
Std.	Stunden
StGB	Strafgesetzbuch
StVG	Straßenverkehrsgesetz
StVO	Straßenverkehrsordnung
StVZO	Straßenverkehrszulassungsordnung
SWIFT	Society for Worldwide Interbank Financial Telecommunications
TA	Technische Anleitung
ThürKO	Thüringer Gemeinde- und Landkreisordnung
TO	Tagesordnung
TOP	Tagesordnungspunkt
TQM	Total Quality Management
TVA-L BBiG	Tarifvertrag für Auszubildende der Länder in Ausbildungsberufen nach dem BBiG
TVAöD	Tarifvertrag für Auszubildende des öffentlichen Dienstes
TVG	Tarifvertragsgesetz
TV-L	Tarifvertrag für den öffentlichen Dienst der Länder
TVöD	Tarifvertrag für den öffentlichen Dienst
TVÜ	Überleitungstarifvertrag
u. a.	unter anderem, und andere
u. Ä	und Ähnliches
usw.	und so weiter
VA	Verwaltungsakt
VBL	Versorgungsanstalt des Bundes und der Länder
Ver.di	Vereinte Dienstleistungsgewerkschaft
Verg.-Gr.	Vergütungsgruppe (im BAT)
VermBG	Gesetz zur Förderung der Vermögensbildung der Arbeitnehmer
VersG	Versammlungsgesetz
VFA	Verwaltungsfachangestellte
VG	Verwaltungsgericht
vgl.	vergleiche
VgV	(Bundes-)Verordnung über die Vergabe öffentlicher Aufträge
VHS	Volkshochschule
VkA	Vereinigung kommunaler Arbeitgeberverbände
VO	Verordnung
VOB	Vergabe- und Vertragsordnung für Bauleistungen
VOF	Vergabe- und Vertragsordnung für freiberufliche Leistungen
VOL	Vergabe- und Vertagsordnung für Leistungen
VwGO	Verwaltungsgerichtsordnung
VwVfG	Verwaltungsverfahrensgesetz (des Bundes)
VwVG	Verwaltungsvollstreckungsgesetz (eines Bundeslandes)
VwZG	Verwaltungszustellungsgesetz des Bundes
WehrPflG	Wehrpflichtgesetz
z. B.	zum Beispiel
z. T.	zum Teil
ZPO	Zivilprozessordnung

1 Ausbildungsverhältnis

Die Berufsausbildung bereitet darauf vor, eine qualifizierte berufliche Tätigkeit in einer sich wandelnden Arbeitswelt auszuüben. Die dafür notwendigen Fertigkeiten, Kenntnisse und Fähigkeiten sind in einem geordneten Ausbildungsgang zu vermitteln. In Wirtschaft, Bildung, Gesundheitspflege und öffentlicher Verwaltung gibt es höchst unterschiedliche Ausbildungsgänge. Einige erfordern ein Hochschulstudium, andere setzen den Besuch einer speziellen Fachschule voraus. Für Beamte gelten besondere Regelungen. Rund 350 staatlich anerkannte Ausbildungsberufe – und hierzu zählen auch die Verwaltungsfachangestellten – sind grundlegend im Berufsbildungsgesetz (BBiG) bzw. der Handwerksordnung sowie in speziellen Ausbildungsordnungen für jeden einzelnen Beruf geregelt. Die Ausbildung setzt einen Berufsausbildungsvertrag voraus und findet sowohl im Ausbildungsbetrieb als auch in einer berufsbildenden Schule statt. Wegen dieser zwei Lernorte spricht man auch vom „dualen Berufsausbildungssystem".

1.1 Ausbildungsberuf Verwaltungsfachangestellte/-r

Für einen angehenden Verwaltungsfachangestellten kann der **Lernort „Betrieb"** sowohl eine Gemeindeverwaltung, eine Landesbehörde, ein Bundesamt, eine kirchliche Verwaltungseinrichtung oder die Industrie- und Handelskammer sein. Auch ein Eigenbetrieb einer Stadt (z. B. Kultur- oder Sportbetrieb, Wasserwerk) oder eine kommunale Unternehmung privaten Rechts, etwa eine Hafen-AG oder eine Stadthallen-GmbH, kommt als Ausbildender infrage.

Im Ausbildungsberuf „Verwaltungsfachangestellte/-r" lernt man – unabhängig vom Ausbildungsbetrieb – überwiegend einheitliche Inhalte. Etwa ein Drittel der Ausbildungszeit entfällt jedoch auf eine der folgenden **Fachrichtungen:**

- Bundesverwaltung,
- Landesverwaltung,
- Kommunalverwaltung,
- Handwerksorganisation und Industrie- und Handelskammern,
- Kirchenverwaltung in den Gliedkirchen der Evangelischen Kirche in Deutschland.

Diese Fachrichtungen sind in der **Ausbildungsordnung,** genauer der „Verordnung über die Berufsausbildung zum Verwaltungsfachangestellten/zur Verwaltungsfachangestellten" des Bundes von 1999, festgelegt. Die Verordnung regelt auch das **Ausbildungsberufsbild** – die wichtigsten Inhalte der Ausbildung im Beruf – und den **Ausbildungsrahmenplan** – die sachliche und zeitliche Gliederung der betrieblichen Ausbildung. Auch die **Prüfungsanforderungen** sind hier einheitlich festgelegt. Besondere Ausbildungs- und Prüfungsordnungen der Länder für die Fachrichtungen Kommunal- und Landesverwaltung enthalten im Wesentlichen gleiche Regelungen, ergänzen jedoch besondere Ausbildungsinhalte der beiden Fachrichtungen und legen den Verfahrensablauf bei Prüfungen fest.

Die Fertigkeiten und Kenntnisse des Ausbildungsrahmenplans einiger Fachrichtungen sind in einer dienstbegleitenden Unterweisung von regelmäßig 420 Stunden zu ergänzen und zu vertiefen. Diese Aufgabe nehmen die kommunalen Verwaltungsschulen, -seminare und Studieninstitute, das Bundesverwaltungsamt für die Bundesverwaltung sowie unterschiedliche Landesbehörden in der Fachrichtung Landesverwaltung wahr.

Der **Lernort „Berufsschule"** ist die zweite Säule im dualen Berufsbildungssystem. Seine wichtigste Aufgabe ist, fachliche sowie allgemeine Fähigkeiten zu vermitteln und so zur Berufsfähigkeit beizutragen. Hierzu gehören die gemeinsamen berufsfachlichen Inhalte mehrerer Fachrichtungen, insbesondere Verwaltungsrecht und Verwaltungsbetriebslehre, Personalwirtschaft, Rechnungswesen und Datenverarbeitung. Die berufsbezogenen Inhalte hat die Konferenz der Kultusminister in einem bundeseinheitlichen Rahmenlehrplan festgelegt, der von allen Ländern als Mindestanforderung umgesetzt wird. Geringeren Umfang nehmen die allgemeinbildenden Lerninhalte ein. Hier stehen insbesondere kommunikative und staatsbürgerliche Fähigkeiten im Vordergrund.

Die **Ausbildungsdauer** beträgt grundsätzlich 36 Monate (§ 2 BerufsausbildungsVO VFA). Unter bestimmten Voraussetzungen (§§ 7, 8 BBiG) hat die zuständige Stelle die Ausbildungsdauer zu **verkürzen.** Hierzu ist nach § 7 Abs. 2 BBiG seit dem 1. August 2009 ein gemeinsamer Antrag des Auszubildenden und des Ausbildenden erforderlich. Eine andere Verkürzungsmöglichkeit enthält § 45 BBiG. Auszubildende können nach Anhörung der Ausbildenden und der Berufsschule vor Ablauf ihrer Ausbildungszeit zur Abschlussprüfung zugelassen werden, wenn ihre Leistungen dies rechtfertigen. Hierzu müssen die betrieblichen und die schulischen berufsbezogenen Leistungen erheblich über dem Durchschnitt liegen (Note „gut").

Die zuständige Stelle kann in Ausnahmefällen (z. B. nach längerer Krankheit) auf Antrag des bzw. der Auszubildenden die Ausbildungszeit **verlängern,** wenn dies erforderlich ist, um das Ausbildungsziel zu erreichen. Vor der Entscheidung ist der Ausbildende zu hören. Nach § 21 BBiG endet das Berufsausbildungsverhältnis mit Ablauf der Ausbildungszeit. Wenn der Auszubildende vor deren Ablauf die Abschlussprüfung besteht, endet es bereits mit Bekanntgabe des Prüfungsergebnisses durch den Prüfungsausschuss. Bei Nichtbestehen verlängert sich das Berufsausbildungsverhältnis auf Verlangen des Auszubildenden bis zur nächstmöglichen Wiederholungsprüfung, höchstens um ein Jahr (§ 16 Abs. 1 TVAöD). Die Ausbildungs- und Prüfungsordnungen der Länder sehen in der Regel eine zweimalige Wiederholungsmöglichkeit innerhalb eines Jahres vor.

Mehrfach war bereits von der **„zuständigen Stelle"** die Rede. Die „zuständigen Stellen" nach dem BBiG überwachen die Berufsausbildung, registrieren die Ausbildungsverhältnisse, entscheiden über die Verkürzung oder Verlängerung der Ausbildungszeit und nehmen die beruflichen Prüfungen ab. Für die meisten Berufe sind die Wirtschafts- und Berufskammern (Industrie- und Handelskammer, Handwerkskammer, Steuerberaterkammer, Ärztekammer usw.) „zuständige Stellen". Für die Berufsausbildung in der öffentlichen Verwaltung bestimmen die Länder und der Bund jeweils die zuständigen Stellen. Dies können z. B. die kommunalen Verwaltungsschulen und Studieninstitute sein, bestimmte Landesbehörden wie z. B. die Bezirksregierungen oder das Bundesverwaltungsamt für zahlreiche Bundesbehörden.

1.2 Berufsausbildungsvertrag

Das Ausbildungsverhältnis wird durch einen Berufsausbildungsvertrag zwischen Ausbildendem (Betrieb) und Auszubildendem begründet. Der Vertrag verpflichtet den Ausbildenden zum Ausbilden in einem bestimmten Ausbildungsberuf und den Auszubildenden zum Lernen in diesem Beruf. Bei minderjährigen Auszubildenden müssen die gesetzlichen Vertretungsberechtigten dem Vertragsabschluss zustimmen (§ 107 BGB).

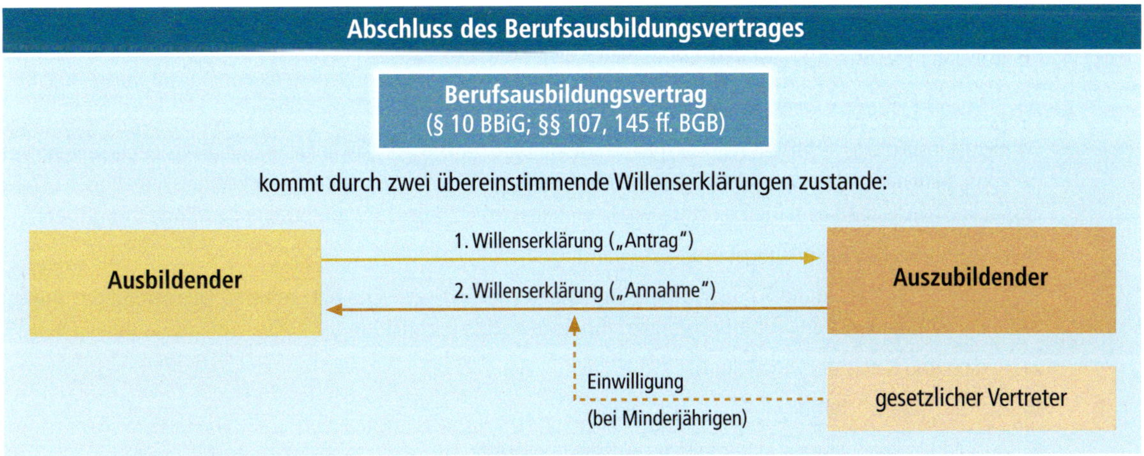

Das Ausbildungsverhältnis muss sich in die Rechtsordnung einfügen. Dabei gilt der allgemeine Rechtsgrundsatz „ranghöheres Recht bricht rangniederes Recht" **(Rangprinzip).** Dem EU-Recht und dem Grundgesetz müssen sich rangniedere Rechtsvorschriften anpassen. Dies gilt grundsätzlich für die auf der folgenden Seite dargestellten Rechtsquellen, d. h., rangniederes Recht darf nichts festlegen, was gegen höherrangiges Recht verstößt.

Im Arbeits- und Berufsbildungsrecht sind aber auch Abweichungen möglich, wenn die Regelungen auf der niedrigeren Rangstufe für den Arbeitnehmer oder Auszubildenden günstiger sind. Dies bezeichnet man als das **Günstigkeitsprinzip.**

Beispiel

In einem Tarifvertrag oder Ausbildungsvertrag kann zwar mehr Urlaub vereinbart werden, als z. B. im Jugendarbeitsschutzgesetz für Jugendliche vorgesehen ist, der Urlaubsanspruch darf aber nicht geringer sein.

Rangordnung arbeitsrechtlicher Regelungen

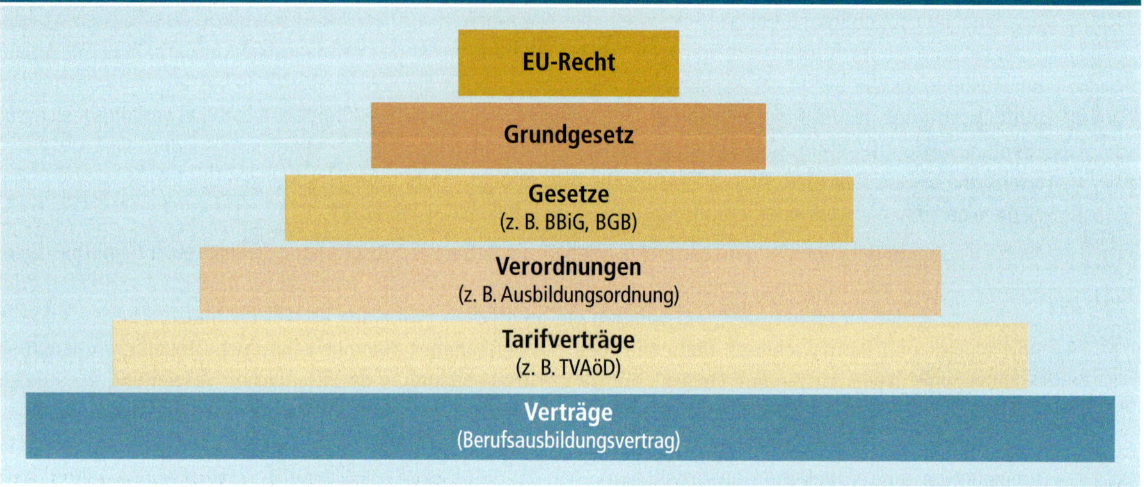

Beim Anwenden des Berufsbildungsrechts findet man unterschiedliche Rechtsnormen zum gleichen Gegenstand. Hier gilt der Rechtsgrundsatz: „Die Spezialnorm ist vor der Generalnorm anzuwenden." Auf die Ausbildungsverhältnisse der Verwaltungsfachangestellten sind die Tarifverträge für Auszubildende des öffentlichen Dienstes anzuwenden, und zwar auf Auszubildende des Bundes und der Gemeinden der TVAöD, auf Auszubildende der Länder der TVA-L BBiG. Sie gehen als spezielle Regelung dem BBiG vor. Dieses Gesetz wiederum enthält spezielle Vorschriften hinsichtlich der Berufsausbildungsverträge. Soweit das BBiG aber keine speziellen Normen enthält und soweit sich aus dem Wesen und Zweck des Berufsausbildungsvertrags nichts anderes ergibt, sind die allgemein für Arbeitsverhältnisse bzw. Verträge geltenden Regelungen des Bürgerlichen Gesetzbuches (BGB) anzuwenden.

Beispiel

Nach § 20 BBiG muss die Probezeit mindestens einen Monat betragen, sie darf höchstens vier Monate dauern. Nach § 3 Abs. 1 TVAöD beträgt die Probezeit drei Monate. Der Tarifvertrag ist vorrangig anzuwenden.

Der Berufsausbildungsvertrag ist schriftlich zu schließen. Die Schriftform ist zwar keine Gültigkeitsvoraussetzung des Vertrags, dient aber der Beweissicherung. Der Vertrag ist in das Verzeichnis der Berufsausbildungsverhältnisse bei der zuständigen Stelle nach dem BBiG einzutragen. Er enthält nach § 2 Abs. 1 TVAöD bestimmte **Mindestangaben:**

- Bezeichnung des Ausbildungsberufs (Verwaltungsfachangestellte/-r),
- maßgebliche Ausbildungs- und Prüfungsordnung sowie Art, sachliche und zeitliche Gliederung der Ausbildung (Ausbildungs- und Prüfungsordnung für die jeweilige Fachrichtung),
- Beginn und Dauer der Ausbildung,
- tägliche oder wöchentliche Ausbildungszeit,
- Ausbildungsmaßnahmen außerhalb der Ausbildungsstätte,
- Dauer der Probezeit,
- Zahlung und Höhe des Ausbildungsentgelts,
- Dauer des Urlaubs,
- Voraussetzungen, unter denen der Ausbildungsvertrag gekündigt werden kann,
- allgemeiner Hinweis auf die anzuwendenden Tarifverträge (TVAöD bzw. TVA-L BBiG) und auf die anzuwendenden Dienstvereinbarungen.

574020

Die Pflichten des Ausbildenden und des Auszubildenden ergeben sich aus dem Berufsausbildungsvertrag. Mindestanforderungen enthalten die im öffentlichen Dienst anzuwendenden Tarifverträge und das BBiG. Den Pflichten der einen Vertragspartei entsprechen die Rechte der anderen.

Pflichten des Auszubildenden (nach Tarifvertrag und BBiG)	
Besuch der Berufsschule	Diese vertragliche Pflicht besteht unabhängig von der gesetzlichen Berufsschulpflicht (Landesrecht). Auszubildende sind verpflichtet, auch an anderen Ausbildungsmaßnahmen teilzunehmen, für die sie freigestellt werden.
Leistungspflicht	Auszubildende haben sich zu bemühen, die berufliche Handlungsfähigkeit zu erwerben, die zum Erreichen des Ausbildungsziels erforderlich ist (Lernpflicht). Sie haben die im Rahmen der Ausbildung erteilten Arbeitsaufträge sorgfältig auszuführen und den in der Ausbildungs- und Prüfungsverordnung verlangten schriftlichen Ausbildungsnachweis zu führen. Bei Verhinderung (z. B. wegen Krankheit) ist der Ausbildende zu benachrichtigen. Nebentätigkeiten gegen Entgelt sind anzuzeigen; der Ausbildende kann sie untersagen.
Sorgfaltspflicht	Auszubildende müssen Ausbildungs- bzw. Arbeitsmittel sorgfältig behandeln.
Gehorsamspflicht	Auszubildende müssen den Weisungen folgen, die ihnen im Rahmen der Berufsausbildung erteilt werden, dazu gehört z. B. auch die „Allgemeine Dienst- bzw. Geschäftsanweisung" des Ausbildenden.
Schweigepflicht	Auszubildende haben in demselben Umfang Verschwiegenheit zu wahren wie die Beschäftigten des Ausbildenden.

Pflichten des Ausbildenden (nach Tarifvertrag und BBiG)	
Ausbildungspflicht	Ausbildende haben dafür zu sorgen, dass den Auszubildenden die berufliche Handlungsfähigkeit vermittelt wird, die zum Erreichen des Ausbildungsziels in der vorgesehenen Ausbildungszeit erforderlich ist. Die Ausbildung ist planmäßig, zeitlich und sachlich gegliedert durchzuführen. Ausbildende haben selbst auszubilden oder einen Ausbilder oder eine Ausbilderin ausdrücklich damit zu beauftragen. Auszubildenden ist während der Ausbildungszeit Gelegenheit zum Führen von Ausbildungsnachweisen zu geben. Der Ausbildende hat diese durchzusehen.
Vergütungspflicht	Auszubildenden ist eine angemessene, mit fortschreitender Berufsausbildung mindestens jährlich ansteigende Vergütung zu gewähren. Das Ausbildungsentgelt wie auch zusätzliche Zahlungen (Jahressonderzahlung, vermögenswirksame Leistungen) sind tarifvertraglich geregelt. Bei Beendigung des Ausbildungsverhältnisses aufgrund erfolgreich abgeschlossener Abschlussprüfung (keine Wiederholungsprüfung) erhalten Auszubildende im öffentlichen Dienst eine Abschlussprämie von 400,00 Euro.
Bereitstellen von Ausbildungsmitteln	Ausbildende haben Auszubildenden kostenlos die Ausbildungsmittel zur Verfügung zu stellen, die zur Berufsausbildung und zum Ablegen von Zwischen- und Abschlussprüfungen erforderlich sind.
Freistellen zum Berufsschulbesuch und zu Prüfungen	Ausbildende haben Auszubildende für die Teilnahme am Berufsschulunterricht und an Prüfungen freizustellen. Das Gleiche gilt, wenn Ausbildungsmaßnahmen außerhalb der Ausbildungsstätte durchzuführen sind (z. B. dienstbegleitende Unterweisung).
Fürsorgepflicht	Ausbildende müssen dafür sorgen, dass Auszubildende charakterlich gefördert sowie sittlich und körperlich nicht gefährdet werden.
Urlaubspflicht	Auszubildende erhalten in jedem Urlaubsjahr Erholungsurlaub entsprechend gesetzlicher bzw. tarifvertraglicher Vorschrift.
Zeugnispflicht	Ausbildende haben den Auszubildenden bei Beendigung des Berufsausbildungsverhältnisses ein schriftliches Zeugnis auszustellen. Das Zeugnis muss Angaben über Art, Dauer und Ziel der Berufsausbildung sowie über die erworbenen Fertigkeiten und Kenntnisse der Auszubildenden enthalten. Auf deren Verlangen sind auch Angaben über Führung, Leistung und besondere fachliche Fähigkeiten aufzunehmen.

§ 12 BBiG regelt Fälle, in denen Vereinbarungen im Berufsausbildungsvertrag nichtig und damit rechtlich unbeachtlich sind.

1.3 Beendigung des Berufsausbildungsverhältnisses

Das Ausbildungsverhältnis endet mit Ablauf der vereinbarten Ausbildungszeit, also grundsätzlich nach drei Jahren.

Bestehen Auszubildende vor Ablauf der Ausbildungszeit die Abschlussprüfung, so endet das Berufsausbildungsverhältnis mit Bekanntgabe des Ergebnisses durch den Prüfungsausschuss. Bestehen Auszubildende die Abschlussprüfung nicht, so verlängert sich das Berufsausbildungsverhältnis auf ihr Verlangen bis zur nächstmöglichen Wiederholungsprüfung, höchstens um ein Jahr. (Unabhängig von der Ausbildungsdauer sehen die Verordnungen über die Ausbildung und Prüfung zur/zum Verwaltungsfachangestellten zum Teil eine zweimalige Wiederholungsmöglichkeit innerhalb eines Jahres vor.)

Die Vertragspartner können das Ausbildungsverhältnis auch im gegenseitigen Einvernehmen beenden. Sie schließen dann einen Auflösungsvertrag.

Für die Kündigung des Berufsausbildungsvertrags durch einen der beiden Vertragspartner gelten spezielle Vorschriften. Kündigt ein minderjähriger Auszubildender, so ist die Zustimmung des gesetzlichen Vertreters erforderlich.

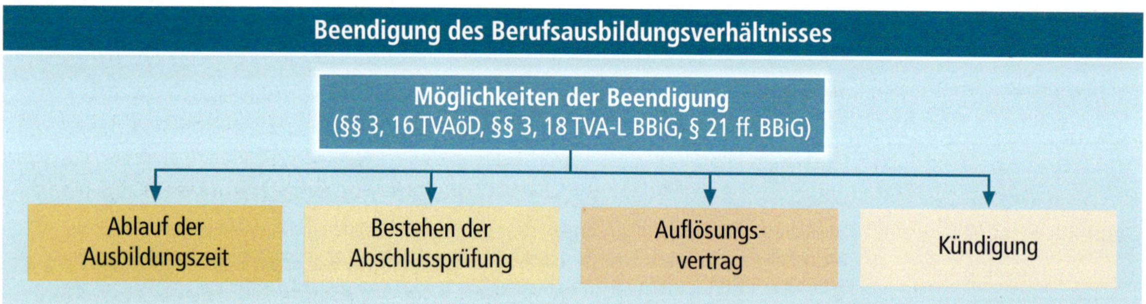

Während der Probezeit kann das Ausbildungsverhältnis nach § 3 Abs. 2 TVAöD von beiden Seiten jederzeit ohne Einhalten einer Kündigungsfrist gekündigt werden. Kommt eine Vertragspartei zu Beginn der Ausbildung zu der Ansicht, dass es besser sei, an dem Ausbildungsvertrag nicht festzuhalten, so kann der Vertrag in den ersten drei Monaten ohne Angabe von Gründen gelöst werden. Danach ist dies wesentlich schwieriger.

Nach der Probezeit kann das Berufsausbildungsverhältnis nach § 16 Abs. 2 TVAöD und § 22 BBiG nur gekündigt werden

- von beiden Seiten aus einem wichtigen Grund ohne Einhalten einer Kündigungsfrist,
- vom Auszubildenden mit einer Kündigungsfrist von vier Wochen, wenn er die Berufsausbildung aufgibt oder sich für eine andere Berufstätigkeit ausbilden lassen will.

Die Kündigung bedarf der Schriftform. Bei einer Kündigung nach der Probezeit müssen die Gründe angegeben werden.

Ein wichtiger Grund für eine fristlose Kündigung liegt dann vor, wenn dem Kündigenden nicht zugemutet werden kann, das Berufsausbildungsverhältnis bis zum Ablauf der Ausbildungszeit fortzusetzen. Dabei sind alle Umstände des Einzelfalles zu berücksichtigen und die Interessen beider Vertragsteile abzuwägen. Je länger das Ausbildungsverhältnis bereits besteht, um so strengere Anforderungen sind an den wichtigen Grund zu stellen.

Beispiel

Ein Diebstahl gegenüber dem Ausbildenden ist in der Regel ein Grund, das Ausbildungsverhältnis fristlos zu kündigen. Mit Rücksicht auf die besonderen Umstände des Einzelfalls – einmalige Verfehlung des Auszubildenden, über zweijähriges Bestehen des Ausbildungsverhältnisses – ist es dem Ausbildenden jedoch zuzumuten, das Vertragsverhältnis zu Ende zu führen.

Eine Kündigung aus einem wichtigen Grund ist unwirksam, wenn die ihr zugrunde liegenden Tatsachen dem zur Kündigung Berechtigten länger als zwei Wochen bekannt sind.

574022

1.3 Beendigung des Berufsausbildungsverhältnisses

Kündigung des Berufsausbildungsverhältnisses

Kündigung des Berufsausbildungsverhältnisses
(§§ 3, 16 TVAöD, §§ 3, 18 TVA-L BBiG, § 22 BBiG)

während der Probezeit

- vom Ausbildenden oder Auszubildenden
- ohne Angabe von Gründen
- ohne Kündigungsfrist

nach der Probezeit

- vom Ausbildenden oder Auszubildenden
- aus wichtigem Grund
- fristlos

- vom Auszubildenden
- bei Aufgabe der Berufsausbildung oder bei Ausbildung für eine andere Berufstätigkeit
- mit einer Frist von vier Wochen

Gegen Ende des Ausbildungsverhältnisses ist die Frage der Übernahme in ein Arbeitsverhältnis zu klären. Für Auszubildende im öffentlichen Dienst sagt § 16 Abs. 5 TVAöD dazu: „Werden Auszubildende im Anschluss an das Ausbildungsverhältnis beschäftigt, ohne dass hierüber ausdrücklich etwas vereinbart worden ist, so gilt ein Arbeitsverhältnis auf unbestimmte Zeit als begründet."

„Beabsichtigt der Ausbildende keine Übernahme in ein Arbeitsverhältnis, hat er dies dem Auszubildenden drei Monate vor dem voraussichtlichen Ende der Ausbildungszeit schriftlich mitzuteilen" (§ 16 Abs. 3 TVAöD).

Auszubildende, deren Ausbildungsverhältnis endet, sind verpflichtet, sich spätestens drei Monate vor dessen Beendigung – bei späterer Kenntnis des Beendigungszeitpunkts spätestens drei Tage nach Kenntnis des Beendigungszeitpunkts – persönlich bei der Agentur für Arbeit arbeitsuchend zu melden (§ 38 Abs. 1 SGB III). Bei Verletzung dieser Pflicht kann die Agentur für Arbeit Leistungen sperren.

Ansprüche aus dem Ausbildungsverhältnis verfallen, wenn sie nicht innerhalb einer Ausschlussfrist von sechs Monaten nach Fälligkeit von den Auszubildenden oder vom Ausbildenden schriftlich geltend gemacht werden (§ 19 TVAöD).

2 Arbeitsschutzbestimmungen für Jugendliche und Auszubildende

2.1 Jugendarbeitsschutzrecht

In der Arbeitswelt bedürfen Kinder und Jugendliche des **besonderen Schutzes.** Das Gesetz zum Schutze der arbeitenden Jugend (Jugendarbeitsschutzgesetz – JArbSchG) sowie die Verordnung über den Kinderarbeitsschutz (Kinderarbeitsschutzverordnung – KindArbSchV) schützen junge Menschen unter 18 Jahren entsprechend ihrem Entwicklungsstand an ihren Arbeits- bzw. Ausbildungsplätzen vor Gefahren, Überforderungen und Überbeanspruchungen. Ihre Gesundheit soll nicht durch zu frühe, zu lange, zu schwere, zu gefährliche oder ungeeignete Arbeit gefährdet werden.

Das JArbSchG unterscheidet nicht zwischen Auszubildenden oder anderen Beschäftigten, wohl aber zwischen **Kindern und Jugendlichen.** Kind im Sinne des JArbSchG ist, wer noch nicht 15 Jahre alt ist; wer zwischen 15 und 18 Jahren alt ist, gilt als Jugendlicher. Unterliegt ein Jugendlicher noch der Vollzeitschulpflicht (meist zehn Jahre ab Einschulung), so gelten für ihn die gleichen Bestimmungen wie für Kinder.

In der Bundesrepublik Deutschland besteht grundsätzlich ein **Beschäftigungsverbot für Kinder.** Es gibt jedoch Ausnahmen. Zum Beispiel dürfen Kinder im Alter von über 13 Jahren durch den Arbeitgeber mit Einwilligung der Personensorgeberechtigten beschäftigt werden, wenn die Beschäftigung leicht und geeignet ist, nicht länger als zwei Stunden täglich dauert, nicht vor bzw. während des Schulunterrichts und nicht zwischen 18:00 und 8:00 Uhr stattfindet. Eine Sonderregelung erlaubt Jugendlichen, die noch der Vollzeitschulpflicht unterliegen und als Kinder gelten, während der Schulferien einen Ferienjob von höchstens vier Wochen im Kalenderjahr auszuüben, wenn strenge Schutzvorschriften beachtet werden.

Jugendliche dürfen nur beschäftigt werden, wenn die Schutzvorschriften in den §§ 8 bis 70 des JArbSchG eingehalten werden.

Die **Arbeitszeit** darf in der Regel nicht länger als acht Stunden täglich und 40 Stunden wöchentlich sein, wobei eine Fünftagewoche garantiert sein muss.

Nach Beendigung der täglichen Arbeitszeit dürfen Jugendliche nicht vor Ablauf einer ununterbrochenen Freizeit von mindestens zwölf Stunden wieder beschäftigt werden. Jugendliche dürfen grundsätzlich nur in der Zeit von 6:00 bis 20:00 Uhr und nicht samstags, sonntags und feiertags beschäftigt werden. Hier gibt es aber Ausnahmen für einige Gewerbezweige. Auch für die Lage und Dauer der Pausen gibt es Mindestvorschriften.

Der Arbeitgeber hat Jugendliche für den **Berufsschulunterricht** freizustellen. Er darf Jugendliche nicht beschäftigen

- vor einem vor 9:00 Uhr beginnenden Unterricht; dies gilt auch für Personen, die über 18 Jahre alt und noch berufsschulpflichtig sind,
- bei Teilzeitunterricht an einem Berufsschultag mit mehr als fünf Unterrichtsstunden von mindestens je 45 Minuten, einmal in der Woche,
- in Berufsschulwochen mit einem planmäßigen Blockunterricht von mindestens 25 Stunden an mindestens fünf Tagen; zusätzliche betriebliche Ausbildungsveranstaltungen bis zu zwei Stunden wöchentlich sind jedoch zulässig.

Der Anspruch auf **Erholungsurlaub** staffelt sich nach dem Alter zu Beginn des Kalenderjahres. Er beträgt nach § 19 JArbSchG jährlich

- für 15-Jährige 30 Werktage,
- für 16-Jährige 27 Werktage und
- für 17-Jährige 25 Werktage.

Der tarifliche Urlaubsanspruch nach § 9 TVAöD und § 26 TVöD beträgt bei fünftägiger Wochenarbeitszeit 29 Arbeitstage.

In § 19 JArbSchG gelten alle Tage außer den Sonn- und Feiertagen als Werktage. Die tarifliche Regelung geht jedoch von Arbeitstagen aus. Sie deckt den gesetzlichen Mindestanspruch der jugendlichen Auszubildenden voll ab; sie ist für jugendliche Verwaltungsfachangestellte die günstigere Regelung.

574024

Der Arbeitgeber hat bestimmte **Beschäftigungsverbote und -beschränkungen** zu beachten. Er muss darauf achten, dass Jugendliche nicht mit gefährlichen Arbeiten beauftragt werden, vor allem nicht mit Arbeiten, die ihre Leistungsfähigkeit übersteigen oder die mit besonderen Unfallgefahren verbunden sind. Das Gleiche gilt für Tätigkeiten, bei denen Jugendliche außergewöhnlicher Hitze, Kälte und Nässe oder gesundheitsschädlichem Lärm, gefährlichen Strahlen und gefährlichen Arbeitsstoffen ausgesetzt sind. Ausnahmen sind nur zulässig, wenn sie für die Ausbildung unumgänglich sind. Personen mit bestimmten Vorstrafen dürfen nicht als Ausbilder tätig sein.

Außerdem muss der Arbeitgeber aktiven **Gefahrenschutz** betreiben. Er darf einen Jugendlichen erst beschäftigen, wenn dieser ein ärztliches Gesundheitszeugnis vorlegen kann. Die ärztliche Untersuchung soll gewährleisten, dass der Jugendliche den Tätigkeiten in der Ausbildung gesundheitlich und entwicklungsmäßig gewachsen ist. Eine Nachuntersuchung dient dazu, mögliche negative Auswirkungen der Beschäftigung festzustellen.

Bei **Nichtbeachtung** der Schutzvorschriften drohen insbesondere dem Arbeitgeber empfindliche Nachteile: § 58 JArbSchG legt zahlreiche Ordnungswidrigkeiten und Straftatbestände fest, die mit Bußgeldern und zum Teil auch mit Freiheitsstrafen geahndet werden.

2.2 Weitere Arbeitsschutzbestimmungen

Neben dem besonderen Schutz für arbeitende Jugendliche durch das JArbSchG gibt es weitere Gesetze zum Arbeitsschutz. Im Folgenden wird nur auf einige wichtige Regelungen hingewiesen, die bereits in der Berufsausbildung bedeutsam sein können. Im Lernfeld 5 wird der Arbeitsschutz ausführlicher dargestellt.

Der gesetzliche **Mutterschutz** schützt die schwangere Arbeitnehmerin und ihr Kind vor Gefahren, Überforderung und Gesundheitsschädigung am Arbeitsplatz. Das Gesetz zum Schutz der erwerbstätigen Mutter (Mutterschutzgesetz – MuSchG) gilt auch für Auszubildende.

Das Gesetz gewährt allen Arbeitnehmerinnen während der Schwangerschaft und nach der Geburt einen besonderen Schutz vor Kündigung und regelmäßig auch vor vorübergehender Einkommensminderung. Zudem regelt das Gesetz den Schutz von Mutter und Kind vor Gefahren am Arbeitsplatz. Die – arbeitsfreie – Mutterschutzfrist beginnt sechs Wochen vor dem Geburtstermin und endet frühestens acht Wochen nach der Entbindung.

Sobald eine Schwangerschaft ärztlich bestätigt wird, teilt die schwangere Arbeitnehmerin dies dem Arbeitgeber mit. Sie legt die Bescheinigung des Facharztes vor, die den errechneten Geburtstermin enthält. So erfährt der Arbeitgeber, wann die Schutzvorschriften zu beachten sind.

Mütter und Väter können nach dem Bundeselterngeld- und Elternzeitgesetz Elternzeit bis zu drei Jahren nehmen, ohne den Anspruch auf einen Arbeitsplatz bei dem bisherigen Arbeitgeber zu verlieren. Auf Antrag erhalten auch Auszubildende Elterngeld vom Staat. Die Ausbildung muss in diesem Fall nicht unterbrochen werden. Dies gilt grundsätzlich auch für ausländische Auszubildende, hier ist aber auf Ausnahmen zu achten.

Jeder Arbeitgeber hat die Pflicht, alle Beschäftigten vor Benachteiligungen aus Gründen der Rasse oder wegen der ethnischen Herkunft, des Geschlechts, der Religion oder Weltanschauung, einer Behinderung, des Alters oder der sexuellen Identität im Arbeitsleben zu schützen. Das Allgemeine Gleichbehandlungsgesetz (AGG) regelt die Rechte der Betroffenen und die Pflichten der Arbeitgeber.

Fühlen sich Beschäftigte an ihrem Arbeitsplatz z. B. sexuell belästigt oder wegen ihrer Hautfarbe oder wegen einer Behinderung benachteiligt, so sollten sie sich bei den zuständigen Stellen ihres Betriebes oder ihrer Dienststelle (z. B. Gleichstellungsbeauftragte, Personalleitung, Ausbildungsleitung, Betriebs- oder Personalrat) beschweren. Die erhobenen Beschwerden müssen geprüft und beantwortet werden. Geeignete Maßnahmen wie z. B. Abmahnung, Umsetzung, Versetzung oder Kündigung sollen verhindern, dass eine Belästigung fortgesetzt wird. Beschäftigte dürfen wegen einer derartigen Beschwerde nicht benachteiligt werden.

Behinderte Menschen sehen sich im Arbeitsleben häufig mit zusätzlichen Erschwernissen und Benachteiligungen konfrontiert. Dies gilt nicht nur für Menschen, die im Rollstuhl sitzen müssen, die schwer seh- oder hörgeschädigt sind. Manche Einschränkung der Gesundheit fällt nach außen kaum auf, mindert aber dennoch die berufliche Belastbarkeit erheblich. Das neunte Buch des Sozialgesetzbuches (SGB IX) enthält Regelungen, um die gleichberechtigte Teilhabe behinderter Menschen in der Gesellschaft einschließlich der beruflichen Integration (Eingliederung) zu fördern. Das SGB IX sowie viele andere Vorschriften bieten behinderten Menschen eine Reihe von Rechten und Hilfen, die als Nachteilsausgleich gedacht sind.

Diese Nachteilsausgleiche können aber regelmäßig nur dann genutzt werden, wenn der Grad der Behinderung amtlich festgestellt wurde. Dies geschieht durch das Versorgungsamt bzw. durch die sonst nach Landesrecht zuständige Behörde. Sie stellt einen Schwerbehindertenausweis aus, wenn der Grad der Behinderung (GdB) mindestens 50 beträgt.

Auch in der Berufsausbildung der Verwaltungsfachangestellten sind Menschen mit Behinderungen anzutreffen. Man kann jeden Behinderten nur ermutigen, seine Rechte auch in Anspruch zu nehmen und nicht aus Eitelkeit oder Scham darauf zu verzichten. Einen Vorteil gegenüber Nichtbehinderten stellen die Nachteilsausgleiche ohnehin nicht dar, denn meistens gleichen sie den vorhandenen Nachteil nur zum Teil aus.

Für behinderte Auszubildende seien hier folgende erste Hinweise genannt:

- Anspruch auf einen **Zusatzurlaub** von fünf (Arbeits-)Tagen hat, wessen Schwerbehinderung für das ganze Kalenderjahr anerkannt ist (§ 125 Abs. 1 SGB IX).
- Die **Arbeitsplatzausstattung** kann bei Bedarf an die Behinderung des Beschäftigten angepasst werden, zuständig hierfür sind die staatlichen Integrationsämter.
- Bei **Prüfungen** im Rahmen der Berufsausbildung sind nach den Ausbildungs- und Prüfungsordnungen angemessene Erleichterungen wie z. B. eine längere Schreibdauer einzuräumen.
- Der **Kündigungsschutz** ist verbessert. Die Kündigung des Arbeitsverhältnisses eines schwerbehinderten Menschen durch den Arbeitgeber bedarf der vorherigen Zustimmung des Integrationsamtes (§ 85 ff. SGB IX).

Als Schwerbehindertenvertretung – dies ist die gewählte Interessenvertretung der schwerbehinderten und gleichgestellten Beschäftigten (§§ 94 – 97 SGB IX) – werden in Betrieben und Dienststellen mit wenigstens fünf schwerbehinderten Beschäftigten eine **Vertrauensperson** und ein Stellvertreter gewählt. Diese Vertrauensperson ist Ansprechpartner und Helfer in allen Angelegenheiten der Schwerbehinderten.

3 Interessenvertretung für Auszubildende

In jedem Ausbildungsverhältnis können Fragen und Probleme auftreten. Mal sind es (vermeintlich) ausbildungsfremde Tätigkeiten, mal ist es eine als ungerecht empfundene Beurteilung oder die Nichteinhaltung des Ausbildungsplanes. Da ist es gut, neben den schon erwähnten Ansprechpartnern – Ausbildern, Vorgesetzten, Gleichstellungsbeauftragten, Vertrauensleuten der Schwerbehinderten sowie den Kolleginnen und Kollegen – auch über die Interessenvertretungen für Auszubildende informiert zu sein. Dies sind

- die gesetzlich vorgesehenen gewählten Jugend- und Auszubildendenvertretungen (JAV) in den Dienststellen bzw. Betrieben und
- die Jugendorganisationen der Gewerkschaften für den öffentlichen Dienst.

3.1 Jugend- und Auszubildendenvertretung

Die rechtlichen Grundlagen für die Arbeit der Jugend- und Auszubildendenvertretung (JAV) sind in verschiedenen Gesetzen geregelt:

- Das Betriebsverfassungsgesetz (BetrVG) gilt in der Privatwirtschaft (einschließlich privatisierter Betriebe der Länder und Kommunen, z. B. Wasserwerk GmbH).
- Das Bundespersonalvertretungsgesetz (BPersVG) gilt im öffentlichen Dienst des Bundes.
- Die Landespersonalvertretungsgesetze (LPersVG) gelten im öffentlichen Dienst der Länder und Kommunen.

Die folgende Darstellung bezieht sich auf das Bundespersonalvertretungsrecht. Das Betriebsverfassungsgesetz und die Landespersonalvertretungsgesetze weichen in einigen Details ab (z. B. bei der Altersbegrenzung für JAV-Mitglieder), die grundlegenden Ziele und Aufgaben der Jugend- und Auszubildendenvertretungen sind aber gleich. Einzelheiten sind im jeweils anzuwendenden Gesetz nachzuschlagen.

Jugend- und Auszubildendenvertretungen werden nach § 57 BPersVG in allen Dienststellen (des Bundes) gebildet,

- bei denen Personalvertretungen bestehen
- und denen in der Regel mindestens fünf Beschäftigte angehören,
  - die das 18. Lebensjahr noch nicht vollendet haben oder
  - die sich in einer beruflichen Ausbildung befinden und das 25. Lebensjahr noch nicht vollendet haben.

Für die Länder gelten ähnliche Regelungen.

Wahlberechtigung und Wählbarkeit sind in den verschiedenen Gesetzen unterschiedlich geregelt.

Die Anzahl der Mitglieder der JAV ist nach der regelmäßigen Anzahl der jugendlichen Beschäftigten und der Auszubildenden gestaffelt. Die Wahlzeit beträgt einheitlich zwei Jahre.

Die Jugend- und Auszubildendenvertretung hat folgende **Aufgaben:**

- Maßnahmen für jugendliche Beschäftigte und Auszubildende, insbesondere in Fragen der Berufsbildung und der Übernahme der Auszubildenden in ein Arbeitsverhältnis, sowie Maßnahmen zur Gleichstellung von Frauen und Männern beim Personal- bzw. Betriebsrat zu beantragen;
- darüber zu wachen, dass die Regelungen des BBiG, des JArbSchG, der Ausbildungsordnung und des Ausbildungsrahmenplanes, der Tarifverträge sowie der Dienst- bzw. Betriebsvereinbarungen und der Unfallverhütungsvorschriften durchgeführt werden;
- Anregungen von jugendlichen Beschäftigten und Auszubildenden, insbesondere in Fragen der Berufsbildung, entgegenzunehmen und, falls sie berechtigt erscheinen, beim Personal- bzw. Betriebsrat auf eine Erledigung hinzuwirken;
- die Integration ausländischer jugendlicher Beschäftigter und Auszubildender im Betrieb zu fördern und entsprechende Maßnahmen beim Personal- bzw. Betriebsrat zu beantragen.

Stellt die JAV Verstöße gegen Vorschriften fest, die für jugendliche Beschäftigte und Auszubildende gelten, muss sie sich zunächst an den Personal- bzw. Betriebsrat wenden. Nur dieser kann die Einhaltung der Rechte beim Arbeitgeber einfordern.

In Angelegenheiten, die überwiegend die von der JAV Vertretenen betreffen, sind alle JAV-Mitglieder in der Personal- bzw. Betriebsratssitzung teilnahme- und stimmberechtigt. In diesen Fällen ist die JAV auch an den Verhandlungen mit dem Arbeitgeber zu beteiligen.

Die JAV führt regelmäßig Sprechstunden durch.

Mindestens einmal in jedem Kalenderjahr findet eine **Jugend- und Auszubildendenversammlung** statt. Hier berichtet die JAV über ihre Tätigkeit. Sozial- und tarifpolitische Themen können ebenfalls auf der Tagesordnung stehen. Die Teilnehmer der Versammlung können Anträge an die JAV richten und zu deren Beschlüssen Stellung nehmen.

Die Tätigkeit der JAV wird durch bestimmte Gesetzesvorschriften **geschützt.**

- Alle Personen, die Aufgaben oder Befugnisse der Personalvertretung wahrnehmen, dürfen darin nicht behindert **(Behinderungsverbot)** und wegen ihrer Tätigkeit nicht benachteiligt oder begünstigt werden **(Benachteiligungs- und Begünstigungsverbot)**. Beabsichtigt der Arbeitgeber, einen Auszubildenden, der Mitglied einer JAV ist, nach erfolgreicher Berufsausbildung nicht in ein Arbeitsverhältnis auf unbestimmte Zeit zu übernehmen, so hat er dies drei Monate vor dem Ende des Berufsausbildungsverhältnisses dem Auszubildenden schriftlich mitzuteilen. Verlangt der Auszubildende daraufhin die Weiterbeschäftigung, so gilt ein Arbeitsverhältnis auf unbestimmte Zeit im Anschluss an die erfolgreiche Berufsausbildung als begründet. (Ausnahmsweise ist dem Arbeitgeber die Weiterbeschäftigung eines JAV-Mitgliedes unter Umständen dann nicht zuzumuten, wenn der betreffende Bewerber wegen einer schlechten Abschlussnote aufgrund des Leistungsprinzips nicht zum Zuge kommt, die zur Übernahme vorgesehenen Bewerber aus dem Ausbildungsjahrgang besser qualifiziert sind und wenn außerdem die Zahl der Bewerbungen größer ist als die Zahl besetzbarer Stellen.)
- Bei Kündigung eines Mitglieds einer Jugend- und Auszubildendenvertretung besteht besonderer **Kündigungsschutz.** Sie ist unzulässig, es sei denn, dass Tatsachen den Arbeitgeber zur Kündigung aus wichtigem Grund ohne Einhaltung einer Kündigungsfrist berechtigen und dass die Zustimmung des Personal- bzw. Betriebsrates vorliegt. Das gleiche Kündigungsverbot gilt für die Kündigung eines früheren Mitglieds einer Jugend- und Auszubildendenvertretung nach Beendigung der Amtszeit innerhalb eines Jahres.

Dieser Kündigungsschutz gilt nicht bei fristloser Kündigung durch den Arbeitgeber aus wichtigem Grund. Ein wichtiger Grund kann z. B. sein, Fahrstunden während einer Krankschreibung zu nehmen (Erschleichen von Freizeit), Rauschgifthandel im Betrieb, Diebstahl.

3.2 Gewerkschaftliche Interessenvertretung

In den meisten Betrieben – einschließlich der Behörden in der öffentlichen Verwaltung – setzen sich Gewerkschaften für die Interessen der Arbeitnehmer ein. Im öffentlichen Dienst sind dies insbesondere

- die Vereinte Dienstleistungsgewerkschaft ver.di im Deutschen Gewerkschaftsbund (DGB) sowie
- mehrere Fachgewerkschaften, die dem Beamtenbund (DBB-Tarifunion) als Dachverband angehören.

Die Jugendorganisationen der Gewerkschaften setzen sich für Jugendliche und Auszubildende der jeweiligen Dienststelle ein und stellen auch Kandidaten für die Wahlen zur JAV.

Das Recht, Gewerkschaften zu bilden und ihnen anzugehören, ist als Grundrecht in Artikel 9 GG besonders geschützt. Im Ausbildungs- oder Arbeitsverhältnis darf aus der Zugehörigkeit zu einer Gewerkschaft und aus der gewerkschaftlichen Arbeit (bis hin zu einem legalen, organisierten Streik) kein Nachteil entstehen.

Jeder Auszubildende sollte sich für die Angebote der im Betrieb vertretenen Gewerkschaften interessieren, denn sie setzen sich für seine Belange ein. Dies geschieht auf vielfältige Weise:

- Gewerkschaften schließen mit Arbeitgebern bzw. ihren Verbänden **Tarifverträge,** die Arbeitsentgelte bzw. Ausbildungsvergütungen und Arbeitsbedingungen kollektiv festlegen. Der Tarifvertrag für Auszubildende des öffentlichen Dienstes (TVAöD) gehört dazu.

3.2 Gewerkschaftliche Interessenvertretung

- Gewerkschaften **informieren und beraten** ihre Mitglieder in rechtlichen Fragen und übernehmen die rechtliche Vertretung in Streitfällen, auch vor den Arbeitsgerichten. Im öffentlichen Dienst wird z. B. die Frage, welche Ausbildungsmittel der Ausbildende kostenlos zur Verfügung stellen muss (§ 11 Abs. 2 TVAöD) oder ob die Fahrtkosten zu einer auswärtigen Berufsschule vom Ausbildenden zu tragen sind (§ 10 Abs. 1 TVAöD), nicht einheitlich beantwortet.
- Gewerkschaften fördern die **Weiterbildung** ihrer Mitglieder z. B. in der Gewerkschaftsarbeit, in arbeitsrechtlichen Fragen und in der politischen Bildung.
- In den Jugendorganisationen werden diese Aufgaben oft verbunden mit Exkursionen und Reisen, bei denen auch Sport und Geselligkeit nicht zu kurz kommen.

Weiterbildungsmöglichkeiten für Verwaltungsfachangestellte

Weiterbildungsbereich	Angebote	Träger
allgemeine, politische und soziale Weiterbildung	Kurse z. B. in Sprachen, EDV, politischer Bildung, Rhetorik, Kommunikation, Gesundheit; Bildungsangebote für Mitglieder in Personalräten und in der JAV, Veranstaltungen zur Jugendarbeit und zu gewerkschaftlichen und politischen Einzelthemen	Volkshochschulen, Bildungswerk Arbeit und Leben (VHS/DGB), Stiftungen der Parteien, Bildungsstätten der Gewerkschaften und der Kirchen
betriebliche Weiterbildung	Vorträge und Kurse während der Arbeitszeit, die der Arbeitgeber durchführt oder vermittelt (z. B. Rhetorik, Konfliktbearbeitung, Softwareanwendung, Bürgerkommunikation).	Arbeitgeber (Weiterbildungsbeauftragte, Sachbearbeiter für Personalentwicklung, Personalabteilung)
berufliche Anpassungsfortbildung	Anpassung und Erweiterung vorhandener Qualifikationen in Kursen, die mit Zertifikaten oder Teilnahmebescheinigungen abschließen (z. B. Fachkurse für Personalwirtschaft, Datenschutzrecht, Vollstreckungswesen, doppelte Buchführung, neue rechtliche Entwicklungen).	Kommunale Studieninstitute bzw. Verwaltungsschulen Fortbildungsakademien des Bundes bzw. der Länder bzw. Ministerien
berufliche Aufstiegsfortbildung	Erreichen eines höheren Qualifikationsniveaus und beruflichen Aufstiegs, z. B. Angestelltenlehrgang II (Verwaltungsfachwirt), Ausbilderlehrgang, Bilanzbuchhalterlehrgang, Studium zum staatlich geprüften Betriebswirt (Teilzeitform: 3 ½ Jahre), Fachhochschulstudium zum Aufstieg in den gehobenen Dienst (Diplom-Verwaltungswirt, 3 Jahre)[1].	Kommunale Studieninstitute bzw. Verwaltungsschulen, Fortbildungsakademien des Bundes und der Länder bzw. der Ministerien, Industrie- und Handelskammern, Fachschulen für Wirtschaft (an einer berufsbildenden Schule bzw. einem Berufskolleg), Fachhochschule für öffentliche Verwaltung
Universitätsstudium	Studiengänge z. B. in Rechts- und Wirtschaftswissenschaften	Fernuniversität Hagen (öffentlich-rechtliche Fernuniversität)
Erwerb eines allgemein bildenden Schulabschlusses	Fachhochschulreife, allgemeine Hochschulreife	Abendgymnasien, Volkshochschulen, Kollegs zur Erlangung der Hochschulreife, gewerbliche Anbieter von Fernunterricht Die Verwaltungs- und Wirtschaftsakademien sind hier ebenfalls zu nennen. Organisation und Bildungsangebot unterscheiden sich in den Bundesländern erheblich.

1 In einigen Bundesländern besteht eine **unmittelbare Zugangsberechtigung** beruflich qualifizierter Personen zu den Verwaltungsfachhochschulen (Beantragung der Zulassung durch die Ausbildungsbehörde).
In den meisten Bundesländern besteht Anspruch auf fünf Tage bezahlte **Freistellung** für die Teilnahme an bestimmten Bildungsveranstaltungen, insbesondere zur beruflichen und politischen Arbeitnehmerweiterbildung (s. Bildungsurlaubsgesetz bzw. Arbeitnehmerweiterbildungsgesetz des jeweiligen Landes). Zu prüfen ist auch die finanzielle **Förderung** der Weiterbildungsveranstaltung aus dem Europäischen Sozialfonds. Informationen hierzu gibt es beim Bundesministerium für Arbeit und Soziales.

1 Staat und Verfassung

1.1 Grundlagen des Staats

1.1.1 Staatsbegriff

Ein **Staat im Sinne des Völkerrechts** ist

- eine Organisation von Menschen (Staatsvolk)
- innerhalb eines bestimmten Teiles der Erde (Staatsgebiet)
- unter einer ursprünglichen Hoheitsgewalt (Staatsgewalt).

Elemente des Staatsbegriffs		
Staatsvolk	**Staatsgebiet**	**Staatsgewalt**
(Organisation von Menschen)	**(ein bestimmter Teil der Erde)**	**(eine ursprüngliche Hoheitsgewalt)**
Die zu einem Staat gehörenden Personen bilden einen Verband, das **Staatsvolk.** Das Verhältnis der Staatsbürger zueinander und zur Gemeinschaft ist durch Regeln gestaltet; es besteht ein organisiertes Gemeinschaftsleben.	Das **Staatsgebiet** ist ein begrenzter Teil der Erdoberfläche. Es ist der Lebensraum des Staatsvolkes und das Territorium (Hoheitsgebiet), auf dem der Staat Herrschaftsgewalt beansprucht. Zum Staatsgebiet gehören die begrenzte Erdoberfläche, das Erdinnere darunter, der Luftraum darüber sowie die Hoheitsgewässer (meistens ein zwölf Seemeilen breiter Streifen des Küstenmeeres).	Der Personenverband bildet nur dann einen Staat, wenn er seinen Willen im Staatsgebiet durchsetzen kann. Diese **Staatsgewalt** ist ursprünglich, d. h., sie ist eine von keiner anderen Stelle abgeleitete höchste Herrschaftsgewalt.

Fällt eines dieser Wesensmerkmale weg, so geht der Staat unter.

Vorläufer der nationalen Staatswesen waren im **Altertum** die griechische Polis (Stadtstaat; Beispiel: Athen, Sparta) und die römische Republik (lateinisch „res publica" = öffentliche Angelegenheit). Charakteristisch für das **Mittelalter** waren Begriffe wie „Reich" und „Königtum".

1.1.2 Staatsvolk und Staatsangehörigkeit

Zu einem **Staatsvolk** gehören die **Menschen gleicher Staatsangehörigkeit.** Der Begriff des Staatsvolkes (Volk im Rechtssinne) ist abzugrenzen von den Begriffen „Bevölkerung" und „Nation".

Zur **Bevölkerung** eines Staats gehört, wer in ihm wohnt. Der Bevölkerungsbegriff ist statistisch – z. B. bei Volkszählungen – bedeutsam.

Beispiel

Zur Bevölkerung der Bundesrepublik Deutschland gehören auch türkische Gastarbeiter, tunesische Studenten und staatenlose Einwohner, nicht aber niederländische Touristen.

Eine **Nation** (Volk im natürlichen Sinne) umfasst die Gesamtheit aller Menschen gemeinsamer Abstammung, Kultur und Sprache. (Der Begriff wird aber uneinheitlich verwendet.)

Beispiel

Zur deutschen Nation gehören neben den Deutschen in der Bundesrepublik auch die Österreicher und die deutschsprachigen Schweizer; sie sind aber Angehörige verschiedener Staaten.

Staatsangehörigkeit ist die rechtliche Mitgliedschaft einer Person in einem Staat. Staatsangehörige haben gegenüber ihrem Staat besondere Rechte (z. B. Grundrechte, das Wahlrecht, [begrenzter] Schutz vor Auslieferung an das Ausland, Schutzrechte im Ausland) und staatsbürgerliche Pflichten (z. B. Wehrpflicht, seltener Wahlpflicht).

Jeder Staat regelt die Staatsangehörigkeit durch eigene gesetzliche Bestimmungen. In Deutschland ist dies das **Staatsangehörigkeitsgesetz (StAG).** Es wurde 2005 durch das Zuwanderungsgesetz neu gefasst. Da kein Staat über die Staatsangehörigkeit eines anderen Staats verfügen kann, ist das Staatsangehörigkeitsrecht verschiedener

Staaten nicht aufeinander abgestimmt. Dies hat zur Folge, dass es Personen gibt, die keinem Staat angehören (Staatenlose), und solche, die mehrere Staatsangehörigkeiten besitzen (Doppelstaater bzw. Mehrstaater).

Für den Erwerb der Staatsbürgerschaft gibt es zwei grundlegende Anknüpfungspunkte: das Abstammungsprinzip und das Territorialprinzip. Gilt das **Abstammungsprinzip,** so erwerben Kinder grundsätzlich die Staatsangehörigkeit der Eltern. Beim **Territorialprinzip** erwirbt die Staatsangehörigkeit eines Staats, wer auf dessen Staatsgebiet (Territorium) geboren ist. Im deutschen Staatsangehörigkeitsrecht gilt grundsätzlich das Abstammungsprinzip, allerdings können in Deutschland geborene Kinder ausländischer Eltern die deutsche Staatsbürgerschaft nach dem Territorialprinzip erwerben (§ 4 StAG).

Die deutsche Staatsangehörigkeit wird durch **Geburt** erworben, wenn mindestens ein Elternteil die deutsche Staatsangehörigkeit besitzt. Auch ein Kind ausländischer Eltern erwirbt unter bestimmten Umständen die deutsche Staatsangehörigkeit (neben der Staatsangehörigkeit der Eltern), wenn es in Deutschland geboren wird (§ 4 Abs. 3 StAG). Bevor der Standesbeamte die Geburt und die deutsche Staatsangehörigkeit beurkundet, überprüft er, ob die Anforderungen erfüllt sind. Bis zum 23. Lebensjahr müssen sich diese Kinder entscheiden, ob sie ausschließlich deutsche Staatsbürger sein wollen.

Die deutsche Staatsangehörigkeit kann auch durch **Einbürgerung** (Verwaltungsakt) erworben werden. Vor allem Staaten mit abnehmender Bevölkerung – wie z. B. Deutschland – sind daran interessiert, junge und beruflich leistungsfähige Ausländer einzubürgern. Für einen Ausländer oder Staatenlosen, der sich in Deutschland aufhält, kann eine Einbürgerung sinnvoll sein:

- Er erlangt den vollständigen Schutz der deutschen Rechtsordnung, insbesondere der Grundrechte des Grundgesetzes, sowie das Wahlrecht (nicht alle Rechte gelten auch für Ausländer).
- Ein deutscher Staatsbürger darf grundsätzlich nicht an das Ausland ausgeliefert werden (Art. 16 Abs. 2 GG).
- Es gelten günstigere Regelungen bei einem eventuellen Familiennachzug aus dem Ausland.
- Der deutsche Arbeitsmarkt kann unbeschränkt genutzt werden.
- Als Bürger eines EU-Staats erwirbt der Eingebürgerte die Unionsbürgerschaft.
- Die deutsche Staatsangehörigkeit ist grundsätzlich Voraussetzung für eine Beamtenlaufbahn im öffentlichen Dienst.

Es gibt verschiedene Möglichkeiten der Einbürgerung. Die wichtigsten sind folgende:

- **Anspruchseinbürgerung nach acht Jahren Aufenthalt** in Deutschland (§ 10 StAG)

  Ein ausländischer freizügigkeitsberechtigter Unionsbürger, der seit acht Jahren rechtmäßig seinen gewöhnlichen Aufenthalt in Deutschland hat, ist auf Antrag einzubürgern, wenn er sich zur freiheitlichen demokratischen Grundordnung des Grundgesetzes bekennt, den Lebensunterhalt für sich und seine unterhaltsberechtigten Familienangehörigen bestreiten kann, seine bisherige Staatsangehörigkeit aufgibt oder verliert, nicht vorbestraft ist und ausreichende Deutschkenntnisse nachweist.

- **Erleichterte Einbürgerung** für Ausländer mit deutschem Ehegatten (§ 9 StAG)

  Wer mit einem/einer Deutschen verheiratet ist, soll eingebürgert werden, da aufgrund der Ehe von einer stärkeren sozialen und kulturellen Einbindung auszugehen ist. In der Regel besteht ein Einbürgerungsanspruch, wenn die Voraussetzungen der §§ 8, 9 StAG erfüllt sind.

- **Einbürgerung nach Ermessen** auch vor Ablauf von acht Jahren (§ 8 StAG)

  Diese Möglichkeit betrifft z. B. ehemalige deutsche Staatsangehörige und ihre Abkömmlinge sowie deutschsprachige Einbürgerungsbewerber, politisch Verfolgte und Staatenlose bei Vorliegen eines besonderen öffentlichen Interesses. Auch hier sind die gesetzlichen Voraussetzungen zu erfüllen.

Die deutsche Staatsangehörigkeit kann auch **verloren** gehen. Nach Art. 16 Abs. 1 GG darf die deutsche Staatsangehörigkeit nicht ohne Weiteres entzogen werden. Der Verlust der Staatsangehörigkeit ist nur aufgrund eines Gesetzes möglich. Er darf gegen den Willen des Betroffenen nur dann eintreten, wenn dieser dadurch nicht staatenlos wird.

Nach § 17 StAG **geht die deutsche Staatsangehörigkeit verloren** durch

- Entlassung, wenn ein Deutscher den Erwerb einer ausländischen Staatsangehörigkeit beantragt und ihm die zuständige Stelle die Verleihung zugesichert hat,
- den **Erwerb einer ausländischen Staatsangehörigkeit,** es sei denn, es wurde zuvor eine „Beibehaltungsgenehmigung" für die deutsche Staatsangehörigkeit erteilt,
- Verzicht, wenn ein Deutscher mehrere Staatsangehörigkeiten besitzt,
- Annahme als Kind durch einen Ausländer,
- Eintritt in die Streitkräfte eines ausländischen Staats oder
- Erklärung gem. § 29 StAG.

In den letzten Jahren kam es in zahlreichen Fällen aus Unwissenheit zum (automatischen) Verlust der deutschen Staatsangehörigkeit, wenn eingebürgerte ehemalige Staatsbürger der Türkei oder der früheren Sowjetunion die Staatsbürgerschaft der Türkei oder eines Nachfolgestaats der UdSSR bei Reisen in die alte Heimat wieder angenommen hatten.

Informationsmöglichkeiten im Internet:
www.einbuergerung.de www.migration-online.de www.auswaertiges-amt.de

1.1.3 Staatsgewalt

Personalhoheit und Gebietshoheit

Ein Staat kann nur bestehen, wenn die staatliche Gemeinschaft alle für das Zusammenleben notwendigen Regeln gegenüber den Mitgliedern durchsetzen kann. Diese Herrschaftsmacht über Land und Leute heißt Staatsgewalt, sie umfasst die Gebiets- und Personalhoheit.

Die **Personalhoheit** eines Staats ist die Herrschaftsgewalt, die er über alle Staatsangehörigen im In- und Ausland beansprucht.

Beispiel

Deutsche Staatsangehörige genießen bei Auslandsreisen den diplomatischen Schutz der Bundesrepublik, etwa nach einem Verkehrsunfall oder bei Verlust der Personalpapiere. Sie haben auch im Ausland deutsche Strafvorschriften zu beachten, z. B. das Verbot des Rauschgifthandels und des Menschenhandels. Dies gilt auch, wenn im Gastland andere – dort ebenfalls zu respektierende – Strafbestimmungen gelten und obwohl die Einhaltung deutschen Rechts außerhalb der Bundesrepublik oft nicht erzwingbar ist.

Die **Gebietshoheit** erstreckt sich auf alle Personen (nicht nur Staatsangehörige) und Sachen **im Inland,** sie endet an der Staatsgrenze.

Beispiele

Das deutsche Strafgesetzbuch gilt aufgrund der Gebietshoheit der Bundesrepublik auch für Nichtdeutsche, die sich auf dem Territorium der Bundesrepublik aufhalten. Ebenso unterliegen deutsche Touristen in Großbritannien den britischen Straßenverkehrsregeln (Linksverkehr).

Für Staatsfremde schafft der Gaststaat kraft seiner Gebietshoheit besondere Rechtsvorschriften (Ausländerrecht):

Beispiel

Das Ausländergesetz enthält Regeln über die Ein- und Ausreise, Passpflicht, Aufenthaltsgenehmigung, die Ausweisung und die Abschiebung von Ausländern.

Gegenüber anderen Staaten bedeutet die Gebietshoheit, dass auf dem Gebiet eines Staats ohne dessen Erlaubnis kein anderer Staat Herrschaftsmacht ausüben darf. Ein Beispiel für eine solche Erlaubnis – und damit eine Ausnahme von der Gebietshoheit – sind die **exterritorialen Bereiche** innerhalb des Staatsgebiets (ex territorio =

außerhalb des Hoheitsgebiets). Das Gelände fremder Botschaften z. B. gehört zwar zum Staatsgebiet der Bundesrepublik Deutschland, deutsche Behörden dürfen jedoch auf ihm keine Staatsgewalt ausüben. Ausländische Diplomaten, Mitglieder konsularischer Vertretungen und unter bestimmten Voraussetzungen auch Soldaten fremder Staaten genießen innerhalb der Bundesrepublik Deutschland **Immunität,** d. h. besonderen Schutz vor staatlicher Gewalt. Zwar haben auch sie die bundesdeutschen Gesetze zu beachten, dazu können sie von deutschen Staatsorganen normalerweise aber nicht gezwungen werden.

Beispiele

Ausländische Konsularbeamte dürfen wegen des Verdachts einer Straftat von deutschen Behörden nicht festgenommen oder durchsucht werden. Bei Ordnungswidrigkeiten ausländischer Diplomaten (z. B. Verstoß gegen Verkehrsregeln) darf Verwarnungs- oder Bußgeld nicht durch Vollstreckungsbehörden beigetrieben werden. Deutsche Polizeibehörden dürfen in ausländischen Botschaften grundsätzlich nicht tätig werden.

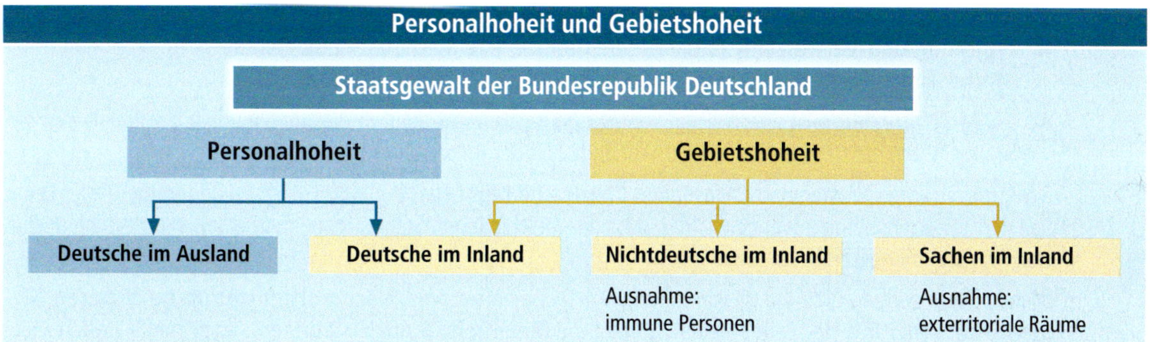

Das staatliche Gewaltmonopol

Die NS-Herrschaft zeigte auf furchtbare Weise, dass staatliche Machthaber ihre Gewalt auch missbrauchen können. So kann der staatliche Machtapparat den Bürgern gefährlich werden. Lässt er sich dennoch rechtfertigen?

Es gab Zeiten, in denen die staatliche Ordnungsmacht schwach und kaum funktionsfähig war. Bis ins 15. Jahrhundert war z. B. die Fehde üblich: Wer sein wirkliches oder vermeintliches Recht durchsetzen wollte, war auf das Faustrecht (Zweikampf) angewiesen. In den Glaubenskriegen des 16./17. Jahrhunderts galt ebenfalls das „Recht" des Stärkeren. Vor folternden, mordenden, plündernden und brandschatzenden Soldaten schützte keine staatliche Macht.

Die Sehnsucht nach einem menschenwürdigen Leben, nach persönlicher Freiheit und gleichem Recht für alle hätte allenfalls „der Staat" – genauer: eine starke Staatsgewalt – erfüllen können.

Im 17. und 18. Jahrhundert repräsentierten die absolutistischen Herrscher Frankreichs und Preußens mit Beamtenschaft und Heer solche „starken Staaten". Einziges Machtzentrum war der Staat. Er hatte das **Gewaltmonopol.**

Gewaltmonopol nennt man **das allein dem Staat zustehende Recht,** Regeln des Zusammenlebens (Rechte und Pflichten) festzulegen und ihre Befolgung auch mit körperlicher Gewalt zu erzwingen. Ebenso hat allein der Staat das Recht, anderen die Ausübung körperlicher Gewalt zu erlauben.

Das Gewaltmonopol ermöglicht es dem Staat, für ein friedliches und menschenwürdiges Zusammenleben gleichberechtigter Bürger zu sorgen. Dieses Gewaltmonopol beanspruchen heute alle Staaten.

Rechtlich gesehen ist „der Staat" eine **juristische Person.** Die deutschen Staatsangehörigen als natürliche Personen bilden z. B. gemeinsam die Körperschaft „Bundesrepublik Deutschland", die als juristische Person Rechte und Pflichten hat. Diese Rechte (z. B. Steuergesetze zu erlassen) und Pflichten (z. B. Gefahren abzuwehren, Sozialleistungen zu erbringen) nimmt der Staat durch **Organe** wahr (z. B. Bundestag, Polizei, Sozialbehörden).

Gewaltmonopol und Gewaltenteilung

Dass der Staat seine Machtfülle zum Wohl oder zum Nachteil seiner Bürger gebrauchen kann, wusste bereits der Kirchenlehrer Augustinus (354–430): „Was sind Staaten anderes als große Räuberbanden, wenn es in ihnen keine Gerechtigkeit gibt." Noch immer werden in vielen Ländern der Erde Menschenrechte missachtet, lassen Regierungen Andersdenkende bespitzeln, verhaften, foltern und ermorden, werden große Teile der Bevölkerung in Armut, Not und Furcht gehalten. Ein schreckliches Beispiel war das nationalsozialistische Deutschland (1933–1945). Kein Parlament (Volksvertretung) und kein Gericht beschränkte den Machtapparat Hitlers.

Hier zeigt sich: Der Staat muss gehindert werden, sein Gewaltmonopol zu missbrauchen. Als Sperre gegen die Willkürherrschaft wirkt die Gewaltenteilung.

Staatliche Gewaltenteilung ist die **Aufteilung** der drei Funktionsbereiche **Gesetzgebung** (Legislative), **Gesetzesvollzug** (Exekutive) und **Rechtsprechung** (Judikative) auf **getrennte, voneinander unabhängige Staatsorgane**.

- Die **Gesetze beschließt** in einer Demokratie die gewählte Volksvertretung, das Parlament. Es ist an bestimmte Grundsätze – die verfassungsmäßige Ordnung – gebunden. (Es darf z. B. die Gewaltenteilung nicht abschaffen.) Die Rechtsprechung achtet auf die Einhaltung dieser Grundsätze.
- **Regierung und Verwaltung** vollziehen die Gesetze, ihre Macht wird also dem Recht untergeordnet. Die Gerichte kontrollieren dies.
- Die **Rechtsprechung** ist ebenfalls an Gesetz und Recht, nicht aber an Weisungen (etwa der Regierung) gebunden. Gerechte Urteile setzen die Unabhängigkeit der Richter voraus.

Dem französischen Juristen und Philosophen **Charles de Montesquieu** (1689–1755) – Begründer dieser Lehre von der Gewaltenteilung – war es wichtig, dass die verschiedenen Staatsorgane mit Personen unterschiedlicher Herkunft und Interessen besetzt wurden.

Montesquieu wollte durch die Beschränkung der Teilgewalten eine **Machtkonzentration erschweren.** Gegenseitige Kontrollen der Teilgewalten sollten vor **Machtmissbrauch schützen.** Auch heute halten viele Staaten die Ergänzung ihres Gewaltmonopols durch Gewaltenteilung für notwendig, um durch Hemmung und Kontrolle der Staatsgewalt einem totalen Machtstaat, einem Unrechtsstaat, vorzubeugen. Gewaltenteilung macht außerdem das Handeln der an Gesetze gebundenen Exekutive für die Bürger berechenbar, sodass sie sich gegenüber dem Staat auf verbindliche Gesetze berufen können, notfalls vor Gericht. So entsteht **Rechtssicherheit.**

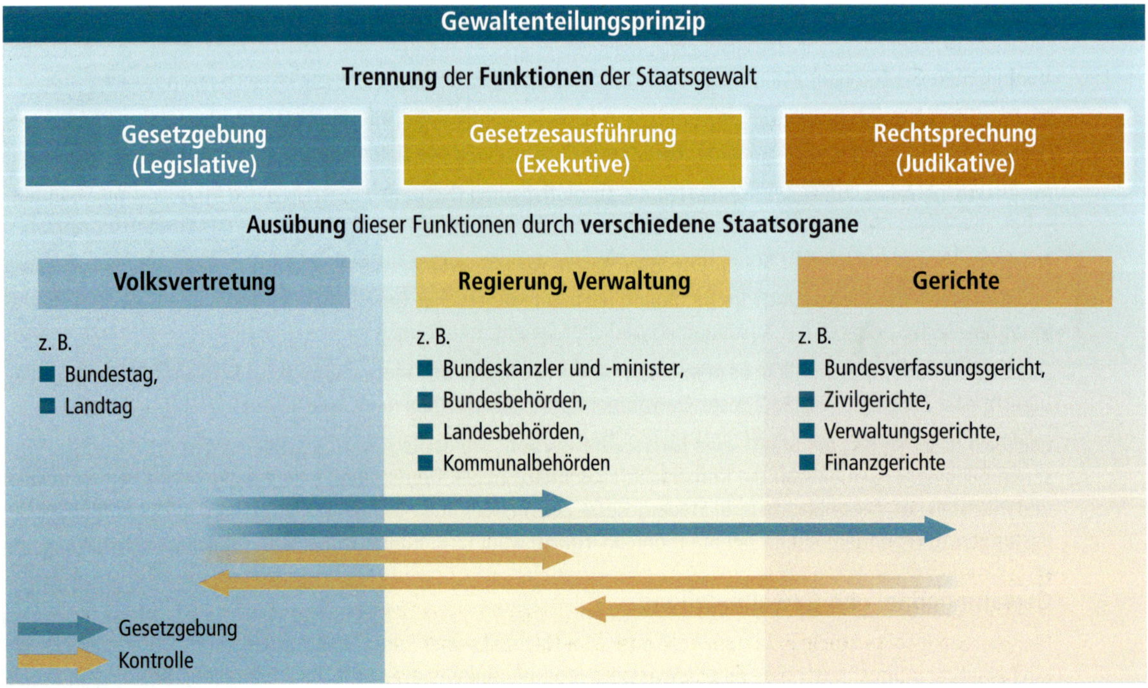

574034

Gewaltmonopol, Grundrechte und Demokratie

Die Gewaltenteilung soll die Gefahren des Gewaltmonopols begrenzen. Reicht aber dieser Schutz aus, um Menschenwürde, Frieden und Gleichberechtigung zu sichern?

Vor allem Minderheiten sind der Staatsgewalt ausgeliefert, wenn es keine **garantierten (einklagbaren) Grundrechte** gibt.

Neben Gewaltenteilung und Grundrechten schützt ein dritter Faktor vor den Gefahren des Gewaltmonopols: Das Staatsvolk selbst sollte politisch mitwirken, die Rechtsordnung an neue Aufgaben anzupassen.

Der Fortschritt in Technik und Medizin bringt neue Probleme mit sich, politisches Denken und Gerechtigkeitsempfinden verändern sich und Gesetze veralten.

Beispiele

Seit dem Inkrafttreten des BGB am 1. Januar 1900 galt ein Eherecht, das den sich wandelnden Anschauungen über Ehe und Familie immer weniger entsprach. 1977 trat ein neues Ehe- und Familienrecht in Kraft. Es berücksichtigt die heutigen Wertvorstellungen von Partnerschaft und Gleichberechtigung in der Ehe. Eine Ehe kann geschieden werden, wenn sie gescheitert ist (Zerrüttungsprinzip). Früher kam es auf die schuldhaften Eheverfehlungen des Ehepartners an, gegen den auf Scheidung geklagt wurde (Verschuldensprinzip).

Der Schutz unserer Lebensgrundlagen und der Umwelt erfordert Beschränkungen des Eigentumsrechts; 1980 wurden Straftaten gegen die Umwelt ins Strafgesetzbuch aufgenommen.

Wird also das Recht lückenhaft oder von der Mehrheit der Staatsangehörigen nicht mehr für gerecht gehalten, so müssen sie **selbst eine Änderung herbeiführen** können. In der **Demokratie** (= Volksherrschaft) ist es durch die Wahl der Gesetzgebungsorgane möglich, friedlich einen Machtwechsel herbeizuführen.

Damit die Bürger das Gewaltmonopol des Staats und die staatliche Rechtsordnung als im Großen und Ganzen gerecht anerkennen können, müssen folgende Bedingungen erfüllt sein:

- **Gewaltenteilung**
- **garantierte Grundrechte**
- **Demokratie**

Ausübung der Staatsgewalt

Heute gelten Gewaltenteilung, Grundrechte und Demokratie nicht überall gleichermaßen.

- Die **Gewaltenteilung** z. B. ist in der Bundesrepublik Deutschland nicht voll verwirklicht, in der DDR war sie vor 1990 gar nicht vorgesehen.
- In vielen Staaten in Ost und West können die Bürger ihre **Grundrechte** – soweit diese ihnen überhaupt zugestanden werden – nicht gerichtlich gegen die Staatsgewalt durchsetzen.
- Auch sind die Inhaber der Staatsgewalt nicht überall auf **legalem**, d. h. gesetzmäßigem Weg (z. B. durch ein Wahlverfahren) zur Macht gelangt, sondern z. B. durch einen Militärputsch oder durch Revolution.
- Zudem wird die Staatsgewalt nicht immer und überall **legitim** ausgeübt, d. h., ihre Vorschriften und Handlungen werden von den Staatsangehörigen nicht als berechtigt oder gerecht anerkannt. Gelegentlich versagen auch fremde Staaten einer anderen Regierung oder dem gesamten Staat die (völkerrechtliche) Anerkennung und bestreiten damit seine Legitimität.
- Schließlich übt nicht jede Staatsgewalt ihre Macht **souverän,** d. h. unumschränkt nach innen und außen, aus. So ist z. B. die Unabhängigkeit nach außen häufig durch Militärbündnisse oder wirtschaftliche Zusammenschlüsse von Staaten beschränkt.
- Allerdings übt nicht der Staat allein Gewalt aus. Dies tun auf ihre Art auch die Eltern im Rahmen ihres elterlichen Sorgerechts, wenn sie ihren Kindern etwas verbieten. Die Gemeinden und Kreise, die Handwerkskammern und Kirchengemeinden sind Inhaber öffentlicher Gewalt und nicht mit dem Staat „Bundesrepublik Deutschland" identisch. Sie alle üben vom Staat anerkannte bzw. **abgeleitete Gewalt** aus.

Gewaltenteilung, Grundrechte, Legalität, Legitimität und volle Souveränität nach außen sind **keine Elemente des Staatsbegriffs;** fehlen der Staatsgewalt diese Merkmale, so kann dennoch ein Staat vorhanden sein.

Nicht mit staatlicher Gewaltenteilung zu verwechseln ist die in Gemeinden übliche Arbeitsteilung zwischen dem beschließenden Gemeinderat und der ausführenden Gemeindeverwaltung. Sie geschieht innerhalb der **staatlich garantierten** kommunalen Selbstverwaltung. Diese ist **„indirekt" (mittelbar) ausgeübte vollziehende Staatsgewalt.**

1.1.4 Staatsaufgaben

Wichtige Staatsaufgaben der Bundesrepublik Deutschland:

- **innere Sicherheit und Ordnung**
  durch Schutz von Freiheit und Eigentum der Bürger, jedoch begrenzt insbesondere durch die Garantie der Menschenwürde und die soziale Bindung des Eigentums und durch Verwirklichung und Weiterentwicklung einer gerechten Rechtsordnung
- **äußere Sicherheit**
  durch friedensorientierte Außenpolitik und militärische Verteidigungsbereitschaft
- **soziale Sicherung**
  insbesondere durch Sozialversicherung, soziale Leistungen und Gesundheitswesen
- **kulturelle Förderung**
  insbesondere der Bildung und der Wissenschaft
- **Umweltschutz**
  Schutz der natürlichen Lebensgrundlagen, auch in Verantwortung für künftige Generationen
- **gesunde Wirtschaftsentwicklung**
  durch Vollbeschäftigung, Preisstabilität, Wirtschaftswachstum, ausgeglichenen Außenhandel bei gerechter Einkommensverteilung und Erhaltung einer lebenswerten Umwelt

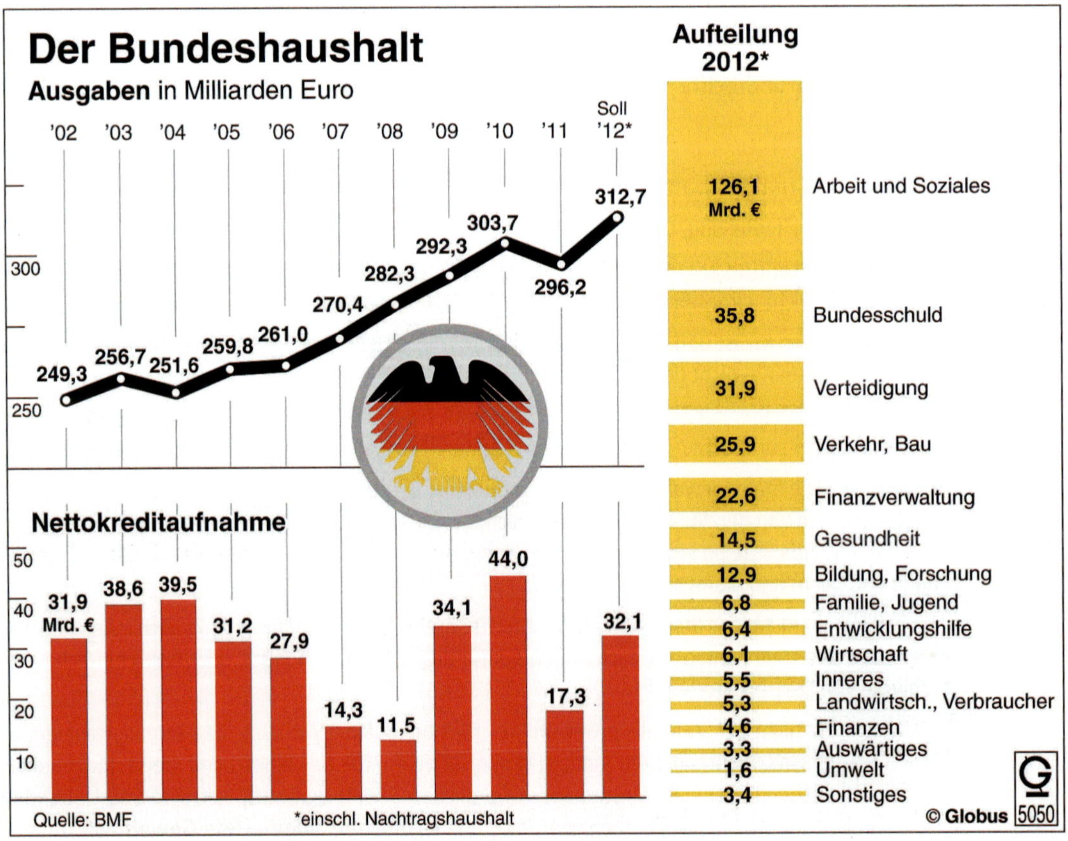

574036

Staatsaufgaben lassen sich kaum einheitlich festlegen. Sie werden beeinflusst durch geografische Gegebenheiten, wirtschaftliche, soziale, politische und kulturelle Verhältnisse.

Was Parlamente und Regierungen als Staatsaufgaben ansehen, ist z. B. in Gesetzen, Regierungserklärungen und Haushaltsplänen nachzulesen. Die Haushaltspläne von Bund und Ländern werden auch als „Regierungsprogramme in Zahlen" bezeichnet. Dabei enthalten die Staatshaushalte nur einen Teil der öffentlichen Ausgaben, Kommunen und Sozialversicherungsträger sind ebenfalls einzubeziehen.

Das Haushaltsvolumen der öffentlichen Hand verteilt sich etwa in folgendem Verhältnis:

Bund	23 %
Länder	23 %
Gemeinden	14 %
Sozialversicherung	40 %

Zusammenfassung

Die **Staatsgewalt**

- ist ein **Wesensmerkmal** eines Staats,
- ist eine **ursprüngliche** (von keiner anderen Stelle abgeleitete) Hoheitsgewalt,
- umfasst die **Gebiets- und Personalhoheit** des Staats,
- kann in die drei **Funktionen Legislative, Exekutive und Judikative** aufgeteilt werden.

Wünschenswerte, aber **rechtlich nicht existenznotwendige Merkmale** der Staatsgewalt sind

- Gewaltenteilung, Grundrechte und Demokratie,
- Legitimität und Legalität,
- äußere Souveränität.

Begründung des **staatlichen Gewaltmonopols**

- Das Gewaltmonopol ermöglicht die **Durchsetzung des staatlichen Willens** zum Nutzen des Staatsvolkes (Missbrauchsgefahr!).
- Das Gewaltmonopol ist Grundvoraussetzung für die **Friedenssicherung** im Staat.

Sicherungen **gegen den Missbrauch des staatlichen Gewaltmonopols:**

- **Gewaltenteilung**
  - erschwert Machtkonzentration,
  - ermöglicht durch Kontrolle Schutz vor Machtmissbrauch,
  - fördert Rechtssicherheit.
- **Grundrechte**
  - schützen den Persönlichkeitsbereich der Bürger,
  - sind Voraussetzung demokratischer Mitbestimmung.
- **Demokratie**
  - ermöglicht Beteiligung an der Ausgestaltung und
  - Veränderung der staatlichen Ordnung.

Der Staat **gewährt bzw. garantiert** auch **anderen Einrichtungen** (z. B. Gemeinden) und **Personen** (z. B. Eltern) **Rechte,** die die Ausübung von Gewalt in begrenztem Umfang einschließen.

Wichtige **Staatsaufgaben** der Bundesrepublik Deutschland sind:

- innere Sicherheit und Ordnung,
- äußere Sicherheit,
- soziale Sicherung,
- kulturelle Förderung,
- Umweltschutz,
- gesunde Wirtschaftsentwicklung.

1.2 Verfassungsprinzipien des Grundgesetzes

1.2.1 Verfassung und Verfassungsprinzipien

Verfassungsinhalt und -form

Eine Verfassung ist die rechtliche Grundordnung eines Gemeinwesens.

Inhalt moderner Staatsverfassungen	
Grundrechtsteil Regeln über das Verhältnis zwischen Bürgern und Staat	**Organisationsteil** Regeln über Staatsaufbau, Staatsform, Regierungssystem und oberste Staatsorgane

Verfassungen entstanden seit dem 18. Jahrhundert aus politischen Kämpfen mit dem Ziel, die Staatsgewalt zu begrenzen und die Grundrechte der Bürger zu sichern. (Verfassung von Virginia 1776, Bundesverfassung der USA 1787, französische Erklärung der Menschen- und Bürgerrechte 1789).

Die meisten Verfassungen sind in einer Urkunde schriftlich niedergelegt (kodifiziert). Die Verfassungsurkunde der Bundesrepublik Deutschland ist das Grundgesetz.

In einigen Ländern besteht keine geschriebene Verfassung. Die Grundordnung setzt sich dort überwiegend aus überlieferten Grundsätzen und Gewohnheiten zusammen (z. B. Großbritannien). Unabhängig von der Form hat das Verfassungsrecht überall Vorrang vor anderen Gesetzen.

Verfassungsnormen und Verfassungswirklichkeit

Verfassungen enthalten – wie andere Rechtsvorschriften auch – Regelungen für die Gestaltung des Lebens. Sie regeln z. B. die Grundrechte auf körperliche Unversehrtheit, Gewissens-, Meinungs- und Versammlungsfreiheit. Daraus folgt aber noch nicht, dass die Wirklichkeit den Anforderungen der Verfassung tatsächlich voll entspricht.

Die Verfassungsregeln richten sich vor allem an die Staatsgewalt. Nur sie kann die Menschenwürde wirksam schützen, die Versammlungsfreiheit oder ein faires Gerichtsverfahren gewährleisten. Andererseits zwingt keine Instanz den Staat, diese Pflichten zu erfüllen. In Diktaturen stehen Grundrechte oft nur auf dem (Verfassungs-) Papier. Aber auch in der Demokratie sind manche Grundrechte den Bürgern nicht genügend bekannt, bisweilen werden sie aus Gleichgültigkeit nicht ausgeübt. Hier können geschriebene und praktizierte Verfassung auseinanderklaffen. Erst durch Kennen, Verstehen und Gebrauchen der verfassungsmäßigen Rechte kann ein „Staatsgrundgesetz" seinen Zweck erfüllen.

Das Grundgesetz für die Bundesrepublik Deutschland

Das Grundgesetz (GG) trat 1949 als vorläufige Verfassung für Westdeutschland in Kraft. Seit dem Beitritt der DDR zur Bundesrepublik Deutschland am 3. Oktober 1990 gilt das GG für Gesamtdeutschland.

Das Grundgesetz wurde ab September 1948 vom Parlamentarischen Rat ausgearbeitet. Dieses Gremium bestand aus 65 Abgeordneten der westdeutschen Landtage. Die Erfahrungen mit der Verfassung der Weimarer Republik (1919–1933) und deren Zerschlagung durch die Nationalsozialisten, die unterschiedlichen Standpunkte der Parteien und die Vorgaben der Besatzungsmächte waren dabei zu berücksichtigen. So ist manche Besonderheit im Inhalt des GG zu erklären.

Am 8. Mai 1949 – vier Jahre nach der deutschen Kapitulation – beschloss der Parlamentarische Rat das Grundgesetz mit 53 gegen zwölf Stimmen. Entsprechend Artikel 144 Abs. 1 GG wurde das Grundgesetz nicht in einer Volksabstimmung angenommen, sondern von den Landesparlamenten bestätigt. Der Bayerische Landtag versagte ihm zwar die Zustimmung, bestätigte aber ausdrücklich die Geltung auch für Bayern.

Am 23. Mai 1949 wurde das Grundgesetz in Bonn feierlich verkündet, am nächsten Tag trat es in Kraft. Der Begriff „Grundgesetz" weist vor dem Hintergrund der deutschen Teilung auf den zunächst provisorischen Charakter dieser Verfassung für die Bundesrepublik Deutschland hin.

Verfassungsprinzipien

Grundentscheidungen zur Staatsform enthält das Grundgesetz in Art. 20 und 28 Abs. 1. Die staatliche Ordnung muss folgenden obersten Verfassungsgrundsätzen entsprechen:

- **Republik**
- **Demokratie**
- **Rechtsstaat**
- **Sozialstaat**
- **Bundesstaat**

Diese grundsätzlich gleichrangigen und unabänderlichen Prinzipien – eine Verfassung in Kurzform – werden nun im Einzelnen dargestellt (Verfassungsprinzip Rechtsstaat siehe Kapitel 1.3).

1.2.2 Die Bundesrepublik als Republik

Der Begriff Republik ist ohne festen Inhalt, da Staaten mit unterschiedlichsten Machtverhältnissen sich als Republik bezeichnen. Unstrittig ist aber, dass das Wort Republik im Staatsnamen einen Monarchen als Staatsoberhaupt absolut ausschließt. Dies gilt für Bund und Länder.

Die klassische (hergebrachte) Grundeinteilung der **Staatsformen** ist die nach der Person des Staatsoberhaupts. Der italienische Gelehrte Niccolò Machiavelli (1469–1527) unterschied Monarchien und Republiken.

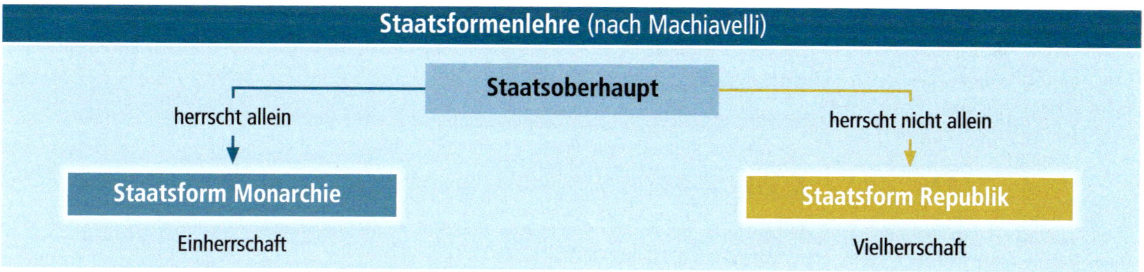

Die Begriffe „Monarchie" und „Republik" werden auch heute noch verwendet. Allerdings sagen sie über die wirklichen politischen Machtverhältnisse im Staat nichts aus. So kann die Macht eines Monarchen unbeschränkt (absolut) oder eingeschränkt sein. In Republiken ist die staatliche Gewalt durchaus nicht immer „Sache der Öffentlichkeit" (res publica), denn neben Demokratien nennen sich auch Diktaturen „Republik".

Die weitere Untergliederung der Staatsformen führt daher zu den **Regierungsformen.** Sie beschreiben die Verteilung und Ausübung der Staatsgewalt in den Monarchien und Republiken.

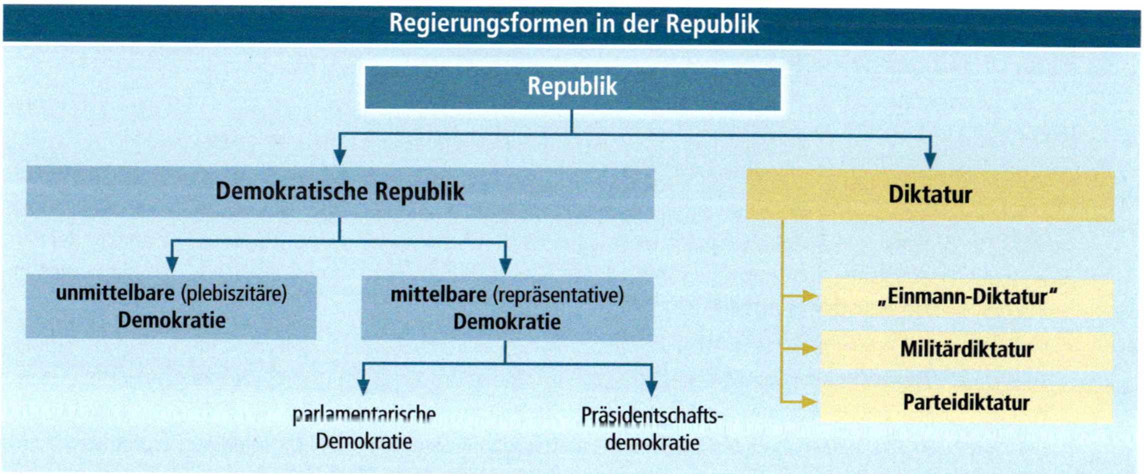

Die Bundesrepublik Deutschland wie auch die 16 Bundesländer haben die Staatsform einer Republik und die Regierungsform einer parlamentarischen Demokratie.

Das Amt des Bundespräsidenten

Staatsoberhaupt der Bundesrepublik Deutschland und damit oberstes Staatsorgan ist der Bundespräsident. In einem parlamentarischen Regierungssystem kommt diesem Amt aber nicht die herausragende politische Bedeutung zu, die es in einer Präsidentschaftsrepublik wie z. B. in den USA hat.

Kennzeichnend für das Amt des Bundespräsidenten ist, dass grundsätzlich alle seine Anordnungen und Verfügungen der Gegenzeichnung durch den Bundeskanzler bzw. den zuständigen Bundesminister bedürfen (Art. 58 GG). Damit soll eine gewisse Einheitlichkeit der Staatsleitung durch Regierung und Präsident gesichert werden.

Trotz der so eingeschränkten Selbstständigkeit darf die Amtsführung des Bundespräsidenten nicht ausschließlich als Repräsentation verstanden werden. Über dem Streit der Parteien stehend und um Neutralität bemüht, kann der Präsident auch ausgleichend und schlichtend auf die politischen Auseinandersetzungen einwirken.

Die Zugehörigkeit zu einer Regierung oder einem Parlament ist mit dem Amt des Staatsoberhaupts nicht vereinbar (Art. 55 GG); einer Partei darf der Bundespräsident durchaus angehören.

Die Bundesversammlung wählt den Bundespräsidenten ohne Aussprache für fünf Jahre. Dieses Wahlgremium besteht aus den Mitgliedern des Bundestags und einer gleichen Anzahl von Delegierten, die von den Volksvertretungen der Länder gewählt werden (Art. 54 Abs. 3 GG).

Aufgaben des Bundespräsidenten	
Aufgabenbereiche	**wichtige Einzelaufgaben und Befugnisse des Bundespräsidenten**
völkerrechtliche Vertretung (Art. 59 GG)	■ Repräsentation der Bundesrepublik nach außen, ■ Vertragsschluss mit auswärtigen Staaten im Namen des Bundes (erforderlich ist die vorherige Bestätigung – Ratifikation – durch den Bundestag), ■ Beglaubigung und Empfang der Gesandten
staatsrechtliche Funktionen im Bereich der Gesetzgebung	■ Ausfertigung der Bundesgesetze, Verkündung im Bundesgesetzblatt (Art. 82 GG). Ausfertigung bedeutet die Beurkundung, dass der Gesetzestext mit dem beschlossenen Gesetzesinhalt übereinstimmt, dass das Gesetzgebungsverfahren ordnungsgemäß verlaufen und das Gesetz inhaltlich mit dem Grundgesetz vereinbar ist. ■ Auflösung des Bundestags in den Ausnahmefällen der Art. 63 Abs. 4 und 68 GG (Scheitern der Kanzlerwahl bzw. der Vertrauensfrage)
staatsrechtliche Funktionen im Bereich der vollziehenden Staatsgewalt	■ Vorschlag des Bundeskanzlers und Ernennung (nach Wahl des Kanzlers durch den Bundestag; Art. 63 GG), ■ Ernennung und Entlassung der Bundesminister auf Vorschlag des Bundeskanzlers (Art. 64, s. auch Art. 69 Abs. 3 GG), ■ Ernennung und Entlassung der Bundesrichter, Bundesbeamten, Offiziere und Unteroffiziere, soweit gesetzlich nichts anderes bestimmt ist (Art. 60 Abs. 1 GG; häufig delegiert auf Bundesminister), ■ Begnadigungsrecht im Einzelfall für Verurteilungen durch ein Bundesgericht (Art. 60 Abs. 2 GG), ■ Verleihung von Orden und Ehrenzeichen (1957 durch Gesetz geregelt)

1.2.3 Die Bundesrepublik als Demokratie

Begriff Demokratie

Fast alle Staaten in Ost und West verstehen sich als Demokratien oder geben sich als solche aus. Da der Begriff Demokratie in verschiedenen Zeiten und Gesellschaftsordnungen unterschiedlich aufgefasst wurde bzw. wird, ist eine allgemeine Begriffsbestimmung über die bloße Wortbedeutung (Volksherrschaft) hinaus kaum möglich.

Im deutschen Verfassungsrecht geht es um die Frage, was nach dem Grundgesetz mit dem Demokratieprinzip gemeint ist. Sie wird hier in einem umfassenden Sinne verstanden.

Demokratie ist

- ein **Prinzip des formalen Staatsaufbaus,** nach dem alle Staatsgewalt auf das Volk zurückgeführt werden kann (Staatsaufbau von unten nach oben),
- eine **Form des Regierens,** in der bestimmte Regeln für die Mitwirkung des Volkes gelten, insbesondere das Mehrparteienprinzip, allgemeine, freie, gleiche, unmittelbare und geheime Wahlen, das Mehrheitsprinzip bei Entscheidungen und der Schutz von Minderheiten,
- eine **Form des Zusammenlebens,** in der das größtmögliche Maß an freier Persönlichkeitsentfaltung und verantwortlicher Lebensgestaltung für alle Bürger gleichermaßen existiert; diese gelebte Demokratie setzt ein auf Menschenwürde, Freiheits- und Gleichheitsrechten aufbauendes Menschenbild im Bewusstsein der Bürger voraus. Das Menschenbild des Grundgesetzes begreift den Einzelnen aber nicht als selbstherrliches Individuum, sondern als eine in der Gemeinschaft stehende und ihr verpflichtete Persönlichkeit.

Demokratie als Lebensform setzt eine demokratische Regierungsform, diese einen entsprechenden Staatsaufbau voraus. Das Demokratieverständnis des Grundgesetzes umfasst also

- einen demokratischen Staatsaufbau,
- eine demokratische Regierungsform,
- eine demokratische Lebensform.

In der Bundesrepublik soll die staatliche Herrschaft durch das Gesamtvolk getragen werden:

Art. 20 Abs. 2 Satz 1 GG Alle Staatsgewalt geht vom Volke aus.

Aber ist dies nicht nur eine schöne Formel? Haben die „kleinen Leute" tatsächlich eine Chance, sachverständig politisch mitzuentscheiden?

Die Beantwortung dieser Fragen hängt davon ab, wie die Demokratie im Einzelnen geregelt ist. Das Grundgesetz gestaltet den Demokratiegrundsatz aus.

Grundvoraussetzungen der Demokratie

Volksherrschaft ohne jede Ordnung würde zu Gewalt und Chaos führen. Um dies zu verhindern, muss die Verfassung die zwingenden Rahmenbedingungen der Demokratie enthalten.

Eine demokratische Staatsgewalt soll im Interesse der Staatsangehörigen ausgeübt werden. Deshalb hat der Staat die Freiheit der menschlichen Persönlichkeit als höchsten Rechtswert zu schützen. Den in dieser Fähigkeit zur persönlichen Selbstverantwortung wurzelnden Eigenwert des Menschen bezeichnet man als seine Menschenwürde (Würde bedeutet hier so viel wie Wert, Bedeutung).

Art. 1 GG
Die Würde des Menschen ist unantastbar. Sie zu achten und zu schützen ist Verpflichtung aller staatlichen Gewalt.

Was bedeutet diese oberste staatliche Pflicht? Im Gegensatz zum instinktgeleiteten Tier ist der vernunftbegabte Mensch darauf angelegt, in Lebenssituationen zu planen, abzuwägen und bewusst zwischen verschiedenen Handlungsmöglichkeiten zu wählen. Unter allen Kreaturen ist der Mensch am wenigsten festgelegt und besitzt die größten Gestaltungsmöglichkeiten. Damit er diese auch gebrauchen und nutzen kann, soll jeder über Bildung und Entfaltung seiner Person grundsätzlich selbst frei verfügen können; er darf nicht Objekt eines fremden Willens sein. Die mit dieser prinzipiellen Selbstverfügbarkeit verbundene Personenwürde kommt allen Menschen gleichermaßen zu.

Das Grundgesetz gewährleistet die grundsätzliche persönliche Selbstbestimmung durch den Schutz der **Menschenwürde** und das Bekenntnis zu **unverletzlichen und unveräußerlichen Menschenrechten** (Art. 1 Abs. 2 GG), insbesondere zu Freiheits- und Gleichheitsrechten.

Ohne diese Grundrechte scheitern Menschenwürde und Volksherrschaft gleichermaßen. Dies wird am Gegenbeispiel der Diktatur deutlich: Statt der Freiheit der Person herrscht die Angst vor willkürlicher Verhaftung, statt körperlicher Unversehrtheit und Gewissensfreiheit herrscht Furcht vor Folter und „Gehirnwäsche". Freizügigkeitsrechte werden durch Hausarrest und Ausreiseverbot zunichte gemacht. Die Herabwürdigung von Menschen wegen ihres Glaubens, ihrer Rasse oder ihrer politischen Anschauungen widerspricht den garantierten Gleichheits- und Freiheitsrechten.

Volksherrschaft setzt auch **Einsichts- und Entscheidungsfähigkeit der Bürger** voraus. Deshalb hat der Staat die Bildung seiner Bürger zu fördern – auch auf politischem Gebiet. Voraussetzungen eines mündigen Urteils sind ferner umfassende Informationsmöglichkeiten, Vielfalt der Meinungen und Freiheit der Meinungsverbreitung. Diese Mündigkeit wird nicht immer erreicht, denn auch die Unvollkommenheit gehört zur menschlichen Natur. Möglichen Fehlentscheidungen der Parlamente und Gemeinderäte muss deshalb mit Begrenzung und Kontrolle staatlicher Macht begegnet werden.

Nach Menschenwürde und Mündigkeit bedarf die Demokratie einer dritten Grundvoraussetzung: der Einigkeit über **unaufhebbare demokratische Grundwerte.** Der Grundsatz „Mehrheit entscheidet" kann für viele, aber nicht für alle Fragen gelten. Sonst wäre es möglich, einer Minderheit durch Mehrheitsbeschluss Grundrechte abzuerkennen, Oppositionsparteien die Erlangung der Mehrheit bei Wahlen unmöglich zu machen oder sie ganz auszuschalten und die Demokratie in eine Diktatur umzuwandeln. All dies wäre undemokratisch. Nur der Grundkonsens (das Einigsein) über nicht abstimmungsfähige Grundwerte ermöglicht auch dem jeweils Unterlegenen die Anerkennung des Mehrheitsprinzips im politischen Alltag.

Unmittelbare oder mittelbare Demokratie?

Es ist zu fragen, wie die oberste Herrschaftsgewalt des Volkes in unserer Massengesellschaft überhaupt organisiert werden kann. Das Volk kann seine Souveränität grundsätzlich mittelbar (repräsentativ) oder unmittelbar (plebiszitär) ausüben. Für eine dieser Grundformen der Demokratie musste sich der Parlamentarische Rat im Grundgesetz entscheiden.

Nach Art. 20 Abs. 2 S. 1 GG ist das Volk Inhaber (Träger) der Staatsgewalt, von ihm leiten die Staatsorgane ihren Auftrag zur Machtausübung ab.

Trägerschaft und Ausübung der Staatsgewalt gem. Art. 20 Abs. 2 GG

Alle Staatsgewalt geht vom Volke aus.
Sie wird **ausgeübt**

durch das **Volk** – **in Wahlen und Abstimmungen**

und

durch besondere **Organe** der – **Gesetzgebung** – **vollziehenden Gewalt** – **Rechtsprechung**

Wahlen sind charakteristisch für die mittelbare (repräsentative) Demokratie. In den Bundestagswahlen legitimiert das Staatsvolk Abgeordnete, für eine Wahlperiode in seinem Namen zu handeln.

Wollten die Bundesbürger alle politischen Entscheidungen unmittelbar (in Volksabstimmungen) treffen, so wäre der Staatsapparat angesichts der Vielzahl, der Schwierigkeit und der erforderlichen Schnelligkeit der Entscheidungen kaum funktionsfähig. Deshalb sieht das Grundgesetz Volksentscheide nicht vor – abgesehen vom Fall des Art. 29 GG. Diese repräsentative Ausrichtung der Verfassung macht Volksabstimmungen (= „Plebiszite") allerdings auch in wichtigen politischen Sachfragen unmöglich. (Die Landesverfassungen enthalten jedoch plebiszitäre Elemente.)

Wird die Staatsgewalt durch besondere Organe (z. B. Bundestag, Verwaltungsbehörden, Gerichte) ausgeübt, so lässt sich ihr Handeln als „vom Volke ausgehend" legitimieren.

574042

Demokratische Legitimation der Staatsorgane nach dem Grundgesetz

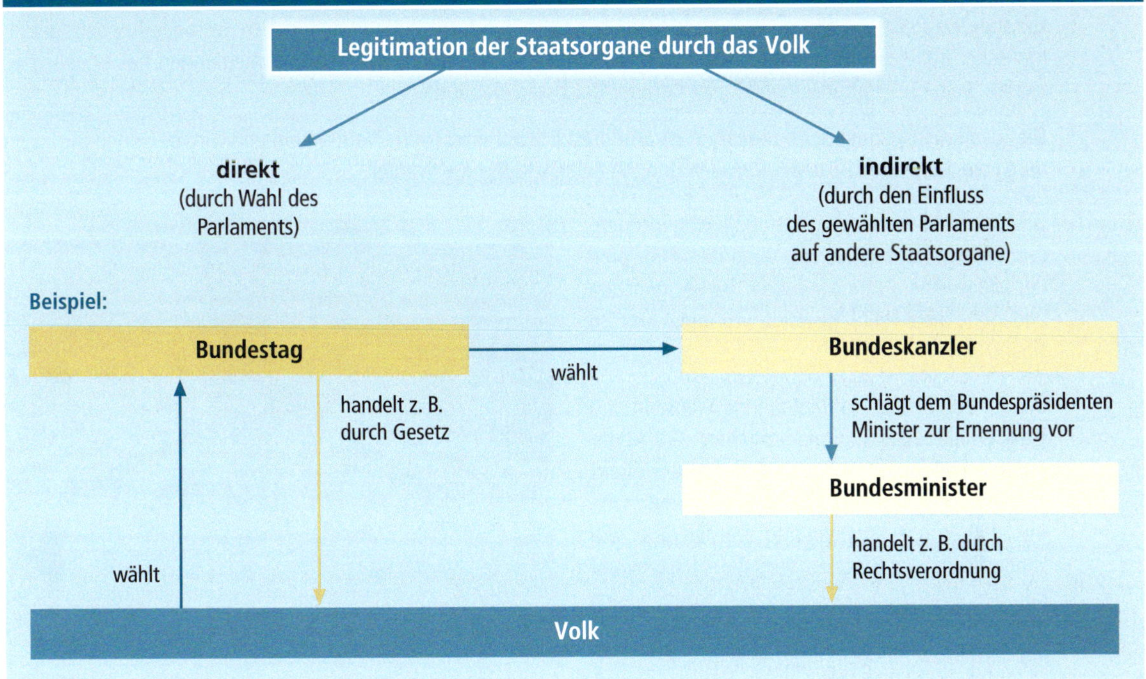

Freie Wahlen sind damit praktisch das einzige Mittel des Bundesvolkes, Staatsgewalt auf Bundesebene unmittelbar auszuüben. Diese Wahlen legitimieren den Bundestag, in allen wesentlichen staatlichen Angelegenheiten durch Gesetze zu entscheiden.

Mittelbar legitimieren Wahlen auch die anderen Bundesorgane und den gesamten „Staatsapparat". Diese grundlegende und weitreichende Bedeutung der Wahlen erfordert eine freie und offene Meinungsbildung. Meinungs-, Informations- und Pressefreiheit, Vereinigungs- und Versammlungsfreiheit sind Voraussetzungen einer selbstständigen Willensbildung. Die Mitarbeit in Parteien und Gewerkschaften, in Verbänden und Bürgerinitiativen und der Gebrauch der Grundrechte tragen dazu bei, dass die Interessen und Ziele der Bürger durch die gewählten Abgeordneten repräsentiert werden.

Präsidiale oder parlamentarische Regierungsform?

1949 hatte sich der Parlamentarische Rat zwischen dem parlamentarischen und dem präsidialen Regierungssystem zu entscheiden. Nach den negativen Erfahrungen mit der starken Machtposition des Reichspräsidenten in der Weimarer Republik (Ernennung des Reichskanzlers ohne vorherige Parlamentsentscheidung, Erlass von Notverordnungen mit Gesetzeskraft) kam nur eine parlamentarische Regierungsform (mit dem Parlament als stärkstem Staatsorgan) infrage. Eine Entwicklung vom parlamentarischen System zum Präsidialregime (wie 1930–1933) musste für die Bundesrepublik ausgeschlossen werden.

Deshalb sind die Aufgaben des Bundespräsidenten eng begrenzt, während der Bundeskanzler als Regierungschef die Richtlinien der Politik bestimmt. Er hat dadurch zwar eine starke Stellung, ist aber auf das Vertrauen der Bundestagsmehrheit angewiesen (Art. 63, 67 und 69 Abs. 2 GG).

Kennzeichen der herausgehobenen Position des Bundestags im Regierungssystem der Bundesrepublik sind

- die Abhängigkeit der Regierung von der Parlamentsmehrheit und
- die Machtkontrolle über die Regierung durch die Opposition im Bundestag.

Repräsentation des Volkswillens durch den Bundestag

Der Bundestag ist das einzige vom Volk direkt gewählte Bundesorgan und damit auch das bedeutendste demokratische Staatsorgan in Deutschland: Alle für das Staatsganze wesentlichen Entscheidungen hat er selbst zu treffen. Seit 1999 hat er seinen Sitz im Berliner Reichstagsgebäude.

Die Zusammensetzung des Bundestags ist grundsätzlich abhängig vom Wahlsystem und wird personell bestimmt durch die Wahlvorschläge der Parteien und die Entscheidung der Wähler.

Der Deutsche Bundestag hat 622 Abgeordnete (Bundestagswahl 2009), die nach den Prinzipien der allgemeinen, unmittelbaren, freien, gleichen und geheimen Wahl gewählt wurden (Art. 38 Abs. 1 GG).

Besucher in der Kuppel des Reichstagsgebäudes in Berlin, dem Sitz des Deutschen Bundestags www.bund.de

Bei der Bundestagswahl kann jede Wählerin und jeder Wähler zwei Stimmen abgeben. 299 Abgeordnete werden in den 299 Wahlkreisen direkt gewählt (Personenwahl mit der Erststimme), weitere 299 Bundestagsmandate werden über die Landeslisten der Parteien vergeben (Listenwahl mit der Zweitstimme). Zusätzlich können sich „Überhangmandate" ergeben. Entscheidend für die Verteilung der Mandate ist, in welchem Verhältnis die für die einzelnen Listen abgegebenen Zweitstimmen zur Zahl der insgesamt abgegebenen Zweitstimmen stehen. Die Bundestagswahl ist damit grundsätzlich eine Verhältniswahl. (Näheres unter www.bpb.de/wissen oder www.bundestag.de)

Die Abgeordneten sind Vertreter des ganzen Volkes; sie sind an Aufträge und Weisungen, z. B. ihrer Partei, eines Interessenverbandes oder der Wähler, nicht gebunden und nur ihrem Gewissen unterworfen. Sie haben also ein freies (kein gebundenes, „imperatives") Mandat (Art. 38 Abs. 1 GG).

Ein Abgeordneter darf wegen seiner Abstimmung oder einer Äußerung im Bundestag nicht zur Verantwortung gezogen werden (etwa durch gerichtliche, polizeiliche oder disziplinarische Verfolgung). Diese Verantwortungsfreiheit (Indemnität) ist unaufhebbar und gilt zeitlich unbeschränkt, sie schützt jedoch nicht bei verleumderischen Beleidigungen (Art. 46 Abs. 1 GG).

Um die ungestörte Mitarbeit der Parlamentsmitglieder und damit die Funktionsfähigkeit des Bundestags zu sichern, sind Abgeordnete grundsätzlich auch davor geschützt, wegen einer strafbaren Handlung behördlich verfolgt zu werden. Die Verfolgungsfreiheit (Immunität) besteht nur für die Dauer des Mandats. Der Bundestag kann sie im Einzelfall durch Beschluss aufheben (Art. 46 Abs. 2–4 GG).

Die Abgeordneten müssen ihre Informationsquellen nicht preisgeben, sie haben ein besonderes Zeugnisverweigerungsrecht (Art. 47 GG).

Der parlamentarischen Opposition kommt besondere Bedeutung zu: Sie wird gebildet von den im Bundestag vertretenen, aber nicht an der Regierung beteiligten Parteien. Sie hat die Aufgabe,

- die Regierung zu kontrollieren,
- deren Politik zu kritisieren und
- politische Alternativen anzubieten.

Die Einordnung des Bundestags in das System der Verfassungsorgane zeigt die folgende Grafik.

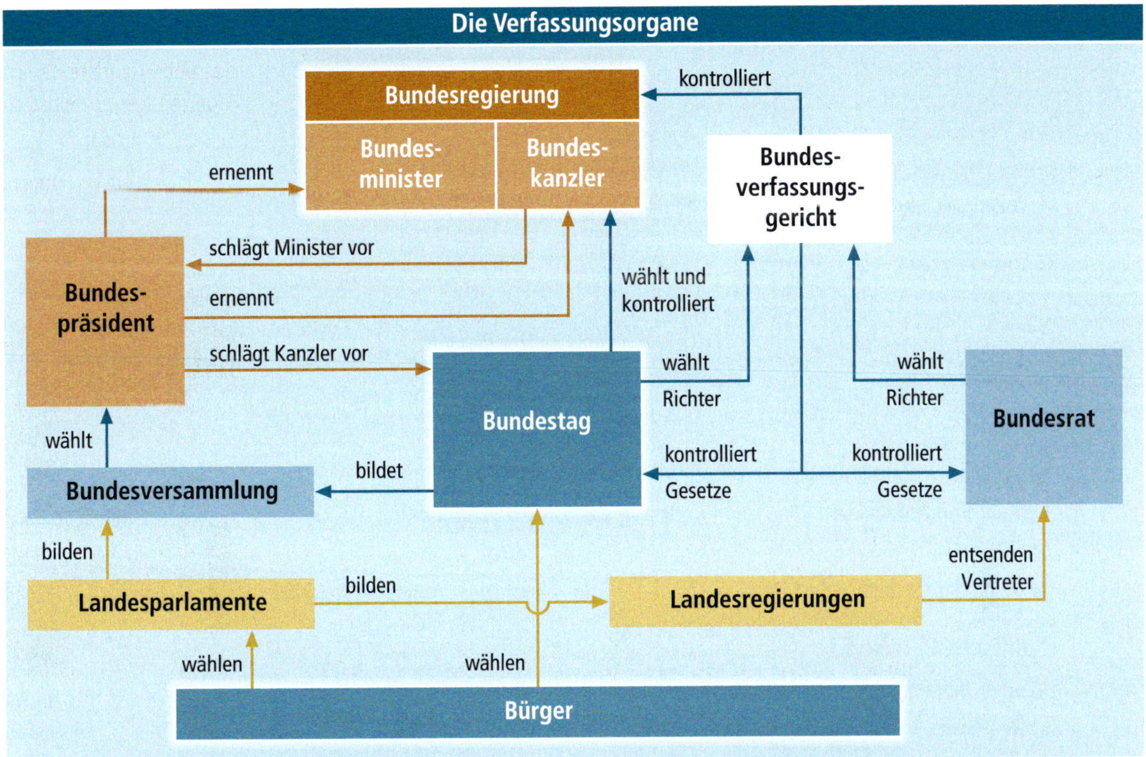

Aufgaben des Bundestags

Funktionen (Hauptaufgaben)	wichtige Einzelaufgaben und Befugnisse
Wahlfunktion	■ Wahl des **Bundeskanzlers** (Art. 63 GG) ■ Mitwirkung (als Teil der Bundesversammlung) bei der Wahl des **Bundespräsidenten** (Art. 54 GG) ■ Beteiligung an der Wahl der Richter des **Bundesverfassungsgerichts** (Art. 94 GG) und der obersten Gerichtshöfe des Bundes (Art. 95 GG)
Gesetzgebungsfunktion	■ **Einbringen von Gesetzesvorlagen** (Gesetzesinitiative – neben Bundesregierung und Bundesrat (Art. 76 Abs. 1 GG) ■ **Beschluss von Bundesgesetzen** (Art 77 Abs. 1 GG) einschließlich Verfassungsänderungen (Einschränkungen: Art. 79 Abs. 3 GG), Feststellung des Haushaltsplans durch das Haushaltsgesetz (Budgetrecht, Art. 110 Abs. 2 GG), Ratifikation der Verträge mit anderen Staaten durch Gesetz (Art. 59 Abs. 2 GG)
Kontrollfunktion	■ **Interpellationsrecht** (Fragerecht gegenüber der Bundesregierung) Die Geschäftsordnung regelt Fragestunden zu Beginn jeder Plenarsitzung sowie Anfragen an die Regierung. Große Anfragen werden von mindestens 31 Abgeordneten schriftlich gestellt und von der Bundesregierung im Plenum des Bundestags beantwortet; kleine Anfragen werden nur schriftlich beantwortet. ■ Recht, die **Anwesenheit** jedes Regierungsmitglieds zu verlangen (Art. 43 GG) ■ **Untersuchungsrecht** Auf Verlangen eines Viertels der Bundestagsmitglieder muss der Bundestag einen Untersuchungsausschuss zur Aufklärung bestimmter Missstände einsetzen. Der Ausschuss ist kein Gericht. Er erhebt aber Beweise, darf Akten einsehen und Zeugen vorladen, vernehmen und vereidigen. Das Untersuchungsergebnis soll Fehler aufdecken und öffentliche Kritik an den Verantwortlichen (der Regierung) ermöglichen.

	■ **Kontrolle der Bundeswehr** Der Verteidigungsausschuss hat auch die Rechte eines Untersuchungsausschusses (Art. 45 a GG). Zum Schutz der Grundrechte der Soldaten und zur Kontrolle des Parlaments über die Streitkräfte bestellt der Bundestag einen Wehrbeauftragten (Art. 45 b GG). ■ Kontrollmöglichkeiten in **Datenschutzangelegenheiten** aufgrund der Berichte des vom Bundestag gewählten Bundesbeauftragten für Datenschutz und Informationsfreiheit ■ Kontrolle durch Bewilligung oder Ablehnung von Haushaltsmitteln (**Budgetrecht,** s. Art. 110, 115 GG) und durch Rechnungskontrolle (Art. 114 GG) ■ Kontrollcharakter hat auch das **konstruktive Misstrauensvotum** (Sturz der Regierung nach Art. 67 GG)
Repräsentations- und Diskussionsfunktion	■ **Repräsentation des Staatsvolkes** und seiner Gruppierungen mit ihren verschiedenen Interessen ■ öffentliche **Diskussion** von Problemen und Lösungsvorschlägen

Die Legislaturperiode (Wahlperiode) endet regelmäßig nach vierjähriger Dauer durch Zeitablauf.

Nur der Bundespräsident kann den Bundestag auflösen. Das GG erlaubt dies aber nur in zwei Ausnahmefällen:

- nach dem Scheitern der Kanzlerwahl (Art. 63 Abs. 4 GG),
- nach dem Scheitern der Vertrauensfrage (Antrag des Kanzlers, ihm das Vertrauen auszusprechen; Art. 68 GG).

Politische Parteien

In einer parlamentarischen Demokratie organisiert sich das Volk in politischen Parteien. Das Grundgesetz ist die erste deutsche Verfassung, die die Rolle der Parteien bei der politischen Willensbildung ausdrücklich anerkennt (s. Art. 21 GG). Die Parteien sind die verfassungsmäßig vorgesehenen Mittler zwischen Wahlvolk und Regierung.

Aufgaben politischer Parteien:

- allgemeine politische Orientierung,
- Bündelung der Interessen und Zielvorstellungen unterschiedlicher politischer Richtungen und deren öffentliche Darstellung,
- Möglichkeit politischer Mitarbeit,
- Präsentation von Wahlkandidaten und Führungspersonen für politische Ämter.

Verfassungswidrige Vereinigungen sind nach Art. 9 Abs. 2 GG (also kraft Gesetzes) verboten. Ob eine Partei verfassungswidrig (und damit verboten) ist, entscheidet nach Art. 21 Abs. 2 GG aber ausschließlich das Bundesverfassungsgericht und nicht – wie bei allen anderen verfassungswidrigen Vereinigungen – die Exekutive. Diesen besonderen Schutz der Parteien bezeichnet man als das **Parteienprivileg.**

Das Parteiengesetz regelt Aufgaben und Begriff der Partei:

§ 1 Verfassungsrechtliche Stellung und Aufgaben der Parteien

(1) Die Parteien sind ein verfassungsrechtlich notwendiger Bestandteil der freiheitlichen demokratischen Grundordnung. Sie erfüllen mit ihrer freien, dauernden Mitwirkung an der politischen Willensbildung des Volkes eine ihnen nach dem Grundgesetz obliegende und von ihm verbürgte öffentliche Aufgabe.

(2) Die Parteien wirken an der Bildung des politischen Willens des Volkes auf allen Gebieten des öffentlichen Lebens mit, indem sie insbesondere

- auf die Gestaltung der öffentlichen Meinung Einfluss nehmen,
- die politische Bildung anregen und vertiefen,
- die aktive Teilnahme der Bürger am politischen Leben fördern,
- zur Übernahme öffentlicher Verantwortung befähigte Bürger heranbilden,
- sich durch Aufstellung von Bewerbern an den Wahlen in Bund, Ländern und Gemeinden beteiligen,
- auf die politische Entwicklung in Parlament und Regierung Einfluss nehmen,

- die von ihnen erarbeiteten politischen Ziele in den Prozess der staatlichen Willensbildung einführen und
- für eine ständige lebendige Verbindung zwischen dem Volk und den Staatsorganen sorgen.

(3) Die Parteien legen ihre Ziele in politischen Programmen nieder.

(4) Die Parteien verwenden ihre Mittel ausschließlich für die ihnen nach dem Grundgesetz und diesem Gesetz obliegenden Aufgaben.

§ 2 Begriff der Partei

(1) Parteien sind Vereinigungen von Bürgern, die dauernd oder für längere Zeit für den Bereich des Bundes oder eines Landes auf die politische Willensbildung Einfluss nehmen und an der Vertretung des Volkes im Deutschen Bundestag oder einem Landtag mitwirken wollen, wenn sie nach dem Gesamtbild der tatsächlichen Verhältnisse, insbesondere nach Umfang und Festigkeit ihrer Organisation, nach der Zahl ihrer Mitglieder und nach ihrem Hervortreten in der Öffentlichkeit, eine ausreichende Gewähr für die Ernsthaftigkeit dieser Zielsetzung bieten. Mitglieder einer Partei können nur natürliche Personen sein.

(2) Eine Vereinigung verliert ihre Rechtsstellung als Partei, wenn sie sechs Jahre lang weder an einer Bundestagswahl noch an einer Landtagswahl mit eigenen Wahlvorschlägen teilgenommen hat.

(3) Politische Vereinigungen sind nicht Parteien, wenn

1. ihre Mitglieder oder die Mitglieder ihres Vorstands in der Mehrheit Ausländer sind oder
2. ihr Sitz oder ihre Geschäftsleitung sich außerhalb des Geltungsbereichs dieses Gesetzes befindet.

Das Bundesverfassungsgericht zum Demokratieprinzip

Das Bundesverfassungsgericht hat in einer Reihe von Entscheidungen wesentliche Elemente des Demokratieprinzips nach dem Grundgesetz beschrieben:

Merkmale der Demokratie	Erläuterungen
Achtung vor den Menschenrechten	■ Unantastbarkeit der Menschenwürde (Art. 1 Abs. 1 GG) ■ Recht auf Leben (Art. 2 Abs. 2 GG) ■ Recht auf freie Entfaltung der Persönlichkeit (Art. 2 Abs. 1 GG) u. a.
Mehrheitsprinzip	■ Die Entscheidungsfindung nach dem Mehrheitsprinzip vermittelt den quantitativ höchsten Grad an Legitimität. Der Inhalt einer Mehrheitsentscheidung muss aber nicht von allen als gerecht empfunden werden. ■ Mehrheitsentscheidungen setzen Gleichheit der Abstimmungsberechtigung und freie Meinungsbildung voraus. ■ Die Mehrheit darf Minderheiten nicht die Chance nehmen, selbst rechtmäßig zur Mehrheit zu werden.
Wahlen	■ In der parlamentarischen Demokratie legitimieren Wahlen die Abgeordneten. Die Bundestagswahlen müssen deshalb in regelmäßigen Abständen stattfinden und nach bestimmten Wahlrechtsgrundsätzen (allgemein, unmittelbar, frei, gleich und geheim) durchgeführt werden. ■ Der gewählten Volksvertretung ist es vorbehalten, alle für das Staatsganze bedeutsamen Angelegenheiten selbst zu regeln (Parlamentsvorbehalt).
Mehrparteienprinzip	■ Die Vielzahl der Interessen und Meinungen erfordert konkurrierende Parteien. Sie vertreten die verschiedenen politischen Ansichten im Parlament. ■ Parteien, die zwar in den Bundestag gewählt, aber nicht an der Regierung beteiligt sind, besitzen das Recht auf Ausübung der Opposition und Kontrolle der Regierung. ■ Das Mehrparteienprinzip erfordert auch die Freiheit der Parteigründung und die Chancengleichheit der Parteien untereinander.
Kommunikationsgrundrechte	Die demokratische Willensbildung setzt vor allem voraus: ■ Meinungs-, Informations- und Pressefreiheit (Art. 5 GG), ■ Versammlungsfreiheit (Art. 8 GG), ■ Vereinigungsfreiheit (Art. 9 GG).

Staat und Verfassung

Problem: Bürgerbeteiligung

Die Demokratie lebt von der Beteiligung der Bürgerinnen und Bürger. Nach Art. 20 Abs. 2 GG wird die Staatsgewalt vom Volk in Wahlen und Abstimmungen sowie durch besondere Organe des Staats ausgeübt. Die Verfassungen der 16 Bundesländer ermöglichen Volksentscheide. Doch die Hürden sind hoch. Das Grundgesetz sieht nur für einen einzigen Fall den Volksentscheid vor, nämlich bei der Neugliederung des Bundesgebiets (Art. 29 GG). Für alle wesentlichen Sachentscheidungen ist der Bundestag zuständig, der alle vier Jahre gewählt wird.

Viele Deutsche wünschen sich mehr Mitbestimmung bei wichtigen Themen durch Volksentscheide auf Bundesebene. Dies würde eine Änderung des Grundgesetzes erfordern, das Gesetzesinitiative und Gesetzesbeschluss abschließend geregelt hat. Die dafür erforderliche Zweidrittelmehrheit in Bundestag und Bundesrat ist schwer erreichbar.

Zusammenfassung zum Demokratieprinzip nach dem GG

Demokratiebegriff

„Demokratie" bedeutet Volksherrschaft; die Begriffsinhalte im Einzelnen sind weltweit sehr verschieden. Nach dem Grundgesetz sind **Merkmale der bundesdeutschen Demokratie** insbesondere:

- Anerkennung der Menschenrechte
- Mehrheitsprinzip
- freie Wahlen
- Mehrparteienprinzip
- Kommunikationsgrundrechte

Voraussetzungen der Demokratie

- Achtung vor der **Menschenwürde**
  Sie verlangt, dass der Mensch als selbstverantwortliche Persönlichkeit mit Eigenwert anerkannt wird; Freiheits- und Gleichheitsrechte sollen Menschenwürde gewährleisten.
- **Mündigkeit der Bürger**
  Bildung, Informations- und Meinungsfreiheit können die Einsichts- und Entscheidungsfähigkeit der Bürger fördern.
- Einigkeit über die **Unaufhebbarkeit demokratischer Grundwerte**

Volkssouveränität

- Es ist zu unterscheiden zwischen
  - der **Herkunft** der Staatsgewalt, Art. 20 Abs. 2 GG: „Alle Staatsgewalt geht vom Volke aus." (Volk als ursprünglicher Träger der Staatsgewalt) und
  - der **Ausübung** der Staatsgewalt, Art. 20 Abs. 2 GG: „Sie wird vom Volke in Wahlen und Abstimmungen und durch besondere Organe der Gesetzgebung, der vollziehenden Gewalt und der Rechtsprechung ausgeübt."
- Die Bundesrepublik ist eine **repräsentative** Demokratie: Die Volksherrschaft wird durch das unmittelbar gewählte Parlament und weitere mittelbar legitimierte Staatsorgane ausgeübt.
- In **freien Wahlen** gewähren die Bürger der Volksvertretung **Vertrauen auf Zeit.**
  Freie Wahlen erfordern vor allem eine **freie und offene Meinungs- und Willensbildung.**

Parlamentarische Regierungsform

- Der **Bundestag** als Parlament hat unter den Bundesorganen den stärksten Einfluss auf das staatliche Handeln.
- Die **politischen Parteien** sind verfassungsrechtlich geschützte Einrichtungen.

1.2.4 Die Bundesrepublik als Sozialstaat

In den Art. 20 Abs. 1 und 28 Abs. 1 GG wird der Staat – erstmals in einer deutschen Verfassung – als sozialer Staat bezeichnet.

Die soziale Frage

Durch die Industrialisierung verlor die Daseinsvorsorge durch Familie, Arbeitgeber und Dorfgemeinde an Bedeutung. Die wachsende Arbeiterschaft empfand wirtschaftliche Armut und soziale Not im 19. Jahrhundert nicht mehr als „naturgegeben", sondern als zu beseitigende Benachteiligung. Gewerkschaften und Arbeiterparteien kämpften gegen die wirtschaftlich begründete Ungleichheit und forderten einen sozialen Staat. Vor allem die Wahlerfolge der Sozialdemokratie im Kaiserreich (1871–1918) machten die „soziale Frage" zu einem vorrangigen politischen Problem im Kaiserreich. Der damalige Reichskanzler Bismarck befürchtete eine soziale Revolution und versuchte, die unzufriedenen Untertanen in den unteren Bevölkerungsschichten durch seine Sozialversicherungspolitik einerseits und Sozialistenverfolgung andererseits – durch „Zuckerbrot und Peitsche" – mit dem monarchischen Obrigkeitsstaat zu versöhnen. Dies gelang ihm zwar nicht, jedoch war die auf die „kaiserliche Botschaft" von 1881 folgende Sozialgesetzgebung der erste Schritt auf dem Weg zum sozialen Staat.

Die Weimarer Verfassung enthielt – als Antwort des Staats auf die soziale Frage – einige soziale Grundrechte, z. B. das Recht auf Arbeit. Jedoch verstanden Gerichte und Reichstag, Behörden und Unternehmen diese Grundrechte meistens als unverbindliche Programmpunkte und erfüllten sie nur teilweise. Der Begriff „sozialer Rechtsstaat" wurde erst 1930 von dem Juristen Hermann Heller geprägt.

Der soziale Staat – ein ständig auszugestaltendes Ziel

Das GG enthält das Bekenntnis zur Menschenwürde und zu einem nicht nur formalen, sondern auch materiellen, einem „gerechten" Rechtsstaat. Die Sicherung der wirtschaftlichen und kulturellen Existenz des Einzelnen ist eine Bedingung dafür, dass er auch die demokratische Ordnung als sinnvoll empfindet und die Mitwirkungsmöglichkeiten im eigenen Interesse nutzt.

Eine krasse wirtschaftliche Ungleichheit würde die politische Gleichheit wirkungslos machen. Das Sozialstaatsgebot schreibt jedoch weder eine bestimmte Wirtschaftsordnung (Marktwirtschaft/Planwirtschaft) noch eine bestimmte sozialpolitische Leitvorstellung (etwa einer Partei oder Kirche) vor, es ist insoweit offen.

Ziel des Sozialstaats ist soziale Gerechtigkeit. Das bedeutet, dass das gesamte Recht eine soziale Tendenz aufweisen muss und die Gesetzgebungsorgane zu sozialer Aktivität verpflichtet sind.

Einige Grundrechte weisen in diese Richtung, z. B.

- Art. 1 GG: Schutz der Menschenwürde,
- Art. 9 GG: Koalitionsfreiheit (einschließlich Tarifautonomie),
- Art. 14 GG: Sozialbindung des Eigentums.

Da **soziale** Grundrechte wie z. B. ein „Recht auf Arbeit" im GG weitgehend fehlen, ist das sozialstaatliche Prinzip in der Verfassung weniger deutlich ausgeprägt als die anderen (gleichrangigen) Verfassungsprinzipien. Es bedarf der Ausgestaltung durch Gesetze, in welche die sozial- und wirtschaftspolitischen Vorstellungen des Bundestags einfließen. Einige im GG geregelte Gesetzgebungszuständigkeiten zeigen, dass Bund und Länder zu sozialgestaltender Tätigkeit verpflichtet sind.

Beispiele

Gesetzgebungszuständigkeiten für öffentliche Fürsorge (Sozialhilfe), Sozialversicherung, Ausbildungsförderung, Arbeitsschutz und Betriebsverfassung (Art. 74 GG), Förderung der wirtschaftlichen Stabilität („Globalsteuerung" zur Beeinflussung der Konjunktur gem. Art. 109 GG), Strukturförderung in bestimmten Wirtschaftsregionen bzw. -sektoren. Dass diese Kompetenzen genutzt wurden, zeigt insbesondere das Sozialgesetzbuch. Es enthält die Sozialstaatlichkeit als Ziel sowie einzelne soziale Rechte und regelt mehrere der oben genannten Aufgabenbereiche.

Die Elemente des Sozialstaats lassen sich nicht genau und allgemeingültig bestimmen. Das Ziel der sozialen Gerechtigkeit wird vor allem in zwei großen Aufgabenfeldern angestrebt:

Soziale Gerechtigkeit	
soziale Sicherung	**sozialer Ausgleich**
Ein wirksames System der sozialen Sicherung soll ein menschenwürdiges Dasein gewährleisten.	**Der Staat hat sich um den Ausgleich sozialer Gegensätze zu bemühen, und zwar**
Das **soziale Sicherungssystem** umfasst insbesondere: ■ **Sozialversicherung** Die Versicherten erwerben Leistungsansprüche in der Kranken- und Pflegeversicherung, der Rentenversicherung, der Arbeitslosenversicherung und der Unfallversicherung durch Beitragszahlungen von Arbeitnehmern und/oder Arbeitgebern. ■ **soziale Versorgung** Versorgungsberechtigte (z. B. Beamte, Kriegsopfer) haben aufgrund bestimmter „Vorausleistungen" (persönliche Dienste, Aufopferung) Anspruch auf staatliche Versorgungsleistungen. ■ **soziale Hilfe** Jeder Bedürftige hat einen Rechtsanspruch auf Hilfe zu einem menschenwürdigen Leben.	■ durch **gleichmäßige und angemessene Verteilung öffentlicher Lasten,** z. B. durch steuerliche Umverteilung der Einkommen, ■ durch **Förderung gleichmäßiger Chancen für das Wohlergehen aller Bürger,** z. B. durch Angleichung der Bildungsmöglichkeiten für Kinder und Jugendliche ohne Rücksicht auf Herkunft und Einkommen der Eltern.

Das Sozialstaatsgebot ist in erster Linie ein **Auftrag an den Gesetzgeber.** Dem Einzelnen gibt die soziale Verpflichtung des Staats (für sich allein) grundsätzlich noch keinen unmittelbaren Anspruch auf öffentliche Leistungen; diese werden in speziellen Gesetzen geregelt (Grundsatz des Gesetzesvorbehalts).

Beispiel

§ 2 Abs. 1 SGB I besagt, dass aus den sozialen Aufgaben nach dem SGB Ansprüche nur insoweit geltend gemacht werden können, als deren Voraussetzungen und Inhalt durch die Vorschriften der besonderen Teile des SGB im Einzelnen bestimmt sind.

Behörden und Gerichte haben das Sozialstaatsprinzip aber als Auslegungsregel bei der Gesetzesanwendung zu beachten.

Problem: Finanzierung des Sozialstaats

Die Sozialstaatsorientierung wurde in den 1950er- und 1960er-Jahren zu einem wichtigen Bestandteil des Grundkonsenses der Bundesrepublik. Sie beruhte jedoch auf dem Glauben an ein stetiges Wirtschaftswachstum. Gegenwärtig ist dieser Sozialstaatskonsens brüchig geworden. Beschäftigungsprobleme und steigende Leistungsausgaben führten dazu, dass die Rücklagen aufgebraucht sind. Die Grafik auf der folgenden Seite zeigt den Anstieg der Sozialleistungen. Diskutiert wird über die Einbeziehung aller Einkommensformen in die Sozialversicherungspflicht. Demografische Veränderungen werden zu Einschränkungen auf der Leistungsseite führen.

Zusammenfassung

Das **Sozialstaatsprinzip** verpflichtet den Staat auf das Ziel der sozialen Gerechtigkeit. Die Gesetzgebungsorgane müssen dafür sorgen, dass das gesamte Recht eine soziale Tendenz aufweist.

Erfordernisse einer **gerechten Sozialordnung:**

- Wirksames System der sozialen Sicherung mit Sozialversicherung, Versorgung, sozialer Hilfe
- Ausgleich sozialer Gegensätze durch gleichmäßige und angemessene Lastenverteilung sowie Förderung gleichmäßiger Wohlstandschancen aller Bürger

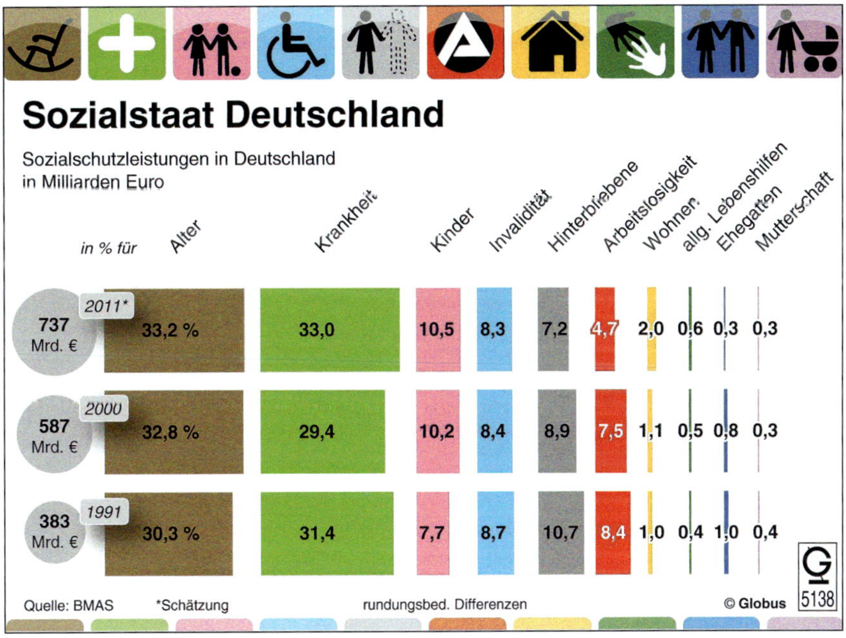

1.2.5 Die Bundesrepublik als Bundesstaat

Art. 20 Abs. 1 GG Die Bundesrepublik Deutschland ist ein demokratischer und sozialer **Bundesstaat.**

Ein Bundesstaat ist eine unkündbare Verbindung beschränkt souveräner Gliedstaaten (Länder), die selbst ein Staat (Bundesstaat) ist.

Als Bundesstaat ist die Bundesrepublik vom Einheitsstaat und vom Staatenbund (Konföderation, völkerrechtliche Staatengemeinschaft) zu unterscheiden.

- Ein **Einheitsstaat** ist ein Staat mit einheitlicher, zentral gelenkter Staatsgewalt. Gliedstaaten sind nicht vorhanden.

  Beispiel: *Die DDR war vor der Bildung von Ländern 1990 als zentralistischer Einheitsstaat in Bezirke gegliedert. Frankreich ist ein dezentralisierter Einheitsstaat, untergliedert in 22 Regionen mit eigenen Parlamenten.*

- Zu einer **Staatengemeinschaft** können sich nach außen souveräne (selbstständige) Staaten durch einen kündbaren Vertrag zusammenschließen. Solche völkerrechtlichen Verbindungen dienen meistens politischen, wirtschaftlichen oder militärischen Zielen. Es entsteht kein neuer Staat. Allerdings haben solche Gemeinschaften ihrerseits Organe mit eigenen Befugnissen (z. B. Ministerrat und Europäischer Gerichtshof als Organe der EU). Je nach der Stärke der Eingriffsmöglichkeiten der Gemeinschaft gegenüber einem Mitgliedstaat unterscheidet man über- und zwischenstaatliche Gemeinschaften.

  – **überstaatliche (supranationale) Gemeinschaften**

  Die Mitgliedstaaten übertragen einen Teil ihrer Hoheitsrechte auf die Gemeinschaft; die Gemeinschaftsorgane können in direkte Rechtsbeziehungen zu den Bürgern der Mitgliedstaaten treten.

  Beispiel: *Europäische Union*

  – **zwischenstaatliche (internationale) Gemeinschaften**

  Die Gemeinschaft hat keine direkten Eingriffsrechte, da die Mitgliedstaaten ihre Souveränität ganz erhalten.

  Beispiele: *Vereinte Nationen, Europarat, Nordatlantikpakt (NATO).*

Die Stimmenverteilung im Bundesrat

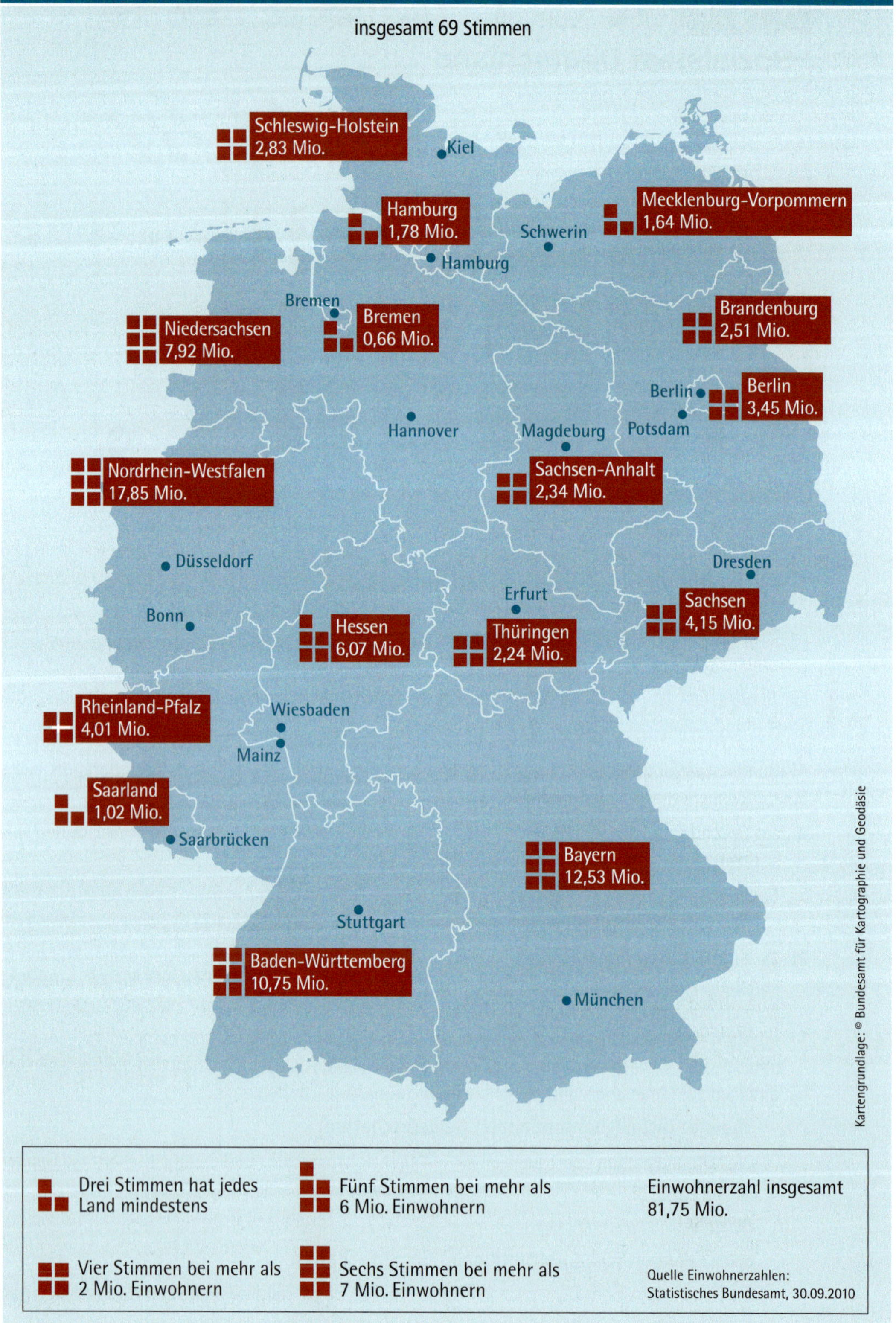

Einheitsstaat und Staatenverbindungen		
Einheitsstaat	**Bundesstaat**	**Staatengemeinschaft**
■ Einzelstaat ■ mit einheitlich aufgebauter, zentral gelenkter Staatsgewalt	■ aus Gliedstaaten gebildeter Gesamtstaat ■ zwei Staatsgewalten ■ prinzipiell unkündbare staatsrechtliche Verbindung	■ kein neuer Staat ■ kündbare völkerrechtliche Verbindung ■ supra- oder internationale Gemeinschaft

In der deutschen Verfassungsgeschichte waren jahrhundertelang zahlreiche Einzelstaaten in losen zwischenstaatlichen Verbindungen organisiert (Heiliges Römischen Reich Deutscher Nation bis 1806, Rheinbund, Deutscher Bund). 1867 entstand mit dem Norddeutschen Bund der erste deutsche Bundesstaat. Auch das Kaiserreich und die Weimarer Republik waren Bundesstaaten.

In Deutschland lagen somit bundesstaatliche Erfahrungen vor, als die Besatzungsmächte eine „Regierungsform des föderalistischen Typs" vorgaben. Außerdem ist der Bundesstaat in einem bevölkerungsreichen Land besonders „demokratiegemäß", weil er zusätzliche Chancen für politische Alternativen, den parteipolitischen Wettbewerb und die Mitbestimmung der Bürger bietet. Ferner sorgen die Machtzentren in den Ländern für eine zusätzliche (vertikale) Gewaltenteilung.

Elemente des Bundesstaatsprinzips nach dem Grundgesetz

- **Bund und Länder sind Staaten.**
  Nach dem Grundgesetz besitzen der Bund wie auch die Länder innerhalb ihrer Aufgaben und Befugnisse ursprüngliche Hoheitsgewalt. Die Staatsgewalt der Länder ist nicht vom Bund abgeleitet, sondern wird von ihm (als bei der Entstehung der Bundesrepublik bereits vorhanden) anerkannt.
  Der Staatsaufbau ist damit zweistufig. Die Länder (die Stadtstaaten ausgenommen) sind in Gemeinden und Gemeindeverbände (Kommunen) gegliedert. Diese stellen eine Verwaltungsebene, nicht aber eine dritte staatliche Ebene dar. Den Kommunen wird in Art. 28 Abs. 2 GG das Selbstverwaltungsrecht in Angelegenheiten der örtlichen Gemeinschaft garantiert.
- **Bund und Länder haben die gleiche Grundordnung.**
  Die Länder können ihre Verfassung grundsätzlich selbst bestimmen, sie muss aber mit der bundesstaatlichen Ordnung in Einklang stehen. Der Bund garantiert in Art. 28 GG die Einhaltung folgender Grundsätze in allen Bundesländern:
  - uneingeschränkte Grundrechtsgeltung,
  - oberste Verfassungsprinzipien (Republik, Demokratie, Rechts-, Sozial- und Bundesstaatlichkeit),
  - kommunale Selbstverwaltung.
- **Bund und Länder teilen sich die staatlichen Aufgaben.**
  Art. 30 GG enthält die Grundregel für die Aufgabenteilung zwischen Bund und Ländern: Die Ausübung der staatlichen Befugnisse und die Erfüllung der staatlichen Aufgaben sind grundsätzlich Angelegenheiten der Länder.
  Im Grundgesetz sind die Kompetenzen für eine Reihe von Aufgaben im Einzelnen dem Bund oder den Ländern zugeordnet. Die Aufgaben der drei Teilgewalten sollen jeweils auf der Ebene gelöst werden, auf der dies am besten möglich ist. Deshalb sind Legislative, Exekutive und Judikative auf die Bundes- und Landesstaatsgewalt ungleichmäßig verteilt:
  - Für die **Gesetzgebung** sind gem. Art. 70 GG die Länder zuständig, soweit nicht das GG dem Bund Gesetzgebungsbefugnisse verleiht. Allerdings räumt das GG dem Bund weitaus größere Zuständigkeiten ein als den Ländern.
  - Die **Gesetzesausführung** obliegt nach Art. 83 GG grundsätzlich den Ländern, dem Bund nur dort, wo ihm das GG ausdrücklich Kompetenzen zuweist. Die Verwaltungskompetenz liegt auch tatsächlich überwiegend bei den Ländern.
  - Auch die **Rechtsprechung** ist nach Art. 92 grundsätzlich Sache der Länder, die auch die Gerichte (bis auf die obersten Bundesgerichte) unterhalten.

Bund und Länder besitzen gegenseitige Einflussmöglichkeiten.
Die Zusammenarbeit zwischen Bund und Ländern erfordert einerseits Einwirkungsmöglichkeiten des Bundes auf die Länder und andererseits Mitwirkungsrechte der Länder bei Bundesangelegenheiten. Das Grundgesetz regelt die Kooperation u. a. folgendermaßen:

– **Bundesrat**
Durch den Bundesrat wirken die Länder bei der Gesetzgebung und Verwaltung des Bundes mit (Art. 50 GG; s. auch Art. 76 Abs. 1, 77 Abs. 3, 79 Abs. 2, 80 Abs. 2, 83 ff. GG).

Stimmenverteilung im Bundesrat:

Die Länder haben zwischen drei und sechs Stimmen. Die Stimmenzahl orientiert sich zwar an der Einwohnerzahl, jedoch ist sie nicht allein ausschlaggebend. Auch sehr kleine Länder haben Stimmrechte. So ergibt sich ein Mittelweg zwischen föderativer und demokratischer Repräsentation. Die großen Länder können die übrigen nicht übertrumpfen; die kleinen Länder besitzen aber auch nicht die Macht, die anderen zu überstimmen. Insgesamt gibt es im Bundesrat 69 ordentliche Mitglieder und demzufolge 69 Stimmen.

Sitzung des Bundesrats in Berlin © Bundesrat 2006, Peter Wilke

Aufgaben des Bundesrats:

Der Bundesrat wirkt an der Gesetzgebung des Bundes und bei bestimmten Rechtsverordnungen und Verwaltungsvorschriften mit. Er wahrt so insbesondere die Interessen der Länder.
- Ihm steht – neben Bundestag und Bundesregierung – das Recht der Gesetzesinitiative zu (Art. 76 Abs. 1 GG).
- Er hat ein Einspruchsrecht gegen einfache Bundesgesetze (Art. 77 Abs. 3 GG).
- „Föderative" Gesetze – sie berühren die Interessen der Länder – bedürfen der ausdrücklichen Zustimmung des Bundesrats (Art. 78 GG).
- Verfassungsändernde Gesetze bedürfen der Zustimmung von zwei Dritteln der Stimmen des Bundesrats (Art. 79 Abs. 2 GG).

– **Bundesaufsicht**
Führen die Länder Bundesgesetze als eigene Angelegenheit oder im Auftrage des Bundes aus, so unterliegen sie dessen Aufsicht (Art. 84, 85 GG).

– **Bundeszwang**
Erfüllt ein Land die ihm obliegenden Bundespflichten nicht, so kann die Bundesregierung es im Wege des Bundeszwangs zur Erfüllung seiner Pflichten anhalten. Der Bundesrat muss jedoch zustimmen (Art. 37 GG).

– **Gesetzgebung**
Der Bund kann fast alle wichtigen Lebensbereiche gesetzlich regeln. Treffen bundes- und landesrechtliche Normen aufeinander, so gilt der Grundsatz: „Bundesrecht bricht Landesrecht" (Art. 31 GG).

– **Finanzhilfen des Bundes für die Länder**
Der Bund entscheidet über die meisten Steuergesetze und über die Steuerverteilung zwischen Bund und Ländern (vertikaler Finanzausgleich); über die Gewährung von Finanzhilfen übt der Bund erheblichen Einfluss auf die Länder aus.

– **Pflicht zur Bundestreue**
Bund und Länder haben die wechselseitige Pflicht zu bundesfreundlichem Verhalten. Zur Festigung des Bundes muss jeder Beteiligte auf die Belange der anderen Bundespartner Rücksicht nehmen und sich mit ihnen verständigen.

Der ungeschriebene Grundsatz der Bundestreue wurde vom Bundesverfassungsgericht durch Auslegung des GG entwickelt und soll dem Egoismus des Bundes oder eines oder mehrerer Länder vor allem dort Grenzen setzen, wo eine spezielle Verfassungsnorm fehlt. Aus der Pflicht zur Bundestreue ergeben sich u. a. folgende konkrete Rechtspflichten:

- Pflicht zur Zusammenarbeit und zur Einigung,
- Pflicht zu gegenseitiger Hilfeleistung (insbesondere gegenseitige finanzielle Unterstützung durch horizontalen Finanzausgleich),
- Pflicht des Bundes zur Gleichbehandlung aller Länder,
- Pflicht der Länder, gegen Gemeinden einzuschreiten, die sich ‚bundesfeindlich' verhalten.

Problem: Reform des Föderalismus

Die Beteiligung der Länder an der Gesetzgebung des Bundes führte zu langwierigen Gesetzgebungsverfahren. Vor 2006 bedurften etwa 60 % der Bundesgesetze der Zustimmung des Bundesrats. Auch die Gesetzgebungszuständigkeiten waren nicht immer transparent: Auf einigen Gebieten wie z. B. dem Beamtenrecht konnte der Bund Rahmenvorschriften erlassen, die von den Ländern konkretisiert werden mussten. Für bestimmte Gemeinschaftsaufgaben waren Bund und Länder zuständig.

Nun sind Rahmenzuständigkeiten und Gemeinschaftsaufgaben abgeschafft, sodass die Bürger deutlicher erkennen können, welche Ebene für welche Aufgabe zuständig ist. Nur noch ca. 40 % der Bundesgesetze sind „Zustimmungsgesetze".

Als Ausgleich dieses Mitwirkungsverlustes wurde für einige Rechtsgebiete ein Abweichungsrecht der Länder geschaffen. Bundesgesetze, z. B. zum Naturschutz, zum Jagdwesen oder zum Wasserhaushalt, treten frühestens sechs Monate nach ihrer Verkündung in Kraft, damit jedes Bundesland in dieser Frist abweichende Regelungen treffen kann, die dann im betreffenden Bundesland dem Bundesrecht vorgehen.

Beim Beamtenrecht bleibt der Bund zuständig für die Statusrechte und -pflichten aller Beamten. Für Laufbahnen, Besoldung und Versorgung der Landes- und Kommunalbeamten sind die Länder zuständig. Kleinere und „ärmere" Länder befürchten deshalb, dass qualifizierte Beamte von „reicheren" Ländern mit besserer Bezahlung abgeworben werden könnten (siehe LF 5).

Der Bund darf den Ländern und Kommunen grundsätzlich keine Finanzhilfen mehr für deren eigene Aufgaben gewähren. Damit soll verhindert werden, dass er mit dem „goldenen Zügel" politisch mitlenkt, wenn er nicht zuständig ist.

Im Rahmen der Föderalismusreform wurde auch die Schuldenbegrenzung in Bund und Ländern geregelt.

Insgesamt brachte die Reform einen Zuwachs an gesetzlichen Gestaltungsmöglichkeiten für die Länder.

Zusammenfassung

Merkmale der bundesstaatlichen Ordnung:

- Staatlichkeit des Bundes und der Länder
- Homogenität (Gleichheit) der Grundordnungen
- verfassungsmäßige Aufgabenteilung zwischen Bund und Ländern
- gegenseitige Einflussmöglichkeiten, z. B. durch
  - Bundesrat (Mitwirkung der Länder)
  - Bundesaufsicht
  - Bundeszwang
  - Bundesgesetzgebung in wichtigen Lebensbereichen
  - Finanzhilfen des Bundes für die Länder
- Pflicht zur Bundestreue

1.3 Das Rechtsstaatsprinzip

Im Rechtsstaat bestimmt und beschränkt das Recht alle staatliche Tätigkeit. Es gilt sowohl für die Bürger wie für die Staatsorgane selbst. Das Recht sichert so die persönliche Freiheit des Einzelnen. Im Vordergrund steht dabei die Mäßigung der Staatsgewalt durch Gewaltenteilung, Achtung der Grundrechte und den Gesetzesvorbehalt, durch den eine Grundrechtseinschränkung nur bei gesetzlicher Erlaubnis zulässig ist.

Demokratie umfasst neben der gemeinsamen Selbstbestimmung aller Bürger auch den Gleichheitsgedanken, Rechte auf Information, Mitberatung und -entscheidung. Die erste demokratische deutsche Verfassung war die der Weimarer Republik (1919–1933). Die beiden Verfassungsgrundsätze des Rechtsstaats und der Demokratie sind nicht identisch, nach dem Verständnis des Grundgesetzes bedingen sie sich aber gegenseitig.

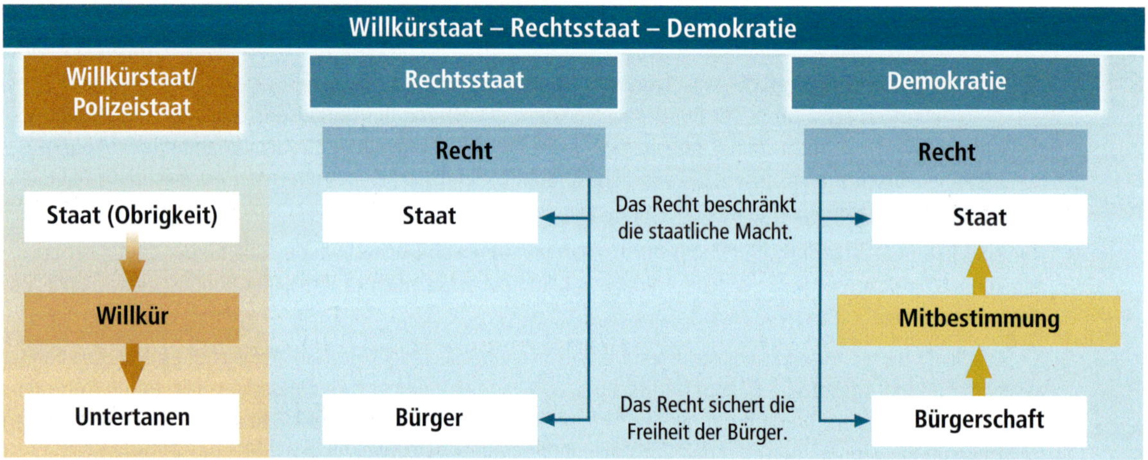

1.3.1 Entwicklung des Rechtsstaatsgedankens

Die absolutistischen Staaten des 17. bis 19. Jahrhunderts übten ihre Staatsgewalt uneingeschränkt und willkürlich aus. Gegen sie gab es keinen wirksamen Schutz. Mit der Forderung nach dem Rechtsstaat wehrte sich seit Beginn des 19. Jahrhunderts das aufstrebende Besitzbürgertum gegen den Feudal- und Polizeistaat.

Mit dem Begriff Rechtsstaat verband das liberale Bürgertum folgende Forderungen:

- Gewährung individueller Freiheiten in einer Verfassung
- Gewaltenteilung
- Gesetzesbindung aller Zweige der Staatsgewalt
- Gesetzgebung nur mit Zustimmung des Parlaments
- Kontrolle der Gesetzmäßigkeit der Verwaltung durch unabhängige Richter

Diese Merkmale des liberalen Rechtsstaats trafen auf das deutsche Kaiserreich (1871–1918) weitgehend zu. Das staatliche Handeln war von verfassungsmäßigen Gesetzen bestimmt und für den gesetzeskundigen Bürger berechenbar („Gesetzesstaat"). Diese Rechtssicherheit bedeutete einen Fortschritt für alle Gesellschaftsschichten, dem Unternehmertum kam sie aber besonders zugute. Wer Eigentum und Initiative besaß, konnte seine Freiheit nun besser nutzen. Den wirtschaftlich Schwachen und sozial Ungesicherten jedoch brachte der Rechtsstaat des 19. Jahrhunderts nicht nur Vorteile.

Kritik am formal-liberalen Rechtsstaat des Kaiserreichs und der Weimarer Republik

- Der Grundsatz der Gesetzesbindung verhinderte zwar offene Willkür der Behörden und Gerichte; verbunden mit der damals im öffentlichen Dienst vorherrschenden obrigkeitlichen Haltung konnte er jedoch auch zu Ungerechtigkeiten führen: Verletzte eine Vorschrift ein Grundrecht oder brachte sie bestimmten Bevölkerungsteilen unverhältnismäßig harte Nachteile, so wurde diese ungerechte Regelung dennoch ohne Weiteres angewandt. Entscheidend war der verfahrensmäßig richtige Erlass und damit die formelle Gültigkeit des Gesetzes.

574056

Beispiel

Der französische Dichter Anatole France (1844–1924) drückte die inhaltliche Ungerechtigkeit formell korrekter Gesetze einmal so aus: „Das Gesetz in seiner majestätischen Gleichheit verbietet es den Reichen wie den Armen, auf den Straßen zu betteln, unter den Brücken zu schlafen und Brot zu stehlen."

- Der bloß formelle Rechtsstaat begünstigte so die soziale Ungleichheit, denn Eigentums- und Gewerbefreiheit, staatliche Zurückhaltung in wirtschaftlichen und auch sozialen Fragen nutzten den Besitzenden und wirkten wie „Sonderrechte". Deshalb setzte sich vor allem die Arbeiterbewegung für den inhaltlichen (materiellen) Ausbau der Rechtsordnung zum sozialen und demokratischen Rechtsstaat ein.
- Das formelle Rechtsstaatsverständnis trug auch zum Scheitern der Weimarer Republik bei:
  In der Weimarer Verfassung (1919) waren die Grundrechte nicht ausreichend abgesichert. Eingriffe waren durch Gesetz, aber ohne Änderung der Verfassung möglich; es gab keine unantastbaren Regelungen. Hinzu kam das Notverordnungsrecht, das dem Reichspräsidenten erlaubte, Grundrechte außer Kraft zu setzen und damit Elemente des Rechtsstaats aufzuheben. (Dies geschah z. B. 1933 nach dem Reichstagsbrand.)
  Die Möglichkeit umfassender Verfassungsänderungen und das deshalb formell legale Ermächtigungsgesetz erleichterten die Errichtung der Diktatur durch Hitler. Im NS-Staat erklärte die Reichsregierung Führerwillkür zum Recht, indem sie Anordnungen in Gesetzesform kleidete. Die Vorschriften erweckten so den Anschein von Rechtlichkeit.

Damit war die Weimarer Republik ein Rechtsstaat, der sich selbst preisgeben konnte, wenn nur die dazu notwendigen Formen und Verfahren korrekt eingehalten wurden. Menschenwürde, Grundrechte und das Prinzip der Gerechtigkeit waren bis 1933 zwar verfassungsmäßige Programmsätze, sie konnten aber gegenüber diesem Staat nicht erzwungen werden.

Wegen dieser Mängel des nur formellen Rechtsstaats entschied sich der Parlamentarische Rat 1948/49 für dessen Weiterentwicklung zu einem demokratischen und sozialen (und damit materiellen) Rechtsstaat („Gesetzes- und Gerechtigkeitsstaat"). Das heißt: Im Grundgesetz wird die Staatsgewalt nicht nur an die vom Bundestag beschlossenen Gesetze gebunden (formeller Rechtsstaat), sondern auch an

- die unantastbare Menschenwürde,
- über den Gesetzgeber gestellte Freiheits- und Gleichheitsrechte,
- den Grundsatz der Gerechtigkeit.

Art. 1 GG enthält das Bekenntnis zu den Menschenrechten; der Staat schafft sie also nicht erst, sondern garantiert sie als vorstaatliches Naturrecht (materieller Rechtsstaat).

1.3.2 Merkmale des Rechtsstaats nach dem Grundgesetz

Gewährleistung der Grundrechte

Art. 1 Abs. 3 GG
Die Grundrechte binden Gesetzgebung, vollziehende Gewalt und Rechtsprechung als unmittelbar geltendes Recht.

Die Grundrechte schützen die Freiheitssphäre des Einzelnen gegen Eingriffe der Staatsgewalt. Sie sind also vor allem Abwehrrechte. Darüber hinaus sichern sie die Möglichkeit demokratischer Mitwirkung. Sie sind deshalb auch Teilhaberrechte.

Einzelne Grundrechte können – soweit das Grundgesetz dies zulässt – durch Gesetze ausgestaltet bzw. beschränkt werden. Hierfür gelten strenge Maßstäbe; das Bundesverfassungsgericht überwacht deren Einhaltung.

Bindung an Gesetz und Recht

Art. 20 Abs. 3 GG
Die Gesetzgebung ist an die verfassungsmäßige Ordnung, die vollziehende Gewalt und die Rechtsprechung sind an Gesetz und Recht gebunden.

1 Staat und Verfassung

Die Gesetzgebung ist an die verfassungsmäßige Ordnung gebunden. Der Bundestag hat also bei jedem Gesetzesbeschluss das GG einzuhalten.

Vollziehende und Recht sprechende Gewalt sind an **Gesetz und Recht** gebunden. Das bedeutet:

Auf dem verfassungsmäßigen Weg zustande gekommene (formelle) Gesetze haben Vorrang vor anderen staatlichen Rechtsquellen **(Vorrang des Gesetzes)**.

Für die öffentliche Verwaltung heißt dies, dass ihre Maßnahmen mit dem Gesetz in Einklang stehen müssen. Dabei haben die Verfassung (GG) und die vom Parlament beschlossenen Gesetze Vorrang vor abgeleiteten Rechtsquellen (Rechtsverordnungen, Satzungen) und vor allen verwaltungsinternen Regelungen (Verwaltungsvorschriften, Weisungen).

Rangstufen der Rechtsquellen

- Verordnungen der EU
- Grundgesetz
- Formelle Bundesgesetze
- Rechtsverordnungen des Bundes
- Satzungen nach Bundesrecht
- Landesverfassung
- Formelle Landesgesetze
- Rechtsverordnungen des Landes
- Satzungen nach Landesrecht

Erläuterungen wichtiger Rechtsquellen

Rechtsquellen	Erläuterungen
EU-Recht	Zur Verwirklichung eines vereinten Europas hat der Bund gem. Art. 23 Abs. 1 S. 2 GG im EU-Vertrag Hoheitsrechte auf die Europäischen Gemeinschaften übertragen. Damit kann die EU rechtliche Regelungen auch für die Bundesrepublik Deutschland treffen. Eine unmittelbare Rechtsverbindlichkeit für die Bürger in Deutschland haben jedoch nur die **EU-Verordnungen.** (Die zweite Gruppe der EU-Normen, die EU-Richtlinien, müssen erst in nationales Recht übertragen werden und gelten dann als deutsche Gesetze oder Rechtsverordnungen.)
Verfassung	**Verfassungsgesetze** sind das Grundgesetz für die Bundesrepublik Deutschland und die Landesverfassungen. Sie gehen anderen Gesetzen vor. Sie haben einen besonderen Inhalt (Grundrechte, Staatsorganisation) und kommen auf besonderen Wegen zustande: Das Grundgesetz wurde vom Parlamentarischen Rat (verfassunggebende Versammlung) beschlossen, die meisten Landesverfassungen wurden durch Volksentscheid (Referendum) angenommen.
Formelles Gesetz (Parlamentsgesetz)	**Gesetze im formellen Sinne** sind Rechtsquellen, die von den Parlamenten (Bundestag, Landesparlamente) in verfassungsmäßigen Gesetzgebungsverfahren erlassen worden sind. Zustandekommen eines Bundesgesetzes a) Gesetzesinitiative Gesetzesvorschlag der Bundesregierung, des Bundesrats oder aus der Mitte des Bundestags b) Gesetzberatung und -beschluss 1. Beratung im Bundestag (Aussprache, Überweisung an Ausschüsse) 2. Beratung im Bundestag (Beratung/Abstimmung einzelner Bestimmungen) 3. Beratung und Gesetzesbeschluss durch den Bundestag

	c) Mitwirkung des Bundesrats – Einspruch erheben oder Einspruchsfrist verstreichen lassen (bei nicht zustimmungsbedürftigen Gesetzen) – Zustimmung oder Ablehnung (bei Zustimmungsgesetzen) – Anrufen des Vermittlungsausschusses d) Gegenzeichnung durch den Bundeskanzler oder den zuständigen Minister (Übernahme politischer Mitverantwortung für das Gesetz) e) Ausfertigung durch den Bundespräsidenten; er beurkundet durch seine Unterschrift unter die Gesetzesurkunde das verfassungsmäßige Zustandekommen des Gesetzes. f) Verkündung im Bundesgesetzblatt Daneben wird der Begriff „Gesetz" auch als Sammelbezeichnung für alle Rechtsnormen verwendet, die für den Einzelnen Rechte bzw. Pflichten regeln. Will man diese für den Bürger allgemein verbindliche Wirkung betonen, spricht man auch bei bestimmten Rechtsverordnungen, Satzungen oder auch EU-Verordnungen von **Gesetzen im materiellen Sinne.**
Rechtsverordnung	Auch Exekutivorgane erlassen Rechtsnormen, jedoch nur im Rahmen besonderer Ermächtigungen in formellen Gesetzen (s. Art. 80 Abs. 1 GG). So kann sich das Parlament von Einzelvorschriften entlasten, den wesentlichen Inhalt aber selbst regeln. Beispiele: Straßenverkehrsordnung des Bundesverkehrsministers, Gemeindehaushaltsverordnung des Landesinnenministers, Verordnung einer örtlichen Polizei- bzw. Ordnungsbehörde über das Verhalten in Grün- und Erholungsanlagen.
Satzung	Nichtstaatliche juristische Personen des öffentlichen Rechts erlassen Satzungen zur Regelung eigener Angelegenheiten. Satzungshoheit besitzen z. B. die Gemeinden und Kreise, die Sozialversicherungsträger, die Berufskammern und die öffentlich-rechtlichen Rundfunkanstalten. Satzungen sind von Rechtsverordnungen zu unterscheiden: In einer Ortssatzung z. B. regelt die Gemeinde weniger die „Feinheiten" öffentlicher Aufgaben anstelle bzw. zur Entlastung des Landtags, sondern sie gestaltet die Selbstverwaltungsangelegenheiten nach den örtlichen Bedürfnissen in eigener Verantwortung. Satzungsermächtigungen in Gesetzen sind – im Gegensatz zu Verordnungsermächtigungen – oft allgemein gehalten.

Gewohnheitsrecht sind ungeschriebene Rechtsregeln, die durch stetige Übung und in Rechtsüberzeugung aller Beteiligten innerhalb einer Rechtsgemeinschaft entstanden sind (im Unterschied zum gesetzten, in einem förmlichen Gesetzgebungsverfahren erlassenen Recht).

Gewohnheitsrecht kann grundsätzlich auf Bundes-, Landes- oder Ortsebene bestehen. Observanzen (im Verwaltungsrecht) sind nur örtlich geltende Regeln des Gewohnheitsrechts. Im Strafrecht ist strafbegründetes Gewohnheitsrecht durch Art. 103 II GG ausgeschlossen.

Beispiele

Grundsatz von Treu und Glauben, Recht der Einwohner zur Wasserentnahme aus einem gemeindlichen Heilbrunnen, Wegerecht.

Alle Eingriffe in Grundrechte der Bürger (Freiheitsrechte, Eigentum) erfordern eine gesetzliche Grundlage; sie stehen unter dem Vorbehalt einer gesetzlichen Eingriffsermächtigung. Ebenso bedürfen wesentliche staatliche Leistungen an Bürger einer gesetzlichen Grundlage **(Vorbehalt des Gesetzes)**.

Gewaltenteilung

Die Staatsorgane der Legislative, Exekutive und Judikative üben die Staatsgewalt nach Funktionen getrennt aus. Diese horizontale Gewaltenteilung dient der Machtbeschränkung und -kontrolle; sie soll eine Balance der staatlichen Teilgewalten sichern.

- Das Grundgesetz sieht zahlreiche **Durchbrechungen** des Prinzips der Gewaltenteilung vor. Die Organe der Legislative und der Exekutive sind nicht schematisch starr getrennt. Durch Verschränkungen der Teilgewalten soll eine wirksamere Machtverteilung und -kontrolle erreicht werden (Gewaltenhemmung), ohne jedoch die Volkssouveränität einzuschränken. Denn gemäß Art. 20 Abs. 2 GG geht alle Staatsgewalt vom Volke aus.

- Diesem Ziel entspricht auch die Aufteilung der Staatsfunktionen auf zwei staatliche Ebenen (vertikale Gewaltenteilung zwischen Bund und Ländern).

Beispiele

Der Bundestag (Legislative) wählt den Bundeskanzler (Exekutive) und die Hälfte der Bundesverfassungsrichter (Judikative).

Die Bundesregierung (Exekutive) kann Rechtsverordnungen mit Gesetzeskraft erlassen, wenn eine gesetzliche Ermächtigung vorliegt.

Das Bundesverfassungsgericht (Judikative) entscheidet über Rechtsverletzungen durch die Exekutive; es kann nicht verfassungsgemäße Bundesgesetze aufheben.

Das Gewaltenteilungsprinzip wird in der Praxis der Staatsführung durch eine andere Funktionsverteilung überlagert: Die Bundesregierung (Exekutive) arbeitet mit den Koalitionsparteien im Bundestag (Legislative) zusammen. Die Kontrolle der Regierung wird daher meistens nur durch die Parlamentsminderheit (Opposition) ausgeübt.

Gewaltenteilung und politische Führung in der Bundesrepublik Deutschland

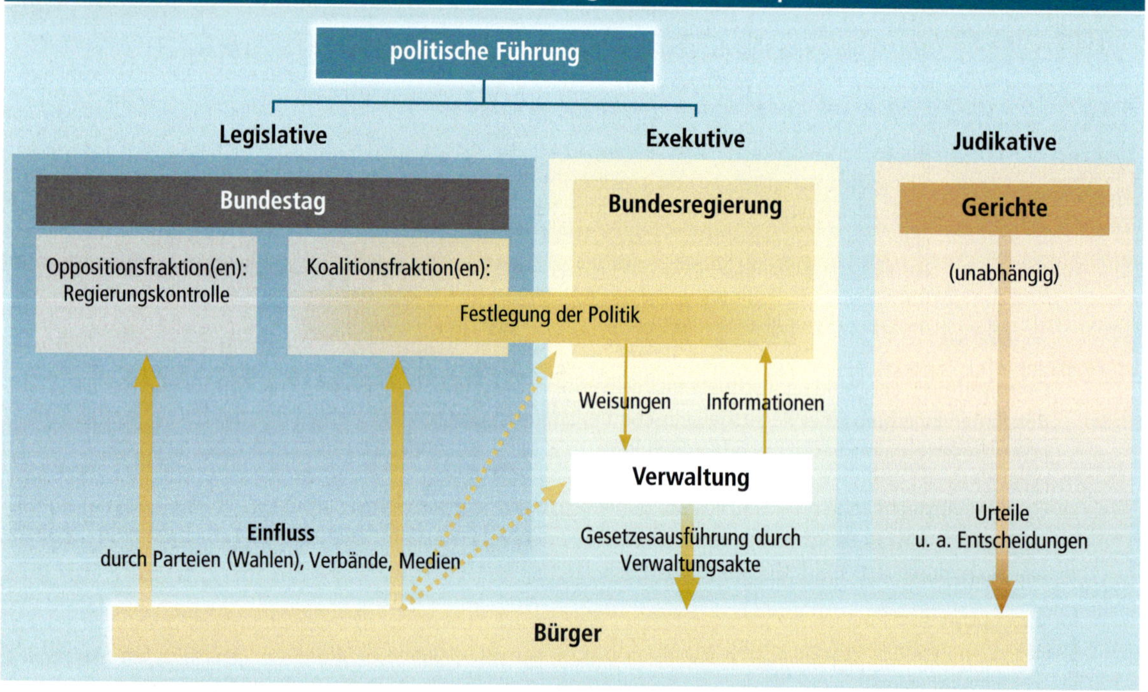

Exkurs: Die Bundesregierung als Exekutivorgan

Das Thema der Gewaltenteilung und ihrer Durchbrechungen wird besonders deutlich, wenn man die Bundesregierung, ihre Aufgaben und Beziehungen zu anderen Verfassungsorganen betrachtet.

Stellung und Zusammensetzung

Zur vollziehenden Gewalt des Bundes gehören der Bundespräsident und die Bundesregierung, die aus dem Bundeskanzler und den Bundesministern besteht (Art. 62 GG). Während der Bundespräsident als Staatsoberhaupt überwiegend repräsentative Funktionen besitzt, trifft die Bundesregierung richtungweisende politische Entscheidungen für die Bundesrepublik Deutschland als Ganzes. Neben ihr wirken auch andere Verfassungsorgane – insbesondere der Bundestag – bei dieser „Staatswillensbildung" mit. Deren Rechte hat die Bundesregierung zu beachten. Jedoch wäre es falsch, in der Bundesregierung wegen ihrer Abhängigkeit vom Parlament nur dessen Vollzugsorgan zu sehen: Viele Rechte und Aufgaben leitet die Regierung nämlich unmittelbar aus dem Grundgesetz ab; sie ist deshalb ein Verfassungsorgan neben anderen.

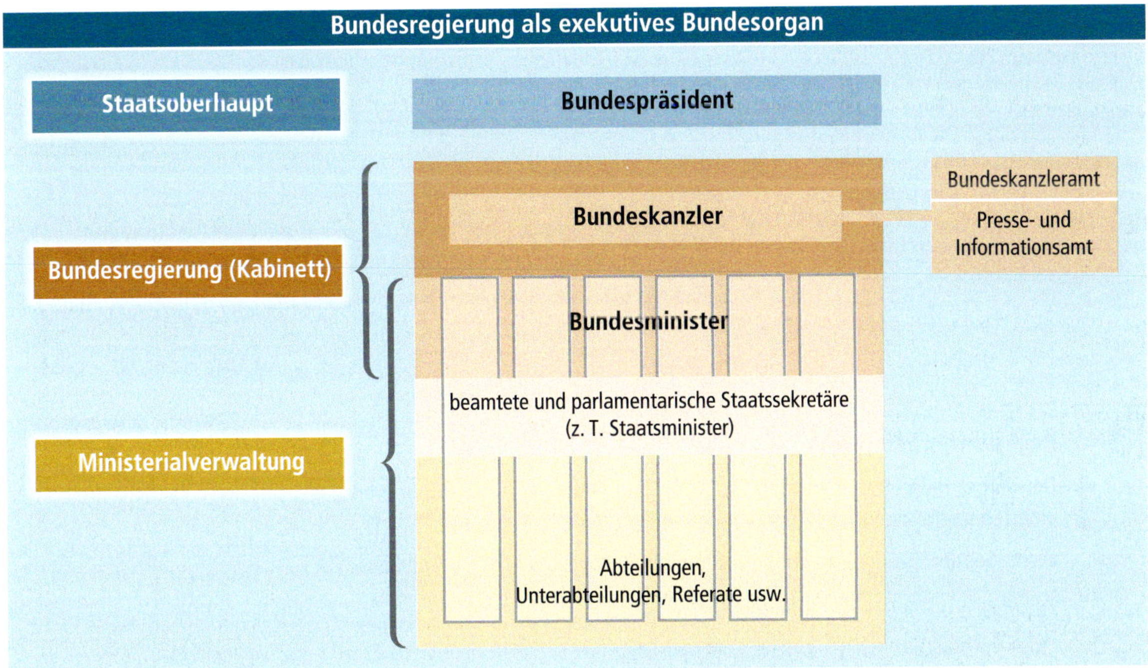

Der Bundeskanzler

Der Bundeskanzler wird vom Bundestag ohne Aussprache gewählt. Dem Bundespräsidenten obliegen der Kandidatenvorschlag und die Ernennung des Gewählten (Einzelheiten s. Art. 63 GG).

Bundeskanzler und -minister stehen in einem öffentlich-rechtlichen Amtsverhältnis eigener Art, sie sind also nicht Beamte im beamtenrechtlichen Sinne.

Mit dem konstruktiven Misstrauensvotum kann der Bundestag die Bundesregierung stürzen. Der Bestand der Regierung hängt damit von der Unterstützung der Bundestagsmehrheit ab. Um der Regierung das Vertrauen zu entziehen, reicht aber eine bloße „Abwahl" des Kanzlers nicht aus. Zunächst muss sich die Parlamentsmehrheit nach Art. 67 Abs. 1 GG auf einen neuen Kanzler einigen. Diese Voraussetzung ist das konstruktive Element des Misstrauensvotums.

Das schwerwiegende konstruktive Misstrauensvotum im Sinne des GG darf nicht verwechselt werden mit der rechtlich folgenlosen Missbilligung des Verhaltens von Regierungsmitgliedern durch den Bundestag.

Das Grundgesetz gibt dem Bundeskanzler eine starke Stellung gegenüber dem Bundespräsidenten, dem Bundestag und den Bundesministern. Er allein bestimmt die Richtlinien der Politik (und auch, was „Richtlinien" sind). Sehr früh schon wurde das politische System der Bundesrepublik Deutschland deshalb als „Kanzlerdemokratie" bezeichnet.

Die Bundesminister

Der Bundeskanzler wählt die Bundesminister aus, der Bundespräsident ernennt und entlässt sie.

Die Bundesminister gehören der Regierung an und stehen zugleich an der Spitze ihres Ministeriums. Minister werden durch Staatssekretäre vertreten, von denen einige den Titel „Staatsminister" führen. Ein beamteter Staatssekretär ist als höchster Beamter des Ministeriums für die Verwaltung verantwortlich, er vertritt den Minister bei der Leitung des Ministeriums. Ein parlamentarischer Staatssekretär entlastet den Minister vor allem im parlamentarischen Bereich. Er muss Mitglied des Bundestags sein.

Organisationsprinzipien, Aufgaben und Befugnisse der Bundesregierung		
Kanzlerprinzip	**Ressortprinzip**	**Kollegialprinzip**
Der Bundeskanzler bestimmt die Richtlinien der Politik (Richtlinienkompetenz), leitet die Regierungsgeschäfte und trägt die Verantwortung gegenüber dem Parlament.	Jeder Bundesminister leitet innerhalb der vom Kanzler bestimmten Richtlinien einen Geschäftsbereich (ein Ressort) selbstständig und eigenverantwortlich.	Entscheidungen der Bundesregierung als Kollegium werden durch Kabinettsbeschluss (von der Mehrheit der Regierungsmitglieder) getroffen.
Beispiele für weitere Kompetenzen		
■ Festlegung der Zahl und der Geschäftsbereiche der Minister ■ Gegenzeichnung von Anordnungen und Verfügungen des Bundespräsidenten (Art. 58 GG)	■ rechtliche Vertretung der Bundesregierung ■ Aufsicht über nachgeordnete Behörden ■ Gegenzeichnungsrecht (Art. 58 GG) ■ Erlass von Rechtsverordnungen (Art. 80 GG)	■ Einbringen von Gesetzentwürfen beim Bundestag (Art. 76 GG) ■ Erlass von Rechtsverordnungen (Art. 80 GG) und Verwaltungsvorschriften (Art. 84–86 GG) ■ Entscheidung von Meinungsverschiedenheiten zwischen den Bundesministern (Art. 65 GG)

Rechtssicherheit

Die Bürger müssen sich auf den Bestand der geltenden Rechtsordnung und aller auf diese Rechtsordnung gestützten staatlichen Maßnahmen verlassen können.

Die folgenden Grundsätze konkretisieren die Rechtssicherheit im Sinne des GG:

Grundsatz	Erläuterung
Berechenbarkeit	Aufgrund bekannt gemachter Rechtsvorschriften muss der Bürger voraussehen können, mit welchen staatlichen Maßnahmen er zu rechnen hat. Vor allem auf belastende Eingriffe des Staats soll er sich einrichten können.
Bestimmtheit	Alle staatlichen Machtäußerungen müssen klar und bestimmt sein. „Gummiparagrafen" und unklar formulierte Verwaltungsakte sind unzulässig.
Vertrauensschutz	Der gutgläubige Bürger soll auf Richtigkeit und Bestand staatlicher Maßnahmen vertrauen dürfen. Dieser Vertrauensschutz gilt auch bei fehlerhaften, für ihn aber günstigen Entscheidungen der Verwaltung.
begrenztes Belastungsrückwirkungsverbot	Belastungen (Verbote, Strafen, Abgaben) dürfen Gesetze im Allgemeinen nur für die Zukunft, nicht aber rückwirkend vorschreiben.

Wenn ein Gesetz nachträglich belastend in abgewickelte, in der Vergangenheit liegende Sachverhalte eingreift, so spricht man von einer Belastungsrückwirkung. Die Rechtssicherheit verbietet nicht in jedem Falle die Rückwirkung von Gesetzen, doch setzt der Grundsatz der Berechenbarkeit des Rechts einer Rückwirkung enge Grenzen. Nur zwingende Gründe des Gemeinwohls oder ein nicht mehr vorhandenes schutzwürdiges Vertrauen können die Rückwirkung von Gesetzen im Einzelfall rechtfertigen.

Beispiele

für die Zulässigkeit einer Belastungsrückwirkung:

- *Mit der Rechtsänderung musste zum betreffenden Zeitpunkt bereits gerechnet werden.*
- *Die Rechtsänderung regelt lediglich Verfahrensfragen oder Angelegenheiten von geringfügiger Bedeutung.*
- *Es liegen zwingende überwiegende Gründe des öffentlichen Wohls vor.*
- *Es handelt sich um eine „unechte" Belastungsrückwirkung:*

  *Das Gesetz regelt einen **noch nicht abgeschlossenen Sachverhalt** mit Rechtsfolgen für die Zukunft, der aber in der Vergangenheit erworbene Rechtspositionen entwertet (z.B. eine Erlaubnis). Dies ist grundsätzlich zulässig, sofern nicht eine Abwägung zwischen dem Interesse des Einzelnen und dem Interesse der Allgemeinheit zu einem anderen Ergebnis führt. Der Bürger kann nicht auf den unbegrenzten Fortbestand günstiger Bedingungen vertrauen.*

Für das Strafrecht gilt gemäß Art. 103 Abs. 2 GG ein Rückwirkungsverbot (keine Strafe ohne Gesetz – nulla poena sine lege).

Verhältnismäßigkeit

Gesetze, Verwaltungs- und Gerichtsentscheidungen sollen in einem „vernünftigen" Verhältnis zum beabsichtigten Zweck stehen. Alle staatlichen Eingriffe in Rechte des Einzelnen müssen den Geboten der Eignung, Erforderlichkeit und Angemessenheit genügen.

Das bedeutet:

- Es muss ein legaler Zweck vorliegen.
- Die Entscheidungen müssen **geeignet** sein, den beabsichtigten Zweck zu erreichen oder zu fördern (Eignung, Tauglichkeit des Mittels).
- Das Maß des unbedingt **Erforderlichen** dürfen sie nicht überschreiten (Erforderlichkeit, Prinzip des mildesten Mittels, Übermaßverbot).
- Verhältnismäßig sind die staatlichen Eingriffe nur dann, wenn die mit ihnen verbundenen Belastungen in einem **angemessenen Verhältnis** zum erstrebten Zweck stehen (Angemessenheit).

Umfassender gerichtlicher Rechtsschutz

Art. 19 Abs. 4 GG
Wird jemand durch die öffentliche Gewalt in seinen Rechten verletzt, so steht ihm der Rechtsweg offen.

Diese Rechtsweggarantie gewährleistet jedem, der die Verletzung eigener Rechte durch staatliches Handeln behauptet, eine gerichtliche Überprüfung der staatlichen Maßnahme durch nicht weisungsgebundene und persönlich **unabhängige Richter** (s. auch Art. 97 GG).

Neben den Grundrechten sieht das GG besondere grundrechtsähnliche Verfahrensrechte zur Verwirklichung des Rechtsstaats vor. Zu diesen **„Justizgrundrechten"** zählen:

- das Verbot von Ausnahmegerichten (Art. 101 Abs. 1 S. 1 GG),
- das Gebot des gesetzlichen Richters (Art. 101 Abs. 1 S. 2 GG),
- der Anspruch auf rechtliches Gehör vor Gericht (Art. 103 Abs. 1 GG),
- das Verbot der Rückwirkung von Strafgesetzen (Art. 103 Abs. 2 GG),
- das Verbot der Doppelbestrafung wegen derselben Tat (Art. 103 Abs. 3 GG),
- die Rechtsgarantien bei Freiheitsentziehung (Art. 104 GG).

Das als „Hüterin der Verfassung" eingesetzte **Bundesverfassungsgericht** überprüft (auf Antrag) Gesetze und Verwaltungsmaßnahmen auf ihre Vereinbarkeit mit dem Grundgesetz und vervollständigt so den Rechtsschutz.

Zusammenfassung

Formeller Rechtsstaat

Der Staat ist an das von Menschen gesetzte und in Gesetzen formalisierte Recht (= positives Recht) gebunden. Merkmale des formellen Rechtsstaats sind:

- Rechtsbindung der Staatsgewalt
- Rechtssicherheit
- Gewaltenteilung
- lückenloser gerichtlicher Rechtsschutz

Materieller Rechtsstaat

Der Staat ist außerdem der Menschenwürde, den Freiheits- und Gleichheitsrechten sowie dem Gerechtigkeitsprinzip als vorstaatlichem Recht (= Naturrecht, überpositives Recht) verpflichtet. Deshalb werden die Elemente des formellen Rechtsstaats ergänzt durch inhaltliche Merkmale:

- Menschenwürde
- Verhältnismäßigkeitsgrundsatz
- geschützte Grundrechte

Mängel des nur formellen (nicht materiellen) Rechtsstaats

- Die Gesetzesform und das formal rechtmäßige Zustandekommen einer Vorschrift reichen nicht aus, um eine menschenwürdige und gerechte Regelung zu gewährleisten.
- Sind die Grundrechte aufhebbar bzw. nicht erzwingbar, so reichen sie als Schutz gegenüber der Staatsgewalt nicht aus.

Merkmale des Rechtsstaats nach dem Grundgesetz

- Gewährleistung der Grundrechte
  Grundrechte gelten als Abwehrrechte gegenüber dem Staat unmittelbar. Sie sind einklagbar und dürfen nur im verfassungsmäßigen Rahmen eingeschränkt, auf keinen Fall aber in ihrem Wesensgehalt angetastet werden.
- Bindung an Gesetz und Recht
  Bindung der Gesetzgebung an die verfassungsmäßige Ordnung, der vollziehenden und der Recht sprechenden Gewalt an Gesetz und Recht. Hier gelten die Prinzipien
  - des Gesetzesvorrangs und
  - des Gesetzesvorbehalts.
- Gewaltenteilung
  - Nach dem Grundgesetz wird das Prinzip der horizontalen Gewaltenteilung vielfach durchbrochen.
  - Dadurch werden die drei Teilgewalten in ein System von Machtkontrollen und Gegengewichten eingeordnet.
  - Zwischen Bund und Ländern besteht außerdem eine vertikale Gewaltenteilung.
- Rechtssicherheit
  - Bestimmtheit staatlicher Maßnahmen
  - begrenztes Belastungsrückwirkungsverbot
  - Vertrauensschutz
  - Berechenbarkeit staatlicher Maßnahmen
- Verhältnismäßigkeit – Anforderungen an staatliche Maßnahmen
  - Zweckmäßigkeit (prinzipielle Tauglichkeit)
  - Erforderlichkeit (Übermaßverbot)
  - Angemessenheit (der durch die Maßnahme entstehenden Belastungen im Verhältnis zu ihrem Zweck)
- umfassender gerichtlicher Rechtsschutz
  - Rechtsweggarantie
  - „Justizgrundrechte"
  - Kontrollfunktion des Bundesverfassungsgerichts

1.3.3 Sicherung der freiheitlich demokratischen Ordnung

Die Weimarer Republik (1919–1933) gewährte auch den Personen und Parteien freie politische Betätigung, die offen die Abschaffung des demokratischen Rechtsstaats forderten und schließlich auch durchsetzten.

1928 beschrieb Joseph Goebbels, Propagandaleiter der NSDAP, die Zerstörung der Demokratie mit ihren eigenen Mitteln:

„Wir gehen in den Reichstag hinein, um uns im Waffenarsenal der Demokratie mit deren eigenen Waffen zu versorgen. Wir werden Reichstagsabgeordnete, um die Weimarer Gesinnung mit ihrer eigenen Unterstützung lahm zu legen. Wenn die Demokratie so dumm ist, uns für diesen Bärendienst Freifahrkarten und Diäten zu geben, so ist das ihre eigene Sache. Uns ist jedes gesetzliche Mittel recht, den Zustand von heute zu revolutionieren."

Nach den Erfahrungen mit dem Scheitern der Weimarer Republik traf der Parlamentarische Rat im Grundgesetz Vorkehrungen, um Demokratie und Rechtsstaat künftig vor ihren Gegnern zu schützen. Bestimmte Verfassungsgrundsätze sind der demokratischen Mehrheitsentscheidung durch absolute Bestandsgarantien entzogen.

Art. 79 Abs. 3 GG	Eine Änderung dieses Grundgesetzes, durch welche ■ die Gliederung des Bundes in Länder, ■ die grundsätzliche Mitwirkung der Länder bei der Gesetzgebung ■ oder die in den Artikeln 1 und 20 niedergelegten Grundsätze berührt werden, ist unzulässig.

574064

Diese **„Ewigkeitsklausel"** schließt demnach bestimmte Änderungen aus:

Der Kern der in der Menschenwürde wurzelnden Grundrechte sowie der Strukturprinzipien (Republik, Demokratie, Rechts-, Sozial- und Bundesstaatlichkeit) sind nicht änderbar.

Soweit Grundgesetzänderungen zulässig sind, bedürfen sie der Zustimmung von zwei Dritteln der Mitglieder des Bundestags und zwei Dritteln der Stimmen des Bundesrats (s. Art. 79 Abs. 2 GG).

Vor dem Missbrauch demokratischer Rechte schützen folgende Regelungen:

- Parteien, die die freiheitliche demokratische Grundordnung beseitigen oder beeinträchtigen wollen oder den Bestand der Bundesrepublik gefährden, können durch das Bundesverfassungsgericht verboten werden (Art. 21 Abs. 2 GG).
- Andere verfassungswidrige Vereinigungen sind bereits durch Art. 9 Abs. 2 GG verboten.
- Den Beamten obliegt nach den hergebrachten Grundsätzen des Berufsbeamtentums (Art 33 Abs. 5 GG) eine besondere politische Treuepflicht gegenüber der Verfassung.
- Wer die in Art. 18 GG aufgeführten Grundrechte zum Kampf gegen die freiheitliche demokratische Grundordnung missbraucht, verwirkt diese Grundrechte. Das Bundesverfassungsgericht spricht die Verwirkung aus.
- Das Recht zum Widerstand ist ein letztes Mittel zur Erhaltung der Grundlagen der staatlichen Ordnung:

Art. 20 Abs. 4 GG	Gegen jeden, der es unternimmt, diese Ordnung zu beseitigen, haben alle Deutschen das Recht zum Widerstand, wenn andere Abhilfe nicht möglich ist.

Diese Bestimmung ist an strenge Voraussetzungen gebunden. Im Fall eines Umsturzes (Putsch, Aufruhr), durch den der Kernbestand der Verfassung ganz oder teilweise beseitigt werden soll, ist dieses Widerstandsrecht durchaus von Bedeutung. Es darf dagegen nicht angewandt werden, wenn gegen das tatsächlich oder vermeintlich verfassungswidrige Verhalten eines Staatsorgans gerichtliche Hilfe in Anspruch genommen werden kann.

Dem Schutz der Verfassung dienen daneben auch

- strafrechtliche Vorschriften (s. z. B. § 81 ff. StGB),
- die Arbeit schützender Staatsorgane (Bundesverfassungsgericht, Verfassungsschutzämter, Polizeibehörden) sowie
- die Festigung demokratischer Grundsätze durch ständige Anwendung. Die Verfassungsprinzipien müssen „gelebt" werden. Auch das Eintreten gegen jede Form undemokratischer Herrschaft wie Diktatur, Rassismus oder Kolonialismus ist Parteinahme für die Demokratie.

Die Elemente der freiheitlichen demokratischen Grundordnung hat das Bundesverfassungsgericht in seinem Urteil zum Verbot der rechtsextremen Sozialistischen Reichspartei (SRP) 1952 aufgeführt:

„So lässt sich die freiheitliche demokratische Grundordnung als eine Ordnung bestimmen,
- *die unter Ausschluss jeglicher Gewalt- und Willkürherrschaft*
- *eine rechtsstaatliche Herrschaftsordnung*
- *auf der Grundlage der Selbstbestimmung des Volkes nach dem Willen der jeweiligen Mehrheit*
- *und der Freiheit und Gleichheit darstellt.*

Zu den grundlegenden Prinzipien dieser Ordnung sind mindestens zu rechnen:
- *die Achtung vor den im Grundgesetz konkretisierten Menschenrechten, vor allem vor dem Recht der Persönlichkeit auf Leben und freie Entfaltung,*
- *die Volkssouveränität,*
- *die Gewaltenteilung,*
- *die Verantwortlichkeit der Regierung,*
- *die Gesetzmäßigkeit der Verwaltung,*
- *die Unabhängigkeit der Gerichte,*
- *das Mehrparteienprinzip,*
- *die Chancengleichheit für alle politischen Parteien mit dem Recht auf verfassungsmäßige Bildung und Ausübung einer Opposition."*

Einrichtungsgarantien und subjektive Rechte sind in den Grundrechten häufig fließend miteinander verbunden. So stellt Art. 6 Abs. 1 GG die Einrichtungen von Ehe und Familie unter den besonderen Schutz des Staats (institutionelle Garantie); zugleich gewährt die Vorschrift aber auch das subjektive Recht auf private Lebensgestaltung im Rahmen von Ehe und Familie.

Da die Regelungen des GG höchstrangige Rechtssätze sind, dürfen andere Rechtsnormen (zum Beispiel einfache Gesetze) nicht im Widerspruch zu ihnen stehen.

Stellung der Grundrechte im Grundgesetz

Um die besondere Bedeutung der Grundrechte hervorzuheben, hat sie der Parlamentarische Rat an den Anfang des Grundgesetzes gestellt. Neben den Grundrechten im ersten Abschnitt (Art. 1–19 GG) weist das GG in anderen Abschnitten weitere, den Grundrechten gleichgestellte Rechte auf.

Die Grundrechte

Oberstes Prinzip: Schutz der Menschenwürde (Art. 1 Abs. 1 GG)

Grundrechte in den Artikeln 2–17 GG

- Freiheit der Person (Art. 2 GG)
- Gleichheit vor dem Gesetz (Art. 3 GG)
- Glaubens- und Gewissensfreiheit (Art. 4 GG)
- Freiheit der Meinungsäußerung und Pressefreiheit (Art. 5 GG)
- Schutz von Ehe und Familie (Art. 6 GG)
- Schulwesen (Art. 7 GG)
- Versammlungsfreiheit (Art. 8 GG)
- Vereinigungsfreiheit (Art. 9 GG)
- Brief-, Post- und Fernmeldegeheimnis (Art. 10 GG)
- Recht der Freizügigkeit (Art. 11 GG)
- Freiheit der Berufswahl (Art. 12 GG)
- Unverletzlichkeit der Wohnung (Art. 13 GG)
- Gewährleistung von Eigentum und Erbrecht (Art. 14 GG)
- Staatsangehörigkeit, Asylrecht (Art. 16 GG)
- Petitionsrecht (Art. 17 GG)

Grundrechte außerhalb des Katalogs der Art. 2–17 GG

Art. 93 Nr. 4 a GG stellt einzelne Rechte des Grundgesetzes den Grundrechten in den Art. 2–17 GG gleich.

- Recht auf Widerstand (Art. 20 Abs. 4 GG)
- Bestimmungen über den öffentlichen Dienst (Art. 33 GG)
- Wahlrechtsgrundsätze (Art. 38 Abs. 1 GG)
- „Justiz- und Verfahrensgrundrechte":
  - Garantie des gesetzlichen Richters (Art. 101 GG)
  - Anspruch auf rechtliches Gehör, Verbot rückwirkender Strafgesetze, Verbot der Mehrfachbestrafung (Art. 103 GG)
  - Rechtsgarantien bei Freiheitsentziehung (Art. 104 GG)

1.4.3 Arten der Grundrechte

Grundrechte können nach verschiedenen Gesichtspunkten eingeteilt werden:

Arten der Grundrechte

Unterscheidung nach ...

dem Schutzgut
- Freiheitsrechte
- Gleichheitsrechte
- Verfahrensrechte

den berechtigten Personen
- Menschenrechte
- Bürgerrechte

Freiheitsrechte gewährleisten Bereiche, in denen sich der Einzelne nach seinem freien Willen betätigen kann. Einige Freiheitsrechte schützen die innere, andere die äußere Freiheit.

Beispiele

Die Glaubens-, Gewissens- und Bekenntnisfreiheit (Art. 4 GG) schützen die innere Freiheit; die Freiheit der Person (Art. 2 Abs. 2 GG) und das Brief-, Post- und Fernmeldegeheimnis (Art. 10 Abs. 1 GG) beziehen sich auf die äußere Freiheit.

Gleichheitsrechte sichern dem Einzelnen ein Recht auf Gleichbehandlung; Unterschiede dürfen nur da gemacht werden, wo sie sachlich gerechtfertigt sind (Willkürverbot!).

Beispiele

Gleichheit vor dem Gesetz, Gleichberechtigung von Mann und Frau (Art. 3 Abs. 2 u. 3 GG), gleiche staatsbürgerliche Rechte und Pflichten (Art. 33 Abs. 1 GG).

Justiz- und Verfahrensgrundrechte sollen die Durchsetzung des Rechts sichern.

Beispiele

Garantie des Rechtswegs bei Rechtsverletzungen durch die öffentliche Gewalt (Art. 19 Abs. 4 GG), Verbot von Ausnahmegerichten und Garantie des gesetzlichen Richters (Art. 101 Abs. 1 GG), Grundrechte des Angeklagten (Art. 103 GG).

Träger von Grundrechten sind grundsätzlich natürliche Personen (also auch Kinder, entmündigte Personen, Geisteskranke). Ein Teil der Grundrechte gilt für alle Menschen („Menschenrechte"), ein Teil gilt für alle Deutschen („Bürgerrechte").

Handelt es sich um **Menschenrechte,** so können sich alle Menschen auf diese Rechte berufen.

Beispiele

Allgemeine Handlungsfreiheit (Art. 2 Abs. 1 GG), Glaubens- und Bekenntnisfreiheit (Art. 4 Abs. 1 GG).

Die **Bürgerrechte** hingegen gewährleisten nur Deutschen im Sinne des Art. 116 GG Schutz.

Beispiele

Versammlungsfreiheit (Art. 8 GG), Vereinigungsfreiheit (Art. 9 Abs. 1 GG).

Ausländer sind im Bereich der Bürgerrechte aber nicht völlig schutzlos, denn die Rechte aus Art. 2 Abs. 1 GG (allgemeine Handlungsfreiheit), Art. 3 GG (Verbot willkürlicher Ungleichbehandlung) sowie aus einfachen Gesetzen (z. B. Ausländergesetz, Vereinsgesetz, Versammlungsgesetz) können Betätigungen in diesen Bereichen gewährleisten.

Inländische juristische Personen können sich nur dann auf Grundrechte berufen, wenn diese ihrem Wesen nach auf diese Personen anwendbar sind (s. Art. 19 Abs. 3 GG).

Beispiele

Eine Berufung auf die Handlungsfreiheit (Art. 2 Abs. 1 GG), den allgemeinen Gleichheitssatz (Art. 3 Abs. 1 GG) und die Berufsfreiheit (12 Abs. 1 GG) ist demnach möglich, nicht aber eine Berufung auf Art. 6 Abs. 1 GG (Ehe und Familie).

Die Möglichkeit, sich auf Grundrechte berufen zu können, wird als **Grundrechtsfähigkeit** bezeichnet.

Unter **Grundrechtsmündigkeit** wird hingegen die Fähigkeit verstanden, Grundrechte selbstständig geltend zu machen. Das Grundgesetz regelt nicht, von welchem Alter an jemand ein Grundrecht ausüben kann. Die Grundrechtsmündigkeit ist abhängig von der Einsichtsfähigkeit der Person und vom Charakter des jeweiligen Grundrechts, es sei denn, ein Spezialgesetz enthält eine besondere Regelung.

Beispiel

§ 5 des Gesetzes über die religiöse Kindererziehung erklärt Jugendliche ab 14 Jahren für religionsmündig.

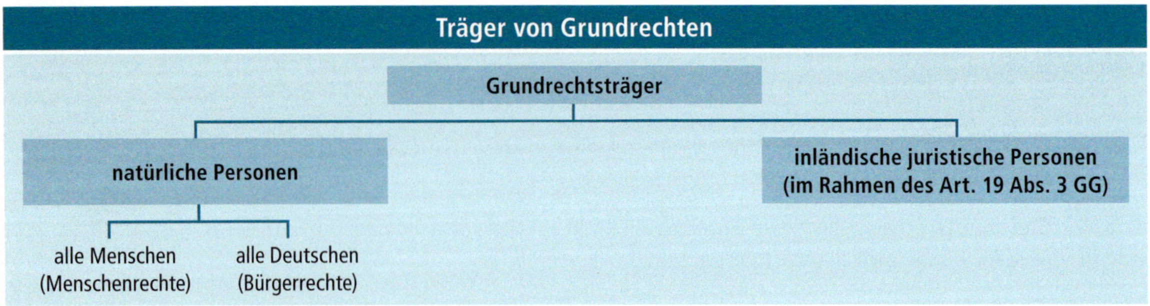

1.4.4 Drittwirkung der Grundrechte

Die Grundrechte gelten im Verhältnis zwischen den Bürgern und dem Staat unmittelbar. Wirken sie aber auch auf Rechtsverhältnisse zwischen Privatpersonen, etwa im Vertragsrecht? Diese Frage der „Drittwirkung" der Grundrechte ist umstritten.

Das Bundesverfassungsgericht hat sich für eine nur mittelbare Drittwirkung der Grundrechte ausgesprochen. Das bedeutet:

- Die Bürger können sich in ihren Rechtsbeziehungen untereinander nicht unmittelbar auf Grundrechte berufen (Ausnahme: Art. 9 Abs. 3 GG).
- Da aber die Grundrechte insgesamt eine objektive Wertordnung verkörpern, die für alle Bereiche des Rechts gilt, werden sie auch im bürgerlichen Recht mittelbar verwirklicht, und zwar vor allem über die verfassungsgemäße Auslegung der Rechtsnormen. Sie ist insbesondere bei „Generalklauseln" erforderlich. (Generalklauseln sind wertausfüllungsbedürftige, allgemein formulierte Vorschriften, Beispiel: „Sittenwidrigkeit" von Rechtsgeschäften gem. § 138 BGB.)

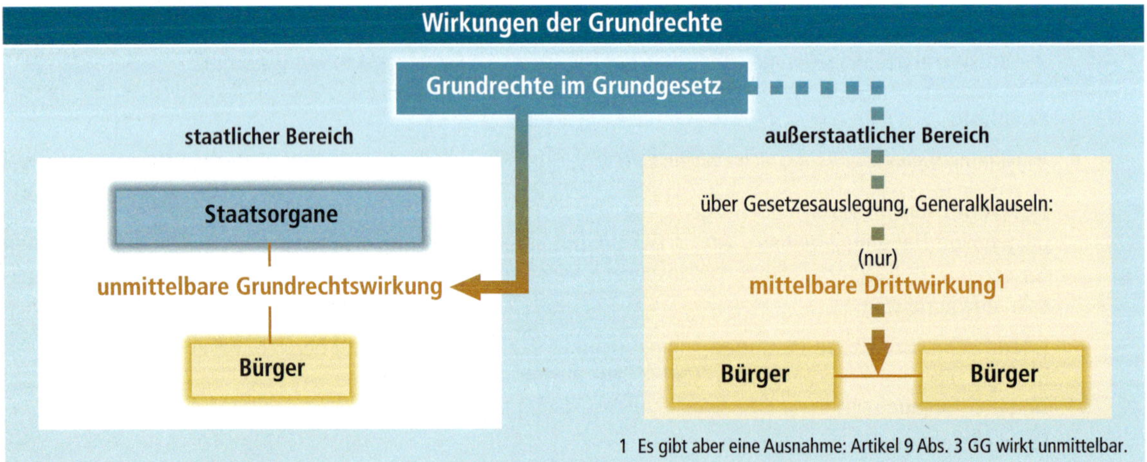

1 Es gibt aber eine Ausnahme: Artikel 9 Abs. 3 GG wirkt unmittelbar.

1.4.5 Änderung von Grundrechten

Der Gesetzgeber hat grundsätzlich das Recht, Vorschriften des Grundgesetzes zu ändern.

Nicht änderbar – und damit ein unabänderlicher Verfassungskern – sind die in Art. 79 Abs. 3 GG („Ewigkeitsklausel") aufgeführten Institutionen und Verfassungsentscheidungen:

- der Erhalt der föderativen Ordnung,
- die Mitwirkung der Länder bei der Gesetzgebung,
- der Schutz der Menschenwürde (Art. 1 GG),
- die Grundsätze des Art. 20 GG (Republik, Demokratie, Sozialstaat, Rechtsstaat).

Werden diese inhaltlichen Änderungsschranken beachtet, ist die Änderung von Grundrechten prinzipiell möglich.

Änderung von Grundrechten

Grundsätze in Artikel 1 und 20 GG		Artikel 2–17 GG
↓		↓
nicht veränderbar		**nur dann änderbar,**
weil	**wenn**	■ Gesetz ■ Zweidrittelmehrheit in Bundestag und Bundesrat ■ ausdrückliche Änderung/Ergänzung im Text des GG (Art. 79 Abs. 1, 2 GG)
Verfassungskern (Art. 79 Abs. 3 GG)		

1.4.6 Einschränkung von Grundrechten

Grundrechte sind individuelle Schutzrechte. Da jedes Individuum zugleich aber auch als Mitglied der staatlichen Gemeinschaft sozial eingebunden und verpflichtet ist, kann es seine Rechte nicht unbeschränkt ausüben. Eigene Rechte sind immer im Verhältnis zu den Rechten anderer zu sehen und werden durch diese begrenzt. Alle Grundrechte unterliegen somit **immanenten Schranken.**

Beispiele

Das Recht eines Tuberkulose-Kranken auf persönliche Freiheit bedeutet eine Gefahr für seine Mitmenschen und verletzt möglicherweise deren Recht auf körperliche Unversehrtheit.

Das Grundrecht auf Glaubensfreiheit kann mit dem Grundrecht auf Leben kollidieren, wenn Eltern aus religiösen Gründen die Einwilligung zu einer medizinisch notwendigen Bluttransfusion für ihr Kind verweigern.

Einige Grundrechte (s. z. B. Art. 2 Abs. 1 und Art. 9 Abs. 2 GG) werden bereits durch ausdrückliche Regelungen eingeschränkt, die in der betreffenden Grundrechtsbestimmung niedergelegt sind. Durch solche **verfassungsunmittelbaren Schranken** wird der Geltungsbereich des jeweiligen Grundrechts unmittelbar eingegrenzt.

Einschränkungen von Grundrechten sind aber auch möglich, wenn sie unter einem **Vorbehalt des Gesetzes** stehen, d. h., wenn sie schon nach ihrem Wortlaut durch Gesetz oder aufgrund eines Gesetzes beschränkt werden können (siehe z. B. Art. 8 Abs. 2, Art. 10 Abs. 2 Satz 1, Art. 12 Abs. 1 Satz 2 GG). In diesem Fall kann das betreffende Grundrecht durch ein einfaches Gesetz eingeschränkt werden.

Die Grundrechte dürfen durch diese Einschränkungen jedoch nicht ausgehöhlt werden. Deshalb sind bei Eingriffen in Grundrechte die Grenzen des Art. 19 GG zu beachten. Danach sind Beschränkungen nur möglich:

- aufgrund eines allgemeinen Gesetzes (Verbot von Einzelfallgesetzen),
- unter Nennung des eingeschränkten Grundrechts („Zitiergebot"),
- bei Erhaltung des Wesensgehaltes des Grundrechts („Wesensgehaltsgarantie").

Einschränkung von Grundrechten

Immanente Grundrechtsschranken gelten für alle Grundrechte.

Zusätzlich können bestehen:

verfassungsunmittelbare Schranken	Gesetzesvorbehalte
verfassungsunmittelbare Schranken (im GG genannt)	**Gesetzesvorbehalte** Das heißt, eine Einschränkung durch besonderes Gesetz ist unter den Voraussetzungen des Art. 19 Abs. 1 und 2 GG (Wesensgehaltsgarantie) möglich.

Eine besondere Form der Grundrechtsbeschränkung ist die **Verwirkung von Grundrechten.** Das Bundesverfassungsgericht kann gegen Personen, die Grundrechte zum Kampf gegen die freiheitlich-demokratische Grundordnung missbrauchen, die Verwirkung der in Art. 19 GG genannten Grundrechte aussprechen.

Grundrechte gelten grundsätzlich auch in **besonderen Gewaltverhältnissen.** Dies sind Verhältnisse, die durch eine besonders enge Bindung des Einzelnen zu der Hoheitsgewalt des Staats geprägt sind (z. B. Beamtenverhältnis, Wehrdienstverhältnis, Gefangenenverhältnis). In diesen Verhältnissen sind Einschränkungen der Grundrechte nicht immer zu vermeiden. Beschränkungen bedürfen aber auch hier einer gesetzlichen Grundlage und sind nur so weit zulässig, wie der besondere Zweck des jeweiligen besonderen Gewaltverhältnisses dies erfordert.

1.4.7 Grundrechte der Länder und der Europäischen Union

In den meisten Landesverfassungen sind Grundrechte verankert. Einige Landesverfassungen enthalten eigene Grundrechtskataloge (Bayern, Berlin, Bremen, Hessen, Rheinland-Pfalz, Saarland), in anderen werden die Grundrechte des Grundgesetzes als Bestandteil der Landesverfassungen bezeichnet (Nordrhein-Westfalen, Baden-Württemberg).

Soweit die Verfassungen der Länder Grundrechtskataloge enthalten, gilt für das Verhältnis der Grundrechte des Grundgesetzes zu denen der Länderverfassungen das Folgende:

- Deckt ein Grundrecht im Grundgesetz sich mit einem Grundrecht in der Landesverfassung, so gelten beide Grundrechte in gleichem Maße.
- Besitzen ein Grundrecht des Grundgesetzes und das entsprechende Grundrecht einer Landesverfassung unterschiedlich weite Schutzwirkungen, so gilt das weiter gehende Grundrecht.

In der **Grundrechtecharta der Europäischen Union** haben sich die Mitgliedstaaten auf einen einheitlichen Kanon von Grundrechten geeinigt, der seit 2009 verbindlich ist.

Die 54 Grundrechtsartikel behandeln die Würde des Menschen, Freiheits-, Gleichheits- und Bürgerrechte, Solidarität und justizielle Rechte.

Die Charta bekräftigt die Rechte, die sich vor allem aus den Verfassungen der Mitgliedstaaten, aus den Verträgen über die EU, aus der Europäischen Konvention zum Schutze der Menschenrechte und Grundfreiheiten sowie aus der Rechtsprechung ergeben.

Der Anwendungsbereich der Charta ist allein auf Tätigkeiten der Gemeinschaftsorgane (z. B. der EG-Kommission und des Ministerrats) und der Mitgliedstaaten bei der Anwendung des Gemeinschaftsrechts beschränkt (vgl. Art. 51 Abs. 1). Doch in diesem eingeschränkten Spektrum sind nicht alle EU-Grundrechte gleichermaßen verbindlich, denn die Charta enthält auch Vorschriften in Bereichen, für die die Union (noch) keine Gesetzgebungskompetenz besitzt. Solche Regelungen deuten an, dass die Charta einen Rahmen darstellt, den die EU erst schrittweise durch Kompetenzerweiterungen ausfüllen kann. Wenn nationale Behörden Gemeinschaftsrecht anwenden und dabei anwendbare EU-Grundrechte verletzen, kann der Unionsbürger dagegen vor dem zuständigen nationalen Gericht klagen.

In der Grundrechtecharta der EU fehlen – im Gegensatz zum Grundgesetz – differenzierte Grundrechtsschranken bei jedem Grundrecht. Stattdessen enthält Art. 52 Abs. 1 einen allgemeinen Einschränkungsvorbehalt für sämtliche Grundrechte der Charta. Eine „europäische Grundrechtsbeschwerde" – ähnlich der Verfassungsbeschwerde nach dem Grundgesetz – ist in der Charta nicht vorgesehen.

Einen Katalog von Grund- und Menschenrechten, der dem Grundrechtskatalog des Grundgesetzes ähnlich ist, enthält auch die **Konvention zum Schutze der Menschenrechte und Grundfreiheiten.** Sie wurde von den 47 Mitgliedstaaten des **Europarats** unterzeichnet. Die Bundesrepublik Deutschland ist an diese Europäische Menschenrechtskonvention gebunden. Sie steht innerstaatlich zwar im Rang eines einfachen Gesetzes, ihre Grundsätze sind aber bei der Auslegung der Bundesgesetze zu beachten. Damit kommt der Europäischen Menschenrechtskonvention praktisch ein übergesetzlicher Rang unterhalb des Grundgesetzes zu. Der Europäische Gerichtshof für Menschenrechte in Straßburg untersucht Beschwerden gegen Mitgliedstaaten wegen (vermeintlicher) Verstöße gegen die Menschenrechte. Seine Urteile sind für die verurteilten Staaten verbindlich.

574072

Grundrechtskataloge		
Rangebene	Grundrechtskataloge, die in der Bundesrepublik Deutschland anwendbar sind	
Bundesverfassungsrecht	Grundgesetz (Freiheits- und Gleichheitsrechte, Justizgrundrechte)	
Bundesgesetzesrecht (als ratifizierter völkerrechtlicher Vertrag)	Konvention des Europarats zum Schutze der Menschenrechte und Grundfreiheiten	Grundrechtecharta der Europäischen Union
Landesverfassungsrecht	Landesverfassung des jeweiligen Bundeslandes	

1.4.8 Besondere Grundrechte

Schutz der Menschenwürde

Art. 1 Abs. 1 GG
Die Würde des Menschen ist unantastbar. Sie zu achten und zu schützen, ist Verpflichtung aller staatlichen Gewalt.

Die menschliche Würde ist der oberste Wert im Verfassungssystem der Bundesrepublik Deutschland. Die Menschenwürde in Art. 1 GG wird als eine grundlegende Wertentscheidung („Leitprinzip") angesehen, die in den nachfolgenden Grundrechten für die einzelnen Lebensbereiche entfaltet wird.

Eine begriffliche Bestimmung der Menschenwürde ist schwierig. Dass Sklaverei und Zwangsverschleppung, Folter und Menschenversuche grobe Verstöße gegen das Prinzip der menschlichen Würde sind, bedarf kaum der Erläuterung. Liegt aber eine Verletzung der Menschenwürde beispielsweise auch dann vor, wenn Rettungsarbeiten mit Schwerverletzten und Toten und anschließend die Überbringung von Todesnachrichten vor laufenden Kameras stattfinden?

Wegen der Schwierigkeiten einer überzeugenden Definition des Begriffs „Menschenwürde" wird häufig versucht, den Begriff durch die Bildung von Fallgruppen zu erläutern. Unstrittig ist die Menschenwürde dann verletzt, wenn

- ein Mensch zum bloßen Objekt staatlichen Handelns degradiert wird (z. B. Zwangsverschleppung),
- ein Mensch gedemütigt, bloßgestellt oder erniedrigt wird (z. B. Zwang zum Tragen eines Judensterns in der NS-Zeit),
- die Intimsphäre eines Menschen verletzt wird (z. B. heimliche Tonbandaufnahmen),
- ein Mensch grausamen oder übermäßig harten Strafen ausgesetzt wird (z. B. dauernde Einzelhaft).

Beispiele

Zur Identifizierung eines mutmaßlichen Straftäters durch Gegenüberstellung mit Zeugen ordnete der Richter an, die (gefärbten) Haare und die Barttracht des Beschuldigten zu verändern. Der Beschuldigte machte eine Verletzung seiner persönlichen Würde geltend. In dieser Behandlung des Beschuldigten sah das Bundesverfassungsgericht keinen Verstoß gegen Art. 1 Abs. 1 GG, da die angeordnete Maßnahme nur von geringer Intensität und vorübergehend sei.

Die Verhängung einer lebenslangen Freiheitsstrafe (z. B. wegen Mordes) stellt nach der Rechtsprechung des BVerfG keinen Verstoß gegen die Menschenwürde des Art. 1 Abs. 1 GG dar; ein menschenwürdiger Vollzug dieser Strafe sei aber nur möglich, wenn für den Strafgefangenen eine realisierbare Chance bestehe, zu einem späteren Zeitpunkt die Freiheit wiederzugewinnen (Möglichkeit der bedingten Strafaussetzung nach einer Strafverbüßung von mindestens 15 Jahren).

Freiheit der Person

Art. 2 Abs. 1 GG
Jeder hat das Recht auf die freie Entfaltung seiner Persönlichkeit, soweit er nicht die Rechte anderer verletzt und nicht gegen die verfassungsmäßige Ordnung oder das Sittengesetz verstößt.

Durch Art. 2 Abs. 1 GG werden die menschliche Handlungsfreiheit und die menschliche Persönlichkeit umfassend geschützt: Jeder kann tun und lassen, was er will, **soweit er nicht die Rechte anderer verletzt.** Eine uneingeschränkt freie Entfaltung der Persönlichkeit wird vom GG demnach nicht eingeräumt.

Da jeder Mensch auch der Gemeinschaft, in der er lebt, in vielfältiger Weise verpflichtet ist, geht das GG von einer prinzipiellen Gemeinschaftsbezogenheit und -gebundenheit des Individuums aus. Beschränkungen der individuellen Handlungsfreiheit sind deshalb notwendig und statthaft. Probleme liegen dort, wo die Interessen des Einzelnen und der Gemeinschaft kollidieren. Die Frage, ob im Einzelfall das (schutzwürdige) Interesse des Einzelnen oder das Interesse der Gemeinschaft überwiegt, ist häufig sehr schwierig zu beantworten.

Grenzen sind da, wo

- die Rechte anderer verletzt sind, d. h., wo schutzwürdige subjektive private oder öffentliche Interessen beeinträchtigt sind,
- gegen die verfassungsmäßige Ordnung verstoßen wird, d. h., wo ein Verstoß gegen rechtliche (und mit der Verfassung im Einklang stehende) Vorschriften vorliegt,
- gegen das Sittengesetz verstoßen wird, d. h., wo ein Verstoß gegen moralisch-ethische Grundüberzeugungen vorliegt. (Da sich solche Wertvorstellungen in der Verfassung niedergeschlagen haben, spielt diese Einschränkung der Personenfreiheit in der richterlichen Praxis allerdings kaum eine Rolle.)

Diese Schranken der freien Entfaltung („Schrankentrias" des Art. 2 Abs. 1 GG) sind dadurch zu rechtfertigen, dass eine Gesellschaft, zu deren grundlegenden Aufgaben der Schutz des einzelnen Bürgers zählt, ihrerseits nur existieren kann, wenn sie jedem Einzelnen ein Mindestmaß an sozialem Verhalten abverlangen darf.

Verhältnis zu anderen Grundrechten

Da durch andere Grundrechte, wie z. B. die Versammlungsfreiheit (Art. 8 GG) oder die Berufsfreiheit (Art. 12 GG), spezielle Formen der allgemeinen Handlungsfreiheit geschützt werden, hat Art. 2 Abs 1 GG in erster Linie die Funktion, auftretende Lücken zu schließen. Die Vorschrift ist deshalb subsidiär, d. h., sie wird nicht angewandt, wenn ein spezielleres Grundrecht zum Zuge kommt.

Allgemeines Persönlichkeitsrecht (Art. 2 Abs. 1 i. V. m. Art. 1 Abs. 1 GG)

In Verbindung mit Art. 1 Abs. 1 GG sichert Art. 2 Abs. 1 GG einen unantastbaren Kernbereich privater Lebensgestaltung. Dazu gehören z. B. die Intimsphäre, die persönliche Ehre, das Recht am eigenen Bild und am eigenen Wort, das Recht an den eigenen Daten. Die Beachtung dieser allgemeinen Persönlichkeitsrechte gilt im Bereich des öffentlichen Rechts genauso wie im Bereich des Privatrechts.

Beispiele

In seinem Urteil zum Volkszählungsgesetz vom 15. Dezember 1983 erklärte das BVerfG einige Vorschriften dieses Gesetzes für verfassungswidrig und machte dabei grundsätzliche Aussagen zum Umgang mit personenbezogenen Daten: Aus den Art. 1 Abs. 1 und 2 Abs. 1 leitete das Gericht ab, dass der Einzelne ein Recht habe, selbst über die Preisgabe seiner Daten zu entscheiden, dass er ein Recht auf informationelle Selbstbestimmung habe. Jede Erhebung und Verwendung von Daten stelle prinzipiell einen Eingriff in dieses Recht dar und sei deshalb nur zulässig unter Beachtung enger Voraussetzungen. Dazu zählten eine spezielle gesetzliche Grundlage sowie ein überwiegendes Allgemeininteresse an der Erfassung und Nutzung der Daten.

In der geplanten Sendung einer Fernsehdokumentation, in der der Name und das Bild eines kurz zuvor strafentlassenen Täters gezeigt werden sollten, sah das BVerfG eine Verletzung des allgemeinen Persönlichkeitsrechts: Das grundgesetzlich ebenfalls geschützte Recht der Fernsehanstalt auf Rundfunkfreiheit (Art. 5 Abs. 1 Satz 2 GG) und das der Öffentlichkeit auf freie Information (Art. 5 Abs. 1 Satz 1 GG) seien demgegenüber nachrangig. Das Informationsinteresse der Öffentlichkeit genieße zwar Vorrang bei der aktuellen Berichterstattung über schwere Straftaten, nicht aber bei der späteren Auseinandersetzung mit der Person und der Privatsphäre des Straftäters, die seine Resozialisierung gefährde (BVerfGE 35, 202 ff.).

Recht auf Leben und körperliche Unversehrtheit, Freiheit der Person

Art. 2 Abs. 2 GG
Jeder hat das Recht auf Leben und körperliche Unversehrtheit. Die Freiheit der Person ist unverletzlich. In diese Rechte darf nur aufgrund eines Gesetzes eingegriffen werden.

Die Vorschrift entzieht dem Staat nicht nur das Verfügungsrecht über das menschliche Leben (die Abschaffung der Todesstrafe bestätigt dies), sondern sie verpflichtet ihn, es aktiv zu schützen. Dieser Schutz wird vom Bundesverfassungsgericht auch dem ungeborenen Leben zugebilligt, sodass ein Schwangerschaftsabbruch nur bei außergewöhnlichen Belastungen (Indikationslage) und nur innerhalb der ersten drei Monate der Schwangerschaft straffrei bleibt. In Verbindung mit Art. 1 Abs. 1 GG und dem Sozialstaatsprinzip verpflichtet die Vorschrift den Staat, dem Einzelnen ein Existenzminimum zu gewähren.

Das Recht auf körperliche Unversehrtheit schließt jede Beeinträchtigung der körperlichen und seelischen Gesundheit des Einzelnen aus. Verboten sind z. B. alle Formen physisch und psychisch quälender Verhörmethoden bei Strafverdächtigen. Die Zulässigkeit zwangsweiser medizinischer Eingriffe zur strafprozessualen Beweiserhebung (z. B. Blutentnahme zur Feststellung des Blutalkoholgehalts, Entnahme von Rückenmarksflüssigkeit zur Feststellung einer nervlichen Erkrankung) ist einerseits zu beurteilen nach der Gefährlichkeit des Eingriffs und andererseits nach der Schwere der Tat. Unzulässige Beeinträchtigungen können sich auch ergeben durch Lärm (z. B. dauernder nächtlicher Fluglärm) oder durch Strahlenemissionen (z. B. bei unsicheren Kernkraftwerken).

Das Grundrecht der Freiheit der Person schützt die körperliche Bewegungsfreiheit. In dieses (materielle) Recht darf nur eingegriffen werden, wenn die (formellen) Voraussetzungen des Art. 104 GG (z. B. die Entscheidung eines Richters) vorliegen. Nach dem Strafrecht und dem Strafverfahrensrecht verhängte Freiheitsbeschränkungen sind grundsätzlich zulässig. Dies gilt auch für die Unterbringung von Personen in geschlossenen Anstalten, wenn ein solcher Eingriff durch die Schwere der Krankheit gerechtfertigt ist.

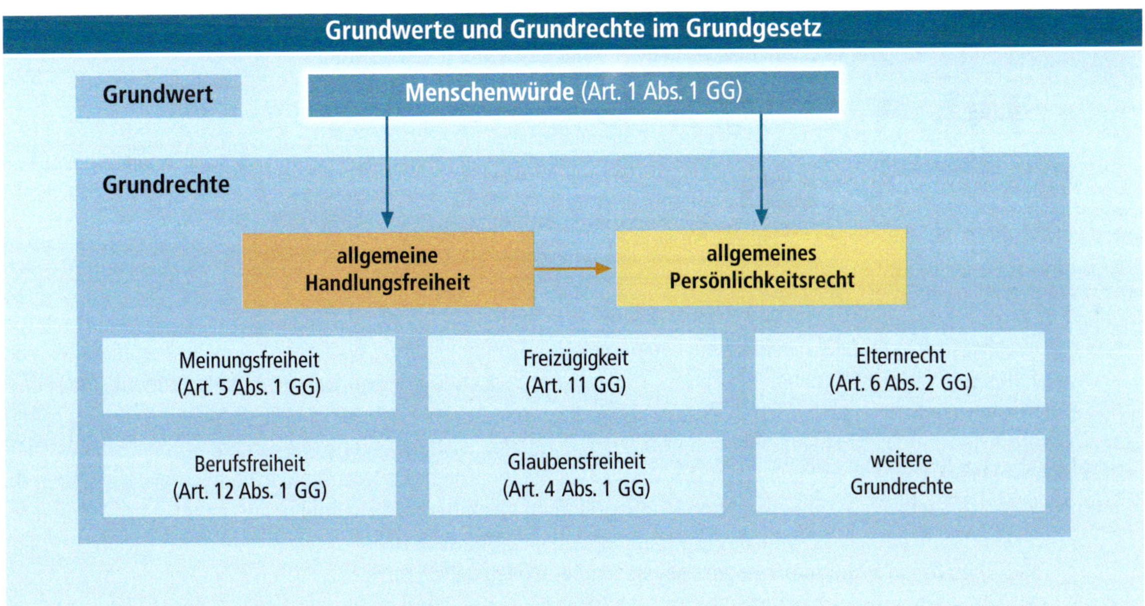

Eingriffe der Verwaltung in Freiheits- bzw. Gleichheitsrechte werden im LF 10, Kapitel 5 behandelt.

1.5 Die Bundesrepublik Deutschland im europäischen Rechtssystem

1.5.1 Europäische Union

Der Prozess der europäischen Integration

In den vergangenen Jahrhunderten waren Kriege in Europa sehr häufig, Perioden friedlichen Miteinanders eher die Ausnahme. Nach zwei Weltkriegen in der ersten Hälfte des 20. Jahrhunderts mit Millionen von Toten und großen Zerstörungen erschien vielen Menschen die Idee eines vereinten Europas als ein Weg, den Frieden auf diesem Kontinent sicherer zu machen.

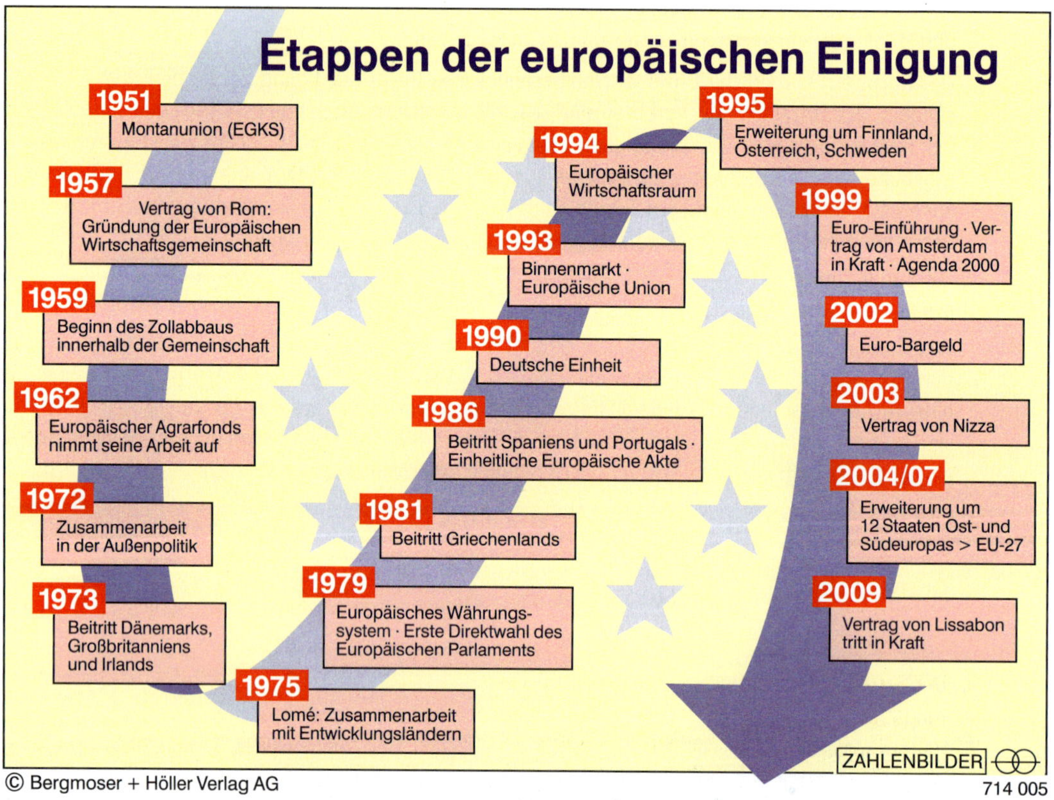

© Bergmoser + Höller Verlag AG

Der Prozess der europäischen Einigung begann mit der Gründung der Europäischen Gemeinschaft für Kohle und Stahl (EGKS oder „Montanunion") im Jahr 1951. Weitere wichtige Etappen waren 1957 die Gründung der Europäischen Wirtschaftsgemeinschaft (EWG), in der sich sechs Staaten mit dem Ziel der Errichtung eines gemeinsamen Marktes zusammengeschlossen hatten („Römische Verträge"), und die Gründung der Europäischen Atomgemeinschaft (Euratom), in der die Mitgliedstaaten die friedliche Nutzung der Kernenergie anstrebten. In vielen Schritten wurde seither von den Mitgliedsländern die wirtschaftliche und politische Integration vorangetrieben. 1992 wurde in Maastricht der Vertrag über die Europäische Union unterzeichnet. 2007 gehören zur Europäischen Union 27 Mitgliedstaaten; weitere Länder wollen beitreten.

1.5 Die Bundesrepublik Deutschland im europäischen Rechtssystem

Quelle: http://europa.eu/about-eu/countries/index_de.htm

Die Mitgliedstaaten der EU haben Teile ihrer einzelstaatlichen Souveränität auf Organe der EU übertragen, damit bestimmte Aufgaben auf europäischer Ebene gemeinsam geregelt werden können.

Der Europäische Rat bestimmt die „große Richtung" der Entwicklung der EU. Hier legen die Staats- und Regierungschefs der Mitgliedstaaten die Zielvorstellungen fest.

Das Europäische Parlament, der Rat der Europäischen Union und die Europäische Kommission bilden das „Machtdreieck" der EU. Nähere Informationen gibt es unter www.europa.eu.

Das Europäische Parlament

Das Europäische Parlament ist die Vertretung der Bürgerinnen und Bürger in der Europäischen Union. Die Abgeordneten werden für eine Amtszeit von fünf Jahren direkt gewählt.

Die 754 Abgeordneten aus 27 Mitgliedstaaten vertreten 500 Millionen Europäer (2012). Wie viele Abgeordnete aus den einzelnen EU-Staaten kommen, ist vertraglich vereinbart worden. Aus Deutschland kommen 99 Abgeordnete.

Die Befugnisse des Europäischen Parlaments sind kontinuierlich erweitert worden. Es teilt die Gesetzgebungsbefugnis mit dem Rat der Europäischen Union. Es besitzt zwar nicht das Recht der Gesetzesinitiative, aber es kann die Kommission auffordern, dem Rat Legislativvorschläge zu unterbreiten. Das Parlament legt zusammen mit dem Rat den Haushalt fest. Es besitzt Kontrollrechte gegenüber der Kommission.

Im Europäischen Parlament werden über 20 Sprachen gesprochen, die Abgeordneten tagen an drei Arbeitsorten. Sitz des Parlaments ist Straßburg. Hier finden jährlich zwölf Plenarsitzungen statt. In Brüssel tagen die Ausschüsse und Fraktionen. Luxemburg ist der dritte Arbeitsort. Ein Petitionsausschuss sowie ein Bürgerbeauftragter befassen sich mit Beschwerden und Bitten der Bürger der EU-Staaten.

Weitere Informationen findet man im Internet unter www.europarl.eu.

Rat der Europäischen Union (EU-Ministerrat)

Dem Rat der Europäischen Union gehören die jeweiligen Fachminister jedes Mitgliedstaats an. So tagt – je nach den zu behandelnden Aufgaben – der Rat der Außenminister, der Finanzminister, Verkehrsminister usw. Man spricht daher auch vom Ministerrat der EU.

Die Hauptaufgabe des Rates ist es, europäische Rechtsvorschriften (Verordnungen, Richtlinien) zu beschließen. Dies geschieht in den meisten Fällen gemeinsam mit dem Europäischen Parlament. Außerdem behandelt der Rat wichtige aktuelle Fragen.

An der Beschlussfassung auf EU-Ebene sind verschiedene europäische Institutionen beteiligt, insbesondere

- die Europäische Kommission,
- das Europäische Parlament und
- der Rat der Europäischen Union.

Im Vertrag von Lissabon, der am 1. Dezember 2009 in Kraft trat, wurde das **„Gesetzgebungsverfahren"** der EU neu geregelt. Über neue Rechtsvorschriften entscheidet in der Regel der EU-Ministerrat zusammen mit dem EU-Parlament. Das Vorschlagsrecht für diese Regelungen liegt hauptsächlich bei der EU-Kommission. Allerdings kann das EU-Parlament von der EU-Kommission fordern, einen Gesetzgebungsvorschlag zu machen. Die EU-Bürger haben auch die Möglichkeit, über ein **Volksbegehren** mit mindestens einer Million Unterschriften (Europäische Initiative) die EU-Kommission zu beauftragen, einen Gesetzesvorschlag vorzulegen. Die nationalen Parlamente der 27 Mitgliedstaaten der EU können gegen die Vorschläge der Kommission Einspruch einlegen. Legt mindestens die Hälfte der nationalen Parlamente ein Veto ein, ist die Ablehnung der Gesetzesinitiative durch das EU-Parlament mit einfacher Mehrheit möglich.

Bei diesem „Mitentscheidungsverfahren" übt der EU-Ministerrat gleichberechtigt mit dem EU-Parlament die Legislativgewalt aus.

Der Rat der Europäischen Union fasst Beschlüsse entweder einstimmig oder mit qualifizierter Mehrheit. Vorerst noch müssen zentrale Bereiche wie das Asyl- und Einwanderungsrecht, die Steuer- und Strukturpolitik sowie die gemeinsame Handelspolitik einstimmig beschlossen werden.

Bei Mehrheitsbeschlüssen verfügen die Mitgliedsländer über unterschiedliche Stimmengewichte. Große Staaten wie Deutschland haben mehr Stimmen als kleinere. Die Bevölkerungszahl der Staaten wird – auf Antrag eines Mitglieds – ebenfalls berücksichtigt. Eine Entscheidung setzt dann die Zustimmung von 62 % der Bevölkerungszahl und die Mehrheit der Mitgliedstaaten voraus.

Die meisten Beschlüsse trifft der Rat mit qualifizierter Mehrheit, die sowohl hinsichtlich der Mitgliedstaaten als auch der Stimmen unterschiedlich berechnet wird. Jedes Mitgliedsland kann außerdem prüfen lassen, ob durch die Ja-Stimmen mindestens 62 % der Gesamtbevölkerung der EU vertreten werden. Ist dies nicht der Fall, so ist die Entscheidung abgelehnt.

Jedes Land hat eine bestimmte Anzahl von Stimmen. Deutschland ist mit 29 von insgesamt 345 Stimmen im Ministerrat vertreten. Der Vertrag von Lissabon sieht ab 2014 veränderte Entscheidungsregeln im EU-Ministerrat vor.

Die Europäische Kommission (EU-Kommission)

Die Europäische Kommission (EU-Kommission) ist das ausführende Organ der Union und hat ihren Sitz in Brüssel. Ihre Amtszeit beträgt fünf Jahre. Sie hat vor allem Verwaltungs- und Haushaltsaufgaben und achtet darauf, dass die Mitgliedstaaten ihre vertraglichen Pflichten einhalten.

Jeder der 27 Mitgliedstaaten stellt ein Kommissionsmitglied, das dann für einen Politikbereich verantwortlich ist. Der deutsche Kommissar, Günther Oettinger, ist für Energie zuständig. Die 27 Kommissarinnen und Kommissare sind zugleich auch die obersten Dienstvorgesetzten der insgesamt rund 38 000 Kommissionsmitarbeiter. Die Kommissionsmitglieder arbeiten frei von Weisungen aus ihren Heimatstaaten. Der Präsident der EU-Kommission hat Richtlinienkompetenz.

Wichtige Aufgaben der EU-Kommission

- Die Kommission erarbeitet Vorschläge für neue Rechtsvorschriften (Verordnungen, Richtlinien) der EU.
- Sie verwaltet die Gelder der EU (über 140 Milliarden Euro pro Jahr), sie ist zuständig für den Haushaltsentwurf und die Einhaltung des Haushalts.
- Sie ist verantwortlich für die praktische Umsetzung von EU-Maßnahmen. Sie erlässt die Durchführungsverordnungen, die für die konkrete Umsetzung von Rechtsvorschriften nötig sind (z. B. rund 2 000 jährlich allein in der Agrarpolitik).
- Die Kommission überwacht die Anwendung des Unionsrechts in den Mitgliedstaaten. Werden z. B. EU-Richtlinien nicht fristgerecht in nationales Recht umgesetzt, muss die Kommission einschreiten und notfalls vor dem Europäischen Gerichtshof klagen. Verstöße gegen EU-Recht können direkt mit einem Bußgeld geahndet werden.

Der Europäische Rat

Die Versammlung der Staats- und Regierungschefs der Mitgliedstaaten der EU einschließlich des Präsidenten der Europäischen Kommission bilden den Europäischen Rat. Er tagt viermal jährlich in Brüssel. An den Sitzungen nimmt auch die Hohe Vertreterin der Union für Außen- und Sicherheitspolitik teil.

Im Europäischen Rat werden die allgemeinen politischen Zielvorstellungen in den EU-Tätigkeitsbereichen wie zum Beispiel die EU-Erweiterung und Impulse für die weitere Entwicklung der Union festgelegt. Er löst auch mitunter strittige Fragen, die auf Ministerebene nicht geklärt werden konnten.

Der Europäische Rat ist zu unterscheiden vom Rat der EU (EU-Ministerrat) und vom Europarat. Dem Rat der EU gehören die jeweiligen Fachminister der Mitgliedstaaten an. Beim Europarat handelt es sich um einen von der Europäischen Union unabhängigen Zusammenschluss von 47 europäischen Staaten, der insbesondere für Menschen- und Bürgerrechte und bessere Lebensbedingungen in Europa arbeitet. Eine wichtige zwischenstaatliche Übereinkunft des Europarats ist die Europäische Menschenrechtskonvention.

Der Europäische Gerichtshof (EuGH)

Der Europäische Gerichtshof (EuGH) ist das Rechtsprechungsorgan der Europäischen Union mit Sitz in Luxemburg.

Die Aufgabe des Gerichts besteht darin, die Wahrung des EU-Rechts bei der Auslegung und Anwendung der Gründungsverträge der Europäischen Gemeinschaften sowie der von den Organen der Europäischen Union erlassenen Rechtsvorschriften (Richtlinien, Verordnungen) zu sichern. Die Urteile des Gerichtshofs gelten in allen Ländern der EU und können von keinem nationalen Gericht angetastet werden. Der Gerichtshof wahrt auch die Grundrechte des Bürgers gegenüber der Hoheitsgewalt der EU-Organe und schützt ihn gegen Missbrauch der öffentlichen Gewalt.

Dem Europäischen Gerichtshof ist ein Gericht Erster Instanz beigeordnet, um den Rechtsschutz für die Bürgerinnen und Bürger zu verbessern. Das Gericht Erster Instanz ist insbesondere zuständig für Klagen von Privatpersonen sowie Unternehmen auf dem Gebiet des Wettbewerbsrechts.

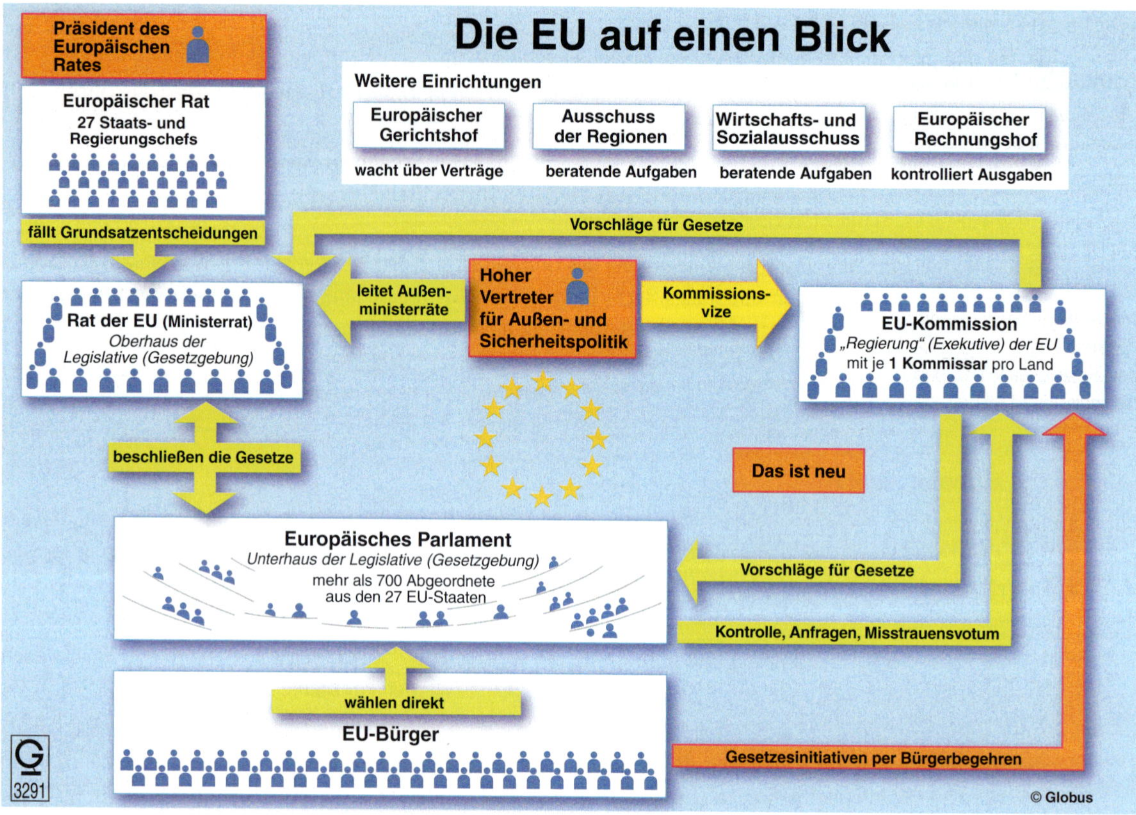

1.5.2 Rechtssystem der Europäischen Union

Im Laufe des Prozesses der europäischen Integration übertrugen die Mitgliedstaaten nationale Hoheitsrechte auf die überstaatlichen Gemeinschaftsorgane: In Bereichen wie Agrarwirtschaft, Verkehr, Wettbewerbsrecht, Außenhandel – später auch Bildungs- und Forschungspolitik, Verbraucherschutz u. a. – wurden den europäischen Organen legislative und exekutive Rechte eingeräumt. In anderen Bereichen haben sich die Mitgliedstaaten zur Zusammenarbeit (z. B. Umweltschutz, Gesundheitspolitik) oder zu gegenseitiger Abstimmung ihrer nationalen Politik verpflichtet (z. B. Wirtschaftspolitik). Dem Europäischen Gerichtshof in Luxemburg sind judikative Rechte übertragen worden.

Das Grundgesetz setzt den Rahmen, in dem der Bund Hoheitsrechte auf die EU übertragen kann:

Auszug aus dem Grundgesetz

Art. 23 GG

(1) Zur Verwirklichung eines vereinten Europas wirkt die Bundesrepublik Deutschland bei der Entwicklung der Europäischen Union mit,

- die demokratischen, rechtsstaatlichen, sozialen und föderativen Grundsätzen
- und dem Grundsatz der Subsidiarität verpflichtet ist
- und einen diesem Grundgesetz im Wesentlichen vergleichbaren Grundrechtsschutz gewährleistet.

Der Bund kann hierzu durch Gesetz mit Zustimmung des Bundesrats Hoheitsrechte übertragen. …

Es entstand ein unabhängiges Rechtssystem, das Vorrang vor den einzelstaatlichen Rechtsvorschriften hat.

Das Recht der Europäischen Union			
Primäres Gemeinschaftsrecht	**Sekundäres Gemeinschaftsrecht**		
Verträge über die Gründung der Europäischen Gemeinschaften (Römische Verträge 1957) und deren **Änderungen und Ergänzungen** (Einheitliche Europäische Akte 1987, Vertrag von Maastricht über die Europäische Union 1992, Vertrag von Lissabon 2009). Die Verträge regeln u.a. die Zuständigkeit der am Beschlussfassungsverfahren beteiligten Organe und Einrichtungen sowie die Legislativ-, Exekutiv- und Rechtsprechungsverfahren des Gemeinschaftsrechts. Zum Primärrecht gehören auch die durch den EuGH entwickelten **ungeschriebenen Rechtsgrundsätze,** die sich auf Rechtsstaatlichkeit und Grundrechtsschutz in der EU beziehen.	**Rechtsakte,** die von den Gemeinschaftsorganen nach Art. 249 des EG-Vertrags erlassen werden. Sie gelten in den Mitgliedstaaten unmittelbar oder müssen in nationales Recht umgesetzt werden. EU-Recht genießt Vorrang vor nationalem Recht, d.h., steht nationales Recht dem Gemeinschaftsrecht entgegen, so geht das Gemeinschaftsrecht grundsätzlich vor.		
	Verordnungen werden vom Rat der EU (Ministerrat) und vom EU-Parlament erlassen. Sie haben Gesetzesrang und sind in allen Mitgliedstaaten unmittelbar geltendes Recht, ohne dass es nationaler Umsetzungsmaßnahmen bedürfte. In Deutschland stehen EU-Verordnungen im Rang über dem Grundgesetz.	**Richtlinien** verpflichten die Mitgliedstaaten, nationale Rechtsvorschriften zu erlassen oder so zu ändern, dass die in der Richtlinie genannten Ziele in einer bestimmten Frist erreicht werden. An diese Zielvorgaben sind die EU-Länder gebunden, sie können aber die Mittel wählen, mit denen sie erreicht werden sollen.	**Entscheidungen** sind Rechtsakte, durch die Einzelfälle (in einem Staat oder einem Unternehmen) geregelt werden.
„Rechtsquellen"			„Verwaltungsakte"

Empfehlungen und Stellungnahmen gehören auch zum Sekundärrecht, sind aber nicht verbindlich, sie haben eher eine politische Bedeutung, da sie zum Ausdruck bringen, wie die Kommission bestimmte Sachverhalte einschätzt und wie sie in solchen Fällen zu handeln gedenkt.

In letzter Zeit haben **Rahmenbeschlüsse** des Ministerrats eine ähnliche Bedeutung erlangt wie EG-Richtlinien. Rahmenbeschlüsse (entsprechend dem EU-Vertrag) sind für die Mitgliedstaaten hinsichtlich des zu erreichenden Ziels verbindlich, überlassen jedoch den innerstaatlichen Stellen die Wahl der Form und der Mittel. Sie sind nicht unmittelbar wirksam, dienen aber der gemeinschaftsrechtskonformen Ausrichtung und Auslegung des nationalen Rechts. Während EG-Richtlinien supranationales Recht darstellen, basieren Rahmenbeschlüsse auf dem EU-Vertrag und gehören nach dem Beschluss des Bundesverfassungsgerichts zum Europäischen Haftbefehl 2005 nicht zum supranationalen Recht.

Rechtsprechung in der EU

Die Rechtsprechung umfasst Urteile des Europäischen Gerichtshofs und des Gerichts Erster Instanz. Die Streitsachen werden z.B. von der Kommission, von innerstaatlichen Gerichten der Mitgliedstaaten oder Einzelpersonen vorgelegt. Hier einige Beispiele für Zugänge zum EuGH:

- **Vorabentscheidungen:** Alle nationalen Gerichte müssen Europarecht beachten. Bei Zweifeln oder Unstimmigkeiten mit dem nationalen Recht kann ein nationales Gericht vom Europäischen Gerichtshof eine Vorabentscheidung verlangen, die dann das nationale Gericht in dem betreffenden Fall bindet.
- **Klage wegen Vertragsverletzung:** Es wird geprüft, ob ein Mitgliedstaat seine gemeinschaftsrechtlichen Pflichten verletzt hat.
- **Nichtigkeitsklage:** Der Europäische Gerichtshof kann EU-Gesetze für nichtig erklären, wenn ein Mitgliedstaat oder bestimmte EU-Organe dies verlangen. Auch Bürger und Unternehmen können vor dem Gerichtshof klagen, wenn sie von EU-Entscheidungen direkt und individuell betroffen sind.
- **Untätigkeitsklage:** Mitgliedstaaten oder EU-Organe können ein Gemeinschaftsorgan wegen Untätigkeit verklagen, wenn dieses Organ laut EG-Vertrag Beschlüsse fassen müsste, dies aber unterlässt. Zum Beispiel hat das Europäische Parlament einmal den Ministerrat erfolgreich wegen Untätigkeit in der Verkehrspolitik verklagt.
- **Schadensersatzklage:** Der EuGH entscheidet auch, ob die EU für einen Schaden aufkommen muss, den ihre Organe in Ausübung ihrer Amtstätigkeit verursacht haben.

3.1.2 Merkmale der kommunalen Selbstverwaltung

Die gemeindliche Selbstverwaltung ist nach Art. 28 Abs. 2 GG das Recht,

- alle Angelegenheiten der örtlichen Gemeinschaft
- im Rahmen der Gesetze
- in eigener Verantwortung
- zu regeln.

Auf dieser Grundlage haben Rechtswissenschaft und Rechtsprechung Merkmale der kommunalen Selbstverwaltung herausgearbeitet:

Der Wirkungskreis der Gemeinden erstreckt sich grundsätzlich auf alle **Angelegenheiten der örtlichen Gemeinschaft** (universeller Wirkungskreis, „Allzuständigkeit").

Dieser weite Bereich kommunaler Aufgaben ist von den staatlichen Aufgaben nicht immer leicht abgrenzbar. Gemeindliche Aufgaben müssen

- in der örtlichen Gemeinschaft wurzeln oder einen spezifischen Bezug zu ihr haben und
- von der örtlichen Gemeinschaft selbstständig bewältigt werden können.

Beispiele

Für den Bau eines Freizeitzentrums oder die Einrichtung eines kommunalen Kinos darf sich die Gemeinde zuständig fühlen; staatliche Weisungen wären hier nicht zulässig. Beschließt der Gemeinderat eine Stellungnahme zu einem außenpolitischen Problem, so überschreitet er den örtlichen Wirkungskreis. Andererseits zählen bestimmte Verkehrsregelungen zu den staatlichen Angelegenheiten, auch wenn sie örtlichen Charakter haben.

Die selbstständige Bewältigung der gemeindlichen Aufgabenfülle setzt rechtliche Eigenständigkeit (Verwaltungshoheit, „Selbstverwaltung im juristischen Sinne") voraus. Deshalb haben die Gemeinden und Gemeindeverbände den Rechtsstatus von **Gebietskörperschaften:** Sie sind juristische Personen des öffentlichen Rechts mit eigenen Organen; alle auf dem Gemeindegebiet lebenden Einwohner sind Gemeindemitglieder („Allmitgliedschaft").

Daneben sind die Gemeinden in ihrem Gebiet grundsätzlich die alleinigen Träger der öffentlichen Verwaltung. Diese **Verwaltungshoheit** der Gemeinden schließt einen Verwaltungsunterbau des Landes auf Ortsebene grundsätzlich aus.

Die **Rechtsaufsicht** erstreckt sich grundsätzlich nur auf die Gesetzmäßigkeit der Kommunalverwaltung, nicht auf deren Zweckmäßigkeit.

Die Gemeinden erfüllen ihre Aufgaben **in eigener Verantwortung,** sie können ihr Handeln selbst bestimmen und haben für dessen Folgen selbst einzustehen. Bei freiwilligen Aufgaben entscheiden die Gemeinden, ob und wie sie diese erledigen. **Eigenverantwortliche Aufgabenerfüllung** setzt – neben der erwähnten **Verwaltungshoheit** – die **Personal-, Finanz-, Planungs- und Organisationshoheit** als weitere Befugnisse voraus.

- **Personalhoheit**
  - Die Gemeinden haben eigenes Personal und treffen im Einzelfall die dienstrechtlichen Entscheidungen.
  - Die Gemeinden besitzen die Dienstherrnfähigkeit (das Recht, Beamte zu haben).
  - Die Gemeinden können ihre Stellenpläne im Rahmen der Gesetze, insbesondere der haushaltsrechtlichen Grundsätze, frei gestalten.
- **Finanzhoheit**
  - Die Gemeinden haben das Recht auf Erschließung eigener Steuerquellen (Realsteuern). Das Land hat den Gemeinden Möglichkeiten zur Steuerschöpfung einzuräumen, das „Steuerfindungsrecht" der Gemeinden ist aber begrenzt.
  - Es muss ein haushaltsrechtlicher Gestaltungsfreiraum vorhanden sein. Dieser wird jedoch vielfältig eingeschränkt, z. B. durch die Verpflichtung zu konjunkturgerechtem Verhalten (StabG).

- **Planungshoheit**
  Durch Flächennutzungs- und Bebauungspläne regeln die Gemeinden Ordnung und bauliche Nutzung des Gemeindegebietes.
- **Organisationshoheit**
  Den innerorganisatorischen Aufbau und die Abläufe der Verwaltung regelt die Gemeinde selbst.

Außerdem werden die Kultur und die Daseinsvorsorge häufig als Hoheitsbereiche der Selbstverwaltung genannt. In Sachsen z. B. ist die Kulturförderung kommunale Pflichtaufgabe; in Nordrhein-Westfalen ist die gemeindliche Kulturhoheit verfassungsrechtlich garantiert.

Das **Regelungsrecht** für alle Angelegenheiten der örtlichen Gemeinschaft schließt die **Satzungshoheit** ein. Die Gemeinden haben damit die Möglichkeit, „Ortsgesetze" (z. B. Haushaltssatzung, Hundesteuersatzung, Bebauungspläne, Friedhofsordnung) zu erlassen.

Kernbestand des kommunalen Selbstverwaltungsrechts	
Rechtsstatus und Wirkungskreis (Verwaltungshoheit)	Gemeinden sind ■ Gebietskörperschaften, ■ grundsätzlich alleinige Träger der öffentlichen Verwaltung in ihrem Gebiet und ■ „allzuständig" in Angelegenheiten der örtlichen Gemeinschaft.
Hoheitsrechte zur eigenverantwortlichen Aufgabenerfüllung	■ Personalhoheit ■ Finanzhoheit ■ Planungshoheit ■ Organisationshoheit ■ Satzungshoheit
Der Kernbestand des Selbstverwaltungsrechts darf bei staatlichen Eingriffen in die kommunale Selbstverwaltung nicht angetastet werden (Garantien des Art. 28 Abs. 2 GG).	

3.1.3 Entwicklung und Modelle der Kommunalverfassung

Bereits im Mittelalter gab es in den Städten eine Selbstverwaltung durch Kaufmannsgilden bzw. Zunftmeister. Doch liegen die Anfänge der heutigen „kommunalen Demokratie" viel später: in der Zeit der „preußischen Reformen" zu Beginn des 19. Jahrhunderts.

Die **preußische Städteordnung von 1808** der Minister Karl vom und zum Stein und Karl August Fürst von Hardenberg sollte die Selbstständigkeit der Bürger und ihr (verloren gegangenes) Pflichtgefühl gegenüber der Gemeinschaft fördern. Hierzu wurden sie an der Gemeindeverwaltung beteiligt, die Bevormundung durch die Staatsverwaltung wurde abgebaut.

Allein beschließendes und deshalb wichtigstes Organ war die von der Bürgerschaft gewählte Stadtverordnetenversammlung. Allerdings waren nur die männlichen selbstständigen Gewerbetreibenden und Grundeigentümer wahlberechtigt (etwa 6–20 % der Einwohner). Vor allem wegen ihres Wahlrechts war diese bürgerschaftliche Selbstverwaltung nicht demokratisch, aber immerhin konnten die Stadtgemeinden ihre Angelegenheiten eigenverantwortlich regeln. Steins Verdienst ist es, die Mitwirkung der Besitzbürger an der städtischen Selbstverwaltung eingeführt zu haben. Die preußische Städteordnung wurde Vorbild für andere deutsche Staaten. So kam es in Deutschland auf Gemeindeebene früher zu einer „Parlamentarisierung" als im Bereich des Staates.

Im **19. und 20. Jahrhundert** entwickelten sich unterschiedliche Typen der Gemeindeverfassung in den deutschen Staaten. In den letzten Jahrzehnten hat sich das Modell der „Süddeutschen Ratsverfassung" in fast allen Flächenstaaten der Bundesrepublik weitgehend durchgesetzt. Auch wurden mehr Informations- und Mitwirkungsmöglichkeiten für Einwohner geschaffen durch Öffentlichkeit der Ausschusssitzungen, Bürgerentscheide sowie die Direktwahl der Bürgermeister und Landräte.

3 Grundzüge der kommunalen Selbstverwaltung

Die **„Ratsverfassung"** gilt als „Grundmodell" in den einzelnen Ländern, jedoch mit Abweichungen von der Süddeutschen Ratsverfassung. So leitet in mehreren Bundesländern nicht der Bürgermeister die Sitzungen der Gemeindevertretung, sondern ein besonders gewählter Vorsitzender. In Hessen und Bremerhaven gilt die **„Magistratsverfassung"**: Hier wird die Verwaltung von einem Kollegium geleitet, dem Magistrat. Der Bürgermeister ist Sprecher dieser „Stadtregierung".

Magistratsverfassung

Das System der hessischen Kommunalverfassung am Beispiel der Gemeinden:

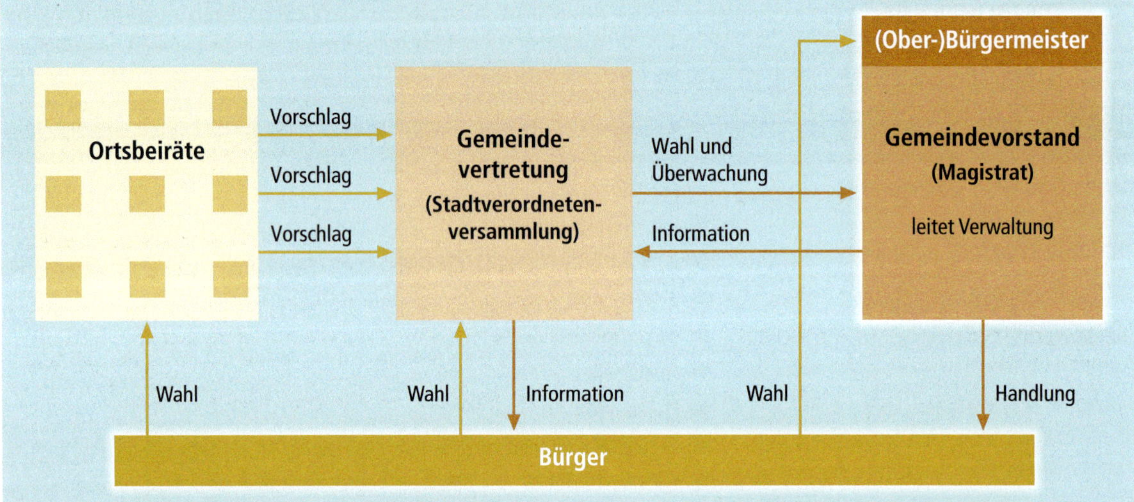

Ratsverfassung

Gemeinderat und Bürgermeister werden von den Bürgern direkt gewählt. Dem Bürgermeister kommt dabei eine Schlüsselposition zu: Er führt den Vorsitz im Gemeinderat, leitet die Verwaltung und vertritt die Gemeinde nach außen.

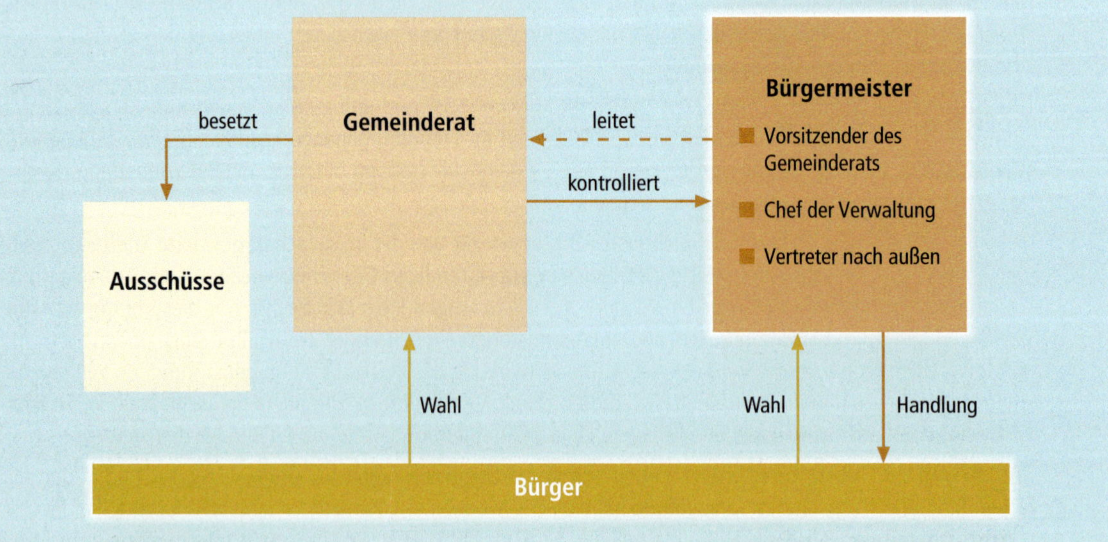

Das Kommunalverfassungsmodell der meisten Bundesländer ist heute die Ratsverfassung.

3.1.4 Bereiche und Quellen des Kommunalrechts

Das Kommunalrecht umfasst vor allem die Rechtsvorschriften über die Stellung der Kommunen im Staat, über ihre Aufgaben und ihre Organisation, über die Beziehungen zu Einwohnern und Bürgern, über die kommunale Finanzwirtschaft sowie kommunale Zusammenschlüsse. Das Kommunalrecht gehört zum öffentlichen Recht, und zwar größtenteils zum besonderen Verwaltungsrecht. Die gemeindliche Existenz- und Selbstverwaltungsgarantie (in Art. 28 GG und in den Landesverfassungen) allerdings sind Teil des Staatsverfassungsrechts.

Den Kern des Kommunalrechts bildet das Kommunalverfassungsrecht. Es enthält die rechtliche Grundordnung (den Rechtszustand, die rechtliche Verfassung) der Gemeinden und Gemeindeverbände sowie Bestimmungen zu deren Gebiet, Rechtsstellung, Aufgaben, Organen und Satzungsrecht. Es ist hauptsächlich in den Gemeindeordnungen und Kreis- bzw. Landkreisordnungen, also in einfachen Landesgesetzen, geregelt und hat insoweit keinen Verfassungsrang.

Quellen des Kommunalrechts	
Verfassungen	**Grundgesetz** (insbes. Art. 28, ferner Art. 93 Abs. 1 Nr 4 b sowie Art. 104 a ff.) **Landesverfassungen**
Gesetze	Grundlegende Regelungen enthalten die **Gemeindeordnungen** und die **Landeskreisordnungen** bzw. Kreisordnungen der Länder; Landesgesetze regeln z. B. kommunale Wahlen, die Zusammenarbeit der Kommunen und die Rechtsverhältnisse kommunaler Verbände.
Rechtsverordnungen	Einzelne Bereiche der Gemeindeordnungen werden durch Rechtsverordnungen konkretisiert; z. B. Bekanntmachungs-, Entschädigungs-, Gemeindehaushalts-, Gemeindekassen-, Eigenbetriebsverordnung.
kommunale Satzungen	**Hauptsatzung** (zur Ergänzung des Landesrechts in der einzelnen Kommune) **Haushaltssatzung,** Abgabensatzungen u. a.

3.2 Die Gemeinde als Gebietskörperschaft

Als Gebietskörperschaft trägt die Gemeinde die allgemeinen Merkmale einer **juristischen Person:**

- Sie trägt einen geschützten Namen.
- Sie ist rechtsfähig und vor Gericht parteifähig.
- Sie handelt rechtsverbindlich durch Organe.
- Sie haftet mit eigenem Vermögen.
- Sie besteht unabhängig vom Wechsel ihrer Mitglieder.

Als besondere Merkmale einer **Gebietskörperschaft** kommen hinzu:

- Mitwirkung der Mitglieder,
- Gebietshoheit über das Gemeindegebiet.

3.2.1 Name und Wahrzeichen der Gemeinde

Jede Gemeinde führt einen **Namen,** z. B. „Stadt Neustadt" oder „Gemeinde Bergheim". Im Mittelalter bedeutete das vom Landesherrn verliehene Stadtrecht für die Bürgerschaft Markt-, Gerichts- und Befestigungsrechte. Heute hat die Bezeichnung „Stadt" zwar noch dekorative, aber keine nennenswerte rechtliche Bedeutung.

Der Gemeindename sowie rechtmäßig geführte Zusätze („Stadt", „Bad", „Flecken", „Markt") sind im Rahmen der Selbstverwaltungsgarantie und des § 12 BGB geschützt. Jede Gemeinde kann verlangen, dass ihr Name richtig benutzt wird. Bezeichnungen von Ortsteilen (Stadtbezirken) genießen diesen Namensschutz nicht.

Wahrzeichen der Gemeinde sind Dienstsiegel, Wappen und Flaggen: Sie machen darauf aufmerksam, dass hier eine mit Hoheitsrechten ausgestattete Institution handelt („wahren" = beachten). Als Mittel der Selbstdarstellung spielen sie auch in der kommunalen Öffentlichkeitsarbeit eine Rolle.

Gemeinden führen Dienstsiegel. Wichtige Erklärungen von Gemeindeorganen werden bekräftigt („besiegelt") durch Beidrücken eines Siegels. Gebräuchlich sind Prägesiegel aus Metall sowie Gummistempel. Die siegelführenden Dienstkräfte haben das Dienstsiegel sicher aufzubewahren.

Das Gemeindewappen genießt wie der Gemeindename gesetzlichen Schutz. Es darf von Dritten nicht ohne Genehmigung verwendet werden (z. B. zu Werbezwecken). Die Gemeinden können eigene Flaggen führen. Die Stadtfarben dürfen genehmigungsfrei von jedermann benutzt werden.

3.2.2 Gemeindegebiet – Gemeindearten

Das **Gemeindegebiet** umfasst die Grundstücke, die zur Gemeinde (nicht: der Gemeinde) gehören. Grundsätzlich gehört in Deutschland jedes Grundstück zum Gebietsbestand einer Gemeinde. Gebietshoheit besitzt die Gemeinde nur im Gemeindegebiet.

Die Gemeindeordnungen ermöglichen, das Gemeindegebiet in Bezirke bzw. Ortschaften (Ortsteile) zu gliedern. Für diese Gebietsteile gebildete Verwaltungs- bzw. Vertretungsorgane wirken bei der Bewältigung ortsteilbezogener Aufgaben mit. In den nach einer Gebietsreform vergrößerten Gemeinden können sie als „Anlaufstelle" auch die Verbundenheit der Einwohner mit der Gemeindeverwaltung fördern.

Ob und wie das Gemeindegebiet aufgegliedert werden muss oder kann, ist in den Gemeindeordnungen der Länder unterschiedlich geregelt. In jedem Fall aber sind Bezirke bzw. Ortschaften rechtlich unselbstständige Bestandteile der Gemeinde.

Gemeindearten (Rechtsstellung der Gemeinden nach der Gemeindegröße)

Gemeinden

kreisfreie Städte	**kreisangehörige Städte und Gemeinden**
(keine Untergliederung in Arten)	(länderweise verschiedene Untergliederung in Gemeindearten)

1. Beispiel: Gemeindearten in Brandenburg

kreisfreie Städte	**kreisangehörige Städte und Gemeinden**			
	amtsfreie Städte und Gemeinden			amtsangehörige Gemeinden
	große kreisangehörige Städte	mittlere kreisangehörige Städte	alle anderen amtsfreien kreisangehörigen Städte und Gemeinden	(Ämter)[1]

1 Amt = Form der Verwaltungsgemeinschaft, Körperschaft des öffentlichen Rechts, gilt als Gemeindeverband

2. Beispiel: Gemeindearten in Niedersachsen

kreisfreie Städte	**kreisangehörige Städte und Gemeinden**		
	große selbstständige Städte	selbstständige Gemeinden	(sonstige) Gemeinden
			Samtgemeinden[2]

2 freiwilliger Gemeindeverband mit gemeindeähnlicher Rechtsstellung

3. Beispiel: Gemeindearten in Nordrhein-Westfalen

kreisfreie Städte	**kreisangehörige Städte und Gemeinden**		
	große kreisangehörige Städte	mittlere kreisangehörige Städte	alle anderen kreisangehörigen Städte und Gemeinden

4. Beispiel: Gemeindearten in Rheinland-Pfalz

kreisfreie Städte	**kreisangehörige Städte und Gemeinden**		
	große kreisangehörige Städte	kreisangehörige Städte und Gemeinden (verbandsfrei)	Ortsgemeinden (verbandsangehörig)
			Verbandsgemeinden

Kleinere Gemeinden und Städte können nicht alle gemeindlichen Aufgaben aus eigener Kraft erfüllen. Die Einwohnerzahl und das begrenzte Steueraufkommen erlauben es meist nicht, ein modernes Krankenhaus, ein eigenes Gesundheitsamt, eine in viele Fachklassen gegliederte Berufsschule oder eine Abfallbeseitigungsanlage für eine Gemeinde zu unterhalten. Deshalb werden Einrichtungen, die die Kraft und den Bedarf einzelner Gemeinden übersteigen, vom Kreis als Gemeindeverband getragen. Er gleicht die unterschiedliche Leistungsfähigkeit der kreisangehörigen Gemeinden teilweise aus.

In mehreren Bundesländern sind die kreisangehörigen Gemeinden entsprechend ihrer Leistungskraft in Größenklassen eingeteilt. Mit steigender Einwohnerzahl vergrößert sich der Aufgaben- und Zuständigkeitsbereich der Gemeinden.

In ländlich geprägten Bundesländern sind Gemeinden mit niedriger Einwohnerzahl nicht selten. Für diese Kommunen kann die Unterhaltung einer Grundschule, eines Kindergartens oder einer Gemeindeverwaltung ein Problem sein, das sie nicht allein zu bewältigen vermögen. Zur Stärkung ihrer Selbstverwaltungs- und Leistungskraft arbeiten diese Gemeinden häufig in Verwaltungsgemeinschaften, Ämtern, Samt- oder Verbandsgemeinden zusammen. Die Gemeindeordnungen sehen hierfür unterschiedliche Formen vor.

3.2.3 Aufgaben der Gemeinde

Ein Blick auf den Wegweiser am Rathauseingang oder in den Aufgabengliederungsplan genügt, um einen ersten Eindruck von der Fülle gemeindlicher Aufgaben zu erhalten. Wie kommt es, dass die Gemeinden so vielfältige Aufgaben zu erfüllen haben?

Bereits Art. 28 Abs. 2 GG garantiert den Gemeinden einen allgemeinen Aufgabenkreis, allerdings nur bezogen auf die Aufgaben der örtlichen Gemeinschaft. Die Landesverfassungen bzw. Gemeindeordnungen erweitern die grundsätzliche Zuständigkeit der Gemeinden auf alle öffentlichen Aufgaben im Gemeindegebiet: Die Gemeinden sind in ihrem Gebiet ausschließliche und eigenverantwortliche Träger der öffentlichen Verwaltung, soweit die Gesetze nichts anderes bestimmen.

Der Staat verzichtet auf einen eigenen örtlichen Behördenapparat und lässt die Gemeinden in eigener Verantwortung arbeiten, regelt jedoch Ausnahmen durch Gesetz: Die Finanzämter etwa arbeiten als staatliche Behörden auf der Ebene der Städte und Kreise. Die Gemeindebehörden erledigen einen Teil ihrer Aufgaben nach gesetzlich geregelten staatlichen Weisungen.

Aufgrund der **„Allzuständigkeit"** kann die Gemeinde alle Angelegenheiten der örtlichen Gemeinschaft in ihrem Gemeindegebiet wahrnehmen. Sie darf sich also ohne Weiteres für neue Einrichtungen, wie z. B. ein kommunales Kino oder ein Freizeitzentrum, zuständig fühlen. Eine abschließende (enumerative) Aufzählung der Gemeindeaufgaben im Gesetz erübrigt sich.

Die Gemeinde nimmt nicht nur eigene (gemeindliche), sondern auch fremde (staatliche) Aufgaben wahr. Bund und Land bedienen sich der Gemeinden zur bürgernahen Erfüllung ihrer Aufgaben. Der Staat regelt und überwacht die Durchführung dieser Aufgaben. Nach ihrem Rechtscharakter unterscheidet man die folgenden **Aufgabentypen:**

Rechtscharakter gemeindlicher Aufgaben

Gemeindliche Aufgabenbereiche

eigener Wirkungskreis
(Selbstverwaltungsangelegenheiten = weisungsfreie Aufgaben)

eigene (kommunale) Angelegenheiten

- freiwillige Selbstverwaltungsaufgaben
- Pflichtaufgaben der Selbstverwaltung (weisungsfreie Pflichtaufgaben)

übertragener Wirkungskreis
(staatliche Angelegenheiten = weisungsgebundene Aufgaben)

fremde (staatliche) Angelegenheiten

- staatliche Auftragsangelegenheiten
- Pflichtaufgaben zur Erfüllung nach Weisung (in einigen Bundesländern)

Der Grad der Freiheit bei der Aufgabenerledigung hängt vom Rechtscharakter der jeweiligen Aufgabe ab. Hier gibt es von Land zu Land Unterschiede. Man unterscheidet – je nach Bundesland – grundsätzlich drei bzw. vier Aufgabentypen:

Bei **freiwilligen Selbstverwaltungsaufgaben** entscheidet die Gemeinde selbst, **ob und wie** sie eine Angelegenheit der örtlichen Gemeinschaft wahrnimmt. Die Aufgaben haben einen besonderen Bezug zur örtlichen Gemeinschaft und sollten von ihr auch selbstständig bewältigt werden können.

Beispiele

Bau und Unterhaltung von Theatern, Museen, Sportstätten, Bädern, Parks und Parkhäusern, Förderung von Vereinen

Bei **Pflichtaufgaben der Selbstverwaltung** ist den Gemeinden die Wahrnehmung dieser Aufgaben durch Gesetz vorgeschrieben, das **„Wie"**, also die Art der Aufgabenerfüllung, bestimmen sie aber grundsätzlich selbst. Der Staat beaufsichtigt die gesetzmäßige Erledigung.

Beispiele

Bau und Unterhaltung von Grund- und Hauptschulen, Sicherung der Abwasserbeseitigung, Bau von Gemeindestraßen; Kreise und kreisfreie Städte haben Berufsschulen zu unterhalten.

Pflichtaufgaben zur Erfüllung nach Weisung gibt es nur in einigen Bundesländern, z. B. in Nordrhein-Westfalen, Schleswig-Holstein, Hessen und Brandenburg, nicht in Niedersachsen und Rheinland-Pfalz. Diese Aufgaben sind der Gemeinde durch Gesetz zugewiesen; das Land besitzt ein gesetzlich begrenztes Weisungsrecht. Pflichtaufgaben zur Erfüllung nach Weisung nehmen eine Sonderstellung zwischen den Selbstverwaltungsaufgaben und den staatlichen Auftragsangelegenheiten ein.

Beispiele

Aufgaben der Gefahrenabwehr, die Bauaufsicht, der Feuerschutz und das Meldewesen

Staatliche Auftragsangelegenheiten werden den Gemeinden durch Gesetz übertragen, das Weisungsrecht der Aufsichtsbehörden ist unbeschränkt. Die Gemeinden unterliegen strenger staatlicher Aufsicht.

Beispiele

Zivilschutz, Wehrerfassung und Durchführung von Landtagswahlen
(In Ländern ohne Pflichtaufgaben zur Erfüllung nach Weisung werden die entsprechenden Einzelaufgaben von den Gemeinden meistens als staatliche Auftragsangelegenheiten ausgeführt.)

Die **„Organleihe"** unterscheidet sich von der Wahrnehmung staatlicher Auftragsangelegenheiten. Bei der Durchführung einzelner staatlicher Aufgaben bedient sich der Staat der Behörde eines anderen Hoheitsträgers, des Verwaltungschefs einer Gemeinde oder eines Kreises, als seien es nachgeordnete staatliche Behörden. Der Staat greift damit empfindlich in die gemeindliche Organisationshoheit ein. Das „ausgeliehene" Kommunalorgan wird als Organ des Staates und in dessen Namen und Verantwortung tätig.

Beispiele

Das Wirtschaftssicherstellungsgesetz soll im Verteidigungsfall die Leistungen der gewerblichen Wirtschaft aufrechterhalten. Nach § 8 Abs. 5 dieses Gesetzes werden bestimmte Aufgaben im Auftrage des Bundes von den Hauptverwaltungsbeamten der Kommunen ausgeführt. Ähnliche Regelungen gibt es für den Katastrophenschutz.

Die rechtliche Unterscheidung verschiedener Aufgabentypen hat **weitreichende Folgen:**

Je stärker die Gemeinde an staatliche Weisungen gebunden ist, desto geringer ist ihr **Entscheidungs- und Gestaltungsspielraum.**

Bei Selbstverwaltungsaufgaben obliegt den Aufsichtsbehörden nur eine **Rechtskontrolle,** die strengere Fachaufsicht bei Auftragsangelegenheiten hingegen erstreckt sich auch auf die Zweckmäßigkeit der Aufgabenerledigung.

Während sich die Gemeinde um die **Finanzierung** ihrer eigenen Angelegenheiten grundsätzlich selbst bemühen muss (eigene Mittel, Zuschüsse), wird die Erledigung der staatlichen Angelegenheiten vom „Auftraggeber" bezahlt.

5740102

Die Unterschiede zwischen den Aufgabenarten können sogar bis in die **Widerspruchsverfahren** hinein wirken, die Bürger gegen Verwaltungsakte einleiten. Soweit im jeweiligen Bundesland ein Widerspruchsverfahren stattfindet, erlässt nach § 73 Abs. 1 VwGO grundsätzlich die Aufsichtsbehörde den Widerspruchsbescheid, in Selbstverwaltungsangelegenheiten jedoch die Behörde, die den Verwaltungsakt erlassen hat. Die Zurückweisung des Widerspruchs gegen einen Abwassergebührenbescheid oder gegen einen Hundesteuerbescheid kann Sache der Gemeindebehörde sein.

Rechtscharakter der Aufgaben, die die Gemeinde wahrnimmt	
eigene (kommunale) Angelegenheiten	
freiwillige Selbstverwaltungsaufgaben	Gemeinde entscheidet über das „OB" und das „WIE" und führt aus.
Pflichtaufgaben der Selbstverwaltung	Wahrnehmung ist Pflicht; Gemeinde entscheidet über das „WIE" und führt aus.
fremde (staatliche) Angelegenheiten	
Pflichtaufgaben zur Erfüllung nach Weisung (in einigen Bundesländern)	Wahrnehmung ist Pflicht, zum „WIE" hat der Staat ein gesetzlich begrenztes Weisungsrecht.
staatliche Auftragsangelegenheiten	Gemeinde führt Aufgaben des Bundes oder Landes aus; strenge Weisungsgebundenheit.
Organleihe	
Aufgaben, die die Kommunalbehörde als Staatsorgan wahrnimmt.	Die Kommunalbehörde handelt als Staatsorgan (nicht als juristische Person „Gemeinde").

3.2.4 Satzungsrecht der Gemeinde

Das Satzungsrecht ist ein wichtiger Teil des kommunalen Selbstverwaltungsrechts.

Gemeindliche Satzungen sind von dem Vertretungsorgan einer Gemeinde erlassene Rechtsquellen, die gemeindliche Angelegenheiten im Rahmen der vom Staat verliehenen Satzungsautonomie regeln.

Auch die anderen Selbstverwaltungsträger regeln ihre eigenen Angelegenheiten durch Satzungen. An diese sind die Mitglieder der jeweiligen Körperschaft bzw. die Anstaltsbenutzer gebunden.

Beispiele

Satzungen der gesetzlichen Krankenkassen, der Berufskammern und Hochschulen, Gebührensatzungen der Rundfunkanstalten, Bebauungspläne der Gemeinden, Haushaltssatzungen, kommunale Friedhofsordnungen. Viele Gemeinden haben ihre Satzungen unter der Rubrik Ortsrecht ins Internet gestellt.

Die gemeindliche **Satzungsautonomie** ist garantiert in Art. 28 Abs. 2 GG: „Den Gemeinden muss das Recht gewährleistet sein, alle Angelegenheiten der örtlichen Gemeinschaft ... zu regeln." Die gleiche Regelung findet sich in den Landesverfassungen.

Der **Rechtscharakter** kommunaler Satzungen lässt sich wie folgt beschreiben:

Kommunale Satzungen sind Rechtsquellen, nach ihrer Veröffentlichung sind sie allgemeinverbindlich. Da sie – wie Rechtsverordnungen – einer Ermächtigung durch ein formelles Gesetz bedürfen (durch die Gemeindeordnung), zählen sie zu den **abgeleiteten Rechtsquellen.** Sie sind **Gesetze im materiellen Sinne,** soweit sie Rechtsbeziehungen des Verwaltungsträgers nach außen regeln, also zu Einwohnern, Abgabepflichtigen oder Benutzern öffentlicher Einrichtungen. Ihre **Befolgung ist erzwingbar.** In einer Satzung können Zuwiderhandlungen gegen deren Ge- oder Verbote als Ordnungswidrigkeiten mit Bußgeld bedroht werden. Daneben können auf der Grundlage von Satzungen erlassene Verwaltungsakte mit Zwangsmitteln (Ersatzvornahme, Zwangsgeld, unmittelbarer Zwang) durchgesetzt werden.

Satzungen sind keine Verwaltungsakte. Sie werden im Einzelfall mit Verwaltungsakten durchgesetzt, so z. B. die Hundesteuersatzung durch Hundesteuerbescheide.

Wir unterscheiden mehrere **Satzungsarten.** Der Gemeinde sind bestimmte **Pflichtsatzungen** vorgeschrieben. Darüber hinaus muss sie bestimmte Satzungen dann erlassen, wenn besondere Bedingungen (z. B. Betrieb eines gemeindlichen Wasserwerks als Eigenbetrieb) vorliegen **(bedingte Pflichtsatzungen).** Groß ist die Gruppe der **freiwilligen Satzungen.** Zahlreiche Satzungen werden **nach Spezialgesetzen** (also nicht nach der Gemeindeordnung) erlassen.

Arten gemeindlicher Satzungen			
	Pflichtsatzungen	bedingte Pflichtsatzungen	freiwillige Satzungen
Beispiele für Satzungen nach der Gemeindeordnung	Hauptsatzung, Haushaltssatzung	Satzung über den Anschluss- und Benutzungszwang, Betriebssatzung, Nachtragshaushaltssatzung	Satzung über die Benutzung städtischer Bibliotheken und Bäder
Beispiele für Satzungen nach Spezialgesetzen		Bebauungspläne, Satzungen über Erschließungsbeiträge, Abgabensatzungen	unterschiedliche Beispiele in den Ländern, z. B. Nordrhein-Westfalen: Straßenreinigungssatzung (§ 4 StrReinG), Baumsatzung (§ 45 LG)

3.3 Gemeindemitgliedschaft

3.3.1 Einwohner, Bürger und auswärtige Abgabepflichtige

Gebietskörperschaften haben Mitglieder. Mitglieder der Gemeinde sind ihre Einwohner.

Einwohner ist, wer in der Gemeinde wohnt. Es kann sich dabei um den Haupt- oder einen Nebenwohnsitz handeln. Wer in verschiedenen Gemeinden eine Wohnung hat, die er zumindest zeitweise tatsächlich nutzt, ist in mehreren Gemeinden zugleich Einwohner.

Bürger der Gemeinde ist, wer zu den Gemeindewahlen wahlberechtigt ist. Die Wahlberechtigung richtet sich nach dem Kommunalwahlgesetz des jeweiligen Landes. Wahlberechtigt sind Einwohner, die

- die deutsche Staatsangehörigkeit besitzen,
- am Wahltag 18 (in einigen Ländern 16) Jahre alt sind und
- in der Gemeinde ihren ständigen Wohnsitz haben.
  (In einigen Ländern müssen Wahlberechtigte seit mindestens drei bzw. sechs Monaten vor dem Wahltag ihren Hauptwohnsitz bzw. den Mittelpunkt ihrer Lebensbeziehungen in der Gemeinde haben.)

In der Gemeinde wohnende Staatenlose und Ausländer sowie noch nicht wahlberechtigte deutsche Staatsangehörige sind zwar Einwohner, jedoch grundsätzlich nicht Bürger der Gemeinde. Hier sind folgende Besonderheiten zu beachten:

- Der Vertrag über die Europäische Union regelt die **Unionsbürgerschaft.** Sie umfasst auch das aktive und passive Wahlrecht der EG-Bürger bei Kommunal- und Europawahlen an ihrem jeweiligen Wohnort. Dieses europäische Recht ist in Deutschland in Landesrecht umgesetzt worden.
- In einigen Bundesländern erwerben kommunale Spitzenbeamte, die nicht in der Gemeinde wohnen, das Bürgerrecht mit der Ernennung bzw. dem Amtsantritt in der Gemeinde.
- Kein Bürgerrecht im Sinne der Gemeindeordnungen ist das in mehreren Ländern vorgesehene Ehrenbürgerrecht, das die Gemeinde (auch ortsfremden) Persönlichkeiten verleihen kann, die sich um sie besonders verdient gemacht haben.

Rechtliche Beziehungen bestehen aber nicht nur zwischen der Gemeinde und ihren Einwohnern. Grundbesitzer und Gewerbetreibende, die nicht in der Gemeinde wohnen („Forensen"), haben ein Recht, die für Grundbesitzer und Gewerbetreibende bestehenden öffentlichen Einrichtungen der Gemeinde (z. B. Wasserleitung, Kanalisati-

5740104

on, Müllabfuhr) zu benutzen. Bei der Benutzung öffentlicher Einrichtungen haben juristische Personen mit Sitz in der Gemeinde sowie ortsansässige Personenvereinigungen die Rechte und Pflichten von Einwohnern.

Beispiel

Herr und Frau F wohnen in A. Frau F hat nicht die Staatsangehörigkeit eines Mitgliedstaats der EU. Die beiden betreiben in B eine gepachtete Tankstelle und besitzen im Ferienort C eine Eigentumswohnung, die von ihnen häufig genutzt wird. In welcher Gemeinde sind sie Einwohner, Bürger bzw. auswärtige Abgabepflichtige (Forensen)?

Einwohner sind beide in A und C (Haupt- und Nebenwohnung). Bürger ist nur Herr F (Wahlberechtigter), und zwar in A (Hauptwohnung). Auswärtige Abgabepflichtige sind beide in B und C (dort betreiben sie ein Gewerbe bzw. besitzen sie eine Eigentumswohnung, ohne Einwohner zu sein).

Die Beziehungen zwischen der Selbstverwaltungskörperschaft Gemeinde und ihren Mitgliedern werden grundlegend durch zwei Punkte bestimmt:

- Die **demokratische Mitwirkung** – der politische Kern der Selbstverwaltung – umfasst nicht nur Wahlen auf Gemeinde- und evtl. auf Bezirks- bzw. Ortsteilebene. Die Gemeindeordnungen der Bundesländer sehen darüber hinaus unterschiedliche Mitwirkungsmöglichkeiten vor, z. B. Bürgerbegehren und Bürgerentscheid, ehrenamtliche Tätigkeiten (freiwillige Feuerwehr, Wahlhelfer), Petitionsrecht gegenüber dem Gemeinderat, Mitarbeit als sachkundiger Bürger bzw. Einwohner in Ausschüssen.

  Mitwirkung setzt **Information** voraus. Deshalb sind die Einwohner über Planungen von grundlegender Bedeutung zu unterrichten, Einwohnerversammlungen bieten hierbei Gelegenheit zur Äußerung und Erörterung. Fragestunden und Anhörungen ermöglichen ebenfalls einen Informationsaustausch.
- Zur **Daseinsvorsorge** schaffen die Gemeinden im Rahmen ihrer Leistungsfähigkeit öffentliche Einrichtungen. Die Gemeindeverwaltung ist Ansprechpartner der Bevölkerung in Verwaltungsangelegenheiten. Die Einwohner sind verpflichtet, die **öffentlichen Lasten** zu tragen, die sich aus der Zugehörigkeit zur Gemeinde ergeben. Dies sind vor allem die gemeindlichen Steuern, Gebühren und Beiträge. Eine Belastung besonderer Art ist der **Anschluss- und Benutzungszwang:** Die meisten Gemeinden schreiben z. B. den Anschluss der Grundstücke an die öffentliche Wasserversorgung sowie deren Benutzung vor.

Die Beziehungen zwischen Gemeinde und Einwohnern bzw. Bürgern können im Einzelnen nicht für sämtliche Bundesländer behandelt werden. Einige typische Grundprobleme und Lösungsmöglichkeiten werden hier dargestellt.

Beziehungen zwischen Gemeinde und Mitgliedern bzw. Nichtmitgliedern im Überblick

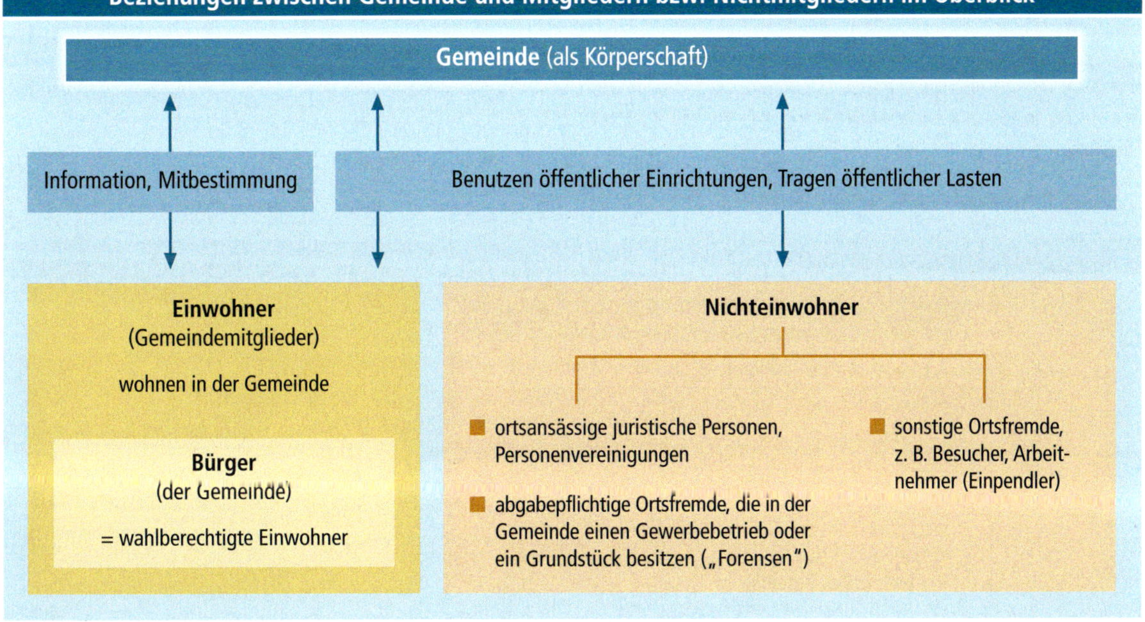

3.3.2 Öffentliche Einrichtungen

Die Gemeinden schaffen und unterhalten wirtschaftliche, soziale und kulturelle Einrichtungen im **öffentlichen Interesse.** Durch einen **Widmungsakt,** der den Zweck der Einrichtung näher bestimmt, macht die Gemeinde die Einrichtung der allgemeinen Benutzung durch Gemeindeangehörige und ortsansässige Vereine zugänglich.

Beispiele

Der Neubau des Stadttheaters wird feierlich eingeweiht. Ein neuer Kinderspielplatz wird mit Hinweisschildern versehen (Ge- und Verbote kennzeichnen den Widmungszweck) und durch das Wegräumen der Baustellen-Absperrung zur Benutzung freigegeben. Die neue Stadtbücherei wird eröffnet; eine Gebührenordnung als Satzung beschlossen.

(Mietwohnungen oder das Straßennetz der Gemeinde sind keine öffentlichen Einrichtungen im Sinne des Kommunalrechts, sondern Einrichtungen zu privaten Zwecken bzw. Sachen im Gemeingebrauch.)

Nach den Gemeindeordnungen haben die Einwohner in der Regel keinen Anspruch auf die Schaffung einer bestimmten öffentlichen Einrichtung durch die Gemeinde. Ein solches Recht kann sich aber aus Spezialgesetzen ergeben (z. B. bei der Errichtung von Schulen und Kindergärten).

Arten öffentlicher Einrichtungen

wirtschaftliche Einrichtungen	soziale Einrichtungen	kulturelle Einrichtungen
z. B.:	z. B.:	z. B.:
■ Verkehrsbetriebe	■ Kindergarten	■ Schulen
■ Wasserversorgung	■ Krankenhäuser	■ Volkshochschulen
■ Kanalisation	■ Altenheime	■ Bibliotheken
■ Abfallentsorgung	■ Spiel- und Sportstätten	■ Museen
■ Schlachthof		■ Theater

Alle Einwohner einer Gemeinde sind berechtigt, die öffentlichen Einrichtungen der Gemeinde im Rahmen des geltenden Rechts zu benutzen. Sie haben damit ein einklagbares subjektiv-öffentliches Recht, zur Benutzung zugelassen zu werden. Dieser Anspruch gilt jedoch nicht uneingeschränkt, sondern im Rahmen des geltenden Rechts, also des Widmungszwecks, spezialrechtlicher Vorschriften, des Gleichheits- und des Verhältnismäßigkeitsgrundsatzes und natürlich auch der Kapazitätsgrenzen.

Beispiele

Öffentliche Büchereien können nur während der Öffnungszeiten benutzt werden; die Benutzungsordnung legt ferner Benutzungsverfahren und -entgelte fest. Ist eine bestimmte Theatervorstellung ausverkauft, so erlischt der Benutzungsanspruch weiterer Interessenten für diese Veranstaltung.

Einen Anspruch auf Zulassung zur Benutzung haben zunächst alle Einwohner. Daneben kommen aber noch weitere Personenkreise in Betracht:

Benutzung öffentlicher Einrichtungen

Zulassungsanspruch

haben

- **Einwohner**
- **Forensen**
  - nur bei Einrichtungen, die in der Gemeinde für Grundbesitzer bzw. Gewerbetreibende bestehen
- **gleichgestellte Personenvereinigungen/juristische Personen**
  - entsprechend den Regelungen für Einwohner bzw. Forensen

Ortsfremde

- haben **keinen Anspruch** auf Zulassung zur Benutzung, werden aber üblicherweise dennoch zugelassen.

Der Anspruch auf Zulassung zur Benutzung besteht auch dann, wenn die Gemeinde die öffentliche Einrichtung privatisiert.

Beispiele

Die Gemeinde A lässt den Abfall nicht mehr durch eigene Fahrzeuge, sondern durch den Unternehmer U abfahren. U ist „Verwaltungshelfer", er hilft der Gemeinde lediglich, die öffentliche Einrichtung „Abfallbeseitigung" zu betreiben.

Die Stadt B gründet zur Bewirtschaftung Ihrer Stadthalle ein städtisches Unternehmen, die „Stadthallen-GmbH"; diese schließt mit Benutzern privatrechtliche Benutzungsverträge. Trotz der für das Privatrecht typischen Vertragsfreiheit bleibt der kommunalrechtliche Benutzungsanspruch erhalten.

3.3.3 Öffentliche Lasten, Anschluss- und Benutzungszwang

Die Einwohner sind verpflichtet, die **Gemeindelasten** zu tragen. Für ihren Grundbesitz bzw. Gewerbebetrieb trifft die Forensen die gleiche Pflicht. Gemeindliche Lasten sind insbesondere die öffentlichen Abgaben, also Steuern, Gebühren und Beiträge. Außerdem kann die Gemeinde die Grundeigentümer bzw. die Gewerbetreibenden zwingen, Grundstücke an bestimmte öffentliche Einrichtungen anzuschließen und diese zu benutzen (z. B. Anschluss- und Benutzungszwang für die Wasser- sowie die Fernwärmeversorgung). Darüber hinaus kann die Gemeinde für bestimmte Einrichtungen (z. B. Bestattungseinrichtungen, Schlachthöfe) einen Benutzungszwang anordnen.

Wer dem **Anschlusszwang** unterliegt, hat die Vorrichtungen zu schaffen, die ihm die Benutzung der Einrichtung ermöglichen.

Beispiele

Die Grundstückseigentümer haben für den Hausanschluss an das Wasserversorgungsnetz zu sorgen. Wohnungsinhaber und Gewerbetreibende müssen die vorgeschriebenen Abfallgefäße beschaffen (bzw. abnehmen).

Durch den **Benutzungszwang** werden die Einwohner verpflichtet, zur Deckung eines bestimmten Bedarfs ausschließlich die vorgesehene öffentliche Einrichtung zu benutzen.

Beispiele

Für die Wasserversorgung wird (neben dem Anschlusszwang) auch der Benutzungszwang angeordnet. Die Grundstücksbesitzer sind gezwungen, ihren Wasserbedarf aus dem öffentlichen Leitungsnetz zu decken. Die Benutzung eines eigenen Brunnens ist verboten, es sei denn, die gemeindliche Satzung sieht Ausnahmefälle vom Benutzungszwang ausdrücklich vor.

Für die Benutzung von Begräbnisplätzen ist ein Anschlusszwang nicht möglich; der Benutzungszwang schließt jedoch auch hier mögliche alternative Vorgehensweisen (Totenbestattung im Hausgarten) grundsätzlich aus.

Einrichtungen wie Wasserversorgung, Kanalisation und Abfallentsorgung tragen zur Hygiene und damit zur Volksgesundheit sowie zur Schonung der Umwelt bei. Die Nutzung der Fernwärme spart außerdem Energie. Für den Anschluss- und Benutzungszwang spricht außerdem der kostengünstige Betrieb der öffentlichen Einrichtungen für den Einzelnen, da die Gesamtkosten auf möglichst viele Benutzer verteilt werden. Allerdings rechtfertigt die Erzielung gemeindlicher Einnahmen nicht die Einführung dieses Zwanges.

Der Anschluss- und Benutzungszwang kann nur unter bestimmten **Voraussetzungen** angeordnet werden, die in den Gemeindeordnungen unterschiedlich formuliert sind, z. B. öffentliches Bedürfnis, Gemeinwohl, Volksgesundheit. Immer ist aber eine Satzung erforderlich, die auch Ausnahmen vorsehen kann. Im Einzelfall wird der für die jeweilige Einrichtung festgelegte Anschluss- und Benutzungszwang erst durch einen Verwaltungsakt verbindlich gemacht; er ist mit Zwangsmitteln durchsetzbar.

3.3.4 Informations- und Servicepflichten der Gemeinde

In den Gemeinden gilt grundsätzlich das Prinzip der mittelbaren Demokratie: Entscheidungen trifft der gewählte Gemeinderat bzw. die demokratisch legitimierte Verwaltungsleitung. Die Bürgerschaft ist hier nicht direkt beteiligt.

Doch sollten Arbeit und Absichten der Gemeindeorgane der Öffentlichkeit bekannt sein. Geplante Neuerungen bei Kindergärten, Schulen, Volkshochschule, Sportstätten, Freizeitanlagen, Altenheimen usw. betreffen alle Bevölkerungskreise. Ratsbeschlüsse über Steuerhebesätze, Benutzungsgebühren, Privatisierung öffentlicher Einrichtungen oder die Ausschreibung anstehender Bauarbeiten sollten den Betroffenen in deren eigenem Interesse bekannt sein. Schließlich können gut unterrichtete und interessierte Einwohner und Bürger bestimmte Mitwirkungsmöglichkeiten auch zwischen den Wahlterminen nutzen.

Deshalb sollen der Gemeinderat bzw. die Leitung der Gemeindeverwaltung die Gemeindemitglieder informieren und damit ihre Urteilsfähigkeit fördern. In den Gemeindeordnungen sind insbesondere folgende Pflichten geregelt:

- Unterrichtung über wichtige Gemeindeangelegenheiten
- Information über Ratssitzungen
- Fragestunden (in einigen Bundesländern)
- Servicepflichten

Die **Unterrichtung über wichtige Gemeindeangelegenheiten** von allgemeiner Bedeutung sollte frühzeitig – bevor Entscheidungen getroffen werden – geschehen.

Beispiele

Über Stadtentwicklungsplanung, Theater-, Schul-, Straßen- und Sportstättenbau kann in Zeitungsberichten, in Mitteilungen im Amtsblatt oder in Einwohner- bzw. Bürgerversammlungen oder auch in Bürgerbriefen (Rundschreiben) informiert werden.

(Spezielle Regelungen der Bürgerbeteiligung, z. B. für Flächennutzungsplan und Bebauungsplan nach dem Baugesetzbuch, gehen der entsprechenden Regelung des Gemeindeverfassungsrechts vor.)

Je wichtiger eine Planung oder ein Vorhaben für die Entwicklung der Gemeinde ist, je nachhaltiger die Interessen der Einwohner berührt werden, desto mehr bedarf die Angelegenheit der öffentlichen Erörterung. Hierfür sind Einwohnerversammlungen (Bürgerversammlungen, Bürgeraussprachen und -foren) besonders geeignet, weil die Einwohner Fragen stellen und eigene Vorstellungen äußern und diskutieren können. Es sollte nicht bei einer bloßen Bekanntgabe der amtlichen Planung bleiben.

Die **Information über Ratssitzungen** (Terminankündigung und Ergebnisse) ermöglicht erst deren Öffentlichkeit. Wichtige Entscheidungen sind dem Gemeinderat (der Gemeindevertretung) vorbehalten. Sitzungszeit und -ort sowie die Tagesordnung sind bekannt zu machen. Als Volksvertretung auf Ortsebene tagt er grundsätzlich öffentlich. Einwohner können die Niederschrift über öffentliche Sitzungen einsehen. Die Berichterstattung durch die Presse ist in der Regel geeignet, der Öffentlichkeit den wesentlichen Inhalt der Beschlüsse zugänglich zu machen.

Fragestunden für die Einwohner können in einigen Bundesländern bei Sitzungen des Gemeinderats (der Gemeindevertretung) in die Tagesordnung aufgenommen werden. Die zu beantwortenden Fragen sind in der Regel vorher einzureichen, eine ausführliche Debatte findet hier nicht statt.

Zu den Pflichten der Gemeinde gehören darüber hinaus bestimmte **Servicepflichten** gegenüber den Bürgern:

Die Gemeinde hilft ihren Einwohnern – in den Grenzen ihrer Verwaltungskraft – bei der Einleitung von Verwaltungsverfahren. Diese Aufgabe beschränkt sich in einigen Bundesländern auf die Information über Zuständigkeiten und die Beratung im Aufgabenbereich der Gemeindebehörde. Häufig jedoch sind die Gemeindebehörden auch behilflich bei der Einleitung von Verwaltungsverfahren, die eine andere Behörde durchführt.

Beispiele

Unter diese Art der Hilfe fällt die Herstellung von Kontakten zu anderen Behörden, auch die Unterstützung beim Ausfüllen von Formularen, nicht jedoch die eingehende Rechtsberatung gegenüber Einwohnern; sie obliegt den Rechtsanwälten.

Spezialgesetzliche Vorschriften über Beratungs- und Belehrungspflichten – z. B. nach SGB AT, VwVfG, VwGO – gehen allerdings vor.

- Die Gemeinden halten Vordrucke für Anträge, Anzeigen, Merkblätter und ähnliche Drucksachen, die ihnen von anderen Behörden überlassen werden, zur Aushändigung an die Einwohner bereit.
- In einigen Bundesländern können die Einwohner bei ihrer Gemeinde Anträge, die bei einer höheren Behörde (Kreisbehörde, Bezirksregierung/Landesbehörden) einzureichen sind, fristwahrend abgeben und weiterleiten lassen (gilt nicht für Widersprüche nach der VwGO).

3.3.5 Mitwirkungsmöglichkeiten der Gemeindemitglieder

Die Mitwirkung der Einwohner und Bürger bildet den Kern der gemeindlichen Selbstverwaltung im politischen Sinne. Wichtige Möglichkeiten:

- Wahlrecht
- Mitarbeit in Ausschüssen
- Mitarbeit in Parteien und Bürgerinitiativen
- kommunales Petitionsrecht
- Einwohnerantrag
- Bürgerbegehren, Bürgerentscheid
- Ehrenamt – ehrenamtliche Tätigkeit

Das **Wahlrecht** ist das wichtigste Recht in einer demokratischen kommunalen Selbstverwaltung. Nur die Bürger der Gemeinde besitzen das Recht, den Gemeinderat (die Gemeindevertretung) zu wählen (aktives Wahlrecht) und in dieses Gremium gewählt zu werden (passives Wahlrecht). In größeren Kommunen werden Teilvertretungen für Stadtbezirke bzw. Ortschaften gewählt, die – je nach Bundesland – Bezirksvertretungen, Ortsräte oder Ortsbeiräte genannt werden.

Die **Mitarbeit in Ratsausschüssen** kommt in einigen Bundesländern auch für Gemeindemitglieder infrage, die nicht dem Gemeinderat angehören, aber ihr Wissen und ihre Erfahrung als sachkundige Bürger bzw. sachkundige Einwohner in die Arbeit bestimmter Fachausschüsse einbringen.

Die **Mitarbeit in Parteien und Bürgerinitiativen** wird oft zu Vorschlägen gegenüber der Politik führen. Nicht nur Sachzwänge, auch politische Grundvorstellungen und von der Verwaltung kaum zu lösende Gerechtigkeitsfragen wirken in das gemeindliche Geschehen hinein. Diese Themen können außerhalb des Gemeinderats diskutiert und als Vorschläge formuliert werden.

Das **kommunale Petitionsrecht** ist dem Petitionsrecht in Art. 17 GG nachgebildet: Jeder – in einigen Ländern jeder Einwohner – hat das Recht, sich einzeln oder mit anderen mit Anregungen oder Beschwerden in Angelegenheiten der Gemeinde an Gemeindeorgane, insbesondere den Gemeinderat (die Gemeindevertretung), zu wenden. Ist für die Erledigung ein anderes Gemeindeorgan (z. B. Bürgermeister, Ausschuss) zuständig, so ändert die Petition nicht die Zuständigkeit dieses Organs. Der Beschwerdeführer ist über die Stellungnahme zu seiner Eingabe zu unterrichten.

Einwohner können beantragen, dass der Rat (die Gemeindevertretung) über eine bestimmte Angelegenheit der Gemeinde berät und entscheidet. Der Antrag muss bestimmte Voraussetzungen nach der jeweiligen Gemeindeordnung erfüllen.

Bürgerbegehren und Bürgerentscheid sind auf Gemeindeebene inzwischen allgemein eingeführt. Die Bürger können beantragen (Bürgerbegehren), anstelle des Gemeinderats über eine Angelegenheit der Gemeinde selbst zu entscheiden (Bürgerentscheid). Damit können die Bürger tatsächliche Entscheidungsmacht erlangen, allerdings je nach Bundesland in unterschiedlichem Umfang. Das schriftliche Bürgerbegehren muss die zu entscheidende Frage, eine Begründung sowie meistens einen (durchführbaren) Vorschlag für die Deckung der Kosten enthalten. Es muss eine Mindestzahl (Quorum) von Unterschriften tragen. Die Gemeindeordnungen schließen eine Reihe von Themen von Bürgerbegehren aus, z. B. öffentliche Abgaben, den Haushaltsplan und Bauleitpläne. Über die Zulässigkeit des Bürgerbegehrens entscheidet der Gemeinderat. Beschließt der Rat die verlangte Maßnahme nicht, kommt es zum Bürgerentscheid. Hier entscheidet dann die Stimmenmehrheit über die gestellte Frage.

Ehrenamtliche Tätigkeiten werden in letzter Zeit stärker angeboten und wahrgenommen. Bei zahlreichen öffentlichen Aufgaben können die Gemeindemitglieder ehrenamtlich mitarbeiten. Die Gemeindeordnungen regeln sogar die Pflicht zur Übernahme nebenberuflicher Tätigkeiten für die Gemeinde, denn mit ausreichender Bereitschaft zu freiwilliger Mitarbeit ist nicht immer zu rechnen.

Beispiele

Ehrenamtliche Tätigkeiten für die Gemeinde können sein: die Mitarbeit bei Wahlen, bei Viehzählungen und in der freiwilligen Feuerwehr, die Betreuung einer Bildstelle, die Tätigkeit als Standesbeamter oder Ortsvorsteher (in einigen Ländern). Betreuer, Schöffen, Geschworene und Schiedsmänner und -frauen üben dagegen staatliche Ehrenämter aus.

3.4 Gemeinderat und Gemeindeverwaltung

Als juristische Person braucht die Gemeinde Organe, um sich selbst zu verwalten. Hier zeigen sich jedoch erhebliche Unterschiede zwischen den Bundesländern. Bezeichnungen und Aufgaben bzw. Zuständigkeiten der Gemeindeorgane stimmen oft nicht überein.

Dennoch lassen sich Gemeinsamkeiten bei grundlegenden Regelungen feststellen. Auch bestehen viele rechtliche Probleme in allen Bundesländern gleichermaßen. Die folgende Darstellung bezieht sich auf diese Gemeinsamkeiten.

Zuvor sind aber einige Sprachregelungen zu treffen:

Die gewählte Volksvertretung in der Gemeinde – nach den Gemeindeordnungen „Rat“, „Gemeinderat“ oder „Gemeindevertretung“ – soll nachfolgend einheitlich **Gemeinderat** genannt werden.

Der **Vorsitzende des Gemeinderats** (der Gemeindevertretung) wird im Folgenden auch so bezeichnet, in den Gemeindeordnungen heißt er „Bürgermeister“, „Vorsitzender der Gemeindevertretung“, „Gemeindevertretervorsteher“, „Stadtverordnetenvorsteher“, „Bürgervorsteher“.

Der hauptamtliche Verwaltungschef ist regelmäßig der Bürgermeister.

3.4.1 Gemeinderat

Der Gemeinderat ist als gewählte Volksvertretung auf örtlicher Ebene das wichtigste Gemeindeorgan. Das Grundgesetz schließt in die Garantie der demokratischen Staatsform für Bund und Länder die gemeindliche Selbstverwaltung und die Gemeindevertretungen ausdrücklich ein.

Geht man von der Teilung der Staatsgewalt in gesetzgebende, ausführende und Recht sprechende Funktionen aus, so üben die Gemeinden abgeleitete Staatsgewalt im exekutiven Bereich aus. Dies gilt auch für alle Gemeindeorgane. Der Gemeinderat ist deshalb kein Parlament im staatsrechtlichen Sinne, sondern grundsätzlich **Verwaltungsorgan.** Dass der Gemeinderat durch Satzungen auch Recht setzen kann, ändert daran nichts: Er ist dazu – ähnlich wie andere Exekutivorgane – ermächtigt, z. B. Minister (Rechtsverordnungen) oder Polizei- bzw. Ordnungsbehörden (Verordnungen). Die Regeln, die für Parlamente als Gesetzgeber gelten, treffen für den Gemeinderat daher nur teilweise zu. Er ist auch nicht rechtsfähig (das ist die Gemeinde), obwohl er gelegentlich als „Vertretungskörperschaft“ bezeichnet wird.

Wichtige Rechte und Pflichten der Gemeinderatsmitglieder	
Rechte	**Pflichten**
freies Mandat ■ keine Behinderung der Mandatsübernahme ■ keine Bindung an Aufträge ■ Teilnahme-, Informations-, Rede-, Antrags-, Abstimmungsrechte **Entschädigungsrechte** ■ Aufwandsentschädigung ■ Ersatz des Verdienstausfalls	**Beachtung des Mitwirkungsverbots** ■ bei Interessenkollision, ■ Anzeigepflichten **Treuepflicht** (Vertretungsverbot) **Schweigepflicht** **Haftung**

5740110

3.4 Gemeinderat und Gemeindeverwaltung

Als Vertretung der Bürger ist der Gemeinderat das zentrale politische Verwaltungsorgan der Gemeinde mit entsprechenden **Aufgaben und Zuständigkeiten.**

Er **entscheidet,** wenn durch Satzungen und Verordnungen Ortsrecht geschaffen wird. Ebenso beschließt er den Haushaltsplan und trifft wichtige Einzelfallentscheidungen, etwa über den Bau von Gemeindestraßen und Schulen sowie die Schaffung anderer öffentlicher Einrichtungen. Auch wichtige Personalentscheidungen fallen grundsätzlich in die Kompetenz des Gemeinderats, auch wenn diese Entscheidungen in der Praxis häufig anderen Organen übertragen werden und die Personalvertretung zu beteiligen ist.

Die Beschlüsse des Gemeinderats werden von der Gemeindeverwaltung ausgeführt. Entscheidung und Vollzug sind also organisatorisch getrennt. Der Gemeinderat **überwacht** die Durchführung seiner Beschlüsse und den Ablauf der Verwaltungsangelegenheiten. Hierzu hat er gegenüber der Verwaltung Informations-, Auskunfts- und Akteneinsichtsrechte. Wichtige Kontrollinstrumente sind der Rechnungsprüfungsausschuss und das Rechnungsprüfungsamt.

Die Aufgaben des Gemeinderats sind von denen anderer Organe abzugrenzen. Praktisch beschließt der Gemeinderat in allen wichtigen Selbstverwaltungsangelegenheiten. Die Gemeindeverwaltung dagegen führt die Beschlüsse aus, sie hat aber daneben noch weitere Aufgaben.

Beispiele

Gemeinderat	***Gemeindeverwaltung***
■ *Beschluss einer Hundesteuersatzung*	■ *Ausführung der Satzung durch Steuerbescheide (Verwaltungsakte), evtl. durch Vollstreckungsmaßnahmen*
■ *Beschluss einer Kreditaufnahme*	■ *Abschluss und Erfüllung des Darlehensvertrags*
■ *Beschluss der Errichtung einer Musikschule*	■ *Durchführung aller Planungen und Personaleinstellungen, der Beschaffung von Sachmitteln (einschließlich Abschluss und Erfüllung von Miet-, Arbeits- und Kaufverträgen)*
■ *(keine Beteiligung des Gemeinderats)*	■ *Durchführung der Landtagswahl*

Da die Ratsmitglieder ihr Amt nicht hauptberuflich ausüben, können sie nicht alle anfallenden Entscheidungen treffen. In den alltäglichen Verwaltungsgeschäften entscheiden regelmäßig der Verwaltungschef bzw. die dazu berechtigten Mitarbeiter.

Die Gemeindeordnungen behalten bestimmte Angelegenheiten allein dem Gemeinderat vor. Diese **„Vorbehaltsaufgaben"** kann er weder einem Ausschuss noch dem Verwaltungschef zur Entscheidung übertragen:

Beispiele

Satzungsbeschlüsse

Beschluss des Gemeindehaushalts

Besetzung der Ratsausschüsse

Beschluss über die Errichtung wirtschaftlicher Unternehmen der Gemeinde

Alle sonstigen Aufgaben des Gemeinderats sind **„delegierbare Aufgaben"**. Die Gemeindeordnungen sehen vor, dass er die Entscheidung auf ein anderes Gemeindeorgan (Ausschuss, Verwaltungschef) übertragen kann (Delegation). Für einige Aufgabenbereiche ergibt sich diese Kompetenzverschiebung bereits aus dem Gesetz (also ohne Ratsbeschluss).

Die Kataloge der Vorbehaltsaufgaben, die Delegationsmöglichkeiten und die Eilentscheidungen sind von Land zu Land unterschiedlich geregelt.

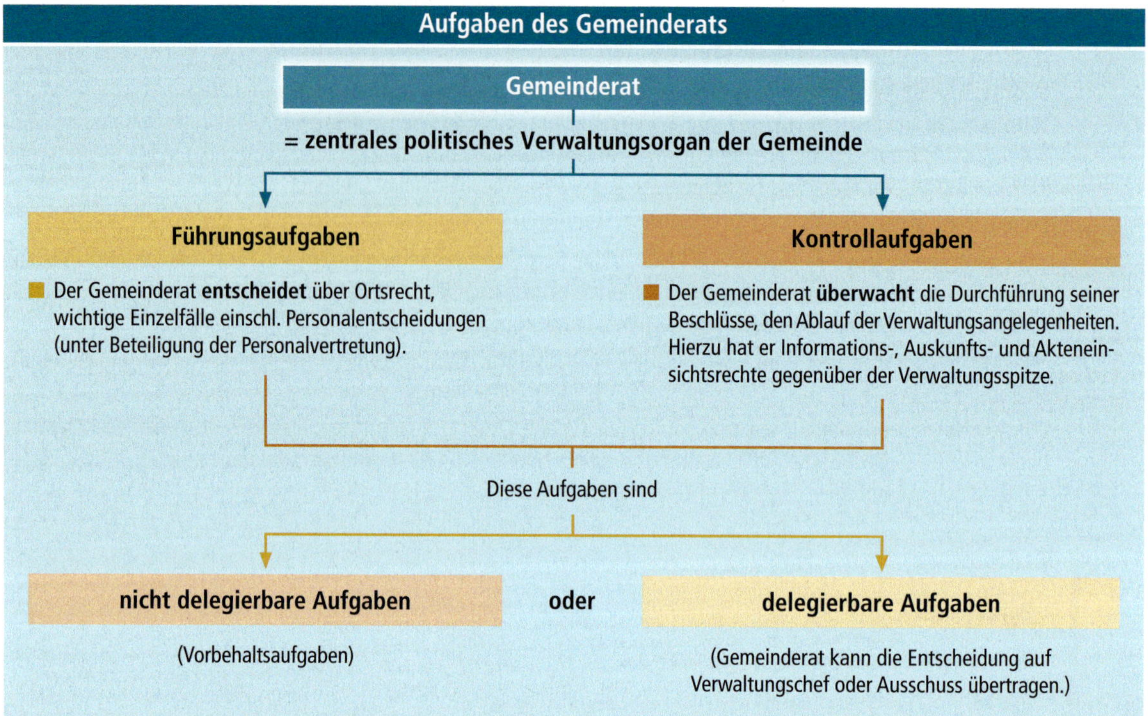

3.4.2 Ausschüsse des Gemeinderats

Die Menge der Aufgaben sowie Schwierigkeit und Umfang vieler Angelegenheiten führen leicht zu einer arbeitsmäßigen Überforderung des Gemeinderats. Deshalb sehen alle Gemeindeordnungen Ausschüsse vor. Dies sind vom Rat gebildete Arbeitsgremien für spezielle Aufgaben. Sie beraten vor den Ratssitzungen die anstehenden Themen und machen dem Gemeinderat Beschlussvorschläge (beratende Ausschüsse). Bestimmten Ausschüssen räumt das Gesetz Entscheidungsrechte ein; außerdem kann der Gemeinderat für bestimmte Angelegenheiten seine Entscheidungsbefugnisse auf Ausschüsse übertragen, die dann anstelle des Gemeinderats beraten und beschließen (beschließende Ausschüsse).

Anzahl, Aufgaben und Bezeichnung der Ausschüsse bestimmt grundsätzlich der Gemeinderat nach den Erfordernissen der jeweiligen Gemeinde. Die Ausschüsse setzen sich entweder nur aus Ratsmitgliedern oder aus Ratsmitgliedern und anderen sachkundigen Gemeindemitgliedern zusammen („gemischte Ausschüsse"). So können Fachkenntnisse bestimmter Einwohner, die dem Gemeinderat nicht angehören, für die Ausschussarbeit genutzt werden.

Nicht alle Ausschüsse werden nach den Vorschriften der Gemeindeordnung gebildet. Auch Bundesgesetze wie das Baugesetzbuch und das Kinder- und Jugendhilfegesetz sehen Ausschüsse auf Gemeindeebene vor, deren Zusammensetzung und Aufgaben aber speziell geregelt sind. Ähnliches gilt für die Schulgesetze der Länder, die Regelungen für die Schul- bzw. Schulträgerausschüsse enthalten.

In einigen Ländern sind bestimmte **Pflichtausschüsse** zu bilden:

- Der Hauptausschuss koordiniert die Arbeit der anderen Ausschüsse und entscheidet in dringenden Fällen anstelle des Gemeinderats.
- Der Finanzausschuss bereitet die Haushaltssatzung vor und trifft die erforderlichen Entscheidungen für die Durchführung des Haushaltsplans.
- Der Rechnungsprüfungsausschuss prüft die jährliche Haushaltsrechnung.

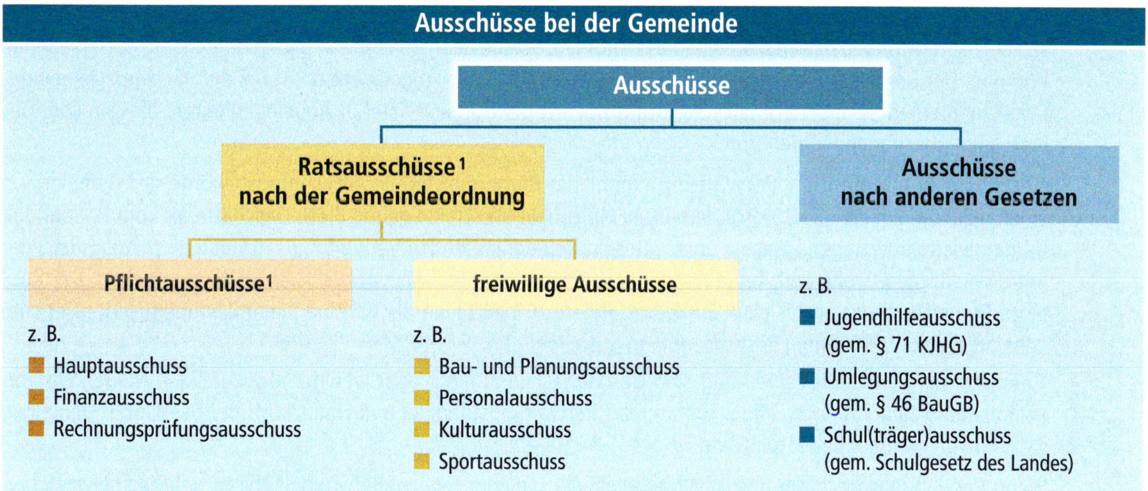

1 Je nach Bundesland unterschiedliche Zuordnungen

3.4.3 Bezirks- und Ortsteilvertretungen

In großen und weitläufigen Gemeinden kann die Bürgernähe gemeindlicher Entscheidungen zum Problem werden. Nicht alle Ratsmitglieder besitzen umfassende Ortskenntnisse, manche Frage betrifft nur einen Stadtbezirk oder eine Ortschaft und lässt sich in einem kleinen ortsbezogenen Gremium zweckmäßiger und schneller regeln. Die meisten Gemeindeordnungen enthalten deshalb unterschiedliche Regelungen zur Bezirks- und Ortschaftsverfassung, die zu einer bürgernahen Verwaltung beitragen sollen. Die Vielgestaltigkeit dieser Möglichkeiten lässt sich hier nicht darstellen.

3.4.4 Gemeindeverwaltung

Dem Gemeinderat als willensbildendem Organ steht der Bürgermeister als **ausführendes Organ der Gemeinde** gegenüber. Ihm stehen Dezernenten zur Seite Beamte, die einen größeren Behördenbereich (Dezernat) eigenverantwortlich leiten. Sie heißen in den meisten Bundesländern „Beigeordnete", in größeren Städten häufig auch „Stadtrat". Wo die Magistratsverfassung gilt, bilden Bürgermeister und Dezernenten ein kollegiales Leitungsteam (Magistrat). Ähnlich sind der Verwaltungsausschuss (Niedersachsen) und der Verwaltungsvorstand (Nordrhein-Westfalen) zu sehen. Zu jeder Gemeindeverwaltung gehören selbstverständlich auch Beamte und privatrechtlich Beschäftigte.

Der **Bürgermeister** leitet die Gemeindeverwaltung in der Regel hauptamtlich. Er wird meistens von den Bürgern direkt gewählt. Er ist Beamter auf Zeit. Die wichtigsten Entscheidungen trifft zwar der Gemeinderat, doch ist der Bürgermeister der gesetzliche Vertreter der Gemeinde in Rechts- und Verwaltungsgeschäften (z. B. beim Erlass von Verwaltungsakten und beim Abschluss von Verträgen).

Die **Aufgaben des Bürgermeisters** lassen sich in folgende Gruppen einteilen:

- Aufgaben gegenüber dem Gemeinderat
- laufende Verwaltungsgeschäfte
- Aufgaben als Leiter der Gemeindeverwaltung
- (andere) gesetzlich zugewiesene Aufgaben

Gegenüber dem Gemeinderat und seinen Ausschüssen hat der Bürgermeister **Informations- bzw. Auskunftspflichten.** Er muss Beschlüsse **vorbereiten** und sie unter der Kontrolle des Gemeinderats **ausführen.** In den meisten Ländern entscheidet er in Eilfällen für den Gemeinderat (nicht in Niedersachsen und Nordrhein-Westfalen; in Niedersachsen ist die Beschlussvorbereitung Aufgabe des Verwaltungsausschusses). Im Allgemeiprivaten Haushalten statt (soweit es sich um Konsumgüter handelt). Auch die Kommunalverwaltungen produzieren für fremden Bedarf, z. B. Dienstleistungen im Rahmen der Daseinsvorsorge. Zu ihren „Kunden" zählen die in den privaten Haushalten lebenden Bürger, aber auch die Unternehmen im Gemeindegebiet.

1.2 Der kommunale Verwaltungsbetrieb und seine Teilbetriebe

Manche Fachbuchautoren bezeichnen nur bestimmte Organisationseinheiten der Kommunalverwaltung als Betrieb, z. B. die Regiebetriebe oder Eigenbetriebe. Andere gehen so weit, dass sie jeden Fachbereich oder jedes Amt als Betrieb ansehen. In diesem Lehrbuch betrachten wir jedoch die Kommunalverwaltung in ihrer Gesamtheit als Verwaltungsbetrieb. Dafür gibt es drei Gründe:

- Einzelne Organisationseinheiten besitzen keine eigene Rechtspersönlichkeit. Rechtsgeschäfte können somit nur von der Kommune als Ganzes getätigt werden.
- Das Betriebs-Merkmal „Wahrung des finanziellen Gleichgewichts" gilt nur für die Kommunalverwaltung insgesamt und nicht gesondert für einzelne Organisationseinheiten.
- Der Bürgermeister ist Dienstvorgesetzter aller Beamten, Angestellten und Arbeiter der Verwaltung.

Als kommunale Teilbetriebe betrachten wir mehr oder weniger selbstständige Bereiche der Kommunalverwaltung.

Verwaltungsbetrieb „Stadt Neustadt" und seine Teilbetriebe

Rat mit seinen Ausschüssen

Bürgermeister Herr Schultheiß

Herr Kinzer **(Kämmerer)** ← erweiterte Verwaltungsleitung → Frau Baumann **(Beigeordnete)**

ausführende Organisationseinheiten (Teilbetriebe)

- klassische kommunale Teilbetriebe (Ämter/Fachbereiche)
- Regiebetriebe
- Eigenbetriebe[1]

1 und eigenbetriebsähnliche Einrichtungen

in Anlehnung an: F. Schuster: Einführung in die Betriebswirtschaftslehre der Verwaltung, Hamburg 2006, S. 27

Klassischer kommunaler Teilbetrieb (Amt/Fachbereich)

Das Amt ist die traditionelle Organisationseinheit zur Erledigung eines bestimmten Bereichs kommunaler Aufgaben. Es ist in die Verwaltungshierarchie eingegliedert, d. h., die Verwaltungsleitung kann direkt steuernd in die Abläufe eingreifen. Durch Übertragung von Entscheidungs- und Weisungsbefugnissen auf die Amtsleiter entstehen aber eingeschränkte selbstständige Gestaltungsmöglichkeiten. Anstelle der Ämter etablieren sich zunehmend Fachbereiche als tragendes Element der Kernverwaltung. Die Leitungen dieser relativ großen Organisationseinheiten sind in der Regel nicht nur für die korrekte Erfüllung der Aufgaben verantwortlich, sondern auch für die wirtschaftliche Verwendung der zugewiesenen Haushaltsmittel (siehe LF 8, Kapitel 2.5). Ämter und Fachbereiche unterliegen der sogenannten „Brutto-Veranschlagung", d. h., ihre Einnahmen und Ausgaben werden detailliert im Haushaltsplan erfasst.

Regiebetrieb

Er ist organisatorisch als Amt oder Abteilung in der Verwaltungshierarchie eingegliedert. Der Regiebetrieb unterscheidet sich in nur zwei Punkten vom klassischen kommunalen Teilbetrieb: Zum einen ist er jeweils nur für eine bestimmte öffentliche Aufgabe zuständig. Zum anderen wird er häufig als „kostenrechnende Einheit" geführt, da viele Regiebetriebe ihre Kosten ganz oder zu nicht unerheblichen Teilen aus den Entgelten der Leistungsempfänger decken.

Folgende Arten von Regiebetrieben werden unterschieden:

- Regiebetriebe, für die ein Anschluss- oder Benutzungszwang besteht.
  Dazu gehören z. B. Schlachthöfe, Friedhöfe, Abfall- und Abwasserentsorgung sowie die Straßenreinigung. Diese häufig als Regiebetrieb geführten Einrichtungen stellen Bürgern und Unternehmen für ihre Leistungen prinzipiell kostendeckende Benutzungsgebühren oder Beiträge in Rechnung. Deshalb ist eine funktionsfähige Kostenrechnung unerlässlich. Die Höhe der Gebühr muss in nachvollziehbarer Weise kalkuliert werden.
- Regiebetriebe, deren Leistung ein Angebot für die Bevölkerung darstellt.
  Dazu zählen z. B. Theater, Sportstätten oder Stadtbüchereien. Sie erheben in der Regel Entgelte, die nicht kostendeckend sind. Gerade bei kulturellen oder sozialen Einrichtungen kann ein kostendeckendes Entgelt nämlich dazu führen, dass die Einrichtung weniger benutzt und damit die Erfüllung der öffentlichen Aufgabe infrage gestellt würde.
- Regiebetriebe, die der Eigenversorgung der Gemeinde dienen.
  Typische Beispiele sind Bauhof, Hausdruckerei oder Kantine. Da ihre Leistungen in der Regel nicht der Bevölkerung angeboten, sondern nur verwaltungsintern genutzt werden, bezeichnet man sie auch als Hilfsbetriebe.

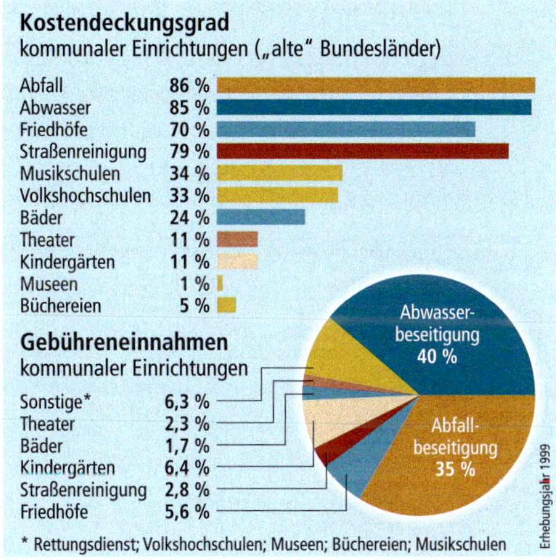

Quelle: Konrad-Adenauer-Stiftung, eLearning Kommunalpolitik, Abb. 1.26

Eigenbetrieb

Er kann mit einem erheblichen Maß an organisatorischer und finanzwirtschaftlicher Selbstständigkeit ausgestattet werden, sodass die Einflussmöglichkeiten der Verwaltungsleitung geringer sind als bei den zuvor beschriebenen kommunalen Teilbetrieben. Rechtlich ist er jedoch unselbstständig, denn er gehört zu Körperschaft „Gemeinde" (vgl. LF 12, Kapitel 1.2 und 1.3).

Organisatorische Selbstständigkeit zeigt sich z. B. darin, dass der Eigenbetrieb einen eigenen Leiter und eine eigene Organisationsstruktur hat. Dem Betriebsleiter können in der Betriebssatzung weitgehende Befugnisse eingeräumt werden. Die **finanzwirtschaftliche Selbstständigkeit** kommt u. a. in dem eigenen Wirtschafts- und Finanzplan, der eigenen kaufmännischen doppelten Buchführung und der eigenen Erfolgsrechnung zum Ausdruck, die den Gewinn oder Verlust eines Geschäftsjahres ausweist.

Im Haushaltsplan der Gemeinde wird der Eigenbetrieb nicht detailliert erfasst, sondern nur mit dem Erfolg der Geschäftstätigkeit (geplante Gewinnabführung oder Verlustübernahme) aufgeführt. Es liegt somit eine „Netto-Veranschlagung" vor.

Die Kommunen gründeten ursprünglich Eigenbetriebe im wirtschaftlichen Bereich der Daseinsvorsorge. Beispiele für **wirtschaftliche Betätigungen** von Eigenbetrieben:

- Strom-, Gas-, Wasser-, Fernwärmeversorgung,
- öffentlicher Nahverkehr (Bus, Straßenbahn, U-Bahn),
- Betrieb von Häfen und Kurbädern.

In zunehmendem Maße werden auch Hilfsbetriebe der Gemeinde (wie der Bauhof) und Einrichtungen der Abfall- und Abwasserbeseitigung, Erziehung, Bildung, Kultur, Erholung sowie des Sports, Gesundheitswesens, Sozialwesens und Umweltschutzes in der Organisationsform des Eigenbetriebs geführt. In diesen Fällen handelt es sich um ein Aufgabenfeld, das von vielen Gemeindeordnungen – mit Unterschieden im Detail – als **nichtwirtschaftliche Betätigung** bezeichnet wird.

In einigen Bundesländern liegt es im Ermessen der Gemeinden, in welchem Umfang sie die Eigenbetriebsverordnung anwenden, wenn ein Eigenbetrieb eine nichtwirtschaftliche Betätigung ausübt (vgl. z. B. § 107 Abs. 2 GO NW). Deshalb sollte man in diesen Fällen besser von **eigenbetriebsähnlichen Einrichtungen** sprechen.

Tochtergesellschaften des kommunalen Verwaltungsbetriebs

Der kommunale Verwaltungsbetrieb kann Eigentümer oder Miteigentümer anderer Betriebe sein. So können beispielsweise Regiebetriebe oder Eigenbetriebe unter bestimmten Voraussetzungen aus der Kommunalverwaltung ausgegliedert und in privatrechtlicher Form als GmbH oder AG betrieben werden. Ist ein solcher Betrieb zu 100 % im Eigentum einer Gemeinde, so spricht man von einer **Eigengesellschaft** (z. B. Verkehrsbetrieb Neustadt GmbH). Sind weitere Miteigentümer vorhanden, handelt es sich um eine **Beteiligungsgesellschaft** (z. B. die Neustädter Stadtmarketing GmbH). Die Tochtergesellschaften sind rechtlich, organisatorisch und finanzwirtschaftlich selbstständig und deshalb nicht mehr Teil des kommunalen Verwaltungsbetriebs.

Gewinnerzielung durch kommunale Einrichtungen

Von Eigenbetrieben und Tochtergesellschaften, die einer wirtschaftlichen Betätigung nachgehen, wird erwartet, dass sie einen angemessenen Gewinn erzielen, sofern dies mit ihrem öffentlichen Zweck vereinbar ist. Der Gewinn soll allerdings nicht maximal sein, sondern lediglich so groß, dass der Eigenbetrieb seine dauerhafte Existenz sichern kann.

Unabhängig von ihrer Organisations- und Rechtsform ist für Einrichtungen, die einer nichtwirtschaftlichen Betätigung nachgehen, die Erzielung eines Gewinns unzulässig bzw. aufgrund sozialpolitischer Erwägungen unerwünscht. So dürfen beispielsweise die für die Abwasser- und Abfallbeseitigung erhobenen Gebühren nach den Kommunalabgabengesetzen der Bundesländer die Kosten der Einrichtung nicht überschreiten.

„Dienstleistungsunternehmen Verwaltung" und „Konzern Stadt"

Häufig wird heute vom **„Dienstleistungsunternehmen Verwaltung"** gesprochen. Damit ist eine moderne Verwaltung gemeint, die den Bürgern ähnlich gegenübertritt wie ein privates Unternehmen seinen Kunden. Auch der Begriff **„Konzern Stadt"** wird oft gebraucht. Unter einem Konzern versteht man nach dem Aktiengesetz den Zusammenschluss von rechtlich selbstständigen Unternehmen unter einheitlicher Leitung. Im Kommunalbereich soll der Begriff „Konzern" ähnliche Zusammenhänge ausdrücken, z. B., dass die Stadt („Konzernmutter"), die Stadtwerke AG und die Abfallbeseitigungs-GmbH („Konzerntöchter") unter einheitlicher städtischer Leitung stehen. Die Begriffe „Unternehmen" und „Konzern" werden dabei kommunalpolitisch und damit eher in einem übertragenen Sinne verwendet. Für Gemeinde- und Kreisverwaltungen ist der Begriff kommunaler Verwaltungsbetrieb passender. Ein begriffsbestimmendes Merkmal von Unternehmen ist nämlich die Absicht, Gewinn zu erzielen. Dies trifft bekanntlich auf die Kommunalverwaltung als Ganzes nicht zu, sondern allenfalls auf einzelne Organisationseinheiten (wie das Wasserwerk Neustadt).

„Konzern" Stadt Neustadt

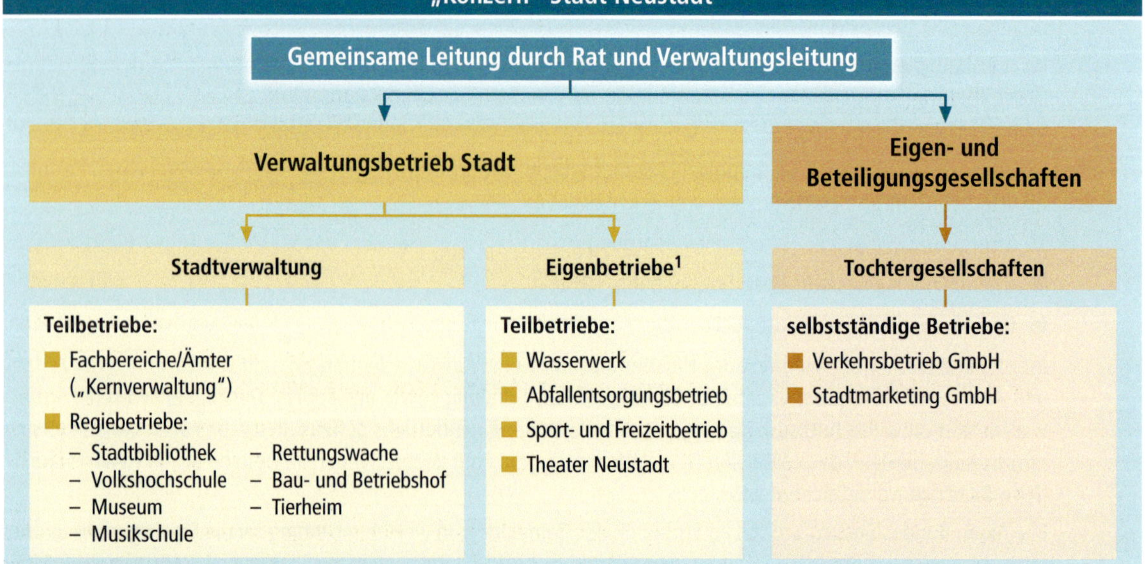

1 und eigenbetriebsähnliche Einrichtungen

1.3 Betriebliche Grundfunktionen

In allen Betrieben, so unterschiedlich sie auch sein mögen, lassen sich bestimmte, immer wiederkehrende Tätigkeiten (Grundfunktionen) beobachten:

Grundfunktion Beschaffung

Sie umfasst den Einkauf der für die Leistungserbringung notwendigen Betriebsmittel und Werkstoffe. Diese müssen

- in der benötigten Menge und Qualität,
- zum richtigen Zeitpunkt und
- zum günstigsten Preis

angeschafft und bereitgestellt werden. Auch Arbeitskräfte und Finanzmittel (z. B. Kredite) müssen „beschafft" werden. Die damit zusammenhängenden Tätigkeiten bilden jedoch die eigenständigen Funktionsbereiche Personalwirtschaft und Finanzierung.

Grundfunktion Leistungserstellung

Sie umfasst die möglichst wirtschaftliche Kombination der Produktionsfaktoren zur Herstellung der betrieblichen Erzeugnisse. Diese Aufgabe wird in vielen Industriebetrieben von der Produktionsabteilung wahrgenommen. Sie ist u. a. zuständig für die Auswahl geeigneter Fertigungsverfahren, Planung der Produktionsprozesse, Durchführung von Qualitätskontrollen sowie die Wartung und Reparatur der Produktionsanlagen.

Bedingt durch die Eigenart ihrer Leistungen haben die Kommunalverwaltungen und andere Dienstleister häufig keine eigenständige Produktionsabteilung. Dennoch zeigt sich die Grundfunktion „Leistungserstellung" auch im Verwaltungsbetrieb, und zwar dort, wo menschliche Arbeit, Werkstoffe und Betriebsmittel kombiniert werden, um die (End-)Produkte für Bürger oder Unternehmen herzustellen.

Die Verwaltungsbetriebslehre beschäftigt sich im Bereich der Leistungserstellung u. a. mit organisatorischen Problemen. Sie sucht z. B. Antworten auf die Frage, wie die Geschäftsprozesse der Verwaltung kostengünstiger und bürgerfreundlicher gestaltet werden können.

Grundfunktion Absatz

Sie umfasst in der Privatwirtschaft alle Maßnahmen, die dazu dienen, die betrieblichen Leistungen an Kunden zu verkaufen, z. B. Marktforschung, Werbung, Öffentlichkeitsarbeit, Preissetzung, Produktgestaltung, Organisation der Vertriebswege (= Marketinginstrumente). Verwaltungsbetriebe produzieren allerdings viele nichtmarktfähige, zum Teil unentgeltliche Leistungen (siehe Abb. auf der übernächsten Seite und Kapitel 2.3). Deshalb ist es sinnvoll, den Absatzbegriff weiter zu fassen. In Verwaltungsbetrieben gehören zur Grundfunktion Absatz alle Maßnahmen, die der Abgabe von Verwaltungsleistungen an Kunden außerhalb der Verwaltung dienen. Das Marketinginstrumentarium hilft bei der Verwirklichung des Ziels, die Abgabe der Verwaltungsleistungen kundenfreundlicher zu gestalten (siehe LF 8, Kapitel 5).

Grundfunktion Rechnungswesen/Controlling

Das **Rechnungswesen** umfasst die Tätigkeiten im Rahmen der Buchhaltung, Kosten- und Leistungsrechnung und Statistik. Mithilfe der Buchhaltung werden z. B. das Vermögen, die Schulden, der Erfolg (Jahresüberschuss oder Jahresfehlbetrag) sowie die Einnahmen und Ausgaben des Verwaltungsbetriebs detailliert erfasst.

Die Kosten- und Leistungsrechnung dient vorwiegend der betriebswirtschaftlichen Analyse, insbesondere der Kontrolle der Wirtschaftlichkeit des Verwaltungsbetriebs. Sie bildet auch die Grundlage für die Kalkulation der Produktpreise, vor allem der Gebühren.

Die Statistik bereitet die Daten der Finanzbuchhaltung und der Kosten- und Leistungsrechnung zu Vergleichszwecken auf. Hier entstehen Berichte, Tabellen und Diagramme. Sie dienen sowohl der amtlichen Statistik des jeweiligen Bundeslands als auch zur Informationsgewinnung für Planungen und Entscheidungen in der Verwaltung.

Controlling ist die zielbezogene Steuerung des Verwaltungsbetriebs. Die Daten des Rechnungswesens sind Grundlage dieser Aufgabe. Die Verwaltungsleitung muss die zukünftige Entwicklung planen und lenken; sie braucht dafür entsprechend aufbereitete Informationen, also Berichte, Kennzahlen und Untersuchungen (Analysen).

Grundfunktion Personalwirtschaft

Zur Personalwirtschaft gehören alle Tätigkeiten, die üblicherweise von der Personalabteilung wahrgenommen werden. Dazu zählen u. a. die Ermittlung des Personalbedarfs, Einstellung, Entlohnung und Entlassung von Arbeitskräften, Planung des Personaleinsatzes oder die Durchführung von Maßnahmen der Personalentwicklung, insbesondere der Aus- und Fortbildung der Mitarbeiter.

Querschnittsfunktionen

Rechnungswesen und Personalwirtschaft werden auch als Querschnittsfunktionen bezeichnet, weil sie für den gesamten Verwaltungsbetrieb wahrgenommen werden. Auch die Finanzierung ist eine Querschnittsfunktion. Sie bleibt jedoch in unserem einfachen Modell (siehe Abb. auf folgender Seite) aus Gründen der Überschaubarkeit unberücksichtigt.

Besonderheiten bei Dienstleistungsbetrieben

Eine klare Trennung von Produktion und Absatz ist hier nicht möglich. Das ergibt sich aus den speziellen Eigenarten von Dienstleistungen (siehe Kapitel 2.1). Im Gegensatz zu Sachgütern sind sie z. B. nicht lagerfähig, werden also in der Regel im Moment ihrer Entstehung verbraucht.

Input, Output und Grundfunktionen bei privatwirtschaftlichen Betrieben (z. B. Brauerei)

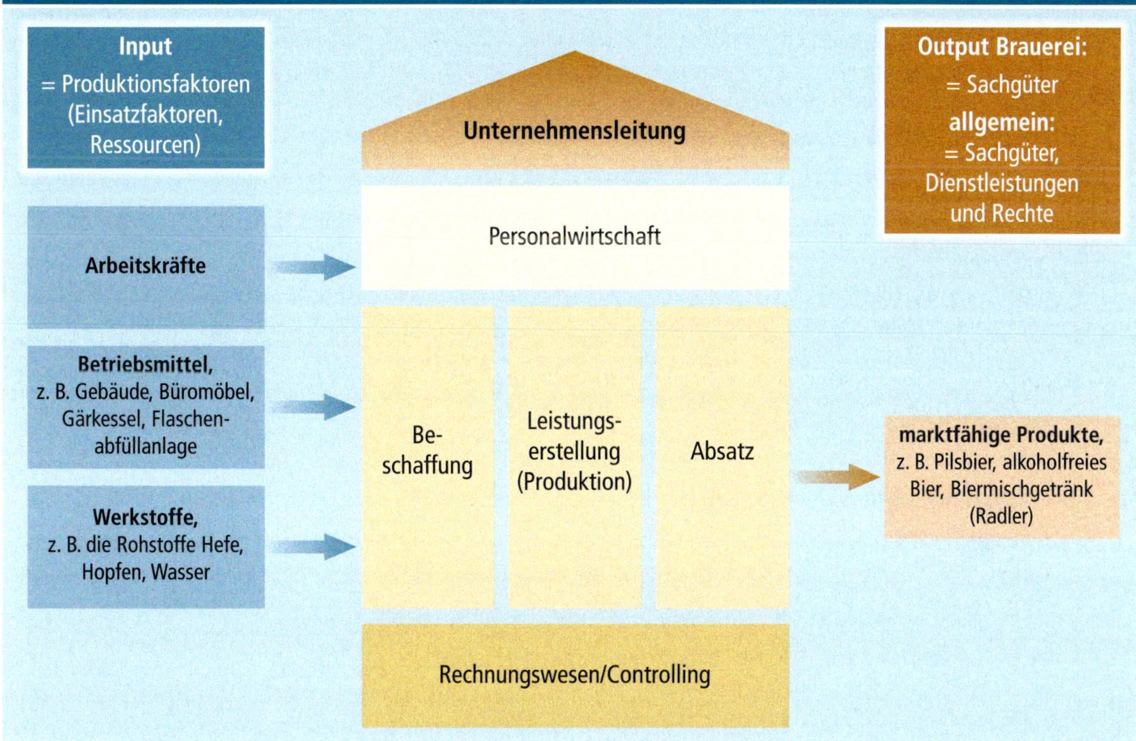

Input, Output und Grundfunktionen bei Verwaltungsbetrieben

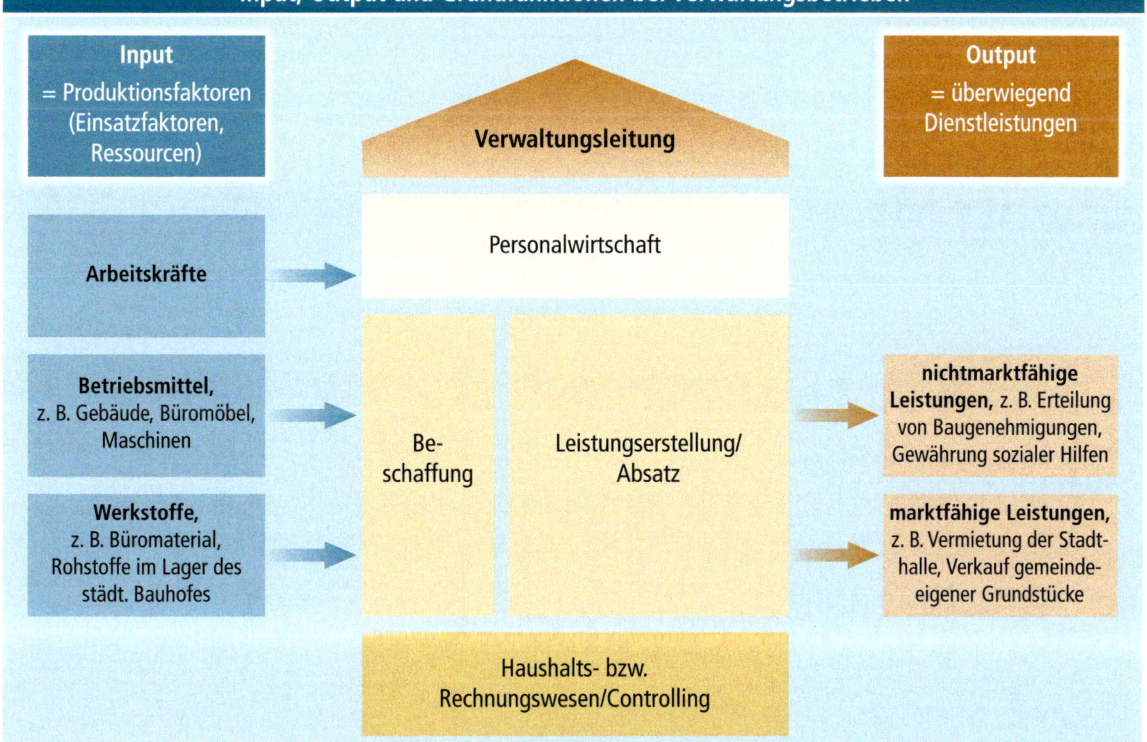

2 Das Güterangebot der öffentlichen Hand

Die öffentliche Hand beinhaltet im Wesentlichen Bund, Länder, Kommunen und Sozialversicherungsträger. Das entspricht einem Verständnis des Begriffs „Staat", wie er in der Volkswirtschaftslehre verwendet wird. Die folgenden Ausführungen basieren auf Erkenntnissen, die aus diesem Zweig der Wirtschaftswissenschaft stammen. Deshalb verwenden wir den Begriff „Staat" in diesem Kapitel ebenfalls im volkswirtschaftlichen und nicht im rechtlichen Sinne. Zugleich gebrauchen wir ihn gleichbedeutend mit dem Ausdruck „öffentliche Hand". Schwerpunktmäßig werden die Kommunen betrachtet, ohne die anderen öffentlich-rechtlichen Körperschaften gänzlich unberücksichtigt zu lassen.

Güterarten

Güter sind Mittel zur Befriedigung von Bedürfnissen. **Freie Güter** gibt es nur noch wenige: Sonnenlicht, Wind und Regen. Sie sind im Verhältnis zu den Bedürfnissen im Überfluss vorhanden und nicht Gegenstand wirtschaftlicher Tätigkeit. Ökonomisch von Bedeutung sind nur **wirtschaftliche Güter**. Sie stiften einen Nutzen und sind knapp. Ihre Herstellung verursacht Kosten.

Es gibt zahlreiche Möglichkeiten, wirtschaftliche Güter einzuteilen und somit systematisch zu gliedern. Für den Zweck, das Güterangebot der öffentlichen Hand zu kennzeichnen, sind drei Möglichkeiten der Einteilung wirtschaftlicher Güter von Bedeutung.

2.1 Unterscheidung nach der Art der Güterbeschaffenheit

Hier wird unterschieden nach **Sachgütern** (materielle Güter) sowie Dienstleistungen und Rechten (immaterielle Güter).

Im Vergleich zu Sachgütern weisen **Dienstleistungen** besondere Eigenarten auf.

- Sie sind unkörperlich, d.h., sie haben keine greifbare Substanz.
- Sie sind nicht lagerfähig, weil sie im Moment ihrer Entstehung verbraucht werden. Dienstleistungen können demnach nicht auf Vorrat produziert werden. So muss beispielsweise die Feuerwehr der Stadt Neustadt stets dienstbereit sein, um Brände schnell löschen zu können.
- Im Rahmen eines kommunikativen Prozesses sind die Abnehmer von Dienstleistungen häufig maßgeblich am „Produktionsprozess" beteiligt.

Beispiel

Schüler, die während des Unterrichts schlafen, dürfen sich nicht wundern, wenn die Dienstleistung der Schule bei ihnen ihr Ziel verfehlt.

- Aus den bisher erwähnten Eigenarten ergibt sich, dass eine klare Trennung von Produktion und Absatz – anders als bei Sachgütern – nicht möglich ist. Dienstleistungen werden in der Regel während der Leistungsabgabe „verbraucht".
- Die Dienstleistungsproduktion basiert auf einem vergleichsweise hohen Anteil menschlicher Arbeit. Demgegenüber wird die Herstellung von Sachgütern immer stärker automatisiert.

Rechte bzw. Rechtsverhältnisse ergeben sich aus Verboten, Geboten, Leistungsansprüchen und Nutzungsrechten. Sie sind im kommunalen Absatzbereich meistens eng mit Dienstleistungen verknüpft.

Beispiele

- *Mitarbeiter des Ordnungsamtes überwachen die Einhaltung von Parkverboten.*
- *Eine Sachbearbeiterin des Sozialamtes überprüft den Sozialhilfeanspruch eines Bürgers.*
- *Das Recht auf unentgeltliche Nutzung öffentlicher Straßen geht einher mit der Instandhaltung dieser Straßen.*

2.2 Unterscheidung nach Art der Bedarfsdeckung

Hier wird unterschieden nach privaten Gütern und öffentlichen Gütern. Private Güter werden von privatwirtschaftlichen Unternehmen auf Märkten zur Bedürfnisbefriedigung angeboten. Öffentliche Güter werden von Bund, Ländern und Kommunen im Interesse des Allgemeinwohls bereitgestellt. Dies geschieht nur insoweit auf Märkten, als es sich dabei um marktfähige Güter handelt.

Private Güter können – im theoretischen Grenzfall – nur von einer einzigen Person konsumiert werden. Andere Interessenten sind von der Verwendung des Gutes ausgeschlossen. Zwischen den Nachfragern herrscht **Rivalität im Konsum** (Beispiele: Kaugummi, Schuhwerk, Haarschnitt, Pausenbrot). Ferner wird das **Marktausschlussprinzip** wirksam. Die Anbieter haben die Möglichkeit, die Nutzung des angebotenen Gutes auf jene zu beschränken, die bereit sind, den geforderten Preis zu bezahlen.

Öffentliche Güter können in der Regel von vielen Personen gleichzeitig konsumiert werden. Ihre Nutzung ist möglich, ohne dass der Konsum des einen den Nutzen des anderen beeinträchtigt. Es herrscht **Nicht-Rivalität** im Konsum. Hinsichtlich der Wirksamkeit des Marktausschlussprinzips ist zwischen spezifisch-öffentlichen Gütern und meritorischen Gütern zu unterscheiden:

- **Spezifisch-öffentliche Güter**

  Bei ihnen versagt das Marktausschlussprinzip. Von der Nutzung dieser Güter kann niemand ausgeschlossen werden, weil Preisforderungen nicht durchsetzbar sind. Dementsprechend wird kein privater Anbieter bereit sein, solche Güter zu offerieren.

Beispiele

Leuchtturm, Deichanlage, Straßen, Straßenbeleuchtung, Stadtpark, innere und äußere Sicherheit und Ordnung (z. B. Leistungen der Bundeswehr, Polizei, Feuerwehr und des Ordnungsamtes)

Die private Bereitstellung derartiger Güter würde an „Trittbrettfahrern" scheitern, die das Gut von anderen bezahlen ließen, es aber selbst in Anspruch nähmen, ohne einen Preis dafür zu entrichten. Bei spezifisch-öffentlichen Gütern gibt es entweder keine Möglichkeiten, Nutzer auszuschließen (innere und äußere Sicherheit) oder es würden zu hohe Kosten für den Ausschluss von Nutzern entstehen (Straßenbenutzungsgebühren).

- **Meritorische Güter (Güter mit besonderen Verdiensten)**

  Bei diesen Gütern ist das Ausschlussprinzip durchsetzbar. Sie könnten ihrer Natur nach auch (ausschließlich) über den Markt von Privaten angeboten werden. Trotzdem wird der Staat aktiv. In einigen Fällen vergrößert er das von den Privaten bereitgestellte Angebot. In anderen Fällen ist er alleiniger Anbieter. Möglichst vielen, wenn nicht allen Bürgern, soll der Zugang zu diesen bedeutenden Gütern ermöglicht werden. Deshalb unterbreitet der Staat häufig ein unentgeltliches Angebot oder eines, das die entstehenden Kosten nicht deckt.

Beispiele

Schulen, Kindergärten, Theater, Bibliotheken, Museen, Musikschulen, Schwimmbäder, Öffentlicher Personennahverkehr

Bei bestimmten meritorischen Ver- und Entsorgungsleistungen üben die Kommunen sogar einen Anschluss- und Benutzungszwang aus. So liegt die Wasserversorgung und Straßenreinigung, die Beseitigung des Abwassers und des Restabfalls privater Haushalte im Gemeindegebiet allein in der Zuständigkeit der Kommunen. Die Ausübung des Zwangs geschieht im Interesse eines sicheren, umweltgerechten und flächendeckenden Angebots zu erschwinglichen Preisen. Bei der Entsorgung geht es darüber hinaus um Gründe wie Hygiene und Seuchenabwehr. Zunehmend bedienen sich die Gemeinden privater Erfüllungsgehilfen zur Erledigung dieser Leistungen. Sie bleiben aber als Aufgabenträger auch in diesem Fall gegenüber den Bürgern weiterhin in der Rolle des Anbieters.

Es ist umstritten, welche Güter die öffentlichen Haushalte anbieten sollen. Die Theorie öffentlicher Güter beschäftigt sich mit diesem Problem. Letztlich handelt es sich um eine politische Entscheidung, die die gewählten Volksvertreter treffen müssen.

2.3 Unterscheidung nach der Marktfähigkeit

Hier wird unterschieden nach marktfähigen Gütern und nichtmarktfähigen Gütern.

Alle privaten Güter sind marktfähig, denn sie werden auf Märkten angeboten und gehandelt. Auch alle meritorischen Güter sind grundsätzlich marktfähige Güter, da sie zumindest das Potenzial haben, auf Märkten gehandelt zu werden. Demgegenüber besitzen spezifisch-öffentliche Güter keine Marktfähigkeit, da bei ihnen Preisforderungen nicht durchsetzbar sind.

Im Hinblick auf nachfolgende Betrachtungen ist es sinnvoll, „Marktfähigkeit" etwas enger zu fassen. Aus dem Leistungsspektrum der öffentlichen Hand werden hier deshalb nur jene Güter als marktfähig bezeichnet, die unter den gegenwärtigen rechtlichen Rahmenbedingungen auf Märkten gehandelt werden.

Marktfähig sind dann nur jene Leistungen, die nicht mit einem Abnahmezwang verbunden sind und die einen Preis haben. Mit diesen Leistungen stehen z. B. die Gemeinden in Konkurrenz zu den Angeboten anderer kommunaler oder privater Anbieter. Das macht besondere absatzpolitische Maßnahmen erforderlich (Beobachtung der Konkurrenten, Werbung, Überlegungen zur Preisgestaltung usw.).

Beispiele für marktfähige Leistungen der Kommunen

- *Die Nutzung des städtischen Schwimmbades gegen Entgelt beruht auf einer freien Entscheidung der Nachfrager. Das Bad muss sich gegen die Angebote von Nachbarstädten behaupten. Es handelt sich um eine marktfähige Leistung. Gleichwohl wird aufgrund sozialer Erwägungen häufig ein Eintrittspreis festgesetzt, der die anfallenden Kosten nicht deckt.*
- *Die Leistungen der Volkshochschule sind marktfähig. Die Kursteilnehmer nehmen das Angebot freiwillig wahr und entrichten ein Entgelt. Die Volkshochschulen konkurrieren mit privaten Fortbildungsträgern und stehen auch untereinander im Wettbewerb.*

Nichtmarktfähig sind entsprechend solche Leistungen, die unentgeltlich zur Verfügung gestellt werden oder mit einem Abnahmezwang belegt sind.

Beispiele für nichtmarktfähige Leistungen der Kommunen

- *Teile des kommunalen Infrastrukturvermögens (u. a. Straßen, Schulen, frei zugängliche Parkanlagen) werden unentgeltlich zur Verfügung gestellt. Das gilt auch für soziale Hilfen. In beiden Fällen handelt es sich deshalb um nichtmarktfähige Leistungen.*
- *Die Beseitigung des Restabfalls der privaten Haushalte hat zwar einen Preis (Benutzungsgebühren), ist aber nichtmarktfähig, weil die Haushalte gezwungen sind, diese Leistung in Anspruch zu nehmen. Es ist anzunehmen, dass viele Haushalte den Nutzen der Abfallbeseitigung nicht anerkennen würden, wenn man den Anschluss an die städtische Entsorgung der Freiwilligkeit überließe.*
- *Die Erteilung einer Baugenehmigung ist ebenfalls nichtmarktfähig. Ein Bauherr ist verpflichtet, eine solche zu beantragen. Insofern liegt ein Abnahmezwang vor.*

Beispiel zur Gütereinteilung

Manchmal können die Leistungen der öffentlichen Hand auf den ersten Blick nicht problemlos eingeteilt werden. Stellt beispielsweise ein Mitarbeiter der Stadt Neustadt einen Führerschein aus, dann wird dem Antragsteller eine Sache (das Dokument) übergeben. Das weckt den Anschein, hier wurde ein Sachgut „produziert". Ferner scheint es so, als handle es sich um ein Gut, das allein dem Führerscheininhaber nutzt. Schließlich darf dieser jetzt endlich mit einem Pkw auf öffentlichen Straßen fahren.

Genauer betrachtet ergibt sich ein anderes Bild. Der Führerschein ist lediglich ein amtliches Dokument, das die Fahrerlaubnis aufgrund einer bestandenen Prüfung bescheinigt. Gegenüber einer Situation ohne Führerscheinpflicht erhöht sich die Verkehrssicherheit erheblich. Es liegt also eine Dienstleistung an der Bevölkerung vor. Den Nutzen der Führerscheinpflicht genießen viele Menschen zur gleichen Zeit, ohne dass der Konsum des einen den des anderen beeinträchtigt (Nicht-Rivalität im Konsum). Das betrachtete Gut hat auch eine individuelle Komponente (eigene Sicherheit des Führerscheininhabers, Möglichkeit der Pkw-Nutzung). Doch der gemeinschaftliche Nutzen überwiegt. So wie hier lässt sich für fast jede kommunale Leistung ein gemeinschaftlicher Nutzen (ein öffentlicher Zweck) ableiten.

Stellen wir auf den gemeinschaftlichen Nutzen im Beispiel ab (Verkehrssicherheit), so ist zu erkennen, dass ein spezifisch-öffentliches Gut vorliegt. Niemand im Gemeindegebiet kann von dem Nutzen ausgeschlossen werden. Es gelingt nicht, die vielen Nutznießer der Leistung in Form eines direkten Leistungsentgelts „ zur Kasse zu bitten":

5740128

Schließlich muss noch gefragt werden, ob die Ausstellung des Führerscheins eine marktfähige Leistung ist. Für seinen individuellen Nutzen muss der neue Inhaber eine Verwaltungsgebühr entrichten. Die Leistung hat für ihn also einen Preis. Es liegt aber keine marktfähige Leistung vor, da ein Abnahmezwang besteht. Jede Person, die mit einem Pkw auf öffentlichen Straßen fahren will, muss bei der Kommunalverwaltung die Ausstellung eines Führerscheins beantragen.

Zusammenfassung: Eigenschaften und Arten von Gütern

auf der Angebotsseite nach der …	Güterart	auf der Nachfrageseite nach der …
… Knappheit		**… Rivalität des Konsums**
Gut unbegrenzt vorhanden (Luft)	**Freie Güter** ■ müssen nicht produziert werden/ sind kostenlos verfügbar ■ haben keine Anbieter ■ haben keinen Marktpreis, sind **nichtmarktfähige Güter**	Nutzer konkurrieren nicht um den Konsum
begrenzt vorhanden (Auto)	**Wirtschaftliche Güter** ■ müssen produziert werden ■ haben Anbieter ■ haben einen Marktpreis, sind **marktfähige Güter**	Nutzer konkurrieren um den Konsum
Ausschluss möglich (private Schule)	**Private Güter** ■ müssen produziert werden ■ haben Anbieter ■ haben einen Marktpreis, sind **marktfähige Güter**	
… Möglichkeit, Nutzer auszuschließen Ausschluss vom Anbieter nicht gewollt (staatliche Schule)	**Meritorische Güter** ■ müssen produziert werden ■ haben Anbieter ■ haben keinen Marktpreis, sind aber **marktfähige Güter**	Nutzer konkurrieren nicht um den Konsum
Ausschluss ■ nicht möglich (Straßenbeleuchtung) ■ zu teuer (Straßenbenutzung)	**Spezifisch-öffentliche Güter** ■ müssen produziert werden/ verursachen Kosten ■ haben Anbieter ■ haben keinen Marktpreis, sind **nichtmarktfähige Güter**	

2.4 Kennzeichnung des kommunalen Güterangebots

Das Produktionsergebnis des kommunalen Verwaltungsbetriebes besteht nur relativ selten aus Sachgütern. Einige Gemeinden betreiben ein Kompostwerk, das Bioabfälle verwertet. Der entstehende Kompost wird der Bevölkerung zur Verfügung gestellt. Auch die kommunalen Betriebe aus dem Bereich der Gas- und Wasserversorgung beliefern ihre Kunden mit Sachgütern. Zum größten Teil bestehen die kommunalen Produkte aber aus Dienstleistungen.

Die von der Kommunalverwaltung bereitgestellten öffentlichen Güter decken Kollektivbedürfnisse (z. B. nach Sicherheit und Ordnung, Bildung, Gesundheit, Umweltschutz, Hygiene, Mobilität, Existenzsicherung). Sie schaffen die Voraussetzungen für das wirtschaftliche Handeln der Bürger und Unternehmen im Gemeindegebiet.

Die Kommunalverwaltung erbringt eine Vielzahl nichtmarktfähiger, insbesondere unentgeltlicher Leistungen. Im Vergleich dazu sind die marktfähigen Leistungen von geringerer Bedeutung. Das überrascht wenig. Herstellung und Verkauf marktfähiger Güter sind in der Marktwirtschaft in erster Linie Sache der Privatwirtschaft. Die Gemeinden dürfen sich nur dann wirtschaftlich betätigen, wenn ein öffentlicher Zweck vorliegt. Das ist z. B. der Fall, wenn die Produktionstätigkeit der Privatwirtschaft zu einer unzureichenden Versorgung der Bevölkerung mit wichtigen Gütern führt.

3 Markt und Preis

Auch in diesem Kapitel wird der Begriff „Staat" im volkswirtschaftlichen und nicht im rechtlichen Sinne verwendet. In volkswirtschaftlicher Betrachtung umfasst er die gesamte öffentliche Hand, im Wesentlichen also Bund, Länder, Kommunen und Sozialversicherungsträger. Die Darstellung der Marktbeziehungen hat ihren Schwerpunkt bei den Kommunen. Die Erläuterungen zur Preisbildung sind allgemeiner Natur, während bei der Beschreibung staatlicher Eingriffe in Märkte und Preise die Aktivitäten von Bund, Ländern und Gemeinden gleichermaßen im Blickpunkt stehen.

3.1 Markt

3.1.1 Bedürfnisse, Bedarf, Marktbegriff

Beim Menschen wird ein **Bedürfnis** durch ein Mangelgefühl hervorgerufen, es entsteht das Verlangen, den Mangel auszugleichen, den Wunsch zu befriedigen. Ist dieses Bedürfnis materiell, d. h., das Bedürfnis kann durch ein (Kauf-)Geschäft gestillt werden und man hat das nötige Geld dazu zur Verfügung, spricht man vom **Bedarf.** Mittel zur Bedürfnisbefriedigung nennt man **Güter.** Aus dem Konflikt von knappen, wirtschaftlichen Gütern und unbegrenzten Bedürfnissen entsteht die Notwendigkeit planvollen Wirtschaftens. Der Austausch von knappen Gütern vollzieht sich meist auf Märkten.

Als Markt bezeichnet man jedes Zusammentreffen von Angebot und Nachfrage für ein bestimmtes wirtschaftliches Gut.

So treffen z. B. auf dem Wochenmarkt Verkäufer und Käufer von Obst zusammen oder an der Frankfurter Wertpapierbörse – über entsprechende Verkaufs- und Kaufaufträge – Anbieter und Nachfrager von Aktien.

Wenn allerdings Volkswirte über Märkte sprechen, haben sie nicht nur konkrete, ortsgebundene Märkte vor Augen. Sie fassen vielmehr alle Verkaufsangebote und Kaufgesuche zu einem Gut gedanklich zusammen. Dann umfasst z. B. der Markt für Mittelklassewagen alle Angebote und Kaufgesuche von Pkws im mittleren Preisbereich.

Anbieter und Nachfrager verfolgen unterschiedliche Interessen auf Märkten. Die einen wollen möglichst hohe Umsatzerlöse erzielen und die anderen möglichst wenig ausgeben. Den Ausgleich zwischen diesen Grundinteressen übernimmt der Preis, der sich auf Märkten bildet.

Bedürfnisse, Bedarf, Nachfrage – wirtschaftliche Güter, Angebot

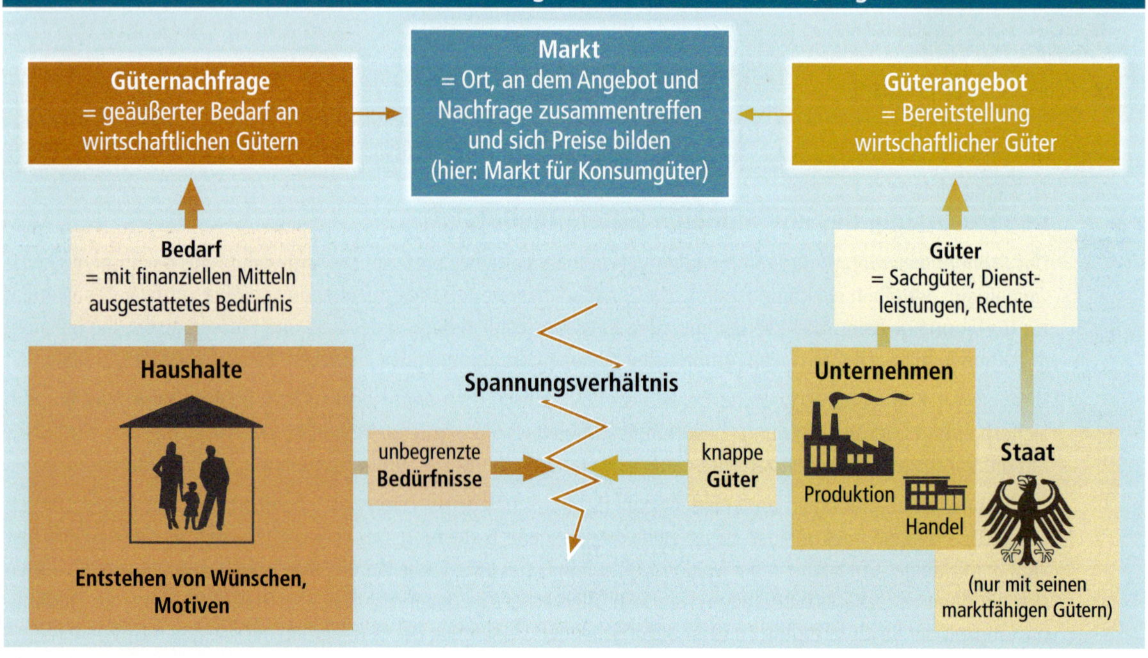

3.1.2 Marktarten

Märkte lassen sich nach der Art der umgesetzten Güter beziehungsweise Produktionsfaktoren einteilen. Da in der Wirklichkeit so viele Märkte wie Waren oder Dienstleistungen vorhanden sind, kann in der Theorie nur eine Grobeinteilung vorgenommen werden. Im Bereich der Marktarten werden häufig **Faktormärkte** und **Gütermärkte** voneinander unterschieden. Auf Faktormärkten werden Produktionsfaktoren gehandelt. Es sind die **Beschaffungsmärkte** von Unternehmen und Staat, die als **Nachfrager** von Arbeitsleistungen, Investitionsgütern, Immobilien und Krediten auftreten. Gütermärkte sind **Absatzmärkte.** Unternehmen und in geringerem Maße der Staat (mit seinen marktfähigen Leistungen) agieren als **Anbieter** von Sachgütern und Dienstleistungen.

Markt	Gegenstand des Tausches	Marktart
Arbeitsmarkt	Arbeitsleistungen	Faktormarkt/Beschaffungsmarkt
Immobilienmarkt	Grundstücke und Gebäude	Faktormarkt/Beschaffungsmarkt
Investitionsgütermärkte Beispiele: ■ Markt für Maschinen und Produktionsanlagen ■ Rohölmarkt/Strommarkt (gewerblicher Bereich) ■ Markt für gewerbliche Versicherungsleistungen	Sachgüter und Dienstleistungen, die für produktive Zwecke verwendet werden, zugleich Produktionsfaktoren ■ Betriebsmittel ■ Werkstoffe ■ Dienstleistungen	Gütermarkt/Absatzmarkt für Lieferanten zugleich Faktormarkt/Beschaffungsmarkt für gewerbliche Kunden
Konsumgütermärkte Beispiele: ■ Markt für Fernseher ■ Strommarkt (privater Bereich) ■ Markt für private Versicherungsleistungen	Sachgüter und Dienstleistungen, die für den Endverbraucher (die privaten Haushalte) bestimmt sind	Gütermarkt/Absatzmarkt
Kapitalmarkt	Kredite	Gütermarkt/Absatzmarkt für Kreditinstitute zugleich Faktormarkt/Beschaffungsmarkt für übrige Unternehmen

Wenn von Faktormärkten die Rede ist, dann muss darauf hingewiesen werden, dass der Begriff „Produktionsfaktoren" in der Volkswirtschaftslehre (aus historischen Gründen) etwas anders gefasst ist als in der Betriebswirtschaftslehre.

Zusammenhang zwischen volks- und betriebswirtschaftlichen Produktionsfaktoren	
volkswirtschaftliche Produktionsfaktoren	**betriebswirtschaftliche Produktionsfaktoren (siehe Kapitel 1.1)**
Arbeit	leitende und ausführende Arbeit
Boden/Natur	Grundstücke als Betriebsmittel
Kapital:	
■ Sachkapital, z. B.	
– Gebäude, Produktionsanlagen, Betriebs- und Geschäftsausstattung, Werkzeuge	Betriebsmittel
– Rohstoffe, Hilfsstoffe, Betriebsstoffe, Vorräte, Büromaterial	Werkstoffe
■ Geldkapital (Vorstufe des Sachkapitals)	Geldmittel (kein „reiner" Elementarfaktor, da Geld nur der Anschaffung von Betriebsmitteln und Werkstoffen sowie der Entlohnung der Arbeitskräfte dient)

3.1.3 Marktformen

Eine weitere Einteilungsmöglichkeit von Märkten ergibt sich, wenn man sie nach der Anzahl der Marktteilnehmer auf der Anbieter- und Nachfragerseite unterscheidet. Daraus lassen sich Aussagen über die Stärke des Wettbewerbs und die Machtstellung einzelner Marktteilnehmer auf dem betrachteten Markt ableiten (siehe dazu auch Kapitel 3.2.2). Wird die Anzahl der Anbieter mit der jeweiligen Anzahl der Nachfrager kombiniert, ergibt sich ein Schema mit neun Marktformen.

Märkte nach der Anzahl der Marktteilnehmer

Nachfrager / Anbieter	einer	wenige	viele
einer	zweiseitiges Monopol (Raumfahrt in den USA)	beschränktes Angebotsmonopol (Kampfjets „Eurofighter" für die Nato)	Angebotsmonopol (schienengebundener Personenfernverkehr)
wenige	beschränktes Nachfragemonopol (Bau von Bundesautobahnen in Deutschland)	zweiseitiges Oligopol (Hochgeschwindigkeitszüge auf dem Weltmarkt, Werften ↔ Reedereien)	Angebotsoligopol (Linienflüge in Deutschland, Markt für Kraftstoffe)
viele	Nachfragemonopol (Uniformen für die Bundeswehr; Landwirte ↔ Zuckerrübenfabrik in einer Region)	Nachfrageoligopol (Zulieferteile für die Automobilindustrie in Deutschland; Weinbauern ↔ Winzergenossenschaften)	Polypol (Wochenmärkte; Händler, die Erfrischungsgetränke anbieten ↔ Konsumenten)

Monopol (monos: gr. allein, polein: gr. verkaufen)
Auf dem Markt gibt es nur einen Anbieter oder einen Nachfrager. Es existiert kein Wettbewerb. Ein Monopolist hat sehr große Chancen, seine Vorstellungen (insbesondere über den Preis) aufgrund seiner wirtschaftlichen Macht durchzusetzen.

Oligopol (oligos: gr. wenige)
Es sind nur wenige Anbieter oder Nachfrager vorhanden, die jeweils einen großen Marktanteil besitzen. Besteht ein Oligopol auf der Anbieterseite (Angebotsoligopol), kann es dazu kommen, dass der Wettbewerb um die Gunst der Kunden eingeschränkt ist. So wird ein Oligopolist seine Preise erhöhen, wenn er damit rechnen kann, dass auch die anderen Oligopolisten ihm folgen werden.

Polypol (poly: gr. viele)
Viele Anbieter stehen vielen Nachfragern gegenüber. Die Marktform des Polypols kommt der marktwirtschaftlichen Idealvorstellung nahe. Die freie Konkurrenz erlaubt keine gegenseitige Abstimmung der Marktteilnehmer. Die Anbieter haben im Wettbewerb um die Gunst der Kunden grundsätzlich die gleichen Chancen, da keiner von ihnen marktbeherrschend ist.

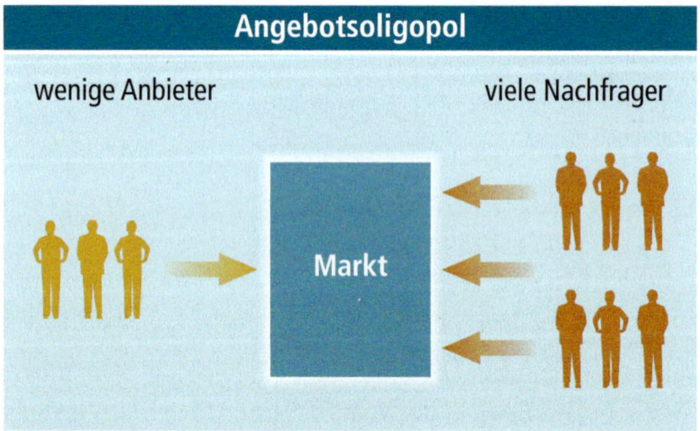

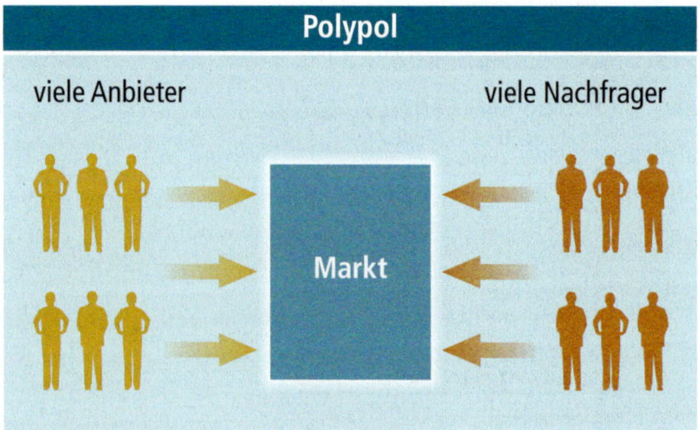

3.1.4 Markttypen

Die Unterscheidung von Märkten nach den Marktbedingungen führt zu zwei Markttypen, dem vollkommenen und dem unvollkommenen Markt. Der **vollkommene Markt** ist ein theoretisches Modell, das der Analyse von Preisbildungsprozessen dient. Dieser Markt erfüllt bestimmte Annahmen, z. B., dass alle Marktteilnehmer einen vollständigen Überblick über das Marktgeschehen haben (Markttransparenz). In der Realität gibt es nur **unvollkommene Märkte**, die eine oder mehrere Bedingungen des vollkommenen Marktes nicht erfüllen. In Kapitel 3.2 werden die beiden Markttypen in Zusammenhang mit der Beschreibung von Preisbildungsprozessen genauer betrachtet.

Zusammenfassende Darstellung von Markteinteilungsmöglichkeiten

Die verschiedenen Möglichkeiten der Einteilung von Märkten zeigt die folgende Abbildung.

Märkte unterschieden nach:						
ihrer Funktion für Betriebe		Marktbedingungen		Anzahl der Marktteilnehmer		
Beschaffungs-markt/Faktormarkt	**Absatzmarkt/ Gütermarkt**	**vollkommener Markt**	**unvollkommener Markt**	**Polypol**	**Oligopol**	**Monopol**
Input der betriebswirtschaftlichen Produktionsfaktoren (dispositiver Faktor, Betriebsmittel, Werkstoffe, ausführende Arbeit)	Output von Sachgütern, Dienstleistungen und Rechten	bestimmte Annahmen sind erfüllt: Homogenität (= Gleichartigkeit) des Gutes, Markttransparenz, keine Präferenzen (= Vorlieben) usw. (theoretisches Modell)	Annahmen des vollkommenen Marktes werden teilweise oder gar nicht erfüllt (Wirklichkeit)	viele Anbieter und Nachfrager	wenige Anbieter oder Nachfrager	ein Anbieter oder Nachfrager

3.1.5 Marktabgrenzung

Märkte kann man in sachlicher, räumlicher und zeitlicher Hinsicht abgrenzen. Wozu geschieht das? Einerseits unterstützen Werbeagenturen Unternehmen dabei, ihre Marktanteile (Umsatzanteil eines Anbieters am Gesamtumsatz auf dem Markt) z. B. durch geeignetes Marketing zu vergrößern. Andererseits wollen die Kartellbehörden verhindern, dass Anbieter eine marktbeherrschende Stellung missbrauchen. (Marktbeherrschung heißt, Macht über andere Anbieter und die Nachfrager ausüben zu können, den Preis zu „diktieren" oder Mitbewerber zur Aufgabe, zum Marktaustritt zu zwingen.) Sowohl die Werbeagenturen als auch die Kartellbehörde müssen den betrachteten Markt nach sachlichen, räumlichen und zeitlichen Gesichtspunkten genau definieren, um zielgerichtet vorgehen zu können.

Beispiel: Problem der Marktabgrenzung beim Cola-Markt

Merkmal	Erläuterungen
sachliche Marktabgrenzung	Wird Cola von Verbrauchern im Allgemeinen als mit anderen Gütern gleichwertig bzw. austauschbar angesehen, also etwa mit anderen Limonadegetränken (Soft-Drinks) oder auch mit sonstigen Getränken mit oder ohne Kohlensäure wie Säften, Mineralwasser o. Ä.? Wenn ja, gibt es keinen Cola-Markt, sondern einen Kohlensäure-Getränke-Markt bzw. Getränke-Markt. Vielleicht gibt es sogar einen eigenen Markt für die Cola eines bestimmten Herstellers? Ist Cola in Flaschen und Dosen austauschbar?
räumliche Marktabgrenzung	In welches geografische Umfeld ist der sachlich abgegrenzte Markt einzuordnen – gibt es einen lokalen (örtlichen), nationalen (landesweiten) oder globalen (internationalen) Cola-Markt? Ein normaler Verbraucher stillt seinen Durst zwar im nächsten Umkreis, einige Hersteller handeln aber weltweit: Aus der Sicht des Verbrauchers ist der Markt lokal, aus der des Herstellers global.
zeitliche Marktabgrenzung	Ist der sachlich und räumlich abgegrenzte Markt dauerhaft oder nur zeitlich begrenzt vorhanden? Beispiel hierfür ist der Cola-Markt in Neustadt während des Stadtfests.

Marktbeziehungen des kommunalen Verwaltungsbetriebes

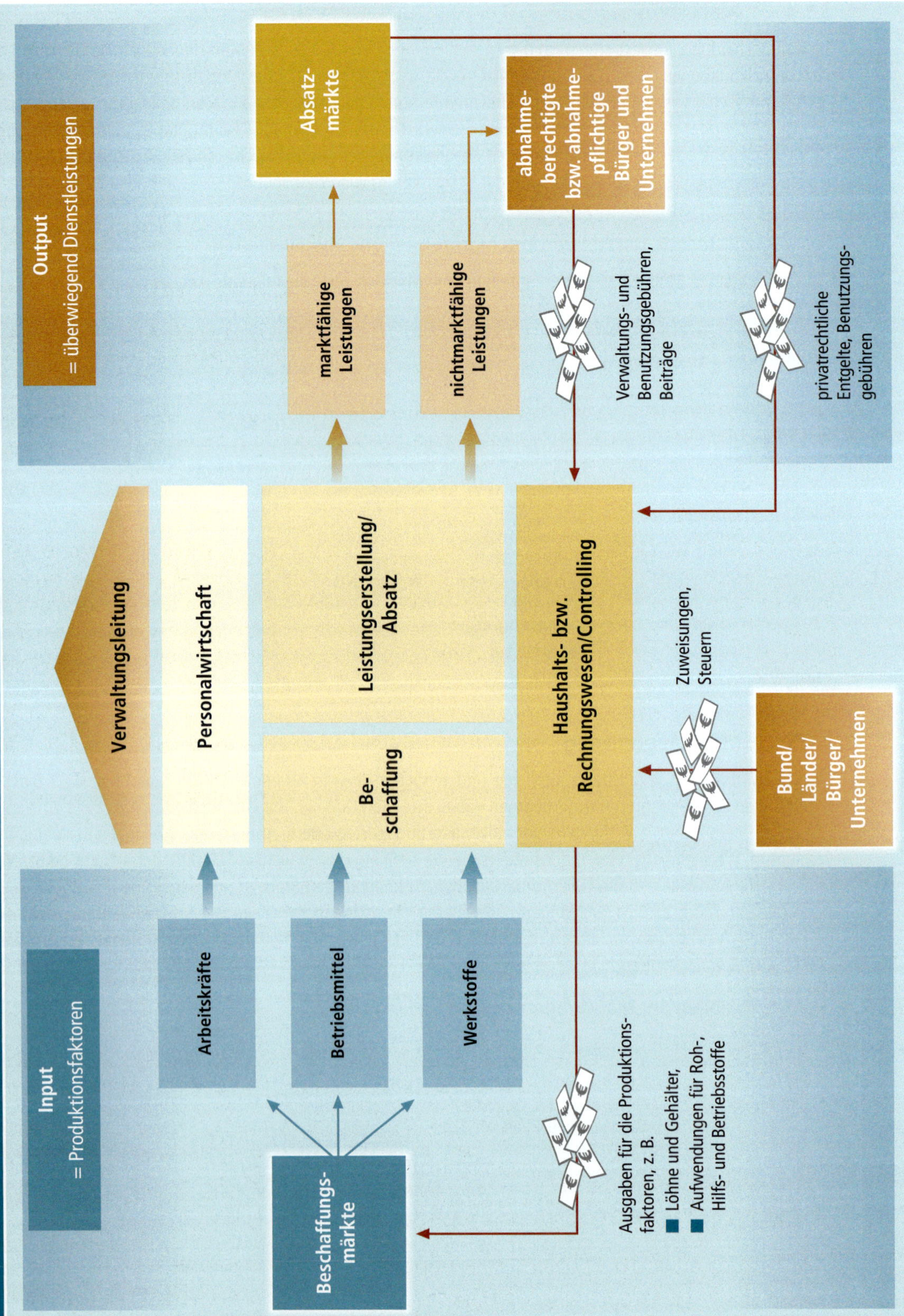

5740134

3.1.6 Marktbeziehungen des kommunalen Verwaltungsbetriebs

Im Hinblick auf die Marktbeziehungen des kommunalen Verwaltungsbetriebes sollen einige zentrale Merkmale von Märkten und – daraus abgeleitet – von marktfähigen Gütern herausgestellt werden (siehe dazu auch Kapitel 2.3):

Merkmale von Märkten		marktfähige Güter
Durch das Zusammenspiel von Angebot und Nachfrage bilden sich auf Märkten Preise für das auf ihnen gehandelte Gut. Im Marktpreis kommt der Wert des Gutes zum Ausdruck.	→	■ Sie haben einen Preis.
Von einem Markt kann nur dann die Rede sein, wenn die Nachfrage nach einem Sachgut oder einer Dienstleistung nicht zwangsweise erfolgt.	→	■ Sie werden freiwillig nachgefragt.
Soweit nicht die Marktform des Angebotsmonopols vorliegt, herrscht ein mehr oder weniger starker Wettbewerb.	→	■ Sie ringen grundsätzlich um die Gunst der Käufer gegen gleichartige konkurrierende Angebote.

Auf der Beschaffungsseite sind die Marktbeziehungen des kommunalen Verwaltungsbetriebes ähnlich wie bei privatwirtschaftlichen Unternehmen. Auf der Absatzseite gibt es große Unterschiede, weil der kommunale Verwaltungsbetrieb viele nichtmarktfähige Leistungen anbietet.

Marktbeziehungen auf der Beschaffungsseite

Um seinen Bedarf an Arbeitskräften, Betriebsmitteln und Werkstoffen zu decken, wird der kommunale Verwaltungsbetrieb so wie ein privatwirtschaftliches Unternehmen auf den entsprechenden Beschaffungsmärkten als Nachfrager tätig. Allerdings hat er in der Regel besondere vergaberechtliche Vorschriften zu beachten, wenn er Bauaufträge vergibt oder sich z. B. mit Fahrzeugen, EDV-Geräten oder Büromaterial beliefern lässt (siehe Kapitel 4). Bei der Nachfrage auf dem Arbeitsmarkt sind staatliche Institutionen verpflichtet, Bewerber nach dem Leistungsprinzip auszuwählen. Nach Art. 33 Absatz 2 Grundgesetz sind öffentliche Ämter nach Eignung, Befähigung und Leistung zu besetzen. Dies gilt für alle Mitarbeiter öffentlichen Dienstes.

Schätzungsweise geben die Kommunen jährlich die gewaltige Summe von ca. 125 Mrd. Euro für öffentliche Aufträge aus. Das entspricht einem Anteil von 50 % des zusammengefassten Auftragsvolumens von Bund, Ländern und Gemeinden. Die Kommunen sind damit der wichtigste öffentliche Auftraggeber in Deutschland.

Marktbeziehungen auf der Absatzseite

Von Marktbeziehungen kann im Grunde nur gesprochen werden, wenn die Kommunalverwaltung marktfähige Leistungen anbietet. Mit diesen Leistungen steht sie häufig in Konkurrenz zu den Angeboten anderer öffentlicher oder privater Anbieter. Der (mehr oder weniger starke) Wettbewerb macht besondere absatzpolitische Maßnahmen erforderlich (Beobachtung der Konkurrenten, Werbung, Überlegungen zur Preisgestaltung und Produktqualität usw.).

Beispiele für marktfähige Leistungen

Vermietung von Wohnungen, Verkauf von Grundstücken, Leistungen der kommunalen Eigenbetriebe aus dem Bereich der Energieversorgung und des öffentlichen Personennahverkehrs, Nutzenabgabe der Schwimmbäder, Theater, Volkshochschulen, Musikschulen und ähnlicher Einrichtungen

Die Kunden entrichten als Gegenleistung meistens privatrechtliche Entgelte auf der Grundlage eines Vertrags. Manchmal wird für die Leistung auch eine Benutzungsgebühr erhoben. Diese ist öffentlich-rechtlicher (hoheitlicher) Natur und beruht auf einer Satzung (zu den verschiedenen Entgeltformen siehe LF 8, Kapitel 1.4).

Abnahmeberechtigungen und Abnahmeverpflichtungen auf der Absatzseite

Mit ihren nichtmarktfähigen Leistungen steht die Kommunalverwaltung abnahmeberechtigten oder abnahmepflichtigen Bürgern und Unternehmen gegenüber.

Beispiele

Im Falle der kostenlosen Bereitstellung von Teilen des kommunalen Infrastrukturvermögens (u. a. Straßen, Schulen, frei zugängliche Parkanlagen) oder der Gewährung sozialer Hilfen sind die Abnehmer berechtigt, die Leistung in Anspruch zu nehmen. Im Falle der Wasserversorgung, Abfall- und Abwasserbeseitigung sowie der Straßenreinigung sind die Abnehmer verpflichtet, die Leistung in Anspruch zu nehmen, da ein Anschluss- und Benutzungszwang besteht.

Zahlreiche weitere Leistungen sind mit einer Abnahmeverpflichtung für Bürger in bestimmten Lebenslagen verbunden und mit Zuständigkeitsregeln gekoppelt, die dem kommunalen Verwaltungsbetrieb eine Absatzgarantie verschaffen. Man denke nur an die vielen Produkte aus den Bereichen des Melde-, Gewerbe- und Personenstandswesens. So muss jede Person ab dem 16. Lebensjahr im Besitz eines Personalausweises sein. Dieser wird ausschließlich in der Heimatgemeinde ausgestellt.

Die Empfänger von kostenpflichtigen nichtmarktfähigen Leistungen müssen Benutzungsgebühren, Verwaltungsgebühren oder Beiträge entrichten, je nach Art der Leistung (siehe LF 8, Kapitel 1.4). Im Falle der Wasserversorgung kann es sich trotz Zwangsausübung auch um ein privatrechtliches Entgelt handeln.

Besondere Finanzbeziehungen

Sie ergeben sich zu den Bürgern und Unternehmen des Gemeindegebietes aus dem Recht der Kommunen, Steuern zu erheben. Insbesondere die Grundsteuer und die Gewerbesteuer sind wichtige Einnahmequellen. Es handelt sich um Zwangsabgaben ohne Anspruch auf eine konkrete Gegenleistung. Weitere wichtige Positionen zur Finanzierung des Haushalts sind Finanzzuweisungen des Landes sowie Anteile an der Einkommen- und Umsatzsteuer, die Bund und Länder an die Kommunen weitergeben (siehe LF 8, Kapitel 1.4).

Elemente des Neuen Steuerungsmodells zur Überwindung des fehlenden Wettbewerbs

Mit seinen nichtmarktfähigen Leistungen ist der kommunale Verwaltungsbetrieb keinem Leistungswettbewerb ausgesetzt. Er ist häufig alleiniger Anbieter im Gemeindegebiet. Es liegt demnach ein räumlich begrenztes Angebotsmonopol vor.[1] Der fehlende Wettbewerb bringt die Gefahr einer unwirtschaftlichen und wenig bürgerorientierten Leistungserstellung mit sich. Es fehlen die Anreize, kostengünstig zu arbeiten und die Bedürfnisse der Kunden angemessen zu berücksichtigen.

Kostenbewusstsein und Kundenorientierung sollen mithilfe des „Neuen Steuerungsmodells" geschaffen werden. Dazu gehören u. a. die folgenden Elemente:

- Einführung der kaufmännischen doppelten Buchführung auch in den Kernbereichen der Kommunalverwaltung in vielen Bundesländern (siehe Band Rechnungswesen in der öffentlichen Verwaltung, Kapitel 1 bis 6),
- Definition und Beschreibung aller Produkte sowie die Erfassung ihrer „Herstellungskosten" auf der Grundlage einer funktionsfähigen Kosten- und Leistungsrechnung (siehe LF 8, Kapitel 4 und Band Rechnungswesen in der öffentlichen Verwaltung, Kapitel 7 und 8),
- Übertragung der Budgetverantwortung auf die einzelnen Fachbereiche (siehe LF 8, Kapitel 4.4),
- Optimierung von Geschäftsprozessen mit entsprechenden Veränderungen in der Aufbau- und Ablauforganisation (siehe LF 8, Kapitel 2 und 3),
- Steuerung durch Zielvereinbarungen („Kontraktmanagement"), Controlling und Berichtswesen (siehe Band Rechnungswesen in der öffentlichen Verwaltung, Kapitel 10).

Eine Möglichkeit, Wettbewerb selbst zu erzeugen, bietet der interkommunale Leistungsvergleich. Dieser erfordert ein ausgeklügeltes und einheitliches System aussagekräftiger Kennzahlen. Ein solches wurde von der Kommunalen Gemeinschaftsstelle für Verwaltungsmanagement (KGSt) entwickelt. Das Interkommunale Netz (IKO-Netz), ein eigenständiger Geschäftsbereich der KGSt, bietet den Kommunen die Möglichkeit, sich einem Vergleichsring anzuschließen, der das Kennzahlensystem anwendet. Die Kommune, die in einem bestimmten Aufgabenbereich am besten abschneidet, dient anderen als Vorbild bei der Suche nach Verbesserungsmöglichkeiten.

1 Streng genommen dürfte hier nicht von einem Angebotsmonopol gesprochen werden, denn eine Marktform setzt voraus, dass Güter auf Märkten gehandelt werden. Hier wird aber dem Sprachgebrauch in der Fachliteratur gefolgt und dieser Begriff auch im Zusammenhang mit nichtmarktfähigen Leistungen verwendet.

5740136

3.2 Preis

3.2.1 Preisbildung bei vollkommener Konkurrenz

Modelle: Vollkommener Markt und vollkommene Konkurrenz

Nach Marktbedingungen unterscheidet man zwischen vollkommenen und unvollkommenen Märkten. Vollkommene Märkte entsprechen einem gedanklichen **Modell,** in der Realität gibt es lediglich unvollkommene Märkte.

Neben theoretischen gibt es auch gegenständliche Modelle, z. B. ein Globus für die Erde, eine Straßenkarte, Auto- oder Flugzeugmodelle u. a. Nahezu alle Wissenschaften benutzen Modelle, damit sie Dinge oder Vorgänge beschreiben, erklären oder vorhersagen können. Modelle zeigen aber niemals die ganze Wirklichkeit, sondern erfassen immer nur einen Teil davon.

Ein Modell ist eine Hilfskonstruktion, die für einen bestimmten Zweck wesentliche Ausschnitte der Wirklichkeit abbildet und der Problemlösung dient.

Der Modellbildungsprozess

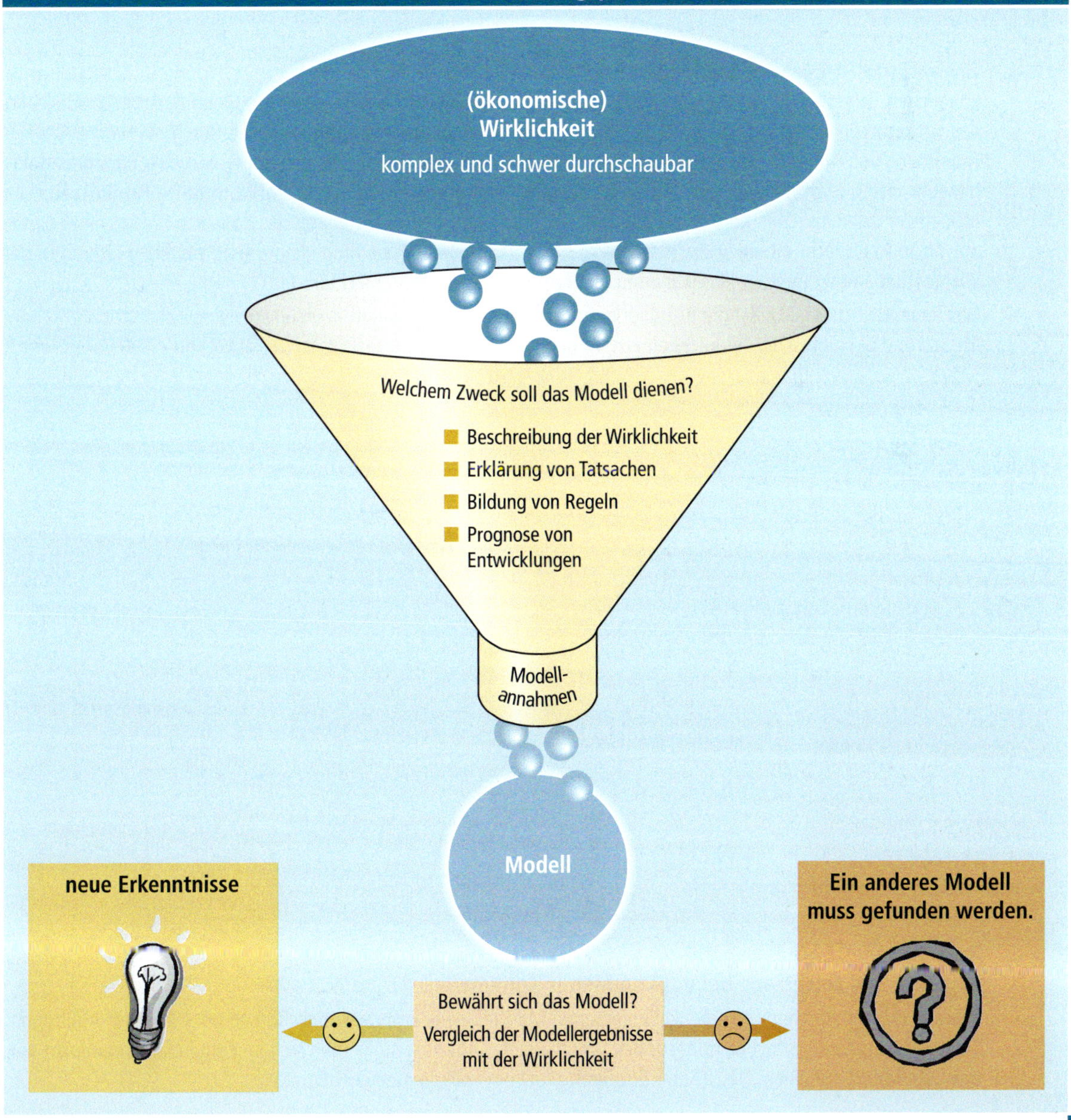

Ein **vollkommener Markt** stellt also ein vereinfachtes Modell dar, das aber grundlegende Prinzipien beschreibt und erklärt. Folgende Annahmen/Bedingungen liegen dem vollkommenen Markt zugrunde:

Bedingungen	
eines vollkommenen Marktes (Modell)	**unvollkommener Märkte (Wirklichkeit)**
Gut ist völlig gleichartig (homogen) und teilbar, Nachfrager haben keine Vorlieben (Präferenzen in räumlicher, zeitlicher oder persönlicher Art).	Produkte sind verschieden, haben z. B. Qualitätsunterschiede, Markenwaren; Vorlieben bestehen räumlich (für Anbieter in der Nähe), zeitlich (saisonale Preisschwankungen), persönlich (langjährige Geschäftsbeziehung).
Anbieter und Nachfrager verhalten sich vernunftgemäß (rational).	Käuferverhalten kann irrational sein, z. B. teures Parfum wird bevorzugt.
Markttransparenz, d. h., die Marktbedingungen sind für alle Marktteilnehmer überschaubar.	keine Markttransparenz (Preise sind unterschiedlich, Anbieter nicht alle bekannt)
Raum und Zeit spielen keine Rolle.	Örtliche Bedingungen und zeitliche Faktoren sind wichtig (z. B. Cola auf dem Neustädter Stadtfest).

Eine wichtige Funktion von Märkten ist die Preisbildung. Die Untersuchung der Preisbildung in der Realität ist kompliziert. Um die Entwicklung des Marktpreises besser zu verstehen, benutzt die Ökonomie eine spezielle Art des vollkommenen Marktes als Modell, um den Mechanismus der Marktpreisbildung durch die wechselseitige Anpassung von Angebot und Nachfrage verständlich zu machen. Es handelt sich um einen vollkommenen Markt mit sehr vielen Marktteilnehmern (Polypol). Zwischen den Anbietern herrscht **vollkommene Konkurrenz.** Im Modell der vollkommenen Konkurrenz hängen Angebot und Nachfrage nur von der Höhe des Preises eines Gutes ab. Wenn man nach und nach die einschränkenden Bedingungen des Modells aufhebt, nähert man sich in der Betrachtung immer mehr der Preisbildung auf den unvollkommenen Märkten der Wirklichkeit an.

Das folgende Schaubild fasst die Beziehungen zwischen Markttypen und -formen sowie zwischen theoretischem Modell und ökonomischer Wirklichkeit zusammen.

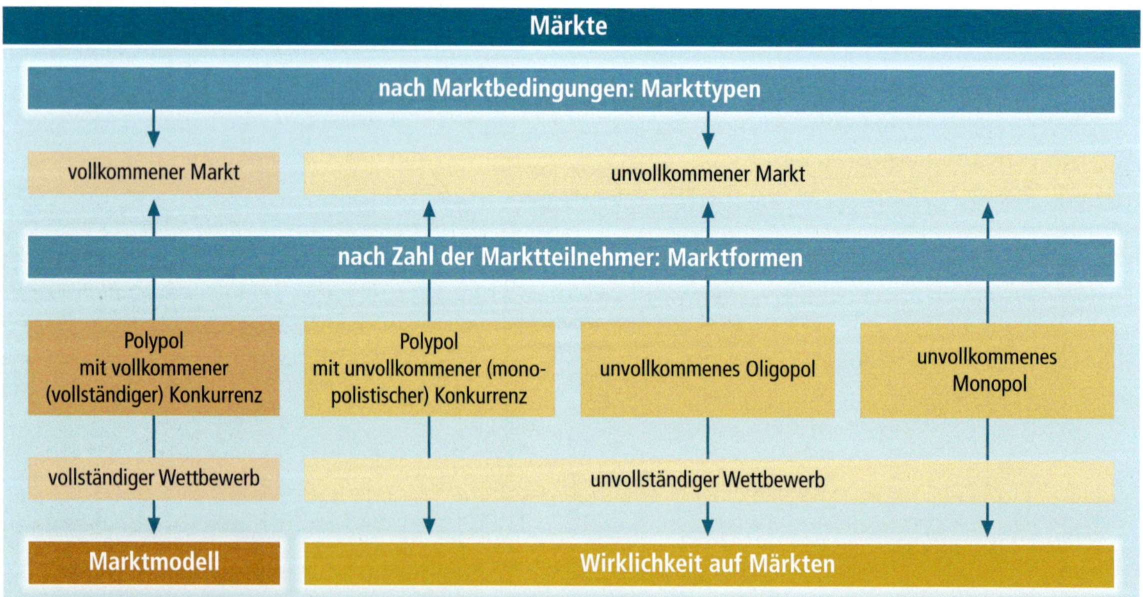

Angebot und Nachfrage bei vollkommener Konkurrenz

Märkte, die den Bedingungen des vollkommenen Marktes nahe kommen, sind Börsen oder Internet-Auktionen. Da die Marktprozesse dort nicht besonders anschaulich verlaufen, stelle man sich im Folgenden vereinfacht vor, der Cola-Markt auf einem Neustädter Straßenfest sei ein vollkommenes Polypol.

Individuelles und aggregiertes (= zusammengefasstes) Angebot

Beispiel

Angebot von Cola auf einem Neustädter Straßenfest

Ein Anbieter kauft 0,2 l Cola zum Einstandspreis von 0,25 €. Er möchte die Cola gern für 2,00 € verkaufen, um einen möglichst hohen Gewinn zu erzielen (individueller Plan). Der Angebotspreis muss die Kosten der Ware, einen angemessenen Gewinn und die vom Staat erhobenen Steuern abdecken. Wenn ihm die Passanten nichts abkaufen, muss er überlegen, ob er den Preis senkt, damit er nicht auf der Ware „sitzen bleibt", keinen Umsatz und Gewinn macht. Er muss die Pläne der Nachfrager berücksichtigen, um seinen Gewinn zu maximieren. Tut er dies nicht, wird er aus dem Markt ausscheiden.

Formeln:

Umsatz = Preis · Absatz (= abgesetzte/verkaufte Menge)

Gewinn = Umsatz – Kosten

Bedingungen	
der vollkommenen Konkurrenz (Modell)	**der unvollkommenen Konkurrenz (Wirklichkeit)**
sehr viele Marktteilnehmer, d. h. viele Anbieter und Nachfrager (atomistischer Markt)	verschiedene Marktstrukturen möglich (ein Anbieter, wenige Nachfrager u. a.)
Preis kann von Marktteilnehmern nicht beeinflusst werden, die Marktteilnehmer können nur ihre Angebots-/Nachfragemengen anpassen (sie sind sogenannte Preisnehmer oder Mengenanpasser).	Menge oder Preis können möglicherweise beeinflusst werden, zum Beispiel wenn nur ein oder wenige Anbieter auf dem Markt sind.

Der Markttyp, der nach den Marktbedingungen dem vollkommenen Markt und der nach der Anzahl der Marktteilnehmer dem Polypol entspricht, wird vollkommene (auch vollständige) Konkurrenz genannt.

Im Modell der vollkommenen Konkurrenz hängen Angebot und Nachfrage nur von der Höhe des Preises eines Gutes ab.

Beispiel

Imbissinhaber Ahaus ist der einzige Anbieter, der bereit wäre, seine Cola für den geringen Preis von 0,50 € pro Becher zu verkaufen. Er würde zu diesem Preis 100 Becher verkaufen. Bei einem Preis von 0,75 € ist mit Herrn Breuer ein weiterer Anbieter bereit, 100 Becher Cola zu verkaufen. Der Imbissinhaber Ahaus wird sein Angebot für 0,75 € auf insgesamt 200 Becher erhöhen. Bei einem Preis von 1,00 € finden sich mit Herrn Crone und Herrn Dittrich zwei weitere Anbieter, die jeweils 300 Becher verkaufen würden, Imbissinhaber Ahaus würde zu diesem Preis sogar 400 Becher verkaufen wollen.

Angebot von Cola auf einem Neustädter Straßenfest					
Preis in €/Becher 0,2 l	Anbieter				aggregiertes Angebot in Bechern
	Ahaus	Breuer	Crone	Dittrich	
0,50	100	0	0	0	100
0,75	200	100	0	0	300
1,00	400	100	300	300	1 100

Wenn der Preis für Cola auf dem Markt steigt, signalisiert dies den Anbietern steigende Gewinne pro Gütereinheit. Deshalb ist Ahaus bereit, mehr Güter anzubieten. Seine angebotene Menge des Gutes Cola (x) erhöht sich also mit steigendem Preis (p). Außerdem gilt: Je höher der Preis ist, desto mehr Anbieter sind bereit, in den Markt einzutreten und Güter anzubieten.

Angebot von Cola auf einem Neustädter Straßenfest					
Preis in €/0,2 l	**aggregiertes Angebot = möglicher Absatz in Bechern**	**möglicher Umsatz in €**	**Kosten in €**	**möglicher Gewinn in €**	**möglicher Gewinn in €/0,2 l**
0,50	100	50,00	25,00	25,00	0,25
0,75	300	225,00	75,00	150,00	0,50
1,00	1 100	1.100,00	275,00	825,00	0,75

Das **„Gesetz des Angebots"** lautet: Bei steigendem Preis steigt die angebotene Menge (p ↑ ⟶ x ↑), bei sinkendem Preis sinkt die angebotene Menge (p ↓ ⟶ x ↓).

Die Summe der geplanten Angebotsmengen aller Anbieter zu den jeweiligen Preisen können in einem Preis-Mengen-Diagramm als Punkte eingezeichnet werden. Aus der Verbindung der einzelnen Punkte ergibt sich die Angebotskurve bzw. Angebotsfunktion. Die angebotene Menge ist abhängig von der Höhe des Preises.

Das „Gesetz des Angebots":
eine **Bewegung auf der Kurve** im Preis-Mengen-Diagramm
A = f (p)
Wenn der Preis steigt (hier: p1 ⟶ p2), steigt die Angebotsmenge (hier: x1 ⟶ x2).

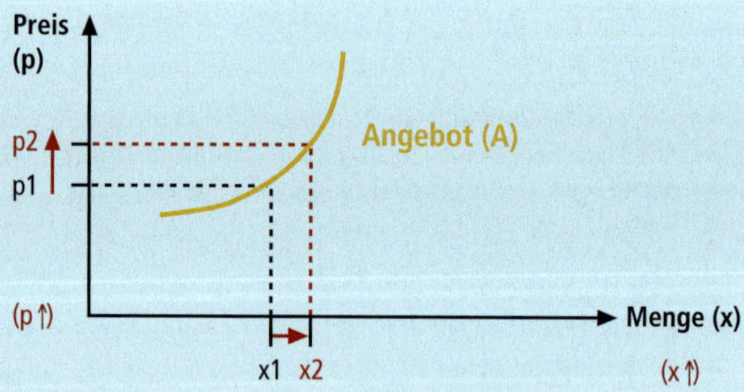

Das Angebot ist neben dem Preis auch abhängig von anderen Faktoren (z. B. beim Imbissbetreiber von dem Einkaufspreis des Gutes, den abzuführenden Steuern und dem angestrebten Gewinn). Diese Einflussgrößen werden jedoch in der Kurve selbst nicht abgebildet. Zum Beispiel führen steigende Kosten der Verkäufer zu einer Verschiebung der Angebotskurve nach links. Wer mehr Kosten für das Produkt in Einkauf oder Herstellung aufwenden muss, wird zum gleichen Preis weniger verkaufen bzw. einige Verkäufer werden das Gut nicht mehr anbieten.

Steigende Kosten für das Gut (Beispiel):
eine **Verschiebung der Angebotskurve**
A = f (p, Kosten, Steuern usw.)
Wenn die Kosten der Anbieter steigen, sinkt die angebotene Menge des Gutes, wenn der Preis konstant bleibt. Die Angebotskurve verschiebt sich nach links.

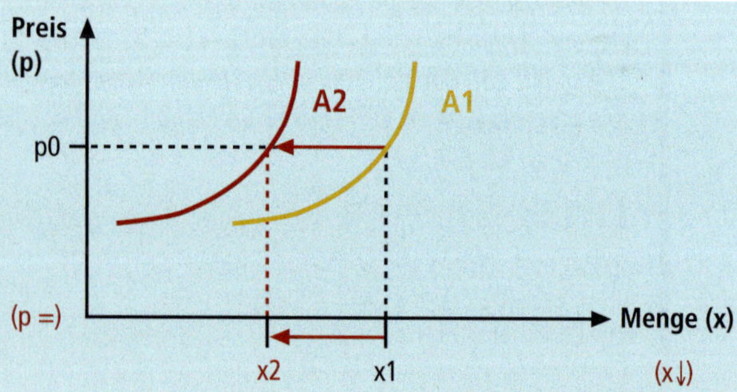

Individuelle und aggregierte Nachfrage

Beispiel

Die Cola-Trinker sind Nachfrager auf dem Cola-Markt des Neustädter Straßenfests. Für einen Preis von 5,00 € für einen Becher Cola würde nur Herr Zock einen Becher am Imbiss kaufen wollen. Für 4,50 € würden Herr Zock und

Frau Yagar jeweils einen Becher kaufen. Bei einem Preis von 4,25 € wären Herr Xenakis und Frau Wohmann bereit, einen Becher zu kaufen. Frau Yagar würde zu diesem Preis weiterhin einen, Herr Zock sogar zwei Becher nachfragen.

Nachfrage von Cola auf einem Neustädter Straßenfest					
Preis in €/0,2 l	**Nachfrager**				**aggregierte Nachfrage in Bechern**
	Zock	**Yagar**	**Xenakis**	**Wohmann**	
5,00	1	0	0	0	1
4,50	1	1	0	0	2
4,25	2	1	1	1	5

Mit sinkendem Preis sind also immer mehr Nachfrager bereit, immer mehr Güter zu kaufen. Umgekehrt: Mit steigendem Preis wird weniger nachgefragt, denn je teurer die Cola ist, desto weniger Personen wollen kaufen. Sie müssten sonst wegen ihrer begrenzten Mittel auf andere Güter, die sie nachfragen wollen, verzichten. Einige Nachfrager werden stärker auf substitutive (austauschbare) Güter wie Limonaden, Fruchtsäfte o. Ä. ausweichen; wieder andere werden sich Cola gar nicht mehr leisten können.

Das **„Gesetz der Nachfrage"** lautet: Bei steigendem Preis sinkt die nachgefragte Menge (p ↑ → x ↓), bei sinkendem Preis steigt die nachgefragte Menge (p ↓ → x ↑).

Die Summe der geplanten Nachfragemengen aller Nachfrager zu den jeweiligen Preisen ergibt die Nachfragekurve oder -funktion. Die nachgefragte Menge ist abhängig von der Höhe des Preises.

Das „Gesetz der Nachfrage":
eine **Bewegung auf der Kurve** im Preis-Mengen-Diagramm
N = f (p)

Wenn der Preis steigt (hier: p1 → p2), sinkt die Nachfragemenge (hier: x2 ← x1).

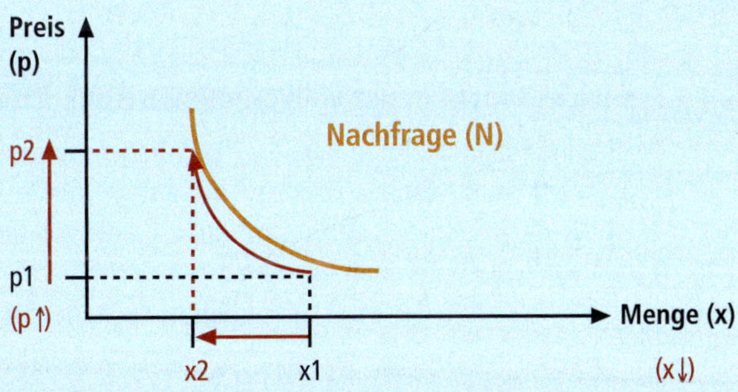

Auch die Nachfrage ist abhängig von anderen Faktoren, die in der Nachfragekurve nicht abgebildet werden (Einkommen, Präferenz/Wichtigkeit des Guts, Preise der Substitutionsgüter, technische Entwicklung usw.). Zum Beispiel führt ein steigendes Einkommen der Käufer zu einer Verschiebung der Nachfragekurve nach rechts. Wer mehr Einkommen zur Verfügung hat, kann zum gleichen Preis mehr kaufen.

Steigendes Einkommen der Nachfrager (Beispiel):
eine **Verschiebung der Nachfragekurve**
N = f (p, Einkommen, Preise anderer Güter usw.)

Wenn das Einkommen der Nachfrager steigt, steigt die nachgefragte Menge des Gutes bei gleich bleibendem Preis. Die Nachfragekurve verschiebt sich nach rechts.

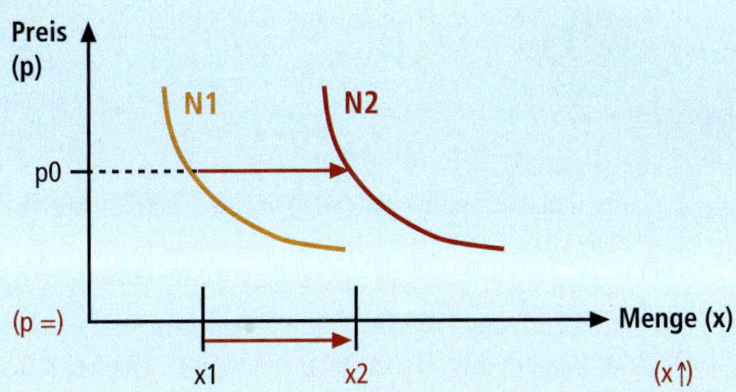

Zusammenfassung: Bestimmungsfaktoren von Angebot und Nachfrage		
Größenänderung/ Folge im Preis-Mengen-Diagramm	Marktseite	
	Angebot	Nachfrage
Preisänderung des Gutes: Bewegung auf der Kurve	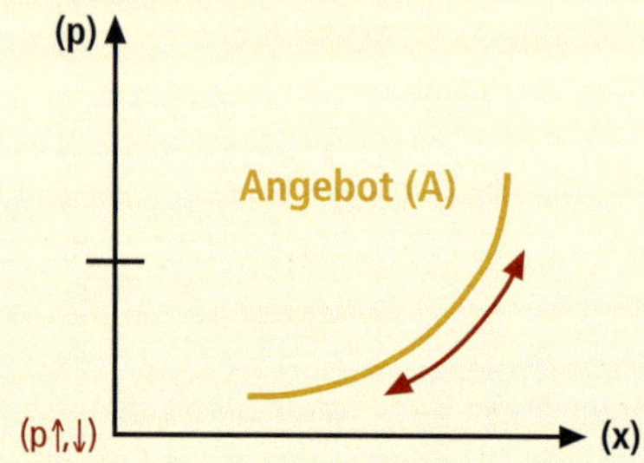	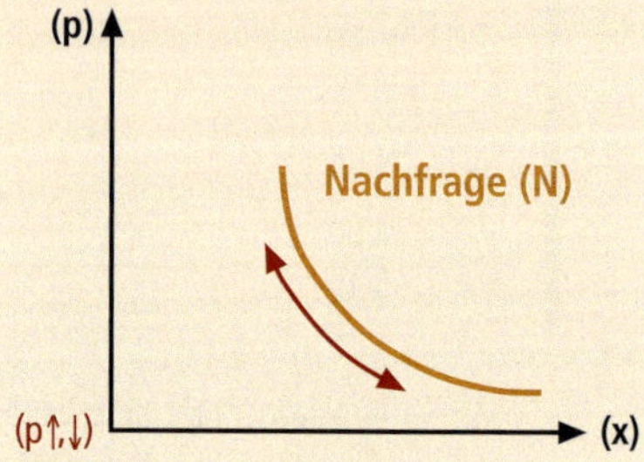
Änderungen sonstiger Faktoren (Einkommen der Haushalte, Preise anderer Güter, Kosten, Steuern, wirtschaftliche Erwartungen usw.): Verschiebung der Kurve	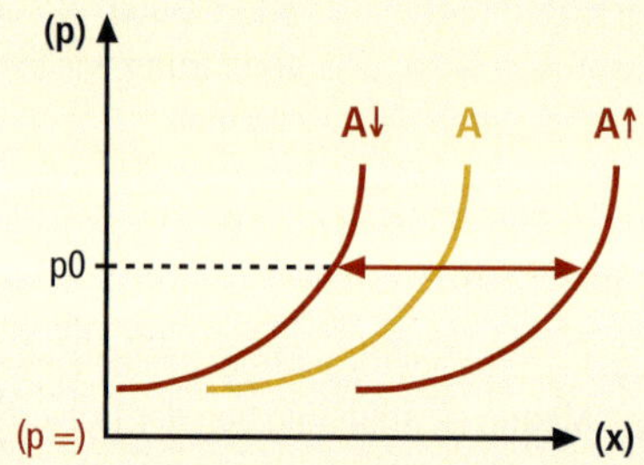	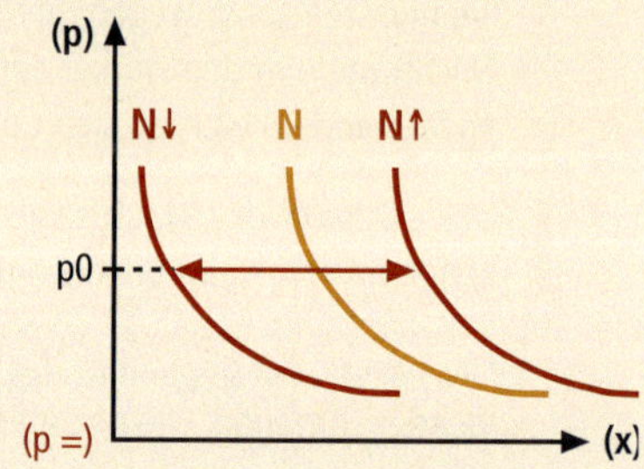

Gleichgewicht in der vollkommenen Konkurrenz

Überträgt man die Angebots- und Nachfragekurve in ein gemeinsames Diagramm, so schneiden sich die Kurven in einem Punkt, der den Gleichgewichtspreis und die Gleichgewichtsmenge abbildet. Beim Gleichgewichtspreis ist das Angebot gleich der Nachfrage, d. h., die von den Anbietern vorgesehenen Angebotsmengen entsprechen den von den Nachfragern gewünschten Nachfragemengen. Es gibt weder überschüssige Nachfrage noch ein zu großes Angebot. Der Markt ist geräumt, die angebotene Menge wird nachgefragt.

Marktgleichgewicht in der vollkommenen Konkurrenz

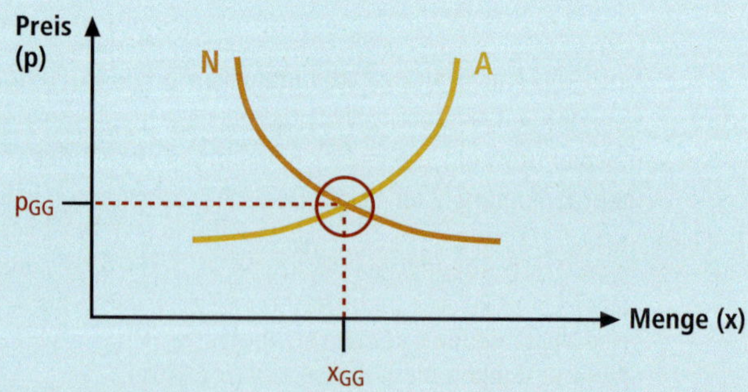

Um den Anpassungsmechanismus der vollkommenen Konkurrenz besser zu verstehen, kann man sich auch mit dem Modell des französischen Ökonomen Léon Walras behelfen: Ein Auktionator bringt Angebot und Nachfrage zum Ausgleich, indem er Preise ausruft, sich die jeweils angebotenen bzw. nachgefragten Mengen notiert und schließlich den Preis festlegt, bei dem Angebots- und Nachfragemengen gleich sind. So ähnlich geht es heute bei Versteigerungen (Fisch- oder Blumenmärkte, bei Kunstwerken), beim Aktienhandel der Börse oder bei Internet-Auktionen zu.

Ungleichgewichte, Tendenz zum Gleichgewicht

Bei einem Preis **über** dem Gleichgewichtspreis entsteht ein Angebotsüberschuss (A > N), d. h., die Anbieter können einen Teil ihrer Ware nicht wie geplant absetzen und sind bereit, den Preis für die Ware zu senken. Dies reizt die Nachfrager, ihre Nachfrage zu erhöhen. Der sinkende Preis veranlasst die Anbieter schließlich dazu, weniger anzubieten. Das Ungleichgewicht verringert sich schrittweise, bis sich das Gleichgewicht eingependelt hat

Marktungleichgewicht:
Angebotsüberhang (Nachfragelücke) – „Käufermarkt"

Anpassungsprozess:
A > N → P↓ → N↑, A↓ → A = N

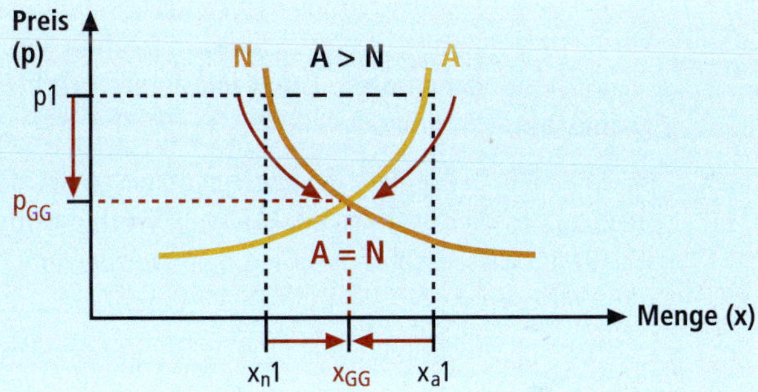

Bei einem Preis **unter** dem Gleichgewichtspreis entsteht ein Nachfrageüberschuss (N > A), d. h., die Nachfrager können einen Teil ihrer geplanten Nachfrage nicht decken und sind bereit, mehr für das Gut zu zahlen. Der steigende Preis bringt die Anbieter dazu, die angebotene Menge schrittweise zu erhöhen, die Nachfrager reduzieren schließlich ihre nachgefragte Menge. Das Ungleichgewicht wird immer kleiner, bis sich das Gleichgewicht eingestellt hat.

Marktungleichgewicht:
Nachfrageüberhang – „Verkäufermarkt"

Anpassungsprozess:
N > A → P↑ → N↓, A↑ → A = N

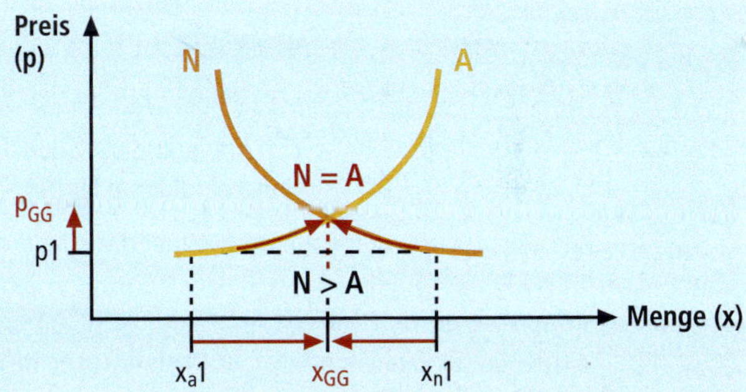

Beide Ungleichgewichtssituationen streben also zum Gleichgewicht. Im vollkommenen Polypol (der vollkommenen Konkurrenz) vollzieht sich dieser wechselseitige Anpassungsprozess von Angebot und Nachfrage den Modellannahmen entsprechend sofort, ohne Zeitverzögerung. Der Preismechanismus sorgt für die Abstimmung der Pläne der Anbieter und Nachfrager. Beim Gleichgewichtspreis wird der Markt geräumt, d. h., es wird alles abgesetzt, was angeboten wird. Der Umsatz (Preis mal abgesetzter Menge) wird maximiert.

3.2.2 Preisbildung in unvollkommenen Märkten

Markt, Preis und Wettbewerb

Das Geschehen auf realen Märkten ist nicht so mechanisch und harmonisch, wie es das Modell der vollkommenen Konkurrenz vielleicht glauben macht. Nach den Marktbedingungen können im Modell weder Anbieter noch Nachfrager den Preis beeinflussen, sie müssen den Preis als gegeben hinnehmen und können nur ihre persönliche Angebots- bzw. Nachfragemenge ändern. Ein Ökonom hat die vollkommene Konkurrenz abschätzig als „Schlafmützenkonkurrenz" bezeichnet, weil jede individuelle Anstrengung eines Anbieters aufgrund der Marktbedingungen von vornherein zum Scheitern verurteilt ist. Ein **Wettbewerb** der Anbieter lohnt sich nicht.

Bei unvollkommenen Märkten wird die Preisbildung durch die jeweiligen Unvollkommenheiten beeinflusst. Haben die Nachfrager Vorlieben, hat der Anbieter einen gewissen Preiserhöhungsspielraum. Gibt es nur einen Anbieter, kann dieser unter Umständen den Preis festlegen. Der Wettbewerb zwischen den Marktteilnehmern auf realen Märkten kann sogar zum (Konkurrenz-)Kampf werden. Mit den „Waffen" der Anbieter im Wettbewerb beschäftigt sich das Marketing, ein Teilgebiet der Betriebswirtschaftslehre. Die Marketinginstrumente dienen dazu, Güter im Markt abzusetzen und damit die Marktposition des Unternehmens zu verbessern.

Auch andere Teilgebiete der Wirtschaftswissenschaften beschäftigen sich mit der Erklärung und Aufrechterhaltung des Wettbewerbs auf Märkten: Wettbewerbstheorie und -politik (Zweige der Volkswirtschaftslehre). Die Rechtswissenschaft deckt mit dem Wettbewerbs- und Kartellrecht das Gebiet der Regelung und Kontrolle des Wettbewerbs auf Märkten ab. Verboten sind u. a. unlauterer Wettbewerb (z. B. Anschwärzen von Konkurrenten), Kartellbildung (Preis-, Mengen-, Gebietsabsprachen zwischen Unternehmen) und der Missbrauch von Marktmacht.

Preisbildung in verschiedenen Marktformen

- Im **Monopol** hat der Alleinanbieter keine Konkurrenz. Er kann seine Preise ohne Rücksicht auf andere Anbieter festsetzen. Der Absatz des Gutes hängt allein von der Nachfrage zu dem jeweils gewählten Preis ab. Ein Monopolist ist demnach **Preis- bzw. Mengenfixierer.**
- Im **Oligopol** hängt der Preis vom Verhalten der Anbieter ab. Folgende Möglichkeiten kommen in Betracht:
  - Preisruhe: Der Preis wird wegen erwarteter Reaktionen der Konkurrenten weder erhöht noch gesenkt.
  - Preisführerschaft: Ein Anbieter erhöht den Preis, die Konkurrenten ziehen mit.
  - Preiskampf: Ein Anbieter senkt den Preis, die Konkurrenten senken den Preis ebenfalls. Der Preiskampf kann bis zur Marktverdrängung von Konkurrenten führen.

  Preisabsprachen der Konkurrenten sind deshalb nicht unwahrscheinlich, sie sind aber vom Gesetzgeber untersagt (verbotenes Kartell). Gleichförmiges bzw. abgestimmtes Verhalten der Anbieter (Beispiel: Kraftstoffpreise an den Tankstellen) kann nicht untersagt werden, wenn keine Vereinbarung nachgewiesen werden kann. Ein Oligopolist ist **Preisfixierer mit** durch die Konkurrenten **begrenztem Spielraum.**
- Im **Polypol** unter den Bedingungen des vollkommenen Marktes können die Anbieter den Preis gar nicht beeinflussen. Sie müssen den herrschenden Marktpreis akzeptieren und können nur durch die Wahl ihrer individuellen Angebotsmengen reagieren. Sie sind **Mengenanpasser.** Im unvollkommenen Polypol haben die Anbieter durch die Unterschiedlichkeit der Güter einen **geringen Preisspielraum.** Man spricht hier auch von **monopolistischer Konkurrenz.** Wird der Preis zu hoch, wandern die Nachfrager zur Konkurrenz ab.

Man kann zusammenfassend sagen, dass Anbieter keinen oder kaum Einfluss auf den Marktpreis haben, wenn sie viele sind (Polypol), Einfluss nehmen können, wenn nur wenige Anbieter vorhanden sind (Oligopol), oder den Marktpreis bestimmen, wenn sie alleiniger Anbieter sind (Monopol).

3.2.3 Funktionen der Preise in einer Marktwirtschaft

Der Preis hat die Aufgabe, Angebot und Nachfrage auf einem Markt zum Ausgleich zu bringen. Man kann dabei bestimmte Funktionen des Preises unterscheiden.

	Preisfunktion	Erläuterung
	Bewertung/ Information	Der **Nachfragepreis** zeigt die Zahlungsbereitschaft der Käufer für das Gut. Sie müssen dafür Einkommen aufwenden und auf andere Güter verzichten. Der **Angebotspreis** berücksichtigt u. a. die Herstell- oder Anschaffungskosten des Gutes. Sind sie durch den Marktpreis nicht gedeckt, werden die Anbieter auf ein anderes Gut umschwenken.
	Signal	Der Preis bzw. die Entwicklung des Preises signalisiert, wie die angebotenen und nachgefragten Mengen des Gutes sich auf dem Markt verändern. Zum Beispiel zeigt ein steigender Preis, dass das Gut auf dem Markt knapp ist. Die Verkäufer erhöhen die angebotene Menge, die Käufer senken ihre Nachfrage.
	Anreiz	Hohe bzw. steigende Preise stellen einen Anreiz für den Anbieter dar, zusätzliche Mengen eines Gutes bereitzustellen. Dies kann durch Abbau von Lagerbeständen oder durch Produktion bzw. Einkauf des Gutes geschehen.
	Koordinierung/ Ausgleich	Der Preismechanismus räumt den Markt, d. h., die geplanten Angebots- und Nachfragemengen werden aufeinander abgestimmt. Produziert ein Unternehmen zu teuer oder zu viele Güter, so nehmen die Nachfrager diese Güter nicht ab. Das Unternehmen muss seine Pläne ändern, um wettbewerbsfähig zu bleiben.
	Innovation	Der Preis signalisiert Gewinnchancen. Neue Produkte (z. B. Smartphone, E-Book, Medikamente) und Technologien (z. B. zur Nutzung der Wind- und Sonnenenergie) werden entwickelt, um Gewinn zu erwirtschaften.
auf Faktormärkten	**Lenkung/ Allokation**	Der Preis für Güter zeigt ihre Knappheit an und lenkt Produktionsfaktoren in zukunftsträchtige Branchen um. Wenn ein neues Gut besonders begehrt ist, wird die Herstellung des Gutes ausgeweitet. Dazu müssen Produktionsfaktoren bereitgestellt werden: Unternehmen werden errichtet, Arbeitskräfte eingestellt und Investitionen getätigt.
	Substitution	Auch der Preis auf den Märkten für Produktionsfaktoren kann sich verändern. Steigt der Preis für Strom sehr stark, werden Unternehmer in energiesparende Technologien investieren. Wenn Maschinen günstiger produzieren, werden Arbeitskräfte entlassen („Rationalisierung").

3.3 Staatliche Eingriffe in Märkte und Preise

3.3.1 Marktversagen und staatliche Gegenmaßnahmen

Der Preismechanismus sorgt grundsätzlich für eine optimale Allokation der Produktionsfaktoren. Dies bedeutet, er lenkt den Einsatz der Produktionsfaktoren in einer Volkswirtschaft so, dass die bestmögliche, also umsatz- bzw. gewinnmaximale Auswahl von Sachgütern und Dienstleistungen hergestellt wird und sich die Produktion zugleich an den Bedürfnissen der Konsumenten orientiert. Allerdings gibt es Situationen, in denen der Preismechanismus seine Aufgaben nur unvollkommen oder überhaupt nicht erfüllt. Man spricht hierbei von Marktversagen. In solchen Fällen muss der Staat korrigierend eingreifen.

Möglichkeiten des Eingriffs sind z. B.:

- Verbote (gesellschaftlich unerwünschte Märkte: Organhandel, Rauschgifthandel)
- Gebote bzw. Zwang (Vorschriften zum Verbraucherschutz: Gewährleistung für die Qualität von Gütern, Auflagen zum Schutz der Umwelt)
- Besteuerung („Ökosteuer" auf Kraftstoffe und Strom) oder Begünstigung (Förderung von erneuerbaren Energien wie Strom aus Windkraft- und Solaranlagen)

Marktversagen bei Marktunvollkommenheiten

Reale Märkte weisen Unvollkommenheiten auf. Unvollkommenheiten liegen vor, weil bestimmte Bedingungen des Modells der vollkommenen Konkurrenz in der Realität nicht erfüllt sind.

Marktunvollkommenheiten und staatliche Gegenmaßnahmen		
Bedingungen der vollkommenen Konkurrenz	**Unvollkommenheiten**	**Maßnahmen**
viele Marktteilnehmer Preis kann durch Marktteilnehmer nicht beeinflusst werden.	Marktmacht bei Oligopolen und Monopolen	■ Wettbewerbsrecht: – Kartellverbot (Preis- oder Gebietsabsprachen von Unternehmen) – Fusionskontrolle (Überwachung von Zusammenschlüssen von Unternehmen) – Missbrauchsaufsicht (Verbot des Machtmissbrauchs marktbeherrschender Unternehmen) ■ administrierte Preise: Festsetzung oder Genehmigung von Preisen (Strom, Gas, Postentgelte) ■ Monopol wird durch öffentliche Unternehmen betrieben.
Markttransparenz	■ asymmetrische (= ungleich verteilte) Informationen	Nachfrager-/Verbraucherschutz durch: ■ gesetzliche Gewährleistung beim Kauf sichert Qualität von Gütern ■ Schutzvorschriften zu Allgemeinen Geschäftsbedingungen, Verbrauchsgüterkäufen, Verbraucherkrediten, Haustürgeschäften usw.
Güter sind homogen (= gleichartig).	■ Güter sind heterogen. ■ Anbieter wissen mehr über die Qualität und den angemessenen Preis des Gutes als Nachfrager.	■ Tests (Stiftung Warentest) ■ Normung (DIN) ■ Verbraucherzentralen ■ Aufsicht durch Behörden (z. B. Bundesnetzagentur im Elektrizitäts-, Gas-, Telekommunikations- und Postdienstleistungsmarkt)

Marktversagen durch externe Effekte

Das Handeln von Anbietern und Nachfragern auf Märkten kann zu positiven oder negativen Auswirkungen auf nicht am Markt beteiligte Personen führen. Da diese Auswirkungen in den Preiskalkulationen von Anbietern und Nachfragern unberücksichtigt bleiben, schlagen sie sich nicht im Marktpreis nieder. Sie werden deshalb als externe Effekte bezeichnet.

Einen negativen externen Effekt stellt z. B. die Umweltverschmutzung durch den Straßenverkehr dar. Negative externe Effekte verursachen externe Kosten, man spricht auch von sozialen Kosten, weil sie die Gesellschaft zu tragen hat. Der Eingriff des Staates kann nun darin bestehen, Auflagen zum Schutze der Umwelt zu machen (Einbau von Rußfiltern in Diesel-Kraftfahrzeuge), um die externen Effekte zu minimieren. Zusätzlich kann er die Verursacher externer Kosten finanziell belasten (höhere Kfz-Steuern für Diesel-Fahrzeuge ohne Rußfilter). Neuerdings versucht man, einen Markt für die Umwelteinwirkungen zu schaffen, um externe Effekte zu internalisieren, d. h. mit einem Preis zu versehen.

Beispiel

Externe Effekte bei der Stromerzeugung

Bei der Herstellung von Strom aus ***Kohle, Öl oder Gas*** *wird Kohlendioxid erzeugt, das schädliche Treibhausgas, das für die Erwärmung der Erdatmosphäre verantwortlich ist. Im Strompreis wird dieser negative externe Effekt durch die Ökosteuer berücksichtigt. Außerdem haben sich nach dem Kyoto-Protokoll 1987 viele Staaten, u. a. auch Deutschland, dazu verpflichtet, ihren* CO_2*-Ausstoß zu senken.*

Dazu hat man einen neuen Markt geschaffen: ein Handelssystem für CO_2*-Emissionszertifikate, an dem energieintensive Unternehmen und Energieversorger teilnehmen müssen. Der* CO_2*-Emissionshandel hat 2005 begonnen: Die Tonne* CO_2 *erzielt einen Preis, den der Markt bestimmt. Die Unternehmen haben die Wahl – entweder sie kaufen auf einem Markt für Emissionsrechte (Zertifikate) „fremde“ Klimaschutzleistungen ein oder investieren selbst in die Verbesserung ihrer*

5740146

Anlagen. Diese „make-or-buy"-Entscheidung hängt von den Marktpreisen für Emissionszertifikate ab. Damit gewährleistet der Emissionshandel, dass finanzielle Mittel dort für den Klimaschutz eingesetzt werden, wo sie die größtmöglichen Effekte erzielen und Anreize für Investitionen gegeben werden. In Deutschland werden die CO_2-Emissionsrechte von der Deutschen Emissionshandelsstelle (DEHSt) im Umweltbundesamt versteigert.

Funktionsweise des Emissionshandels		
Merkmal	**Anlage I**	**Anlage II**
ursprünglicher CO_2-Ausstoß	5 000 t	5 000 t
staatlich zugeteilte Emissionsberechtigungen (Zertifikate)	4 500 t	4 500 t
CO_2-Reduzierung durch Investition	1 000 t	–
neuer CO_2-Ausstoß	4 000 t	5 000 t
Zertifikathandel	Verkauf 500 t	Einkauf 500 t
vorhandene Emissionsberechtigungen	4 000 t	5 000 t
ERGEBNIS	Das Ziel der CO_2-Minderung um 1 000 t ist erreicht: Der Betreiber der Anlage I hat in umweltschonende Technologien investiert und über den Verkauf der Zertifikate Einnahmen erzielt, der Betreiber der Anlage II hat sich kostenintensive Investitionen erspart.	

*Die mögliche Umweltgefährdung durch die Herstellung von Strom aus **Atomkraft** wird nicht berücksichtigt.*

*Die Erzeugung von Strom aus **erneuerbaren Energien** wie Wind-, Solarenergie oder Biogas wird staatlich unterstützt. Die Stromnetzbetreiber müssen den Strom abnehmen und dem Erzeuger einen Mindestpreis bieten, den der Stromkunde mit seiner Rechnung zahlt. Negative externe Effekte wie z. B. Lärm oder Verunstaltung der Landschaft durch Windkraftanlagen werden nicht bewertet.*

Marktversagen bei öffentlichen Gütern

Meritorische Güter werden vom Staat angeboten, weil das Marktergebnis bei rein privatwirtschaftlicher Betätigung aus gesellschaftlicher Sicht korrekturbedürftig ist. Die Nachfrage, z. T. auch die zugrunde liegenden Bedürfnisse, würden ohne das staatliche Angebot nicht das gesellschaftspolitisch gewünschte Ausmaß erreichen (siehe Kapitel 2.2). Der Staat lenkt die Nachfrage durch Zwang (Schul-, Sozialversicherungspflicht) oder mithilfe finanzieller Zuschüsse (Theater, Sportanlagen, Bibliotheken).

Staatliche Aktivitäten können auch erforderlich werden, wenn der Markt gar kein Angebot bestimmter Güter hervorbringt. Dies ist bei den **spezifisch-öffentlichen Gütern** der Fall. Ihr Angebot muss der Staat sichern, da sie von der Privatwirtschaft nicht bereitgestellt werden (siehe Kapitel 2.2). Der Staat finanziert die Bereitstellung durch Steuern, Gebühren und Beiträge. Häufig bietet er die Güter selbst an, er kann aber auch private Unternehmen mit der Bereitstellung beauftragen und dafür bezahlen (z. B. Vergabe der Unterhaltung und Steuerung von Ampelanlagen).

3.3.2 Staatliche Preisregulierungen

Arten von Regulierungen

Manchmal führt die unbeeinflusste Preisbildung auf Märkten zum Marktversagen wegen unerwünscht hoher oder niedriger Preise. Hier greift der Staat aus ordnungs- und sozialpolitischen Gründen ein, um Nachfrager oder Anbieter zu schützen bzw. in Krisensituationen Engpässe zu überwinden. Grundsätzlich gibt es zwei Möglichkeiten für den Staat, Märkte bzw. Preise zu regulieren: marktkonforme und nicht marktkonforme (= marktkonträre) Eingriffe.

Marktkonforme Regulierungen lassen den Preismechanismus auf den Märkten, wie er ist. Über staatliche Zahlungen oder Abgaben wird indirekt Einfluss auf dem Markt genommen.

Beispiele

Transferzahlungen (Wohngeld, Ausbildungsförderung, Subventionen), Steuerbe- oder -entlastungen

Marktkonträre Eingriffe verhindern die freie Preisbildung.

Beispiele

Preisfestlegungen (Mindestpreise, Höchstpreise, Preisstopp), Mengenregulierungen (Importquoten, Produktionsquoten)

Regulierende Maßnahmen sollten möglichst marktkonform erfolgen, da das Außerkraftsetzen der Marktfunktionen erhebliche Nachteile mit sich bringt.

Marktkonträre staatliche Preisregulierung: Höchstpreise, Mindestpreise, Preisstopp

Eine Möglichkeit für den Staat, in den Wettbewerb einzugreifen, ist das Festlegen eines **Höchstpreises.** Der Höchstpreis soll Nachfrager vor überhöhten Marktpreisen schützen. Er liegt unter dem Gleichgewichtspreis, sonst würde die Einführung keinen Sinn haben, da der Marktpreis günstiger wäre. Wird ein Höchstpreis ($p_{Hö}$) festgesetzt, sinkt das Angebot ($x_{aHö}$) und die Nachfrage steigt ($x_{nHö}$). Es entsteht ein Nachfrageüberhang. Da der Preis nicht steigen darf, bleibt das Marktungleichgewicht bestehen. Der Preis kann seine **Ausgleichsfunktion nicht** mehr **erfüllen.** Der Höchstpreis verringert das Angebot dauerhaft (von x_{GG} auf $x_{aHö}$). Es wird lediglich die angebotene Menge ($x_{aHö}$) abgesetzt.

Auch die **Anreiz- und Innovationsfunktion** des Preises werden **außer Kraft** gesetzt. Werden z. B. Höchstmieten festgelegt, um sozial Schwächeren das Mieten einer Wohnung zu ermöglichen, so besteht für den Vermieter kein Anreiz mehr, etwas in seine Wohnungen zu investieren oder gar neue Wohnungen zu bauen. Warteschlangen bei Wohnungsbesichtigungen entstehen. Viele, die auf Wohnungssuche sind, finden keine Wohnung. Es entstehen Schwarzmärkte (Bestechungsgelder oder getarnte „Abstandszahlungen" für nicht vorhandene Einrichtungen sind zu zahlen). Der Staat muss dafür sorgen, dass das Angebot vergrößert wird (Meldepflicht für leer stehende Wohnungen, Abgabe für Fehlbelegung) und die Nachfrage verkleinert bzw. gelenkt wird (Wohnberechtigungsscheine nach Einkommen und Personenzahl im Haushalt).

Wirkungen eines Höchstpreises: Nachfrageüberhang

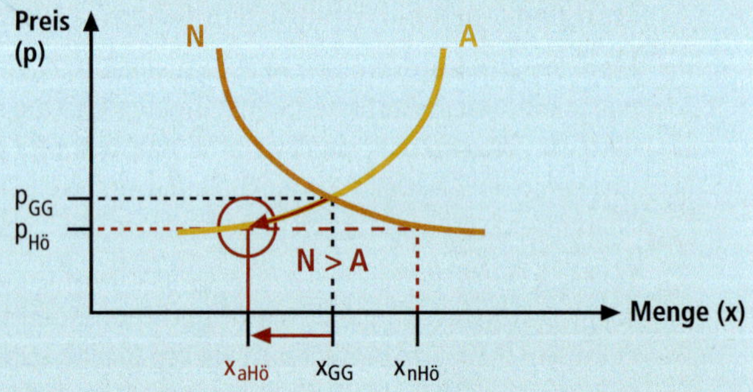

Das Festlegen eines **Mindestpreises** soll Anbieter bestimmter Branchen vor zu geringen Marktpreisen schützen. Der Mindestpreis liegt über dem Gleichgewichtspreis, sonst würde die Einführung keinen Sinn haben, da der Marktpreis höher wäre. Wird ein Mindestpreis (p_{Mi}) festgesetzt, steigt das Angebot (x_{aMi}) und die Nachfrage sinkt (x_{nMi}). Es entsteht ein Angebotsüberhang. Da der Preis nicht sinken darf, bleibt das Marktungleichgewicht bestehen. Der Mindestpreis verringert die Nachfrage dauerhaft (von x_{GG} auf x_{nMi}). Es wird lediglich die nachgefragte Menge (x_{nMi}) abgesetzt. Neben der **Ausgleichs-** sind die **Informations- und Signalfunktionen** des Preises **außer Kraft** gesetzt.

Auch die **Lenkungsfunktion** wird **unwirksam**. Werden z. B. durch die EU Mindestpreise für landwirtschaftliche Produkte festgelegt, werden Landwirte bessergestellt. Die geringeren Marktpreise hätten sonst viele zu einem Austritt aus dem Markt gezwungen. Sie wären genötigt, ihre Arbeit nicht mehr in der Landwirtschaft, sondern in anderen Branchen einzusetzen. Wenn die Angebotsüberschüsse vom Staat nicht abgenommen werden, entsteht ein „grauer Markt", in dem die Güter billiger verkauft werden. Um dies zu verhindern, muss der Staat regulierend eingreifen: Er erzwingt oder fördert eine Angebotsverringerung (Prämien für Flächenstilllegungen), theoretisch wäre auch eine Nachfragevergrößerung durch Abnahmezwang denkbar. Wenn der Staat einen Mindestpreis mit einer Abnahmegarantie der Güter koppelt, muss er die überschüssigen Güter aufkaufen.

Er lagert sie ein, vernichtet sie oder verkauft sie verbilligt auf dem Weltmarkt.

Wirkungen eines Mindestpreises:
Angebotsüberhang

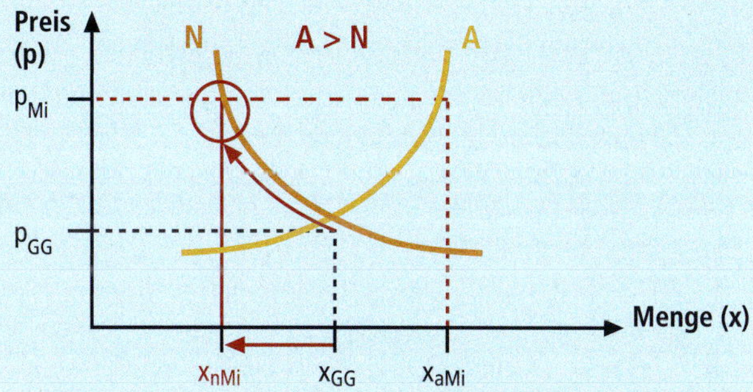

Ein **Preisstopp** bzw. die Einführung von Festpreisen für lebensnotwendige Güter soll ständige Preissteigerungen in schweren wirtschaftlichen und politischen Krisensituationen vermeiden und die Versorgung der Bevölkerung gewährleisten. Die Wirkungen entsprechen praktisch denen des Höchstpreises: Warteschlangen vor Geschäften, ein Schwarzmarkt entsteht, das Geld verliert seinen Tauschwert und wird durch knappe Güter ersetzt („Zigarettenwährung"), ein Bezugsscheinsystem ist notwendig (Lebensmittelkarten nach dem Zweiten Weltkrieg).

Lebensmittelkarte

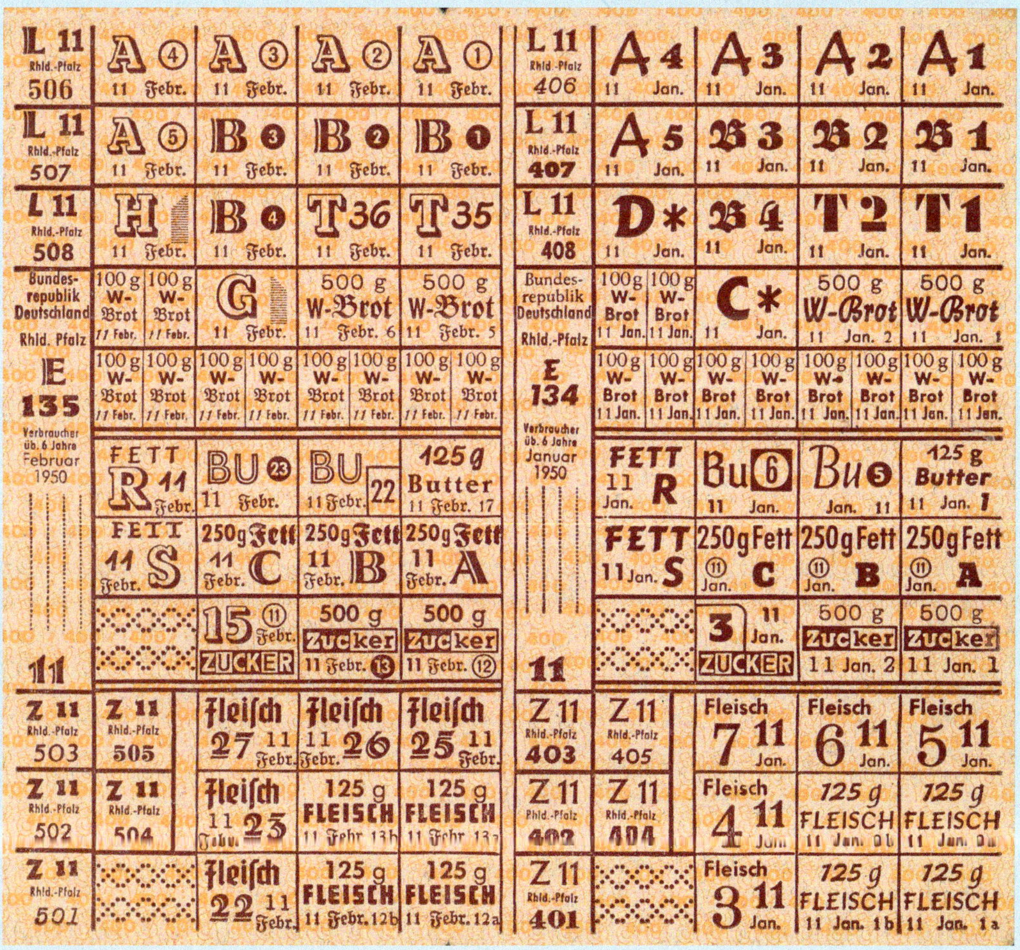

4 Planung und Durchführung von Beschaffungsvorgängen

4.1 Grundzüge der Beschaffungsplanung

Die Beschaffung wurde bereits als betriebliche Grundfunktion gekennzeichnet, die den Einkauf und die termingerechte Bereitstellung von Betriebsmitteln und Werkstoffen beinhaltet (siehe Kapitel 1.3).

Eine zielgerichtete und wirtschaftliche Beschaffung muss gut vorbereitet sein. Die Planungstätigkeit lässt sich anhand von Fragewörtern skizzieren:

Fragewörter	Beschaffungsaufgaben	Planungselemente
Was?	Art und Menge der benötigten Güter müssen ermittelt werden.	Bedarfsplanung
Wie viel?	Es ist zu entscheiden, in welchen Teilmengen der festgestellte mengenmäßige Bedarf beschafft werden soll.	Bestellmengenplanung
Wo?	Angebote müssen eingeholt und verglichen werden. Das wirtschaftlichste Angebot erhält den Zuschlag.	Lieferantenauswahl
Wann?	Es ist zu klären, zu welchem Zeitpunkt die benötigten Güter (nach-)bestellt werden müssen, damit sie termingerecht eintreffen.	Zeitplanung

Öffentliche Verwaltungen müssen bei der Beschaffung von Betriebsmitteln, Werkstoffen und Dienstleistungen Vergabevorschriften beachten. Die Grundlagen des Vergaberechts, sein Einfluss auf die Lieferantenauswahl und die Durchführung des Angebotsvergleichs stehen im Mittelpunkt der Kapitel 4.2 bis 4.7. Die Ausführungen sind für Betriebsmittel und Werkstoffe gleichermaßen relevant. Die Kapitel 5.1 bis 5.5 behandeln die speziellen Gegebenheiten der Beschaffung von Werkstoffen. Dabei finden die Bestellmengen- und Zeitplanung unter Beachtung einer ausreichenden und wirtschaftlichen Lagerhaltung besondere Aufmerksamkeit. Auch die Bedarfsplanung wird berücksichtigt.

Bevor eine Beschaffungsmaßnahme detailliert geplant wird, ist zu klären, ob für ihre Durchführung noch genügend Finanzmittel zur Verfügung stehen. In Verwaltungen mit kameralistischer Buchführung erfolgt die Budgetkontrolle mithilfe der Haushaltsüberwachungsliste. Sie zeigt nicht nur, in welcher Höhe die Ausgabenermächtigung für die zutreffende Haushaltsstelle bereits in Anspruch genommen wurde. Auch die noch verfügbaren Haushaltsmittel werden ausgewiesen (siehe LF 4, Kapitel 3.2.5). Verwaltungen mit doppelter Buchführung benötigen ein ähnliches Instrument. Hier ist die Überwachung der Aufwands- und Ausgabenermächtigungen in die Finanzbuchhaltungssoftware integriert. Da es unterschiedliche Systeme gibt, existiert kein standardisiertes Kontrollinstrument.

4.2 Vergabe öffentlicher Aufträge

Rechtlicher Handlungsrahmen für die öffentlichen Auftraggeber

- **Bürgerliches Recht**
  Bei der Vergabe öffentlicher Aufträge handelt es sich um Geschäftsabwicklungen im Rahmen des bürgerlichen Rechts. Es kommen **Verträge zwischen gleichberechtigten Partnern** zustande. Allerdings besteht an diesem zivilrechtlichen Vorgang ein berechtigtes **öffentliches Interesse**, da Gelder der Allgemeinheit ausgegeben werden. Daher existieren besondere Regeln und Vorschriften für die Auftragsvergabe. Diese sollen nicht nur eine wirtschaftliche Haushaltsführung sicherstellen, sondern auch ein korruptionsfreies, rechtssicheres und nachvollziehbares Verfahren, in dem alle beteiligten Anbieter gleich behandelt werden.

- **Vergabe- und Vertragsordnungen**
  Sie sind ein wesentlicher Bestandteil des Vergaberechts. Es gibt
  - die Vergabe- und Vertragsordnung für Bauleistungen (VOB),
  - die Vergabe- und Vertragsordnung für freiberufliche Leistungen (VOF) (freiberuflich sind z. B. Dienstleistungen von Architekten, Ingenieuren, Steuerberatern, Wirtschaftsprüfern),
  - die Vergabe- und Vertragsordnung für Leistungen (VOL) (für Lieferungen und Dienstleistungen, die nicht in den Bereich der VOB oder VOF fallen).

5740150

Die VOB und VOL haben beide einen A-Teil und einen B-Teil. Der A-Teil enthält Allgemeine Vergabebestimmungen, die sich im Wesentlichen mit dem Geschehen vor Vertragsschluss befassen, wie z. B. der Wahl der richtigen Vergabeart, der ordnungsgemäßen Erstellung der Leistungsbeschreibung oder der korrekten Wertung der Angebote. Auch Regelungen zu Formen und Fristen finden sich im „Verfahrensteil" A. Der B-Teil beinhaltet Allgemeine Geschäftsbedingungen, die nach Auftragserteilung Bestandteil des Vertrags zwischen dem öffentlichen Auftraggeber und dem ausgewählten Anbieter werden. Die VOB hat darüber hinausgehend noch einen C-Teil mit Allgemeinen Technischen Vorschriften.

Die Vergabe- und Vertragsordnungen werden nicht vom Gesetzgeber erlassen, sondern in Vergabe- und Vertragsausschüssen[1] ausgehandelt, die mit Vertretern der öffentlichen Auftraggeber, der anbietenden Wirtschaft und der Gewerkschaften besetzt sind. Die erarbeiteten Vergabe- und Vertragsordnungen haben aus sich heraus nicht den Charakter von Rechtsnormen. Sie werden erst durch Verweise in geltenden Gesetzen, Verordnungen oder Verwaltungsvorschriften zu einer verbindlichen Vorschrift für die öffentlichen Auftraggeber.

Europarecht (EU-weite Vergabe)

Von der Europäischen Union wurden wesentliche Rechtsgrundlagen zur Vergabe öffentlicher Aufträge geschaffen, die in das deutsche Recht eingearbeitet werden mussten. Daraus ergibt sich eine Zweiteilung des deutschen Vergaberechts. Es ist zu unterscheiden zwischen EU-weiter und nationaler Vergabe.

Die allgemeinen Grundsätze der EU-weiten Vergabe sind im Gesetz gegen Wettbewerbsbeschränkungen geregelt (GWB, §§ 97 bis 129 b). Nähere Bestimmungen finden sich in der vom Bund erlassenen Vergabeverordnung (VgV). Dort sind in § 2 folgende **Schwellenwerte** angegeben, ab denen eine EU-weite Ausschreibung erforderlich ist (Gesamtauftragswerte, netto)[2]:

nachgefragte Leistung	**Sektorenauftraggeber**	**oberste und obere Bundesbehörden sowie vergleichbare Einrichtungen**	**übrige öffentliche Auftraggeber** (insbesondere Bund, Länder, Kommunen)
Bauleistungen	5.000.000,00 €	5.000.000,00 €	5.000.000,00 €
Liefer- und Dienstleistungen	400.000,00 €	130.000,00 €[3]	200.000,00 €

Für die Mehrzahl der öffentlichen Auftraggeber gilt im Bereich der Liefer- und Dienstleistungen ein Schwellenwert von 200.000,00 €. Abweichungen davon bestehen nur für Sektorenauftraggeber und bestimmte Bundesbehörden.

Sektorenauftraggeber sind für die Trinkwasser-, Energie- und Verkehrsversorgung zuständig, wie z. B. das Wasserwerk Neustadt oder die Verkehrsbetrieb Neustadt GmbH. Sie sind zur EU-weiten Ausschreibung ihrer Liefer- und Dienstleistungsaufträge erst verpflichtet, wenn diese einen Nettowert von 400.000,00 € erreichen.

Die §§ 4 bis 6 VgV schreiben für Aufträge ab dem Schwellenwert die Anwendung der Vergabe- und Vertragsordnungen verbindlich vor. So erlangen VOB, VOF und VOL Rechtsnormqualität[4]. Dementsprechend besteht auch ein einklagbarer Anspruch auf Einhaltung dieser Vergabebestimmungen (Primärrechtsschutz). Glaubt ein Bieter, die Vorschriften seien missachtet worden, kann er sich in erster Instanz an die zuständige Vergabekammer wenden. Dabei handelt es sich um eine behördliche Einrichtung. Sie ist in NRW bei den Bezirksregierungen angesiedelt. In zweiter Instanz kann der Bieter die Vergabeentscheidung vor dem zuständigen Oberlandesgericht anfechten.

1 Deutscher Vergabe- und Vertragsausschuss für Bauleistungen (DVA), Deutscher Vergabe- und Vertragsausschuss für Lieferungen und Leistungen (DVAL), Hauptausschuss zur Erarbeitung der Vergabeordnung für freiberufliche Leistungen

2 Die Schwellenwerte werden alle zwei Jahre neu festgelegt. Hier sind die ab 01.01.2012 gültigen Beträge angegeben.

3 In bestimmten Fällen gilt hier ebenfalls ein Schwellenwert von 200.000,00 € (siehe § 2 Nr.1 VgV 2012). Für Liefer- und Dienstleistungsaufträge im Bereich Verteidigung und Sicherheit beträgt der Schwellenwert 400.000,00 € (§ 1 Abs. 2 der VSVgV, s. dazu auch Fußnote 4).

4 Für Sektorenauftraggeber tritt an die Stelle der VOB, VOL und VOF die „Sektorenverordnung", für die Vergabe von verteidigungs- und sicherheitsrelevanten Aufträgen gilt die „Vergabeverordnung für die Bereiche Verteidigung und Sicherheit" (VSVgV).

- **Haushaltsrecht (nationale Vergabe)**

  Der Anteil der Vergabefälle unterhalb der Schwellenwerte liegt bei über 90 Prozent aller Auftragsvergaben. Auch bei Betrachtung des Auftragsvolumens überwiegen noch die nationalen Vergaben mit einem Anteil von 60 bis 70 Prozent am Gesamtauftragsvolumen. Für sie gilt weder § 97 ff. des Gesetzes gegen Wettbewerbsbeschränkungen noch die Vergabeverordnung. Ob die Vergabe- und Vertragsordnungen anzuwenden sind, richtet sich nach den haushaltsrechtlichen Bestimmungen. Dies sind die Bundeshaushaltsordnung (BHO) für den Auftraggeber Bund, die Landeshaushaltsordnungen (LHO) für den Auftraggeber Land und die Gemeindehaushaltsverordnungen der Länder (GemHVO) für die kommunalen Auftraggeber.

  Überwiegend werden in diesen Regelwerken bzw. in den zugehörigen Verwaltungsvorschriften die jeweiligen Auftraggeber verpflichtet, die VOL und VOB anzuwenden. Einige Bundesländer, z. B. Bayern und NRW, geben ihren Kommunen hinsichtlich der VOL lediglich eine Anwendungsempfehlung. Die meisten Gemeinden halten sich daran. Sie schreiben in eigenen Beschaffungsordnungen die Anwendung der VOL vor.

  Für die Vergabe freiberuflicher Leistungen unterhalb des Schwellenwerts von 200.000,00 € sind ausschließlich haushaltsrechtliche Bestimmungen maßgeblich und nicht etwa die VOF. Diese gilt erst für Aufträge oberhalb des Schwellenwerts. Auch die VOL und die VOB sind für freiberufliche Leistungen nicht anwendbar. Demnach können solche Leistungen unter Beachtung der Grundsätze der Sparsamkeit und Wirtschaftlichkeit in der Regel freihändig vergeben werden.

  Die VOL und VOB besitzen im Rahmen der nationalen Vergabe aufgrund der geschilderten Zusammenhänge lediglich den Charakter einer Dienstanweisung für die jeweilige Beschaffungsstelle, nicht aber unmittelbar nach außen hin wirksame Rechtsnormqualität. Deshalb genießen die Bieter lediglich einen sekundären Rechtsschutz. Dieser macht es z. B. möglich, Schadensersatzansprüche geltend zu machen, lässt aber die Anfechtung der Vergabe-Entscheidung nicht zu.

- **Vergabegesetze der Bundesländer**

  Viele Bundesländer haben zusätzlich Vergabegesetze erlassen. Darin verpflichten sie die öffentlichen Auftraggeber, bei der Vergabe von Aufträgen darauf zu achten, dass Tariftreueregelungen und bestimmte Mindeststandards bei den Arbeitsbedingungen von den Bietern eingehalten werden. Damit will man Wettbewerbsverzerrungen entgegenwirken, die durch Lohndumping entstehen.

Anwendungsbereich des Vergaberechts

Unterhalb der Schwellenwerte müssen nur die klassischen öffentlich-rechtlichen Auftraggeber die Vergaberegeln anwenden, weil nur diese dem öffentlichen Haushaltsrecht unterliegen. Dazu gehören insbesondere Bund, Länder und Gemeinden, nicht aber juristische Personen des Privatrechts, die sich im Eigentum der öffentlichen Hand befinden. So ist z. B. die Verkehrsbetrieb Neustadt GmbH nicht an die Vergaberegeln gebunden, soweit sie (als Sektorenauftraggeberin) Liefer- oder Dienstleistungen mit einem Nettowert von unter 400.000,00 € beschafft.

Bei Überschreitung der Schwellenwerte gilt der erweiterte, funktionale Begriff des „öffentlichen Auftraggebers" nach § 98 GWB. Entscheidend ist hiernach, ob ein auf dem Markt auftretender Beschaffer – unabhängig von seiner Rechtsform – im Allgemeininteresse liegende Aufgaben wahrnimmt oder nicht. Öffentliche Auftraggeber in diesem Sinne sind z. B. auch die gesetzlichen Krankenkassen, staatliche Hochschulen, öffentlich-rechtliche Rundfunkanstalten, Handwerkskammern oder GmbHs und AGs, die sich mehrheitlich oder ganz im Eigentum der öffentlichen Hand befinden.

5740152

Vergabeverfahren

Nationale Vergabe		
Öffentliche Ausschreibung	**Beschränkte Ausschreibung**	**Freihändige Vergabe**
Dieses Verfahren ist als Regelverfahren vorgesehen, von dem nur abgewichen werden darf, wenn besondere Gründe dies rechtfertigen. Der Auftraggeber fordert eine unbeschränkte Zahl von Unternehmen öffentlich auf, sich um einen Auftrag zu bewerben.	Bei einer Beschränkten Ausschreibung fordert der Auftraggeber eine begrenzte Anzahl von Unternehmen schriftlich zur Angebotsabgabe auf. Um den Bewerberkreis zu erkunden, kann er vorher einen öffentlichen Teilnahmewettbewerb durchführen. Aus dem Kreis der Interesse bekundenden Unternehmen wählt er sodann diejenigen aus, die er für besonders geeignet hält und deswegen zur Angebotsabgabe auffordern möchte. In bestimmten Fällen ist ein Teilnahmewettbewerb verpflichtend.	Die Freihändige Vergabe ist ein vereinfachtes Verfahren zur Erteilung eines Auftrags. Dabei bleiben diejenigen Vorschriften der VOL/A und VOB/A unberücksichtigt, die nur für „Ausschreibungen" gelten. So ist es dem Auftraggeber z. B. gestattet, über die Angebotsbedingungen zu verhandeln, nachdem er mehrere ausgewählte Unternehmen zur Angebotsabgabe aufgefordert hat. Demgegenüber gilt bei Öffentlicher und Beschränkter Ausschreibung ein Verhandlungsverbot. Der Freihändigen Vergabe kann ein öffentlicher Teilnahmewettbewerb zur Erkundung des Bewerberkreises vorausgehen.

In der VOB/A sind aus Gründen der Vereinheitlichung und Vereinfachung Wertgrenzen als Ausnahmen vom Grundsatz der Öffentlichen Ausschreibung angegeben. Danach sind Beschränkte Ausschreibungen zulässig, wenn der Auftragswert (ohne Umsatzsteuer), je nach Gewerk, den Betrag von 50.000,00 € bzw. 100.000,00 € bzw. 150.000,00 € nicht überschreitet (§3 Abs. 3). Bis zu einem Auftragswert von 10.000,00 € netto darf freihändig vergeben werden (§ 3 Abs. 4).

In der VOL/A fehlen einheitliche Wertgrenzen als Ausnahmetatbestand. Im Rahmen landesrechtlicher Vorgaben legen die Kommunen in ihren internen Beschaffungsordnungen individuell fest, bis zu welchen Auftragswerten sie freihändig vergeben bzw. beschränkt ausschreiben. Die Befugnis dazu ergibt sich aus der VOL/A. Nach § 3 Abs. 4 b darf eine Beschränkte Ausschreibung erfolgen, wenn der Aufwand für eine Öffentliche Ausschreibung im Missverhältnis steht zu dem Wert der Leistung, die erbracht werden soll.[1]

EU-weite Vergabe			
offenes Verfahren	**nichtoffenes Verfahren**	**Verhandlungsverfahren**	**Wettbewerblicher Dialog**
Inhaltlich stimmt das offene Verfahren mit der Öffentlichen Ausschreibung bei nationaler Vergabe überein.	Das nichtoffene Verfahren stimmt im Wesentlichen mit der Beschränkten Ausschreibung bei nationaler Vergabe überein. Allerdings ist der öffentliche Teilnahmewettbewerb stets zwingender Bestandteil des Verfahrens.	Das Verhandlungsverfahren gleicht der Freihändigen Vergabe unterhalb der Schwellenwerte. Für EU-weite Aufträge aus dem Bereich der VOB oder VOL ist dieses Verfahren nur in begründeten Ausnahmefällen anwendbar. Für die Vergabe von freiberuflichen Leistungen nach der VOF ist es hingegen – wegen der Eigenart dieser Leistungen – das Regelverfahren.	Der wettbewerbliche Dialog ist ein Verfahren zur Vergabe besonders komplexer Aufträge. Nach Durchführung eines Teilnahmewettbewerbs ermittelt der Auftraggeber im Dialog mit den ausgewählten Bietern Lösungsvorschläge zur Erfüllung seiner Bedürfnisse. Auf dieser Grundlage geben die Bieter ein Angebot ab.

1 Das Konjunkturpaket II eröffnete den Vergabestellen bis zum 31.12.2010 zahlreiche Möglichkeiten der beschleunigten Auftragsvergabe. So galten etwa bei nationaler Vergabe deutlich höhere Wertgrenzen als jene, die in der VOB bzw. den landesrechtlichen Erlassen zur VOL vorgegebenen sind. Bauleistungen konnten bis 100.000,00 € freihändig vergeben, bis zu 1.000.000,00 € beschränkt ausgeschrieben werden, und zwar jeweils ohne Teilnahmewettbewerb. VOL-Leistungen durften die Vergabestellen, ebenfalls ohne Teilnahmewettbewerb, bis zu einem Wert von 100.000,00 € netto wahlweise freihändig vergeben oder beschränkt ausschreiben. Etliche Bundesländer haben die Geltungsdauer der erhöhten Wertgrenzen verlängert, zum Teil in modifizierter Form. Die Auftragsberatungsstellen bieten unter www.abst.de („Download") einen aktuellen Überblick über die Höhe und Gültigkeitsdauer der Wertgrenzen. Es bleibt abzuwarten, ob sich diese Übergangsregelungen dauerhaft und flächendeckend etablieren.

Vergabegrundsätze

- **Wettbewerbsgrundsatz**
  Die öffentlichen Auftraggeber sollen möglichst vielen Unternehmern die Gelegenheit geben, ihre Leistung anzubieten. Deshalb genießen die Öffentliche Ausschreibung bzw. das offene Verfahren Vorrang. Nur unter bestimmten Voraussetzungen darf von diesen Verfahrensarten abgewichen werden, z. B. dann, wenn der Wert der Leistung relativ gering ist (vgl. oben) oder wenn die schnelle Ausführung der Leistung dringend geboten ist.
- **Gleichbehandlungsgebot** (Diskriminierungsverbot)
  Wettbewerb kann nur funktionieren, wenn Chancengleichheit herrscht. Die öffentlichen Auftraggeber müssen alle Anbieter gleich behandeln und dürfen niemanden ausgrenzen. Es ist beispielsweise nicht zulässig, ortsansässige Firmen zu bevorzugen.
- **Transparenzgebot**
  Die öffentlichen Auftraggeber müssen das Vergabeverfahren nach klaren, eindeutigen Regeln durchführen, Auswahlkriterien offenlegen und Entscheidungen nachvollziehbar gestalten. Das Transparenzgebot soll Manipulation und Willkür seitens der Auftraggeber verhindern.
- **Verhandlungsverbot**
  Die Vergabevorschriften verbieten den Auftraggebern grundsätzlich, mit den Bietern zu verhandeln. Gespräche mit Bietern sind nur zulässig, um Zweifel über Angebote oder Bieter auszuräumen. (Bei Freihändiger Vergabe bzw. für das Verhandlungsverfahren gilt der Grundsatz des Verhandlungsverbots allerdings nicht!)
- **Gebot der Losvergabe**
  Umfangreiche Aufträge sollen in einzelne Teilaufträge (Lose) zerlegt werden, um kleinen und mittleren Unternehmen die Möglichkeit zu geben, sich im Rahmen ihrer Leistungsfähigkeit zu bewerben.

4.3 Vergabeunterlagen und Ermittlung möglicher Lieferanten bei der nationalen Vergabe von Liefer- und Dienstleistungen nach der VOL

Vergabeunterlagen

Die Vergabeunterlagen bestehen aus einem **Anschreiben,** mit dem die Aufforderung zur Angebotsabgabe erfolgt, sowie den **Bewerbungsbedingungen** und den **Vertragsunterlagen.** Darüber hinaus enthalten sie häufig **Vordrucke,** auf denen die Bieter die Angebotskonditionen darstellen und erforderliche Erklärungen durch Unterschrift bestätigen. Die Vergabeunterlagen werden vom Auftraggeber zusammengestellt und den Bietern übersandt. Häufig liegen sie zusätzlich zur Einsicht in der Vergabestelle aus.

Bei einer Beschränkten Ausschreibung und Freihändigen Vergabe fordert der Auftraggeber eine begrenzte Anzahl von Unternehmen zur Angebotsabgabe auf. Bei einer Öffentlichen Ausschreibung werden alle Unternehmen, die nach der Bekanntgabe der Ausschreibung ihr Interesse an dem Auftrag bekundet haben, mit dem besagten Anschreiben[1] um ein Angebot gebeten.

Die Bewerbungsbedingungen beschreiben Einzelheiten zur Durchführung des Vergabeverfahrens. Sie beinhalten Standardvorgaben, fassen wichtige Bestimmungen der VOL/A zusammen und ergänzen diese. Die Auftraggeber können Bewerbungsbedingungen auch in das „Anschreiben" aufnehmen. Das ist z. B. bei den zwingend anzugebenden Zuschlagskriterien sinnvoll, weil diese bei jeder Vergabe neu festgelegt werden.

Die Vertragsunterlagen bestehen aus der Leistungsbeschreibung sowie den Vertragsbedingungen des Auftraggebers.

1 Nach § 8 Abs. 1 Buchstabe a VOL/A 2009 kann das „Anschreiben" auch aus einem „Begleitschreiben für die Abgabe der angeforderten Unterlagen" bestehen. Dieser Hinweis bezieht sich auf die Öffentliche Ausschreibung. Zu den angeforderten Unterlagen gehört auch ein verbindliches Angebot. In der Praxis heißt das Anschreiben deshalb auch bei Öffentlicher Ausschreibung häufig noch „Aufforderung zur Abgabe eines Angebots".

5740154

4.3 Vergabeunterlagen und Ermittlung möglicher Lieferanten bei der nationalen Vergabe von Liefer- und Dienstleistungen nach der VOL

Der Auftraggeber muss die Leistung eindeutig und so erschöpfend beschreiben, dass alle Bewerber die Beschreibung im gleichen Sinne verstehen. Nur so ist gewährleistet, dass die eingehenden Angebote gut miteinander verglichen werden können. Die Vertragsbedingungen können aus Allgemein und Besonderen Vertragsbedingungen bestehen. Die öffentlichen Auftraggeber machen in ihren Allgemeinen Vertragsbedingungen die VOL/B zum Vertragsinhalt. Ferner konkretisieren und ergänzen sie darin die Bestimmungen der VOL/B, soweit Gestaltungsspielräume vorhanden sind.

Die Allgemeinen Vertragsbedingungen (und mit ihr die VOL/B) haben den Charakter von Allgemeinen Geschäftsbedingungen (siehe LF 4, Kapitel 2.2). Die Auftraggeber können Besondere Vertragsbedingungen formulieren, wenn die Eigenarten des Einzelfalls dies erforderlich machen.

Die Besonderen Vertragsbedingungen haben Vorrang vor den Allgemeinen Vertragsbedingungen. Soweit zu bestimmten Vertragsinhalten nichts ausgesagt wird, gilt die VOL/B. Ist auch dort nichts anderes festgelegt, sind die vertragsrechtlichen Vorschriften des BGB maßgeblich. Diese befinden sich in der Reihenfolge anzuwendender Bestimmungen an letzter Stelle, da sie in der Regel nicht zwingend sind, sondern nachgiebig. Sie können demnach durch anders lautende Vereinbarungen der Vertragsparteien außer Kraft gesetzt werden.

<table>
<tr><th colspan="6">Vergabeunterlagen (§ 8 Nr. 1 VOL/A)</th></tr>
<tr><th>Anschreiben</th><th>Bewerbungsbedingungen</th><th colspan="3">Vertragsunterlagen</th><th>Vordrucke</th></tr>
<tr><td rowspan="4">■ Aufforderung zur Abgabe eines Angebots</td><td rowspan="4">■ Beschreibung von Einzelheiten zur Durchführung des Vergabeverfahrens
■ Zusammenfassung und Ergänzung von Vorschriften der VOL/A</td><th>Leistungsbeschreibung</th><th colspan="2">Vertragsbedingungen</th><td rowspan="3">■ zur Darstellung der Angebotskonditionen
■ zur Bestätigung erforderlicher Erklärungen durch Unterschrift</td></tr>
<tr><td rowspan="2">■ hinreichend genaue Beschreibung der nachgefragten Leistung</td><th>Allgemeine Vertragsbedingungen</th><th>Besondere Vertragsbedingungen</th></tr>
<tr><td>■ VOL/B als Vertragsinhalt
■ Konkretisierung und Ergänzung von VOL/B-Vorschriften</td><td>■ Regelung der Erfordernisse des Einzelfalls</td></tr>
<tr><td colspan="4">Vertragsbestandteil bei Auftragserteilung</td></tr>
</table>

Ermittlung möglicher Lieferanten (Bezugsquellenermittlung)

Die Aufgabe, potenzielle Lieferanten auszuwählen, stellt sich nur bei Beschränkter Ausschreibung und Freihändiger Vergabe. Zu den wichtigsten Informationsquellen, die der Auftraggeber nutzen kann, um geeignete Lieferanten zu finden, gehört seine **Lieferantendatei.** Sie ist nach Lieferanten geordnet und enthält deren Angebotssortiment und Konditionen. Meistens sind in der Datei alle Bieter erfasst, die in der Vergangenheit bereits zur Angebotsabgabe aufgefordert wurden. Die Vergabestellen dürfen aber auch bei Beschränkter Ausschreibung und Freihändiger Vergabe nicht grundlos immer die gleichen Firmen berücksichtigen. Sie sind nach dem Wettbewerbsgrundsatz verpflichtet, sich eine ausreichende Marktübersicht zu verschaffen. Diesem Zweck dient der **Öffentliche Teilnahmewettbewerb.** Er bietet allen interessierten Firmen Gelegenheit, ihre Eignung für die Teilnahme am folgenden Vergabeverfahren nachzuweisen.

In zwei Fällen der Beschränkten Ausschreibung sind die Vergabestellen verpflichtet, einen Teilnahmewettbewerb durchzuführen (vgl. § 3 Abs. 3 VOL/A). In den anderen beiden Fällen dürfen sie auch darauf verzichten, unter anderem dann, wenn eine Beschränkte Ausschreibung erfolgt, weil der Wert der Leistung im Missverhältnis zu dem Aufwand steht, den eine Öffentliche Ausschreibung verursacht (§ 3 Abs. 4 Buchstabe b VOL/A). Hier ergeben sich die folgenden Möglichkeiten:

Die Vergabestelle hat eine ausreichende Marktübersicht.	Die Vergabestelle hat keine ausreichende Marktübersicht.	
Sie kann ohne Weiteres eine begrenzte Anzahl von Unternehmen zur Abgabe eines Angebots auffordern.	Sie sucht geeignete Bieter, indem sie …	
	■ … einen Teilnahmewettbewerb durchführt.	■ … andere Möglichkeiten der Markterkundung nutzt.
	Erst anschließend fordert sie die ausgewählten Bieter zur Abgabe eines Angebots auf.	

In allen Fällen der Freihändigen Vergabe ist es den Auftraggebern freigestellt, einen Teilnahmewettbewerb durchzuführen. Daher gelten hier auch die in der Tabelle dargestellten Alternativen.

In jedem Bundesland gibt es **Auftragsberatungsstellen** (vgl. www.abst.de), mit deren Hilfe ebenfalls eine Markterkundung möglich ist. Sie benennen auf Anfrage geeignete Unternehmen für einen bestimmten Auftrag. Öffentliche Teilnahmewettbewerbe oder Auskünfte der Auftragsberatungsstellen bieten eine gute Gelegenheit, die Lieferantendatei um bisher unberücksichtigte, aber geeignete Lieferanten zu ergänzen.

Zusammenfassend lässt sich sagen, dass man bei der Auswahl potenzieller Lieferanten auf **interne und externe Informationsquellen** zurückgreift. Die Lieferantendatei gehört zu den internen Informationsquellen. Zu den externen Informationsquellen zählen vor allem

- öffentliche Teilnahmewettbewerbe,
- Auftragsberatungsstellen,
- Nachschlagewerke wie „Gelbe Seiten" und verschiedene Branchenadressbücher („Wer liefert was?", „ABC der Deutschen Wirtschaft", „Das Deutsche Firmen-Alphabet"),
- Werbeanzeigen in Fachzeitschriften,
- Online-Dienste im Internet, die Recherchen mit Suchmaschinen durchführen.

Inhalte der Bekanntmachung bestimmter Vergabeverfahren bzw. des Anschreibens „Aufforderung zur Abgabe eines Angebots"

Öffentliche Ausschreibungen, Beschränkte Ausschreibungen mit Teilnahmewettbewerb und Freihändige Vergaben mit Teilnahmewettbewerb sind in Tageszeitungen, amtlichen Veröffentlichungsblättern, Fachzeitschriften oder Internetportalen bekannt zu machen. Veröffentlichungen in Internetportalen müssen über die Suchfunktion des Internetportals www.bund.de. ermittelt werden können. Schon aus der Bekanntmachung, nicht erst aus den Vergabeunterlagen, sollen interessierte Unternehmen alle Angaben für eine Entscheidung zur Teilnahme am Vergabeverfahren entnehmen können. § 12 Abs. 2 VOL/A zählt die geforderten Angaben katalogartig auf.

Diese Informationen muss der Auftraggeber den ausgewählten Bietern im Rahmen einer Beschränkter Ausschreibung oder Freihändigen Vergabe ohne Teilnahmewettbewerb mit den Vergabeunterlagen zukommen lassen, und zwar hauptsächlich in der Aufforderung zur Abgabe eines Angebots.

Zu den wesentlichen Inhalten der Bekanntmachung bzw. des besagten Anschreibens gehören drei Vergabefristen, die für Bieter und Auftraggeber gleichermaßen bedeutsam sind:

Angebotsfrist § 10 VOL/A	Bindefrist § 10 VOL/A	Ausführungsfrist
Innerhalb dieser Frist müssen die Bieter ihre Angebote beim Auftraggeber eingereicht haben. Bis zu ihrem Ablauf können bereits eingereichte Angebote zurückgezogen werden. Für die Angebotserstellung ist den Bietern eine „ausreichende" Frist einzuräumen. Bei Standard- oder Katalogleistungen genügt in der Regel ein Zeitrahmen von 20 bis 30 Tagen.	Sie beginnt mit dem Ablauf der Angebotsfrist und umfasst eine „ausreichende" Zeitspanne zur Prüfung und Wertung der Angebote. Bis zum Ablauf der Bindefrist ■ ist der Bieter an sein Angebot gebunden, ■ muss der Auftraggeber dem ausgewählten Bieter den Zuschlag erteilt und bekannt gegeben haben.	Sie beginnt mit dem Ende der Bindefrist. Bis zum Ablauf der Ausführungsfrist muss die Leistung erbracht worden sein.

In der Bekanntmachung bzw. dem Anschreiben muss der Auftraggeber auch angeben, ob er eine Sicherheitsleistung in Form einer Kaution oder Bürgschaft von dem Bieter verlangt, der den Zuschlag erhält. Sicherheitsleistungen sollen ausnahmsweise nur dann gefordert werden, wenn es für die vertragsgemäße Ausführung des Auftrages oder die Durchsetzung von Mängelansprüchen notwenig erscheint. Sie sind erst ab einem Auftragswert von 50.000,00 € zulässig (§ 9 Abs. 4 VOL/A i. V. m. § 18 Nr. 1 Abs. 1 VOL/B).

Wengleich nicht ausdrücklich in § 12 Abs. 2 VOL/A gefordert, sollte zumindest das Anschreiben zusätzlich einen Hinweis darauf enthalten, dass der Bewerber mit der Abgabe seines Angebots auch den Bestimmungen über nicht berücksichtigte Angebote unterliegt. Diese sind in § 19 VOL/A aufgeführt. Danach gilt ein Angebot als nicht berücksichtigt, wenn bis zum Ende der Bindefrist kein Auftrag erteilt wurde. Die Ablehnung des Angebots wird dem Bieter nur dann mitgeteilt, wenn er dies zuvor schriftlich beantragt hat.

Die Aufforderung zur Abgabe eines Angebots hat vertragsrechtlich den Charakter einer unverbindlichen **Anfrage.** Es handelt sich dabei noch nicht um eine vertragliche Willenserklärung. Demgegenüber sind die Angebote der Bieter nach Ablauf der Angebotsfrist verbindlich und stellen die erste Willenserklärung zur Entstehung eines Vertrags dar. Der Auftraggeber kann sich beim Vergleich der Angebote darauf verlassen, dass die Leistung zu den jeweils genannten Konditionen ausgeführt würde. Ein Vertrag kommt mit dem ausgewählten Bieter zustande, wenn dieser den Zuschlag vom Auftraggeber erhält. Der Zuschlag ist die zur Vertragsentstehung notwendige zweite Willenserklärung (siehe dazu LF 4, Kapitel 2.1).

4.4 Öffnung der Angebote

Grundlage für die Öffnung der Angebote ist § 14 VOL/A. Dort ist auch geregelt, wie mit den Angeboten umzugehen ist, bevor sie geöffnet werden. Sie müssen mit einem Eingangsvermerk versehen werden und bis zum Eröffnungstermin verschlossen bleiben. Anschließend sind die Angebote sicher aufzubewahren.

An dem förmlichen Verfahren der Angebotsöffnung (früher „Verhandlung" genannt) sind mindestens zwei Vertreter des Auftraggebers beteiligt, ein Verhandlungsleiter und ein weiterer Mitarbeiter. Aus Gründen der Korruptionsvorbeugung werden meistens Bedienstete eingesetzt,die zuvor nicht an der Vergabe beteiligt waren. Bieter dürfen an der Angebotsöffnung nicht teilnehmen.

Die Öffnung der (schriftlichen und elektronischen) Angebote soll möglichst schnell nach Ablauf der Angebotsfrist stattfinden, um unnötige Verzögerungen zu vermeiden. Der Verhandlungsleiter prüft zunächst, ob die Angebote ordnungsgemäß verschlossen und äußerlich gekennzeichnet bzw. vorschriftsmäßig verschlüsselt sind. Dann stellt er fest, ob sie fristgerecht eingegangen sind. Schließlich öffnet er die Angebote und kennzeichnet die einzelnen Seiten, z. B. durch Lochstempel. Die Öffnung der Angebote muss dokumentiert werden. Zum Schluss unterzeichnen die beteiligten Personen diese Dokumentation.

4.5 Prüfung und Wertung der Angebote

Die Prüfung der Angebote erfolgt nach § 16 Abs. 1 auf Vollständigkeit sowie sachliche und rechnerische Richtigkeit. Die Wertung der Angebote richtet sich zunächst nach den Abs. 3 bis 6 des § 16 VOL/A. Dort werden zahlreiche Gründe für den Ausschluss eines Angebots vom weiteren Verfahren genannt. Betroffen sind etwa Bieter, deren Angebot formale Mängel aufweist, z. B. eine fehlende Unterschrift, oder die nicht die erforderliche Eignung für die Durchführung des Auftrags besitzen.

Die Angebotswertung mündet schließlich in die Zuschlagsentscheidung nach § 18 Abs. 1 VOL/A: Den Auftrag erhält der Bieter mit dem wirtschaftlichsten Angebot. Hinsichtlich der Beurteilung der Wirtschaftlichkeit stehen die zuständigen Verwaltungsmitarbeiter vor der Aufgabe, die Inhalte der noch im Verfahren befindlichen Angebote zu begutachten. Dabei müssen sie auch kaufmännisches Wissen anwenden, das nicht zuletzt aus vertragsrechtlichen Kenntnissen besteht.

Bei formloser, freihändiger Auftragsvergabe erhält die zuständige Stelle auch Angebotsschreiben, wie sie die Bieter im alltäglichen Geschäftsverkehr verwenden. Bei Öffentlichen oder Beschränkten Ausschreibungen setzen die Auftraggeber meistens Vordrucke ein. Diese enthalten so zahlreiche Vorgaben, dass die Bieter bisweilen nur noch wenige Angebotsdaten selbst eintragen müssen, z. B. den Preis oder die Lieferzeit. Die Stadt Neustadt geht anders vor. Ihre Mitarbeiter werden auch bei Beschränkter Ausschreibung mit den herkömmlichen Angebotsschreiben der Bieter konfrontiert (siehe Band Lernsituationen und Übungen, LF 3, Kapitel 4.5).

In der unten stehenden Tabelle sind die üblichen **Angebotsinhalte** zusammengefasst. Die verbindlichen Inhalte des Angebots, das den Zuschlag erhält, werden als „vertragliche Regelung" Gegenstand des entstehenden Kaufvertrags. Die nachgiebigen gesetzlichen Regelungen sind nur dann relevant, wenn keine ausdrücklichen vertraglichen Regelungen vorliegen. Als solche sind neben den Angebotsinhalten hauptsächlich die Besonderen und Allgemeinen Vertragsbedingungen des Auftraggebers (inklusive der VOL/B) zu beachten. Allgemeine Geschäftsbedingungen der Bieter sind im Falle eines förmlichen Vergabeverfahrens ohne Bedeutung, weil ihre Wirksamkeit ausgeschlossen wird. Das geschieht in den Allgemeinen Vertragsbedingungen der öffentlichen Auftraggeber. Die Allgemeinen Vertragsbedingungen gehören zu den Vergabeunterlagen. Der Bieter erhält sie, bevor er sein Angebot abgibt (siehe Kapitel 4.3).

Angebots- und Kaufvertragsinhalte		
Inhalt	**gesetzliche Regelung**	**vertragliche Regelung**
1. Art der Ware	–	muss im Angebot genannt sein
2. Beschaffenheit/ Güte	■ mangelfrei, § 433 BGB ■ bei Gattungsschuld: Sachen mittlerer Güte, § 243 BGB, § 360 HGB	kann näher bestimmt werden durch ■ Muster, Proben, Abbildungen/Beschreibungen ■ Marken, Warenzeichen, Güteklassen
3. Menge	–	kann, muss aber nicht im Angebot enthalten sein (sonst wird eine handelsübliche Menge geschuldet)
4. Preis	–	muss im Angebot enthalten sein, Preisnachlässe (z. B. Mengenrabatt, Skonto) sind möglich
5. Verpackungskosten	■ Verkäufer trägt die Kosten der Übergabe (übliche Umverpackung), § 448 BGB. ■ Käufer trägt die Kosten der Abnahme und Versendung (Versandverpackung).	je nach Klausel, z. B. ■ „Preis netto einschließlich Verpackung" (Versandverpackung wird nicht berechnet) ■ „Preis netto ausschließlich Verpackung" (Verpackung wird gesondert berechnet) ■ „Brutto für netto" (Verpackung wird wie das Warengewicht berechnet)
6. Versendungs- bzw. Beförderungskosten	■ Die Warenschuld ist eine Holschuld, § 269 BGB, d. h., der Käufer muss die Ware abholen; er trägt folglich auch die Beförderungskosten. ■ Wünscht der Käufer die Versendung der Ware (Versendungskauf, § 447 BGB), trägt er die dafür anfallenden Kosten, § 448 BGB.	je nach Klausel, z. B. ■ „ab Werk" (Käufer trägt Kosten) ■ „frei Haus", „frei Werk" (Verkäufer trägt Kosten)

7. Lieferzeit/ Fälligkeit der Lieferung	sofort (nach Abschluss des Kaufvertrags), § 271 BGB; Lieferung Zug-um-Zug gegen Zahlung, § 320 BGB	Möglichkeiten ■ Terminkauf („innerhalb von 14 Tagen", „am 6.2.") ■ Fixkauf („genau am 6.2.") ■ Kauf auf Abruf („3 Tage nach Abruf")
8. Zahlungszeit/ Fälligkeit des Kaufpreises	sofort, § 271 BGB	Möglichkeiten der Zahlung ■ vor der Lieferung (Anzahlung, Vorkasse) ■ bei oder unmittelbar nach der Lieferung (bare, halbbare, bargeldlose Zahlung) ■ in einem Zeitraum nach der Lieferung
9. Erfüllungsort/ Gerichtsstand	Der Erfüllungsort ist der Ort, an dem die Leistungshandlung des Schuldners erfolgen muss (§ 269 BGB). Daraus ergibt sich auch der Ort des für Rechtsstreitigkeiten zuständigen Gerichts (§ 29 ZPO).	■ Der Erfüllungsort kann abweichend von § 269 BGB bestimmt werden. ■ Von der gesetzlichen Regelung abweichende Gerichtsstandsvereinbarungen sind nur zulässig, wenn die Vertragsparteien Kaufleute oder öffentlich-rechtliche Körperschaften sind.

Besondere Aufmerksamkeit verdienen die **Beförderungskosten.** Diese treten insbesondere als Rollgeld für An- und Abfuhr sowie Verlade-, Fracht- und Entladekosten auf. Mit einer Klausel macht der Lieferant im Angebot deutlich, wer diese Kosten übernehmen soll.

Einige gängige Klauseln zur Übernahme der Beförderungskosten

Klausel	Rollgeld 1 (Anfuhr)	Verlade-kosten	Fracht	Entlade-kosten	Rollgeld 2 (Abfuhr)*
„ab Werk" „ab Fabrik" „ab Lager"	Käufer trägt alle Kosten				
„unfrei" „ab Bahnhof hier" „ab hier"	Verkäufer	Käufer			
„frei Waggon"	Verkäufer		Käufer		
„frachtfrei" „frei dort" „frei Bahnhof"	Verkäufer			Käufer	
„frei Haus" „frei Lager"	Verkäufer trägt alle Kosten				

* auch Zufuhr

Macht das Angebot keine Aussage zu den Beförderungskosten, gelten die gesetzlichen Bestimmungen. Nach § 448 BGB muss der Käufer alle Kosten der Warenversendung übernehmen.

4.6 Bezugspreisermittlung

Für den **Angebotsvergleich** auf der letzten Stufe des Wertungsverfahrens ist die Vorschrift des § 18 Abs. 1 VOL/A von grundlegender Bedeutung: „Der Zuschlag ist auf das unter Berücksichtigung aller Umstände wirtschaftlichste Angebot zu erteilen. Der niedrigste Angebotspreis allein ist nicht entscheidend."

Der „Angebotspreis" ist zwar nicht alleiniges, in vielen Fällen jedoch sehr wichtiges Entscheidungskriterium. Deshalb beginnt der Angebotsvergleich mit der Ermittlung dieser Größe. Kaufmännisch formuliert, wird der **Bezugs- oder Einstandspreis** jedes Angebots berechnet. Das ist die für den Vergleich maßgebliche monetäre Größe. In die Berechnung fließen alle quantitativen, d. h. rechenhaften, Entscheidungsfaktoren ein (siehe Beispiel). Anschließend werden auch die qualitativen, nicht rechenhaften Entscheidungsfaktoren berücksichtigt (siehe Kapitel 4.7).

Beispiel Bezugskalkulation

Zur Realisierung der „digitalen Aktenführung" benötigt die Neustädter Verwaltung einen leistungsstarken, hochwertigen Dokumentenscanner. Die zuständige Abteilung „Organisation und Datenverarbeitung" hat im Rahmen einer Beschränkten Ausschreibung drei Unternehmen zur Abgabe eines Angebots aufgefordert. Das Angebot des Lieferanten I führt zu der folgenden Kalkulation:

Kalkulationsschema			Beträge (in €)	Erläuterung der Begriffe
Listeneinkaufspreis	100 %		10.908,73	Das ist der Preis, den der Lieferant auch in Katalogen oder Preislisten angibt.
– Rabatt	5 %		545,44	Diesen Preisnachlass gewähren Lieferanten u. a. bei größeren Abnahmemengen (Mengenrabatt), regelmäßigen Bestellungen (Treuerabatt), zu bestimmten Anlässen, wie Schlussverkäufen oder Jubiläen.
= **Zieleinkaufspreis**	95 %	100 %	10.363,29	Dieser Betrag ist zu begleichen, wenn das Zahlungsziel (die Zahlungsfrist) voll ausgeschöpft wird (ggf. plus Bezugskosten).
– Skonto		2 %	207,27	Es handelt sich um einen Preisnachlass für sofortige oder kurzfristige Zahlung.
= **Bareinkaufspreis**		98 %	10.156,02	Dieser Betrag ist zu zahlen, wenn Skonto abgezogen wird (ggf. plus Bezugskosten).
+ Bezugskosten, z. B. ■ Verpackungskosten ■ Beförderungskosten			 – 37,99	Es sind alle vom Käufer zu tragenden Kosten der Abgabe und Versendung der Ware zu berücksichtigen. Im vorliegenden Beispiel sind nur die Beförderungskosten relevant, die Lieferant I „ab Lager" in Rechnung stellt.
= **Bezugspreis**			10.194,01	Diese Größe fasst alle quantitativen Entscheidungsfaktoren zusammen. Sie ist der monetäre Maßstab im Angebotsvergleich.

Die Erläuterungen in der Tabelle sollen noch um einige Punkte ergänzt werden.

In der Regel kalkulieren Verwaltungen mit **Bruttobeträgen**, d. h. einschließlich der Umsatzsteuer, da diese zum Anschaffungswert gehört (Betriebsmittel) bzw. Aufwand darstellt (Werkstoffe). Von diesem Grundsatz gibt es Ausnahmen, die im Band Rechnungswesen der öffentlichen Verwaltung dargestellt sind (Kapitel 4.3).

Im Allgemeinen gewähren Lieferanten eine **Skontofrist** von acht bis vierzehn Tagen. Manche öffentlichen Auftraggeber setzen mithilfe ihrer Nachfragemacht vertraglich einen längeren Zeitraum durch. Die Stadt Dortmund gibt in ihren Allgemeinen Vertragsbedingungen z. B. eine Skontofrist von 21 Tagen vor. So auch die Stadt Neustadt. Diese ungewöhnlich lange Frist gilt allerdings nur dann, wenn die Allgemeinen Vertragsbedingungen Bestandteil des Vertrags werden.

Im Band Rechnungswesen der öffentlichen Verwaltung (Kapitel 9.7.2.3) wird gezeigt, dass die volle Ausschöpfung des Zahlungsziels unvorteilhaft ist. Die Verwaltungen sollten deshalb jede Möglichkeit zum Skontoabzug nutzen.

4.7 Nutzwertanalyse

Neben dem Bezugspreis (Einstandspreis) gibt es Faktoren, die zwar für die Entscheidung im Angebotsvergleich wichtig sind, sich jedoch nicht als monetäre Größe ausdrücken lassen. Sie entziehen sich einer rechnerischen Berücksichtigung in der Bezugskalkulation. Man nennt sie qualitative Entscheidungsfaktoren.

quantitative Entscheidungsfaktoren	qualitative Entscheidungsfaktoren (Beispiele)
■ Listeneinkaufspreis ■ Rabatt ■ Skonto ■ Bezugskosten	■ Produktqualität ■ Zuverlässigkeit des Anbieters ■ Serviceleistungen ■ Lieferzeit ■ ökologische Aspekte ■ Gewährleistungsfrist („Garantiezeit") ■ Verhalten des Lieferanten bei Reklamationen
monetäre Größen, die im Bezugspreis vereint sind	nicht monetäre Größen, die neben dem Bezugspreis für den Angebotsvergleich relevant sein können

Die Nutzwertanalyse macht es möglich, die qualitativen Faktoren nachvollziehbar in die Entscheidungsfindung einzubeziehen. Die Vergabestelle bestimmt nach den Umständen des jeweiligen Beschaffungsfalles, welche Faktoren berücksichtigt werden sollen.

Beispiel: Fortführung des Beschaffungsfalles „Dokumentenscanner"

Mithilfe der Nutzwertanalyse soll das wirtschaftlichste Angebot ermittelt werden. Die Vergabestelle hat ein Angebot aus formalen Gründen vom Verfahren ausgeschlossen. Sie hat somit nur noch die Wahl zwischen zwei Bietern. Dazu gehört der aus dem Vorkapitel bereits bekannte Lieferant I.

Ablauf der Nutzwertanalyse in vier Schritten

Erster Schritt: Festlegung der bedeutsamen qualitativen Entscheidungsfaktoren

Die maßgeblichen Zuschlagskriterien müssen bereits in der Aufforderung zur Abgabe eines Angebots angegeben werden. Neben dem quantitativen Faktor „Bezugspreis" erachtete die Vergabestelle nur zwei qualitative Faktoren als wesentlich:

- Serviceleistungen (insbesondere die Schnelligkeit der Mängelbeseitigung im Störfall)
- Garantiezeit

Der Faktor „Produktqualität" blieb unberücksichtigt, da man aufgrund der detaillierten Leistungsbeschreibung keine großen Unterschiede in der Güte und Beschaffenheit der angebotenen Dokumentenscanner erwartete.

Zweiter Schritt: Gewichtung der Entscheidungsfaktoren

Die zuständigen Mitarbeiter legen nun in einer Tabelle fest, welche Bedeutung der Bezugspreis und die ausgewählten qualitativen Faktoren für die Entscheidung haben sollen. Sie weisen Gewichtungsprozentzahlen zu:

Entscheidungs-faktoren	Gewichtungs prozentzahlen	Lieferant I		Lieferant II	
		Punkte	gewichtete Punkte	Punkte	gewichtete Punkte
Bezugspreis	45				
Serviceleistungen	35				
Garantiezeit	20				
Summe	100				

Die Summe der Gewichtungsprozentzahlen muss 100 ergeben, damit der Einfluss jedes Faktors einfach zu erkennen ist. In der Regel wird man entweder den Bezugspreis oder die Produktqualität mit der höchsten Prozentzahl ausstatten. Liegen besondere Umstände vor, können auch andere Kriterien die Führungsrolle übernehmen, z. B. die Lieferzeit, wenn die Beschaffung außerordentlich dringlich ist. Da im vorliegenden Beispiel die Produktqualität unberücksichtigt bleibt und auch keine besonderen Umstände vorliegen, die ein anderes Vorgehen begründen, weisen die Mitarbeiter der Vergabestelle dem Bezugspreis die größte Bedeutung zu. Er beeinflusst die Entscheidung zu 45 %.

Wenn der Dokumentenscanner aufgrund eines Defekts ausfällt, kommt es zu empfindlichen Störungen von Arbeitsabläufen. Nur ein schneller Reparaturdienst verhindert in dieser Situation schwerwiegende, unliebsame Verzögerungen. Deshalb werden die Serviceleistungen zum zweitwichtigsten Entscheidungsfaktor erkoren.

Im vorliegenden Beispiel gewähren die Lieferanten ungleiche Garantiezeiten. Sie sind folglich unterschiedlich lang zur unentgeltlichen Mängelbeseitigung verpflichtet. Das hat Auswirkungen auf künftige Instandhaltungskosten. Bei längerer Garantiezeit sind sie geringer. So erklärt sich die nicht unbeachtliche Gewichtungsprozentzahl 20. Sie drückt aus, dass die Entscheidung zu einem Fünftel (= 20 %) auf der Wirkung des Kriteriums Garantiezeit beruht.

Dritter Schritt: Bewertung der Alternativen durch Punktvergabe

Die Mitarbeiter der Vergabestelle bewerten die Leistung der Lieferanten pro Entscheidungsfaktor durch die Vergabe von Punkten. Dabei stehen die Punkte für Schulnoten:

sehr gut .... 5 Punkte
gut .... 4 Punkte
befriedigend .... 3 Punkte
ausreichend .... 2 Punkte
mangelhaft .... 1 Punkt
ungenügend/nicht vorhanden ... 0 Punkte

Nach der Punktevergabe hat die Tabelle folgendes Aussehen:

Entscheidungs-faktoren	Gewichtungs-prozentzahlen	Lieferant I		Lieferant II	
		Punkte	gewichtete Punkte	Punkte	gewichtete Punkte
Bezugspreis	45	5		2	
Serviceleistungen	35	2		5	
Garantiezeit	20	3		5	
Summe	100				

Der Bezugspreis von Lieferant (L) II ist um 250,00 € höher als der von L I. Deshalb schneidet L II hier nur ausreichend ab. Allerdings hat er bei den Serviceleistungen die Nase vorn. Er bietet einen 24-Stunden-Störfall-Service, der mit sehr gut bewertet wird. L I sagt hingegen nur zu, Mängel „möglichst zügig", spätestens innerhalb von drei Tagen zu beseitigen. Bei der Garantiezeit erhält L II ebenfalls die Bestnote, da er drei Jahre für Mängel haftet, während L I nur die zweijährige, gesetzliche Gewährleistung übernimmt.

Vierter Schritt: Ermittlung des Angebots mit dem höchsten Nutzwert

Zunächst berechnet man die gewichteten Punkte pro Entscheidungsfaktor durch Multiplikation der vergebenen Punkte mit der Gewichtungsprozentzahl. Danach wird die Summe der gewichteten Punkte ermittelt. Diese entspricht dem „Nutzwert" des Angebots.

Entscheidungs-faktoren	Gewichtungs-prozentzahlen	Lieferant I		Lieferant II	
		Punkte	gewichtete Punkte	Punkte	gewichtete Punkte
Bezugspreis	45	5	225	2	90
Serviceleistungen	35	2	70	5	175
Garantiezeit	20	3	60	5	100
Summe	100		355		365

Das Angebot von L II erzielt die höhere Gesamtpunktzahl. Es hat den höheren Nutzwert und ist demnach das wirtschaftlichere Angebot. L II erhält den Zuschlag für die Lieferung des Dokumentenscanners, obwohl sein Bezugspreis höher ist als der des Konkurrenten.

In der Fachliteratur werden zum Teil sehr unterschiedliche Fassungen der Nutzwertanalyse vorgestellt. Die hier beschriebene Form ist daher als eine von mehreren Möglichkeiten zu verstehen. Die Stärke der Nutzwertanalyse liegt in ihrer Transparenz. Die Einschätzungen und Bewertungen der Anwender treten offen zutage. Das zwingt zu einer wohldurchdachten, sorgfältigen und begründeten Durchführung der erforderlichen vier Schritte.

In den Kapiteln 4.6 und 4.7 wurde der Angebotsvergleich am Beispiel eines Anlagegutes (Dokumentenscanner) dargestellt. In gleicher Weise geht man bei den Verbrauchsgütern des Umlaufvermögens (z. B. Büromaterialien) vor.

Bei Anlagegütern lassen sich anstelle des Bezugspreises auch alternative monetäre Größen für die Nutzwertanalyse gewinnen. Dafür muss man bestimmte Verfahren der Investitionsrechnung anwenden. Diese sind im Band Rechnungswesen der öffentlichen Verwaltung dargestellt (Kapitel 9.5).

5740162

5 Optimierung des Beschaffungsprozesses von Verbrauchsgütern

5.1 ABC-Analyse

Die ABC-Analyse ist ein Verfahren zur Differenzierung von Maßnahmen in der Materialbeschaffung und -bereitstellung. Die für die Verwaltungsarbeit benötigten Materialien werden hierbei aufgrund ihrer Verbrauchswerte in einer Periode nach ihrem Wertverhältnis in drei Klassen gegliedert:

- Die **Klasse A** enthält dabei Materialien mit hohem Wertanteil.
- Die **Klasse B** beinhaltet Materialien mit mittlerem Wertanteil.
- Die **Klasse C** enthält Materialien mit geringem Wertanteil.

Bei der Durchführung einer ABC-Analyse werden zunächst alle Materialien in eine absteigende Rangfolge in Abhängigkeit von ihrem **Jahresverbrauchswert** (= Jahresverbrauchsmenge · durchschnittlicher Beschaffungspreis) gebracht. Anschließend werden sie nacheinander den drei Klassen zugeordnet. Begonnen wird dabei mit der Klasse A, wobei von den Materialien mit dem höchsten Jahresverbrauchswert so viele dieser Klasse zugeordnet werden, bis ihr Anteil zusammen 75 % des Jahresverbrauchswerts aller Materialien ausmacht. Von den nächsten Materialarten werden so viele der Klasse B zugeordnet, bis ihr Anteil zusammen 20 % des Jahresverbrauchswerts aller Materialien ausmacht. Zur Klasse C gehören schließlich die restlichen Güter, deren Anteil am Jahresverbrauchswert sich zusammen auf 5 % beläuft. Die Grenzen für die Einteilung dieser drei Klassen können jedoch verwaltungsintern auch anders festgelegt werden (z. B. A-Klasse: 80 %, B-Klasse: 15 %, C-Klasse 5 %).

Eine durchgeführte ABC-Analyse könnte folgendermaßen aussehen:

Beispiel einer ABC-Analyse

Material	mengenmäßiger Verbrauch im letzten Jahr	Ist-Preis pro Mengeneinheit	Jahresverbrauchswert	%-Anteil am Jahresverbrauchswert	Rangordnung (nach dem %-Anteil) am Jahresverbrauchswert	kumulierter %-Anteil am Jahresverbrauchswert	Güterart
G	145	67,00 €	9.715,00 €	26,57 %	1	26,57 %	A-Güter
B	354	25,00 €	8.850,00 €	24,21 %	2	50,78 %	A-Güter
C	40	177,65 €	7.106,00 €	19,44 %	3	70,22 %	A-Güter
F	200	30,00 €	6.000,00 €	16,41 %	4	86,63 %	B-Güter
K	20	134,00 €	2.680,00 €	7,33 %	5	93,96 %	B-Güter
H	300	2,50 €	750,00 €	2,05 %	6	96,01 %	C-Güter
A	23	30,00 €	690,00 €	1,89 %	7	97,90 %	C-Güter
J	150	1,80 €	270,00 €	0,74 %	8	98,63 %	C-Güter
E	430	0,50 €	215,00 €	0,59 %	9	99,22 %	C-Güter
D	554	0,30 €	166,20 €	0,45 %	10	99,68 %	C-Güter
I	100	1,00 €	100,00 €	0,27 %	11	99,95 %	C-Güter
L	12	1,50 €	18,00 €	0,05 %	12	100,00 %	C-Güter
	2328	–	**36.560,20 €**	**100,00 %**			

A-Güter 75 %

B-Güter 20 %

C-Güter 5 %

In einem Liniendiagramm lässt sich die Einteilung der Materialien in A-, B- und C-Güter wie folgt darstellen:

Bestimmung von ABC-Gütern mittels Liniendiagramm

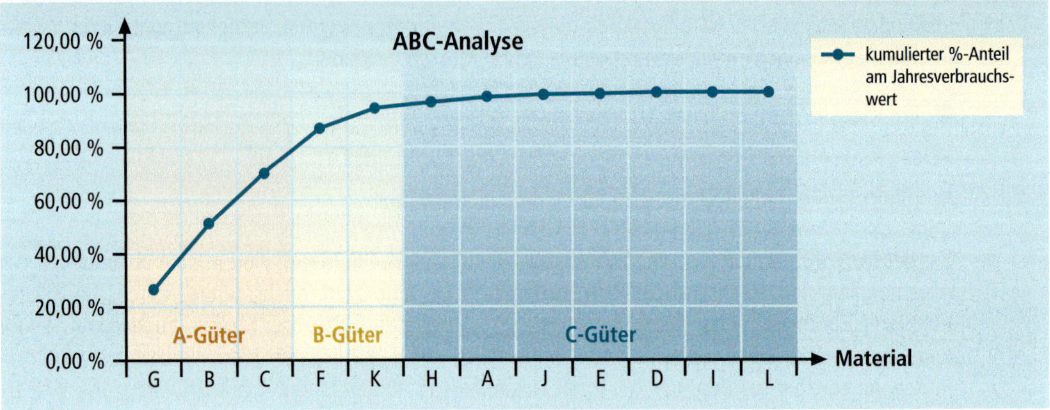

Das Mengen-Wert-Verhältnis der drei Güterklassen ergibt auf den Beispielfall bezogen folgendes Ergebnis:

Tabellarische Darstellung von Mengen- und Wertanteil von ABC-Gütern

	Mengenanteil		Wertanteil	
Güterart	**in Stück**	**%-Anteil an der Jahresverbrauchsmenge**	**%-Anteil am Jahresverbrauchswert**	**in €**
A-Güter	539	23,15 %	70,22 %	25.671,00 €
B-Güter	220	9,45 %	23,74 %	8.680,00 €
C-Güter	1 569	67,40 %	6,04 %	2.209,20 €
Summe	2 328	100,00 %	100,00 %	36.560,20 €

Grafische Darstellung von Mengen- und Wertanteil von ABC-Gütern in einem Säulendiagramm

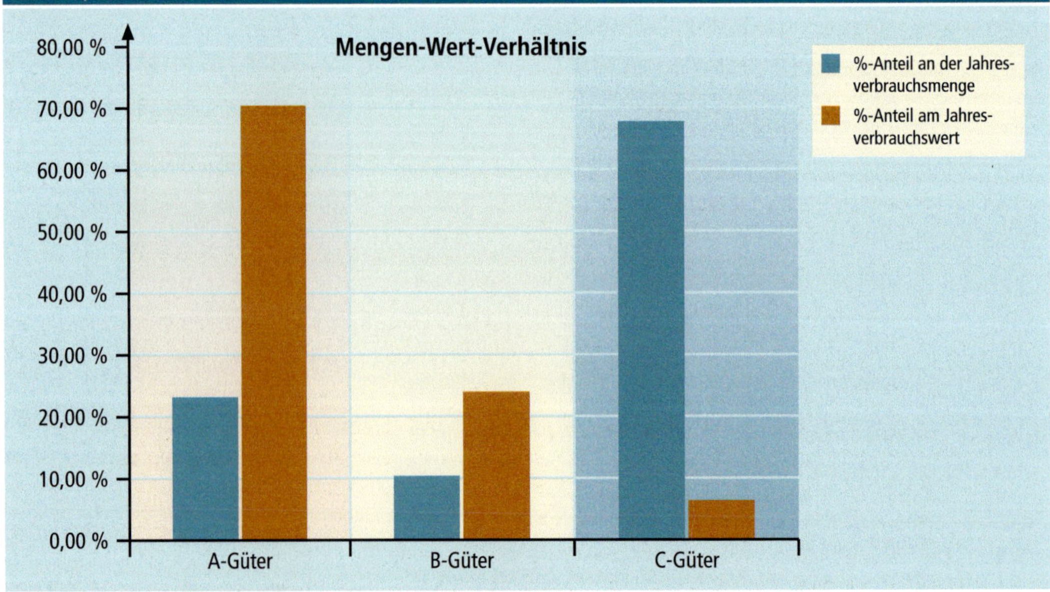

- Die **Klasse A** enthält häufig Materialien mit geringem Mengen-, aber hohem Wertanteil. In unserem Beispiel haben 23,15 % des mengenmäßigen Materialverbrauchs einen Anteil von 70,22 % am gesamten wertmäßigen Materialverbrauch.
- Die **Klasse B** beinhaltet Materialien mit verhältnismäßig ausgeglichenem Mengen-Wert-Anteil. In unserem Beispiel entsprechen 9,45 % des mengenmäßigen Materialverbrauchs einem Anteil von 23,74 % des gesamten wertmäßigen Materialverbrauchs.
- Die **Klasse C** enthält Materialien mit hohem Mengen-, jedoch geringem Wertanteil. In unserem Beispiel sind die meisten Materialien (67,4 %) C-Güter. Auf sie entfällt nur ein Verbrauchswertanteil von 6,04 %.

Aufwändige Materialbereitstellungs- sowie Optimierungsverfahren sind vorrangig für Materialien der A-Klasse gerechtfertigt.

Behandlung von ABC-Gütern im Rahmen der Beschaffung		
A-Güter	B-Güter	C-Güter
hoher Aufmerksamkeitsgrad	**geringer Aufmerksamkeitsgrad**	**minimaler Aufmerksamkeitsgrad**
großer Anteil am Einkaufsvolumen, daher: ■ großer Beschaffungsaufwand wegen großer Einsparmöglichkeiten ■ Der Beschaffungsaufwand umfasst eine sorgfältige Bestellkostenrechnung, eine genaue Mengen-, Preis- und Zeitplanung sowie eine genaue Bestandsüberwachung.	kleiner Anteil am Einkaufsvolumen, daher: ■ geringer Beschaffungsaufwand wegen kleiner Einsparmöglichkeiten ■ Die B-Materialien nehmen hinsichtlich ihrer Behandlung eine Mittelstellung ein: Die Behandlung kann nicht so einfach erfolgen wie bei den C-Materialien; andererseits muss kein so hoher Beschaffungsaufwand betrieben werden wie für die A-Materialien.	unbedeutender Anteil am Einkaufsvolumen, daher: ■ kaum Beschaffungsaufwand wegen minimaler Einsparmöglichkeiten ■ Bestellung großer Mengen wenige Male im Jahr, da die Kapitalbindung der C-Materialien relativ gering ist ■ ohne ständige Marktkontrolle bei festen Lieferanten bestellen ■ die Sicherheitsbestände relativ großzügig festlegen

5.2 Lagerkennziffern

Die Lagerhaltung erfüllt folgende Aufgaben:

- **Sicherung der Lieferungsbereitschaft:** Sind Unwägbarkeiten bei der Beschaffung der Materialien zu erwarten, so kann die Lagerhaltung sicherstellen, dass die Aufgabenerfüllung nicht durch fehlende Materialien beeinträchtigt wird.
- **Preisausgleich:** Ist mit Preissteigerungen zu rechnen, so können größere Mengen zum aktuell (noch) niedrigeren Preis gekauft werden.
- **Kosteneinsparung:** Die Beschaffungskosten können gesenkt werden, indem (Mengen-)Rabatte ausgenutzt und Transportkosten verringert werden.
- **Umformung:** Es gibt Materialien, die erst durch Lagerhaltung ihren endgültigen Zustand erreichen. Dies betrifft insbesondere den Lebensmittelbereich. Zum Beispiel muss Käse erst eine gewisse Zeit reifen, bevor er verkauft werden kann.

Für die Lagerhaltung fallen insbesondere Raum-, Verwaltungs- und Lagerbestandskosten an. Zu den Raumkosten gehören Miete, Energiekosten (Heizung, Strom), Versicherungsprämien, Reinigungskosten, Abschreibung der Betriebsmittel (Gebäude, Maschinen, Regale usw.), Zinsen für das in den Betriebsmitteln gebundene Kapital (Zinsverlust als Opportunitätskostenfaktor, z. B. Zinsverlust durch entgehende Möglichkeit der Geldanlage). Zu den Verwaltungskosten gehören Löhne und Gehälter für das Lagerpersonal sowie Aufwendungen für Verwaltungsmaterial (z. B. Materialanforderungskarten, Ablagesysteme). Die Lagerbestandskosten setzen sich aus Zinsen für das im Lagerbestand gebundene Kapital, Wertverlust (z. B. durch Verderb, Überalterung, Preisverfall, Diebstahl), Versicherungsprämien für die Lagervorräte und Aufwendungen für die Warenpflege (z. B. Schutzmaßnahmen) zusammen.

Bei der Lagerhaltung ergibt sich ein **Zielkonflikt** zwischen ertragswirtschaftlichen und kostenwirtschaftlichen Zielen: Das **ertragswirtschaftliche Ziel** besteht darin, eine möglichst hohe Liefer- und Produktionsbereitschaft sicherzustellen. Es sollte also möglichst viel auf Lager liegen. Das **kostenwirtschaftliche Ziel** besteht darin, die Lagerhaltungskosten möglichst gering zu halten. Es sollte also möglichst wenig auf Lager liegen, um die Kapitalbindung zu minimieren.

Mithilfe von **Lagerkennziffern** kann die Lagerhaltung überwacht werden.

Lagerkennziffern

Lagerkennziffer	Formel	Erklärung
durchschnittlicher Lagerbestand	$\frac{\text{(Jahresanfangsbestand + Summe der Monatsendbestände)}}{(n+1)}$ wenn keine monatlichen Daten vorliegen: $\frac{\text{(Jahresanfangsbestand + Jahresendbestand)}}{2}$	Durchschnittliche Menge der gelagerten Materialien: Bei Einjahresbetrachtung ist n = 12.
Umschlagshäufigkeit	$\frac{\text{Verbrauch in der Periode}}{\text{durchschnittlicher Lagerbestand}}$	Wie oft wird der durchschnittliche Lagerbestand verbraucht?
durchschnittliche Lagerdauer	$\frac{360}{\text{Umschlagshäufigkeit}}$	Wie lange lagert das Material im Durchschnitt, bis es verbraucht wird?
Lagerzinssatz	$\frac{\text{Marktzinssatz} \cdot \text{durchschnittliche Lagerdauer}}{360}$	Wie viel Prozent Zinsen entfallen auf das bei einer durchschnittlichen Lagerdauer gelagerte Material?
durchschnittliche Lager(haltungs)kosten	durchschnittlicher Bestand · Lagerkosten pro Stück	
durchschnittliche Kapitalbindung im Lager	durchschnittlicher Bestand · Bezugspreis pro Stück	
Lagerzinsen	durchschnittlich gebundenes Kapital · Lagerzinssatz	

Bei der Auffüllung des Lagers wird zwischen zwei verschiedenen **Bestellverfahren** unterschieden.

Beim **Bestellpunktverfahren** wird die Bestellung bei Erreichen eines vorgegebenen Meldebestands ausgelöst. Die Bestellmenge ist dabei festgelegt, das Bestellintervall ist verbrauchsabhängig.

Beim **Bestellrhythmusverfahren** erfolgt die Bestellung unabhängig von der tatsächlichen Lagerentnahme in einem bestimmten zeitlichen Rhythmus (z. B. einmal monatlich). Die Bestellzeitpunkte sind somit festgelegt, die Bestellmenge richtet sich nach dem Verbrauch.

5.3 Bestellmengenplanung

Ist der Bedarf an einer bestimmten Materialart für den festgelegten Planungszeitraum (in der Regel ein Jahr) ermittelt worden, so muss im Rahmen der Beschaffungsplanung entschieden werden, ob dieser Bedarf durch eine einzige Bestellung oder mehrere, über den Planungszeitraum verteilte Bestellungen gedeckt werden soll.

Bei einer **Einmalbestellung** ergeben sich durch Mengenrabatte und günstige Liefer- und Zahlungsbedingungen in der Regel niedrigere Bezugspreise pro Mengeneinheit als bei häufigeren Einkäufen kleinerer Mengen. Die

Bestellkosten sind zudem gering, da nur einmal bestellt wird. Das Beschaffungsrisiko von Lieferengpässen entfällt für den Planungszeitraum, sobald die Einmallieferung erfolgt ist. Nachteilig sind in diesem Fall höhere Lagerkosten und -risiken.

Bei **Mehrfachbestellungen** und entsprechend kleineren Bestellmengen sind demgegenüber zwar die Lagerkosten niedriger, dafür jedoch die Bezugspreise, das Beschaffungsrisiko (z. B. bei Lieferengpässen des Lieferanten) und die Bestellkosten höher.

Bei der Ermittlung der **optimalen Bestellmenge** sind Kostenarten, deren Wirkung gegensätzlich ist, zu berücksichtigen. Die **Bestellkosten** ergeben sich, indem die Kosten einer Bestellung (z. B. Porto, Telefon, Rechnungsprüfung, Wareneingangskontrolle, Einlagerung usw.) mit der Anzahl der Bestellungen multipliziert werden. Die variablen **Lager(haltungs)kosten** verändern sich immer im gleichen Verhältnis zum Wert des gelagerten Materials. Sie enthalten Zinskosten für das in den Materialbeständen gebundene Kapital sowie ggf. Kosten für Diebstahl, Schwund oder Verderb.

Die **optimale Bestellmenge** liegt dort, wo die Summe aus Bestell- und Lagerhaltungskosten ein Minimum erreicht.

Ermittelt werden kann die optimale Bestellmenge bzw. die optimale Anzahl an Bestellungen pro Jahr mithilfe einer Tabelle, anhand einer Grafik oder unter Verwendung einer Formel.

Beispiel

Folgende Daten liegen zur Bestimmung der optimalen Bestellmenge vor:

- *Der Jahresbedarf des zu beschaffenden Materials liegt bei 200 Stück.*
- *Der Einstandspreis je Stück beträgt 20,00 €.*
- *Die festen Kosten je Bestellung belaufen sich auf 20,00 €.*
- *Der Lagerhaltungskostensatz beträgt 4 %.*
- *Es wird vereinfachend davon ausgegangen, dass durchschnittlich die Hälfte der Bestellmenge auf Lager liegt (= durchschnittlicher Lagerbestand). Das heißt, es liegt ein gleichmäßiger Lagerabgang vor.*

Die optimale Bestellmenge liegt bei 100 Stück, da die Summe aus Lagerhaltungskosten und Bestellkosten mit 80,00 € ihr Minimum erreicht.

Tabellarische Ermittlung der optimalen Bestellmenge

alternative Bestellmenge	Anzahl Bestellungen pro Jahr	durchschnittlicher Lagerbestand in Stück	Wert des durchschnittlichen Lagerbestands	Lagerhaltungskosten pro Jahr	Bestellkosten pro Jahr	Gesamtkosten
200,00	1	100,00	2.000,00 €	80,00 €	20,00 €	100,00 €
100,00	2	50,00	1.000,00 €	40,00 €	40,00 €	80,00 €
66,67	3	33,33	666,67 €	26,67 €	60,00 €	86,67 €
50,00	4	25,00	500,00 €	20,00 €	80,00 €	100,00 €
40,00	5	20,00	400,00 €	16,00 €	100,00 €	116,00 €
33,33	6	16,67	333,33 €	13,33 €	120,00 €	133,33 €
28,57	7	14,29	285,71 €	11,43 €	140,00 €	151,43 €
25,00	8	12,50	250,00 €	10,00 €	160,00 €	170,00 €

In der grafischen Darstellung wird deutlich, dass der Schnittpunkt von Lagerhaltungs- und Bestellkosten den Punkt bestimmt, an dem die Gesamtkosten minimal sind. Bei zwei Bestellungen (zu 100 Stück) pro Jahr sind die Gesamtkosten aus Lagerhaltungs- und Bestellkosten minimal.

Grafische Ermittlung der optimalen Anzahl an Bestellungen

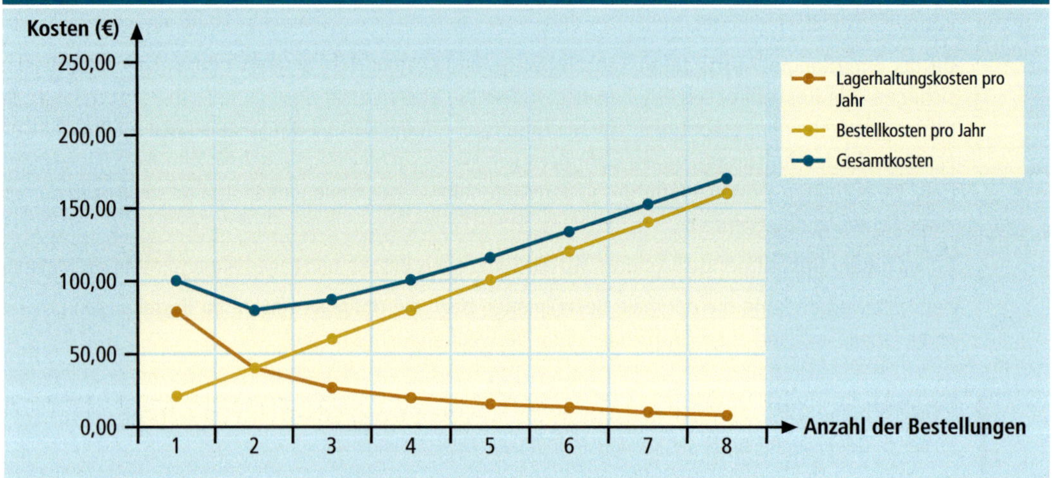

Mathematisch kann die optimale Bestellmenge mit folgender Formel ermittelt werden:

Optimale Bestellmenge =

$\sqrt{(200 \cdot \text{Jahresbedarf} \cdot \text{Bestellkosten}) : (\text{Einstandspreis} \cdot \text{Lagerhaltungskostensatz})}$

Der Lagerhaltungskostensatz ist dabei in der Formel als absolute Zahl anzusetzen (z. B. wird bei einem Lagerhaltungskostensatz von 4 % mit der Zahl 4 gerechnet).

$\sqrt{(200 \cdot 200 \cdot 20) : (20 \cdot 4)}$ = 100 Stück

Es ergibt sich eine optimale Bestellmenge von 100 Stück.

Dem angewandten mathematischen Berechnungsmodell für die optimale Bestellmenge liegen folgende vereinfachende Annahmen zugrunde:

- Die Materialien sind in der Planungsperiode uneingeschränkt lagerfähig.
- Die Lieferanten sind bereit und in der Lage, jede gewünschte Materialmenge zu liefern.
- Die Bezugspreise pro Mengeneinheit sind unabhängig von der Bestellmenge gleich hoch.
- Der Lagerabgang erfolgt gleichmäßig.

5.4 Zeitplanung

Beim Bestellpunktverfahren ist zunächst ein **Mindestlagerbestand** („Eiserne Reserve") sowie ein **Meldebestand** (= Bestand, bei dem bestellt werden muss, um den Mindestlagerbestand nicht zu unterschreiten) festzulegen. Folgende Kennzahlen müssen beim Bestandsmanagement im Lager bzw. bei der Festlegung des optimalen Bestellzeitpunkts überwacht werden:

- **Mindestlagerbestand:** Bestand, der unter normalen Bedingungen niemals angegriffen werden darf. Dieser Bestand kann absolut (z. B. 25 Tonerkartuschen) oder relativ (z. B. 10 % der Jahresverbrauchsmenge) festgelegt werden. Er gilt als Bestand für unvorhergesehene Fälle und soll Bedarfs-, Liefer- oder Bestandsrisiken ausgleichen.
- **Meldebestand** = Mindestlagerbestand + (Lieferzeit · Verbrauch pro Zeiteinheit)

5740168

- **Höchstbestand** = Mindestlagerbestand + optimale Bestellmenge
- **Durchschnittlicher Lagerbestand** = optimale Bestellmenge : 2 + Mindestlagerbestand (Es wird davon ausgegangen, dass durchschnittlich immer die Hälfte der Bestellmenge auf Lager liegt, daher Division durch 2.)
- **Bestellintervall** = optimale Bestellmenge : Verbrauchsmenge pro Zeiteinheit

Beispiel

Von einem Gut sollen immer mindestens so viele Stücke auf Lager liegen, dass bei eventuellen Lieferschwierigkeiten drei Tage überbrückt werden können (= Mindestlagerbestand). Pro Tag werden von diesem Gut 20 Stück verbraucht (= Verbrauch pro Tag). Die Lieferzeit pro Bestellung beträgt drei Tage. Die optimale Bestellmenge liegt bei 200 Stück.

- *Meldebestand = 60 + (3 · 20) = 120 Stück*
- *Höchstbestand = 60 + 200 = 260 Stück*
- *Durchschnittlicher Lagerbestand = 200 : 2 + 60 = 160 Stück*
- *Bestellintervall = 200 : 20 = 10 Tage*

Die Lagerbestandsentwicklung stellt sich grafisch wie folgt dar:

Beispielhafte grafische Darstellung der Lagerbestandsentwicklung

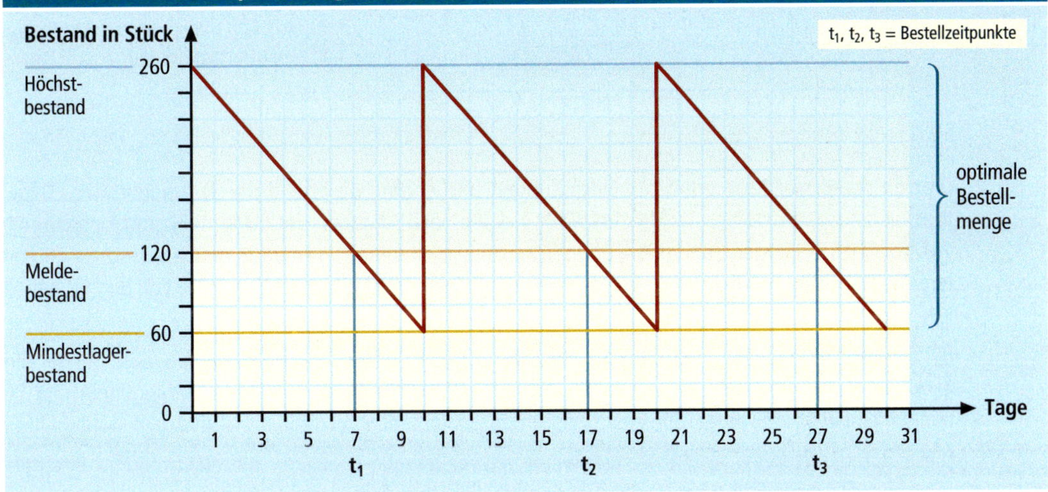

5.5 Elektronische Beschaffung

Von der elektronischen Beschaffung von Gütern und Dienstleistungen über das Internet – auch E-Procurement oder im Falle öffentlicher Organisationen Public E-Procurement (kurz: PEP) genannt – erwarten die Experten gegenüber den herkömmlichen Beschaffungsverfahren erhebliche Vorteile wie:

- geringere Verwaltungskosten,
- kürzere Beschaffungszeiten,
- geringere Bezugspreise,
- mehr Anbieterauswahl sowie
- mehr Transparenz im Vergabeprozess und dadurch auch geringere Missbrauchsmöglichkeiten.

Studien bestätigen immer wieder diese Vorteile. Geschätzt wird, dass dabei die Verwaltungskosten zwischen 25 % und 75 % sowie die Bezugspreise zwischen 10 % und 30 % gesenkt werden können. Hinzu kommen ggf. weitere Kosteneinsparungen, weil die Lagerhaltungskosten in der Verwaltung gesenkt werden können.

Public E-Procurement (PEP) – öffentlicher Einkauf via Internet

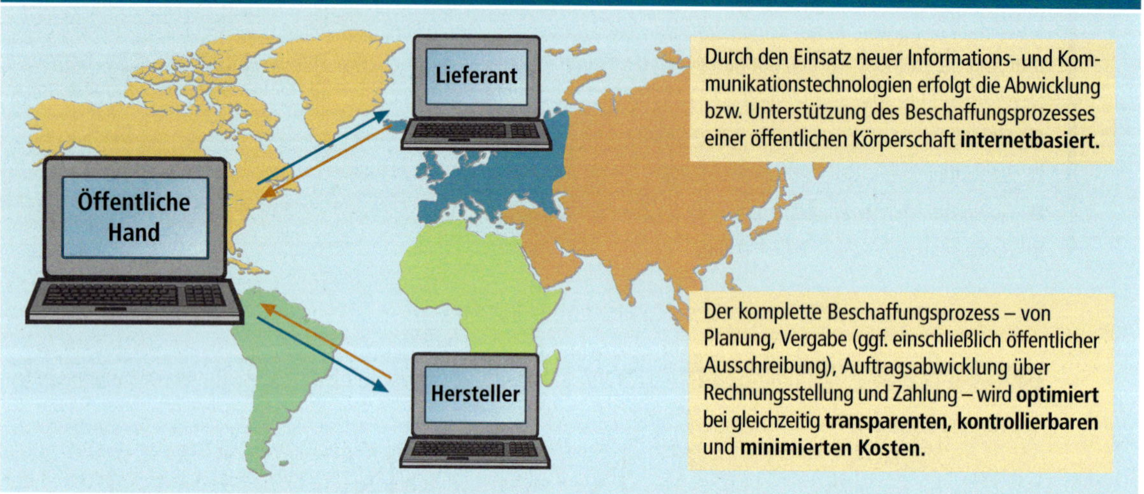

Die von staatlicher Seite erhofften Einsparungen sind enorm, da öffentliche Aufträge in der EU ca. 15 % des Bruttoinlandsprodukts ausmachen. Erwartet werden nach Angaben der EU-Kommission Einsparungen in Höhe von bis zu 40 Milliarden Euro, wenn öffentliche Ausschreibungen vollständig online verfügbar sind und mindestens die Hälfte davon auch online vergeben werden. Dieses Ziel wurde im Jahr 2010 von den EU-Mitgliedstaaten erreicht.

Bei der Einrichtung einer elektronischen Beschaffungsplattform ist darauf zu achten, dass bei der digitalen Abwicklung des Beschaffungsprozesses die rechtlichen Vorgaben der relevanten Verdingungs- und Vergabeordnungen eingehalten werden. Die elektronisch abgeschlossenen Verträge müssen zudem rechtsgültig sein.

Diese Voraussetzungen erfüllt beispielsweise www.evergabe-online.de, die elektronische Beschaffungsplattform und das zentrale Ausschreibungsmedium des Bundes. Dort finden Unternehmen alle Ausschreibungen der Bundesbehörden, aber auch Ausschreibungen der Beschaffungsstellen von Ländern und Kommunen in digitaler Form.

Das Bundesministerium für Wirtschaft und Technologie erwartet für Deutschland ab dem Jahr 2010 eine Senkung der Bürokratiekosten von bis zu 1,45 Milliarden Euro durch die elektronische Abwicklung von öffentlichen Ausschreibungen des Bundes, der Länder und der Kommunen über die Vergabeplattform des Bundes sowie die Vergabe von Bagatellaufträgen bis 500 Euro ohne aufwendiges Vergabeverfahren.

Die hohen Zeit- und Kosteneinsparungen bei der E-Vergabe sind möglich, weil die Kommunikation zwischen den beteiligten Verwaltungen und Unternehmen in allen Phasen des Vergabeprozesses ausschließlich über das Internet abgewickelt wird: Ausdruck und Postversand der Dokumente entfallen.

Unternehmen, die am E-Vergabe-Verfahren teilnehmen wollen, benötigen eine elektronische Signatur, die dem Empfänger einer Nachricht die Überprüfung der Authentizität und Unverfälschtheit der durch sie signierten Daten ermöglicht. Welche elektronischen Signaturen bei der E-Vergabe eingesetzt werden können, wird auf www.evergabe-online.de angegeben. Unterstützt wird eine dateibasierte, fortgeschrittene Signatur (mit oder ohne Firmenangabe) sowie verschiedene qualifizierte Signaturkarten, für deren Einsatz noch ein von der E-Vergabe unterstütztes Kartenlesegerät benötigt wird. Die Beantragungszeit für eine elektronische Signatur kann erfahrungsgemäß bis zu drei Wochen dauern. Daher sollten Unternehmen, die erstmals an einem elektronischen Vergabeverfahren teilnehmen wollen, die Beantragung der elektronischen Signatur bei einem der autorisierten Trust-Center sowie die Beschaffung des Kartenlesegeräts rechtzeitig vornehmen und sich ggf. über weitere Nutzungsvoraussetzungen informieren. Im Fall der E-Vergabe stellt der Betreiber der Ausschreibungsplattform den Unternehmen und Behörden weitere Tools wie z. B. einen Angebots-Assistenten, Hinweise und spezielle Software wie z. B. die jSign-Signaturkomponente zur Verfügung.

Für die Unternehmen wird die Suche nach interessanten Ausschreibungen durch die digitale Informationsbereitstellung deutlich einfacher und kostengünstiger. Die Verwendung elektronischer Dokumente erleichtert zudem die Weitergabe der Dokumente innerhalb der Unternehmen an die Entscheider und Sachbearbeiter sowie – nach Fertigstellung – an die Vergabestelle. Vergabeformulare und elektronische Kataloge können zum Teil automatisiert befüllt werden.

Auch auf Verwaltungsseite können durch die Einführung von elektronischen Akten sowie den konsequenten Einsatz von Workflow- und Dokumentenmanagementsystemen die Bearbeitungskosten gesenkt und die Prozessdurchlaufzeiten deutlich verringert werden.

Außerdem wird der Beschaffungsvorgang bei elektronischer Abwicklung für alle Beteiligten sicherer, weil der elektronische Dokumentenaustausch verschlüsselt erfolgt, die Echtheit der Kommunikationspartner vom System überprüft wird, alle vergaberechtlichen Aktionen mitprotokolliert werden und somit jederzeit nachvollziehbar sind (z. B. von Vergabekammern in Nachprüfungsverfahren). Die hohe Prozesstransparenz ist dabei gleichzeitig eine Maßnahme zur Vermeidung von Korruption.

Vor der Umstellung von kommunalen Beschaffungsprozessen auf E-Procurement sollte der bestehende Beschaffungsprozess zunächst analysiert und optimiert werden (zum Vorgehen vgl. auch LF 8 Abschnitt 3). Dadurch wird ausgeschlossen, dass Schwachstellen im bestehenden Beschaffungsprozess durch die systemtechnische Abbildung bzw. Digitalisierung dauerhaft festgeschrieben werden.

1 Rechtliche Grundlagen

1.1 Privates und öffentliches Recht

Einstiegsfall Graffiti an der Wand

Der neunzehnjährige Marco T. sprüht Graffiti an einer Hauswand der Wohnungsbaugenossenschaft „Gemeinnützige Siedlungsgenossenschaft in Neustadt (e. G.)“. Als er das Bild fast fertiggestellt hat, kommt die Polizei. Welche Rechtsfolgen können auf ihn zukommen?

↓

Jedem Sprayer drohen grundsätzlich zwei rechtliche Folgen:

↓	↓
Er muss dem betroffenen Eigentümer, hier der Wohnungsbaugenossenschaft, Schadensersatz leisten, d. h. die Graffiti selbst beseitigen oder die Kosten dafür ersetzen.	Er könnte vor Gericht wegen Sachbeschädigung und ggf. Hausfriedensbruch zu einer Strafe verurteilt werden oder mindestens dem Ordnungsamt ein Bußgeld zahlen.

Diese Rechtsfolgen stammen aus verschiedenen Rechtsgebieten:

↓	↓
Schadensersatz aus dem Gebiet des **Privatrechts.**	**Strafe und Bußgeld** aus dem Gebiet des **öffentlichen Rechts.**

Öffentliches Recht

In der deutschen Rechtsordnung unterscheidet man zwei Rechtsgebiete, das **Privatrecht** und das **öffentliche Recht.** Die Unterscheidung geht zurück auf das römische Recht, in dem zwischen „ius privatum“ und „ius publicum“ unterschieden wurde. Handelt der Staat oder eine seiner Institutionen, geschieht das häufig nach öffentlich-rechtlichen Vorschriften, so jedenfalls, wenn Täter bestraft, Steuern erhoben, Beamte berufen werden. Das öffentliche Recht regelt grundsätzlich das Verhältnis des Bürgers zum Staat oder die staatliche Organisation selbst, also z. B. die Befugnisse von Bundestag und Bundesrat oder das Verfahren von Justiz und Verwaltung. Hier ist im Verhältnis von Bürger und Staat der Einzelne dem Staat untergeordnet. Öffentlich-rechtliche Vorschriften **zwingen** den Bürger, er muss sich den staatlichen Anordnungen fügen. Zum Beispiel können sich Eltern nicht aussuchen, ob ihr sechsjähriges Kind zur Schule geht oder nicht; durch die Schulgesetze der Bundesländer besteht Schulpflicht.

Privates Recht

Wenn die Verwaltung aber Büromaterial einkauft (Kaufvertrag), ein Bürogebäude mietet (Mietvertrag) oder einen Maler zur Beseitigung von Graffiti beauftragt (Werkvertrag), handelt sie wie ein Bürger oder ein Unternehmen auf dem Gebiet des Privatrechts. Das **Privatrecht** regelt die Rechtsverhältnisse gleichberechtigter Personen zueinander. Privatrechtliche Vorschriften zwingen die Beteiligten nicht, man kann meist vertraglich etwas anders als im Gesetz vorgesehen regeln. Diese abänderbaren, abdingbaren bzw. nachgiebigen Vorschriften nennt man auch dispositiv – weil das Gesetz Dispositionsfreiheit einräumt. Im Privatrecht gilt Privatautonomie, d. h. die Freiheit des Einzelnen, Rechtsverhältnisse weitgehend nach seinem Willen zu gestalten. Eine **wichtige Ausprägung** der Privatautonomie ist die **Vertragsfreiheit,** d. h., jeder kann frei darüber entscheiden, ob er Verträge schließen will, mit wem er sie schließen will (Abschlussfreiheit), was im Vertrag geregelt werden soll (Inhaltsfreiheit) und in welcher Form dies geschehen soll (Formfreiheit).

Quellen des Privatrechts

Zum Privatrecht gehören insbesondere das **Bürgerliche Recht (Zivilrecht), Teile des Arbeitsrechts** und das **Wirtschafts(privat)recht.** Das Wirtschaftsrecht besteht insbesondere aus dem Handels- und Gesellschaftsrecht. Während das Handelsrecht Rechte und Pflichten von Kaufleuten regelt, normiert das Gesellschaftsrecht beispielsweise Gründung und Aufbau von Unternehmensformen wie Aktiengesellschaft und Gesellschaft mit beschränkter Haftung. Das Bürgerliche Gesetzbuch (BGB) ist das wichtigste Gesetz des Bürgerlichen Rechts/Zivilrechts. Es wurde am 1. Januar 1900 in Kraft gesetzt und ist trotz vieler Änderungen in wesentlichen Teilen gleich geblieben. Der Begriff Zivilrecht stammt aus dem römischen Recht: „Cives“ ist lateinisch und heißt Bürger.

5740172

Das BGB gliedert sich in fünf Teile, die der Gesetzgeber „Bücher" nennt.

1. Allgemeiner Teil	Grundsätze, die für alle Bücher von Bedeutung sind – sie werden „vor die Klammer" gezogen
2. Schuldrecht	■ **Allgemeines Schuldrecht** Begründung, Inhalt und Beendigung von Schuldverhältnissen ■ **Besonderes Schuldrecht** – Pflichten aus einzelnen vertraglichen Schuldverhältnissen, z. B. Kauf-, Werk-, Miet- oder Reisevertrag, oder – aus gesetzlichen Schuldverhältnissen wie die Schadensersatzpflicht bei unerlaubten Handlungen, z. B. bei verbotenen Graffiti
3. Sachenrecht	Rechtsbeziehungen zwischen Rechtssubjekten (Personen) und Rechtsobjekten (Sachen, Rechte), z. B. Besitz und Eigentum an Sachen
4. Familienrecht	Verwandtschaft, Verlobung, Ehe, Scheidung, Unterhaltspflicht, elterliche Sorge
5. Erbrecht	gesetzliche Erbfolge sowie Erbschaft durch Rechtsgeschäft (Testament)

1.2 Rechtssubjekte und Rechtsobjekte

Einstiegsfall Testament der Elfriede S.

Elfriede S. lebt allein und hat keine näheren Verwandten. Nach ihrem Tod wird ein von ihr handschriftlich verfasstes und unterschriebenes Testament aufgefunden.

Erben sollen zu gleichen Teilen

- die langjährige Haushaltshilfe Marta T.,
- das erste Enkelkind der Marta T., dessen Geburt in wenigen Monaten bevorsteht,
- der am Ort eingetragene Tierschutzverein „Hilfe für Tiere in Not e. V.",
- ihre treue Hündin Molly.

Wie ist die Rechtslage?

1.2.1 Natürliche Personen, Rechts- und Handlungsfähigkeit

Rechtssubjekte sind natürliche und juristische Personen. Sie sind Träger von Rechten und Pflichten. Sie sind rechtsfähig. Lebende Menschen bezeichnet das Gesetz als natürliche Personen, §§ 1–14 BGB.

§ 1 BGB Beginn der Rechtsfähigkeit
Die Rechtsfähigkeit des Menschen beginnt mit der Vollendung der Geburt.

Das Tatbestandsmerkmal **„Vollendung der Geburt"** wird dahin gehend ausgelegt, dass der Körper des Kindes vollständig aus dem Mutterleib ausgetreten sein und das Kind lebend geboren sein muss. Allerdings sind auch ungeborene Kinder zum Teil rechtsfähig. Sie werden verfassungs- und strafrechtlich geschützt, z. B. durch das Abtreibungsverbot gemäß § 218 Strafgesetzbuch. Außerdem ist ein ungeborenes Kind erbfähig, § 1923 Abs. 2 BGB.

Die Rechtsfähigkeit **endet mit** dem **Tod.** Die Frage, wann der Tod eingetreten ist, hat sich durch die Fortschritte der Medizin im Laufe der Zeit geändert. Heute steht fest, dass der Tod ein Prozess ist. Der Todeszeitpunkt wird medizinisch und rechtlich durch den dauernden Ausfall der Großhirnfunktionen definiert. Von diesem Todesbegriff geht auch das Transplantationsgesetz aus. Eine Leiche muss nach dem Bestattungsrecht der Länder bestattet werden. Sie darf als Sache nur behandelt werden, wenn sie medizinischen oder wissenschaftlichen Zwecken dienen soll.

Alle Menschen, unabhängig von ihrer Staatsangehörigkeit, ihrem Alter, ihrem Geschlecht und ihrem körperlichen oder geistigen Zustand, sind gleichermaßen rechtsfähig. Menschen können Eigentümer sein, Erbe werden, Schuldner sein. Im Privatrecht gibt es grundsätzlich keine Beschränkung der Rechtsfähigkeit. (Im öffentlichen Recht gibt es Differenzierungen, z. B. unterscheidet das Grundgesetz bei den Grundrechten zwischen Bürgerrechten, die nur für Staatsbürger der Bundesrepublik Deutschland gelten, und Menschenrechten, die für jedermann gelten.) Von der Rechtsfähigkeit ist die Handlungsfähigkeit zu unterscheiden.

Rechtsfähigkeit

ist die Fähigkeit, Träger von Rechten und Pflichten zu sein.

Sie ist die Voraussetzung der …

Handlungsfähigkeit,

die Fähigkeit, durch eigenes Handeln Rechtswirkungen hervorzurufen. Die Handlungsfähigkeit ist nach dem Lebensalter unterschiedlich ausgeprägt.

Sie umfasst u. a.

Geschäftsfähigkeit,

die Fähigkeit, für sich selbst Rechtsgeschäfte abschließen zu können.

Deliktsfähigkeit,

die Fähigkeit, für unerlaubte Handlungen Schadensersatz leisten zu müssen.

Wer handelt für eine nicht handlungsfähige Person?

Der gesetzliche Vertreter ist bei …

- ehelichen Kindern: **beide Eltern,** § 1629 BGB
- nichtehelichen Kindern: **die Mutter oder beide Eltern,** § 1626 a BGB
- geschäftsunfähigen Volljährigen: **der Betreuer,** § 1896 BGB
- Entziehung des Sorgerechts: **der Vormund,** § 1773 BGB

1.2.2 Juristische Personen

Die juristische Person ist eine Schöpfung des Gesetzgebers. Sie entsteht durch den **Zusammenschluss von Personen** oder die **Bildung eines Stiftungsvermögens** und **Anerkennung durch eine staatliche Entscheidung.** Eine Grundlage dafür stellt das Grundrecht der Vereinigungsfreiheit dar, das allen Deutschen garantiert, Vereine und Gesellschaften bilden zu können.

Art. 9 GG

(1) Alle Deutschen haben das Recht, **Vereine und Gesellschaften** zu bilden. (Hervorhebungen nicht im Original)

Juristische Personen sind stets rechts- und geschäftsfähig. Sie werden durch ihre Organe vertreten.

Die juristische Person handelt durch die gesetzlich oder durch Satzung bestimmten Organe (z. B. Mitgliederversammlung, Vorstand, Geschäftsführer, o. Ä.). Wer mit einer juristischen Person Verträge abschließt, muss die ihm zustehenden Ansprüche gegen die juristische Person selbst geltend machen. Dem Gläubiger haftet das Gesellschaftsvermögen, nicht das Privatvermögen der Mitglieder bzw. Gesellschafter: Eine Person, die mit einem Verein Geschäfte abschließt, kann ihre Geldforderung also nicht bei einigen vermögenden Vereinsmitgliedern eintreiben, sondern muss sich an den Verein und das Vereinsvermögen halten.

5740174

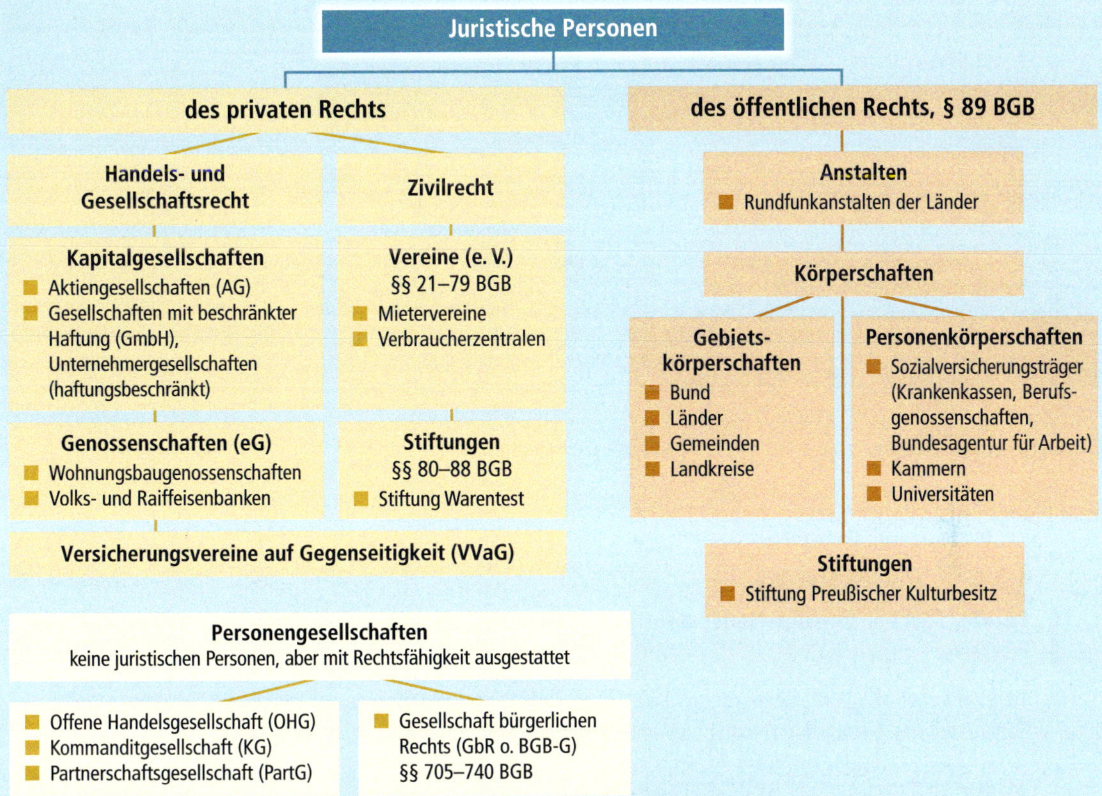

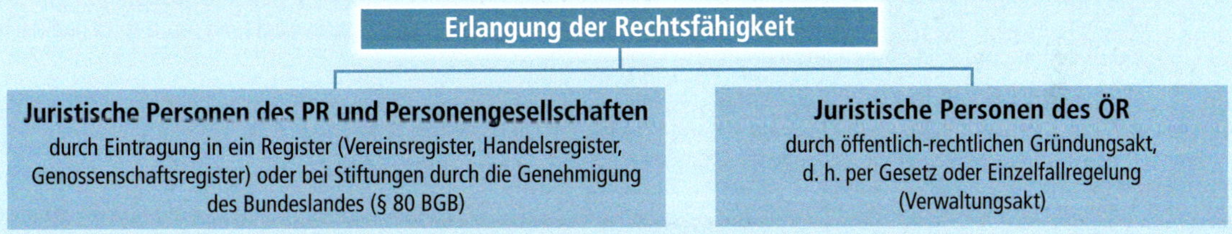

1.2.3 Gruppen von Rechtssubjekten: Verbraucher, Unternehmer und Kaufmann

Das BGB unterscheidet die Begriffe Verbraucher und Unternehmer.

Unternehmer ist jede natürliche oder juristische Person, die auf einem Markt planmäßig und auf Dauer Leistungen gegen ein Entgelt anbietet.

Der zivilrechtliche Unternehmerbegriff ist vom handelsrechtlichen Begriff des Kaufmanns zu unterscheiden. Der Kaufmannsbegriff ist wesentlich enger, weil er z. B. freie Berufe (Ärzte, Steuerberater, Architekten, Künstler usw.), Klein- und Handwerksbetriebe nicht umfasst.

§ 1 HGB Kaufmann kraft Betätigung

(1) Kaufmann im Sinne dieses Gesetzbuchs ist, wer ein Handelsgewerbe betreibt.

(2) Handelsgewerbe ist jeder Gewerbebetrieb, es sei denn, dass das Unternehmen nach Art oder Umfang einen in kaufmännischer Weise eingerichteten Geschäftsbetrieb nicht erfordert.

Das heißt: Ein Kaufmann nach HGB ist immer auch Unternehmer im Sinne des BGB, aber nicht jeder Unternehmer ist zugleich Kaufmann. Umgekehrt können Unternehmer, sofern sie für private Zwecke Rechtsgeschäfte abschließen, Verbraucher sein. Allerdings gilt dies nur für natürliche Personen.

Gruppen von Rechtssubjekten

Verbraucher, § 13 BGB	Unternehmer, § 14 BGB	Kaufmann, § 1 ff. HGB
natürliche Person	natürliche Person oder rechtsfähige Personengesellschaft oder juristische Person	natürliche Person oder rechtsfähige Personengesellschaft, die ein Handelsgewerbe betreibt oder juristische Person des privaten Rechts und im Handelsregister eingetragen ist
... sofern er Rechtsgeschäfte abschließt für ...		
private Zwecke	seine selbstständige Tätigkeit	sein Handelsgewerbe

1.2.4 Rechtsobjekte

Rechte, Sachen, sonstige Gegenstände und **Tiere** sind Rechtsobjekte. Sie haben keine eigenen Rechte und Pflichten.

Tiere genießen wegen der Anerkennung als Mitgeschöpfe im Grundgesetz und durch den Tierschutz eine gewisse Sonderstellung. Sie werden zivilrechtlich aber meist wie Sachen behandelt. Ausnahmeregelungen sind selten.

Artikel 20 a Grundgesetz (Staatsziel Tierschutz)

Der **Staat schützt** auch in Verantwortung für die künftigen Generationen die **natürlichen Lebensgrundlagen und die Tiere** im Rahmen der verfassungsmäßigen Ordnung durch die Gesetzgebung und nach Maßgabe von Gesetz und Recht durch die vollziehende Gewalt und die Rechtsprechung.

§ 90 a BGB Tiere

Tiere sind **keine Sachen.** Sie werden durch besondere Gesetze geschützt. Auf sie sind **die für Sachen geltenden Vorschriften entsprechend anzuwenden, soweit nicht etwas anderes bestimmt** ist.

§ 903 BGB Befugnisse des Eigentümers

Der Eigentümer einer Sache kann, soweit nicht das Gesetz oder Rechte Dritter entgegenstehen, mit der Sache nach Belieben verfahren und andere von jeder Einwirkung ausschließen. **Der Eigentümer eines Tieres hat bei der Ausübung seiner Befugnisse die besonderen Vorschriften zum Schutz der Tiere zu beachten.** (Hervorhebungen nicht im Original)

Sachen sind körperliche Gegenstände, sie können fest, flüssig oder gasförmig sein. **Sonstige Gegenstände,** aber keine Sachen, sind Licht, elektrische Energie, Fernwärme, Software, Know-how und Werbeideen. Man kann Sachen in verschiedenen Kategorien ordnen. Wichtig ist hier insbesondere die Unterscheidung zwischen einfachen und wesentlichen Bestandteilen einer Sache. Wesentliche Bestandteile einer Sache stellen nur einen Teil einer Gesamtsache dar und teilen immer das rechtliche Schicksal der Gesamtsache.

Beispiele

Die Tischplatte eines Schreibtisches ist ein wesentlicher Bestandteil des Tisches, keine selbstständige Sache. Wird die Platte entfernt, ist der Schreibtisch zerstört. – Das Gebäude auf einem Grundstück ist wesentlicher Bestandteil des Grundstücks. Dies gilt auch für alle mit dem Grundstück oder Gebäude fest verbundenen Bestandteile, wie Pflanzen auf dem Grundstück, Dachstuhl des Gebäudes usw.

5740176

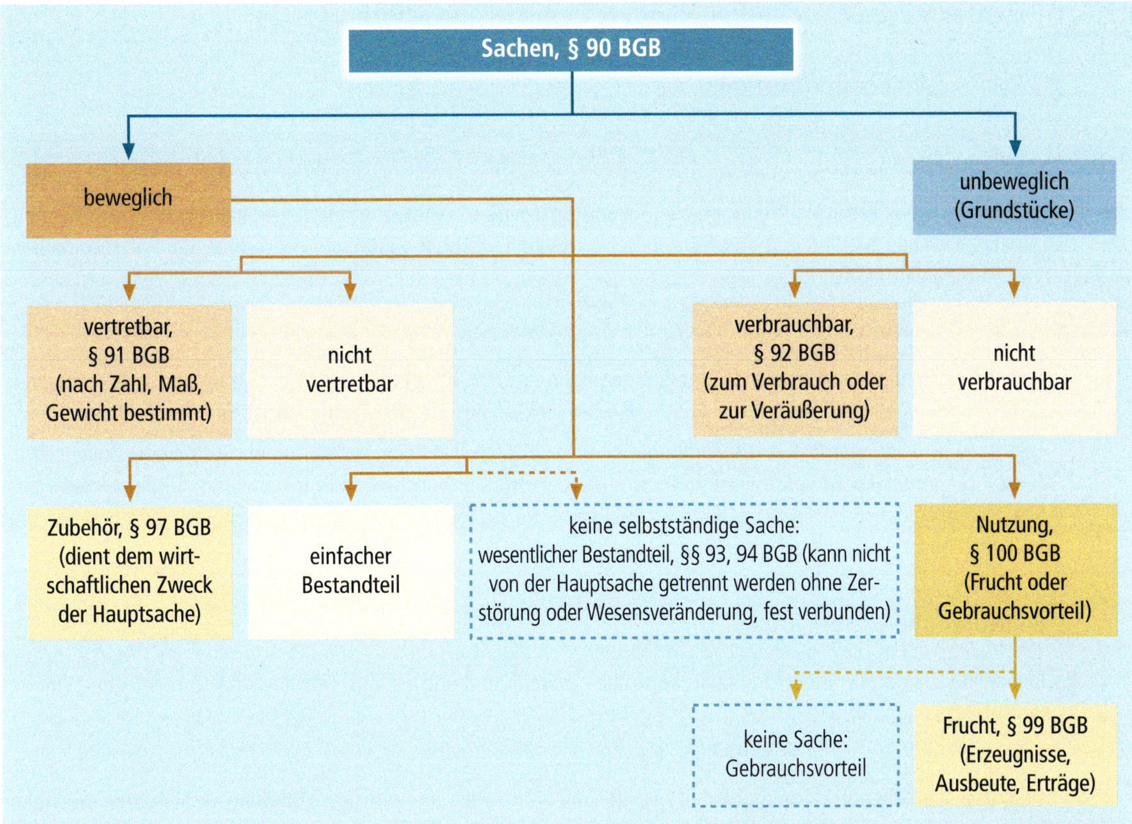

Falllösung Testament der Elfriede S.

- Ist Marta T. Erbin von Elfriede S. geworden?
  Ja. Es liegt ein gültiges handschriftliches (eigenhändig geschriebenes) Testament vor, §§ 1937, 2247 BGB. Marta ist erbfähig, denn sie ist als lebender Mensch eine natürliche Person und damit rechts- und erbfähig, § 1923 Abs. 1 BGB.
- Kann das ungeborene Enkelkind von Marta T. erben?
  Ja, wenn es lebend zur Welt kommt. Nach § 1923 Abs. 2 BGB gelten auch solche Menschen als erbfähig, die zum Zeitpunkt des Erbfalles gezeugt, aber noch nicht geboren sind.
- Ist der Tierschutzverein „Hilfe für Tiere in Not e. V." Erbe von Elfriede S. geworden?
  Ja. Ein ins Vereinsregister ordnungsgemäß eingetragener Verein (§ 21 BGB) ist eine juristische Person des privaten Rechts und als solche rechts- und erbfähig.
- Ist die Hündin von Elfriede S. Erbin geworden?
  Nein. Eine Hündin ist gemäß § 90 a BGB ein Tier und damit ein Rechtsobjekt, kein Rechtssubjekt. Ein Tier ist weder rechts- noch erbfähig, also kann die Hündin von Elfriede S. nicht erben.
  (Wollte Elfriede S. ihre Hündin nach ihrem Tod versorgt wissen, könnte sie Marta T. als Erbin einsetzen und diesen Erbteil im Testament mit einer entsprechenden Auflage versehen, § 2193 BGB. Oder Elfriede S. könnte testamentarisch verfügen, dass mit einem bestimmten Anteil ihres Vermögens eine Stiftung zu gründen sei mit dem Zweck, die Hündin zu versorgen.)

1.3 Privatrechtliche Einzelfallregelungen: Begriffe und Abgrenzungen

1.3.1 Willenserklärungen

Einstiegsfall Ein folgenschwerer Brief

Bei einer Geburtstagsfeier bittet Wilfried S. seinen Bekannten Hanno F., einen Brief für ihn einzustecken. F. sagt zu, vergisst den Brief jedoch und gibt ihn erst drei Tage später zur Post. S. entgeht dadurch ein wichtiger Geschäftsabschluss; er fordert von F. Schadensersatz.

Zu Recht?

Viele, aber nicht alle menschlichen Handlungen haben rechtliche Wirkungen. Wichtige Instrumente rechtswirksamer Regelungen des Privatrechts sind die **Willenserklärung,** das **Rechtsgeschäft** und der **Vertrag.**

Realakte sind dagegen bloße Tathandlungen. An sie knüpfen sich Rechtsfolgen an, ohne dass eine Willenserklärung vorliegen muss. Beispielsweise führt eine Körperverletzung als unerlaubte Handlung möglicherweise zum Schmerzensgeldanspruch nach BGB (privatrechtliche Rechtsfolge) sowie zur Bestrafung der Körperverletzung nach Strafgesetzbuch (öffentlich-rechtliche Rechtsfolge).

Begriff der Willenserklärung

Eine Willenserklärung stellt die Äußerung eines Willens dar und ist auf eine bestimmte rechtliche Wirkung gerichtet.

Man unterscheidet subjektive und objektive Merkmale einer Willenserklärung. Wesentliche objektive Merkmale sind, dass die Willenserklärung geäußert werden muss und dass eine rechtliche Bindung gewollt bzw. erkennbar ist.

- **Erklärung/Äußerung**
  Willenserklärungen können **ausdrücklich,** d.h. **mündlich, schriftlich oder in sonstiger Form** (z.B. durch notarielle Beurkundung) abgegeben werden. Die Äußerung ist auch durch **konkludentes, schlüssiges Handeln** möglich. Wenn sich jemand am Kiosk eine Zeitung nimmt und, ohne ein Wort zu sagen, bezahlt, dann liegen zwei übereinstimmende Willenserklärungen und somit ein Kaufvertrag vor. Ist jedoch keine Äußerung erkennbar, liegt zivilrechtlich auch keine Willenserklärung vor. Im Zweifel gilt Schweigen als Ablehnung.
- **Rechtsbindungswille**
  Die Willenserklärung unterscheidet sich von rechtlich unverbindlichen Willensäußerungen. Ob eine Äußerung eine rechtswirksame Willenserklärung darstellt, hängt von dem Willen der äußernden Person, aber auch von den Umständen ab, in der die Erklärung abgegeben wurde. Man unterscheidet bei den unverbindlichen Erklärungen **einfache Willensäußerungen,** z.B. „Wir wollen gemeinsam eine Diät machen!", und **Gefälligkeitserklärungen.** Auf Rechtsbindungswillen und damit auf die rechtliche Wirksamkeit der Erklärung kann geschlossen werden, wenn die Angelegenheit oder die anvertraute Sache wirtschaftlich bedeutend ist und der Erklärende sich dessen bewusst sein müsste. Wenn kein Rechtsbindungswille vorliegt, geht es oft um Gefälligkeiten. **Gefälligkeitsverhältnisse** sind typischerweise unentgeltlich, aber nicht jede unentgeltliche Leistung ist rechtlich unverbindlich, wie einige Rechtsgeschäfte zeigen, z.B. die Schenkung, § 516 BGB, die Leihe, § 598 BGB, oder der Auftrag, § 662 BGB. Fehlt Rechtsbindungswille und damit erkennbar die Absicht, mit der Erklärung rechtliche Folgen auslösen zu wollen, liegt grundsätzlich keine Willenserklärung vor. Dadurch ist rechtsgeschäftliches Handeln bzw. eine Willenserklärung von reinen Gefälligkeitserklärungen und -handlungen zu unterscheiden.

5740178

Merkmale einer Willenserklärung		
subjektiv: Wille	**objektiv: Erklärung**	
Rechtsbindungswille	**Äußerung**	
objektiv erkennbarer Wille, (irgend-)ein Rechtsgeschäft abzuschließen	ausdrücklich: mündlich, schriftlich, sonstige Formen	konkludentes, schlüssiges Handeln
liegt nicht vor bei:		
unverbindlichen Erklärungen: bloße Willensäußerungen, Gefälligkeiten	Schweigen	
Folge: keine Willenserklärung		

Arten von Willenserklärungen

Bei Willenserklärungen lassen sich nach dem Zugang empfangsbedürftige und nicht empfangsbedürftige unterscheiden.

Zugang der Willenserklärung		
Zugang erforderlich: empfangsbedürftige WE (erst bei Zugang wirksam, § 130 BGB)		**Zugang entbehrlich: nicht empfangsbedürftige WE** (schon bei Abgabe wirksam)
unter Anwesenden (mündlich, telefonisch, Aushändigung)	**unter Abwesenden**	
Beispiel: *Die schriftliche Kündigung des Arbeitsvertrages wird persönlich übergeben.*	***Beispiel:*** *Die schriftliche Kündigung wird per Brief übersandt.*	***Beispiel:*** *Ein handschriftliches Testament wird verfasst und abgeheftet.*

Zugang bedeutet, dass die WE in den Einflussbereich des Empfängers gelangt ist und die Kenntnisnahme unter gewöhnlichen Umständen möglich ist.

Zusammenfassung Willenserklärung: stellt die **Äußerung eines Willens** dar und ist auf eine bestimmte **rechtliche Wirkung gerichtet.** Es gibt **empfangsbedürftige** und **nicht empfangsbedürftige** WE.

Keine Willenserklärungen sind:

- **Realakte,** wie z. B. Schlagen eines Menschen, Wegnahme einer Sache
- **Schweigen** nur im Handelsrecht gilt Schweigen in einigen Fällen als Zustimmung.
- **Gefälligkeitserklärungen** und einfache Willensäußerungen.

1.3.2 Rechtsgeschäfte und Verträge

Eine Willenserklärung ist Bestandteil eines **Rechtsgeschäfts;** hinzu können noch Tathandlungen, also Realakte wie der Besitzerwerb an einer Sache, treten. Ein **Vertrag** kommt zustande, wenn übereinstimmende Willenserklärungen mindestens zweier Parteien vorliegen. Manchmal wird statt von übereinstimmenden Willenserklärungen auch von wechselseitigen, sich deckenden Willenserklärungen gesprochen. Mehr als zwei Vertragsparteien gibt es, wenn sich beispielsweise vier Gesellschafter bei der Gründung einer Gesellschaft zusammenschließen. Dann müssen vier übereinstimmende Willenserklärungen vorliegen.

Gegenüberstellung		
Willenserklärung	**Rechtsgeschäft**	**Vertrag**
ist gekennzeichnet durch ■ (Rechtsbindungs-)Wille ■ Erklärung	■ besteht aus mindestens einer Willenserklärung und evtl. Realakt ■ zur Begründung, Änderung oder Auflösung eines Rechtsverhältnisses	■ besteht aus mindestens zwei übereinstimmenden Willenserklärungen von zwei Vertragsparteien 1. Willenserklärung = Antrag 2. Willenserklärung = Annahme

Falllösung **Ein folgenschwerer Brief**

Hat S. gegen F. einen Anspruch auf Schadensersatz für die geschäftlichen Einbußen wegen Verletzung einer Pflicht aus einem vertraglichen Auftragsverhältnis gemäß § 662 BGB?

Nein, eine vertragliche Schadensersatzpflicht nach § 280 Abs. 1 BGB scheidet aus. Da keine zwei übereinstimmenden Willenserklärungen vorliegen, gibt es keinen Vertrag. S. hat F. bei einer Feier darum gebeten, einen Brief einzustecken, und F. hat zugestimmt. F. hat aber nicht bewusst eine rechtlich relevante Willenserklärung abgegeben. Rechtsgeschäfte werden in der Regel nicht auf Geburtstagsfeiern abgeschlossen. Im Übrigen hat S. es versäumt, auf die wirtschaftliche Bedeutung des Briefes hinzuweisen. F. hat somit keine Willenserklärung abgegeben, sondern wollte S. lediglich eine rechtlich unverbindliche Gefälligkeit erweisen.

1.4 Arten von Rechtsgeschäften und Verträgen

1.4.1 Ein-, zwei- oder mehrseitige Rechtsgeschäfte

Rechtsgeschäfte können einseitig, zweiseitig oder mehrseitig sein. **Einseitige Rechtsgeschäfte** bestehen aus einer einzigen Willenserklärung. Bei einseitigen Rechtsgeschäften führt bereits die Willenserklärung einer Person zu rechtlichen Wirkungen. Hier sind wiederum empfangsbedürftige und nicht empfangsbedürftige einseitige Rechtsgeschäfte zu unterscheiden.

Beispiele

Ein handgeschriebenes Testament ist bereits wirksam, sobald es aufgesetzt ist. Die Kündigung eines Mietvertrags wird dagegen erst mit Zugang beim Empfänger, also dem Mieter oder Vermieter, wirksam.

Bei **mehrseitigen Rechtsgeschäften** liegen empfangsbedürftige Willenserklärungen zweier oder mehrerer Personen vor. Die häufigste Art mehrseitiger Rechtsgeschäfte sind die Verträge. Sie kommen durch zwei oder mehrere übereinstimmende Willensklärungen zustande. Verträge bilden die typischen zwei- oder mehrseitigen Rechtsgeschäfte des Privatrechts. Man findet sie im Zivilrecht, im Handels- und Gesellschaftsrecht, im Arbeitsrecht usw. (so zum Beispiel Kaufverträge, Mietverträge, Gesellschaftsverträge oder Dienst- und Arbeitsverträge).

1.4.2 Ein- oder zweiseitig verpflichtende Verträge

Wenn in einem Rechtsgeschäft nur eine Partei zu etwas verpflichtet ist, wie zum Beispiel ein Schenker im Schenkungsvertrag, spricht man von einem **einseitig verpflichtenden Vertrag.** Sind beide Vertragsparteien eine Pflicht eingegangen, handelt es sich um **zweiseitig verpflichtende Verträge.**

Stehen die Pflichten in einem unausgewogenen Verhältnis zueinander, geht es um **unvollkommen zweiseitig verpflichtende Verträge** – zum Beispiel um einen unentgeltlichen Vertrag wie die Leihe, bei der der Entleiher lediglich die Pflicht hat, die entliehene Sache pfleglich zu behandeln und nach der Leihzeit zurückzugeben (§§ 598 ff. BGB), aber für die Leihe nichts bezahlen muss. Dort, wo Leistung und Gegenleistung wirtschaftlich gleichgewichtig sind, handelt es sich um **vollkommen zweiseitig verpflichtende oder gegenseitige Verträge.** Gegenseitige, meist entgeltliche Verträge, können zum einmaligen Leistungsaustausch verpflichten, zum Beispiel der Kaufvertrag (§ 433 BGB), oder ein Dauerschuldverhältnis begründen, wie bei der Miete (§ 535 BGB), oder dem Dienst- oder Arbeitsvertrag (§ 611 BGB). Gegenseitige Verträge sind gekennzeichnet durch das gleichgewichtige Gegenleistungsverhältnis „do ut des", lateinisch für „ich gebe, damit du gibst".

Beispiele

Leihe und Miete als zweiseitig verpflichtende Verträge

Der unentgeltliche Leihvertrag ist zwar zweiseitig verpflichtend, diese Pflichten stehen aber nicht in einem ausgewogenen Verhältnis zueinander (= unvollkommen zweiseitig verpflichtender Vertrag). Wenn der Gebrauch der Sache gegen Entgelt erfolgt, liegt ein Mietvertrag vor (= gegenseitiger Vertrag).

1.4.3 Vielgestaltigkeit von Verträgen

Grundsätzlich gilt für Abschluss, Inhalt und Form des Vertrags ein wesentliches Prinzip der Privatautonomie, die **Vertragsfreiheit.** Das heißt, natürliche oder juristische Personen und Personengesellschaften können ihre Rechtsverhältnisse in beliebiger Form begründen, ausgestalten und beenden. Im Zivilrecht gilt Vertragsfreiheit mit ihren Ausprägungen Formfreiheit, Abschlussfreiheit und Inhaltsfreiheit, insbesondere im Schuldrecht. Hier sind die gesetzlichen Regelungen für vertragliche Schuldverhältnisse dispositiv, d. h., die Vertragsparteien können je nach ihren Bedürfnissen gesetzliche Regelungen für eine Vertragsart abändern, Vertragstypen mischen oder neue Vertragsarten entwickeln.

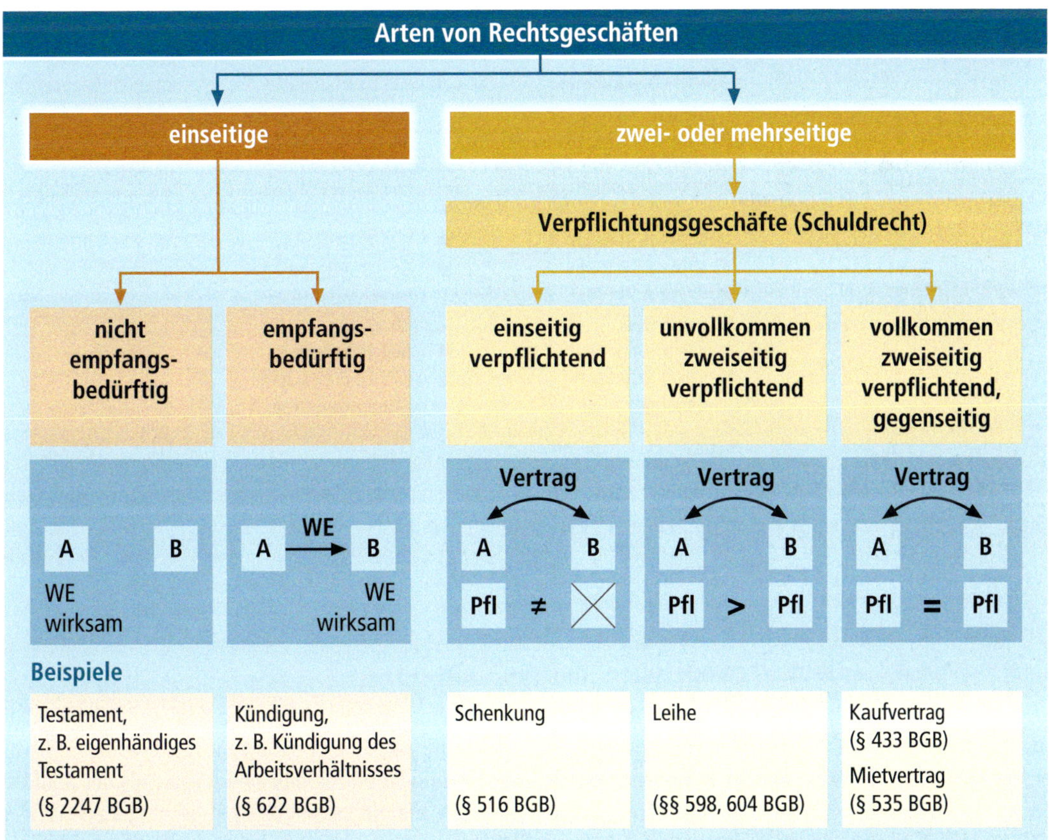

Verträge

öffentlich-rechtliche

z. B.
- zwischen zwei Gemeinden oder Behörde und Bürger

privatrechtliche

gesellschaftsrechtliche

z. B.
- Gesellschaftsverträge OHG, KG nach HGB, GmbH nach GmbH-G
- AG-Satzungen nach Aktiengesetz

handelsrechtliche

z. B.
- Speditions-, Lager-, Frachtgeschäft nach HGB

zivilrechtliche

schuldrechtliche

(meist mit Formzwang)

sachenrechtliche

z. B.
- § 873 BGB Auflassung

Inhalt:
Einigung über den Übergang des Eigentums an einem Grundstück (zusätzlich Grundbucheintragung)

Form:
notarielle Beurkundung

familienrechtliche

z. B.
- § 1408 ff. BGB Ehevertrag

Inhalt:
eheliches Güterrecht und Versorgungsausgleich

Form:
notarielle Beurkundung

erbrechtliche

z. B.
- § 2274 ff. BGB Erbvertrag

Inhalt:
Erbeinsetzung, Vermächtnis, Auflagen gegenüber dem Vertragspartner oder Drittem

Form:
notarielle Beurkundung

Veräußerung
- §§ 433, 453 BGB Kauf
- § 480 BGB Tausch
- § 516 BGB Schenkung

Gebrauchsüberlassung
- § 535 BGB Miete
- § 581 BGB Pacht
- § 598 BGB Leihe
- § 488 BGB (Geld-)Darlehen
- § 607 BGB Sachdarlehen

Tätigkeit
- § 631 BGB Werkvertrag
- § 611 BGB Dienstvertrag und Arbeitsvertrag
- § 662 BGB Auftrag
- § 675 BGB Geschäftsbesorgungsvertrag

sonstige
- § 765 BGB Bürgschaft

1.4.4 Neue Vertragstypen: Beispiel Leasing

Leasing (engl. = vermieten, verpachten) ist eine Mischung zwischen Miet- und Kaufvertrag und nicht gesetzlich geregelt. Die inhaltliche Vertragsgestaltung ist daher die Sache der Vertragspartner. Leasinggesellschaften sind meist Tochterunternehmen großer Kreditinstitute. Leasing ist im Allgemeinen teuerer als der Kauf des Leasingguts. Leasingnehmer sind deshalb meist Unternehmen, die die Leasingraten in der Regel als Aufwand buchen und so eine Steuerminderung erzielen. Leasingobjekte sind bewegliche oder unbewegliche Sachen.

Leasingart nach ...		
Leasinggeber	**direktes Leasing**	**indirektes Leasing**
	Hersteller	Händler oder Leasinggesellschaft
Leasingobjekt	**Mobilienleasing**	**Immobilienleasing**
	bewegliche Sachen (z. B. Pkw, EDV-Anlage)	■ unbewegliche Sachen (Grundstücke und Gebäude) ■ Sonderform: Sale-and-lease-back (Die Immobilie wird vom Leasingnehmer an den Leasinggeber verkauft und dann zurückgeleast.)
Leasinginhalt	**Operating Leasing**	**Financial Leasing**
	■ kurz- oder mittelfristige Gebrauchsüberlassung mit kurzer Vertragslaufzeit oder kurzer Kündigungsfrist ■ Wartung des Leasingobjekts meist durch Leasinggeber ■ Leasingobjekt geht nach Nutzung an Leasinggeber zurück	■ langfristige Gebrauchsüberlassung, unkündbarer Vertrag ■ Leasinggeber schließt Haftung für Mängel aus, tritt aber Gewährleistungsrechte aus dem Kaufvertrag ab. ■ Leasingobjekt kann gekauft oder zurückgegeben werden.

Indirektes Financial-Leasing

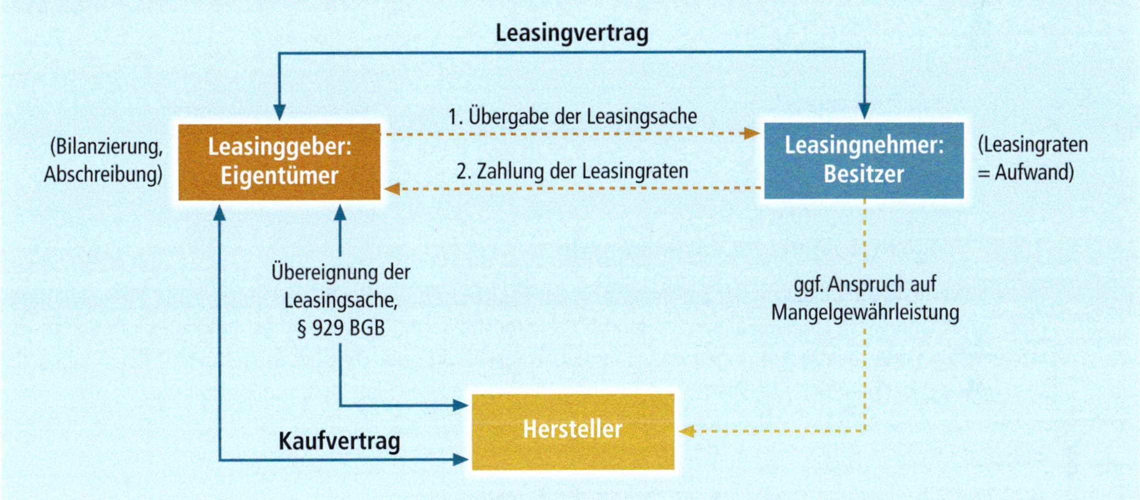

1.5 Vorschriften für die Form von Willenserklärungen

1.5.1 Formfreiheit und Formzwang

Zur Erleichterung und Beschleunigung des Geschäftsverkehrs herrscht im Privatrecht grundsätzlich Formfreiheit, d. h., Rechtsgeschäfte sind ohne Beachtung einer bestimmten Form gültig. Willenserklärungen können ausdrücklich, z. B. schriftlich, mündlich, durch elektronische Übermittlung oder durch schlüssiges Handeln, also mittels eindeutiger Mimik oder Gestik, abgegeben werden. Ein Kaufvertrag kann dementsprechend durch schriftliche, mündliche, per E-Mail bzw. Fax abgegebene Willenserklärungen oder durch bloßes Nicken abgeschlossen werden.

Nur in Ausnahmefällen ist durch das Gesetz eine bestimmte Form der Abgabe der Willenserklärungen vorgeschrieben. Damit verbindet der Gesetzgeber bestimmte Zwecke:

- Die **Beweissicherungsfunktion** der Form vermeidet spätere Streitigkeiten über Bestehen und Inhalt des Rechtsgeschäfts.
- Die **Warnfunktion** soll den leichtfertigen Abschluss von bedeutsamen Rechtsgeschäften vermeiden.
- Die **Beratungsfunktion** sichert z. B. bei der notariellen Beurkundung neutrale und sachkundige Gespräche über die Konsequenzen des Rechtsgeschäfts.

Nicht nur das Gesetz, auch Vereinbarungen von Vertragsparteien können vorsehen, dass für Rechtsgeschäfte eine bestimmte Form eingehalten werden soll (vereinbarte oder gewillkürte Form, § 127 BGB). Die Beteiligten setzen sich dann selbst einem Formzwang aus.

Arten des Formzwangs							
Textform, § 126 b BGB	Schriftform, § 126 BGB		elektronische Form, § 126 a BGB	Beglaubigung der Echtheit einer Unterschrift		notarielle Beurkundung, § 128 BGB, BeurkG	Abgabe vor einer Behörde
Schriftstück ohne Originalunterschrift	**einfache Schriftform** Schriftstück mit Originalunterschrift	**eigenhändige Schriftform** gesamtes Dokument handgeschrieben, mit Originalunterschrift	Dateien mit qualifizierter elektronischer Signatur einer staatlich anerkannten Zertifizierungsstelle, ersetzt Schriftform	**öffentliche Beglaubigung** durch einen Notar, § 129 BGB, § 39 ff. BeurkG	**amtliche Beglaubigung** durch eine Behörde, § 65 BeurkG (i. V. m. VwVfG)	Niederschrift von Willenserklärungen in Gegenwart des Notars vorgelesen, genehmigt, unterschrieben, §§ 8, 9, 13 BeurkG	Willenserklärung z. B. vor dem Standesbeamten
→ Formvorschriften werden strenger							

1.5.2 Rechtsfolgen von Formmängeln

Meist führt die Nichteinhaltung der Formvorschrift zur **Nichtigkeit** des Rechtsgeschäfts, § 125 BGB. Allerdings gibt es Ausnahmen. In einigen Fällen wird jedoch das zunächst formnichtige Verpflichtungsgeschäft durch spätere Erfüllung oder Bestätigung „geheilt", d. h. nachträglich wirksam. Dies gilt insbesondere dann, wenn die vom Gesetzgeber beabsichtigte Warn- und Beratungsfunktion keinen Sinn mehr ergeben würde.

Beispiel

Form des Schenkungsversprechens und Heilung des Formmangels

Bernd verspricht seiner Freundin Sina, ihr zur bestandenen Abschlussprüfung einen Pkw zu schenken. Die Schenkung ist formnichtig nach § 125 S. 1 BGB, da gemäß § 518 Abs. 1 BGB die notarielle Beurkundung vorgeschrieben ist. Durch die Bewirkung der versprochenen Leistung kann der Formmangel jedoch geheilt werden, § 518 Abs. 2 BGB. Wenn Bernd also den Pkw mit Schlüssel und Fahrzeugpapieren an Sina übergibt und übereignet, wird die Schenkung wirksam.

Außerdem kann häufig die „strengere" die „mildere" Form ersetzen. Auch dies ist angesichts der Funktionen der Formvorschriften sinnvoll, denn die strengere Form erfüllt den gesetzgeberischen Zweck meist in höherem Maß.

Beispiel

Form der Gehaltsabtretung

Lehrer Friedebald L. will einen Teil seines Gehalts an eine Menschenrechtsorganisation abtreten. Die Abtretung ist gemäß § 411 BGB der Gehaltsstelle in beglaubigter Form zuzuleiten, damit Willen und Identität des L. eindeutig festgestellt werden können. L. lässt die Gehaltsabtretung sogar von einem Notar beurkunden. Die Abtretung ist gemäß § 129 Abs. 2 BGB wirksam.

1.5.3 Vertiefung: Die elektronische Form mit qualifizierter elektronischer Signatur

Sichere E-Mails mit qualifizierter elektronischer Signatur versenden

Der Rechts- und Geschäftsverkehr wird zunehmend mittels elektronischer Medien abgewickelt. Hier besteht die Gefahr der Datenmanipulation und des Datendiebstahls.

Durchschnittlicher Weg einer E-Mail via Internet von Benutzer A zu Benutzer B

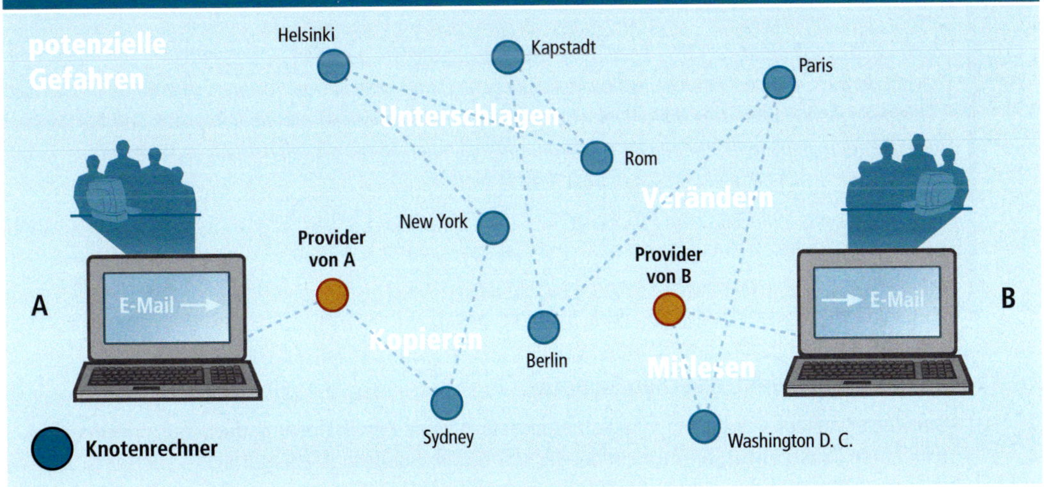

Quelle: www.bundesnetzagentur.de, aus: Präsentation elektronische Signatur

Um diese Gefahren im elektronischen Geschäftsverkehr – **E-Commerce** – und im elektronischen Rechtsverkehr mit Behörden und Gerichten – **E-Government** – zu verringern, gibt es inzwischen technische Möglichkeiten. Die qualifizierte elektronische Signatur ermöglicht die Erstellung gültiger elektronische Rechnungen, das gerichtliche Online-Mahnverfahren, die elektronische Vorsteueranmeldung und Steuererklärung („Elster"), die Klageerhebung per E-Mail, sicheres Online-Banking und vieles mehr.

Die elektronische Form ersetzt juristisch meist die Schriftform

Elektronische Dokumente können E-Mails, Dateien oder z. B. Überweisungen im Online-Banking sein. Das Signaturgesetz unterscheidet einfache, fortgeschrittene und qualifizierte Signaturen für elektronische Dokumente. Eine **einfache Signatur** – z. B. ein Namenszusatz – ist ausreichend, wenn keine Form vorgeschrieben ist. Für einige Rechtsgeschäfte ist die gesetzliche Schriftform vorgeschrieben, das bedeutet, dass ein Schriftstück mit der eigenhändigen, d. h. handschriftlichen Unterschrift des Ausstellers versehen worden ist (§ 126 Abs. 1 BGB). Wird ein elektronisches Dokument mit dem Namen des Verfassers und einer **qualifizierten elektronischen Signatur** versehen, spricht man von der elektronischen Form (§ 126 a BGB), die grundsätzlich der Schriftform gleichgestellt ist. Zum Zustandekommen eines Vertrags in elektronischer Form wird verlangt, dass die Parteien jeweils ein gleichlautendes elektronisches Dokument mit einer qualifizierten Signatur signieren.

Allerdings sind Rechtsgeschäfte von der Verwendung der elektronischen Form ausgeschlossen, wenn es gesetzlich so vorgesehen ist: z. B. die Kündigung eines Arbeitsvertrags, § 623 BGB, die Erteilung eines Arbeitszeugnisses, § 630 BGB, oder Abschluss eines Verbraucherdarlehensvertrags, § 492 BGB. Hierbei ist der Gesetzgeber wohl davon ausgegangen, dass die elektronische Form vorwiegend im Geschäfts- und Rechtsverkehr zwischen Unternehmern, Behörden oder Gerichten genutzt wird.

Beispiel

Erhebung einer Klage in elektronischer Form

Rechtsanwältin Müller hat von ihrem Mandanten den Auftrag, den Kaufpreis für ein Auto einzuklagen. Sie fertigt die Klageschrift auf ihrem PC. Den Schriftsatz unterschreibt sie elektronisch, d. h., sie signiert ihn mit ihrer Signaturkarte, um durch diese Verschlüsselung die Authentizität von Absender und Verfasser sicherzustellen. Anschließend klickt sie im Internet auf der Homepage des Gerichts den „Gerichtsbriefkasten" an. Beim ersten Mal meldet sie sich mit einem Benutzernamen und einem frei gewählten Kennwort im System an. Im nächsten Schritt klickt sie die Option „Neues Verfahren" an und fügt in das Feld „Wählen Sie das zu übertragende Dokument" das Dokument „Klageschrift" ein. Anschließend klickt sie den Button „Übertragen" an ... Das Gerichtssystem generiert (= erzeugt) dann sofort eine Eingangsbestätigung, die per E-Mail bei Rechtsanwältin Müller eingeht. Damit kann sie kontrollieren, dass ihr Schriftsatz tatsächlich bei Gericht eingegangen ist. Das Dokument wird unveränderbar in der elektronischen Akte des Gerichts gespeichert. ... Um sich über den aktuellen Verfahrensstand zu informieren, kann Rechtsanwältin Müller jederzeit online vom Schreibtisch ihrer Kanzlei aus in der elektronischen Gerichtsakte blättern.

Aus: Pressemitteilung BMJ vom 28. Juli 2004: E-Mail statt Briefpost und Aktenbock – neue Kommunikationsmöglichkeiten in der Justiz
http://www.bmj.bund.de/enid/6a32abc76442d59b56b2c3233b17196a,c1b2c85f7472636964092d0935323933/Justizmodernisierung/Justizkommunikationsgesetz_rp.html

Vergabe einer elektronischen Signatur

Der Nutzer meldet sich bei einer Registrierungsstelle eines **Zertifizierungsdiensteanbieters** (ZDA), einem sogenannten **Trustcenter,** an. Nur ein bei der staatlichen Bundesnetzagentur akkreditierter (= zugelassener, bestätigter) ZDA darf das sichere Signaturverfahren der qualifizierten elektronischen Signatur anbieten. Es gibt inzwischen eine Vielzahl akkreditierter ZDA, z. B. von Großbanken, Sparkassen, Industrie- und Handelskammern und der Telekom AG.

Der akkreditierte ZDA nimmt gewissermaßen die Funktion eines Notars im elektronischen Rechts- und Geschäftsverkehr wahr. Er vergibt die elektronischen Signaturen an den Kunden und führt ein Verzeichnis der von ihm vergebenen Zertifikate.

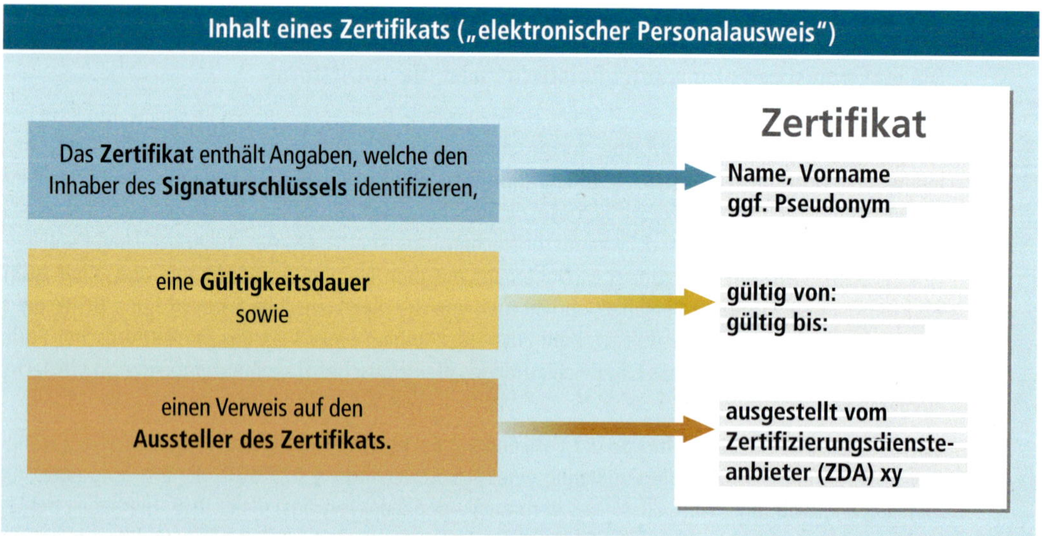

Quelle: www.bundesnetzagentur.de, aus: Präsentation elektronische Signatur

Der ZDA garantiert durch das (Personen-)Zertifikat eine digitale Identität. Wesentliche Aufgaben des ZDA sind die technische Erzeugung von Verschlüsselungen, die (Personen-)Zertifizierung der Benutzer und die Pflege der Zertifikatsverzeichnisse.

Wie auch ein Bürger den Personalausweis nicht bei der Bundesdruckerei, sondern beim Einwohnermeldeamt oder Bürgeramt beantragt, gibt es auch in der elektronischen Welt eine Annahme- bzw. Registrierungsstelle. Die Registrierungsstellen der großen Trustcenter/ZDA sind Bankfilialen, Industrie- und Handelskammern, T-Punkte u. a.

Technische Ausstattung für das Signaturverfahren

Zur Nutzung der qualifizierten elektronischen Signatur sind ein internetfähiger **Computer** und eine entsprechende **Signatursoftware** des ZDA erforderlich. Zusätzlich ist eine Signaturerstellungseinheit – **Signaturkarte** (Smart Card, Chipkarte) – sowie ein **Kartenlesegerät** erforderlich. Die meisten ZDA bieten den Benutzern Paketlösungen aus Zertifikaten, Kartenleser und Software an.

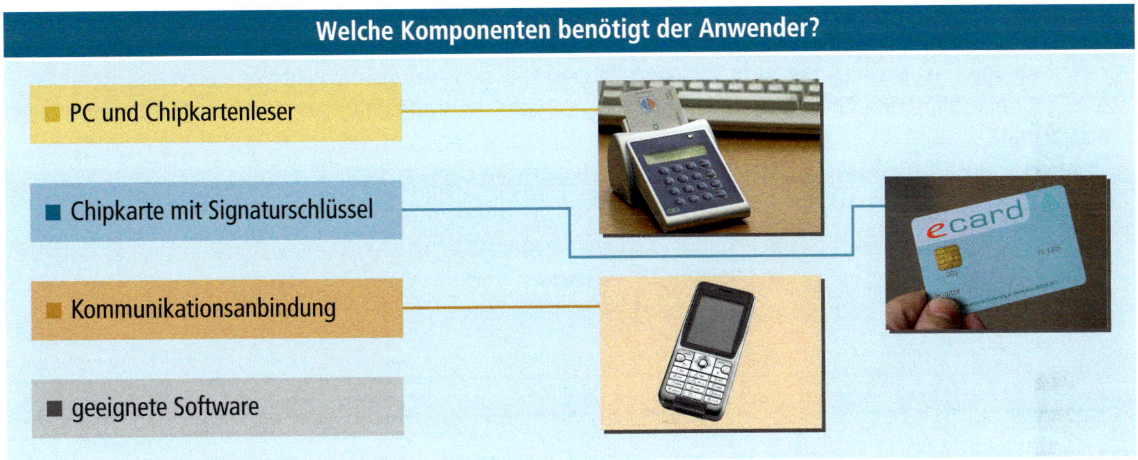

Quelle: www.bundesnetzagentur.de, aus: Präsentation elektronische Signatur

Die Signaturkarte enthält ein Schlüsselpaar: einen geheimen **privaten** und einen für jedermann zugänglichen **öffentlichen Schlüssel.** Die Signaturkarte wird zur Speicherung der Schlüssel und zur Erzeugung der digitalen Signatur benötigt. Der private Schlüssel wird durch die Eingabe einer persönlichen Identifikationsnummer (PIN) aktiviert. Mit dem privaten Schlüssel wird durch einen komplizierten Rechenmodus die digitale Signatur aus einer Kombination von Buchstaben und Zahlen erzeugt, mit dem öffentlichen Schlüssel können Signaturen wieder entschlüsselt werden.

Alle vom ZDA ausgestellten Zertifikate und öffentlichen Schlüssel müssen außerdem in einem über das Internet jedermann zugänglichen Verzeichnis sein. Die von ihm vergebenen privaten Schlüssel werden nur auf der Signaturkarte gespeichert.

Ablauf des Signaturverfahrens (Public-Private-Key-Verfahren)

Die qualifizierte elektronische Signatur basiert auf einem kryptografischen Verfahren. Ziel der Kryptografie ist es, mittels Verschlüsselung Daten zu schützen.

Wie bereits erwähnt, erhält jeder Benutzer vom ZDA ein auf der Signaturkarte gespeichertes **Schlüsselpaar:** einen geheimen privaten, „Private"-Schlüssel und einen öffentlichen „Public"-Schlüssel. Der öffentliche Schlüssel wird außerdem im Zertifikat-Verzeichnisdienst des Trustcenters/ZDA veröffentlicht und ist für jedermann im Internet abrufbar. Ähnlich wie beim Telefonbuch kann so jeder Vertragspartner prüfen, ob der öffentliche Schlüssel tatsächlich von der Person stammt, für die sie sich ausgibt. Der private Schlüssel des Benutzers ist geheim und befindet sich auf der Signaturkarte.

Zunächst wird das zu signierende **elektronische Dokument** erstellt. Dabei kann es sich um eine E-Mail oder eine Datei eines Office-Programms handeln. Die **elektronische Signatur** („digitale Unterschrift", „digitaler Fingerabdruck", „digitales Siegel") **wird mit dem geheimen privaten Schlüssel erzeugt,** der sich auf der Signaturkarte im Kartenleser befindet und mit PIN aktiviert werden muss. Die Signatursoftware erzeugt aus der zu signierenden Datei oder Nachricht durch eine mathematische Prozedur den sogenannten Hashwert. Dieser Hashwert wird mit dem privaten Schlüssel des Erstellers verschlüsselt. Das Ergebnis ist eine elektronische Signatur, die an das Dokument angehängt und an den Empfänger übermittelt wird.

Beim Empfang der elektronisch signierten Nachrichten und Daten kann der Empfänger online beim jeweiligen Trustcenter/ZDA die Zugehörigkeit des öffentlichen Schlüssels („Zweitschlüssel") zu der jeweiligen Person prüfen.

Der Entschlüsselungsprozess verläuft nun in umgekehrter Reihenfolge. Der signierte Hashwert der **Nachricht oder Datei wird mit** dem angehängten (oder bekannten oder online aus dem Verzeichnis abgefragten) **öffentlichen Schlüssel des Absenders entschlüsselt.** Das Ergebnis ist der Hashwert des Originaldokuments. Gleichzeitig wird von der Signatursoftware der Hashwert der unverschlüsselten Nachricht errechnet. Stimmen beide überein, ist die Originalnachricht während der Übermittlung nicht verändert worden. Ist der Hashwert geändert, ist auch die Nachricht verändert. In diesem Prozess werden Herkunft (bezüglich des Absenders = Authentizität) und Unverfälschtheit (bezüglich der Nachricht = Integrität) des elektronischen Dokuments geprüft.

Funktionsweise der qualifizierten elektronischen Signatur

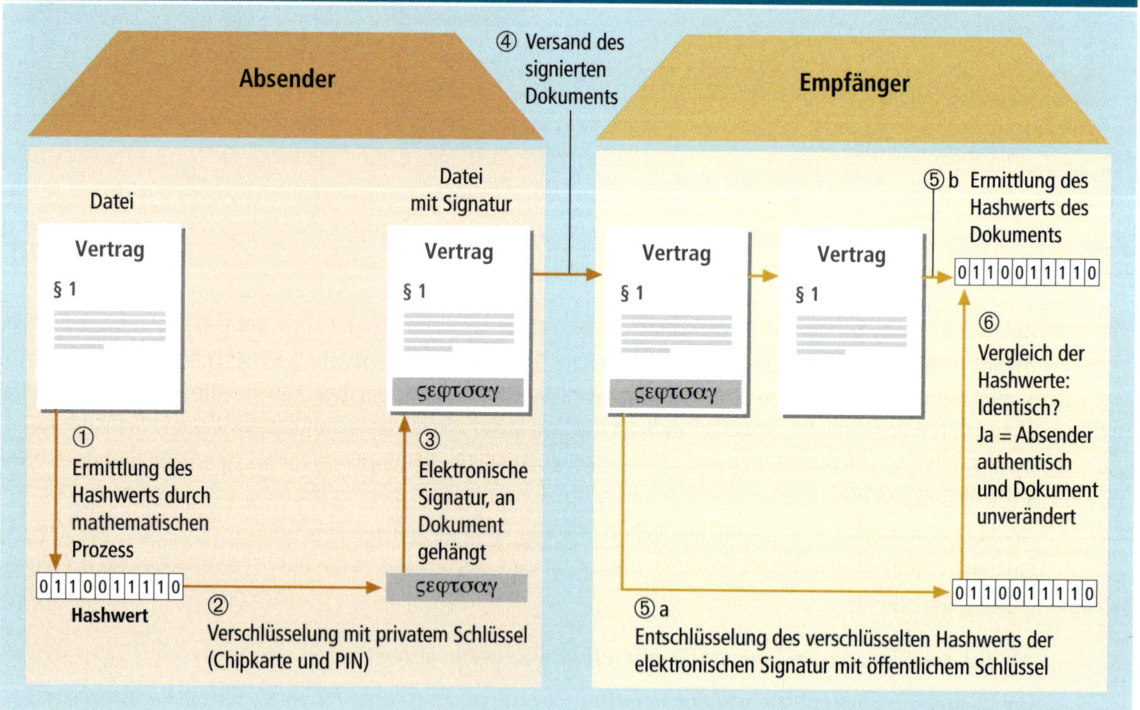

Zusammenfassung: Funktionen der qualifizierten elektronischen Signatur

1. Vertraulichkeit

Über die Sicherung des Datenschutzes im Internet herrscht Unsicherheit. Kryptografische Verfahren, die Informationen verschlüsseln, gewährleisten, dass Informationen Unbefugten nicht zugänglich werden. Bei der elektronischen Signatur sind die Funktionen „signieren" und „verschlüsseln" durch die Verwendung einer Signaturkarte im Chipkartenleser gewährleistet. Die Vertraulichkeit ist **gesichert,** wenn die Signaturkarte nicht in unbefugte Hände gerät.

2. Integrität

Für den elektronischen Geschäftsverkehr ist wesentlich, ob der Inhalt einer Datei oder Nachricht unverändert bzw. **unverfälscht** beim Adressaten angekommen ist. Dies kann durch die elektronische Signatur gewährleistet werden. Die gesamte Nachricht wird mathematisch in einen Zahlencode, den sogenannten Hashwert, umgewandelt, der beim Empfänger entschlüsselt werden muss.

3. Authentizität

Wichtig ist auch, ob der Absender der Nachricht auch wirklich derjenige ist, für den er sich ausgibt. Den **Herkunftsnachweis** der Datei erreicht man bei der elektronischen Signatur durch die Verwendung der Signaturkarte mit zugehöriger PIN im Chipkartenleser.

4. Verbindlichkeit

Eine Nachricht mit elektronischer Signatur ist der Schriftform rechtlich bis auf wenige Ausnahmen gleichgestellt. Eine auf elektronischem Weg abgegebene Willenserklärung ist somit ebenso **rechtlich verbindlich** wie eine schriftliche.

1.6 Vertragsfreiheit und Grenzen der Vertragsfreiheit

Einstiegsfall **Die seltsamen Launen des A.**

Der sonderliche A. betreibt ein Antiquariat. Folgende Dinge tragen sich zu:

a) Die Stadtbibliothek der Stadt Neustadt möchte A. einen großen Posten ausgesonderter Bücher schenken. A. weigert sich mit der Begründung, mit dem Staat mache er grundsätzlich keine Geschäfte. Der Bibliotheksleiter ist empört, weil er die Bücher nun vernichten muss. Er meint, dies würde noch ein behördliches Nachspiel haben.

b) K. möchte ein Buch bei A. kaufen. Da A. gerade an diesem Buch besonders hängt, verlangt er einen stark überhöhten Kaufpreis. K. findet das unerhört und droht A. mit Klage.

c) B. will A. ein wertvolles Werk aus dem 15. Jahrhundert abkaufen. Über den Preis ist man sich schnell einig, B. besteht wegen des hohen Werts des Buches aber auf dem Abschluss eines schriftlichen Kaufvertrags. A. weigert sich, bis auf sein Testament wolle er in seinem Leben nichts mehr schreiben; dann verkaufe er eben nicht. B. ist aufgebracht.

Wie ist die Rechtslage?

Vertragsfreiheit als Teil der Privatautonomie

Wie bereits bei der Unterscheidung zwischen Privatrecht und öffentlichem Recht festgestellt wurde, unterliegt das Privatrecht grundsätzlich der **Privatautonomie.** Damit haben die Rechtssubjekte (natürliche und juristische Personen) die Möglichkeit, ihre Rechtsbeziehungen untereinander eigenverantwortlich zu regeln, also auch die gesetzlichen Vorschriften in weiten Teilen nach ihren Bedürfnissen durch Rechtsgeschäfte zu verändern oder zu ersetzen. Die gesetzliche Erbfolge kann aufgrund der Testierfreiheit bis auf Pflichtteilsansprüche ausgeschlossen werden, Verträge können entsprechend der Vertragsfreiheit andere Regelungen als das Gesetz vorsehen, natürliche Personen können aufgrund der Vereinigungsfreiheit Vereine und Gesellschaften gründen.

Privatautonomie			
Vereinigungsfreiheit	**Testierfreiheit**	**Eigentumsfreiheit**	**Vertragsfreiheit**
Verfassungsrechtliche Garantie im Grundgesetz			
Artikel 9 (1) Alle Deutschen haben das Recht, Vereine und Gesellschaften zu bilden.	**Artikel 14** (1) Das Eigentum und das Erbrecht werden gewährleistet. Inhalt und Schranken werden durch die Gesetze bestimmt.	**Artikel 14** (1) Das Eigentum und das Erbrecht werden gewährleistet. Inhalt und Schranken werden durch die Gesetze bestimmt. (2) Eigentum verpflichtet. Sein Gebrauch soll zugleich dem Wohle der Allgemeinheit dienen. (3) Eine Enteignung ist nur zum Wohle der Allgemeinheit zulässig ...	**Artikel 2** (1) Jeder hat das Recht auf die freie Entfaltung seiner Persönlichkeit, soweit er nicht die Rechte anderer verletzt und nicht gegen die verfassungsmäßige Ordnung oder das Sittengesetz verstößt.
Beispiele im BGB			
§ 21 BGB nicht wirtschaftlicher Verein	§ 1937 BGB Testament	§ 903 BGB Befugnisse des Eigentümers	§ 311 Abs. 1 BGB rechtsgeschäftliche Schuldverhältnisse § 138 Abs. 1 BGB sittenwidriges Rechtsgeschäft
Allgemeiner Teil	**Sachen- und Erbrecht**		**Allgemeiner Teil und Schuldrecht**

Vertragsfreiheit als Ausprägung des Liberalismus

Diese Entscheidung des Gesetzgebers für die Vertragsfreiheit, die den Leistungs- und Güteraustausch weitgehend den Verhandlungen der Vertragsparteien überlässt, spiegelt den Gedanken des freien Spiels der Kräfte auf dem Markt, also die Freiheit des Wettbewerbs wider. Hinter dem Grundsatz der Vertragsfreiheit steht somit eine durch den Liberalismus des 18. und 19. Jahrhunderts geprägte Vorstellung: Wenn der Einzelne in freier Entscheidung seine wirtschaftlichen und rechtlichen Verhältnisse gestaltet und dabei seine eigenen Interessen wahrnimmt, ist es für alle in der Gemeinschaft von Vorteil. Voraussetzung dafür ist allerdings, dass in den Vertragsverhandlungen jeder seine Interessen wirksam geltend machen, d. h. sie wenigstens zum Teil durchsetzen kann; andernfalls muss die Möglichkeit bestehen, auf einen anderen Vertragspartner auszuweichen. Doch das ist damals wie heute nicht immer gegeben. Häufig herrscht ein Machtgefälle zwischen den Vertragsparteien.

Vertragsgerechtigkeit als Grenze der Vertragsfreiheit

Uneingeschränkte **Vertragsfreiheit** kann dann dem wirtschaftlich Mächtigeren dazu verhelfen, seine Interessen dem Schwächeren aufzuzwingen. Der Staat muss in dieser Situation lenkend in die Marktbeziehungen eingreifen, um **Vertragsgerechtigkeit** zu schaffen, d. h. das Gleichgewicht zwischen den beteiligten Partnern wiederherzustellen.

Falllösung Die seltsamen Launen des A.

In allen drei Fällen gilt für A. uneingeschränkte Vertragsfreiheit.

a) A. kann sich frei entscheiden, ob und mit wem er einen Schenkungsvertrag schließen will. Er kann von der Stadt nicht zum Vertragsabschluss über die ausgesonderten Bücher gezwungen werden. (Abschlussfreiheit)

b) A. kann seine Preise nach Belieben kalkulieren, er muss nicht zu einem angemessenen Preis verkaufen. Wucher ist nur gegeben, wenn der Tatbestand des § 138 Abs. 2 BGB zutrifft, also z. B. eine Zwangslage vorliegt. Davon ist hier nicht auszugehen. (Abschlussfreiheit, Inhaltsfreiheit)

c) Ein Kaufvertrag über bewegliche Sachen kann grundsätzlich formfrei abgeschlossen werden, selbst wenn es sich um Millionenwerte handelt. A. ist nicht verpflichtet, den Vertrag schriftlich abzuschließen. (Abschlussfreiheit, Formfreiheit)

5740190

Vertragsfreiheit

heißt, sich entscheiden zu können, …

… ob und mit wem man Verträge abschließt:	… worüber man Verträge abschließt:	… auf welche Weise man Verträge abschließt:
Abschlussfreiheit	**Inhaltsfreiheit**	**Formfreiheit**

Aber: Zwingende Normen setzen der Freiheit **Grenzen.**

- **Kontrahierungszwang: Abschlusszwang**
  für (öffentliche) Monopolbetriebe, z. B. Entwässerung, Abfallentsorgung
- **Kontrahierungsverbot**
  z. B. Verbot von Kinderarbeit
- **Kontrahierungsgebot**
  z. B. Einstellung von Schwerbehinderten

Schutzregelungen für
- Arbeitnehmer
- Mieter
- Verbraucher
- Kinder und Jugendliche

Formvorschriften
- Abgabe vor einer zuständigen Stelle
- notarielle Beurkundung
- Beglaubigung
- elektronische Form
- Schriftform
- Textform

Warum gibt es diese **Schranken der Vertragsfreiheit?**

Sicherstellung von …

Vorsorge für die Bevölkerung	Schutz der Schwächeren vor Ausbeutung durch den wirtschaftlich Stärkeren	Beweis, Warnung, Beratung

Rechtsfolge bei einem **Verstoß gegen die Schranken:**
meist **Nichtigkeit** des Vertrags

2 Zustandekommen und Erfüllung von Verträgen (am Beispiel des Kaufvertrags)

2.1 Abschluss des (Kauf-)Vertrags

2.1.1 Antrag und Annahme

Ein Vertrag kommt durch zwei übereinstimmende Willenserklärungen der Vertragsparteien zustande. Die zeitlich erste Willenserklärung ist der Antrag, die zweite die Annahme.

Beispiel

Kaufvertragsabschluss durch zwei übereinstimmende Willenserklärungen

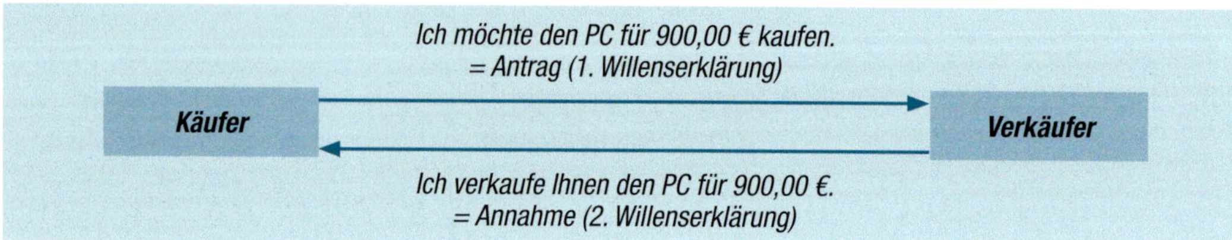

Antrag und Annahme sind meist empfangsbedürftig

Der Antrag richtet sich normalerweise an eine bestimmte Person und enthält grundsätzlich alle wesentlichen Vertragselemente: Art, Menge und Preis der Leistung.

Ein Antrag muss so bestimmt sein, dass ein **„Ja" als Annahme** des Vertrags ausreicht.

In der Regel gilt, dass Antrag und Annahme empfangsbedürftige Willenserklärungen sind, d. h., sie werden erst mit Zugang wirksam. Zugang heißt, die Willenserklärung ist in den Machtbereich des Empfängers gelangt und er hat unter gewöhnlichen Umständen die Möglichkeit, von der Willenserklärung Kenntnis zu nehmen.

Verspätete oder geänderte Annahme

Gemäß §§ 146, 150 BGB lässt eine verspätete Annahme den Antrag erlöschen, sie gilt jedoch zugleich als neuer Antrag. Eine geänderte Annahme gilt als Ablehnung und wiederum als neuer Antrag.

2.1.2 Bindung an den Antrag

Ein wirksamer Antrag ist gemäß § 145 BGB bindend, d. h., der Antragende kann die Willenserklärung nach dem Zugang nicht mehr einseitig abändern oder widerrufen. Der Empfänger des Antrags kann innerhalb der gesetzlichen Annahmefrist gemäß § 147 BGB entscheiden, ob der Vertrag unter den im Antrag genannten Bedingungen zustande kommt oder nicht. Der Gesetzgeber berücksichtigt hierbei die Interessen beider Parteien: Dem Erklärungsempfänger wird durch § 145 BGB Rechtssicherheit durch die Bindungswirkung des Antrags garantiert; dem Erklärenden wird durch die gesetzlichen Annahmefristen des § 147 BGB eine zeitliche Begrenzung dieser Bindungswirkung eingeräumt.

Einschränkung oder Ausschluss der Bindung

Allerdings kann der Antragende auch selbst die Bindungswirkung ausschließen oder einschränken. Die Bindungswirkung wird **ausgeschlossen,** wenn dem Empfänger vor oder spätestens gleichzeitig mit dem Antrag ein Widerruf des Antrags zugeht, § 130 Abs. 1 BGB.

Die Bindung wird **zeitlich beschränkt,** wenn der Antragende eine ausdrückliche Annahmefrist bestimmt, § 148 BGB. Durch sogenannte Freizeichnungsklauseln im Antrag wird die Bindungswirkung für einzelne Vertragselemente **inhaltlich eingeschränkt** (z. B. „solange Vorrat reicht" – beschränkte Menge) oder **ganz ausgeschlossen** („Angebot ohne Obligo", „freibleibendes Angebot").

Unverbindliche Aufforderungen zur Abgabe eines Antrags

„Unverbindliche Angebote" und „Anfragen" sind keine wirksamen Anträge, sondern nur Aufforderungen zur Abgabe eines Antrags **an bestimmte Personen,** da ihnen wesentliche Elemente der Willenserklärung fehlen.

5740192

Sie äußern keinen verbindlichen Willen, der auf rechtliche Wirkung – nämlich auf den Abschluss eines Vertrags – gerichtet ist. Das Gleiche gilt für Aufforderungen zur Abgabe eines Antrags **an die Öffentlichkeit** (lateinisch: invitatio ad offerendum): Prospekte, Kataloge, Preisschilder, Schaufensterauslagen sind an einen unbestimmten Personenkreis gerichtet und rechtlich unverbindlich.

Kaufmännische Bezeichnungen für Antrag und Annahme

Im Geschäftsverkehr werden statt der rechtlichen Begriffe Antrag, Annahme oder Aufforderungen zur Abgabe eines Antrags meist kaufmännische Bezeichnungen verwendet. Allerdings kann sich hinter dem kaufmännischen Begriff **Bestellung** rechtlich ein Antrag oder eine Annahme verbergen, deshalb muss für jeden Fall geprüft werden, welcher tatsächliche Vorgang welche rechtliche Wirkung hat.

Beispiele

Kaufmännische Bezeichnung und rechtliche Bedeutung			
Aktivität geht aus vom ... →			
Käufer (K)	*Anfrage (K)*	*Angebot (V)*	*Bestellung (K)*
Verkäufer (V)	*Katalog (V)*	*Bestellung (K)*	*Bestellannahme (V)*
	= unverbindliche Aufforderung zur Abgabe einer WE	*= 1. WE/Antrag*	*= 2.WE/Annahme*

Sonderfälle

Ausnahmsweise kann ein **Antrag an die Öffentlichkeit** gerichtet sein. Dies wird für Warenautomaten, Geldautomaten, Zapfsäulen in Tankstellen und Auslagen im Selbstbedienungsladen unterstellt. Es handelt sich um Anträge an Berechtigte. Die Annahme ist die Inanspruchnahme des Automaten; im Selbstbedienungsladen gilt die Vorlage der Ware an der Kasse als Annahme.

Verkaufsofferten in Online-Auktionsplattformen wie eBay werden zwar nicht als Antrag, aber als vorweg erklärte Annahme des höchsten Angebots angesehen: Hier erfolgt die Annahme also zeitlich vor dem Antrag. Sie richtet sich an den Höchstbietenden. Die Websites von Online-Shops sind wiederum lediglich Aufforderungen zur Abgabe eines Antrags an die Öffentlichkeit.

Internetofferten sind keine Willenserklärungen – außer Angebote in Auktionsplattformen!

Beispiele

Tatsächliche Vorgänge ⇩ ***rechtliche Wirkung***				***Kaufvertrag?***
1	*Katalog geht ein* ⇩ *Aufforderung zur Abgabe eines Antrags durch Verkäufer (V)*	*schriftliche Bestellung erfolgt* ⇩ *Antrag unter Abwesenden durch Käufer (K)*	*Lieferung fünf Tage nach Bestellung* ⇩ *rechtzeitige Annahme unter Abwesenden durch Verkäufer (V)*	*ja*
2	*Ware im Schaufenster* ⇩ *Aufforderung zur Abgabe eines Antrags (V)*	*mündliche Äußerung des Kaufwunschs* ⇩ *Antrag unter Anwesenden (K)*	*mündliche Mitteilung: Ware leider falsch ausgepreist, Preis 50,00 € höher* ⇩ *geänderte Annahme = Ablehnung + neuer Antrag (V)*	*nein*

Zustandekommen und Erfüllung von Verträgen (am Beispiel des Kaufvertrags)

<table>
<tr><td>3</td><td>schriftliches „freibleibendes Angebot“ geht ein
⇩
Aufforderung zur Abgabe eines Antrags (V)</td><td colspan="2">Bestellung wird per Fax gesandt
⇩
Antrag unter Abwesenden (K)</td><td colspan="2">Bestellannahme geht zwei Tage später per E-Mail ein
⇩
rechtzeitige Annahme unter Abwesenden (V)</td><td>ja</td></tr>
<tr><td>4</td><td>telefonische Anfrage
⇩
Aufforderung zur Abgabe eines Antrags (K)</td><td colspan="2">Angebot geht per Brief zu
⇩
Antrag unter Abwesenden (V)</td><td colspan="2">schriftliche Bestellung geht zwei Monate später ein
⇩
verspätete Annahme unter Abwesenden = neuer Antrag (K)</td><td>nein</td></tr>
<tr><td>5</td><td>Angebot im Online-Shop
⇩
Aufforderung zur Abgabe eines Antrags (V)</td><td>Bestellung im Internet
⇩
Antrag unter Abwesenden (K)</td><td colspan="2">automatische Mail mit Zugangsbestätigung des Online-Shops
⇩
keine Willenserklärung (V)</td><td>Lieferung erfolgt drei Tage später
⇩
rechtzeitige Annahme (V)</td><td>ja</td></tr>
</table>

Abschluss des Kaufvertrags

Verträge entstehen durch zwei übereinstimmende Willenserklärungen: **Antrag** und **Annahme**

Antrag ⟷ **kein Antrag**

Antrag
- enthält alle wesentlichen Angaben (essentialia negotii: Ware – Menge – Preis) und kann mit einem einfachen „Ja“ angenommen werden
- richtet sich grundsätzlich an eine bestimmte Person; Ausnahme: Antrag an die Allgemeinheit (Warenautomaten, Angebote im Selbstbedienungsladen)

kein Antrag
- Aufforderungen zur Abgabe eines Antrags an die Öffentlichkeit (invitatio ad offerendum: Preisschilder, Schaufensterauslagen, Prospekte, Angebote in Online-Shops)
- Aufforderung zur Abgabe eines Antrags an bestimmte Personen (Anfragen)

Grundsatz: Anträge sind bindend! (§ 145 BGB)
Ausnahmen: Ausschluss bzw. Einschränkung der Bindungswirkung durch Handeln des …

Antragenden:
- Freizeichnungsklauseln (Bsp. „solange Vorrat reicht“, „unverbindlich“, „Weiterverkauf vorbehalten“, „ohne Obligo“)
- rechtzeitiger Widerruf (§ 130 Abs. 1 BGB), Zugang spätestens gleichzeitig mit dem Antrag
- Fristsetzung (§ 148 BGB)

Annehmenden:
- Ablehnung des Antrags (§ 146 BGB)
- abgeänderte Annahme (§§ 150 Abs. 2, 146 BGB) → gilt als neuer Antrag!
- verspätete Annahme (§§ 146, 150 Abs. 1 BGB) → gilt als neuer Antrag!

unter Anwesenden
(§ 147 Abs. 1 BGB, beispielsweise mündlich, schlüssiges Handeln, telefonisch): wenn Annahme nicht sofort erfolgt (§ 147 Abs. 1 BGB)

unter Abwesenden
(§ 147 Abs. 2 BGB, beispielsweise schriftlich, Fax, E-Mail): wenn Annahme nicht innerhalb eines angemessenen Zeitraums erfolgt („regelmäßige Umstände“ gem. § 147 Abs. 2 BGB: grundsätzlich zweimal Beförderungszeit zuzüglich angemessener Bedenkzeit)

bei Fristsetzung
(§ 148 BGB, beispielsweise mündliche oder schriftliche Fristsetzung): wenn außerhalb der gesetzten Frist angenommen wird

5740194

2.2 Allgemeine Geschäftsbedingungen (AGB) in Verträgen

Einstiegsfall **Wein mit AGB**

Weinhändler Manfred W. e. K. aus Würzburg bietet seinem Privatkunden Gerd K. aus Köln schriftlich mehrere Sorten Rot- und Weißwein an. Hierbei weist er ausdrücklich auf die Gültigkeit seiner AGB hin, die in seinem Geschäft zur Einsicht ausliegen würden. K. bestellt mehrere Flaschen, W. übersendet eine Auftragsbestätigung.

a) Sind die AGB von W. wirksam geworden?

b) Würde sich etwa ändern, wenn K. Unternehmer wäre?

(Anmerkung: Die Vorschriften über Fernabsatzverträge sind hier nicht zu prüfen.)

2.2.1 Begriff der AGB

Gegenstände der AGB sind z. B. Verpackungs- und Versandkosten, Lieferungs- und Zahlungsfristen, Eigentumsvorbehalt (sichert dem Verkäufer das Eigentum an der Ware, bis der Käufer vollständig bezahlt hat), Erfüllungsort für die Leistung und Gerichtsstand bei Streitigkeiten. AGB können Normen des BGB ersetzen.

Umgangssprachlich spricht man bei den AGB vom sogenannten „Kleingedruckten“, das sich vorzugsweise auf der Rückseite von Vertragsformularen findet. Die korrekte Definition findet sich im Gesetz.

§ 305 BGB Einbeziehung Allgemeiner Geschäftsbedingungen in den Vertrag

(1) S. 1 Allgemeine Geschäftsbedingungen sind alle für eine **Vielzahl** von Verträgen **vorformulierten Vertragsbedingungen,** die eine Vertragspartei **(Verwender)** der anderen Vertragspartei **bei Abschluss eines Vertrags stellt.**

(Hervorhebungen nicht im Original)

Wichtig sind hierbei die folgenden vier Tatbestandsmerkmale:

- **Vielzahl von Verträgen:** Eine „Vielzahl“ liegt in der Regel bei mindestens drei bis fünf Verträgen vor.
- **Vorformulierte Vertragsbedingungen:** Vertragsbedingungen gelten als vorformuliert, wenn sie für eine mehrfache Verwendung abgefasst sind.
- **Vom Verwender gestellt:** Vom „Verwender“ wird gesprochen, weil beide Vertragspartner – der Anbieter oder der Nachfrager der Leistung – AGB verwenden können. „Stellen“ heißt, dass die Vertragsbedingungen nicht frei ausgehandelt werden.
- **Bei Abschluss eines Vertrags:** Die AGB werden nur wirksam, wenn sie zum Vertragsbestandteil werden. Dies ist nach Abschluss des Vertrags nicht mehr möglich.

Bei Verbraucherverträgen gelten Sondervorschriften: § 310 Abs. 3 BGB

Bei Verträgen zwischen einem Unternehmer und einem Verbraucher gelten die AGB grundsätzlich als vom Verwender „gestellt“, selbst wenn sie auf Vorschlag eines Dritten, z. B. eines Notars, in den Vertrag aufgenommen wurden. Außerdem genügt sogar die einmalige Verwendung von vorformulierten Vertragsbedingungen, eine „Vielzahl“ muss nicht vorliegen.

2.2.2 Bedeutung von AGB

Allgemeine Geschäftsbedingungen spielen im Geschäftsverkehr der Unternehmer mit Verbrauchern, aber auch von Unternehmern untereinander eine wesentliche Rolle. Sie sind in fast allen Wirtschaftszweigen üblich: Banken, Versicherungen, Handelsbetriebe, Speditionen etc. nutzen AGB. Selbst Verbraucher schließen manchmal Verträge mit AGB ab (Gebrauchtwagenverkauf mit Vertragsvordruck).

Für die Wirtschaft sind AGB wichtig

In der Ökonomie haben AGB wesentliche Funktionen:

- Standardisierung durch die Vereinheitlichung von Massenverträgen (Zeit- und Kostenersparnis),
- schnelle Anpassungsmöglichkeit an den wirtschaftlichen und technischen Wandel, z. B. durch Entwicklung und Ausgestaltung von neuen, gesetzlich nicht geregelten Vertragsarten (z. B. Leasing),

Erfüllungsort (Gerichtsstand) und Gefahrübergang fallen ausnahmsweise räumlich auseinander:

- bei der gesetzlichen Regelung für die Geldschuld
- bei der Warenschuld bei Verbrauchsgüterversendungskäufen

Beispiel ***Kaufvertrag – gesetzliche Regelung bei der Geldschuld***

Für die **Rechtzeitigkeit** der Zahlung kommt es wie bei der Bringschuld darauf an, ob der Käufer das Geld so früh abgesendet hat, dass es beim Verkäufer am Zahlungstermin ankommt.

Beispiel

Laut Zahlungsbedingung ist ein Kaufpreis bis spätestens 5. März zu zahlen. Der Käufer übermittelt den Überweisungsauftrag per Online-Banking seinem Kreditinstitut vormittags am 5. März. Die Gutschrift auf dem Konto des Verkäufers erfolgt am 7. März. Der Käufer hat zwei Tage verspätet geleistet.

Wie bei Warenschulden kann auch hinsichtlich der Geldschuld eine abweichende **vertragliche Regelung** getroffen werden. Geldforderungen aus Nachnahmesendungen sind Holschulden. Dasselbe gilt für Zahlungen im Lastschriftverfahren und Kartenzahlungen. Hier hat der Käufer nur für die erforderliche Deckung auf seinem Konto zu sorgen. Die Einziehung des Geldes ist Sache des Verkäufers. Der Gefahrübergang ist dann beim Wohnsitz des Käufers, d. h., das Verzögerungs- und Verlustrisiko für die Geldübermittlung trägt der Verkäufer.

Skonto wird oft erst durch eine Klausel auf der Rechnung eingeräumt. Da der Käufer gegen diese für ihn lediglich vorteilhafte Regelung nichts einzuwenden hat, wird von einer nachträglichen Vertragsänderung ausgegangen. Beim **Kauf auf Ziel** wird dem Käufer für eine bestimmte, längere Frist ein Zahlungsaufschub gewährt. Dieser Lieferantenkredit ist aber meist teurer als ein normaler Bankkredit.

Zusammenfassung: Schuldverhältnisse beim Kaufvertrag

Wohn-/Geschäftssitz beim / Art der Schuld	Verkäufer	Käufer
Warenschuld	**Schuldner**	**Gläubiger**
1. Gesetzliche Holschuld, § 269 BGB	Erfüllungsort Gerichtsstand Gefahrübergang	
2. Vertragliche Bringschuld		Erfüllungsort Gerichtsstand Gefahrübergang
3. Vertragliche Schickschuld/ Versendungskauf, § 447 BGB	Erfüllungsort Gerichtsstand *Gefahrübergang bei Übergabe an Transporteur*	

4. Gesetzliche Regelung zum Verbrauchsgüter-Versendungskauf, § 474 Abs. 2 BGB	Erfüllungsort Gerichtsstand	Gefahrübergang
Geldschuld	**Gläubiger**	**Schuldner**
1. Gesetzliche Regelung zur Geldschuld, § 270 BGB	*Gefahrübergang*	Erfüllungsort Gerichtsstand
2. Vertragliche Holschuld		Erfüllungsort Gerichtsstand Gefahrübergang

Zusammenfassung: Zuständigkeit des erstinstanzlichen Gerichts

1. Sachliche Zuständigkeit

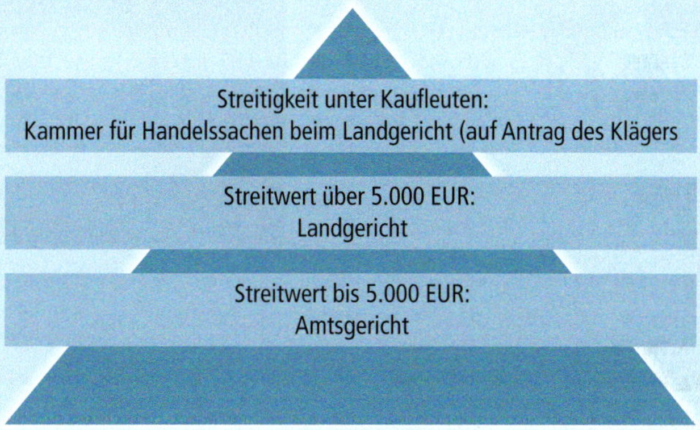

2. Örtliche Zuständigkeit

- Klage am Erfüllungsort für Waren- oder Geldschuld
- abweichende Gerichtsstandsvereinbarung für Kaufleute und juristische Personen des öffentlichen Rechts

Falllösung Langwieriger Maschinenkauf

V. in Verden verkauft K. in Krefeld eine Fertigungsmaschine. V. hat sich zur „Lieferung frei Werk" zum 31. Januar verpflichtet. V. übergibt die Maschine am 30. Januar einer Spedition zur Beförderung. Aufgrund eines Streiks der Mitarbeiter der Spedition trifft die Maschine erst am 14. Februar im Werk von K. ein.

a) Für die Warenschuld (Maschine) ist ein Versendungskauf gemäß § 447 BGB vereinbart worden. Die Übernahme der Transportkosten durch V. („Lieferung frei Werk") bedeutet nicht, dass eine Bringschuld gewollt ist, vgl. § 269 Abs. 3 BGB.

b) Erfüllungsort und Gerichtsstand für die Warenleistung liegen in Verden. Der Gefahrübergang vollzieht sich gemäß § 447 BGB bei Übergabe an den Spediteur in Verden.

c) Für die Vornahme der Leistungshandlung am Erfüllungsort, nämlich die Bereitstellung der Maschine und die Übergabe an den Spediteur, ist der 31. Januar vereinbart worden. V. hat die Übergabe sogar schon am 30. Januar vollzogen, d.h., er hat rechtzeitig geleistet. Auf das Datum der Auslieferung in Krefeld kommt es nicht an.

d) Erfüllungsort und Gerichtsstand für die Geldschuld liegen in Krefeld, der Gefahrübergang in Verden.

3 Zahlungsverkehr und Anordnungsverfahren

3.1 Geld und Zahlungsverkehr

3.1.1 Geld und Zahlungsarten

„Money is what money does. Money is defined by its function."
(John Richard Hicks, britischer Wirtschaftswissenschaftler und Nobelpreisträger)

Eine einheitliche Gelddefinition gibt es nicht. Geld ist alles, was als Geld gilt. Es muss teilbar, haltbar, einheitlich und knapp sein, wenn es seine Funktionen erfüllen soll (zu den Geldfunktionen siehe LF 14, Kapitel 2.1, S. 605 ff.). Geld hat in seiner Geschichte verschiedene Wandlungen durchlaufen. Beginnend vom Natural- bzw. Warengeld (pecunia, lat.: Vieh), über das Münzgeld, Papiergeld bis zum Buchgeld.

Geschichte des Gelds

1. Natural-/Warengeld

Vieh

Steingeld einer Südseeinsel

Salz

2. Münzgeld

Erste Münzen der Lyder, 6/7. Jhr. v. Chr.

3. Papiergeld

4. Buchgeld

Kölner Kreditanstalt AG — **Kontoauszug**

IBAN: DE98 3701 1009 2333 4442 00 — SWIFT-BIC: KOEKDEKN280

Kontonummer: **2 333 444 200** — Datum: 30.03.20.. — Auszug Nr. 013

Buch	Wert	PN-Nummer	Vorgang/Buchungsinformation	Umsatz in Euro
30.03.	30.03.	3412	Ruwer AG, Miete Bühne, 2. Quartal 20..	150,00 –
31.03.	31.03.	0087	Gutschrift Fa. Olaf Heimig e. K., Veranstaltung, Re.-Nr. 35/V/20..	12.500,00 +
			Alter Kontostand (Euro):	67.957,80 +
			Zahlungseingänge (Euro):	33.789,75 +
			Zahlungsausgänge (Euro):	44.290,58 –
			Neuer Kontostand (Euro):	57.456,97 +

Man unterscheidet heute Bar- und Buchgeld. **Bargeld** sind Münzen und Noten, im Euro-Raum Euro und Eurocent. Bargeld wird von der Zentralbank in der Regel über Geschäftsbanken emittiert (lateinisch = entsenden). In der Eurozone ist die Europäische Zentralbank für die Organisation der Banknotenausgabe zuständig.

Buchgeld stellt eine Forderung gegenüber Kreditinstituten bzw. Zahlungsdienstleistern dar. Die Institute sind verpflichtet, Sichtguthaben jederzeit („auf Sicht" = sofort, bei Vorlage) in Bargeld umzutauschen. Da Buchgeld überwiegend auf sogenannten Girokonten gehalten wird, wird es auch Giralgeld genannt (giro, italienisch = Drehung, Umlauf). Buchgeld ist jedoch im Unterschied zu Bargeld kein gesetzliches Zahlungsmittel, d. h., der Gläubiger einer Schuld (z. B. der Verkäufer einer Ware) kann dieses Zahlungsmittel zur Tilgung der Verbindlichkeit annehmen, muss es aber nicht. **Elektronisches Geld** (E-Geld) ist eine Sonderform des Buchgelds: Es stellt eine Forderung gegen die ausgebende Stelle dar, die auf elektronischen Datenträgern gespeichert ist. Es kann entweder auf einer Zahlungskarte gespeichert sein (z. B. Geldkarte) oder auf einem Server gespeichert sein, auf den der Nutzer zugreifen kann (sogenanntes Netzgeld, z. B. PayPal, Click & Buy). Der Kunde kann jederzeit den Rücktausch des noch auf der Karte oder dem Konto gespeicherten E-Gelds verlangen.

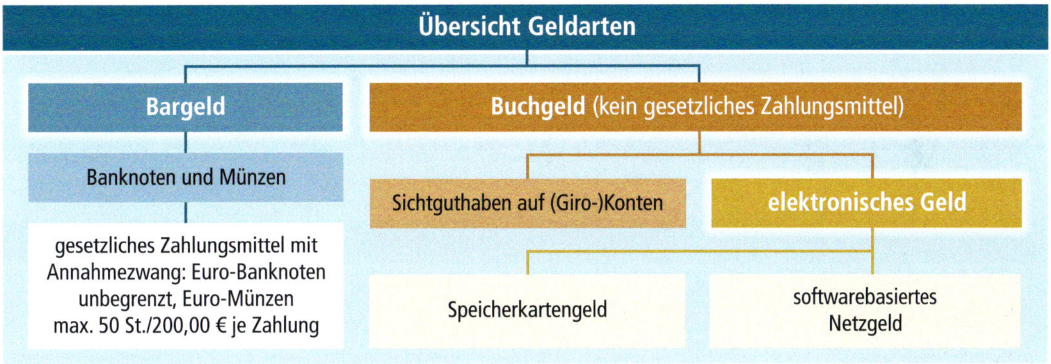

Zahlungsarten: bare, halbbare, bargeldlose Zahlung

Den **Geldschuldner** nennt man im Zahlungsverkehr **Zahler**, den **Geldgläubiger Zahlungsempfänger.** Zur Begleichung von Geldschulden stehen dem Zahler verschiedene Möglichkeiten zur Verfügung. Man unterscheidet die Barzahlung, die halbbare und die bargeldlose Zahlung. Barzahlung erfolgt mit Bargeld. Bei der bargeldlosen Zahlung wird ausschließlich Buchgeld eingesetzt. Bei der halbbaren Zahlung wird ein Teil des Zahlungsvorgangs über Bargeld, der andere Teil über Buchung auf einem Konto abgewickelt.

Zahlungsarten

Barzahlung		halbbare Zahlung („gemischter Zahlungsverkehr")		bargeldlose Zahlung
Der Zahlungsvorgang erfolgt ausschließlich durch Übereignung von Bargeld, d. h. Banknoten und Münzen.		Der Zahler oder der Zahlungsempfänger verfügen über ein Konto. Der Zahlungsvorgang erfolgt zum Teil über Bargeld, zum Teil durch Buchung auf einem Konto: Es erfolgt eine Bareinzahlung auf einem Konto oder eine Barauszahlung von einem Konto.		Zahler und Zahlungsempfänger verfügen über ein Konto. Der Zahlungsvorgang erfolgt ausschließlich durch Übermittlung von Buchgeld.
unmittelbar	**mittelbar**	ZA ZE	ZA ZE	ZA ZE
ZA ZE 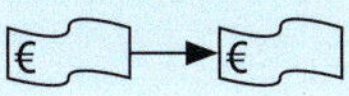	ZA Mittler ZE 	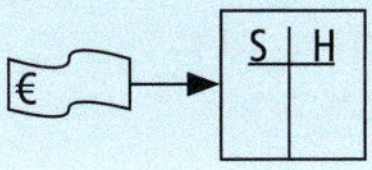	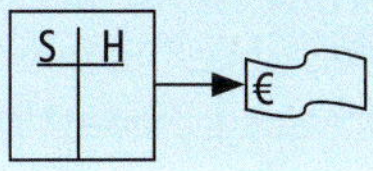	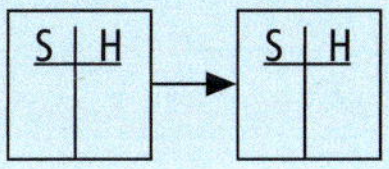
Zahler übereignet dem Zahlungsempfänger Bargeld. Zahler hat Anspruch auf eine Quittung.	Nutzung des Geldtransfers über Western Union oder MoneyGram oder Wertbrief der Postbank (bis 100,00 €)	Barzahlung und Gutschrift auf einem Konto durch Zahlschein oder Nachnahme	Barauszahlung und Lastschrift auf einem Konto durch Barscheck	Buchungen von Konto zu Konto durch verschiedene Zahlungsformen (per Überweisung, Lastschrift, im Online-Banking, Kartenzahlung, E-Geld-Einsatz usw.)

3.1.2 Barzahlung

Bei Geschäften des täglichen Lebens ist nach wie vor die Begleichung der Geldschuld durch **unmittelbare Barzahlung** üblich. Zahlt der Zahler (Schuldner) bar, muss der Zahlungsempfänger (Gläubiger) ihm auf seinen Wunsch ein schriftliches Empfangsbekenntnis über den Erhalt der Leistung ausstellen, § 368 BGB. Hierzu existieren Quittungsformulare, die nur auszufüllen sind. Man kann jedoch auch auf einer Rechnung den Erhalt der Zahlung mit Unterschrift quittieren. Für den Beweis, dass der Zahlungsempfänger geleistet hat, genügt meist auch ein Beleg ohne eigenhändige Unterschrift, wie z. B. Kassenbons. **Mittelbare Barzahlung** durch **Bargeldtransfer** – insbesondere ins Ausland – bieten Unternehmen wie Western Union oder MoneyGram an.

3.1.3 Halbbare Zahlung

Voraussetzung: Zahlungskonto bzw. Girokonto

Zur Abwicklung halbbarer oder bargeldloser Zahlungen müssen Zahler bzw. Zahlungsempfänger ein Zahlungskonto bei einem Zahlungsdienstleister haben. Zahlungsdienstleister werden von der Bundesanstalt für Finanzdienstleistungsaufsicht (BaFin) überwacht.

Zahlungsdienstleister			
Kreditinstitute		sonstige	
privatrechtliche Kreditinstitute	öffentlich-rechtliche Kreditinstitute	privatrechtliche Zahlungsinstitute	öffentlich-rechtliche Institutionen
■ private Universalbanken, Genossenschaftsbanken ■ Spezialbanken	■ öffentlich-rechtliche Landesbanken ■ Sparkassen	erlaubnispflichtig durch die BaFin (siehe BaFin-Register im Internet)	■ Bund, Länder, Gemeinden ■ Europäische Zentralbank

Unternehmen, die Bankgeschäfte betreiben, werden vom Gesetzgeber als Kreditinstitut bezeichnet, obwohl die Bankgeschäfte mehr als nur Kreditgewährung umfassen. Bankgeschäfte sind z. B. Zahlungsdienste, Einlagengeschäfte, Wertpapiergeschäfte. Kreditinstitute, die die wichtigsten Bankgeschäfte „unter einen Dach" anbieten, nennt man Universalbanken. Daneben gibt es Spezialkreditinstitute, die nur bestimmte Bankgeschäfte anbieten, beispielsweise Hypothekenbanken, Bausparkassen oder E-Geld-Institute.

Der halbbare oder unbare Zahlungsverkehr wird über ein **Zahlungskonto** abgewickelt. Das Girokonto bei einem Kreditinstitut ist eine besondere Form des Zahlungskontos und meist mit Zusatzleistungen verbunden (z. B. Nutzung von Schecks, Kreditkarten, Einräumung eines Überziehungskredits). Zugrunde liegt ein auf Dauer angelegter Rahmenvertrag zwischen Kreditinstitut und Kunde. Der Vertrag wird üblicherweise schriftlich niedergelegt. Die Institute halten dazu Vertragsvordrucke und Allgemeine Geschäftsbedingungen bereit. Bei der Kontoeröffnung muss der Nutzer versichern, dass er das Konto für sich selbst eröffnet, und hat sich auszuweisen. Außerdem verlangt das Kreditinstitut, dass der Nutzer mit einer Anfrage über seine **Bonität** (= Kreditwürdigkeit, von lat. bonitas = Vortrefflichkeit, Rechtschaffenheit) bei der **SCHUFA** (Schufa-Holding AG, Schutzgemeinschaft für allgemeine Kreditsicherung) einverstanden ist.

Jedermann hat das Recht, sich über die die eigene Person gespeicherten Daten bei der SCHUFA unentgeltlich zu informieren: https://www.meineschufa.de/index.php?site=11_3_1

Der Umfang der Leistungen im Rahmen des **Girokontovertrags** richtet sich nach den getroffenen Vereinbarungen. Inbegriffen sind die Kontoführung, Buchung von Gutschriften und Belastungen sowie meist die Einziehung der von Kunden eingereichten Schecks (Scheckinkasso). Die Entgegennahme von Bareinzahlungen kann jedoch ausgeschlossen werden, beispielsweise bei Direktbanken, die über kein Filialnetz verfügen. Zusätzliche Vereinbarungen werden meist für die Verwendung von Zahlungskarten, Online-Banking oder die Einrichtung eines Kontokorrentkredits – des sogenannten Dispositionskredits – abgeschlossen. Zu den Pflichten des Instituts gehören Auskunftspflichten gegenüber den Kunden und Verschwiegenheit gegenüber Dritten.

Das Girokonto kann für eine Person (Einzelkonto) oder mehrere Personen (Gemeinschaftskonto) geführt werden. Beim **Gemeinschaftskonto** kann jeder Inhaber allein verfügungsberechtigt sein (Oder-Konto) oder die Inhaber sind nur gemeinschaftlich verfügungsberechtigt (Und-Konto). Die Unterschriften werden bei Vertragsabschluss beim Kreditinstitut hinterlegt, damit die Verfügungsberechtigung überprüft werden kann. Girokonten werden als Kontokorrent geführt, d. h., Forderungen und Verbindlichkeiten werden laufend verrechnet; zu bestimmten Zeitpunkten – meist am Quartalsschluss – wird der jeweilige Saldo festgestellt.

Man spricht von **Kontodeckung,** wenn Zahlungsaufträge des Kunden sich im Rahmen des Guthabens oder eines vereinbarten Dispositionskredits halten.

Änderungen des Vertrags, z. B. der AGB, sind zwei Monate vorher anzukündigen, dabei gilt Schweigen als Zustimmung. Die **Kündigung** ist bei Vertragsänderungen fristlos, sonst für den Nutzer mit einer Frist von einem Monat, für das Kreditinstitut von zwei Monaten möglich, §§ 675 g, h BGB.

Zahlschein: Zahler zahlt bar, Zahlungsempfänger erhält Buchgeld

Der Zahler zahlt den geschuldeten Betrag bar bei einem Kreditinstitut ein. Dazu benutzt er einen **Zahlschein.** Der Betrag wird dem angegebenen Konto des Zahlungsempfängers gutgeschrieben. Die Höhe des zu entrichtenden Entgelts richtet sich nach dem eingezahlten Betrag und danach, ob der Zahlungsempfänger beim gleichen oder einem anderen Institut sein Konto hat.

Barscheck: Zahler zahlt mit Buchgeld, Zahlungsempfänger erhält Bargeld

Der Scheck ist eine Urkunde, die die Anweisung des Zahlers (Scheckaussteller) an sein Kreditinstitut (Bezogener) enthält, an den Zahlungsempfänger (Schecknehmer) die im Scheck genannte Geldsumme zu zahlen.

Man kann nach der Form der Eigentumsübertragung beim Scheck zunächst **Orderscheck** und **Inhaberscheck** unterscheiden. Ein Orderscheck ist an eine bestimmte Person zahlbar, ein Inhaberscheck an den jeweiligen Inhaber des Papiers. Der Orderscheck unterliegt bei der Weitergabe den strengen Formvorschriften des Scheckrechts: Sie werden vom Indossanten an den Indossatar durch ein Indossament übertragen. Der Inhaberscheck wird wie eine normale bewegliche Sache lediglich durch Einigung und Übergabe nach § 929 BGB übereignet.

Artikel 5 Scheckgesetz
(1) Der Scheck kann zahlbar gestellt werden:
an eine bestimmte Person, mit oder ohne den ausdrücklichen Vermerk **„an Order"** ...
(2) Ist im Scheck eine bestimmte Person mit dem Zusatz „oder Überbringer" oder mit einem gleichbedeutenden Vermerk als Zahlungsempfänger bezeichnet, so gilt der Scheck als auf den **Inhaber** gestellt.
(3) Ein Scheck ohne Angabe des Nehmers gilt als zahlbar an den Inhaber.

Artikel 14 Scheckgesetz
(1) **Der auf eine bestimmte Person zahlbar gestellte Scheck** mit oder ohne den ausdrücklichen Vermerk „an Order" **kann durch Indossament übertragen** werden. (Hervorhebungen nicht im Original)

Im Inlandszahlungsverkehr ist der Inhaberscheck verbreiteter.

Schecks nach der Form der Eigentumsübertragung		
Merkmal / Art	Inhaberscheck	Orderscheck
Klausel auf dem Scheckvordruck	„Zahlen Sie gegen diesen Scheck an … oder Überbringer".	„Zahlen Sie gegen diesen Scheck an … oder Order".
Begebung = Eigentumsübergang am Scheck	formlos durch Einigung und Übergabe nach § 929 BGB	formgebunden durch Einigung und Übergabe eines indossierten Schecks (Indossament = Übertragungsvermerk auf der Scheckrückseite; in dorsa – italienisch: auf dem Rücken)
häufigste Anwendung	Scheckverkehr im Inland	Scheckverkehr mit dem Ausland

Nach dem Scheckgesetz muss ein Papier bestimmte **Bestandteile** enthalten, um als Scheck zu gelten. Die Banken erkennen aus Sicherheitsgründen nur die von ihnen ausgegebenen Vordrucke an. Diese enthalten neben den gesetzlich vorgeschriebenen noch weitere Bestandteile, die die Abwicklung des Scheckverkehrs im Bankbetrieb erleichtern, die kaufmännischen Bestandteile.

Wie bereits erwähnt, ist der Scheck grundsätzlich ein „geborenes" Orderpapier, d. h. ein Wertpapier, das nur durch Indossament weitergegeben werden kann. Durch den Aufdruck der sogenannten **Überbringerklausel,** die ein kaufmännischer Bestandteil des Schecks ist, wird das ursprüngliche Orderpapier jedoch zum Inhaberpapier. Durch die Klausel wird das Kreditinstitut ermächtigt, an den angegebenen Zahlungsempfänger „oder an den Überbringer" zu zahlen. Das heißt, dass jeder Inhaber des Wertpapiers den Scheck einlösen kann, die Banken sind nicht zur Überprüfung der Berechtigung des Inhabers verpflichtet. Die Streichung der Überbringerklausel auf den Vordrucken ist nicht zulässig, wird sie gestrichen, gilt sie als nicht erfolgt.

Bestandteile des Schecks	
gesetzliche (Artikel 1 Scheckgesetz)	kaufmännische
1. Bezeichnung als Scheck	1. Wiederholung der Schecksumme in Ziffern
2. unbedingte Anweisung, eine bestimmte Geldsumme zu zahlen	2. Schecknummer
3. Name des Bezogenen (Kreditinstitut des ZA)	3. Kontonummer des Ausstellers (ZA)
4. Angabe des Zahlungsorts	4. Bankleitzahl
5. Tag und Ort der Ausstellung	5. Angabe des Schecknehmers (ZE), jedoch beim Inhaberscheck mit Überbringerklausel
6. Unterschrift des Ausstellers (ZA)	6. Codierzeile für die EDV

Der **Scheckvertrag** zwischen Scheckaussteller und Kreditinstitut beinhaltet das Recht des Ausstellers, die Bank mittels Scheck zur Zahlung anzuweisen, und die Verpflichtung der Bank, bei Kontodeckung alle auf sie gezogenen Schecks einzulösen. Der **Scheckbegebungsvertrag** zwischen Aussteller und Schecknehmer ist abstrakt, also unabhängig vom Grundgeschäft, d. h., die Bank löst den Scheck auch dann ein, wenn der zugrunde liegende Kaufvertrag nichtig ist, die Ware mangelhaft ist oder der Scheckaussteller vom Kaufvertrag zurücktritt. Die vorsätzliche Begebung ungedeckter Schecks, d. h. die Ausstellung von Schecks im Wissen, dass das eigene Konto nicht die erforderliche Deckung aufweist, ist strafbar: Derartige „geplatzte" Schecks erfüllen den Straftatbestand des Betrugs.

Wenn der Schecknehmer den Barscheck beim bezogenen Kreditinstitut vorlegt, wird die Schecksumme ausgezahlt, wenn Kontodeckung vorhanden ist. Allerdings schreibt das Scheckgesetz kurze **Vorlegungsfristen** vor. Das heißt, dass das Kreditinstitut nur innerhalb dieser Fristen gegenüber dem Schecknehmer zur Zahlung verpflichtet ist.

Artikel 29 Scheckgesetz

(1) Ein Scheck, der in dem **Land der Ausstellung** zahlbar ist, muss binnen **acht Tagen** zur Zahlung vorgelegt werden.

(2) Ein Scheck, der in einem **anderen Land als dem der Ausstellung** zahlbar ist, muss binnen **zwanzig Tagen** vorgelegt werden, wenn Ausstellungsort und Zahlungsort sich in demselben Erdteil befinden, und binnen **siebzig Tagen,** wenn Ausstellungsort und Zahlungsort sich in verschiedenen Erdteilen befinden. (Hervorhebungen nicht im Original)

5740214

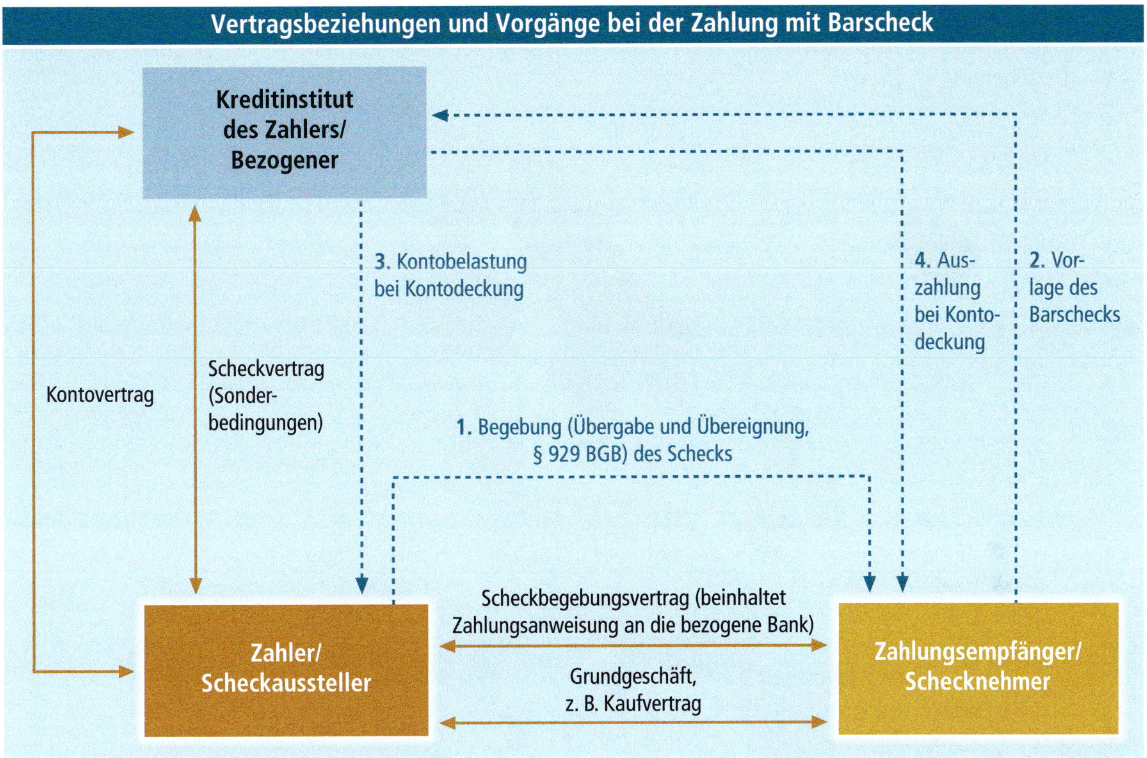

Da Banken und Sparkassen nicht jeden eingereichten Barscheck einlösen müssen, akzeptieren die meisten Einzelhandels- und Dienstleistungsunternehmen keine Schecks von Verbrauchern. Sie wollen das Risiko nicht eingehen, dass auf dem Konto des Scheckausstellers keine Kontodeckung vorhanden oder die Vorlegungsfrist abgelaufen ist. Deshalb wird der Scheck bei Verbraucherverträgen im In- und Ausland häufig nicht akzeptiert. Im Geschäftsverkehr zwischen Unternehmen ist der Scheck jedoch gebräuchlich.

3.1.4 Bargeldlose Zahlung

Bei der bargeldlosen Zahlung wird Buchgeld vom Konto des Zahlers auf das Konto des Zahlungsempfängers übertragen. Für die Ausführung des bargeldlosen Zahlungsverkehrs stehen Girokonten zur Verfügung.

Die bargeldlose Zahlung kann z. B. per Überweisung, Dauerauftrag, Lastschriftverfahren, Verrechnungsscheck oder mittels des Einsatzes von Zahlungskarten erfolgen.

3.2 Zahlungsformen der bargeldlosen Zahlung

3.2.1 Bargeldlose Zahlung in Deutschland und Europa

Vielfalt bargeldloser Zahlungsformen

Bei der bargeldlosen Zahlung wird Buchgeld vom Konto des Zahlers auf das Konto des Zahlungsempfängers übertragen. Die bargeldlose Zahlung kann z. B. per Überweisung, Lastschrift, Verrechnungsscheck, mittels des Einsatzes von Zahlungskarten oder E-Geld erfolgen.

SEPA-Vereinbarung und EU-Zahlungsdiensterichtlinie

Der Schaffung eines einheitlichen **Euro-Zahlungsverkehrsraums – SEPA (= Single Euro Payments Area)** – liegt eine freiwillige Vereinbarung der europäischen Kreditwirtschaft zugrunde. SEPA ist die Abkürzung für den

Euro-Zahlungsverkehrsraum von 32 europäischen Staaten. Im Zahlungsverkehr dieser Staaten können die drei Instrumente **SEPA-Überweisung, SEPA-Lastschrift und SEPA-Kartenzahlung** für Euro-Zahlungen genutzt werden.

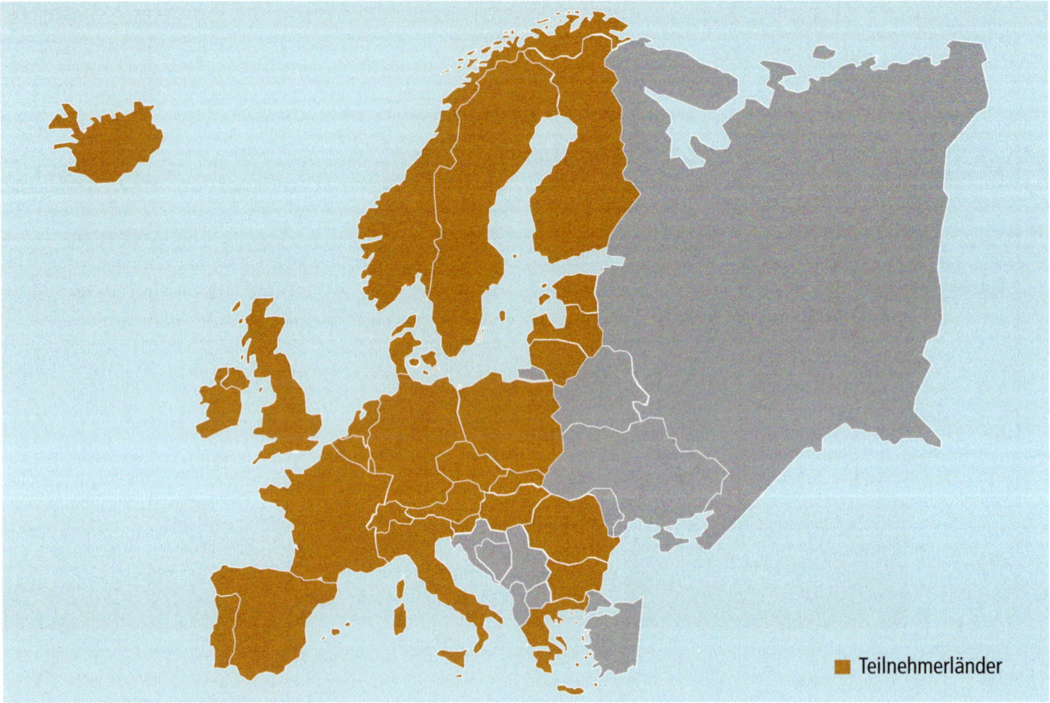

Die **EU-Zahlungsdiensterichtlinie** (PSD = Payment Services Directive) stellt die Rechtsgrundlage für die Vereinheitlichung bargeldloser Euro-Zahlungen innerhalb der Europäischen Union dar. Die Richtlinie war in den EU-Mitgliedstaaten in nationales Recht umzusetzen; in Deutschland finden sich die wichtigsten Vorschriften im BGB (§§ 675 c – z). Diese EU-weit gleichen Regelungen zu Überweisungsfristen, zur Haftung bei Kartenverlust, zum Widerruf bei Lastschriftbuchungen usw. schaffen den notwendigen Rahmen für den Einsatz der drei SEPA-Zahlungsinstrumente und sorgen für Rechtssicherheit bei Kreditinstituten und Kunden.

Für alle SEPA-Zahlungsformen nutzt man die internationale Kontonummer des Zahlungsempfängers, die so genannte **IBAN** (= International Bank Account Number), sowie die internationale Bankleitzahl **BIC** (= Bank Identifier Code). Diese Daten sind auf den Kontoauszügen der Bankkunden abgedruckt.

BIC

BIC ist ein internationaler Code für Bankadressen und wird von der SWIFT vergeben (SWIFT = Society for Worldwide Interbank Financial Telecommunications, Sitz in Belgien).

5740216

IBAN

Die Länge der Kontonummer IBAN wurde für Deutschland auf eine einheitliche Länge von 22 Zeichen festgelegt: 2-stelliger Ländercode (DE), variable 2-stellige Prüfziffer, 8-stellige Bankleitzahl, 10-stellige Kontonummer, wobei kürzere Kontonummern durch die entsprechende Anzahl von Nullen auf 10 Stellen aufgefüllt werden.

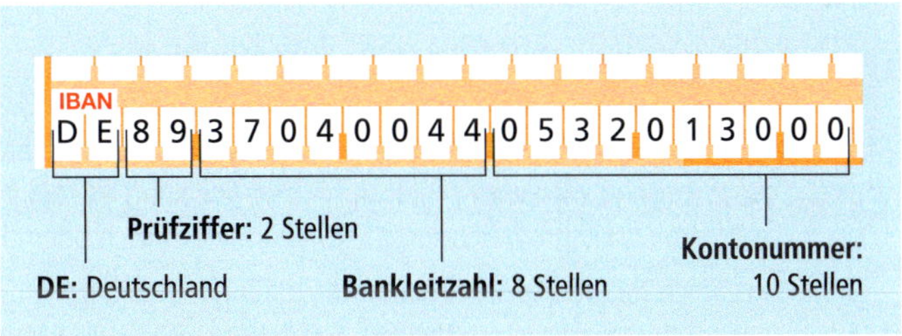

Eine EU-Verordnung von 2012 schreibt die Abschaffung der nationalen Zahlungsformen für Überweisung und Lastschriften zugunsten der SEPA-Zahlungsformen für den 31. Januar 2014 vor. Ab 1. Februar 2014 dürfen die nationalen Zahlungsformen für bargeldlose Euro-Zahlungen nicht mehr genutzt werden.

SEPA-Teilnehmerländer

Land	Währung		ISO-Code	IBAN-Länge
Belgien	Euro	EUR	BE	16 Stellen
Bulgarien	Bulgarische Lew	BGN	BG	22 Stellen
Dänemark	Dänische Krone	DKK	DK	18 Stellen
Deutschland	Euro	EUR	DE	22 Stellen
Estland	Euro	EUR	EE	20 Stellen
Finnland	Euro	EUR	FI	18 Stellen
Frankreich	Euro	EUR	FR	27 Stellen
Griechenland	Euro	EUR	GR	27 Stellen
Großbritannien	Britische Pfund Sterling	GBP	GB	22 Stellen
Irland	Euro	EUR	IE	22 Stellen
Island	Isländische Krone	ISK	IS	26 Stellen
Italien	Euro	EUR	IT	27 Stellen
Lettland	Lettischer Lats	LVL	LV	21 Stellen
Liechtenstein	Schweizer Franken	CHF	LI	21 Stellen
Litauen	Litauischer Litas	LTL	LT	20 Stellen
Luxemburg	Euro	EUR	LU	20 Stellen
Malta	Euro	EUR	MT	31 Stellen
Monaco	Euro	EUR	MC	27 Stellen
Niederlande	Euro	EUR	NL	18 Stellen
Norwegen	Norwegische Krone	NOK	NO	15 Stellen
Österreich	Euro	EUR	AT	20 Stellen
Polen	Polnischer Zloty	PLN	PL	28 Stellen
Portugal	Euro	EUR	PT	25 Stellen
Rumänien	Neuer Rumänischer Leu	RON	RO	24 Stellen
Schweden	Schwedische Krone	SEK	SE	24 Stellen
Schweiz	Schweizer Franken	CHF	CH	21 Stellen
Slowakei	Euro	EUR	SK	24 Stellen
Slowenien	Euro	EUR	SI	19 Stellen
Spanien	Euro	EUR	ES	24 Stellen
Tschechische Republik	Tschechische Krone	CZK	CZ	24 Stellen
Ungarn	Ungarischer Forint	HUF	HU	28 Stellen
Zypern	Euro	EUR	CY	28 Stellen

Quelle: http://www.sparkasse.de/download_gallery/files/sepa_liste_teilnehmerlaender.pdf (Stand 2012)

3.2.2 Überweisung und Sonderformen der Überweisung

Überweisung: Initiative geht vom Zahler aus

Zur bargeldlosen Zahlung durch Überweisung ist der Zahler (Schuldner) berechtigt, wenn der Zahlungsempfänger (Gläubiger) seine Kontoverbindung bekannt gegeben hat. Die Initiative geht vom Zahler aus, d.h., der Zahlungsvorgang wird vom Zahler durch eine Weisung an sein Kreditinstitut ausgelöst. Die Überweisung ist formlos wirksam und kann daher durch Formular, telefonisch oder elektronisch im Online-Banking abgewickelt werden.

Rechtlich handelt es sich bei einem Zahlungsauftrag um eine empfangsbedürftige Willenserklärung des Zahlers gegenüber seinem Kreditinstitut, § 675f Abs. 3 S. 1 BGB. Die korrekte Angabe von Kontonummer und Bankleitzahl bzw. IBAN/BIC ist besonders wichtig, da der Zahlungsauftrag lediglich mithilfe der Kundenkennung durchgeführt wird; ein Abgleich von Namen und Konto des Zahlungsempfängers findet nicht statt, § 675r BGB.

Achtung: Verschreiben bei der Kundenkennung kann zur Überweisung auf ein falsches Konto und damit zum Verlust des überwiesenen Betrags führen.

Das Kreditinstitut soll sich allerdings im Rahmen seiner Möglichkeiten bemühen, den verlorenen Zahlungsbetrag wiederzuerlangen. Für diese Nachforschungen kann ein Entgelt verlangt werden, § 675y Abs. 3 BGB.

Vertragsbeziehungen und Vorgänge bei der Zahlung mit Überweisung

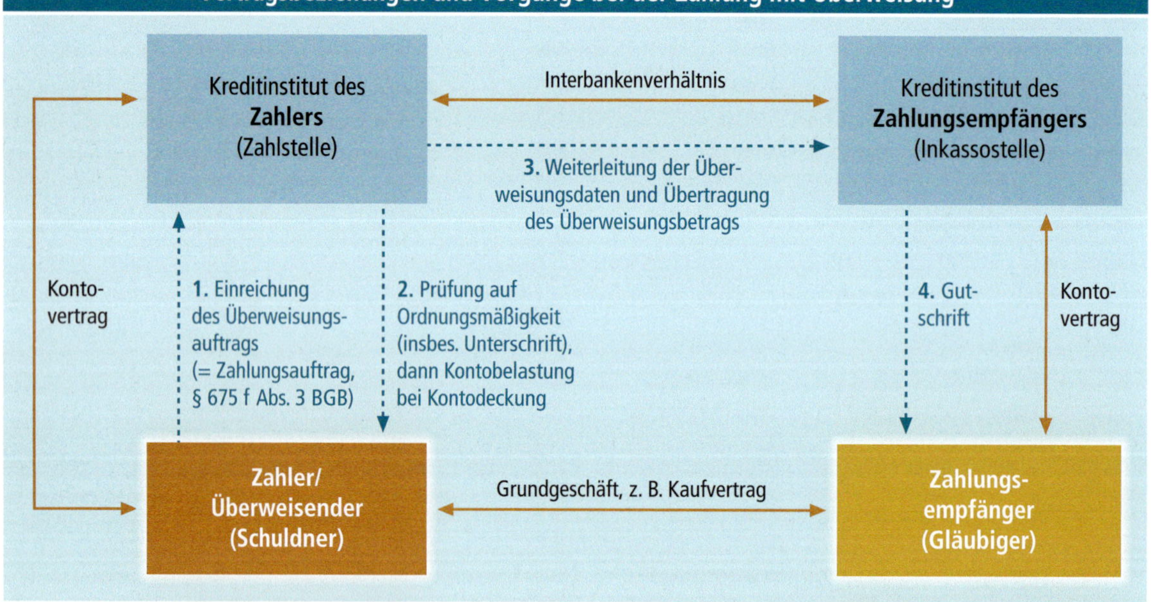

Bei Überweisungen sind die Kreditinstitute verpflichtet, folgende **Ausführungsfristen** zu beachten:

- ab 1. Januar 2012: ein Geschäftstag,
- ein weiterer Geschäftstag bei Überweisung mit Papierbeleg, § 675s Abs. 1 BGB.

Ein Widerruf der Überweisung ist nach der Übermittlung an das Kreditinstitut nicht mehr möglich, § 675 p Abs. 1 BGB.

Sonderformen der Überweisung: Dauerauftrag, Sammel-Überweisungsauftrag, SEPA-Überweisung

Beim **Dauerauftrag** erteilt der Zahler seinem Institut im Voraus einen Zahlungsauftrag, zu bestimmten festgelegten Terminen einen gleich bleibenden Betrag an das angegebene Konto des Zahlungsempfängers zu überweisen. Die Ausführung der Überweisung am jeweiligen Zahlungstermin hängt von der vorhandenen Kontodeckung ab. Da der jeweilige Überweisungsbetrag festgelegt wird, eignet sich der Dauerauftrag vor allem für Zahlungen, die für eine bestimmte Zeit in gleicher Höhe anfallen, wie z. B. Miete oder Versicherungsbeiträge. Der Widerruf eines Dauerauftrags wirkt nur für die Zukunft, § 675 j Abs. 2 S. 2, § 675 p Abs. 3 BGB.

Vom Dauerauftrag ist der **Sammelauftrag** zu unterscheiden. Hier handelt es sich um einen Zahlungsauftrag auf einem Formular, der aus mehreren Einzelüberweisungen an mehrere Zahlungsempfänger besteht. Für mehr als fünf Überweisungen ist ein Sammelauftrag zu erteilen. Unterschrieben wird nicht jede einzelne Überweisung, sondern der Sammelauftrag. Die Endsumme des Sammelauftrags wird als ein Posten vom Konto des Zahlers abgebucht.

SEPA-Überweisungen (SEPA Credit Transfer) können innerhalb des Euro-Zahlungsverkehrsraums, also auch im Inland, für Euro-Transfers in unbegrenzter Höhe genutzt werden. Zahler und Zahlungsempfänger sowie die Kreditinstitute werden durch IBAN und BIC identifiziert. Der Zahlungsauftrag kann mit Beleg, am Kundenterminal oder per Online-Banking erteilt werden.

SEPA: die neue €uro-Überweisung

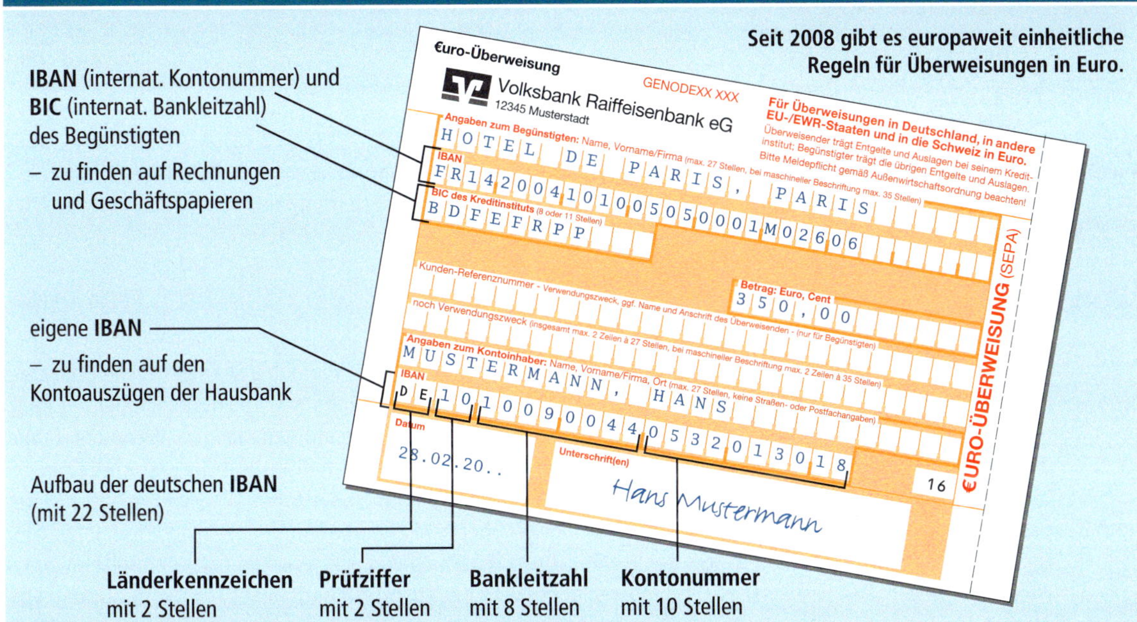

Quelle: Bundesverband der Deutschen Volksbanken und Raiffeisenbanken (BVR)

3.2.3 Lastschriftverfahren

Lastschrift: Initiative geht vom Zahlungsempfänger aus

Beim **Lastschriftverfahren** wird auch von „rückläufiger Überweisung" gesprochen, weil hier die Initiative nicht vom Zahler, sondern vom Zahlungsempfänger ausgeht. Der Zahlungsempfänger kann den Zeitpunkt und die Höhe des einzuziehenden Betrags festlegen und selbst dafür sorgen, dass die fällige Zahlung rechtzeitig bei ihm eingeht. Der Zahler wird entlastet: Er muss nur für die nötige Kontodeckung sorgen. Durch die Lastschriftvereinbarung verwandelt sich die gesetzliche Geldschuld, die der Zahler auf seine Kosten und Gefahr zu versenden hat, in eine **vertragliche Holschuld** für den Zahlungsempfänger. Das Verfahren bietet sich bei regelmäßigen Zahlungen an, die in unterschiedlicher Höhe anfallen, wie z. B. Telefonkosten.

Der Zahlungsempfänger muss mit seinem Kreditinstitut eine sogenannte Inkassovereinbarung (Vereinbarung über den Einzug von Forderungen durch Lastschriften) schließen. Die Vereinbarung beinhaltet z. B., dass beim Einzugsermächtigungsverfahren dem Zahlungsempfänger die schriftlichen Ermächtigungen der Zahler vorliegen und diese auf Verlangen dem Kreditinstitut vorzulegen sind.

3 Zahlungsverkehr und Anordnungsverfahren

Die Lastschrift scheitert, wenn das Konto des Zahlers keine Deckung aufweist. Nicht eingelöste Lastschriften werden dem Zahlungsempfänger mit dem Einreichungstag zurückbelastet. Hierfür wird ein Entgelt erhoben.

Nationale Lastschriftverfahren

Man unterscheidet in Deutschland zwei Arten des Lastschriftverfahrens: das Abbuchungs- und das Einzugsermächtigungsverfahren.

Beim **Abbuchungslastschriftverfahren** erteilt der Zahler seinem eigenen Kreditinstitut eine Weisung im Rahmen seines Girokontovertrags, die vom Zahlungsempfänger eingehenden Lastschriften einzulösen. Zieht das Kreditinstitut des Zahlungsempfängers eine Lastschrift ein, ist der Zahler nicht mehr zum Widerruf dieser Abbuchung berechtigt. Die Zustimmung kann aber für zukünftige Lastschriften verweigert werden, § 675 j Abs. 2 S. 2 BGB. Das Abbuchungsverfahren wird im geschäftlichen Zahlungsverkehr zwischen Unternehmen verwendet.

Abbuchungsauftrag für Lastschriften

(Name und Anschrift des Zahlers)
(Kreditinstitut des Zahlers)

Hiermit bitte ich Sie widerruflich, die von ______________________ (Zahlungsempfänger) für mich bei Ihnen

eingehenden Lastschriften zulasten meines Kontos mit der Nummer ______________________ einzulösen.

Ort, Datum ______________________ ______________________ (Unterschrift)

Beim **Einzugsermächtigungsverfahren** erteilt der Zahler dem Zahlungsempfänger die schriftliche Ermächtigung, einen Betrag oder wiederholt Beträge einzuziehen. Diese Ermächtigung wirkt nicht gegenüber der Bank des Zahlers. Der Zahler muss die Belastung ausdrücklich oder stillschweigend genehmigen. Wenn der Zahler der Belastung widerspricht, also seine Zustimmung verweigert, muss sein Kreditinstitut die Lastschrift zurückbuchen. Der Widerspruch muss nicht begründet werden. Allerdings handelt der Zahler sittenwidrig, wenn er der Lastschrift unberechtigt widerspricht; er macht sich gegenüber dem Zahlungsempfänger schadensersatzpflichtig. Der Widerspruch ist nach den AGB der Kreditinstitute innerhalb von acht Wochen nach der Belastungsbuchung zu erheben. Das Einzugsermächtigungsverfahren wird häufig im Zahlungsverkehr mit Verbrauchern verwendet.

Ermächtigung zum Einzug von Forderungen durch Lastschriften

(Name und Anschrift des Zahlers)
(Zahlungsempfänger)

Hiermit ermächtige ich Sie widerruflich, die von mir zu entrichtenden Zahlungen wegen ______________________

(Zahlungsgrund) bei Fälligkeit zulasten meines Kontos Nr. ______________ Bankleitzahl ______________

bei ______________________ (Kreditinstitut) durch Lastschrift einzuziehen.

Ort, Datum ______________________ ______________________ (Unterschrift)

Vertragsbeziehungen und Vorgänge bei deutschen Lastschriftverfahren

1. Abbuchungsauftrag

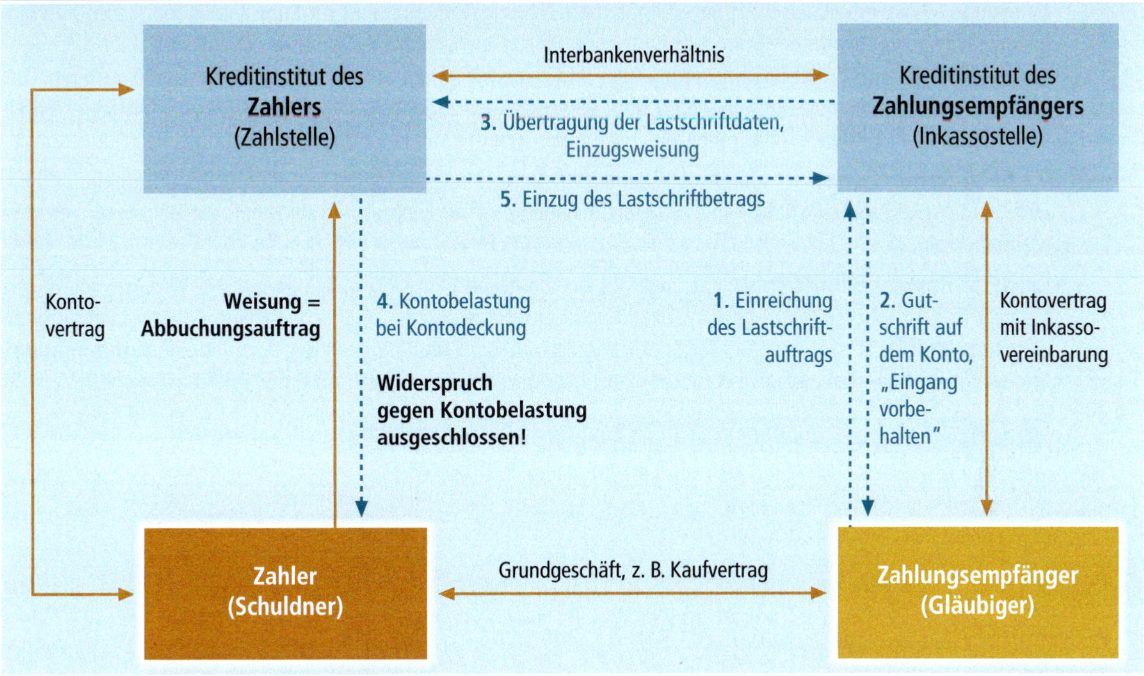

2. Einzugsermächtigung

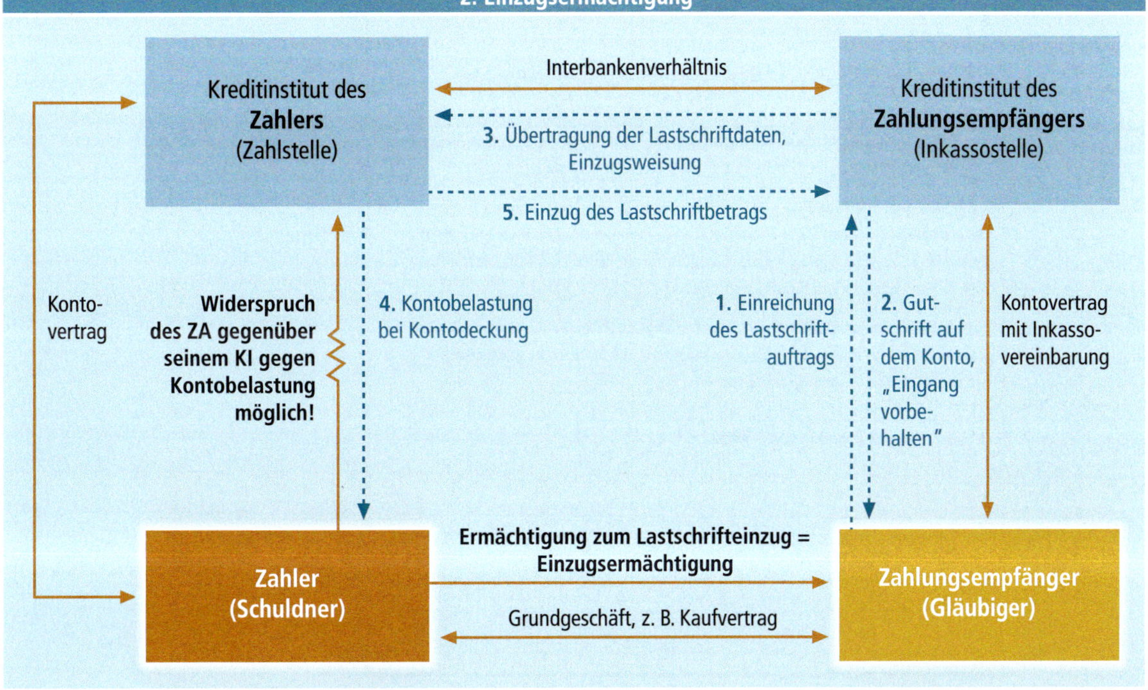

Arten der SEPA-Lastschrift

Seit November 2009 kann man die SEPA-Lastschrift (engl.: SEPA Direct Debit) in ihren Formen SEPA-Basislastschrift und SEPA-Firmenlastschrift im europäischen Zahlungsverkehrsraum für Euro-Zahlungen – also auch im Inland – einsetzen. Im Unterschied zum deutschen Einzugsermächtigungsverfahren muss der Zahler das sogenannte **SEPA-Mandat** dem Zahlungsempfänger und seinem eigenen Kreditinstitut, der Zahlstelle, erteilen. Das Mandat und der Zahlungsempfänger sind über eine Nummer zu identifizieren. Der Zahlungsempfänger erhält den **UCI-Code** (= Unique Creditor Identifier, Gläubiger-Identifikationsnummer) bei der Deutschen Bundesbank.

Die **SEPA-Firmenlastschrift** ähnelt dem deutschen Abbuchungsauftrag. Der Zahler muss Unternehmer sein. Einer erfolgten Kontobelastung kann nicht mehr widersprochen werden, es sei denn, die Belastung ist ohne Mandat erfolgt.

Die **SEPA-Basislastschrift** entspricht ungefähr der deutschen Einzugsermächtigung. Der Widerspruch gegen Lastschriften ist innerhalb von acht Wochen nach dem Belastungstag möglich. Ist eine Kontobelastung ohne geltendes Mandat erfolgt, besteht der Erstattungsanspruch 13 Monate nach der Buchung. Ein **Kombimandat** ermöglicht Lastschrifteinzüge per deutscher Einzugsermächtigung und zukünftig per SEPA-Lastschrift.

Kombimandat als Bestandteil eines Vertrags

MUSTER GMBH, ROSENWEG 2, 00000 IRGENDWO

Gläubiger-Identifikationsnummer DE99ZZZ05678901234

Mandatsreferenz 543 445

VERTRAG

… Vertragstext, z. B. Zeitungsabonnement …

____
Vorname und Name (Kontoinhaber)

____
Straße und Hausnummer

____
Postleitzahl und Ort

____
Datum, Ort und Unterschrift

Erteilung einer Einzugsermächtigung und eines SEPA-Lastschriftmandats

1. Einzugsermächtigung
Ich ermächtige die Muster GmbH widerruflich, die von mir zu entrichtenden Zahlungen bei Fälligkeit durch Lastschrift von meinem Konto einzuziehen.

2. SEPA-Lastschriftmandat
Ich ermächtige die Muster GmbH, Zahlungen von meinem Konto mittels Lastschrift einzuziehen. Zugleich weise ich mein Kreditinstitut an, die von der Muster GmbH auf mein Konto gezogenen Lastschriften einzulösen.

Hinweis: Ich kann innerhalb von acht Wochen, beginnend mit dem Belastungsdatum, die Erstattung des belasteten Betrages verlangen. Es gelten dabei die mit meinem Kreditinstitut vereinbarten Bedingungen.

______________________________ _ _ _ _ _ _ _ _ | _ _ _
Kreditinstitut (Name und BIC)

IBAN: DE _ _ | _ _ _ _ | _ _ _ _ | _ _ _ _ | _ _ _ _ | _ _

____
Datum, Ort und Unterschrift

Vor dem ersten Einzug einer SEPA-Basislastschrift wird mich die Muster GmbH über den Einzug in dieser Verfahrensart unterrichten.

3.2.4 Verrechnungsscheck

Nach der Art der Einlösung kann man grundsätzlich **Barscheck** und **Verrechnungsscheck** unterscheiden. Während der Barscheck ein selten eingesetztes Mittel der halbbaren Zahlung darstellt, dient der Verrechnungsscheck der bargeldlosen Zahlung und ist aufgrund seiner Vorteile gegenüber dem Barscheck häufiger anzutreffen.

Inhaberschecks nach Art der Einlösung	
Barscheck	**Verrechnungsscheck**
Der Barscheck wird vom bezogenen Kreditinstitut grundsätzlich ohne Legitimationsprüfung an den Vorlegenden bar ausgezahlt.	Durch den auf der Vorderseite angebrachten Vermerk „Nur zur Verrechung" wird der Barscheck zum Verrechnungsscheck. Das bezogene Kreditinstitut darf den Scheck nur im Weg der Kontogutschrift einlösen.
Bemerkungen	
Es besteht eine erhebliche Gefahr des Missbrauchs durch Unberechtigte, z. B. bei Verlust, Diebstahl.	Die Gefahr der missbräuchlichen Verwendung ist geringer, da der Vorlegende ein Konto haben muss und die Lastschrift zurückverfolgt werden kann.

Vertragsbeziehungen und Ablauf des Zahlungsvorgangs beim Verrechnungsscheck ähneln dem Abbuchungsauftrag im Lastschriftverfahren. Durch die Scheckausstellung entsteht aufgrund des Scheck- und Scheckbegebungsvertrags eine unbedingte Anweisung an die bezogene Bank des Zahlungspflichtigen, den Betrag zur Verrechnung auf ein Konto des Zahlungsempfängers/Schecknehmers zu übertragen. Unbedingte Anweisung heißt, dass die Zahlungsanweisung an keine Bedingungen geknüpft werden darf.

Ist die Summe in Buchstaben und Ziffern angegeben, gilt bei Abweichungen die in Buchstaben angegebene Summe. Ein Widerspruch gegen die Kontobelastung ist ausgeschlossen.

Vertragsbeziehungen und Vorgänge bei der Zahlung mit Verrechnungsscheck

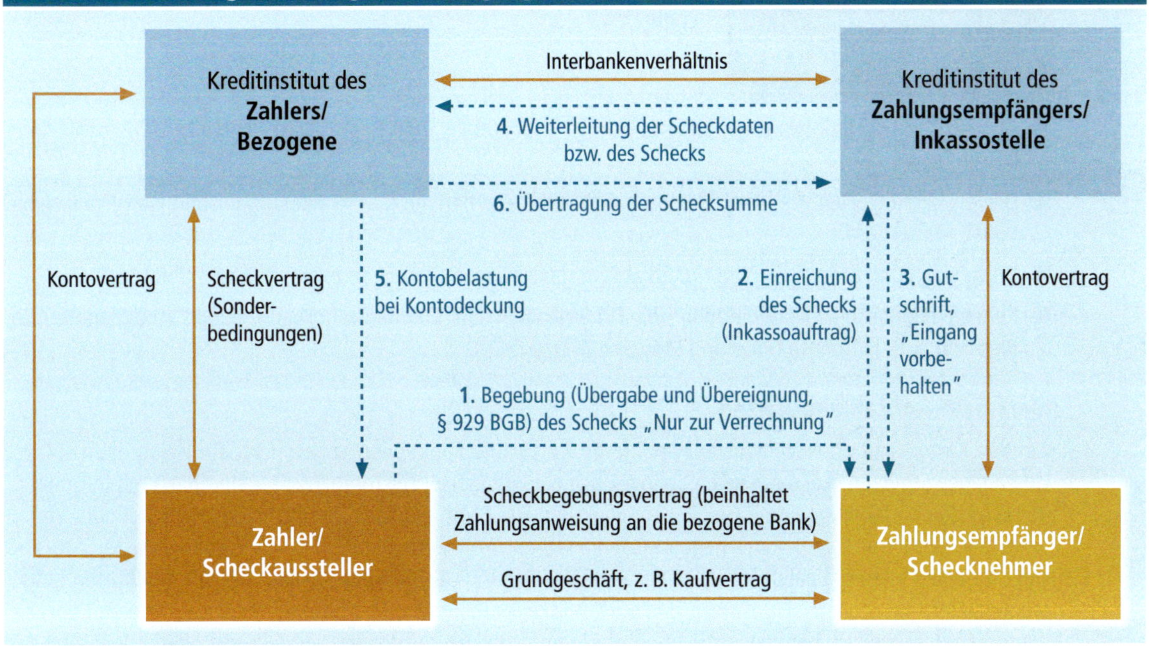

Der Schecknehmer reicht den Verrechungsscheck seinem Kreditinstitut zur Einlösung ein, das **Scheckinkasso** ist in der Regel Bestandteil des Girovertrags.

Scheck- und Lastschrifteinreichungsvordruck

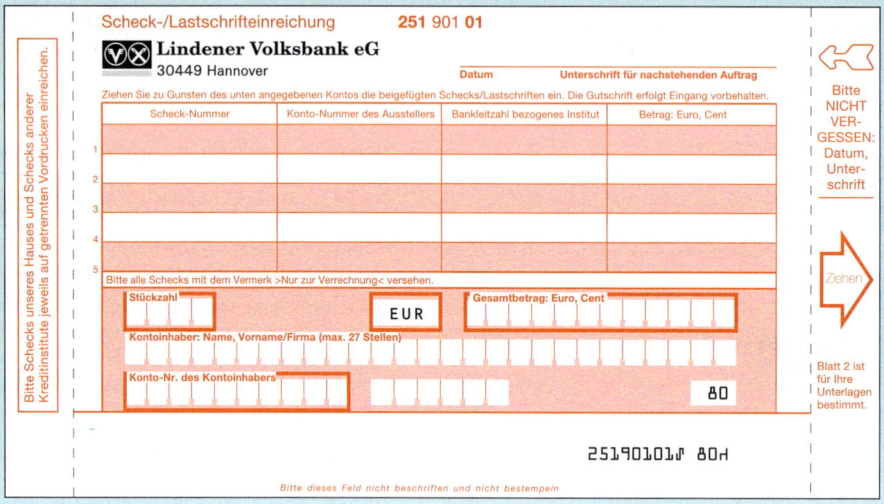

Bitte Schecks unseres Hauses und Schecks anderer Kreditinstitute jeweils auf getrennten Vordrucken einreichen.

Scheck-/Lastschrifteinreichung **251** 901 **01**

Lindener Volksbank eG
30449 Hannover

Datum | Unterschrift für nachstehenden Auftrag

Ziehen Sie zu Gunsten des unten angegebenen Kontos die beigefügten Schecks/Lastschriften ein. Die Gutschrift erfolgt Eingang vorbehalten.

	Scheck-Nummer	Konto-Nummer des Ausstellers	Bankleitzahl bezogenes Institut	Betrag: Euro, Cent
1				
2				
3				
4				
5				

Bitte alle Schecks mit dem Vermerk >Nur zur Verrechnung< versehen.

Stückzahl | EUR | Gesamtbetrag: Euro, Cent

Kontoinhaber: Name, Vorname/Firma (max. 27 Stellen)

Konto-Nr. des Kontoinhabers | 80

Bitte NICHT VERGESSEN: Datum, Unterschrift

Ziehen

Blatt 2 ist für Ihre Unterlagen bestimmt.

25190101⑆ 80⑈

Bitte dieses Feld nicht beschriften und nicht bestempeln

3.2.5 Zahlungskarten

Aussteller von Zahlungskarten

Heute ist das Bezahlen mit einer Zahlungskarte kaum noch aus dem täglichen Leben wegzudenken. Die Zahlungskarte dient dabei als Bargeldersatz.

Zahlungskarten werden von unterschiedlichen Unternehmen ausgestellt:

- Girocards von Kreditinstituten (Deutsche Bank, Dresdner Bank, Volks- und Raiffeisenbanken, Postbank, Sparkassen usw.),
- Universalkreditkarten von Kreditinstituten in Zusammenarbeit mit Kreditkartenorganisationen (Visa International, MasterCard),
- Universalkreditkarten direkt von Kreditkartenorganisationen (American Express, Diners Club),
- Kundenkreditkarten in Kooperation von Unternehmen mit Kreditkartenorganisationen (sogenanntes Co-Branding, z. B. Lufthansa Miles and More mit MasterCard).

Merkmale von Zahlungskarten

Auf den Karten sind unterschiedliche Symbole für bestimmte Funktionen abgedruckt. Ein Hologramm soll vor Fälschungen schützen. Auf den Karten befindet sich ein integrierter Mikroprozessor – ein Chip – mit Informationen über den Karteninhaber und Geldkarten-Funktion. Der **EMV-Chip** schützt gegen das Kopieren oder Verfälschen der Kartendaten und somit gegen Kartenmissbrauch. (Die Abkürzung EMV = Europay/MasterCard/Visa steht für einen internationalen Standard zur Vereinheitlichung der Zahlungskarten.) Die auf den Karten aufgeprägten oder eingestanzten **Nummern** sind die Kreditkartennummer oder Kontonummer und Kartennummer bei der Girocard. Schließlich befindet sich auf der Karte noch das **Ablaufdatum,** aufgedruckt oder aufgeprägt. Auf der Rückseite sind ein Feld für die eigenhändige **Unterschrift** des Karteninhabers und der **Magnetstreifen** mit wesentlichen Daten zur Kontoverbindung. Das Ablaufdatum ist auch im Magnetstreifen bzw. Chip gespeichert. Nach diesem Zeitpunkt kann die Karte nicht mehr an Kassen oder Bargeldautomaten eingesetzt werden.

Vorderseite einer Kreditkarte

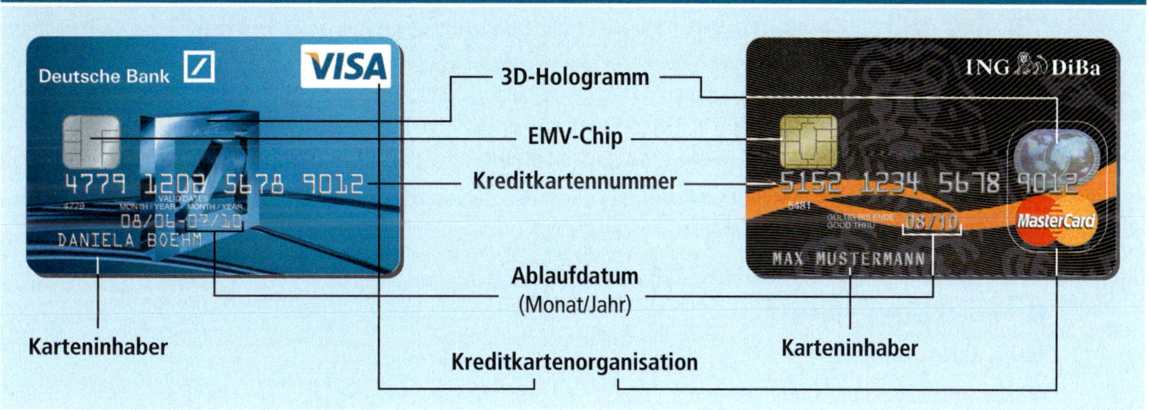

Funktion von Zahlungskarten

Die Vorlage einer Zahlungskarte durch den Karteninhaber verpflichtet den **Kartenaussteller,** an einen Dritten – meist ein **Vertragsunternehmen** des Kartenausstellers, die sogenannte Akzeptanzstelle – eine Geldleistung zu erbringen. Vertragsunternehmen sind Einzelhandelsunternehmen, Hotels, Tankstellen, Reisebüros, Autovermietungen, Restaurants usw. Dabei ist die Zahlung grundsätzlich unabhängig von dem zu Grunde liegenden Rechtsverhältnis des Karteninhabers und des Dritten, also dem Grundgeschäft Kaufvertrag, Beherbergungsvertrag, Mietvertrag o. Ä.

Arten von Zahlungskarten: Girocards

Girocards (bisher auch Maestro-Karte, ec-Karte oder Bankkarte) werden im Zusammenhang mit dem Girokonto ausgegeben. Sie haben sich aufgrund ihrer vielseitigen Verwendungsmöglichkeiten zu **Multifunktionskarten** entwickelt.

Sie können im **inländischen Zahlungsverkehr** genutzt werden

- an Kontoauszugsdruckern und Selbstbedienungsterminals der Kreditinstitute,
- für die Bargeldbeschaffung an Geldautomaten,
- zur bargeldlosen Zahlung an automatisierten Kassen.

Girocards, die mit einem Chip und dem Geldkarten-Symbol ausgestattet sind, können außerdem als Geldkarte verwendet werden. Für die Bargeldabhebung an Automaten, die nicht dem Gironetz des jeweiligen Kreditinstituts angeschlossen sind, erheben die Banken und Sparkassen Entgelte.

Das **Maestro**-Zeichen steht für den **ausländischen Zahlungsverkehr** mit der Girocard. Maestro ist ein von der MasterCard Inc. angebotener Zahlungsdienst. Er ermöglicht die Benutzung von Geldautomaten oder die bargeldlose Zahlung in über 100 Ländern. Überall, wo dieses Zeichen zu finden ist, kann mit der Karte und Geheimnummer (PIN) bezahlt oder Geld abgehoben werden.

Zahlungsverfahren bei Girocards

Electronic-Cash/Point-of-Sale-Banking (POS)

Der **Point-of-Sale** ist der Ort der Leistungserbringung, also z. B. ein Ladengeschäft oder ein Hotel. Der Karteninhaber zahlt am Point-of-Sale an automatisierten Kassen der Vertragsunternehmen zulasten seines Girokontos bargeldlos. Die Genehmigung für den Kartenumsatz, die sogenannte **Autorisierung,** wird online abgefragt. Die Legitimationsprüfung erfolgt durch Vorlage der Girokarte und Eingabe der persönlichen Geheimnummer **(PIN = Personal Identification Number).** Das Kartenterminal des Vertragsunternehmens baut über einen Netzbetreiber eine Online-Verbindung zur Autorisierungszentrale des Kreditinstituts auf. Der Netzbetreiber ist für den technischen Service zuständig: Er sorgt für die Datenerfassung und -übermittlung vom Händlerterminal zu den Autorisierungszentralen, er ermittelt und verrechnet die geschuldeten Gebühren, er stellt die Voraussetzungen für das POS-Banking bereit (Programme, Rechner, Kartenterminals).

Nach der Bestätigung des geschuldeten Betrags durch den Zahler prüft die Autorisierungszentrale des Kreditinstituts, ob

- die **PIN** richtig eingegeben wurde,
- die Bankkarte **gesperrt** ist,
- die Karte **gültig** ist,
- **Kontodeckung** vorhanden ist und
- der festgelegte **Verfügungsrahmen** der Karte (z. B. 1.000,00 € pro Tag) nicht überschritten wurde.

Zurzeit bestehen vier Autorisierungszentralen: die der Sparkassen, Genossenschaftsbanken, Privatbanken und der Postbank. Daneben betreiben die Zentralen der Kreditkartenorganisationen jeweils eigene Autorisierungszentralen.

Erfolgt die Freigabe der Zahlung auf dem Kartenterminal durch die Mitteilung „Zahlung erfolgt", ist dem Vertragsunternehmen die **Zahlung garantiert.** Der Karteninhaber erhält einen Beleg. Für das Electronic-Cash-Verfahren hat das Vertragsunternehmen an das Kreditinstitut ein Entgelt zu entrichten (Stand 2012: 0,3 % des Umsatzes, mindestens jedoch 0,08 €) und dem Netzbetreiber Transaktionskosten (ca. 0,10 € pro Transaktion, je nach Anzahl) zu ersetzen.

Ablauf des Online-EC-Verfahrens (mit Zahlungsgarantie)

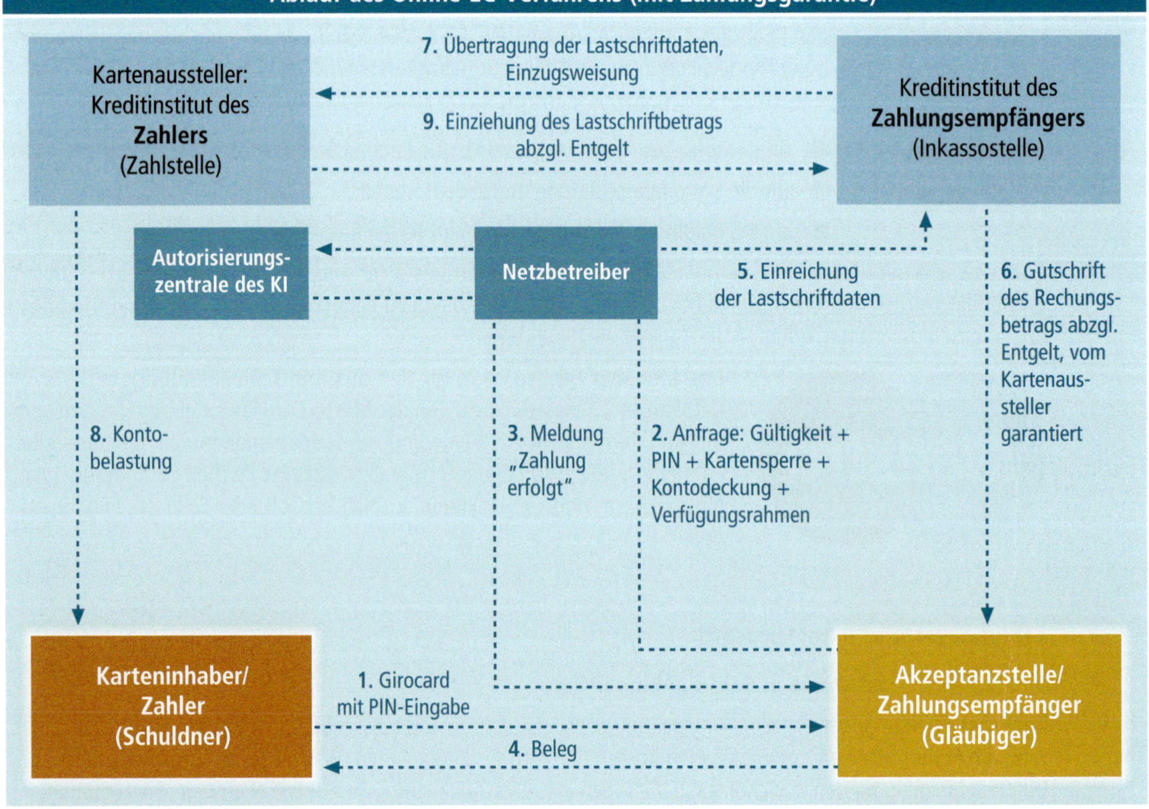

Im sogenannten **Offline- bzw. Chip-Verfahren** wird auf dem Chip der Karte ein begrenzter Verfügungsrahmen für einen bestimmten Zeitraum geladen (z. B. 500,00 € innerhalb einer Woche). Ist der Verfügungsrahmen aufgebraucht oder der bestimmte Zeitraum überschritten worden, so wird eine Online-Verbindung hergestellt. Die Zahlung wird nach positiver Autorisierung ausgeführt und der Verfügungsrahmen im Chip wieder gespeichert. Der Vorteil des Offline-Verfahrens liegt in einer schnelleren Zahlungsabwicklung.

■ Elektronisches Lastschriftverfahren (ELV)

Beim elektronischen Lastschriftverfahren werden durch das Kartenterminal oder die elektronische Kasse aus dem Chip oder Magnetstreifen der Karte Bankleitzahl und Kontonummer gelesen und ein **Lastschriftbeleg** erstellt, der vom Kunden **zu unterschreiben** ist. Die Unterschrift wird mit der Unterschrift auf der Karte verglichen, gegebenenfalls unter Vorlage des Personalausweises. Weitere Überprüfungen erfolgen nicht. Eine Abfrage an die Autorisierungszentrale des Kreditinstituts wird nicht veranlasst. Das Kreditinstitut übernimmt damit **keine Zahlungsgarantie.** Die Kosten des Zahlungsempfängers beschränken sich auf die an den Netzbetreiber für die Ausstattung zu entrichtenden Kosten. Dafür trägt der Zahlungsempfänger das Risiko, gestohlene oder verlorene Karten anzunehmen. Zur Rückbuchung der Lastschrift kann es wegen mangelnder Kontodeckung oder wegen Widerspruchs des Kunden kommen. Die Gefahr von Rücklastschriften kann verringert werden, wenn der Netzbetreiber die Abfrage einer internen Sperrdatei anbietet, in der z. B. Kartensperren aus dem KUNO-Projekt der Polizei aufgenommen werden (vgl. https://www.kuno-sperrdienst.de).

Arten von Zahlungskarten: Geldkarte

GeldKarte

Die Geldkarte ist eine **Prepaid card.** Sie wird vom Karteninhaber mit dem gewünschten Betrag an einem entsprechenden Terminal oder im Internet über einen Rechner mit Kartenlesegerät aufgeladen. Vor dem Ladevorgang ist die PIN einzugeben. Der gewünschte Betrag bis **maximal 200,00 €** wird im Microchip gespeichert und das Konto des Karteninhabers wird sofort belastet. Der Microchip der Geldkarte stellt quasi eine Börse mit elektronischem Geld dar: Ist die Karte aufgeladen, ist die Börse voll. Die Geldkarte ist ein geeignetes Zahlungsmittel für kleine Beträge, die meist an Automaten (Fahrscheine, Parkscheine, Getränke) entrichtet werden. Die Zahler zahlen an diesen Akzeptanzstellen von ihrem Chipguthaben. Die Zahlung erfolgt **offline;** Unterschrift oder PIN-Eingabe sind nicht erforderlich. Das Kreditinstitut übernimmt eine **Zahlungsgarantie.** Der Zahlungsempfänger zahlt dem Kreditinstitut dafür ein Entgelt (Stand 2012: 0,3 % vom Umsatz, mindestens 0,01 €). Bei Verlust wird das elektronische Geld quasi wie Bargeld behandelt – eine Sperre des Guthabens bzw. der Karte ist nicht möglich.

Eine Zusatzfunktion der Geldkarte ist der **Jugendschutz:** Auf Geldkarten ist ein Volljährigkeitsmerkmal gespeichert, sofern der Karteninhaber zum Ausstellungszeitpunkt 18 Jahre alt war. Damit kann z. B. an Zigarettenautomaten das Alter überprüft werden.

Bedeutung der Kartensymbole

Die Symbole, die auf einer Giro- oder Kreditkarte auf der Vorder- oder Rückseite angegeben sind, verraten ihre Einsatzmöglichkeiten. Bei Händlern und Dienstleistern sind diese Bilder am Eingang oder an den Kassen angebracht. Außerdem findet man sie an Geldautomaten.

	Das Maestro-Symbol steht für den ausländischen Zahlungsverkehr mit der Girocard.		Eine Akzeptanzstelle bietet das elektronische Lastschriftverfahren ohne Zahlungsgarantie an.
	Links ist das bisherige Zeichen für Electronic Cash, d. h. bargeldloses Zahlen an entsprechenden Kassen mit Girocard und PIN. Das Girocard-Zeichen ist das neue gemeinsame Logo für Electronic Cash und den deutschen Geldautomatenverbund.		Das Zeichen steht für die deutsche elektronische Geldbörse.
	EAPS (= Euro Alliance of Payment Schemes) bedeutet Europäische Allianz der Zahlungssysteme. Innerhalb der EAPS wird die wechselseitige Kartenakzeptanz im europäischen Zahlungsraum SEPA (= Single Euro Payments Area) gewährleistet.		

Arten von Zahlungskarten: Universalkreditkarten

Bei den Unternehmen **American Express** und **Diners Club** werden die Kreditkarten direkt vertrieben und von der eigenen Organisation verwaltet, **Visa** und **MasterCard** (bis 2003: Eurocard) stellen ihre Kreditkarten in Zusammenarbeit mit Kreditinstituten aus.

Kreditkartenfunktionen

Beim Einsatz von **Universalkreditkarten** unterzeichnet der Karteninhaber beim Vertragsunternehmen einen durch einen Handdrucker gezogenen, durch ein Kartenterminal oder eine elektronische Kasse erzeugten **Belastungsbeleg.** Die **Unterschrift** wird zuweilen durch die Eingabe der **PIN** ersetzt. Der Karteninhaber erteilt damit dem Kartenaussteller eine verbindliche Weisung, die Zahlung gegenüber dem Vertragsunternehmen zu veranlassen. Er kann die Zahlung grundsätzlich nicht widerrufen.

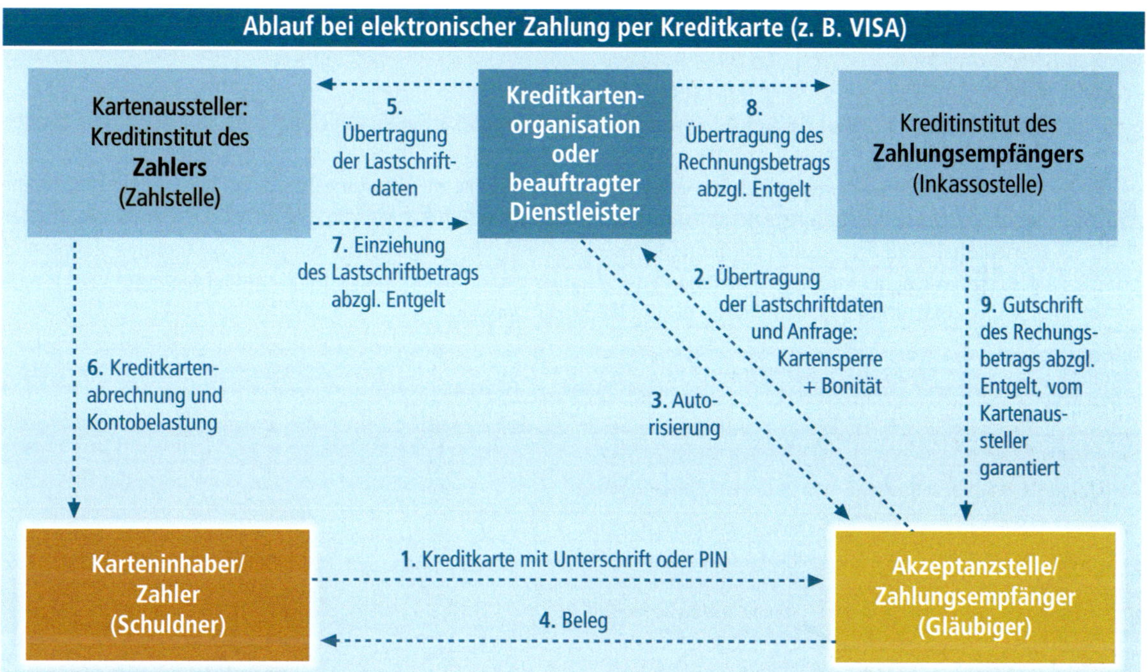

In der Regel ist der **Verfügungsrahmen** einer Kreditkarte wesentlich höher als der einer **Girocard.** Der Verfügungsrahmen ist der Betrag, mit dem das Konto eines Karteninhabers in einem bestimmten Zeitraum maximal belastet werden darf. Die Höhe des Betrags wird nach der Kreditwürdigkeit des Karteninhabers bemessen. Gängige Kreditkarten werden weltweit akzeptiert. Im EU-Euroraum entstehen dem Karteninhaber beim bargeldlosen Zahlen keine zusätzlichen Kosten. Im übrigen Ausland wird vom Kartenaussteller jedoch ein prozentuales Entgelt von 1 bis 2 % vom Umsatz berechnet. Die Vertragsunternehmen/Akzeptanzstellen zahlen je nach Umsatzhöhe und Branche ein Entgelt von 2 bis 7 %. Dafür wird ihnen der Zahlungseingang garantiert.

Kreditkarten können auch zur **Bargeldabhebung** an Geldautomaten genutzt werden. Hierzu ist dann jedoch eine PIN-Eingabe erforderlich. Auch für die Zahlung beim **E-Commerce** (Geschäfte im Internet) werden Kreditkarten verwendet (vgl. 3.2.6).

Kreditkarten werden in verschiedenen **Ausstattungen** (z. B. Standardkarten oder Gold-, Platinkarten) herausgegeben. Mit Premiumkarten sind ein höherer Preis und je nach Kreditkartenunternehmen verschiedene Zusatzangebote verbunden (Autoschutzbriefe, diverse Reiseversicherungen und Serviceleistungen).

Abrechnungsverfahren

Nach dem Abrechnungsverfahren unterscheidet man verschiedene Arten von Kreditkarten.

- **Prepaid card** – Die Prepaid-Kreditkarten haben keinen Kreditrahmen, jeder Kartenumsatz wird sofort belastet. Aufgrund der fehlenden Kreditfunktion werden sie auch als Kreditkarten auf Guthabenbasis bezeichnet. Um die Karte zu nutzen, muss man das Guthaben auf dem Kartenkonto auffüllen, die Karte „aufladen". Das Verfahren ähnelt dem Prepaid-Prinzip bei Handys. Diese Karten können von Minderjährigen oder Erwachsenen mit geringer Bonität verwendet werden.
- **Debit card** – Zahlungen werden sofort vom Konto (entweder Girokonto oder Kreditkarten-Guthabenkonto für die Karte) abgebucht, wenn die Karte eingesetzt wird. Zu den Debitkarten zählen neben einigen Karten der Kreditkartengesellschaften auch die Girocard. Die Maestro-Funktion ist nur auf Debitkarten zu finden.
- **Charge card** – Die Umsätze werden auf dem Kartenkonto gesammelt und meist einmal pro Monat vom Girokonto per Lastschrift eingezogen. Bis dahin werden keine Zinsen fällig. Die meisten deutschen Kreditkarten sind Charge cards.
- **Credit card** – Die Karte kann als Kreditmittel benutzt werden. Getätigte Umsätze sind meist ab der monatlichen Rechnung zu verzinsen und ganz oder in Raten zu begleichen.

Kreditkartengesellschaften bieten manchmal verschiedene Kartenarten an, wie z. B. VISA: Prepaid, Debit oder Charge.

Wenn das Kreditinstitut des Karteninhabers selbst als Kreditkartenaussteller fungiert (wie bei VISA, MasterCard), bucht das Kreditinstitut **jeden einzelnen Umsatz sofort** auf dem von ihm geführten Girokonto (Debit card) oder **monatlich** den **Saldo der Umsätze** auf dem Girokonto (Charge card). Wenn die Kreditkartenorganisation die Karte ausstellt (bei American Express, Diners Club), führt sie selbst ein **Kreditkartenkonto** für den Karteninhaber und zieht ihre Forderungen beim Kreditinstitut des Karteninhabers in bestimmten Zeiträumen (z. B. monatlich) per Einzugsermächtigung ein (Charge card). Sofern ein **Kreditrahmen** eingeräumt wird (Credit card), sind Rückzahlungsmodalitäten und Zinshöhe mitzuteilen.

Funktionen von Zahlungskarten			
für den Zahler			für den Zahlungsempfänger
Mittel zur Bargeldbeschaffung	**bargeldloses Zahlungsmittel**	**Kreditmittel**	**Garantie**
Bargeldbeschaffung am Automaten mit PIN	Zahlungsmittel für den bargeldlosen Zahlungsverkehr mit Akzeptanzstellen mit oder ohne Zahlungsgarantie	Charge oder Credit card	Akzeptanzstelle erhält Zahlungsgarantie, sofern vereinbart (Kreditkarte, Girocard mit PIN)

SEPA-Kartenzahlung

Die Einführung der SEPA vereinheitlicht auch Kartenzahlungen mit Giro- und Kreditkarten. Das Ziel der SEPA heißt „any card at any terminal". In den Teilnehmerländern kann grundsätzlich mit jeder europäischen Debitkarte (z. B. der deutschen Girocard) und an jedem Geldautomaten Geld abgehoben bzw. an jedem Händlerterminal bezahlen werden. Erreicht wird das durch Vereinheitlichung der Technikstandards (EMV-Chip) und der Sicherheitsstandards (Eingabe der PIN bei Zahlungen).

Sicherheit von Zahlungskarten

Ein etwaiger Verlust einer Zahlungskarte muss unverzüglich dem **zentralen Sperr-Notruf** gemeldet werden, § 675 l BGB. Der Notruf ist rund um die Uhr erreichbar und in Deutschland gebührenfrei. Bei Kartenverlust haftet der Inhaber für maximal 150,00 €, es sei denn, er hat seine Pflichten grob fahrlässig oder vorsätzlich verletzt, § 675 v BGB.

3.2.6 Online-Banking

PIN-TAN-Verfahren über Internetbrowser

Beim Online-Banking greift der private Nutzer mithilfe seines Internetbrowserprogramms (Internet Explorer, Firefox o. Ä.) auf die Website seines Kreditinstituts zu. Zur Anmeldung im eigenen Girokonto wird die **PIN (= Personal Identification Number)** benötigt. Dabei werden die Daten über ein gesichertes Verfahren übertragen **(https = Hypertext Transfer Protocol Secure).**

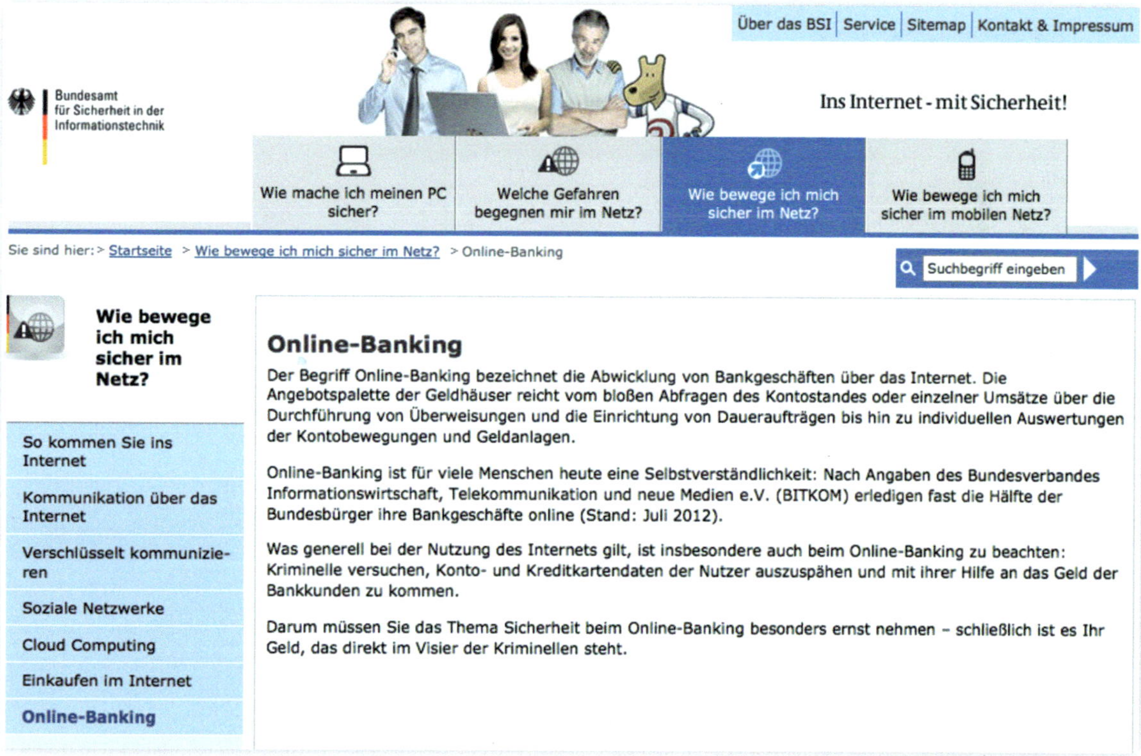

Die Zahlungsvorgänge wie Überweisungen oder Daueraufträge werden jeweils über Eingabe einer **TAN (= Transaktionsnummer**, „Einmal-Passwort") autorisiert. Die TAN wird vom Kreditinstitut in der Regel gezielt angefordert: Der Nutzer erhält dabei eine Papierliste zugeschickt, die z. B. 100 TAN enthält, die durchlaufend nummeriert sind. Dies ist die sogenannte **iTAN** (= indexierte TAN). Nach korrekter Eingabe der angefragten iTAN wird z. B. die gewünschte Überweisung veranlasst. Eine weitere Möglichkeit ist die **mTAN** (= mobile TAN), die der Nutzer per SMS auf sein Mobiltelefon erhält. Diese TAN ist nur für die jeweilige Transaktion gültig und verfällt, wenn sie nicht genutzt wird. Einige Kreditinstitute bieten ihren Kunden kleine Geräte an, die TAN erzeugen, sogenannte TAN-Generatoren.

Bei einem Zahlungsvorgang, z. B. einer Überweisung, blendet das Kreditinstitut ein blinkendes Feld auf der Internetseite ein. An dieses hält man den Generator, in dem die Girokarte steckt. Der TAN-Generator erzeugt sodann automatisch die sogenannte **chipTAN** oder **smartTAN.**

Sicherheit beim PIN-TAN-Verfahren

Betrügerische „Phishing"-Attacken (von Password-Fishing) erfolgen per E-Mail. Unter einem Vorwand – z. B. Daten oder PIN müssten aktualisiert werden – werden die Kontoinhaber meist auf eine gefälschte Internetseite ihres Kreditinstituts gelenkt (sogenanntes Pharming) und Kontendaten, Geheimnummer und Transaktionsnummern werden abgefragt. In E-Mail und Website wird das Design des Kreditinstituts oft täuschend echt nachgeahmt.

Neue Phishing-E-Mails umgehen den Phishing-Schutzmechanismus der Internet-Browser, indem sie mit der E-Mail statt eines Links einen Anhang senden. Bei dem Anhang handelt es sich um eine HTML-Datei, die nach dem Öffnen einer echten Website ähnelt und auf der ebenfalls dazu aufgefordert wird, Daten einzugeben.

Beispiel für eine gefälschte Website

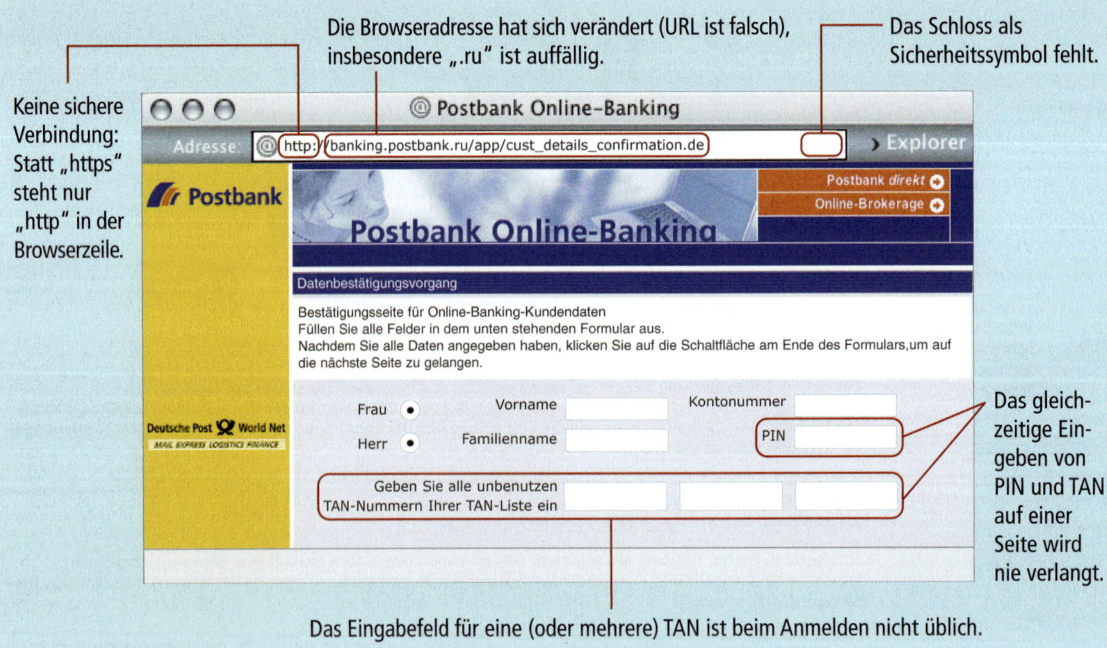

nach: Deutsche Postbank AG

Beim Online-Banking müssen Kunden besonders sorgfältig und aufmerksam agieren. Der Bundesgerichtshof hat 2012 entschieden, dass ein Bankkunde den durch die Eingabe mehrerer TANs auf einer gefälschten Website im Jahr 2008 entstandenen Schaden in Höhe von 5.000,00 € selbst zu tragen hat. Ab 2009 haften Kunden durch die Umsetzung der EU-Zahlungsdienstrichtlinie bei leichter Fahrlässigkeit nur noch bis maximal 150,00 €, § 675 v BGB, bei grober Fahrlässigkeit jedoch unbegrenzt.

5740232

Sicherheitstipps zum Online-Banking und generell zum Umgang mit dem Internet gibt das Bundesamt für Sicherheit in der Informationstechnik: https://www.bsi-fuer-buerger.de/ContentBSIFB/SicherheitImNetz/OnlineBanking/onlinebanking.html

FinTS/HBCI-Verfahren

Financial Transaction Services (= **FinTS**)/Homebanking Computer Interface (= **HBCI**) ist ein weiteres Verfahren im Online-Banking. Um das FinTS/HBCI-Verfahren nutzen zu können, muss der Kunde über eine Chipkarte mit Kartenlesegerät sowie spezielle Banking-Software auf seinem häuslichen Rechner verfügen. Die Karte dient der Erzeugung einer qualifizierten digitalen Signatur – einer rechtsverbindlichen elektronischen „Unterschrift" – und der Verschlüsselung der Transaktion, die zwischen dem Rechner des Kunden und dem Kreditinstitut stattfindet. Da der digitale Signierschlüssel auf dem Chip der Karte gespeichert ist und dieser nur über einen externen Kartenleser, nicht über den Computer, aktiviert werden kann, gilt das HBCI/FinTS-Verfahren als sicheres Online-Banking-Verfahren.

Wegen der dafür notwendigen Ausstattung und der damit verbundenen Kosten hat es sich im Privatkundenverkehr bisher noch nicht durchgesetzt.

3.2.7 Zahlungsformen im Electronic Commerce

Zahlungsvorgänge für den Erwerb von Waren und Dienstleistungen im Internet erfolgen über vielfältige Zahlungsformen: Nachnahme, Lastschrift, Kreditkarte, aber auch Online-Überweisung oder Übertragung von E-Geld. Einige Möglichkeiten werden nachfolgend dargestellt.

Lastschrift/Einzugsermächtigung

Zuweilen bieten Online-Shops ihren Kunden die Möglichkeit, den Rechnungsbetrag per Lastschrift zu begleichen. Auf der Webseite müssen Nutzer, die per Lastschrift bezahlen wollen, ihre Kontodaten eingeben und den Shop dazu ermächtigen, die fällige Zahlung einzuziehen. Da der Zahlungsempfänger jedoch keine Original-Unterschrift unter der Einzugsermächtigung vorweisen kann, ist die Lastschrift durch den Zahler bis zu 13 Monaten nach der Belastungsbuchung widerrufbar, § 676 b Abs. 2 BGB. Das Kreditinstitut muss den Betrag wieder gutschreiben, § 675 u S. 2 BGB.

Kreditkartenzahlung im Internet

Die Zahlung mit Kreditkarte erfolgt bisher durch die Angabe der **Kartendaten** und der dreistelligen **Prüfziffer,** die auf der Rückseite der Karte aufgedruckt ist (bei American Express-Karten vierstellig und auf der Vorderseite). Um den Kartenmissbrauch zu verhindern, wird immer häufiger eine selbstgewählte **PIN** oder ein persönliches **Passwort** verlangt, das der Zahler über die Kreditkartenorganisation bzw. sein Kreditinstitut erhält. Online-Shops, die das Verfahren unterstützen, kennzeichnen ihre Website mit „MasterCard SecureCode" (PIN-System) oder „Verified by Visa" (Passwort-Verfahren).

Online-Überweisung durch Giropay

Wenn in einem Online-Shop Giropay als Bezahlverfahren angegeben ist, wird der Nutzer nach der Eingabe der Bankleitzahl von der Website des Shops zum eigenen Online-Banking-Girokonto eines Kreditinstituts (Postbank, Volks- und Raiffeisenbanken, Sparkasse) geleitet. Der Zahler meldet sich wie gewohnt mit Kontonummer und PIN bei seinem Kreditinstitut an, das System erzeugt eine bereits ausgefüllte Überweisung, die durch Eingabe der TAN autorisiert wird. Der Händler erhält die Zahlungsgarantie.

E-Geld-Transfer durch Paypal

PayPal Europe ist ein luxemburgisches Kreditinstitut und ein Tochterunternehmen von eBay. Über PayPal können Verbraucher und Unternehmer Netzgeld-Zahlungen senden und empfangen. Zahler und Zahlungsempfänger benötigen dazu ein PayPal-Konto, die Kontonummer entspricht der hinterlegten E-Mail-Adresse. Die Eröffnung des Kontos erfolgt auf der PayPal-Website, die E-Mail-Adresse des Nutzers mit dem festgelegten Passwort fungiert als Kundenkennung. Das Guthaben auf einem PayPal-Konto wird durch Geldbeträge aufgefüllt, die von einem Girokonto bei einem Kreditinstitut stammen. Diese werden durch Einzugsermächtigung, Kreditkarte, Giropay oder Überweisung auf das PayPal-Konto transferiert. Umgekehrt können PayPal-Guthaben auch auf Girokonten zurückübertragen werden, dies stellt eine Einlösung des E-Gelds in Euro dar.

Der Netzgeld-Zahlungsvorgang ähnelt einer normalen Überweisung: Der Zahler meldet sich bei seinem PayPal-Konto an und übersendet den entsprechenden Betrag auf das Konto des Zahlungsempfängers. Der Zahlungsempfänger wird per E-Mail benachrichtigt, dass die Zahlung auf seinem PayPal-Konto gutgeschrieben wurde. Vorteile des Systems sind, dass das Netzgeld in viele Länder transferiert werden kann, die Zahlung schnell erfolgt und dem Zahlungsempfänger dabei keine Girokonto- oder Kreditkartendaten des Zahlers bekannt werden. Ein Risiko ist, dass PayPal nicht den Einlagensicherungssystemen der deutschen oder luxemburgischen Kreditinstitute unterliegt: PayPal-Guthaben sind im Fall der Insolvenz des Unternehmens nicht abgesichert.

Neben der Zahlungsdienstfunktion gewährt PayPal Käuferschutz, wenn die bei eBay gekaufte Ware nicht ankommt oder nicht der Beschreibung entspricht. Für die Nutzung von PayPal fallen mindestens für den Zahlungsempfänger Entgelte an. Die Allgemeinen Geschäftsbedingungen für den Käuferschutz und die aktuelle Höhe der Entgelte sind der Website von PayPal zu entnehmen.

Weitere Zahlungsdienstleister

FIRSTGATE click & buy

Nach einer Registrierung bei **Click&Buy** erhält der Kunde einen Benutzernamen und ein Passwort. Angefallene Zahlungsvorgänge werden gesammelt und monatlich per Überweisung oder Lastschrift vom Girokonto beglichen.

Über **Moneybookers (künftig: Skrill)** können Waren in Onlineshops bezahlt oder Zahlungen an andere Kunden von Moneybookers/Skrill geleistet werden. Bei der Kontoeröffnung werden neben den üblichen persönlichen Daten auch die Bankverbindung und Kreditkartendaten abgefragt sowie Benutzernamen und Passwort festgelegt. Auf das Konto muss vorab per Überweisung oder Kreditkarte ein Guthaben eingezahlt werden, damit der Zahlungsdienst genutzt werden kann.

Paysafecard ist eine Prepaid card und eignet sich für die Zahlung von Beträgen bis 100,00 €. Nach dem Kauf einer Paysafe-Karte und Freirubbeln einer 16-stelligen PIN kann die PIN auf der Website des Onlineshops eingegeben werden. Der jeweilige Stand des Paysafe-Guthabens und die Umsätze sind online mit der PIN abrufbar.

5740234

3.3 Haushaltsrechtliches Anordnungsverfahren

Einstiegsfall Auszahlungsanordnung

Ein Mitarbeiter der Stadtkasse Neustadt prüft die unten stehende Auszahlungsanordnung des Fachbereichs 2 – Soziales, Sicherheit und Ordnung. Welche sechs Fehler sollte er beanstanden?

Anordnende Dienststelle/GeschZ	Haushaltsstelle/Konto	Haushalts-jahr	Anordnungs-Nr.
Stadt Neustadt FB 2	060.~~942~~ 5300 /7073		26

Auszahlungsanordnung
für die Stadtkasse Neustadt

Raum für Eingangsstempel/ Vermerke der Kasse

Zahlungsempfänger

Name, Vorname/Firma	Straße, Haus-Nr.	PLZ	Ort
Fa. Com-Rent GmbH	Brotteroder Str. 3 a	43222	Neustadt

Konto-Nr.	bei (Kreditinstitut)	Bankleitzahl
1 7 5 9 0 0 6 8	Sparkasse Neustadt	

Auszuzahlender Betrag

Euro (geä. Ko 19./06.)	Cent	Fälligkeit/Datum
- - - 2 ~~3~~ 4 5	0 0	sofort

Eurobetrag in Buchstaben
- Zweihundertfünfundvierzig -

Zahlungsgrund

Rechnungsdatum, Rechnungsnummer oder Betreff
Rechn. v. 27. Mai 20.. - Nr. 4533-

Begründung/Erläuterung
Miete 5 Laptop à 49,00 € für den Monat Mai 20..
lt. Vertrag vom 2. Mai 20..

Anlage/n 1

Die Haushaltsmittel stehen zur Verfügung.

Festgestellt

☒ sachlich richtig	☐ rechnerisch richtig	☐ sachlich und rechnerisch richtig
Korsch, 19./06.		

Ort, Datum	Betrag angeordnet	Haushaltsüberwachungsliste Nr./Namenszeichen
Neustadt, 20. Juni 20..	Ge Gericke	27 Te

3.3.1 Vollzug des Haushaltsplans durch das Anordnungsverfahren

Öffentliche Einrichtungen müssen ihre Einzahlungen und Auszahlungen bzw. Aufwendungen und Erträge verbuchen. Diese Rechnungslegung kann nach dem System der Kameralistik (des öffentlichen Haushaltsrechts) oder der Doppik (auf der Grundlage der kaufmännischen doppelten Buchführung) erfolgen. In diesem Abschnitt wird das kameralistische, haushaltsrechtliche Anordnungsverfahren beschrieben. Die Vorgehensweise bei der Rechnungslegung nach dem System der Doppik, das in vielen Gemeinden und öffentlichen Betrieben bereits praktiziert wird, findet man im Band „Rechnungswesen in der öffentlichen Verwaltung" dieser Lehrbuchreihe.

Der Haushaltsplan ist die Grundlage für die Haushalts- und Wirtschaftsführung öffentlicher Haushalte. Man unterscheidet vier Phasen im „Leben" eines öffentlichen Haushalts. Das Anordnungsverfahren gehört zur Ausführung des Haushaltsplans. Die zuständige Dienststelle muss der Kasse dazu Anordnungen erteilen, nach denen sie Einnahmen zu erheben, Ausgaben zu leisten und Buchungen vorzunehmen hat.

Übersicht zum Haushaltskreislauf

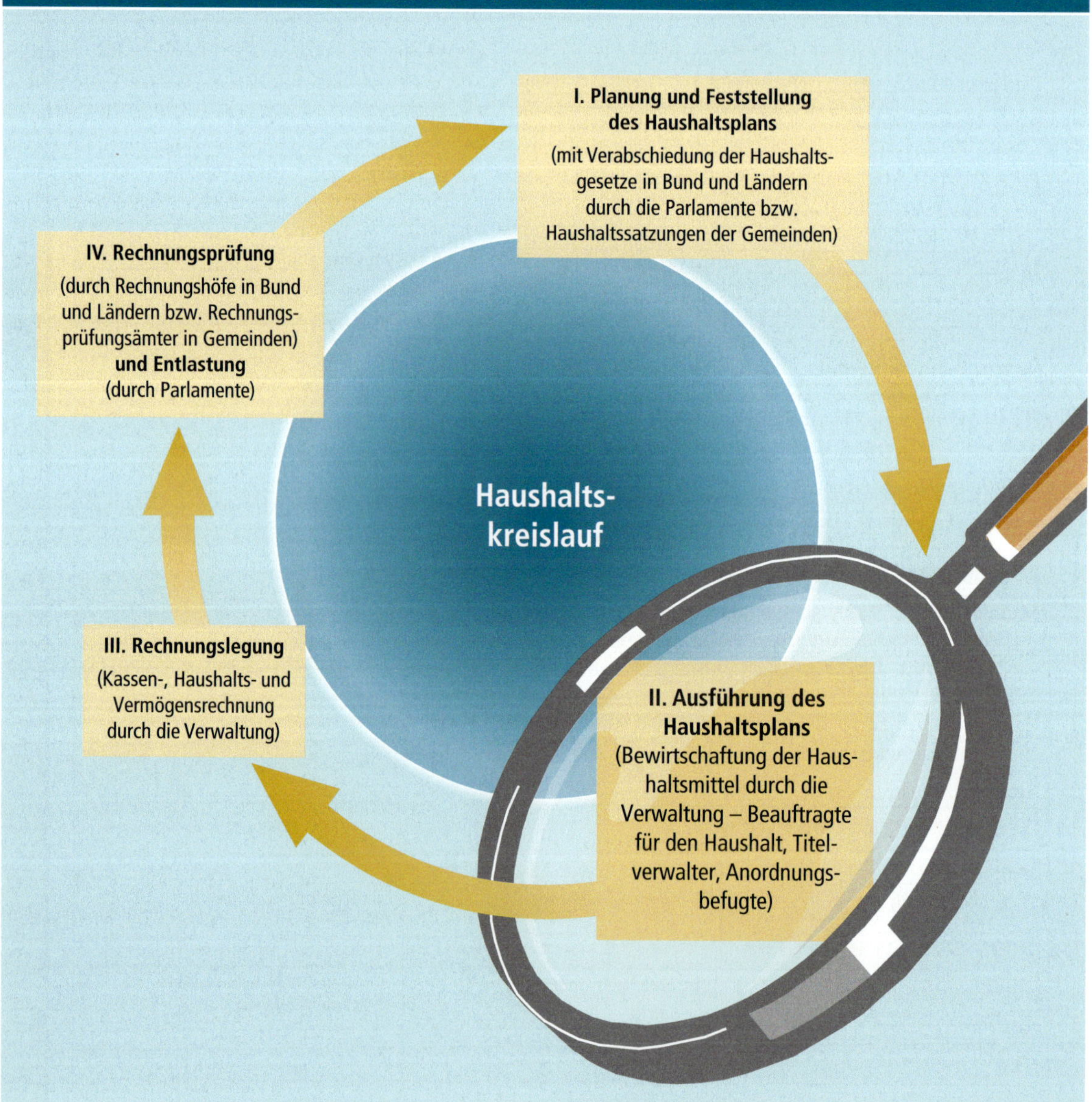

3.3.2 Trennung von Anordnung, Ausführung und Prüfung

Die zuständigen Dienststellen (Fachämter, Kämmerei der Gemeinde, Stellen mit eigenen Budgets) sind anordnungsbefugt, d. h., sie können die ihnen durch den Haushaltsplan zugewiesenen Mittel selbstständig bewirtschaften. Mittel bewirtschaften heißt, im Rahmen der durch den Haushaltsplan bestimmten Zwecke eigenverantwortlich über Ausgabemittel zu verfügen oder Einnahmen zu erheben. Die **anordnenden Dienststellen** haben selbst aber keine Geldmittel. Diese werden bei der jeweiligen **Kasse** (Bundeskassen, Landeskassen, Gemeindekassen) verwaltet. Das Haushaltsrecht bestimmt, dass die Kasse zur Entgegennahme oder Auszahlung von Beträgen grundsätzlich nur aufgrund von Kassenanordnungen berechtigt ist. Die Kassen verwalten die Geldmittel und wickeln den Zahlungsverkehr ab, können aber nicht ohne Anordnung der befugten Dienststelle über die Mittelverwendung entscheiden. Mittelverwaltende Dienststelle und Kasse unterliegen wiederum der Kontrolle durch die **Rechnungsprüfungsämter (Gemeinden) bzw. Rechnungshöfe (Bund, Länder).** Diese Trennung von Bewirtschaftung durch die befugte Dienststelle einerseits, Buchung sowie Zahlung durch die Kasse andererseits und abschließende Kontrolle der Anordnungen durch die Rechnungsprüfung gewährleistet die Recht- und Zweckmäßigkeit der öffentlichen Finanzwirtschaft.

Formal ist die Anordnungsbefugnis das Recht, Kassenanordnungen zu unterzeichnen. **Kassenanordnungen** erfolgen schriftlich oder mithilfe eines speziellen zugelassenen EDV-Programms durch die befugten Stellen. Bei jeder anordnungsbefugten Stelle, also einer Dienststelle, die Einnahmen und Ausgaben bewirtschaften darf, ist ein **Beauftragter für den Haushalt** bestellt, soweit nicht der Dienststellenleiter diese Aufgabe selbst wahrnimmt. In der Gemeinde übt meistens der Kämmerer diese Funktion aus. Der Bürgermeister kann außerdem anderen Bediensteten der Behörde Anordnungsbefugnisse übertragen. **Titelverwalter** (nur in Bundes- und Landesverwaltungen) können leitende Mitarbeiter oder Sachbearbeiter sein. Titelverwalter können außerdem durch den Beauftragten für den Haushalt ermächtigt werden, ihre Bewirtschaftungsbefugnisse weiter zu übertragen. Die Namen und Unterschriftsproben dieser **Anordnungsbefugten** werden der Kasse mitgeteilt. Ihre Anordnungsbefugnis ist betraglich begrenzt. Die Trennung von Anordnung, Ausführung und Prüfung bringt es mit sich, dass Prüfer des Rechnungsprüfungsamtes oder Rechnungshofes und Mitarbeiter der Kasse keine Anordnungsbefugnis erhalten können. Die Erteilung von Anordnungen ist untersagt, wenn eigene Interessen, die des Ehepartners oder von nahen Verwandten bzw. Verschwägerten berührt werden.

Ablauf des Anordnungsverfahrens

1. **Anordnung:**
   Anordnungsbefugte Dienststelle fertigt Kassenanordnung.
2. **Ausführung:**
   Kasse prüft Kassenanordnung auf offensichtliche Unrichtigkeiten, Zeichnungsbefugnisse und führt die Anordnung aus.
3. **Prüfung:**
   Der gesamte Zahlungsvorgang wird später durch die Rechnungsprüfungsämter bzw. Rechnungshöfe kontrolliert.

3.3.3 Begriff und Arten der Kassenanordnung

Eine Kassenanordnung ist die förmliche schriftliche oder automatisierte Anordnung an die Kasse, Zahlungen anzunehmen oder zu leisten (Zahlungsanordnungen), Buchungen vorzunehmen (Buchungsanordnungen) sowie Wertgegenstände anzunehmen, zu verwalten oder auszuliefern (Ein- oder Auslieferungsanordnung).

Förmliche Kassenanordnungen sind von bloßen Kassenanweisungen zu unterscheiden. Kassenanordnungen betreffen stets Zahlungen oder Buchungen, Kassenanweisungen beziehen sich auf nicht buchungspflichtige Vorgänge.

Der Grundsatz des Anordnungszwangs lautet: Ohne ordnungsgemäße Anordnung keine Zahlung, Buchung oder Verwahrung.

3 Zahlungsverkehr und Anordnungsverfahren

Arten von Kassenanordnungen

Buchungsanordnung (die nicht unmittelbar in Verbindung mit Zahlung steht)

z. B.
Bildung eines Haushaltsrests, der ins folgende Haushaltsjahr zu übertragen ist

Zahlungsanordnung

- **Auszahlungsanordnung für Ausgaben**
- **Annahmeanordnung für Einnahmen**

Ein- oder Auslieferungsanordnung (bei der Verwahrung von Wertgegenständen im Verwahrgelass)

z. B.
Urkunden, Sparbücher, Kfz-Briefe, Versicherungsscheine

---

allgemeine Zahlungsanordnung für gleichartige Zahlungen, auch in wechselnder Höhe (häufig anfallende Einnahmen und regelmäßig wiederkehrende Ausgaben)

z. B.
Einnahmen: Eintrittsgelder, Verwarnungsgelder; Ausgaben: Telefon-, Wasser-, Stromentgelte

Zahlungsanordnung im Regelfall

Sonderform der allgemeinen Zahlungsanordnung: Auszahlungsanordnung für den Lastschriftverkehr (mit vertrauenswürdigen Zahlungsempfängern)

z. B.
Zinsen und Tilgung von Krediten, Mieten, Versicherungsentgelte

---

Sammelanordnung (bei mehreren ZA bzw. ZE, gleichen Fälligkeiten und einer Haushaltsstelle)

z. B.
Ausgabe: einige Sportvereine erhalten Zuschüsse; Einnahme: Bürger zahlen Erschließungsbeiträge für eine neue Straße

Einzelanordnung (für einmalige Zahlungen bzw. Vorgänge)

z. B.
Ausgabe: Beschaffung eines Feuerwehrautos; Einnahme: Erbschaft eines Bürgers

Daueranordnung oder Jahresanordnung (für wiederkehrende Zahlungen von einem ZA bzw. an einen ZE)

z. B.
regelmäßige Mieteinnahmen bzw. -ausgaben

Sonderformen der Einzelanordnung

Absetzungs- oder Abgangsanordnung (Rückzahlungen zu viel eingezahlter oder ausgezahlter Beträge)

z. B.
Ausgabe oder Einnahme wurde irrtümlich zu hoch angeordnet und Betrag muss gekürzt werden

Änderungsanordnung (ursprüngliche Zahlungsanordnung wird vor Auszahlung geändert)

z. B.
Änderungen des Betrages, des Fälligkeitstermins, der Anschrift des ZP oder ZE oder der Bankverbindung

Umbuchungsanordnung (Übertragung einer bereits gebuchten Zahlung auf eine andere Haushaltsstelle)

z. B.
Buchung auf einer falschen Haushaltsstelle, der angeordnete Betrag muss bei dieser Haushaltsstelle abgehen und auf der richtigen gebucht werden

Verrechnungsanordnung (interne Zahlungsvorgänge zwischen einer Ausgabe- und Einnahmehaushaltsstelle)

z. B.
interne Umbuchungen von kalkulatorischen Verwaltungskosten zwischen der Allgemeinen Verwaltung und einer kostenrechnenden Einrichtung, z. B. der städtischen Müllabfuhr

5740238

3.3.4 Bewirtschaftung von Ausgaben

Eine förmliche Kassenanordnung darf nur auf genehmigten **Vordrucken** oder mittels entsprechend eingerichteter **EDV-Programme** erteilt werden.

Inhalt einer Zahlungsanordnung (Mindestangaben fett gedruckt)	
Angaben	**Bemerkungen**
1. die Anordnung zur Annahme oder Auszahlung,	
2. die Bezeichnung der Kasse, die den Betrag annehmen oder leisten soll,	
3. **der anzunehmende oder auszuzahlende Betrag,**	zu 3.: in Zahlen, meist auch in Worten
4. **der Zahlungspflichtige oder Empfangsberechtigte,**	zu 4.: bei unbarer Zahlung mit Angabe von Konto und Bankleitzahl
5. **der Fälligkeitstag,**	zu 5.: sofern kein Fälligkeitstermin vereinbart ist, gilt § 271 BGB („sofort")
6. **die Buchungsstelle und das Haushaltsjahr,**	
7. **der Grund für die Zahlung,** ggf. eine besondere Kennzeichnung bei Abschlags- oder Schlusszahlung,	zu 7.: Anlass und Zweck der Zahlung
8. **die Bescheinigung der sachlichen und rechnerischen Richtigkeit,**	zu 8: Feststeller müssen unterschreiben
9. die Bezeichnung der anordnenden Dienststelle,	
10. die Nummer der Eintragung in die Haushaltsüberwachungsliste und das Namenszeichen des Listenführers,	
11. gegebenenfalls Eintragungen zur Vermögenserfassung, Inventarisierung oder Verbrauchskontrolle,	zu 11.: Zum Beispiel sind nach § 37 Abs. 4 Hess. GemHVO angeschaffte bewegliche Sachen mit Anschaffungskosten über 410,00 € in ein Bestandsverzeichnis aufzunehmen, d. h. zu inventarisieren.
12. **das Datum der Anordnung,** u. U. Bestätigung, dass die Mittel haushaltsrechtlich zur Verfügung stehen,	
13. **die Unterschrift des Anordnungsbefugten.**	zu 13.: Die Unterschrift muss der der Kasse vorliegenden Unterschriftsprobe entsprechen, keine Handzeichen und Kürzel.

Zu einem kompletten Zahlungsvorgang gehören die der Kasse erteilte **Annahme- oder Auszahlungsanordnung,** die **zahlungsbegründenden Unterlagen** und der **Zahlungsbeweis.** Die zahlungsbegründenden Unterlagen sind z. B. Rechnungen über Lieferungen; sie müssen den Rechtsgrund und den Gegenstand der Zahlung erkennen lassen. Der Zahlungsbeweis ist der Nachweis, dass die Zahlung tatsächlich in der gebuchten Höhe geleistet worden ist. Das können bei Barzahlung die Unterschrift des Einzahlers, der Einzahlungsschein, eine Quittung oder bei Überweisungen die Unterschriften von zwei Mitarbeitern der Kasse sein. Sämtliche Unterlagen sind mit den Durchschriften der Zahlungsanordnungen bei der bewirtschaftenden Dienststelle aufzubewahren und vor Verlust, Beschädigung und unbefugtem Zugriff zu schützen. Wenn die Prüfämter bzw. der Rechnungshof die Rechnungsprüfung vornehmen, sind ihnen sämtliche Unterlagen des Zahlungsvorgangs zur Verfügung zu stellen.

Kassen- bzw. Zahlungsanordnungen sind vom **Anordnungsbefugten** zu begründen und zu unterschreiben. Rechtsgrund, Zweck oder Anlass der Zahlung oder Buchung müssen deutlich erkennbar sein, gegebenenfalls muss auf eine vorangegangene Kassenanordnung (z. B. bei Teilzahlungen oder Schlusszahlung nach Abschlagszahlung) hingewiesen werden. Der Anordnungsbefugte übernimmt die Verantwortung dafür, dass

- die Anordnung keine offensichtlichen Fehler enthält,
- entsprechende Ausgabemittel vorhanden sind und bei der angegebenen Buchungsstelle im geltenden Haushaltsjahr verausgabt werden dürfen,
- die sachliche und rechnerische Richtigkeit von befugten Mitarbeitern ordnungsgemäß bescheinigt wurde.

Der Anordnungsbefugte darf die rechnerische Richtigkeit nicht selbst bescheinigen.

Die **sachliche Richtigkeit** können der Dienststellenleiter oder von ihm befugte Mitarbeiter feststellen. Der Feststeller übernimmt mit der Unterzeichnung des Vermerks „sachlich richtig" die Verantwortung, dass

- alle Angaben in der Kassenanordnung nach den zahlungsbegründenden Unterlagen vollständig und richtig sind,
- Abschlags- oder Vorauszahlungen berücksichtigt worden sind,
- der einer Auszahlung zugrunde liegende Vertrag über eine Lieferung oder Leistung ordnungsgemäß erfüllt wurde,
- Gewährleistungen berücksichtigt worden sind,
- das geltende Haushaltsrecht, z. B. der Grundsatz der Wirtschaftlichkeit und Sparsamkeit, eingehalten wurde.

Wenn für die Feststellung der sachlichen Richtigkeit besondere Fachkenntnisse erforderlich sind, z. B. im technischen, wissenschaftlichen oder kulturellem Bereich, ist unter Umständen vorab ein Spezialist zu beteiligen, der eine Teilbescheinigung **„für die fachtechnische Richtigkeit"** abgibt und damit die Verantwortung dafür übernimmt, dass die Leistung notwendig war, ordnungsgemäß erbracht und abgerechnet wurde.

Die **rechnerische Richtigkeit** können befugte Mitarbeiter feststellen. Der Feststeller übernimmt mit der Unterzeichnung des Vermerks „rechnerisch richtig" die Verantwortung, dass

- der anzunehmende oder auszuzahlende Betrag richtig ist,
- sämtliche zugrunde liegenden Berechnungen und die Ansätze (z. B. Gebühren, Tarife) nach den zahlungsbegründenden Unterlagen richtig sind.

Ist der Betrag in den zahlungsbegründenden Unterlagen (z. B. einer Rechnung) geändert worden, so muss der Vermerk in der Kassenanordnung lauten „Rechnerisch richtig mit ... Euro ... Cent".

Die Bescheinigungen der sachlichen und rechnerischen Richtigkeit können zusammengefasst werden. In diesem Fall lautet der Feststellungsvermerk „sachlich und rechnerisch richtig".

Unterschriftsproben der Feststellungsberechtigten müssen der Kasse nicht vorgelegt werden. Der Anordnungsbefugte trägt mit seiner Unterschrift die Verantwortung dafür, dass der Feststeller dazu berechtigt ist.

Berichtigungen von Kassenanordnungen sind bis zu ihrer Ausführung durch die Kasse grundsätzlich zulässig. Streichungen müssen mit Datum und Namenszeichen des Berichtigenden versehen werden. Folgende wesentliche Angaben dürfen jedoch nicht berichtigt werden:

- Bezeichnung des Empfangsberechtigten,
- Girokontonummer und Bankleitzahl,
- Betrag in Ziffern und Buchstaben,
- Fälligkeitstermine,
- Feststellungsvermerke.

Hat die Kasse Bedenken gegen die Ausführung der Anordnung, sei es aufgrund formaler oder inhaltlicher Fehler, muss die Kasse Rücksprache mit der Dienststelle nehmen. Die Kasse kann selbst keine Berichtigungen vornehmen und darf die Anordnung erst ausführen, wenn die anordnende Dienststelle die Anordnung berichtigt hat oder aufrechterhält.

Die Dienststellen erhalten von der Kasse nach ausgeführter Zahlung eine Mitteilung.

5740240

3.3.5 Überwachung der Haushaltsmittel

Um sicherzustellen, dass die Haushaltsmittel für das Haushaltsjahr ausreichen, ist eine Überwachung der Einnahmen und Ausgaben notwendig. Die Vereinnahmung oder Inanspruchnahme von Haushaltsmitteln wird in Haushaltsüberwachungslisten (HÜL) verzeichnet. Die Haushaltsüberwachungslisten werden in der Regel von den anordnungsbefugten Dienststellen geführt. In der Haushaltsüberwachungsliste für die Ausgaben sind die Ansätze für die jeweilige Haushaltsstelle, die bisher angeordneten Beträge und die gebundenen Mittel zu verbuchen, die zukünftig auszuzahlen sind. Eine Ausgabe wird zivilrechtlich durch einen Vertragsabschluss und öffentlich-rechtlich durch einen Leistungsbescheid begründet. Obwohl zum Zeitpunkt des Vertragsabschlusses bzw. der Bescheiderteilung noch keine Zahlung stattfindet, muss der Bewirtschafter die Verfügung über die Mittel festhalten, damit nicht wiederholt über die bereits gebundenen Mittel verfügt wird. Durch die Haushaltsüberwachungsliste ist die mittelbewirtschaftende Stelle jederzeit über die noch zur Verfügung stehenden Ausgabemittel informiert und kann frühzeitig feststellen, wenn sich Einnahmen und Ausgaben anders entwickeln, als im Haushaltsplan vorgesehen ist. Gegebenenfalls kann dann durch eine haushaltswirtschaftliche Sperre der Haushaltsausgleich sichergestellt werden. Die Übereinstimmung der Haushaltsüberwachungsliste mit den Kassenbüchern ist mehrmals jährlich zu prüfen, um Fehler feststellen und beheben zu können.

3.3.6 Ausnahmen vom Anordnungszwang

Vom Grundsatz des Anordnungszwangs gibt es wenige Ausnahmen. Diese finden sich in der jeweiligen Vorschrift zum Kassenwesen, z. B. in der jeweiligen landesspezifischen Gemeindekassenverordnung oder in den Gemeindehaushaltsverordnungen für die Gemeinden, den Landeshaushaltsordnungen für die Landesverwaltung oder der Bundeshaushaltsordnung für die Bundesverwaltung.

Die Kasse kann ohne schriftliche Anordnung u. a. tätig werden bei:

- Annahme und Buchung von Mahngebühren, Vollstreckungskosten und Nebenforderungen (Zinsen), die die Kasse aus praktischen Gründen selbst festsetzen kann,
- Annahme, Buchung und Weiterleitung durchlaufender Gelder (z. B. Zuweisung des Landes an die Gemeinden zur Renovierung denkmalgeschützter Häuser zur späteren Auszahlung an den Bauherrn),
- Annahme, Buchung und Rückzahlung von irrtümlichen Einzahlungen (z. B. Zahlung von Einkommensteuer an die Gemeindekasse statt an das Finanzamt) und Zuvielzahlungen im Zahlungsverkehr (z. B. zahlt ein Bürger statt der geschuldeten 120,00 € versehentlich 210,00 € Hundesteuer ein). Bei Rückzahlungen, die sich ergeben, weil der Zahlungsgrund weggefallen oder der Betrag erlassen wurde, besteht Anordnungszwang.

Falllösung Auszahlungsanordnung

Der Mitarbeiter sollte folgende Fehler beanstanden:

1. Das Haushaltsjahr ist nicht angegeben.
2. Die Änderung der Buchungsstelle ist ohne Bescheinigung (Namenszeichen, Datum) erfolgt.
3. Der Betrag in Ziffern ist geändert, dies ist unzulässig. (Eine neue Anordnung ist zu fertigen.)
4. Die Bankleitzahl ist nicht angegeben.
5. Die Feststellung „rechnerisch richtig“ fehlt, es hätte sachlich und rechnerisch richtig festgestellt werden können.
6. Der Anordnungsbefugte hat mit vollem Namen zu unterzeichnen, ein Kürzel genügt nicht.

Geschäftsfähigkeit

Geburt — 7. Geburtstag — 18. Geburtstag — Lebensalter

Geschäftsunfähigkeit

Rechtsfolge

Rechtsgeschäfte sind **nichtig,** § 105 BGB

beschränkte Geschäftsfähigkeit

Rechtsfolge

Rechtsgeschäfte bedürfen zur Wirksamkeit grundsätzlich der **Zustimmung** der gesetzlichen Vertreter, §§ 107, 182 BGB

- vorherige Zustimmung: **Einwilligung**, § 107 BGB (zwingend erforderlich bei einseitigen Rechtsgeschäften, § 111 BGB)
- nachträgliche Zustimmung: **Genehmigung**, § 108 BGB (Rechtsgeschäfte sind bis zur Entscheidung schwebend unwirksam)

Ausnahmen: keine Zustimmung notwendig bei

- lediglich rechtlich vorteilhaften Rechtsgeschäften, § 107 BGB
- Rechtsgeschäften im Rahmen des/der
  - Bewirkens der Leistung mit eigenen Mitteln, z. B. Taschengeld, § 110 BGB
  - selbstständigen Erwerbsgeschäfts, § 112 BGB
  - „Arbeitsmündigkeit", § 113 BGB

Geschäftsfähigkeit

Rechtsfolge

Rechtsgeschäfte sind **wirksam**

Ausnahmen bei Volljährigen, die

- geschäftsunfähig sind (Betreute mit krankhafter Störung der Geistestätigkeit, §§ 1896, 104 Nr. 1 BGB, 105 Abs. 1, 105 a BGB)
- beschränkt Geschäftsfähigen gleichgestellt sind (unter Einwilligungsvorbehalt stehende Betreute, § 1903 Abs. 1 BGB)

Warum gibt es **Einschränkungen** und **Altersgrenzen** bei der Geschäftsfähigkeit?

- Schutz des Minderjährigen vor nachteiligen Rechtsgeschäften
- Wahrung des elterlichen Erziehungsrechts, der Vermögenssorge

- Rechtsklarheit durch feste Altersgrenzen für den Vertragspartner
- Die fortschreitende Entwicklung des Minderjährigen wird berücksichtigt.

Gründe für die Nichtigkeit von Rechtsgeschäften

fehlende Geschäftsfähigkeit		inhaltliche Mängel des Rechtsgeschäfts		Verstoß gegen Formvorschriften	bewusstes Auseinanderfallen von subjektivem (Rechtsbindungs-)Willen und objektiver Erklärung	
Geschäftsunfähigkeit oder vorübergehende Geistesstörung, §§ 104–105 a BGB	**beschränkte Geschäftsfähigkeit, §§ 106–113 BGB**	**Verstoß gegen gesetzliches Verbot, § 134 BGB**	**Verstoß gegen die guten Sitten, Wucher, § 138**	**Verstoß gegen gesetzliche oder vereinbarte Form, § 125 BGB**	**Scheingeschäft, § 117 BGB**	**Scherzgeschäft, § 118 BGB**
Beispiele						
Der volltrunkene B. verleiht seinen nagelneuen Porsche an den wildfremden F. (nichtig nach § 105 Abs. 2 BGB)	V. kündigt seinen Ausbildungsvertrag ohne Einwilligung der Eltern. (nichtig nach § 111 BGB, da § 113 BGB nicht gilt!)	Unternehmer U. verkauft trotz des EU-Handelsembargos Waffen an einen „Schurkenstaat".	Kredithai K. vergibt Kredite an Mittellose mit einem Vertragszins, der 110 % über dem marktüblichen Zins liegt. (nichtig, da Wucher nach § 138 Abs. 2 BGB)	Vater P. bürgt mündlich für die Wohnungsmiete seines Sohnes. (nichtig gemäß §§ 766, 125 BGB)	B. verkauft ihrer Freundin U. ihre Eigentumswohnung. Damit U. Steuern spart, wird beim Notar ein geringerer als der eigentlich vereinbarte Preis angegeben. (Der beurkundete Kaufvertrag ist als Scheingeschäft nichtig gem. § 117 BGB.)	Lehrer L. schließt mit Schüler S. zur Veranschaulichung einen Leihvertrag über seinen BGB-Kommentar ab. (Erklärung erfolgt nicht „ernstlich" und ist nichtig.)

4.1.2 Anfechtbarkeit von Willenserklärungen

Bei der Abgabe von Willenserklärungen kann man sich irren: Der subjektive, wahre Wille und die objektive, erkennbare Erklärung des Erklärenden fallen auseinander.

Beispiele

„Trierer Weinversteigerung" – Erklärungsirrtum
Der ortsunkundige Gast winkt bei einer Weinversteigerung in einem Lokal seinem Freund und erhält den Zuschlag für einen Posten Weinflaschen.

„Kalte Ente" – Inhaltsirrtum
Ein Gast bestellt im Restaurant eine kalte Ente im Glauben, als Imbiss kaltes Entenfleisch zu erhalten. Tatsächlich handelt es sich aber um ein Getränk.

Derartige irrtümlich abgegebene Willenserklärungen sind zum Schutz des Geschäftsverkehrs zunächst einmal wirksam. Dennoch soll der Erklärende nicht unwiderruflich gegen seinen Willen an das Rechtsgeschäft gebunden sein: Unter bestimmten Voraussetzungen gewährt das Gesetz ein **Anfechtungsrecht wegen Irrtums.** Die Anfechtung ist aber ausgeschlossen beim sogenannten Motivirrtum, der vorliegt, wenn der Erklärende bei Abgabe seiner Willenserklärung von falschen Motiven bzw. Beweggründen ausgeht. Ebenso wenig ist ein Irrtum über die Höhe des Preises einer Sache Anfechtungsgrund, nur Irrtümer über preis- bzw. wertbildende und verkehrswesentliche Eigenschaften (vgl. § 119 Abs. 2 BGB) berechtigen zur Anfechtung.

Beispiele

Motivirrtum – keine Anfechtbarkeit
Kauft die Braut B. ein Hochzeitskleid und die Hochzeit kommt nicht zustande, kann sie den Kaufvertrag nicht wegen Eigenschaftsirrtums anfechten.

Irrtum über den Preis – keine Anfechtbarkeit
Nach dem Kauf eines Schreibtisches stellt D. fest, dass derselbe Schreibtisch bei einem anderen Büroausstatter um 50,00 € billiger ist. Die Anfechtung wegen Eigenschaftsirrtums nach § 119 Abs. 2 BGB ist ausgeschlossen: Der Preis ist keine Eigenschaft der Sache.

Durch die **Anfechtungserklärung** wird dem Erklärenden die Möglichkeit gegeben, seine Willenserklärung wieder rückgängig zu machen. Die Anfechtung zerstört die Willenserklärung rückwirkend; das Rechtsgeschäft wird von Anfang an nichtig, § 142 Abs. 1 BGB.

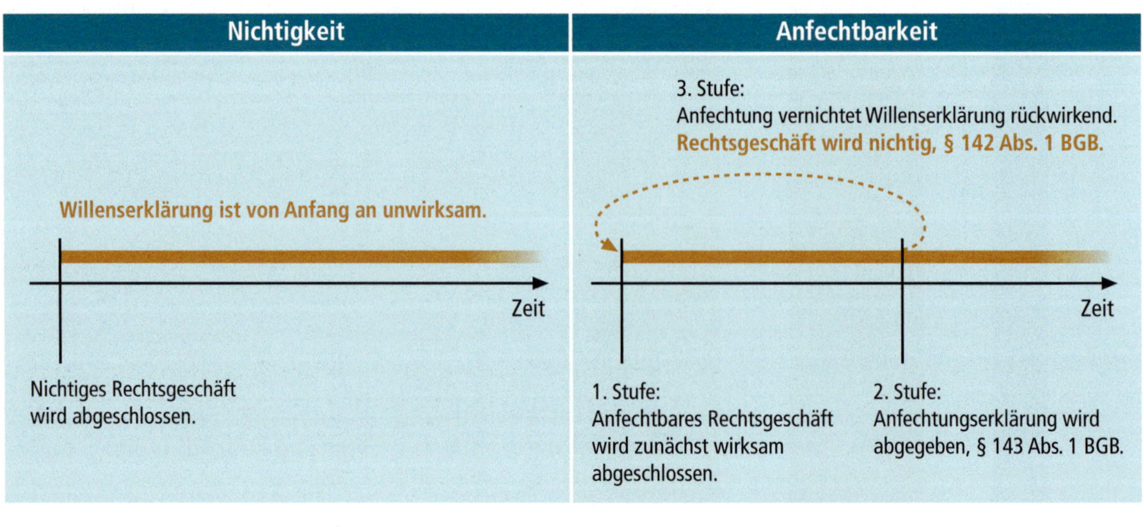

Allerdings muss der wegen Irrtums Anfechtende dem anderen den durch die Anfechtung entstehenden **Vertrauensschaden ersetzen,** § 122 Abs. 1 BGB. Zu ersetzen ist der Schaden, der dadurch entsteht, dass der andere auf die Gültigkeit des Rechtsgeschäfts vertraut hat. Der Vertragspartner ist so zu stellen, als ob es das angefochtene Rechtsgeschäft nie gegeben hätte.

Beispiel

Vertrauensschaden bei Irrtumsanfechtung

Die vermögende Frau N. kennt sich in Kunstepochen nicht aus. Sie bestellt beim Berliner Antiquitätenhändler A. einen Barockschrank, obwohl sie Biedermeier meint. A. liefert den Schrank N. ins Haus. Als sie den wuchtigen Schrank sieht, erkennt N. ihren Irrtum. Sie ficht wegen Inhaltsirrtums gemäß § 119 Abs. 1 BGB an. Sie muss A. jedoch den Vertrauensschaden ersetzen, d.h. die Kosten für den vergeblichen Transport tragen, § 122 Abs. 1 BGB.

Die Anfechtungserklärung muss innerhalb der **Anfechtungsfrist** abgegeben werden. Grundsätzlich muss die Anfechtung unverzüglich, d.h. ohne schuldhaftes Zögern, nach Kenntnis des Anfechtungsgrundes erfolgen, § 121 BGB. Die Anfechtung ist jedoch ausgeschlossen, wenn seit Abgabe der Willenserklärung zehn Jahre verstrichen sind.

Neben der Irrtumsanfechtung gibt es noch die Möglichkeit der Anfechtung einer Willenserklärung wegen arglistiger Täuschung oder widerrechtlicher Drohung, § 123 BGB. Unter **arglistiger Täuschung** versteht man ein Verhalten, das im anderen eine falsche Vorstellung hervorruft, bestärkt oder aufrechterhält. Die Täuschung kann in einem Tun (z.B. Zurückstellen des Tachos beim Autoverkauf) oder einem Unterlassen bestehen (z.B. Verschweigen, dass es sich um einen Unfallwagen handelt). Ein Unterlassen bzw. Verschweigen ist aber nur dann ein Anfechtungsgrund, wenn der Erklärende eine Rechtspflicht zur Aufklärung hat. Dies ist der Fall, wenn es sich um besonders bedeutende Tatsachen für den Abschluss des Rechtsgeschäfts handelt. Außerdem muss bei der Täuschung Arglist vorliegen, d.h., dass die Täuschung vorsätzlich erfolgte. Der Täuschende muss wissen und wollen, dass der Getäuschte eine Willenserklärung abgibt, die er ohne Täuschung möglicherweise so nicht abgegeben hätte. Grundsätzlich ist jede Täuschung widerrechtlich, allerdings gibt es Ausnahmen.

Beispiel

Gerechtfertigte Täuschung – keine Anfechtbarkeit

Der Arbeitgeber A. fragt den Bewerber B. nach Vorstrafen, die im Bundeszentralregister bereits gelöscht sind. Nach Löschung des Eintrags im Bundeszentralregister gilt man rechtlich als unbestraft. Wenn B. die Frage falsch beantwortet, handelt es sich nicht um eine arglistige Täuschung, weil die Frage des Arbeitgebers unzulässig ist. B. ist nicht verpflichtet, die Frage wahrheitsgemäß zu beantworten oder keine Antwort zu geben, weil A. ihn dann nicht einstellen würde. Hier ist quasi eine „Notlüge" erlaubt. Die Täuschung wäre nicht widerrechtlich und eine Anfechtung des Arbeitsvertrags gemäß § 123 BGB durch A. nicht möglich.

Eine **widerrechtliche Drohung** berechtigt ebenfalls zur Anfechtung. Drohung ist das Inaussichtstellen eines künftigen Übels.

Beispiel

Widerrechtliche Drohung – Anfechtbarkeit

Der rabiate Vermieter V. droht seinem Mieter M., dass er ihn verprügeln wird, wenn er seine Wohnung nicht kündigt. Seine Kündigung könnte M. später wegen widerrechtlicher Drohung nach § 123 BGB anfechten.

Täuschung oder Drohung können zugleich strafrechtliche Folgen nach sich ziehen. Sie erfüllen oft die Tatbestände des Betrugs bzw. der Erpressung. Einzelheiten zu den Anfechtungsgründen sind dem folgenden Schaubild zu entnehmen.

Störungen bei Abschluss und Erfüllung des Vertrags (am Beispiel des Kaufvertrags)

Gründe für die Anfechtbarkeit von Rechtsgeschäften

unbewusstes Auseinanderfallen von subjektivem Willen und objektiver Erklärung = Irrtum					rechtswidrig herbeigeführte Willenserklärungen	
Inhaltsirrtum, § 119 Abs. 1 BGB Man weiß, was man sagt, weiß aber nicht, was es wirklich bedeutet.	**Eigenschaftsirrtum, § 119 Abs. 2 BGB** Man hat falsche Vorstellungen über verkehrswesentliche Eigenschaften der Person oder Sache.	**„Motivirrtum“** Die Beweggründe für den Abschluss des Rechtsgeschäfts sind falsch. **KEINE ANFECHTUNG MÖGLICH!**	**Erklärungsirrtum § 119 Abs. 1 BGB** Man will eine Erklärung dieses Inhalts nicht abgeben: Fälle des Versprechens, Verschreibens, Vergreifens, Verhörens.	**Übermittlungsirrtum, § 120 BGB** Eine Person (Bote) oder eine Einrichtung übermitteln die Willenserklärung falsch.	**arglistige Täuschung, § 123 BGB** Man wird durch Vorspiegelung oder Entstellung von Tatsachen zum Abschluss des Rechtsgeschäfts gebracht.	**widerrechtliche Drohung, § 123 BGB** Man wird durch widerrechtliches Inaussichtstellen eines künftigen Übels in eine Zwangslage versetzt.
Beispiele bzw. Erläuterungen						
A. bestellt in einem Kölner Restaurant einen „halven Hahn“ und meint ein halbes Brathähnchen. Ihm wird statt dessen ein Käsebrötchen serviert.	Verkehrswesentlich sind wert- bzw. preisbildende Eigenschaften, wie Echtheit eines Bildes, Bebaubarkeit eines Grundstücks, Kreditwürdigkeit einer Person. Nicht aber: Irrtum im Preis selbst!	Herr S. spekuliert auf Gewinne durch die gute Baukonjunktur. Er kauft Aktien der R.-Bau AG. Kurz nach dem Kauf wird die AG zahlungsunfähig und insolvent.	Die Sekretärin B. vertippt sich in der schriftlichen Bestellung. Statt einer bestellt sie zehn Paletten Papier.	Eine E-Mail wird von einem „Hacker“ abgefangen und kommt verfälscht beim Empfänger an.	A. wird als Kraftfahrer eingestellt. Etwas später stellt sich heraus, dass er auf die Frage nach Vorstrafen gelogen hat und wegen Trunkenheit am Steuer verurteilt wurde.	Die Krankenhaus-Notaufnahme des Privatpatienten P. wird davon abhängig gemacht, dass er ein Formular über Wahlleistungen (ärztliche Sonderhonorare) unterschreibt.

4.1.3 Widerruf oder Rückgabe beim Fernabsatz

Fernabsatz und elektronischer Geschäftsverkehr

Fernabsatzverträge, § 312 b BGB, sind dadurch gekennzeichnet, dass sich Unternehmer und Verbraucher nicht persönlich begegnen. Der Verbraucher sieht die Ware vor Vertragsabschluss nicht und kann ihre Eigenschaften nicht prüfen. Grundlage seiner Kaufentscheidung sind allein die Informationen des Verkäufers. Daher muss der Unternehmer besondere Informationspflichten erfüllen. Er hat z. B.

- seine Identität und Unternehmensregisternummer sowie seine Anschrift anzugeben,
- wesentliche Merkmale, insbesondere den Gesamtpreis der Ware oder Dienstleistung mitzuteilen,
- über das Widerrufs- oder Rückgaberecht des Verbrauchers zu belehren.

Ein Vertrag im **elektronischen Geschäftsverkehr,** § 312 g BGB, liegt vor, wenn der Vertrag von einem Unternehmer mit einem Kunden über elektronische Kommunikationsmittel, in der Regel über das Internet, abgeschlossen wird. Wichtig ist, dass der Kunde Verbraucher oder Unternehmer sein kann. Zum Schutz des Kunden werden dem Verkäufer besondere Pflichten auferlegt. Der Unternehmer muss z. B.

- technische Möglichkeiten zur Korrektur von Eingabefehlern im Internet gewährleisten,
- die Vertragsbestimmungen bzw. Allgemeine Geschäftsbedingungen so bereitstellen, dass sie abgerufen, abgespeichert und ausgedruckt werden können,
- den Zugang der Bestellung unverzüglich per E-Mail bestätigen.

Gesetzliches Widerrufsrecht beim Fernabsatz

Das **gesetzliche Widerrufsrecht** besteht bei Lieferung von Waren und bei Erbringung von Dienstleistungen im Fernabsatz. Das Widerrufsrecht gibt dem Verbraucher die Möglichkeit, sich **ohne Grund** aus dem Fernabsatzvertrag mit dem Unternehmer zu lösen. Der Verbraucher soll dadurch vor z. B. übereilt geschlossenen Verträgen geschützt werden.

Kein Widerrufsrecht besteht gemäß § 312 d Abs. 4 BGB u. a. bei

- speziell für einen Kunden angefertigten Gegenständen,
- verderblichen Waren,
- entsiegelten Datenträgern von Audio-, Videoaufzeichnungen und Software.

Die Widerrufserklärung ist eine Willenserklärung, die keine Begründung enthalten muss. Der Verbraucher muss grundsätzlich innerhalb von **zwei Wochen nach Erhalt der Ware** in Textform oder durch schlüssiges Handeln (Rücksendung der Ware) widerrufen. Die rechtzeitige Absendung innerhalb der Frist reicht aus.

Vertragliches Rückgaberecht beim Fernabsatz

Anstelle des Widerrufsrechts kann bei Verträgen über die Lieferung von Waren das gesetzliche Widerrufsrecht im Kaufvertrag, z. B. in AGB, durch ein **Rückgaberecht** ersetzt werden. Die Rückgabe ist **keine Willenserklärung,** sondern ein **tatsächliches Handeln.** Der Vorteil für den Unternehmer ist, dass er nicht nur einen Brief oder eine E-Mail mit dem Widerruf des Fernabsatzvertrags erhält, sondern in jedem Fall seine Ware zurückbekommt. Beim Widerruf wartet er möglicherweise vergeblich auf eine spätere Rücksendung seiner Ware und muss diese erst einklagen. Die Rückgabe erfolgt durch **Rücksenden** bzw. durch **Rücknahmeverlangen** bei nicht paketversandfähigen Waren innerhalb von zwei Wochen nach Erhalt der Ware. Die rechtzeitige Absendung der Sache genügt.

Gefahr und Kosten bei Rücksendung

Bei Widerruf oder Rückgabe trägt der Unternehmer stets die Gefahr für die versandte Ware. Bei der Rückgabe muss der Unternehmer stets die Rücksendekosten übernehmen. Beim Widerruf trägt der Verbraucher die Kosten nur, wenn dies vertraglich so vereinbart wurde und der Preis der Ware unter 40,00 € liegt. – Das nachfolgende Schaubild fasst Wesentliches zusammen.

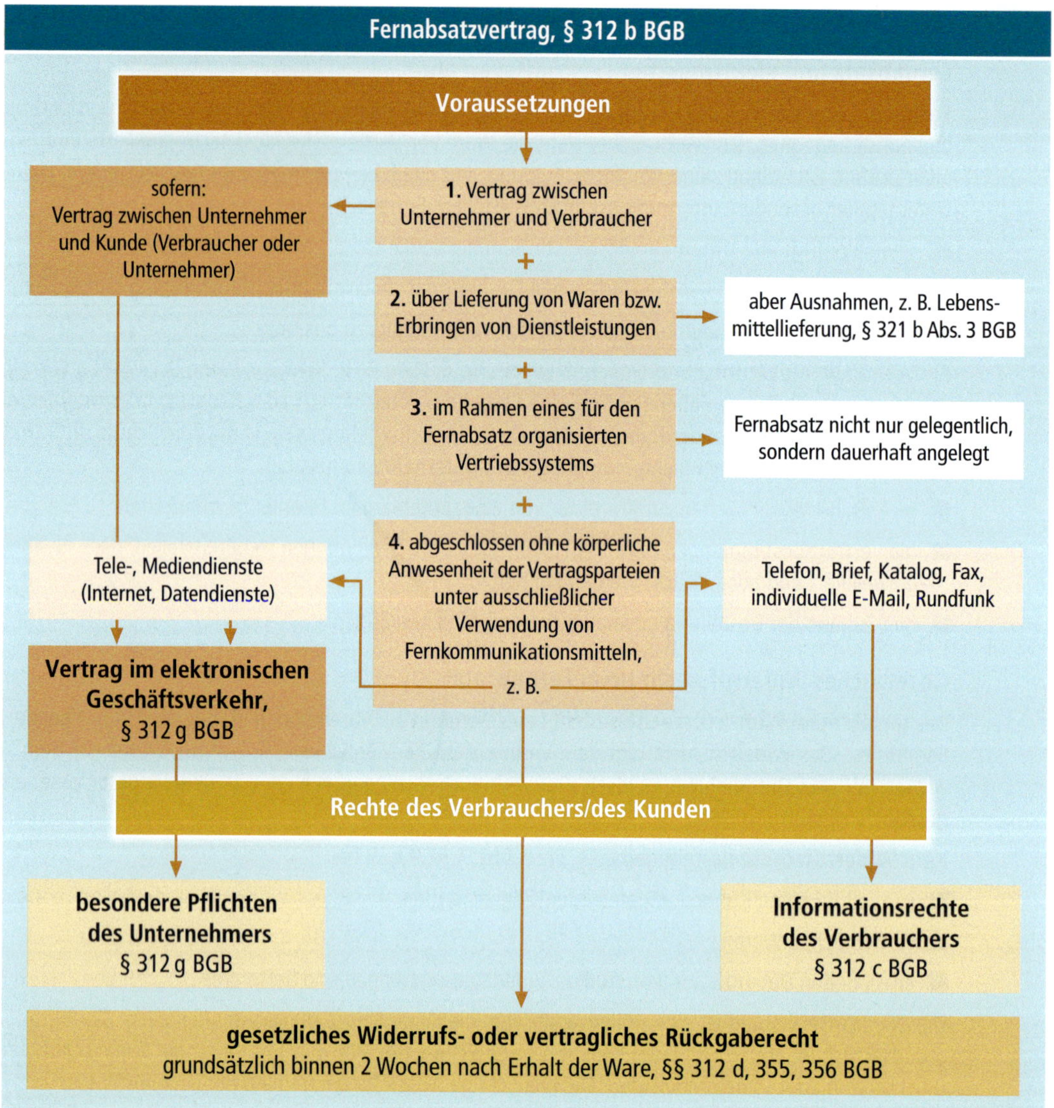

4.2 Überblick: Störungen bei der Erfüllung des Vertrags

4.2.1 Arten von Leistungsstörungen

Wenn jede Vertragspartei ihre Pflichten rechtzeitig und mangelfrei erfüllt, ist die Abwicklung von Schuldverhältnissen problemlos. Das ist der Regelfall. Manchmal kommt es aber zu Schwierigkeiten: Der Schuldner leistet gar nicht, zu spät oder schlecht – oder der Gläubiger will die angebotene Leistung nicht annehmen. Dann ist die Erfüllung des Verpflichtungsgeschäfts gestört: Man spricht von Leistungs- oder Erfüllungsstörungen.

Unmöglichkeit/Leistungshindernis

Wenn der Warenschuldner/Verkäufer gar nicht leistet, weil die Sache z. B. verschwunden oder zerstört ist, liegt ein Leistungshindernis (= Unmöglichkeit der Leistung) vor. Bei der Geldschuld gibt es keine Unmöglichkeit.

Beispiel

Leistungshindernis/Unmöglichkeit

Vor der Übergabe wird der verkaufte Gebrauchtwagen (Stückschuld) in einen Sturm demoliert oder gestohlen.

Schuldnerverzug: Lieferungs- oder Zahlungsverzug

Leistet der **Schuldner** verspätet, z. B. nicht am vereinbarten Termin, sondern erst einige Zeit später, handelt es sich um Leistungsverzug, sofern bestimmte weitere Voraussetzungen vorliegen. Man unterscheidet beim Kauf Lieferungs- und Zahlungsverzug.

Schuldnerverzug beim Kauf	
Lieferungsverzug	**Zahlungsverzug**
Beispiel: Laut Kaufvertrag sollte im Mai geliefert werden. Der Warenschuldner/Verkäufer liefert schuldhaft erst im Juni.	Beispiel: Der Geldschuldner/Käufer zahlt nicht an dem im Kaufvertrag oder in der Rechnung angegebenen Termin.

Gläubigerverzug: Annahmeverzug

Nimmt der **Warengläubiger**/Käufer die gekaufte Sache gar nicht ab, obwohl zur richtigen Zeit und am richtigen Ort geliefert wurde, liegt Annahmeverzug vor. Der Käufer ist jedoch nicht nur Gläubiger der Ware, er ist zugleich Schuldner: Er schuldet nämlich die Abnahme der Ware, § 433 Abs. 2 BGB. Wenn er die Ware nicht rechtzeitig abnimmt, kann er deshalb zugleich im Gläubiger- und Schuldnerverzug sein.

Beispiel

Gläubiger- und Schuldnerverzug

Gekaufte und am vereinbarten Termin gelieferte Möbel werden vom Käufer nicht abgenommen, da er die Lieferung vergessen hat.

Schlechtleistung: Mangelhafte Leistung

Leistet der Warenschuldner/Verkäufer zwar rechtzeitig, aber nicht ordnungsgemäß, spricht man von Schlechtleistung. Wird beispielsweise eine Ware nicht mit vereinbarter oder üblicher Beschaffenheit geliefert, liegt eine mangelhafte Leistung vor.

Beispiele

Schlechtleistung: Beschaffenheitsmängel

Die gekauften Trekkingschuhe sind trotz Behauptung des Verkäufers nicht wasserdicht. (Die vereinbarte Beschaffenheit fehlt.)
Die neue Tastatur ist nicht funktionsfähig. (Die übliche Beschaffenheit fehlt.)

Abschließend eine Zusammenfassung zu den wichtigsten Leistungs- bzw. Erfüllungsstörungen beim Kaufvertrag.

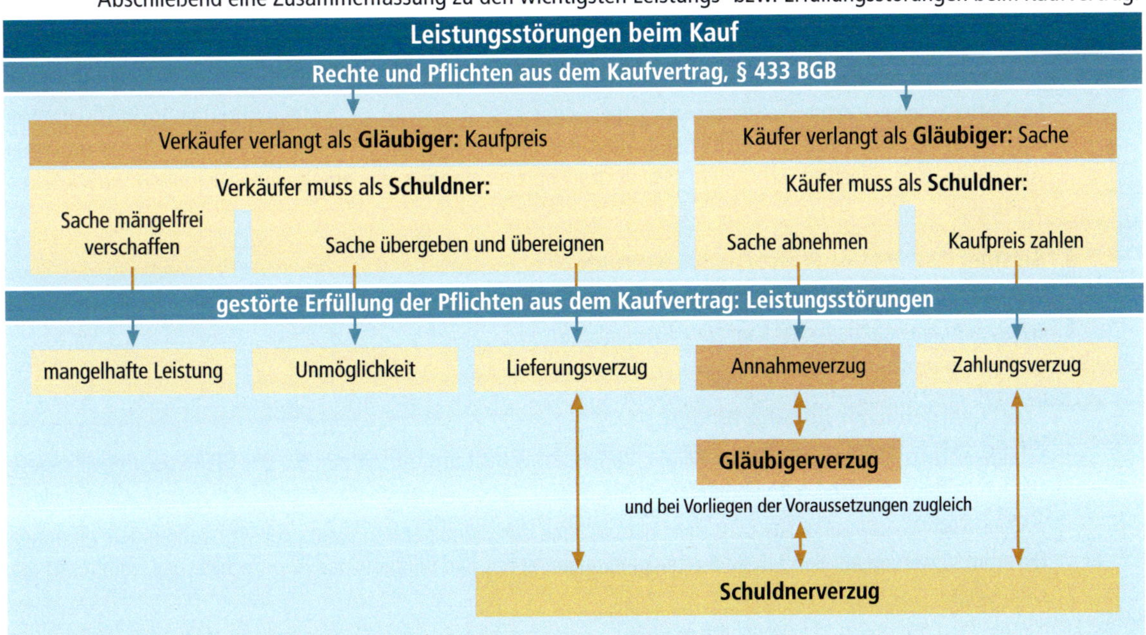

4.2.2 Ansprüche/Rechtsfolgen bei Leistungsstörungen

Wenn der Schuldner seine Pflichten nicht erfüllt, also die geschuldete Leistung gar nicht, verspätet oder schlecht erbringt, kann der Gläubiger Rechte geltend machen. Unter anderem kommen der Rücktritt vom Vertrag, Schadensersatz und Ersatz vergeblicher Aufwendungen in Betracht.

Schadensersatz

Bei den vertraglichen Schadensersatzansprüchen werden zwei Arten unterschieden: **Schadensersatz neben oder statt der Leistung.**

Wie die Bezeichnung nahelegt, kann beim Schadensersatz neben der Leistung die geschuldete Leistung – beim Kaufvertrag z. B. die Lieferung der Ware bzw. rechtlich korrekt: die Übergabe und Übereignung der Sache – noch erbracht werden, es ist aber durch die vom Schuldner zu vertretende Pflichtverletzung ein Schaden entstanden, der neben der Leistung ersetzt werden muss. Der Gläubiger hat hier also zwei Ansprüche: den Anspruch auf **Erfüllung** der Leistung **und** den **Schadensersatzanspruch neben der Leistung,** § 280 BGB.

Wenn der Anspruch auf Leistung nicht erfüllt wird, kann der Gläubiger unter bestimmten Voraussetzungen Schadensersatz statt der Leistung verlangen. Hier tritt der Schadensersatzanspruch an die Stelle des Leistungsanspruchs; der Anspruch auf Leistung wird quasi in einen Schadensersatzanspruch umgewandelt. Der Gläubiger hat nur noch einen Anspruch: **Schadensersatzanspruch statt der Leistung,** § 281 BGB.

Beispiele

Lieferungsverzug beim Kauf eines Rasenmähers

Schadensersatz neben der Leistung

Der gekaufte Rasenmäher wird vom Verkäufer schuldhaft nicht rechtzeitig geliefert. Der Käufer erhält den Rasenmäher verspätet (= Erfüllung der Leistung) und mietet sich in der Zwischenzeit einen Ersatzmäher. Die Miete stellt er dem Verkäufer in Rechnung (= Schadensersatz neben der Leistung).

Schadensersatz statt der Leistung

Der Käufer mahnt und setzt eine Nachfrist zur Lieferung. Der Verkäufer liefert weiterhin nicht. Der Käufer deckt sich schließlich bei einem anderen Händler mit demselben Rasenmäher-Modell ein. Allerdings ist dieser teurer. Der Mehrpreis aus diesem sogenannten Deckungskauf ist vom säumigen Verkäufer zu tragen (= Schadensersatz statt der Leistung).

Rücktritt

Ein Vertragspartner kann, wenn es durch Gesetz oder Vertrag zugelassen ist, einseitig den Rücktritt vom Vertrag erklären, § 323 BGB. Rücktritt heißt, dass der Vertrag rückgängig gemacht wird und die vertraglichen Ansprüche bzw. Pflichten erlöschen. Die Vertragspartner müssen die erhaltenen Leistungen zurückgeben, § 346 BGB.

Beispiel

Wie im obigen Beispiel, jedoch ist der Ersatzmäher des anderen Händlers billiger. Es ist kein Schaden entstanden. Der Käufer tritt vom ursprünglichen Kauf zurück (= Rücktritt).

Ersatz vergeblicher Aufwendungen

Schadensersatz gleicht einen unfreiwilligen Vermögensverlust aus. Ausgaben, die der Gläubiger freiwillig getätigt hat, sind vergebliche Aufwendungen, § 284 BGB.

Anstelle des Schadensersatzes statt der Leistung kann der Gläubiger den Ersatz von Aufwendungen verlangen, die er im Vertrauen auf den Erhalt der Leistung gemacht hat und billigerweise (= gerechtfertigt, zumutbar) machen durfte.

5740252

Beispiele

Schadensersatz oder vergebliche Aufwendungen

Ein Kaufvertrag über ein Gemälde für 1.000,00 € wird abgeschlossen und durch die Schuld des Verkäufers nicht rechtzeitig erfüllt, obwohl der Käufer ihm noch eine angemessene Nachfrist gesetzt hat.

- *Der Käufer wollte das Bild an einen Kunden für 1.500,00 € weiterverkaufen. Durch die Leistungsstörung entgeht ihm Gewinn. (= unfreiwilliger Vermögensverlust, Schadensersatz statt der Leistung, § 281 BGB).*
- *Der Käufer wollte das Bild behalten und hat dafür bereits einen Rahmen für 200,00 € bestellt. (= freiwilliges Vermögensopfer, Ersatz vergeblicher Aufwendungen)*

- **Schadensersatz** gleicht einen **unfreiwilligen** Vermögensverlust aus.
- Ausgaben, die der Gläubiger **freiwillig** getätigt hat, **sind vergebliche Aufwendungen.**

4.3 Schlechtleistung beim Kaufvertrag

4.3.1 Schlechtleistung von Haupt- und Nebenpflichten

Mangelhafte Lieferung als Schlechtleistung der Hauptpflicht

Wenn der Verkäufer nicht ordnungsgemäß leistet, spricht man von einer Schlechtleistung. Wenn die gekaufte Sache selbst einen Mangel aufweist, handelt es sich um eine Verletzung der **Hauptpflicht** aus dem Kaufvertrag, § 433 Abs. 1 S. 2 BGB. Der Käufer kann die Annahme der mangelhaften Sache verweigern, ohne selbst in Annahmeverzug zu geraten. Außerdem ist er berechtigt, die Zahlung des Kaufpreises abzulehnen, solange die Lieferung nicht ordnungsgemäß erfolgt ist, § 320 BGB.

Der Verkäufer kann aber auch Nebenpflichten nicht oder schlecht erfüllen. **Nebenpflichten** ergänzen meist die Hauptpflicht. Sie gewährleisten die Vorbereitung, Durchführung und Sicherung der Hauptleistung z. B. durch Verpacken, Versenden oder Versichern der Ware, Übergabe einer geeigneten Gebrauchsanweisung, Bereithalten von Ersatzteilen usw. Die schlechte Erfüllung von Haupt- oder Nebenpflichten zieht Rechte des Käufers nach sich.

4.3.2 Voraussetzungen/Tatbestand der mangelhaften Lieferung

Begriff und Arten von Mängeln

Ein **Rechtsmangel** liegt vor, wenn ein am Vertrag nicht beteiligter Dritter aufgrund eines privaten oder öffentlichen Rechts das Eigentum, den Besitz oder den Gebrauch des Kaufgegenstands beeinträchtigen kann.

Beispiel

Rechtsmangel, § 435 BGB

Ein Grundstück wird verkauft und dem Käufer übereignet, durch Auflassung (§ 925 BGB) und Eintragung im Grundbuch (§ 873 BGB). Es stellt sich heraus, dass bereits zum Zeitpunkt des Eigentumsübergangs eine Verpflichtung zur Veräußerung des Grundstücks an die Gemeinde zum Straßenbau existierte.

Sachmängel kann man in Beschaffenheitsmängel und sonstige Mängel gliedern. Bei den Beschaffenheitsmängeln können wiederum mehrere Arten unterschieden werden.

Sachmängel – Beschaffenheitsmängel, § 434 Abs. 1 BGB	
Prüfungsschritte	**Beispiele**
1. Sache fehlt die **vereinbarte Beschaffenheit,** § 434 Abs. 1 S. 1 BGB	Eine Waschmaschine für ein Krankenhaus sollte das Wasser aus hygienischen Gründen auf 100° C aufheizen. Tatsächlich werden nur 70° C erreicht.
2. Sache ist ungeeignet für die **vorausgesetzte Verwendung,** § 434 Abs. 1 S. 2 Nr. 1 BGB	Die gekaufte Haushaltswaschmaschine sollte unterbaufähig sein. Die gelieferte Waschmaschine ist jedoch ein Standgerät.
3. Sache ... ■ ist ungeeignet zur **gewöhnlichen Verwendung oder** besitzt nicht die **übliche Beschaffenheit,** § 434 Abs. 1 S. 2 Nr. 2 BGB, oder ■ entspricht nicht **Werbeaussagen oder Kennzeichnung,** § 434 Abs. 1 S. 3 BGB	Die Waschmaschine ist nicht funktionsfähig, sie heizt das Wasser nicht auf. Die Waschmaschine soll nach Werbeprospekt des Herstellers selbst Handwäsche ohne Beschädigung waschen. Die neue Seidenbluse und der Kaschmirschal sind nach der Wäsche eingelaufen.

Liegt kein Beschaffenheitsmangel vor, kommen die sonstigen Sachmängel in Betracht. Hier ist zu beachten, dass nur **mangelhafte Montageanleitungen** zur Mangelgewährleistung des Kaufrechts führen, **mangelhafte Bedienungs- und Gebrauchsanleitungen** werden **nicht** von § 434 BGB erfasst. Allerdings liegt hier eine Nebenpflichtverletzung vor, die einen Schadensersatzanspruch neben der Leistung gemäß § 280 BGB nach sich ziehen kann.

Sachmängel – sonstige Mängel, § 434 Abs. 2, 3 BGB	
Mangelart	**Beispiele**
mangelhafte Montage	Der Fachhändler führt die vereinbarte Montage der bei ihm gekauften Waschmaschine nicht fachgerecht aus. Die Gerätesicherung brennt daraufhin bald nach der Inbetriebnahme durch.
mangelhafte Montageanleitung	Der Käufer einer Haushaltswaschmaschine führt die Montage selbst mit der Montageanleitung des Herstellers aus. Durch eine fehlerhafte Beschreibung in der Anleitung entfernt der Käufer eine Transportsicherung nicht und das Gerät funktioniert nicht.
Falschlieferung	Statt der bestellten Waschmaschine mit 7 kg Fassungsvermögen wird ein Modell mit nur 5 kg Fassungsvermögen geliefert.
Zuweniglieferung	Für einen Waschsalon werden statt der bestellten fünf nur zwei Waschmaschinen geliefert.

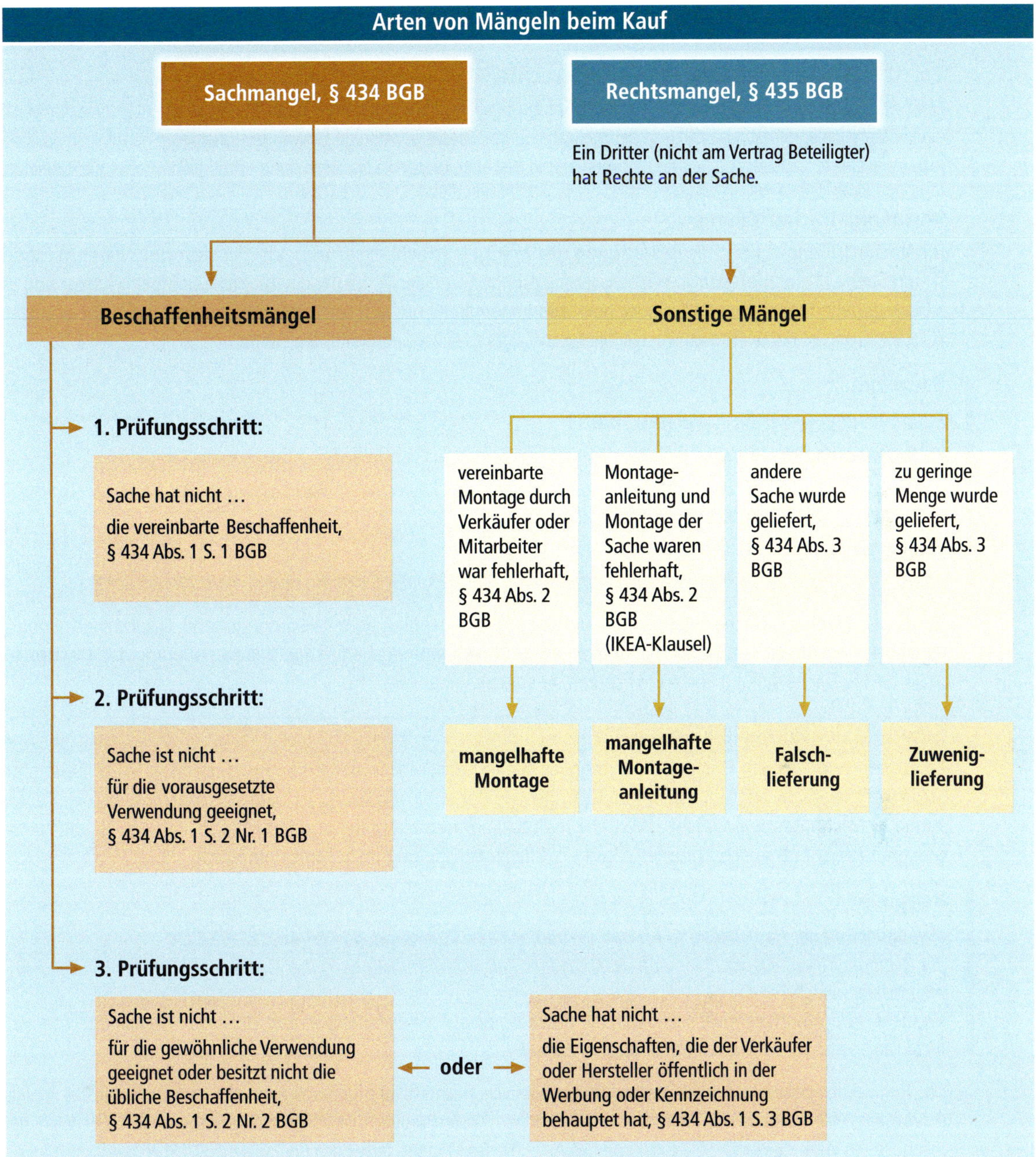

Maßgeblicher Zeitpunkt für die Mangelgewährleistung: Gefahrübergang

Für die Geltendmachung von Rechten bzw. Ansprüchen des Käufers muss der Mangel grundsätzlich schon beim Gefahrübergang vorhanden gewesen sein oder seine Ursache muss bereits bestanden haben. In der Regel wird die **Übergabe** an den Käufer gemäß § 446 BGB der entsprechende Zeitpunkt sein, so jedenfalls bei Hol- und Bringschulden. Bei Schickschuld bzw. Versendungskauf gemäß § 447 BGB ist die Übergabe an den Transporteur maßgeblich.

Wenn der Käufer den Mangel bereits bei der Übergabe erkennt, kann er die Annahme verweigern, ohne in Annahmeverzug zu geraten, § 293 ff. BGB.

4.3.3 Ansprüche/Rechtsfolgen bei mangelhafter Lieferung

Vor- und nachrangige Gewährleistungsrechte

Stellt der Käufer einen Mangel fest, der beim Gefahrübergang vorhanden war, muss er dem Verkäufer zunächst noch eine weitere Gelegenheit zur Erfüllung des Vertrags geben. Dieses vorrangige Gewährleistungsrecht nennt man Nacherfüllung. Weitere, nachrangige Rechte kommen erst in Betracht, wenn die Nacherfüllung unmöglich ist oder nicht gelingt.

Vorrangig: Nacherfüllung

Die **Nacherfüllung** umfasst die **Beseitigung des Mangels (Nachbesserung)** oder die **Lieferung einer mangelfreien Sache (Ersatzlieferung)**. Nachbesserung erfolgt, wenn der Verkäufer den Mangel unentgeltlich beseitigt; es kann sich dabei um die Reparatur oder beim Montagemangel um den sachgerechten Aufbau der Sache handeln. Ersatzlieferung ist die unentgeltliche Nachlieferung einer gleichen, mangelfreien Sache.

Beispiele

Nacherfüllung, §§ 437 Nr. 1, 439 Abs. 1 BGB

- ***Nachbesserung***
  Ein Laptop läuft nach kurzer Zeit heiß und „stürzt ab". Der Käufer wählt Nachbesserung. Der Verkäufer rüstet den Laptop mit einem hochwertigen Kühlelement nach.
- ***Ersatzlieferung***
  Ein PC startet nicht. Der Käufer wählt Ersatzlieferung. Der Verkäufer liefert ein neues, mangelfreies Gerät.

Der Käufer wählt das Nacherfüllungsrecht und macht es gegenüber dem Verkäufer geltend. Das Nacherfüllungsverlangen gegenüber dem Verkäufer stellt eine formfreie, empfangsbedürftige Willenserklärung dar. Der Käufer muss für die Nacherfüllung keine Frist setzen, er sollte es aber tun.

Scheitern der Nacherfüllung

Ersatzlieferung ist beim Gattungskauf möglich, beim Stückkauf in der Regel nicht, denn es wird meist eine nicht vertretbare Sache, also ein Einzelstück, geschuldet. Ersatzlieferung ist dann ausgeschlossen, der Käufer kann nur Nachbesserung wählen. Wenn beim Stückkauf nun ein unbehebbarer Mangel vorliegt, ist die Nachbesserung ebenfalls ausgeschlossen. Damit ist die Nacherfüllung insgesamt unmöglich.

Beispiele

Unmöglichkeit der Nacherfüllung für den Verkäufer beim Stückkauf, §§ 439 Abs. 3, 275 BGB

Ein Rembrandt-Gemälde wird verkauft. Nach einiger Zeit wird ermittelt, dass das Gemälde von einem Schüler Rembrandts stammt.

Bei einem Kauf zwischen Privatleuten wird ein Gebrauchtwagen als unfallfrei verkauft. Bei einem Werkstattbesuch wird festgestellt, dass der Pkw einen Unfallschaden aufweist.

Die vom Käufer gewählte Art der Nacherfüllung oder die Nacherfüllung generell kann der Verkäufer darüber hinaus verweigern, wenn sie nur mit unverhältnismäßig hohen Kosten möglich ist. Hierbei sind insbesondere der Wert der mangelfreien Ware (hoch oder niedrig?) und das Ausmaß des Mangels (erheblich oder unerheblich?) zu berücksichtigen.

Beispiel

Unverhältnismäßige Kosten der Nacherfüllung für den Verkäufer § 439 Abs. 3 BGB

Der Verkäufer verweigert die Nacherfüllung bei einer defekten billigen Digitaluhr, weil seine Kosten bei Nachbesserung oder Ersatzlieferung erheblich höher wären als der Wert der Uhr selbst.

Schließlich kann die Nacherfüllung fehlschlagen, weil selbst zwei Nachbesserungsversuche den Mangel nicht beseitigt haben. Bei der Ersatzlieferung schlägt die Nacherfüllung fehl, wenn die Sache denselben Mangel oder einen anderen Mangel aufweist.

Die Nacherfüllung ist außerdem ausgeschlossen, wenn sie dem Käufer nicht zumutbar ist, z. B. wenn der Wert oder die Brauchbarkeit der Ware durch die entstehende Zeitverzögerung erheblich beeinträchtigt wird.

5740256

Beispiel

Unzumutbarkeit der Nacherfüllung für den Käufer, § 440 S. 1 BGB
Ein Produkt soll auf einer Messe präsentiert werden; die Nacherfüllung würde zu lange dauern.

Schließlich ist die Nacherfüllung gescheitert, wenn der Käufer dem Verkäufer eine angemessene **Frist** zur Nacherfüllung gesetzt hat und der Verkäufer diese nicht einhält.

Scheitert die Nacherfüllung, stehen dem Käufer die nachrangigen Rechte zu.

Nachrangig: Minderung oder Rücktritt sowie Schadens- oder Aufwendungsersatz

Scheitert die Nacherfüllung, also die Nachbesserung oder die Ersatzlieferung, kommen für den Käufer die Ansprüche auf Minderung oder Rücktritt sowie Schadens- oder Aufwendungsersatz infrage.

Der Käufer kann gegen Rückgabe der Ware sein Geld zurückverlangen **(Rücktritt)** oder die Herabsetzung des Kaufpreises **(Minderung)** fordern. Ist dem Käufer durch die mangelhafte Ware ein Schaden entstanden, so kann er **Schadensersatz** verlangen. Sind ihm freiwillige Aufwendungen entstanden, die durch die Mangelhaftigkeit der Sache vergebens waren, ist **Aufwendungsersatz** möglich.

Beispiele

Nachrangige Ansprüche/Rechte des Käufers nach gescheiterter Nacherfüllung, § 437 Nr. 2 u. 3 BGB
K. hat bei V. einen neuen Pkw gekauft. Trotz zweier Nachbesserungsversuche ist ein erheblicher Mangel am Pkw von V. nicht behoben worden. Die Nacherfüllung gilt als gescheitert, § 440 BGB.

Minderung, §§ 437 Nr. 2, 441 BGB
Der Mangel am Pkw beeinträchtigt die Fahrtüchtigkeit des Wagens nicht. K. will den Wagen behalten, aber den Kaufpreis entsprechend reduzieren. Er hat Anspruch auf Minderung.

Rücktritt, §§ 437 Nr. 2, 440, 323 BGB
K. erklärt den Rücktritt und macht damit den Kaufvertrag mit V. rückgängig, denn er kann den von ihm ausgewählten Pkw bei einem anderen Händler um 1.500,00 € günstiger kaufen.

Rücktritt und Schadensersatz statt der Leistung, §§ 437 Nr. 3, 440, 323, 280 Abs. 1 i. V. m. § 281 BGB
K. erklärt den Rücktritt, kann aber den von ihm ausgewählten Pkw bei anderen Händlern nur um 1.500,00 € teurer kaufen. Er hat einen Anspruch auf Schadensersatz statt der Leistung in Höhe von 1.500,00 €, d. h. auf Ersatz des Mehrpreises.

Rücktritt und Ersatz vergeblicher Aufwendungen, §§ 437 Nr. 3, 440, 323, 284 BGB
K. erklärt den Rücktritt und will auf den Neukauf eines Pkw ganz verzichten. Der neu abgeschlossene Mietvertrag für eine Garage muss nun ebenfalls gekündigt werden. Es fallen Mietaufwendungen für drei Monate in Höhe von 150,00 € an. K. kann sich von V. diese vergeblichen Aufwendungen ersetzen lassen.

Rücktritt oder Minderung

Erklärt der Käufer den **Rücktritt,** wird der Kaufvertrag rückgängig gemacht. Die Rücktrittserklärung ist eine einseitige, empfangsbedürftige Willenserklärung.

Voraussetzungen für den Rücktritt sind eine nicht vertragsgemäße, mangelhafte Leistung, das Vorliegen eines **erheblichen Sachmangels** und grundsätzlich der Ablauf einer vom Käufer gesetzten, angemessenen **Frist** für die Nacherfüllung sowie die Rücktrittserklärung, § 323 BGB.

Die Rechtsfolgen des Rücktritts sind das Erlöschen der beiderseitigen Leistungspflichten und die Rückgewährung empfangener Leistungen: mangelhafte Ware zurück – Geld zurück.

Der Rücktritt ist nicht mit dem sogenannten **Umtausch** zu verwechseln. Die Rückgabe mangelfreier Ware ist eine vertragliche Kulanzleistung, die viele Händler ihren Kunden innerhalb einer bestimmten Frist gewähren.

„Vom Umtausch ausgeschlossen" heißt nicht „von der Mangelgewährleistung ausgeschlossen".

Statt zurückzutreten, kann der Käufer **Minderung** geltend machen, § 441 BGB. Minderung bedeutet Herabsetzung des Kaufpreises. Die Minderung wird durch einseitige, empfangsbedürftige Erklärung ausgeübt. Die Voraussetzungen für Rücktritt und Minderung sind gleich, mit der Ausnahme, dass eine Minderung **auch für unerhebliche Mängel** möglich ist.

Während Rücktritt und Minderung sich gegenseitig ausschließen, sind Schadensersatz- oder Aufwendungsersatzansprüche grundsätzlich neben Minderung bzw. Rücktritt möglich.

Schadensersatz oder Aufwendungsersatz

Die Voraussetzungen des Schadens- oder Aufwendungsersatzes entsprechen im Wesentlichen denen des Rücktritts, mit dem Unterschied, dass hierfür zusätzlich das **Vertretenmüssen** des Verkäufers vorliegen muss. Wenn ein Mangel vorliegt, wird vom Gesetzgeber jedoch unterstellt, dass der Schuldner – der Verkäufer – diese Pflichtverletzung zu vertreten hat, vgl. § 280 Abs. 1 S. 2 BGB. Der Schuldner muss dann die Schäden oder Aufwendungen ersetzen. Wenn er beweisen kann, dass er nicht vorsätzlich oder fahrlässig handelte, haftet er nicht.

Ein Vertretenmüssen des Verkäufers ist zu bejahen, wenn der Verkäufer zumindest fahrlässig nicht verhindert hat, dass der Käufer eine mangelhafte Sache erhält. Der Verkäufer muss den Mangel der Sache nicht selbst verursacht haben. Je teurer und hochwertiger die gekaufte Sache ist, desto höher sind die Sorgfaltspflichten des Verkäufers. Er hat die Sache vor der Auslieferung auf Mangelfreiheit zu überprüfen. Ausnahmsweise muss der Verkäufer auch ohne Verschulden für die Mängelfreiheit haften. Dies ist der Fall, wenn er eine vertragliche Garantie für bestimmte Eigenschaften der Sache übernommen hat, vgl. 4.3.4 S. 259 f.

Den **Schadensersatz statt der Leistung** verlangt der Käufer bei sogenannten **Mangelschäden.** Dieser Schaden wäre bei ordnungsgemäßer Nacherfüllung nicht entstanden oder bleibt nach der Rückgabe des gelieferten Kaufgegenstandes übrig. Wie beim Rücktritt ist die vollständige Rückgängigmachung des Vertrags durch Rückgabe der Sache verbunden mit dem Schadensersatz statt der „ganzen" Leistung jedoch nur bei erheblichen Mängeln möglich.

Beispiele

Schadensersatz statt der Leistung für Mangelschäden, §§ 437 Nr. 3, 281 BGB

Schadensersatz statt der Leistung

Eine gekaufte Druckmaschine ist aufgrund eines Mangels nicht einsatzbereit. Die Druckerei rügt den Mangel sofort beim Lieferanten und setzt eine Frist zur Nacherfüllung. Nach erfolglosem Ablauf der Frist lässt die Druckerei die Maschine selbst durch einen Handwerksbetrieb reparieren. Die entstandenen Kosten muss der Verkäufer ersetzen.

Schadensersatz statt der ganzen Leistung

Nach erfolglosem Ablauf der Frist zur Nacherfüllung kauft die Druckerei eine ähnliche Druckmaschine bei einem anderen Hersteller zu einem höheren Preis. Der Verkäufer erhält seine defekte Maschine zurück und muss die Mehrkosten für die neue Maschine ersetzen.

Schadensersatz neben der Leistung erhält der Käufer für sogenannte **(Mangel-) Folgeschäden,** die der Verkäufer zu vertreten hat. Entstehen durch den Mangel der Kaufsache oder durch eine Nebenpflichtverletzung Schäden an anderen Rechtsgütern, so kann der Käufer diese als Schadensersatz neben der Leistung ersetzt verlangen.

Beispiele

Schadensersatz neben der Leistung für Folgeschäden, §§ 437 Nr. 3, 280 Abs. 1 BGB

Mangelfolgeschaden

Die mangelhafte Druckmaschine hat ein Leck, aus dem die Farbe ausläuft. Die Farbe ruiniert eine Rolle mit einer Tonne Papier, die auf der Maschine montiert war. Die Kosten für das Papier muss der Verkäufer ersetzen.

Folgeschaden durch Nebenpflichtverletzung

Bei der Lieferung der Druckmaschine wird durch Unachtsamkeit eines Mitarbeiters des Verkäufers der Fußboden der Druckerei beschädigt. Für die Reparatur muss der Verkäufer aufkommen.

Anstelle des Schadensersatzes für unfreiwillige Vermögenseinbußen kann der Käufer – neben dem Rücktritt oder der Minderung – Aufwendungsersatz für freiwillige Vermögensnachteile verlangen.

Beispiel

Aufwendungsersatz, §§ 437 Nr. 3, 284 BGB

Ein Grundstück wird verkauft. Nach Abschluss des notariell beurkundeten Kaufvertrages stellt der Käufer fest, dass der Erdboden verseucht ist. Nacherfüllung ist nicht möglich. Der Käufer tritt gemäß § 323 BGB vom Vertrag zurück und macht die Beurkundungskosten gemäß § 284 BGB gegenüber dem Verkäufer als vergebliche Aufwendungen geltend.

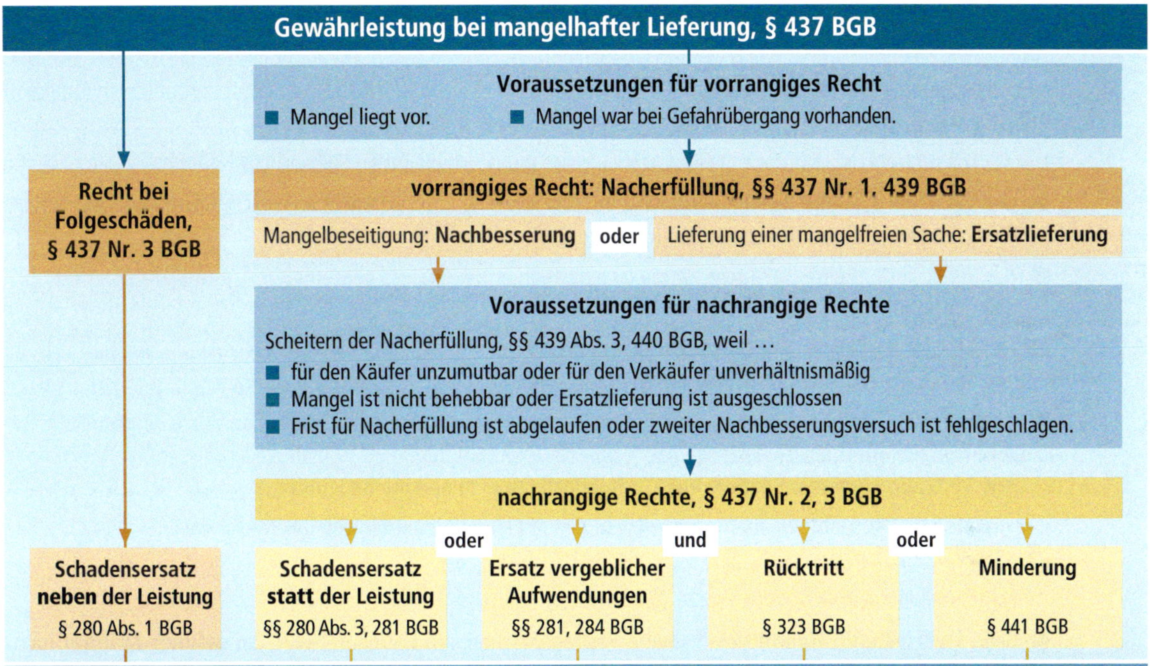

weitere Voraussetzungen[1]

Schadensersatz neben der Leistung		Schadensersatz statt der Leistung		Ersatz vergeblicher Aufwendungen		Rücktritt		Minderung
0. Schaden (Mangelfolgeschaden)	=	**0.** Schaden (Mangelschaden)	≅	**0.** angemessene vergebliche Aufwendungen	≠	—	=	—
1. Vertrag	=	**1.** Vertrag	=	**1.** Vertrag	≅	**1.** Vertrag	≅	**1.** Vertrag
2. Schlechtleistung oder Hauptpflicht (Mangel) oder einer Nebenpflicht (Pflichtverletzung)	=	**2.** (ggf. erheblicher) Mangel (Leistung nicht wie geschuldet erbracht)	=	**2.** Mangel (Leistung nicht wie geschuldet erbracht)	≅	**2.** erheblicher Mangel (Leistung nicht vertragsgemäß erbracht)	≅	**2.** (auch geringfügiger) Mangel
(4.) Vertretenmüssen	=	**(4.)** Vertretenmüssen	=	**(4.)** Vertretenmüssen	≠	**(4.)** — (kein Vertretenmüssen)	=	**(4.)** — (kein Vertretenmüssen)
—	≠	**5.** Fristsetzung und Fristablauf oder Entbehrlichkeit der Frist	=	**5.** Fristsetzung und Fristablauf oder Entbehrlichkeit der Frist	=	**5.** Fristsetzung und Fristablauf oder Entbehrlichkeit der Frist	=	**5.** Fristsetzung und Fristablauf oder Entbehrlichkeit der Frist

1 Um die Prüfungsschemata bei Leistungsstörungen vergleichbar zu machen, wurde dieselbe Nummerierung gewählt. Die Verzugsvoraussetzung Nr. 3 „Mahnung" entfällt hier jedoch.

4.3.4 Sonderfälle: Garantie oder Gewährleistungsausschluss

Garantie neben der Mangelgewährleistung

Wenn der Verkäufer eine vertragliche Garantie übernommen hat, haftet er für die in der Garantieerklärung zugesicherten Eigenschaften unabhängig von seinem Verschulden, § 276 Abs. 1 BGB. Garantien ergänzen oder verlängern die gesetzlichen Rechte des Käufers bei der Mangelgewährleistung. Der Verkäufer oder ein Dritter – Hersteller, Großhändler oder Importeur der Sache – übernimmt die Gewähr dafür, dass die verkaufte Sache eine bestimmte Eigenschaft bzw. Beschaffenheit hat („wasserdicht") oder dass die Sache bestimmte Fehler nicht aufweist („rostfrei"). Wenn die Beschaffenheitszusicherung mit einer Zeitangabe verbunden ist, handelt es sich um eine Haltbarkeitsgarantie („mindestens haltbar bis ..."). Dem Käufer stehen die Rechte aus der Garantie unabhängig von seinen gesetzlichen Rechten zu. Umfang und Dauer der Rechte ergeben sich aus der Garantieerklärung, § 443 Abs. 1 BGB. Das Versprechen des Garantiegebers, für die benannten Eigenschaften einstehen zu wollen, kennzeichnet die Garantie („fabrikneu"). Bloße Anpreisungen („hochfeine Qualität") stellen keine Garantie dar.

1 Um die Prüfungsschemata bei Leistungsstörungen vergleichbar zu machen, wurde dieselbe Nummerierung gewählt. Die Verzugsvoraussetzung Nr. 3 „Mahnung" entfällt hier jedoch.

Ausschluss der Mängelgewährleistung

Grundsätzlich können die Mängelgewährleistungsrechte vertraglich beschränkt oder ausgeschlossen werden. Dies geschieht häufig bei Kaufverträgen über Grundstücke oder über gebrauchte Sachen unter Verbrauchern („gekauft wie gesehen").

Der **vertragliche Ausschluss** der Mängelgewährleistung ist in folgenden Fällen nicht zulässig:

- Der Verkäufer hat den Mangel **arglistig verschwiegen.** Ein vertraglicher Gewährleistungsausschluss ist dann grundsätzlich nicht rechtswirksam, § 444 BGB.
- Der Verkäufer hat eine **Garantie** für die Beschaffenheit der Sache übernommen, § 444 BGB. Er haftet auch ohne Verschulden für die garantierten Eigenschaften.
- Es sind grundsätzlich keine abweichenden Regelungen zum Nachteil des Käufers zulässig, weil es sich um einen **Verbrauchsgüterkauf** handelt (Verkäufer ist Unternehmer, Käufer ist Verbraucher), § 475 ff. BGB.
- Die Beschränkbarkeit der Mängelgewährleistungsrechte für neu hergestellte Sachen durch **Allgemeine Geschäftsbedingungen** (AGB) ist gemäß § 309 Nr. 8 b) BGB begrenzt. Wegen der umfassenden Regelungen zum Verbrauchsgüterkauf hat die Vorschrift jedoch nur eine geringe Bedeutung.

Der **gesetzliche Ausschluss** der Mangelgewährleistung ist in folgenden Fällen vorgesehen:

- Der Käufer **kennt den Mangel** der Kaufsache bereits beim Vertragsschluss oder kennt ihn aufgrund grober Fahrlässigkeit nicht (Kauf von Waren „2. Wahl"), § 442 Abs. 1 BGB.
- Beim **zweiseitigen Handelskauf** (beide Vertragspartner sind Kaufleute) wird ein **offener Mangel nicht unverzüglich gerügt,** die Ware gilt als genehmigt, § 377 Abs. 1 HGB.

4.3.5 Verjährung der Mängelgewährleistungsrechte

Seine Rechte kann der Käufer nicht unendlich lange beanspruchen, der Verkäufer kann die Haftung für Mängel nach Ablauf der sogenannten Gewährleistungsfrist verweigern. Die maßgeblichen Verjährungsfristen sind der Tabelle zu entnehmen.

<table>
<tr><th colspan="3">Gewährleistungsfristen</th></tr>
<tr><th colspan="3">Beginn und Dauer der Verjährungsfristen für Mängel, § 438 Abs. 1, 2 BGB</th></tr>
<tr><th>bewegliche Sachen und Grundstücke</th><th>Bauwerke und dafür verwendete Sachen</th><th>dingliche (im Grundbuch eingetragene) Rechte</th></tr>
<tr><td>2 Jahre ab Übergabe/Ablieferung</td><td>5 Jahre ab Ablieferung/Übergabe</td><td rowspan="3">30 Jahre ab Übergabe des Grundstücks</td></tr>
<tr><th colspan="2">Verjährung arglistig verschwiegener Mängel, § 438 ABS.3 BGB</th></tr>
<tr><td>3 Jahre ab Ende des Jahres, in dem der Käufer von der Arglist Kenntnis bekam, §§ 195, 199 BGB</td><td>3 Jahre ab Ende des Jahres, in dem der Käufers von der Arglist Kenntnis bekam, jedoch nicht früher als die 5-jährige Verjährungsfrist</td></tr>
<tr><th colspan="3">Gewährleistung beim Verbrauchsgüterkauf, §§ 475 Abs. 2, 474, 476 BGB</th></tr>
<tr><th>neue Sachen mindestens 2 Jahre</th><th colspan="2">gebrauchte Sachen mindestens 1 Jahr</th></tr>
<tr><td colspan="3">6 Monate Beweislastumkehr zugunsten des Verbrauchers</td></tr>
</table>

4.3.6 Vertiefung: Besonderheiten bei unterschiedlichen Kaufvertragsarten

Kaufvertragsarten: Unterscheidung nach den Vertragsparteien

Die Regelungen zum Kaufvertrag gemäß § 433 ff. BGB werden in manchen Fällen durch Sonderregelungen ergänzt, je nachdem, wer Vertragspartei ist.

Kaufvertragsarten nach Vertragsparteien						
Merkmale \ Vertragsart		bürgerlicher Kauf	Verbrauchsgüterkauf	zweiseitiger Handelskauf	einseitiger Handelskauf	
Vertrags-parteien	Verkäufer	Verbraucher (§ 13 BGB)	Unternehmer (§ 14 BGB)	Kaufmann	Kaufmann (§ 1 ff. HGB)	Nichtkaufmann
	Käufer	Verbraucher	Verbraucher	Kaufmann	Nichtkaufmann	Kaufmann
Sonderregelungen		§ 309 Nr. 8 b) BGB, keine Gewährleistungsbeschränkung durch AGB bei neuen Sachen	§ 474 ff. BGB, diverse verbraucherschützende Regelungen	Prüfungs- und Rügepflicht bei Mängeln, § 377 HGB	für den Kaufmann gelten §§ 373–379 HGB	

Sonderregelungen beim zweiseitigen Handelskauf

Wenn für beide Vertragsparteien der Kauf ein Handelsgeschäft ist, d. h., es handelt sich um Geschäfte von Kaufleuten, die zum Betrieb ihres jeweiligen Handelsgewerbes gehören, spricht man von einem zweiseitigen Handelskauf. Hier muss der Käufer die Ware unverzüglich nach Ablieferung durch den Verkäufer untersuchen **(unverzügliche Prüfung).** Sollte sich ein Mangel zeigen **(offener Mangel),** muss der Käufer unverzüglich den Verkäufer benachrichtigen **(unverzügliche Rüge).** Unterlässt der Käufer die Rüge oder rügt er zu spät, gilt die Ware als genehmigt und er verliert seine Gewährleistungsrechte. Wird ein nicht offensichtlicher Mangel erst später erkannt **(versteckter, verdeckter Mangel),** muss er unverzüglich, jedoch spätestens binnen zwei Jahren gerügt werden, § 377 HGB, § 438 Abs. 1 Nr. 3 BGB.

Werden an der Ware Mängel gerügt und soll die Ware zurückgegeben werden, ist der Kaufmann zur Aufbewahrung bis zur Abholung verpflichtet, es sei denn, es handelt sich um verderbliche Sachen. Hier ist der Notverkauf zulässig.

Der Staat wird immer dann als Kaufmann behandelt, wenn er erwerbswirtschaftlich arbeitet. Öffentliche Betriebe arbeiten meist nach dem erwerbswirtschaftlichen Prinzip, d. h., dass sie wie ein Kaufmann gekaufte Sachen bei der Übergabe unverzüglich prüfen und offene Mängel sogleich rügen müssen.

Sonderregelungen beim Verbrauchsgüterkauf

Beim Verbrauchsgüterkauf, § 474 BGB, muss es sich nicht um Verbrauchsgüter bzw. Sachen handeln, die zum Verbrauch bestimmt sind, § 92 BGB.

Beim Verbrauchsgüterkauf geht es um den Erwerb beweglicher Sachen. Der Käufer ist Verbraucher, § 13 BGB, der Verkäufer Unternehmer, § 14 BGB. Keine Verbrauchsgüterkäufe sind Käufe zwischen Verbrauchern, Käufe zwischen Unternehmern oder Kaufleuten, Rechtskäufe, Grundstückskäufe.

Für Verbrauchsgüterkäufe gilt § 447 BGB – Gefahrübergang beim Versendungskauf – nicht. Damit ist eine **Veränderung der Gefahrtragung bei Versendung von Sachen** verbunden. Beim Versendungskauf geht die Gefahr des zufälligen Verlusts oder der Beschädigung mit der Übergabe an den Transporteur an den Käufer über. Geht die Ware beim Transport verloren oder wird sie beschädigt, muss der Käufer trotzdem zahlen. Dies ist für Verbrauchsgüterkäufe ausgeschlossen.

Beispiele

Versendungskauf, § 447 BGB
Großhändler G. in Dortmund versendet auf Wunsch des Einzelhändlers E. in Münster zehn Aktenvernichter per Lkw. Bei Übergabe der Aktenvernichter an den Spediteur in Dortmund geht die Gefahr an E. über. Die Transportgefahr trägt E. Werden die Aktenvernichter beim Transport beschädigt, muss E. trotzdem den vollen Kaufpreis an G. zahlen.

Versendung beim Verbrauchsgüterkauf, § 474 Abs. 2 BGB
Herr H. aus Erfurt kauft im Urlaub Möbel beim Händler K. in Bad Segeberg. Die Möbel werden nach Erfurt geliefert. Herr H. muss die Möbel nicht bezahlen, wenn sie bei ihm mit Transportschäden ankommen.

Der Unternehmer kann **Mängelgewährleistungsrechte** des Verbrauchers **nicht von vornherein ausschließen.** Die Ansprüche auf Nachbesserung sowie Rücktritt oder Minderung können nicht beschränkt oder ausgeschlossen werden.

Die **Gewährleistungsfristen** von zwei Jahren für neue und ein Jahr für gebrauchte Sachen dürfen nicht unterschritten werden. Außerdem gilt während der ersten sechs Monate nach der Übergabe der Sache eine **Beweislastumkehr** zugunsten des Verbrauchers. Tritt nämlich während sechs Monaten nach Übergabe ein Sachmangel auf, wird vermutet, dass der Mangel bereits bei Gefahrübergang vorhanden war. Der Unternehmer muss im Streitfall beweisen, dass der Mangel z. B. durch zufällige Beschädigung oder unsachgemäßen Gebrauch des Käufers entstanden ist.

Beispiel

Beweislastumkehr, § 476 BGB (entgegen § 363 BGB)
Am Handy von Frau Reinke tritt fünf Monate nach dem Kauf ein Defekt am Display auf. Der Händler erklärt der Mangel sei auf Bedienungsfehler der Kundin zurückzuführen. R. bestreitet das und fordert Ersatzlieferung eines neuen Handys. Wenn der Händler seine Behauptung nicht beweisen kann, muss er kostenlos nacherfüllen.

4.4 Schuldnerverzug beim Kaufvertrag: Lieferungs- und Zahlungsverzug

Einstiegsfall Unpünktliche Kopierer

Laut Kaufvertrag vom 10. Mai 20.. soll die Mokros GmbH an die Stadtverwaltung Neustadt zehn Kopierer Marke Xorex 300 liefern. Die Lieferklausel lautet: „schnellstmöglich". Am 25. Mai 20.. ist die Lieferung immer noch nicht eingetroffen. Ein Mitarbeiter der Stadtverwaltung ruft daraufhin am selben Tag bei der Mokros GmbH an.

a) M. teilt mit, dass der Hersteller noch nicht geliefert hätte, und bittet um Geduld.
b) M. teilt mit, dass sie Ware dieses Herstellers leider nicht mehr führen.
c) Abwandlung: Die Lieferklausel lautet „Lieferung genau am 20. Mai".

Liegt in den Fällen a) bis c) Verzug vor?
Welche Rechte kann die Stadtverwaltung jeweils geltend machen?

5740262

4.4 Schuldnerverzug beim Kaufvertrag: Lieferungs- und Zahlungsverzug

4.4.1 Voraussetzungen/Tatbestand des Schuldnerverzugs

Leistet der **Schuldner** verspätet, handelt es sich um Verzug, sofern die Voraussetzungen der zugrunde liegenden Normen vorliegen. Beim Kaufvertrag unterscheidet man den Lieferungs- und Zahlungsverzug.

Grundsätzlich sind dabei folgende Voraussetzungen gemäß §§ 280, 286 BGB zu prüfen:

- Es liegt ein wirksamer **Vertrag** zugrunde.
- Die **Leistung** wird vom Schuldner **nicht erbracht,** obwohl sie möglich ist (also keine Unmöglichkeit der Leistung vorliegt) und kein Leistungsverweigerungsrecht gegeben ist (z. B. Verjährung).
  Bei der Geldschuld kann praktisch nie Unmöglichkeit vorliegen.
- Die Leistung muss **fällig** sein. Die Leistungszeit kann vertraglich vereinbart sein oder es ist nach Gesetz sofort beim Abschluss des Vertrags zu leisten, § 271 BGB.
- Eine **Mahnung** (einseitige empfangsbedürftige Erklärung an den Schuldner) ist erfolgt. Die Erhebung einer Klage sowie die Zustellung eines gerichtlichen Mahnbescheids bei der Geldschuld steht der Mahnung gleich.

  Eine Mahnung ist in einigen Fällen nicht erforderlich.

Beispiele

Keine Mahnung erforderlich, § 286 Abs. 2 BGB

Lieferungsverzug	Zahlungsverzug
Nr. 1 Leistungszeit nach dem Kalender bestimmt/Termin- oder Fixkauf	
„Lieferung am 5. März 20.." „Lieferung fix am 5. März 20.."	„Zahlungseingang bis Mitte Januar"
Nr. 2 Leistungszeit ab einem Ereignis nach dem Kalender berechenbar	
„Lieferung zwei Tage nach telefonischem Abruf"	„Zahlung innerhalb von zwei Wochen nach Lieferung"
Nr. 3 Leistungsverweigerung	
Der Verkäufer teilt telefonisch mit, dass er die bestellte Ware nicht mehr führt.	Der Käufer übersendet ein Fax, in dem er mitteilt, dass er zahlungsunfähig ist.
Nr. 4 Besondere Gründe	
Besondere Dringlichkeit der Leistung: Der Käufer bestellt telefonisch einen Bauzaun zur sofortigen Sicherung einer tiefen Grube, die durch Unterspülung der Erdoberfläche bei einem Wasserrohrbruch auf seinem Grundstück entstanden ist. Der Bauzaun wird selbst am nächsten Tag nicht geliefert.	**Gründe im Verhalten des Schuldners:** Der Käufer zieht um, ohne einen Nachsendeantrag bei der Post zu stellen. Die Mahnung kommt als unzustellbar zurück.
„Selbstmahnung": Der Verkäufer faxt und kündigt die Lieferung bestellter Druckertonerkartuschen für den nächsten Tag an. Die Lieferung erfolgt nicht.	**„Selbstmahnung":** Der Käufer unterschreibt eine Einzugsermächtigung. Die Lastschrift wird wegen Kontoüberziehung nicht eingelöst.

Für den **Zahlungsverzug** gelten Sonderregelungen. Ohne Mahnung kommt der Entgeltschuldner „automatisch" **30 Tage nach Fälligkeit und Zugang einer Rechnung** in Verzug.

- Falls der Zeitpunkt des Rechnungszugangs unsicher ist, kommt ein Entgeltschuldner, der Unternehmer ist, spätestens 30 Tage nach Fälligkeit und Empfang der Gegenleistung in Verzug.
- Die 30-Tage-Bestimmung gilt gegenüber Verbrauchern nur, wenn der Unternehmer in der Rechnung darauf hingewiesen hat.

Störungen bei Abschluss und Erfüllung des Vertrags (am Beispiel des Kaufvertrags)

Beispiele

Keine Mahnung erforderlich – Spezialfall Entgeltforderungen, § 286 Abs. 3 BGB

Verzug 30 Tage nach Fälligkeit und Rechnungszugang gegenüber Verbrauchern

Der Verbraucher K. hat beim Tischler T. am 5. Mai drei Holzfenster bestellt, die am 30. Mai geliefert werden. Die Rechnung des T. wird bei der Lieferung übergeben.

a) *Die Rechnung enthält einen Hinweis auf die gesetzliche 30-Tages-Frist.*
Rechtsfolge: *Fälligkeit 5. Mai, Rechnungszugang 30. Mai, d. h., Fristbeginn mit Ablauf des 30. Mai (24:00 Uhr), Fristende 29. Juni (24:00 Uhr), Verzug ab 30. Juni (00:00 Uhr).*

b) *Die Rechnung enthält keinen Hinweis auf die 30-Tages-Frist.*
Rechtsfolge: *Kein Verzug ohne Mahnung!*

Verzug 30 Tage nach Fälligkeit und Rechnungszugang gegenüber Unternehmern

Der Baumarkt F. bestellt beim Tischler T. am 5. Mai 50 Holzfenster. Die Rechnung des T. geht dem F. am 15. Mai zu. Die Fenster werden am 30. Mai geliefert. T. veranlasst nichts weiter.

Rechtsfolge: *Fälligkeit 5. Mai, Rechnungszugang 15. Mai, d. h., Fristbeginn mit Ablauf des 15. Mai (24:00 Uhr), Fristende 14. Juni (24:00 Uhr), Verzug ab 15. Juni (00:00 Uhr).*

- Damit Verzug eintritt, muss schließlich noch das **Vertretenmüssen der Nichtleistung** hinzukommen. Dies wird vom Gesetzgeber grundsätzlich unterstellt. Der Schuldner muss für die von ihm verschuldete, also vorsätzlich oder fahrlässig verursachte Nichtleistung haften. Der Schuldner kann sich jedoch exculpieren (lat. = von der Schuld befreien, „entschuldigen"). Wenn er die Verzögerung nicht zu vertreten hat und dies nachweisen kann, kann er einen Entlastungsbeweis führen. Manchmal muss der Schuldner auch ohne Verschulden haften, d. h., Vertretenmüssen liegt vor, obwohl der Schuldner nicht einmal fahrlässig war.
  - Die Leistungspflicht bei Warenschulden, die **Gattungsschulden** sind (in der Regel alle neuen Serienprodukte), unterliegt einer strengen Haftung. Das Vertretenmüssen liegt unabhängig von Vorsatz oder Fahrlässigkeit grundsätzlich vor. Der Verkäufer hat das Beschaffungsrisiko zu tragen und muss liefern, solange die Leistung aus der Gattung noch möglich ist.
  - Bei **Geldschulden** liegt Vertretenmüssen meist vor, weil jeder für seine Zahlungsfähigkeit einstehen muss. Hierzu gilt unter Juristen folgender Merkspruch: „Geld hat man zu haben!" Nur in seltenen Fällen wird es einen Entlastungsbeweis geben.

Vertretenmüssen liegt grundsätzlich vor

- mit Verschulden bei Vorsatz oder Fahrlässigkeit,
- auch ohne Verschulden bei Geld- und Gattungsschulden.

Beispiele

Vertretenmüssen

bloße Lieferungsverzögerung – kein Verzug

Tischler T. kann die drei bestellten Holzfenster nicht wie am 5. Mai vereinbart rechtzeitig am 30. Mai an den Verbraucher K. ausliefern, da seine Mitarbeiter seit dem 7. Mai in einen von ihrer Gewerkschaft ausgerufenen, unbefristeten Streik getreten sind.

= Kein Vertretenmüssen und kein Verschulden, da keine Fahrlässigkeit, wenn der Streik nicht vorhersehbar und vermeidbar war.

bloße Zahlungsverzögerung – kein Verzug

Verbraucher K. kann die Rechnung des Tischlers T. nicht bezahlen, da er wegen eines schweren Autounfalls im Koma liegt.

= Kein Vertretenmüssen und kein Verschulden, finanzielle Leistungsfähigkeit liegt zwar vor, aber keine Fahrlässigkeit hinsichtlich der Nichtzahlung.

4.4 Schuldnerverzug beim Kaufvertrag: Lieferungs- und Zahlungsverzug

Lieferungsverzug
Tischler T. kann die drei bestellten Holzfenster nicht wie vereinbart an den Verbraucher K. ausliefern, da er zwischenzeitlich einen anderen Kunden beliefert hat.
= Vertretenmüssen und Verschulden, Vorsatz wegen Wissen und Wollen der Vertragsverletzung

Zahlungsverzug
Verbraucher K. kann die Rechnung des Tischlers T. nicht bezahlen, weil er inzwischen unverschuldet arbeitslos geworden ist.
= Vertretenmüssen trotz fehlendem Verschulden, da für finanzielle Leistungsfähigkeit gehaftet wird!

Voraussetzungen des Schuldnerverzugs nach §§ 280, 286 BGB

Lieferungsverzug		Zahlungsverzug
1. **Vertrag** liegt vor, § 280 Abs. 1, 2 BGB	=	1. **Vertrag** liegt vor, § 280 Abs. 1, 2 BGB
2. **Nichtlieferung** (obwohl Leistung noch möglich ist) **trotz Fälligkeit,** § 286 Abs. 1 BGB entsprechend ■ vertraglicher Vereinbarung oder ■ gesetzlicher Leistungszeit: sofort, § 271 BGB	=	2. **Nichtzahlung** (obwohl Leistung von Geld stets möglich ist) **trotz Fälligkeit,** § 286 Abs. 1 BGB entsprechend ■ vertraglicher Vereinbarung oder ■ gesetzlicher Leistungszeit: sofort, § 271 BGB
3. **Mahnung** (Klage), § 286 Abs. 1 BGB oder	=	3. **Mahnung** (Mahnbescheid, Klage), § 286 Abs. 1 BGB oder
Verzug **ohne Mahnung** nach § 286 Abs. 2 BGB bei: ■ kalendermäßig bestimmter Leistungszeit (Termin- oder Fixkauf), Nr. 1 ■ nach Ereignis kalendermäßig berechenbarer Leistungszeit, Nr. 2 ■ Leistungsverweigerung, Nr. 3 ■ besonderen Gründen, Nr. 4	=	Verzug **ohne Mahnung** nach § 286 Abs. 2 BGB bei: ■ kalendermäßig bestimmter Leistungszeit, Nr. 1 ■ nach Ereignis kalendermäßig berechenbarer Leistungszeit, Nr. 2 ■ Leistungsverweigerung, Nr. 3 ■ besonderen Gründen, Nr. 4 oder
	≠	Verzug **ohne Mahnung** nach § 286 Abs. 3 BGB ■ 30 Tage nach Fälligkeit und Rechnungszugang ■ bei Unsicherheit über Rechnungszugang spätestens jedoch 30 Tage nach Empfang der Gegenleistung ■ aber: Ein Verbraucher muss darauf hingewiesen werden.
(4.) **Vertretenmüssen**n, §§ 286 Abs. 4, 276 BGB ■ Verschulden liegt vor bei: – Vorsatz (absichtlichem Handeln) – Fahrlässigkeit (Handeln ohne erforderliche Sorgfalt) ■ Vertretenmüssen liegt bei Übernahme eines Beschaffungsrisikos (bei Gattungsschuld) grundsätzlich vor, § 276 BGB.	=	(4.) **Vertretenmüssen**n, §§ 286 Abs. 4, 276 BGB ■ Vertretenmüssen liegt bei Geldschulden vor. = „Geld hat man zu haben".

Leitsatz: Schuldnerverzug ist die zu vertretende Nichtleistung trotz Vertrag, Fälligkeit und Mahnung.

4.4.2 Ansprüche/Rechte des Gläubigers bei Schuldnerverzug

Sofern Schuldnerverzug vorliegt, hat der Gläubiger folgende Rechte: Vorrangig den Schadensersatz neben der Leistung oder nachrangig Rücktritt, Schadensersatz statt der Leistung oder Aufwendungsersatz. Zunächst soll dem säumigen Schuldner noch die Chance gegeben werden den abgeschlossenen Vertrag zu erfüllen, d. h. zu liefern oder zu zahlen.

■ Vorrangig: Erfüllung der Leistung und Schadensersatz neben der Leistung

Vorerst bleibt der Anspruch auf **Erfüllung der Leistung** bestehen. Der Gläubiger erwartet die Leistung des Schuldners und kann zusätzlich Schadensersatz neben der Leistung verlangen. Der **Schadensersatz neben der Leistung** umfasst den Ersatz der Schäden, die auf die Verzögerung zurückzuführen sind, d. h. während des Wartens auf die Leistung – also neben der (verspäteten) Leistung – entstehen.

Dies können beim **Lieferungsverzug** z. B. die Mahnkosten ab der zweiten Mahnung, Miete für einen Ersatzgegenstand oder entgangener Gewinn sein. Da der durch die verspätete Warenlieferung entgangene Gewinn schwierig zu ermitteln ist, werden im Geschäftsverkehr für nicht rechtzeitige Erfüllung häufig Vertragsstrafen vereinbart, § 339 ff. BGB.

Beispiele

Schadensersatz neben der Leistung bei Lieferungsverzug, § 280 Abs. 1 BGB *(Ersatz des Verzugsschadens)*

Ersatz des entgangenen Gewinns, § 252 BGB
Tischler T. kommt mit der Lieferung der 50 Holzfenster zwei Wochen in Verzug. Dem Baumarkt F. entgeht dadurch Umsatz. Da pro Woche durchschnittlich zehn Holzfenster verkauft werden, kann F. dem T. die Differenz zwischen Einkaufs- und Verkaufspreis für bis zu 20 Holzfenster als entgangenen Gewinn in Rechnung stellen.

Zahlung einer vereinbarten Vertragsstrafe, §§ 339, 341 BGB
In dem vom Baumarkt F. und Tischler T. abgeschlossenen Vertrag ist für den Fall des Lieferungsverzugs eine Vertragsstrafe von 0,2 % der Kaufsumme pro Tag vereinbart worden. Da T. zwei Wochen mit seiner Leistung in Verzug war, muss er 2,8 % der Kaufsumme als Vertragsstrafe an F. zahlen. F. kann stattdessen den Betrag der Strafe direkt mit der Kaufpreisforderung aufrechnen, § 387 ff. BGB, d. h., er zahlt T. statt 100 % nur 97,2 % der Kaufsumme.

Beim **Zahlungsverzug** werden mindestens die Verzugszinsen ersetzt, d. h., ob dem Geldgläubiger tatsächlich ein Schaden entstanden ist oder nicht, ist gleichgültig, er kann mindestens die gesetzlichen Verzugszinsen verlangen, § 288 BGB. Höhere Zinsen können gefordert werden, wenn sie vertraglich vereinbart wurden. Der Ausgleich eines weitergehenden Schadens kann verlangt werden, wenn der Schaden nachweisbar ist, z. B. Mahnkosten, Anwaltsgebühren.

gesetzlicher Verzugszinssatz, § 288 BGB	
zwischen Unternehmern	gegenüber Verbrauchern
Basiszinssatz + 8 %	Basiszinssatz + 5 %

Der **Basiszinssatz** wird halbjährlich von der Deutschen Bundesbank festgesetzt. Er wird im Bundesanzeiger und im Internet veröffentlicht (jeweils zum 1. Januar und 1. Juli). Durch den Bezug auf den Basiszinssatz wird erreicht, dass sich die Höhe des gesetzlichen Verzugszinssatzes jeweils an das herrschende Zinsniveau am Geldmarkt anpasst.

■ Nachrangig: Leistung entfällt und Rücktritt, Schadensersatz statt der Leistung oder Aufwendungsersatz

Rücktritt

Der Rücktritt kommt infrage, wenn der Gläubiger auf die Leistung nicht mehr warten und sich vom Vertrag lösen will. Der Rücktritt ist selbst dann möglich, wenn der Schuldner die Verzögerung **nicht zu vertreten** hat, er also die Verspätung der Leistung weder fahrlässig noch vorsätzlich verursacht hat. Umgekehrt darf der **Gläubiger** jedoch die **Verspätung nicht selbst verursacht** haben, z. B. durch Annahmeverzug. Eine wesentliche Voraussetzung für den Rücktritt ist der Ablauf einer vom Gläubiger gesetzten, angemessenen **Frist,** um dem Schuldner noch eine Möglichkeit zu geben, seine vertragliche Verpflichtung zu erfüllen.

Diese Nachfristsetzung ist wiederum in einigen Fällen überflüssig. Dies gilt bei endgültiger Leistungsverweigerung des Schuldners, beim Vorliegen besonderer Umstände oder bei Fixgeschäften. **Fixgeschäfte** liegen vor, wenn der Gläubiger auf die Einhaltung der vereinbarten Leistungszeit besonderen Wert legt und dies durch eine Vereinbarung (Klauseln wie „fix", „prompt", „präzise") im Vertrag unterstrichen hat. Beiden Vertragsparteien ist klar, dass mit der zeitgerechten Leistung das Geschäft „stehen und fallen" soll. Fixgeschäfte sind nicht mit **Termingeschäften** zu verwechseln: Bei nur kalendermäßig bestimmter Leistungszeit („Lieferung am ...") ist das Nachholen der Leistung noch möglich und eine Nachfristsetzung daher notwendig.

Beispiele

Rücktritt ohne Fristsetzung beim Lieferungsverzug, § 323 Abs. 2 BGB

Nr. 1 Leistungsverweigerung
Tischler T. teilt dem Baumarkt K. mit, dass er Holzfenster nicht mehr herstellt.

Nr. 2 Fixgeschäft
Im Kaufvertrag zwischen T. und K. war die Lieferung der Holzfenster für den 30. Mai „fix" vereinbart. T. liefert am 30. Mai nicht.

Nr. 3 Besondere Umstände
Tischler T. soll dem Baumarkt K. Osterhasen aus Holz für den Verkauf als Gartendekoration liefern. T. liefert nicht rechtzeitig vor Ostern. Die Osterhasen sind als Saisonartikel unverkäuflich.

Wenn der Gläubiger den Rücktritt vom Vertrag erklärt hat, entfällt der Anspruch auf die Leistung. Beim Rücktritt wird das gesamte Geschäft rückgängig gemacht, also schon erfolgte Teilzahlungen oder -lieferungen werden zurückgegeben, § 346 BGB.

Rücktritt ist beim **Zahlungsverzug** selten. Er kommt nur in Betracht, wenn die Sache vom Käufer noch nicht weiterveräußert wurde und der Geldgläubiger mit der Zahlung nicht mehr rechnet. In diesem Fall kann der Verkäufer nach Ablauf der Nachfrist vom Vertrag zurücktreten, sich die Sache zurückholen und ggf. Schadensersatz statt der Leistung geltend machen, falls die Sache in der Zwischenzeit einen Wertverlust erlitten hat (Beispiel unten).

Schadensersatz statt der Leistung

Auch für den Schadensersatzanspruch ist eine wesentliche Voraussetzung der fruchtlose Ablauf einer vom Gläubiger gesetzten **Frist.** Wie beim Rücktritt ist die Fristsetzung in einigen Fällen nicht erforderlich.

Der Gläubiger kann aber im Gegensatz zum Rücktritt den Schadensersatz statt der Leistung nur verlangen, wenn der Schuldner die Leistungsverzögerung **zu vertreten** hat.

Beispiele

Schadensersatz statt der Leistung bei Verzug, §§ 280 Abs. 3, 281 Abs. 1 BGB
Lieferungsverzug: Deckungskauf
Tischler T. liefert nicht rechtzeitig, Baumarkt F. mahnt und setzt eine Frist. T. liefert weiterhin schuldhaft nicht. Nach Ablauf der Frist kauft F. die 50 Holzfenster bei einem anderen Lieferanten zu einem höheren Preis. Den Mehrpreis stellt er T. als Schadensersatz statt der Leistung in Rechnung.
Zahlungsverzug: Wertminderung zurückerhaltener Ware
Tischler T. liefert rechtzeitig, aber der Baumarkt F. zahlt den Kaufpreis nicht. Nach erfolglosem Ablauf einer gesetzten Zahlungsfrist tritt T. vom Vertrag zurück und holt die von ihm gelieferten Fenster wieder ab. Zwei Fenster sind im Baumarkt beschädigt worden und nicht mehr verkäuflich. Diesen Schaden kann er von F. als Schadensersatz statt der Leistung fordern.

Ersatz vergeblicher Anwendungen

Wenn dem Gläubiger kein unfreiwilliger Vermögensverlust entstanden ist, also kein Schaden vorliegt, er aber freiwillige Auslagen im Vertrauen auf die rechtzeitige Leistung hatte, kann er Ersatz der vergeblichen Aufwendungen verlangen. Die Voraussetzungen sind dieselben wie beim Schadensersatz statt der Leistung.

Störungen bei Abschluss und Erfüllung des Vertrags (am Beispiel des Kaufvertrags)

Beispiel

Ersatz vergeblicher Aufwendungen beim Lieferungsverzug, § 284 BGB

Der Baumarkt F. hat für die Präsentation der Holzfenster bei einer Verkaufsmesse einen Stand gemietet. Da T. die Fenster nicht rechtzeitig liefert, waren die Mietaufwendungen vergeblich. T. muss die Mietaufwendungen ersetzen.

Rechte des Gläubigers beim Schuldnerverzug

vorrangiges Recht:
Erfüllung und Leistung
und

nachrangige Rechte:
Leistung entfällt
und

Schadensersatz neben der Leistung §§ 280 Abs. 1, 2, 286 BGB		**Schadensersatz statt der Leistung** §§ 280 Abs. 3, 281 BGB	**oder**	**Ersatz vergeblicher Aufwendungen** §§ 281, 284 BGB	**und**	**Rücktritt** § 323 BGB
Voraussetzungen						
0. Schaden neben der Leistung (z. B. entgangener Gewinn oder Verzugszins)	=	**0.** Schaden statt der Leistung (z. B. Mehrpreis aus Deckungskauf oder Wertminderung zurückerhaltener Ware)	≅	**0.** (angemessene) vergebliche Aufwendungen	≠	—
1. Vertrag	=	**1.** Vertrag	=	**1.** Vertrag	=	**1.** Vertrag
2. Pflichtverletzung durch Nichtleistung trotz Fälligkeit	≅	**2.** Nichtleistung trotz Fälligkeit (Leistung nicht erbracht)	=	**2.** Nichtleistung trotz Fälligkeit (Leistung nicht erbracht)	=	**2.** nicht vom Gläubiger verursachte Nichtleistung (Leistung nicht erbracht)
3. Mahnung oder Entbehrlichkeit der Mahnung	≅	**3.** (Mahnung mit Fristsetzung, siehe 5.)	=	**3.** (Mahnung mit Fristsetzung, siehe 5.)	=	**3.** (Mahnung mit Fristsetzung, siehe 5.)
(4.) Vertretenmüssen	=	**(4.)** Vertretenmüssen	=	**(4.)** Vertretenmüssen	≠	**(4.)** — (kein Vertretenmüssen)
—		**5.** Fristsetzung (zugl. Mahnung) und Fristablauf oder Entbehrlichkeit der Frist	=	**5.** Fristsetzung (zugl. Mahnung) und Fristablauf oder Entbehrlichkeit der Frist	=	**5.** Fristsetzung (zugl. Mahnung) und Fristablauf oder Entbehrlichkeit der Frist

5740268

Falllösung **Unpünktliche Kopierer**

Laut Kaufvertrag vom 10. Mai soll die Mokros GmbH an die Stadtverwaltung Neustadt zehn Kopierer Marke Xorex 300 liefern, siehe Seite 262. Am 25. Mai ist die Lieferung immer noch nicht eingetroffen. Ein Mitarbeiter der Stadtverwaltung ruft daraufhin am selben Tag bei der Mokros GmbH an.

a) M. teilt mit, dass der Hersteller noch nicht geliefert hätte, und bittet um Geduld.
Voraussetzungen gemäß §§ 280, 286 BGB: 1. Kaufvertrag vom 10. Mai, 2. Fälligkeit und Nichtlieferung, 3. telefonische Mahnung der Verwaltung bzw. sogenannte Selbstmahnung der M. GmbH, 4. Vertretenmüssen (da Gattungsschuld) – Verzug liegt ab 25. Mai vor.
Vorrangige Rechte: Erfüllung und Schadensersatz neben der Leistung, §§ 280, 286 BGB.

Beispiel: zeitweilige Miete für Ersatzgeräte.

b) M. teilt mit, dass sie Ware dieses Herstellers leider nicht mehr führen.
Voraussetzungen gemäß §§ 280, 281, 323 BGB: 1. Kaufvertrag, 2. Fälligkeit und Nichtlieferung, 3. Leistungsverweigerung, 4. Vertretenmüssen – Verzug ab 25. Mai.
Nachrangige Rechte, da Fristsetzung wegen Leistungsverweigerung entfällt: Schadensersatz statt der Leistung, §§ 280, 281 BGB und/oder Rücktritt, §§ 323, 325 BGB (Vertretenmüssen ist nicht erforderlich), bzw. als Alternative: Ersatz vergeblicher Aufwendungen, § 284 BGB.

Beispiel: Kauf gleichartiger, aber teurerer Geräte beim anderen Lieferanten – Preisdifferenz ist Schadensersatz statt der Leistung.

c) Abwandlung: Die Lieferklausel lautet „Lieferung genau am 20. Mai".
Voraussetzungen gemäß §§ 280, 281, 323: 1. Kaufvertrag, 2. Fälligkeit und Nichtlieferung, 3. kalendermäßig bestimmte Leistungszeit mit Fixkaufklausel/besondere Umstände, 4. Vertretenmüssen – Verzug ab 21. Mai.
Nachrangige Rechte, da Fristsetzung wegen Fixkauf entfällt: Schadensersatz statt der Leistung, §§ 280, 281 BGB und/oder Rücktritt, §§ 323, 325 BGB, bzw. als Alternative: Ersatz vergeblicher Aufwendungen, § 284 BGB.

Beispiel: Kauf gleichartiger, aber günstigerer Geräte beim anderen Lieferanten – Rücktritt, da kein Schaden.

4.5 Geltendmachung offener Forderungen

4.5.1 Mahnverfahren bei Geldleistungen

Mahnung im Geschäftsverkehr

Wenn ein Schuldner nicht zahlt, obwohl der Gläubiger seine Leistung ordnungsgemäß erbracht hat, wird der Gläubiger den Schuldner zunächst auf die ausstehende Zahlung hinweisen. Meist erhält der säumige Schuldner zwei bis drei Mahnungen. Die erste Mahnung erfolgt in höflicher Form als bloße Zahlungserinnerung, die zweite wird häufig mit der Aufforderung verbunden, binnen einer bestimmten Frist zu zahlen. Die dritte Mahnung setzt in unmissverständlicher Weise eine letzte Frist und wird die gerichtliche Verfolgung der Forderung in Aussicht stellen.

Eine Mahnung ist eine bestimmte und eindeutige Aufforderung des Gläubigers an den Schuldner, die ausstehende Leistung zu erbringen.

Offene Geldforderungen schränken die Zahlungsfähigkeit des Gläubigers ein. Gleichzeitig müssen unter Umständen für nicht termingerecht erfolgte Zahlungen Kredite aufgenommen werden, was zusätzliche Kosten verursacht.

Rechtlich ist grundsätzlich eine Mahnung erforderlich, damit der Schuldner in Verzug gerät, § 286 Abs. 1 BGB. Sofern der Verzug eingetreten ist, hat der säumige Schuldner den Verzugsschaden (Schadensersatz neben der Leistung, § 280 Abs. 1 BGB) zu ersetzen. Dies sind bei Geldforderungen die gesetzlichen oder vertraglich vereinbarten Verzugszinsen, Mahnkosten und gegebenenfalls Kosten für die Rechtsverfolgung.

Gerichtliches Mahnverfahren

Wenn der Schuldner weiterhin nicht zahlt, kann der Gläubiger beim zuständigen Gericht **Klage erheben** oder ein **gerichtliches Mahnverfahren** beim Mahngericht betreiben, damit er einen vollsteckbaren Titel erlangt. Ein vollstreckbarer Titel ist eine öffentliche Urkunde, die ermöglicht, dass ein Gerichtsvollzieher die ausstehende Summe eintreibt. Diese Urkunden können ein Vollstreckungsbescheid, ein Urteil oder ein gerichtlicher Vergleich sein.

Das gerichtliche Mahnverfahren kann schnell und kostengünstig zu einem vollstreckbaren Titel führen. Dies gilt, wenn die Forderung beweisbar und mit Einwänden seitens des Schuldners nicht zu rechnen ist. Ist Streit über Bestand oder Höhe der Forderung zu erwarten, sollte der Gläubiger gleich Klage erheben, um Zeit zu sparen.

Das Mahnverfahren ist in den §§ 688–703 d Zivilprozessordnung (ZPO) geregelt.

> **§ 688 ZPO Zulässigkeit (des Mahnverfahrens)**
> (1) Wegen eines Anspruchs, der die **Zahlung einer bestimmten Geldsumme in Euro** zum Gegenstand hat, ist **auf Antrag** des Antragstellers ein **Mahnbescheid** zu erlassen.
> (Hervorhebungen und Klammerausdruck nicht im Original)

Für das gerichtliche Mahnverfahren sind **Amtsgerichte** zuständig. Jeder Gläubiger kann sich einen Antrag auf Erlass eines Mahnbescheids im Schreibwarenhandel kaufen, ausfüllen oder online ausfüllen, ausdrucken und dem zuständigen Mahngericht seines Wohnsitzes übersenden. Beim Ausfüllen des Vordrucks kann die Rechtsantragsstelle des Amtsgericht helfen. Nach der Überweisung der entsprechenden Gerichtsgebühren prüft der Rechtspfleger, ob die formellen Voraussetzungen für einen Mahnbescheid gegeben sind. Ob der Anspruch dem Gläubiger tatsächlich zusteht und die Forderung der Höhe nach berechtigt ist, wird nicht geprüft.

Das Amtsgericht stellt dem Schuldner den **Mahnbescheid** zu. Zahlt dieser, ist das Mahnverfahren beendet. **Widerspricht** der Gläubiger binnen einer Frist von zwei Wochen, geht das Verfahren vom Mahngericht an das für die Streitigkeit zuständige Gericht über. Das Gericht fordert den Gläubiger auf, seinen Anspruch in einer Klageschrift zu begründen. Liegt der streitige Betrag über 5.000,00 €, ist das Landgericht zuständig und damit herrscht Anwaltszwang.

Reagiert der Schuldner auf den Mahnbescheid gar nicht, kann der Gläubiger einen Antrag auf Erlass eines **Vollstreckungsbescheids** stellen. Der Antrag wird dem Gläubiger mit der Mitteilung der Zustellung an den Schuldner vom Amtsgericht zugesandt. Der Vollstreckungsbescheid kann frühestens nach Ablauf der Widerspruchsfrist von zwei Wochen und spätestens sechs Monate nach Zustellung des Mahnbescheids beantragt werden. Verstreicht die Sechsmonatsfrist, ohne dass der Gläubiger den Vollstreckungsbescheid beantragt hat, läuft das Verfahren neu an: Er muss einen neuen Mahnbescheid beantragen.

> **§ 701 ZPO Wegfall der Wirkung des Mahnbescheids**
> S. 1 Ist Widerspruch nicht erhoben und beantragt der Antragsteller den Erlass des Vollstreckungsbescheids **nicht binnen einer sechsmonatigen Frist,** die mit der Zustellung des Mahnbescheids beginnt, so **fällt die Wirkung des Mahnbescheids weg.**
> (Hervorhebungen nicht im Original)

Legt der Schuldner gegen den Vollstreckungsbescheid binnen zwei Wochen **Einspruch** ein, geht das Verfahren auch in das streitige Verfahren über. Dasselbe gilt für einen verspätet eingelegten Widerspruch gegen den Mahnbescheid: Dieser wird als Einspruch behandelt.

Wenn der Schuldner nach Zustellung des Vollstreckungsbescheids jedoch nicht reagiert, wird der Vollstreckungsbescheid rechtskräftig und der Gläubiger kann die **Zwangsvollstreckung** betreiben, d. h. einen Gerichtsvollzieher zur Lohnpfändung oder Pfändung von Sachen beauftragen. Kann beim Schuldner die Summe nicht eingetrieben werden, verläuft z. B. die Pfändung fruchtlos, kann der Gläubiger veranlassen, dass der Schuldner ein Vermögensverzeichnis erstellt und dies durch eine eidesstattliche Versicherung bekräftigt. Die eidesstattliche Versicherung (früher umgangssprachlich „Offenbarungseid“ genannt), wird beim Amtsgericht in ein öffentliches Schuldnerverzeichnis eingetragen.

5740270

Ablauf des gerichtlichen Mahnverfahrens

1. Gläubiger beantragt den Erlass eines Mahnbescheids beim zuständigen **Amtsgericht** („Mahngericht"), § 688 ZPO.

↓

2. Amtsgericht prüft die formellen Voraussetzungen, erlässt den **Mahnbescheid,** stellt ihn dem Schuldner zu und benachrichtigt den Gläubiger über das Zustellungsdatum, § 689 ff. ZPO.

↓

3. Schuldner ...		
zahlt:	reagiert nicht:	erhebt **Widerspruch** binnen zwei Wochen, § 694 ZPO:
↓	↓	↓
Mahnverfahren beendet	**4.** Gläubiger beantragt den Erlass eines **Vollstreckungsbescheids** (frühestens zwei Wochen, spätestens sechs Monate nach Zustellung des Mahnbescheids), §§ 699, 701 ZPO	Mahngericht gibt den Rechtsstreit an das für die Streitigkeit zuständige Gericht ab, **Mahnverfahren beendet**
↑	↓	↑

5. Schuldner ...		
zahlt:	reagiert nicht:	erhebt **Einspruch** binnen zwei Wochen, § 700 ZPO:

↓

6. Vollstreckungsbescheid wird rechtskräftig, Mahnverfahren beendet

↓

Zwangsvollstreckung möglich

in das bewegliche Vermögen (z. B. Sachen: Pfändung, Forderungen: Pfändungs- und Überweisungsbeschluss/ Lohnpfändung)	in das unbewegliche Vermögen (z. B. Zwangsversteigerung eines Grundstücks)

sofern Zwangsvollstreckung erfolglos:
eidesstattliche Versicherung, Eintragung in das Schuldnerverzeichnis

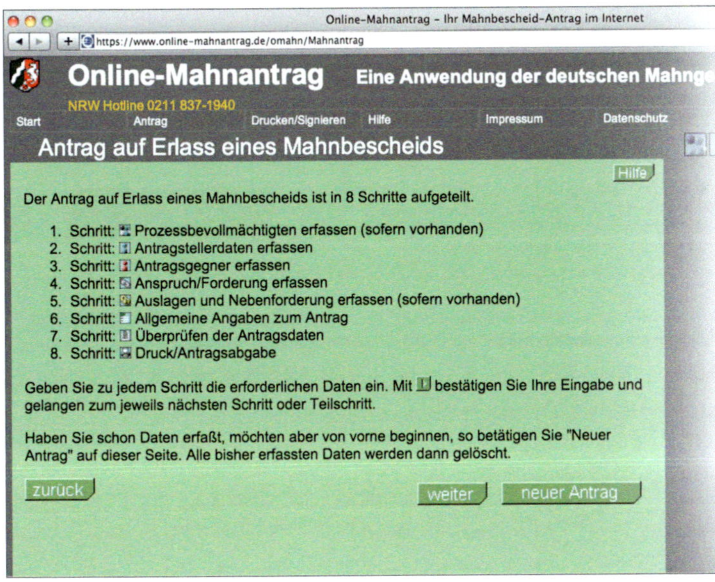

Über www.online-mahnantrag.de wird die Möglichkeit geboten, einen Antrag auf einen Mahnbescheid im Internet auszufüllen. Antragstellern wird ein interaktives Antragsformular auf Erlass eines Mahnbescheids zur Verfügung gestellt, das ausgefüllte Formular kann nach Fertigstellung ausgedruckt werden. Ein spezielles Verfahren können Unternehmen einsetzen, die das elektronische Gerichts- und Verwaltungspostfach (EGVP) nutzen. Sie wickeln die gesamte Kommunikation mit dem Amtsgericht in elektronischer Form über das Internet ab. Die Bearbeitung kann mit einer qualifizierten digitalen Signatur (elektronische Form, § 126 a BGB) über eine Signaturkarte online rechtsverbindlich abgeschlossen werden.

4.5.2 Leistungsverweigerungsrecht bei Verjährung

Einstiegsfall **Unberechnete Bücher**

Am 15. Juni 2010 bestellt der Verwaltungsfachangestellte Klaus Berger telefonisch beim Verlag Vogel & Frei GmbH das mehrbändige Werk „Rechtslexikon für Verwaltungsberufe" zum Preis von 135,00 € inklusive Versandkosten. Der Verlagsmitarbeiter macht Berger darauf aufmerksam, dass die Zahlung bei Lieferung fällig sei. Zwei Tage später kommt das Lexikon bei Berger mit der Post an. Der Lieferung ist jedoch versehentlich keine Rechnung beigefügt; Berger vergisst deshalb, die 135,00 € zu überweisen.

Bei der Vogel & Frei GmbH wird der Betrag irrtümlich als bezahlt gebucht, erst anlässlich einer Steuerprüfung wird der Buchungsfehler erkannt. Die Rechung wird abgeschickt, Berger erhält sie am 30. Juni 2013. Er kann sich an den Vorgang nicht mehr erinnern und hat sämtliche Kontoauszüge des Jahres 2010 längst fortgeworfen. Berger schreibt der Vogel & Frei GmbH, dass er sich weigere, nach so langer Zeit noch Zahlungen zu leisten.

Muss er zahlen?

Einrede der Verjährung

Nicht nur vertragliche, sondern auch andere zivilrechtliche Ansprüche (z. B. aus dem Sachen-, Familien- und Erbrecht) verjähren. Dementsprechend sind wesentliche Bestimmungen zur Verjährung im „vor die Klammer gezogenen" Allgemeinen Teil des BGB für alle Bücher des BGB geregelt.

Wenn der Schuldner seine Verpflichtungen auch nach längerer Zeit nicht erfüllt, weil er nicht leisten kann oder will, kann es zur Verjährung des Leistungsanspruches kommen. Nach Ablauf bestimmter Fristen kann der Schuldner dem Gläubiger die geschuldete Leistung nämlich verweigern, § 214 Abs. 1 BGB. Obwohl der Gläubiger also gegenüber dem Schuldner einen Anspruch hat, kann dieser nicht mehr durchgesetzt werden, wenn sich der Schuldner auf Verjährung beruft. Wenn der Schuldner die **Einrede der Verjährung** erhebt, hat er ein Leistungsverweigerungsrecht. Der Schuldner muss dem Gläubiger gegenüber tätig werden: Erhebt er die Einrede, ist der Anspruch nicht mehr durchsetzbar, erhebt er sie nicht, bleibt die Durchsetzbarkeit des Anspruchs bestehen. Einreden werden also nur beachtet, wenn sie erhoben werden.

Über Einreden muss man reden!

Der Schuldner kann selbst bestimmen, ob er sich auf Verjährung beruft. Die Verjährungseinrede führt nicht zum Erlöschen des Anspruchs, d. h., wenn der Schuldner trotz Ablauf der Verjährungsfrist geleistet hat, tritt die Erfüllung des Schuldverhältnisses ein. Vergisst der Schuldner, sich auf Verjährung zu berufen, oder kennt er die Verjährungsfristen nicht, muss er leisten. Wenn der Schuldner bewusst oder unbewusst trotz Verjährung geleistet hat, kann er die Leistung nicht mehr zurückfordern.

Wirkung der Einrede

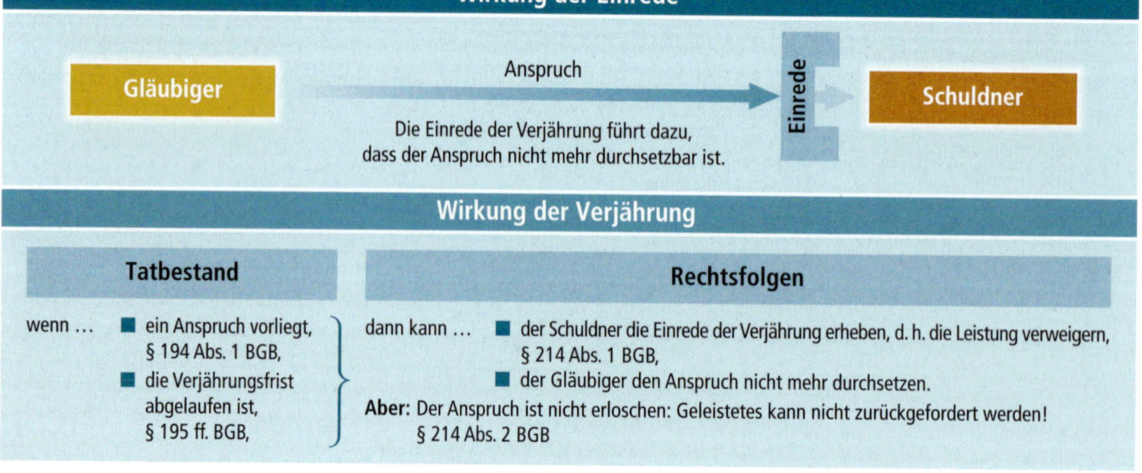

Wirkung der Verjährung

Tatbestand	Rechtsfolgen
wenn … ■ ein Anspruch vorliegt, § 194 Abs. 1 BGB, ■ die Verjährungsfrist abgelaufen ist, § 195 ff. BGB,	dann kann … ■ der Schuldner die Einrede der Verjährung erheben, d. h. die Leistung verweigern, § 214 Abs. 1 BGB, ■ der Gläubiger den Anspruch nicht mehr durchsetzen. **Aber:** Der Anspruch ist nicht erloschen: Geleistetes kann nicht zurückgefordert werden! § 214 Abs. 2 BGB

5740272

Zweck der Verjährung

Der Gesetzgeber hat entschieden, dass Ansprüche nicht in alle Ewigkeit geltend gemacht werden können, weil nach gewisser Zeit Rechtsfrieden und Rechtssicherheit herrschen sollen. Je länger der Anspruch zurückliegt, desto schwieriger wird auch die Beweislage für den Schuldner: Die „verdunkelnde Macht der Zeit" verschlechtert seine Möglichkeiten, den Anspruch zurückzuweisen. Durch die Verjährung wird der Gläubiger gezwungen, seine Ansprüche zügig durchzusetzen; der Schuldner muss seine Belege (Kontoauszüge, Quittungen) nur eine begrenzte Zeit aufheben; die Gerichte werden von Streitigkeiten über veraltete Ansprüche entlastet.

Verjährungsfristen

Neben den grundlegenden Verjährungsvorschriften im Allgemeinen Teil gibt es in den anderen Büchern des BGB zahlreiche abweichende Spezialvorschriften zur Verjährung. Ein Beispiel ist die Gewährleistungsfrist für den Kauf beweglicher Sachen, die gemäß § 438 BGB mit der Übergabe beginnt und nach zwei Jahren endet.

Wichtige Verjährungsfristen des Allgemeinen Teils

Anspruch / Frist	Anspruch ohne Sonderregelung: regelmäßige Verjährung, §§ 195,199 BGB	Anspruch aus Recht an einem Grundstück oder Grundstückskaufpreis, §§ 196, 200 BGB	Herausgabeansprüche aus Eigentum, §§ 197 Abs. 1 Nr. 1, 200 BGB	rechtskräftig festgestellte Ansprüche (z. B. aus Vollstreckungsbescheid, Urteil, Insolvenzverfahren), §§ 197 Abs. 1 Nr. 3 – 6, 201 BGB
Dauer	3 Jahre	10 Jahre	30 Jahre	30 Jahre
Beginn	ab Jahresschluss, in dem der Anspruch entstanden ist (Fälligkeit)	taggenau ab Entstehung des Anspruchs (Fälligkeit)	taggenau ab Entstehung des Anspruchs (Fälligkeit)	taggenau ab Rechtskraft (nach Ablauf der Rechtsmittelfrist)

Die meisten Ansprüche aus Verträgen wie Kaufpreisansprüche für bewegliche Sachen oder Schadensersatzansprüche verjähren in der **regelmäßigen Verjährungsfrist** von drei Jahren. Diese beginnt am Ende des Jahres, in dem der Anspruch entstanden ist und der Gläubiger die anspruchsbegründenden Umstände sowie Person des Schuldners kennt. Da der Gläubiger bei Ansprüchen aus Verträgen über die Umstände (Leistung, Entgelt) und seinen Vertragspartner (Name, Adresse) in der Regel Bescheid weiß, kommt es meist allein auf die Fälligkeit des Anspruchs an.

Beispiel

Verjährung von Ansprüchen aus dem Kaufvertrag – Geländewagenfall 1

Herr Kramer kauft von seinem Geschäftsfreund Herrn Vogel am 20. September 2010 per Handschlag einen gebrauchten Geländewagen.

a) Wann endet die Verjährungsfrist für den Kaufpreis und die Lieferung des Geländewagens?

b) Wann sind die Ansprüche verjährt bzw. wann kann vom Schuldner die Einrede der Verjährung erhoben werden?

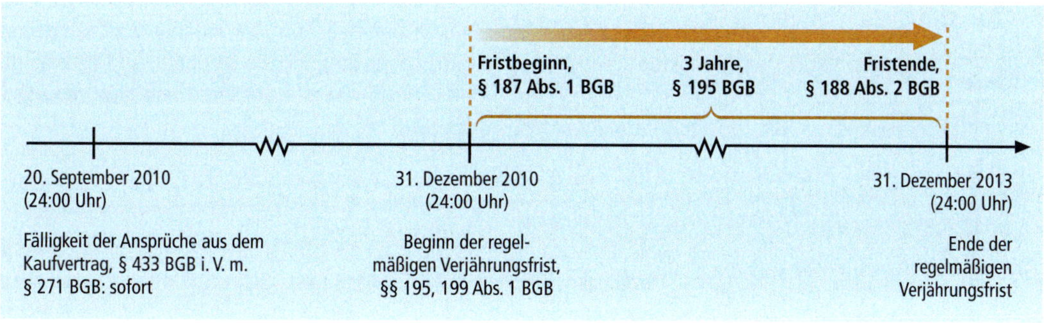

Ergebnis:

a) Die Verjährungsfrist für beide Ansprüche endet am 31. Dezember 2013 (24:00 Uhr).

b) Lieferung und Kaufpreis sind ab 1. Januar 2014 (00:00 Uhr) verjährt.

Hemmung und Neubeginn der Verjährung

Bestimmte, im Gesetz aufgezählte Vorkommnisse beeinflussen den Ablauf der Verjährungsfrist: Es kommt zur Hemmung oder zum Neubeginn der Verjährung. Die Ereignisse können rechtlicher oder tatsächlicher Natur sein, von der Gläubiger- oder Schuldnerseite stammen. Beispielsweise lässt die Anerkennung des Anspruchs durch den Schuldner die Verjährung neu beginnen, Verhandlungen zwischen Gläubiger und Schuldner hemmen die Verjährung, eine Klage des Gläubigers hemmt die Verjährung ebenfalls, einfache Mahnungen des Gläubigers haben jedoch keinerlei Einfluss auf die Verjährung.

Neubeginn bedeutet, dass die Verjährungsfrist von neuem zu laufen beginnt. Wenn man den Vergleich mit einer Stoppuhr verwendet, kann man den Neubeginn der Verjährung wie folgt beschreiben: Die Stoppuhr wird zunächst angehalten (der Lauf der ursprünglichen Verjährungsfrist wird abgebrochen), auf Null gestellt und schließlich läuft sie wieder von vorn (die Verjährungsfrist beginnt erneut in voller Länge). Dabei beginnt auch die „neue" Verjährungsfrist nicht am Jahresende, sondern taggenau.

Beispiel

Neubeginn der Verjährung – Geländewagenfall 2

Herr Kramer kauft von seinem Geschäftsfreund Herrn Vogel am 20. September 2010 per Handschlag einen gebrauchten Geländewagen für 12.000,00 €. Herr Kramer transportiert den Geländewagen gleich ab. Herr Vogel wartet auf den Eingang des Kaufpreises. Er erinnert Kramer mehrmals telefonisch an den noch ausstehenden Betrag, schließlich schreibt er einige Mahnungen an Kramer. Auf die letzte Mahnung reagiert Kramer mit der Bitte um Verständnis für seine derzeit schwierige Finanzlage und überweist eine Abschlagszahlung von 6.000,00 €, die am 15. Mai 2011 auf dem Konto von Herrn Vogel eingeht.

Wann verjährt die Restzahlung zuzüglich Verzugszinsen?

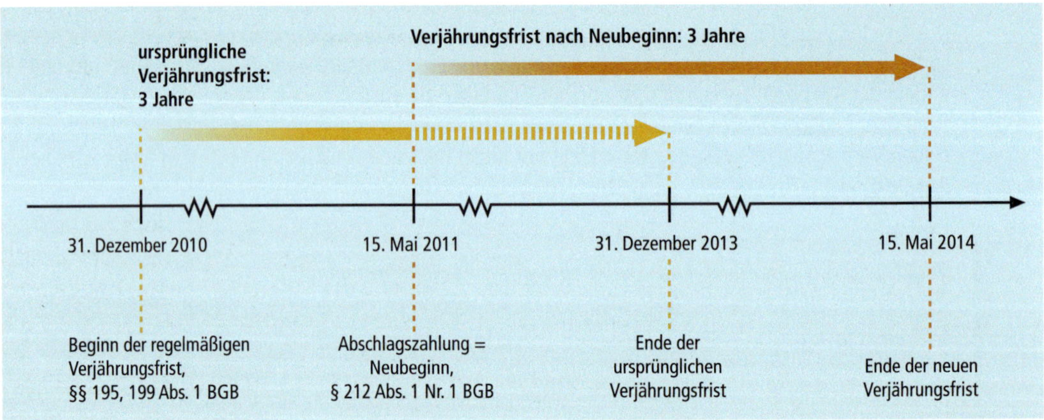

Bei der **Hemmung** wird die Verjährungsfrist um einen bestimmten Zeitraum verlängert, d. h., die Zeit der Hemmung wird an die Verjährungsfrist „angehängt". Am Stoppuhr-Beispiel: Die Stoppuhr wird für eine gewisse Zeit angehalten (die Verjährung wird aufgrund eines Hemmungsgrundes ausgesetzt) und läuft danach weiter (die Verjährungsfrist wird um die Zeit der Hemmung verlängert).

Beispiel

Hemmung der Verjährung – Geländewagenfall 3

Herr Kramer kauft von seinem Geschäftsfreund Herrn Vogel am 20. September 2010 per Handschlag einen gebrauchten Geländewagen für 12.000,00 €. Herr Kramer transportiert den Geländewagen gleich ab. Herr Vogel wartet auf den Eingang des Kaufpreises. Er erinnert Kramer mehrmals telefonisch an den noch ausstehenden Betrag, schließlich schreibt er einige Mahnungen an Kramer. Nach der letzten Mahnung ruft Herr Kramer am 1. März 2011 an und teilt mit, dass der Geländewagen defekt und zurzeit in Reparatur sei. Er schlägt vor, den Kaufpreis um die entstehenden Reparaturkosten herabzusetzen. Herr Vogel will sich die Angelegenheit überlegen. Am 31. März 2011 geht bei Vogel eine Kopie der Reparaturrechnung in Höhe von 6.500,00 € ein. Vogel ruft Kramer sofort an und verweigert die Kaufpreisminderung in dieser Höhe. Kramer besteht darauf.

Wann verjährt die Zahlung zuzüglich Verzugszinsen?

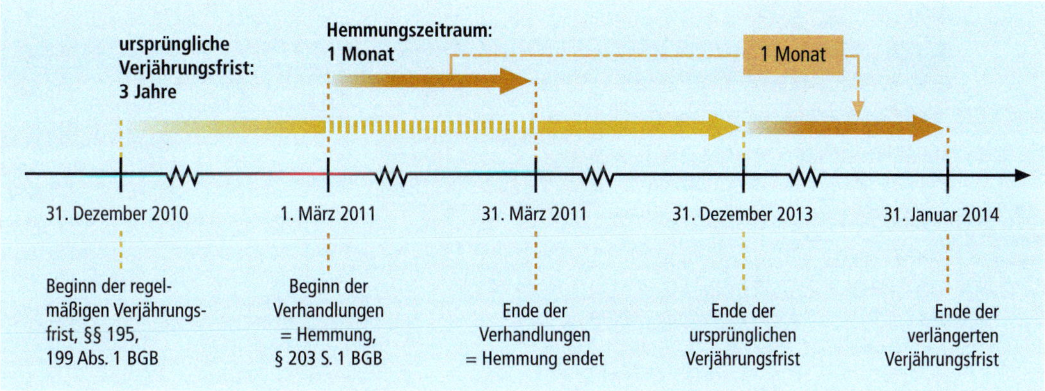

Ein Sonderfall der Hemmung ist die **Ablaufhemmung.** Diese schiebt das Ende der Verjährungsfrist hinaus. Dies ist zum Beispiel bei Verhandlungen der Fall. Damit Verhandlungen kurz vor Ablauf der Verjährungsfrist nicht unter dem zeitlichem Druck des drohenden Endes der Verjährungsfrist stehen und der Anspruch noch rechtzeitig geltend gemacht werden kann, läuft die Verjährungsfrist frühestens drei Monate nach dem Ende der Verhandlungen ab.

§ 203 BGB Hemmung der Verjährung bei Verhandlungen
Schweben zwischen dem Schuldner und dem Gläubiger **Verhandlungen** über den Anspruch oder die den Anspruch begründenden Umstände, so ist die **Verjährung gehemmt,** bis der eine oder der andere Teil die Fortsetzung der Verhandlungen verweigert. **(Hemmung) Die Verjährung tritt frühestens drei Monate nach dem Ende der Hemmung ein. (Ablaufhemmung)** (Hervorhebungen und Klammerausdrücke nicht im Original)

Beispiel

Ablaufhemmung der Verjährung – Geländewagenfall 4

Herr Kramer kauft von seinem Geschäftsfreund Herrn Vogel am 20. September 2010 per Handschlag einen gebrauchten Geländewagen für 12.000,00 €. Herr Kramer transportiert den Geländewagen gleich ab. Herr Vogel wartet auf den Eingang des Kaufpreises. Er schreibt einige Mahnungen an Kramer. Kramer reagiert nicht und Vogel verdrängt die ärgerliche Angelegenheit schließlich. Im November 2013 fällt Herrn Vogel die noch ausstehende Zahlung ein. Er ruft am 5. November 2013 bei Kramer an. Dieser teilt mit, dass er den Geländewagen schon längst bezahlt habe. Er würde noch einmal in seinen Unterlagen nachforschen, Vogel ist unsicher und sagt ebenfalls Prüfung zu. Vogel prüft sämtliche Zahlungseingänge der letzten Jahre und fordert Kramer am 5. Dezember 2013 telefonisch endgültig zur sofortigen Zahlung auf.
Wann verjährt die Zahlung zuzüglich Verzugszinsen?

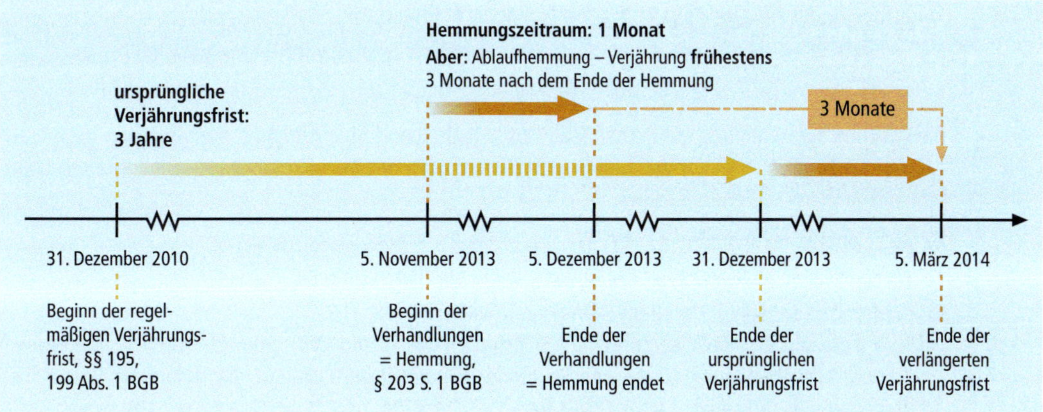

Nachstehend folgt eine Gegenüberstellung der wichtigsten Gründe für Hemmung und Neubeginn der Verjährung.

Gründe für Hemmung und Neubeginn der Verjährung

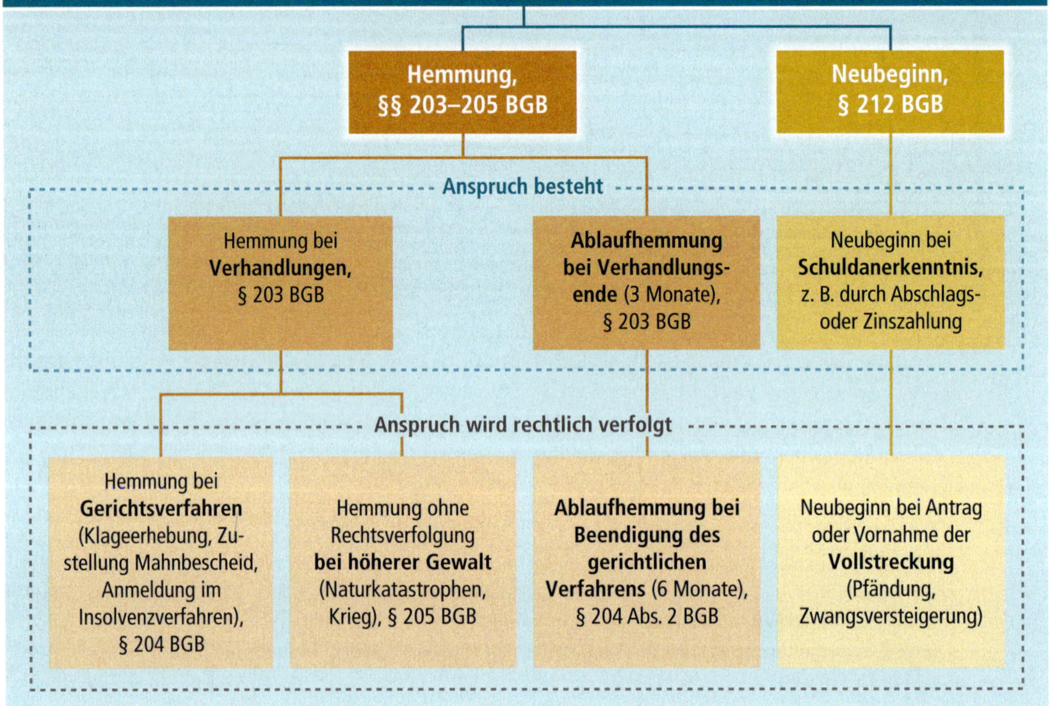

Hemmung im gerichtlichen Mahnverfahren

Die Zustellung eines Mahnbescheids beim Schuldner bewirkt die Hemmung der Verjährung, § 204 Abs. 1 Nr. 3 BGB. Manchmal wird der Mahnbescheid erst sehr kurz vor Ende der Verjährung beim zuständigen Amtsgericht beantragt, z. B. am 24. Dezember eines Jahres. Doch der Antragsteller kann beruhigt sein: Wenn die Verjährung droht, tritt die Hemmung bereits bei Einreichung des korrekt ausgefüllten Antrags beim Amtsgericht ein.

§ 693 Zivilprozessordnung Zustellung des Mahnbescheids

(1) Der Mahnbescheid wird dem Antragsgegner zugestellt.

(2) Soll durch die Zustellung eine Frist gewahrt werden oder die **Verjährung** neu beginnen oder **nach § 204 BGB gehemmt werden,** so tritt die Wirkung, wenn die **Zustellung demnächst erfolgt, bereits mit der Einreichung oder Anbringung des Antrages auf Erlass des Mahnbescheids** ein.

(3) Die Geschäftsstelle setzt den Antragsteller von der Zustellung des Mahnbescheids in Kenntnis.

(Hervorhebungen nicht im Original)

Die Wirkung der Hemmung gilt gemäß § 204 Abs. 1, Nr. 3 und Abs. 2 BGB für die Dauer des Verfahrens zuzüglich einer sechsmonatigen Ablaufhemmung nach Beendigung des Verfahrens. Das Mahnverfahren kann auf unterschiedliche Weise enden, z. B. durch:

- Begleichung der Schuld:
  Wenn der Schuldner gezahlt hat, ist das Schuldverhältnis erloschen, § 362 BGB.
- Weitergabe an das für den Rechtsstreit zuständige Gericht:
  Sofern die Sache nach Widerspruch oder Einspruch des Schuldners an das Streitgericht weitergeleitet und die Klageschrift des Gläubigers an den Schuldner zugestellt wird, dauert die Hemmung wegen Erhebung der Klage gemäß § 204 Abs. 1 Nr. 1 BGB fort.

- Rechtskraft des Vollstreckungsbescheids:
  Ist der Vollstreckungsbescheid zugestellt und vom Schuldner nicht innerhalb von zwei Wochen Einspruch erhoben worden, wird der Vollstreckungsbescheid rechtskräftig. Der Anspruch ist damit gemäß § 197 Abs. 1 Nr. 3 BGB rechtskräftig festgestellt und unterliegt der dreißigjährigen Verjährungsfrist.

Falllösung **Unberechnete Bücher**

Ergebnis:

Berger kann die Einrede der Verjährung im Juni 2013 nicht erheben, denn die Verjährung des Anspruchs tritt erst am 31. Dezember 2013 um 24:00 Uhr ein. Der Anspruch kann von der Vogel & Frei GmbH bis zum Jahresende durch Mahnbescheid oder Klage gerichtlich durchgesetzt werden. Die Zustellung des gerichtlichen Mahnbescheids oder der Klageschrift bewirkt eine Hemmung der Verjährung.

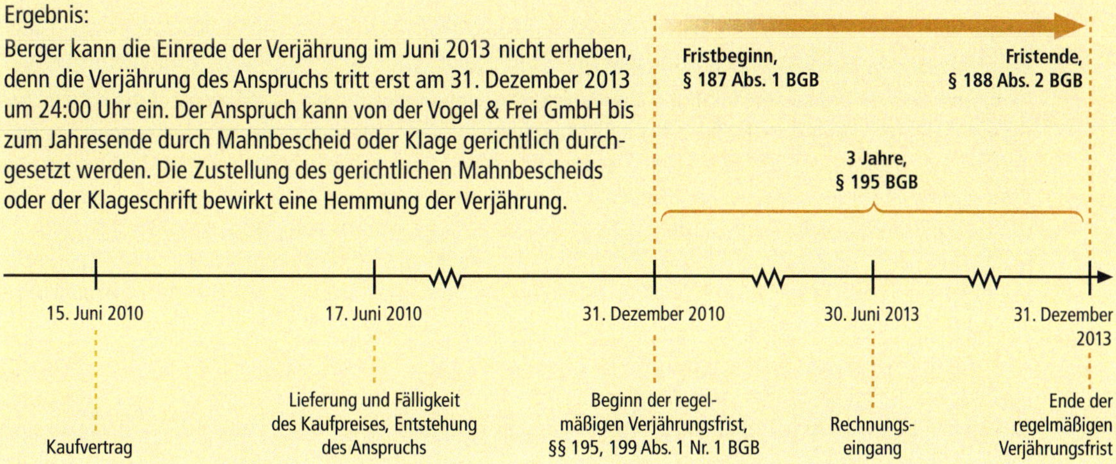

1 Personalwirtschaft

1.1 Bedeutung der Mitarbeiter für die öffentliche Verwaltung

1.1.1 Bedeutung der menschlichen Arbeit in der öffentlichen Verwaltung

Die Dienststellen und Einrichtungen des Bundes, der Länder und Kommunen sind Dienstleistungsbetriebe, die mit 4,5 Millionen Beschäftigten Leistungen für über 80 Millionen Einwohner Deutschlands erbringen.

Die **Vielfalt der Leistungen** stellt besondere Anforderungen an die im öffentlichen Dienst Tätigen. Bei der Bundeswehr, in Krankenkassen, Schulen, Finanzämtern, Kliniken, Polizeiwachen und Theatern leisten speziell ausgebildete Menschen unter sehr unterschiedlichen Bedingungen ihren Dienst. Selbst bei einer einzigen Stadtverwaltung ist die Spannweite der Berufe und Tätigkeiten größer als in entsprechenden Privatunternehmen.

Der entscheidende Produktionsfaktor bei den meisten Verwaltungsleistungen ist die menschliche Arbeit. Zwar können die Bürger Formulare häufig aus dem Internet herunterladen, das Ausdrucken von Massenbescheiden ist weitgehend automatisiert, aber auch hier erfordern die notwendigen Verwaltungsverfahren (Ahndung von Ordnungswidrigkeiten, Bearbeitung von Steuerstundungen, Genehmigungen, Sozialhilfeanträge, Widersprüche usw.) die persönliche Arbeit von Sachbearbeitern, häufig auch den unmittelbaren Kontakt mit den Bürgern. Der Produktionsfaktor „Betriebsmittel" (Gebäude, Computer, Netzwerke, Kopierer) hat den Produktionsfaktor Arbeit nicht überflüssig gemacht. Allerdings sinkt die Zahl der Büroarbeitskräfte langsam, einfache Arbeiten werden zum Teil maschinell erledigt. Komplizierte Tätigkeiten bleiben dem Menschen vorbehalten.

Auch das Ziel der **Kundenorientierung** ist im öffentlichen Dienst mitunter schwierig umzusetzen, etwa beim Erheben von Bußgeldern oder dem Durchsetzen von Platzverweisen oder des Anschluss- und Benutzungszwanges bei der Abwasserbeseitigung. Die Bürger sind einerseits „Eigentümer" der öffentlichen Dienstleistungsbetriebe („Alle Staatsgewalt geht vom Volke aus."), andererseits stehen sie im öffentlichen Recht dem „Staat" untergeordnet gegenüber.

Die Aufgabenstruktur erforderte schon immer eine differenzierte Personalstruktur im öffentlichen Dienst, wie die folgende Statistik zeigt. Fast 60 % der Beschäftigen sind privatrechtlich angestellte Beschäftigte. Für bestimmte hoheitliche Aufgaben werden jedoch Beamte, Richter und Soldaten tätig, die in einem öffentlichen-rechtlichen Dienst- und Treueverhältnis stehen.

Beschäftigte im öffentlichen Dienst nach dem Beschäftigungsverhältnis 2009

Beschäftigungsbereich	Arbeitnehmer	Beamte und Richter	Berufs- und Zeitsoldaten	insgesamt
Bund	148578	172778	185039	**506395**
Länder	681804	1239722	–	**1921526**
Gemeinden und Gemeindeverbände	1053634	181674	–	**1235308**
mittelbarer öffentlicher Dienst[1]	804378	79979	–	**884357**
insgesamt	**2688394**	**1674153**	**185039**	**4547586**

[1] Bundesagentur für Arbeit, Sozialversicherungsträger, Deutsche Bundesbank und weitere Anstalten und Körperschaften

aus: Statistisches Bundesamt, Finanzen und Steuern, Personal des öffentlichen Dienstes, Fachserie 14, Reihe 6, Wiesbaden 2010, S. 8

Die Vielfalt der öffentlichen Leistungen, die Kompliziertheit der Verwaltungsarbeit und die schwierige Umsetzung der Kundenorientierung erfordern gut ausgebildete Fachkräfte, die motiviert und einsatzbereit an ihre Arbeit gehen.

Dabei sind die Mitarbeiter nicht in erster Linie als arbeitende Instrumente (Produktionsfaktor „ausführende Arbeit", „Computer-Bediener") in der Hand des Arbeitgebers „Staat" zu sehen, sondern als denkende Menschen mit eigenen Einstellungen und Zielen. Damit diese mit den Zielen der Verwaltung in Einklang stehen, bedarf es u. a. der Motivation, der gemeinsamen Arbeitsgestaltung, eines guten Betriebsklimas und eines entsprechenden Führungsstils.

Die menschliche Arbeit ist ein wertvolles Gut, das Arbeitnehmer und Arbeitgeber gemeinsam pflegen und entwickeln müssen.

1.1.2 Personalwirtschaft im Zielsystem der Verwaltung

Die Personalwirtschaft umfasst alle mitarbeiterbezogenen Einrichtungen und Maßnahmen. Sie hat das Ziel, dem Betrieb zur Erfüllung seiner Aufgaben Arbeitskräfte in der erforderlichen Menge und Qualität zum richtigen Zeitpunkt am jeweiligen Einsatzort bereitzustellen.

Man kann die Personalwirtschaft in zwei Aufgabenbereiche gliedern: Personalverwaltung und Personalpolitik.

Personalwirtschaft

Personalverwaltung	Personalpolitik
verwaltende Aufgaben (gegenwartsbezogen)	**gestaltende Aufgaben** (zukunftsorientiert)

- Personalbeschaffung
- Personaleinsatz
- Personalabbau

- Personalplanung
- Personalführung

- Umsetzen von Verwaltungszielen
- Personalentwicklung

Schon immer haben Behörden **Personal verwaltet,** d. h. eingestellt, bezahlt, befördert und z. T. auch entlassen. Der Produktionsfaktor Arbeit verursacht Kosten, daher ist die **Wirtschaftlichkeit** ein wichtiges Ziel der Personalverwaltung. Die personalwirtschaftlichen Aufgaben sollen mit möglichst geringem Aufwand erfüllt werden (Minimalprinzip). So wurde Arbeitskraft zunehmend durch Maschinen (Computer) ersetzt. Wurden früher Personalakten, Kranken- und Urlaubskarteien ausschließlich von Hand geführt, bestimmen heute Datenbanken und elektronische Personalakten das Bild. Außerdem sollen die personalwirtschaftlichen Finanzmittel so eingesetzt werden, dass sich ein möglichst großer und nachhaltiger Nutzen ergibt (Maximalprinzip). Die Fortbildung ist hier ein Beispiel. Längst hat man auch erkannt, dass **Motivation** und professionelle **Führung** die Leistungsbereitschaft der Mitarbeiter fördern und dass auch eine **Planung** in der Personalwirtschaft unumgänglich ist, wenn auch in Zukunft die richtigen Arbeitskräfte immer am richtigen Platz sein sollen.

Zu berücksichtigen ist ferner, dass der Verwaltungsbetrieb auch ein **soziales Gebilde** ist, in dem die Beschäftigten neben wirtschaftlichen auch soziale Bedürfnisse haben. Nicht nur Fachwissen und ein gerechtes Arbeitsentgelt, auch befriedigende Arbeitsbedingungen und ein gutes Betriebsklima sind Voraussetzungen einer guten Arbeitsleistung. Arbeitszufriedenheit kann man aber nur über längere Zeit erreichen. Die wachsende Bedeutung der menschlichen Arbeit im Betrieb führte in den letzten Jahrzehnten zu der Einsicht, dass in der Personalwirtschaft den Gestaltungsentscheidungen grundlegende Bedeutung zukommt. Diesen Gestaltungsbereich bezeichnet man auch als **Personalpolitik.**

Personalpolitische Fragen sind z. B.:

- Wie kann ein Interessenausgleich zwischen wirtschaftlichen und sozialen **Verwaltungszielen** gefunden werden? Können z. B. die Personalkosten gesenkt und gleichzeitig die Arbeitsplätze geschützt werden?
- Wie können die Wünsche und **Bedürfnisse der Mitarbeiter** bei der Entstehung und Umsetzung von Grundsatzentscheidungen berücksichtigt werden?
- Wie sollen die Ziele der Verwaltung – insbesondere die Leitbilder – **mit den Beschäftigten wirkungsvoll umgesetzt** werden?
- Wie können **motivierende Entwicklungsperspektiven** für die einzelnen Beschäftigten mit diesen selbst aufgebaut und verwirklicht werden?
- Welche **konkreten Planungen** sind erforderlich, um diese Ziele zu realisieren?

Personalpolitik als zukunftsbezogene Gestaltungsaufgabe obliegt vor allem der Verwaltungsleitung und den politischen Gremien. Darüber hinaus sind auch die Vorgesetzten in allen Dienststellen beteiligt.

Die folgende Darstellung zeigt die Personalwirtschaft im Zielsystem eines Verwaltungsbetriebs.

Einbindung der Personalwirtschaft in das Zielsystem einer Kommunalverwaltung

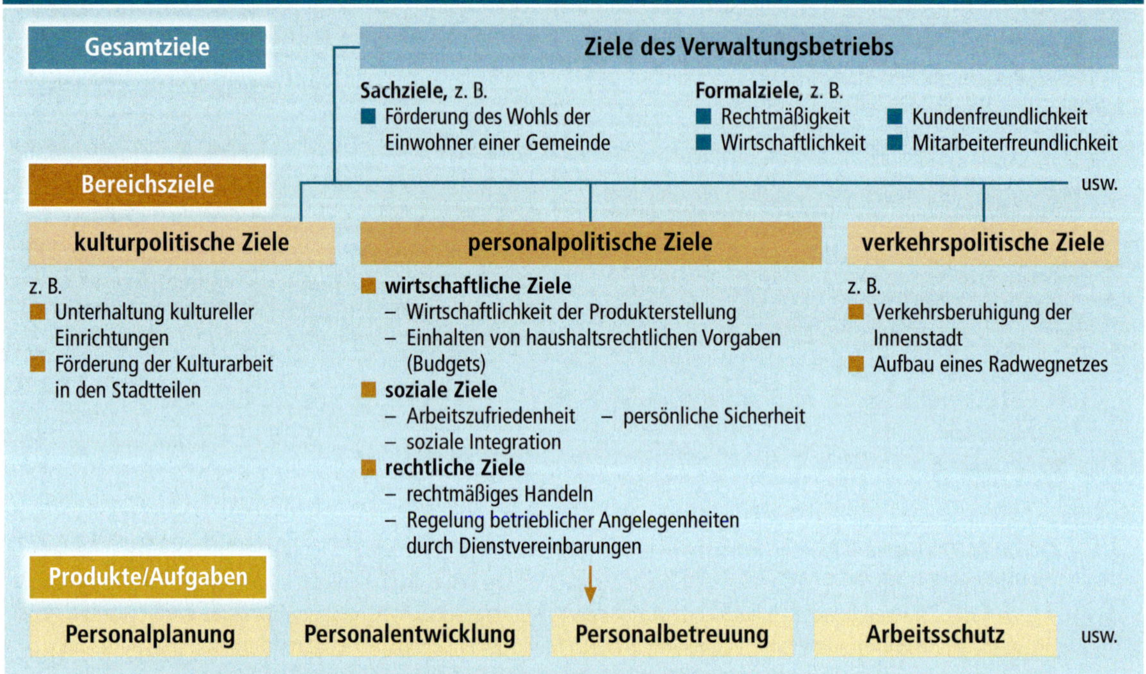

1.1.3 Aufgabenbereiche der Personalwirtschaft

Die personalwirtschaftlichen Angelegenheiten haben immer einen Zukunfts- und Gestaltungsaspekt und sind insofern personalpolitische Aufgaben. Die meisten müssen aber auch verwaltungsmäßig „abgearbeitet" werden. Im folgenden Überblick werden daher sowohl verwaltende als auch politische Gesichtspunkte berücksichtigt.

Personalplanung

Will die öffentliche Verwaltung bürgerorientiert arbeiten, so muss das erforderliche Personal zu den entsprechenden Zeiten am jeweiligen Ort bereitstehen. Eine Rettungswache, ein Freibad oder der Bürobetrieb im Rathaus mit kundenfreundlichen Geschäftszeiten werfen personelle Probleme auf: Der Personalbedarf muss abgedeckt werden, die entstehenden Kosten sind zu berechnen und die Aufwendungen haushaltsrechtlich zu planen, der Personaleinsatz ist zu organisieren. Es muss geplant werden, wann Mitarbeiter für bestimmte Stellen gewonnen und eingestellt werden müssen. Ein Instrument hierbei ist der Stellenplan. Häufig können auch vorhandene Mitarbeiter durch Fort- und Weiterbildung sowie durch den Erwerb von Erfahrungen auf geeigneten Arbeitsplätzen auf die spätere Übernahme bestimmter Stellen vorbereitet werden. Auch diese Personalentwicklung muss vorausschauend einbezogen werden.

Personalbeschaffung

Für besetzbare freie bzw. frei werdende Stellen müssen geeignete Mitarbeiter gefunden werden. Dies kann zunächst durch eine Stellenausschreibung innerhalb der Verwaltung (interne Personalbeschaffung) geschehen. Häufig ist es erforderlich, geeignete Mitarbeiter durch Neueinstellungen zu gewinnen (externe Personalbeschaffung).

Im Arbeits- und Beamtenrecht des öffentlichen Dienstes besteht – anders als in der Privatwirtschaft – ein grundsätzlicher Anspruch auf den gleichen Zugang zu einem öffentlichen Amt: Gemäß der Regelung in Art. 33 Abs. 2 GG hat jeder Deutsche nach seiner Eignung, Befähigung und fachlichen Leistung gleichen Zugang zu jedem öffentlichen Amt. Die ausschreibende Verwaltung hat auf gleiche Chancen für alle Interessenten zu achten.

Personalbetreuung

Die Personalbetreuung umfasst neben der Entscheidung über den Personaleinsatz die umfangreichen Aufgaben der Personalverwaltung, die Personalführung und die sozialen Aufgaben im Personalbereich.

Der Personaleinsatz umfasst Personaleinführung (Einarbeitung auf neuen Arbeitsplätzen), Aufgabenverteilung, Arbeitsplatzwechsel und Arbeitszeitgestaltung. Personalpolitisch ist die Gestaltung der Arbeitszeit zu sehen. Kommt für eine Straßenreparaturgruppe nur eine einheitliche Arbeitszeit in Betracht, werden für andere Bereiche Schichtdienstpläne und für den Bürobereich meistens die „gleitende Arbeitszeit" bevorzugt.

Die Personalverwaltung befasst sich mit dem Abschluss und der Abwicklung der Arbeitsverträge, sie führt die Personalakten, -dateien und -statistiken. Die Entgeltabrechnung ist eine administrative (verwaltende) Tätigkeit, die Gestaltung der Entgeltstruktur ist Teil der Personalpolitik. Hierzu zählen z. B. Entscheidungen zum Leistungsentgelt nach § 18 TVöD. Als Leistungsanreiz dient es der Leistungsverbesserung und soll Motivation und Eigenverantwortung der Beschäftigten fördern. Es kann in unterschiedlicher Form und Höhe gewährt werden.

Die Personalführung betrifft das Verhältnis zwischen Mitarbeitern und Vorgesetzten. Dabei orientiert man sich an Zielbeschreibungen und Leitbildern sowie an bestimmten Führungsstilen (z. B. kooperativer Führungsstil) oder umfassenden Führungsmodellen (z. B. MbO = Management by Objectives – Führung durch Zielvereinbarung). Die Einstellung der Menschen zur Arbeit verändert sich im Zeitablauf, ebenso der Wunsch nach Selbstverwirklichung oder nach größerer Eigenverantwortung. Diese Faktoren wie auch neue rechtliche Regelungen in Tarifverträgen und im Bereich des Arbeitsschutzes stellen veränderte Erwartungen an die Personalpolitik der Verwaltung und an die jeweiligen Vorgesetzten. Eine zeitgemäße Personalführung kann zur Leistungsmotivation der Beschäftigten und zu einem guten Betriebsklima wesentlich beitragen.

Zu den sozialen Aufgaben im Personalbereich zählen insbesondere der Arbeitsschutz und die Gesundheitsfürsorge. Größere Verwaltungsbetriebe unterhalten zum Teil soziale Einrichtungen wie eine eigene Kantine, einen Betriebskindergarten oder eine Mitarbeiterzeitschrift.

Personalentwicklung

Geänderte Rechtsvorschriften, technische Entwicklungen und neue Leitbilder in der Verwaltung erfordern die Anpassung der Qualifikation der Beschäftigten. Diese künftigen Anforderungsprofile sind zu ermitteln, damit entsprechende Maßnahmen der Anpassungsfortbildung einerseits und der Aufstiegsfortbildung zur Vorbereitung auf Aufstiegspositionen andererseits durchgeführt werden können. Externe Weiterbildungsmaßnahmen werden insbesondere von Studieninstituten, den Fachhochschulen und den Verwaltungs- und Wirtschaftsakademien angeboten. Dem Aufstieg dient auch der gesteuerte interne Arbeitsplatzwechsel (Job-Rotation) zum Erfahrungserwerb. Auch Umschulungen und berufliche Wiedereingliederungsmaßnahmen (z. B. für Mütter erwachsener Kinder) sind hier zu erwähnen.

Die Personalentwicklung hat das Ziel, geeignete Mitarbeiter für veränderte oder neue Verwaltungsaufgaben zu gewinnen und zugleich deren berufliche Entwicklung zu fördern. Regelmäßige Mitarbeitergespräche zwischen dem einzelnen Beschäftigten und seinem Vorgesetzten können helfen, die persönlichen Entwicklungs- und Karriereabsichten mit den betrieblichen Entwicklungen abzugleichen und eine berufliche Perspektive aufzubauen. Mitarbeitergespräche sind ein Instrument, in dem auch Ziele vereinbart und überprüft werden. Weitere Instrumente sind z. B. Job-enrichment (Übertragen zusätzlicher anspruchsvollerer Aufgaben) oder Qualitätszirkel, in denen mehrere Beschäftigte sich regelmäßig treffen, um Arbeitsvorgänge und -ergebnisse zu verbessern. Die in vielen Kommunen anstehende Einführung der doppelten Buchführung z. B. erfordert Qualifikationen auf verschiedenen Ebenen. Es liegt auch an der Initiative der Mitarbeiter, sich durch Weiterbildung und Mitarbeitergespräche zu engagieren.

Personalfreisetzung

Ergibt sich ein sinkender Personalbedarf, z. B. wenn Schreibdienststellen wegfallen, so ist der Personalüberhang abzubauen. Dies muss aber nicht unbedingt mit der Entlassung von Beschäftigten einhergehen. Ein erheblicher Teil der Mitarbeiter scheidet aus Altersgründen aus (externe Freisetzung). Interne Möglichkeiten des Personalabbaus sind die Umsetzung auf eine andere Stelle oder die (zeitweise) Teilzeitarbeit. Auch dieser Aufgabenbereich bedarf vorausschauender Gestaltung und erfordert personalpolitische Entscheidungen.

Aufgabenbereiche der Personalwirtschaft	
Aufgabenbereiche	**wichtige Einzelaufgaben**
Personalplanung	■ Personalbedarfsplanung ■ Personalkostenplanung ■ Personaleinsatzplanung ■ Personalentwicklungsplanung
Personalbeschaffung	■ interne Personalbeschaffung ■ externe Personalbeschaffung
Personalbetreuung	■ Personaleinsatz ■ Personalverwaltung (Vertragsabwicklung, Entgeltabrechnung, Aktenführung) ■ Personalführung ■ soziale Aufgaben
Personalentwicklung	■ Ermitteln künftiger Anforderungsprofile ■ interne Qualifizierungsmaßnahmen ■ externe Qualifizierungsmaßnahmen
Personalfreisetzung	■ interner Personalabbau ■ externer Personalabbau

1.2 Personalbedarf und Personaleinsatz

1.2.1 Personalbedarf

Die Planung des Personalbedarfs befasst sich mit der Frage: Wie viele Beschäftigte mit der richtigen Qualifikation sind in den nächsten Jahren erforderlich, um die Aufgaben des Verwaltungsbetriebs zu bewältigen – oder anders gesagt – um die vorgesehenen Produkte zu erstellen?

Vor der Personalplanung ist eine **Personalbestandsanalyse** erforderlich. In ihr ist der gegenwärtige Beschäftigungsstand darzustellen, die Altersstruktur und die Ausfallzeiten sind zu untersuchen. Auch an eine Aufgabenkritik ist an dieser Stelle zu denken.

Der Personalbedarf verändert sich aufgrund vielfältiger Ursachen. Sie können innerhalb oder außerhalb der Verwaltung liegen.

Einflussgrößen des Personalbedarfs	
interne Einflussgrößen:	**externe Einflussgrößen:**
■ Altersstruktur (Ersatztermine!) ■ Qualifikationsstruktur (Entwicklungsbedarf!) ■ Änderungen der Organisation oder der Arbeitszeitsysteme ■ Fluktuationsquote (Wechsel zu anderen Arbeitgebern erfordert rechtzeitigen Ersatz!) ■ Fehlzeiten ■ Personalkosten (Haushaltsausgleich!)	■ Rechtsänderungen ■ politische Entscheidungen (z. B. Ratsbeschlüsse) ■ Änderungen der Bevölkerungsstruktur ■ technische Entwicklungen ■ Entwicklung des Arbeitsmarkts ■ Änderungen der Wirtschaftslage

Um den Personalbedarf der nächsten Jahre zu ermitteln, muss man überblicken, welche **Aufgaben** sich verändern, welche neu hinzukommen oder welche an Bedeutung verlieren werden. Außerdem muss für jede Aufgabe ermittelt werden, wie viel Zeit man im Allgemeinen für die erforderlichen Tätigkeiten braucht. Das Ermitteln der Arbeitszeit für eine bestimmte Aufgabe einschließlich aller Nebenarbeiten nennt man **Arbeitsbemessung.** Kennt man den Gesamtzeitaufwand, kann man auch die Zahl der zu besetzenden Stellen ermitteln. Dies ist die **Stellenbemessung.** Durch Arbeits- und Stellenbemessung wird der mengenmäßige Personalbedarf ermittelt.

Wichtig ist aber auch die Art und Qualität der zu leistenden Arbeit, sowohl für das erwartete Arbeitsergebnis als auch für die Höhe des Entgelts. Hierfür sind die Tätigkeiten einer Stelle auf der Grundlage eines **Anforderungsprofils** zu **bewerten** und einer entsprechenden Entgeltgruppe zuzuordnen.

Erst danach weiß man, wie viele Stellen in welcher Entgeltgruppe für bestimmte Aufgaben bzw. Produkte künftig besetzt werden müssen, d. h., welcher Personalbedarf qualitativ und quantitativ besteht. Das zweite Problem der Personalbedarfsplanung ist die Deckung dieses Bedarfs.

1.2.2 Personalbedarfsplanung

Bei der **quantitativen Personalbedarfsplanung** geht es um die Berechnung der Anzahl der zu besetzenden Stellen. Das folgende Beispiel zeigt eine Möglichkeit, den Personalbedarf für eine bestimmte Aufgabe analytisch zu ermitteln. Diese Berechnungsweise ist nicht für alle Aufgabenarten geeignet.

Personalbedarf für die Aufgabe „Antrag auf Fahrerlaubnis bearbeiten"

Arbeitsschritte	Beschreibungen	Berechnungen
Arbeit ermitteln	Die zur Aufgabe „Antrag auf Fahrerlaubnis bearbeiten" gehörenden Tätigkeiten werden aufgelistet.	
Arbeitsmenge feststellen	Im letzten Jahr wurde statistisch festgestellt, dass 5 400 Anträge bearbeitet wurden. Diese Zahl war in den letzten Jahren relativ konstant.	5 400 Anträge
mittlere Bearbeitungszeit ermitteln	Die Bearbeitungszeiten für jede einzelne Tätigkeitsart wurden über mehrere Wochen aufgezeichnet. Daraus wurden folgende durchschnittliche Bearbeitungszeiten errechnet:	
	■ Antrag entgegennehmen, Vollständigkeit prüfen	1 Minute
	■ Antrag auf zugehörige Anlagen prüfen	5 Minuten
	■ Gebühren erheben, Einzahlung in Datei eintragen	2 Minuten
	■ Anfrage an Kraftfahrtbundesamt	2 Minuten
	usw.	
Jahresarbeitsminuten für Aufgabenbearbeitung berechnen	Jahresarbeitsminuten (JAM) für	
	– Fallbearbeitung	161 680 JAM
	+ sonstige Arbeiten (Telefonieren, Besucher usw.)	7 500 JAM
	= Jahresarbeitsminuten (JAM) insgesamt	169 180 JAM
Arbeitszeit einer Normalarbeitskraft feststellen	Tage im Jahr	365,0 Tage
	– Sonntage, Samstage	104,0 Tage
	– Feiertage und feiertagsähnliche Freizeit	11,0 Tage
	– Ausfälle durch Erkrankungen, Heilverfahren	12,0 Tage
	– Ausfälle durch Urlaub	33,3 Tage
	= Arbeitszeit einer Normalarbeitskraft	204,7 Tage
	Bei 38,5-stündiger Wochenarbeitszeit ergeben 204,7 Arbeitstage 94 571 Jahresarbeitsminuten, die Normalarbeitszeit beträgt gerundet	94 600 JAM
persönlich bedingten Arbeitsausfall ermitteln	gemäß KGSt-Richtzahl (ca. 10 %)	9 880 JAM
persönliche Arbeitszeit (JAM) netto ermitteln		84 720 JAM
Personalbedarf (PB) berechnen	$\frac{\text{Zeitbedarf für Aufgabe (JAM)}}{\text{persönliche Arbeitszeit (JAM)}} = \text{PB} \quad \frac{169\,180}{84\,720} = 1{,}9$	2 Stellen

Beispiel in Anlehnung an Siepman/Siepmann: Verwaltungsorganisation, 5. Auflage Köln 1996, S. 80 ff.

Im Verwaltungs-, Technik- und Sozialbereich werden sehr unterschiedliche Kenntnisse und Fähigkeiten erwartet. Fort- und Weiterbildung, Studien sowie Erfahrungen im jeweiligen Bereich bestimmen den Qualifikationsgrad. Die **qualitative Personalbedarfsplanung** setzt die Kenntnis dieser Anforderungen voraus.

Für jede zu besetzende Stelle muss ein **Anforderungsprofil** vorliegen. Meistens werden die Anforderungen in eine umfassendere **Stellenbeschreibung** einbezogen.

Aufbau einer Stellenbeschreibung	
Stellenbezeichnung und -einordnung	■ Stellennummer ■ Stellenfunktion (z. B. Sachbearbeitung im Bürgerbüro)
Aufgabenprofil	■ Arbeitsbeschreibung mit Tätigkeitenliste und Zeitanteilen für jede Tätigkeit ■ Befugnisse, Vollmachten (Feststellungs-, Anordnungs- und Unterschriftsbefugnisse) ■ Vertretungsregelungen ■ Stellenbewertung – bei Stellen für privatrechtlich Beschäftigte: Zuordnung der Tätigkeiten zu einer Entgeltgruppe – bei Stellen für Beamte: Dienstpostenbewertung
Anforderungsprofil	■ fachliche und methodische Kompetenzen, die für die verschiedenen Tätigkeiten erforderlich sind ■ Verhaltens- und Persönlichkeitsmerkmale ■ Sozialkompetenz ■ Art und Umfang der Verantwortung ■ besondere Belastungen
Aktualisierung	letzter Aktualisierungszeitpunkt

Im Anforderungsprofil sind die Qualifikationen zu beschreiben, die für die Aufgabenerfüllung **durchschnittlich** erforderlich sind. Die Stellenbeschreibungen sind auch ein Instrument, um Verwaltungsziele wie Produkt-, Kosten- und Kundenorientierung auf der Sachbearbeiterebene konkret umzusetzen. Um das zu zahlende Entgelt und damit auch die Kosten für diese Stelle zu ermitteln, müssen die Tätigkeiten anschließend nach ihrer Schwierigkeit bewertet und einer entsprechenden Entgeltgruppe zugeordnet werden. Der TVöD sieht hierfür eine Entgeltordnung vor. Bis zu deren tariflichen Abschluss werden Neueingestellte zunächst auf Grundlage des BAT eingruppiert und dann einer entsprechenden Entgeltgruppe zugeordnet (z. B. Sachbearbeiter/-in: früher Eingruppierung in Vergütungsgruppe BAT Vc – jetzt in Entgeltgruppe 8). Die Anforderungsprofile und die Arbeitsbewertung sind für das Arbeitsentgelt bedeutsam und daher sensible Elemente, die in einem transparenten „Expertenverfahren" erarbeitet werden sollten. Die beamtenrechtliche Dienstpostenbewertung geht methodisch anders vor.

Es bedarf all dieser Arbeitsschritte, um zu wissen, wie viele Stellen in welcher Entgeltgruppe für bestimmte Aufgaben bzw. Produkte künftig besetzt werden müssen, d. h., welcher Personalbedarf im Einzelnen qualitativ und quantitativ besteht. Nun schließt sich die Gesamtberechnung des Personalbedarfs an.

Das folgende Schema skizziert die Berechnung des gesamten Personalbedarfs.

Ist der Netto-Personalbedarf negativ, so entsteht ein Personalüberhang. Ist der Netto-Personalbedarf positiv, so müssen künftig mehr Mitarbeiter eingestellt werden. Beide Ergebnisse wirken sich auf den Stellenplan aus.

Der **Stellenplan** stellt als Teil der Haushaltsplanung die Grundlage der Personalwirtschaft öffentlicher Körperschaften dar. Die Gemeindehaushaltsverordnungen sowie die Haushaltsgesetze von Bund und Ländern enthalten die entsprechenden rechtlichen Regelungen. Der Stellenplan hat die im Haushaltsjahr erforderlichen Stellen der Beschäftigten auszuweisen. Für jede Besoldungs- und Entgeltgruppe ist die Gesamtzahl der Stellen anzugeben. Eine beizufügende Stellenübersicht zeigt die vorgesehene Aufteilung der Stellen des Stellenplanes auf die Produktbereiche.

1.2.3 Personaleinsatzplanung

Die Personaleinsatzplanung soll gewährleisten, dass geeignete Mitarbeiter zur richtigen Zeit die Arbeitsplätze besetzen. Im Wesentlichen geht es um die **Aufgabenverteilung** und die **Arbeitszeitgestaltung.**

Ist eine Stelle neu zu besetzen, so wird man prüfen, ob dies durch einen Arbeitsplatzwechsel geschehen kann. Vielleicht wird durch diese Neuverteilung der Aufgaben ein Aufstieg möglich, eventuell erlangt jemand durch eine innerbetriebliche Umsetzung den Arbeitsplatz, der für ihn besonders geeignet ist. Bei einem Arbeitsplatzwechsel wie auch bei einer Neueinstellung ist darauf zu achten, dass das Fähigkeitsprofil der Person mit dem Anforderungsprofil der Stelle weitgehend übereinstimmt. Die Schnittmenge beider Profile – das Eignungsprofil – sollte das Anforderungsprofil möglichst weitgehend abdecken.

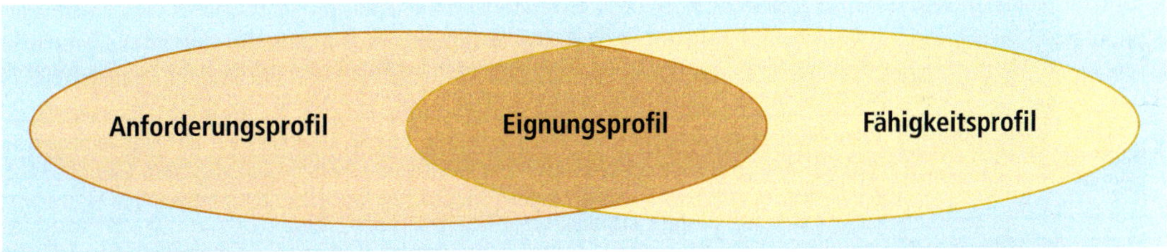

Fehlbesetzungen, bei denen Anforderungs- und Eignungsprofil zu weit auseinanderklaffen, sind durch erforderliche Nachqualifizierungen oder gar eine Neubesetzung sehr kostspielig. Eine sorgfältige Einarbeitung zielt darauf, den Mitarbeiter mit allen Anforderungen der Stelle vertraut zu machen.

Die Arbeitszeit der Beschäftigten in der öffentlichen Verwaltung deckt sich schon lange nicht mehr mit den Geschäftszeiten der Dienststellen. Viele Behörden haben kundenfreundliche Öffnungszeiten eingerichtet, in manchen Bereichen sind Bereitschaftsdienste und Dienstzeiten rund um die Uhr unvermeidbar. Diese **Arbeitszeitgestaltung** erfordert Personaleinsatzpläne.

Viele Arbeitnehmer arbeiten in Arbeitszeitmodellen (Angaben in %)

Wirtschaftsbereiche	starre Arbeitszeitregelung	Arbeitszeitkonto	Gleitzeit (bei fester täglicher Arbeitsdauer)	flexible Arbeitszeitwahl	anderes Modell
insgesamt	58,1	24,1	10,2	2,0	5,6
Öffentliche Verwaltung (einschl. Verteidigung, Sozialversicherung)	33,8	45,0	13,6	1,3	6,3
Bergbau, Verarbeitendes Gewerbe	57,0	25,8	10,3	2,0	5,0
Energie-, Wasserversorgung; Entsorgung	51,5	32,9	9,3	1,0	5,3
Gastgewerbe	69,4	12,1	8,5	1,3	8,6
Information und Kommunikation	32,9	38,7	16,8	3,9	7,6
Finanz- und Versicherungs-, Grundstücks- und Wohnungswesen	28,4	51,8	11,3	3,2	5,3
Erziehung und Unterricht	67,6	17,2	7,3	2,3	5,5
Gesundheits- und Sozialwesen	73,2	13,5	7,1	1,1	5,0
Kunst, Unterhaltung, Erholung	52,7	24,7	12,9	2,7	7,0

Quelle: Arbeitskräfteerhebung 2010 des Statistischen Bundesamts

2 Beschäftigung im öffentlichen Dienst

- Voraussetzungen des Beamtenverhältnisses, Ernennung
- Länderübergreifender Wechsel, Wechsel zur Bundesverwaltung
- Rechtliche Stellung im Beamtenverhältnis
- Beendigung des Beamtenverhältnisses

Hergebrachte Grundsätze des Berufsbeamtentums

Nach Art. 33 Abs. 5 GG gelten im öffentlichen Dienstrecht die hergebrachten Grundsätze des Berufsbeamtentums. Diese Grundsätze sind ein Kernbestand von Prinzipien, die sich über einen längeren Zeitraum gebildet haben und die nach der Föderalismusreform 2006 weiterzuentwickeln sind. Dazu zählen u. a.

- die Treuepflicht des Beamten
- die Fürsorgepflicht des Dienstherrn
- das Leistungsprinzip
- das Lebenszeitprinzip
- das Alimentationsprinzip
- die Amtsbezeichnung
- das Laufbahnprinzip

Die **Treuepflicht** des Beamten ist das Gegenstück zur Fürsorgepflicht des Dienstherrn. Der Beamte muss sich durch sein gesamtes Verhalten zu der freiheitlichen demokratischen Grundordnung im Sinne des Grundgesetzes bekennen und für deren Erhaltung eintreten (Verfassungstreue). Der Beamte hat bei politischer Betätigung diejenige Mäßigung und Zurückhaltung zu wahren, die sich aus seiner Stellung gegenüber der Allgemeinheit und aus der Rücksicht auf die Pflichten seines Amtes ergibt. Die sich aus Art. 33 Abs. 5 GG ergebende Treupflicht ist der Grund des Streikverbots für Beamte.

Die **Fürsorgepflicht** des Dienstherrn ist die Gegenleistung für die Treue des Beamten: Der Dienstherr ist verpflichtet, für das Wohl des Beamten und seiner Familie zu sorgen, auch für die Zeit nach Beendigung des Beamtenverhältnisses. Zur Fürsorgepflicht werden u. a. gezählt

- die Fürsorge im Krankheits- und Pflegefall durch Beihilfen, die die gesundheitliche Eigenvorsorge des Beamten ergänzen,
- der Anspruch auf Berücksichtigung bei Personalentscheidungen und Beförderungen, wenn die erforderlichen Voraussetzungen vorliegen,
- der Schutz des Beamten bei seiner amtlichen Tätigkeit und in seiner Stellung und
- die Beratung in dienstlichen Angelegenheiten.

Das **Alimentationsprinzip** ist das Recht auf angemessene Besoldung und Versorgung. Der Beamte erhält Dienstbezüge als Gegenleistung dafür, dass er sich mit vollem persönlichem Einsatz seinem Beruf widmet und die übertragenen Aufgaben uneigennützig nach bestem Gewissen wahrnimmt. Der Beamte erhält also nicht eine Bezahlung für geleistete Arbeitsstunden, sondern eine finanzielle Leistung für den Lebensunterhalt (Alimentation). Dabei hat der Dienstherr die Bezüge so festzulegen, dass dem Beamten ein angemessener Lebensunterhalt ermöglicht wird. Der Lebensunterhalt ist dabei – abgestuft nach dem jeweiligen Dienstrang und der damit verbundenen Verantwortung – an die Entwicklung des allgemeinen Lebensstandards anzupassen. Der Dienstherr ist außerdem verpflichtet, den Beamten im Ruhestand und – nach seinem Tode – seine Hinterbliebenen zu versorgen.

Das **Leistungsprinzip** gilt nicht nur für den Zugang zu öffentlichen Ämtern, sondern auch bei Beförderungen oder dem Aufstieg in eine höhere Laufbahn: Das Beamtenverhältnis ist in der Regel ein Verhältnis auf **Lebenszeit.** Das Beamtenverhältnis auf Zeit ist eine Ausnahme, die Beamtenverhältnisse auf Widerruf und auf Probe gehen dem Beamtenverhältnis auf Lebenszeit voraus. Aus dem Lebenszeitprinzip ergibt sich für den Beamten und seine Familie eine existenzielle Sicherheit, aus der er die für die Ausübung seines Amtes erforderliche Unabhängigkeit gewinnt. Die **Amtsbezeichnung** (z. B. Stadtinspektorin) soll die Bedeutung des Amtes deutlich machen.

Das **Laufbahnprinzip** bestimmt traditionell das Dienstverhältnis der Beamten, es befindet sich aber im Umbruch. Sie werden so ausgebildet, dass sie Aufgaben in einer bestimmten Fachrichtung und auf einer bestimmten Stufe der Verwaltung ausführen können. Der Ausbildung geht deshalb ein Vorbereitungsdienst (Anwärterzeit, Referendariat) voraus, der im mittleren, gehobenen und höheren Dienst regelmäßig mit einer Laufbahnprüfung abgeschlossen wird. In den Bundesländern gelten unterschiedliche Systeme der Laufbahngruppen und Laufbahnen.

5740288

2.1.2 Privatrechtliche Beschäftigungsverhältnisse

Im 20. Jahrhundert nahm mit den öffentlichen Aufgaben auch die Zahl der Beschäftigten im öffentlichen Dienst zu. Allerdings entstanden die meisten Aufgaben im Bereich der Daseinsvorsorge, z. B. im Ver- und Entsorgungsbereich, in Kultureinrichtungen und sozialen Einrichtungen. Der relative Beschäftigtenanteil in der Ordnungsverwaltung hingegen ging zurück. So entstanden vor allem bei den Gemeinden Beschäftigungsmöglichkeiten, die nicht hoheitlicher Art sind. Heute bilden in vielen Bereichen des öffentlichen Dienstes die privatrechtlich Beschäftigten den größten Mitarbeiteranteil. Da der Funktionsvorbehalt des Art. 33 Abs. 4 GG „in der Regel" gilt, können diese Beschäftigten durchaus hoheitliche Aufgaben übernehmen, was insbesondere in den Gemeinden auch geschieht.

Beschäftigte stehen als Arbeitnehmer in einem privatrechtlichen Arbeitsverhältnis. Die rechtliche Grundlage ist der Arbeitsvertrag zwischen Arbeitgeber und Arbeitnehmer.

2.1.2.1 Einordnung des Arbeitsvertrags

Anders als ein Kaufvertrag, den beide Vertragspartner nur einmal erfüllen, begründet der Arbeitsvertrag ein Dauerschuldverhältnis. Zu den Dauerschuldverhältnissen zählen z. B. auch Miete, Pacht und Darlehen. Während aber diese Vertragsarten im BGB ausdrücklich geregelt sind, ist der Arbeitsvertrag hier nicht genannt. Das BGB regelt nur den Dienstvertrag:

§ 611 BGB – Wesen des Dienstvertrags

(1) Durch den Dienstvertrag wird derjenige, welcher Dienste zusagt, zur Leistung der versprochenen Dienste, der andere Teil zur Gewährung der vereinbarten Vergütung verpflichtet.

(2) Gegenstand des Dienstvertrags können Dienste jeder Art sein.

Der Arbeitsvertrag wird als unselbstständiger Dienstvertrag und damit als Unterform des Dienstvertrags behandelt.

Der **Arbeitsvertrag** ist ein privatrechtlicher, personenrechtlicher, gegenseitiger Vertrag, durch den sich der Arbeitnehmer zur Leistung von Arbeit und der Arbeitgeber zur Lohnzahlung verpflichtet.

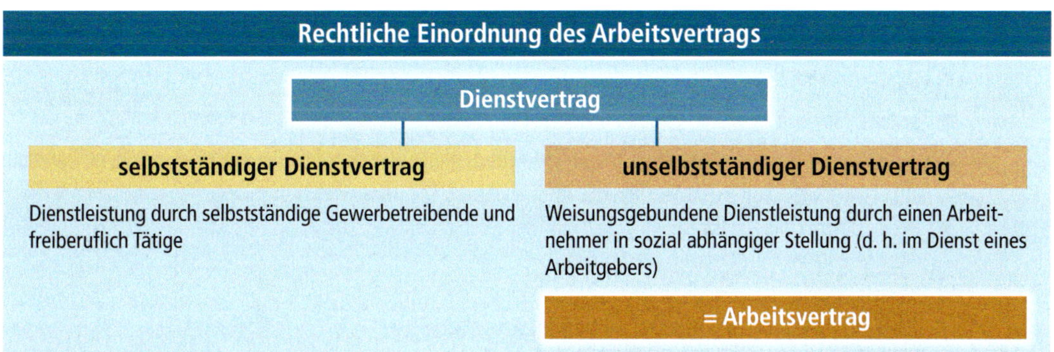

Der Arbeitsvertrag ist abzugrenzen vom

- Auftrag, durch dessen Annahme sich der Beauftragte verpflichtet, ein Geschäft **unentgeltlich** zu besorgen (§ 662 BGB), und vom
- Werkvertrag, durch den sich jemand verpflichtet, ein versprochenes **Werk** herzustellen oder einen anderen **Erfolg** durch Arbeit herbeizuführen (§ 631 BGB).

Die Unterscheidung der Vertragsarten ist deshalb wichtig, weil nur für den Arbeitsvertrag z. B. das Tarifrecht, das Kündigungsschutzrecht, das Arbeitszeitrecht sowie das Lohnsteuerabzugsverfahren in Betracht kommen.

Arbeitgeber ist jeder, der einen anderen als Arbeitnehmer beschäftigt.

Sowohl natürliche als auch juristische Personen können Arbeitgeber sein. Auch Bund und Länder, Gemeinden und Kreise sind also Arbeitgeber, da sie Arbeitnehmer beschäftigen. Der rechtliche Begriff des Arbeitgebers ist nicht mit dem wirtschaftlichen Begriff des Unternehmers gleichzusetzen.

Arbeitnehmer ist eine natürliche Person, die aufgrund eines privatrechtlichen Vertrags im Dienst eines anderen zur Arbeit verpflichtet ist.

Drei Merkmale kennzeichnen den Begriff des Arbeitnehmers:

- Leistung von Arbeit,
- privatrechtlicher Vertrag,
- Arbeit im Dienst eines anderen.

Leistung von Arbeit im Rechtssinne ist nicht leicht zu beschreiben. Meist wird es sich um eine aktive Tätigkeit handeln; jedoch kann auch die Arbeitsbereitschaft rechtlich als Arbeit anzusehen sein. Arbeit im arbeitsrechtlichen Sinne ist planmäßig, erfolgsorientiert und fremdbestimmt.

Ein privatrechtlicher Vertrag wird von einander gleichberechtigt gegenüberstehenden Personen geschlossen. Das gilt auch für Verträge mit dem Staat oder einer Gemeinde. Wer jedoch aufgrund eines öffentlich-rechtlichen Dienstverhältnisses Dienste leistet, z. B. als Beamter, Richter oder Soldat, ist nicht Arbeitnehmer. Dasselbe gilt auch für mithelfende Familienangehörige und auch für Strafgefangene, weil hier keine vertragliche Verpflichtung besteht.

Arbeit „im Dienste eines anderen" ist nicht zu verwechseln mit Arbeit „für andere". Arbeit im Dienste eines anderen bedeutet, dass ein persönliches Abhängigkeitsverhältnis besteht (Weisungsgebundenheit des Arbeitnehmers bei der Arbeitsausführung, mangelnde Selbstständigkeit) und dass regelmäßig die ganze Arbeitskraft geschuldet wird. Meist ist der Arbeitnehmer auch in den Betrieb des Arbeitnehmers eingegliedert. Diese zuletzt genannten Merkmale müssen nicht alle gleichzeitig auf einen Arbeitnehmer zutreffen.

Arbeit für andere leisten insbesondere freiberuflich Tätige, wie z. B. Ärzte, Steuerberater und Rechtsanwälte. Hier handelt es sich meist zwar auch um Dienstverträge mit Patienten bzw. Mandanten; da aber ein persönliches Abhängigkeitsverhältnis nicht besteht, sind Freiberufler keine Arbeitnehmer. Besteht keine persönliche, wohl aber eine wirtschaftliche Abhängigkeit von einem Betrieb, so kann es sich bei dem Betroffenen um eine „arbeitnehmerähnliche Person" handeln, die bestimmte Arbeitnehmer-Schutzrechte in Anspruch nehmen kann (z. B. Heimarbeiter).

Früher hat man die Arbeitnehmer nach ihrer Tätigkeit in Angestellte und Arbeiter eingeteilt. Inzwischen ist diese Unterscheidung arbeitsrechtlich bedeutungslos. Im öffentlichen Dienst heißen alle Arbeitnehmer **Beschäftigte.**

Folgende Gruppen zählen nicht zu den Arbeitnehmern:

- Beamte, Richter und Soldaten, weil sie nicht in einem privatrechtlichen Dienstverhältnis stehen,
- Selbstständige (Gewerbetreibende, Freiberufler), weil sie nicht „im Dienste eines anderen" (weisungsabhängig, unselbstständig) Dienste leisten.
- Ordensleute und Diakonissen, wenn sie ihre Dienstleistung aufgrund der Mitgliedschaft in einer karitativen oder religiösen Vereinigung erbringen,
- Strafgefangene, wenn sie nicht aufgrund eines privatrechtlichen Dienstverhältnisses, sondern im Rahmen eines öffentlich-rechtlichen Gewaltverhältnisses arbeiten.

2.1.2.2 Rechtliche Grundlagen des Arbeitsverhältnisses

Freiberuflich Tätige und Selbstständige arbeiten unabhängig und bestimmen Art, Ort und Zeit ihrer Arbeitsleistung weitgehend selbst; sie haben keinen Arbeitgeber. Arbeitnehmer hingegen sind vom Arbeitgeber persönlich abhängig, denn sie haben dienstliche Weisungen zu befolgen. Zur Sicherung ihrer Existenz sind sie auch wirtschaftlich auf abhängige Arbeit bei einem wirtschaftlich überlegenen Arbeitgeber angewiesen. Die sich am Arbeitsmarkt ergebenden Löhne und Arbeitsbedingungen werden nicht immer als gerecht empfunden. Im Allgemeinen können Arbeitgeber ihre Interessen eher durchsetzen als Arbeitnehmer.

Nach dem Grundgesetz ist die Bundesrepublik Deutschland ein sozialer Rechtsstaat, in dem die Menschenwürde unverletzlich ist. Da in einer Marktwirtschaft soziale Gerechtigkeit und humane Arbeitsbedingungen nicht von allein entstehen, greift der Staat durch Rechtsvorschriften korrigierend ein, beschränkt die Vertragsfreiheit im Arbeitsrecht und regelt zwingende Vorgaben für Arbeitsverhältnisse.

5740290

Dies geschieht im Wesentlichen durch vier Instrumente:

- Gesetze und Verordnungen sowie deren Auslegung durch die Arbeitsgerichte,
- Vereinbarungen in Tarifverträgen,
- Mitspracherechte der Betriebs- und Personalräte,
- Mitbestimmung der Arbeitnehmer in Aufsichtsräten größerer Unternehmen.

Das Arbeitsrecht umfasst die **Rechtsnormen,** die sich auf die Arbeit der Arbeitnehmer beziehen.

Ranghöchste innerstaatliche Rechtsquelle ist das Grundgesetz. Vor allem die Grundrechte wirken sich auf das Arbeitsrecht aus. Zu nennen sind hier insbesondere die Menschenwürde (Art. 1 GG), die Koalitionsfreiheit (Art. 9 GG) und das Gleichbehandlungsrecht (Art. 3 GG). Nachrangige Rechtsnormen – in Gesetzen, Rechtsverordnungen, Tarifverträgen und Betriebsvereinbarungen – dürfen nicht gegen die Verfassung verstoßen.

Die vom Staat gesetzten arbeitsrechtlichen Vorschriften sind auf eine Vielzahl von Gesetzen verteilt. Ein einheitliches „Arbeitsgesetzbuch" gibt es in der Bundesrepublik nicht.

Regelungen über das Arbeitsverhältnis zwischen Arbeitgeber und Arbeitnehmer werden als **individuelles Arbeitsrecht** bezeichnet. Sie sind u. a. in folgenden Gesetzen enthalten:

- Bürgerliches Gesetzbuch (BGB), §§ 611–630 (Unterabschnitt über den Dienstvertrag)
- Kündigungsschutzgesetz (KSchG)
- Berufsbildungsgesetz (BBiG)
- Arbeitsplatzschutzgesetz (ArbPlSchG)

Die Beziehungen zwischen dem Arbeitgeber und den Arbeitnehmern eines Betriebs insgesamt bzw. zwischen Arbeitgeberverbänden und Gewerkschaften gehören zum **kollektiven Arbeitsrecht.** Wichtige Rechtsgrundlagen:

- Tarifvertragsgesetz (TVG)
- Mitbestimmungsgesetz (MitbestG)
- Betriebsverfassungsgesetz (BetrVG)
- Personalvertretungsgesetze des Bundes und der Länder (BPersVG, LPVG)

Das **Arbeitnehmerschutzrecht** regelt gesetzliche Pflichten zum Schutz der Arbeitnehmer, insbesondere vor Gefahren im Betrieb und vor zu starker zeitlicher Beanspruchung. Wichtige Rechtsgrundlagen enthalten z. B. das Arbeitszeitgesetz, das Mutterschutzgesetz und das Jugendarbeitsschutzgesetz.

Eine Besonderheit des Arbeitsrechts sind die **Gesamtvereinbarungen** (Kollektivvereinbarungen). Dies sind Tarifverträge sowie Betriebs- bzw. Dienstvereinbarungen.

- **Tarifverträge** werden zwischen Arbeitgeberverbänden (oder einzelnen Arbeitgebern) und Gewerkschaften für ihre Mitglieder abgeschlossen, z. B. über Arbeitsbedingungen oder die Höhe der Löhne in einem bestimmten Wirtschaftszweig in einem Tarifgebiet.
- **Betriebsvereinbarungen** werden zwischen einem Arbeitgeber und dem Betriebsrat geschlossen und gelten für alle Betriebsangehörigen (z. B. Arbeitszeit- und Pausenregelungen für einen Betrieb). Dem entsprechen im öffentlichen Dienst die **Dienstvereinbarungen** zwischen der Dienststelle und dem Personalrat.

Die Normen der Gesamtvereinbarungen wirken auf die betroffenen Arbeitsverhältnisse wie Gesetze (§ 1 Abs. 1 TVG; § 77 Abs. 4 BetrVG). Da hier nicht der Staat das Recht setzt, spricht man auch von der „Selbstgesetzgebung" der Sozialpartner.

Im Bereich des öffentlichen Dienstes sind folgende Tarifverträge grundlegend:

- **Tarifvertrag für den öffentlichen Dienst (TVöD)**
  vom 13. September 2005 (gilt für Beschäftigte bei Gemeinden und Bund) mit Spartenregelungen in jeweiligen besonderen Teilen für
  - Verwaltung
  - Pflege- und Betreuungseinrichtungen
  - Sparkassen
  - Entsorgung
  - Flughäfen

- **Tarifvertrag für den öffentlichen Dienst der Länder (TV-L)**
  vom 12. Oktober 2006
- **Tarifverträge zur Überleitung** der Beschäftigten vom BAT (früher gültiger Bundes-Angestellten-Tarifvertrag) in den TVöD (TVÜ-VKA, TVÜ-Bund, TVÜ-Länder).

In diesem Buch wird – soweit nicht anders angegeben – der TVöD mit dem Besonderen Teil Verwaltung im Bereich der kommunalen Arbeitgeberverbände (TVöD-V) zugrunde gelegt. Abweichungen bestehen insbesondere bei Entgelttabellen und beim Leistungsentgelt.

Der **Arbeitsvertrag** ist die rechtliche Grundlage, durch die Arbeitgeber und Arbeitnehmer das Arbeitsverhältnis begründen. Er ist das von den Vertragsparteien individuell gestaltbare Regelungsmittel (aber keine Rechtsquelle).

Die **Weisung** des Arbeitgebers an den Arbeitnehmer, etwa eine bestimmte Arbeit auszuführen, steht am Ende der Rangfolge der arbeitsrechtlichen Regelungsmittel.

Das **zwischen- und überstaatliche Arbeitsrecht,** z. B. der Europäischen Union, gewinnt immer mehr an Bedeutung. Die Verordnungen des Ministerrats gelten in den Mitgliedstaaten unmittelbar und gehen dem nationalen Recht vor. Richtlinien hingegen geben ein gemeinsames Ziel vor, das jedoch von den Mitgliedstaaten in innerstaatliches Recht umgesetzt werden muss.

Beispiele

Das Verbot unterschiedlicher Behandlung von Arbeitnehmern aus anderen EU-Staaten ist durch eine EU-Verordnung geregelt und gilt unmittelbar.

Die EG-Richtlinie über die Sicherheit und den Gesundheitsschutz bei der Arbeit an Bildschirmgeräten gab den Mitgliedstaaten auf, in zwei Jahren entsprechende eigene Rechtsvorschriften zu erlassen.

Da immer wieder rechtliche Konflikte auftreten, die in Rechtsvorschriften nicht berücksichtigt wurden, tragen die **Entscheidungen der Arbeitsgerichte** wesentlich zur Fortentwicklung des Arbeitsrechts auf allen Ebenen bei („Richterrecht"). Insbesondere die Urteile des Europäischen Gerichtshofs und des Bundesarbeitsgerichts beeinflussen die Rechtsfortbildung. Sie sind zwar nicht allgemein verbindlich wie Rechtsnormen, stellen aber wichtige Orientierungspunkte für Arbeitgeber und Arbeitnehmer dar.

Rangordnung der Regelungsmittel im Arbeitsrecht (Rangprinzip)

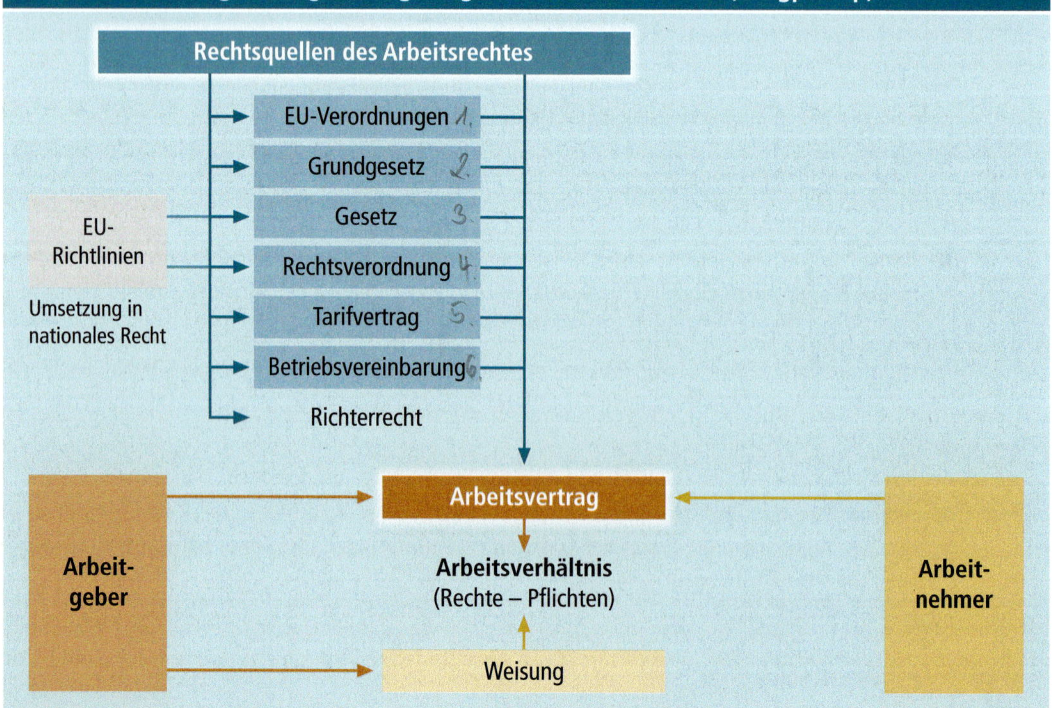

Die Rangfolge der Regelungsmittel („Rangprinzip") ist entscheidend, wenn Regelungen sich widersprechen. Dann gilt in der Regel die übergeordnete Vorschrift. Diese kann aber Ausnahmen zulassen. Die nachgeordnete Regelung ist rechtswidrig und wirkungslos, wenn sie mit höherrangigem Recht nicht in Einklang steht.

Beispiel

Ein Tarifvertrag sieht einen Stundenlohn von 12,50 € vor. Über Abweichungsmöglichkeiten ist nichts ausgesagt. Kann der Betriebsrat mit dem Arbeitgeber eine rechtswirksame Betriebsvereinbarung über einen Stundenlohn von 13,50 € abschließen?

§ 77 Abs. 3 BetrVG sagt hierzu:

Arbeitsentgelte und sonstige Arbeitsbedingungen, die durch Tarifvertrag geregelt sind oder üblicherweise geregelt werden, können nicht Gegenstand einer Betriebsvereinbarung sein. Dies gilt nicht, wenn ein Tarifvertrag den Abschluss ergänzender Betriebsvereinbarungen ausdrücklich zulässt.

Die Regelung in der Betriebsvereinbarung ist zwar günstiger, jedoch verbietet das (höherrangige) Gesetz grundsätzlich die Regelung des Arbeitsentgelts in einer Betriebsvereinbarung. Sie ist deshalb unwirksam; die Arbeitnehmer könnten nur 12,50 € je Stunde verlangen.

Ein starres **Rangprinzip** würde sich häufig zum Vorteil, oft aber auch zum Nachteil des Arbeitnehmers auswirken. Das Arbeitsrecht soll jedoch den Arbeitnehmer schützen. Deshalb wird das Rangprinzip häufig durch das **Günstigkeitsprinzip** durchbrochen.

Nach dem **Günstigkeitsprinzip** gilt grundsätzlich die niederrangige (schwächere) arbeitsrechtliche Regelung, wenn sie für den Arbeitnehmer günstiger ist.

Beispiel

Der Tariflohn soll bei 12,50 € je Stunde liegen. Facharbeiter Alt akzeptiert im Arbeitsvertrag einen Stundenlohn von 10,00 €, um überhaupt eingestellt zu werden. Sein Kollege Jung handelt mit dem Arbeitgeber einen Lohn von 14,00 € aus. Welche Lohnhöhe können Alt und Jung verlangen, wenn der Tarifvertrag auf beide Arbeitsverhältnisse anzuwenden ist?

Alt kann sich auf den Tarifvertrag berufen, der als höherrangige Regelung dem Arbeitsvertrag vorgeht (Rangprinzip). Für ihn ist die Schlechterstellung durch den Arbeitsvertrag unwirksam. Jung hingegen kann die Einhaltung der vertraglichen Absprache verlangen, weil sich diese Abweichung vom Tarifvertrag zu seinem Vorteil auswirkt (Günstigkeitsprinzip).

2.1.2.3 Vergleich zwischen Beamten- und Arbeitsverhältnis

Wichtige Unterschiede zwischen den Mitarbeitern in der Verwaltung verdeutlicht die folgende Übersicht:

	Beamtenverhältnis	Arbeitsverhältnis (Beschäftigte)
Rechtscharakter	■ öffentlich-rechtliches Dienst- und Treueverhältnis	■ privatrechtliches Arbeitsverhältnis
Rechtsgrundlagen	■ öffentliches Recht: Grundgesetz, Beamtenrecht	■ Privatrecht: Bürgerliches Gesetzbuch, Arbeitsrecht
Merkmale	■ Begründung durch Verwaltungsakt (Ernennungsurkunde) ■ Berufung grundsätzlich auf Lebenszeit, Entlassung nur in den gesetzlich vorgesehenen Fällen ■ „Dienstherr" ■ Streikverbot ■ „Besoldung" (gesetzlich festgelegt, Alimentationspflicht) ■ „Versorgung" der Beamten im Ruhestand ■ Sozialversicherungsfreiheit ■ Disziplinarrecht	■ Begründung durch Arbeitsvertrag ■ Kündbarkeit im Rahmen gesetzlicher und tarifvertraglicher Regelungen ■ „Arbeitgeber" ■ Streikrecht ■ „Entgelt" (tarifvertraglich festgelegt) als Gegenleistung für geleistete Tätigkeit ■ gesetzliche Rentenversicherung und betriebliche Altersversorgung ■ Sozialversicherungspflicht ■ keine Ahndung von „Dienstvergehen"
bei Rechtsstreitigkeiten	■ Zuständigkeit der Verwaltungsgerichte	■ Zuständigkeit der Arbeitsgerichte

2.2 Arbeitsverhältnis

2.2.1 Begründung des Arbeitsverhältnisses

Soll ein Arbeitsverhältnis begründet werden, so ist zwischen seiner Anbahnung (Einstellungsverfahren) und dem Abschluss des Arbeitsvertrags zu unterscheiden.

2.2.1.1 Anbahnung des Arbeitsverhältnisses

Stellenausschreibung

Neue Mitarbeiter können auf internem oder externem Wege gewonnen werden. Die **innerbetriebliche Stellenausschreibung** (schwarzes Brett, Betriebszeitung, Intranet) hat den Vorteil, dass die Fähigkeiten der Bewerber bereits bekannt sind. Interne Stellenbesetzungen fördern auch die Leistungsmotivation, da der Einsatz für den Betrieb den Aufstieg begünstigt. Da aber die Zahl der Bewerber oft zu gering ist und auch zusätzliche Fortbildungskosten anfallen können, werden Stellen häufig **extern ausgeschrieben.** Hier bestehen insbesondere folgende Möglichkeiten:

- Stellenanzeigen in Zeitungen und Fachzeitschriften oder auf der Homepage der Behörde
- Plakate (z. B. im Publikumsbereich der Dienststellen, in öffentlichen Verkehrsmitteln, in Bildungseinrichtungen)
- Stellen-Informations-Service der Bundesagentur für Arbeit sowie weitere Stellenbörsen in Print- und Onlinemedien

Grundlage aller Ausschreibungen ist das Aufgaben- und Anforderungsprofil (Stellenbeschreibung), das je nach Ausschreibungsart durch sinnvolle Informationen ergänzt wird. Es ist unbedingt darauf zu achten, dass die gesamte Ausschreibung den **Anforderungen des Allgemeinen Gleichbehandlungsgesetzes (AGG)** genügt (z. B. grundsätzlich geschlechts- und altersneutrale Ausschreibung). Um mögliche Beschwerden bearbeiten zu können, ist das gesamte Ausschreibungs- und Auswahlverfahren genau zu dokumentieren.

Bewerberauswahl

Nach Ablauf der Ausschreibungsfrist sind geeignete Bewerber auszuwählen. **Instrumente der Bewerberauswahl** sind z. B.

- Auswertung der vorgelegten Bewerbungsunterlagen,
- Personalfragebögen,
- Einstellungstests,
- Assessment-Center,
- Vorstellungsgespräche (Auswahl- bzw. Einstellungsgespräche).

Ein Assessment-Center (Assessment = Bewertung, Einschätzung) ist ein Auswahlverfahren, bei dem Berufssituationen z. B. in Rollenspielen, Diskussionen und Vorträgen simuliert werden. Leistungen und Verhalten werden von erfahrenen Beobachtern bewertet.

Das Auswahlverfahren ist zeitaufwendig, daher sollte jedem Bewerber der Eingang seiner Bewerbung schriftlich bestätigt werden. Die Bewerbungsunterlagen sind zu sichten und zu vergleichen. Hierzu gehören zumindest das Bewerbungsschreiben, der Lebenslauf, ein Lichtbild und Kopien der Schul- bzw. Hochschul- und Arbeitszeugnisse. Je nach Ausschreibung können z. B. ein Führungszeugnis, Kopien von Fortbildungsbescheinigungen oder Ernennungsurkunden hinzukommen.

Das Bewerbungsschreiben sollte überzeugend darlegen, warum sich der Bewerber für die ausgeschriebene Stelle für besonders geeignet hält und was die Position für ihn persönlich bedeuten würde. Der lückenlose Lebenslauf sollte in tabellarischer Form vorliegen. Bei der Prüfung dieser Unterlagen wird auch auf formale Aspekte (Rechtschreibung, Gestaltung nach DIN 5008) geachtet.

Datenbank- oder Tabellenkalkulationsprogramme helfen, geeignete Bewerbungen zu vergleichen. Man kann eine Bewerberdatei zugleich als Datenbasis für Einladungen zu Vorstellungsgesprächen nutzen. Nach der Stellenbesetzung sind die Daten zu löschen.

Vorstellungsgespräch

Bewerber, die in die engere Wahl kommen, werden zu einem **Vorstellungsgespräch** eingeladen. Häufig findet danach noch ein Einstellungsgespräch mit dem ausgesuchten Bewerber statt. Die Beteiligten haben hier unterschiedliche Interessen:

Der **Bewerber** möchte einen überzeugenden Eindruck hinterlassen, vor allem hinsichtlich der Leistungsfähigkeit. Andererseits will er sein Privatleben von der Arbeit trennen. Viele Bewerber meinen, dass z. B. die Hintergründe des Stellenwechsels, eventuelle Heiratsabsichten, eine Schwangerschaft, eine Allergie oder die politischen Aktivitäten den neuen Arbeitgeber nichts angingen. Dies entspricht auch dem Recht, über die Preisgabe von Daten aus der privaten Lebensgestaltung selbst zu bestimmen. Das Grundrecht auf informationelle Selbstbestimmung ergibt sich aus Art. 2 Abs. 1 i. V. m. Art. 1 Abs. 1 GG.

Der **Personalverantwortliche des Arbeitgebers** hingegen möchte sich ein umfassendes Bild von allen Bewerbern machen. Ihn interessieren Informationen, die Aufschluss geben über Qualifikationen, eventuelle Leistungsbeeinträchtigungen sowie über voraussichtliche Personalkosten, die u. a. auch durch Arbeitsausfälle oder raschen Stellenwechsel entstehen.

Bei der Anbahnung des Arbeitsvertrags begrenzt das Persönlichkeitsrecht (Art. 2 Abs. 1 GG) sowohl das Fragerecht des Arbeitgebers als auch die Mitteilungspflicht des Arbeitnehmers.

Bereits mit der Bewerbung entsteht zwischen den Beteiligten ein Vertrauensverhältnis mit bestimmten Rücksichts- und Sorgfaltspflichten (§ 311 BGB). Der Arbeitgeber muss den Bewerber unterrichten, wenn er überdurchschnittliche Anforderungen stellt, der Arbeitsplatz zu besonderen gesundheitlichen Belastungen führt oder wegen beabsichtigter organisatorischer Änderungen gefährdet ist. Kommt ein Arbeitsvertrag nicht zustande, muss der Arbeitgeber die Bewerbungsunterlagen sofort zurückgeben und einen eventuell angelegten Personalfragebogen in der Regel vernichten. Machen bestimmte Tatsachen einen Bewerber für die Stelle absolut ungeeignet, so muss der Bewerber dies ungefragt mitteilen. Das Vertrauensverhältnis verpflichtet auch zu Verschwiegenheit über bekanntgegebene persönliche Informationen und betriebliche Geheimnisse.

Fragerecht des Arbeitgebers

Grundsätzlich muss der Arbeitgeber nach den Informationen fragen, die für die zu leistende Tätigkeit bedeutsam sind. Hierzu werden häufig Einstellungsfragebögen benutzt. Berechtigte Fragen sind wahrheitsgemäß zu beantworten.

zulässige Fragen	unzulässige Fragen
Zulässig sind grundsätzlich solche Fragen, an denen der Arbeitgeber im Hinblick auf die zu leistende Tätigkeit ein berechtigtes Interesse hat, das stärker wiegt als das Persönlichkeitsrecht des Arbeitnehmers, z. B. Fragen ■ nach Schulbildung, beruflichem Werdegang, Zeugnis- und Prüfungsnoten, ■ nach fachlichen Fähigkeiten und Erfahrungen, ■ nach einem geleisteten oder bevorstehenden Wehr- oder Ersatzdienst,	Unzulässig sind grundsätzlich solche Fragen, die in das Persönlichkeitsrecht des Bewerbers eingreifen, z. B. Fragen ■ nach einer beabsichtigten Eheschließung, ■ nach dem Bestehen einer Schwangerschaft, ■ nach Partei-, Gewerkschafts- und Religionszugehörigkeit, ■ nach Vermögensverhältnissen, ■ zum sexual-medizinischen Bereich (z. B. zur Empfängnisverhütung), ■ nach einer Schwerbehinderung.

Es gibt Fragen, die nur unter bestimmten Voraussetzungen zulässig, sonst aber unzulässig sind.

Beispiele

Fragen nach Krankheiten sind zulässig, sofern sie für den Arbeitsplatz und für andere Arbeitnehmer von Bedeutung sind.
Nach Vorstrafen darf sich der Arbeitgeber erkundigen, sofern sie für die künftige Tätigkeit relevant sind.

Unterrichtungspflichten des Arbeitnehmers

Ein Bewerber muss berechtigte Fragen wahrheitsgemäß beantworten. Ein Bewerber muss dem Arbeitgeber außergewöhnliche persönliche Umstände, die sich unmittelbar auf den Inhalt des Arbeitsvertrags auswirken, von sich aus mitteilen. Kann er bestimmte Bedingungen des vorgesehenen Arbeitsvertrags nicht erfüllen, muss er den Arbeitgeber informieren.

Die Einstellungsentscheidung trifft in der Regel die Behördenleitung, bei Kommunen kommt es auf das jeweilige Kommunalverfassungsrecht an.

Anfechtung eines späteren Arbeitsvertrags

War für das Zustandekommen eines Arbeitsvertrags die falsche Beantwortung von **zulässigen Einstellungsfragen** durch den Arbeitnehmer entscheidend, so kann der Arbeitgeber den Vertrag eventuell anfechten, insbesondere wegen

- Irrtums über eine verkehrswesentliche Eigenschaft der Person des Arbeitnehmers (§ 119 Abs. 1 und 2 BGB) oder
- wegen arglistiger Täuschung (§ 123 BGB).

Folge der Anfechtung ist grundsätzlich die Unwirksamkeit des Arbeitsvertrags für die Zukunft, d. h. vom Zeitpunkt des Zugangs der Anfechtungserklärung.

Beantwortet ein Bewerber **unzulässige Einstellungsfragen** des Arbeitgebers wahrheitswidrig, so ist eine Anfechtung des Arbeitgebers wegen arglistiger Täuschung erfolglos.

Beispiele

Wer eine mit dauernder Arbeitsunfähigkeit verbundene chronische Krankheit verschweigt, begeht durch die unterlassene Aufklärung eine Täuschungshandlung, die zur Anfechtung des Vertrags berechtigt.

Die Ehrlichkeit einer Kassiererin wird bei der Einstellung als wesentliche Eigenschaft angesehen. Werden nach der Arbeitsaufnahme mehrfache Vorstrafen wegen Diebstahls bekannt, kann der Vertrag wegen Irrtums über die Ehrlichkeit der Kassiererin angefochten werden.

Fragt ein Arbeitgeber unzulässigerweise nach einer bestehenden HIV-Infektion eines Bewerbers und verneint der Bewerber diese Frage wahrheitswidrig, so liegt hierin kein Anfechtungsgrund wegen arglistiger Täuschung. Da allein die Infektion die berufliche Tätigkeit im Allgemeinen nicht beeinflusst, durfte der Arbeitgeber die Frage nicht stellen; außerdem hat der Bewerber nur dann eine Chance, eingestellt zu werden, wenn er die unzulässige Frage falsch beantwortet. Anders wäre die Rechtslage, wenn die Arbeitsleistung aufgrund einer akuten (also bereits ausgebrochenen) AIDS-Erkrankung eingeschränkt wäre.

Ärztliche Einstellungsuntersuchungen dürfen nur durchgeführt werden, wenn sie gesetzlich vorgeschrieben sind (Jugendarbeitsschutzgesetz, Bundesseuchengesetz) oder wenn der Bewerber ausdrücklich zustimmt.

Der Arbeitgeber hat vor jeder Einstellung die Zustimmung des Betriebsrats bzw. des Personalrats einzuholen.

Anbahnung eines kommunalen Arbeitsverhältnisses	
1. Stellenausschreibung (Grundlagen: Stellenplan, Stellenbeschreibung)	
2. Eingehen der Bewerbungen	
3. Bestätigen der Bewerbungseingänge	
4. Auswahl der Bewerber (Auswertung der Bewerbungsunterlagen, Einstellungsgespräche)	gleichzeitig: Beteiligung des Personalrats und der Gleichstellungsbeauftragten
5. Einstellungsentscheidung durch das kommunalrechtlich zuständige Organ, z. B. Bürgermeister	
6. Zustimmung des Personalrats	
7. Abschluss des Arbeitsvertrags (Grundlage: TVöD)	

2.2.1.2 Abschluss des Arbeitsvertrags

Der Abschluss des Arbeitsvertrags erfordert – wie jeder Vertrag – zwei inhaltlich übereinstimmende Willenserklärungen (Antrag und Annahme). Jedem Arbeitnehmer und jedem Arbeitgeber steht es frei, ein Arbeitsverhältnis einzugehen, denn es gilt der Grundsatz der Vertragsfreiheit. Im Arbeitsrecht erstreckt sie sich grundsätzlich auf den Abschluss, die Form und die inhaltliche Gestaltung von Arbeitsverträgen. Allerdings gibt es Einschränkungen in der Abschluss-, Form- und Gestaltungsfreiheit:

Besonders schutzbedürftige Personengruppen werden durch rechtliche Abschlussgebote und -verbote geschützt.

Beispiele

- *Abschlussgebot: § 71 Abs. 1 SGB IX verpflichtet private und öffentliche Arbeitgeber mit monatlich mindestens 20 Arbeitsplätzen, auf wenigstens fünf Prozent der Arbeitsplätze schwerbehinderte Menschen zu beschäftigen.*
- *Abschlussverbot: § 1 JArbSchG verbietet die Beschäftigung von Kindern.*

Der Arbeitgeber hat weitere Einschränkungen der freien Bewerberauswahl zu beachten. So darf er nach dem AGG z. B. die Einstellung nicht deshalb ablehnen, weil der Bewerber eine Frau oder ein Mann ist (es sei denn, das Geschlecht ist unverzichtbare Voraussetzung für die Tätigkeit, z. B. zur Wahrnehmung einer bestimmten Schauspielerrolle).

Im Bereich des öffentlichen Dienstes hat nach Art. 33 Abs. 2 GG jeder Deutsche nach seiner Eignung, Befähigung und fachlichen Leistung gleichen Zugang zu jedem öffentlichen Amte. Diese Regelung gilt nicht nur für Beamte, sondern auch für Arbeitnehmer.

Arbeitsverträge bedürfen zu ihrer Wirksamkeit grundsätzlich zwar keiner bestimmten Form, allerdings verlangt § 3 Abs. 1 TVöD, Arbeitsverträge schriftlich abzuschließen. Diese Vorschrift hat nur deklaratorische (rechtsbezeugende, klarstellende) Bedeutung und dient dem Schutz des Arbeitnehmers. Die in § 3 Abs. 3 TVöD vorgeschriebene Schriftform für Nebenabreden jedoch hat konstitutive (rechtsbegründende) Wirkung. Wird z. B. eine Verkürzung der Probezeit nur mündlich zugesagt, so ist diese Nebenabrede nach § 125 BGB wegen Formmangels nichtig.

Außerdem verpflichtet das Gesetz über den Nachweis der für ein Arbeitsverhältnis geltenden wesentlichen Bedingungen („Nachweisgesetz“) den Arbeitgeber, dem Arbeitnehmer bis einen Monat nach dem Beginn des Arbeitsverhältnisses die wesentlichen Vertragsbedingungen schriftlich auszuhändigen, falls sich die Angaben nicht aus einem schriftlichen Arbeitsvertrag bzw. aus dort angegebenen Kollektivvereinbarungen ergeben. Diese Niederschrift hat deklaratorische Bedeutung.

Arbeitsverträge können Mängel enthalten, die häufig erst nach der Arbeitsaufnahme offenkundig werden.

Beispiele

Herr S. ist langjähriger Mitarbeiter in der Personalabteilung. Er stellt Frau A. für die Poststelle ein, ohne für den Abschluss von Arbeitsverträgen bevollmächtigt zu sein. Ob der Arbeitsvertrag besteht oder nicht, hängt von der Genehmigung des Arbeitgebers ab (§ 177 BGB).

Herr F. hat beim Vorstellungsgespräch unwahre Angaben über seinen beruflichen Werdegang gemacht und ein gefälschtes Arbeitszeugnis vorgelegt. Er wusste, dass beide Punkte für die Entscheidung seines neuen Arbeitgebers ausschlaggebend waren. Die arglistige Täuschung des Herrn F. ist ein Anfechtungsgrund (§ 123 BGB). Ficht der Arbeitgeber den Arbeitsvertrag an (indem er Herrn F. erklärt, der Vertrag sei unwirksam), so ist der Vertrag nichtig, d. h., er gilt als nicht geschlossen.

Stellt sich die rechtliche Unwirksamkeit des Arbeitsvertrags erst nach der Arbeitsaufnahme heraus, so können die Leistungen (Lohn und Arbeit) nicht ohne Weiteres zurückgegeben werden wie bei anderen Austauschverträgen (z. B. Rückgabe von Ware und Kaufpreis beim Kaufvertrag). Solche Arbeitsverhältnisse gelten deshalb grundsätzlich so lange als wirksam, bis sich die Unwirksamkeit des Vertrags herausstellt. Bis zu diesem Zeitpunkt besteht regelmäßig ein faktisches Arbeitsverhältnis (mit allen Rechten und Pflichten), von dem sich der Arbeitgeber wie der Arbeitnehmer ohne Einhaltung einer Frist oder Form lossagen kann.

Arbeitspapiere

Zu Beginn des Arbeitsverhältnisses hat der Arbeitnehmer dem Arbeitgeber seine Steuer-Identifikationsnummer sowei bestimmte Arbeitspapiere auszuhändigen, die dieser sorgfältig aufbewahren muss. Hierzu gehören

- Sozialversicherungsausweis (Kopie),
- Bescheinigung über den im Kalenderjahr gewährten oder abgegoltenen Urlaub,
- eventuell Unterlagen über vermögenswirksame Leistungen,
- Mitteilung darüber, in welcher Krankenkasse der Arbeitnehmer versichert ist,
- bei ausländischen Arbeitnehmern: Aufenthaltstitel.

Der Arbeitgeber benötigt die Nachweise zur korrekten Abführung von Steuern, Sozialabgaben und eventuell vermögenswirksamen Leistungen sowie für die Erfüllung der Meldepflichten gegenüber der Krankenkasse.

2.2.2 Rechte und Pflichten im Arbeitsverhältnis

Beispiel eines Arbeitsvertrages (Arbeitsverhältnis auf unbestimmte Zeit)

Zwischen der Stadt Neustadt, vertreten durch den Bürgermeister (Arbeitgeber), und Herrn Dirk Neumann, geb. am 30. Dezember 1987 in Neustadt, (Beschäftigter), wird folgender

Arbeitsvertrag

geschlossen:

§ 1

Herr Dirk Neumann wird ab 01. Oktober 2010 auf unbestimmte Zeit als Vollbeschäftigter eingestellt.

§ 2

Das Arbeitsverhältnis bestimmt sich nach dem Tarifvertrag für den öffentlichen Dienst (TVöD) einschließlich der besonderen Regelungen für die Verwaltung (TVöD – Besonderer Teil Verwaltung) und den diesen ergänzenden, ändernden oder ersetzenden Tarifverträgen für den kommunalen Bereich in der jeweils geltenden Fassung.

§ 3

Die Probezeit nach § 2 Abs. 4 TVöD beträgt sechs Monate.

§ 4

Der Beschäftigte ist in die Entgeltgruppe 6 TVöD eingruppiert.

Bis zum In-Kraft-Treten der neuen Entgeltordnung sind alle Eingruppierungs- und Einreihungsvorgänge vorläufig und begründen keinen Vertrauensschutz und keinen Besitzstand (§ 17 Abs. 3 Satz 1 TVÜ-VKA).

§ 5

Es werden keine Nebenabreden vereinbart.

§ 6

Änderungen und Ergänzungen des Arbeitsvertrages einschließlich von Nebenabreden sind nur wirksam, wenn sie schriftlich vereinbart werden. Dies gilt auch für die Aufhebung des Schriftformerfordernisses.

Neustadt, 20. August 2010

Schultheiß (Arbeitgeber) | *Dirk Neumann* (Beschäftigter)

Kern des Arbeitsvertrags ist der Austausch von Arbeit gegen Lohn. Aus § 611 BGB ergeben sich die Hauptpflichten der Vertragspartner:

- **Arbeitspflicht** des Arbeitnehmers
- **Vergütungspflicht** des Arbeitgebers

Arbeitnehmerpflichten	Arbeitgeberpflichten
Hauptpflichten	
Arbeitspflicht (Art, Umfang, Dauer)	**Vergütungspflicht** (Lohnzahlung)
Nebenpflichten	
„Treuepflicht" insbesondere ■ Verschwiegenheit ■ Unterlassung schädigender Handlungen ■ Sorgfalt im Umgang mit Arbeitsmitteln ■ Verbot der Annahme von Geschenken und Belohnungen ■ Anzeige drohender Schäden ■ Beachtung eines Wettbewerbsverbots u. a.	**„Fürsorgepflicht"** insbesondere ■ Schutz der Persönlichkeit des Arbeitnehmers ■ Schutz von Leben, Gesundheit und Eigentum des Arbeitnehmers ■ Beschäftigung ■ Gleichbehandlung ■ Urlaubsgewährung ■ Abführung von Lohnsteuern und Sozialabgaben u. a.

Aus der gegenseitigen Rücksichtnahme auf die Interessen des jeweils anderen Vertragspartners ergeben sich Nebenpflichten, die häufig unter den Bezeichnungen **„Treuepflichten"** des Arbeitnehmers und **„Fürsorgepflichten"** des Arbeitgebers zusammengefasst werden. Den Pflichten der einen stehen entsprechende Rechte der anderen Vertragspartei gegenüber.

Arbeitsverträge können je nach Wirtschaftszweig bzw. Beruf sowie nach der Stellung des Arbeitnehmers große Unterschiede in Umfang und Inhalt aufweisen. Das vorstehende Beispiel enthält neben einigen personenbezogenen Besonderheiten (z. B. Entgeltgruppe, Probezeit) nur knappe, allerdings weitreichende Festlegungen. So werden etwa die anzuwendenden Tarifverträge vereinbart. Dass außerdem gesetzliche Vorschriften und Dienstvereinbarungen in das Arbeitsverhältnis hineinwirken, versteht sich von selbst. Sogar die „betriebliche Übung" (z. B. freiwillige, regelmäßig gewährte Essenszuschüsse) sowie allgemein bedeutsame Gerichtsurteile können bei der Auslegung des Arbeitsvertrags helfen. Einzelheiten und Eventualfälle des Arbeitsverhältnisses, die weder durch den Arbeitsvertrag noch durch eine Rechtsnorm geregelt und auch sonst nicht geklärt sind, können großenteils durch das **Weisungsrecht** des Arbeitgebers ausgefüllt werden, durch das dieser die Pflichten des Arbeitnehmers im Rahmen des Arbeitsvertrags konkretisiert. Im Einzelfall kann es schwierig sein, die Pflichten von Arbeitgeber und Arbeitnehmer genau zu bestimmen.

Nachfolgend werden die Haupt- und Nebenpflichten auf der Grundlage der gesetzlichen Vorschriften und der Rechtsprechung im Überblick dargestellt. Auf spezielle Regelungen für den öffentlichen Dienst wird besonders hingewiesen.

2.2.2.1 Arbeitspflicht des Arbeitnehmers

Die Arbeitspflicht ist eine persönliche und nicht auf andere übertragbare Pflicht des Arbeitnehmers (§ 613 BGB). Er darf also grundsätzlich keine Ersatzkraft zur Arbeit schicken. Die Arbeitspflicht besteht grundsätzlich nur gegenüber dem Vertragspartner. Als Sonderfälle ermöglicht § 4 Abs. 3 TVöD jedoch die Zuweisung und die Personalgestellung. In diesen Fällen arbeitet der Beschäftigte bei einem Dritten.

Die Art der zu leistenden Arbeit kann vertraglich unterschiedlich bestimmt sein, die Einzelheiten ergeben sich nicht aus dem Arbeitsvertrag. Um die Pflichten des Arbeitnehmers hinsichtlich der Arbeitsausführung zu konkretisieren, hat der Arbeitgeber im Rahmen des Arbeitsvertrags ein **Weisungsrecht,** auch Direktionsrecht oder Leitungsrecht genannt, das sich aus § 315 BGB ergibt.

Durch Weisungen des Arbeitgebers werden der genaue Inhalt der Arbeitspflicht des Arbeitnehmers sowie Ort und Zeit der Arbeitsleistung soweit festgelegt, wie der Arbeitsvertrag sowie Gesetze und Kollektivvereinbarungen noch keine Festlegungen enthalten.

Das Weisungsrecht (Direktionsrecht) des Arbeitgebers ist das begrenzte und nachrangige Recht zur einseitigen näheren Leistungsbestimmung im Rahmen des Arbeitsvertrags.

Je allgemeiner die Tätigkeit im Arbeitsvertrag beschrieben ist, desto weitgehender ist das Recht des Arbeitgebers, die zu leistende Arbeit einseitig näher zu bestimmen. Diese Weisungen sind zu befolgen, soweit sie zulässig sind. Das Weisungsrecht kann sich z. B. beziehen auf

- Zuweisung bestimmter Arbeiten einschließlich Vertretungsregelungen (Was soll getan werden?),
- Festlegung von Arbeitszeit und -ort einschließlich der Kontrolle der Präsenz am Arbeitsplatz (Wann und wo soll gearbeitet werden?),
- Festlegung von Einzelheiten der Arbeitsausführung einschließlich Behandlung des Arbeitsgeräts (Wie soll gearbeitet werden?),
- Festlegungen zur Ordnung im Betrieb, z. B. Rauchverbot zum Schutz anderer Arbeitnehmer oder wegen Brandgefahr, Alkoholverbot zur Unfallverhütung, Fragen der Telefonbenutzung, Tragen von Schutzkleidung usw.

Das Weisungsrecht ist begrenzt durch

- den Arbeitsvertrag selbst (auch Nebenarbeiten müssen sich im Rahmen des Arbeitsvertrags halten, dies gilt z. B. für bestimmte Aufräumungs- und Säuberungsarbeiten, Pflege des Arbeitsgeräts, Materialbeschaffung),
- Regelungen in Gesetzen, Tarifverträgen, Betriebs- bzw. Dienstvereinbarungen über die Begrenzung der Arbeitspflicht,
- Mitbestimmungsrechte des Betriebs- bzw. Personalrats bei der Ausübung des Weisungsrechts zur Wahrung von Arbeitnehmerinteressen,
- das Persönlichkeitsrecht des Arbeitnehmers (Art. 1 GG, insbesondere Schutz der Privatsphäre), im Einzelfall auch durch andere Grundrechte,
- Willkürverbot (Schikaneverbot); Gleichbehandlungsgebot (siehe Arbeitgeberpflichten).

In Notfällen (Katastrophe, Grippeepidemie oder Brand im Betrieb) muss ein Arbeitnehmer kurzfristig auch andere Arbeiten als die vereinbarten übernehmen.

Beschäftigte im öffentlichen Dienst können nach § 4 TVöD aus dienstlichen oder betrieblichen Gründen durch den Arbeitgeber versetzt oder abgeordnet werden. Bei einer **Versetzung** wird dem Beschäftigten eine dem Arbeitsvertrag entsprechende Tätigkeit bei einer anderen Dienststelle auf Dauer übertragen (Beispiel: Versetzung von der Bezirksregierung Köln zur Bezirksregierung Münster). Bei einer **Abordnung** ist diese Übertragung nur vorübergehend. Vor einer Versetzung oder längeren Abordnung an einen anderen Ort muss der Arbeitgeber den Beschäftigten hören. Von Versetzung und Abordnung zu unterscheiden ist die **Umsetzung** auf einen anderen Arbeitsplatz innerhalb der Dienststelle, z. B. von einem Fachbereich einer Stadtverwaltung zu einem anderen.

Wie weit das Weisungsrecht des Arbeitgebers reicht, muss im Einzelfall anhand des Arbeitsvertrags und der Durchführung des Arbeitsverhältnisses geprüft werden. Überschreitet der Arbeitgeber sein Weisungsrecht, darf der Arbeitnehmer die zugewiesene Arbeit verweigern.

Betreibt eine Verwaltung Personalentwicklung, so kann sie die Handlungsräume der Mitarbeiter in Stellenbeschreibungen umreißen und in Mitarbeitergesprächen weiterentwickeln. Sind die Mitarbeiter selbstständig und kommunikativ, so kann auf Einzelweisungen weitgehend verzichtet werden.

Wie sehr muss sich der Arbeitnehmer anstrengen? Er soll seine Arbeit nach seinen Kräften und Fähigkeiten erledigen. Er darf nicht bewusst zu wenig leisten. Andererseits muss er nicht Raubbau mit seinen Kräften treiben.

Die betriebliche **Arbeitszeit** ist einzuhalten. Grundsätzlich hat der Arbeitnehmer persönliche Angelegenheiten außerhalb der Arbeitszeit zu erledigen. Er darf der Arbeit nur mit Zustimmung des Arbeitgebers fernbleiben.

5740300

Für die Arbeitszeit gelten die Höchstarbeitszeiten des Arbeitszeitgesetzes (ArbZG), die grundsätzlich nicht überschritten werden dürfen (Ausnahmen: § 7, 12 ArbZG). Das geht zwar vom Grundsatz des Achtstundentags aus, doch ist es zulässig, die tägliche Arbeitszeit auf zehn Stunden auszudehnen, wenn innerhalb eines Ausgleichszeitraums von sechs Monaten im Durchschnitt acht Stunden werktäglich nicht überschritten werden. Der – eventuell freie – Samstag zählt zu den Werktagen. Nach den Tarifverträgen für den öffentlichen Dienst beträgt der Ausgleichszeitraum jedoch ein Jahr. Die Pausenzeit beträgt bei einer Arbeitszeit von mehr als sechs Stunden mindestens 30 Minuten, bei mehr als neunstündiger Arbeit beträgt sie 45 Minuten. Nach der Arbeitszeit haben Arbeitnehmer Anspruch auf eine ununterbrochene Ruhezeit von elf Stunden.

Innerhalb dieses Rahmens bestimmen Tarifvertrag, Betriebs- bzw. Dienstvereinbarung und Einzelarbeitsvertrag die tägliche Arbeitszeit. Das Weisungsrecht des Arbeitgebers erlaubt keine unzumutbaren Arbeitszeiten.

Für Beschäftigte im öffentlichen Dienst variiert die durchschnittliche wöchentliche Arbeitszeit zwischen 39 und 40 Stunden.

In Betrieben mit mehr als 15 Beschäftigten kann ein Arbeitnehmer, dessen Arbeitsverhältnis länger als sechs Monate bestanden hat, verlangen, dass seine Arbeitszeit verringert wird (Teilzeitarbeit). Der Arbeitgeber muss diesem Wunsch zustimmen, soweit betriebliche Gründe nicht entgegenstehen. Ein betrieblicher Grund kann beispielsweise vorliegen, wenn die Verringerung der Arbeitszeit unverhältnismäßige Kosten verursacht oder die Organisation, den Arbeitsablauf oder die Sicherheit im Betrieb wesentlich beeinträchtigt.

Nebentätigkeiten gegen Entgelt haben die Beschäftigten ihrem Arbeitgeber vorher schriftlich anzuzeigen. Ist die Nebentätigkeit geeignet, die Pflichterfüllung des Beschäftigten oder die Interessen des Arbeitgebers zu beeinträchtigen, so kann dieser die Nebentätigkeit untersagen oder dem Beschäftigten Auflagen machen.

2.2.2.2 Nebenpflichten des Arbeitnehmers

Die alte Bezeichnung „Treuepflicht" als Oberbegriff für die umfangreichen Rücksichts-, Obhuts- und Informationspflichten des Arbeitnehmers ist missverständlich, wenn mit Treue nahezu unbegrenzte Verpflichtungen assoziiert werden, die die ganze Person umfassen. Gemeint ist die Pflicht des Arbeitnehmers, die betrieblichen Interessen des Arbeitgebers zu wahren. Je nach dem Inhalt des Arbeitsvertrags, der Stellung im Betrieb und dem Vertrauensverhältnis zum Arbeitgeber kann diese Verpflichtung für verschiedene Arbeitnehmer desselben Arbeitgebers unterschiedlich ausgeprägt sein. Der Arbeitnehmer kann aber dennoch seine eigenen berechtigten Interessen wahrnehmen.

Aus der allgemeinen Pflicht, die Interessen des Arbeitgebers zu wahren und alles zu unterlassen, was diese Interessen schädigt, ergeben sich für den Arbeitnehmer konkrete Handlungs- und Unterlassungspflichten:

- Anzeige drohender Schäden,
- Sorgfalt im Umgang mit Arbeitsmitteln und -stoffen,
- Einhalten der betrieblichen Ordnung,
- Unterlassen ruf- bzw. kreditschädigender Äußerungen (auch wenn sie wahr sind),
- unverzügliche Mitteilung vorhersehbarer Arbeitsverhinderung, z. B. bei Erkrankung,
- Verbot der Annahme von Geschenken in Zusammenhang mit pflichtwidrigen Handlungen des Arbeitnehmers (Schmiergeldverbot), im öffentlichen Dienst besteht ein striktes Annahmeverbot für Geschenke,
- Pflicht zur Verschwiegenheit während und nach Beendigung des Arbeitsverhältnisses,
- Wettbewerbsverbot (Verbot für Arbeitnehmer in der Privatwirtschaft, während des Arbeitsverhältnisses zum Arbeitgeber in Wettbewerb zu treten).

Beschäftigte bei Arbeitgebern, in deren Aufgabenbereichen auch hoheitliche Tätigkeiten wahrgenommen werden, müssen sich durch ihr dienstliches und außerdienstliches Verhalten zur freiheitlich demokratischen Grundordnung im Sinne des Grundgesetzes bekennen (§ 3 Abs. 1.1 TVöD). Insofern haben Beschäftigte in der öffentlichen Verwaltung eine **gesteigerte Treuepflicht,** die sich vor allem auf die Verfassungstreue bezieht.

In **Tendenzbetrieben** (z. B. Betriebe, die der Berichterstattung und der Meinungsbildung dienen, wie Zeitungsverlage und private Fernsehgesellschaften, Betriebe der Parteien, Kirchen und karitativen Einrichtungen) haben die Arbeitnehmer inner- und außerdienstlich alles zu unterlassen, was mit der Tendenz des Betriebs nicht in Einklang steht. Das Weisungsrecht des Arbeitgebers geht weiter als in anderen Betrieben. Dies kann auch eine Einschränkung der Meinungsfreiheit bedeuten. Der Tendenzschutz zugunsten des Arbeitgebers schließt auch bestimmte Mitbestimmungsrechte des Betriebsrats aus.

2.2.2.3 Vergütungspflicht des Arbeitgebers

Die Hauptpflicht des Arbeitgebers ist die Vergütungspflicht (Lohnzahlungspflicht). Sie ist die Gegenleistung für die Dienstleistung des Arbeitnehmers (§ 611 Abs. 1 BGB). Im Arbeitsrecht gilt die Regel „Ohne Arbeit kein Lohn", von der es jedoch Ausnahmen gibt.

Für den Arbeitnehmer bedeutet das Arbeitsentgelt sowohl wirtschaftliche Existenzgrundlage als auch Anerkennung für seine Leistung. Volkswirtschaftlich bildet es einen großen Teil der Nachfrage nach Konsumgütern und prägt die mehr oder weniger gerechte Einkommensverteilung in der Gesellschaft. Darüber hinaus dient es als Grundlage für Einkommensbesteuerung und Sozialversicherungsbeiträge. Der Lohn für die geleistete Arbeit sollte daher wirtschaftlich und sozial gerecht sein.

Man unterscheidet verschiedene Lohnarten und -formen. Grundsätzlich ist Geldlohn zu zahlen. Als Lohnanteil kommt auch Naturallohn (Sachlohn) vor, wenn z. B. Unterkunft oder Kost gewährt wird oder eine Werkswohnung bzw. ein Wohnheimplatz zur Verfügung gestellt wird. Wird die Arbeit nach der Dauer der geleisteten Arbeit vergütet, spricht man von Zeitlohn (z. B. Stundenlohn, Monatslohn). Das monatliche Entgelt der Verwaltungsfachangestellten ist Zeitlohn. Beim Akkordlohn richtet sich die Lohnhöhe nach dem mengenmäßigen Arbeitsergebnis.

Die Lohnhöhe ergibt sich meistens aus einem Tarifvertrag. Ist eine solche Regelung nicht anzuwenden, kommt eine eventuell im Arbeitsvertrag enthaltene Bestimmung zum Zuge. Fehlt auch sie, ist die übliche Vergütung als vereinbart anzusehen. Da Tariflöhne grundsätzlich Mindestlöhne, nicht Festlöhne sind, gilt beim Zusammentreffen mehrerer Regelungen das Günstigkeitsprinzip.

Für die Lohnzahlung gelten folgende Grundsätze:

- Der Arbeitnehmer hat Anspruch auf eine kontrollierbare, schriftliche Abrechnung über den Bruttolohn und die Abzüge.
- Der Arbeitgeber hat den Nettolohn grundsätzlich an den Arbeitnehmer zu zahlen (Ausnahme: Abtretung, Bevollmächtigung). Dies gilt auch bei einem minderjährigen Arbeitnehmer, dessen gesetzlicher Vertreter dem Arbeitsverhältnis zugestimmt hat.
- Grundsätzlich ist die Vergütung zeitlich nach der Arbeitsleistung fällig (Monatslohn z. B. am Monatsende). Nach § 24 Abs. 1 TVöD erfolgt die Zahlung am letzten Tag des Monats für den laufenden Kalendermonat auf ein von dem Beschäftigten benanntes Konto.
- Ansprüche auf ausstehenden Lohn müssen meistens innerhalb einer tariflichen **Ausschlussfrist** erhoben werden. Es dient der Rechtssicherheit, dass § 4 Abs. 4 TVG solche Ausschlussfristen in Tarifverträgen erlaubt. Nach § 37 TVöD verfallen Ansprüche aus dem Arbeitsverhältnis, wenn sie nicht innerhalb einer Ausschlussfrist von sechs Monaten nach Fälligkeit schriftlich geltend gemacht werden. Ist dies geschehen, verjährt der Lohnanspruch in drei Jahren (§§ 195, 199 BGB).

Im Allgemeinen verjähren Ansprüche aus dem Arbeitsverhältnis nach drei Jahren. Während jedoch nach der tariflichen Ausschlussfrist der Anspruch erlischt, bleibt er nach der Verjährungsfrist bestehen, allerdings kann der Schuldner die „Einrede der Verjährung" erheben. Sie gibt ihm das Recht, die geforderte Leistung zu verweigern.

Der Grundsatz „Ohne Arbeit kein Lohn" gilt nicht uneingeschränkt. **Fälle der Lohnzahlung ohne Arbeit** sind z. B.

- Arbeitsausfall infolge unverschuldeter Krankheit
  Gem. § 616 BGB in Verbindung mit dem Entgeltfortzahlungsgesetz (EntgFG) bzw. § 19 Abs. 1 S. 1 Ziffer 2 b BBiG ist bei Arbeitsausfall infolge unverschuldeter Krankheit grundsätzlich das Entgelt für die Dauer von

sechs Wochen weiterzuzahlen. Verschuldet ist eine Krankheit z. B. dann, wenn sie auf einen Arbeitsunfall infolge Alkoholgenusses oder auf grob verkehrswidriges Verhalten im Straßenverkehr zurückzuführen ist; bei leichter Fahrlässigkeit bleibt die Entgeltfortzahlungspflicht bestehen. Im Krankheitsfall muss der Arbeitnehmer sich unverzüglich krankmelden; dauert die Krankheit länger als drei Tage, ist eine ärztliche Bescheinigung vorzulegen, die der Arbeitgeber jedoch früher verlangen kann.

- vorübergehende Verhinderung des Arbeitnehmers
  Folgende Voraussetzungen müssen gem. § 616 BGB für die Weiterzahlung des Lohns erfüllt sein:
  - persönlicher Hinderungsgrund (z. B. gerichtliche Vorladung, Geburt oder Todesfall in der Familie; bei allgemeinen Hinderungsgründen wie etwa Glatteis oder Ausfall öffentlicher Verkehrsmittel hingegen entfällt der Lohnanspruch bei Arbeitsverhinderung)
  - kein Verschulden des Arbeitnehmers (eine Arbeitsverhinderung z. B. wegen Strafhaft ist verschuldet)
  - nicht erhebliche Dauer der Arbeitsverhinderung (wenige Tage)
- § 29 TVöD regelt Anlässe sowie das Ausmaß der Arbeitsbefreiung (z. B. 25-jähriges Dienstjubiläum: ein Tag, dienstlich begründeter Umzug an einen anderen Ort: ein Tag).
- Mutterschutz
  In den letzten sechs Wochen vor der Entbindung dürfen Frauen nur beschäftigt werden, wenn sie es ausdrücklich wünschen. In den ersten acht Wochen nach der Entbindung dürfen sie nicht beschäftigt werden. Hinsichtlich des Arbeitsentgelts soll durch die Mutterschaft kein Nachteil entstehen. Da das Mutterschaftsgeld der Krankenkasse meistens niedriger ist als das Arbeitsentgelt, zahlt der Arbeitgeber einen Zuschussbetrag.
- Betriebsstörungen
  Der Arbeitgeber trägt das Betriebsrisiko. Deshalb ist bei Arbeitsausfall durch Betriebsstörungen das Arbeitsentgelt grundsätzlich weiterzuzahlen, wenn die Arbeitnehmer zur Arbeitsleistung fähig und bereit sind (z. B. bei Arbeitsausfall infolge Maschinenschadens, Stromausfalls oder wegen Absatzproblemen; nicht jedoch bei Arbeitsausfall durch Streik).
- Weitere Fälle
  - Erholungsurlaub, Sonderurlaub
  - Bildungsurlaub nach den Arbeitnehmerweiterbildungsgesetzen der meisten Bundesländer
  - gesetzliche Feiertage
  - Betriebsratstätigkeit

2.2.2.4 Nebenpflichten des Arbeitgebers

Die Fürsorgepflicht des Arbeitgebers umfasst mehrere Einzelpflichten:

Schutz von Leben und Gesundheit des Arbeitnehmers

Die Benutzung von Arbeitsräumen und -mitteln sowie die Arbeitsabläufe sind so zu regeln, dass der Arbeitnehmer gegen Gefahren für Leben und Gesundheit so weit geschützt ist, wie die Natur des Betriebs und der Arbeit es gestatten. Der Arbeitgeber muss gesetzliche Arbeitsschutzvorschriften einhalten, z. B. Regelungen über Gerätesicherheit, Gefahrstoffe und Bildschirmarbeit. Verstößt er hiergegen, kann der Arbeitnehmer die Arbeit verweigern.

Schutz und Achtung der Personenwürde des Arbeitnehmers

Das Persönlichkeitsrecht (Art. 2 Abs. 1 in Verbindung mit Art. 1 Abs. 1 GG) umfasst auch das Recht auf **„informationelle Selbstbestimmung"** und damit den Schutz personenbezogener Daten. Er ist in den **Datenschutzgesetzen** des Bundes bzw. der Länder geregelt. Die Speicherung dieser Daten ist nur so weit zulässig, wie es der Zweck des Arbeitsverhältnisses unbedingt erfordert. Steuert ein Arbeitgeber z. B. durch ein computergestütztes Personalinformationssystem den Arbeitseinsatz einschließlich Krankheitsvertretung, Arbeitsverteilung usw., so darf er die zu diesem Zweck notwendigen, aber nicht unbedingt alle Informationen über Beschäftigte speichern, die er seit dem Vorstellungsgespräch erhält. Grundsätzlich nur mit dem Einverständnis des Arbeitnehmers oder aufgrund einer gesetzlichen Vorschrift dürfen persönliche Daten weitergegeben werden.

Personalakten enthalten Schriftstücke, die in engem Zusammenhang mit dem betreffenden Arbeitsverhältnis stehen müssen. Dazu gehören Bewerbungsunterlagen, Arbeitsverträge, Lohn- und Gehaltsdaten, Befähigungsnachweise, Bescheinigungen über besuchte Fortbildungsveranstaltungen, Beurteilungen über Arbeitsleistung und Führung, etwaige Abmahnungen und Gegendarstellungen, Zeugnisse, Kündigungen, Gesamtergebnisse ärztlicher Einstellungsuntersuchungen und Dienstfähigkeitsfeststellungen. Einzelne betriebsärztliche Befunde gehören grundsätzlich nicht hinein, mit Zustimmung des Arbeitnehmers kann der Arzt den Arbeitgeber jedoch informieren. Unrichtige Angaben, rechtswidrige Rügen oder Abmahnungen sind zu entfernen. Nach §§ 3 Abs. 5 TVöD, 83 BetrVG ist der Arbeitnehmer berechtigt, seine gesamte Personalakte einzusehen. Soweit erforderlich, darf er vom Inhalt Kopien anfertigen. Erklärungen des Arbeitnehmers zum Inhalt der Personalakte sind dieser auf sein Verlangen beizufügen.

Der Arbeitgeber muss Personalakten vor dem Zugriff und der Einsicht unbefugter Dritter geschützt aufbewahren. Er hat Verschwiegenheit zu bewahren über Tatsachen, an deren Geheimhaltung der Arbeitnehmer ein berechtigtes Interesse hat. Er darf die Personalakte nicht an andere Arbeitgeber oder Arbeitskollegen weitergeben.

Der Arbeitgeber hat die Arbeitnehmer vor **Benachteiligungen** im Sinne des Allgemeinen Gleichbehandlungsgesetzes (AGG) zu schützen. Dieser Schutz umfasst auch vorbeugende Maßnahmen (s. § 12 AGG). Über das AGG hinaus darf er auch rechtswidrige Handlungen von Arbeitskollegen (Beleidigung, sexuelle Übergriffe, Körperverletzung, Hänseleien, Mobbing) nicht dulden. Dasselbe gilt auch bei ungerechter Behandlung durch Vorgesetzte. Die Pflicht, für ein menschenwürdiges, erträgliches Betriebsklima zu sorgen, kann im Einzelfall so weit gehen, dass zerstrittene Arbeitnehmer nicht gemeinsam eingesetzt und Störenfriede versetzt oder gar entlassen werden.

Schutz des Eigentums des Arbeitnehmers

Der Arbeitgeber hat dafür zu sorgen, dass die notwendigerweise mitgebrachten Sachen des Arbeitnehmers (z. B. Kleidung, nicht jedoch wertvoller Schmuck) vor Verlust und Beschädigung sicher aufbewahrt werden können. Dies gilt auch für Fahrräder oder Mopeds, nicht unbedingt für Kraftfahrzeuge. Stellt der Arbeitgeber allerdings einen Parkplatz zur Verfügung, so muss er auch für dessen Verkehrssicherheit sorgen.

Beschäftigung

Der Arbeitgeber muss den Arbeitnehmer nicht nur bezahlen, er muss ihn auch gemäß der getroffenen Vereinbarung beschäftigen. Im Arbeitsverhältnis ergibt sich das Recht auf Beschäftigung aus der personalen Würde des Arbeitnehmers und seinem Recht auf freie Entfaltung der Persönlichkeit (Persönlichkeitsrecht in Art. 2 Abs. 1 in Verbindung mit Art. 1 Abs. 1 GG). Unter bestimmten Bedingungen kann der Arbeitgeber die Beschäftigung eines Arbeitnehmers jedoch als unzumutbar ablehnen, so z. B. bei Auftragsmangel oder bei einem schwer aufzuklärenden Diebstahlsverdacht.

Urlaubsgewährung

Nach dem Mindesturlaubsgesetz für Arbeitnehmer (Bundesurlaubsgesetz – BUrlG) hat jeder Arbeitnehmer in jedem Kalenderjahr Anspruch auf bezahlten Erholungsurlaub. Die gesetzliche Mindestdauer beträgt 24 Werktage (einschließlich Samstage) im Kalenderjahr, jedoch ist die tarifliche Urlaubsdauer meist länger.

§ 26 Abs. TVöD macht die Dauer des Erholungsurlaubs vom Lebensalter abhängig. Sie beträgt bis zum vollendeten 55. Lebensjahr 29 Arbeitstage (bei einer Fünftagewoche ohne Samstage), nach dem 55. Lebensjahr 30 Arbeitstage. Bei Wechselschicht wird ein Zusatzurlaub gewährt. Schwerbehinderte haben gesetzlichen Anspruch auf zusätzlichen Urlaub.

Zweck des Urlaubs ist die Erhaltung der Gesundheit des Arbeitnehmers. Er hat Gelegenheit, sich von den Belastungen der Arbeit zu erholen. Der Urlaub stellt auch einen Freiraum zur Selbstverwirklichung dar. Zwar besteht keine „Erholungspflicht", jedoch darf der Arbeitnehmer während des Urlaubs eine dem Urlaubszweck widersprechende

5740304

Erwerbstätigkeit nicht ausüben. Dieses Verbot dient nicht nur dem Arbeitnehmer. Es liegt auch im Interesse des Arbeitgebers, die Arbeitskraft seiner Mitarbeiter zu erhalten.

Während des Urlaubs zahlt der Arbeitgeber das Arbeitsentgelt weiter. Ein zusätzliches Urlaubsgeld gibt es für Beschäftigte im öffentlichen Dienst nicht mehr, es wurde mit dem Weihnachgeld zur Jahressonderzahlung nach § 20 TVöD zusammengefasst.

Den Urlaubszeitpunkt legt der Arbeitgeber fest. Neben den betrieblichen Erfordernissen muss er auf die Wünsche der Arbeitnehmer Rücksicht nehmen. Zur besseren Planung werden meistens Urlaubslisten ausgelegt, in die die Arbeitnehmer ihre Wünsche frühzeitig eintragen. Stellt der Arbeitgeber einen festen Urlaubsplan auf oder legt er den Betrieb für die Zeit der Betriebsferien still, hat der Betriebsrat hierbei ein Mitbestimmungsrecht.

Der Urlaub ist grundsätzlich im laufenden Kalenderjahr zu nehmen. Aus dringenden betrieblichen Gründen (z. B. unvorhergesehene zusätzliche Arbeiten) oder persönlichen Gründen des Arbeitnehmers (z. B. Krankheit) können Urlaubszeiten auch in die ersten drei Monate des folgenden Kalenderjahres übertragen werden. Danach erlischt der Urlaubsanspruch in der Regel. Diese zeitliche Begrenzung soll sicherstellen, dass der Urlaub tatsächlich gewährt und genommen und der Erholungszweck möglichst erreicht wird. Eine Urlaubsabgeltung (Vergütung des nicht gewährten Urlaubs) ist nur möglich, wenn der Urlaubsanspruch wegen Beendigung des Arbeitsverhältnisses nicht mehr erfüllt werden kann.

Vom (Erholungs-)Urlaub zu unterscheiden ist der **Sonderurlaub.** Hierunter versteht man eine in der Regel unbezahlte Freistellung von der Arbeit, auf die in Ausnahmefällen ein Anspruch besteht. Art. 48 GG regelt für Wahlkandidaten zum Deutschen Bundestag einen solchen Anspruch, die Tarifverträge (z. B. § 28 TVöD) regeln weitere Fälle.

Der Anspruch auf bezahlten **Bildungsurlaub** für Arbeitnehmer ist in den Bundesländern unterschiedlich geregelt.

Elternzeit kann nach der Geburt bis zum vollendeten dritten Lebensjahr des Kindes von der Mutter oder vom Vater des Kindes beansprucht werden. Für diese Zeit besteht kein Entgeltanspruch; jedoch kann Elterngeld nach dem Bundeselterngeld- und Elternzeitgesetz für 14 Monate bezogen werden. Diese Regelung soll es einem Elternteil ermöglichen, zugunsten des Kleinkindes auf eine Erwerbstätigkeit zu verzichten, ohne den Arbeitsplatz zu verlieren.

Gleichbehandlung

Der arbeitsrechtliche **Gleichbehandlungsgrundsatz** (als ein Korrektiv zur Vertragsfreiheit) ist ein wesentliches Ordnungsprinzip des Arbeitsrechts. Er verbietet dem Arbeitgeber,

- einzelne Arbeitnehmer oder Gruppen von Arbeitnehmern ohne sachlichen Grund von allgemein begünstigenden Regelungen auszunehmen (z. B. bei freiwilligen Sozialleistungen wie etwa Geburtsbeihilfen),
- einen Arbeitnehmer aus sachfremden Erwägungen schlechter zu stellen als andere Arbeitnehmer in vergleichbarer Lage, etwa weil der Arbeitnehmer in zulässiger Weise seine Rechte ausübt (die sachfremde Begünstigung eines Arbeitnehmers hingegen ist möglich).

Die Gleichbehandlung von Frauen und Männern sowohl bei arbeitsvertraglichen Vereinbarungen als auch bei einseitigen Maßnahmen des Arbeitgebers ist im AGG vorgeschrieben.

Abführung von Lohnsteuern und Sozialabgaben

Der Arbeitgeber ist gesetzlich wie auch gegenüber dem Arbeitnehmer verpflichtet, Lohnsteuer, Kirchensteuer und die Beiträge zur Sozialversicherung richtig zu berechnen und abzuführen.

2.2.2.5 Pflichtverletzungen im Arbeitsverhältnis

Die **Nichterfüllung der Arbeitspflicht** kann unterschiedliche Konsequenzen haben.

- Verlust der Vergütung (§ 320 BGB),
- Kündigung (§ 622 ff. BGB),
- Schadensersatz (§ 280 ff. BGB).

Erfüllt der Arbeitnehmer die Arbeitspflicht nicht zum vereinbarten Zeitpunkt, so kann der Arbeitgeber die Zahlung des Entgelts verweigern (§ 320 BGB).

Beispiel

Josef Schmitz macht während der Karnevalszeit zwei Tage „blau". Am dritten Tag nimmt er die Arbeit zwar wieder auf, bringt aber wegen Übermüdung Datenbestände durcheinander.

Für die beiden Fehltage ist der Arbeitgeber nicht zur Entgeltzahlung verpflichtet. Am dritten Tag erbringt er eine – wenn auch schlechte – Arbeitsleistung. Der Anspruch auf Entgelt hängt beim Arbeitsvertrag aber von der Tätigkeit und nicht (wie beim Werkvertrag) von deren Erfolg ab. Für diesen Tag bleibt der Vergütungsanspruch in voller Höhe bestehen.

Bei **schuldhafter Schlechterfüllung der Arbeitspflicht** kann der Arbeitgeber grundsätzlich Ersatz des entstandenen Schadens verlangen.

Beispiel

Als Josef Schmitz von der beabsichtigten Entgeltkürzung erfährt, bringt er an seinem Arbeitsplatz einen Computer-Virus in ein Programm und meldet sich am nächsten Tag krank. Im Betrieb wird festgestellt, dass der Virus nur Programme befallen hat, auf die Josef Schmitz mit einem bestimmten Passwort zugreifen konnte. Die Behebung des Schadens durch einen Software-Spezialisten kostet 2.000,00 €, für notwendige betriebliche Mehrarbeit entstehen zusätzliche Kosten von 1.500,00 €.

In diesem Fall hat der Arbeitnehmer nicht nur seine Arbeit schlecht geleistet, sondern vorsätzlich einen darüber hinausgehenden Schaden verursacht, für den er voll einstehen muss.

Grundsätzlich haftet der Arbeitnehmer dem Arbeitgeber für schuldhaft (d.h. vorsätzlich oder fahrlässig) zugefügte Schäden. Fahrlässig handelt der Arbeitnehmer, wenn er die im Verkehr erforderliche Sorgfalt außer Acht lässt (siehe § 276 BGB).

Nach dieser Regelung müsste z.B. der Arbeitnehmer, der in einem Industriebetrieb mit einem einzigen (leicht fahrlässigen) Fehlgriff eine Maschine schwer beschädigt, für den Schaden aufkommen. Die Schadensersatzleistungen würden ihn bis an sein Lebensende wirtschaftlich ruinieren. Der Arbeitgeber jedoch wird einen solchen Schaden in der Regel verkraften. Er ist wirtschaftlich leistungsfähiger und kann das Schadensrisiko versichern. Daher hat die Rechtsprechung es als gerecht angesehen, die Haftungsrisiken angemessen zu verteilen und die Haftung des Arbeitnehmers weiter zu beschränken.

Das Bundesarbeitsgericht sieht die Haftung der Arbeitnehmer bei betrieblichen Tätigkeiten wie folgt:

Bei allen betrieblichen Tätigkeiten kann die Haftung der Arbeitnehmer eingeschränkt sein. Es kommt auf den Einzelfall an. Grundsätzlich gilt:

- Bei **Vorsatz** oder **grober Fahrlässigkeit** haftet der Arbeitnehmer in vollem Umfang. (Bei gesteigertem Betriebsrisiko des Arbeitgebers – z.B. bei besonders gefährlichen Arbeiten – kann den Arbeitnehmer eine gemilderte Haftung für grobe Fahrlässigkeit treffen.)
- Bei **normaler Fahrlässigkeit** wird die Haftung zwischen Arbeitgeber und Arbeitnehmer aufgeteilt.
- Bei **fehlendem Verschulden** oder **leichtester Fahrlässigkeit** entfällt die Haftung des Arbeitnehmers ganz.

Entsteht bei der Arbeit ein Schaden gegenüber Dritten, (z.B. Kunden), so haftet der Verursacher hierfür. Jedoch kann der Arbeitnehmer von seinem Arbeitgeber Freistellung von den Schadensansprüchen in der Höhe verlangen, in der ihm bei entsprechender Schädigung des Arbeitgebers eine Haftungsminderung zustünde.

Macht eine Pflichtverletzung des Arbeitnehmers die Fortsetzung des Arbeitsverhältnisses für den Arbeitgeber unzumutbar, so kommt eine fristgemäße, eventuell sogar eine fristlose Kündigung in Betracht.

Amtshaftung

Nimmt der Beschäftigte im öffentlichen Dienst öffentliche Aufgaben wahr und fügt dabei einem Dritten (Außenstehenden, Bürger) einen Schaden zu, so trifft die Verantwortlichkeit dafür die öffentliche Körperschaft, in deren Dienst er steht.

Art 34 GG
Verletzt jemand in Ausübung eines ihm anvertrauten öffentlichen Amtes die ihm einem Dritten gegenüber obliegende Amtspflicht, so trifft die Verantwortlichkeit grundsätzlich den Staat oder die Körperschaft, in deren Dienst er steht. Bei Vorsatz oder grober Fahrlässigkeit bleibt der Rückgriff vorbehalten. Für den Anspruch auf Schadensersatz und für den Rückgriff darf der ordentliche Rechtsweg nicht ausgeschlossen werden.

Diese Vorschrift und der § 839 BGB (Haftung bei Amtspflichtverletzung) gelten sowohl für Beamte wie für privatrechtlich Beschäftigte, man geht hier von einem „haftungsrechtlichen" Beamtenbegriff aus. Die Regeln über die Amtshaftung gelten nicht, wenn der Beschäftigte seinen Arbeitgeber (nicht einen Dritten) schädigt.

Es gibt weitere Haftungsfälle, die hier nicht dargestellt werden.

Bei **Pflichtverletzungen des Arbeitgebers** kann der Arbeitnehmer im Einzelfall

- seine Arbeitsleistung zurückhalten,
- den Arbeitsvertrag kündigen (außerordentliche Kündigung),
- Erfüllung der Pflichten durch den Arbeitgeber verlangen,
- Schadensersatz verlangen.

Für Körperschäden durch einen Arbeitsunfall haftet die gesetzliche Unfallversicherung.

2.2.3 Beendigung von Arbeitsverhältnissen

Die Beendigung des Arbeitsverhältnisses kann einen wesentlichen Einschnitt in das Leben des Arbeitnehmers bedeuten. Dem Schutzcharakter des Arbeitsrechts entsprechend sind erhebliche Abweichungen von den rechtlichen Regelungen über die Beendigung anderer Dauerschuldverhältnisse (z. B. Miete, Darlehn) zu beachten.

2.2.3.1 Beendigungsgründe

Beendigungsgründe	
einseitige Beendigung	**vertraglich begründete Beendigung**
■ Anfechtung des Arbeitsvertrags ■ Kündigung ■ arbeitsgerichtliche Auflösung gegen Abfindung ■ Tod des Arbeitnehmers	■ Auflösungsvertrag ■ Zeitablauf bei befristeten Arbeitsverträgen ■ Erwerbsminderung des Arbeitnehmers ■ Altersgrenze

Anfechtung des Arbeitsvertrags

Der Arbeitsvertrag kann gegenüber dem anderen Vertragspartner angefochten werden wegen Irrtums, arglistiger Täuschung oder widerrechtlicher Drohung (§§ 119, 123 BGB). Die Folge ist die **Nichtigkeit** des Arbeitsvertrags von Anfang an (§ 142 Abs. 1 BGB). Normalerweise müssten nun die zuvor ausgetauschten Leistungen zurückgegeben werden (z. B. Ware und Geld beim Kaufvertrag). Der Arbeitgeber kann aber die persönlich erbrachte Leistung des Arbeitnehmers nicht herausgeben. Daher wirkt die Anfechtung des bereits vollzogenen Arbeitsvertrags nur für die Zukunft. Für die Zeit bis zur Anfechtung ist ein solches Arbeitsverhältnis wie ein fehlerfreies zu behandeln, obwohl kein gültiger Arbeitsvertrag vorliegt. Man spricht hier von einem **„faktischen Arbeitsverhältnis“.**

Kündigung

Die Kündigung durch den Arbeitgeber bringt dem Arbeitnehmer oft empfindliche Nachteile, denn sie gefährdet seine wirtschaftliche Existenz. Die Kündigung durch den Arbeitnehmer ist dagegen häufig mit einer Verbesserung in einem neuen Arbeitsverhältnis verbunden. Die Kündigung durch den Arbeitgeber wird daher ausführlich dargestellt.

Arbeitsgerichtliche Auflösung gegen Abfindung

In einem arbeitsgerichtlichen Prozess um die Wirksamkeit einer Kündigung ergeben sich nach § 9 Abs. 1 Kündigungsschutzgesetz (KSchG) folgende Möglichkeiten:

„Stellt das Gericht fest, dass das Arbeitsverhältnis durch die Kündigung **nicht aufgelöst** ist, ist jedoch dem Arbeitnehmer die Fortsetzung des Arbeitsverhältnisses nicht zuzumuten, so hat das Gericht auf Antrag des Arbeitnehmers das Arbeitsverhältnis **aufzulösen** und den Arbeitgeber zur Zahlung einer angemessenen **Abfindung** zu verurteilen. Die gleiche Entscheidung hat das Gericht auf Antrag des Arbeitgebers zu treffen, wenn Gründe vorliegen, die eine den Betriebszwecken dienliche weitere Zusammenarbeit zwischen Arbeitgeber und Arbeitnehmer nicht erwarten lassen. …“

Tod des Arbeitnehmers

Der Tod des Arbeitnehmers beendet sein Arbeitsverhältnis. Beim Tode des Arbeitgebers hingegen besteht das Arbeitsverhältnis normalerweise fort.

Aufhebungsvertrag

Arbeitgeber und Arbeitnehmer können jederzeit die Aufhebung des Arbeitsverhältnisses vereinbaren. Es bedarf dazu weder einer Kündigung noch der Mitwirkung des Betriebs- oder Personalrats. Die Vereinbarung einer Abfindung ist möglich.

Vor Abschluss eines Aufhebungsvertrags sollte sich der Arbeitnehmer über die Auswirkungen (z. B. auf die Arbeitslosenversicherung und die betriebliche Altersversorgung) informieren.

Zeitablauf

Ein befristeter Arbeitsvertrag endet ohne Kündigung mit dem Ablauf der Vertragsdauer oder mit dem Eintritt des Ereignisses, bis zu dem er abgeschlossen ist (z. B. Aushilfsarbeitsverhältnis für zwei Monate oder bis zur Rückkehr eines erkrankten Arbeitnehmers).

Erwerbsminderung

Das Arbeitsverhältnis eines Beschäftigten im öffentlichen Dienst endet mit der Zustellung eines Rentenbescheids, wonach der Beschäftigte voll oder teilweise erwerbsgemindert ist. Im Falle teilweiser Erwerbsminderung ist aber eine Weiterbeschäftigung nicht ausgeschlossen (§ 33 Abs. 3 TVöD).

Erreichen einer tarifvertraglichen Altersgrenze

Vollendet der Beschäftigte im öffentlichen Dienst das die Regelaltersgrenze der Rentenversicherung, so endet das Arbeitsverhältnis gemäß § 33 Abs. 1 TVöD mit Ablauf des Monats. Es bedarf keiner Kündigung. Eine Weiterbeschäftigung ist aber nicht ausgeschlossen (neuer Arbeitsvertrag, s. § 33 Abs. 5 TVöD).

Das Arbeitsverhältnis endet nicht durch Arbeitsunfähigkeit des Arbeitnehmers, Tod des Arbeitgebers, Streik, Wehrdienst, Verkauf des Betriebs, Betriebsstilllegung oder Insolvenz.

2.2.3.2 Kündigung

Eine **Kündigung** ist die empfangsbedürftige schriftliche Willenserklärung des Arbeitgebers oder Arbeitnehmers, mit der das Arbeitsverhältnis für die Zukunft beendet wird.

Für die Kündigung gelten die allgemeinen Regeln für Rechtsgeschäfte. Sie kann z. B. nichtig sein oder wegen Irrtums, Drohung oder Täuschung angefochten werden.

Der Kündigungswille muss eindeutig ausgedrückt werden. Dies muss schriftlich geschehen (§ 623 BGB), ein Fax reicht nicht aus.

Dirk Neumann · Hohe Gasse 77 · 49999 Neustadt

Stadt Neustadt
Fachbereich 1/Personalwesen
Rathausplatz 1
49999 Neustadt

11.08.2012

Kündigung meines Arbeitsvertrags vom 20.08.2011

Sehr geehrte Damen und Herren,

hiermit kündige ich das mit der Stadt Neustadt bestehende Arbeitsverhältnis fristgemäß zum 30.09.2012. Wegen meiner bevorstehenden Eheschließung werde ich den Wohnort wechseln. Deshalb kann ich meine Tätigkeit bei der Stadtverwaltung Neustadt leider nicht fortsetzen.

Ich bitte Sie, mir den Resturlaub von vier Arbeitstagen in der Zeit vom 26. bis 30.09.2012 zu gewähren und mir ein qualifiziertes Arbeitszeugnis zu erteilen. Für das mir entgegengebrachte Vertrauen danke ich Ihnen.

Mit freundlichen Grüßen

Dirk Neumann

Dirk Neumann

Die Kündigungserklärung muss dem anderen Vertragspartner zugehen. Als einseitiges Rechtsgeschäft muss sie von ihm aber nicht angenommen werden, um wirksam zu sein (siehe § 130 BGB). Eine schriftliche Kündigung kann dem Empfänger direkt übergeben werden. Bei einer Übersendung durch die Post ist die Kündigungserklärung dann zugegangen und wirksam, wenn sie in den Machtbereich des Empfängers gelangt ist und mit der Möglichkeit der Kenntnisnahme unter normalen Umständen gerechnet werden kann.

Beispiel

Gibt der Kündigende seine Kündigungserklärung mit dem Zustellvermerk „Einschreiben eigenhändig“ am Donnerstag, den 28. September zur Post, so könnte der Brief z. B. am Samstag, den 30. September den Empfänger erreichen. Wird dieser jedoch nicht angetroffen, hinterlässt der Postmitarbeiter eine Benachrichtigung. Holt der Empfänger den Brief am Montag, den 2. Oktober bei der Postfiliale ab, so ist er an diesem Tag zugegangen. Bei einer Kündigungsfrist von einem Monat zum Monatsschluss (31. Oktober) ist die Kündigung nicht mehr fristgerecht und kann dann nur zum nächsten Monatsende (30. November) wirksam werden. Wegen der fristgerechten Bekanntgabe werden Kündigungsschreiben oft in Anwesenheit eines Zeugen persönlich übergeben.

Die Angabe von Kündigungsgründen ist nicht allgemein vorgeschrieben.

Grundvoraussetzungen der Kündigung des Arbeitsverhältnisses

**Kündigung
durch Arbeitgeber oder Arbeitnehmer**

setzt voraus

Zugehen der Kündigungserklärung

+		+
Einhalten der Kündigungsfrist	oder	**Vorhandensein eines wichtigen Kündigungsgrundes**
↓		↓
ordentliche Kündigung		**außerordentliche Kündigung**

= Hauptarten der Kündigung

Zu beachten sind außerdem
Kündigungsverbote, Kündigungsausschlüsse, Zustimmungserfordernisse und Anhörungsrechte!

2.2.3.2.1 Ordentliche Kündigung

Mit der ordentlichen Kündigung wird ein unbefristetes Arbeitsverhältnis unter Wahrung der Kündigungsfrist beendet.

Ist im Arbeitsvertrag keine Kündigungsfrist vereinbart und ist ein Tarifvertrag **nicht** anzuwenden, gelten die gesetzlichen Kündigungsfristen. § 622 BGB regelt die gesetzlichen Kündigungsfristen privatrechtlich Beschäftigter. § 622 Abs. 4 BGB lässt aber zu, dass die gesetzlichen Kündigungsfristen tarifvertraglich über- und unterschritten werden.

Für die Beschäftigten im öffentlichen Dienst sind die Kündigungsfristen in § 34 Abs. 1 TVöD geregelt.

5740310

nur für TVöD

„Bis zum Ende des sechsten Monats seit Beginn des Arbeitsverhältnisses beträgt die Kündigungsfrist zwei Wochen zum Monatsschluss. Im Übrigen beträgt die Kündigungsfrist bei einer Beschäftigungszeit
bis zu einem Jahr .... einen Monat zum Monatsschluss,
von mehr als einem Jahr .... sechs Wochen zum Schluss des Kalendervierteljahres,
von mindestens fünf Jahren .... drei Monate zum Schluss des Kalendervierteljahres,
von mindestens acht Jahren .... vier Monate zum Schluss des Kalendervierteljahres,
von mindestens zehn Jahren .... fünf Monate zum Schluss des Kalendervierteljahres,
von mindestens zwölf Jahren .... sechs Monate zum Schluss des Kalendervierteljahres."

§ 34 Abs. 2 TVöD regelt die **„Unkündbarkeit"** der Beschäftigten, dabei wird das Tarifgebiet Ost nicht einbezogen. Der Kündigungsschutz hängt nach § 34 Abs. 3 TVöD von der **Beschäftigungszeit** ab.

„(2) Arbeitsverhältnisse von Beschäftigten, die das 40. Lebensjahr vollendet haben und für die die Regelungen des Tarifgebiets West Anwendung finden, können nach einer Beschäftigungszeit (Absatz 3 Satz 1 und 2) von mehr als 15 Jahren durch den Arbeitgeber **nur aus einem wichtigen Grund gekündigt** werden. Soweit Beschäftigte nach den bis zum 30. September 2005 geltenden Tarifregelungen unkündbar waren, verbleibt es dabei.

(3) **Beschäftigungszeit** ist die bei demselben Arbeitgeber im Arbeitsverhältnis zurückgelegte Zeit, auch wenn sie unterbrochen ist. Unberücksichtigt bleibt die Zeit eines Sonderurlaubs gemäß § 28, es sei denn, der Arbeitgeber hat vor Antritt des Sonderurlaubs schriftlich ein dienstliches oder betriebliches Interesse anerkannt. Wechseln Beschäftigte zwischen Arbeitgebern, die vom Geltungsbereich dieses Tarifvertrags erfasst werden, werden die Zeiten bei dem anderen Arbeitgeber als Beschäftigungszeit anerkannt. Satz 3 gilt entsprechend bei einem Wechsel von einem anderen öffentlich-rechtlichen Arbeitgeber."

Wird die Kündigungsfrist versäumt, so ist die verspätete Kündigung als solche zum nächstmöglichen Termin anzusehen.

Kündigungsverbote, Kündigungseinschränkungen und **Zustimmungserfordernisse** sind in einer Reihe von Kündigungsschutzvorschriften geregelt.

Eine Kündigung durch den Arbeitgeber ist grundsätzlich unzulässig während der Schwangerschaft, innerhalb der ersten vier Monate nach der Entbindung, während der Elternzeit sowie gegenüber Wehr- und Zivildienstleistenden. Betriebs- und Personalratsmitglieder, Schwerbehinderte und Auszubildende genießen einen besonderen Kündigungsschutz.

Eine verbotene und damit unwirksame Kündigung wird wie eine wirksame Kündigung behandelt, wenn der Arbeitnehmer den Verstoß gegen das Kündigungsschutzrecht nicht vor dem Arbeitsgericht geltend macht.

Eine ohne die Anhörung des Betriebsrats bzw. des Personalrats ausgesprochene Kündigung ist unwirksam (§ 102 Abs. 1 BetrVG oder § 79 Abs. 3, 4 BPersVG bzw. entsprechende Regelungen in den Personalvertretungsgesetzen der Länder). Der Arbeitgeber muss die Arbeitnehmervertretung – bei der ordentlichen Kündigung binnen einer Woche – ausführlich über die Kündigungsgründe informieren, damit sie mögliche Bedenken erörtern kann.

Gegen eine Kündigung kann der Arbeitnehmer binnen einer Woche **Einspruch** beim Betriebsrat einlegen.

2.2.3.2.2 Außerordentliche Kündigung

Mit der außerordentlichen Kündigung wird ein befristetes oder unbefristetes Arbeitsverhältnis aus **wichtigem Grund** und **ohne Kündigungsfrist** beendet.

Es ist allerdings eine zweiwöchige **Kündigungserklärungsfrist** zu beachten.

§ 626 BGB – fristlose Kündigung aus wichtigem Grund

(1) Das Dienstverhältnis kann von jedem Vertragsteil aus wichtigem Grund ohne Einhaltung einer Kündigungsfrist gekündigt werden, wenn Tatsachen vorliegen, aufgrund derer dem Kündigenden unter Berücksichtigung aller Umstände des Einzelfalls und unter Abwägung der Interessen beider Vertragsteile die Fortsetzung des Dienstverhältnisses bis zum Ablauf der Kündigungsfrist oder bis zu der vereinbarten Beendigung des Dienstverhältnisses nicht zugemutet werden kann.

(2) Die Kündigung kann nur innerhalb von zwei Wochen erfolgen. Die Frist beginnt mit dem Zeitpunkt, in dem der Kündigungsberechtigte von den für die Kündigung maßgebenden Tatsachen Kenntnis erlangt. Der Kündigende muss dem anderen Teil auf Verlangen den Kündigungsgrund unverzüglich schriftlich mitteilen.

Stadt Neustadt
Der Bürgermeister

Stadt Neustadt · Postfach · 49999 Neustadt

Ihre Nachricht/Ihr Zeichen:

Geschäftszeichen: 1/2
Fachbereich/Dienststelle: Personalwesen
Gebäude/Zimmer: Rathausplatz 1, Zimmer 10
Bearbeiter/-in: Ulrike Kern
Telefon: 02999 177- 458
Telefax: 02999 177- 166
E-Mail: UKern@stadtneu.de

Datum: 15. Mai 20..

Herrn
Adalbert Hennings
im Hause

Fristlose Kündigung

Sehr geehrter Herr Hennings,

in der Zeit von Montag, den 02. Mai 2011, bis Freitag, den 06. Mai 2011 kamen Sie unentschuldigt nicht zur Arbeit. Zwar teilten Sie am 03. Mai 2011 telefonisch mit, Sie seien erkrankt, doch liegt eine ärztliche Arbeitsunfähigkeitsbescheinigung hier nicht vor. Es wurde jedoch festgestellt, dass Sie während dieser Zeit in einer Autoreparaturwerkstatt arbeiteten.

Bereits mit dem Abmahnungsschreiben vom 19. April 2011 habe ich Ihr unentschuldigtes Fehlen vom 12. bis 15. April 2011 gerügt.

Ihr Verhalten stellt eine grobe Verletzung des Arbeitsvertrages und einen schweren Vertrauensbruch dar. Die Fortsetzung des Arbeitsverhältnisses mit Ihnen ist der Stadt Neustadt daher nicht zuzumuten.

Ich kündige das mit Ihnen bestehende Arbeitsverhältnis fristlos mit sofortiger Wirkung. Vorsorglich erkläre ich hiermit gleichzeitig eine ordentliche Kündigung zum nächstmöglichen Kündigungstermin.

Geben Sie Schlüssel und in Ihrem Besitz befindliche Arbeitsmittel bitte bis zum 17. Mai 2011 bei mir ab.

Die Rechte des Personalrates wurden gewahrt.

i. A. Ulrike Kern

Kern
Leiterin Personalwesen

Empfangsbestätigung

Die Kündigung wurde mir am ____________ übergeben.

____
(Adalbert Hennings)

Als **wichtiger Grund** kommt vor allem eine schwerwiegende Verletzung einer arbeitsvertraglichen Pflicht in Betracht.

Beispiele

Wichtige Gründe für die außerordentliche Kündigung durch den Arbeitnehmer sind u. a. Ausbleiben der Lohnzahlung, grobe Beleidigung oder Tätlichkeiten des Arbeitgebers, ernsthafte Gesundheitsbedrohung durch das Arbeitsverhältnis.

Kündigungsgründe für den Arbeitgeber sind u. a. beharrliche Arbeitsverweigerung, eigenmächtige Urlaubsüberschreitung, Straftaten in Zusammenhang mit dem Arbeitsverhältnis, grobe Beleidigung oder Tätlichkeiten des Arbeitnehmers, fortwährende leichtfertige Verdächtigungen und Beschimpfungen.

Einzelne geringfügige Verfehlungen stellen allein noch keinen wichtigen Grund dar (z. B. Verspätung, schlechte Arbeitsleistung).

5740312

Im einzelnen Fall kommt es immer auf dessen Umstände sowie die Interessenabwägung zwischen beiden Vertragsparteien an. Da die fristlose Kündigung die äußerste Maßnahme darstellt, muss geprüft werden, ob nach dem Grundsatz der Verhältnismäßigkeit nicht doch dem Kündigenden mildere Mittel zuzumuten sind.

Beispiele

Weiterbeschäftigung bis zum nächsten Termin einer ordentlichen Kündigung, Versetzung, Änderung der Arbeitsbedingungen (einvernehmlich oder durch Änderungskündigung), Abmahnung.

Die Verhältnismäßigkeit ist besonders zu beachten, wenn der Arbeitgeber auf Pflichtverletzungen des Arbeitnehmers reagiert, die je für sich genommen im Einzelfall keinen „wichtigen Grund" darstellen, im Wiederholungsfall aber zu Belastungen des Arbeitsverhältnisses, der Betriebssicherheit und des Betriebsklimas werden können. Auf derartige Vertragsverletzungen wird der Arbeitgeber in einer **Abmahnung** warnend hinweisen.

Beispiele

Nichteinhalten der Arbeitszeit (Verspätung, vorzeitige Arbeitsbeendigung, unberechtigte Pausen), zu geringe oder fehlerhafte Arbeitsleistung, Verstoß gegen die betriebliche Ordnung (Nichtbeachtung eines Rauchverbots, der Schutzkleidungspflicht).

Eine **Abmahnung** ist die Beanstandung des Arbeits-, Leistungs- oder Ordnungsverhaltens des Arbeitnehmers (Rüge) mit dem Hinweis, dass im Wiederholungsfalle der Bestand des Arbeitsverhältnisses gefährdet sei (Warnung). Die mündliche oder schriftliche Abmahnung eines Fehlverhaltens ist in § 314 Abs. 2 BGB geregelt und oft Voraussetzung einer verhaltensbedingten ordentlichen oder außerordentlichen Kündigung. Wird eine Abmahnung zu den Personalakten genommen, so ist sie – je nach der Schwere des Fehlverhaltens – nach etwa ein bis drei Jahren wieder zu entfernen, wenn keine weiteren Abmahnungen folgen. Der Arbeitnehmer kann sich gegen eine ungerechtfertigte schriftliche Abmahnung durch eine schriftliche Gegendarstellung wehren, die auf seinen Wunsch zur Personalakte genommen wird.

Auch vor der außerordentlichen Kündigung ist der Betriebsrat bzw. Personalrat zu hören, andernfalls ist die Kündigung unwirksam. Der Betriebsrat kann dieser Kündigung innerhalb von drei Tagen **widersprechen.**

2.2.3.2.3 Änderungskündigung

Der Arbeitgeber könnte daran interssiert sein, z. B. den Arbeitsort, die Art der Tätigkeit und die Eingruppierung des Arbeitnehmers zu ändern. Solche Änderungen des Arbeitsverhältnisses sind einvernehmlich durch einen **Änderungsvertrag** möglich.

Der Arbeitnehmer wird einer Änderung zum eigenen Nachteil jedoch kaum zustimmen wollen. Das Weisungsrecht des Arbeitgebers reicht nicht aus, grundlegende Regelungen des Arbeitsverhältnisses einseitig zu ändern. Einzelne Bestimmungen des Arbeitsvertrags dürfen auch nicht ohne Weiteres gekündigt werden. Eine Teilkündigung ist unzulässig, weil der Arbeitgeber jederzeit die Verschlechterung der vereinbarten Arbeitsbedingungen ohne Zustimmung des Arbeitnehmers herbeiführen könnte. Ist die Änderung einzelner Arbeitsbedingungen nicht einvernehmlich möglich, kommt eine Änderungskündigung infrage.

Eine **Änderungskündigung** (§ 2 KSchG) umfasst zwei Willenserklärungen:

1. Kündigung des Arbeitsverhältnisses,
2. Angebot, das Arbeitsverhältnis zu geänderten Arbeitsbedingungen fortzusetzen.

Kündigt der Arbeitgeber das Arbeitsverhältnis und bietet er dem Arbeitnehmer im Zusammenhang mit der Kündigung die Fortsetzung des Arbeitsverhältnisses zu geänderten Arbeitsbedingungen an, so kann der Arbeitnehmer dieses Angebot unter dem Vorbehalt annehmen, dass die Änderung der Arbeitsbedingungen nicht sozial ungerechtfertigt ist (§ 1 Abs. 2 Satz 1 bis 3, Abs. 3 Satz 1 und 2). Diesen Vorbehalt muss der Arbeitnehmer dem Arbeitgeber innerhalb der Kündigungsfrist, spätestens jedoch innerhalb von drei Wochen nach Zugang der Kündigung erklären.

Die Änderungskündigung ist meistens eine ordentliche Kündigung, auf die der Arbeitnehmer unterschiedlich **reagieren** kann:

- Er nimmt das Änderungsangebot an. Das Arbeitsverhältnis wird dann zu den geänderten Bedingungen fortgesetzt.
- Er nimmt das Änderungsangebot nicht an. Das Arbeitsverhältnis wird durch die Änderungskündigung aufgelöst. Durch eine Kündigungsschutzklage vor dem Arbeitsgericht kann er versuchen, gegen die Kündigung anzugehen.
- Er nimmt das Änderungsangebot unter dem Vorbehalt an, dass die Veränderung des Arbeitsvertrags nicht sozial ungerechtfertigt ist. So sichert er die Fortsetzung des geänderten Arbeitsverhältnisses ab und kann vor dem Arbeitsgericht auf Feststellung klagen, dass die Änderungskündigung sozial ungerechtfertigt sei. Der Vorbehalt ist dem Arbeitgeber innerhalb der Kündigungsfrist, spätestens jedoch innerhalb von drei Wochen nach Zugang der Kündigung zu erklären.

2.2.3.3 Kündigungsschutz

In der Hälfte der Prozesse vor dem Arbeitsgericht geht es um den Kündigungsschutz. Er ist das heikelste Kapitel des individuellen Arbeitsrechts. Doch die Überschrift hält nicht, was sie verspricht. Denn es gibt in Deutschland keinen wirklichen Schutz vor Kündigungen: Will ein Arbeitgeber einen Arbeitnehmer entlassen, dann schafft er das auch.

Die Vertragsfreiheit bezieht sich nicht nur auf den Abschluss, sondern auch auf die Auflösung des Arbeitsvertrags. Die Kündigung ist beiden Vertragsparteien erlaubt, hat aber ungleiche Folgen: Der Arbeitgeber kann den ausgeschiedenen Arbeitnehmer ersetzen, wenn er das will. Dem Arbeitnehmer jedoch nimmt die Kündigung zunächst einmal die Existenzgrundlage. Ihm droht die Arbeitslosigkeit.

Also versucht der Gesetzgeber, ihn zu schützen. Einerseits baut er formale Hürden auf, wie z. B. die Beteiligung des Betriebs- und Personalrats. Andererseits verlangt er vom Arbeitgeber einen Rechtfertigungsgrund für die Kündigung.

Der Kündigungsschutz stellt damit eine Einschränkung der Vertragsfreiheit dar.

Politiker fordern immer wieder den Abbau des Kündigungsschutzes, um kleinere Unternehmen zu entlasten und so etwas gegen die Arbeitslosigkeit zu tun. Die Gewerkschaften argumentieren dagegen, die Kündigung eines Arbeitnehmers erhöhe die Zahl der Arbeitslosen und schaffe keinen neuen Arbeitsplatz.

Vertragsfreiheit einschließlich Kündigungsfreiheit einerseits, durch Kündigung verursachte Probleme der Arbeitslosen und ihrer Familien andererseits – sind diese Gegensätze auszugleichen? Für die Allgemeinheit und den Staat sind außerdem volkswirtschaftliche und gesellschaftspolitische Gesichtspunkte wichtig: Arbeitslosigkeit verursacht hohe soziale Kosten, Nachfrageausfall, Wohlstandsminderung, Verlust sozialer Integration, Verschärfung sozialer Gegensätze und auch politischen Radikalismus.

Es sind auch die zuletzt genannten Aspekte, die schon 1951 zum ersten Kündigungsschutzgesetz (KSchG) führten. Sein Ziel ist ein (relativer) Bestandsschutz für Arbeitsverhältnisse und damit auch die Sicherung des Arbeitseinkommens durch Einschränkung der Kündigungsfreiheit des Arbeitgebers. Dies ist nicht allein gewerkschaftliches Ziel, sondern auch Aufgabe des Sozialstaats.

Der allgemeine Kündigungsschutz ist in den §§ 1–14 KSchG geregelt. Anschließend geht es um den Kündigungsschutz im Rahmen der Betriebsverfassung und Personalvertretung sowie bei Massenentlassungen (§ 15 ff. KSchG). In speziellen Gesetzen ist der besondere Kündigungsschutz bestimmter Arbeitnehmergruppen geregelt, z. B. im Mutterschutzgesetz, im SGB IX (Rehabilitation und Teilhabe behinderter Menschen), im Arbeitsplatzschutzgesetz (für Wehrdienstleistende) und im Berufsbildungsgesetz.

Allgemeiner Kündigungsschutz

Der allgemeine Kündigungsschutz des KSchG gilt nur dann,

- wenn das betreffende Arbeitsverhältnis in demselben Betrieb oder Unternehmen ohne Unterbrechung länger als sechs Monate bestanden hat (§ 1 Abs. 1 KSchG) und
- wenn eine Mindestzahl von Arbeitnehmern beschäftigt wird. Ab 2004 eingestellte Arbeitnehmer werden durch das KSchG erst dann geschützt, wenn im Betrieb in der Regel mehr als zehn Arbeitnehmer – ohne Auszubildende – beschäftigt sind (Einzelheiten siehe § 23 KSchG).

5740314

Ziel des allgemeinen Kündigungsschutzes ist die Verhinderung sozial nicht gerechtfertiger Kündigungen gegenüber Arbeitnehmern. § 1 Abs. 1 KSchG erklärt diese Kündigungen für rechtsunwirksam.

Aus § 1 Abs. 2 KSchG ergibt sich, dass eine Kündigung als sozial gerechtfertigt und insoweit rechtswirksam angesehen werden kann, wenn sie bedingt ist

- durch Gründe in der Person des Arbeitnehmers – **personenbedingte Kündigung** –,
- durch Gründe im Verhalten des Arbeitnehmers – **verhaltensbedingte Kündigung** – oder
- durch dringende betriebliche Erfordernisse, die einer Weiterbeschäftigung des Arbeitnehmers in diesem Betrieb entgegenstehen – **betriebsbedingte Kündigung.**

Objektive Gründe in der **Person** des Arbeitnehmers sind z. B. fehlende körperliche oder geistige Eignung, mangelnde Ausbildung, längere Erkrankung ohne absehbare Genesung (wenn die Auswirkungen zu erheblichen betrieblichen Beeinträchtigungen führen und diese den Arbeitgeber unzumutbar belasten). Eine personenbedingte Kündigung ist nicht sozial ungerechtfertigt (kein Kündigungsschutz).

Gründe im **Verhalten** des Arbeitnehmers liegen vor, wenn er die Vertragspflichten nicht einhält, z. B. durch Schlechterfüllung der Arbeitspflicht, Beschädigung von Arbeitsmitteln, Verstoß gegen die Verschwiegenheitspflicht, Nichtbeachtung von Dienstanweisungen, Annahme von Belohnungen. Je nach der Schwere der Pflichtverletzung ist auch eine mildere Maßnahme als die verhaltensbedingte Kündigung zu prüfen (Belehrung, Ermahnung, Umsetzung). Nach der Rechtsprechung muss einer verhaltensbedingten ordentlichen Kündigung regelmäßig eine rechtzeitige und deutliche Abmahnung vorausgehen.

In der **Abmahnung** wird eine schuldhafte Pflichtverletzung beanstandet und für den Wiederholungsfall auf die Gefährdung des Arbeitsverhältnisses hingewiesen.

Die Fürsorgepflicht gebietet, den betroffenen Arbeitnehmer vorher anzuhören. Eine Abmahnung sollte schriftlich erfolgen und wird für einige Zeit in die Personalakte aufgenommen. Der Arbeitnehmer kann eine eigene Darstellung hinzufügen. Bei Fehlverhalten im Vertrauensbereich (z. B. bei Diebstahl) ist die Abmahnung nicht immer erforderlich. Eine verhaltensbedingte Kündigung ist nicht sozial ungerechtfertigt (kein Kündigungsschutz).

Dringende betriebliche Erfordernisse, die einer Weiterbeschäftigung des Arbeitnehmers in diesem Betrieb entgegenstehen, können z. B. sein:

- Rationalisierungsmaßnahmen, die bestimmte Arbeitsplätze entbehrlich machen,
- Haushaltseinschränkungen, die zu konkreten Kürzungen des Stellenplans führen.
- Stilllegung von Betriebsteilen,
- Auftragsmangel, Umsatzrückgang.

Kündigt der Arbeitgeber wegen dringender betrieblicher Erfordernisse, so ist die Kündigung nach § 1 Abs. 2 KSchG in öffentlichen Betrieben und Verwaltungen dennoch **sozial ungerechtfertigt,** wenn

1. die Kündigung gegen eine **Richtlinie über die personelle Auswahl** bei Kündigungen verstößt,
2. der Arbeitnehmer an einem **anderen Arbeitsplatz** in einer Dienststelle desselben Verwaltungszweigs an demselben Dienstort einschließlich seines Einzugsgebiets weiterbeschäftigt werden kann

   und die zuständige Personalvertretung aus einem der Gründe 1. bzw. 2. fristgerecht gegen die Kündigung **Einwendungen** erhoben hat,
3. zumutbare **Umschulungs- oder Fortbildungsmaßnahmen** oder eine Weiterbeschäftigung des Arbeitnehmers unter **geänderten Arbeitsbedingungen** möglich sind und der Arbeitnehmer hiermit einverstanden ist.

Die Kündigung aus dringenden betrieblichen Erfordernissen ist **trotzdem sozial ungerechtfertigt,** wenn der Arbeitgeber bei der Auswahl des Arbeitnehmers

- die Dauer der Betriebszugehörigkeit,
- das Lebensalter,
- die Unterhaltspflichten,
- die Schwerbehinderung

des Arbeitnehmers nicht oder nicht ausreichend berücksichtigt hat. Auf Verlangen des Arbeitnehmers hat der Arbeitgeber dem Arbeitnehmer die Gründe anzugeben, die zu der getroffenen Sozialauswahl geführt haben.

In die soziale Auswahl sind die „unbedingt betriebsnotwendigen" Arbeitnehmer nicht einzubeziehen, deren Weiterbeschäftigung im berechtigten betrieblichen Interesse liegt (§ 1 Abs. 3 KSchG).

Prüfungsschema zum allgemeinen Kündigungsschutz	
Prüfschritte	**Erläuterung**
1. Sachverhaltsaufklärung	Tatsachen feststellen Beschäftigten anhören
2. Prüfen der Möglichkeit einer ordentlichen Kündigung	Kündigungsverbote ausschließen (z. B. Personalratsmitglied) Unkündbarkeit nach § 34 Abs. 2 TVöD ausschließen
3. Prüfen milderer Mittel	z. B. zumutbare Fortbildung, Umschulung mit Einverständnis des Arbeitnehmers, Kurzarbeit
4. Prüfen der Anwendbarkeit des KSchG	Arbeitsverhältnis besteht länger als sechs Monate, Betrieb beschäftigt mehr als zehn Arbeitnehmer.
5. Prüfen des Kündigungsgrundes	Liegt der Kündigungsgrund in der Verantwortung des Arbeitnehmers (personen- oder verhaltensbedingte Kündigung), ist das KSchG nicht anzuwenden. Nur bei einer betriebsbedingten Kündigung wird der Arbeitnehmer durch das KSchG geschützt.
6. Prüfen der sozialen Rechtfertigung der betriebsbedingten Kündigung	Soziale Rechtfertigung der Kündigung erfordert, ■ dass nicht gegen Richtlinien des Arbeitgebers über die personelle Auswahl bei Kündigungen verstoßen wird, ■ dass es nicht möglich ist, den Arbeitnehmer an einem anderen Arbeitsplatz weiterzubeschäftigen und ■ dass die Personalvertretung aus einem dieser Gründe fristgerecht Einwendungen erhoben hat, ■ dass der Gekündigte auch unter sozialen Gesichtspunkten ausgewählt wird.

Kündigungsschutzklage

Hält der Arbeitnehmer eine Kündigung für sozial ungerechtfertigt, so kann er binnen einer Woche **Einspruch beim Betriebsrat** einlegen. Der Betriebsrat wird sich um eine Verständigung mit dem Arbeitgeber bemühen (siehe § 3 KSchG).

Die **Kündigungsschutzklage** ist innerhalb einer Ausschlussfrist von drei Wochen nach Zugang der Kündigung bei dem für den Sitz des Arbeitgebers zuständigen Arbeitsgericht zu erheben. Sie zielt auf die Feststellung des Gerichts, dass das Arbeitsverhältnis durch die Kündigung nicht aufgelöst worden ist (siehe § 4 ff. KSchG). Die sozial nicht gerechtfertigte Kündigung gilt von Anfang an als rechtswirksam, wenn sich der Arbeitnehmer nicht durch eine Kündigungsschutzklage wehrt.

Stellt das Gericht die Unwirksamkeit der Kündigung wegen Sozialwidrigkeit (und damit das Fortbestehen des Arbeitsverhältnisses) fest, so beantragt häufig eine Prozesspartei dennoch die **Auflösung des Arbeitsverhältnisses gegen Abfindung** (siehe §§ 9, 10 KSchG). Ein solcher Antrag durch den Arbeitnehmer ist begründet, wenn ihm die Fortsetzung des Arbeitsverhältnisses z. B. aufgrund herabsetzender Äußerungen über ihn während des Prozesses nicht mehr zuzumuten ist. Andererseits kann sich der Arbeitgeber möglicherweise auf Tatsachen berufen, aufgrund derer eine den Betriebszwecken dienliche Zusammenarbeit nicht mehr zu erwarten ist. Ist der Antrag begründet, so hat das Gericht das Arbeitsverhältnis aufzulösen und den Arbeitgeber zur Zahlung einer angemessenen Abfindung zu verurteilen. Die Obergrenze beträgt im Regelfall bis zu zwölf Monatsverdienste (brutto).

Ein Weiterbeschäftigungsanspruch des Arbeitnehmers während des Kündigungsschutzprozesses besteht – außer bei offensichtlich unwirksamer Kündigung – erst dann, wenn das Arbeitsgericht die Unwirksamkeit der Kündigung festgestellt hat. Für die Zeit zwischen Kündigung und dem (erfolgreichen) Urteil in erster Instanz hat der Arbeitnehmer Anspruch auf Nachzahlung des ausstehenden Arbeitsentgelts. Wegen der Kürze der tariflichen Ausschlussfrist empfiehlt es sich, auch dieses einzuklagen.

2.2.3.4 Pflichten bei der Beendigung des Arbeitsverhältnisses

Nach der Kündigung hat der Arbeitgeber dem Arbeitnehmer auf dessen Verlangen angemessene Zeit zur **Stellensuche** zu gewähren (§ 629 BGB).

Der Arbeitnehmer hat Anspruch auf ein schriftliches und in Inhalt und Form korrektes **Arbeitszeugnis** (siehe § 630 BGB). Er kann zwischen einem einfachen und einem qualifizierten Arbeitszeugnis wählen.

Das **einfache Zeugnis** enthält Angaben über die Person des Arbeitnehmers sowie über Beschäftigungsdauer und Art der Tätigkeiten. Das **qualifizierte Zeugnis** gibt außerdem Auskunft über Führung und Leistungen des Arbeitnehmers während der gesamten Dauer des Arbeitsverhältnisses. In jedem Falle muss das Zeugnis wahr sein. Wesentliche Tatsachen müssen vollständig und genau angegeben sein, es darf weder unter- noch überbewertet werden. Die Beurteilung im qualifizierten Arbeitszeugnis muss wahr, aber wohlwollend sein, denn sie soll dem beruflichen Fortkommen des Arbeitnehmers dienen. Allerdings dürfen die Formulierungen beim Leser nicht falsche Vorstellungen wecken. Unangenehme Beurteilungen werden bisweilen dadurch „ausgedrückt", dass vom Leser erwartete Aussagen ganz unterbleiben. In seltenen Fällen dürfen auch ungünstige Angaben nicht verschwiegen werden, soweit es notwendig ist, künftige Arbeitgeber vor Täuschungen und Schäden zu bewahren. Enthält das Zeugnis falsche Tatsachen oder unrichtige Beurteilungen, so kann der Arbeitnehmer ein berichtigtes Zeugnis verlangen.

Beschäftigte im öffentlichen Dienst haben bei Beendigung des Arbeitsverhältnisses nach § 35 TVöD Anspruch auf ein schriftliches qualifiziertes Zeugnis (Endzeugnis). Aus triftigem Grund können Beschäftigte auch während des Arbeitsverhältnisses ein Zeugnis verlangen. Ein solches Zwischenzeugnis kann beim Wechsel des Arbeitsplatzes innerhalb einer Verwaltung oder zu Bewerbungszwecken sinnvoll bzw. erforderlich sein. Bei bevorstehender Beendigung des Arbeitsverhältnisses können Beschäftigte ein einfaches vorläufiges Zeugnis verlangen.

Beispiele aus der „Zeugnissprache"	
Umschreibung der Bewertung im Zeugnis	**Bedeutung**
Die übertragenen Arbeiten …	
… wurden stets zur vollsten Zufriedenheit erledigt.	sehr gute Leistungen
… wurden stets zur vollen Zufriedenheit erledigt.	gute Leistungen
… wurden zur vollsten Zufriedenheit erledigt.	befriedigende Leistungen
… wurden stets zur Zufriedenheit erledigt.	befriedigende/ausreichende Leistungen
… wurden zu unserer Zufriedenheit erledigt.	ausreichende Leistungen
… wurden im Großen und Ganzen zu unserer Zufriedenheit erledigt. … wurden mit Fleiß und Interesse ausgeführt (ohne Hinweis auf die Qualität der Leistung). Er hat sich bemüht, den an ihn gestellten Anforderungen gerecht zu werden.	mangelhafte Leistungen
Trennung im gegenseitigen Einvernehmen	Beendigung des Arbeitsverhältnisses lag im Interesse des Arbeitgebers.

Will der Arbeitgeber den ausscheidenden Arbeitnehmer „sehr gut" beurteilen, dann darf er nach einem BAG-Urteil im Zeugnis nicht von einer „vollen" Zufriedenheit sprechen, sondern muss – entgegen dem Duden – seine „vollste" Zufriedenheit ausdrücken, weil dies im Sprachgebrauch der Personalleiter so üblich ist (Az.: 5 AZR 573/91).

Nach Beendigung des Arbeitsverhältnisses muss der Arbeitgeber dem Arbeitnehmer die **Arbeitspapiere** aushändigen. Hierzu gehören

- Zeugnis,
- Arbeitsbescheinigung nach § 312 SGB III,
- Lohnsteuer- und Verdienstbescheinigung sowie ggf. Bescheinigung vermögenswirksamer Leistungen,
- Bescheinigung über den im laufenden Jahr gewährten oder abgegoltenen Urlaub.

Häufig legt der Arbeitgeber dem ausscheidenden Arbeitnehmer eine **Ausgleichsquittung** zur Unterschrift vor. In ihr bestätigt der Arbeitnehmer, dass er sämtliche Arbeitsbezüge (Entgelt) und bestimmte Arbeitspapiere ordnungsgemäß erhalten hat, dass Ansprüche der Vertragspartner aus dem beendeten Arbeitsverhältnis nicht mehr bestehen und dass eine Kündigungsschutzklage nicht erhoben wird. Der Arbeitnehmer ist nicht verpflichtet, eine Ausgleichsquittung zu unterschreiben.

Personen, deren Arbeitsverhältnis endet, müssen sich spätestens drei Monate vor der Beendigung persönlich bei der **Agentur für Arbeit** arbeitsuchend melden (§ 38 Abs. 1 SGB III). Ansprüche aus dem Arbeitsverhältnis verfallen, wenn sie nicht innerhalb einer **Ausschlussfrist** von sechs Monaten nach Fälligkeit schriftlich geltend gemacht werden (§ 37 Abs. 1 TVöD).

Nach Beendigung des Arbeitsverhältnisses können die Schweigepflicht (§ 3 Abs. 1 TVöD) und das Wettbewerbsverbot nach tariflicher Regelung weiter bestehen.

2.3 Arbeitsschutz

Das **Arbeitsschutzrecht** soll durch rechtliche, medizinische, technische und organisatorische Vorkehrungen Arbeitsunfälle und arbeitsbedingte Gesundheitsgefahren verhüten. Wichtige Schutzrechte (insbesondere Jugendarbeitsschutz, Mutterschutz, Kündigungsschutz) sind bereits erläutert worden. An dieser Stelle folgen Ergänzungen und eine systematische Zusammenfassung.

Das **Arbeitsschutzgesetz** (ArbSchG) enthält Grundregeln, die alle Beschäftigtengruppen gleichermaßen schützen. Sie gelten auch für den öffentlichen Dienst. Für bestimmte Gefahrenbereiche und Personengruppen bestehen **spezielle Gesetze und Verordnungen.** Außerdem haben die Berufsgenossenschaften als Träger der Unfallversicherung **Unfallverhütungsvorschriften** als Satzungen erlassen.

Die Arbeitskraft ist sowohl Lebensgrundlage der Arbeitnehmer wie auch betrieblicher Produktionsfaktor und wesentliche Grundlage volkswirtschaftlicher Leistung. Damit sind der Schutz von Arbeitskraft und Gesundheit der Arbeitnehmer und die Erhaltung ihrer Beschäftigungsverhältnisse als Existenzgrundlage bedeutende staatliche Ziele.

Deshalb schreibt der Staat den Unternehmen durch Gesetz Mindestanforderungen zum Arbeitsschutz vor. Das Arbeitsschutzrecht ist **Teil des öffentlichen Rechts,** seine Einhaltung wird überwacht und nötigenfalls erzwungen. Dies kann sogar gegen den Willen der Arbeitnehmer geschehen, wenn z. B. eine Betriebsschließung angeordnet wird.

Eine **Gefährdung** kann sich z. B. ergeben durch

- Gestaltung und die Einrichtung der Arbeitsstätte und des Arbeitsplatzes,
- eingesetzte Arbeitsmittel,
- Gestaltung von Arbeitsverfahren, Arbeitsabläufen und Arbeitszeit,
- unzureichende Qualifikation und Unterweisung der Beschäftigten,
- Zusammenwirken mehrerer Ursachen.

Das Arbeitsschutzgesetz und die jeweils anzuwendende Verordnung verpflichten Arbeitgeber mit mehr als zehn Beschäftigten, die Arbeitsplätze hinsichtlich gesundheitlicher Gefahren zu analysieren **(Arbeitsplatzanalyse),** Verbesserungen vorzunehmen und diese zu dokumentieren. Soweit das Arbeitssicherheitsgesetz dies verlangt, hat der Arbeitgeber Fachkräfte für Arbeitssicherheit und Betriebsärzte zu beteiligen.

Darüber hinaus muss der Arbeitgeber die Maßnahmen des Arbeitsschutzes in die betrieblichen **Organisationsstrukturen** einbinden, z. B. durch Arbeitsanweisungen, Stellenbeschreibungen und Geschäftsverteilung. Vorkehrungen für Maßnahmen zur ersten Hilfe und zur Brandbekämpfung sind zu treffen (Notfallpläne, Ausbildung, Übungen). Arbeitsunfälle sind zu erfassen, damit Wiederholungen künftig vermieden werden.

Die Beschäftigten sind **verpflichtet,**

- für Sicherheit und Gesundheit der eigenen Person und der von ihrer Arbeit betroffenen anderen Personen Sorge zu tragen,
- jede unmittelbare erhebliche Gefahr für die Sicherheit und Gesundheit unverzüglich dem Arbeitgeber zu melden,

- gemeinsam mit dem Betriebsarzt und der Fachkraft für Arbeitssicherheit den Arbeitgeber bei Erfüllung des Arbeitsschutzes zu unterstützen.

Die Beschäftigten sind **berechtigt,**

- bei unmittelbarer erheblicher Gefahr den Arbeitsplatz zu verlassen, ohne Nachteile für das Arbeitsverhältnis befürchten zu müssen,
- Vorschläge zu allen Arbeitsschutzfragen im Betrieb zu machen,
- sich bei den Aufsichtsbehörden über unzureichende Arbeitsschutzzustände im Betrieb ohne Nachteil zu beschweren, wenn sie sich zuvor deswegen an ihren Arbeitgeber gewandt haben und dieser keine Abhilfe geschaffen hat.

Arbeitnehmerschutzrecht = alle öffentlich-rechtlichen Regelungen zum Schutz der Arbeitnehmer	
allgemeiner Arbeitsschutz	
Grundlegende Regelungen des Arbeitsschutzgesetzes bezüglich ■ Maßnahmen zur Verhütung von Unfällen bei der Arbeit und arbeitsbedingten Gesundheitsgefahren, ■ Maßnahmen der menschengerechten Gestaltung der Arbeit.	
technischer Arbeitsschutz	**sozialer Arbeitsschutz**
gesetzliche Mindeststandards zum Schutz der Arbeitssicherheit und der Gesundheit der Arbeitnehmer **Sachgebiete** ■ Arbeitsstätten ■ technische Anlagen ■ gefährliche Arbeitsstoffe, Strahlen ■ Handhabung von Lasten ■ Bildschirmarbeit	gesetzliche Mindeststandards zum Schutz vor zeitlicher Überbeanspruchung und zum Schutz des Arbeitsplatzes **Sachgebiete** ■ allgemeine Gleichbehandlung ■ allgemeiner Arbeitszeitschutz ■ allgemeiner Kündigungsschutz[1] ■ Schutz besonderer Personengruppen, z. B. Jugendliche, Mütter, Wehrdienstleistende, Schwerbehinderte

1 Das Arbeitsschutzrecht ist kein abgegrenztes Rechtsgebiet. Das Kündigungsschutzrecht wird in der Regel dem individuellen Arbeitsrecht zugerechnet.

Durchsetzung des Arbeitsschutzes	
Organisation des Arbeitsschutzes im Betrieb	**überbetriebliche Aufsichtsdienste**
■ Verantwortlich: Arbeitgeber ■ Durchführung: – Betriebsleitung – Betriebsärzte – Sicherheitsbeauftragte – Belegschaftsmitglieder ■ Mitwirkung: Betriebs- und Personalräte	■ Aufsichtsbehörden (meistens Gewerbeaufsichtsämter) ■ Berufsgenossenschaften als Träger der gesetzlichen Unfallversicherung ■ Technische Überwachungsvereine bzw. -ämter **weitere mögliche Beteiligte** ■ Integrationsämter (f. Schwerbehinderte) ■ Gerichte

2.4 Mitwirkung und Mitbestimmung der Mitarbeiter

Entscheidungen in Unternehmen und Verwaltungen wirken sich oft unmittelbar auf die Beschäftigten aus und können erhebliche Konflikte zwischen Arbeitnehmern und Arbeitgebern auslösen. Durch gesetzlich geregelte Mitwirkungs- und Mitbestimmungsrechte werden Arbeitnehmer an den Entscheidungen beteiligt.

Die Beteiligungsrechte der Arbeitnehmer sollen außerdem dazu beitragen, dass der Arbeitsfrieden erhalten und ein geregelter Arbeitsablauf gewährleistet wird. Oberster Grundsatz ist es deshalb, dass die Mitbestimmungsorgane und die Arbeitgeber vertrauensvoll zusammenarbeiten.

Die Rechtsvorschriften zur Mitwirkung und Mitbestimmung sind in erster Linie Schutzrechte für Arbeitnehmer. Sie nutzen aber auch den Arbeitgebern, denn für das Austragen der Konflikte sind feste Regelungen vorgeschrieben. Zugleich werden im Anwendungsbereich dieser Regelungen demokratische Prinzipien berücksichtigt.

Die Mitbestimmung der Arbeitnehmer ist für drei Bereiche gesetzlich geregelt:

- Die betriebliche Mitwirkung und Mitbestimmung in den privatrechtlichen Betrieben (einschließlich der privatrechtlich organisierten Betriebe der öffentlichen Hand) durch **Betriebsräte** ist im Betriebsverfassungsgesetz (BetrVG) festgelegt.
- Die Mitwirkung und Mitbestimmung in den Verwaltungen und Betrieben des öffentlichen Rechts (einschließlich Eigenbetriebe) durch **Personalvertretungen** ist in den Personalvertretungsgesetzen des Bundes und der Länder (PersVG) geregelt.
- Die Unternehmensmitbestimmung in Kapitalgesellschaften mit über 2000 Beschäftigten durch **Aufsichtsräte** ist im Mitbestimmungsgesetz sowie in weiteren Gesetzen geregelt.

2.4.1 Betriebliche Mitwirkung und Mitbestimmung durch den Betriebsrat

Die betriebliche Interessenvertretung der Beschäftigten ist der Betriebsrat.

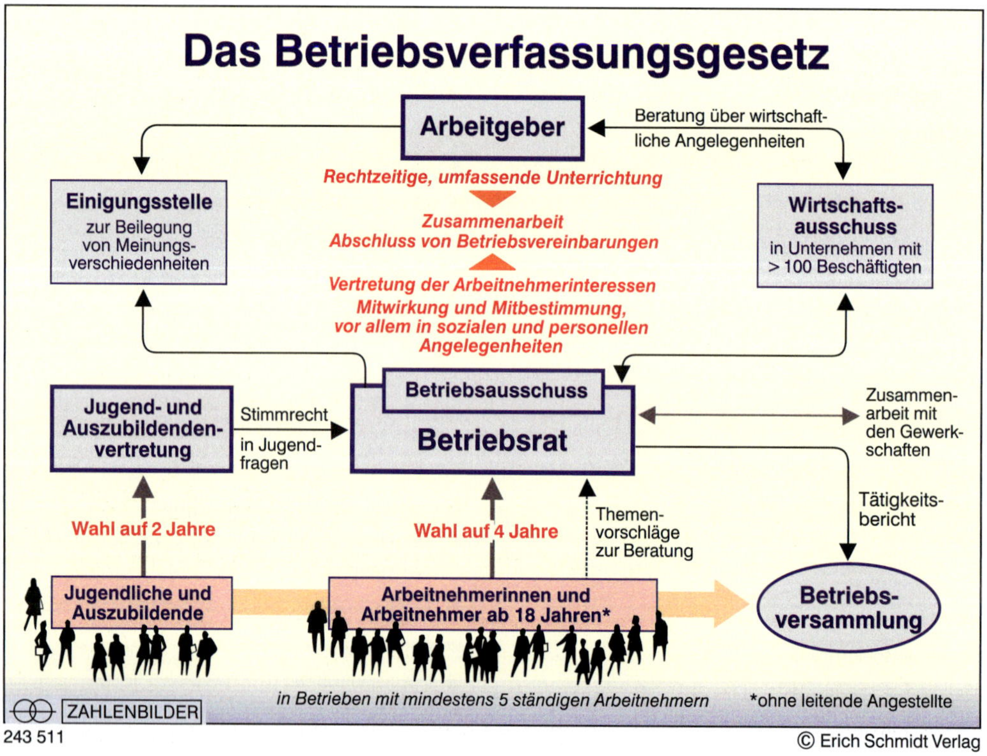

Das Betriebsverfassungsgesetz (BetrVG) ermöglicht die Bildung von Betriebsräten, wenn im Betrieb mindestens fünf wahlberechtigte Arbeitnehmer, davon drei wählbare, beschäftigt sind. Wahlberechtigt sind alle Arbeitnehmer (nicht jedoch leitende Angestellte!), die das 18. Lebensjahr vollendet haben; wählbar ist jeder Wahlberechtigte, der mindestens sechs Monate dem Betrieb angehört. Betriebsräte werden alle vier Jahre im Mai gewählt.

Die Zahl der Mitglieder des Betriebsrats ist abhängig von der Zahl der im Betrieb beschäftigten Arbeitnehmer.

Besteht der Betriebsrat aus neun oder mehr Mitgliedern, bildet er einen Betriebsausschuss, der die laufenden Geschäfte führt und dem die selbstständige Erledigung bestimmter Aufgaben übertragen werden kann. In Unternehmen mit mehr als 100 ständig beschäftigten Arbeitnehmern beruft der Betriebsrat einen Wirtschaftsausschuss.

5740320

Dieser berät regelmäßig mit dem Arbeitgeber über die wirtschaftlichen Angelegenheiten des Unternehmens (z. B. Produktions- und Absatzlage, Investitionsprogramme, Rationalisierungsvorhaben) und informiert darüber den Betriebsrat. Der Arbeitgeber hat die Pflicht, den Wirtschaftsausschuss rechtzeitig und umfassend zu informieren.

Um die Unabhängigkeit der Arbeitnehmervertreter zu gewährleisten, ist die Kündigung eines Betriebsratsmitgliedes grundsätzlich unzulässig, der Schutz vor einer außerordentlichen Kündigung ist jedoch eingeschränkt (§ 15 KSchG). Dieser Kündigungsschutz besteht nach dem Ende der Amtszeit noch ein Jahr weiter.

Aufgaben des Betriebsrats

Als gewähltes Vertretungsorgan der Beschäftigten verfügt der Betriebsrat über einen abgestuften Katalog von Beteiligungsrechten in sozialen, personellen und wirtschaftlichen Angelegenheiten. Je nach Art und Intensität der Beteiligungsrechte lassen sich Mitwirkungs- und Mitbestimmungsrechte unterscheiden. Mitwirkung bedeutet z. B., dass der Arbeitgeber verpflichtet ist, den Betriebsrat in bestimmten Fragen anzuhören; Mitbestimmung dagegen liegt vor, wenn der Arbeitgeber nur mit Zustimmung des Betriebsrats entscheiden oder handeln darf.

Die abgestuften Rechte des Betriebsrats	
Betriebsrat bestimmt mit.	Arbeitgeber und Betriebsrat haben ein gleichberechtigtes Initiativrecht. Sie können Entscheidungen nur gemeinsam treffen. Bei unüberbrückbaren Meinungsverschiedenheiten entscheidet die Einigungsstelle. Beispiele: Arbeitszeit, Sozialplan, Lohngestaltung
Betriebsrat muss zustimmen (Vetorecht).	Der Arbeitgeber darf eine Maßnahme nur mit Einverständnis des Betriebsrats durchführen. Der Betriebsrat hat aber kein Recht zur Durchsetzung eines Alternativvorschlags. Beispiele: Einstellungen, Versetzungen, Ein- und Umgruppierungen
Betriebsrat muss mitberaten.	Arbeitgeber und Betriebsrat erörtern eine Angelegenheit in einem gemeinsamen Gespräch. Beispiele: Gestaltung von Arbeitsplätzen, Arbeitsablauf und Arbeitsumfang
Betriebsrat muss angehört werden.	Der Arbeitgeber teilt dem Betriebsrat seine Absichten mit und setzt dem Betriebsrat eine Frist zur Stellungnahme. Beispiel: Entlassungen
Betriebsrat muss informiert werden.	Der Arbeitgeber teilt dem Betriebsrat anhand von Unterlagen seine Pläne mit. Beispiel: Personalplanung

2.4.2 Mitwirkung und Mitbestimmung durch den Personalrat

Die Unterschiede zwischen Privatwirtschaft und öffentlicher Verwaltung haben auch das Betriebsverfassungs- und Personalvertretungsrecht beeinflusst.

- Unternehmen verfolgen die Ziele ihrer Eigentümer und erstreben Gewinn. Arbeitgeber- und Arbeitnehmerinteressen stoßen hart aufeinander.
  Die öffentliche Verwaltung dagegen kennt kein Gewinnstreben, sondern handelt zum allgemeinen Wohl und ist den Grundsätzen der Gesetzmäßigkeit und der Demokratie verpflichtet. Gegenüber dem öffentlichen Arbeitgeber kann die Personalvertretung die Interessen der Beschäftigten nur so weit vertreten, wie es die demokratische Legitimation und Gesetzesbindung der Verwaltung zulassen.
- Für die Unternehmen sind Fragen der Betriebsverfassung in größerem Umfang regelungsbedürftig.
  Aufgaben und Organisation der Dienststellen jedoch sind bereits weitgehend durch Vorschriften geregelt (Organisationsgesetze, Gemeindeordnungen).

Aus diesen Gründen gibt es folgende rechtliche Unterschiede:

- Das Personalvertretungsrecht ist Teil des öffentlichen Rechts, Streitigkeiten gehören vor die Verwaltungsgerichte. Das Betriebsverfassungsrecht ist privates Recht, zuständig sind hier die Arbeitsgerichte.
- Die Personalvertretung repräsentiert zwar die Beschäftigten einer Dienststelle, sie hat aber dennoch die Belange des öffentlichen Dienstes und die Interessen der Allgemeinheit zu berücksichtigen.

Die Personalvertretungsgesetze des Bundes und der Länder weichen inhaltlich voneinander ab, die Unterschiede werden nach dem Wegfall der Rahmengesetzgebung des Bundes für das Personalvertretungsrecht aufgrund der Föderalismusreform 2006 weiter zunehmen. Das Gebiet kann daher nur in Grundzügen nach dem BPersVG dargestellt werden.

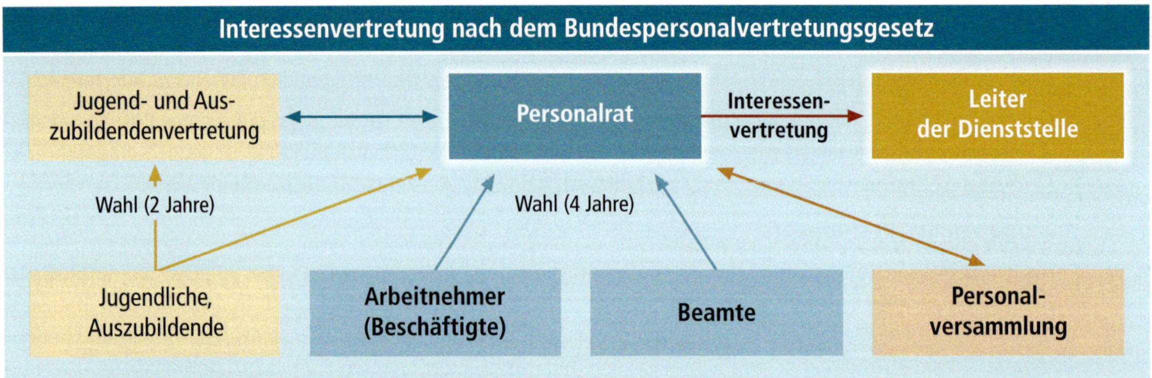

Die Personalvertretung (Personalrat) wird von allen Beschäftigten über 18 Jahren (Beamte, Arbeitnehmer, Auszubildende) für vier Jahre gewählt. Personalrat und Dienststelle arbeiten vertrauensvoll zusammen. Die Dienststelle hat den Personalrat zur Durchführung seiner Aufgaben rechtzeitig und umfassend zu unterrichten. Dienststellenleiter und Personalrat sollten anstehende Fragen monatlich besprechen. Über die dabei behandelten Angelegenheiten besteht Schweigepflicht. Dienststellenleiter und Personalrat haben unparteiisch und neutral darauf zu achten, dass alle Angehörigen der Dienststelle gerecht behandelt werden und insbesondere der Gleichbehandlungsgrundsatz eingehalten wird. Müssen Dienststelle und Personalrat eine Entscheidung treffen und können sie sich nicht einigen, wird eine von beiden Seiten gleich stark besetzte Einigungsstelle (mit einem neutralen Vorsitzenden) angerufen. Der Beschluss der Einigungsstelle ist zumindest als Empfehlung an den Arbeitgeber anzusehen. (Nach höchstrichterlicher Rechtsprechung ist ein Letztentscheidungsrecht der Einigungsstelle in personellen Angelegenheiten von Arbeitnehmern, wie es einige PersVG vorsahen, verfassungswidrig.[1]

Personalvertretung und Dienststelle können Dienstvereinbarungen schließen. Der Personalrat wirkt insbesondere bei der Arbeitsplatzgestaltung, bei Organisationsangelegenheiten, bei sozialen Fragen und bei Personalentscheidungen durch abgestufte Beteiligungsrechte mit.

Eine Dienstvereinbarung ist ein Vertrag zwischen Dienststelle und Personalvertretung, der unmittelbar und zwingend für alle Beschäftigten gilt.

Beispiele

Arbeitszeitregelungen („gleitende Arbeitszeit"), Verwaltung von Kantinen, Beurteilungsrichtlinien, Sozialpläne

abgestufte Beteiligungsrechte	
Mitbestimmung Mitwirkung Anhörung Information	Die Beteiligungsrechte entsprechen begrifflich denen des Betriebsrats. Je nach dem betreffenden PersVG ist die Beteiligung aber unterschiedlich und insgesamt schwächer als nach dem BetrVG.

2.4.3 Unternehmensmitbestimmung durch Aufsichtsräte

Die Unternehmensmitbestimmung in Kapitalgesellschaften mit über 2 000 Beschäftigten (z. B. Stadtwerke AG) beteiligt Arbeitnehmer und ihre Gewerkschaften an wichtigen unternehmerischen Planungen und Entscheidungen. Hierfür gelten unterschiedliche Regelungen, die sich nach dem Geltungsbereich und dem Grad der Mitspracherechte der Arbeitnehmervertreter unterscheiden.

Nach dem Mitbestimmungsgesetz (MitbestG) von 1976 werden die Aufsichtsräte je zur Hälfte mit Vertretern der Anteilseigner und der Arbeitnehmer besetzt. Auf der Arbeitnehmerseite muss aber auf jeden Fall ein leitender Angestellter vertreten sein. Außerdem hat die Arbeitgeberseite das Recht, den Vorsitzenden des Aufsichtsrats zu bestellen, dessen Stimme bei Stimmengleichheit den Ausschlag gibt. Entscheidungen gegen den Willen der Anteilseigner sind damit normalerweise ausgeschlossen.

1 siehe Müller/Preis: Arbeitsrecht im öffentlichen Dienst, München 2006

5740322

2.5 Arbeitsgerichtsbarkeit

Die Arbeitsvertragsparteien können ihre unterschiedlichen Interessen nicht immer selbst ausgleichen. Viele Anlässe führen zu einer Klage vor dem Arbeitsgericht.

Beispiele

Ein Arbeitnehmer klagt um eine bessere Eingruppierung, um die Bezahlung von Überstunden, gegen eine sozial ungerechtfertigte Kündigung, um eine Abfindung bei Auflösung des Arbeitsvertrags, gegen eine unberechtigte Abmahnung, um eine Änderung seines Arbeitszeugnisses.

Ein Arbeitgeber klagt um Schadensersatz wegen der Beschädigung von Arbeitsmitteln oder wegen eines rechtswidrigen Streiks.

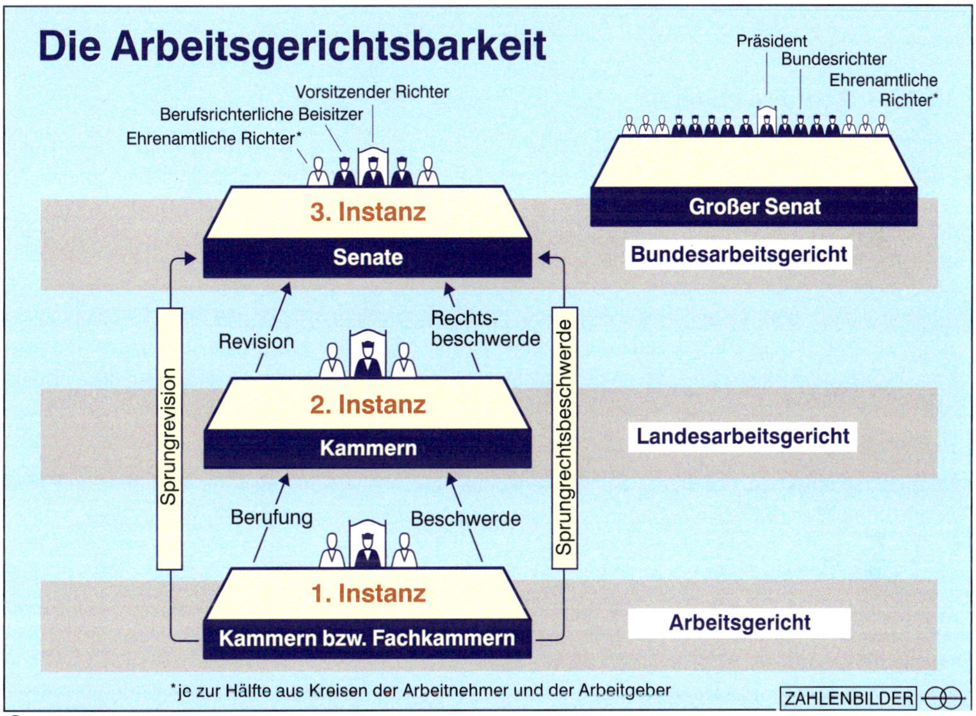

© Erich Schmidt Verlag 129 160

Das **Arbeitsgerichtsgesetz** (ArbGG) regelt Aufbau und Verfahren der Arbeitsgerichte.

Die **Klage** vor dem Arbeitsgericht ist jederzeit möglich. Nur für die Kündigungsschutzklage nach § 4 KSchG (LF 5, Kapitel 2.2.3.3) gilt eine dreiwöchige Kündigungsfrist. Das Gericht bestimmt zunächst einen Termin zur **Güteverhandlung,** die vor dem zuständigen Berufsrichter stattfindet. Wird der Streit zwischen den Parteien nicht beigelegt, wird ein weiterer Termin zur **streitigen Verhandlung** bestimmt. Vor der Kammer wird der Stand der Sache erörtert. Zu streitigen Tatsachen werden Beweise erhoben, z. B. durch Zeugenvernehmung bzw. Vorlage von Urkunden. Kommt auch nun eine gütliche Einigung nicht zustande, entscheidet die Kammer und verkündet ein **Urteil.** Große praktische Bedeutung hat die Güterverhandlung, in der es häufig um den Antrag des Arbeitnehmers nach § 3 Abs. 1 KSchG geht, das Arbeitsverhältnis aufzulösen und den Arbeitgeber zur Zahlung einer angemessenen Abfindung zu verurteilen.

Gegen die Urteile der Arbeitsgerichte ist die **Berufung** an die Landesarbeitsgerichte möglich, wenn sie in dem Urteil des Arbeitsgerichts zugelassen worden ist und wenn der Streitwert 600,00 € übersteigt. Die Möglichkeit der **Revision** an das Bundesarbeitsgericht in Erfurt ist gesetzlich begrenzt und nicht in jedem Verfahren gegeben.

Im Arbeitsrecht hat die Rechtsprechung eine besondere Bedeutung, denn zahlreiche Fragen waren (und sind) nicht durch Gesetze geregelt. Die Rechtsprechung hat daher selbst das Arbeitsrecht weiterentwickelt (Rechtsfortbildung), insbesondere durch das Bundesarbeitsgericht und dessen Großen Senat.

1 Rechtsgrundlagen zur Ermittlung von Einkommen im öffentlichen Dienst

1.1 Kollektivvereinbarungen

In der letzten Zeit werden Tarifverträge für Länder und Regionen (Flächentarifverträge) mehr und mehr infrage gestellt. Weil einerseits immer weniger Unternehmen den Arbeitgeberverbänden angehören und andererseits die Zahl der Gewerkschaftsmitglieder seit 1992 um fast die Hälfte zurückging, nahm auch die Zahl der tarifgebundenen Arbeitsverhältnisse ab. Das folgende Zitat verdeutlicht, wie schwierig es in früherer Zeit für Gewerkschaften war, eine Verbesserung der Arbeitsbedingungen und Einkommen durch Tarifverträge zu erreichen.

„Die Innungsversammlung steht auf dem Standpunkt, dass der Abschluss von Tarifverträgen eines freien Handwerkers unwürdig ist. Mitglieder, die solche abschließen, werden wegen Verletzung der Standesehre in eine Ordnungsstrafe genommen und nach fruchtloser Ermahnung aus der Innung und deren Nebeneinrichtungen ausgeschlossen."

Beschluss der freien Fleischerinnung Frankfurt (= Vereinigung selbstständiger Handwerksmeister), 1901
Quelle: Adamy/Steffen, Handbuch der Arbeitsbeziehungen, Bonn 1985, S. 14

1.1.1 Koalitionsfreiheit

Vor gut hundert Jahren war es Arbeitnehmern noch verboten, sich zur Verbesserung ihrer oft unterhalb des Existenzminimums liegenden Löhne und der zum Teil menschenunwürdigen Arbeitsbedingungen zu organisieren. Der Staat stellte Streiks unter Strafe und schützte so die starke Stellung der Arbeitgeber auf dem Arbeitsmarkt. Erst nach 1900 wurden die Gewerkschaften von einigen Arbeitgeberverbänden als Verhandlungspartner akzeptiert.

Heute gestalten Gewerkschaften und Arbeitgeberverbände wichtige Arbeits- und Wirtschaftsbedingungen der Beschäftigten durch Tarifverträge, und zwar unabhängig vom Staat. Tarifvertragliche Regelungen sind – neben Gesetzen und Rechtsverordnungen – wesentliche Rechtsquellen des Arbeitsrechts; sie wirken auf die meisten Arbeitsverhältnisse wie Gesetzesnormen. Grundlage dieser „Selbstgesetzgebung" der Sozialpartner im Arbeitsrecht ist die im Grundgesetz garantierte Koalitionsfreiheit.

Koalitionsfreiheit ist das Recht der Arbeitnehmer und Arbeitgeber, sich zur Wahrung und Förderung der Arbeits- und Wirtschaftsbedingungen zu Vereinigungen (Koalitionen) zusammenzuschließen.

Art. 9 Abs. 3 GG
Das Recht, zur Wahrung und Förderung der Arbeits- und Wirtschaftsbedingungen Vereinigungen zu bilden, ist für jedermann und für alle Berufe gewährleistet. Abreden, die dieses Recht einschränken oder zu behindern suchen, sind nichtig, hierauf gerichtete Maßnahmen sind rechtswidrig. ...

Dieses Recht gilt für jeden (nicht nur für Deutsche) und für alle Berufe (auch für Beamte, Richter und Soldaten). Jeder hat auch das Recht, einer Koalition fernzubleiben („negative Koalitionsfreiheit").

Die Koalitionsfreiheit schützt vor allem die freie Gründung und den Bestand von Gewerkschaften und Arbeitgeberverbänden und garantiert deren koalitionsgemäße Betätigung. Das bedeutet:

- Der Staat darf nicht in die Existenz der Koalition eingreifen. Maßnahmen zur Bestandssicherung (Mitgliederwerbung und -betreuung in den Betrieben) sind ebenfalls geschützt.
- Die Koalitionsfreiheit umfasst das Recht der Gewerkschaften und Arbeitgeberverbände, ohne staatliche Einmischung eigene Angelegenheiten durch Tarifvertrag selbst zu regeln (Tarifautonomie).

Bei Tarifverhandlungen sind Gewerkschaften und Arbeitgeberverbände soziale Gegenspieler, die einen Interessenausgleich finden müssen. Dies setzt organisatorische Stärke und Durchsetzungsvermögen auf beiden Seiten voraus, denn ohne diese Eigenschaften könnte eine Tarifvertragspartei der anderen ihren Willen aufzwingen.

Die Rechtsprechung hat Mindestanforderungen entwickelt, die von einer Gewerkschaft als tariffähige Koalition erfüllt werden müssen:

- Eine Gewerkschaft ist eine auf Dauer angelegte Vereinigung einer größeren Zahl von Mitgliedern.
- Es muss sich um einen freiwilligen und grundsätzlich überbetrieblichen Zusammenschluss von Arbeitnehmern auf privatrechtlicher Grundlage handeln.

5740324

- Eine Gewerkschaft ist soziale Gegenspielerin des Arbeitgeberverbands bzw. eines Arbeitgebers. Sie muss deshalb sowohl von der Arbeitgeberseite als auch vom Staat personell, organisatorisch und finanziell unabhängig sein.
- In einer Gewerkschaft muss eine demokratische Willensbildung gewährleistet sein.
- Die Gewerkschaft muss den Abschluss von Tarifverträgen als ihre (satzungsmäßige) Aufgabe ansehen.
- Die Tariffähigkeit setzt zudem ein gewisses Durchsetzungsvermögen („soziale Mächtigkeit") voraus.

In Deutschland gehören weniger als ein Viertel aller Arbeitnehmer einer Gewerkschaft an. Die größte Dachorganisation ist der Deutsche Gewerkschaftsbund (DGB). Die in ihm zusammengeschlossenen acht Einzelgewerkschaften vertreten zusammen etwa drei Viertel aller Gewerkschaftsmitglieder in Deutschland. Im Deutschen Beamtenbund (DBB) sind 39 Fachgewerkschaften und Berufsverbände zusammengeschlossen. Der Tarifbereich des DBB trägt den Namen DBB-Tarifunion und ist tariffähig. Das Beamtenrecht sieht allerdings für Beamte keine Tarifverträge vor. Der Christliche Gewerkschaftsbund (CGB) ist ein weiterer kleiner Dachverband.

Die Arbeitgeberverbände sind überwiegend nach Wirtschaftszweigen organisiert. Es gibt Fachverbände auf Regional- bzw. Landesebene, die auf Bundesebene einen Spitzenfachverband bilden können (z. B. „Gesamtmetall" = Gesamtverband der metallindustriellen Arbeitgeberverbände). Im Bereich des öffentlichen Dienstes sind die Tarifgemeinschaft deutscher Länder (TdL) sowie die Vereinigung der kommunalen Arbeitgeberverbände (VkA) zu nennen.

1.1.2 Tarifverträge

Ein Tarifvertrag ist ein schriftlicher privatrechtlicher Vertrag, der zwischen Gewerkschaften und Arbeitgeberverbänden bzw. einzelnen Arbeitgebern (Tarifpartnern) geschlossen wird und der bestimmte Arbeitsbedingungen bzw. das Arbeitsentgelt regelt.

Das Tarifvertragsgesetz (TVG) ist Grundlage und Rahmen für Tarifverträge. Es regelt

- Inhalt und Form von Tarifverträgen,
- die Tarifgebundenheit der Tarifvertragsparteien,
- die Wirkung der Tarifnormen,
- das Verfahren zur Allgemeinverbindlicherklärung und
- die Einrichtung eines Tarifregisters.

Arten von Tarifverträgen

Tarifvertragsarten	Beschreibung
Manteltarifverträge	Sie enthalten vor allem grundsätzliche und allgemein gültige Vereinbarungen zu konkreten Arbeitsbedingungen, wie z. B. Probezeit, Kündigungsfristen, Wochenarbeitszeit und Urlaub. Sie werden langfristig abgeschlossen.
Entgelttarifverträge	In diesen Verträgen wird die Höhe von Entgelten (Löhnen, Gehältern, Ausbildungsvergütungen) geregelt. Sie gelten meistens ein bis zwei Jahre.
Firmentarifverträge	Größere Unternehmen, die nicht im Arbeitgeberverband organisiert sind, können mit der zuständigen Gewerkschaft Haus- oder Firmentarifverträge vereinbaren. Werden in diesen Tarifverträgen Inhalte der branchenspezifischen Verbandstarifverträge übernommen, so spricht man von einem Anerkennungstarifvertrag.

2010 bestanden in Deutschland über 73 000 Tarifverträge. Die Geltungsbereiche dieser Verträge sind nach Wirtschaftszweigen (z. B. Einzelhandel, Bankgewerbe, öffentlicher Dienst) und Regionen (Bundesgebiet, Land bzw. Wirtschaftsregion, Einzelunternehmen) sehr verschieden. Etwa ein Fünftel der Tarifverträge wurde zwischen Gewerkschaften und einzelnen Arbeitgebern als Haus- oder Firmentarifvertrag vereinbart.

Aufgaben und Inhalt von Tarifverträgen

In seinem Anwendungsbereich schützt der Tarifvertrag die Arbeitnehmer vor einseitiger Festlegung der Arbeitsbedingungen durch die Arbeitgeber. Er regelt Mindestarbeitsbedingungen, die für alle betroffenen Arbeitsverhältnisse maßgeblich sind. In dieser Schutz- und Ordnungsfunktion liegt die Hauptaufgabe des Tarifvertrags. Ihm gehen fast immer Auseinandersetzungen zwischen Gewerkschaft und Arbeitgeberverband, manchmal sogar Kampfmaßnahmen wie Streik und Aussperrung voraus. Der Tarifvertrag beendet den Tarifstreit und ist deswegen auch ein „Friedensvertrag", der während der Laufzeit neue Kampfmaßnahmen um die bereits geregelten Themen verbietet. Er hat damit auch eine Friedensfunktion.

§ 1 TVG Inhalt und Form des Tarifvertrags

(1) Der Tarifvertrag regelt die Rechte und Pflichten der Tarifvertragsparteien und enthält Rechtsnormen, die den Inhalt, den Abschluss und die Beendigung von Arbeitsverhältnissen sowie betriebliche und betriebsverfassungsrechtliche Fragen ordnen können.

(2) Tarifverträge bedürfen der Schriftform.

§ 1 TVG zeigt die rechtliche Doppelnatur des Tarifvertrags. Er enthält zwei Arten von Regelungen:

- Regelungen, die nur die **tarifschließenden Parteien** selbst betreffen (schuldrechtlicher Teil des Tarifvertrags)
- Regelungen, die als Rechtsnormen vor allem auf **Einzelarbeitsverhältnisse** wirken (normativer Teil des Tarifvertrags)

Die Abschnitte des TVöD	
I Allgemeine Vorschriften (Geltungsbereich, Arbeitsvertrag, Nebenabreden, Probezeit, allgemeine Arbeitsbedingungen, Versetzung, Abordnung, Zuweisung, Personalgestellung, Qualifizierung)	V Befristung und Beendigung des Arbeitsverhältnisses
II Arbeitszeit	VI Übergangs- und Schlussvorschriften
III Eingruppierung, Entgelt und sonstige Leistungen	Anhänge und Anlagen, insbesondere Anlage A Tabellenentgelt TVöD-V Entgeltordnung Anlage C Tabellenentgelt Sozial- und Erziehungsdienst
IV Urlaub und Arbeitsbefreiung	

Nahezu alle Vorschriften dieser Tarifverträge haben normativen Charakter, d. h., sie bestimmen den Inhalt der von ihnen erfassten Einzelarbeitsverhältnisse.

Aus dem **schuldrechtlichen Teil** der Tarifverträge ergeben sich die Friedenspflicht und die Durchführungspflicht.

Die Friedenspflicht gebietet, während der Laufzeit des Tarifvertrags keinen Arbeitskampf (Streik, Aussperrung) zu den in diesem Tarifvertrag vereinbarten Regelungen anzudrohen oder zu veranstalten sowie entsprechend auf die Mitglieder des eigenen Verbands einzuwirken (Einwirkungspflicht). Diese (relative) Friedenspflicht ergibt sich aus dem Sinn des Tarifvertrags und gilt auch ohne ausdrückliche Vereinbarung.

Jede Tarifvertragspartei muss dafür sorgen, dass die Tarifbestimmungen tatsächlich durchgeführt werden.

Beispiele

Während der Laufzeit eines Lohntarifvertrags ruft die Gewerkschaft zu einem Streik um höhere Löhne auf. Der Arbeitgeberverband kann von der Gewerkschaft die Einhaltung der Friedenspflicht und damit das Unterlassen des Streikaufrufs verlangen. Entsteht in diesem Fall durch Arbeitskampfmaßnahmen einem Arbeitgeber oder dem Verband ein Schaden, so haftet die Gewerkschaft wegen schuldhafter Vertragsverletzung.

Ein tarifgebundener Arbeitgeber, der Gewerkschaftsmitglieder regelmäßig untertariflich bezahlt, stört die tarifliche Ordnung. Die Durchführungspflicht gebietet das Einschreiten des Arbeitgeberverbands gegen sein Mitglied.

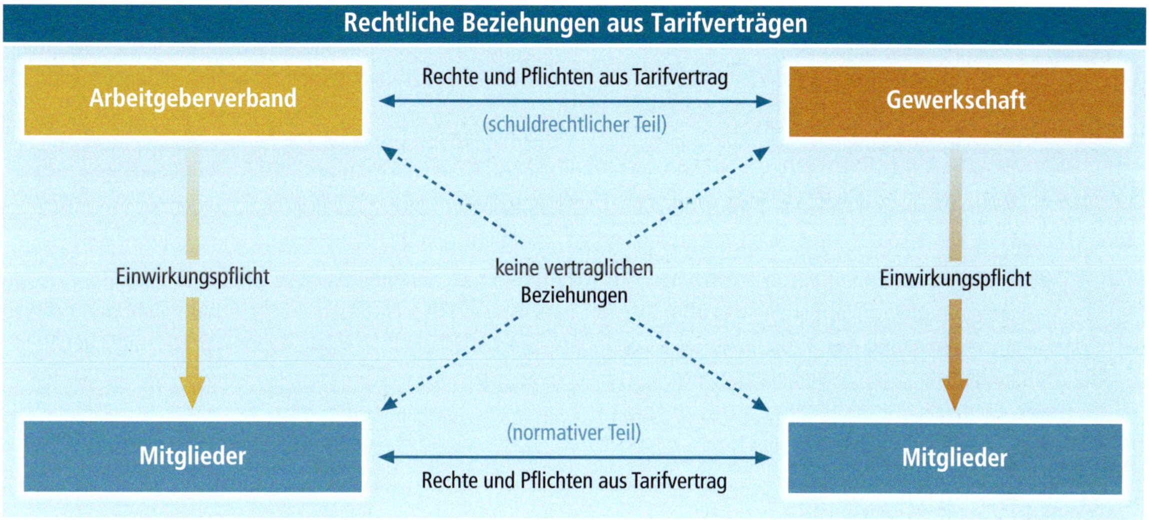

Wirkung von Tarifnormen

Tarifgebunden sind die Mitglieder der Tarifvertragsparteien und der einzelne Arbeitgeber, der selbst Partei des Tarifvertrags ist.

Ist ein Tarifvertrag auf das einzelne Arbeitsverhältnis anzuwenden, so wirken die Tarifnormen unmittelbar und zwingend, sie sind „unabdingbar". Es kommt nicht darauf an, ob tarifgebundene Arbeitgeber bzw. Arbeitnehmer die Tarifregelungen kennen oder billigen. Wird eine Tarifnorm nach Abschluss des Arbeitsvertrags geändert oder neu geschaffen, so erfasst sie – wie jede andere Rechtsnorm – das Arbeitsverhältnis „automatisch". Allerdings erlaubt § 4 Abs. 3 TVG, dass abweichende Abmachungen zuungunsten des Arbeitnehmers im Tarifvertrag selbst gestattet werden.

Da das Tarifrecht den Arbeitnehmer schützen soll, haben Tarifnormen nur einseitig zwingende Wirkung. Einzelvertragliche Abmachungen, die für den Arbeitnehmer günstiger sind als die Tarifnorm, sind gültig. Das Günstigkeitsprinzip entspricht dem Schutzcharakter des Tarifrechts.

Tarifliche Rechte zum Schutz des Arbeitnehmers sind unverbrüchlich. Sie können weder eingeschränkt noch ausgeschlossen werden. Eine Vereinbarung im Arbeitsvertrag, zum Nachteil des Arbeitnehmers von einer Norm des Tarifvertrags abzuweichen, ist nichtig, weil sie gegen ein gesetzliches Verbot verstößt (§ 134 BGB; Tarifnormen gelten als Gesetz im materiellen Sinne).

Die Rechtsnormen des Tarifvertrags gelten nach dem Vertragsende (Zeitablauf, Kündigung) weiter, bis sie durch andere Abmachungen ersetzt werden (Nachwirkung).

Anwendbarkeit von Tarifverträgen

Nicht alle Arbeitnehmer können tarifvertragliche Ansprüche gegenüber ihrem Arbeitgeber geltend machen. Dies ist nur dann möglich, wenn eine der folgenden Voraussetzungen erfüllt ist:

- Arbeitgeber und Arbeitnehmer sind **tarifgebunden.** Sie gehören den Verbänden an, die den Tarifvertrag geschlossen haben (Gewerkschaft, Arbeitgeberverband). Ein Firmentarifvertrag setzt keine Verbandsmitgliedschaft des betreffenden Arbeitgebers voraus.
- Das Arbeitsverhältnis wird auch von einem Tarifvertrag erfasst, der vom Bundesminister für Arbeit und Soziales gemäß § 5 TVG für **allgemein verbindlich** erklärt worden ist. Hier ist die Tarifgebundenheit aufgrund der Verbandsmitgliedschaft von Arbeitgeber und Arbeitnehmer nicht von Bedeutung. Eine Allgemeinverbindlicherklärung soll verhindern, dass tarifgebundene Arbeitgeber bevorzugt nichtorganisierte Arbeitnehmer einstellen und mit ihnen untertarifliche Arbeitsbedingungen vereinbaren. Weniger als 1 % der Verbandstarifverträge sind allgemein verbindlich.

Von Bedeutung sind die allgemein verbindlichen Tarifverträge insbesondere für ausländische Firmen und Arbeitnehmer, die in Deutschland arbeiten. Die ausländischen Unternehmen werden durch das Arbeitnehmerentsendegesetz verpflichtet, sich den in Deutschland geltenden gesetzlichen und allgemein verbindlichen tarifvertraglichen Normen zu unterwerfen.
Da Lohntarifverträge normalerweise nicht allgemein verbindlich sind, wurden z. B. für das Bauhauptgewerbe, das Elektrohandwerk, die Abfallwirtschaft, das Dachdeckerhandwerk, Beschäftigte in der Gebäudereinigung, Pflegekräfte, Maler und Lackierer Tarifverträge über Mindestlöhne geschlossen und diese für allgemein verbindlich erklärt. Diese Löhne dürfen auch von ausländischen Arbeitgebern in Deutschland nicht unterschritten werden.

- Arbeitgeber können mit Arbeitnehmern im **Arbeitsvertrag** vereinbaren, dass ein bestimmter Tarifvertrag angewandt wird. Im Bereich des öffentlichen Dienstes wird mit nichtorganisierten Arbeitnehmern durchweg die Anwendung des TVöD bzw. TV-L vereinbart. Die betriebsübliche Anwendung tarifvertraglicher Regelungen steht der Vereinbarung gleich.

Die Arbeitgeber sind verpflichtet, die für ihren Betrieb maßgebenden Tarifverträge an geeigneter Stelle im Betrieb auszulegen (§ 8 TVG).

Angestellte des oberen Managements sind regelmäßig von Tarifregelungen ausgenommen. Auch im öffentlichen Dienst müssen Entgelte oberhalb der Entgeltgruppe 15 des TVöD außertariflich im Arbeitsvertrag vereinbart werden.

1.1.3 Tarifkonflikte

Tarifverhandlungen

Tarifverträge sind kündbar. Meistens kündigt die Gewerkschaft, um durch neue Tarifverhandlungen eine Verbesserung der Lohn- und Arbeitsbedingungen zu erreichen. Lohnerhöhungen sollen zumindest die laufenden Preissteigerungen ausgleichen. Ist in einem Wirtschaftszweig die Produktivität der Arbeit gestiegen, so wollen die Arbeitnehmer auch an diesem Erfolg finanziell beteiligt werden. Wichtige Ziele waren in der Vergangenheit auch die Verkürzung der Arbeitszeit und der soziale Schutz der Arbeitnehmer bei Rationalisierungsmaßnahmen. Die zunehmende internationale Konkurrenz der Unternehmen, vor allem aber die hohe Arbeitslosigkeit sowie die leeren Kassen der öffentlichen Arbeitgeber haben die Verhandlungsposition der Gewerkschaften geschwächt.

Führen die Verhandlungsrunden nicht zum Abschluss eines neuen Tarifvertrags, so kann ein Einigungsversuch in einem Schlichtungsverfahren unternommen werden. Wenn dies zwischen den Tarifpartnern vereinbart wurde, so verlängert die Schlichtung die tarifvertragliche Friedenspflicht. Häufig folgen die Tarifvertragsparteien dem Einigungsvorschlag des unabhängigen Schlichters.

Arbeitskampf

Das Scheitern der Schlichtung führt zum eigentlichen Arbeitskampf; insbesondere Streik und Aussperrung sind die Arbeitskampfmittel.

Die im Grundgesetz garantierte Tarifautonomie gebietet dem Staat auch in dieser Phase des Tarifkonflikts Neutralität. Art. 9 Abs. 3 GG schützt den Arbeitskampf insoweit, als dies für das Funktionieren der Tarifautonomie erforderlich ist. Das Arbeitskampfrecht ist weitgehend nicht gesetzlich geregelt. Einige Landesverfassungen enthalten eine ausdrückliche Streikrechtsgarantie. Die wichtigsten Begriffe und Grundsätze werden hier dargestellt.

Von einem **Arbeitskampf** spricht man, wenn von Arbeitgeber- oder Arbeitnehmerseite kollektive Maßnahmen zur **Störung des Arbeitsfriedens** ergriffen werden, um ein bestimmtes tarifpolitisches Ziel zu erreichen (meistens eine günstigere Tarifvereinbarung). Dabei stehen sich Arbeitgeberverbände bzw. ein einzelner Arbeitgeber und Gewerkschaften gegenüber. Nicht jeder Arbeitskampf ist rechtlich zulässig.

Ein **Streik** ist die von einer Mehrzahl von Arbeitnehmern gemeinsam und planmäßig durchgeführte Arbeitseinstellung zur Erreichung eines Ziels, und zwar grundsätzlich mit dem Willen zur Fortsetzung der Arbeit nach Beendigung des Arbeitskampfes.

Die Gewerkschaften können während der Verhandlungen zu kurzen Arbeitsniederlegungen (Warnstreiks) aufrufen. Nach Ablauf der Friedenspflicht sind auch reguläre (unbefristete) Streiks möglich. Voraussetzung dafür ist zumeist, dass mindestens 75 % der Gewerkschaftsmitglieder in einer Urabstimmung zustimmen. Nach einem Streik reichen in den meisten Gewerkschaften 25 % der Stimmen der Mitglieder aus, um das erzielte Ergebnis zu akzeptieren.

Es gibt verschiedene Streikarten bzw. -formen.

Beispiele

- *Ein **organisierter Streik** wird von einer Gewerkschaft geleitet (im Gegensatz zum spontanen wilden Streik).*
- *Ein **Warnstreik** ist nur auf eine kurze Dauer beschränkt und zeigt die Kampfbereitschaft.*
- *Ein **Sympathie- bzw. Solidaritätsstreik** soll andere Streikende (den Hauptstreik) bzw. Ausgesperrte unterstützen.*
- *Beim **Bummelstreik** geht es um die Schlechterfüllung der Arbeitspflicht, ähnlich beim „Dienst nach Vorschrift", der durch bewusst übertriebene Beachtung von Ordnungs- und Sicherheitsvorschriften die Arbeitsbeziehungen stört.*
- *Ein **politischer Streik** wird wegen eines politischen Ziels (z. B. Gesetzesänderung), nicht wegen eines Tarifvertrags geführt.*
- *Während bei einem **Vollstreik** alle Gewerkschaftsmitglieder eines Tarifgebiets zum Streik aufgerufen werden, wird mit einem **Teil- oder Schwerpunktstreik** in ausgewählten Betrieben versucht, die Streikkosten der Gewerkschaften niedrig zu halten.*
- *Ein **Generalstreik** lässt die gesamte Wirtschaft stillstehen.*

Nicht alle hier genannten Streikarten sind rechtmäßig!

Eine **Aussperrung** ist die planmäßige Ausschließung einer Mehrzahl von Arbeitnehmern von der Arbeit durch einen oder mehrere Arbeitgeber zur Durchsetzung eines Ziels; und zwar ohne Einverständnis der Arbeitnehmer und ohne vorherige Kündigung. Es gibt verschiedene Formen der Aussperrung.

Beispiele

*Die **Abwehraussperrung** ist die Reaktion der Arbeitgeberseite auf einen Streik, die (seltene) **Angriffsaussperrung** hingegen geht einem Streik zeitlich voraus, sie zielt auf den Abbau tariflicher Leistungen.*

*Während die **suspendierende Aussperrung** (wie der Streik) die arbeitsvertraglichen Hauptpflichten nur ruhen lässt, kann die **lösende Aussperrung** (seltene Ausnahme) das Arbeitsverhältnis beenden.*

Arbeitskämpfe sind nach der Rechtsprechung des Bundesarbeitsgerichts unter bestimmten **Voraussetzungen** rechtlich zulässig:

- Ein Arbeitskampf darf nur von tariffähigen Parteien geführt werden. Die Streikenden müssen aber nicht der Gewerkschaft angehören. (Eine Gewerkschaft wird jedoch nur ihre Mitglieder durch Streikgelder unterstützen).
- Ein Arbeitskampf darf nur um eigene tariflich regelbare Ziele geführt werden. Rechtswidrig ist deshalb z. B. ein Arbeitskampf zur Durchsetzung von Forderungen an staatliche Stellen sowie zur Sympathiebekundung für andere Streikende. (Das für eine ganz andere Situation gedachte Widerstandsrecht gem. Art. 20 Abs. 4 GG schließt z. B. einen politischen Generalstreik nicht aus.)
- Ein Arbeitskampf darf nicht gegen die tarifvertragliche Friedenspflicht verstoßen.
- Der Grundsatz der Kampfparität („Waffengleichheit" von Streik und Aussperrung) soll den Tarifpartnern etwa gleiche Chancen zur Beeinflussung des Tarifvertrags sichern und so einen Interessenausgleich ermöglichen. Der Staat darf deshalb keine Tarifpartei begünstigen. Dies gilt insbesondere für die Arbeitslosenunterstützung durch die Bundesagentur für Arbeit. Ein generelles Aussperrungsverbot besteht nicht; umstritten ist die Zulässigkeit der lösenden Aussperrung.
- Das Gebot der Verhältnismäßigkeit gilt auch für Arbeitskämpfe. Streik und Aussperrung sind als letzte Mittel anzusehen, zuvor müssen alle anderen zumutbaren Möglichkeiten erschöpft sein (Einigung, evtl. Ausschöpfen des Rechtswegs). Die Regeln eines fairen Kampfes sind zu beachten. Die Vernichtung des Gegners oder eine Schwächung, die künftige Tarifauseinandersetzungen unmöglich macht, ist immer unverhältnismäßig. Auch während eines Arbeitskampfes müssen notwendige Erhaltungsarbeiten und Notdienste gesichert sein.

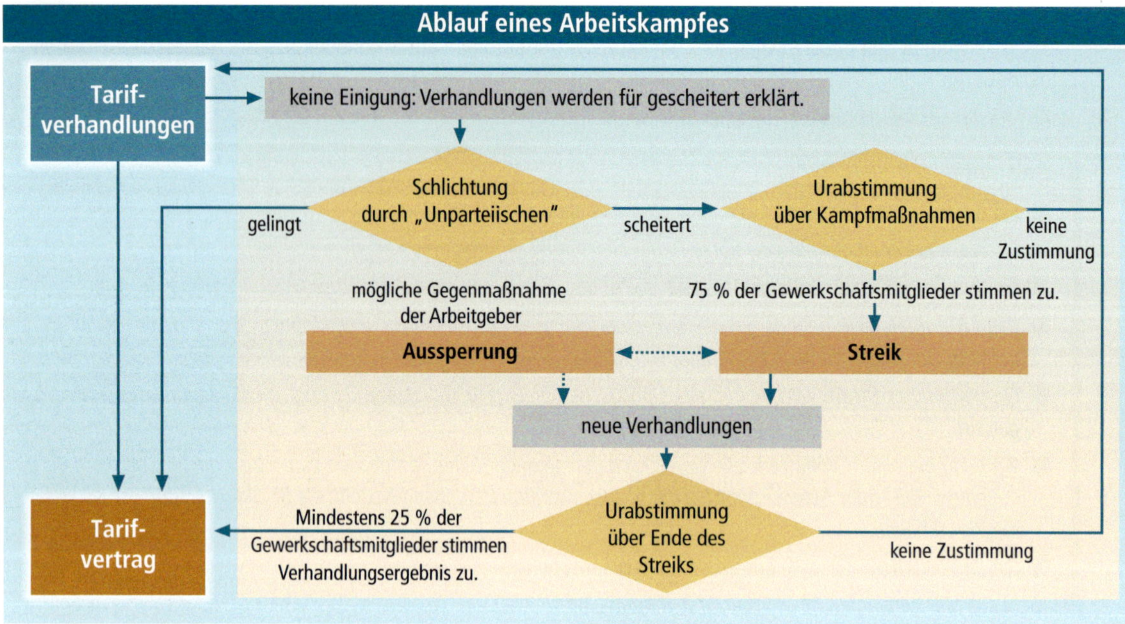

Die **Auswirkungen von Arbeitskämpfen** sind vielschichtig. Für unmittelbar betroffene Arbeitnehmer und Arbeitgeber gilt Folgendes:

- Wer an einem Streik teilnimmt, hat wegen nicht erbrachter Arbeitsleistung auch keinen Anspruch auf Vergütung. Das Arbeitsverhältnis besteht während des Streiks fort; nur die Hauptpflichten ruhen. Die Streikteilnahme allein berechtigt den Arbeitgeber nicht zur Kündigung. Auch während eines Streiks sind notwendige Erhaltungsmaßnahmen (z. B. das Verhindern des Einfrierens der Heizung im Winter) und Notdienste (Rettungsdienst, Krankenversorgung) wahrzunehmen. Ein Anspruch auf Arbeitslosengeld besteht nicht.
- Eine rechtmäßige Aussperrung hat grundsätzlich die gleichen Wirkungen.
- Bei einem rechtswidrigen Streik kommt zu dem Wegfall des Lohnanspruchs des streikenden Arbeitnehmers evtl. eine Schadensersatzpflicht wegen Vertragsverletzung gegenüber dem Arbeitgeber. Außerdem besteht die Gefahr einer außerordentlichen Kündigung (aus wichtigem Grund) oder einer ordentlichen (verhaltensbedingten) Kündigung (Abmahnung ist erforderlich).
- Bei einer rechtswidrigen Aussperrung behält der Arbeitnehmer den Anspruch auf Vergütung und vertragsgemäße Beschäftigung, außerordentliche Kündigung (wegen schwerer Vertragsverletzung des Arbeitgebers) und Schadensersatzanspruch sind nicht ausgeschlossen.

Streiks und Aussperrungen bedeuten Produktionsausfall. In volkswirtschaftlicher Hinsicht wird dieser jedoch oft überschätzt.

Beispiel

Der größte Arbeitskampf in der Bundesrepublik wurde 1984 um die Einführung der 35-Stunden-Woche in der Druck- und Metallindustrie geführt. Insgesamt kosteten Streiks und Aussperrungsmaßnahmen 65 Millionen Ausfallstunden; dieses Stundenvolumen hätte sich rechnerisch auch ergeben, wenn damals alle Arbeitnehmer drei Stunden nicht gearbeitet hätten.

Schwerwiegender können die Arbeitskampffolgen für einzelne Unternehmen sein. Umsatzrückgang und Gewinneinbußen sind spürbar, ruinieren die Unternehmen aber nicht. Lieferschwierigkeiten lassen sich häufig nicht durch vorsorgende Lagerhaltung oder nach Streikende kompensieren. Jedoch ist es üblich, das Arbeitskampfrisiko „Lieferungsverzug" in den Allgemeinen Geschäftsbedingungen auf die Kunden abzuwälzen.

Noch stärker bekommen die Haushalte der von Arbeitskampfmaßnahmen betroffenen Arbeitnehmer die Folgen zu spüren. Streikgelder ersetzen den Lohnausfall nur teilweise; Nichtorganisierte gehen leer aus.

Da Gewerkschaften streikende wie ausgesperrte Mitglieder unterstützen, kann eine bestimmte Aussperrungspraxis der Arbeitgeberseite im Einzelfall die Existenz einer Gewerkschaft bedrohen.

1.1.4 Betriebs- und Dienstvereinbarungen

Betriebsvereinbarungen gehören wie die Tarifverträge zu den Kollektivvereinbarungen im Arbeitsrecht. Auch sie enthalten Normen, die auf die Arbeitsverhältnisse einwirken. Betriebsvereinbarungen sind im Betriebsverfassungsgesetz geregelt.

§ 77 BetrVG – Betriebsvereinbarungen

(2) Betriebsvereinbarungen sind vom Betriebsrat und Arbeitgeber gemeinsam zu beschließen und schriftlich niederzulegen. ... Der Arbeitgeber hat die Betriebsvereinbarungen an geeigneter Stelle im Betrieb auszulegen.

(3) Arbeitsentgelte und sonstige Arbeitsbedingungen, die durch Tarifvertrag geregelt sind oder üblicherweise geregelt werden, können nicht Gegenstand einer Betriebsvereinbarung sein. Dies gilt nicht, wenn ein Tarifvertrag den Abschluss ergänzender Betriebsvereinbarungen ausdrücklich zulässt.

(4) Betriebsvereinbarungen gelten unmittelbar und zwingend. Werden Arbeitnehmern durch die Betriebsvereinbarung Rechte eingeräumt, so ist ein Verzicht auf sie nur mit Zustimmung des Betriebsrats zulässig. Die Verwirkung dieser Rechte ist ausgeschlossen. ...

Betriebsvereinbarungen können nur solche Angelegenheiten regeln,

- die zum Aufgabenbereich des Betriebsrats, insbesondere zu den mitbestimmungspflichtigen Angelegenheiten gehören und
- die nicht durch einen Tarifvertrag geregelt sind oder nicht üblicherweise durch einen Tarifvertrag geregelt werden (Ausnahme: Tarifvertrag lässt ergänzende Betriebsvereinbarungen ausdrücklich zu, siehe § 77 Abs. 3 BetrVG).

Im Geltungsbereich der Personalvertretungsgesetze der Länder bzw. des Bundes sind **Dienstvereinbarungen** zwischen Dienststelle und Personalvertretung möglich. Man kann sie mit den Betriebsvereinbarungen vergleichen. Dienstvereinbarungen gehören zu den öffentlich-rechtlichen Verträgen; ihre Anwendbarkeit ist in den Personalvertretungsgesetzen unterschiedlich geregelt.

Beispiele

- *Arbeitszeitregelungen („gleitende Arbeitszeit“)*
- *Verwaltung von Sozialeinrichtungen (Kantine)*
- *Beurteilungsrichtlinien*
- *Sozialpläne*
- *leistungsbezogene Entgeltbestandteile*

Beschäftigte im öffentlichen Dienst können seit 2007 neben dem Entgelt nach der jeweils anzuwendenden Entgelttabelle zum TVöD (Tabellenentgelt) ein zusätzliches variables Leistungsentgelt nach § 18 TVöD erhalten. In den Kommunen wird das Leistungsentgelt als Leistungsprämie, Erfolgsprämie oder Leistungszulage gewährt. Das jeweilige System der leistungsbezogenen Bezahlung wird durch Betriebsvereinbarung oder einvernehmliche Dienstvereinbarung ausgestaltet.

1.2 Arbeitsentgelt und Besoldung

1.2.1 Tarifverträge für den öffentlichen Dienst

Der **Tarifvertrag für den öffentlichen Dienst (TVöD)** vom 13. September 2005 gilt für Beschäftigte bei Gemeinden und Bund und enthält Spartenregelungen in jeweiligen Besonderen Teilen, u. a. für die Verwaltung. Am 12. Oktober 2006 wurde der **Tarifvertrag für den öffentlichen Dienst der Länder (TV-L)** geschlossen. Die Überleitung der Beschäftigten vom früheren Bundes-Angestellten-Tarifvertrag (BAT) in den TVöD regeln besondere **Überleitungstarifverträge** (TVÜ-VKA, TVÜ-Bund, TVÜ-Länder).

In diesem Buch wird – soweit nicht anders angegeben – der TVöD mit dem Besonderen Teil Verwaltung im Bereich der kommunalen Arbeitgeberverbände (TVöD-V) zugrunde gelegt.

Diese Tarifverträge unterscheiden nicht mehr zwischen Arbeitern und Angestellten. Alle Arbeitnehmer im öffentlichen Dienst sind **Beschäftigte.** Statt Lohn und Vergütung kennt das neue Tarifrecht nur noch das **Entgelt.** Der nach Familienstand und Kinderzahl gestaffelte Ortszuschlag als „sozialer Vergütungsbestandteil" ist weggefallen. Nach dem TVöD ergibt sich das Monatsentgelt als festes **Tabellenentgelt** aus einer Entgelttabelle, hinzu kommen kann ein variables **Leistungsentgelt.** Die Leistungsorientierung zeigt sich auch in den Entgeltstufen, die je nach Leistung schneller oder langsamer durchlaufen werden können. **Flexibilität** ergibt sich darüber hinaus aus den tariflichen Öffnungsklauseln, die Regelungen in Landestarifverträgen und Betriebs- und Dienstvereinbarungen ermöglichen.

1.2.2 Entgelt der Beschäftigten

1.2.2.1 Entgeltsystem

Das Arbeitsentgelt der im öffentlichen Dienst beschäftigten Arbeitnehmer ist im Abschnitt III des TVöD „Eingruppierung und Entgelt" geregelt, ergänzt um die Anlagen über das **Tabellenentgelt.** Der Beschäftigte erhält monatlich ein Tabellenentgelt, dessen Höhe sich nach der Entgeltgruppe, in die er eingruppiert ist, und nach der Entgeltstufe ergibt. Dazu kann ein **Leistungsentgelt** kommen.

Tabelle TVöD-V
(monatliche Grundentgelte vom 1. März 2012 bis 31. Dezember 2012 in Euro)

Entgeltgruppe	Grundentgelt		Entwicklungsstufen			
	Stufe 1	Stufe 2	Stufe 3	Stufe 4	Stufe 5	Stufe 6
15	3.854,22	4.276,25	4.433,37	4.994,56	5.421,05	5.701,65
14	3.490,57	3.872,17	4.096,65	4.433,37	4.949,66	5.230,25
13	3.217,84	3.569,14	3.759,95	4.130,31	4.646,61	4.859,87
12	2.884,50	3.198,76	3.647,70	4.040,54	4.545,61	4.770,08
11	2.783,48	3.086,54	3.311,00	3.647,70	4.135,94	4.360,41
10	2.682,46	2.974,28	3.198,76	3.423,24	3.849,73	3.950,75
9	2.369,33	2.626,34	2.761,04	3.120,19	3.400,79	3.625,26
8	2.217,81	2.457,99	2.570,24	2.671,25	2.783,48	2.854,19
7	2.076,40	2.300,86	2.446,77	2.559,01	2.643,19	2.721,76
6	2.035,98	2.255,96	2.368,20	2.474,83	2.547,79	2.620,75
5	1.950,67	2.160,57	2.267,19	2.373,82	2.452,39	2.508,51
4	1.854,15	2.053,94	2.188,62	2.267,19	2.345,76	2.391,77
3	1.823,87	2.020,26	2.076,40	2.166,18	2.233,53	2.295,26
2	1.682,43	1.863,13	1.919,25	1.975,38	2.098,82	2.227,91
1		1.499,50	1.526,43	1.560,11	1.591,52	1.672,33

Die 15 Entgeltgruppen sind nach Qualifikationen geordnet.

Entgeltgruppen	Qualifikationsebenen
	Beschäftigte, die Tätigkeiten ausüben,
1 – 4	... die keine oder eine unter dreijährige Ausbildung in einem nach dem BBiG anerkannten Ausbildungsberuf voraussetzen.
5 – 8	... die eine mindestens dreijährige Ausbildung nach dem BBiG voraussetzen.
9 – 12	... die einen Fachhochschulabschluss voraussetzen.
13 – 15	... die eine wissenschaftliche Hochschulbildung voraussetzen.

Jede Entgeltgruppe umfasst in der Regel sechs Stufen.

Bei einer Neueinstellung werden die Beschäftigten je nach ihrer **einschlägigen Berufserfahrung** der Stufe 1, 2 oder 3 zugeordnet. Wie schnell die Beschäftigten ab Stufe 3 die nächsthöhere Stufe erreichen, hängt von ihrer **Leistung** ab, die sie bei dem jeweiligen Arbeitgeber erbringen.

Einschlägige Berufserfahrung ist eine berufliche Erfahrung in der übertragenen Tätigkeit selbst oder in einer auf die Aufgabe bezogenen entsprechenden Tätigkeit. Ein neu eingestellter Beschäftigter kann also dann der Stufe 2 oder 3 zugeordnet werden, wenn die bisherige Tätigkeit im Wesentlichen mit der neuen Aufgabe übereinstimmt. Ausbildungszeiten, Erfahrungen in einer anderen Tätigkeit oder in einem anderen Beruf sind nicht „einschlägig".

Ab der Stufe 3 erreichen die Beschäftigten die weiteren Entwicklungsstufen in immer größeren Zeitabständen (siehe § 16 Abs. 3 TVöD), wenn sie ununterbrochen in derselben Entgeltgruppe bei ihrem Arbeitgeber tätig waren und eine durchschnittliche Leistung (§ 17 Abs. 2 TVöD) erbracht haben.

Stufenentwicklung bei Durchschnittsleistung

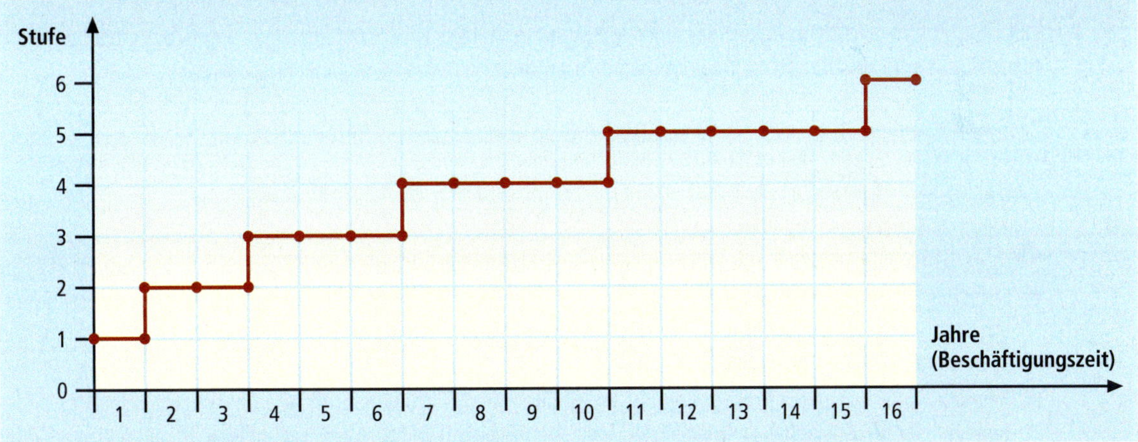

Bei überdurchschnittlichen Leistungen können die Stufen 4 bis 6 früher, bei unterdurchschnittlichen Leistungen erst später erreicht werden.

Wie erkennt man eine Durchschnittsleistung? Maßstab ist das Anforderungsprofil einer Aufgabe, das z. B. in einer Stellenbeschreibung dokumentiert ist (zum Aufbau einer Stellenbeschreibung siehe LF 5, Kapitel 2.2). Es enthält die fachlichen, persönlichen und sozialen Kompetenzen, die für die Bewältigung einer Aufgabe erwartet werden. Es ist wichtig, dass bereits das Anforderungsprofil eine Durchschnittsleistung beschreibt. Eine solche Leistung muss von einem entsprechend qualifizierten und eingearbeiteten Beschäftigten mit geeigneten Arbeitsmitteln als Dauerleistung ohne Gesundheitsschäden erreicht werden können.

Bei einer Durchschnittsleistung erreicht der Beschäftigte nach der Stufenlaufzeit aufgrund der Tarifvorschrift die nächste Stufe („Tarifautomatik").

1.2.2.2 Eingruppierung in eine Entgeltgruppe

Ein relativ „gerechter Lohn" sollte auch die unterschiedlichen Anforderungen der Arbeit berücksichtigen. Mit zunehmender Arbeitsschwierigkeit muss auch das Entgelt steigen. Um das Entgelt für einen bestimmten Beschäftigten festzulegen, müssen seine Tätigkeiten nach ihrer Schwierigkeit bewertet und einer entsprechenden Entgeltgruppe zugeordnet werden („Eingruppierung"). Durch eine Entgeltordnung (Anlage A zum TV-L) wurden die Tätigkeiten und Berufe im öffentlichen Dienst der Länder den 15 Entgeltgruppen des TV-L zugeordnet.

Diese Entgeltordnungen zur Eingruppierung fehlen in den Tarifbereichen des TVöD (Bund, Kommunen) noch weitgehend.

Bis zu deren Inkrafttreten werden Neueingestellte zunächst auf Grundlage des BAT eingruppiert und dann mithilfe einer Zuordnungstabelle einer entsprechenden Entgeltgruppe des TVöD zugeordnet (z. B. Sachbearbeiter/-in: bisher Eingruppierung in Vergütungsgruppe BAT Vc – jetzt in Entgeltgruppe 8). § 17 Abs. 1 TVÜ-VKA regelt die vorläufige Fortgeltung der §§ 22, 23 und 25 BAT hinsichtlich der Eingruppierung.

Das Entgelt eines Beschäftigten richtet sich grundsätzlich nach der **tatsächlich auszuübenden Tätigkeit.** Entsprechend dieser Tätigkeit ist er aufgrund des § 22 Abs. 2 BAT in die entsprechende Vergütungsgruppe eingruppiert. Die Eingruppierung und der entsprechende tarifliche Entgeltanspruch ergeben sich also automatisch aus dem Tarifvertrag („Tarifautomatik"). Teilt der Arbeitgeber dem Arbeitnehmer eine Änderung der Eingruppierung mit, so ist diese Information nicht rechtsbegründend. Entscheidend ist die tatsächliche Tätigkeit (sowie für bestimmte Vergütungsgruppen die Ablegung einer Prüfung). Das Entgelt der Beschäftigten unterscheidet sich in diesem Punkt wesentlich von der Beamtenbesoldung: Die Besoldung richtet sich nach der Besoldungsgruppe (z. B. A 7), zu der das verliehene Amt gehört (z. B. Stadtobersekretär), auch wenn der Beamte höher- oder niederwertige Tätigkeiten verrichtet.

§ 22 Abs. 2 BAT

Der Angestellte ist in die Vergütungsgruppe eingruppiert, deren Tätigkeitsmerkmalen die gesamte von ihm nicht nur vorübergehend ausgeübte Tätigkeit entspricht.

Einen Einblick in die Schwierigkeit der Eingruppierung vermittelt ein kurzer Auszug aus der Allgemeinen Vergütungsordnung für den Bereich der kommunalen Arbeitgeberverbände – Anlage 1. a) zum BAT:

Vergütungsgruppe VI b

1. a) Angestellte im Büro-, Buchhalterei-, sonstigen Innendienst und im Außendienst, deren Tätigkeit gründliche und vielseitige Fachkenntnisse und mindestens zu einem Fünftel selbstständige Leistungen erfordert. ...

Aus § 22 BAT ergibt sich auch die Vorgehensweise bei der Bewertung der Tätigkeit:

- Ermitteln aller Arbeitsvorgänge im gesamten Tätigkeitsbereich des Beschäftigten (z. B. unterschriftsreife Bearbeitung eines Aktenvorganges, Festsetzung einer Leistung nach dem SGB, Bearbeitung eines Antrags auf Wohngeld, Fertigung einer Bauzeichnung).
- Bewerten jedes einzelnen Arbeitsvorgangs im Hinblick auf die erfüllten tariflichen Tätigkeitsmerkmale (Schwierig kann hier die Auslegung unbestimmter Rechtsbegriffe sein; wie sind z. B. „gründliche Fachkenntnisse" oder „gründliche und umfassende Fachkenntnisse" abzugrenzen? Hilfe bieten die in der Vergütungsordnung zum Teil angegebenen Richtbeispiele, der Vergleich ähnlicher Fallgruppen verschiedener Vergütungsgruppen, übereinstimmende berufsfachliche Anschauungen, Kommentare und gerichtliche Entscheidungen.).
- Feststellen, ob bei zusammenfassender Gesamtbetrachtung weitere Tätigkeitsmerkmale erfüllt werden (z. B. vielseitige Fachkenntnisse bei Verg.-Gr. VI b).
- Addieren der zeitlichen Anteile gleich bewerteter Arbeitsvorgänge (Wird z. B. der für Verg.-Gr. VI b verlangte Anteil selbstständiger Leistungen erreicht?).
- Feststellen, welche Eingruppierungsnorm (Vergütungsgruppe, Fallgruppe) der so bewertete Arbeitsbereich erfüllt.

Die Bewertung der Tätigkeit wird durch eine vorhandene Stellenbeschreibung wesentlich erleichtert.

Eingruppierung von Tätigkeiten der Angestellten in Vergütungsgruppen

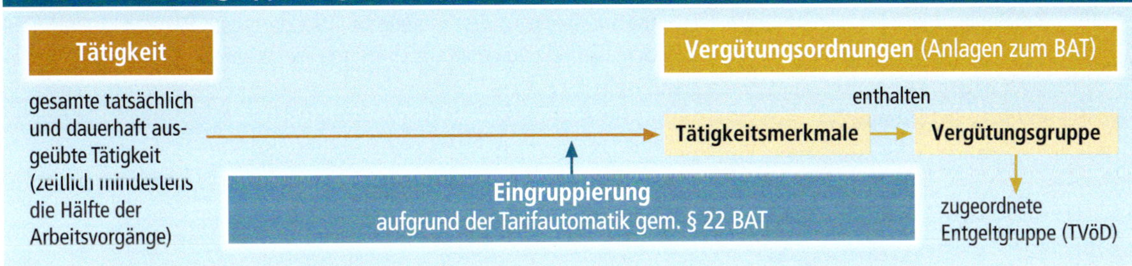

Die auszuübende Tätigkeit kann im Arbeitsvertrag geregelt werden. Dies bedeutet eine Einschränkung des Direktionsrechts des Arbeitgebers, denn der Angestellte kann die Beschäftigung mit der vertraglich vereinbarten Tätigkeit verlangen. Eine Umsetzung auf einen anderen Arbeitsplatz könnte zum Problem werden. Der Beschäftigte könnte bei zunehmender Schwierigkeit der vereinbarten Tätigkeit eventuell eine Höhergruppierung beanspruchen.

Um die Anpassungsfähigkeit der Verwaltung zu sichern, werden im Arbeitsvertrag jedoch meistens Tätigkeiten in einer bestimmten Entgeltgruppe vereinbart. Der Arbeitgeber kann im Rahmen seines Direktionsrechts auch andere Tätigkeiten dieser Entgeltgruppe zuweisen, wenn sie den Fähigkeiten des Arbeitnehmers entsprechen und ihm zugemutet werden können.

Der BAT berücksichtigt Änderungen der Arbeitsschwierigkeit bzw. des Arbeitseinsatzes. Bei ausdrücklicher Übertragung einer höherwertigen Tätigkeit durch den Arbeitgeber ist der Beschäftigte in die entsprechende Vergütungsgruppe eingruppiert (Tarifautomatik). Besonders geregelt ist u. a. die Höhergruppierung bei „Hineinwachsen in eine höherwertige Tätigkeit" gem. § 23 BAT. (Ändert sich die Tätigkeit so, dass sie dauerhaft den Tätigkeitsmerkmalen einer höheren Vergütungsgruppe entspricht, so ist der Angestellte entsprechend der Tarifautomatik in die höhere Vergütungsgruppe eingruppiert, wenn er diese Tätigkeit mindestens sechs Monate ausgeübt hat.)

Wird vorübergehend eine niedriger bewertete Tätigkeit ausgeübt, so ändert dies nichts an der bisherigen Eingruppierung.

Die Ablegung der Verwaltungsprüfung I bzw. II ist im Bereich der kommunalen Verwaltung – nicht der Bundes- und Landesverwaltung – Voraussetzung für die Eingruppierung in bestimmte Vergütungsgruppen (§ 25 BAT i. V. m. Anlage 3 zum BAT). Die Abschlussprüfung zum Verwaltungsfachangestellten der Fachrichtungen Kommunalverwaltung oder allgemeine innere Verwaltung der Länder gilt als Verwaltungsprüfung I.

1.2.2.3 Leistungsentgelt

Das Leistungsentgelt ist eine variable und leistungsorientierte Bezahlung zusätzlich zum Tabellenentgelt.

Das für das Leistungsentgelt zur Verfügung stehende Geldvolumen eines öffentlichen Arbeitgebers entspricht seit 2013 2 % der ständigen Monatsentgelte des Vorjahres der Beschäftigten. Es soll bis auf 8 % gesteigert werden. Das Leistungsentgelt ist jährlich auszuzahlen.

Beispiel

2012 betrug die Summe der ständigen Monatsentgelte in einer Stadtverwaltung mit 200 Arbeitnehmern 9.000.000,00 €. Als Leistungsentgelt ist 2013 ein Gesamtvolumen von 2 % dieses Betrags = 180.000,00 € auszuzahlen. Bei Erreichen der Zielgröße von 8 % würde sich unter sonst gleichen Bedingungen ein Gesamtvolumen von 720.000,00 € ergeben.

Nähere Regelungen werden für Beschäftigte des Bundes und der Länder in besonderen Tarifverträgen vereinbart.

Für die Beschäftigten der Kommunen regelt § 18 TVöD mögliche **Formen des Leistungsentgelts:**

- **Leistungsprämie** als einmalige Zahlung aufgrund einer Zielvereinbarung
- **Erfolgsprämie** in Abhängigkeit von einem bestimmten wirtschaftlichen Erfolg
- **Leistungszulage** als befristete, widerrufliche, monatlich wiederkehrende Zahlung

Das jeweilige System der leistungsbezogenen Bezahlung wird in einer Betriebs- bzw. Dienstvereinbarung ausgestaltet und vereinbart.

1.2.2.4 Berechnung des Entgelts

Tabellenentgelt und die sonstigen Entgeltbestandteile für den laufenden Kalendermonat werden gemäß § 24 TVöD grundsätzlich am letzten Tag des Monats auf ein von dem Beschäftigten benanntes Konto gezahlt.

Beispiel einer Entgeltabrechnung für eine Verwaltungsfachangestellte 2012[1]

Name:	Damp, Heike	Geburtsdatum:	21. Mai 1982
Lohnsteuerklasse:	I	Personal-Nr.:	S1980462
Konfession:	rk	Arbeitszeit:	39 Std./100 %
Kinder:	0	Entgeltgruppe:	8
Abrechnungsmonat:	Juli 2012	Entwicklungsstufe:	4

Bruttoentgelt		
Tabellenentgelt	EGr. 8 Stufe 4:	2.671,25 €
Leistungsentgelt[2]	—	
Zulagen	—	
Vermögenswirksame Leistung	6,65 €/100 %	6,65 €
Summe Bruttoentgelt		**2.677,90 €**
steuerliche Abzüge		
Lohnsteuer	Steuerklasse I/0	416,08 €
Solidaritätszuschlag	5,5 % der Lohnsteuer	22,88 €
Kirchensteuer	9 %	37,45 €
Sozialversicherungsabzüge		
Krankenversicherung	AN-Beitrag: 8,2 %	227,60 €
Pflegeversicherung	AN-Beitrag: 1,225 %	34,00 €
Rentenversicherung	AN-Beitrag: 9,8 %	272,01 €
Arbeitslosenversicherung	AN-Beitrag: 1,5 %	41,63 €
sonstige Abzüge		
Zusatzversorgung (VBL)	AN-Beitrag: 1,41 %	37,66 €
Vermögenswirksame Anlage (mit Eigenanteil)		20,00 €
Summe Abzüge		**1.109,31 €**
Auszahlungsbetrag		**1.568,59 €**

Steuerpflichtiges Entgelt:	sozialversicherungspflichtiges Entgelt:	zusatzversorgungspflichtiges Entgelt:
2.702,17 €	**2.775,66 €**	**2.671,25 €**

1 Das Beispiel bezieht sich auf das Entgelt einer Verwaltungsfachangestellten des Bundes. Es wurde mit dem Bezügerechner des Bundesverwaltungsamtes erstellt (https://bezuegerechner.bva.bund.de). Berechnungsdifferenzen zu anderen Beispielrechnern ergeben sich aus unterschiedlichen tarifrechtlichen Grundlagen, Kirchensteuersätzen, Beitragssätzen in der Zusatzversorgung sowie örtlichen Unterschieden beim Leistungsentgelt.

2 Das Leistungsentgelt ist nicht berücksichtigt. Solange in der einzelnen Verwaltung ein betriebliches System der leistungsbezogenen Bezahlung nicht vereinbart ist, wird ein pauschaliertes Leistungsentgelt in der Summe jeweils im Dezember gezahlt.

Weitere Leistungen des Arbeitgebers

- **Zeitzuschläge** werden für Überstunden, Nacht-, Sonn- und Feiertagsarbeit gezahlt.
- **Erschwerniszuschläge** werden nach § 19 TVöD für Arbeiten gezahlt, die außergewöhnliche Erschwernisse wie z. B. eine besondere Gefährdung oder starke Schmutz- oder Staubbelastung beinhalten.
- Eine **Jahressonderzahlung** erhalten nach § 20 TVöD die Beschäftigten, die am 1. Dezember in einem Arbeitsverhältnis stehen. In dieser Zahlung sind das frühere Urlaubs- und Weihnachtsgeld zusammengefasst.
- Der Anspruch auf **Entgeltfortzahlung im Krankheitsfall** ergibt sich nach § 22 TVöD. Wird ein Arbeitnehmer durch Arbeitsunfähigkeit infolge Krankheit an seiner Arbeitsleistung verhindert, ohne dass ihn ein Verschulden trifft, so hat er Anspruch auf Entgeltfortzahlung durch den Arbeitgeber für die Zeit der Arbeitsunfähigkeit bis zur

Dauer von sechs Wochen. Danach erhalten die Beschäftigten für die Zeit, für die ihnen Krankengeld von der gesetzlichen Krankenversicherung gezahlt wird, einen Krankengeldzuschuss in Höhe des Unterschiedsbetrags zwischen den Leistungen der Krankenkasse und dem Nettoentgelt. Wie lange der Arbeitgeber den Krankengeldzuschuss gewährt, hängt von der Beschäftigungszeit ab (längstens bis zur 39. Krankheitswoche). Krankengeld zahlt die Krankenkasse wegen der gleichen Krankheit bis zum Ende der 78. Woche der Arbeitsunfähigkeit.

- **Vermögenswirksame Leistungen** des Arbeitgebers erhalten Beschäftigte nach Maßgabe des Vermögensbildungsgesetzes. Einen Anspruch haben Beschäftigte, deren Arbeitsverhältnis voraussichtlich mindestens sechs Monate dauert. Für Vollbeschäftigte beträgt die vermögenswirksame Leistung 6,65 € monatlich.
- **Reise- und Umzugskosten** werden nach den beamtenrechtlichen Vorschriften erstattet, entsprechendes gilt für das Trennungsgeld.
- Ein **Jubiläumsgeld** erhalten Beschäftigte bei Vollendung einer Beschäftigungszeit von 25 und 40 Jahren.
- Der Arbeitgeber leistet Beiträge zu einer Versicherung für eine zusätzliche Alters- und Hinterbliebenenversorgung. Allerdings muss sich der Beschäftigte ebenfalls an der **betrieblichen Altersversorgung** beteiligen. Die zusätzliche Altersversorgung ist durch besondere Tarifverträge geregelt.
- Beim Tod von Beschäftigten zahlt der Arbeitgeber ein **Sterbegeld.**

Das **Kindergeld** ist ein staatlicher Zuschuss zum Unterhalt der Kinder, von dem weder Steuern noch Sozialabgaben abgezogen werden. Es ist nicht Bestandteil des Entgelts, wird Angehörigen des öffentlichen Dienstes jedoch durch den Arbeitgeber bzw. Dienstherrn zusammen mit den monatlichen Bezügen ausgezahlt. Es beträgt für die ersten zwei Kinder 184,00 € monatlich, für das dritte Kind 190,00 € für jedes weitere Kind 215,00 € monatlich.

1.2.2.5 Steuerabzüge vom Entgelt

Der Staat erhebt auf das erzielte Einkommen die Einkommensteuer. Bei Arbeitnehmern wird die Einkommensteuer vom Arbeitsentgelt durch Lohnabzug erhoben. Der Arbeitgeber überweist den einbehaltenen Steuerbetrag an das Finanzamt. Nach dem Lohnabzugsverfahren wird diese Form der Einkommensteuer Lohnsteuer genannt. Der Begriff Lohnsteuer kennzeichnet also lediglich die Art der Steuererhebung; sie ist keine eigenständige Steuerart. Mit dem Steuerabzug ist das Besteuerungsverfahren im Allgemeinen abgeschlossen, es sei denn, dass für den Arbeitnehmer nach Ablauf des Kalenderjahres noch eine Veranlagung zur Einkommensteuer in Betracht kommt (z. B. wegen weiterer einkommensteuerpflichtiger Einkünfte oder zur Geltendmachung von Steuervorteilen).

Der Arbeitgeber berechnet die Lohnsteuer nach den Steuermerkmalen des Arbeitnehmers: Steuerklasse, Kinderfreibeträge, sonstige Freibeträge und Religionszugehörigkeit. Bis 2011 ergaben sich diese aus der Lohnsteuerkarte. Ab 2013 ruft der Arbeitgeber die „Elektronischen Lohnsteuerabzugsmerkmale" (ELStAM) aus einer Datenbank der Finanzverwaltung ab.

Steuerklassen der Lohnsteuer (§ 38 EStG)

Steuerklasse	Arbeitnehmer
I	Ledige und geschiedene Arbeitnehmer sowie verwitwete Arbeitnehmer, sofern sie nicht in die Steuerklasse II oder III fallen.
II	Ledige, geschiedene und verwitwete Arbeitnehmer, denen der Entlastungsbetrag für Alleinerziehende zusteht.
III	Verheiratete Arbeitnehmer sowie verwitwete Arbeitnehmer, diese aber nur für das auf das Todesjahr des Ehegatten folgende Kalenderjahr.
IV	Verheiratete Arbeitnehmer, wenn beide Ehegatten Arbeitslohn beziehen.
V	Einer der Ehegatten (anstelle der Steuerklasse IV), wenn der andere Ehegatte in die Steuerklasse III eingereiht wird.
VI	Arbeitnehmer, die gleichzeitig von mehreren Arbeitgebern Arbeitslohn erhalten, mit ihren zweiten und weiteren Lohnsteuerkarten.

Sind beide Ehegatten Arbeitnehmer und leben sie nicht dauernd getrennt, so können sie zwischen zwei Steuerklassenkombinationen wählen: Entweder lassen sich beide Ehegatten die Steuerkarten mit der Steuerklasse IV ausstellen oder der eine Ehegatte (der Höherverdienende) wählt die Steuerklasse III und der andere die Steuerklasse V.

Warum werden den Arbeitnehmern verschiedene Lohnsteuerklassen zugeordnet? Unter bestimmten Voraussetzungen werden erhebliche Teile des Arbeitslohns nicht besteuert (Freibeträge). Je höher die Freibeträge, desto niedriger ist das tatsächlich zu versteuernde Einkommen und damit der Steuerbetrag. Deshalb ist es wünschenswert, dass der Arbeitgeber Freibeträge beim monatlichen Lohnsteuerabzug berücksichtigt. Bestimmte Freibeträge stehen fest und werden in den verschiedenen Lohnsteuerklassen und den zugehörigen Lohnsteuertabellen schon berücksichtigt. Aus der Lohnsteuertabelle ist der Steuerbetrag für das monatlich zu versteuernde Arbeitsentgelt abzulesen. Das folgende Beispiel erklärt die „Konstruktion" einer Steuerklasse.

Beispiel

In der Lohnsteuerklasse III wird davon ausgegangen, dass nur einer der Ehegatten Arbeitslohn bezieht. Der Grundfreibetrag, der das Existenzminimum abdecken soll (2012: 8.004,00 €), bleibt für jeden der Ehepartner steuerfrei und wird deshalb auf 16.008,00 € verdoppelt. Der Arbeitnehmer-Pauschbetrag für Werbungskosten von jährlich 1.000,00 € steht hingegen nur dem Arbeitnehmer zu. Hinzu kommen weitere pauschalierte Freibeträge, die in die Lohnsteuertabelle der Steuerklasse III eingearbeitet werden, sodass 2012 monatlich ein Betrag von insgesamt 1.706,80 € für das Ehepaar steuerfrei bleibt. Falls der andere Ehepartner eine einkommensteuerpflichtige Tätigkeit aufnimmt, wird er der Lohnsteuerklasse V zugeordnet, in der der Grundfreibetrag wegfällt. Da sich bei der Kombination III/V erfahrungsgemäß dann zu wenig Lohnsteuer ergibt, wenn der Ehegatte mit Steuerklasse V weniger als 40 % des Gesamteinkommens verdient, ist für diese Kombination der Steuerklassen die nachträgliche Veranlagung zur Einkommensteuer (Steuererklärung) vorgeschrieben.

Lohnsteuerbeträge für ausgewählte Bruttomonatsverdienste

Ledig Steuerklasse I Verheiratet Steuerklasse IV	
Bruttomonatsverdienst €	**Monatslohnsteuer €**
905,00	0,00
1.000,00	11,83
1.200,00	41,08
1.400,00	78,66
1.600,00	124,91
1.800,00	171,75
2.000,00	217,08
2.200,00	264,08
2.400,00	312,75
2.600,00	363,00
2.800,00	414,83
3.000,00	468,33
3.200,00	523,50
3.400,00	580,25
3.600,00	638,66
3.800,00	698,75
4.000,00	766,16
4.200,00	836,50
4.400,00	908,75
4.600,00	983,00
4.800,00	1.059,25

Verheiratet Steuerklasse III	
Bruttomonatsverdienst €	**Monatslohnsteuer €**
1.706,80	0,00
1.800,00	11,33
2.000,00	37,66
2.200,00	69,50
2.400,00	107,00
2.600,00	148,66
2.800,00	192,50
3.000,00	234,66
3.200,00	277,50
3.400,00	321,33
3.600,00	365,83
3.800,00	411,16
4.000,00	461,66
4.200,00	513,83
4.400,00	566,83
4.600,00	621,00
4.800,00	676,16

ohne Berücksichtigung von Solidaritätszuschlag, individuellen Vorsorgeaufwendungen und Kirchensteuer

Stand 2012

Quelle: http://www.steuertipps.de/beruf-job/einnahmen-lohn-gehalt/lohnsteuerrechner-2012

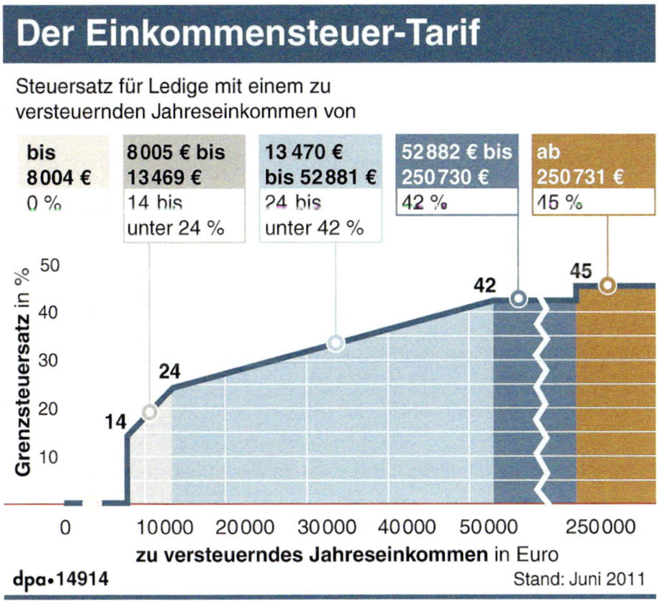

Für die Änderung von Steuermerkmalen in der Datenbank der Finanzverwaltung ist grundsätzlich das Finanzamt zuständig. Dies gilt insbesondere für Steuerklassen und Freibeträge.

Beispiele

Gründe für die Berücksichtigung von Freibeträgen:

- *Erhöhte Werbungskosten (= Aufwendungen, die durch die Berufstätigkeit veranlasst sind), die den in der Lohnsteuertabelle berücksichtigten Arbeitnehmer-Pauschbetrag von 1.000,00 € (2013) übersteigen (Aufwendungen für Fachliteratur, Berufskleidung, Gewerkschaftsbeiträge, evtl. Fahrten zwischen Wohnung und Arbeitsstätte)*
- *Pauschbetrag für Behinderte*
- *Sonderausgaben für Unterhaltsleistungen an den geschiedenen Ehegatten*
- *außergewöhnliche Belastungen (z. B. Hochwasserschaden)*

Die Aufwendungen der Lebensführung (Ausgaben für Miete, Kleidung, Ernährung usw.) können grundsätzlich nicht steuerlich berücksichtigt werden.

Da die monatliche Lohnsteuerzahlung eine Vorauszahlung des Arbeitnehmers auf die Einkommensteuer darstellt, legen die meisten Arbeitnehmer Wert auf eine „Endabrechnung" und stellen deshalb einen Antrag auf Einkommensteuerveranlagung beim Finanzamt. In vielen Fällen sind sie ohnehin zur Abgabe einer Einkommensteuererklärung verpflichtet. In dieser Einkommensteuererklärung können insbesondere individuelle Steuervergünstigungen geltend gemacht werden, die bisher unberücksichtigt geblieben sind.

Behält der Arbeitgeber zu wenig Lohnsteuer ein, so kann sich das Finanzamt an ihn oder den Arbeitnehmer (als Steuerschuldner) wenden; der Arbeitgeber kann beim Arbeitnehmer Regress nehmen. Behält der Arbeitgeber zu viel Steuer ein, wird der zu viel gezahlte Betrag dem Arbeitnehmer nur auf Antrag erstattet. Er muss also eine Einkommensteuererklärung abgeben.

Zeitweise werden Zuschläge zur Einkommensteuer erhoben. Hierzu zählt auch der **Solidaritätszuschlag** (5,5 % des Lohnsteuerbetrags).

Gehört der Angestellte einer steuererhebenden Kirche an, wird die **Kirchensteuer** wie die Lohnsteuer von der Bruttovergütung abgezogen und durch den Arbeitgeber an das Finanzamt zur Weiterleitung an die Religionsgemeinschaft überwiesen. Je nach Bundesland beträgt die Kirchensteuer 8 % oder 9 % des Lohnsteuerbetrags.

Die sozialversicherungsrechtlichen Abzüge werden im Kapitel 3 behandelt.

1.2.2.6 Exkurs: Einkommensteuererklärung

Die Lohnsteuer ist eine besondere Erhebungsform der Einkommenssteuer. Beim monatlichen Steuerabzug sind die Steuerfreiheit des Existenzminimums durch den Grundfreibetrag, der Arbeitnehmerpauschbetrag für Werbungskosten und andere Freibeträge bereits berücksichtigt.

Durch eine Einkommensteuererklärung bis zum 31. Mai des Folgejahres (Antragsveranlagung) können Steuerpflichtige bestimmte Steuervorteile geltend machen, die sonst verfallen würden. Dies ist beispielsweise der Fall, wenn

- der Arbeitnehmer während des Kalenderjahres nur zeitweise beschäftigt war,
- die Höhe des Arbeitslohns im Laufe des Kalenderjahres variierte und der Arbeitgeber keinen Lohnsteuerjahresausgleich durchgeführt hat,
- sich die Steuerklasse im Laufe des Jahres zugunsten des Arbeitnehmers geändert hat oder
- Werbungskosten, Sonderausgaben oder außergewöhnliche Belastungen entstanden sind, für die kein Freibetrag berücksichtigt wurde.

In bestimmten Fällen besteht für Arbeitnehmer eine Verpflichtung, eine Einkommensteuererklärung abzugeben. Dies gilt z. B., wenn

- das Finanzamt in den EStAM einen Freibetrag berücksichtigt hat,
- die steuerfreien Lohnersatzleistungen (z. B. Arbeitslosengeld I, Kurzarbeitergeld oder Krankengeld) insgesamt mehr als 410,00 € betragen,
- beide Ehegatten Arbeitslohn bezogen haben und einer nach der Steuerklasse V oder VI besteuert worden ist.

Jeder Arbeitnehmer sollte überblicken, ob eine Einkommensteuererklärung zu einer Steuerrückzahlung durch das Finanzamt führen könnte oder ob er zu einer Erklärung verpflichtet ist. Wenn man weiß, welche Umstände sich steuermindernd auswirken, kann man entsprechende Belege während des Steuerjahres sammeln. Die Steuererklärung kann dann leichter erstellt werden.

Das folgende Berechnungsschema soll die Orientierung erleichtern, die nachstehenden Erläuterungen machen wichtige Grundbegriffe verständlich.

Bei der Berechnung der Einkommensteuer ist die **Veranlagungsart** wichtig, denn von ihr hängt die anzuwendende Steuertabelle ab. Man unterscheidet die Einzelveranlagung nach der Grundtabelle, bei Ehegatten die getrennte Veranlagung (Grundtabelle), die Zusammenveranlagung (Splittingtabelle) und besondere Veranlagung für das Jahr der Eheschließung (Grundtabelle).

Der **Solidaritätszuschlag** von 5,5 % der festgesetzten Einkommensteuer wird als Ergänzungsabgabe zur Einkommen- und Körperschaftsteuer erhoben.

Das Bundesfinanzministerium stellt unter www.bundesfinanzministerium.de umfangreiche Informationen und ein Steuerberechnungsprogramm (Abgabenrechner) zur Verfügung.

Schema der Ermittlung des zu versteuernden Einkommens

Einkunftsarten

■ Land- und Forstwirtschaft ■ Gewerbebetrieb ■ selbstständige Arbeit	■ nicht selbstständige Arbeit ■ Vermietung, Verpachtung ■ Kapitalvermögen ■ sonstige Einkünfte
Einnahmen oder Betriebsvermögen am Ende des Jahres	Einnahmen
– Ausgaben oder Betriebsvermögen am Ende des Vorjahres	– Werbungskosten
= Gewinn	= Einkünfte

= Summe der Einkünfte

– Altersentlastungsbetrag, Entlastungsbetrag für Alleinerziehende, Abzug für Land- und Forstwirte

= Gesamtbetrag der Einkünfte

– Sonderausgaben, außergewöhnliche Belastungen, Steuerbegünstigungen (z. B. für Wohneigentum)

= Einkommen

– Freibeträge für Kinder

= **zu versteuerndes Einkommen**

Quelle: Einkommen- und Lohnsteuer, hrsg. vom Bundesministerium der Finanzen, Berlin 2007, S. 29

Einige Grundbegriffe des Einkommensteuerrechts	
Einkunftsarten	**Gewinneinkunftsarten:** Einkünfte sind die Gewinne aus Land- und Forstwirtschaft, Gewerbebetrieb oder selbstständiger Arbeit. **Überschusseinkunftsarten:** Einkünfte sind der Überschuss der Einnahmen über die Werbungskosten bei den übrigen Einkunftsarten.
Gewinn, Einkünfte	**Gewinneinkunftsarten:** Betriebseinnahmen (z. B. Nettoverkaufserlöse) – Betriebsausgaben (z. B. Geschäftsmiete, Angestelltengehälter, Abschreibungen) = **Gewinne** oder: Vergleich des Betriebsvermögens **Überschusseinkunftsarten:** Einnahmen (z. B. Arbeitsentgelt) – Werbungskosten (z. B. Fahrtkosten, Arbeitsmittel) = **Einkünfte** Gewinn- und Überschusseinkünfte bilden die **Summe der Einkünfte.** Verluste können zwischen den Einkunftsarten ausgeglichen werden.
Werbungskosten	Werbungskosten sind alle Aufwendungen, die getätigt werden, um Einnahmen zu erzielen, zu sichern und zu erhalten (§ 9 EStG). Beispiele: Bewerbungskosten, Aufwendungen für die Wege zwischen Wohnung und Arbeitsstätte, Beiträge zu Berufsverbänden, Fortbildungskosten, Mehrkosten bei Dienstreisen, Berufskleidung, Kosten eines beruflich bedingten Umzugs, Arbeitsmittel (Werkzeuge, Fachliteratur), Kontoführungsgebühren, durch Berufstätigkeit bedingte Kinderbetreuungskosten. Diese Aufwendungen sind Werbungskosten, soweit sie nicht vom Arbeitgeber steuerfrei erstattet worden sind. Werbungskosten können teilweise als **Pauschbeträge** (ohne Nachweis) von den Einnahmen abgezogen werden, wenn keine höheren Aufwendungen vorliegen. Beispiel: Bei Einnahmen aus nichtselbstständiger Arbeit gilt ein Arbeitnehmerpauschbetrag von 1.000,00,00 €. Der ist bereits in das Steuerklassen-System eingearbeitet, wird also von Amts wegen berücksichtigt. Macht der Arbeitnehmer in der Steuererklärung Werbungskosten von 1.060,00 € geltend, so werden 60,00 € (zusätzlich) berücksichtigt. Erwerbsbedingte Kinderbetreuungskosten können neben dem Arbeitnehmerpauschbetrag geltend gemacht werden. Im Gegensatz dazu bleiben **Kosten der privaten Lebensführung** steuerlich unberücksichtigt. Dies sind z. B. Aufwendungen für Ernährung, Kleidung und Wohnung, aber auch für Repräsentation.
Entlastungsbetrag für Alleinerziehende	Alleinerziehende erhalten bei Vorliegen bestimmter Voraussetzungen einen Entlastungsbetrag in Höhe von 1.308,00 € jährlich.
Sonderausgaben	Gesetzlich definierte Ausgaben z. B. für Vorsorgeaufwendungen (Beiträge zur gesetzlichen Renten-, Arbeitslosenversicherung, zu bestimmten Lebensversicherungen, zu Kranken-, Pflege-, Unfall- und Haftpflichtversicherungen, zu Erwerbs- und Berufsunfähigkeitsversicherungen), bestimmte Unterhaltsleistungen, Kirchensteuer, Spenden für steuerbegünstigte Zwecke, nicht erwerbsbedingte Kinderbetreuungskosten. Ein Teil der möglichen Vorsorgeaufwendungen wird bereits als **Vorsorgepauschale** bei der Lohnsteuerberechnung abgezogen. Die Vorsorgepauschale wird bei der Einkommensteuerveranlagung von Arbeitnehmern von Amts wegen berücksichtigt, sofern keine höheren Vorsorgeaufwendungen geltend gemacht werden.
außergewöhnliche Belastungen	Belastungen, die aufgrund außergewöhnlicher Umstände die steuerliche Leistungsfähigkeit beeinträchtigen (z. B. hohe Krankheitskosten, Beerdigungskosten). Ein zumutbarer Kostenanteil ist vom Steuerpflichtigen selbst zu tragen.
Freibeträge für Kinder, Kindergeld	Der Gleichheitssatz (Art. 3 GG) verlangt in Verbindung mit Art. 6 GG auch die besondere Berücksichtigung von Ehe und Familie im Steuerrecht: Kindergeld oder Kinderfreibeträge sowie Freibeträge für Betreuungs-, Erziehungs- bzw. Ausbildungsbedarf sollen das Existenzminimum sämtlicher Familienmitglieder steuerfrei stellen. Einen Kinderfreibetrag setzt das Finanzamt dann an, wenn dies für den Steuerpflichtigen günstiger ist als das bereits gezahlte Kindergeld.

1.2.3 Besoldung der Beamten

Die Beamtenbesoldung unterscheidet sich wesentlich von dem Entgelt der Beschäftigten im öffentlichen Dienst. Die wesentlichen Unterschiede sollen nachfolgend dargestellt werden.

Beispiel einer Besoldungsabrechnung für einen Verwaltungshauptsekretär 2012[1]

Name:	Mittler, Jörg	Geburtsdatum:	10. Dezember 1982
Lohnsteuerklasse:	I	Personal-Nr.:	M1980298
Familienstand:	ledig	Arbeitszeit:	41 Std./100 %
Konfession:	ev	Besoldungsgruppe:	A 8
Kinder:	0	Erfahrungsstufe[2]:	4
Abrechnungsmonat:	Juli 2012		

Bruttobesoldung		
Grundgehalt	BesGr. 8 Stufe 4	2.516,63 €
Familienzuschlag		—
Zulagen		—
Vermögenswirksame Leistung	6,65 €/100 %	6,65 €
Summe Bruttobesoldung		**2.523,28 €**
gesetzliche Abzüge		
Lohnsteuer	Steuerklasse I/0	400,25 €
Solidaritätszuschlag	5,5 % der Lohnsteuer	22,01 €
Kirchensteuer	9 %	36,02 €
sonstige Abzüge		
Vermögenswirksame Anlage		6,65 €
Summe Abzüge		**464,93 €**
Auszahlungsbetrag		**2.058,35 €**

Steuerpflichtiges Entgelt: 2.523,28 € (Versorgungsaufwendungen: 150,00 €)

1 Das Beispiel bezieht sich auf die Besoldung eines Verwaltungshauptsekretärs im Bundesdienst. Es wurde mit dem Bezügerechner des Bundesverwaltungsamtes erstellt (https://bezuegerechner.bva.bund.de). Besoldungsabrechnungen im Bereich des Bundes und der einzelnen Bundesländer können wegen der unterschiedlichen Rechtsgrundlagen zu jeweils anderen Ergebnissen führen.

2 Das Bundesbesoldungsgesetz sieht einen Aufstieg im Grundgehalt nach dem Lebensalter nicht mehr vor, stattdessen wird das Grundgehalt nach leistungsabhängigen Erfahrungsstufen bemessen.

Die Besoldung des Beamten wird nicht als Gegenleistung für seine Arbeit verstanden, sondern als eine **Alimentation** (Unterhaltsgewährung, Lebenszeitprinzip), die dem Beamten wirtschaftliche Unabhängigkeit und eine seinem Status entsprechende Lebensführung ermöglichen soll. Der Grundsatz der Alimentation wird auch daran deutlich, dass die Dienstbezüge des Beamten monatlich im Voraus bezahlt werden.

Beamte sind **nicht sozialversicherungspflichtig.** Die Vorsorge für die Lebensrisiken der Krankheit und des Alters gehören zur Fürsorge- bzw. Alimentationspflicht des Dienstherrn.

Seiner Fürsorgepflicht kommt der Dienstherr u.a. durch **Beihilfen** nach, die er insbesondere zu den Aufwendungen im Krankheitsfall leistet. Die Beihilfe ist eine Ergänzung zu der Eigenversorgung, die der Beamte aus eigenen Mitteln, z.B. durch den Abschluss einer privaten Krankenversicherung, zu bestreiten hat. Ein lediger Beamter wird normalerweise eine private Krankenversicherung abschließen, die 50 % der Krankheitskosten abdeckt. Die andere Hälfte der Aufwendungen wird durch Beihilfen ersetzt, soweit das Beihilferecht nicht eine weitere Eigenbeteiligung vorsieht. Ein verheirateter Beamter mit Kindern muss normalerweise für jedes Familienmitglied eine private Krankenversicherung abschließen. Im ersten Fall können die Aufwendungen für die Krankenversicherung niedriger, beim Beamten mit Kindern erheblich höher sein als bei einem Beschäftigten im Angestelltenverhältnis.

1 Rechtsgrundlagen zur Ermittlung von Einkommen im öffentlichen Dienst

Entsprechend dem beamtenrechtlichen Lebenszeitprinzip gehört zur Alimentation auch die **Versorgung des Beamten** nach seiner Versetzung in den Ruhestand. Der Staat gewährt auch dem aus dem aktiven Dienst ausgeschiedenen Beamten einen angemessenen Unterhalt. Die Arbeitnehmer im öffentlichen Dienst hingegen beziehen Rente der Deutschen Rentenversicherung und eine Zusatzversorgung. Die Beiträge hierfür leisten Arbeitgeber und Arbeitnehmer. Die Beamtenversorgung finanziert der Dienstherr allein.

Bestandteile der Beamtenbesoldung	
Dienstbezüge	**sonstige Bezüge**
■ Grundgehalt ■ evtl. Familienzuschlag ■ Zulagen ■ Vergütungen u. a.	■ Anwärterbezüge ■ Sonderzuwendungen ■ vermögenswirksame Leistungen

Dienstbezüge (ein Beispiel der Bundesbeamten)

Das **Grundgehalt** ist der wesentliche Teil der Dienstbezüge (§§ 19 ff., 27 ff. BBesG). Seine Höhe richtet sich nach folgenden Kriterien:

- **Besoldungsordnung**
  Die Mehrzahl der Beamten ist in eine der Besoldungsstufen der Besoldungsordnung A (aufsteigende Grundgehälter) eingestuft; für Spitzenbeamte gilt die Besoldungsordnung B mit festen Grundgehältern, für Professoren die Besoldungsordnung W, für Richter die Besoldungsordnung R).
- **Besoldungsgruppe**
  Sie orientiert sich am jeweiligen Amt des Beamten. In der Besoldungsordnung A reichen die Gruppen von A 1 bis A 16.
- **Erfahrungszeiten**
  Das Grundgehalt in der Besoldungsordnung A (aufsteigende Gehälter) wird bei jeder Besoldungsgruppe nach Stufen bemessen. Dabei erfolgt der Aufstieg in eine nächsthöhere Stufe nach bestimmten Dienstzeiten, in denen anforderungsgerechte Leistungen erbracht wurden (Erfahrungszeiten, § 27 Abs. 1 BBesG).

Der **Familienzuschlag** (§ 39 ff. BBesG) bildet die familienpolitische Komponente der Beamtenbesoldung. Einen Familienzuschlag erhalten verheiratete, verwitwete und geschiedene Beamte (Stufe 1) sowie Beamte, denen Kindergeld zusteht (ab Stufe 2). Die Höhe des Familienzuschlags richtet sich nach der Besoldungsgruppe und den Familienverhältnissen des Beamten.

Bei den **Zulagen** (§ 42 ff. BBesG) sind die für viele Besoldungsgruppen und Fachrichtungen zu zahlenden Stellenzulagen zu unterscheiden von den Amtszulagen für herausgehobene Funktionen (z. B. Erster Staatsanwalt, stellvertretender Schulleiter).

Amtszulagen sind unwiderruflich und ruhegehaltsfähig, d. h., sie werden bei der Berechnung des Ruhegehaltsanspruchs voll berücksichtigt und gelten als Bestandteil des Grundgehalts (§ 42 Abs. 1 u. 2 BBesG).

Stellenzulagen dürfen grundsätzlich nur so lange gewährt werden, wie die herausgehobene Funktion vom Beamten wahrgenommen wird (§ 42 Abs. 3 Satz 1 BBesG).

Zur Abgeltung von herausragenden besonderen Leistungen sind nicht ruhegehaltsfähige **Leistungsprämien** (Einmalzahlungen) und **Leistungszulagen** (für einen bestimmten Zeitraum) an Beamte in Besoldungsgruppen der Besoldungsordnung A möglich (§ 42 a BBesG).

Sonstige Bezüge

Personen, die ihren Vorbereitungsdienst ableisten (z. B. Inspektoranwärter, Referendar im Lehramt), sind Beamte auf Widerruf (§ 5 Abs. 1 Nr. 3 BBG). Sie erhalten – je nach dem angestrebten Eingangsamt – unterschiedlich hohe Anwärterbezüge, die aus einem Anwärtergrundbetrag und evtl. einem Anwärterverheiratetenzuschlag bestehen (§ 59 ff. BBesG). Zu den sonstigen Bezügen werden außerdem die jährlichen Sonderzuwendungen (Weihnachtsgeld), die vermögenswirksamen Leistungen nach dem Vermögensbildungsgesetz (§ 68 BBesG; VermBG für Beamte, Richter, Berufssoldaten und Soldaten auf Zeit) und Jubiläumszuwendungen gezählt.

Das **Kindergeld** (nach dem Bundeskindergeldgesetz) gehört nicht zur Beamtenbesoldung. Es ist zu unterscheiden vom Kinderanteil im Familienzuschlag. Das Kindergeld wird Beamten vom Dienstherrn ausgezahlt.

Besoldung der Bundesbeamten[1]

Bundesbesoldungsordnung A — gültig seit 1. März 2012

(aufsteigende Grundgehaltssätze, Monatsbeträge in Euro)

BesGr.	Stufe 1	Stufe 2	Stufe 3	Stufe 4	Stufe 5	Stufe 6	Stufe 7	Stufe 8
A 2	1.802,38	1.844,50	1.887,75	1.920,15	1.953,66	1.987,16	2.020,64	2.054,14
A 3	1.874,77	1.919,07	1.963,37	1.999,03	2.034,70	2.070,35	2.106,01	2.141,66
A 4	1.915,85	1.968,77	2.021,73	2.063,87	2.106,01	2.148,15	2.190,29	2.229,20
A 5	1.930,96	1.996,87	2.049,81	2.101,69	2.153,57	2.206,51	2.258,37	2.309,16
A 6	1.974,18	2.050,91	2.128,70	2.188,13	2.249,72	2.309,16	2.375,07	2.432,34
A 7	2.076,84	2.144,91	2.234,62	2.326,45	2.416,14	2.506,91	2.574,98	2.643,04
A 8	2.202,18	2.284,31	2.399,93	2.516,63	2.633,32	2.714,36	2.796,49	2.877,54
A 9	2.383,71	2.464,76	2.592,27	2.721,93	2.849,43	2.935,89	3.023,42	3.108,77
A 10	2.557,68	2.668,98	2.829,99	2.989,90	3.149,83	3.261,15	3.372,42	3.483,74
A 11	2.935,89	3.101,22	3.265,45	3.430,79	3.544,24	3.657,70	3.771,16	3.884,62
A 12	3.147,69	3.343,26	3.539,92	3.735,49	3.871,65	4.005,63	4.140,71	4.277,94
A 13	3.691,19	3.874,89	4.057,51	4.241,20	4.367,63	4.495,14	4.621,55	4.745,82
A 14	3.796,02	4.032,65	4.270,38	4.507,02	4.670,17	4.834,43	4.997,59	5.161,84
A 15	4.639,93	4.853,88	5.017,04	5.180,21	5.343,38	5.505,46	5.667,54	5.828,54
A 16	5.118,61	5.367,15	5.555,16	5.743,18	5.930,12	6.119,23	6.307,23	6.493,10

Erhöhungsbeträge für Besoldungsgruppen A 5, A 6 (19,21 €); A 9 und A 10 (8,38 €).
Unter den gesetzlich geregelten Voraussetzungen werden monatliche Amtszulagen gewährt.

Bundesbesoldungsordnung B

feste Grundgehaltssätze, Monatsbeträge in Euro)

BesGr.	Grundgehalt
B 1	5.828,54
B 2	6.770,80
B 3	7.169,52
B 4	7.586,61
B 5	8.065,31
B 6	8.520,23
B 7	8.958,92
B 8	9.418,16
B 9	9.987,62
B 10	11.756,50
B 11	12.213,58

Familienzuschlag (Monatsbeträge in Euro)

	Stufe 1 (verheiratet; § 40 Abs. 1 BBesG)	**Stufe 2** (verheiratet, ein Kind; 40 Abs. 2 BBesG)
Besoldungsgruppen A 2 bis A 8	117,72	223,43
Übrige Besoldungsgruppen	123,64	229,35

Bei mehr als einem Kind erhöht sich der Familienzuschlag

- für das zweite zu berücksichtigende Kind um 105,71 €
- für das dritte und jedes weitere zu berücksichtigende Kind um 329,36 €

Weitere Erhöhungsbeträge werden in den Besoldungsgruppen A 2 bis A 5 gezahlt (Kinderzuschläge).

1 Die Länder haben eigene Besoldungsordnungen erlassen, die für Landes- und Kommunalbeamte gelten. Hier sind die Besoldungstabellen meist anders aufgebaut. Die Besoldung der Landes- und Kommunalbeamten ist in der Regel niedriger als die vergleichbarer Bundesbeamten.

2 Soziale Sicherung

2.1 Grundlagen der sozialen Sicherung

2.1.1 Notwendigkeit einer sozialen Sicherung

In der Entgeltabrechnung eines Arbeitnehmers stellen die Beiträge zur Kranken-, Pflege-, Renten- und Arbeitslosenversicherung den größten Abzugsposten dar. Bedenkt man, dass der Beitragsanteil des Arbeitgebers die Summe der abzuführenden Beiträge noch einmal verdoppelt, kann man sich den riesigen Finanzbedarf der Sozialversicherung eher vorstellen. Das Haushaltsvolumen der öffentlichen Hand entfällt zu über 40 % auf die Sozialversicherung, zu etwa 60 % auf Bund, Länder und Gemeinden. Durch Reformen in allen Zweigen der Sozialversicherung ist versucht worden, dieses System auch in Zukunft tragfähig zu erhalten.

Nicht alle vergleichbaren Staaten haben ein ähnliches System der sozialen Sicherung. Leistet sich die Bundesrepublik Deutschland hier mehr „Luxus" als notwendig?

Das GG enthält das Bekenntnis zur Menschenwürde und zu einem Staat, der sich soziale Gerechtigkeit zur Aufgabe macht. Die Sicherung der wirtschaftlichen und kulturellen Existenz des Einzelnen ist außerdem eine wesentliche Bedingung dafür, dass auch die demokratische Ordnung als sinnvoll empfunden wird. Schon Ende des 19. Jahrhunderts wurde die soziale Sicherung als staatliche Aufgabe gesehen.

Wichtiges Element des Sozialstaats ist auch heute noch die Grundidee der Bismarck`schen Sozialversicherung: Der verarmte Arbeitnehmer, dem überkommene Sicherungssysteme wie Familie und Nachbarschaft keine soziale Sicherheit bieten konnten, soll eine gewisse Absicherung gegen existenzielle Risiken erhalten.

1881 gab der damalige Reichskanzler Otto von Bismarck die **„Kaiserliche Botschaft"** mit dem sozialpolitischen Programm für den Aufbau einer Sozialversicherung bekannt. Mit Unfall-, Kranken- und Rentenversicherung verfolgte er zwei Ziele: Einerseits sollte die Industriearbeiterschaft gegen die Risiken der Krankheit, des Unfalls und des Alters in bescheidenem Umfang abgesichert werden. Andererseits wollte der Reichskanzler die Arbeiterschaft dem wachsenden Einfluss der Gewerkschaften und der Sozialdemokratie entziehen und sie mit dem monarchischen Obrigkeitsstaat „versöhnen". 1883 wurde die Krankenversicherung der Arbeiter gesetzlich geregelt. 1884 folgte die Unfallversicherung, 1889 die Alters- und Invaliditätsversicherung. Sie sicherte jedem Arbeiter eine Altersrente nach dem 70. Lebensjahr sowie eine Invalidenrente bei Arbeitsunfähigkeit.

So umstritten Bismarcks Motive bereits damals waren, der Weg der beitragsfinanzierten Sozialversicherung war über 100 Jahre sehr erfolgreich.

Und heute? Damals waren Leistungsniveau und -umfang der Sozialversicherung bescheidener, der Kreis der Leistungsempfänger war wesentlich kleiner, die demografische Struktur war durch wenige Alte und zahlreiche Junge geprägt. Es leuchtet ein, dass die Sozialversicherung früher ihre Aufgaben zu mäßigen Beitragssätzen erfüllen konnte. Durch den ungünstigen Altersaufbau und die höheren Leistungserwartungen sind heute so hohe Beiträge erforderlich, dass die relativ kleine Gruppe der Beitragszahler sie kaum noch aufbringen kann.

Dieses Grundproblem begleitet die folgende kurze Darstellung des Systems der sozialen Sicherung in Deutschland.

Überblick über das System der sozialen Sicherung

Die klassischen Säulen des staatlichen Systems der sozialen Sicherung sind

- gesetzliche Sozialversicherung,
- soziale Versorgung und
- Sozialfürsorge.

Die **gesetzliche Sozialversicherung** umfasst Kranken-, Pflege-, Renten-, Arbeitslosen- und Unfallversicherung. Die Sozialversicherung wird durch Beiträge von Arbeitnehmern und Arbeitgebern finanziert.

Die **soziale Versorgung** umfasst insbesondere die Versorgung der Beamten, Richter und Soldaten (Pension), die Kriegs- und Gewaltopferversorgung, die Versorgung der Wehr- und Zivildienstgeschädigten und der Schwerbehinderten, aber auch die Gewährung von Kinder-, Erziehungs- und Familiengeld, Wohngeld und Ausbildungsförderung. Versorgungsberechtigte beziehen Versorgungsleistungen aus Steuermitteln, wenn sie bestimmte Voraussetzungen erfüllen. Häufig sind dies „Vorausleistungen", wie z. B. die Dienstleistungen der Beamten oder die Aufopferung der Kriegs- und Gewaltopfer.

Die **Sozialfürsorge** umfasst insbesondere das Arbeitslosengeld II (SGB II), Sozialhilfe (SGB XII) und die Kinder- und Jugendhilfe. Jeder Bedürftige hat einen Rechtsanspruch auf staatlich finanzierte Hilfe zu einem menschenwürdigen Leben.

Heute umfasst die Sozialversicherung folgende **Zweige** (Darstellung im Einzelnen unter Kapitel 2.1.2–2.1.6):

- gesetzliche Krankenversicherung
- gesetzliche Pflegeversicherung
- gesetzliche Rentenversicherung
- gesetzliche Arbeitslosenversicherung und Arbeitsförderung
- gesetzliche Unfallversicherung

Grundprinzipien der Sozialversicherung

Für die gesetzliche Sozialversicherung gelten Grundsätze, die sie zugleich von der privaten Individualversicherung unterscheiden:

Prinzip der Pflichtversicherung

Die Sozialversicherung ist öffentlich-rechtlich geregelt. Das Versicherungsverhältnis kommt kraft Gesetzes zustande, wenn bestimmte Voraussetzungen erfüllt sind. Allerdings ist in bestimmten Fällen auch eine freiwillige Versicherung möglich. In Deutschland waren 2007 etwa 27 Millionen Beschäftigte sozialversicherungspflichtig. Ein Verzicht auf den Versicherungszwang würde viele Beschäftigte dazu verleiten, den Versicherungsschutz abzulehnen und im Schadensfall die Allgemeinheit zu belasten. Private Versicherungsverhältnisse werden durch Vertrag begründet.

Prinzip der Solidarität

Die zu versichernden Risiken werden von allen Versicherten gemeinsam getragen. Die Leistungen der Sozialversicherung sind grundsätzlich unabhängig von der Höhe der geleisteten Beiträge. Es gibt jedoch Ausnahmen wie z. B. das Krankengeld und Leistungen der Rentenversicherung. Familienmitglieder sind in der Krankenversicherung beitragsfrei mitversichert. Die Solidargemeinschaft schafft einen Ausgleich zwischen Gesunden und Kranken, zwischen besser und weniger gut Verdienenden, zwischen Familien und Alleinstehenden. Sie ist unabhängig von den individuellen Risiken.

Prinzip der Beitragsfinanzierung

Die Sozialversicherung (mit Ausnahme der gesetzlichen Unfallversicherung) wird aus Beiträgen der Arbeitnehmer und Arbeitgeber zu grundsätzlich gleichen Teilen finanziert. Hinzu kommen staatliche Zuschüsse zu einigen Leistungen der Sozialversicherung. Die Beiträge orientieren sich am Arbeitseinkommen. Im Gegensatz dazu unterscheiden sich die Prämien (Beiträge) in der Privatversicherung nach individuellen Risiken.

Prinzip der Selbstverwaltung

Der Staat nimmt bestimmte öffentliche Aufgaben nicht durch eigene Behörden wahr, sondern hat sie auf Selbstverwaltungsträger übertragen. Dies gilt nicht nur für die Kommunen und Handwerks- und andere Berufskammern, sondern auch für die Sozialversicherungsträger. Ihre Verwaltung wird von Versicherten und Arbeitgebern mitbestimmt. Selbstverwaltungsorgane sind die Vertreterversammlung, der Verwaltungsrat und der Vorstand. Alle sechs Jahre finden die Wahlen in der Sozialversicherung statt. Die Selbstverwaltung in der Sozialversicherung ist eingeschränkt durch die weitgehende gesetzliche Ausgestaltung des Leistungsrechts, durch überwiegend staatliche Beitragsfestsetzung und durch die staatliche Rechtsaufsicht.

2.1.2 Krankenversicherung

Die Krankenversicherung ist im Fünften Buch des Sozialgesetzbuchs – SGB V – Gesetzliche Krankenversicherung – geregelt.

Die **Aufgaben** der gesetzlichen Krankenversicherung umreißt § 1 SGB V:

Die Krankenversicherung als Solidargemeinschaft hat die Aufgabe, die Gesundheit der Versicherten zu erhalten, wiederherzustellen oder ihren Gesundheitszustand zu bessern. Die Versicherten sind für ihre Gesundheit mitverantwortlich; sie sollen durch eine gesundheitsbewusste Lebensführung, durch frühzeitige Beteiligung an gesundheitlichen Vorsorgemaßnahmen sowie durch aktive Mitwirkung an Krankenbehandlung und Rehabilitation dazu beitragen, den Eintritt von Krankheit und Behinderung zu vermeiden oder ihre Folgen zu überwinden. Die Krankenkassen haben den Versicherten dabei durch Aufklärung, Beratung und Leistungen zu helfen und auf gesunde Lebensverhältnisse hinzuwirken.

Von praktischer Bedeutung für Arbeitgeber ist, dass die Krankenkassen für den **Einzug des Gesamtsozialversicherungsbeitrags** für die Kranken-, Pflege-, Renten- und Arbeitslosenversicherung zuständig sind. Sie teilen die Beiträge auf und leiten sie weiter.

Träger der gesetzlichen Krankenversicherung sind die Ortskrankenkassen, Ersatzkassen, Betriebskrankenkassen, Innungskrankenkassen, Landwirtschaftlichen Krankenkassen, Seekrankenkasse und die Bundesknappschaft. Als Körperschaften des öffentlichen Rechts (§ 4 SGB V) sind sie Teil der öffentlichen Verwaltung.

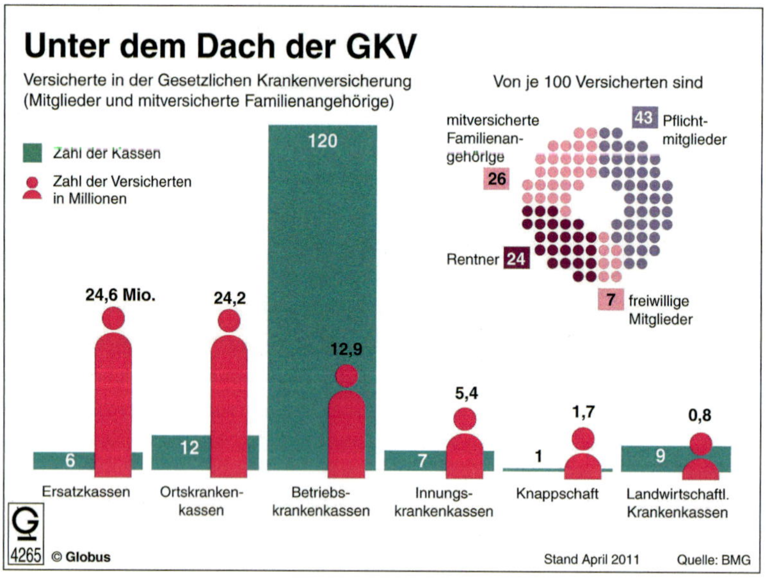

Durch Zusammenschlüsse nimmt die Zahl der Kassen ständig ab. Mitte 2012 bestanden 145 Krankenkassen. Zu Beginn der gesetzlichen Krankenversicherung im Jahre 1883 gab es in Deutschland rund 35 000 Krankenkassen.

Nicht zur gesetzlichen Krankenversicherung gehört die – ebenfalls in viele Einzelkrankenkassen gegliederte – private Krankenversicherung, in der etwa acht Millionen Personen versichert sind.

Über den **versicherten Personenkreis** in der gesamten Sozialversicherung sagt § 2 SGB IV – Gemeinsame Vorschriften für die Sozialversicherung – (Auszug):

§ 2 SGB IV

(1) Die Sozialversicherung umfasst Personen, die kraft Gesetzes oder Satzung (Versicherungspflicht) oder aufgrund freiwilligen Beitritts oder freiwilliger Fortsetzung der Versicherung (Versicherungsberechtigung) versichert sind.

(2) In allen Zweigen der Sozialversicherung sind nach Maßgabe der besonderen Vorschriften für die einzelnen Versicherungszweige versichert

1. Personen, die gegen Arbeitsentgelt oder zu ihrer Berufsausbildung beschäftigt sind,
2. behinderte Menschen, die in geschützten Einrichtungen beschäftigt werden,
3. Landwirte,

...

(4) Die Versicherung weiterer Personengruppen in einzelnen Versicherungszweigen ergibt sich aus den für sie geltenden besonderen Vorschriften.

Eine solche besondere Vorschrift ist § 5 SGB V – Gesetzliche Krankenversicherung. Hier werden **krankenversicherungspflichtige** Personengruppen beschrieben. Für den Bereich einer Kommunalverwaltung sind insbesondere zu nennen: Arbeitnehmer einschließlich Auszubildende, Personen, die Arbeitslosengeld oder Unterhaltsgeld nach SGB III oder Arbeitslosengeld II nach SGB II beziehen, Studenten und Praktikanten. Bei Arbeitnehmern muss ein Beschäftigungsverhältnis gegen Entgelt vorliegen. Zum sozialversicherungspflichtigen Arbeitsentgelt gehören alle laufenden oder einmaligen Einnahmen aus einer Beschäftigung (§ 14 SGB IV), also neben den laufenden Entgeltzahlungen (Tabellenentgelt) insbesondere Zahlungen von Leistungsentgelt, vermögenswirksame Leistungen und die Jahressonderzahlungen.

Versicherungsfrei sind nach § 6 SGB V u. a. Beamte, Richter, Soldaten auf Zeit sowie Berufssoldaten der Bundeswehr sowie Arbeiter und Angestellte, deren regelmäßiges Jahresarbeitsentgelt die Jahresarbeitsentgeltgrenze (2012: 50.850,00 €) übersteigt und in drei aufeinanderfolgenden Kalenderjahren überstiegen hat.

Freiwillig versichern können sich Personen, die die Jahresarbeitsentgeltgrenze dauerhaft überschreiten, die aus der Familienversicherung ausscheiden oder geringfügig beschäftigt sind.

Die **Familienversicherung** ist eine Besonderheit der gesetzlichen Krankenversicherung: Unter bestimmten Umständen sind der Ehegatte, der Lebenspartner und die Kinder von Mitgliedern beitragsfrei mitversichert (§ 10 SGB V).

Nahezu alle **Leistungen der gesetzlichen Krankenkassen** sind gesetzlich vorgeschrieben. Diese **Pflichtleistungen** muss die Krankenkasse zur Verfügung stellen. Dies geschieht im Wesentlichen als Sachleistung (z. B. Medikamente) oder als Dienstleistung (ärztliche Behandlung), Geldleistungen wie z. B. das Krankengeld sind die Ausnahme.

Ausgewählte Ausgaben der gesetzlichen Krankenversicherung 2011	
Krankenhausbehandlung	34 %
Apothekenleistungen	17 %
ärztliche Behandlung	19 %
zahnärztliche Behandlung	7 %
Krankengeld	5 %
Netto-Verwaltungskosten	5 %

Daneben gibt es einige **Mehrleistungen,** die die Krankenkassen selbst gestalten können. Hierzu zählen u. a. ambulante Vorsorgekuren, die Gewährung erhöhter Zuschüsse für Rehabilitationskuren sowie die Kostenübernahme bei alternativen Heilmethoden und Zusatzimpfungen.

Die Krankenkassen informieren über ihre Leistungen im Internet.

Für die Personalverwaltung ist das **Krankengeld** von Bedeutung. Es beträgt in der Regel 70 % des Bruttoentgelts, maximal 90 % des Nettoarbeitsentgelts. Vom Krankengeld gehen Beiträge zur Renten-, Arbeitslosen- und Pflegeversicherung ab. Ist ein Beschäftigter arbeitsunfähig erkrankt, übernimmt zunächst der Arbeitgeber die Entgeltfortzahlung für sechs Wochen. Danach zahlt die Krankenkasse Krankengeld, und zwar wegen der gleichen Krankheit für längstens 78 Wochen innerhalb von drei Jahren – gerechnet vom Tage des Beginns der Arbeitsunfähigkeit an. Daneben zahlt der Arbeitgeber einen tariflichen Krankengeldzuschuss.

Zur **Finanzierung** der Leistungen tragen Arbeitnehmer und Arbeitgeber grundsätzlich je zur Hälfte bei. Allerdings gibt es einige Besonderheiten:

- Von den Mitgliedern wird ein Zusatzbeitrag von 0,9 % erhoben, an dem die Arbeitgeber nicht beteiligt sind. Er dient zur Finanzierung von Krankengeld und Zahnersatz.
- Familienangehörige ohne eigenes Einkommen sind in der GKV beitragsfrei mitversichert.
- Liegt das Entgelt eines Beschäftigten über der **Beitragbemessungsgrenze** (2012: 3.825,00 € monatlich), so wird der darüber liegende Entgeltanteil nicht mehr zur Bemessung der Versicherungsbeiträge herangezogen.
- Ein Risikostrukturausgleich soll zwischen den Krankenkassen die unterschiedlichen Krankheitsrisiken der Versicherten ausgleichen.

Deutschlands öffentliches Gesundheitssystem gehört zwar zu den besten in Europa (Euro Health Consumer Index 2006), aber seine Finanzierung muss neu organisiert werden: Arbeitslosigkeit und ein steigender Rentneranteil sorgen nicht gerade für steigende Beiträge. Die wären aber dringend erforderlich, um die wachsenden Kosten zu decken. Der medizinische Fortschritt muss bezahlt werden und die alternde Gesellschaft bringt höhere Krankheitskosten mit sich. Auch Mängel im Gesundheitssystem selbst haben die Kosten in die Höhe getrieben. Abhilfe schaffen sollte die 2007 vom Gesetzgeber beschlossene **Gesundheitsreform,** deren Kern der Gesundheitsfonds ist.

Seit 2009 werden die Geldmittel der gesetzlichen Krankenversicherung durch das Bundesversicherungsamt im Gesundheitsfonds verwaltet. Die Krankenkassenbeiträge der Arbeitnehmer und der Arbeitgeber sowie ein staatlicher Zuschuss aus Steuermitteln sind die wesentlichen Einnahmenquellen dieses Finanzierungspools. Aus dem Gesundheitsfonds erhalten die Krankenkassen Finanzmittel für ihre Gesundheitsausgaben. Für jeden Versicherten erhalten sie eine Pauschale. Benötigt eine Krankenkasse mehr Geld für die medizinische Behandlung ihrer Versicherten, kann sie einen Zusatzbeitrag von ihren Mitgliedern erheben.

Grundstruktur des Gesundheitsfonds

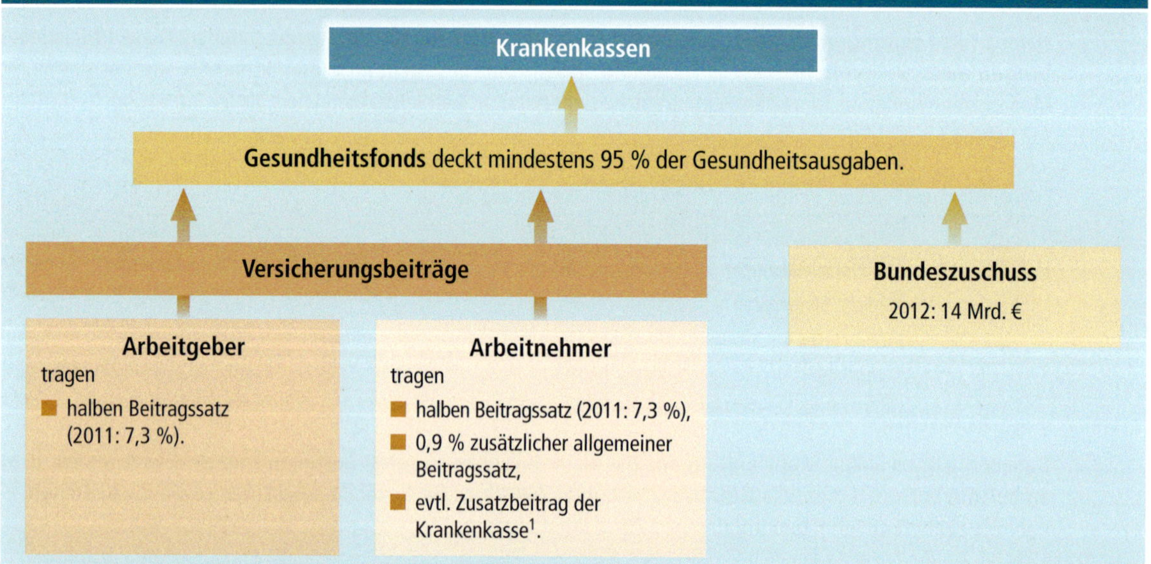

1 Die Höhe des Zusatzbeitrags ist nicht begrenzt, ab 2 % ist ein Sozialausgleich vorgesehen.

Quelle: www.bpb.de, www.bundesfinanzministerium.de

2.1.3 Pflegeversicherung

Die Pflegeversicherung ist im Elften Buch des Sozialgesetzbuchs – SGB XI – Soziale Pflegeversicherung – geregelt.

Die Pflegeversicherung hat die **Aufgabe,** das finanzielle Risiko der Pflegebedürftigkeit abzusichern. Sie soll Pflegebedürftigen ein möglichst selbstständiges und selbstbestimmtes Leben ermöglichen. In Deutschland sind über zwei Millionen Menschen auf Pflege angewiesen.

In der Pflegeversicherung besteht **Versicherungspflicht,** die an die Krankenversicherungspflicht anknüpft. „In den Schutz der sozialen Pflegeversicherung sind kraft Gesetzes alle einbezogen, die in der gesetzlichen Krankenversicherung versichert sind. Wer gegen Krankheit bei einem privaten Krankenversicherungsunternehmen versichert ist, muss eine private Pflegeversicherung abschließen" (§ 1 Abs. 2 SGB XI).

„Träger der sozialen Pflegeversicherung sind die Pflegekassen; ihre Aufgaben werden von den Krankenkassen wahrgenommen" (§ 1 Abs. 3 SGB XI).

Die **Leistungen** richten sich nach der Schwere der Pflegebedürftigkeit und der Art der erforderlichen Hilfe. Sie werden in Pflegestufen dargestellt:

Leistungen der Pflegeversicherung				
Pflegestufen	**häusliche Pflege**			**stationäre Pflege**
	Sachleistungen (z. B. Kosten für ambulanten Pflegedienst)	Geldleistungen (z. B. Zuschuss für pflegende Angehörige)	ergänzende Leistungen für Pflegebedürftige mit erheblichem allgemeinen Betreuungsbedarf	
„Pflegestufe 0"[1]	225,00 €	120,00 €	100,00 – 200,00 €	
Pflegestufe 1 (erheblich Pflegebedürftige)	665,00 €	305,00 €	100,00 – 200,00 €	1.023,00 €
Pflegestufe 2 (Schwerpflegebedürftige)	1.250,00 €	525,00 €	100,00 – 200,00 €	1.279,00 €
Pflegestufe 3 (Schwerstpflegebedürftige) Härtefälle:	1.550,00 € bis 1.918,00 €	700,00 €	100,00 – 200,00 €	1.550,00 € bis 1.918,00 €

Sach- und Geldleistungen sind kombinierbar. Pflegebedürftige in ambulant betreuten Wohngruppen erhalten einen Zuschlag von monatlich 200,00 €. Bei Kurzzeit- oder Verhinderungspflege (Krankheit/Urlaub der Pflegeperson) wird die Hälfte des Pflegegelds weitergezahlt. Pflegende Personen (häufig Angehörige) sind durch die Pflegeversicherung ab einem bestimmten zeitlichen Pflegeumfang rentenversichert. Außerdem besteht Unfallversicherungsschutz während der pflegerischen Tätigkeit.

Der **Beitrag** zur Pflegeversicherung beträgt grundsätzlich 2,05 % des sozialversicherungspflichtigen Einkommens. Bei Arbeitnehmern trägt der Arbeitgeber grundsätzlich die Hälfte. Kinderlose Mitglieder zahlen ab dem 23. Lebensjahr einen Beitragszuschlag von 0,25 Beitragssatzpunkten.

In Sachsen zahlen die Arbeitnehmer 0,5 % mehr, die Arbeitgeber 0,5 % weniger. Dieser Unterschied entstand 1995 bei Einführung der Pflegeversicherung. Damals verzichteten die Bundesländer – außer Sachsen – auf einen gesetzlichen Feiertag, der stets auf einen Werktag fällt. Der zusätzliche Arbeitstag sollte damals die Kosten des Arbeitgeberanteils ausgleichen. Seit 2013 gelten folgende Beitragssätze: Arbeitnehmer ohne Beitragszuschlag: 1,025 % (Sachsen: 1,525 %), Arbeitnehmer mit Beitragszuschlag: 1,275 % (Sachsen: 1,775 %), Arbeitgeber: 1,025 % (Sachsen: 0,525 %).

2.1.4 Rentenversicherung

Die gesetzliche Rentenversicherung ist die Grundlage der Alterssicherung. Allerdings kann langfristig der gewohnte Lebensstandard im Alter nur mit zusätzlicher betrieblicher bzw. privater Altersvorsorge annähernd aufrechterhalten werden. Die Lebenserwartung steigt und den Beitragszahlern stehen künftig immer mehr Rentenempfänger gegenüber. Deshalb werden die betriebliche und die private Alterssicherung immer wichtiger. Gesetzliche Rentenversicherung und betriebliche Altersvorsorge sind in der Personalverwaltung von besonderer Bedeutung.

2.1.4.1 Gesetzliche Rentenversicherung

Die **gesetzliche Rentenversicherung** ist im Sechsten Buch des Sozialgesetzbuchs – SGB VI – Gesetzliche Rentenversicherung – geregelt. Sie ist das größte soziale Sicherungssystem in der Bundesrepublik. In vielen Reformschritten ist sie aus dem Gesetz über die Invaliditäts- und Altersversicherung (1889) hervorgegangen. Ihre Leistungen haben sich von einem bloßen Zuschuss zum allgemeinen Lebensbedarf zur maßgeblichen Grundlage für ein finanziell gesichertes Alter entwickelt.

1 Menschen, die keine Pflegestufe haben, aber eine erheblich eingeschränkte Alltagskompetenz (z. B. Demenzkranke) Stand: 01.01.2013

2 Soziale Sicherung

Die Zahlung von Alters- und Hinterbliebenenrenten gehört zu den zentralen **Aufgaben** der gesetzlichen Rentenversicherung. Sie soll auch die Erwerbsfähigkeit kranker und behinderter Versicherter durch Leistungen zur medizinischen Rehabilitation bzw. zur Teilhabe am Arbeitsleben positiv beeinflussen und – wenn möglich – wiederherstellen.

Träger der gesetzlichen Rentenversicherung sind

- die Deutsche Rentenversicherung Bund,
- die Regionalträger, z. B. die Deutsche Rentenversicherung Mitteldeutschland, Westfalen oder Rheinland-Pfalz,
- die Deutsche Rentenversicherung Knappschaft-Bahn-See sowie
- die landwirtschaftlichen Alterskassen.

Die Rentenversicherungsträger sind Körperschaften des öffentlichen Rechts mit Selbstverwaltung.

Versicherungspflichtig sind bis auf wenige Ausnahmen alle Arbeitnehmerinnen und Arbeitnehmer (einschließlich der Auszubildenden). Auch Landwirte, selbstständige Handwerker und Künstler sind in der Rentenversicherung grundsätzlich pflichtversichert. Wer eine Entgeltersatzleistung wie Krankengeld, Verletztengeld, Arbeitslosengeld I oder II bezieht, ist während des Leistungsbezugs versicherungspflichtig. Für die Erziehung eines Kindes in den ersten drei Lebensjahren ist die Erziehungsperson ohne eigene Beitragszahlung pflichtversichert. Daneben gibt es weitere Gruppen von Pflichtversicherten. Alle Selbstständigen, die nicht kraft Gesetzes versicherungspflichtig sind, können die Versicherung in der Rentenversicherung beantragen.

Die Versicherungspflicht (nicht die Beitragshöhe) ist unabhängig von der Einkommenshöhe; eine Jahresarbeitsentgeltgrenze (wie in der Krankenversicherung) gilt für die Rentenversicherung nicht.

Versicherungsfrei kraft Gesetzes sind Beamte, Richter, Berufs- und Zeitsoldaten. Eine Beschäftigung kann wegen ihrer kurzen Dauer oder wegen der geringen Höhe ihres Arbeitsentgelts geringfügig und damit versicherungsfrei sein.

Leistungen aus der Rentenversicherung setzen voraus, dass die Versicherten mindestens eine Zeit lang der Versicherung angehört haben (Wartezeit). Die allgemeine Wartezeit von fünf Jahren mit Beitragszeiten und Ersatzzeiten (z. B. Studienzeiten) ist Voraussetzung für den Anspruch auf die Regelaltersrente, die Renten wegen Erwerbsminderung und die Renten der Hinterbliebenen. Für die anderen Renten sind die Wartezeiten höher. Die Höhe der persönlichen Rente richtet sich in erster Linie nach der Zahl der Beitragsjahre und der Höhe der versicherungspflichtigen Arbeitsentgelte.

Beansprucht der Versicherte eine **Rente wegen Alters,** so muss er zunächst ein bestimmtes Lebensalter erreicht haben. Diese Altersgrenze lag bis 2011 bei 65, bei schwerbehinderten Menschen bei 63 Jahren. In bestimmten Fällen ist ein Vorziehen der Rente möglich. Um aber die höhere Belastung der Rentenversicherung aufgrund der längeren Rentenbezugsdauer auszugleichen, wird die monatliche Rente für jeden Monat des vorgezogenen Rentenbezugs vor Vollendung des 65. (bei Schwerbehinderten des 63.) Lebensjahres um einen Abschlag von 0,3 % verringert. Wird die Rente um fünf Jahre (60 Monate) vorgezogen, ergibt sich somit ein Abschlag von 18 % für die gesamte Rentenbezugsdauer.

Das Rentenversicherungs-Altersgrenzenanpassungsgesetz sieht eine stufenweise Anhebung der Regelaltersgrenze vom 65. auf das 67. Lebensjahr vom Jahr 2012 an bis zum Jahr 2029 und entsprechende Anhebungen bei anderen Renten vor.

Renten wegen verminderter Erwerbsfähigkeit sollen Einkommen ersetzen, wenn die Erwerbsfähigkeit des Versicherten eingeschränkt oder ganz weggefallen ist. Diese Renten werden längstens bis zum 65. Lebensjahr (Beginn der Regelaltersrente) gezahlt.

Außerdem werden Witwen- und Waisenrenten gezahlt. **Weitere Leistungen** der gesetzlichen Rentenversicherung sind Leistungen zur medizinischen Rehabilitation und zur Teilhabe am Arbeitsleben, Zahlung von Beträgen zur Kranken- und Pflegeversicherung der Rentner sowie Aufklärung und Beratung der Versicherten, Rentner und Arbeitgeber.

Die **Beiträge** zur allgemeinen Rentenversicherung für versicherungspflichtige Arbeitnehmer werden von ihnen und ihren Arbeitgebern grundsätzlich je zur Hälfte getragen. Der Beitragssatz liegt bei 18,9 % des Bruttoverdienstes (Stand 2013).

Bei der Berechnung ist die **Beitragsbemessungsgrenze** von 5.600,00 € (West) und 4.800,00 € (Ost) monatlich zu beachten (Stand 2012). Für die Teile des Arbeitsentgelts oberhalb der Beitragsbemessungsgrenze werden keine Beiträge erhoben, aber auch keine Rentenansprüche erworben. Das Überschreiten der Beitragsbemessungsgrenze ändert nichts an der Versicherungspflicht.

Die Beitragseinnahmen der gesetzlichen Rentenversicherung reichen allerdings zur Finanzierung der Ausgaben nicht aus, weil die Rentenversicherung auch gesamtgesellschaftliche Aufgaben erfüllt (z. B. Familienförderung). Deshalb kommen erhebliche Mittel aus dem Bundeshaushalt hinzu.

Grundprinzip der **Finanzierung** des Rentensystems ist das **Umlageverfahren:** Die aktuellen Aufwendungen der Rentenversicherung werden aus den aktuellen Einnahmen bestritten. Dieses Prinzip hat man auch als **„Generationenvertrag"** bezeichnet. Man meint damit, dass jeweils die Generation der aktiv Arbeitenden die zur gleichen Zeit auszuzahlenden Renten für die Generation der Rentner finanziert. Sind die aktiv Arbeitenden später selbst Rentner, kommen für ihre Rente die nachfolgenden Generationen auf. Es wird also kein Kapital zurückgelegt, aus dem später Renten bezahlt werden, sondern die Einnahmen dienen unmittelbar zur Finanzierung der gegenwärtigen Ausgaben.

Die **Finanzierung** dieses Systems setzt voraus, dass bei einer stetig wachsenden Zahl von Rentenempfängern mit steigender Lebenserwartung und steigenden Rentenansprüchen auch die Höhe der eingenommenen Beiträge wächst. Dies scheitert aber an der nicht mitwachsenden Zahl der Beitragszahler, der zeitweise hohen Arbeitslosigkeit und den kaum steigenden durchschnittlichen Arbeitseinkommen. Die folgenden Grafiken verdeutlichen das Finanzierungsproblem:

Verhältnis von Erwerbstätigen zu Rentnern

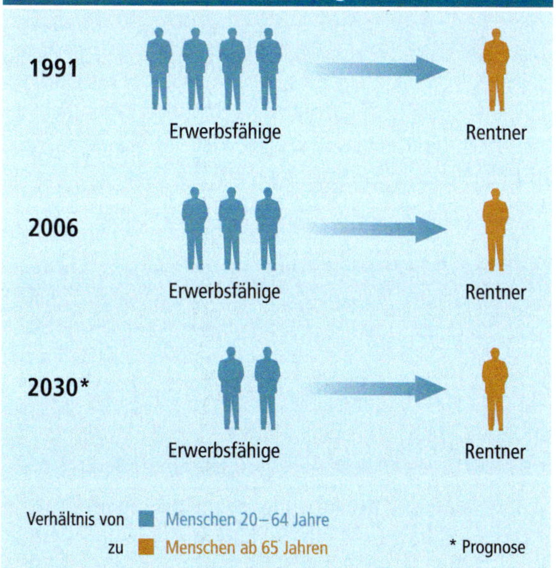

Quelle: Rentenversicherungsbericht 2005

Entwicklung der durchschnittlichen Lebenserwartung und der durchschnittlichen Lebenszeit nach dem 65. Lebensjahr

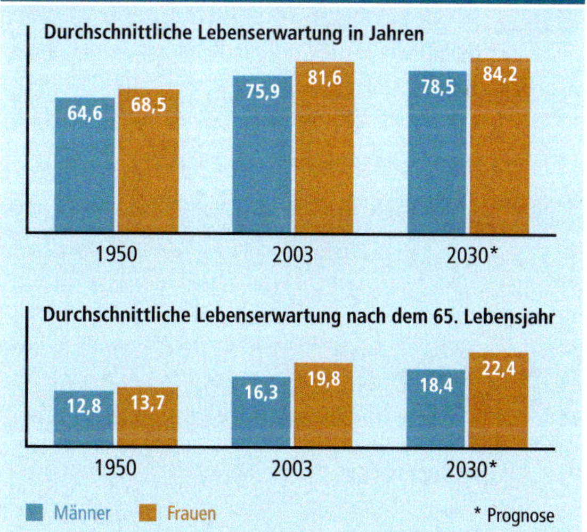

Quelle: Rentenversicherungsbericht 2005

Ein Lösungsansatz ist die schrittweise **Erhöhung des Renteneintrittsalters.** Sie ist im Rahmen der Rentenreform folgendermaßen gesetzlich geregelt.

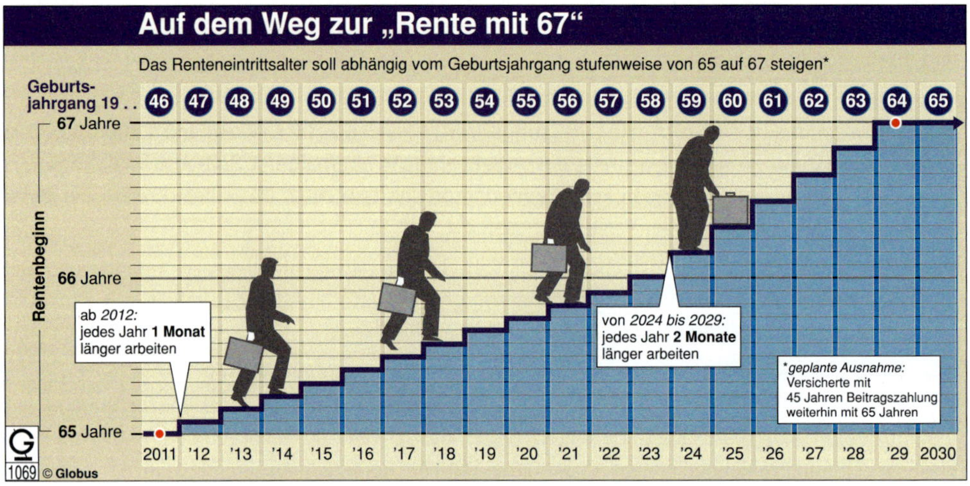

2.1.4.2 Betriebliche Altersversorgung und private Altersvorsorge

In der gesetzlichen Rentenversicherung stehen den Beitragszahlenden künftig immer mehr Rentner gegenüber. Ein Ausgleich soll dadurch erreicht werden, dass in Zukunft einerseits die Renten weniger stark steigen als bisher und andererseits eine zusätzliche Altersvorsorge für jüngere Menschen aufgebaut und gefördert wird. Eine „Rundumversorgung" kann auch ein sozialer Staat nicht ohne Weiteres leisten. Die Alterssicherung stützt sich damit auf drei Säulen:

- die gesetzliche Rentenversicherung,
- die betriebliche Altersversorgung und
- die private Altersvorsorge.

Die **betriebliche Altersversorgung** ist grundsätzlich eine freiwillige Leistung des Arbeitgebers. Allerdings haben alle Beschäftigten das Recht, einen Teil ihres Lohns oder Gehalts zugunsten einer betrieblichen Altersvorsorge umzuwandeln, um später eine Betriebsrente zu erhalten (Entgeltumwandlung). Wie der Arbeitgeber die Altersvorsorge organisiert, wird häufig auf betrieblicher Ebene oder in Tarifverträgen festgelegt.

Für den öffentlichen Dienst sehen § 25 TVöD und § 25 TV-L eine betriebliche Altersversorgung vor.

§ 25 TVöD

„Die Beschäftigten haben Anspruch auf Versicherung unter eigener Beteiligung zum Zwecke einer zusätzlichen Alters- und Hinterbliebenenversorgung nach Maßgabe des Tarifvertrags über die betriebliche Altersversorgung der Beschäftigten des öffentlichen Dienstes (Tarifvertrag Altersversorgung – ATV) bzw. des Tarifvertrags über die zusätzliche Altersvorsorge der Beschäftigten des öffentlichen Dienstes – Altersvorsorge-TV Kommunal (ATV-K) – in ihrer jeweils geltenden Fassung."

Die beiden genannten Tarifverträge gelten für Bund, Länder und Gemeinden bzw. deren Zusatzversorgungskassen.

Die Leistungen der Zusatzversorgung werden finanziert durch Umlagen der Arbeitgeber und Beiträge der Arbeitnehmer. Im Bereich der Versorgungsanstalt des Bundes und der Länder (VBL) beträgt der Arbeitgeberanteil 6,45 % und der Arbeitnehmeranteil 1,41 % des zusatzversorgungspflichtigen Einkommens.

Die Zusatzversorgung im öffentlichen Dienst orientiert sich an einem Punktemodell im Rahmen eines kapitalgedeckten Systems.

Die Beitragsleistung wird jährlich in altersabhängige Versorgungspunkte umgewandelt. In jüngeren Jahren geleistete Beiträge führen zu einer höheren Punktezahl, weil sie über einen längeren Zeitraum verzinst werden. Zusätzliche Punkte werden als soziale Komponente für Zeiten der Kindererziehung sowie im Falle einer Erwerbsminderung berücksichtigt. Für die Rentenzahlung werden die Versorgungspunkte mit einem Messbetrag in eine monatliche Betriebsrente umgerechnet.

Etwa zwei Drittel aller sozialversicherungspflichtig Beschäftigten in Deutschland verfügen über eine Betriebsrentenanwartschaft.

Die zusätzliche **private Altersvorsorge** kennt seit jeher viele Formen. Sie wird künftig immer wichtiger. Denn das Rentenniveau der gesetzlichen Rentenversicherung wird längerfristig weiter sinken. Der Generationenvertrag „Junge zahlen für Alte" bietet also keine Wohlstandsgarantie, er könnte zur „Wohlstandsillusion" werden. Jeder sollte daher zusätzlich individuelle Formen der Vorsorge nutzen, um dieses Defizit auszugleichen.

Der Staat fördert den Aufbau einer zusätzlichen kapitalgedeckten Altersvorsorge mit Grund- und Kinderzulagen, Steuervorteilen und Beitragsersparnis in der Sozialversicherung (Riester-Förderung).

Die staatliche Förderung erhalten insbesondere Pflichtmitglieder in der gesetzlichen Rentenversicherung, aber auch Beamte, Wehr- und Zivildienstleistende und Kindererziehende während der Kindererziehungszeiten.

Allerdings unterstützt der Staat nicht jede Spar- bzw. Anlageform. Gefördert werden nur geprüfte Finanzprodukte, die durch ein Zertifikat einer Zertifizierungsstelle für steuerlich förderfähig erklärt worden sind. Die Zertifizierung ist aber keine Garantie für eine hohe Rendite.

Folgende Anlagemöglichkeiten können gefördert werden:

- Banksparpläne,
- private Rentenversicherungen,
- Fondssparpläne,
- Bausparverträge.

Die gesetzliche Rentenversicherung informiert unter www.deutsche-rentenversicherung.de.

2.1.5 Arbeitslosenversicherung

Die Arbeitslosenversicherung ist geregelt im Dritten Buch des Sozialgesetzbuchs (SGB III – Arbeitsförderung).

Die **Aufgaben** der Arbeitsförderung sind sehr differenziert. Nach § 1 SGB III sollen die Leistungen der Arbeitsförderung dazu beitragen, dass ein hoher Beschäftigungsstand erreicht und die Beschäftigungsstruktur ständig verbessert wird. Sie sollen das Entstehen von Arbeitslosigkeit vermeiden oder die Dauer der Arbeitslosigkeit verkürzen, indem sie z. B. die individuelle Beschäftigungsfähigkeit durch Erhalt und Ausbau von Kenntnissen und Fähigkeiten fördern. Die Leistungen sollen die finanziellen Folgen von Arbeitslosigkeit mindern und die Integration in den Arbeitsmarkt unterstützen.

In einem **Versicherungspflichtverhältnis** stehen nach § 24 SGB III Personen, die gegen Arbeitsentgelt oder zu ihrer Berufsausbildung beschäftigt sind oder nach § 26 SGB III aus sonstigen Gründen versicherungspflichtig sind.

Versicherungsfrei sind z. B. Beamte, Richter, Soldaten auf Zeit, Berufssoldaten sowie Personen in einer geringfügigen Beschäftigung.

Leistungen nach SGB III sind sowohl die Leistungen der Arbeitsförderung (z. B. Berufsberatung, Arbeitsvermittlung und Förderung der beruflichen Bildung) als auch das Arbeitslosengeld I (ALG I) als Entgeltersatzleistung im Rahmen der Arbeitslosenversicherung. Für diese Leistungen wurden Versicherungsbeiträge aufgebracht. Das Arbeitslosengeld I hängt in der Höhe wesentlich vom Arbeitseinkommen ab und wird je nach Dauer des Versicherungsverhältnisses und nach Lebensalter sechs bis 48 Monate gezahlt.

Besteht die Arbeitslosigkeit fort, schließt sich häufig das Arbeitslosengeld II (ALG II) an. Es ist im Zweiten Buch des SGB – Grundsicherung für Arbeit suchende – geregelt, setzt Erwerbsfähigkeit und Hilfsbedürftigkeit voraus und ist grundsätzlich am Bedarf und nicht am früheren Arbeitseinkommen orientiert. Der Hilfsbedürftige (bzw. die Bedarfsgemeinschaft, in der er lebt) muss eigenes Einkommen und Vermögen einsetzen. Das Arbeitslosengeld II ist eine staatliche Sozialleistung, keine Versicherungsleistung.

Das Arbeitslosengeld

Angaben für Alleinstehende mit eigenem Haushalt pro Monat

Arbeitslosengeld I	Arbeitslosengeld II („Hartz IV")
Leistung für Personen, die in den vergangenen 2 Jahren vor der Arbeitslosmeldung und dem Beginn der Arbeitslosigkeit mindestens 12 Monate versicherungspflichtig beschäftigt waren (Regelanwartschaftszeit)*	Grundsicherung für erwerbsfähige Personen im Alter von mindestens 15 Jahren, die ihren Lebensunterhalt nicht aus eigener Kraft und eigenen Mitteln decken können
Dauer des Erhalts • Für bis 49-Jährige: 6 bis 12 Monate** • Für ab 50-Jährige: 6 bis 48 Monate**	
Höhe des Arbeitslosengeldes • In der Regel 60 % des ermittelten Nettogehalts • Eigenes Nebeneinkommen wird bei der Ermittlung mit berücksichtigt, eigenes Vermögen nicht	**Höhe des Regelsatzes** • 364 Euro; ab 2012 (geplant): 367 Euro + jährliche Anpassung an Preis- und Lohnentwicklung • Eigenes Einkommen und Vermögen werden bei der Ermittlung der Höhe der Leistung mit berücksichtigt
Zusätzliche Leistungen • Keine; bei Bedarf kann zusätzlich ein Antrag auf Arbeitslosengeld II gestellt werden	**Zusätzliche Leistungen** • Angemessene Kosten für Unterkunft und Heizung • Eventuell Einmalleistungen als Darlehen oder Geld-/Sachleistung für Wohnungs-, Bekleidungserstausstattung und/oder Kosten für medizinische/therapeutische Geräte

*bis zum 1.8.2012 werden unter bestimmten Voraussetzungen auch kürzere Anwartschaftszeiten anerkannt (Bezugsdauer dann 3 bis 5 Monate)

**je nach Dauer der Einzahlung in die Arbeitslosenversicherung in den vergangenen 5 bzw. – bei kurzer Anwartschaft – in den vergangenen 2 Jahren

Quelle: BA © **Globus** 4555

Die Bundesagentur für Arbeit finanziert sich aus **Beiträgen** und staatlichen Zuschüssen. Beschäftigte (einschließlich Auszubildende) und Arbeitgeber teilen sich die Beiträge je zur Hälfte. Der Beitragssatz liegt 2012 bei insgesamt 3,0 %. Die Höhe des Beitrages wird durch die Beitragsbemessungsgrenze (2012: 5.600,00 € bzw. 4.800,00 € monatlich) begrenzt. Die Arbeitgeber führen den Beitrag als Teil des Gesamtsozialversicherungsbeitrags monatlich an die Krankenkasse ab.

Träger der Arbeitsförderung ist die Bundesagentur für Arbeit (BA), eine Körperschaft des öffentlichen Rechts mit Selbstverwaltung. Sie erfüllt für Bürger, Unternehmen und Institutionen umfassende Dienstleistungsaufgaben für den Arbeits- und Ausbildungsmarkt. Hierzu verfügt sie über ein flächendeckendes Netz von Arbeitsagenturen und Geschäftsstellen. In einigen Kommunen tragen die Agentur für Arbeit und die Kommunalverwaltung gemeinsam eine Arbeitsgemeinschaft (ARGE), die Bezieher von Arbeitslosengeld II in der Kommune in Jobcentern betreut und vermittelt.

Die Bundesagentur für Arbeit informiert im Internet unter www.arbeitsagentur.de.

2.1.6 Unfallversicherung

Die gesetzliche Unfallversicherung ist im Siebten Buch des Sozialgesetzbuchs – SGB VII – Gesetzliche Unfallversicherung – geregelt.

Sie gehört zu den ersten sozialen Absicherungen für Arbeitnehmer und besteht seit 1884. Ihr liegt das Prinzip zugrunde, die Haftung der Unternehmer für Schäden gegenüber ihren Beschäftigten durch die gesetzliche Pflichtversicherung abzulösen.

Heute ist es **Aufgabe** der Unfallversicherung, Arbeitsunfälle und Berufskrankheiten sowie arbeitsbedingte Gesundheitsgefahren zu verhüten sowie nach Eintritt von Arbeitsunfällen oder Berufskrankheiten die Gesundheit und die Leistungsfähigkeit der Versicherten wiederherzustellen und sie bzw. ihre Familien durch Geldleistungen zu entschädigen (§ 1 SGB VII).

Träger der gesetzlichen Unfallversicherung sind insbesondere die gewerblichen und landwirtschaftlichen Berufsgenossenschaften, die staatlichen Unfallkassen sowie die Gemeindeunfallversicherungsverbände und Unfallkassen einzelner Kommunen.

Die kommunalen Träger versichern auch Schüler, Kinder in Tageseinrichtungen, ehrenamtlich Tätige und kommunale Mandatsträger (finanziert aus Steuermitteln) sowie Haushaltshilfen in Privathaushalten.

Das Risiko eines Arbeitnehmers, einen Arbeitsunfall zu erleiden oder berufsbedingt zu erkranken, ist je nach der beruflichen Tätigkeit unterschiedlich hoch. Die Versicherungsträger berücksichtigen dies in unterschiedlichen Gefahrentarifen. Nach einem Arbeitsunfall würde der betroffene Arbeitnehmer grundsätzlich vom Arbeitgeber Schadensersatz verlangen können. Die Unfallversicherung haftet nun anstelle des Arbeitgebers. Folglich sind nach § 150 SGB VII die Unternehmer **beitragspflichtig,** für deren Unternehmen Versicherte tätig sind. Die versicherten Arbeitnehmer zahlen keinen Beitrag. Die Beiträge werden nach Ablauf des Kalenderjahres, in dem die Beitragsansprüche entstanden sind, in Form einer Umlage festgesetzt.

Pflichtversichert sind nach § 2 ff. SGB VII zahlreiche im Gesetz beschriebene Personengruppen, u. a. Beschäftigte, Kinder während des Besuchs einer Kindertagesstätte oder eines Kindergartens, Schüler während des Besuchs von allgemein- oder berufsbildenden Schulen, Studenten, Auszubildende, Landwirte, Pflegepersonen, Helfer bei Unglücksfällen, Helfer im Zivilschutz oder Katastrophenschutz, Blut- oder Organspender.

Versicherungsfrei sind insbesondere Personen, soweit für sie beamtenrechtliche Unfallfürsorgevorschriften oder entsprechende Grundsätze gelten.

Die **Leistungen** der gesetzlichen Unfallversicherung setzen immer einen **Versicherungsfall** voraus. Nach § 8 SGB VII sind dies Arbeitsunfälle und Berufskrankheiten. Zu den Arbeitsunfällen gehören auch die Wegeunfälle, d. h. die Unfälle beim Zurücklegen des mit der versicherten Tätigkeit zusammenhängenden unmittelbaren Weges zu und von dem Ort der Tätigkeit.

Leistungen sind insbesondere

- Heilbehandlung, Pflege,
- Leistungen zur Teilhabe am Arbeitsleben,
- Leistungen zur Teilhabe am Leben in der Gemeinschaft und ergänzende Leistungen,
- Geldleistungen.

Einkommensersatz- bzw. Entschädigungsleistungen in Geld sind Verletztengeld, Verletztenrente, Hinterbliebenenrente.

2.2 Vermögenswirksame Anlagen

Das Vermögen einer Person zu einem bestimmten Zeitpunkt besteht aus deren Sach- und Geldkapital, vermindert um die Summe der Schulden. Zum Vermögen privater Haushalte zählen:

- Geldvermögen einschließlich Beteiligungen am Produktivkapital (z. B. Aktien),
- Immobilienvermögen sowie
- Gebrauchsvermögen.

Ansprüche gegen die staatliche Sozialversicherung gehören zwar auch dazu, doch lässt sich deren Wert schwer bestimmen. Wohnungsvermögen macht etwa die Hälfte des Vermögens der privaten Haushalte aus. Die andere Hälfte stellt überwiegend Geldvermögen dar, nur ein kleiner Teil ist Gebrauchsvermögen. Die folgende Grafik zeigt die Entwicklung und Zusammensetzung des Geldvermögens privater Haushalte.

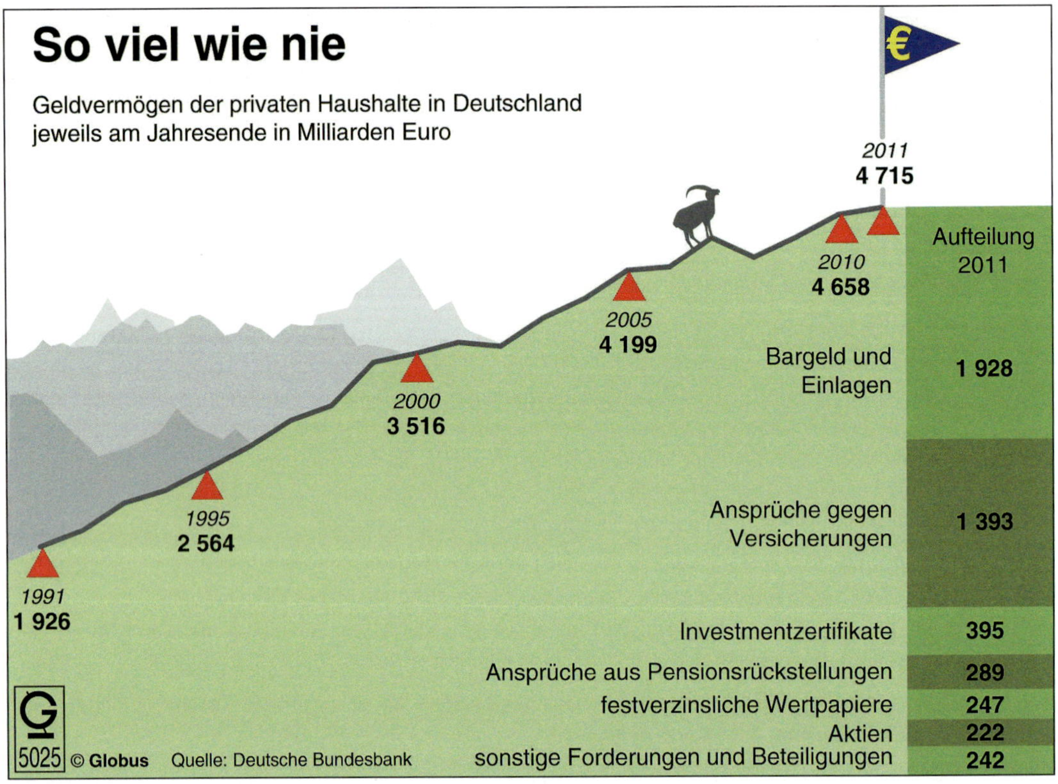

Vermögen fördert – zusammen mit der allgemeinen und beruflichen Bildung einer Person – die individuellen Entwicklungschancen in der Gesellschaft. Es hilft auch, die Risiken des Lebens abzusichern, insbesondere im Alter. Eine gerechtere Vermögensverteilung würde den meisten Menschen nützen.

In der letzten Zeit hat zwar das Vermögen der Haushalte stetig zugenommen, denn im Durchschnitt sparen die Deutschen über ein Zehntel ihres Einkommens. Jedoch haben nur die Haushalte vom Vermögenszuwachs profitiert, die ohnehin über großes Vermögen verfügen. Der Anteil der vermögensschwächeren Hälfte der Haushalte am Gesamtvermögen ging zurück, bei den schwächsten Haushalten wuchsen nur die Schulden. Die Grafik auf der nächsten Seite zeigt, wie die Kluft zwischen Arm und Reich langsam größer wird.

Die staatliche Vermögenspolitik bemüht sich seit langer Zeit um eine gerechtere Vermögensverteilung. Wann eine Verteilung gerecht oder ungerecht ist, kann kaum allgemeingültig festgestellt werden und ist letztlich politisch zu entscheiden. Es ist ein sozialpolitisches Ziel, Vermögen dort aufzubauen, wo niedrige Einkommen einen nachhaltigen Vermögensaufbau verhindern. Hierzu unterstützt der Staat bestimmte Formen der Vermögensanlage.

Aufgrund des **Fünften Gesetzes zur Förderung der Vermögensbildung der Arbeitnehmer** (5. VermBG) fördert der Staat vermögenswirksame Leistungen bzw. Anlagen mit einer Arbeitnehmersparzulage.

Nach § 23 TVöD haben alle Beschäftigten, deren Arbeitsverhältnis voraussichtlich mindestens sechs Monate dauert, einen Anspruch auf vermögenswirksame Leistungen. Für Vollbeschäftigte beträgt sie monatlich 6,65 €.

Vermögenswirksame Leistungen sind nach § 2 5. VermBG Geldleistungen, die der Arbeitgeber für den Arbeitnehmer anlegt. Sie sind arbeitsrechtlich Teil des Entgelts und steuer- und sozialversicherungspflichtiges Arbeitsentgelt. Der Arbeitgeber hat diese Leistungen (und evtl. weitere freiwillige Sparbeträge des Arbeitnehmers) nach vertraglicher Vereinbarung mit dem Arbeitnehmer für ihn unmittelbar an das Unternehmen zu überweisen, das der Arbeitnehmer zur Anlage ausgewählt hat. In der Entgeltabrechnung des Beschäftigten erscheint die vermögenswirksame Leistung des Arbeitgebers als Entgeltbestandteil und die vermögenswirksame Anlage als sonstiger (freiwilliger) Abzug.

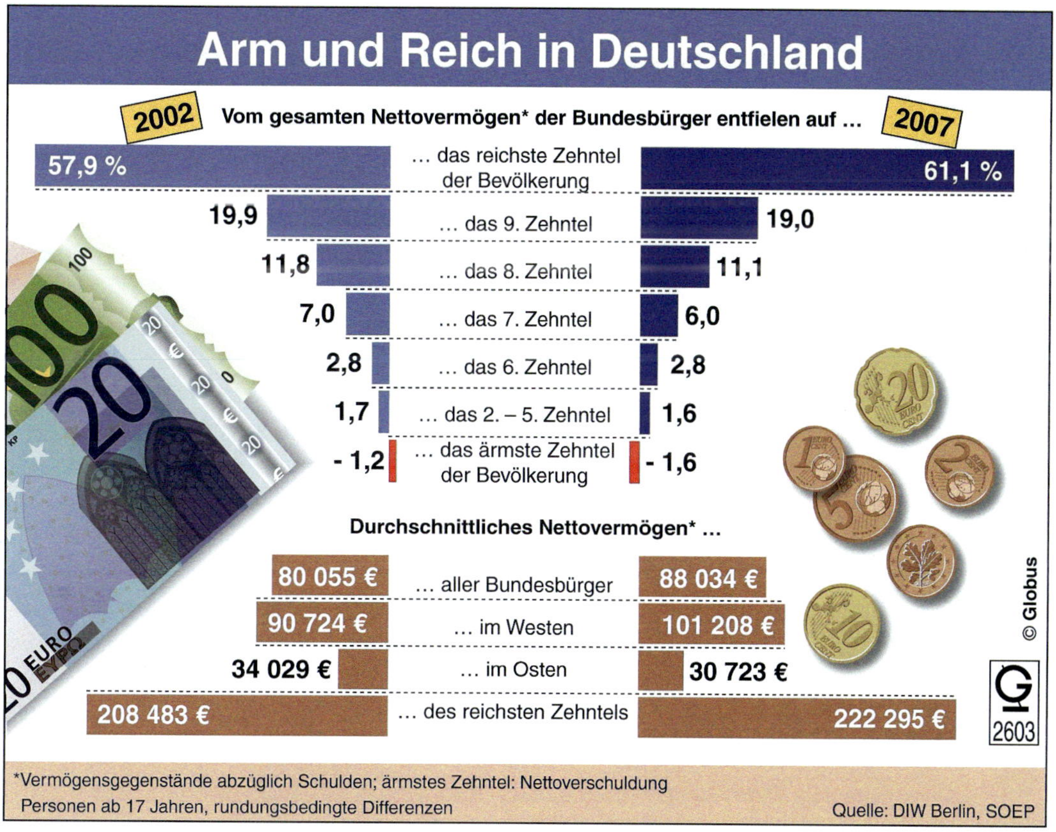

Die förderfähigen, langfristigen **Sparformen** sind in § 2 ff. 5. VermBG näher beschrieben. Dazu gehören insbesondere

- Bausparvertrag (einschließlich Entschuldung von Wohneigentum),
- Kapitallebensversicherungsvertrag (mit mindestens zwölfjähriger Laufzeit),
- Sparvertrag über Wertpapiere oder bestimmte andere Vermögensbeteiligungen (z. B. Investmentfonds),
- Wertpapierkaufvertrag,
- Banksparvertrag (Banksparplan).

Ein Arbeitnehmer, der Einkünfte aus nichtselbstständiger Arbeit bezieht, hat Anspruch auf die **Arbeitnehmersparzulage,** wenn sein Einkommen die Einkommensgrenze von 20.000,00 € (bei Alleinstehenden) bzw. 40.000,00 € (bei Verheirateten) nicht überschreitet. Der Anspruch entsteht in dem Jahr, in dem die vermögenswirksamen Leistungen angelegt worden sind. Die Arbeitnehmersparzulage zahlt das Finanzamt aber grundsätzlich erst nach Ablauf einer Sperrfrist von sechs bzw. sieben Jahren.

Die jeweils aktuelle Fassung des 5. VermBG steht im Internet bereit unter:

www.bundesrecht.juris.de/aktuell.html

1 Vergleich von Verwaltungsbetrieben mit privatwirtschaftlichen Betrieben

Der Vergleich von Verwaltungsbetrieben mit privatwirtschaftlichen Betrieben wirft grundlegende Fragen auf:

- Welche Ziele verfolgen Verwaltungsbetriebe auf der einen und privatwirtschaftliche Betriebe auf der anderen Seite?
- Welche Eigenarten zeigen die Leistungen dieser Betriebe?
- In welcher Wettbewerbssituation befinden sich beide Betriebe?
- Welche Gegensätze lassen sich hinsichtlich der Einnahmen feststellen?

Auf der Basis dieser grundlegenden Fragestellungen lassen sich Merkmale ableiten, anhand derer ein Vergleich vorgenommen werden kann. Die Ausführungen zum Verwaltungsbetrieb konzentrieren sich auf die Kommunalverwaltung.

1.1 Ziele

Für die Betrachtung ist es sinnvoll, zwischen Sach- und Formalzielen zu unterscheiden.

Sachziele betreffen die Leistungen des Betriebs. Sie beschreiben, was hergestellt wird, bestimmen also den sachlichen Zweck und somit das Absatzsortiment des Betriebs.

Das **Sachziel des kommunalen Verwaltungsbetriebs** besteht in der Erfüllung der kommunalen Aufgaben (Pflichtaufgaben und freiwillige Aufgaben). Zum Zwecke der Aufgabenerfüllung werden zahlreiche und sehr unterschiedliche Leistungen erbracht. Einen Überblick bieten die Produktpläne der Kommunen.

Das **Sachziel privatwirtschaftlicher Betriebe** besteht in der Herstellung und dem Verkauf bestimmter Sachgüter oder Dienstleistungen. So zeigt sich z. B. das Sachziel einer Brauerei darin, zwei Biersorten, eine Sorte alkoholfreies Bier sowie zwei Sorten Biermischgetränke herzustellen und abzusetzen.

Formalziele betreffen die Art und Weise (die Form) der Leistungserstellung. Sie beschreiben, wie die Sachziele erfüllt werden sollen.

Der **kommunale Verwaltungsbetrieb** verfolgt im Wesentlichen die folgenden **Formalziele:**

- Wirtschaftlichkeit
  Die Gemeindeordnungen verpflichten die kommunalen Verwaltungsbetriebe zu einer wirtschaftlichen und sparsamen Haushaltsführung. Es gilt, Verschwendung und Misswirtschaft zu vermeiden, indem ein optimales Verhältnis von Mitteleinsatz (z. B. Geld, Arbeitskraft) und Aufgabenerfüllung angestrebt wird. Dieses kann durch die Anwendung des ökonomischen Prinzips erreicht werden (siehe LF 3, Kapitel 1.1).
- Rechtmäßigkeit
  Art. 20 Abs. 3 GG bindet die gesamte öffentliche Verwaltung an Recht und Gesetz. Die Verwaltung darf nur tätig werden, wenn sie dazu durch Gesetz ermächtigt ist (Gesetzesvorbehalt). Die Verwaltungsmaßnahmen dürfen keinem Gesetz widersprechen (Gesetzesvorrang).
- Bürger- und Kundenorientierung
  Da die Verwaltung im Dienste des Bürgers steht, strebt sie an, dessen Bedürfnisse und Wünsche bei der Leistungserstellung in besonderer Weise zu berücksichtigen. Die im Gemeindegebiet ansässigen Unternehmen sind ebenfalls eine bedeutende Kundengruppe, deren Interessen die Verwaltung bei der Gestaltung des Leistungsprozesses beachten muss.
- Mitarbeiterorientierung
  Die Qualität vieler kommunaler Dienstleistungen wird bestimmt von der Sachkenntnis, der Einsatzbereitschaft und dem Verantwortungsbewusstsein der Personen, die sie erbringen. Nach dem Grundsatz, dass zufriedene Mitarbeiter die besseren Mitarbeiter sind, muss sich die moderne Kommunalverwaltung auch darum bemühen, die Bedürfnisse und Wünsche ihrer Beschäftigten bei der Aufgabenerfüllung zu berücksichtigen.
- Umweltfreundlichkeit
  Es gehört zu den Aufgaben der Kommunalverwaltung, die dem Umweltschutz dienende Gesetzgebung des Bundes und der Länder auszuführen (z. B. in den Bereichen des Abfall- und Wasserrechts oder des Immissionsschutzes). In diesem Rahmen muss sie u. a. dafür sorgen, dass Bürger und Unternehmen umweltgerecht handeln. Insoweit ist ihr Sachziel betroffen. Das Formalziel Umweltfreundlichkeit erfordert ein Engagement

5740360

innerhalb des eigenen Bereichs. Der kommunale Verwaltungsbetrieb soll bei der Aufgabenerfüllung umweltschonend vorgehen, indem er z. B. Güter mit besonderen Umweltvorteilen beschafft und verwendet, sparsam mit Energie, Wasser und Materialien umgeht oder Maßnahmen zur Verringerung der Abfallmenge und -schädlichkeit ergreift.

Wichtige **Formalziele moderner privatwirtschaftlicher Betriebe** sind

- Gewinnmaximierung,
- Kundenorientierung,
- Mitarbeiterorientierung,
- Umweltfreundlichkeit.

Die Gewinnmaximierung nimmt in der Hierarchie der Sach- und Formalziele eine dominierende Stellung ein. Sie ist Ausgangspunkt und Antriebskraft für die unternehmerische Erwerbstätigkeit und hat entscheidende Auswirkungen auf das Sachziel des privatwirtschaftlichen Betriebs. Es verbleiben in der Regel nur solche Produkte im Absatzsortiment, die sich gegen Konkurrenzangebote durchsetzen können und gewinnbringend verkaufen lassen. Wenn z. B. eine Brauerei feststellt, dass die Nachfrage nach einer Biersorte nachlässt, kann sie diese Sorte vom Markt nehmen und ein neues Produkt entwickeln, das den Bedürfnissen der Kunden näher kommt, etwa ein neues Biermischgetränk. Im individuellen Gewinnstreben der Unternehmer kommt das sogenannte **erwerbswirtschaftliche Prinzip** zum Ausdruck.

Das Absatzsortiment eines privatwirtschaftlichen Betriebs, sein Sachziel, steht also in ursächlichem Zusammenhang mit der Anwendung des erwerbswirtschaftlichen Prinzips. Demgegenüber ergibt sich das „Absatzsortiment" der Kommunalverwaltung aus ihrer Verpflichtung, dem **Gemeinwohl** zu dienen. Dabei handelt sie nach dem **Bedarfsdeckungsprinzip.** Dieser Begriff hat zweierlei Bedeutung. Sozialpolitisch geht es um die bestmögliche Versorgung der Bürger mit lebensnotwendigen, sozialen, kulturellen, infrastrukturellen sowie Sicherheit und Ordnung vermittelnden öffentlichen Sachgütern und Dienstleistungen. Haushaltsrechtlich ist die Deckung des Finanzbedarfs gemeint, der zur Erfüllung der kommunalen Aufgaben benötigt wird. Die Einnahmen richten sich dabei nach der Höhe der notwendigen Ausgaben. Es soll kein Gewinn erzielt werden.

Der Unternehmer hat die Möglichkeit, sein Sachziel frei zu bestimmen **(Autonomieprinzip)**. Demgegenüber ist das Leistungsangebot des kommunalen Verwaltungsbetriebs durch die Vorgabe zahlreicher Pflichtaufgaben überwiegend fremdbestimmt. Handlungsspielräume ergeben sich lediglich im Bereich der freiwilligen Aufgaben.

Bei privatwirtschaftlichen Betrieben lässt sich von einer Zielhierarchie sprechen, an deren Spitze das Formalziel Gewinnmaximierung steht. Die anderen Ziele haben dienende Funktion, was am Beispiel des Sachziels bereits erläutert wurde. Deutlich wird dies auch bei einer Betrachtung des Ziels Kundenorientierung. Privatwirtschaftliche Betriebe, die es daran mangeln lassen, gefährden ihr Gewinnziel, weil sie von den Kunden mit sinkender Nachfrage „bestraft" werden.

Hinsichtlich der Zielbeziehungen beim kommunalen Verwaltungsbetrieb gibt es – auch bedingt durch politische Einflüsse – keine einheitliche Rangordnung.

Der Anspruch des Verwaltungsbetriebs, alle Formalziele gleichzeitig zu verwirklichen, kann zu **Zielkonflikten** führen. Wer seine Aufgaben bürgerorientiert erfüllen will, muss z. B. bereit sein, längere Öffnungszeiten und eine angenehmere Leistungsumgebung zu bieten als die Verwaltung alter Prägung. Daraus resultieren möglicherweise höhere Personal- und Sachausgaben sowie neue Personaleinsatzpläne, die nicht den ungeteilten Zuspruch der Mitarbeiter finden. Die Formalziele Bürgerfreundlichkeit auf der einen Seite sowie Wirtschaftlichkeit und Mitarbeiterorientierung auf der anderen Seite stehen sich in diesem Fall konträr gegenüber. Bei einem Zielkonflikt müssen die Entscheidungsträger Prioritäten setzen. Die Mitarbeiter müssen bereit sein, sinnvolle Veränderungen mitzutragen und Kompromisse einzugehen.

Leitbilder

Sowohl die Privatwirtschaft als auch öffentliche Verwaltungen nutzen zunehmend die Möglichkeit, ihre Sach- und Formalziele in Leitbildern zu dokumentieren. Leitbilder beschreiben in relativ knapper Form den „Sinn" oder die „Philosophie" von Organisationen. Sie sollen einen Beitrag dazu leisten, die Ziele der Organisation bekannt zu machen und zu verwirklichen. Auch einzelne Organisationseinheiten verfassen Leitbilder, z. B. die Bürgerdienste der Stadt Dortmund (vgl. www.dortmund.de).

Leitbilder haben die folgenden Funktionen:

- Sie zeigen die wichtigsten Ziele und sollen helfen, diese in der täglichen Arbeit umzusetzen. Sie sind richtungsweisend, indem sie eine einheitliche Grundauffassung über das Verhalten der Mitarbeiter beschreiben **(Orientierungsfunktion)**.
- Sie zielen darauf ab, die Organisation zu verändern und eine neue Organisationskultur herbeizuführen **(Transformationsfunktion)**.
- Sie sollen dazu beitragen, dass sich die Mitarbeiter stärker und verantwortlicher für die Ziele der Organisation einsetzen **(Motivationsfunktion)**.
- Sie leisten einen Beitrag zu einer besseren Öffentlichkeitsarbeit. Leitbilder sollen auch nach außen vermitteln, wie sich die Organisation selbst versteht, welche Ziele sie verfolgt und was sie anderen verspricht **(Informationsfunktion)**.
- Die Mitarbeiter sollen ein „Wir-Bewusstsein" entwickeln, d. h., sie sollen sich mit ihrer Organisation, deren Selbstverständnis und Zielen identifizieren. Darüber hinaus soll ein Gefühl der Zusammengehörigkeit entstehen **(Identifizierungsfunktion)**.

Leitbilder entstehen entweder von oben nach unten (Top-Down-Strategie) oder allmählich aus einem Diskussionsprozess von unten nach oben (Bottom-Up-Strategie). Wird das Leitbild von den Führungskräften entwickelt, müssen Wege gefunden werden, es „in die Köpfe und Herzen" der Mitarbeiter gelangen zu lassen. Bei der Bottom-Up-Strategie ist der Aufwand zunächst größer, aber auch die Chance, dass das Leitbild allgemein akzeptiert wird.

1.2 Art der Leistung

Das Ergebnis des betrieblichen Produktionsprozesses (Output) kann aus Sachgütern oder aus Dienstleistungen bestehen. Im Gegensatz zu Sachgütern sind Dienstleistungen immaterieller Natur (siehe LF 3, Kapitel 2). Verfolgt man Herstellung und Verkauf eines Produkts, wird die **Arbeitsteilung innerhalb einer Volkswirtschaft** deutlich. Es lassen sich im Wesentlichen drei Wirtschaftbereiche unterscheiden, die an diesem Prozess beteiligt sind.

Bereiche der Wirtschaft		
Urerzeugung (primärer Sektor)	Weiterverarbeitung (sekundärer Sektor)	Handel und andere Dienstleistungen (tertiärer Sektor)
■ Land- und Forstwirtschaft ■ Fischerei ■ Bergbau	■ Industrie ■ Handwerk	■ Großhandel ■ Versicherungen ■ Kreditwirtschaft ■ Transportwirtschaft ■ Öffentliche Verwaltung ....

Der Output privatwirtschaftlicher Betriebe besteht aus Sachgütern oder Dienstleistungen, je nachdem, in welchem Bereich der Wirtschaft der Betrieb angesiedelt ist. Der Output des kommunalen Verwaltungsbetriebs besteht zum größten Teil aus **Dienstleistungen,** die Kollektivbedürfnisse decken. Die Gewährleistung von Sicherheit und Ordnung, Bildung, Gesundheit, Umweltschutz, Hygiene, Mobilität oder Existenzsicherung schafft die Voraussetzungen für das wirtschaftliche Handeln der Bürger und Unternehmen im Gemeindegebiet (siehe LF 3, Kapitel 2).

Privatwirtschaftliche Betriebe erstellen ausschließlich marktfähige Sachgüter und Dienstleistungen. Diese werden auf Märkten angeboten und gehandelt. Die Dienstleistungen des kommunalen Verwaltungsbetriebs sind überwiegend nichtmarktfähig (siehe LF 3, Kapitel 2).

5740362

1.3 Wettbewerbssituation

Wettbewerb entsteht, wenn mehrere Anbieter mit gleichartigen Produkten um die Gunst der Kunden ringen. Die Anbieter versuchen, sich gegenseitig zu übertreffen, z. B. indem sie günstigere Preise oder eine bessere Qualität bieten als die Konkurrenten.

Privatwirtschaftliche Betriebe, die sich im Wettbewerb nicht behaupten können, sind in ihrer Existenz gefährdet. Demgegenüber ist der kommunale Verwaltungsbetrieb keinem Bestandsrisiko ausgesetzt. Daraus resultiert für die Mitarbeiter ein vergleichsweise sicherer Arbeitsplatz.

Allerdings muss sich die Kommunalverwaltung zumindest mit ihren marktfähigen Leistungen dem Wettbewerb stellen. Mit ihren nichtmarktfähigen Leistungen ist sie keinem Leistungswettbewerb ausgesetzt. Bedingt durch gesetzliche Zuständigkeitsregelungen ist sie häufig alleinige Anbieterin im Gemeindegebiet und somit konkurrenzlos (siehe LF 3, Kapitel 3.1.6).

1.4 Einnahmen

Hauptsächliche Einnahmequelle privatwirtschaftlicher Betriebe sind die Erlöse aus dem Verkauf der hergestellten Sachgüter und Dienstleistungen (Umsatzerlöse). Davon müssen die laufenden Ausgaben bestritten werden. Darüber hinaus müssen die Umsatzerlöse hoch genug sein, damit auch der angestrebte Gewinn erwirtschaftet werden kann.

Die Einnahmenseite der Kommunen ist differenzierter, sie wird deshalb ausführlicher dargestellt.

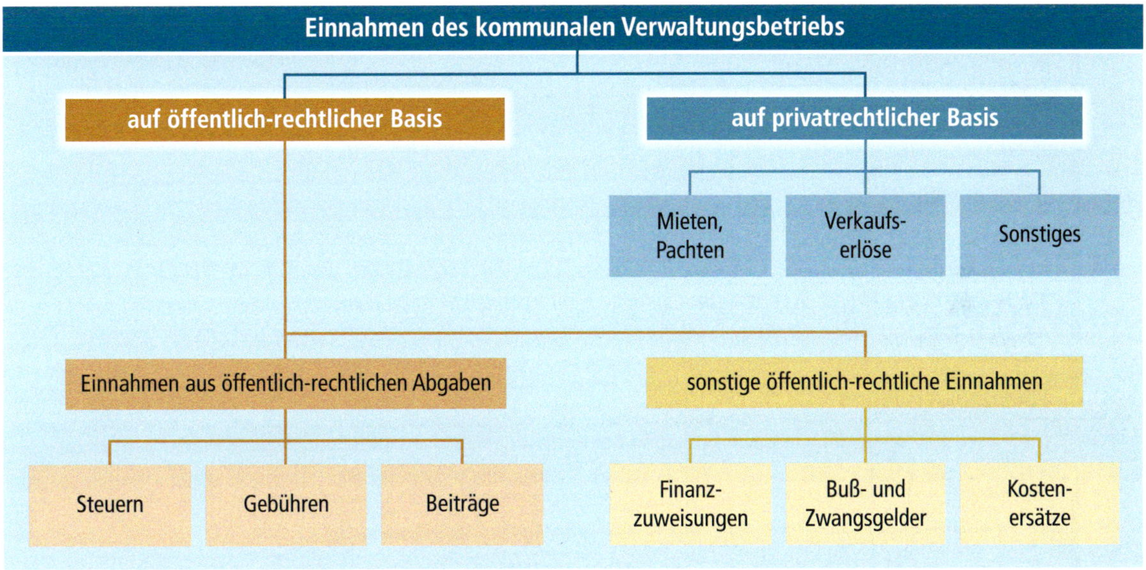

Einnahmen auf öffentlich-rechtlicher Basis

Sie beruhen im Wesentlichen auf Verwaltungsakten (z. B. Steuerbescheid, Gebührenbescheid). Darin kommt hoheitliches Handeln im Rahmen eines Über- und Unterordnungsverhältnisses zum Ausdruck.

Steuern

Nach § 3 AO sind Steuern Geldleistungen, die nicht eine Gegenleistung für eine besondere Leistung darstellen und von einem öffentlich-rechtlichen Gemeinwesen allen auferlegt werden, die gesetzliche Tatbestände erfüllen. Zur Gruppe der Gemeindesteuern gehören die

- Grundsteuer,
- Gewerbesteuer,
- örtlichen Verbrauch- und Aufwandsteuern wie Hunde-, Vergnügungs-, Zweitwohnungs- und Jagdsteuer.

Die Umsatz- und die Einkommensteuer sind aufgrund ihres hohen Aufkommens Gemeinschaftssteuern. Die Kommunen erhalten 2,2 % der Umsatzsteuereinnahmen, 15 % der Einkommensteuereinnahmen und 12 % der Einnahmen aus der Abgeltungssteuer.

Gebühren und Beiträge

Sie sind die finanzielle Gegenleistung, die Bürger und Unternehmen für eine besondere kommunale Leistung entrichten müssen. Erbringt die Kommune eine auf den Einzelnen bezogene Leistung, wird eine Gebühr erhoben (Verwaltungs- oder Benutzungsgebühr). Hat eine Gruppe von Bürgern Vorteile durch die kommunale Leistung, fallen Beiträge an.

Beispiele für Verwaltungsgebühren

- *Führerscheingebühren*
- *Jagdscheingebühren*
- *Mahngebühren*
- *Reisepassgebühren*
- *Baugebühren*

Verwaltungsgebühren werden für Amtshandlungen erhoben.

Beispiele für Benutzungsgebühren

- *Abwassergebühren*
- *Abfallbeseitigungsgebühren*
- *Straßenreinigungsgebühren*
- *Friedhofsgebühren*
- *Jahresbenutzungsgebühr bei Bibliotheken*

Benutzungsgebühren werden für die Inanspruchnahme öffentlicher Einrichtungen und Anlagen erhoben.

Beispiele für Beiträge

Die Gemeinde baut eine neue Straße und erweitert ihr Kanalnetz. Ein bisher abgelegenes Gebiet wird dadurch erschlossen, Grundstücke können bebaut werden. Die Grundstückseigentümer erlangen durch die Wertsteigerung ihrer Grundstücke einen wirtschaftlichen Vorteil. Die Kommune kann einen bestimmten Teil ihrer Investitionsausgaben einmalig auf die Grundstückseigentümer umlegen, z. B. durch Erhebung von Kanalanschlussbeiträgen und Erschließungsbeiträgen.

Finanzzuweisungen

Diese resultieren aus den Finanzbeziehungen der Kommunen zum entsprechenden Bundesland.

Beispiele

- *Zuweisungen des Landes zum Bau einer Schule (zweckgebundene Zuweisung)*
- *Schlüsselzuweisungen (allgemeine Zuweisung des Landes)*

Buß- und Zwangsgelder

Sie werden festgesetzt zur Ahndung von Ordnungswidrigkeiten (z. B. für Parken im Parkverbot) bzw. um von einem Beteiligten ein bestimmtes Tun oder Unterlassen zu erzwingen (z. B. die Abgabe einer Steuererklärung).

Kostenersätze

Diese ergeben sich aus der Verpflichtung einer natürlichen oder juristischen Person zur Beteiligung an entsprechenden Kosten oder aus der Verpflichtung zur Rückzahlung von entstandenen Kosten.

Beispiele

- *Rückzahlung zu viel erhaltener Hilfe zum Lebensunterhalt*
- *Erstattung von Kosten für die Durchführung von Landtagswahlen durch das Land*

Einnahmen auf privatrechtlicher Basis

Sie beruhen auf Verträgen, in denen sich gleichberechtigte Vertragspartner gegenseitig Rechte gewähren und Pflichten auferlegen.

Beispiele

Einnahmen aus

- *der Vermietung von Wohnungen aufgrund eines Mietvertrags,*
- *der Verpachtung eines Kiosks im Schwimmbad aufgrund eines Pachtvertrags,*
- *dem Verkauf von Grundstücken oder gebrauchten Pkws aufgrund von Kaufverträgen,*
- *dem Eintritt in gemeindliche Bäder, Theater oder andere Einrichtungen aufgrund eines Dienstvertrags (soweit nicht eine Benutzungsgebühr erhoben wird).*

Die Tabelle zeigt die Bedeutung der verschiedenen Einnahmearten für die Haushaltsfinanzierung der Kommunen:

Einnahmen der Gemeinden und Gemeindeverbände (Kreise) für das Jahr 2009	
Art der Einnahme	Anteil an den Gesamteinnahmen
Steuern einschließlich Steuerbeteiligungen	35,0 %
Finanzzuweisungen	35,7 %
Gebühren und Beiträge	9,8 %
sonstige Einnahmen (darunter die Einnahmen auf privatrechtlicher Basis)	15,5 %
Kreditaufnahme	4,0 %
insgesamt	100,0 %

Quelle: eigene Berechnung; nach: Deutscher Städtetag (2010): Gemeindefinanzbericht 2009 und DSGB (2010): Strukturanalyse der kommunalen Einnahmen

2 Aufbauorganisation des Verwaltungsbetriebs

Die betriebliche Organisation umfasst die Aufbauorganisation und die Ablauforganisation. Die **Aufbauorganisation** beschreibt die Gliederung eines Betriebs in Organisationseinheiten, z. B. Stellen, Gruppen, Abteilungen. Die **Ablauforganisation** regelt die Prozesse und (Arbeits-)Abläufe innerhalb der Organisationseinheiten und auch zwischen ihnen. Aufbau- und Ablauforganisation bilden zusammen die Verwaltungsorganisation.

Aufgaben im Rahmen der Verwaltungsorganisation	
Aufbauorganisation	**Ablauforganisation**
■ Zerlegung der betrieblichen Gesamtaufgabe in Teilaufgaben (Aufgabenanalyse) ■ Bildung von Organisationseinheiten durch Zuweisung von Teilaufgaben (Aufgabensynthese) ■ Darstellung des Verwaltungsaufbaus mit den Leitungs- und Weisungsbeziehungen	Gestaltung von Arbeitsabläufen im Hinblick auf ■ Arbeitsinhalt ■ Arbeitsteilung ■ Arbeitsverteilung ■ Arbeitszeit ■ Arbeitsraum

Die Organisation des Verwaltungsbetriebs ist so zu gestalten, dass er seine Sach- und Formalziele bestmöglich verwirklichen kann. In der Praxis sollten aufbau- und ablauforganisatorische Fragen zusammen betrachtet werden, da sie meistens eng miteinander verknüpft sind.

2.1 Aufgabenanalyse und Aufgabensynthese

Bei der Aufgabenanalyse zerlegt der Organisator die Gesamtaufgabe schrittweise in immer kleiner werdende Aufgabeneinheiten. Er verschafft sich einen lückenlosen Überblick über all das, was getan werden muss, um den Betriebszweck zu erfüllen. Die so entstehenden „Puzzleteile" werden im Rahmen der Aufgabensynthese wieder zu einem neuen Ganzen zusammengefügt. Es entstehen Organisationseinheiten durch Zuweisung von Aufgaben.

Behörden verfügen regelmäßig über einen **Aufgabengliederungsplan** als Ergebnis einer Aufgabenanalyse. Der **Verwaltungsgliederungsplan** dokumentiert die Aufgabensynthese. In der Kommunalverwaltung orientierte man sich in der Vergangenheit an Modellplänen der Kommunalen Gemeinschaftsstelle für Verwaltungsmanagement (KGSt). Die traditionelle Verwaltungsgliederung kennt die Organisationseinheiten Stellen, Sachgebiete (Gruppen, Abteilungen), Ämter und Einzelverwaltungen.

Die kleinste Organisationseinheit ist die Stelle. Sie entsteht durch Zuweisung von Einzelaufgaben. Abteilungen ergeben sich durch die Zusammenfassung gleichartiger Stellen unter einheitlicher Leitung. Abteilungen werden Teilaufgaben zugewiesen. Die Ämter sind für Aufgabengruppen zuständig, die Einzelverwaltungen für Aufgabenhauptgruppen und die Kommunalverwaltung als Ganzes für die Gesamtaufgabe.

Die Vielzahl völlig unterschiedlicher Aufgaben „führt dazu", so ein Organisationsfachmann, „dass in den Kommunalverwaltungen häufig auf eine sorgfältige Aufgabenanalyse und Aufgabensynthese verzichtet wird. Stattdessen wird die Stellenbildung dann unsystematisch und wenig überzeugend vorgenommen" (F. Schuster, Einführung in die Betriebswirtschaftslehre der Verwaltung, Hamburg 2006, S. 85). Auch die Rahmenpläne der KGSt sind eher Ausdruck gewachsener Strukturen und weniger Ergebnis eines Prozesses der Aufgabenanalyse und -synthese in theoretisch reiner Form.

Der traditionelle Verwaltungsgliederungsplan der KGST ist in LF 2, Kapitel 2.2 dargestellt. Bedingt durch die Einflüsse des „Neuen Steuerungsmodells" weichen viele Kommunalverwaltungen davon inzwischen ab.

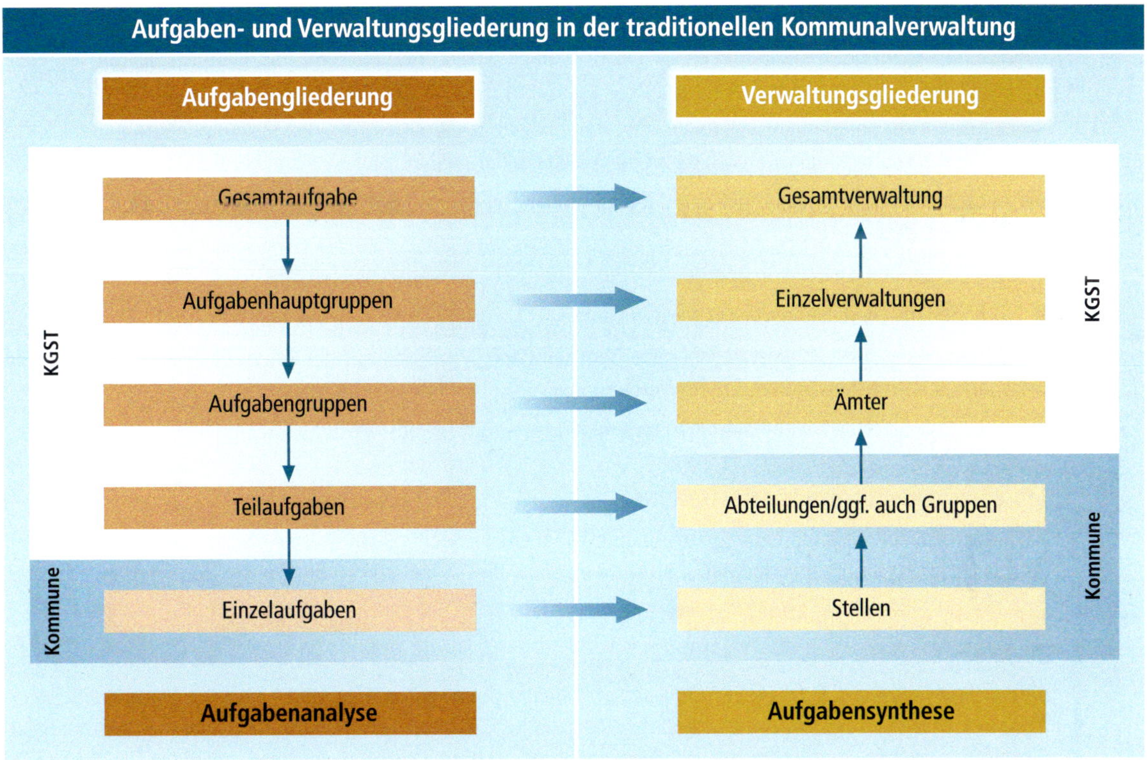

2.2 Stellenbildung und damit zusammenhängende Organisationskonzepte

Die Stelle ist die kleinste Organisationseinheit im Betrieb. Sie bündelt zusammenhängende Einzelaufgaben zu einem Aufgabenbereich und wird ausgestattet mit Befugnissen und Verantwortung. Sie sollte vom Arbeitsanfall her auf das durchschnittliche Leistungsvermögen einer gedachten Person abgestimmt sein.

Im Rahmen der Stellenbildung werden einer Stelle **Aufgaben, Kompetenzen und Verantwortung** zugeteilt (AKV-Prinzip). Diese drei Elemente gehören untrennbar zusammen. Die Aufgaben und Kompetenzen der einzelnen Stellen sind exakt abzugrenzen und aufeinander abzustimmen, um Reibungen und Überschneidungen zu vermeiden. Stellenbeschreibungen sind ein hilfreiches Instrument, um diesen Anforderungen gerecht zu werden.

Kompetenzarten

Es werden fünf Kompetenzarten voneinander unterschieden:

- Ausführungskompetenz: die Befugnis, übertragene Aufgaben auszuführen.
- Entscheidungskompetenz: die Befugnis, bestimmte Entscheidungen zu treffen.
- Weisungskompetenz: die Befugnis, anderen Stellen verbindliche Weisungen zu erteilen.
- Kontrollkompetenz: die Befugnis, das Ergebnis der eigenen Arbeit und das Ergebnis der Arbeit anderer Stelleninhaber zu kontrollieren.
- Verfügungskompetenz: die Befugnis, über Sachen und Werte zu verfügen.

Verantwortung

Darunter versteht man die Pflicht eines Stelleninhabers, für die zielentsprechende Erfüllung der Stellenaufgaben persönlich Rechenschaft abzulegen. Je schwieriger bzw. umfangreicher die übertragenen Aufgaben und Kompetenzen, desto größer ist die Verantwortung des Stelleninhabers.

Delegation von Aufgaben, Kompetenzen und Verantwortung auf nachgeordnete Stellen

Hinter dem Aspekt der Delegation von Aufgaben, Kompetenzen und Verantwortung verbirgt sich die folgende Fragestellung:

Welche Aufgaben und Befugnisse und welcher Verantwortungsbereich sollen den Stelleninhabern auf der Sachbearbeiterebene übertragen werden, damit die Arbeitsabläufe reibungslos funktionieren?

Der Aufgabenbereich, die Befugnisse und die Verantwortung eines Sachbearbeiters sollen insbesondere so beschaffen sein, dass

- nur eine geringe Anzahl von übergeordneten Leitungsebenen notwendig ist und
- Vorgänge ganzheitlich bearbeitet werden können.

Dadurch lassen sich Bearbeiterwechsel ganz oder teilweise vermeiden mit der Folge, dass Liege-, Warte- und Transportzeiten von Anträgen reduziert werden.

Um diese Ziele zu erreichen, bedient man sich folgender – zum Teil aus der Industrie stammender – Konzepte:

Job-enlargement (Arbeitserweiterung)

Die Stellenaufgabe wird um neue, gleichrangige Tätigkeiten erweitert, um so eine übertriebene Arbeitsteilung abzubauen. Dem Mitarbeiter soll ein „natürliches", sinnvolles Arbeitspaket übertragen werden, damit ihm die Bedeutung seiner Arbeit bewusster wird.

Beispiel

Bei der Stadt Neustadt soll das Baugenehmigungsverfahren beschleunigt werden. Plan 1 sieht vor, Standardanträge innerhalb einer einzigen Organisationseinheit bearbeiten zu lassen. Zu diesem Zweck muss der Aufgabenbereich der Sachbearbeiter in der Abteilung Bauordnung und Wohnungswesen erweitert werden. Zu ihren angestammten Aufgaben gehört die bauordnungsrechtliche Prüfung der Bauanträge. Es ist u. a. geplant, die Sachbearbeiter künftig auch prüfen zu lassen, ob die Grundstückserschließung sichergestellt ist, was bisher von der Abteilung Tiefbauwesen erledigt wurde.

Job-enrichment (Arbeitsbereicherung)

Die Stellenaufgabe wird nicht nur hinsichtlich der Anzahl auszuübender Tätigkeiten erweitert. Es kommen Elemente hinzu, die vorher vom Vorgesetzten wahrgenommen wurden. Die Verantwortung für die Arbeitsausführung nimmt somit zu und die Fremdkontrolle durch Vorgesetzte nimmt ab.

Beispiel

Bei der Stadt Neustadt existiert ein zweiter, weitergehender Plan zur Beschleunigung der Baugenehmigungsverfahren. Danach soll die Bearbeitung eines Standardantrags komplett in der Hand eines Sachbearbeiters liegen, von der Entscheidung über das bei Antragseingang zu wählende Genehmigungsverfahren bis zur Unterschrift und zum Versand der Baugenehmigung. Dies macht die Übertragung entsprechender Befugnisse bzw. Verantwortung auf den Sachbearbeiter notwendig, da bisher allein der Abteilungsleiter die Baugenehmigung erteilen darf.

Arbeitsgruppen

Das Arbeitsfeld lässt sich häufig durch Gruppenarbeit erweitern und bereichern. Bestimmte Arbeiten werden einer Gruppe zur gemeinsamen Erledigung übertragen. Der Gruppe können in unterschiedlichem Umfang Planungs- und Steuerungsaufgaben in Bezug auf ihre Arbeit übertragen werden (autonome bzw. teilautonome Gruppen). Im Rahmen vorgegebener Bedingungen kann die Gruppe beispielsweise über verschiedene Elemente der Arbeitsorganisation selbst bestimmen (Regelungen im Hinblick auf die Arbeitszeit, Vertretungen, Urlaub usw.).

Ursprünglich waren Job-enrichment, Job-enlargement und die Einrichtung von Arbeitsgruppen mit der Zielsetzung verbunden, die Motivation und Zufriedenheit der Mitarbeiter zu steigern. Heute geht es eher darum, Arbeitsprozesse kundenfreundlicher oder kostengünstiger zu gestalten.

5740368

Optimierung von Geschäftsprozessen

Dieses Organisationskonzept macht den Kunden und die Leistungen, die er erwartet, zum Ausgangspunkt aller weiteren Überlegungen. Der Bürger möchte die Dienstleistung möglichst schnell erhalten und will nicht mit zusätzlichen Komplikationen und Schwierigkeiten konfrontiert werden. Wer Geschäftsprozesse so gestalten möchte, dass diese Erwartungen erfüllt werden, darf nicht an den Grenzen von Abteilungen oder Ämtern Halt machen. Vielmehr müssen die Arbeitsabläufe in allen Organisationseinheiten, die an der Erstellung einer Leistung beteiligt sind, auf den Prüfstand gestellt und neu organisiert werden.

Die Geschäftsprozessoptimierung ist ein sehr weitreichendes Organisationskonzept. Job-enlargement, Job-enrichment oder die Einrichtung von Arbeitsgruppen lassen sich darin integrieren.

In den Kommunen ist die Optimierung von Geschäftsprozessen häufig verbunden mit einer Aufgabenbündelung in bestimmten Organisationseinheiten. Bezogen auf die Stelle als kleinste Organisationseinheit bedeutet dies, dass Stellenaufgaben erweitert werden, um es dem Bürger zu ermöglichen, mehr Leistungen bei einem einzigen Sachbearbeiter abzurufen. Vielfach müssen die Stellen auch mit mehr Befugnissen und Verantwortung ausgestattet werden, damit vermieden wird, dass zu viele Stelleninhaber zu lange mit dem Anliegen des Bürgers beschäftigt sind.

Geschäftsprozessoptimierung geht einher mit verstärktem EDV-Einsatz und Nutzung des Internets, wie die Idee des „E-Government" verdeutlicht. Darunter versteht man das „elektronische" Regieren und Verwalten unter Nutzung des Internets, um Informationen bereitzustellen und auszutauschen oder Verwaltungsvorgänge abzuwickeln. Im Idealfall muss der Bürger keinen Behördengang mehr durchführen, sondern erledigt sein Anliegen vom heimischen Computer aus.

2.3 Abteilungsbildung

Bei der Aufgabenanalyse und -synthese finden normalerweise bestimmte Gliederungsprinzipien Anwendung. Die beiden wichtigsten Prinzipien sind das **Verrichtungsprinzip** und das **Objektprinzip.** Die Bedeutung dieser Prinzipien soll anhand der Abteilungsbildung erläutert werden.

Verrichtungen sind alle Tätigkeiten, die zur Erreichung des betrieblichen Sachziels erforderlich sind. Objekte sind alle Gegenstände, auf die sich Verrichtungen beziehen, z. B. die Produkte der Kommunalverwaltung, aber auch ihre Kundengruppen (Bürger, Unternehmen) oder Stadtbezirke.

Im Rahmen der Aufgabensynthese können nun kleinere Organisationseinheiten (z. B. Stellen, Gruppen oder Sachgebiete) entweder nach Verrichtungen oder nach Objekten zu größeren Organisationseinheiten (Abteilungen) zusammengefasst werden. Dies wird nachfolgend am Beispiel einer kommunalen Stadtwerke GmbH verdeutlicht, deren Geschäftstätigkeit sich auf die drei Produktbereiche Strom-, Gas- und Wasserversorgung erstreckt.

Eine **Gliederung nach dem Verrichtungsprinzip** bedeutet, dass für die Abteilungsbildung gleichartige Verrichtungen maßgeblich sind. Auf diese Weise ergeben sich z. B. die Abteilungen Beschaffung, Produktion, Absatz und Allgemeine Verwaltung unterhalb der Geschäftsführungsebene.

Abteilungsbildung bei den Stadtwerken nach dem Verrichtungsprinzip

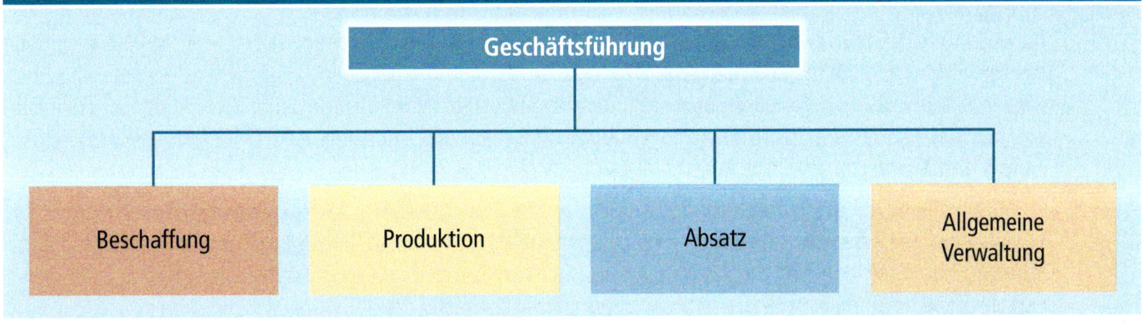

Jede Abteilung ist für alle drei Produktbereiche (Objekte) zuständig. Die Beschaffung von Werkstoffen erfolgt z. B. zentral in der Beschaffungsabteilung, die Planung von Marketingmaßnahmen zentral in der Abteilung „Absatz".

Bei einer **Gliederung nach dem Objektprinzip** werden hingegen die verschiedenartigen Verrichtungen an einem Objekt in einer Abteilung zusammengefasst. Bei der Stadtwerke GmbH ergeben sich dann die Abteilungen Strom, Gas und Wasser. Für jede Abteilung sind nun die Verrichtungen Beschaffung, Produktion, Absatz und Verwaltung dezentral von entsprechenden Unterabteilungen zu erledigen.

Abteilungsbildung bei den Stadtwerken nach dem Objektprinzip

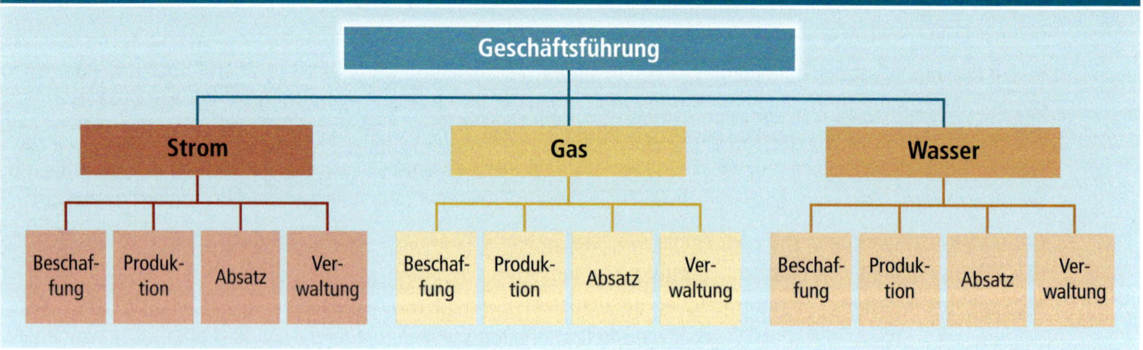

In der Praxis existieren auch **Mischformen.** Das heißt, die Abteilungen werden nicht durchgängig nach nur einem Prinzip gebildet. Im betrachteten Beispiel könnte etwa neben den Abteilungen Gas, Strom und Wasser (Objektprinzip) die Abteilung Zentrale Verwaltung (Verrichtungsprinzip) eingerichtet werden.

Mischform

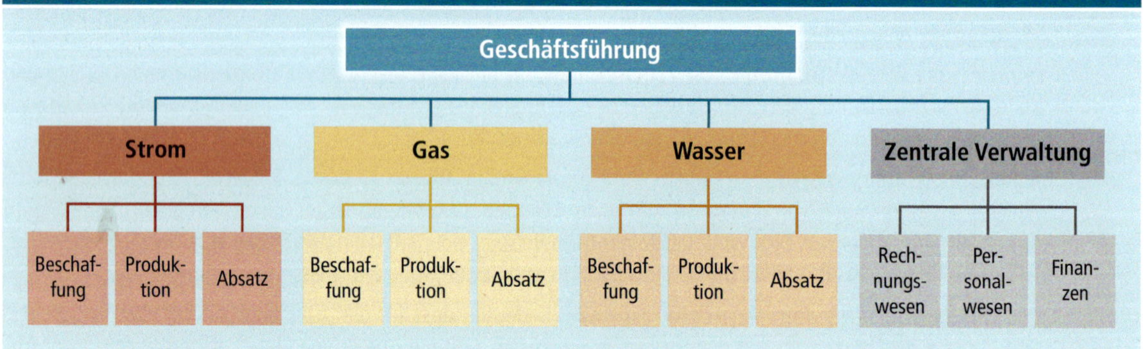

In der Privatwirtschaft ist eine objektorientierte Abteilungsbildung typisch für Großunternehmen mit einem vielseitigen Absatzsortiment. Die unterschiedlichen Objekte erfordern jeweils spezielle Kenntnisse und Fertigkeiten. Die verrichtungsorientierte Abteilungsbildung ist eher bei kleinen und mittleren Unternehmen anzutreffen, die nur wenige Produkte anbieten.

Die objektorientierte Abteilungsbildung kann zur Spartenorganisation weiterentwickelt werden. Dabei sind die einzelnen Sparten (z. B. die Produktsparte Strom) innerhalb eines vorgegebenen Rahmens wirtschaftlich selbstständig und nur der Geschäftsführung gegenüber verantwortlich. Wird eine Kostengröße vorgegeben, die nicht überschritten werden darf, spricht man vom Budget- oder cost-center-Konzept. Wird ein Gewinnziel vorgegeben, ist vom profit-center-Konzept die Rede.

Häufig sind verrichtungsorientierte Zentralbereiche wie Rechnungswesen oder Finanzen Bestandteil der Spartenorganisation. Die Zentralbereiche üben Servicefunktionen aus, indem sie die Sparten unterstützen und die Unternehmensführung beraten. Die Spartenorganisation wird auch als divisionalisierte Organisation bezeichnet. Entsprechend heißen die objektorientierten Unternehmensbereiche dann Divisionen.

2.4 Weisungssysteme

Weisungssysteme geben darüber Auskunft, wer wem im Verwaltungsbetrieb Anweisungen erteilen darf. Im Allgemeinen werden vier Systeme unterschieden: Einliniensystem, Stabliniensystem, Mehrliniensystem und Matrixorganisation. Die beiden letztgenannten Weisungssysteme sind in der Kommunalverwaltung höchstens in abgegrenzten Teilbereichen von Bedeutung. Deshalb werden sie nicht ausführlich dargestellt.

Begriffsklärungen

Es ist zweckmäßig, zunächst einige Fachbegriffe einzuführen. Die Beispiele beziehen sich auf das unten abgebildete Organigramm.

Begriff	Definition	Beispiele
Instanz	Stelle mit Leitungs- und Weisungsbefugnissen gegenüber rangniedrigeren Stellen	Die Bürgermeisterin und die Beigeordneten sind vorgesetzte Instanz für die Fachbereichsleiter. Diese wiederum sind vorgesetzte Instanz für die Abteilungsleiter usw. Letzte vorgesetzte Instanz sind die Sachgebietsleiter. Das Ausmaß der Leitungstätigkeit nimmt von Stufe zu Stufe ab.
Instanzentiefe	Anzahl der Führungsebenen	Betrachtet man die Bürgermeisterin und die Beigeordneten als eine Führungsebene, gibt es insgesamt **vier** Führungsebenen.
Instanzenbreite	Anzahl der ranggleichen Stellen einer Führungsebene	Auf der zweiten Führungsebene (Hierarchiestufe) gibt es **fünf** Fachbereichsleiter.
Leitungsspanne	Zahl der Stellen, die einer Instanz unmittelbar unterstellt sind.	Dem Sachgebietsleiter 3 sind sechs Sachbearbeiter unterstellt, es ergibt sich ein Verhältnis von 1 : 6.

Einliniensystem einer Kommunalverwaltung

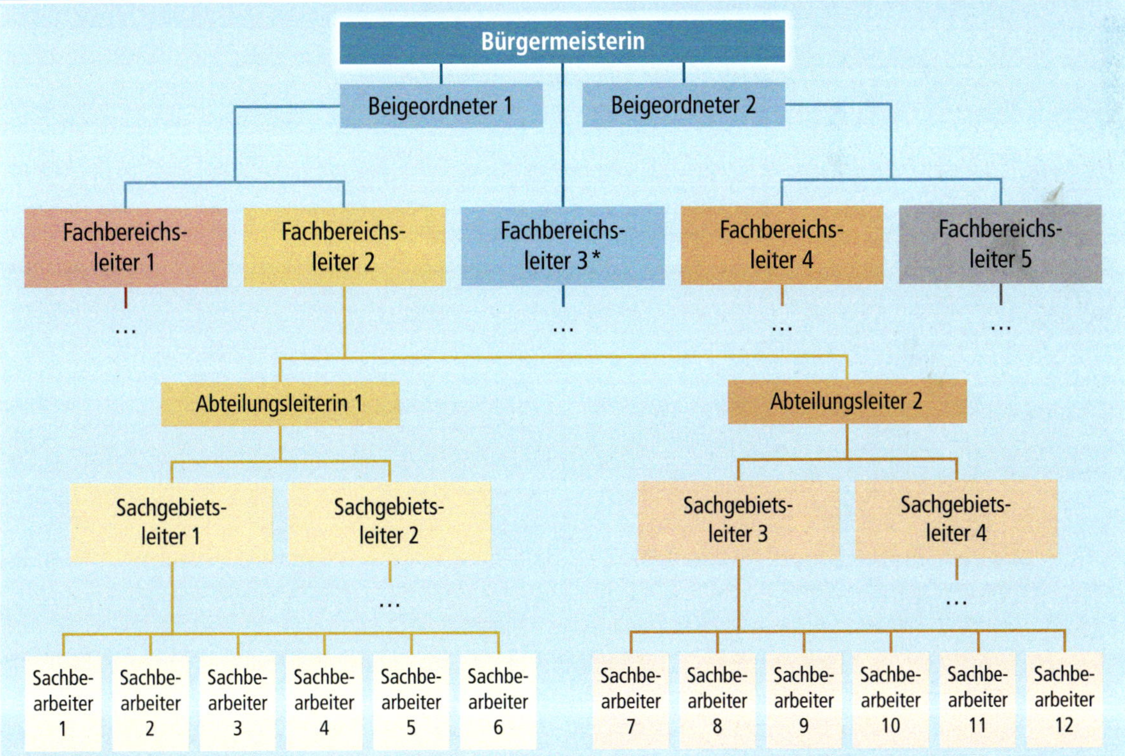

* Für das Aufgabengebiet des Fachbereiches 3 nimmt die Bürgermeisterin auch die Funktion einer Dezernentin wahr. Sie ist deshalb unmittelbare Vorgesetzte des Fachbereichsleiters 3.

Im Organisationsschaubild führt immer nur eine Linie von allen Mitarbeitern zur nächsthöheren Instanz, sodass es jeweils nur einen direkten Vorgesetzten gibt, der Weisungen erteilen darf. Dieses System wird deshalb als Einliniensystem bezeichnet.

Weisungen und Aufträge werden, entlang der Linie, von oben nach unten auf dem **Dienstweg** weitergeleitet. So gelangen z. B. Anordnungen der Bürgermeisterin zur Arbeitszeitregelung am 24. und 31.12. über den zuständigen Beigeordneten, Fachbereichsleiter, Abteilungsleiter und Sachgebietsleiter zu den Sachbearbeitern. Informationen sonstiger Art, z. B. Vorschläge, Berichte oder Rückfragen, sind (theoretisch) ebenfalls auf dem Dienstweg von oben nach unten bzw. von unten nach oben zu übermitteln.

Muss beispielsweise Sachbearbeiter 7 mit Sachbearbeiter 1 für eine Fallbearbeitung zusammenarbeiten, führt der Kommunikationspfad nach oben über Sachgebietsleiter 3 und Abteilungsleiter 2 zum Fachbereichsleiter 2 und von dort aus nach unten zum Sachbearbeiter 1 über Abteilungsleiterin 1 und Sachgebietsleiter 1. Die Einhaltung des Dienstwegs soll trotz Arbeitsteilung eine **einheitliche Willensbildung und -durchsetzung** gewährleisten. Bei den Informationen sonstiger Art finden sich aber in der Praxis vom beschriebenen Dienstweg abweichende Regelungen zur Beschleunigung der Arbeit und Entlastung der Vorgesetzten.

Vor- und Nachteile des Einliniensystems	
Vorteile	**Nachteile**
❶ einheitliche Willensbildung und -durchsetzung, ❷ gute Möglichkeiten zur Kontrolle der unterstellten Mitarbeiter, ❸ klar geregelte Zuständigkeiten und Informationswege, sodass Kompetenzstreitigkeiten selten sind; jeder Mitarbeiter hat (im Gegensatz zum Mehrliniensystem) nur einen Vorgesetzten, der ihm Weisungen erteilen darf.	❶ Gefahr der Überlastung der Vorgesetzten, die eine große Menge an Weisungen, Aufträgen und sonstigen Informationen aufnehmen, verarbeiten und weiterleiten müssen, ❷ lange und schwerfällige Kommunikationswege, insbesondere in größeren Verwaltungen, ❸ Gefahr der Informationsverfälschung durch Zwischeninstanzen.

Stabliniensystem einer Kommunalverwaltung

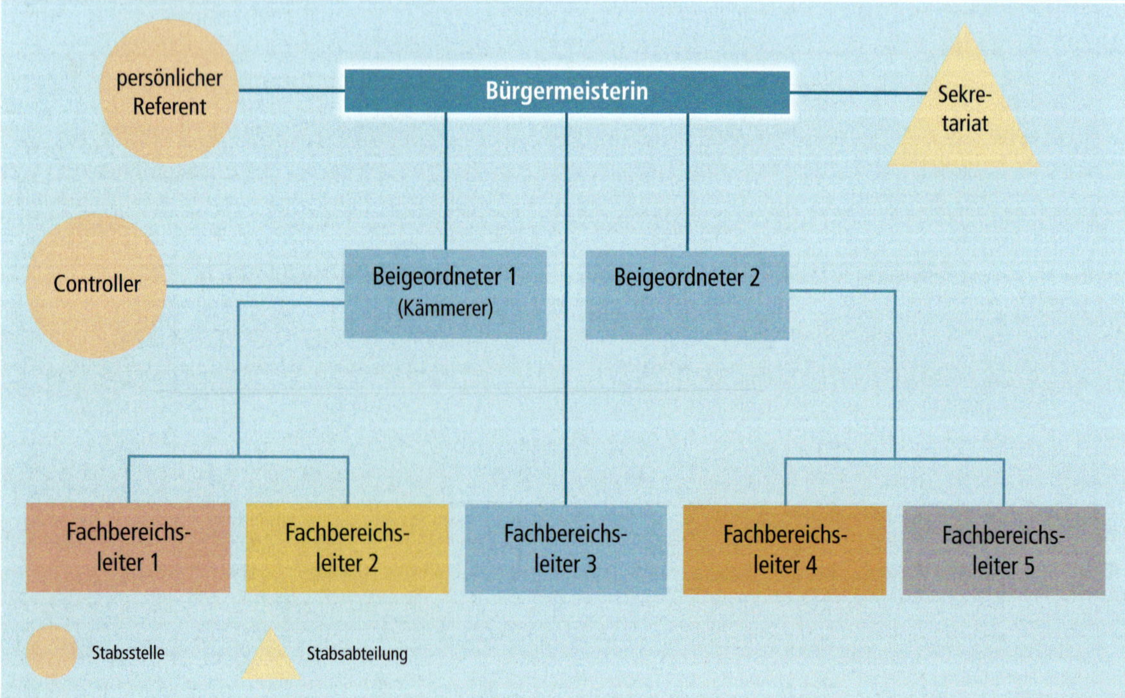

Das Stabliniensystem ist eine Erweiterung des Einliniensystems. Stäbe werden als Stelle oder Abteilung eingerichtet zur Unterstützung und Entlastung der oberen Instanzen. In der Regel haben sie keine eigenen Weisungs- und Entscheidungsbefugnisse. Ihnen können aber weitreichende Informationsrechte eingeräumt werden. Dann sind sie autorisiert, bei allen Linienstellen Auskünfte einzuholen, die sie für ihre Arbeit benötigen.

Stäbe verfügen gewöhnlich über fundierte fachspezifische Kenntnisse, damit sie ihre Entlastungsfunktion angemessen wahrnehmen können. Das Sekretariat der Verwaltungsleitung (im vorhergehenden Beispiel eine Stabsabteilung) führt allerdings hauptsächlich entlastende Routinearbeiten aus.

Vor- und Nachteile des Stabliniensystems	
Vorteile	**Nachteile**
❶ alle Vorteile des Einliniensystems bleiben erhalten, ❷ die oberen Instanzen werden entlastet und können sich verstärkt wesentlichen Führungsaufgaben zuwenden, ❸ die Qualität der Führungsentscheidungen verbessert sich durch fachlich fundierte Beratung der Stäbe.	❶ die Nachteile ❷ und ❸ des Einliniensystems bleiben weiterhin bestehen, Nachteil ❶ nur hinsichtlich der mittleren und unteren Führungsebene, ❷ Gefahr der Entstehung von Konflikten zwischen Instanz und zugeordnetem Stab, insbesondere dann, wenn die Arbeitsergebnisse des Stabes wenig Beachtung finden.

2.5 Aufbauorganisation der modernisierten Kommunalverwaltung

Unter dem Leitspruch „Von der Behörde zum Dienstleistungsunternehmen" entwarf die KGST Anfang der 1990er-Jahre ein „Neues Steuerungsmodell", das die Kommunalverwaltungen zu zahlreichen aufbauorganisatorischen Veränderungen veranlasste. Die Schwerpunkte der noch immer andauernden Umgestaltung lassen sich folgendermaßen skizzieren:

- Es wird vielerorts eine Organisationsstruktur geschaffen, die der **Spartenorganisation** ähnelt (siehe Kapitel 2.3). Dadurch wird die Objektorientierung (Produktorientierung) gestärkt. Es entstehen relativ große und selbstständige Einheiten, häufig „Fachbereiche" genannt. Diesen werden bestimmte Produktbereiche zugewiesen. Die Produktverantwortung liegt bei den Fachbereichsleitern und den in der Hierarchie nachfolgenden Amts- oder Abteilungsleitern. Sie stehen dafür ein, dass alle Produkte aus ihrem Zuständigkeitsbereich in der erforderlichen Menge, Qualität und Kundenfreundlichkeit bereitgestellt werden. Die Fachbereiche erhalten zu diesem Zweck ein Budget, das sie relativ selbstständig bewirtschaften können. Die Verwendung des vorgegebenen Gesamtbetrags ist nicht mehr detailliert vorgeschrieben. Die Mittel sind in der Regel gegenseitig deckungsfähig und auf das Folgejahr übertragbar. So dürfen z. B. bei den Personalaufwendungen eingesparte Finanzmittel für die Beschaffung von Sachmitteln eingesetzt werden. Fachbereichs- sowie Amts- oder Abteilungsleiter tragen dementsprechend nicht nur die fachliche, sondern auch die finanzielle Verantwortung für ihren Zuständigkeitsbereich. Sie müssen den möglichst wirtschaftlichen Verbrauch der zur Leistungserstellung notwendigen Ressourcen (Arbeitszeit, Betriebsmittel, Werkstoffe, Geld) gewährleisten.
- Im Vergleich zur traditionellen Verwaltungsgliederung ergibt sich durch die Bildung von Fachbereichen in der Regel eine Verringerung der Instanzentiefe und -breite, sodass eine schlankere Verwaltung entsteht. Diese ist sowohl durch eine verminderte Anzahl von Führungsebenen gekennzeichnet, mit dem Resultat einer flacheren Hierarchie, als auch durch eine verminderte Anzahl von Vorgesetzten je Führungsebene. Die **schlankere Verwaltung** führt allerdings zu einer größeren Leitungsspanne mit der Gefahr einer Überforderung der Vorgesetzten. Deshalb wird den nachgeordneten Stellen heutzutage ein größeres Arbeitsfeld mit mehr Befugnissen und Verantwortung übertragen. Das Ganze dient letztendlich dem Zweck, die Verwaltung flexibler zu machen, damit sie schneller und kostengünstiger auf Kundenwünsche eingehen kann. (siehe auch Kapitel 2.2).

Zeitlich gebundener Arbeitsablauf

Die Verrichtungen können zeitlich aufeinander abgestimmt werden (z. B. im Falle der Bearbeitung von termingebundenen Aufträgen wie der Erstellung von Unterlagen für eine Ratssitzung).

Taktmäßiger gebundener Arbeitsablauf

Die durchzuführenden Verrichtungen können planmäßig vorbestimmt und taktmäßig aufeinander abgestimmt werden (Fließarbeit), was vor allem im Fertigungsbereich bei rein mechanischen Tätigkeiten vorzufinden ist.

Arbeitsabläufe werden in Verwaltungen i. d. R. mittels **Organisationsplänen** und **Vorschriften** geregelt. Ziel dieser Regelungen ist die Sicherstellung eines geordneten und reibungslosen Verwaltungsablaufs, sodass alle Verwaltungsmitarbeiter wissen, was sie zu tun haben, und die ihnen zugeordneten Verwaltungsaufgaben möglichst schnell und problemlos abarbeiten. Gängige Organisationspläne sind dabei zum einen **Geschäftsverteilungspläne,** die die Auf- und Verteilung der Dienstgeschäfte in der Verwaltung regeln, sowie der **Aktenplan,** der eine systematische Ordnung und Archivierung sämtlicher Akten ermöglicht. Darüber hinaus gibt es verschiedene Organisationsvorschriften zur Regelung der Ablauforganisation wie **allgemeine Dienstanweisungen,** die den inneren Dienstbetrieb ordnen, **besondere Dienstanweisungen,** die sich nur auf bestimmte Aufgabengebiete in der Verwaltung beziehen, sowie **sonstige Anordnungen** und **Verfügungen,** die meist aus gegebenem Anlass herausgegeben werden.

Arbeitsabläufe können arbeitsplatzbezogen oder aufgabenbezogen betrachtet werden. Beim **arbeitsplatzbezogenen Arbeitsablauf** werden nur die Verrichtungen und Bearbeitungsobjekte an einem Arbeitsplatz untersucht. Im Zentrum der folgenden ablauforganisatorischen Betrachtungen steht jedoch der umfassendere **aufgabenbezogene Arbeitsablauf,** der alle Verrichtungen umfasst, die im Hinblick auf die Erfüllung einer Aufgabe bzw. Teilaufgabe notwendig sind. Dabei werden alle Arbeitsplätze betrachtet, die an der Erfüllung einer Aufgabe bzw. Teilaufgabe beteiligt sind. Folgende Faktoren werden dabei untersucht:

- **Bearbeitungsobjekte** (z. B. Belege, Dokumente)
- **Bearbeiter,** die Verrichtungen an den Bearbeitungsobjekten durchführen (z. B. Sekretärin, Sachbearbeiter)
- **Verrichtungen** der Bearbeiter (z. B. Prüfen, Vergleichen, Sortieren, Archivieren)
- **Arbeitsmittel,** die von den Bearbeitern eingesetzt werden (z. B. Taschenrechner, PC, Stempel)
- **Arbeitsunterlagen,** die von den Bearbeitern verwendet werden (z. B. Karteien, Verzeichnisse, Nachschlagewerke)
- **zeitliche Reihenfolge der Verrichtungen,** die von den beteiligten Bearbeitern durchgeführt werden
- **Schnittstellen bzw. Verknüpfungen** mit anderen Arbeitsabläufen

3.2 Zielsetzungen

Die Ablauforganisation verfolgt bei der Gestaltung von Arbeitsabläufen sowohl quantitative als auch qualitative **Zielsetzungen:**

Erfolgsbezogene **quantitative Ziele** sind die Reduzierung der Durchlaufzeiten der Verwaltungsprozesse auf ein Minimum, wobei die räumliche Anordnung der Arbeitsplätze ein wichtiger Erfolgsfaktor ist. Die vorhandenen Ressourcen an Personal- und Sachmitteln sollen bestmöglich ausgelastet bzw. genutzt werden und damit die Kosten der Vorgangsbearbeitung minimieren. Außerdem sollen die Aufgaben termingerecht erledigt werden.

Qualitative Ziele sind, die Qualität der Vorgangsbearbeitung und ihrer Ergebnisse zu steigern und die Arbeitsbedingungen und damit auch die Leistung der Mitarbeiter zu verbessern.

3.3 Gestaltungsparameter

Zur Erreichung der im vorherigen Abschnitt genannten Zielsetzungen müssen im Rahmen der Organisationsgestaltung die Arbeitsabläufe in Bezug auf die **Gestaltungsparameter** Arbeitsteilung und -verteilung (funktionsorientierte Ablauforganisation), Arbeitszeit (zeitorientierte Ablauforganisation), Arbeitsraum (raumorientierte Ablauforganisation) geordnet bzw. optimiert werden.

Die **funktionsorientierte Ablauforganisation** legt bei der Ordnung der Arbeitsinhalte nach der Verrichtung fest, welche Tätigkeiten in welcher Reihenfolge auszuführen sind. Wie weitgehend dabei im Rahmen der Arbeitsteilung die Arbeitsschritte zerlegt werden, hängt von der Art der Aufgabe ab. Mechanische Arbeiten können dabei i. d. R. in kleinere Arbeitsschritte unterteilt werden als geistige Tätigkeiten.

Bei der Arbeitsverteilung bzw. -zuordnung gibt es zwei grundlegende Alternativen: entweder werden die Arbeiten einer einzelnen Person bzw. Stelle zugeordnet, was häufig bei ausführenden Tätigkeiten der Fall ist; oder die Aufgabe wird einer Gruppe übertragen, die dann selbst entscheidet, welches Gruppenmitglied die Aufgabe auszuführen hat. Letzteres ist vor allem bei leitenden Tätigkeiten üblich.

Die **zeitorientierte Ablauforganisation** ordnet die Arbeitszeit häufig in mehreren Schritten. Zunächst muss die zeitliche Reihenfolge der zu erledigenden Arbeiten festgelegt werden. Anschließend wird die Bearbeitungsdauer festgelegt. Abschließend können Anfangs- und Endtermin fixiert werden.

Die **raumorientierte Ablauforganisation** muss im Rahmen der Ordnung des Arbeitsraums die einzelnen Stellen räumlich so anordnen, dass die Verwaltungsarbeit möglichst wirtschaftlich erfolgen kann. Die Anordnung der Arbeitsplätze sollte dabei dem Arbeitsablauf entsprechen und Transport- bzw. Laufwege minimieren.

3.4 Arbeitsanalytische Methoden und Instrumente

Bei der Gestaltung bzw. Optimierung der Ablauforganisation werden im Rahmen der Arbeitsanalyse zur Ermittlung der Basisdaten verschiedene Methoden und Instrumente eingesetzt. Bei der **funktionsorientierten Ablauforganisation,** die meist zur Reorganisation bestehender Arbeitsabläufe eingesetzt wird, wird i. d. R. zunächst eine **Ist-Aufnahme** der bestehenden Arbeitsabläufe durchgeführt. Methoden der Ist-Aufnahme sind dabei die Befragung, Beobachtung und die Selbstaufschreibung.

Als mündliche Befragungsmethoden eignen sich **Interviews** für die Erfassung komplexer Arbeitsabläufe, die durch systematische Nachfragen bei den beteiligten Personen sehr detailliert beschrieben werden können. Schriftliche Methoden sind **Fragebogenaktionen.** Sie eignen sich für die Erfassung von Routineabläufen und die Befragung größerer Personenkreise.

Die Beobachtung teilt sich in Dauerbeobachtung und Multimomentmethode.

Bei der **Dauerbeobachtung** hält sich der Beobachter über einen längeren Zeitraum am Ort des Geschehens auf und notiert seine Eindrücke. Mit dieser Methode lassen sich insbesondere die Arbeitsauslastung der Mitarbeiter sowie Störquellen des Arbeitsablaufs gut ermitteln. Bei der **Multimomentmethode** werden viele stichprobenartige Einzelbeobachtungen vorgenommen, um belastbare Rückschlüsse auf die tatsächlichen Arbeitsabläufe ziehen zu können. Die Multimomentmethode eignet sich besonders gut für die Ermittlung der Häufigkeit bestimmter Verrichtungen.

Die Methode **Selbstaufschreibung** eignet sich besonders gut zur Erfassung der typischen Merkmale von Arbeitsabläufen (Art, Anzahl, Bearbeitungszeit), wobei die beteiligten Personen die notwendigen Angaben selbst aufzeichnen.

Ein Erfassungsbogen für eine standardisierte Selbstaufschreibung ist auf der Folgeseite abgebildet.

Arbeitsablaufkarte

Arbeitsablauf: Bestellung von Büromaterial (z. B. von Druckerpapier und -kartuschen)
Abteilung: XYZ

Lfd. Nr.	Stufen des Arbeitsablaufs	Symbole	Zeit (min)	Weg (m)
1	Bestellformular mit Eingangsstempel versehen	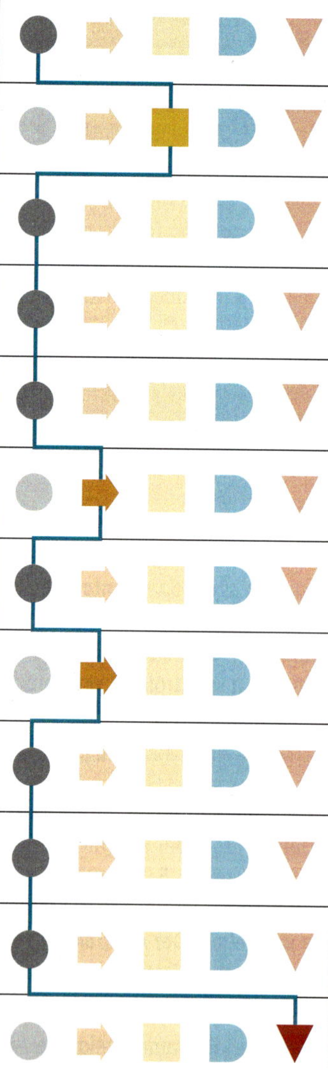	2	5
2	Bestellformular formal und sachlich prüfen		10	0
3	Vorhandenen Lagerbestand ermitteln		15	200
4	Lieferfristen im Bestellfall ermitteln und ggf. bestellen		10	10
5	Auslieferungsmitteilungen erstellen		5	15
6	Auslieferungsmitteilungen versenden		2	10
7	Büromaterial zusammenstellen		25	300
8	Büromaterial zum Besteller transportieren		30	800
9	Büromaterial ausliefern		5	50
10	Auslieferung bestätigen lassen		2	0
11	Auslieferungsdaten erfassen		5	10
12	Formular und Belege abheften		2	10
Summe			113	1 410

Legende:
Bearbeitung/Tätigkeit – Transport/Weiterleitung – Prüfung – Verzögerung/Warten – Lagerung/Ablage

Flussdiagramm Beispiel Beschaffung

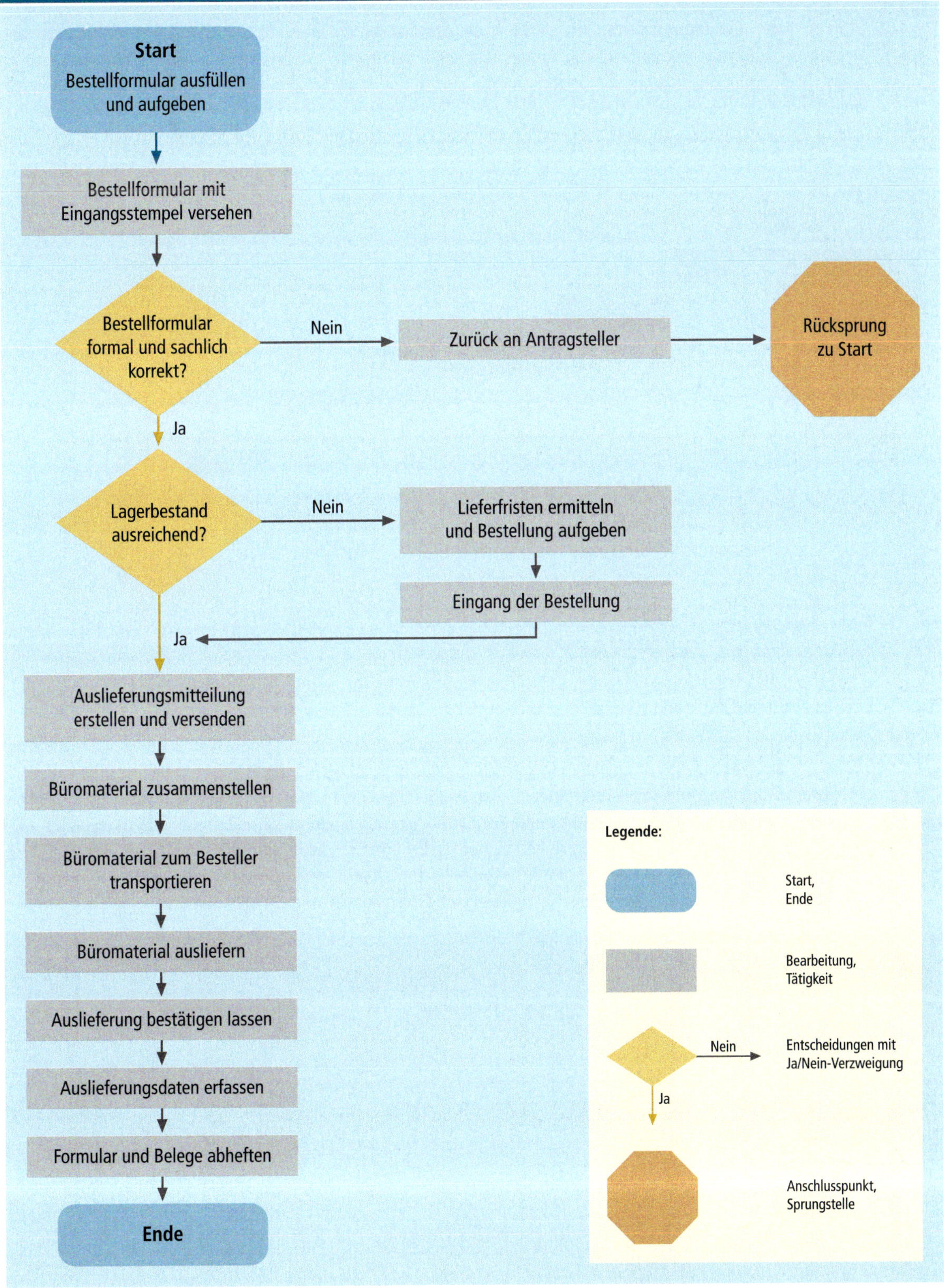

Für die optimale zeitliche Abstimmung des Arbeitsablaufs im Rahmen der **zeitorientierten Ablauforganisation** werden vor allem zwei Instrumente verwendet.

Balken- bzw. Ganttdiagramme stellen die Dauer der Arbeitsvorgänge auf einer horizontalen Zeitachse dar, wobei die Skalierung der Zeitachse in Abhängigkeit von der Art der Arbeitsvorgänge vorgenommen wird. Sie werden häufig für die Planung von Urlaubs-, Ausbildungs- und Ausfallzeiten, für die Planung von Auftrags- oder Projektarbeiten oder die Raumbelegung verwendet. Computerprogramme erleichtern die Erstellung und Aktualisierung der Planungen. Ein Beispiel für ein Projekt zur Neugestaltung eines Arbeitsablaufs folgt.

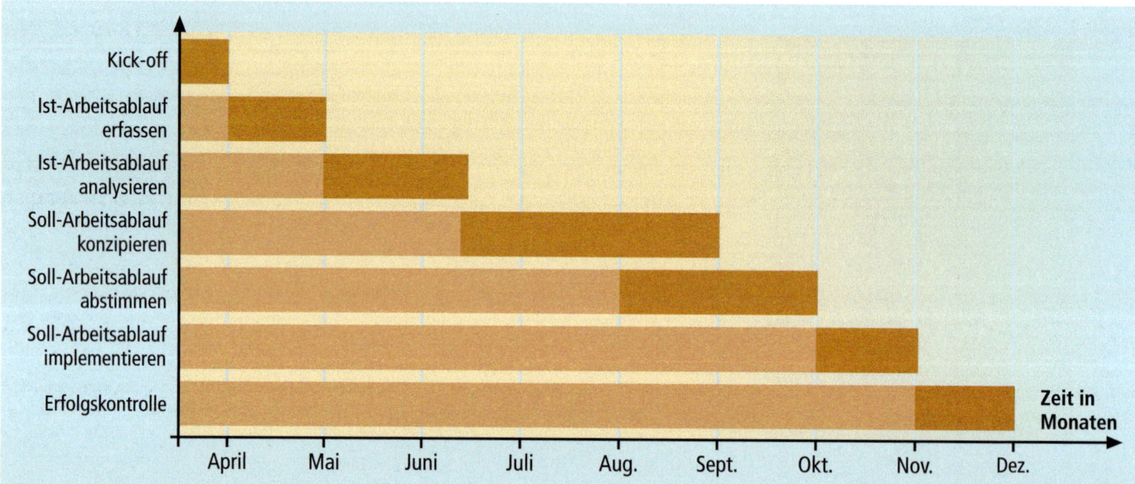

Netzpläne werden vor allem für die Planung, Steuerung und Überwachung der Arbeitsschritte im Rahmen der Durchführung großer und komplexer Projekte eingesetzt. Dabei werden die strukturellen Verbindungen zwischen den einzelnen Arbeitsschritten bzw. Projekttätigkeiten und die entsprechenden zeitlichen Vorgaben (Anfangs- und Endzeitpunkte) aufgezeigt. Ziel ist die Identifizierung von zeitlichen Engpässen sowie die Bestimmung des sogenannten kritischen Weges.

In Verwaltungen werden vor allem Informationen ausgetauscht. Stellen, die häufig zusammenarbeiten und Informationen im persönlichen Kontakt austauschen, sollten möglichst dicht beieinander liegen. Im Rahmen der **raumorientierten Ablauforganisation** von Verwaltungen werden daher zur Optimierung der Raumanordnung und der Arbeitsplatzgestaltung vor allem **Kommunikationsanalysen** durchgeführt, um den Informationsaustausch zwischen einzelnen Verwaltungsbereichen zu analysieren. Dabei erfassen die Mitarbeiter mithilfe der Selbstaufschreibung in Strichlisten ihre persönlichen, schriftlichen oder telefonischen Kontakte mit anderen Mitarbeitern. Hierfür ist eine sogenannte **Kommunikationsmatrix** gut geeignet. Ein entsprechendes Beispiel zeigt die folgende Grafik.

Stelle: Bauverwaltungsamt							
Kommunikation mit den Stellen	**Kommunikationsarten**						
	Persönlich	Schriftlich per Umlaufmappe	Fax	E-Mail	Videokonferenz	Telefon	**Summe**
Planungswesen	12	21	3	5	0	39	**80**
Bauordnung und Wohnungswesen	19	43	7	25	0	78	**172**
Tiefbauwesen	6	14	2	8	0	22	**52**
Immobilienwirtschaft	7	9	1	3	0	16	**36**
Rettungswache und Feuerwehr (Regiebetrieb)	4	11	7	6	0	15	**43**
Bau- und Betriebshof (Regiebetrieb)	3	6	4	9	0	44	**66**
Summe	**51**	**104**	**24**	**56**	**0**	**214**	**449**

5740382

3.5.1 Zielsetzungen

Aufbauend auf den gewonnenen Ergebnissen der Arbeitsanalyse(n) werden die untersuchten Arbeitsabläufe im Rahmen der Arbeitssynthese durch die geschickte Zusammenfassung von Arbeitsstufen unter simultaner Berücksichtigung von Arbeitsträger (personelle Synthese), Zeit (zeitliche Synthese) und Raum (räumliche Synthese) neu gestaltet. Zielsetzung ist dabei die **Festlegung eines optimalen Arbeitsablaufs.** Nur die für die Aufgabenerledigung unabdingbaren Arbeitsstufen, -reihen und -zyklen werden berücksichtigt, d. h., es gibt keine überflüssigen Arbeiten. Der kürzeste Weg muss bestritten werden, d. h., unnötige Bearbeiterwechsel und Transportwege werden vermieden. Der Arbeitsablauf muss sich zwangsläufig ergeben; die Abfolge der Verrichtungen ist sachlich logisch; nur für die Aufgabenerfüllung erforderliche Verrichtungen werden durchgeführt. Das sich aus dem Arbeitsablauf ergebende Anforderungsprofil sollte sich mit dem Leistungsvermögen der Bearbeiter möglichst weitgehend decken. Schnittstellen zu anderen Arbeitsabläufen werden berücksichtigt, sofern es entsprechende sachlich begründete Abhängigkeiten bei der Aufgabenerfüllung gibt.

Bei der Gestaltung der Arbeitsabläufe im Rahmen der Arbeitssynthese sind auch Entscheidungen über den Grad der Arbeitsteilung, das Arbeitspensum, die Vorgabe von Durchlaufzeiten, Arbeitstakten und Arbeitsrhythmen sowie die Arbeitsplatzanordnung zu treffen. Hierbei müssen neben ökonomischen Aspekten (Wirksamkeit und Wirtschaftlichkeit) auch sozio-emotionale Wirkungen berücksichtigt werden, um negative Auswirkungen wie geringe oder fehlende Motivation bzw. Frustration, Monotonie oder Entfremdung zu vermeiden. Daher sollte bei der Gestaltung der Arbeitsabläufe darauf geachtet werden, dass der Anteil sich wiederholender Tätigkeiten nicht zu hoch wird, der Sinnzusammenhang der Arbeit für die Mitarbeiter erkennbar bleibt und ein notwendiges Maß an Planung und Kontrolle der eigenen Arbeit sowie sozialer Austauschmöglichkeiten für die Mitarbeiter gewährleistet ist.

3.5.2 Einflussfaktoren

Bei der Gestaltung der Ablauforganisation bzw. Arbeitsabläufe in Verwaltungen zwecks Erreichung der zuvor genannten Zielsetzungen sind verschiedene Einflussfaktoren zu beachten. Zu den **internen Einflussfaktoren** gehören das Dienstleistungsspektrum der Verwaltung, die Mitarbeiterstruktur bzw. -qualifikation, das interne Planungssystem und die Struktur des Informationssystems.

Externe Einflussgrößen sind rechtliche Vorschriften, soziale und kulturelle Rahmenbedingungen, politische Rahmenbedingungen und technologische Entwicklungen.

In der Regel erlauben die zuvor genannten Einflussfaktoren nicht die Einführung einer – aus rein betriebswirtschaftlicher Sicht – optimalen Organisation der Arbeitsabläufe. In der Praxis sind häufig Probleme bei der Ablauforganisation zu lösen.

Die **Qualifikation der Mitarbeiter** entspricht nicht (vollständig) den Anforderungen des Arbeitsgangs. Die Herausforderung besteht in diesem Fall in der Minimierung dieser Differenz.

Bei verwaltungsübergreifenden Arbeitsabläufen kann es zu Engpässen kommen, wenn die vorhandenen **Personalkapazitäten** einer beteiligten Verwaltungseinrichtung nicht ausreichen, um ihren Arbeitsanteil in der geforderten Zeit, Menge und Qualität zu erbringen. Grundsätzlich kann es bei Beteiligung mehrerer Arbeitsträger immer zu Problemen bei der zeitlichen und mengenmäßigen Synchronisation kommen.

Insbesondere größere Verwaltungseinrichtungen haben des Öfteren **mehrere Standorte.** Wenn die Arbeitsträger an unterschiedlichen Standorten tätig sind, müssen die Arbeitsobjekte zwischen ihnen hin- und hertransportiert werden. In diesem Fall müssen Lauf- und Transportwege, -kosten und -zeiten optimiert werden. Außerdem muss die Sicherheit der transportierten Objekte gewährleistet werden.

Historisch gewachsene und damit nicht hinreichend kompatible **Strukturen** der informationstechnischen Systeme (kurz IT-Systeme) stören die Abläufe.

Organisatorische Regelungen wie das sogenannte „Vier-Augen-Prinzip" bzw. die – aus ablauforientierter Sicht – nicht notwendige Beteiligung mehrerer Personen an der Erstellung eines Leistungsergebnisses wie z. B. eines Bauantrags zu Kontrollzwecken beeinflussen die Arbeitsgänge.

3.6 Prozesse und Prozessorientierung in Verwaltungen

Eine der zentralen Anforderungen an eine moderne Verwaltung ist die **wirtschaftliche Erbringung** der von den Kunden (Bürgerinnen und Bürger, Unternehmen, andere Verwaltungen) angeforderten Verwaltungsleistungen in der gewünschten Menge und Qualität unter Berücksichtigung der geltenden rechtlichen Vorgaben. Eine moderne Verwaltung ist somit kunden- und damit auch leistungsorientiert, denn der Kunde ist ja i. d. R. Abnehmer der Verwaltungsleistung. Damit eine Verwaltungsleistung wirtschaftlich in der geforderten Menge und Qualität erstellt werden kann, müssen die Leistungserstellungsprozesse entsprechend gestaltet und die Mitarbeiterinnen und Mitarbeiter motiviert sein. Die drei genannten Prinzipien **Kunden-, Prozess- bzw. Leistungs- und Mitarbeiterorientierung** sind zugleich auch die grundlegenden Prinzipien der **Total Quality Management (TQM)-Philosophie.**

Ein **Prozess** ist dabei als Abfolge von Tätigkeiten (Verrichtungen, Aktivitäten) zu verstehen, die zusammengenommen ein Ergebnis von Wert für den Kunden schaffen. DIN EN ISO 8402 definiert einen Prozess als „Satz von in Wechselbeziehungen stehenden Mitteln und Tätigkeiten, die Eingaben in Ergebnisse umgestalten".

Prozesse zeichnen sich durch verschiedene Merkmale aus. Sie haben einen eindeutigen **Anfang** (z. B. Einreichen eines Antrags auf Baugenehmigung) und **Abschluss** (z. B. Erteilen eines Baugenehmigungs-Bescheids). Sie sind zielgerichtet und erbringen ein gewünschtes **Ergebnis,** indem Tätigkeiten durchgeführt werden, mit denen Inputfaktoren in Outputfaktoren umgewandelt werden (Transformationsaspekt). Prozesse bestehen aus einer **Abfolge von Tätigkeiten,** bei denen von den prozessbeteiligten Mitarbeiterinnen und Mitarbeitern meist auch Sachmittel eingesetzt werden, sodass durch den Ressourcenverbrauch Kosten entstehen.

Sie **integrieren Kunden** (z. B. als Antragsteller) und ggf. **Lieferanten** (z. B. Bundesdruckerei im Fall von Personalausweisen oder Reisepässen) in den Prozessablauf.

Prozesse können unterteilt werden in **Kernprozesse,** bei denen eine Leistung und damit ein Mehrwert für den Verwaltungskunden erbracht wird, und verwaltungsinterne **Unterstützungsprozesse,** die unterstützende Leistungen wie z.B. Personal oder Infrastruktur für die Kernprozesse bereitstellen. Ein guter Ausgangspunkt für die Definition von Kern- und Unterstützungsprozessen kann der **Produktkatalog** sein.

Bei der Analyse, Dokumentation und Konzeption bzw. Modellierung von Prozessen gibt es verschiedene Gestaltungsfaktoren und damit auch **Schwerpunkte der Betrachtung.** Die **Ablaufsicht** stellt Prozesse als voneinander abhängige Folgen von Aktivitäten, d. h. im Einzelnen Prozessbeginn und -ende, Prozessergebnis, Prozessschnittstellen zu anderen Prozessen usw. dar. Bei der **Organisationssicht** wird die Verantwortung für die Steuerung und Durchführung der Prozesse und Prozessschritte abgebildet. Dabei sollte möglichst jeder Prozess in die Verantwortung eines Prozessverantwortlichen (Prozesseigentümers) übergeben werden, der dann für das Management des gesamten Prozesses und damit auch für das erstellte Prozessergebnis verantwortlich ist.

Die **Informationsmanagementsicht** betrachtet, dass Prozesse heutzutage i. d. R. durch Informationssysteme unterstützt werden. Damit die Informationssysteme den Prozess möglichst optimal unterstützen, muss dieser vor der Einführung der Informationssysteme systematisch analysiert und dokumentiert werden. Auf diese Weise kann vermieden werden, dass suboptimale Prozessabläufe informationstechnisch abgebildet und damit „zementiert" werden, wie bei der Einführung von E-Government immer wieder zu beobachten ist.

Im Gegensatz zur derzeit in Verwaltungen noch vorherrschenden funktionsorientierten Ablauforganisation (auch: Arbeitsorganisation genannt), bei der jeder Aufgabenträger jeweils nur stellen- oder arbeitsplatzbezogen für die ihm zugeordneten Prozessausschnitte zuständig ist, erfordert eine moderne **prozessorientierte Arbeitsorganisation** eine stellen-, arbeitsplatz- oder sogar funktionsbereichsübergreifende Zusammenarbeit mit eindeutiger Zuordnung der Prozessverantwortung. Optimierungsobjekt ist dabei nicht der Arbeitsgang, sondern das Prozessergebnis. Unabdingbar ist die Minimierung von **Prozessschnittstellen,** die durch Arbeitsteilung entstehen, Koordinationsbedarf erzeugen und die Prozessabwicklung verlangsamen. Daher ist in einer Prozessorganisation eine andere Art der Arbeitsteilung erforderlich, bei der aus Kunden- bzw. Prozesssicht zusammenhängende Verrichtungen und die entsprechende Verantwortung dafür einem Prozesseigentümer zugeordnet werden. Bei komplexen Prozessen kann dies auch ein Prozessteam sein.

5740384

Arbeitsorganisation versus Prozessorganisation	
Arbeitsorganisation	**Prozessorganisation**
■ funktionsorientierte Ablauforganisation	■ prozessorientierte Ablauforganisation
■ traditionelle Sichtweise	■ moderne Sichtweise
■ „Innensicht" dominiert, „Denken in Hierarchien und Organigrammen"	■ „Außensicht" dominiert, Ergebnis-/ Leistungs- und Kundenorientierung; „übergreifendes Denken in Abläufen bzw. Prozessen"
■ viele Hierarchieebenen	■ flache Hierarchien
■ viele Schnittstellen/Medienbrüche	■ wenig Schnittstellen/Medienbrüche
■ Die Ablauforganisation findet im Rahmen der Aufbauorganisation statt.	■ Die Aufbauorganisation richtet sich nach den Abläufen bzw. Prozessen.
■ Die Arbeitsorganisation beschäftigt sich mit der raum-zeitlichen Strukturierung von Arbeitsabläufen in einer bestehenden Aufbauorganisation.	■ Die Prozessorganisation beschäftigt sich mit der raum-zeitlichen Strukturierung von Kern- und Unterstützungsprozessen als Grundlage für die Aufbauorganisation.

In einer prozessorientierten Organisation werden die Prozesse permanent überwacht und fortlaufend optimiert. Dabei gilt es nicht nur, **Prozessabläufe** zu beschleunigen oder zu automatisieren, sondern auch, nicht mehr notwendige Prozesse zu entfernen, gleichartige Prozesse zusammenzufassen oder Prozesse auszulagern, wenn andere die Prozessleistung effektiver oder kostengünstiger erbringen und die rechtlichen Rahmenbedingungen dies zulassen. Auch das **Prozessergebnis** muss kontinuierlich in Bezug auf Menge, Qualität und Kosten kontrolliert werden. Es empfiehlt sich zudem die Durchführung von Kundenbefragungen.

Die Digitalisierung von Kern- und Unterstützungsprozessen im Rahmen der Einführung von **E-Government,** das den Verwaltungskunden den Zugriff auf Verwaltungsleistungen mittels Internet(technologien) ermöglichen soll, bietet Verwaltungen die Chance, ein stärker prozessorientiertes Denken und Handeln zu entwickeln. Diese Entwicklung braucht allerdings viel Zeit, da zumindest in großen Verwaltungen aufgrund des Besoldungssystems traditionell sehr stark in Organigrammen und Stellenbeschreibungen gedacht wird.

Große E-Government-Vorhaben beginnen zumeist mit einer politischen Vision. Ein prominentes Beispiel hierfür ist die gemeinsame E-Government Strategie von Bund, Ländern und Kommunen, **Deutschland-Online.** Ziel dieser Initiative ist die Schaffung einer integrierten E-Government-Landschaft in Deutschland, was angesichts der föderalen Struktur in Deutschland ein ehrgeiziges Vorhaben ist. Die Regierungschefs von Bund und Ländern haben sich auf 23 Schlüsselprojekte geeinigt, mit denen Verwaltungsdienstleistungen online bereitgestellt, Portale vernetzt und gemeinsam Infrastrukturen und Standards entwickelt werden. Von der Kfz-Anmeldung über das Meldewesen bis zu Gewerberegistern werden wichtige Zweige der öffentlichen Verwaltung mit IT-Einsatz modernisiert.

Die weitere Abwicklung eines solchen Vorhabens erfolgt zumeist in **Projektform.** Dazu wird eine Projektgruppe gegründet, die einen entsprechenden Auftrag sowie die für die Auftragsdurchführung notwendigen Ressourcen erhält. Das Vorhaben wird geplant und mit einer sogenannten Kick-off-Veranstaltung offiziell gestartet.

Es folgt zunächst die Analysephase, in der Prozesse aufgenommen und analysiert, Schwachstellen ermittelt sowie Ziele und Maßnahmen formuliert werden.

Anschließend müssen die Prozesse neu konzipiert bzw. optimiert werden, wobei zumeist umfangreiche Abstimmungen mit den Verantwortlichen durchgeführt werden müssen.

Danach kann mit der Implementierung der optimierten Prozesse sowie der hierfür notwendigen informationstechnischen Unterstützung begonnen werden.

Nach erfolgter Implementierung und entsprechenden Tests der optimierten Prozesse muss der Erfolg des Projekts systematisch bewertet und die Basis für eine kontinuierliche Verbesserung der Prozesse geschaffen werden. In der Regel wird eine offizielle Abschlussveranstaltung durchgeführt. Die Projektunterlagen müssen archiviert und gesammelte (gute und schlechte) Erfahrungen sowie gewonnenes Know-how so dokumentiert und abgelegt werden, dass allen internen sowie ggf. externen Interessenten ein leichter Zugriff darauf möglich ist. Es muss sichergestellt werden, dass im Projekt gewonnenes Know-how nach dem Abschluss des Projekts und der Auflösung der Projektgruppe nicht verloren geht.

4 Produktbildung in der öffentlichen Verwaltung

4.1 Produktbegriff

Ein Produkt ist eine Leistung oder eine Gruppe von Leistungen, die von einer Organisationseinheit für Abnehmer innerhalb oder außerhalb der Verwaltung erstellt wird und für die normalerweise (auch bei innerbetrieblicher Nachfrage) ein Preis zu zahlen wäre.

Als **Leistung** ist ein abgeschlossenes Arbeitsergebnis zu verstehen, das durch eine Reihe von Arbeitsschritten entsteht. Miteinander verwandte Leistungen werden häufig zu einem Produkt zusammengefasst.

Produkte, die für Abnehmer außerhalb der Verwaltung bestimmt sind, bezeichnet man als **externe Produkte.** Dazu zählen z. B. die Bereitstellung von Schulen, Sporthallen, Parkanlagen, der Straßenbau und -unterhalt, der Winterdienst oder das Kursangebot der Volkshochschule. Die externen Produkte bedienen unmittelbar die Bedürfnisse von Bürgern, Unternehmen, Sportvereinen und anderen verwaltungsfremden Zielgruppen.

Produkte, die für eine andere Organisationseinheit der Verwaltung bestimmt sind, bezeichnet man als **interne Produkte.** Dazu zählen insbesondere Steuerungs- und Serviceleistungen. Gesamtstädtische Steuerungsleistungen erbringen der Rat und seine Ausschüsse sowie die Verwaltungsleitung. Serviceleistungen wie Gebäudereinigung, Gehaltsabrechnung, Organisationsberatung, Rechnungswesen oder Datenverarbeitung entstehen in den Zentralbereichen der Verwaltung. Es handelt sich um Vorleistungen, die die abnehmenden Organisationseinheiten zur Erstellung externer Produkte benötigen.

4.2 Ziele der Produktbildung

Die Produktbildung ist ein zentrales Reformelement des Neuen Steuerungsmodells. Mit ihr sind zahlreiche Erwartungen und Ansprüche verbunden:

Die Bildung von Produkten soll

- das Verwaltungshandeln transparenter machen, indem sie z. B. mit der Darstellung vielfältiger Produktinformationen verknüpft wird,
- die Darstellung von Ergebnissen und Wirkungen ermöglichen, die mit einem Produkt angestrebt werden,
- dazu anregen, die Kundenperspektive einzunehmen und aus dieser Sicht z. B. Kennziffern zu entwickeln, die Auskunft über die Leistungsqualität geben,
- in einen Produktplan münden, der die Produkte der Verwaltung übersichtlich darstellt,
- eine fundierte, auf den Produktergebnissen beruhende Aufgabenkritik ermöglichen,
- Vergleiche mit anderen Kommunen erleichtern, z. B. auf der Basis produktbezogener Kennziffern, und es so ermöglichen, besser zu werden, indem man von den anderen lernt,[1]
- im Hinblick auf die internen Serviceleistungen Preis- und Qualitätsvergleiche mit dem Angebot der Privatwirtschaft veranlassen und so die internen Dienstleister einem zunehmenden Wettbewerbsdruck aussetzen,
- Veränderungen in der Aufbau- und Ablauforganisation der Verwaltung bewirken, die zu einer kostengünstigeren und kundenfreundlicheren Aufgabenerfüllung führen.

Die Produktbildung ist Voraussetzung für eine **output- oder ergebnisorientierte Verwaltungssteuerung** mithilfe produktorientierter Haushalte. Früher erfolgte die Steuerung in erster Linie über den Input, d. h. durch die Bereitstellung von Finanzmitteln. Der Haushaltsplan sagte in Hunderten von Haushaltsstellen aus, wie viel Geld die Verwaltung ausgeben darf. Es wurde aber allenfalls in Umrissen geregelt, welche Produkte in welcher Zahl und Qualität hergestellt werden sollen. Der neue Produkthaushalt will diesen Mangel beheben. Er enthält zahlreiche Produktinformationen und Leistungsvorgaben. Gleichzeitig stellt er den jeweiligen Organisationseinheiten ein bestimmtes Budget zur Verwirklichung der produktbezogenen Leistungsziele zur Verfügung. Das heißt, die Organisationseinheiten werden über Finanz- **und** Leistungsvorgaben gesteuert. Die Verwendung der bereitgestellten Haushaltsmittel ist dabei in der Regel nicht mehr detailliert vorgeschrieben. Sie wird von der budgetierten Organisationseinheit weitgehend eigenverantwortlich wahrgenommen (siehe auch Kapitel 2.5).

1 = Benchmarking; benchmark, engl.: Vergleichspunkt, Messlatte

Wichtige Instrumente der outputorientierten Steuerung sind **Kontraktmanagement, Berichtswesen und Controlling.** Kontrakte (auch: Zielvereinbarungen) sind verbindliche Absprachen zwischen zwei hierarchischen Ebenen für einen festgelegten Zeitraum über die zu erbringenden Leistungen und ggf. die zu erzielenden Wirkungen. Über die Einhaltung der Vereinbarungen wird periodisch berichtet, um bei Bedarf gegensteuern zu können.

Beispiele zur Produktbildung und outputorientierten Steuerung

- *Die Verwaltung der Stadt Neustadt legt den Entwurf ihres ersten produktorientierten Haushalts vor. Dieser enthält Teilergebnispläne für jedes Produkt. So wird u. a. erstmals der gesamte Ressourcenverbrauch übersichtlich dargestellt, den das Produkt „Schullandheim“ verursacht. Nicht nur Personal-, Instandhaltungs- und laufende Betriebskosten belasten das erwartete Produktergebnis, sondern auch Abschreibungen, die den jährlichen Wertverlust des Gebäudes und seiner Einrichtungsgegenstände wiedergeben. Der kameralistische Haushaltsplan enthielt nur die geplanten Ausgaben für Personal, Reparaturen, den laufenden Betrieb sowie die Anschaffung von Anlagegütern, und dies an verschiedenen Stellen, sodass es lediglich Fachleuten möglich war, die Beträge zusammenzuführen.*

  Aufgrund der Zahlen im Teilergebnisplan diskutiert der Haushaltsausschuss des Rates die Frage, ob die Stadt sich in Zeiten knapper Kassen nicht besser vom Schullandheim trennen solle, zumal eine gleichwertige Unterbringung der Schüler auch in einer nahe gelegenen Jugendherberge möglich ist. Es zeichnet sich die Absicht der Y-Fraktion ab, dem Rat einen Antrag vorzulegen, der die Schließung und den Verkauf des Schullandheims fordert.

- *Der Produkthaushalt der Stadt Neustadt enthält für jedes Produkt auch ein sogenanntes Produktblatt mit folgenden Angaben: zuständige Organisationseinheit; verantwortliche Person; Produktbeschreibung; Leistungen, die dem Produkt zugeordnet sind; Auftragsgrundlage für die Leistungserstellung; Zielgruppe; Ziele, die mit dem Produkt verfolgt werden, und Kennzahlen, die Auskunft über Produktmenge und ggf. Produktqualität geben.*

  Die Abteilung Bauordnung und Wohnungswesen hat dem Produkt „Baugenehmigungsverfahren“ drei Leistungen zugeordnet: „Baugenehmigung im vereinfachten Verfahren“, „Baugenehmigung im normalen Verfahren“ und „Baugenehmigung im Freistellungsverfahren“. Damit aussagekräftige Daten entstehen, beziehen sich die im Produktblatt angegebenen Kennzahlen nicht auf das Produkt, sondern auf die zugehörigen Leistungen.

  Die im Produktblatt ausgewiesene durchschnittliche Bearbeitungsdauer für „Baugenehmigungen im normalen Verfahren“ führt in der Phase der Haushaltsberatungen zu Diskussionen im zuständigen Ratsausschuss. Einige Ausschussmitglieder bemängeln, die Bearbeitungsdauer sei um einiges länger als in vergleichbaren Städten und hemme die Investitionsbereitschaft der örtlichen Wirtschaft. Nach Gesprächen mit der zuständigen Beigeordneten wird die Verkürzung der Bearbeitungsdauer als verbindliches Produktziel in den Haushaltsentwurf aufgenommen.

  Eine verwaltungsinterne Projektgruppe soll Vorschläge zur Realisierung des neuen Produktziels erarbeiten. Sie ist verpflichtet, alle drei Monate einen Bericht vorzulegen, der über den Arbeitsstand informiert. Nach der Devise „Besser werden durch Lernen von anderen“ erhofft sich die Projektgruppe entscheidende Impulse durch den Anschluss der Stadt Neustadt an einen Vergleichsring des IKO-Netzes der KGST (siehe auch LF 3, Kapitel 3.1.6).

4.3 Grundsätze der Produktbildung und -gliederung

Welche Überlegungen müssen Verwaltungsmitarbeiter anstellen, wenn sie Produkte bilden?

Die wichtigste Eigenschaft eines Produktes im betriebswirtschaftlichen Sinne ist seine Eignung als Kosten- und Erlösträger. Es müsste folglich möglich sein, dem (zunächst gedanklich) gebildeten Produkt alle Kosten zuzuordnen, die für seine Herstellung bzw. Bereitstellung anfallen. Zugleich sollte sich das erdachte Produkt auch als Erlösträger eignen. Das heißt, es müsste denkbar sein, einen Preis vom Abnehmer zu fordern.

Im Produktplan der Stadt Neustadt und vieler anderer Städte und Gemeinden finden sich aber zahlreiche Produkte, die sich nicht unmittelbar als Kosten- oder Erlösträger eignen. Es handelt sich nicht um klassische Produkte im Sinne abgeschlossener Ergebnisse von Arbeitsprozessen. Vielmehr sind bisweilen ganze Organisationseinheiten als Produkte ausgewiesen, beispielsweise der Bau- und Betriebshof.

Offensichtlich befinden sich die eigentlichen Kosten- und Erlösträger der Verwaltung häufig auf einer tieferen Gliederungsebene. Es sind oftmals die Leistungen, denen Kosten und Erlöse zugerechnet werden.

Beispiel

Zu dem Produkt „Bau- und Betriebshof" gehört bei der Stadt Neustadt u. a. die interne Leistung „Grünpflege". Abnehmer dieser Leistung ist z. B. der Sport- und Freizeitbetrieb. Für die Grünpflege stellt der Bau- und Betriebshof einen Preis in Rechnung, der sich aus den entstehenden Kosten ergibt und im Wege der internen Leistungsverrechnung „bezahlt" wird.

Es stellt sich die Frage, warum nicht durchgängig ein abgeschlossenes Arbeitsergebnis, also die Leistung, als Produkt ausgewiesen wird. Die Antwort ergibt sich aus einer wichtigen Zielsetzung der Produktbildung. Die kommunalen Produkte sollen die ergebnisorientierte Steuerung der Verwaltung unterstützen. Damit dieses Ziel angesichts der umfangreichen Aufgaben der Verwaltung überhaupt realisiert werden kann, gilt der Grundsatz, die Anzahl der Produkte „so groß wie nötig und so klein wie möglich" zu halten. Je detaillierter die Produktbildung, desto schwieriger wird die strategische Steuerung und desto unübersichtlicher wird der Haushaltsplan. Grob gefasste Produkte müssen allerdings auf der Leistungsebene so gegliedert werden, dass die zuständigen Organisationseinheiten Kosten bzw. Preise richtig kalkulieren können.

Produkte werden zu Produktgruppen zusammengefasst und diese wiederum zu Produktbereichen. Dies geschieht zur besseren Steuerung durch übergeordnete Verwaltungseinheiten. Rat und Verwaltungsleitung z. B. können für bestimmte Fragestellungen der Politik nicht jeden Teilergebnisplan auf Produktebene zum Gegenstand ihrer Steuerungsüberlegungen machen. Oft reicht der Blick auf das zusammengefasste Zahlenwerk für Produktgruppen oder -bereiche.

Ein Arbeitskreis der „Ständigen Konferenz der Innenminister und -senatoren der Länder" (IMK) hat einen „Produktrahmen" entwickelt, der Grundlage für die einheitliche Gestaltung kommunaler Produkthaushalte sein soll. Im Produktrahmen sind die kommunalen Aufgaben in 16 Produktbereiche gegliedert. Die IMK hat den Ländern im November 2003 empfohlen, ihren Kommunen die Anwendung dieses Produktrahmens verbindlich vorzuschreiben.

Produktbereiche im IMK-Produktrahmen		
01 Innere Verwaltung	06 Kinder-, Jugend- und Familienhilfe	11 Ver- und Entsorgung
02 Sicherheit und Ordnung	07 Gesundheitsdienste	12 Verkehrsflächen und -anlagen
03 Schulträgeraufgaben	08 Sportförderung	13 Natur und Landschaftspflege
04 Kultur und Wissenschaft	09 Räumliche Planung und Entwicklung, Geoinformation	14 Umweltschutz
05 Soziale Leistungen	10 Bauen und Wohnen	15 Wirtschaft und Tourismus
		16 Allgemeine Finanzwirtschaft

Der Produktrahmen der IMK enthält auch die Gliederung der Produktbereiche in Produktgruppen. Die Bildung von Produkten unterbleibt, damit die Kommunen Spielraum zur Berücksichtigung örtlicher Gegebenheiten haben. Der Produktplan unserer Modellkommune Neustadt (siehe Lehrbuchanhang) ist weitgehend nach den Vorgaben der IMK gestaltet.

Es zeichnet sich ab, dass die Länder der IMK-Empfehlung auf der Ebene der Produktbereiche folgen. Zur weiteren Gliederung erlassen sie unterschiedliche Regelungen. Nordrhein-Westfalen z. B. überlässt sie vollständig den Kommunen, während Niedersachsen über Produktgruppen hinaus auch einige verbindliche Produkte vorgibt.

Produkthierarchie

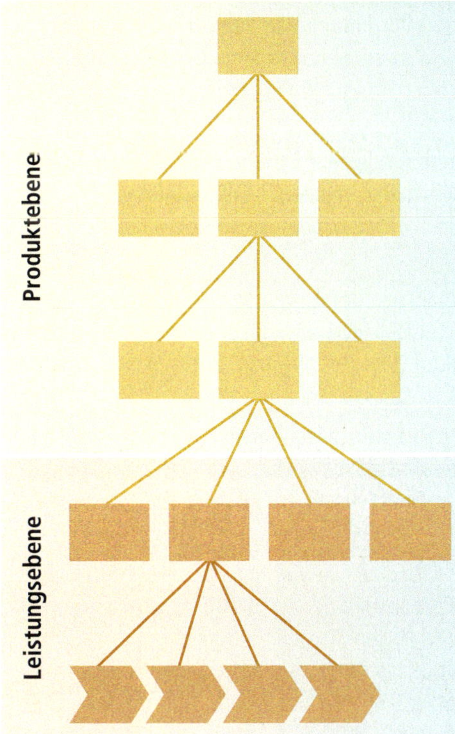

Produktbereich:
Zusammenfassung von Produktgruppen, um den Steuerungsinteressen übergeordneter Verwaltungseinheiten zu genügen (weitere Informationsverdichtung)
Bsp.: Kinder-, Jugend- und Familienhilfe

Produktgruppe:
Zusammenfassung von Produkten, um den Steuerungsinteressen übergeordneter Verwaltungseinheiten zu genügen (Informationsverdichtung)
Bsp.: Sonstige Leistungen der Kinder-, Jugend- und Familienhilfe

Produkt:
Einzelne Leistung oder Gruppe von Leistungen, die nach folgenden Kriterien zusammengefasst werden: Sinnzusammenhang, Steuerungsorientierung, Verantwortlichkeit
Bsp.: Heimerziehung; Erziehung in einer sonstigen betreuten Wohnform

Leistung:
Abgeschlossenes Arbeitsergebnis, das durch eine Reihe von Arbeitsschritten erstellt wird. Kriterien: Abnehmer außerhalb der Organisationseinheit, Messbarkeit, Zurechenbarkeit von Kosten
Bsp.: Unterbringung in einer offenen Wohngruppe

Tätigkeit/Prozessschritt:
Einzelne Schritte zur Erstellung eines Arbeitsergebnisses
Bsp.: halbjährliches Hilfeplangespräch

Quelle: Rode, U. 2000, S. 5, aus www.sp-dozenten.de, Folienvorlage zur öffentlichen BWL, Abb. 3.23

4.4 Produkte, Haushalt und Organisation

Der oben dargestellte IMK-Produktrahmen ist eine Empfehlung sowohl für ein doppisches als auch für ein erweitertes kameralistisches Haushalts- und Rechnungswesen. Die folgende Übersicht setzt einen doppischen Rechnungsstil voraus.

Elemente des Produkthaushalts der Stadt Neustadt

Ergebnisplan	Finanzplan	Teilpläne	Anlagen
Erträge – Aufwendungen = Ergebnis	Einzahlungen – Auszahlungen = Liquiditätssaldo	**Produktinformationen** z. B. ■ Produktbeschreibung ■ Ziele ■ Kennziffern **Teilergebnispläne** Erträge – Aufwendungen = Teilergebnis **Teilfinanzpläne** Darstellung investiver Ein- und Auszahlungen sowie investiver Einzelmaßnahmen	z. B. ■ Bilanz des Vorvorjahres, ■ Stellenplan, ■ Wirtschaftpläne und Abschlüsse der Eigenbetriebe ■ Verpflichtungsermächtigungen (Zahlungsverpflichtungen in späteren Jahren aufgrund einer Investition)

Der **Ergebnisplan** ermöglicht einen Gesamtblick auf die Situation der Gemeinde. Ein Planüberschuss erhöht ihr Eigenkapital, ein Planfehlbetrag verringert es. Liegt ein Fehlbetrag vor, „lebt die Gemeinde von ihrer Substanz". Sie zehrt Vermögen auf, das in früheren Jahren geschaffen wurde. Der **Finanzplan** zeigt, wie sich der Bestand an Zahlungsmitteln durch die laufende Verwaltungstätigkeit und Investitionen verändert. Er gestattet die Ableitung des notwendigen Kreditbedarfs. Die beiden Pläne folgen in ihrer Struktur der Ergebnis- und Finanzrechnung zum Jahresabschluss (siehe dazu Band Rechnungswesen, Kapitel 6.3).

Kernelement des neuen Haushalts sind die **Teilpläne.** Die Stadt Neustadt erstellt sie nicht nur für die verbindlichen Produktbereiche, sondern freiwillig auch für jedes Produkt. So berücksichtigt sie unterschiedliche Informationsbedürfnisse und Steuerungsinteressen. Sie könnte alternativ auch Teilpläne für Produktgruppen aufstellen oder für Organisationseinheiten. Allerdings muss sie beachten, dass die ausgewählte unterste Gliederungsebene den Produktbereichen eindeutig zugeordnet werden kann, damit eine vorschriftsmäßige Zusammenfassung der Zahlen möglich ist.

Die **Teilergebnispläne** weisen das Ergebnis des Produktbereichs, der Produktgruppe, des Produkts oder der betrachteten Organisationseinheit aus. Sie gleichen in ihrer Struktur dem Ergebnisplan, erfassen aber zusätzlich Aufwendungen und Erträge aus internen Leistungsbeziehungen.

Die **Teilfinanzpläne** konzentrieren sich auf die Darstellung der geplanten Investitionen. Sie zeigen den Finanzmittelbedarf für die Anschaffung von Anlagegütern. Darüber hinaus sind die wichtigsten Investitionsvorhaben einzeln aufgeführt. So werden die in den Teilergebnisplänen enthaltenen Informationen aufschlussreich ergänzt.

Nachdem der Rat den Haushalt beschlossen hat, ermächtigen die Teilpläne auf der untersten Gliederungsebene die Verwaltung zum Verbrauch von Ressourcen (Arbeitszeit, Betriebsmittel, Werkstoffe, Geld) in der veranschlagten Höhe. Als geeignete Form der Ressourcenbewirtschaftung hat sich die Budgetierung erwiesen. Sie ermöglicht den Organisationseinheiten der Verwaltung (Dezernate, Fachbereiche, Ämter) eine weitgehend eigenverantwortliche Verwendung der bereitgestellten Finanzmittel.

Beispiel: Budgetierung bei der Stadt Neustadt

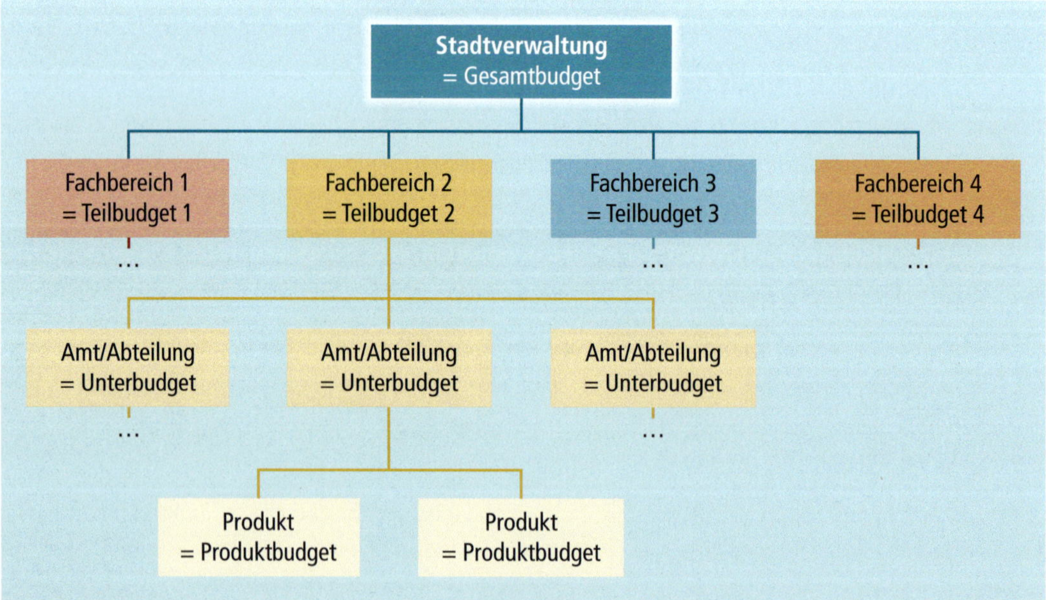

Die Stadt Neustadt weist im Haushaltsplan produktbezogene Teilergebnis- und Teilfinanzpläne aus. Daraus ergeben sich die ***Produktbudgets.*** *Diese werden den Organisationseinheiten zugewiesen, die für die Erstellung der jeweiligen Produkte zuständig sind. Als Produkt- und zugleich Budgetverantwortliche sind im Produktblatt in der Regel die Amts- bzw. Abteilungsleiter aufgeführt. Sie müssen gewährleisten, dass die Produkte aus ihrem Zuständigkeitsbereich in der geforderten Menge und Qualität hergestellt werden. Zudem sind sie dafür verantwortlich, dass die im* ***Unterbudget*** *bereitste-*

henden Finanzmittel möglichst wirtschaftlich verwendet werden. Aufwendungen und Erträge bzw. Auszahlungen und Einzahlungen im Produktbudget sind gegenseitig deckungsfähig. Sofern Mehraufwendungen auf Produktebene nicht mehr gedeckt sind, kann ein Ausgleich auf Amts- bzw. Abteilungsebene erfolgen (im Unterbudget). Die Gesamtverantwortung für das ***Teilbudget*** *liegt bei den Fachbereichsleitern. Sie entscheiden z. B., ob Mehraufwendungen in einem Unterbudget durch Einsparungen in einem anderen Unterbudget ausgeglichen werden dürfen.*

Die Einführung von Produkthaushalten hat auch Auswirkungen auf die **Verwaltungsorganisation.**

Wenn es möglich wäre, die Verwaltung neu zu erfinden, würde man mit der Produktbildung beginnen, dann Arbeitsabläufe optimal gestalten und danach die Aufbauorganisation so zuschneiden, dass sie mit der Produktstruktur übereinstimmt. Die Verantwortung für einen Produktbereich läge dabei bei nur einem Fachbereich und für eine Produktgruppe bei nur einem Amt bzw. einer Abteilung.

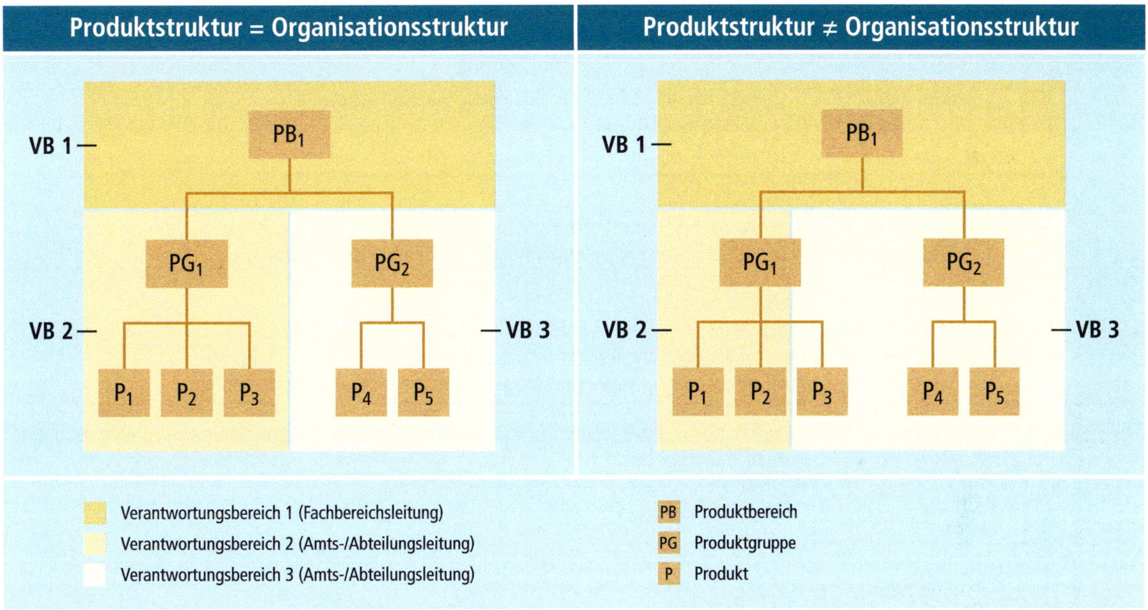

Allerdings muss in der Praxis erst einmal für eine ungeteilte Verantwortung auf der Produktebene gesorgt werden. Erst in einem zweiten Schritt wird man anstreben, auch die Verantwortung für Produktgruppen flächendeckend jeweils nur einer Organisationseinheit zu übertragen. Ob es darüber hinaus gelingt, die amtlichen Produktbereiche schnittstellenfrei den Fachbereichen zuzuordnen, ist zumindest für größere Verwaltungen eine noch offene Frage. Gewachsene Organisationsstrukturen und örtliche Gegebenheiten stehen diesem Vorhaben entgegen.

Beispiel: Produktblatt einer kreisfreien Stadt aus dem Haushaltsplan des Jahres 3

Produktbeschreibung

Produktbereich:	**020**	**– Sicherheit und Ordnung**
Produktgruppe:	**020 030**	**– Kfz-, Einwohner- und Ausländerwesen sowie Personenstandswesen**
Produkt:	**020 030 010**	**– Kfz-Angelegenheiten, Fahr- und Beförderungserlaubnisse**

Org.einheit 3300 Amt für Einwohnerwesen

Verantwortlich Schulz, Peter

Beschreibung
An- und Abmeldungen sowie Zulassungen von Kraftfahrzeugen
Erteilung von Fahrerlaubnissen
Bearbeitung von Verkehrsgewerbeangelegenheiten

Leistungen
01 Zulassung, Abmeldung und Stilllegung von Kraftfahrzeugen
02 Erteilung von Fahrerlaubnissen
03 Kraftfahrtauglichkeitsprüfungen
04 Verkehrsgewerbegenehmigungen

Auftr.grundl.
Straßenverkehrsgesetz, Personenbeförderungsgesetz, Fahrlehrergesetz, Güterkraftverkehrsgesetz, Straßenverkehrszulassungsordnung, Fahrerlaubnisverordnung

Zielgruppen
Kraftfahrzeughalter
Fahrerlaubniserwerber und -inhaber
Fahrschulen und Fahrlehrer
Taxi-, Mietwagen-, Krankentransport- und Güterkraftverkehrsunternehmen

Produktziele
01 Erfüllung der gesetzlichen Aufträge über das Kfz-Zulassungsrecht, Fahrerlaubnisrecht und Verkehrsgewerberecht
02 Beibehaltung der Bearbeitungszeiten
03 Verringerung der Wartezeiten

Kennzahlen

Bezeichnung	Mengeneinheit	Ist-Zahlen Jahr 1	Plan-Zahlen Jahr 2	Jahr 3
Allgemeine Finanzkennzahlen				
Aufwandsdeckungsgrad	Prozent	130,40	130,90	131,40
Verwaltungs- und Betriebsaufwand je Einwohner	Euro	8,16	8,13	8,10
Produktzielbezogene Kennzahlen				
Durchschnittliche Bearbeitungsdauer im Bereich Kfz-Zulassung	Minuten	24	22	20
Durchschnittliche Bearbeitungsdauer im Bereich Führerscheine	Minuten	17	16	15
Durchschnittliche Wartezeit bis zum Aufruf im Bereich Kfz-Zulassung	Minuten	29	27	25
Durchschnittliche Wartezeit bis zum Aufruf im Bereich Führerscheine	Minuten	27	26	25
Leistungskennzahlen				
Erbrachte Leistungen im Bereich Kfz-Zulassungen	Anzahl	271 503	271 503	271 503
Erbrachte Leistungen im Bereich Fahrerlaubnisse	Anzahl	52 003	52 125	52 250
Erbrachte Leistungen im Bereich Verkehrsgewerbegenehmigungen	Anzahl	2 402	2 375	2 350

5740392

Beispiel: Auszug aus einem Teilergebnisplan des Jahres 3

Produktbereich: 010 **Innere Verwaltung**
Produktgruppe: 005 **Zentrale Dienste**
Produkt: 002 **Bauhof**

Stadt Neustadt

Kurzbeschreibung
Leistungen des Bauhofes

Ziele
Instandhaltung gemeindlicher Gebäude und Grundstücke

Zielgruppe/-n
Alle Organisationseinheiten

Auftragsgrundlage
Organisatorische Regelungen

Gremien
Gemeindeentwicklungsausschuss

Budgetverantwortlicher
Andreas Schmidt

Produktverantwortlicher
Heinz Meier

Teilergebnisplan

Ertrags- und Aufwandsarten in €	Ergebnis Jahr 1	Ansatz Jahr 2	Ansatz Jahr 3	Planung Jahr 4	Planung Jahr 5	Planung Jahr 6
+ Zuwendungen und allgemeine Umlagen	0,00	0	100	100	100	100
+ Öffentlich-rechtliche Leistungsentgelte	4.479,98	7.000	7.000	7.000	7.000	7.000
+ Privatrechtliche Leistungsentgelte	663,65	500	500	500	500	500
+ Kostenerstattungen und Kostenumlagen	14.933,44	14.000	0	0	0	0
+ Sonstige ordentliche Erträge	8.999,00	6.500	700	0	0	0
= Ordentliche Erträge	**29.076,07**	**28.000**	**8.300**	**7.600**	**7.600**	**7.600**
– Personalaufwendungen	523.199,45	473.500	537.600	537.600	537.600	537.600
– Aufwendungen für Sach- und Dienstleistungen	114.768,57	85.400	87.000	85.500	85.500	85.500
– Bilanzielle Abschreibungen	23.637,00	18.100	15.300	13.000	13.000	13.000
– Sonstige ordentliche Abschreibungen	52.476,24	60.700	93.800	97.500	97.500	97.500
= Ordentliche Aufwendungen	**714.081,26**	**637.700**	**733.700**	**733.600**	**733.600**	**733.600**
= Ergebnis der laufenden Verwaltungstätigkeit	**– 685.005,19**	**– 609.700**	**– 725.400**	**– 726.000**	**– 726.000**	**– 726.000**
+ Erträge aus internen Leistungsbeziehungen	643.380,05	724.200	738.000	738.600	738.600	738.600
– Aufwendungen aus internen Leistungsbeziehungen	11.021,73	11.200	12.600	12.600	12.600	12.600
= Saldo aus internen Leistungsbeziehungen	**632.358,32**	**713.000**	**725.400**	**726.000**	**726.000**	**726.000**
= Ergebnis	**– 52.646,87**	**103.300**	**0**	**0**	**0**	**0**

Beispiel: Auszug aus einem Teilfinanzplan des Jahres 3 zum Produkt Bauhof

Produktbereich: 010 Innere Verwaltung
Produktgruppe: 005 Zentrale Dienste
Produkt: 002 Bauhof

Stadt Neustadt

Teilfinanzplan

Investitionsmaßnahmen in Tausend €	Gesamtbedarf	bisher bereitgestellt	Ergebnis Jahr 1	Ansatz Jahr 2	Ansatz Jahr 3	VE[1] Jahr 3	Planung Jahr 4	Planung Jahr 5	Planung Jahr 6	spätere Jahre
Bauhoffahrzeuge										
Veräußerung von Fahrzeugen	13,5	10,5	4,0	6,5	3,0	0,0	0,0	0,0	0,0	0,0
Summe der investiven Einzahlungen	13,5	10,5	4,0	6,5	3,0	0,0	0,0	0,0	0,0	0,0
Erwerb beweglichen Vermögens/Auftrag	2,7	0,0	0,0	0,0	2,7	0,0	0,0	0,0	0,0	0,0
Summe der investiven Auszahlungen	2,7	0,0	0,0	0,0	2,7	0,0	0,0	0,0	0,0	0,0
Saldo	**10,8**	**10,5**	**4,0**	**6,5**	**0,3**	**0,0**	**0,0**	**0,0**	**0,0**	**0,0**
Pultdach für Fahrzeuge/Geräte										
Abwicklung Baumaßnahme/Auftrag	21,0	0,0	0,0	0,0	21,0	0,0	0,0	0,0	0,0	0,0
Summe der investiven Auszahlungen	21,0	0,0	0,0	0,0	21,0	0,0	0,0	0,0	0,0	0,0
Saldo	**– 21,0**	**0,0**	**0,0**	**0,0**	**– 21,0**	**0,0**	**0,0**	**0,0**	**0,0**	**0,0**
Investitionstätigkeit unter der Wertgrenze[2]										
Investive Einzahlungen	0,0	0,0	5,0	0,0	0,0	0,0	0,0	0,0	0,0	0,0
Investive Auszahlungen	0,0	0,0	0,8	10,9	8,5	0,0	7,0	7,0	7,0	0,0
Saldo	**0,0**	**0,0**	**4,2**	**– 10,9**	**– 8,5**	**0,0**	**– 7,0**	**– 7,0**	**– 7,0**	**0,0**
Saldo Investitionstätigkeit	**– 10,2**	**10,5**	**8,2**	**– 4,4**	**– 29,2**	**0,0**	**– 7,0**	**– 7,0**	**– 7,0**	**0,0**

Erläuterungen

Die notwendige Ersatzbeschaffung eines Kommunalarbeitsfahrzeuges „Pfau Rexter" und Zubehör für Bauhoffahrzeuge wird über eine Leasingkonstruktion sichergestellt.

Einzahlungen aus Investitionstätigkeit ergeben sich durch die Veräußerung des Kompaktschleppers „Iseki" (3.000,00 €)

1 Verpflichtungsermächtigungen (Zahlungsverpflichtungen in späteren Jahren aufgrund einer Investition)
2 Es handelt sich um eine Sammelposition für Investitionen, die eine vom Rat festgelegte Wertgrenze nicht überschreiten.

5740394

5 Marketing in Verwaltungsbetrieben

Soweit die folgenden Ausführungen nicht allgemeiner Natur sind, konzentrieren sie sich exemplarisch auf die Kommunalverwaltung. Der Begriff „Markt" wird auch dann verwendet, wenn es um nichtmarktfähige kommunale Leistungen geht. Er ist in diesem Fall nur im übertragenen Sinne zu verstehen, drückt also die speziellen Tauschbeziehungen der Verwaltung zu ihren abnahmeberechtigten bzw. abnahmepflichtigen Kunden aus (siehe LF 3, Kapitel 3.1.6). Als Kunden werden vor allem Bürger und im Gemeindegebiet ansässige Unternehmen betrachtet.

5.1 Grundbegriffe

Aufgrund ihres besonderen Güterangebots (siehe LF 3, Kapitel 2), ihrer speziellen Marktbeziehungen (siehe LF 3, Kapitel 3.1.6) und weiterer Eigenarten im Vergleich zu privaten Unternehmen (siehe Kapitel 1) ist es sinnvoll, den Marketingbegriff für die Kommunalverwaltung eigenständig zu definieren.

Marketing	
in der privaten Wirtschaft	**in der Kommunalverwaltung**
marktgesteuerte Führung eines Unternehmens mit dem Ziel, Absatzmärkte zu schaffen, zu erhalten und zu vergrößern	produktorientierte Steuerung des Verwaltungsbetriebs mit dem Ziel, die Abgabe der Leistungen möglichst kundenorientiert und wirtschaftlich zu gestalten
Die Vermarktung der betrieblichen Leistungen erfolgt auf der Grundlage einer konsequenten Kunden- und Wettbewerbsorientierung. Kosten- und Qualitätsbewusstsein ergeben sich aus den Erfordernissen des Absatzmarktes.	Die Abgabe der betrieblichen Leistungen ist geleitet von dem Grundsatz der Kundenorientierung. Kosten- und Qualitätsbewusstsein sollen u. a. durch Produkthaushalte entstehen, die Finanz- und Leistungsvorgaben miteinander verknüpfen (siehe Kapitel 4.2 und 4.4).

In beiden Bereichen stellt sich **Marketing als Führungskonzeption** dar. Der Betrieb soll jeweils von der Absatzseite her gesteuert werden. Die Verwaltung produziert aber überwiegend nichtmarktfähige Leistungen. Deshalb kann nicht von einer marktgesteuerten Unternehmensführung gesprochen werden. An ihre Stelle tritt die outputorientierte Steuerung (siehe Kapitel 4.2).

Mit ihren nichtmarktfähigen Leistungen unterliegt die Verwaltung in der Regel keinem Wettbewerb. Sie ist alleinige Anbieterin im Gemeindegebiet. Das Marketing zielt hier nicht darauf ab, Absatzmöglichkeiten zu schaffen oder zu erhalten. Es geht vielmehr darum, die Leistungen möglichst kundenorientiert und kostengünstig zu erstellen.

Bei den marktfähigen Leistungen der Verwaltung (siehe LF 3, Kapitel 2.3) gehen kommunales und privatwirtschaftliches Marketing ineinander über. Dennoch hat auch hier die Förderung des Gemeinwohls Vorrang. Marketingziele sind aus diesem Oberziel abzuleiten.

Marketingplanung

Aus dem Denken vom Abnehmer her resultiert ein Planungsprozess mit den folgenden Elementen:

Situationsanalyse	Sie dient der Gewinnung und Auswertung von Informationen, mit dem Ziel, den gegebenen **Ist-Zustand** zu erfassen. Die benötigten Informationen stammen häufig aus dem betrieblichen Rechnungswesen oder sind das Ergebnis von Marktforschungsaktivitäten. Die Situationsanalyse bezieht sich insbesondere auf den Betrieb selbst sowie seine Konkurrenten und (potenziellen) Kunden. Sie soll Stärken, Schwächen und bisher nicht genutzte Möglichkeiten aufzeigen.
Ziel- und Strategieplanung	Auf der Grundlage der Situationsanalyse werden realisierbare Marketingziele formuliert. Sie beschreiben den angestrebten **Soll-Zustand.** Ferner wird eine geeignete Marketingstrategie zur Zielerreichung ausgewählt. Darin kommen übergeordnete Verhaltensgrundsätze zum Ausdruck, die längerfristig wirken. Bildlich gesprochen: Wenn die Ziele den Ort angeben, an den man gelangen möchte, so ist die Strategie der einzuschlagende Weg, auf dem man zum Wunschort gelangen will.

Planung eines abgestimmten Einsatzes der absatzpolitischen Instrumente (Marketing-Mix)	Als absatzpolitische Instrumente bezeichnet man die Mittel (Aktivitätsbereiche), mit deren Hilfe der strategisch vorgegebene Weg zum Ziel bewältigt wird: ■ Produkt- und Sortimentspolitik ■ Preis- und Konditionenpolitik ■ Kommunikationspolitik ■ Distributionspolitik Für jeden Aktivitätsbereich hat die Marketinglehre zahlreiche Maßnahmen entwickelt, mit denen Markt- bzw. Abgabebeziehungen aktiv gestaltet werden können. Es müssen Maßnahmen ausgewählt und miteinander kombiniert werden, die in zeitlicher und inhaltlicher Hinsicht zueinander passen. Dabei müssen Marktforschungsergebnisse beachtet werden. Der so entstehende Marketing-Mix ist Herzstück jeder Marketingkonzeption.

In Kapitel 5.5 können Sie sich einen Überblick über diese Instrumente verschaffen.

Nach der Planungsphase folgt die Phase der Umsetzung. Daran schließt sich die Kontrollphase an. Mit ihrer Hilfe zeigt sich, ob es gelungen ist, die angestrebten Marketingziele zu erreichen.

Zusammenhang von Zielen, Strategien und Instrumenten in einer Marketingkonzeption

Quelle: in Anlehnung an www.sp-dozenten.de, Ramme, Folienvorlagen zum Marketing, Abb. 98

Notwendigkeit des kommunalen Marketings

Viele private Unternehmen bieten ihre Produkte heutzutage auf Käufermärkten an. Das sind hart umkämpfte Märkte, in denen der Bedarf gesättigt und daher das Angebot größer als die Nachfrage ist. Häufig resultiert daraus eine sehr starke Position der Kunden. In dieser Situation ist es für die meisten Unternehmen unerlässlich, ihre Produkte systematisch zu vermarkten, um sich Wettbewerbsvorteile zu verschaffen.

Die Verwaltung ist aber mit vielen Leistungen keinem Wettbewerb ausgesetzt. Warum also sollte sie Marketing betreiben? Die folgenden Gründe sprechen dafür:

- Durch den zielgerichteten und systematischen Einsatz der Marketinginstrumente lassen sich sowohl Art und Umfang des Leistungsangebots als auch der Leistungsprozess besser als bisher an den Bedürfnissen und Problemlagen der verschiedenen Kundengruppen ausrichten.
- Die Verwaltung steht nicht nur vor der Aufgabe, vorhandene Kundenbedürfnisse bestmöglich zu befriedigen (Bedarfsdeckungsfunktion). Insbesondere im Bereich der meritorischen Leistungen (siehe LF 3, Kapitel 2.2) geht es auch darum, Werthaltungen und Einstellungen der Bürger zu beeinflussen sowie neue Bedürfnisse zu schaffen (Bedarfslenkungsfunktion). Dabei leistet das Marketing wertvolle Dienste.
- Die Kommunen sind zwar mit vielen Einzelleistungen konkurrenzlos. In der Frage ihrer Attraktivität als Ganzes stehen sie aber untereinander im Wettbewerb, z. B. um die Ansiedlung von Unternehmen, den Zuzug von Arbeitnehmern, den Besuch von Touristen oder die Ausrichtung von Kongressen, Tagungen und anderen Veranstaltungen. Marketing versetzt Kommunen in die Lage, sich im Konkurrenzkampf der Städte besser als bisher zu behaupten.
- Marketing kann dabei helfen, ein positives Verwaltungsimage aufzubauen. Ein wichtiger Ansatzpunkt ist dabei das Bestreben, die Kundenzufriedenheit zu steigern (siehe Kapitel 5.7).

Dienstleistungsmarketing

Das externe Dienstleistungsmarketing bedient sich der „klassischen“ absatzpolitischen Instrumente Produkt- und Sortimentspolitik, Preis- und Konditionenpolitik, Kommunikationspolitik sowie Distributionspolitik. Diese ursprünglich für das Sachgütermarketing entwickelten Instrumente dienen der Kundenbearbeitung zur Erreichung der festgelegten Marketingziele. Die genannten Instrumente können prinzipiell auch im Dienstleistungsmarketing eingesetzt werden. Das interne und interaktive Marketing sind dienstleistungsspezifische Ergänzungen, die sich insbesondere aus der Kundenbeteiligung bei der Leistungserstellung ergeben (siehe Kapitel 5.6).

5.2 Marktforschung

Marktforschung ist das systematische („professionelle“) Sammeln und Auswerten von Informationen über die Märkte und Kunden eines Betriebs mit wissenschaftlichen Methoden. Die Informationsbeschaffung und -auswertung erfolgt durch den Betrieb selbst oder durch ein beauftragtes Marktforschungsinstitut.

Die Marktforschung bildet nicht nur die Grundlage für wichtige absatzpolitische Entscheidungen, sondern leistet auch wertvolle Dienste bei der Situationsanalyse und der Kontrolle von Marketingmaßnahmen. Sie ist somit ein bedeutendes Marketinginstrument.

Methoden der Informationsbeschaffung

Primärforschung (= Feldforschung)	Sekundärforschung (= Schreibtischforschung)	
Die Marktforscher erhalten die benötigten Informationen durch Erhebungen, die sie eigens für einen bestimmten Marketingzweck durchführen. Dabei gewinnen sie neue, bisher nicht vorhandene Daten.	Die Marktforscher erhalten die benötigten Informationen durch Auswertung inner- und außerbetrieblicher Quellen. Sie greifen auf bereits vorhandene Daten zurück.	
Methoden: ■ Befragung (schriftlich, online, telefonisch, persönlich) ■ Panel ■ Beobachtung (z. B. Zählungen, Videoaufzeichnungen) ■ Tests, u. a. – Warentest – Testmarkt	Beispiele für innerbetriebliche Informationsquellen bzw. Daten: ■ Haushalts-und Rechnungswesen (Haushaltsplan, Jahresabschlüsse, Berichte, Auswertungen usw.) ■ Verwaltungsvollzugsdaten (soweit Datenschutzvorschriften der Auswertung nicht entgegenstehen): Daten über Beratungen, Anträge, Bescheide, Benutzer kommunaler Einrichtungen, Beschwerden usw.	Beispiele für außerbetriebliche Informationsquellen: ■ Bilanzen,Geschäftsberichte und weitere Veröffentlichungen anderer Kommunen ■ Statistiken und Berichte von Verbänden (z. B. des Deutschen Städte- und Gemeindebundes) ■ Veröffentlichungen des Statistischen Bundesamtes, der Statistischen Landesämter, der KGST und anderer relevanter Stellen ■ Fachzeitschriften

Die gebräuchlichste Methode der **Primärforschung** ist die **Befragung.** Sie lässt sich schriftlich oder online mittels Fragebögen durchführen. Fragebögen ermöglichen die Erfassung großer Gruppen und eine schnelle Auswertung. Ein Nachteil von Fragebögen ist die relativ geringe Rücklaufquote. Sie kann durch Anreize erhöht werden.

Telefonische und persönliche Befragungen finden als Interview statt, meistens in standardisierter Form. Insbesondere das persönliche Interview ist aufwendiger und damit teurer als der Einsatz von Fragebögen. Allerdings ist die Teilnahmebereitschaft bei den Befragten wesentlich höher.

Die Befragung eines gleichbleibenden Personenkreises zu denselben Themen und in regelmäßigen Abständen über einen längeren Zeitraum heißt **Panel.** Es gestattet die genaue Erfassung und Analyse von Veränderungen des Kundenverhaltens im Zeitablauf.

Auch die **Beobachtung** eignet sich zur Analyse des Kundenverhaltens. Dieses Instrument kann von der Verwaltung eingesetzt werden, um für einzelne Leistungsangebote

- den Umfang der Nutzung (z. B. Besucher- oder Benutzerzahlen),
- die Verteilung der Nutzung über die Zeit (z. B. vormittags, nachmittags, abends) sowie
- die Dauer der Nutzung

festzustellen. In der Privatwirtschaft werden auch Videoaufzeichnungen zur Untersuchung des Kundenverhaltens eingesetzt.

Tests sind dort ebenfalls ein gängiges Mittel der Primärforschung. Sie weisen eine bestimmte Versuchsanordnung auf und haben folglich den Charakter eines Experiments. Beim Warentest erproben Versuchspersonen ein neues Produkt und beurteilen es anschließend nach verschiedenen Kriterien. Die Gesamtheit der Beurteilungen erlaubt Rückschlüsse auf künftige Absatzchancen.

Das **Testmarktverfahren** liefert noch gehaltvollere Informationen. Man führt das neue Produkt auf einem regional begrenzten Teilmarkt ein, der repräsentativ für den Gesamtmarkt ist, vermarktet es mit allen wesentlichen absatzpolitischen Maßnahmen und kontrolliert die Wirkungen. Den bekanntesten deutschen Testmarkt betreibt die Gesellschaft für Konsumforschung in der rheinland-pfälzischen Kleinstadt Haßloch. (Darüber finden Sie auf der Lehrbuch-CD weitere Informationen in dem Artikel „Das Haßloch-Experiment" aus der Süddeutschen Zeitung.)

Primärforschung kann mit Voll- und Teilerhebungen betrieben werden. **Vollerhebungen** sind sehr selten. Sie erfassen die für eine Untersuchung relevante Gesamtmasse, z. B. alle Bürger einer Gemeinde. Für **Teilerhebungen** wird aus der Gesamtmasse eine repräsentative Stichprobe ausgewählt. Diese muss in ihrer Struktur (z. B. im Hinblick auf Altersaufbau, Geschlecht, Ausbildung, Beruf, Einkommen) mit der Gesamtmasse übereinstimmen.

Die erhobenen Daten müssen ausgewertet werden. Dies geschieht in Form einer Marktanalyse oder Marktbeobachtung. Die Ergebnisse beider Verfahren können zu einer Marktprognose weiterverarbeitet werden.

Verfahren der Informationsauswertung	
Marktanalyse (Zeitpunkt-Betrachtung)	**Marktbeobachtung (Zeitraum-Betrachtung)**
Beschreibung der Marktverhältnisse auf der Grundlage zeitpunktbezogener Daten (Momentaufnahme).	Fortlaufende Beschreibung der Marktverhältnisse auf der Grundlage zeitraumbezogener Daten.
Marktprognose (Zukunfts-Betrachtung)	
Es gilt, künftige Marktverhältnisse vorausschauend abzuschätzen. Die Marktprognose bildet die Grundlage für den Einsatz der absatzpolitischen Instrumente.	

Gebiete der Marktforschung

Marktforschungsaktivitäten erstrecken sich auf sehr unterschiedliche Gebiete. Die folgende Tabelle gibt einen Überblick:

Bedarfsforschung	Konkurrenzforschung	Absatzforschung	Konjunkturforschung
Sie untersucht das Konsumverhalten der tatsächlichen und möglichen Kunden sowie ihre Bedürfnisse und Kaufkraft.	Sie untersucht die Marktstellung und das Verhalten der Konkurrenten sowie die Entwicklung der gesamten Branche.	Sie untersucht die eigene Stellung am Markt und die Wirkung der eingesetzten absatzpolitischen Instrumente.	Sie untersucht die Entwicklung der gesamtwirtschaftlichen Lage, Saisonschwankungen und langfristig wirksame Trends.

Grundsätzlich sind alle Gebiete auch für die Kommunalverwaltung relevant, vor allem hinsichtlich ihrer marktfähigen Leistungen. Einen besonderen Stellenwert hat die Bedarfsforschung, da sie sich auf die Verwaltungskunden konzentriert.

Bedarfsforschung

Die Bedarfsforschung ist für alle Verwaltungsbereiche von Bedeutung. Sie erhebt objektive und subjektive Daten über die Abnehmer kommunaler Leistungen und wertet diese aus.

Bedarfsforschung

Tatsachenforschung

erhebt objektive Daten:

- Fakten, die den Abnehmer und sein Nachfrageverhalten beschreiben

- Fakten über tatsächliche und mögliche Abnehmer der Leistung:
  - Alter
  - Geschlecht
  - Familienstand
  - Einkommen
  - Beruf
  - Bildungsstand
  - soziale Schicht
  - usw.
- Fakten zum Nachfrageverhalten:
  - Wo, wann, wie oft wird die Leistung in Anspruch genommen? (= Nutzungsanalyse)

Meinungs- und Motivforschung

erhebt subjektive Daten:

- Einstellungen der Abnehmer
- Gründe für die Inanspruchnahme des Angebots

- Einstellungen zu den Leistungen:
  - Zufriedenheit
  - Kritik
  - Änderungswünsche
  - usw.
- Idealvorstellung:
  - Eigenschaften
  - Preise
  - usw.
- Einstellungen zu Konkurrenzleistungen
- Gründe für die Inanspruchnahme der Leistung

Beispiel: Auszug aus einem Fragebogen

Fragen zum Bürgertelefon

Vor rund einem Jahr hat die Stadtverwaltung das Bürgertelefon unter der Nummer 16-1616 eingerichtet. Sie können dort Lob und Tadel loswerden, aber auch Auskünfte zu bestimmten Fragestellungen erhalten.

Nachfolgend einige Fragen zum Bürgertelefon:

20 Ist Ihnen die Einrichtung des Bürgertelefons bekannt?

ja ❑
nein ❑

Falls Bürgertelefon bekannt:

➜ Wie haben Sie von der Einrichtung des Bürgertelefons erfahren?

aus der Presse ❑
durch die städtische Zeitungsbeilage „Wir für Sie" ❑
durch das Lokalradio „Herne 90, acht" ❑
durch Freunde/Bekannte ❑
durch Nachbarn ❑
Sonstiges, und zwar: ________ ❑

21 Haben Sie vom Bürgertelefon schon einmal Gebrauch gemacht?

ja ❑
nein ❑

Falls schon einmal angewählt:

➜ Mit welchem Anliegen haben Sie das Bürgertelefon angerufen?

wegen eines Tadels/einer Beschwerde ❑
um ein Lob auszusprechen ❑
um Informationen zu erhalten ❑
Sonstiges: ________ ❑

22 Halten Sie die Einrichtung des Bürgertelefons für sinnvoll?

ja ❑
nein ❑

objektive Daten

Tatsachenforschung

Motivforschung

Gründe für die Inanspruchnahme einer Leistung

Einstellungen

Meinungsforschung

Quelle: Leben in Herne, Bürgerumfrage 2000, Abschlussbericht, Herne 2001, S. 47

Die Bedarfsforschung kann unterschiedlichen Zwecken dienen, nämlich der

- Entwicklung von Marketingkonzepten,
- Kontrolle von Marketingaktivitäten,
- Einteilung der Abnehmer in einheitliche Zielgruppen (= Marktsegmentierung, siehe Kapitel 5.4.1)

5.3 Marketingziele

Ausgangspunkt für die Zielformulierung ist die Situationsanalyse mit den festgestellten Stärken und Schwächen. Es gilt, Stärken zu festigen und Schwächen abzubauen. Ferner ist zu beachten, dass die Marketingziele stets aus übergeordneten Sach- und Formalzielen abzuleiten sind (siehe Kapitel 1.1). Daraus ergibt sich die spezielle Grundausrichtung des kommunalen Marketings. Nicht Gewinnmaximierung wird angestrebt, sondern eine Steigerung des Gemeinwohls.

Marketingziele legen fest,

- was erreicht werden soll **(Zielinhalt),**
- wie viel davon erreicht werden soll **(Zielausmaß)** und
- wann es erreicht werden soll **(Zielperiode).**

Die Ziele müssen präzise und eindeutig formuliert sein, damit man überprüfen kann, ob sie verwirklicht wurden. Sie sollen in ein geeignetes Zielsystem aus Ober- und Unterzielen eingebunden werden.

Grundsätzlich unterscheidet man zwischen quantitativen und qualitativen Marketingzielen. Quantitative Ziele lassen sich in Zahlen ausdrücken, qualitative Ziele dagegen nicht. Um messen zu können, ob qualitative Ziele erreicht wurden, muss man ggf. auf die Methoden der primären Marktforschung zurückgreifen, z. B. auf Befragungen. Eine andere Möglichkeit ist die Entwicklung von quantitativen Zielen in Form von Kennzahlen, die wiederum Aussagen zur Verwirklichung qualitativer Ziele erlauben.

Beispiele für quantitative Ziele

- *Erhöhung des Kostendeckungsgrads einer kommunalen Einrichtung um x %*
- *Erhöhung der Besucherzahlen einer kommunalen Einrichtung um x %*
- *Verringerung der jährlichen Menge häuslichen Restabfalls um x Tonnen*
- *Verringerung der Bearbeitungsdauer/Wartezeit um x Minuten*
- *Verringerung des Anteils an Widersprüchen/Klagen um x %*

Beispiele für qualitative Ziele

- *Erhöhung der Kundenzufriedenheit*
- *Erhöhung der Mitarbeiterzufriedenheit (= internes Marketing)*
- *Imagesteigerung für eine Organisationseinheit, die gesamte Verwaltung*
- *Schaffung eines Markenbewusstseins für das kommunale Sport- und Freizeitbad („Nord-Pool: Jeden Tag ein bisschen Urlaub")*
- *Verbesserung der Kundeninformation über Produkte, Produktgruppen, Produktbereiche*

5.4 Marktsegementierung und Marketingstrategien

Marketingstrategien legen die Stoßrichtung der Marketingaktivitäten fest. Sie machen deutlich, welcher Weg zur Zielverwirklichung eingeschlagen werden soll (siehe auch Kapitel 5.1). Marketingstrategien setzen meistens die Bildung von Marktsegmenten voraus. Deshalb erfolgt zunächst eine Darstellung dieses Vorgangs. Erst im Anschluss daran werden wichtige Marketingstrategien vorgestellt.

Für die Verwaltung sind die Strategien mit nur teilweiser Marktabdeckung von geringerer Bedeutung. Der kommunale Versorgungsauftrag bezieht sich in der Regel auf alle Abnehmer im Gemeindegebiet. Deshalb darf die Verwaltung sich nicht auf die Bearbeitung nur einzelner Marktsegmente zurückziehen, sondern muss alle Teile des Gesamtmarkts bedienen.

5.4.4 Wettbewerbsstrategien

Im übertragenen Sinne können Marktbearbeitungs- und Produkt-Markt-Strategien grundsätzlich auch von Verwaltungsbereichen angewandt werden, die unentgeltliche oder konkurrenzlose nichtmarktfähige Leistungen abgeben. Der Einsatz von Wettbewerbsstrategien kommt dagegen nur für Verwaltungsbereiche in Betracht, die mit anderen Anbietern konkurrieren. Das sind in erster Linie öffentliche Einrichtungen, die marktfähige Dienstleistungen aus den Bereichen Bildung, Kultur, Sport, Freizeit, Soziales und Gesundheit anbieten: Volkshochschulen, Theater, Musikschulen, Museen, Schwimmbäder, Zoologische Gärten, Seniorenheime, Kindergärten, Krankenhäuser.

Qualitätsstrategie	Sie zielt darauf ab, ein optimales Maß an Kundenzufriedenheit zu erzielen und so die gesamte Einrichtung zu einem Markenprodukt zu machen. Auf diese Weise soll die Bindung der Kunden an die Einrichtung erhöht und ihre Preisempfindlichkeit verringert werden. Von daher ist die Preisgestaltung kein primärer Ansatzpunkt dieser Strategie, sondern vielmehr Produktqualität, Produktimage und Service. **Beispiel** *Das Sport- und Freizeitbad Burgtal-Therme bietet seinen Besuchern eine Saunalandschaft, die in ihrer Größe, Vielfältigkeit und Ausstattung höchsten Ansprüchen genügt.*
Strategie der Kostenführerschaft	Diese Strategie zielt darauf ab, die eigenen Kosten unter das Kostenniveau der wichtigsten Konkurrenten zu senken. Der Kostenvorteil macht es möglich, mithilfe relativ geringer Preise die eigene Wettbewerbsposition zu halten oder auszubauen. Die Preispolitik steht folglich im Mittelpunkt dieser Strategie. **Beispiele** *Die Stadt Neustadt bietet besonders günstige gemeindliche Gewerbeflächen, kommunale Darlehen sowie Ver- und Entsorgungsleistungen für die Unternehmen im Gemeindegebiet an, um Neuansiedlungen zu fördern.*
Kooperationsstrategie	Zur Verbesserung des Angebots und der Kostensituation kann es sinnvoll sein, die Zusammenarbeit mit privatwirtschaftlichen Unternehmen oder konkurrierenden öffentlichen Einrichtungen zu suchen. **Beispiel** *Die Volkshochschule der Stadt Neustadt vereinbart eine Kooperation mit ihrer Konkurrentin aus der Nachbarstadt Burgtal. So kann das Kursangebot insgesamt erweitert werden, ohne dass die Kosten steigen.*

Kombination von Strategien

In der Praxis werden Strategien häufig nicht in ihrer Reinform angewandt. Zueinander passende Strategien werden kombiniert; ferner existieren betriebsindividuelle Strategien.

Beispiel

Beim Sport- und Freizeitbad Burgtal-Therme findet nicht nur die Qualitätsstrategie Anwendung, sondern auch die Differenzierungsstrategie; unterschiedlichen Zielgruppen soll die Befriedigung ihrer spezifischen Badebedürfnisse ermöglicht werden. Diese Ausrichtungen basieren auf der Verwirklichung eines Modernisierungskonzepts, das die Strategie der Produktentwicklung verfolgt.

5.4.5 Portfolioanalyse und daraus abgeleitete Normstrategien

Die Portfolioanalyse ist eine weit verbreitete Methode des strategischen Marketings. Es existieren zahlreiche Versionen. Gemeinsame Grundlage ist häufig die ursprüngliche Fassung der Unternehmensberatungsgesellschaft Boston Consulting Group (BCG), die hier mit privatwirtschaftlichen Bezügen dargestellt wird. Dieses Vorgehen erleichtert das Verständnis für Versionen der Portfolioanalyse, wie sie mittlerweile auch für Teilbereiche der Kommunalverwaltung entwickelt wurden.

Produktlebenszyklus

Die Portfolioanalyse beruht auf dem Modell des Produktlebenszyklus. Dieses Modell teilt den typischen „Lebensweg" eines Produkts von seiner „Geburt" bis zum Marktaustritt in Phasen ein, die durch eine bestimmte Entwicklung des Umsatzes und Gewinns gekennzeichnet sind.

Modell des Produktlebenszyklus

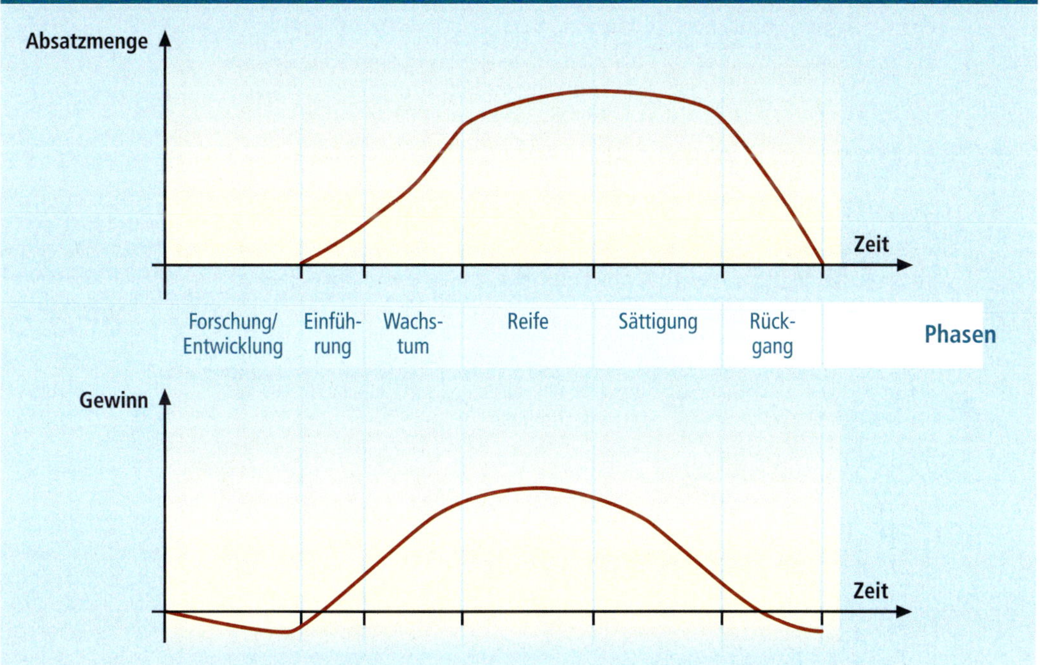

Phase	Merkmale
Forschung/ Entwicklung	Der Lebensweg eines Produkts beginnt mit Ideensuche, Ideenauswahl, Wirtschaftlichkeitsanalyse, Produktentwicklung und Markttest. Das Produkt wird noch nicht abgesetzt. Er verursacht nur Kosten und damit Verluste.
Einführung	Das Produkt wird am Markt eingeführt. Die Kosten für Werbung und Absatzförderung sind hoch. Dem stehen zunächst geringe Umsätze gegenüber, sodass meistens noch Verluste erzielt werden.
Wachstum	Das Produkt ist einem größeren Kundenkreis bekannt – die Absatzmenge und damit der Umsatz steigen stark an. Es tauchen immer mehr Konkurrenten auf, die das Produkt nachahmen und auch geringfügig verbessern.
Reife	Die Absatzmenge und der Umsatz steigen weiter, aber im geringeren Maße, und zwar bis der höchste Punkt erreicht ist. Die Zahl der Neukunden wird kleiner. Der Wettbewerb wächst.
Sättigung	Stark verbesserte Konkurrenzprodukte ziehen Käufer ab. Oft kaufen nur noch traditionsbewusste Kunden aus Gewohnheit. Absatz, Umsatz und Gewinn sind rückläufig.
Rückgang	Neue überlegene Produkte tauchen auf. Die Käufer wandern im starken Umfang ab. Auslaufmodelle können evtl. noch zu Sonderpreisen abgesetzt werden.

Ein Unternehmen gewinnt aus der Betrachtung des Produktlebenszyklus zwar Anhaltspunkte zur Auswahl und zum Zeitpunkt von Marketingmaßnahmen für ein bestimmtes Produkt. Es erhält aber aus der jeweils isolierten Betrachtung der Produkte noch kein Gesamtbild seiner aktuellen Lage.

Hier hilft die Portfolioanalyse weiter. Ihre Ergebnisse lassen sich in einer Vier-Felder-Matrix anschaulich darstellen. Der Begriff „Portfolio" bezeichnet die Zusammensetzung des Produktionsprogramms eines Unternehmens. Die Produkte oder Produktgruppen bilden strategische Geschäftsfelder. Das sind relativ autonome Unternehmensbereiche mit eigenen Chancen, Risiken und Ertragsaussichten. Der Begriff „Analyse" beinhaltet zum einen alle notwendigen Arbeitsschritte zur Positionierung der Geschäftsfelder in der Matrix nach den Kriterien Marktwachstum und relativer Marktanteil. Er umfasst zum anderen die Auswertung der Matrix und die dann folgenden strategischen Planungen.

Portfolio-Matrix (BCG-Matrix) mit Normstrategien

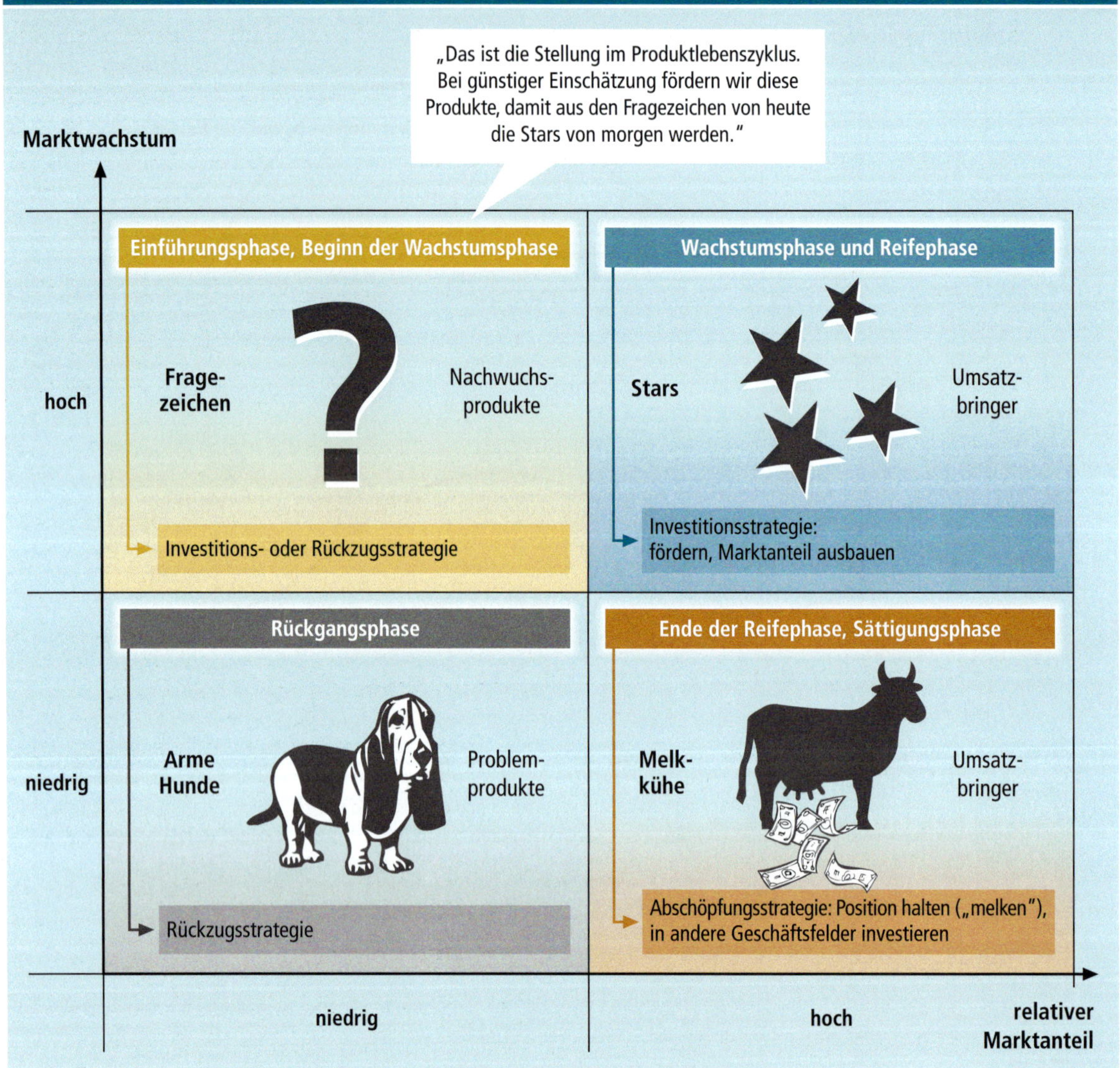

Die Achsen der Portfolio-Matrix verkörpern die wichtigsten Erfolgsfaktoren eines Unternehmens. Der relative Marktanteil repräsentiert die Wettbewerbsstärke. Er wird folgendermaßen ermittelt:

$$\text{Relativer Marktanteil} = \frac{\text{Eigener Marktanteil}}{\text{Marktanteil des stärksten Konkurrenten}}$$

Beträgt der eigene Marktanteil 20 % und der des stärksten Konkurrenten 10 %, ergibt sich ein relativer Marktanteil von 2. D. h., der eigene Marktanteil ist doppelt so hoch wie der des Konkurrenten. Bei umgekehrter Sachlage ergäbe sich ein relativer Marktanteil von 0,5. Der eigene Marktanteil wäre in diesem Fall nur halb so hoch wie der des Mitbewerbers.

Das Marktwachstum steht für die Attraktivität der Märkte, auf denen das Unternehmen tätig ist. Das Marktwachstum wird folgendermaßen berechnet:

$$\text{Marktwachstum} = \frac{\text{Gesamtumsatz aller Anbieter im aktuellen Jahr} - \text{Gesamtumsatz alle Anbieter aus dem Vorjahr}}{\text{Gesamtumsatz aller Anbieter aus dem Vorjahr}} \cdot 100$$

Der Gesamtumsatz aller Anbieter auf dem betrachteten Markt bezeichnet man auch als „Marktvolumen". Es ist im Wege der Schätzung zu ermitteln, wenn keine gesichterten Daten zur Verfügung stehen.

Die Ergebnisse der Standortbestimmung mithilfe der Portfolioanalyse sind Ausgangspunkt für eine intensive Auseinandersetzung mit der zukünftigen Entwicklung des Unternehmens. Normstrategien geben Empfehlungen zum weiteren Vorgehen. Es handelt sich dabei um grob umrissene Leitsätze, die der Konkretisierung bedürfen. Die Normstrategien hängen von der Positionierung eines Produkts oder einer Produktgruppe in der Vier-Felder-Matrix ab (siehe oben). Mit ihrer Hilfe wird ein Produktionsprogramm angestrebt, das hinsichtlich Ertragskraft, Lebensalter, Marktposition, Konkurrenz und Risiken ausgewogen ist. So soll der Erfolg des Unternehmens langfristig gesichert werden.

Beispiel: Portfolio-Matrix der Neustädter Fahrradmanufaktur

Das Produktionsprogramm der Neustäder Fahrradmanufaktur umfasst sechs Produktgruppen, die auf dem europäischen Markt angeboten werden:

A	Hollandräder
B	Mountainbikes
C	Rennräder
D	Kinderräder
E	Elektrobikes
F	Citybikes

Eine Portfolioanalyse brachte folgendes Ergebnis:

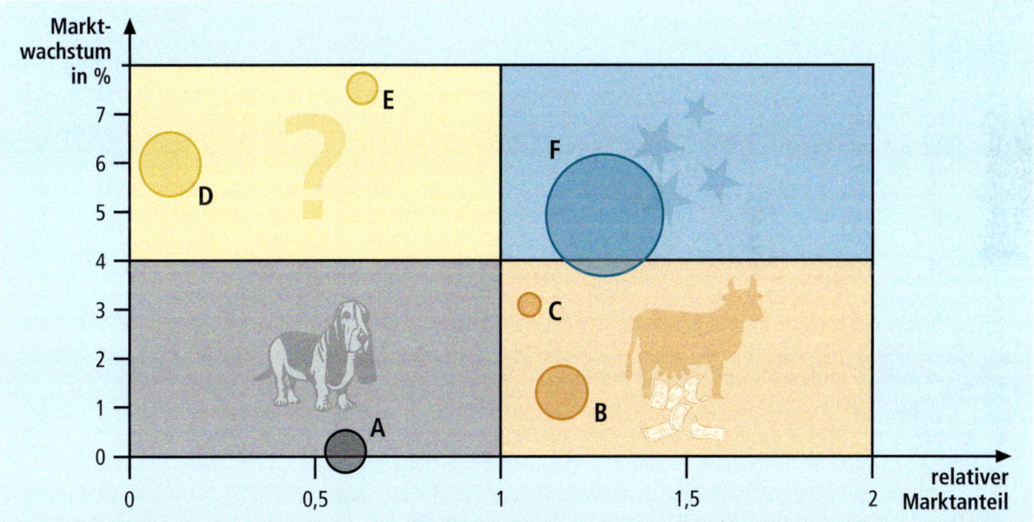

Die Grenze zwischen niedrigem und hohem relativen Marktanteil liegt bei 1. Ab diesem Punkt ist die Neustädter Fahrradmanufaktur Marktführer. Die Grenze zwischen niedrigem und hohem Marktwachstum liegt bei 4 %. Das entspricht dem durchschnittlichen Marktwachstum aller sechs Produktgruppen der Neustädter Fahrradmanufaktur. Die Kreisgröße orientiert sich an dem jeweiligen Jahresumsatz der zugehörigen Produktgruppe.

Vor- und Nachteile der Portfolioanalyse

Die hier dargestellte Version der Portfolioanalyse ist anschaulich und einfach zu handhaben. Sie fördert das Zukunftsdenken und ermöglicht es, Absatzchancen und -risiken zu erkennen. Die Erfassung des Marktanteils des schärfsten Konkurrenten kann sich allerdings als schwierig erweisen, denn man benötigt dazu Informationen über die Höhe seines Umsatzes. Schließlich wird kritisiert, dass die Portfolioanalyse in der Fassung der Boston Consulting Group zu undifferenziert sei, weil sie nur zwei Erfolgsfaktoren (das Marktwachstum und den relativen Marktanteil) berücksichtige.

Anwendung der Portfolioanalyse in der Kommunalverwaltung

Die Übertragung der Portfolioanalyse auf die Kommunalverwaltung scheint insbesondere dort möglich, wo marktfähige Leistungen erbracht werden. Die Beiträge in der Fachliteratur konzentrieren sich auf Kultur- und Weiterbildungseinrichtungen, darunter Öffentliche Bibliotheken und Volkshochschulen. Da die Rahmenbedingungen in diesen Einrichtungen unterschiedlich sind, liegen auch verschiedene Konzepte zur Durchführung einer Portfolioanalyse vor.

Hier wird ein Konzept für Öffentliche Bibliotheken vorgestellt. Zum besseren Verständnis ist es vorab notwendig, einige grundlegende Zusammenhänge zu klären. Die Bestände einer Öffentlichen Bibliothek bestehen aus Büchern und anderen Medien. Die Bücher werden nach der Allgemeinen Systematik für Öffentliche Bibliotheken (ASB) gegliedert. Diese liefert einen systematischen Überblick über die Wissensgebiete. Die Sachliteratur findet sich in den 22 Bestandsgruppen A bis Y, die Belletristik (Unterhaltungsliteratur) in der Bestandsgruppe Z. Beispiele für andere Medienbestände, die Bibliotheken bereitstellen, sind Zeitschriften, Hörbücher, CDs, DVDs, Konsolenspiele und dergleichen mehr.

Beschreibung der Matrixfelder mit den entsprechenden Normstrategien

	Unternehmen allgemein	Öffentliche Bibliotheken
?	Fragezeichen sind strategische Geschäftsfelder (Produkte, Produktgruppen) in einem Wachstumsmarkt, bei dem das Unternehmen noch nicht abschätzen kann, wie sie sich entwickeln werden. Innerhalb der Portfolio-Matrix können sich diese Geschäftsfelder zu Armen Hunden oder zu Stars entwickeln. Dabei stehen dem steigenden Finanzierungsbedarf zur Erhöhung des Marktanteils bisher geringe Erträge gegenüber.	In Öffentlichen Bibliotheken handelt es sich hierbei um Bestandssegmente, die neu eingeführt werden. Sie setzen Investitionen voraus bis ein ausreichend großer Grundbestand vorhanden ist. Dies können neue Medienarten wie E-Books oder Konsolenspiele sein, aber auch neue (...) Bestandsgruppen, die darauf abzielen, einen aktuellen Trend zu repräsentieren.
	Empfehlung: Verbesserung der Wettbewerbsposition durch überlegte Investitionen, um eine Star-Position zu erreichen. Alternativ bietet dieses Feld den Rückzug an.	
	Stars verfügen in einem Markt mit hohem Wachstumsraten über einen vergleichsweise hohen Marktanteil. In diese Geschäftsfelder lohnt es zu investieren, um die Marktposition auszubauen.	Bei Öffentlichen Bibliotheken handelt es sich hierbei um die Bestandssegmente, die eine steigend hohe Nachfrage haben, die von dem zur Verfügung stehenden Angebot nicht gedeckt werden kann.
	Empfehlung: Fördern und Investieren	
	Melkkühe sind strategische Geschäftsfelder in einem bereits gesättigten Markt. Sie haben bereits einen relativ hohen Marktanteil erreicht, dem ein niedriges Marktwachstum gegenübersteht. Sie sind die Umsatzbringer, deren Erträge für Produktverbesserungen in diesem Feld genutzt werden können. Alternativ können die Erträge auch für Investitionen in Produkte aus den Matrixfeldern Fragezeichen oder Stars oder für die Entwicklung neuer Produkte verwendet werden.	In Öffentlichen Bibliotheken handelt es sich dabei um Bestandssegmente, die von den Kunden als Standardangebote erwartet werden und die keinen Neuigkeitswert mehr haben oder keinen aktuellen Trend repräsentieren.
	Empfehlung: Position halten, in dieses oder in ein anderes Geschäftsfeld investieren.	
	Arme Hunde sind Geschäftsfelder in stagnierenden bzw. langsam wachsenden Märkten (...). Dem niedrigen bzw. stagnierenden Marktwachstum steht ein geringer Umsatz gegenüber.	Für Öffentliche Bibliotheken kennzeichnet dieses Matrixfeld vor allem Bestandssegmente, die durch technologische Entwicklungen überholt wurden, wie das z. B. bei Kassetten oder Schallplatten der Fall sein kann oder (...) die nicht mehr aktuell nachgefragt werden.
	Empfehlung: Produkte vom Markt nehmen (Rückzug) bzw. den Bücher- oder Medienbestand reduzieren.	

Quelle: Frauke Schade: Die Portfolio-Analyse – Profilierung von Bibliotheksbeständen, in: Gut ist uns nicht gut genug! Instrumente zur Qualitätsentwicklung und Qualitätssicherung für eine ausgezeichnete Bibliothek, Hrsg.: T. Becker/C. Vonhof, Wiesbaden 2010, S. 120 f. (teils zitiert, teils in gekürzter Fassung sinngemäß wiedergegeben)

Aufbau der Portfolio-Matrix einer Öffentlichen Bibliothek

Öffentliche Bibliotheken arbeiten unter anderen Bedingungen als Wirtschaftsunternehmen. Sie verfolgen gemeinwohlorientierte Ziele, haben als Zuschussempfänger nur relativ geringe Umsätze (im finanziellen Sinne) und sind keinem harten Wettbewerb ausgesetzt. Daher müssen sie in einer Portfolioanalyse andere Erfolgsfaktoren berücksichtigen als Wirtschaftsunternehmen. Die Portfolioanalyse dient hier nicht der Sicherung des Profits, sondern der „Profilierung von Bibliotheksbeständen". D. h., sie hilft dabei, einen attraktiven, gut genutzten, für diese Bibliothek charakteristischen Sachbuchbestand aufzubauen.

In ihrer Studie ersetzt die Marketingprofessorin Frauke Schade die aus der Vier-Felder-Matrix bekannten Erfolgsfaktoren durch zwei gängige Kennziffern aus dem Bestandsmanagement von Bibliotheken. Anstelle des relativen Marktanteils berücksichtigt sie die Kennziffer „Effizienz" und anstelle des Marktwachstums die Kennziffer „Umsatzentwicklung". Als strategische Geschäftsfelder definiert Frauke Schade die 22 Bestandsgruppen des Sachbuchbestands einer nicht näher bezeichneten Öffentlichen Bibliothek.

Formeln zur Berechnung der Kennziffer Effizienz	
$\text{Effizienz} = \dfrac{\text{Ausleihanteil}}{\text{Bestandsanteil}}$	$\text{Ausleihanteil} = \dfrac{\text{Ausleihen einer Bestandsgruppe}}{\text{Ausleihen insgesamt}} \cdot 100$
	$\text{Bestandsanteil} = \dfrac{\text{Bestand einer Bestandsgruppe}}{\text{Gesamtbestand}} \cdot 100$

Beispiel

Im Jahr 2 (aktuelles Jahr) lieh die Bibliothek der Stadt Neustadt 4 700 Mal Bücher aus der Bestandsgruppe „Wirtschaft" aus. (Diese hat die Buchstabenkennung „H" nach der Allgemeinen Systematik für Öffentliche Bibliotheken.) Insgesamt gab es 141 000 Ausleihen bei Sachbüchern.

Die Bestandsgruppe „Wirtschaft" umfasst 1 000 Bücher. Der Gesamtbestand an Sachbüchern beträgt 30 000 Bücher.

$$\text{Ausleihanteil} = \frac{4\,700}{141\,000} \cdot 100 = 3{,}33\ \%$$

Die Bestandsgruppe H hat einen Anteil von 3,33 % an den Gesamtausleihen (d. h., jedes 30ste entliehene Buch kam aus der Bestandsgruppe H).

$$\text{Bestandsanteil} = \frac{1\,000}{30\,000} \cdot 100 = 3{,}33\ \%$$

Die Bestandsgruppe H hat einen Anteil von 3,33 % am Gesamtbestand (d. h., jedes 30ste Buch im Sachbuchbestand ist aus der Bestandsgruppe H).

$$\text{Effizienz} = \frac{3{,}33\ \%}{3{,}33\ \%} = 1$$

Die Bestandsgruppe H hat eine Effizienz im Wert von eins. Dies entspricht einer durchschnittlichen Nutzung. Man kann auch sagen:

Nachfrage und Angebot in dieser Bestandsgruppe stehen in einem ausgeglichenen Verhältnis zueinander.

Ist der Ausleihanteil größer als der Bestandsanteil, nimmt die Effizienz einen Wert an, der größer ist als eins. In diesem Fall wird die Bestandsgruppe überdurchschnittlich genutzt. Man kann auch sagen: die Nachfrage ist größer als das Angebot. Demnach ist der Bestand zu klein und müsste vergrößert werden. Ist der Ausleihanteil kleiner als der Bestandsanteil, liegt der Effizienzwert unter eins. Die Bestandsgruppe wird unterdurchschnittlich genutzt. Der Bestand sollte verkleinert werden.

Formeln zur Berechnung der Kennziffer Umsatzentwicklung	
$\text{Umsatzentwicklung} = \dfrac{\text{Umsatz d. aktuellen Jahres} - \text{Umsatz d. Vorjahres}}{\text{Umsatz des Vorjahres}} \cdot 100$	$\text{Umsatz} = \dfrac{\text{Ausleihen im Jahr}}{\text{Bestand}}$

Beispiel

Umsatz $= \frac{4\,700}{1\,000} = 4{,}70$

Der Umsatz der Bestandsgruppe H hatte im Jahr 2 einen Wert von 4,7.

Es wird deutlich, dass der Umsatz einer Bestandsgruppe keine Geldgröße ist, sondern eine Art Umschlagshäufigkeit. Die 1 000 Wirtschaftsbücher der Neustädter Bibliothek wurden im Schnitt 4,7 Mal ausgeliehen.

Annahme: Im Jahr 1 betrug der Umsatz 4,04.

Umsatzentwicklung $= \frac{4{,}70 - 4{,}04}{4{,}04} \cdot 100 = 16{,}34\ \%$

Im Vergleich zum Vorjahr ist der Umsatz um 16,34 % gestiegen.

Kennzahlen einer Öffentlichen Bibliothek 2007 und 2008

Bestandsgruppe nach ASB	Effizienz 2008	Umsatz 2007	Umsatz 2008	Umsatz entwicklung
A Allgemeines	0,8	3,42	3,83	11,98
B Biografie	0,8	3,25	3,95	21,5
C Geografie	1,5	5,76	7,08	22,97
D Heimatkunde	0,7	3,13	3,46	10,5
E Geschichte	0,6	2,47	2,98	19,87
F Recht	0,7	2,88	3,19	10,76
G Sozialwissenschaft	0,6	2,41	2,84	17,84
H Wirtschaft	1	4,04	4,7	16,34
K Religion	0,7	3,2	3,56	11,25
L Philosophie	0,6	2.58	2,94	13,95
M Psychologie	1,3	4,31	6,04	40,13
N Pädagogik	1,1	4,07	5,4	32,67
O Sprache	1,1	4,41	5,27	19,5
P Literatur	0,6	2,48	2,81	13,3
R Kunst	0,7	2,98	3,48	16,79
S Musik …	0,5	1,88	2,3	22,334
T Mathematik	1,3	5,12	6,29	22,85
U Naturwissenschaft	0,8	3,5	3,94	12,57
V Medizin	1,3	4,51	6,19	37,25
W Technik …	1	3,68	4,81	30,7
X Landwirtschaft …	1,3	5,18	6,24	20,46
Y Sport …	1,7	4,06	5,11	25,86

Quelle: Frauke Schade: Die Portfolio-Analyse – Profilierung von Bibliotheksbeständen, in: Gut ist uns nicht gut genug! Instrumente zur Qualitätsentwicklung und Qualitätssicherung für eine ausgezeichnete Bibliothek, Hrsg.: T. Becker/C. Vonhof, S. 128

Portfolio-Matrix zum Sachbuchbestand einer Öffentlichen Bibliothek 2008

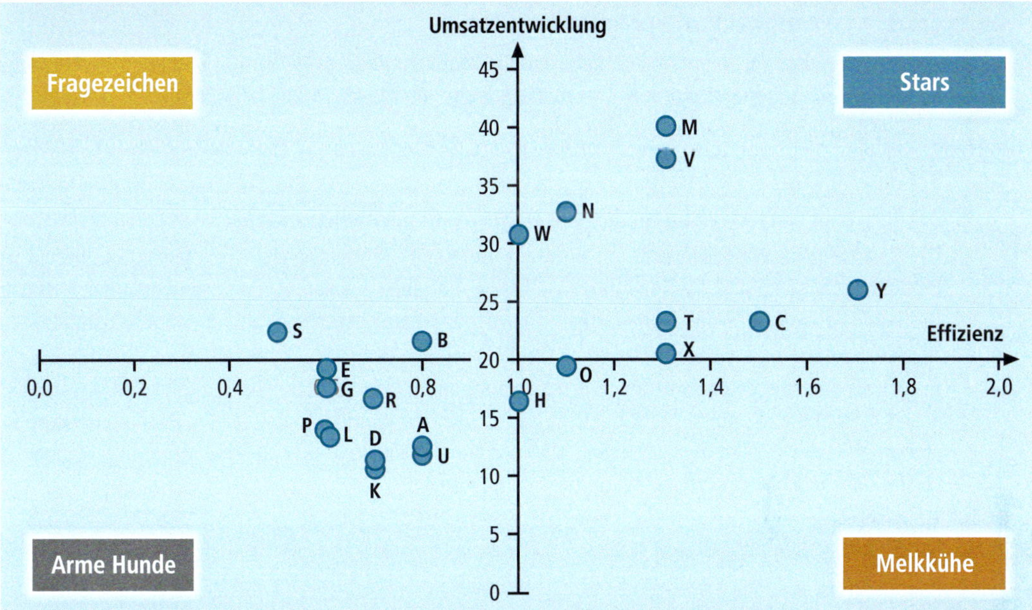

Quelle: Frauke Schade: Die Portfolio-Analyse – Profilierung von Bibliotheksbeständen, in: Gut ist uns nicht gut genug! Instrumente zur Qualitätsentwicklung und Qualitätssicherung für eine ausgezeichnete Bibliothek, Hrsg.: T. Becker/C. Vonhof, Wiesbaden 2010, S. 128

Die Grenze zwischen niedriger und hoher Effizienz liegt bei dem Wert von eins. Über diesem Wert ist die Nachfrage im Verhältnis zum Bestand überdurchschnittlich, darunter ist sie unterdurchschnittlich. Die Grenzziehung zwischen niedriger und hoher Umsatzentwicklung beruht auf individueller Einschätzung der Bibliothek. Hier wurde die waagerechte Trennungslinie bei 20 % gezogen. Es macht in diesem Fall keinen Sinn, mit unterschiedlichen Kreisgrößen je Bestandsgruppe zu arbeiten, da die zugrunde liegenden Umsätze eigentlich Umschlagshäufigkeiten darstellen. Deren Unterschiede sind für eine Visualisierung nicht groß genug.

Auswertung der Portfolio-Matrix

Frauke Schade wertet die Matrix ausführlich und detailliert aus. Auf der Basis der zugrunde liegenden Normstrategie leitet sie dabei auch klare Empfehlungen für die weitere Behandlung der Bestandsgruppen jedes Matrixfeldes ab. Das kann hier aber nicht ausführlich dargestellt werden. Der folgende Textauszug gibt aber den Gesamtblick auf das Portfolio wieder:

> In der Gesamtschau (...) zeigt sich, dass die Bibliothek über kein ausgewogenes Bestandsportfolio verfügt. (...) Einzelne Bestandssegmente werden entweder schlecht genutzt und befinden sich in dem Matrixfeld Arme Hunde oder sie verzeichnen eine hohe Umsatzentwicklung und befinden sich in dem Matrixfeld Stars. Nur zwei Bestandssegmente – Wirtschaft (H) und Sprache (O) – befinden sich in dem Matrixfeld Milchkühe. Über einen profitablen Bestand, der sich vor allem in dem Matrixfeld Milchkühe abzeichnen würde, verfügt die Bibliothek nicht. Die Bibliothek steht vor der Herausforderung, Bestände in dem Matrixfeld Arme Hunde abzubauen, zu modifizieren bzw. ganz aus dem Angebot zu nehmen und in Bestandsgruppen, die sich in dem Matrixfeld Stars befinden, zu investieren, um eine Profilierung des Bestands herbeizuführen.
>
> *Quelle: Frauke Schade: Die Portfolio-Analyse – Profilierung von Bibliotheksbeständen, in: Gut ist uns nicht gut genug! Instrumente zur Qualitätsentwicklung und Qualitätssicherung für eine ausgezeichnete Bibliothek, Hrsg.: T. Becker/ C. Vonhof, Wiesbaden 2010, S. 128*

5.5 Absatzpolitische Instrumente

5.5.1 Produkt- und Sortimentspolitik

Zur Produkt- und Sortimentspolitik gehören alle Maßnahmen, mit denen die betrieblichen Leistungen an den Kundenbedarf angepasst werden. Die zentrale Frage lautet, ob, wann und in welcher Weise das bestehende Leistungsprogramm verändert werden soll.

Sortimentsbreite und -tiefe

Das Sortiment umfasst die Gesamtheit der Produkte, die ein Betrieb anbietet.

Das Sortiment der Modellverwaltung Neustadt umfasst 17 Produktbereiche, die jeweils in Produktgruppen und Produkte gegliedert sind. Da Kommunen vielfältige Aufgaben erfüllen, ist ihr Sortiment äußerst verschiedenartig. Deshalb ist es sinnvoll, von 17 unterschiedlichen Produktbereichssortimenten der Stadt Neustadt auszugehen.

Jedes Produktbereichssortiment ist durch die Dimensionen Breite und Tiefe gekennzeichnet. Die Sortimentsbreite gibt die Anzahl der verschiedenen Produktgruppen an. Die Sortimentstiefe ergibt sich aus der durchschnittlichen Anzahl der Produkte je Produktgruppe. Leistungen können ebenfalls eine Bestimmungsgröße der Sortimentstiefe sein. Das ist der Fall, wenn ein kommunales Produkt sich aus mehreren, miteinander verwandten Leistungen zusammensetzt (siehe Kapitel 4.3 und 4.4).

Sortimentsbreite und -tiefe

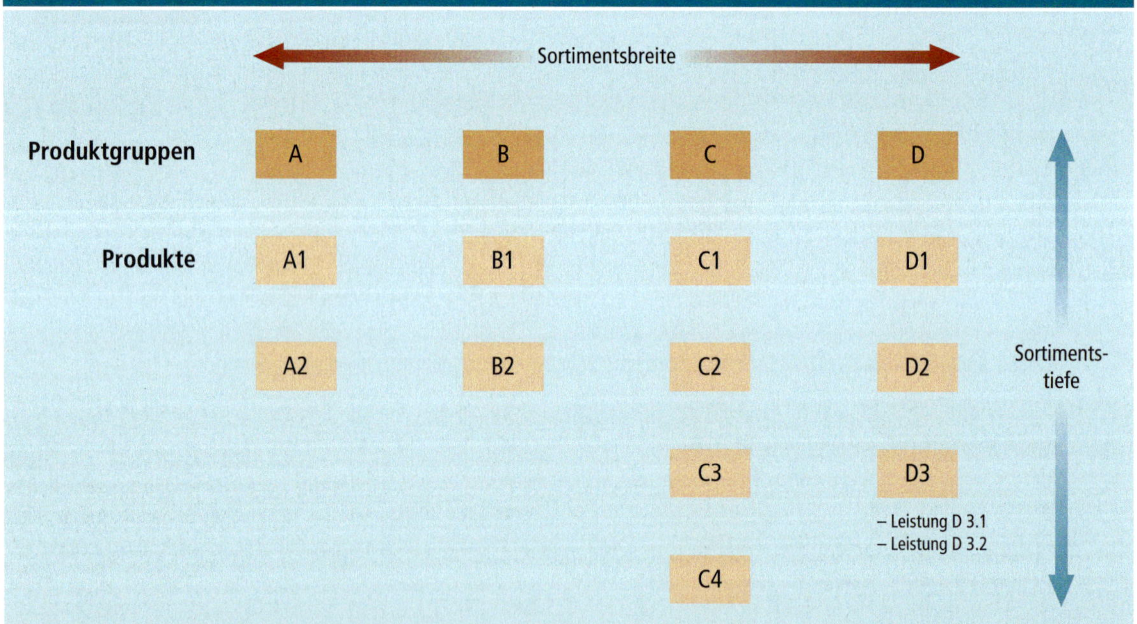

Maßnahmen der Produkt- und Sortimentspolitik		
Produktinnovation	Das Angeot wird erweitert um völlig neue, andersartige Produkte, die mit den bereits vorhandenen nicht verwandt sind. Das Sortiment wird breiter. So wird ein neues Geschäftsfeld erschlossen.	**Produktdiversifikation**
	Das Angebot wird erweitert um Produkte (bzw. Leistungen), die mit den bereits vorhandenen verwandt sind. Die neuen Produkte (bzw. Leistungen) treten als zusätzliches Angebot neben die bereits vorhandenen. Das Sortiment wird tiefer.	**Produktdifferenzierung**
Produktvariation	Bereits vorhandene Produkte (bzw. Leistungen) werden verändert. Die modifizierte Ausführung ersetzt die ursprüngliche.	
Produktelimination	Vorhandene Produkte (bzw. Leistungen) werden aus dem Sortiment genommen.	

Sortimentswirkungen der Maßnahmen			
Produktdiversifikation	**Produktdifferenzierung**	**Produktvariation**	**Produktelimination**
vorher: A1 B1 A2 B2	vorher: A1 B1 A2 B2	vorher: A1 B1 A2 B2	vorher: A1 B1 A2 B2
nachher: A1 B1 E1 A2 B2	nachher: A1 B1 A2 B2 A3	nachher: A1 B1 A2 B2	nachher: A1 B1 B2

Produktpolitische Maßnahmen im Modell des Produktlebenszyklus

Das Modell des Produktlebenszyklus (siehe Kapitel 5.4.5) bietet Anhaltspunkte für die Auswahl und den Zeitpunkt produktpolitischer Maßnahmen. Die Abbildung zeigt entsprechende Zuordnungen.

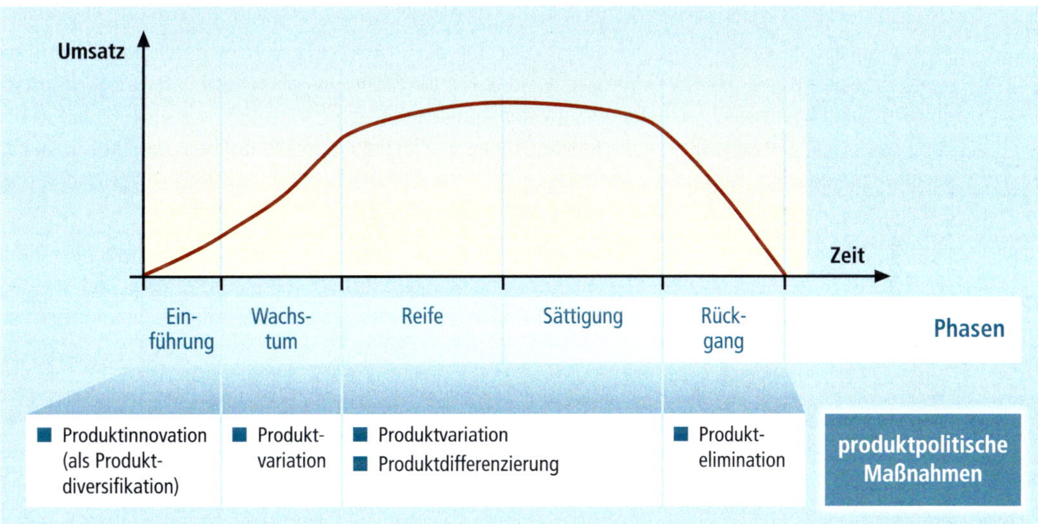

Produktpolitische Maßnahmen

Unternehmen müssen sich ständig um **Produktinnovationen** bemühen, um konkurrenzfähig zu bleiben.

In der Wachstums- oder Reifephase bringen Konkurrenten häufig Produktimitationen auf den Markt. Als Gegenmaßnahme bietet es sich an, das eigene Produkt in verbesserter, abgewandelter Form anzubieten: **Produktvariation.**

In der Reife- und Sättigungsphase kommt es zu einer weiteren Verschärfung des Wettbewerbs. Jetzt kann es sinnvoll sein, Produktausführungen auf den Markt zu bringen, die aus der ursprünglichen Grundform des Produkts abgeleitet sind (Cola-Light, Cola-Light-Lemon, koffeinfreie Cola, Cola-Zero). Sie treten neben die Grundform (Coca-Cola), ergänzen diese und ermöglichen es so, die eigenen Marktanteile zu halten oder gar auszubauen: **Produktdifferenzierung.**

Die Phase des Rückgangs ist durch eine rasche Abnahme der Absatzmenge und des Gewinns gekennzeichnet. Das Produkt muss aus dem Markt genommen werden, bevor es keinen Gewinn mehr abwirft: **Produktelimination.** Spätestens zu diesem Zeitpunkt sollte ein neues Produkt zur Markteinführung bereitstehen.

Das Modell des Produktlebenszyklus bietet auch Anhaltspunkte für den phasengerechten Einsatz weiterer absatzpolitischer Instrumente. Es kann demnach als Planungshilfe für einen stimmigen Marketing-Mix angesehen werden. Grundlage für eine korrekte Einschätzung der relevanten Aspekte sind möglichst aktuelle Informationen der Marktforschung.

Markenbildung

Hierbei handelt es sich um eine weitere bedeutende Maßnahme der Produkt- und Sortimentspolitik. Unter Markenbildung versteht man den Aufbau von Produkten als Markenartikel.

Daraus ergeben sich bestimmte Vorteile:

- Die Marke hebt das eigene Produkt von Konkurrenzprodukten ab.
- Die Marke bürgt für dauerhafte und überdurchschnittliche Qualität. Sie genießt daher das Vertrauen der Kunden, die ihrer Marke treu bleiben. Das hat absatzfördernde Wirkung und eröffnet Spielräume bei der Preissetzung.
- Die Marke und die mit ihr verbundene Qualitätsvorstellung können in der Werbung wirksam eingesetzt werden.

Ein einmal aufgebautes Markenimage muss sorgsam gepflegt werden. Qualitätsmängel werden von den Kunden mit Vertrauensverlust beantwortet, der nur mit großem Aufwand wieder rückgängig gemacht werden kann.

Produkt- und Sortimentspolitik der Kommunalverwaltung

Die beschriebenen Maßnahmen können grundsätzlich auch von der Kommunalverwaltung angewandt werden.

Allerdings ist der Entscheidungsspielraum im **Bereich der Pflichtaufgaben** eingeschränkt. Hier ist die Produktpalette festgelegt und das Verwaltungshandeln durch rechtliche Vorgaben bestimmt. Wichtige Entscheidungen über Produktinnovationen, -variationen und -eliminationen fallen in Institutionen wie dem Bundes- oder Landesparlament. Dennoch kann die Kommunalverwaltung auch bei den Pflichtaufgaben einen gewissen produkt- und sortimentspolitischen Gestaltungsspielraum nutzen. Im **Bereich der freiwilligen Aufgaben** verfügt sie über umfassende Möglichkeiten, Produkt- und Sortimentspolitik aktiv zu betreiben.

Der Produktlebenszyklus ist ggf. bei marktfähigen kommunalen Dienstleistungen ein geeignetes Diagnosemittel für das Aufspüren sinnvoller absatzpolitischer Maßnahmen, insbesondere der Produkt- und Sortimentspolitik. Das Modell muss allerdings modifiziert werden. So ist z. B. die Gewinnentwicklung eine ungeeignete Größe für die Bestimmung der Lebensphase einer kommunalen Dienstleistung. Stattdessen muss z. B. der Kostendeckungsgrad berücksichtigt werden.

Marktfähige kommunale Dienstleistungen müssen sich im Wettbewerb behaupten. Deshalb ist die **Markenbildung** in diesem Bereich eine zweckmäßige produktpolitische Maßnahme. Sie konzentriert sich nicht auf einzelne Leistungen, sondern auf die gesamte öffentliche Einrichtung (z. B. Schwimmbad, Theater). Damit die Markenbildung erfolgreich verläuft, müssen bestimmte Voraussetzungen erfüllt sein. Das sind eine hohe Leistungsqualität, ein gefälliger Markenname, ein ansprechendes Markenzeichen bzw. -design sowie Werbeaktivitäten, die den Aufbau und die Pflege der Marke unterstützen.

5.5.2 Preis- und Konditionenpolitik

Im kommerziellen Marketing versteht man unter Preispolitik das Herauf- oder Herabsetzen der Absatzpreise mit der Absicht, die Absatzmenge, den Umsatz und den Gewinn zu erhöhen.

Faktoren der Preisbildung

Grundsätzlich orientiert sich der Angebotspreis in der privaten Wirtschaft an den Kosten, die pro Mengeneinheit entstehen, zuzüglich eines Gewinnzuschlags: **kostenorientierte Preisbildung.** Für die Preisgestaltung spielt aber auch die jeweilige Marktsituation eine wesentliche Rolle. Das Nachfrageverhalten der Kunden oder die Preise der Konkurrenz können (vorübergehend) zu einem anderen als dem kostenorientierten Preis führen: **nachfrage- bzw. konkurrenzorientierte Preisbildung.**

5740414

Strategien der Preispolitik

Preisdifferenzierung	Preispositionierung	dynamische Preisgestaltung
Der Anbieter verlangt für das gleiche Produkt unterschiedliche Preise.	Der Anbieter beabsichtigt, für ein Produkt, eine Produktgruppe oder auch sein komplettes Sortiment langfristig ein bestimmtes Preisniveau am Markt durchzusetzen.	Der Anbieter gestaltet den Preis eines Produkts flexibel in Abhängigkeit von der Marketingstrategie, Produktlebensphase oder Marktsituation.
■ räumliche Preisdifferenzierung ■ zeitliche Preisdifferenzierung ■ mengenmäßige Preisdifferenzierung ■ personelle Preisdifferenzierung	■ Hochpreisstrategie ■ Niedrigpreisstrategie	■ hohe Einführungspreise (Marktabschöpfung) ■ niedrige Einführungspreise (Marktdurchdringung)

Räumliche Preisdifferenzierung

Ein Produkt wird auf verschiedenen Gebietsmärkten wie Stadt, Land, Region, Inland, Ausland zu unterschiedlichen Preisen angeboten. Dort, wo es möglich ist, verlangt man mehr für das gleiche Produkt.

Beispiele

- *unterschiedliche Preise in den Filialen der inländischen Absatzregionen A und B*
- *höhere Preise für Pkws deutscher Hersteller im Inland*
- *höhere Benzinpreise an Autobahntankstellen*

Zeitliche Preisdifferenzierung

Für ein Produkt werden zu verschiedenen Zeiten unterschiedliche Preise verlangt. Der Preis folgt dabei den tageszeitabhängigen oder saisonalen Nachfrageschwankungen. So können das Nachfrageverhalten und damit die Kapazitätsauslastung gelenkt werden.

Beispiele

- *günstigere Tarife für Nachtstrom*
- *höhere Preise für Heizöl in den Wintermonaten*
- *unterschiedliche Preise für Pauschalreisen in der Haupt- und Nebensaison*

Mengenmäßige Preisdifferenzierung

Der Preis richtet sich nach der Abnahmemenge. Je größer sie ist, desto günstiger ist der Preis pro Mengeneinheit.

Beispiele

- *Mengenrabatt*
- *Staffelpreise (unterschiedliche Preise für vorgegebene Mengenintervalle)*

Personelle Preisdifferenzierung

Sie liegt vor, wenn Kunden einen Preisnachlass erhalten, weil sie einer bestimmten Personengruppe angehören. Dabei können auch soziale Aspekte berücksichtigt werden.

Beispiele

- *Treuerabatt für einen langjährigen Kunden*
- *Wiederverkäuferrabatt für Händler, die eine Ware weiterverkaufen*
- *Sonderpreise für Schüler und Studenten beim Kauf von Software*

Hochpreisstrategie

Der Anbieter strebt an, langfristig Preise zu realisieren, die über dem Durchschnittspreis für vergleichbare Produkte liegen. Zielgruppe sind Abnehmer mit gehobenen Ansprüchen. Die Strategie eignet sich besonders für Markenprodukte.

Niedrigpreisstrategie

Der Anbieter strebt an, langfristig Preise zu realisieren, die unter dem Durchschnittspreis vergleichbarer Produkte liegen. Zielgruppe sind besonders preisbewusste Abnehmer. Aldi, Ikea, oder Ryan-Air sind Beispiele für Unternehmen, die diese Strategie erfolgreich anwenden.

Hohe Einführungspreise (Marktabschöpfung)

Der Anbieter versucht, in der Einführungsphase eines Produkts möglichst hohe Preise zu erzielen. Diese Maßnahme eignet sich für absolute Marktneuheiten, die besonders begehrt sind. Zielgruppe sind dabei zunächst zahlungskräftige Kunden. Dieses Marktsegment soll „abgeschöpft" werden, bevor die Konkurrenz mit vergleichbaren Produkten auf den Markt kommt. Dann kann der Preis schrittweise gesenkt werden, um immer mehr Käuferschichten anzusprechen. City-Roller, DVD-Recorder und später MP3-Player sind Beispiele für Produkte, bei denen diese Vorgehensweise gelang.

Niedrige Einführungspreise (Marktdurchdringung)

Der Anbieter verlangt in der Einführungsphase eines Produkts besonders niedrige Preise, um den Gesamtmarkt möglichst schnell zu durchdringen. Es sollen von Anfang an möglichst viele Käuferschichten angesprochen werden. Wenn die Markteinführung geglückt ist, kann der Preis angehoben werden. Diese Vorgehensweise bietet sich z. B. für Standardsachgüter oder -dienstleistungen an.

Konditionenpolitik

Unternehmen können Kaufanreize auch über die Bedingungen (Konditionen) setzen, zu denen sie ihre Ware verkaufen. Angesprochen sind hier die Zahlungs- und Lieferbedingungen. Lieferzeit, Zahlungsziel, Finanzierungshilfen (Kreditkauf, Ratenkauf) und über die gesetzliche Gewährleistung hinausgehende Garantieleistungen können so gestaltet werden, dass ein Vorteil gegenüber Konkurrenten entsteht.

Skonti, Rabatte und Bezugskosten sind quantitative Elemente der Zahlungs- und Lieferbedingungen (siehe LF 3, Kapitel 4.6). Sie fließen in den Preisvergleich ein, den der Kunde durchführt, und beeinflussen folglich seine Kaufentscheidung.

Preis- und Konditionenpolitik der Kommunalverwaltung

Die Kommunalverwaltung gibt eine Vielzahl von Leistungen ab, für die sie kein direktes Leistungsentgelt verlangt (z. B. Bereitstellung von Straßen, Schulen, Parkanlagen). Demnach hat die Preis- und Konditionenpolitik im kommunalen Marketing einen geringeren Stellenwert als im kommerziellen Marketing.

Die Kommunalverwaltung erhebt für ihre entgeltpflichtigen Leistungen Verwaltungsgebühren, Benutzungsgebühren, Beiträge und privatrechtliche Entgelte (siehe Kapitel 1.4). Preispolitische Gestaltungsspielräume ergeben sich insbesondere bei den Benutzungsgebühren und privatrechtlichen Entgelten kommunaler Einrichtungen. Darauf konzentrieren sich die nachfolgenden Betrachtungen.

Benutzungsgebühren werden aufgrund einer Satzung erhoben. Privatrechtliche Entgelte basieren auf einer Entgeltordnung. Satzungen und vielfach auch Entgeltordnungen werden vom Gemeinderat auf der Grundlage einer Empfehlung aus der Verwaltung beschlossen. Für Benutzungsgebühren und zum Teil auch für privatrechtliche Entgelte sind dabei die Kalkulationsvorschriften der Kommunalabgabengesetze der Bundesländer zu beachten. All dies führt dazu, dass kommunale Verwaltungsbetriebe unflexibler in ihrer Preispolitik sind als privatwirtschaftliche Betriebe.

5740416

Die von Verwaltungskunden zu entrichtenden Benutzungsgebühren und privatrechtlichen Entgelte müssen zum Zwecke preispolitischer Überlegungen in zwei Gruppen eingeteilt werden:

Pflichtgebühren	freiwillige Gebühren und Entgelte
Benutzungsgebühren aufgrund eines Anschluss- und Benutzungszwangs im Bereich der: ■ Abfallentsorgung (häuslicher Restabfall), ■ Abwasserbeseitigung, ■ Straßenreinigung und ■ Friedhöfe (Gebühr für Grabstellennutzung)	Benutzungsgebühren und privatrechtliche Entgelte bei freiwilliger Nutzung öffentlicher Einrichtungen und Anlagen, z. B. aus den Bereichen Verkehrsversorgung, Bildung, Kultur, Sport, Freizeit, Gesundheit und Soziales. Das sind u. a.: ■ kommunale Verkehrsbetriebe ■ Volkshochschulen ■ Kindergärten ■ Musikschulen ■ Bibliotheken ■ Theater ■ Museen ■ Schwimmbäder ■ Zoologische Gärten

(vgl. dazu: Klaus Homann, Marketing für Kommunalverwaltungen, Berlin 1995, S. 284 ff.)

Preiskalkulation und Preispolitik bei Pflichtgebühren

Die Preiskalkulation folgt den Grundsätzen **kostenorientierter Preisbildung.** Freilich entfällt in der Regel ein Gewinnzuschlag, weil das Gebührenaufkommen die Kosten der Einrichtung nicht überschreiten darf.

Kostendeckung bei Pflichtgebühren	
volle Kostendeckung	**teilweise Kostendeckung**
■ Abfallentsorgung ■ Abwasserbeseitigung	■ Straßenreinigung ■ Friedhöfe
Grund für die volle Kostendeckung: Es besteht ein überwiegend individueller Nutzen.	Grund für die nur teilweise Kostendeckung: Straßen und Friedhöfe werden auch von der Allgemeinheit genutzt.

Hinsichtlich der Straßenreinigung und der Friedhöfe liegt eine wichtige preispolitische Aufgabe darin, den Kostenanteil festzulegen, den die Gebührenpflichtigen tragen müssen **(Kostendeckungsgrad)**.

Für alle Leistungen mit Anschluss- und Benutzungszwang gilt, dass man kundenorientiert handelt, wenn die Kosten der Aufgabenerfüllung möglichst gering ausfallen. Dann sind die Gebühren für Bürger und Unternehmen günstig. Ansonsten entfällt die Anwendung preispolitischer Maßnahmen weitgehend.

Preispolitik bei Gebühren und Entgelten, die auf der freiwilligen Nutzung öffentlicher Einrichtungen und Anlagen beruhen

Die öffentlichen Einrichtungen aus den Bereichen Verkehrsversorgung, Bildung, Kultur, Sport, Freizeit, Gesundheit und Soziales stellen Leistungen bereit, die als besonders förderungswürdig gelten. Über den Einzelnutzen hinaus entsteht, so die Argumentation, auch ein Nutzen für die Allgemeinheit, z. B. die Förderung der Mobilität und des Umweltschutzes, der Volksgesundheit oder des allgemeinen Bildungsstands.

Deshalb werden in der Regel Gebühren oder Entgelte erhoben, die die anfallenden Kosten nicht decken. Auf diese Weise soll es möglichst vielen Bürger ermöglicht werden, die Leistungen in Anspruch zu nehmen. Andererseits darf in Zeiten knapper Kassen der Zuschussbedarf aus Steuermitteln nicht weiter steigen oder muss gar gesenkt werden, um die Existenz der Einrichtungen nicht zu gefährden.

In diesem Spannungsfeld zwischen Aufgabenerfüllung (auch zum Wohle der Allgemeinheit) und ihrer Finanzierung bestehen beachtliche preispolitische Gestaltungsspielräume. Räumliche Preisdifferenzierungen im Gemeindegebiet sind allerdings unzulässig. Außerdem dürfen personelle Preisdifferenzierungen nur aus sozialen Gründen durchgeführt werden. Ferner ist es fraglich, ob langfristig hohe Gebühren bzw. Entgelte im Sinne der

Hochpreisstrategie dem sozialpolitischen Auftrag der Einrichtungen entsprechen. Ansonsten können grundsätzlich alle Strategien der Preispolitik genutzt werden, in Abhängigkeit von den Zielen der Einrichtung und den jeweiligen Marktbedingungen.

Die Konditionenpolitik ist für die Verwaltung im Großen und Ganzen ohne Belang. Gestaltungsmöglichkeiten bestehen nur bei Zahlungsbedingungen.

5.5.3 Kommunikationspolitik

Gegenstand der Kommunikationspolitik ist die bewusste Beeinflussung von Einstellungen, Erwartungen und Verhaltensweisen gegenwärtiger und möglicher Kunden, in der Absicht, die betrieblichen Ziele zu verwirklichen.

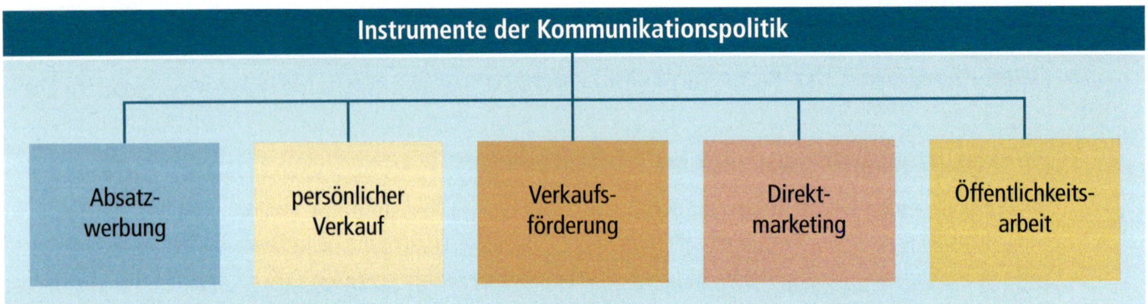

Absatzwerbung

Darunter versteht man im kommerziellen Marketing jede Art der nicht-persönlichen Präsentation von Waren oder Dienstleistungen eines Anbieters durch den Einsatz von Medien mit dem Ziel der Absatzsteigerung.

Die Werbung vermittelt eine produktbezogene Botschaft, die beim Empfänger einen mehrstufigen Verarbeitungsprozess auslösen soll, der schließlich zur Kaufhandlung führt. Die erhoffte **psychologische Wirkung** der Werbung lässt sich z. B. durch die AIDA-Formel beschreiben:

Aufmerksamkeit erregen	=	Attention	**A**
Interesse an der Leistung wecken	=	Interest	**I**
Kaufwunsch erzeugen	=	Desire	**D**
Nachfragereaktion auslösen	=	Action	**A**

Werbegrundsätze

An die Werbung werden bestimmte Anforderungen gestellt:

Wirksamkeit	Die Werbung muss so beschaffen sein, dass die Nachfrager auch tatsächlich im Sinne der angestrebten Ziele beeinflusst werden. Daher ist eine sorgfältige Planung der Werbemaßnahmen erforderlich. Die Kontrolle des Werbeerfolgs bereitet in der Praxis Probleme, u. a. weil es schwierig ist, den Einfluss der Werbung auf die Zielgrößen (z. B. Umsatzsteigerung) isoliert zu erfassen.
Wahrheit	Die Werbung darf nicht täuschen oder irreführend sein, sie muss sachlich richtig informieren. Ist dies nicht der Fall, setzt der Werbende nicht nur seine Glaubwürdigkeit aufs Spiel. Er verstößt auch gegen die Vorschriften des Gesetzes gegen den unlauteren Wettbewerb (UWG).
Klarheit	Die Werbebotschaft soll leicht verständlich, eindeutig, einprägsam und nicht erklärungsbedürftig sein. Wichtig ist ferner, dass die Werbeziele klar bestimmt werden, damit geeignete Werbemaßnahmen ausgewählt werden können.
Wirtschaftlichkeit	Die Kosten der Werbung sollen in einem vernünftigen Verhältnis zum Werbeerfolg stehen.

Arten der Werbung

Nachfolgend werden ausgewählte Werbearten im Überblick dargestellt. Sie ergeben sich, wenn man Werbung einteilt …

… nach ihren Zielen im Lebenszyklus eines Produkts	
Einführungswerbung	Neue Leistungen müssen den ausgewählten Zielgruppen bekannt gemacht werden. Es sind erhebliche Werbeanstrengungen nötig.
Ausweitungswerbung	Bei bereits eingeführten Produkten will man Absatzmenge, Umsatz und Marktanteil weiter steigern, indem neue Kunden gewonnen werden.
Stabilisierungs-/ Erinnerungswerbung	Bekanntheitsgrad, Image und Absatz sollen gesichert werden. Die Werbemaßnahmen zielen darauf ab, die betrieblichen Leistungen bei bestehenden und früheren Kunden in Erinnerung zu bringen und letztere zurückzugewinnen.

… nach der Zahl der Umworbenen	
Direktwerbung	Die Werbung richtet sich unmittelbar an ausgewählte Personen, deren Name und Adresse bekannt sind (z. B. per Werbebrief).
Massenwerbung	Die Werbung richtet sich an eine anonyme und breit gestreute Zielgruppe (z. B. über Zeitungsannoncen, Hörfunk- oder Fernsehspots).

… nach der Werbebotschaft	
informative Werbung	Die Werbebotschaft ist eher rational gestaltet. Sie gibt den Zielpersonen möglichst umfassende und sachliche Informationen, z. B. über Qualität, Preis und Nutzen einer Dienstleistung.
Suggestivwerbung	Die Werbebotschaft ist emotional gestaltet. Sie spricht tiefer liegende Sehnsüchte und Wünsche der Zielpersonen an und will glauben machen, dass diese durch Besitz oder Nutzung des angepriesenen Produkts in Erfüllung gehen.

Werbeträger und Werbemittel

Werbung erreicht ihre Adressaten mithilfe von **Werbeträgern.** Das sind Medien, die den Kontakt zur Zielgruppe der Werbung herstellen. Wichtige Werbeträger sind:

- Zeitungen
- Zeitschriften
- der Hörfunk
- das Fernsehen
- das Internet
- die Briefpost
- Kinos
- Plakatwände/Litfaßsäulen
- Personen
- Handzettel

Das **Werbemittel** ist die Darstellungsform der Werbebotschaft, dem eigentlichen Kern der Werbung. Werbemittel können u. a. schriftlich, akustisch (Ton), visuell (Bild) und audio-visuell (Ton und Bild) gestaltet werden. Sie müssen geeignet sein, den Empfänger der Werbebotschaft im Sinne der AIDA-Formel (oder anderer Wirkungsmodelle) zu aktivieren.

Gestaltungsform	Werbemittel
Schrift	Werbeanzeigen, Broschüren/Prospekte, Werbebriefe, werbende Handzettel, Internetwerbung, Werbung per E-Mail, Zeitungsbeilagen, Kundenzeitschriften, …
Ton	Hörfunkspot, …
Bild	Plakat, Werbebanner, …
Ton und Bild	Fernsehspot, Werbefilm (im Kino, auf DVD), …

Bei der Auswahl der Werbemittel und Werbeträger sind zu berücksichtigen:

- die Zielgruppe der Umworbenen, der sogenannte Streukreis,
- das Streugebiet, in dem geworben werden soll,
- die Streuzeit, die klärt, wann und wie oft die Werbemaßnahme durchgeführt werden soll,
- die Reichweite, d. h. die Kontakthäufigkeit der umworbenen Personen mit dem Werbeträger innerhalb eines festgelegten Zeitraums,
- die Kosten der Werbung.

Wichtige **Elemente der Werbeplanung** sind somit:

- die Bestimmung der Werbeziele,
- die Festlegung der Zielgruppe, die angesprochen werden soll,
- die Formulierung der Werbebotschaft,
- die Auswahl geeigneter Werbemittel, -träger und -arten in Abhängigkeit von den Werbezielen, der Zielgruppe, der Werbebotschaft und dem zur Verfügung stehenden Werbebudget.

Persönlicher Verkauf

Darunter versteht man die persönliche Präsentation von Waren oder Dienstleistungen im Rahmen eines Verkaufsgesprächs mit dem Ziel des Geschäftsabschlusses, insbesondere bei sehr erklärungsbedürftigen Produkten. Es geht dabei auch um die Frage, wie der Verkäufer sich psychologisch richtig verhalten soll, um sein Ziel zu erreichen.

Verkaufsförderung

Dazu gehören verschiedene, meist zeitlich begrenzte Maßnahmen mit Aktionscharakter, die zu einer kurzfristigen Steigerung der Absatzmenge führen sollen. Sie ergänzen und unterstützen die üblichen Maßnahmen der Kommunikationspolitik. Die verkaufsfördernden Aktivitäten können sich an die Endverbraucher, das eigene Verkaufspersonal oder den Handel richten.

Zielgruppe	denkbare Maßnahmen
Endverbraucher	Gewinnspiele, Zugaben, Probepackungen, Produktvorführungen im Verkaufsraum, Probierstände bei Lebensmitteln, …
das eigene Verkaufspersonal	Produktschulungen, Verkaufswettbewerbe, Bereitstellung von Verkaufshilfen (z. B. PC-Beratungsprogramme), …
Handel	Aktionsstände, Gestaltung von Verkaufsflächen, Schulungen, Bereitstellung von Werbemitteln, …

Direktmarketing

Das Direktmarketing umfasst alle Werbeaktivitäten, die sich an einen genau ausgewählten Personenkreis richten und eine deutlich hervorgehobene Antwortmöglichkeit beinhalten. Es wird auch als Dialogmarketing bezeichnet. Bekannte Formen sind das Telefonmarketing sowie personalisierte Werbebriefe, E-Mails oder Faxsendungen mit Reaktionsmöglichkeit (z. B. in Form von Bestellscheinen).

Öffentlichkeitsarbeit (Publicrelations – PR)

Öffentlichkeitsarbeit bezeichnet alle Maßnahmen, mit denen eine Organisation versucht, ihre Beziehungen zur Öffentlichkeit planvoll zu gestalten. Dabei wird nicht für ein bestimmtes Produkt geworben, sondern für die Organisation als Ganzes.

Ziele der Öffentlichkeitsarbeit sind:

- Aufmerksamkeit und Interesse für die Organisation und ihre Probleme zu wecken,
- den Bekanntheitsgrad der Organisation zu erhöhen,
- ein positives Image aufzubauen und zu pflegen,
- Vertrauen und Verständnis zu gewinnen.

5740420

Beispiele

Tag der offenen Tür, Berichte in Tageszeitungen und Zeitschriften, gesellschaftliches Engagement, z. B. durch Spenden für Vereine, Schulen oder karitative Zwecke

Kommunikationspolitik der Kommunalverwaltung

Die Ziele des kommunalen Verwaltungsbetriebs unterscheiden sich erheblich von denen der Privatwirtschaft (siehe Kapitel 1.1). Deshalb geht die Kommunikationspolitik der Verwaltung teilweise andere Wege als das kommerzielle Marketing.

Ziele der kommunalen Absatzwerbung	
Ausweitung der Nachfrage	Dieses Werbeziel verfolgt die Verwaltung hinsichtlich ihrer marktfähigen Leistungen. Hier ähneln sich kommerzielle und kommunale Werbeaktivitäten.
Verbreitung von Informationen über die angebotenen Leistungen und ihre Abgabebedingungen	Im Bereich der nichtmarktfähigen Leistungen gilt es, den Informationsstand der Abnehmer zu verbessern, Verständnis für Abgabebedingungen und Gebühren zu schaffen und Widerstände abzubauen, z. B. gegen belastende Verwaltungsakte, umfassende Mitwirkungspflichten oder Abnahme- und Anschlusszwänge.
Verbreitung von Informationen im Dienste gesellschaftlicher Anliegen	**Beispiele** *Verkehrserziehung, Gesundheitsvorsorge, Umweltschutz* Hier können Werbeaktivitäten dazu beitragen, den Informationsstand der jeweiligen Zielgruppen zu erhöhen, Einstellungen zu verändern und gewünschtes Verhalten herbeizuführen.

(vgl. dazu: Klaus Homann, Marketing für Kommunalverwaltungen, Berlin 1995, S. 338 ff.)

Die Auswahl geeigneter Werbearten, -botschaften, -mittel und -träger erfolgt in Abhängigkeit von den jeweiligen Zielsetzungen und Bedingungen.

Persönlicher Verkauf: Bei vielen kommunalen Leistungen kommt es zu einem persönlichen Kontakt zwischen Verwaltungsmitarbeitern und Bürgern. Dabei fehlt aber meistens die rein absatzbezogene Orientierung, wie sie für den persönlichen Verkauf kennzeichnend ist. Maßnahmen zur positiven Gestaltung der Kommunikation zwischen Kunde und Mitarbeiter sind deshalb Aufgabe des internen und interaktiven Marketings (siehe Kapitel 5.6).

Verkaufsförderung, Direktmarketing: Diese Instrumente der kommerziellen Kommunikationspolitik sind ebenfalls speziell auf den Verkauf ausgerichtet. Trotzdem sind Maßnahmen aus den Bereichen der Verkaufsförderung und des Direktmarketings in bestimmten Verwaltungsbereichen denkbar, z. B. zur Erhöhung des Bekanntheitsgrades oder der kurzfristigen Steigerung der Besucherzahlen von Museen, Theatern oder Schwimmbädern. Dabei sind besonders aufdringliche Formen des Direktmarketings zu vermeiden, weil sie Imageschäden hervorrufen können.

Öffentlichkeitsarbeit (Publicrelations, PR): Sie ist überaus bedeutend für die Kommunalverwaltung, insbesondere in Form der Presse- und Medienarbeit. Die Berichterstattung in den Medien muss nicht bezahlt werden, ist also im Vergleich zur Werbung eine sehr kostengünstige Möglichkeit, Aufmerksamkeit zu wecken, zu informieren und ein positives Bild von der Stadt zu fördern. Tage der offenen Tür gewähren einen Blick hinter die Kulissen und vermitteln dem Besucher ein umfassendes Bild von der Leistungsfähigkeit der Kommunalverwaltung, ihrer Einrichtungen und Mitarbeiter.

5.5.4 Distributionspolitik

Die Distributionspolitik[1] umfasst alle Entscheidungen, die zur optimalen Verteilung der betrieblichen Leistungen an den Endverbraucher, Verwender oder Nutznießer getroffen werden. Es gilt, die Leistungen in der erforderlichen Menge und Qualität zur richtigen Zeit am richtigen Ort bereitzustellen.

1 distribuere: lat. verteilen

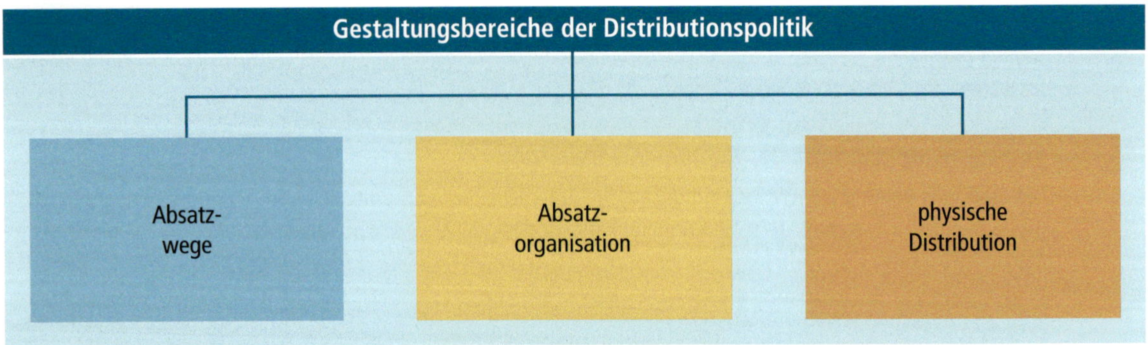

Absatzwege

Hier ist zu klären, ob die betrieblichen Leistungen direkt oder indirekt abgesetzt werden sollen. Ein **direkter Absatzweg** liegt vor, wenn der Hersteller seine Produkte an den Endverbraucher bzw. Verwender vertreibt, ohne selbstständige Handelsbetriebe einzuschalten. Ein **indirekter Absatzweg** liegt vor, wenn der Hersteller seine Produkte über selbstständige Handelsbetriebe absetzt.

Die folgende Abbildung zeigt einige gängige Absatzwege von Sachgütern.

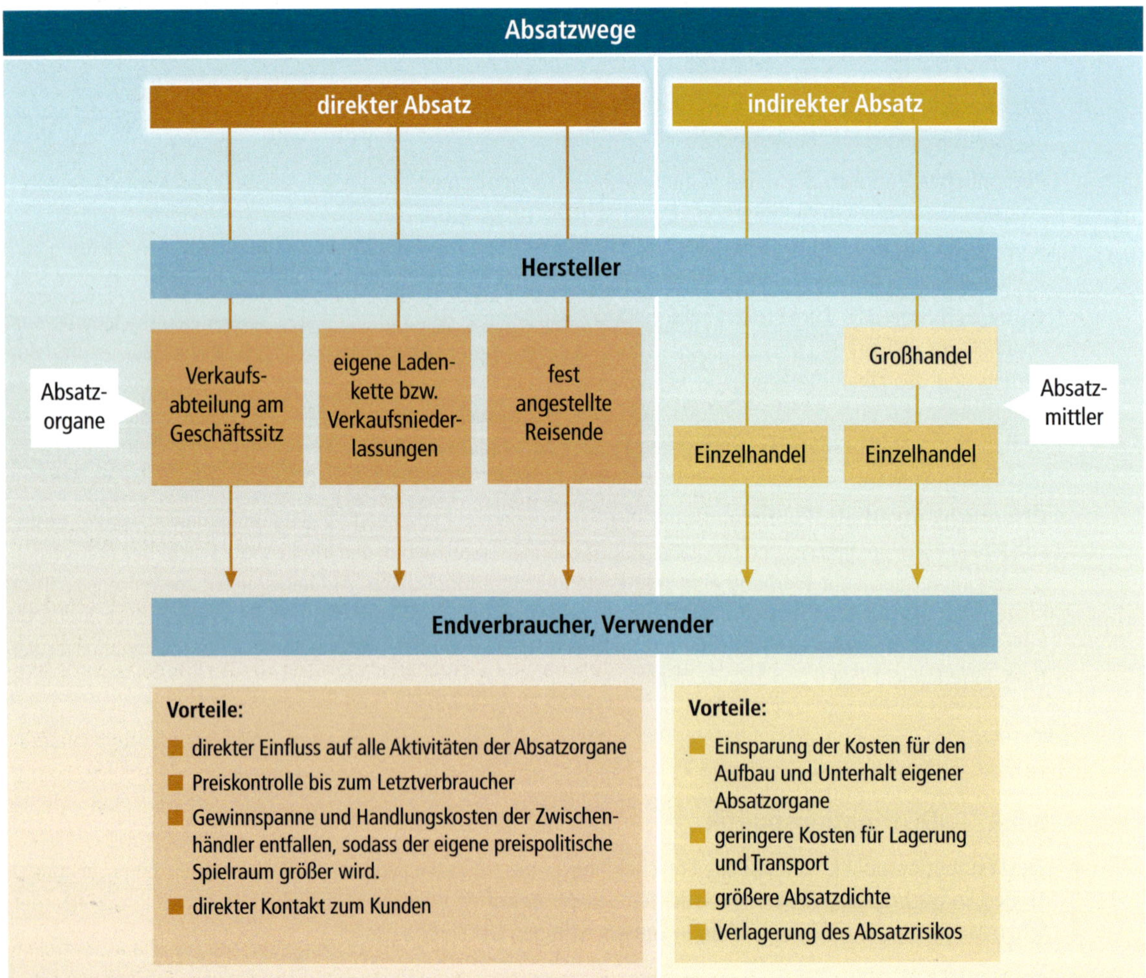

Absatzorganisation

innere Organisation	Hier stellt sich die Aufgabe, die Zuständigkeiten für den Absatz innerhalb des Betriebs durch eine entsprechende Gliederung der Verkaufsabteilung zweckmäßig zu verteilen. Das kann verrichtungs- oder objektorientiert geschehen (zu den Gliederungsprinzipien siehe Kapitel 2.3).
äußere Organisation	Es ist zu entscheiden, ob der Absatz zentral oder dezentral durchgeführt werden soll. Erfolgt der Vertrieb von nur einer Stelle aus, liegt ein **zentraler Absatz** vor. Unterhält der Betrieb hingegen mehrere, im Absatzgebiet verteilte, eigene Verkaufsstellen an Orten hohen Bedarfs, liegt ein **dezentraler Absatz** vor. Dieser verursacht höhere Kosten, steigert aber die Absatzchancen aufgrund der Kundennähe.

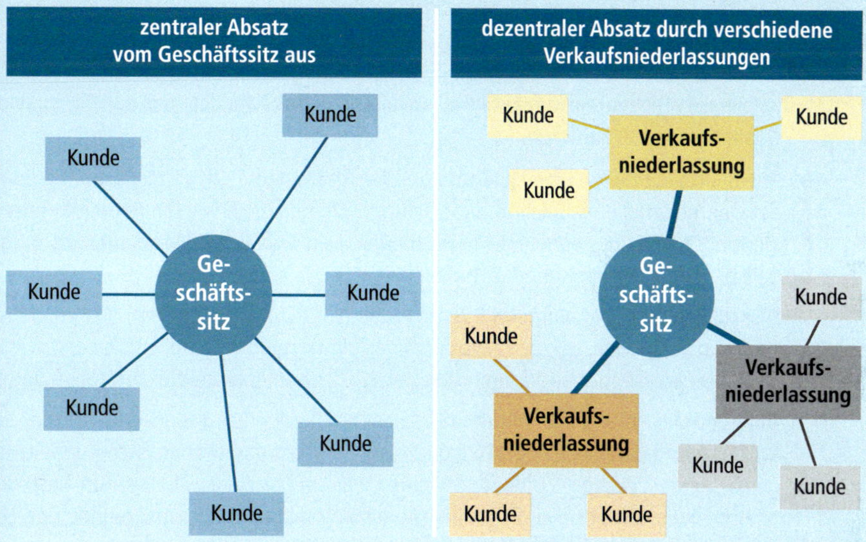

Distributionspolitik der Kommunalverwaltung

Physische Distribution: Die Verwaltung muss keine Entscheidungen über Lagerung, Verpackung und Transport ihrer Produkte treffen, da diese immateriell sind. Allenfalls bei Zusatzangeboten wie Büchern, Katalogen, Broschüren, CDs oder Stadtplänen sind Überlegungen zur physischen Distribution erforderlich.

Absatzwege: Die Dienstleistungen der Verwaltung werden meistens auf direktem Wege über den persönlichen Kontakt zwischen Mitarbeiter und Bürger abgegeben.

Nicht alle Dienstleistungsbetriebe sind auf den direkten Absatzweg festgelegt. Rechte zur späteren Nutzung von Dienstleistungen lassen sich auch indirekt vertreiben. Selbstständige Versicherungsvertreter oder -makler vermitteln Versicherungsverträge, Reisebüros Pauschalreisen oder Ticketagenturen Eintrittskarten für Sport- und Kulturveranstaltungen.

Kommunale Theater oder Museen können diese Möglichkeit ebenfalls nutzen. Als Absatzhelfer für den Verkauf von Eintrittskarten bieten sich Reiseveranstalter, Touristeninformationsbüros, Hotels oder Ticketagenturen an. Möglicherweise können über Reiseveranstalter sogar neue Zielgruppen erschlossen werden (Strategie der Marktentwicklung, siehe Kapitel 5.4).

Absatzorganisation: Hier kann die Verwaltung Gestaltungsmöglichkeiten nutzen. Mit der Einrichtung von Bürgerbüros in verschiedenen Stadtteilen ist es z. B. möglich, die Leistungsabgabe zugunsten der Bürger zu dezentralisieren, wodurch ihr Raumüberbrückungs- und Zeitaufwand geringer wird. Dadurch entstehen der Verwaltung allerdings höhere Kosten.

Die Öffnungszeiten und die verkehrstechnische Erreichbarkeit der Verwaltung sind ebenfalls distributionspolitische Gestaltungselemente.

Mit dem „E-Government" soll künftig der Raumüberbrückungsaufwand der Verwaltungskunden ganz entfallen und der Zeitaufwand weiter reduziert werden. „E-Government" bezeichnet das „elektronische" Regieren und Verwalten unter Nutzung des Internets, um Informationen bereitzustellen und auszutauschen oder Verwaltungsvorgänge abzuwickeln. Im Idealfall muss der Bürger keinen Behördengang mehr durchführen, sondern erledigt sein Anliegen vom heimischen Computer aus.

5.6 Besonderheiten des Dienstleistungsmarketings

Qualitätsbegriff bei Dienstleistungen

Typische Dienstleistungen der Verwaltung sind durch eine maßgebliche Beteiligung der Kunden am Leistungsprozess gekennzeichnet. Daher ist im Grunde genommen jede Dienstleistung einzigartig, denn jeder Kunde erlebt sie anders und beteiligt sich an ihrer Entstehung auf eine individuelle Art und Weise. Darum wird im Dienstleistungsmarketing ein subjektiver Qualitätsbegriff verwendet, der auf die individuelle Kundenbewertung als Qualitätsmaßstab zurückgreift.

Wie beurteilen Kunden die Qualität von Dienstleistungen? Sie vergleichen ihre Erwartungen (Soll-Leistung) mit der wahrgenommenen Realität (Ist-Leistung). Wurden die Erwartungen erfüllt oder gar übertroffen, fällt die Bewertung positiv aus, wurden die Erwartungen nicht erfüllt, fällt sie negativ aus. Folglich ist Qualität identisch mit dem erzielten Maß an Kundenzufriedenheit.

Dienstleistungen sind aufgrund ihrer Immaterialität (Nichtgreifbarkeit) aus Kundensicht mit einem hohen Qualitätsrisiko verbunden. Ob die Erwartungen erfüllt werden, entscheidet sich erst während des Leistungsprozesses. Sachgüter können die Nachfrager dagegen vor der Kaufentscheidung erproben und auf Mängel hin untersuchen.

Aufgrund des erhöhten Qualitätsrisikos spielt die „Mund-zu-Mund-Propaganda" für Dienstleister eine größere Rolle als für die Hersteller von Sachgütern. Deshalb ist das Streben nach Kundenzufriedenheit bei Dienstleistungen besonders wichtig. Zufriedene Kunden werden das Angebot erneut in Anspruch nehmen und es auch weiterempfehlen. Ein positiver Erfahrungsbericht veranlasst wiederum Freunde und Bekannte, das Angebot ebenfalls wahrzunehmen, während ein negativer Bericht sie davon abhält.

Zur Frage der Qualitätsbeurteilung von Dienstleistungen liegen u. a. folgende Forschungsergebnisse vor:

- positive Qualitätsbeurteilungen werden nur an eine bis drei Personen weitergegeben, negative dagegen an acht bis elf Personen,
- nur vier Prozent der unzufriedenen Kunden beschweren sich offiziell, der Rest wechselt lautlos zur Konkurrenz,
- einen neuen Kunden zu gewinnen, ist bis zu sechsmal teurer, als einen bestehenden Kunden an sich zu binden,
- eine wirklich befriedigende Kundenbindung wird erst erreicht, wenn es gelingt, die Erwartungen der Kunden zu übertreffen.

Auf den ersten Blick scheinen diese Befunde nur für Organisationseinheiten der Kommunalverwaltung interessant zu sein, die marktfähige Leistungen im Wettbewerb anbieten (siehe LF 3, Kapitel 2.3). Die meisten Verwaltungsleistungen sind aber konkurrenzlos, sodass ein Anbieterwechsel nicht möglich ist. Nimmt man jedoch das Ziel „Kundenorientierung" ernst, dann müssen alle Bereiche der Kommunalverwaltung nach bestmöglicher Kundenzufriedenheit streben. Bürger und Unternehmer, die mit ihrer Verwaltung zufrieden sind, erleichtern zudem die tägliche Arbeit der Bediensteten und steigern das Image der Verwaltung.

Darüber hinaus sind die außerordentlich hohen Kosten eines mangelnden Qualitätsbewusstseins zu beachten. Experten schätzen, dass in den Kommunal- und Landesverwaltungen bis zu 30 Prozent der Arbeitszeit für die Bearbeitung von Eingaben, Petitionen und Beschwerden aufgewendet werden.

Interaktives Marketing

Obwohl jede Dienstleistung einzigartig ist, lassen sich verschiedene Faktoren ausmachen, die die Qualitätswahrnehmungen aller Kunden gleichermaßen beeinflussen. Zusammengefasst erhält man drei wesentliche Bestimmungsgrößen, die im Englischen jeweils mit dem Buchstaben P beginnen.

Bestimmungsgrößen der Dienstleistungsqualität (die drei P)	
person	Person, die die Leistung erbringt/Mitarbeiter
physical environment	physisches Leistungsumfeld
process	Leistungsprozess

Im Mittelpunkt des interaktiven Marketings steht die Interaktion zwischen dem Kunden und den „drei P", also Wechselwirkungen zwischen

- Kunde und Mitarbeiter,
- Kunde und Leistungsumfeld sowie
- Kunde und Leistungsprozess.

Die optimale Gestaltung dieser Wechselwirkungen im Sinne bestmöglicher Kundenzufriedenheit ist die Aufgabe des interaktiven Marketings.

Gestaltungselemente des interaktiven Marketings		
Mitarbeiter	**Leistungsumfeld**	**Leistungsprozess**
Die Leistungsqualität wird positiv beeinflusst, z. B. durch …		
■ fachliche Kompetenz, ■ einen angemessenen Umgang mit Konflikten, ■ eine verständliche und damit kundenfreundliche Sprache, ■ kundenorientiertes Telefonieren.	■ eine gute Anbindung des Verwaltungsstandortes an den Öffentlichen Personennahverkehr, ■ eine ausreichende Anzahl von Kundenparkplätzen, ■ verständliche Wegweiser, ■ kundenorientiert ausgestattete Büroeinrichtungen und Wartezonen.	■ kurze Wartezeiten, ■ kundengerechte Öffnungszeiten, ■ verständliche und benutzerfreundliche Vordrucke und Informationsmaterialien, ■ Leistungen aus einer Hand an einem Ort, ■ eine kurze Bearbeitungsdauer von Anträgen.

Die Maßnahmen zur kundenorientierten Ausformung dieser Faktoren könnte man unter der Rubrik „Produktgestaltung" ebenso der Produktpolitik zuordnen, einzelne Elemente auch der Kommunikations- und Distributionspolitik.

Internes Marketing

Da das Mitarbeiterverhalten maßgeblich die Dienstleistungsqualität beeinflusst, wird das interne Marketing bisweilen als eigenständiges absatzpolitisches Instrument angesehen (Personalpolitik). Die Beschäftigten sollen den Grundsatz der Kundenorientierung als Geisteshaltung verinnerlichen. Dazu sind besondere, an die Mitarbeiter gerichtete Maßnahmen erforderlich, die vor allem eine Steigerung der Qualifikation und Motivation bezwecken.

Unterschiede des interaktiven und internen Marketings

Bei den Maßnahmen, die sich an die Mitarbeiter richten, könnten definitorische Abgrenzungsprobleme entstehen. Gehören die Aktivitäten zum internen Marketing oder zum interaktiven Marketing? Unternehmensberater ordnen z. B. Workshops zum Thema „Konfliktbewältigung" dem internen Marketing zu und Veranstaltungen wie „Coaching am Arbeitsplatz (Beobachten – Feedback geben – Optimieren)" dem interaktiven Marketing. Eine genaue Abgrenzung ist in diesem Lehrbuch aber nicht erforderlich. Für die Praxis reicht die Erkenntnis, dass Mitarbeiter in bestimmten Bereichen unterstützt und geschult werden müssen, damit sie die Anforderungen einer kundenorientierten Verwaltung bewältigen können.

Qualitätsmanagement

Moderne Ansätze des Qualitätsmanagements beruhen auf der Philosophie des **Total Quality Managements** (TQM, umfassendes Qualitätsmanagement). Das TQM ist eine Führungsaufgabe, die sich auf die gesamte Verwaltung erstreckt. Seine wesentlichen Grundsätze sind:

- die konsequente Orientierung an den Erwartungen der (externen und internen) Kunden,
- die Sichtweise, dass nur optimale Arbeitsabläufe zu Dienstleistungen führen, die die Kundenanforderungen erfüllen,
- die planmäßige Qualifizierung, Motivierung und Unterstützung der Mitarbeiter, damit diese den Qualitätsgedanken verinnerlichen und umsetzen können,
- das Streben nach kontinuierlichen Verbesserungen in allen Verwaltungsbereichen und auf allen Hierarchiestufen,
- die Übernahme von gesamtgesellschaftlicher Verantwortung, z. B. durch Berücksichtigung des Umweltschutzes im Qualitätskonzept.

Hilfen zur Umsetzung des TQM kommen von der gemeinnützigen European Foundation for Quality Management (EFQM, Europäische Stiftung für Qualitätsmanagement). Sie hat ein Modell entwickelt, das Kriterien für eine qualitätsorientierte Selbstwertung vorgibt. Der Selbstbewertungsprozess soll Stärken und Schwächen offenlegen und zur Planung, Verwirklichung und Überwachung von Verbesserungsmaßnahmen beitragen. Die EFQM vergibt jährlich einen europäischen Qualitätspreis für herausragende Leistungen in der Anwendung des Modells.

Ausgewählte Instrumente des TQM	
■ Maßnahmen zur Qualitätssicherung, z. B. Vorgabe und spätere Überprüfung messbarer Qualitätsstandards für die Produkte der Verwaltung; ■ Benchmarking[1]: Vergleiche mit anderen Kommunen, z. B. auf der Basis produktbezogener Kennziffern, um besser zu werden durch Lernen von anderen; ■ Personalentwicklung, z. B. Mitarbeiterqualifizierung im Rahmen des internen oder interaktiven Marketings; ■ Anwendung des EFQM-Modells oder vergleichbarer Ansätze;	■ Organisationsentwicklung, z. B. Schaffung ganzheitlicher Arbeitszusammenhänge mit stärkerer Eigenverantwortung der Mitarbeiter; ■ Einrichtung von Arbeitsgruppen, in denen Mitarbeiter eigenverantwortlich Vorschläge zur Verbesserung der Arbeitsabläufe oder Produktqualität entwickeln (= Qualitätszirkel); ■ Aufbau eines Beschwerdemanagements, das Beschwerdegründe systematisch auswertet, um eine konsequente Ursachenbekämpfung zu ermöglichen.

5.7 Corporate Identity

Mithilfe der Kommunikationspolitik sowie des interaktiven und internen Marketings soll auf der Grundlage des Verwaltungsleitbildes ein positives Image erzeugt werden, das nach innen und außen den Eindruck einer glaubwürdigen und unverwechselbaren Persönlichkeit entstehen lässt (= Verwaltungsidentität, Corporate Identity). Um dieses Ziel zu erreichen, müssen Worte, Taten und Erscheinungsbild der Verwaltung eine stimmige Einheit bilden.

Bestandteile der Corporate Identity		
Kommunikation (Corporate Communication)	Verhalten (Corporate Behavior)	Erscheinungsbild (Corporate Design)
Maßnahmen: ■ Entwicklung und Umsetzung von Leitsätzen zur betriebsinternen Kommunikation (Sprachgebrauch, Umgangston, Informationsflüsse usw.), ■ abgestimmter Einsatz aller nach außen wirkenden Kommunikationsaktivitäten (Öffentlichkeitsarbeit, Werbung usw.)	Maßnahmen: Entwicklung und Umsetzung von Leitsätzen zum Verhalten der Mitarbeiter ■ untereinander (z. B. Führungsverhalten, Konfliktbewältigung) und ■ gegenüber Außenstehenden (z. B. Konfliktbewältigung, Umgang mit Beschwerden)	Maßnahmen: Entwicklung und durchgängige Verwendung visueller Gestaltungselemente mit hohem Symphatie- und Wiedererkennungswert, wie z. B. ■ ein einheitliches städtisches Schriftzeichen (Logo), ■ einheitliche Symbole, Farben, Schriftarten usw.

1 benchmark, engl.: Vergleichspunkt, Messlatte

5740426

1 Rechtliche Grundlagen des Verwaltungshandelns

1.1 Arten des Verwaltungshandelns

1.1.1 Arten der Verwaltung

Verwaltungszweige

Verwaltungszweige können nach Verwaltungszwecken geordnet werden:

- Die **Abgabenverwaltung** dient der Deckung des öffentlichen Finanzbedarfs; zu ihr gehören insbesondere die Finanz- und Steuerbehörden.
- **Ordnende Verwaltung** nennt man insbesondere den Bereich der Gefahrenabwehr durch Polizei- und Ordnungsbehörden.
- Die **planende Verwaltung** gestaltet „Entwürfe für die Zunkunft". Sie ist Teil der Daseinsvorsorge des Staats. Je besser z. B. die Stadt- und Landesentwicklung geplant und von den Betroffenen vorausschauend mitgestaltet wird, desto seltener muss der Staat nach Fehlentwicklungen als „Pannendienst" einspringen.
- Die **Leistungsverwaltung** gewährt unmittelbar soziale und wirtschaftliche Leistungen (Sozialversicherung, Sozialhilfe, Subventionen, öffentliche Einrichtungen) und dient damit der Sicherung und Verbesserung der Lebensverhältnisse. Diese „Daseinsvorsorge" im weitesten Sinne ist ein typisches Merkmal des Sozialstaats.
- Von **Bedarfsdeckungsverwaltung** spricht man, wenn es um die Deckung des Personal- und Sachbedarfs geht, der durch die Verwaltungstätigkeit bedingt ist („Beschaffungsverwaltung").

Eingriffsverwaltung – gewährende Verwaltung – Leistungsverwaltung

Die Wirkung von Verwaltungsmaßnahmen kann für den Bürger grundsätzlich in einer Belastung oder einer Begünstigung bestehen.

Belastungen bestehen regelmäßig in Rechtseingriffen, z. B. durch Steuerbescheide, Polizeiverfügungen oder Einberufungsbescheide. Hier spricht man von **Eingriffsverwaltung**.

Begünstigungen (z. B. Kindergeld, Arbeitsvermittlung, Rente) vermittelt insbesondere die Leistungsverwaltung, z. T. auch die planende Verwaltung (Verbesserung der Infrastruktur durch Verkehrsanlagen, Schulen usw.). Hierfür ist der Ausdruck **„gewährende Verwaltung"** oder „pflegende Verwaltung" gebräuchlich.

Leistungsverwaltung kann im einzelnen Fall sowohl gewährende als auch Eingriffsverwaltung sein. Das Schulwesen mit dem Angebot verschiedener öffentlicher Schulen und der Wahl der Schulformen einerseits, der Schulpflicht und den verbindlichen Aufnahme-, Versetzungs- und Prüfungsregelungen andererseits ist ein Beispiel dafür.

Arten des Verwaltungshandelns					
nach Verwaltungszwecken	**Abgabenverwaltung**	**Ordnungsverwaltung**	**Planungsverwaltung**	**Leistungsverwaltung**	**Bedarfsdeckungsverwaltung**
und Wirkungen für die Bürger	**Eingriffsverwaltung**			**gewährende Verwaltung**	

Hoheitliche und fiskalische Verwaltung

Eine Verwaltungsbehörde kann öffentlich-rechtlich oder privatrechlich handeln. Tritt sie dem Bürger als Teil der übergeordneten Staatsgewalt gegenüber, so verfährt sie nach öffentlichem Recht; sie handelt **hoheitlich** (z. B. Steuerbescheid, Rentenbescheid, Sozialhilfebewilligung).

Die Verwaltung kann aber auch private Rechtsgeschäfte wie jede andere juristische Person abschließen. Hier begegnet sie anderen Beteiligten rechtlich gleichgeordnet, sie handelt **fiskalisch** (von Fiskus = Staat, soweit er bürgerlichem Recht unterliegt, z. B. Kauf von Büromaterial oder Abschluss eines Arbeitsvertrags durch die Behörde).

Diese Unterscheidung ist von Bedeutung für das Verwaltungsverfahrens-, Verwaltungsvollstreckungs- und Widerspruchsverfahrensrecht.

Merkmale des öffentlichen Rechts	Merkmale des privaten Rechts
■ Regelung der Rechtsverhältnisse zwischen Staat und Bürgern	■ Regelung der Rechtsverhältnisse zwischen Privatpersonen
■ Überordnung des Staats	■ Gleichordnung der Beteiligten
■ Regelungen sind grundsätzlich einseitig (durch Gesetz oder Verwaltungsakt)	■ Regelungen sind grundsätzlich frei gestaltbar (Privatautonomie: Vertrags-, Eigentums-, Vereinigungsfreiheit)

Im Bereich der hoheitlichen Verwaltung sind **verschieden strenge rechtliche Mittel** möglich:

- Betont die Behörde die staatliche Überordnung durch Befehl, Verbot, Genehmigungserfordernis oder Zwangsanwendung, so übt sie **obrigkeitliche Verwaltung** aus (z. B. Anordnung des Abbruchs eines baufälligen Hauses, Pfändung wegen einer Steuerforderung).
- Die weniger strenge Form – die **schlicht hoheitliche Verwaltung** – verzichtet auf Zwang; ihre Mittel sind insbesondere die Empfehlung und Beratung (z. B. Impfempfehlung und kostenlose Polioimpfung, polizeiliche Ermahnung, Fahrzeugmängel zu beseitigen). Auch Leistungen im Bereich der Daseinsvorsorge (z. B. Straßenausbesserung) und der gewährenden Verwaltung (z. B. Ausbildungsförderung) zählen zur schlichten Hoheitsverwaltung.

Auch im Bereich der fiskalischen Verwaltung sind unterschiedliche Handlungsformen möglich:

- Die Verwaltung kann **fiskal-privatrechtlich** handeln, wenn sie zur eigenen Bedarfsdeckung bzw. im Rahmen einer (begrenzten) erwerbswirtschaftlichen Tätigkeit privates Recht wie eine Privatperson anwendet. Hier sind insbesondere die privaten „Hilfsgeschäfte" einer Behörde im Beschaffungsbereich (Kauf, Miete) zu nennen.
- Die Verwaltung kann verwaltungs-privatrechlich handeln, wenn sie öffentliche Aufgaben (Daseinsvorsorge) unmittelbar in **privatrechlichen Formen** (Vertrag) erledigt (z. B. das Betreiben einer Stadthalle in der Rechtsform der GmbH). Hier bleiben die öffentlich-rechtlichen Bindungen (z. B. Grundrechte, Benutzungsansprüche, Verhältnismäßigkeitsgrundsatz) erhalten.

Arten des Verwaltungshandelns nach rechtlichen Formen

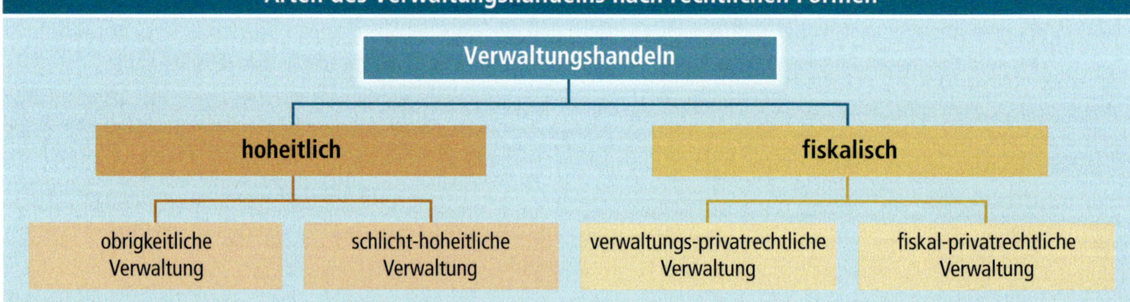

Überblick über die Rechtsakte der Verwaltung

Den zahlreichen und sehr verschiedenen Verwaltungsaufgaben entspricht die Vielfalt der Arten und Formen des Verwaltungshandelns. In Verfügungen und Bescheiden, Verordnungen und Satzungen, Verträgen, Haushalts-, Bebauungs-, Verkehrs- und Schulentwicklungsplänen wird die Arbeit der Exekutive sichtbar. Auch der interne Dienstbetrieb und seine Regelungen, schlichte Tätigkeiten, wie z. B. eine Dienstfahrt oder die Reinigung einer Straße, sind Verwaltungshandeln.

All diese Beispiele sind von sehr unterschiedlicher rechtlicher Bedeutung. Grundlegend unterscheidet man zwischen Real- und Rechtsakten.

Realakte
sind bloße Tathandlungen, die nicht auf einen rechtlichen, sondern nur auf einen tatsächlichen Erfolg gerichtet sind.

Beispiele

Auskunft aus dem Melderegister, Festrede des Bürgermeisters, Auszahlung eines bereits bewilligten Geldbetrags, Bau einer Schule, Leerung der Mülltonnen, Löschübung der Feuerwehr. Einige dieser Handlungen können durchaus rechtliche Folgen haben (z. B. Schadensersatzansprüche nach einer Löschübung), doch sind sie nicht das Ziel der Tätigkeit.

Rechtsakte
sind Handlungen, die auf eine rechtliche Wirkung abzielen.

Sie können privatrechtlicher Art (z. B. Arbeitsvertrag) oder öffentlich-rechtlicher Natur sein (z. B. Steuerbescheid). Die Wirkung solcher Rechtshandlungen kann sich auf den Bürger (Außenverhältnis) oder auf den inneren Bereich der Verwaltung (Innenverhältnis) richten. In beiden Bereichen gibt es allgemeine (generelle) und auf den Einzelfall bezogene (konkrete) Regelungen. Beispiele enthält das folgende Schaubild.

Rechtsakte der Verwaltung

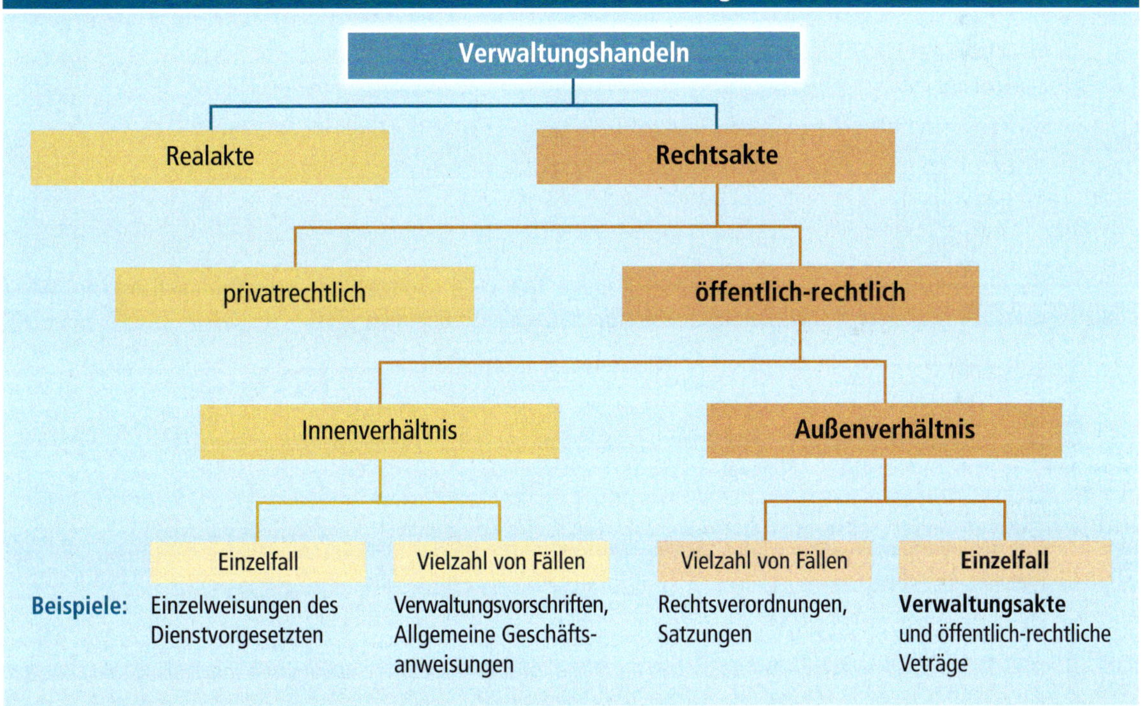

1.1.2 Grundlagen des Verwaltungsakts

Begriff und Bedeutung des Verwaltungsakts

Die häufigste und wichtigste Art behördlicher Rechtshandlungen ist der Verwaltungsakt, beispielsweise Steuerbescheid, Fahrerlaubnis, Beurkundung, Musterungs- und Rentenentscheidung.

Für die Bürger, die Behörde und ihre Mitarbeiter ist der Verwaltungsakt ein Gestaltungsmittel, das in seiner Bedeutung dem Vertrag im Privatrecht nicht nachsteht.

Im Interesse des **Bürgers** liegen eindeutige und stabile Rechtsbeziehungen zum Staat. Deshalb sollte der Betroffene auf den Bestand eines Verwaltungsakts vertrauen können, und zwar grundsätzlich auch dann, wenn die Behörde sich einmal geirrt hat.

Rechtliche Grundlagen des Verwaltungshandelns

Für die **Behörde** ist der Verwaltungsakt ein unentbehrliches Regelungsmittel, insbesondere für Massenvorgänge. Ein Verwaltungsakt muss befolgt werden; notfalls kann ihn die Exekutive selbst vollstrecken. Widerspricht der Betroffene einem Verwaltungsakt, so überprüft die Exekutive ihre Maßnahme in einem geregelten Verfahren (Widerspruchsverfahren).

Der **Behördenmitarbeiter** hat bei Verwaltungsverfahren mit der Vorbereitung von Verwaltungsakten zu tun. Auch der Vollzug dieser Maßnahmen und die Bearbeitung von Widersprüchen gegen sie gehören zur täglichen Arbeit. Die Lehre vom Verwaltungsakt ist deshalb wichtiger Teil jeder Verwaltungsausbildung.

Der **Begriff** des Verwaltungsakts ist in allen das Verwaltungsverfahren regelnden Gesetzen einheitlich definiert.

§ 35 VwVfG, § 31 SGB X, § 118 AO
Verwaltungsakt ist jede Verfügung, Entscheidung oder andere hoheitliche Maßnahme, die eine Behörde zur Regelung eines Einzelfalles auf dem Gebiet des öffentlichen Rechts trifft und die auf unmittelbare Rechtswirkung nach außen gerichtet ist.

Zum Begriff „Verwaltungsakt" gehören also die **Tatbestandsmerkmale**:

a) Behörde,
b) hoheitliche Maßnahme,
c) Regelung,
d) Einzelfall,
e) öffentliches Recht und
f) unmittelbare Rechtswirkung nach außen.

Erläuterungen

a) Behörde

Der Bördenbegriff ist in § 1 VwVfG geregelt (siehe auch LF 2, Kapitel 2.2.2). Behördenfunktion können ausnahmsweise aber auch Stellen ausüben, die grundsätzlich nicht Behörden sind.

Beispiele

Bezirksregierung (Regierungspräsident), Bürgermeister (in den meisten Bundesländern) und Finanzamt sind Behörden. Ausnahmsweise hat z. B. auch eine beliehene Person Behördenfunktion, wenn sie hoheitlich handelt.

b) hoheitliche Maßnahme

Eine hoheitliche Maßnahme wird aufgrund staatlicher Hoheitsgewalt einseitig von einem Staatsorgan, z. B. einer Behörde, getroffen.

Beispiele

Sowohl eine beantragte Gewerbeerlaubnis als auch eine mit Zwang durchsetzbare Gewerbeuntersagung sind einseitige hoheitliche Maßnahmen der Behörde. Vereinbart die Gemeinde mit einem Bauträger die Erschließung eines Baugebiets (Erschließungsvertrag nach § 124 BauGB), so ist diese Maßnahme nicht einseitig und kann damit auch nicht hoheitlich sein.

c) Regelung

Die Maßnahme der Behörde soll eine bestimmte Rechtsfolge verwirklichen. Eine Regelung liegt dann vor, wenn Rechte bzw. Pflichten begründet, geändert, aufgehoben oder verbindlich festgestellt werden. Bei Realakten ist das nicht der Fall. Auch eine Handlung zur Vorbereitung eines Verwaltungsakts enthält noch keine abschließende Regelung.

Beispiel

Das amtsärztliche Gutachten über den Gesundheitszustand eines Beamtenbewerbers ist noch nicht die abschließende Regelung des Einstellungsverfahrens; erst die Ernennung oder deren Ablehnung ist ein Verwaltungsakt.

d) Einzelfall

Verwaltungsakte regeln Einzelfälle. Dies unterscheidet sie von Rechtsnormen, die eine unbestimmte Zahl von Fällen und Personen betreffen. Einzelfall ist der tatsächlich bestehende konkrete Sachverhalt.

Wird jemand mit einem Bescheid zu mehreren gleichartigen Handlungen aufgefordert, so wird ebenfalls nur ein Einzelfall geregelt.

Beispiel

Die Stadt S. verlangt gemäß Hundesteuersatzung vom Hundehalter H. für drei Hunde 360,00 Euro Hundesteuer, die in vier Teilbeträgen quartalsweise fällig wird. Die Satzung betrifft eine Vielzahl von Steuerfällen und kann deshalb kein Verwaltungsakt sein; der an H. gerichtete Bescheid dagegen regelt die Steuerpflicht des H. im Einzelfall. Der von der Zahl der Tiere abhängige Betrag und die Fälligkeitstermine sind Bestandteil dieser Regelung.

Verwaltungsakte regeln Einzelfälle, Rechtsnormen dagegen eine unbestimmte Zahl von Fällen. Um die Abgrenzung zu erleichtern, regelt § 35 S. 2 VwVfG die Allgemeinverfügung. **Allgemeinverfügungen gelten immer als Verwaltungsakte. Das Gesetz unterscheidet drei Fälle von Allgemeinverfügungen.**

- Die Verfügung ist nicht an eine einzelne Person gerichtet. Ihr Adressatenkreis ist aber ein **nach allgemeinen Merkmalen bestimmter oder bestimmbarer Personenkreis**. Solche allgemeinen Merkmale ergeben sich häufig aus der Gleichartigkeit der äußeren Situation.

Beispiel

Alle Verkehrsteilnehmer im Bereich einer Straßenkreuzung müssen die Handzeichen eines Polizisten als Allgemeinverfügung beachten.

- Durch die Allgemeinverfügung kann die **öffentlich-rechtliche Eigenschaft einer Sache** geregelt werden.

Beispiel

Eine Verkehrsfläche erhält durch einen Widmungsakt (z. B. Wegräumen der Baustellenbeschilderung und -absperrung) die Eigenschaft einer öffentlichen Straße.

- Allgemeinverfügungen können sich auch auf die **Benutzung einer Sache durch die Allgemeinheit** beziehen.

Beispiel

Die Stadtverwaltung regelt den Badebetrieb in den städtischen Freibädern durch Hinweistafeln.

Verwaltungsakt – Allgemeinverfügung (als Sonderfall)

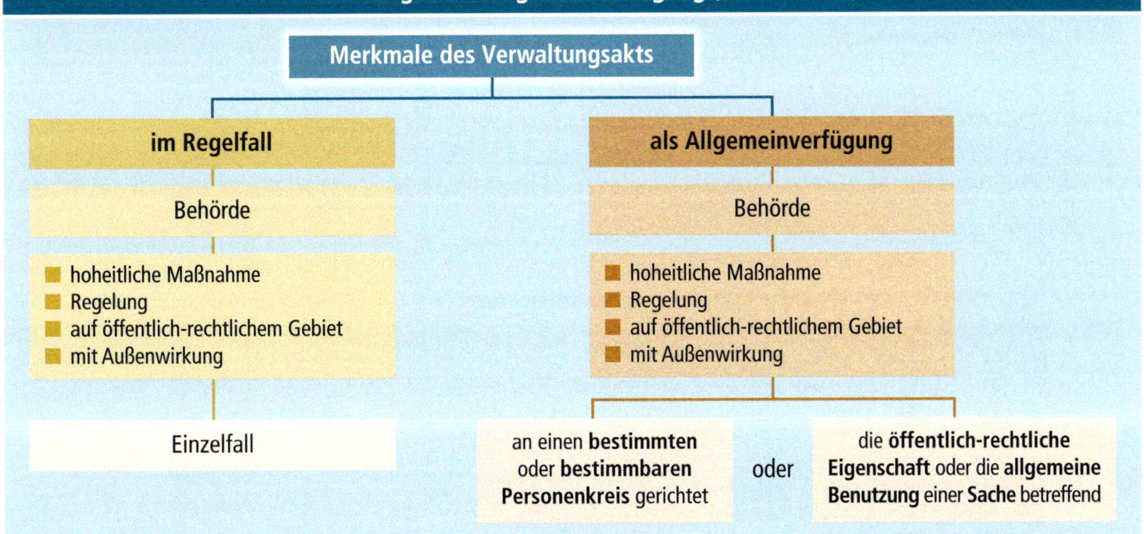

e) Öffentliches Recht

Die Regelung muss dem öffentlichen Recht zuzuordnen sein (Über-/Unterordnungsprinzip). Da Verwaltungsakte grundsätzlich aber nur von Behörden erlassen werden und da Behörden Aufgaben der öffentlichen Verwaltung wahrnehmen (§ 1 VwVfG), ist letztlich nur das **Verwaltungsrecht** als Teilbereich des öffentlichen Rechts angesprochen. Privatrechtliche Handlungen (Verträge, Kündigungen) sowie verfassungs-, völker- und kirchenrechtliche Maßnahmen sind keine Verwaltungsakte.

f) Unmittelbare Rechtswirkung nach außen

Unmittelbare Außenwirkung bedeutet, dass Rechte bzw. Pflichten Außenstehender geregelt werden. Mit seiner Bekanntgabe wirkt der Verwaltungsakt über den inneren Behördenbereich hinaus.

Schwierigkeiten kann dieses Tatbestandsmerkmal bei Regelungen bereiten, die sich auf Beamte beziehen. Trifft eine Maßnahme den Beamten lediglich „als Teil der Behörde" (z. B. Weisung zur Sachbearbeitung), so regelt sie nur das Innenverhältnis und ist kein Verwaltungsakt. Der Beamte ist aber auch selbstständige Rechtsperson mit einer (außerdienstlichen) Privatsphäre. Ist eine behördliche Maßnahme auch auf diesen Bereich gerichtet (z. B. Entlassung), so regelt sie auch das Außenverhältnis und ist ein Verwaltungsakt.

Arten des Verwaltungsakts

Verwaltungsakte lassen sich nach verschiedenen Gesichtspunkten einteilen. Die Unterscheidungen haben in der Verwaltungspraxis Bedeutung, z. B. im Hinblick auf die Vollstreckung, die Berechtigung zum Widerspruch und die eventuelle Aufhebung des Verwaltungsakts durch die Behörde (Rücknahme, Widerruf).

Unterscheidung der Verwaltungsakte nach dem **Inhalt der Regelung**

befehlende Verwaltungsakte	**gestaltende Verwaltungsakte**	**feststellende Verwaltungsakte**
enthalten **Gebote** oder **Verbote**	**gestalten** (begründen, ändern oder beseitigen) ein **Rechtsverhältnis**	**stellen** ein Recht oder eine rechtserhebliche Eigenschaft **fest**
Beispiel: Steuerbescheid	Beispiel: Beamtenernennung	Beispiel: Schwerbehindertenausweis

Unterscheidung der Verwaltungsakte nach der rechtlichen **Wirkung für den Betroffenen**

begünstigende Verwaltungsakte	**belastende Verwaltungsakte**	**Verwaltungsakte mit Doppelwirkung**	**Verwaltungsakte mit Drittwirkung**
begründen oder bestätigen ein **Recht** oder einen rechtserheblichen **Vorteil**	wirken sich **nachteilig** aus (Rechtseingriff, Ablehnung einer Vergünstigung)	wirken auf den Adressaten **begünstigend und belastend** zugleich	wirken rechtlich auf den **Adressaten und auf Dritte**
Beispiel: Bewilligung einer Rente	Beispiele: Gebührenbescheid, Ablehnung einer Gaststättenerlaubnis	Beispiel: Genehmigung mit belastenden Auflagen	Beispiel: Baugenehmigung, die den Nachbarn in seinen Rechten beeinträchtigt

Unterscheidung der Verwaltungsakte nach der **zeitlichen Wirkung**

Verwaltungsakte ohne Dauerwirkung	**Verwaltungsakte mit Dauerwirkung**
verwirklichen **einmalig** eine bestimmte Rechtsfolge	lassen ein **auf Dauer** angelegtes Rechtsverhältnis entstehen und **aktualisieren** sich ständig neu
Beispiele: Gebührenbescheid, Baugenehmigung	Beispiele: Rentenbescheid, Auflage, ein Fahrtenbuch zu führen

Unterscheidung der Verwaltungsakte nach der **äußeren Form**

formfreie Verwaltungsakte	**formgebundene Verwaltungsakte**
können schriftlich, elektronisch, mündlich, durch Zeichen oder schlüssige Handlung erlassen werden, wenn nicht eine besondere Form vorgeschrieben ist (§§ 10, 37 Abs. 2 VwVfG Grundsatz der Formfreiheit). Fiktive Verwaltungsakte (§ 42 a VwVfG) kommen durch Schweigen zustande.	werden in einer spezialgesetzlich vorgeschriebenen Form erlassen. ■ Zur **Schriftform** und **elektronischen Form** (Signatur!) sind Einzelheiten im VwVfG geregelt; vorgeschrieben ist die Schriftform z. B. für Erlaubnisse. ■ Die **Urkundsform** dient der Beweissicherung. Für beurkundende Verwaltungsakte gilt eine besondere Vermutung der Richtigkeit (z. B. Geburtsurkunden, beamtenrechtliche Ernennungsurkunden).

5740432

Verwaltungsakte können zahlreiche weitere Besonderheiten aufweisen. So ist bei Erlaubnissen regelmäßig ein Antrag zu stellen. Die Beamtenernennung erfordert das Aushändigen einer Urkunde. Man spricht hier von mitwirkungsbedürftigen Verwaltungsakten.

1.1.3 Grundlagen des öffentlich-rechtlichen Vertrags

Rechtsverhältnisse zwischen Behörde und Bürger werden meistens durch Verwaltungsakte, oft auch durch privatrechtliche Verträge gestaltet.

Das Gesetz sieht neben dem Verwaltungsakt noch eine weitere Möglichkeit als Ergebnis eines Verwaltungsverfahrens vor: den öffentlich-rechtlichen Vertrag (§ 54 ff. VwVfG). Unter bestimmten Voraussetzungen kann ein solcher verwaltungsrechtlicher Vertrag anstelle von Verwaltungsakten geschlossen werden.

Beispiel

Frau Kaufmann beabsichtigt, ein Wohn- und Geschäftshaus zu errichten, kann aber die erforderlichen Kfz-Einstellplätze nicht bereitstellen. Andererseits möchte die Stadt auf dem Nachbargrundstück eine Tiefgarage bauen und hierfür einen kleinen Teil von Frau Kaufmanns Grundstück erwerben. In einem öffentlich-rechtlichen Vertrag verzichtet die Stadt auf den Nachweis der Einstellplätze durch Frau Kaufmann, die sich ihrerseits verpflichtet, der Stadt einen Teil ihres Grundstücks für die städtische Tiefgarage zu übereignen.

Abgrenzung des öffentlich-rechtlichen Vertrags			
	Verwaltungsakt	öffentlich-rechtlicher Vertrag	privatrechtlicher Vertrag
Regelung	einseitige hoheitliche Regelung	zweiseitige einvernehmliche Regelung	
Rechtsgebiet	auf öffentlich-rechtlichem Gebiet		auf privatrechtlichem Gebiet

Wichtige Arten öffentlich-rechtlicher Verträge

Stehen sich die Vertragsparteien gleichgeordnet gegenüber, schließen sie einen **koordinationsrechtlichen Vertrag**.

Kennzeichnen jedoch Über- und Unterordnung das Verhältnis der Partner zueinander, so kommt ein subordinationsrechtlicher Vertrag zustande. Hier regelt das VwVfG zwei Vertragstypen: **Vergleichsvertrag** und **Austauschvertrag**.

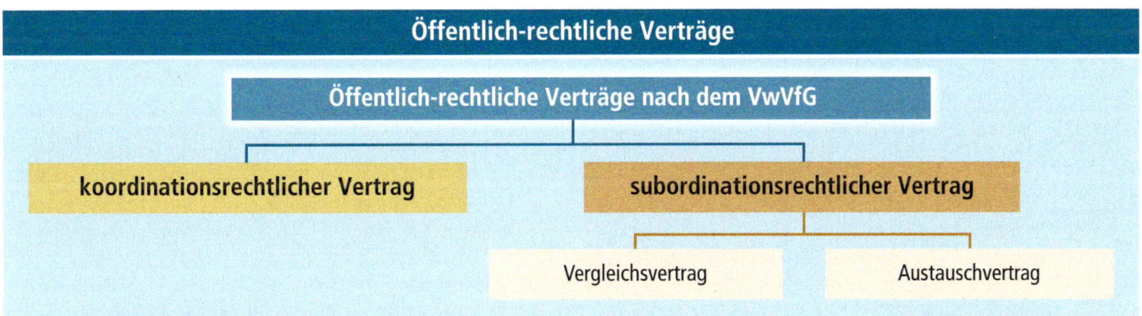

Koordinationsrechtlicher Vertrag

Beispiele

- *Vertrag zwischen zwei Gemeinden über die Finanzierung einer Schule,*
- *Grenzänderungsvertrag zwischen zwei Gemeinden,*
- *Verträge zwischen zwei juristischen Personen des öffentlichen Rechts über die Unterhaltung von Wegen und Brücken.*

Subordinationsrechtlicher Vertrag

Beispiele

- *Übernahme der Stellplatzpflicht der Kaufhaus-AG durch die Stadt gegen Zahlung einer Ablösung,*
- *Erschließungsvertrag zwischen der Gemeinde A und dem Bauherrn „Baumarkt Schulte OHG".*

Die beiden subordinationsrechtlichen Vertragstypen des Vergleichs- und Austauschvertrags werden mit folgenden Beispielen vorgestellt:

Vergleichsvertrag	Austauschvertrag
Vergleichsweises (beiderseitiges) Nachgeben bei Ungewissheit über einen Sachverhalt oder eine Rechtslage **Beispiel:** E. will sein Grundstück für eine Flughafenerweiterung nicht verkaufen und soll nun enteignet werden. Anstelle eines langwierigen Verfahrens mit ungewissem Ausgang vereinbart er mit der Behörde eine sofort zu zahlende Enteignungsentschädigung und verzichtet auf weitere Ansprüche.	Austausch angemessener und sachlich zusammenhängender Leistungen **Beispiel:** Die Behörde sagt die rechtlich mögliche Befreiung von einer baurechtlichen Vorschrift zu; der Begünstigte verpflichtet sich, eine Leistung für einen bestimmten damit sachlich zusammenhängenden öffentlichen Zweck zu erbringen; siehe Einstellplatz-Fälle oben.

Zulässigkeit des öffentlich-rechtlichen Vertrags

Öffentlich-rechtliche Verträge bedürfen keiner besonderen gesetzlichen Ermächtigung. Sie sind jedoch unzulässig, wenn Rechtsvorschriften ihrem Sinn und Zweck nach Verwaltungsverträge ausschließen (z. B. bei der Beamtenernennung, bei Pflichtleistungen nach dem SGB, bei Steuerfestsetzungen).

Erfordernisse des öffentlich-rechtlichen Vertrags

- Der Vertrag kommt durch zwei auf einen gemeinsamen Rechtserfolg gerichtete Willenserklärungen – Antrag und Annahme – zustande.
- Die Vertragspartner müssen beteiligungs- und handlungsfähig sein (§§ 1 Abs. 1, 12 VwVfG).
- Grundsätzlich ist die Schriftform vorgeschrieben (§ 57 VwVfG).
- Greift der Vertrag in Rechte eines Dritten (z. B. Nachbarn) ein, so ist dessen Zustimmung erforderlich (§ 58 Abs. 1 VwVfG).

1.2 Quellen des Verwaltungsrechts

1.2.1 Rechtsgebiet Verwaltungsrecht

Das Verwaltungsrecht ist ein Teilbereich des öffentlichen Rechts. Seine Unterscheidung vom Privatrecht ist für die alltägliche Verwaltungsarbeit wesentlich:

- Nur bei öffentlich-rechtlicher Verwaltungstätigkeit ist das Verwaltungsverfahrensgesetz anzuwenden (§ 1 Abs. 1 VwVfG).
- Grundsätzlich unterliegen nur öffentlich-rechtliche Geldforderungen der Verwaltungsvollstreckung durch öffentliche Kassen (§ 1 Abs. 1 VwVG).
- Vor den Verwaltungsgerichten werden nur öffentlich-rechtliche Streitigkeiten ausgetragen (§ 40 VwGO).

5740434

Systematik des Verwaltungsrechts	
Öffentliches Recht	
Völkerrecht	Steuerrecht
Verfassungsrecht	Kirchenrecht
Staatsrecht	Strafrecht
Verwaltungsrecht	weitere Bereiche

Allgemeines Verwaltungsrecht	Besonderes Verwaltungsrecht
■ Grundsätze des Verwaltungshandelns ■ Verwaltungsverfahren (VwVfG) ■ Verwaltungszwang (VwVG) ■ Verwaltungsrechtsschutz (VwGO) Wegen der besonderen Bedeutung der Gefahrenabwehr in einigen Bereichen des Gewerberechts ist dieser Rechtsbereich in den Gemeinden organisatorisch den Ordnungsämtern zugeordnet.	■ Kommunalrecht ■ Sozialhilferecht ■ Baurecht ■ Schulrecht ■ Polizei- und Ordnungsrecht ■ **Wirtschaftsverwaltungsrecht** – Wettbewerbsrecht – Kartellrecht – **Gewerberecht** • Handwerksrecht • **Gaststättenrecht** ...

1.2.2 Rechtsquellen

Begriff und Abgrenzung der Rechtsquellen

Mit Rechtsquellen meint man die verschiedenen Erscheinungsformen des Rechts im objektiven Sinne, vor allem Gesetze, Rechtsverordnungen und Satzungen. Rechtsquellen enthalten Rechtsnormen (Rechtssätze, Vorschriften). Sie sind für eine unbestimmte Vielzahl von Personen und Fällen verbindlich (generell-abstrakte Regelungen).

Rechtsquellen begegnen uns in schriftlicher Form oder als ungeschriebenes Recht. Grundgesetz und Landesverfassungen, formelle Gesetze, Rechtsverordnungen und Satzungen sind geschriebene Rechtsquellen. Das Gewohnheitsrecht ergibt sich aus ungeschriebenen Rechtsquellen.

Einzelne Rechtsquellen und ihre Rangordnung werden im LF 2 (Abschnitt 1.3.2 – Merkmale des Rechtsstaats nach dem Grundgesetz) ausführlich erläutert.

In Verwaltungsverfahren kommt es darauf an, dass die Behörde die richtigen Rechtsquellen anwendet und ihre Bescheide darauf stützt. Denn nach Art. 20 Abs. 3 GG ist die vollziehende Gewalt an Gesetz und Recht gebunden. Damit sind sowohl ursprüngliche als auch abgeleitete Rechtsquellen gemeint. Ursprüngliche Rechtsquellen wie die Verfassung, die formellen Gesetze und auch das Gewohnheitsrecht ergeben sich unmittelbar aus der Hoheitsgewalt des Staats, seiner Souveränität. Rechtsverordnungen und Satzungen sind abgeleitete Rechtsquellen; sie beruhen immer auf einer Ermächtigung durch ein formelles Gesetz, also durch das Parlament.

Bei der Rechtsanwendung ist von Bedeutung, dass unter Gesetzen häufig die Gesetze im materiellen Sinne verstanden werden. Hierzu gehören alle Rechtsnormen, die Rechte bzw. Pflichten für den Einzelnen begründen; dies können neben den Parlamentsgesetzen auch Rechtsverordnungen und Satzungen sein.

1 Rechtliche Grundlagen des Verwaltungshandelns

Auf ursprüngliche und abgeleitete Rechtsquellen stützt die Verwaltung ihre Bescheide gegenüber dem Bürger. Es ist daher wichtig, die Rechtsquellen von anderen Regelungen bzw. Erkenntnisquellen abzugrenzen.

Keine Rechtsquellen sind:

- Verwaltungsvorschriften, denn sie binden nur die Verwaltungsmitarbeiter und begründen für die Bürger keine Rechte oder Pflichten,
- Gerichtsurteile, weil sie grundsätzlich nur für die an einem Rechtsstreit beteiligten Parteien verbindlich sind,
- Kommentare, die zwar wichtige Erkenntnisquellen, aber keine Rechtsquellen darstellen;
- technische Normen (z. B. DIN-Normen), die als Empfehlungen zur Rationalisierung der Industrieproduktion und zur Vereinfachung des Warenverkehrs nützlich sind, aber keinen Rechtsquellencharakter besitzen.

Verwaltungsvorschriften beeinflussen die Arbeit der Verwaltungsmitarbeiter in erheblichem Maße. Sie tragen Bezeichnungen wie z. B. Runderlass, Richtlinie, Ausführungsbestimmungen oder -vorschriften, Dienstanweisung, Allgemeine Geschäftsanweisung.

Während Rechtsquellen nach außen wirken, sind Verwaltungsvorschriften Weisungen an nachgeordnete Mitarbeiter oder Behörden. In Verwaltungsvorschriften regeln Ministerien und andere Behörden insbesondere Organisations- und Verfahrensfragen. Sie sollen dazu beitragen, dass die Verwaltungsmitarbeiter Rechtsvorschriften einheitlich anwenden. Zu diesem Zweck erläutern sie z. B. Definitionen, legen unbestimmte Rechtsbegriffe aus und regeln einheitliche Gesichtspunkte für Ermessensentscheidungen der Verwaltung. Auf diese Weise – z. B. als Maßstab für die Gleichbehandlung gleich gelagerter Fälle – können sie zwar indirekt Behördenentscheidungen mit beeinflussen (mittelbare Außenwirkung), dennoch sind sie keine Rechtsquellen. Denn Grundlage für Rechte und Pflichten der Bürger kann nur ein Gesetz im materiellen Sinne sein.

Beispiele für Verwaltungsvorschriften mit mittelbarer Außenwirkung sind die Allgemeinen Verwaltungsvorschriften zum Bundes-Immissionsschutzgesetz wie etwa die „TA Lärm" (Technische Anleitung zum Schutz gegen Lärm) und die „TA Luft" (Technische Anleitung zur Reinhaltung der Luft). Verwaltungsvorschriften für Landes- und Kommunalbehörden werden meistens in Ministerialblättern bekannt gegeben.

Gerichtsurteile – insbesondere die höherer Gerichte – sind praktisch bedeutsam als Erkenntnisquelle. Doch auch sogenannte Grundsatzurteile regeln nur einen bestimmten Fall und sind daher keine (allgemeinen) Rechtsquellen, für die Verwaltung sind sie jedoch nützliche Entscheidungshilfen für gleiche oder ähnliche Fälle. Zu den Rechtsquellen zählen nur diejenigen Entscheidungen des Bundesverfassungsgerichts, durch die Gesetze aufgehoben werden.

Rechtsquellen und ihre Verkündigungsblätter

Quellen des Verwaltungsrechts	Verkündigungsblätter
Verfassung	Bundesgesetzblatt (BGBl.) bzw. Gesetz- und Verordnungsblätter der Länder
Gesetz	
Rechtsverordnung	
Satzung	Amtliches Verkündungsorgan des Verwaltungsträgers (z. B. „Amtsblatt der Stadt X."; Tageszeitung)
Entscheidungen des BVerfG über die Gültigkeit von Gesetzen	Bundesgesetzblatt
Verordnungen der EU	Amtsblatt der EU
Gewohnheitsrecht	–

Kollisionsregeln

Kann ein Sachverhalt unter mehrere Rechtsnormen subsumiert werden, die unterschiedliche Rechtsfolgen vorsehen, so sind folgende Kollisionsregeln zu beachten:

- Bundesrecht bricht Landesrecht (Art. 31 GG). Dieser Grundsatz geht der allgemeinen Rangordnung der Rechtsquellen vor.
- Übergeordnetes verdrängt untergeordnetes Recht.
- Neueres Recht setzt älteres Recht außer Kraft.
- Spezielle Bestimmungen gehen allgemeinen Regelungen vor.

1.3 Anwendung des Verwaltungsrechts

1.3.1 Aufbau von Rechtsnormen

Eine Rechtsvorschrift – den einzelnen Rechtssatz – bezeichnet man als Rechtsnorm. Ein Gesetz oder eine Rechtsverordnung als Ganzes nennt man Rechtsquelle.

Rechtsnormen sind nach ihrem Zweck verschiedenartig gestaltet: Hervorzuheben sind hier die vollständigen Rechtsnormen und die Hilfsnormen.

Vollständige Rechtsnormen regeln, dass unter bestimmten Voraussetzungen bestimmte Folgen eintreten.

Beispiel

„Erweist sich jemand als ungeeignet oder nicht befähigt zum Führen von Kraftfahrzeugen, so hat ihm die Fahrerlaubnisbehörde die Fahrerlaubnis zu entziehen." (§ 15 b Abs. 1 S. 1 StVG)

Hilfsnormen können z. B. Begriffsbestimmungen (Legaldefinitionen) enthalten oder eine andere Vorschrift näher erläutern.

Beispiele

Was unter einem „Verwaltungsakt" zu verstehen ist, beschreibt § 35 VwVfG (gleichlautend § 31 SGB X).

Es gibt auch Rechtsnormen, die nur **allgemeine Ziele** vorschreiben:

Beispiel

„Aufgabe der Sozialhilfe ist es, den Leistungsberechtigten die Führung eines Lebens zu ermöglichen, das der Würde des Menschen entspricht." (§ 1 SGB XII)

Wir wollen uns hier nur mit den vollständigen Rechtsnormen befassen. Sie sind nach dem „Wenn-dann-Schema" aufgebaut:

Beispiel

Wenn ...	dann ...
die Ernennung eines Beamten durch arglistige Täuschung herbeigeführt wurde,	ist die Ernennung zurückzunehmen.

Der erste Satzteil nennt die Voraussetzungen für die Rücknahme, diese gesetzlichen Bedingungen heißen **Tatbestandsmerkmale.** Der zweite Satzteil gibt an, was geschehen soll, wenn die Tatbestandsmerkmale erfüllt sind. Er enthält die **Rechtsfolge.** Tatbestand und Rechtsfolge können auch in umgekehrter Reihenfolge formuliert werden.

Eine Rechtsnorm kann vorsehen, dass eine Rechtsfolge eintreten **muss, soll** oder **kann.**

Eine **Mussbestimmung** schreibt die Rechtsfolge zwingend vor. Hier gilt das Legalitätsprinzip.

Beispiel

„In Gaststätten, Verkaufsstellen oder sonst in der Öffentlichkeit dürfen Tabakwaren an Kinder oder Jugendliche weder abgegeben noch darf ihnen das Rauchen gestattet werden." (§ 10 Abs. 1 JuSchG)

Eine **Sollbestimmung** ist grundsätzlich wie eine **Mussbestimmung** anzuwenden, es sei denn, dass der vorgeschriebenen Verfahrensweise ausnahmsweise ein wichtiger Grund entgegensteht („atypischer" Fall).

Beispiel

„Wünschen der Leistungsberechtigten, die sich auf die Gestaltung der Leistung richten, soll entsprochen werden, soweit sie angemessen sind." (§ 9 Abs. 2 S. 1 SGB XII)

Eine **Kannbestimmung** eröffnet der Behörde einen begrenzten Handlungsfreiraum für eine Ermessensentscheidung. Hier gilt das Opportunitätsprinzip.

Beispiel

„Die Ordnungsbehörden können die notwendigen Maßnahmen treffen, um eine im einzelnen Falle bestehende Gefahr für die öffentliche Sicherheit oder Ordnung abzuwehren." (§ 14 Abs. 1 OBG NW, Generalklausel in allen Gesetzen zur Gefahrenabwehr der Länder)

1.3.2 Anwendung von Rechtsnormen

Ein verwaltungsrechtlicher Fall wird schrittweise gelöst. Hierzu sind meistens nacheinander mehrere Fragen zu klären, z. B. nach der Zuständigkeit, der richtigen Maßnahme, Entscheidungsfehlern oder der Klagemöglichkeit. Beim Anwenden einer vollständigen Rechtsnorm empfiehlt sich folgende Vorgehensweise:

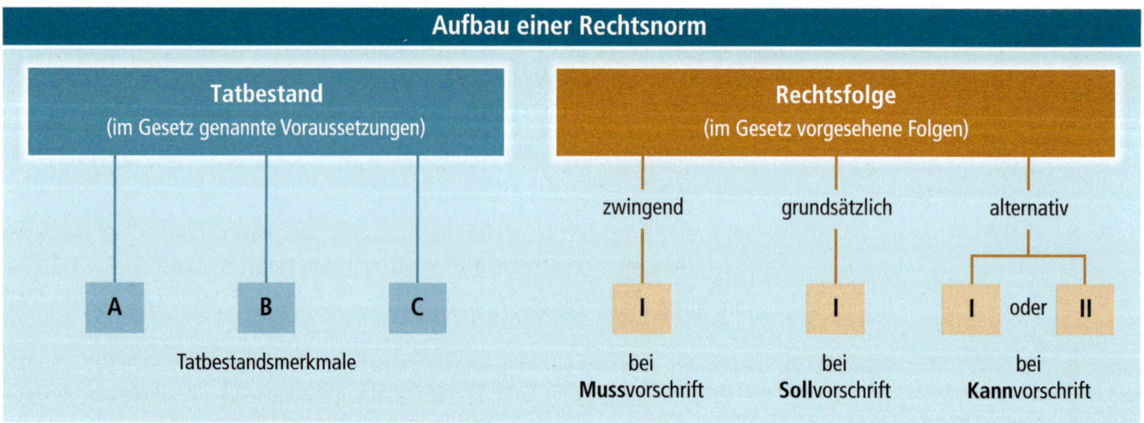

- Welche (Teil-)**Frage** soll gelöst werden?
- Welche **Rechtsnorm** kommt hierfür in Betracht?
- Welche **Tatbestandsmerkmale** enthält die Rechtsnorm?
- **Subsumtion:** Entspricht der Sachverhalt (tatsächliches Ereignis) in allen Punkten dem (gesetzlichen) Tatbestand?
- Wie lautet die **Rechtsfolge**?

Beispiel

Willi T. – kostümiert als Seeräuber – fährt am Rosenmontag nach einem Gaststättenbesuch mit seinem Fahrrad in Schlangenlinien über öffentliche Straßen nach Hause. Ein Polizist hält ihn an und bemerkt an Willi T. starken Alkoholgeruch und große Schwierigkeiten, sich sprachlich auszudrücken.

1. Schritt: Welche Frage soll gelöst werden?

Willi T. kann durch seine offensichtliche Trunkenheit sein Fahrzeug nicht mehr sicher führen und gefährdet die Verkehrssicherheit. Die Frage nach den sofortigen polizeilichen Maßnahmen steht im Vordergrund.

2. Schritt: Welche Rechtsnorm kommt hierfür in Betracht?

In Frage kommt § 3 Abs. 1 S. 1 der Verordnung über die Zulassung von Personen zum Straßenverkehr (Fahrerlaubnis-Verordnung – FeV).

„Erweist sich jemand als ungeeignet oder nur noch bedingt geeignet zum Führen von Fahrzeugen oder Tieren, hat die Fahrerlaubnisbehörde ihm das Führen zu untersagen, zu beschränken oder die erforderlichen Auflagen anzuordnen."

3. Schritt: Welche Tatbestandsmerkmale enthält die Rechtsnorm?

Die Vorschrift in § 3 Abs. 1 S. 1 FeV ist als vollständige Rechtsnorm wie folgt aufgebaut:

Tatbestand	Rechtsfolge
Erweist sich jemand als ungeeignet oder nur noch bedingt geeignet zum Führen von Fahrzeugen oder Tieren, …	… hat die Fahrerlaubnisbehörde ■ ihm das Führen zu untersagen, ■ zu beschränken oder ■ die erforderlichen Auflagen anzuordnen.

Was bedeutet „ungeeignet" oder „bedingt geeignet zum Führen von Fahrzeugen"?

§ 3 Abs. 2 FeV verweist auf anzuwendende Regelungen:

„Rechtfertigen Tatsachen die Annahme, dass der Führer eines Fahrzeugs oder Tieres zum Führen ungeeignet oder nur noch bedingt geeignet ist, finden die Vorschriften der §§ 11 bis 14 entsprechend Anwendung."

Die Vorschriften der §§ 11 bis 14 FeV stehen im Kapitel II „Führen von Kraftfahrzeugen". Nach § 3 Abs. 2 FeV werden sie aber auch auf das Führen anderer Fahrzeuge sinngemäß angewandt, wenn Tatsachen vorliegen, die die Annahme mangelnder Eignung rechtfertigen.

§ 11 Abs. 1 FeV knüpft die Eignung von Bewerbern um eine Fahrerlaubnis an die notwendigen körperlichen und geistigen Anforderungen. „Die Anforderungen sind insbesondere nicht erfüllt, wenn eine Erkrankung oder ein Mangel nach Anlage 4 oder 5 vorliegt, wodurch die Eignung oder die bedingte Eignung zum Führen von Kraftfahrzeugen ausgeschlossen wird."

Anlage 4 führt unter Ziffer 8 **Alkoholmissbrauch** und **Alkoholabhängigkeit** als Mangel bzw. Krankheit auf, die eine Eignung oder bedingte Eignung zum Führen von Kraftfahrzeugen ausschließen. § 11 FeV nennt daneben weitere Tatbestandsmerkmale, die die Eignung ebenfalls ausschließen.

Man kann die Vorschriften in § 3 Abs. 1 und 2 FeV in Verbindung mit § 11 Abs. 1 FeV in das „Wenn-Dann-Schema" übertragen, um durch Ordnung der Tatbestandsmerkmale und eine klare Trennung von der Rechtsfolge die Begutachtung des Sachverhalts zu erleichtern:

Wenn …	dann …
sich jemand als ungeeignet zum Führen von Fahrzeugen erweist, insbesondere durch Alkoholmissbrauch oder Alkoholabhängigkeit,	hat die Fahrerlaubnisbehörde ■ ihm das Führen zu untersagen, ■ zu beschränken oder ■ die erforderlichen Auflagen anzuordnen.

4. Schritt: Entspricht der Sachverhalt in allen Punkten dem Tatbestand? (Subsumtion)

T. fährt mit dem Fahrrad und ist damit jemand, der ein Fahrzeug führt. T. würde sich insbesondere bei Alkoholmissbrauch oder Alkoholabhängigkeit als ungeeignet zum Führen von Fahrzeugen erweisen. Aus dem geschilderten Sachverhalt ergibt sich, dass T. eine öffentliche Straße in Schlangenlinien befahren hat und dass der

Polizist bei T. starken Alkoholgeruch und sprachliche Einschränkungen feststellt. Diese Tatsachen rechtfertigen die Annahme, dass bei T. Alkoholmissbrauch vorliegt. Durch Alkoholmissbrauch erweist sich T. als ungeeignet zum Führen von Fahrzeugen.

5. Schritt: Wie lautet die Rechtsfolge?

Da T. sich als ungeeignet zum Führen von Fahrzeugen erweist, hat die Fahrerlaubnisbehörde ihm das Führen zu untersagen, zu beschränken oder die erforderlichen Auflagen anzuordnen. (Bei Gefahr im Verzug trifft der Polizist anstelle der Fahrerlaubnisbehörde die sofort notwendigen Maßnahmen.)

1.3.3 Ermessen

Ermessensbegriff und Ermessensarten

Oft wird die Behörde in einer Rechtsnorm ausdrücklich ermächtigt, nach ihrem Ermessen zu handeln.

Ermessen eröffnet der Verwaltung einen begrenzten Handlungsspielraum, die Rechtsfolge im Einzelfall eigenverantwortlich zu bestimmen. Das Gesetz schreibt also keine bestimmte Rechtsfolge vor, sondern setzt einen engen oder weiten Handlungsrahmen.

Man unterscheidet Entschließungs- und Auswahlermessen.

Geht es um die Frage, **ob** die Behörde überhaupt tätig wird oder nicht, spricht man von **Entschließungsermessen.**

Beispiel

„Die Abhaltung einer Versammlung kann nur im Einzelfall und nur dann verboten werden, wenn ..." (aus § 5 Versammlungsgesetz)

Hier hat die Behörde zwei Verhaltensmöglichkeiten, entweder entschließt sie sich zu einem Verbot oder nicht.

Von **Auswahlermessen** spricht man dann, wenn es darum geht, wie die Behörde handelt, welche Mittel sie auswählt.

Beispiel

„Die Verfolgung von Ordnungswidrigkeiten liegt im pflichtgemäßen Ermessen der Verfolgungsbehörde." (§ 47 Abs. 1 S. 1 OWiG)

Auch hier hat die Behörde zunächst ein Entschließungsermessen. Sie kann sich im Einzelfall zum Handeln entschließen, sie kann aber auch von einer Verfolgung absehen, etwa bei Ordnungswidrigkeiten von geringer Bedeutung ohne Wiederholungsgefahr oder bei unverhältnismäßig großem Ermittlungsaufwand.

Entschließt sich die Behörde, zu handeln, so hat sie zwischen mehreren Möglichkeiten der Ahndung (z. B. Verwarnung, Geldbuße) die geeignete zu wählen.

Entschließungs- und Auswahlermessen

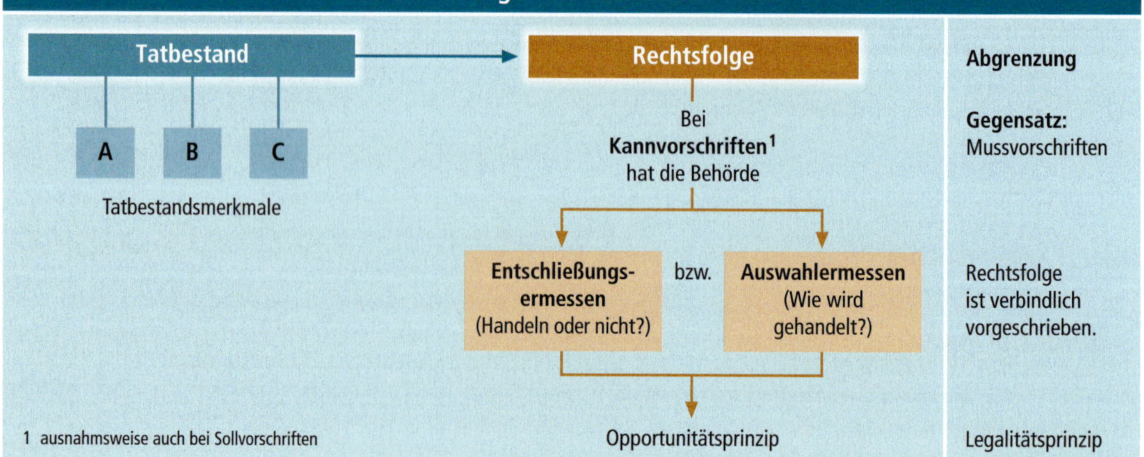

Ermessensausübung

§ 40 VwVfG
Ist die Behörde ermächtigt, nach ihrem Ermessen zu handeln, so hat sie ihr Ermessen entsprechend dem Zweck der Ermächtigung auszuüben und die gesetzlichen Grenzen des Ermessens einzuhalten.

Ermessen ist also nie schrankenlos. Die Ermächtigung zum Ermessensgebrauch hat den Sinn, den Gesetzeszweck auch dort zu verwirklichen, wo die Verschiedenartigkeit der Einzelfälle eine starre Regelung nicht verträgt. Die Besonderheiten des Einzelfalles sind also zunächst zu ermitteln, um sie bei der Entscheidung berücksichtigen zu können.

Im Einzelfall kann es vorkommen, dass der Handlungsspielraum der Behörde auf nur noch eine einzige rechtmäßige Entscheidung schrumpft. Man spricht dann von Ermessensreduktion (auf Null).

Ermessensentscheidungen bedürfen einer Begründung; diese muss die Gesichtspunkte erkennen lassen, die bei der Festlegung der Rechtsfolge im Einzelfall maßgeblich waren. So kann der Adressat der Entscheidung prüfen, ob und wie der Ermessensspielraum genutzt wurde und ob Ermessensfehler auszuschließen sind. Solche Fehler machen die Entscheidung rechtswidrig. Bereits die fehlende Begründung ist ein Anfechtungsgrund.

Erhebt ein Bürger Widerspruch gegen eine Verwaltungsmaßnahme, so muss die Widerspruchsbehörde Rechtmäßigkeit und Zweckmäßigkeit der Maßnahme prüfen (§ 68 Abs. 1 S. 1 VwGO).

Anders ist es nach einer Klage: Das Verwaltungsgericht untersucht nur die Rechtmäßigkeit der behördlichen Maßnahme. Das Gericht kann das Handlungsermessen der Verwaltung nicht durch eigene Zweckmäßigkeitserwägungen ersetzen. Allerdings prüft es nach § 114 VwGO, „ob der Verwaltungsakt oder die Ablehnung oder Unterlassung des Verwaltungsakts rechtswidrig ist, weil die gesetzlichen Grenzen des Ermessens überschritten sind oder von dem Ermessen in einer dem Zweck der Ermächtigung nicht entsprechenden Weise Gebrauch gemacht ist."

Die Bürger haben also ein einklagbares Recht auf eine fehlerfreie Ermessensentscheidung.

Bei der Auswahl einer Ermessensentscheidung sind die Ermessensgrundsätze zu beachten. Wer typische Ermessensfehler kennt, kann sie auch vermeiden.

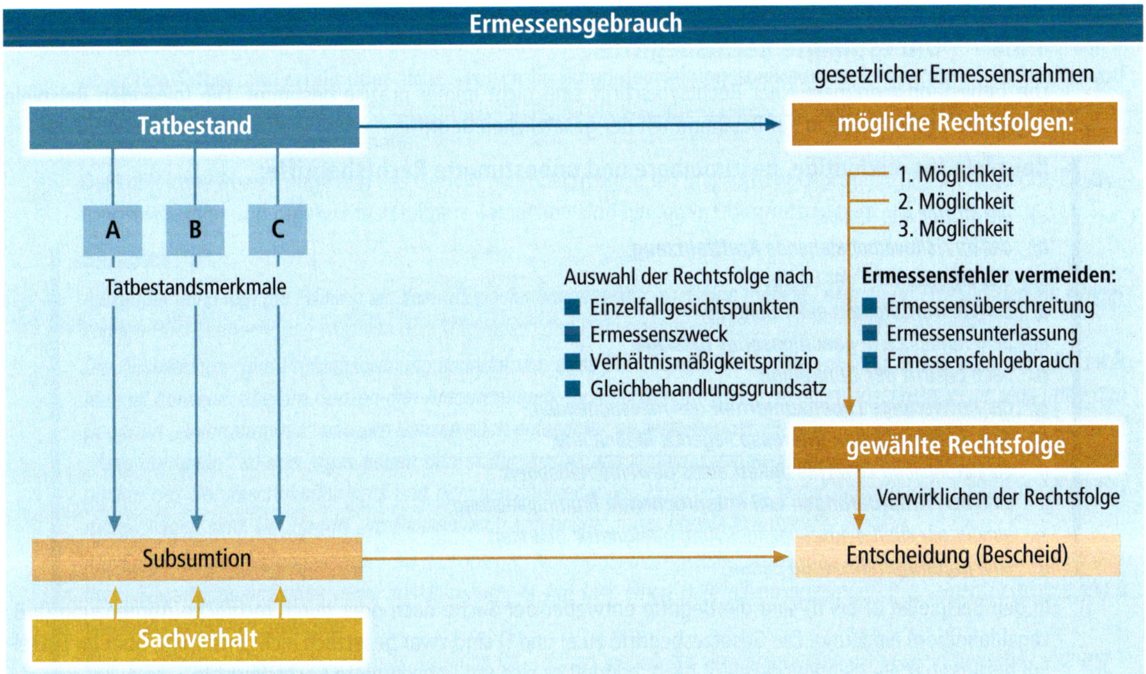

suchungsgrundsatz (§ 24 VwVfG) ermächtigt die Behörde jedoch nicht, in Rechte Dritter einzugreifen. Das Sammeln von Informationen kann durch Formulare erleichtert werden (einfache und zweckmäßige Verfahrensführung); in einem nicht formgebundenen Verfahren können die Bürger aber nicht gezwungen werden, Formblätter zu benutzen. Die Behörde entscheidet nach ihrem Ermessen über die Verwendung von **Beweismitteln** (siehe § 26 Abs. 1 VwVfG), sie ist an deren Bewertung durch Zeugen bzw. Sachverständige nicht gebunden. Hinsichtlich der **Amtssprache** (deutsch) sind die Regelungen für die Vorlage von Übersetzungen zu beachten (siehe § 23 VwVfG). Die Behörde hat auch zu beachten, dass die Beteiligten den Gang des Verfahrens und die Entscheidung beeinflussen können, indem sie **Verfahrensrechte** geltend machen (siehe unten).

Am **Ende eines Verwaltungsverfahrens** steht entsprechend der Definition in § 9 VwVfG regelmäßig der Erlass bzw. die Ablehnung des geplanten bzw. gewünschten Verwaltungsakts (Bekanntgabe) oder – seltener – der Abschluss bzw. das Scheitern eines öffentlich-rechtlichen Vertrags. Umsicht und Sorgfalt in der Verfahrensführung erleichtern zum einen die Begründung der getroffenen (Ermessens-)Entscheidung, zum anderen fördern sie die Bereitschaft der Betroffenen, die Regelung zu akzeptieren.

Nicht selten stellt die Behörde das Verfahren, das sie nach pflichtgemäßem Ermessen begonnen hat, aus Ermessensgründen auch wieder ein oder sie verfolgt es nicht weiter, wenn geringe Erfolgsaussichten den erforderlichen Aufwand nicht rechtfertigen. Manche Angelegenheiten erledigen sich von selbst, wenn etwa der Verursacher einer „wilden" Müllkippe einer behördlichen Beseitigungsanordnung zuvorkommt. Ein antragsgebundenes Verfahren muss eingestellt werden, wenn der Antrag zurückgezogen wird.

Nachdem der Verwaltungsakt bestandskräftig geworden ist, besteht unter den engen Voraussetzungen des § 51 VwVfG die Möglichkeit, das beendete Verfahren wieder aufzugreifen (z. B. bei nachträglicher Änderung der Sach- oder Rechtslage zugunsten des Betroffenen).

2.1.4 Verfahrensrechte und Mitwirkungspflicht der Beteiligten

Die **Beteiligten** haben im Verwaltungsverfahren folgende Rechte:

Das Recht auf **Anhörung** entspricht grundsätzlich dem für Gerichtsverfahren geltenden verfassungsrechtlichen Grundsatz des rechtlichen Gehörs und bedeutet, dass die Entscheidung nur auf solche Umstände gestützt werden darf, zu denen sich der Beteiligte vorher äußern konnte. Macht der Beteiligte von dieser Möglichkeit Gebrauch, so muss die Behörde seine Ausführungen in ihre Erwägungen einbeziehen. Vor allem dann, wenn sie den Äußerungen nicht zustimmen kann, wird sie dies in der Begründung des Verwaltungsakts darlegen. § 28 VwVfG gilt allerdings nur für belastende Verwaltungsakte und beschreibt mehrere Ausnahmen, in denen von der Anhörung abgesehen werden kann. Kommt die Behörde ihrer Anhörungspflicht nicht nach, so kann die Anhörung bis zum Ende des Klageverfahrens nachgeholt werden.

Das Recht der Beteiligten auf **Akteneinsicht** (§ 29 VwVfG) bezieht sich auf die das Verfahren betreffenden Akten, soweit deren Kenntnis erforderlich ist, um rechtliche Interessen geltend zu machen oder zu verteidigen. Zu den Akten gehören neben schriftlichen Vorgängen auch Fotos, Tonbänder und Dateien, die sich auf ein bestimmtes Verwaltungsverfahren beziehen. Nicht zu den Akten zählen entscheidungsvorbereitende Entwurfsarbeiten. Das Akteneinsichtsrecht ist in § 29 Abs. 2 VwVfG eingeschränkt, insbesondere durch bestehende Geheimhaltungspflichten (Schutz personenbezogener Daten, Sozialgeheimnis, Betriebs- und Geschäftsgeheimnisse von Unternehmen). Im Sozial-, Arbeits- und Beamtenrecht bestehen spezielle Regelungen. Verweigert die Behörde die Akteneinsicht (Verwaltungsakt), so kann der Beteiligte sich gegen diese Verfahrenshandlung nach § 44 a VwGO erst in Zusammenhang mit einem Widerspruch gegen die getroffene Sachentscheidung wehren.

Da Verwaltungsverfahren nicht öffentlich sind, haben die Bürger grundsätzlich kein allgemeines Akteneinsichtsrecht während des Verfahrens. Das Umweltinformationsgesetz (UIG), durch das eine EG-Richtlinie in Deutschland umgesetzt wird, einen (über den Kreis der Beteiligten hinausgehenden) allgemeinen Anspruch auf Zugang zu Umweltinformationen bei Behörden mit Umweltschutzaufgaben. Dieser Anspruch besteht jedoch nicht während der Dauer eines Verwaltungsverfahren hinsichtlich derjenigen Daten, die der Behörde aufgrund des Verfahrens zugehen (s. § 7 Abs. 1 Nr. 2 UIG). Die Akteneinsichtsrechte nach den Informationsfreiheitsgesetzen des Bundes und der Länder beziehen sich ebenfalls nicht auf laufende Verwaltungsverfahren.

5740448

Das Recht auf **Geheimhaltung** (§ 30 VwVfG) bedeutet vor allem, dass die zum persönlichen Lebensbereich gehörenden Geheimnisse sowie die Geschäftsgeheimnisse der Beteiligten von der Behörde nicht unbefugt offenbart werden dürfen. Die Verwaltungsverfahrensgesetze der Länder enthalten entsprechende Regelungen z. T. an anderer Stelle. Die Datenschutzgesetze schützen Daten von Personen. Das Bundesdatenschutzgesetz (BDSG) soll den Einzelnen vor Beeinträchtigungen in seinem Persönlichkeitsrecht durch den Umgang anderer mit seinen personenbezogenen Daten schützen. Es gilt für die Erhebung, Verarbeitung und Nutzung personenbezogener Daten durch öffentliche Stellen des Bundes und öffentliche Stellen der Länder, soweit nicht ein Landesdatenschutzgesetz besteht oder Bundesrecht auszuführen ist. Das BDSG gilt auch für nicht-öffentliche Stellen (Unternehmen, Vereine, kommunale Wirtschaftsbetriebe), soweit sie die Daten mithilfe von Datenverarbeitungsanlagen oder nicht automatisierten Dateien verarbeiten. Nach Inkrafttreten entsprechender Gesetzesänderungen regelt es auch den Datenschutz der Beschäftigten. Die Vorschriften des BDSG gehen denen des VwVfG vor. Die Datenschutzgesetze der Länder gelten insbesondere für Landes- und Kommunalbehörden. Wichtige Regelungen zum Schutz personenbezogener Daten finden sich auch im § 35 SGB I (Sozialgeheimnis) und in den Gefahrenabwehr- und Meldegesetzen.

Verwaltungsmitarbeiter sind nicht nur Bedienstete des Staates. Sie sollten sich auch als Helfer der Bürger verstehen, zumal Gesetze und Verwaltungsstrukturen immer komplizierter werden. **Beratung und Auskunft** gegenüber den Beteiligten (§ 25 VwVfG) fördern den zügigen Verfahrensablauf und können wesentlich zu sachgerechten Entscheidungen beitragen.

Pflichten der Beteiligten werden im VwVfG kaum angesprochen. Nach § 26 Abs. 2 VwVfG „sollen" Beteiligte bei der Ermittlung des Sachverhalts mitwirken; weiter gehende Pflichten bestehen nur, soweit andere Rechtsvorschriften dies bestimmen. „Sollen" ist hier nicht wie bei den an die Behörde gerichteten Soll-Vorschriften als „Muss-Vorschrift mit Ausnahmen in atypischen Fällen" zu verstehen, sondern als Aufgabe (Obliegenheit), bei deren Nichterfüllung die entsprechenden Nachteile vom Beteiligten hinzunehmen sind. Die Untätigkeit des Beteiligten entbindet die Behörde aber nicht von ihrer Pflicht, im Rahmen des Möglichen und Zumutbaren den Sachverhalt aufzuklären.

Ablauf und Grundsätze des allgemeinen (nichtförmlichen) Verwaltungsverfahrens nach dem VwVfG

Rechtliche Regelungen im VwVfG		Bearbeitungsablauf
Offizialprinzip (Behörde entscheidet über Beginn nach Ermessen)	**Beginn**	Beginn der auf das Ziel (z. B. „Verwaltungsakt") gerichteten Tätigkeit:
Wichtige Verfahrensgrundsätze und Rechte: ■ Nichtförmlichkeit (§ 10) ■ Beteiligungsgrundsätze (§ 11 ff.) ■ Amtssprache (§ 23) ■ Untersuchungsgrundsatz (§ 24) ■ Beweisregeln (§§ 26, 27) ■ Beratung/Auskunft (§ 25) ■ Anhörung (§ 28) ■ Akteneinsicht (§ 29) ■ Geheimhaltung (§ 30) ■ Datenschutz (nach den allgemeinen Datenschutzgesetzen des Bundes und der Länder sowie besonderen Vorschriften für einzelne Verwaltungsbereiche)		■ Informationssammlung ■ Zusammenstellung des Materials für Subsumtion und evtl. Ermessensausübung ■ Entscheidung (Anwendung der Rechtsnorm, evtl. Auslegung, evtl. Ermessensausübung) ■ Bescheid/Vertrag formulieren
Verwaltungsakt ←	**Ende**	Bescheid bekannt geben
öffentlich-rechtlicher Vertrag ←		Vertrag unterzeichnen

2.1.5 Planfeststellungsverfahren und Verfahren gemäß EU-Dienstleistungsrichtlinie

Das **Planfeststellungsverfahren** ist ein besonderes, streng formalisiertes Genehmigungsverfahren. Es wird bei größeren Baumaßnahmen (Bau von Straßen, Eisenbahnanlagen, Flughäfen, Abfalldeponien, Endlager für radioaktive Abfälle) durchgeführt. Bereits im Vorbereitungsstadium wird geprüft, ob das Vorhaben mit den öffentlichen und privaten Belangen vereinbar ist. Das Planfeststellungsverfahren umfasst eine besondere Anhörung und endet mit einem Planfeststellungsbeschluss.

In der **Anhörung** nehmen die Träger öffentlicher Belange (z. B. andere Behörden, Kammern) zu dem Vorhaben Stellung. Ebenso kann jeder, dessen Belange durch das Vorhaben berührt werden, nach öffentlicher Auslegung des Planes in einer zweiwöchigen Frist Einwendungen gegen den Plan erheben. In einem **Erörterungstermin** behandelt die Anhörungsbehörde Stellungnahmen der Behörden sowie Einwendungen mit dem Träger des Vorhabens, den Behörden und den Einwendern.

Das Verfahren endet mit dem **Planfeststellungsbeschluss.** Er umfasst und ersetzt alle eventuell erforderlichen Einzelgenehmigungen, Zustimmungen und Erlaubnisse für das festgestellte Vorhaben (Konzentrationswirkung). Der Planfeststellungsbeschluss ist ein Verwaltungsakt, er kann durch Klage vor dem Verwaltungsgericht direkt angefochten werden. Allerdings werden im Prozess nur Einwendungen berücksichtigt, die bereits im Anhörungsverfahren vorgebracht worden sind.

Ablauf eines Planfeststellungsverfahrens		
Träger des Vorhaben →	**Anhörungsbehörde →**	**Planfeststellungsbehörde**
■ Plan erstellen ■ Einreichen bei Anhörungsbehörde	■ Einholen von Stellungnahmen der Träger öffentlicher Belange ■ Öffentliche Auslegung ■ Betroffene können Einwendungen fristgerecht einreichen ■ Erörterungstermin ■ Weiterleiten der Anhörungsergebnisse	■ Erarbeiten des Planfeststellungsbeschlusses ■ Bekanntgabe des Planfeststellungsbeschlusses (mit Konzentrationswirkung) ■ Bestandskraft des Planfeststellungsbeschlusses (tritt ein, wenn Anfechtungsklage nicht erhoben wird)

Das **Verfahren über eine einheitliche Stelle** ist ein neuer, offener Verfahrenstyp. Es erleichtert den Unternehmen aus der EU, eine Niederlassung in Deutschland zu gründen oder in Deutschland tätig zu sein. Es basiert auf der Dienstleistungsrichtlinie der EU, die 2009 in Deutschland umgesetzt wurde, insbesondere durch Änderung der Verwaltungsverfahrensgesetze.

Die **Dienstleistungsrichtlinie der EU** verpflichtet alle Mitgliedstaaten, „einheitliche Ansprechpartner" einzurichten. Bei denen können Dienstleistungserbringer alle notwendigen Informationen erhalten und alle für ihre Tätigkeiten erforderlichen Verfahren erledigen, und zwar aus der Ferne und auf elektronischem Wege. Alternativ sind auch die herkömmlichen Verfahren möglich.

Die in den Verwaltungsverfahrensgesetzen vorgesehene einheitliche Stelle erteilt Auskunft über Vorschriften, Behörden, öffentliche Register und Datenbanken, Verfahrensrechte und unterstützende Einrichtungen. Sie nimmt Anzeigen und Anträge entgegen und leitet sie an die zuständigen Behörden weiter. Diese Dokumente gelten am dritten Tag nach Eingang bei der einheitlichen Stelle als bei der zuständigen Behörde eingegangen. Die zuständige Behörde informiert über nachzureichende Unterlagen. Bescheide der zuständigen Behörden werden grundsätzlich elektronisch über die einheitliche Stelle an den Empfänger geleitet, eine Konzentrationswirkung (s. Planfeststellungsverfahren) gibt es in diesem neuen Verfahrens nicht.

In den Bundesländern üben unterschiedliche Behörden die Mittlertätigkeiten der „einheitlichen Stelle" aus, z. B. Bezirksregierungen, Industrie- und Handelskammern sowie andere Wirtschafts- und Berufskammern oder Kreisverwaltungen. Die Gemeinde- und Kreisbehörden sind als sachlich und örtlich zuständige Behörden (z. B. bei Baugenehmigungen, Gewerbeerlaubnissen, Transportgenehmigungen für Abfälle, Fahrerlaubnis zur Fahrgastbeförderung) häufig in das Verfahren einbezogen. Sie behalten ihre entscheidende Funktion, die einheitliche Stelle ist nur Verfahrensmittler. Die Kommunen müssen daher EU-Standards im Datenaustausch mit der „einheitlichen Stelle" beachten (spezielle Software, E-Mail reicht nicht aus). Sie sollten auch ihre Informationen im Internet, soweit sie für ausländische Unternehmen wichtig sind, mehrsprachig anbieten.

5740450

Beispiel zum Verfahren über eine einheitliche Stelle

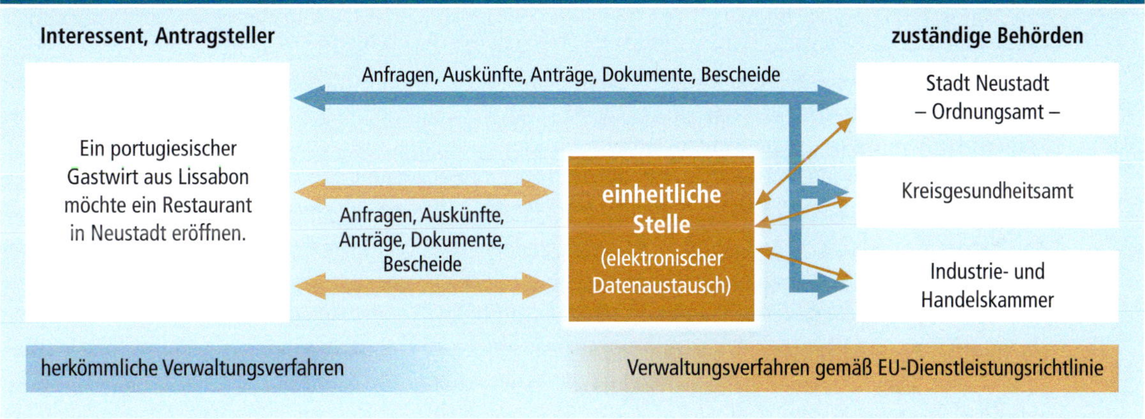

2.1.6 Exkurs: Informationsfreiheit

Als eines der letzten Länder der EU führte die Bundesrepublik Deutschland das Recht auf freien Zugang zu Verwaltungsinformationen ein. Seit 2006 gilt das Gesetz zur Regelung des Zugangs zu Informationen des Bundes (Informationsfreiheitsgesetz – IFG). Vergleichbare – aber nicht inhaltsgleiche – Gesetze haben die meisten Bundesländer für ihre Landes- und Kommunalbehörden erlassen. Damit ist für einen erheblichen Teil der deutschen Verwaltung das grundsätzliche Recht auf voraussetzungslose Akteneinsicht geregelt, für einen Teil der Bundesländer mit ihren Landes- und Kommunalbehörden jedoch (noch) nicht.

Noch 1986 stellte das Bundesverfassungsgericht fest, dass Behördenakten keine allgemein zugänglichen Informationsquellen im Sinne des Art. 5 Abs. 1 S. 1 GG seien. Dementsprechend war das Aktengeheimnis früher ein allgemeiner Grundsatz behördlicher Arbeit. Ausnahmen kannte das Bundesrecht nur in wenigen Teilbereichen, z. B. bei der Einsicht in Stasi-Unterlagen, Umweltinformationen, Personalakten oder in öffentliche Register (Handelsregister, Vereinsregister). Seit 2006 jedoch hat jeder gegenüber den Behörden des Bundes nach § 1 IFG (Bund) grundsätzlich einen Anspruch auf Zugang zu amtlichen Informationen, d. h. zu jeder amtlichen Zwecken dienenden Aufzeichnung. Entwürfe und Notizen, die nicht Bestandteil eines Vorgangs werden sollen, gehören nicht dazu. Das Besondere dabei ist der **voraussetzungslose Zugang zu den Bundesinformationen**: Der Antragsteller muss nicht – wie im Verwaltungsverfahren – Beteiligter sein und ein berechtigtes Interesse nachweisen, er muss nicht einmal von der gewünschten Information irgendwie betroffen sein.

Dieser Wechsel vom Prinzip des Aktengeheimnisses zum **Prinzip des freien Informationszugangs** soll das Verwaltungshandeln transparenter gestalten und so die demokratischen Beteiligungschancen der Bürger verbessern. In über 50 Staaten und in nahezu allen EU-Mitgliedstaaten besteht ein vergleichbares Informationsfreiheitsgesetz. Im Verwaltungsverständnis hierzulande haben Bürgerbeteiligung, Kunden- und Dienstleistungsorientierung einen wachsenden Stellenwert erlangt. Schließlich war die allgemeine Verbreitung des Internets eine wichtige Voraussetzung für ein solches Gesetz. Websites ermöglichen es jeder Behörde, zahlreiche Informationen mit relativ geringem Aufwand allgemein zugänglich zu machen.

Dieses Informationszugangsrecht darf aber nicht als ein Recht missverstanden werden, das jedem ein Blättern in sämtlichen Behördenakten erlauben würde. Der Vorrang von Spezialvorschriften, zahlreiche Ausnahmen sowie ein vorgeschriebenes Verfahren sind zu beachten.

Die **spezialgesetzlichen Auskunfts- und Einsichtsrechte** – z. B. die Akteneinsichtsrechte nach § 29 VwVfG und § 25 SGB X oder die begrenzten Akteneinsichtsrechte im Vergaberecht – gehen dem Anspruch nach dem IFG vor. Dieser Anspruch stellt damit eine Auffangvorschrift für die Bereiche dar, in denen spezielle Auskunftsrechte nicht bestehen. Während eines laufenden Verwaltungsverfahrens nach dem VwVfG ist also Akteneinsicht nur für Beteiligte und nur nach § 29 VwVfG möglich, während ein Anspruch auf Informationszugang nach einem Informationsfreiheitsgesetz regelmäßig nur nach bzw. außerhalb laufender Verwaltungsverfahren infrage kommt.

Die Behörde darf die **Herausgabe** von Informationen **verweigern**, wenn es z. B. um den Schutz öffentlicher Belange, laufender Verfahren, personenbezogener Daten und von Betriebs- und Geschäftsgeheimnissen geht. Eine behauptete „allgemeine Pflicht zur Amtsverschwiegenheit" ist allerdings kein Ablehnungsgrund.

Beschäftigte müssen wissen, dass sie von ihren beamten- bzw. arbeitsrechtlichen Verpflichtungen nicht befreit werden. Der Tarifvertrag für den öffentlichen Dienst (TVÖD) z. B. verlangt in § 3: „Die Beschäftigten haben über Angelegenheiten, deren Geheimhaltung durch gesetzliche Vorschriften vorgesehen oder vom Arbeitgeber angeordnet ist, Verschwiegenheit zu wahren; dies gilt auch über die Beendigung des Arbeitsverhältnisses hinaus." § 5 des Tarifvertrags für Auszubildende des öffentlichen Dienstes trifft eine entsprechende Regelung.

Antragsberechtigt sind nicht nur natürliche Personen, sondern auch juristische Personen des privaten Rechts. Der Antrag bedarf keiner Begründung. Die Behörde ist an spezielle **Verfahrensregelungen** gebunden. Gegen eine ablehnende Entscheidung (Verwaltungsakt) sind Widerspruch und Verpflichtungsklage zulässig.

Die **Themen der Informationsbegehren** sind vielfältig. Anträge auf Informationszugang wurden z. B. gestellt zu Bau- und Planungssachen (Bebauungsplanakten, Denkmalschutzakten, luftfahrtrechtliche Genehmigungsakten, Braunkohleplanungen, Entwässerungsplanungen einschließlich -gutachten), zur Vergabe von Kindergartenplätzen, zu landwirtschaftlichen Subventionen, zur Organisation von Behörden, zu internen Verwaltungsvorschriften, zu Fragen des Tierschutzes (Tierfarmen, Hundezucht), zur Verkehrssicherheit (Verkehrsunfallstatistiken, Tempolimit, Einrichtung von Halteverbotszonen), zur Kalkulation von Gebühren usw.

Die bisherigen Erfahrungen mit den Informationsfreiheitsgesetzen sind überwiegend positiv. Nirgendwo ist es zu der von Kritikern befürchteten Überlastung der Verwaltung oder zu unverhältnismäßigen Kostensteigerungen gekommen.

2.2 Schriftliche Verwaltungsakte

2.2.1 Rechtliche Anforderungen an schriftliche Verwaltungsakte

Mit dem Verwaltungsakt vollzieht die Behörde eine Rechtsnorm im Einzelfall. Hier hat der Grundsatz der **Gesetzmäßigkeit** der Verwaltung besonderes Gewicht: Die Behörde darf nicht gegen die Verfassung (Grundrechte), andere Rechtsvorschriften oder allgemeine rechtsstaatliche Grundsätze verstoßen. In der Regel besteht ein Gesetzesvorbehalt, sodass für Verwaltungsakte eine Ermächtigungsgrundlage erforderlich ist. Der Inhalt des Verwaltungsakts muss klar, eindeutig und frei von Ermessensfehlern sein.

Neben diesen Anforderungen hat der Verwaltungsakt auch **formellen Erfordernissen** zu genügen. Er muss von der zuständigen Behörde in einem rechtlich einwandfreien Verfahren erlassen und in der richtigen Form bekannt gegeben werden. Die getroffene Entscheidung ist zu begründen. Eine Belehrung über die dem Empfänger zustehende Abwehrmöglichkeit (Rechtsbehelfsbelehrung) ist für viele Verwaltungszweige zwingend vorgeschrieben.

Kern des Verwaltungsakts sind die Einzelfallregelung und deren Begründung. Auf diese beiden Merkmale und auf die äußere Form soll zunächst eingegangen werden.

Form des Verwaltungsakts

Obwohl der Grundsatz der Formfreiheit gilt (§ 37 Abs. 2 S. 1 VwVfG), ist die Schriftform gebräuchlich. Sie schafft Rechtsklarheit und erleichtert die Beweis- und Aktenführung. Bei mündlichen Verwaltungsakten kann der Betroffene bei berechtigtem Interesse eine schriftliche Bestätigung verlangen.

Ein schriftlicher oder elektronischer Verwaltungsakt (E-Mail) muss die Behörde erkennen lassen, die ihn erlassen hat. Er muss die Unterschrift des Verantwortlichen oder dessen Namenswiedergabe enthalten. Bei einem elektronischen Verwaltungsakt müssen auch die Signatur und das zugrunde liegende qualifizierte Zertifikat die Behörde erkennen lassen, wenn für diesen Bescheid grundsätzlich die Schriftform vorgeschrieben ist.

Da § 37 Abs. 3 VwVfG nur die Namenswiedergabe verlangt, ist ein Beglaubigungsvermerk nicht erforderlich. Verwaltungsakte ohne Unterschrift, jedoch mit Namenswiedergabe, begünstigen den Einsatz moderner Kommunikationstechniken bei der Bekanntgabe. Zur Beweissicherung und zum Schutz vor Versehen sind jedoch strenge Anforderungen an die Aktenführung zu stellen.

5740452

Die mit automatischen Einrichtungen erlassenen Verwaltungsakte gelten nach § 37 Abs. 4 VwVfG ohne Unterschrift oder Namenswiedergabe.

Beispiel

Wahlbenachrichtigungen werden nach einem auf diesen Zweck ausgerichteten Programm per Datenverarbeitungsanlage erstellt und nicht unterschrieben.

Bestimmtheit des Verwaltungsakts

Der Verwaltungsakt muss inhaltlich hinreichend bestimmt sein (§ 37 Abs. 1 VwVfG). Die getroffene Regelung muss eindeutig, vollständig und aus sich heraus verständlich sein, sodass der Empfänger klar erkennt, was die Behörde will. Vorteilhaft ist eine eindeutige Regelung auch dann, wenn eine Maßnahme im Verwaltungszwangsverfahren durchgesetzt werden muss.

Beispiel

Falsch: *„Ich bitte Sie, den auf Ihrem Grundstück festgestellten Gefahrenzustand zu beseitigen."*

Richtig: *„Ich fordere Sie auf, den Abfall von Ihrem Grundstück Gartenstraße 3 durch den Abfallentsorgungsbetrieb Neustadt entfernen zu lassen sowie die Ratten von der Desinfektionsstelle der Stadt (Anschrift wie oben) oder anderen Fachkräften bekämpfen zu lassen. Die Kosten tragen Sie selbst."*

Der Bestimmtheitsgrundsatz gilt für den gesamten Inhalt des Verwaltungsakts, auch für die Behörden- und Adressatenangabe.

Begründung des Verwaltungsakts

Ein schriftlicher Verwaltungsakt ist schriftlich zu begründen (Begründungspflicht, § 39 Abs. 1 VwVfG).

Die Begründung soll den Bürger von der Recht- und Zweckmäßigkeit der getroffenen Regelung überzeugen. Dies ist bei einem belastenden Verwaltungsakt die beste Voraussetzung für seine Befolgung. Die Begründung zwingt die Behörde zu einer überlegten und rechtlich abgesicherten Entscheidung und erleichtert dem Betroffenen, die Chancen eines Widerspruches bzw. einer Klage abzuschätzen.

Die Ausführlichkeit der Begründung hängt von ihrem Zweck im Einzelfall ab. Sie umfasst regelmäßig die **tatsächlichen Gründe** (Sachverhalt) und die **rechtlichen Gründe** (Rechtsgrundlagen). Bei Ermessensentscheidungen hat die Behörde zusätzlich auch die Ermessensgesichtspunkte (Erwägungen zur Bestimmung der Rechtsfolge) anzugeben. Bei der Festsetzung der Verwaltungsgebühr hingegen reicht es aus, die ermächtigende Rechtsvorschrift anzugeben. Ganz entfallen kann die Begründung in den Ausnahmefällen des § 39 Abs. 2 VwVfG.

Rechtsbehelfsbelehrung

Der Empfänger eines Bescheids ist diesem nicht wehrlos ausgeliefert. Fühlt er sich durch die öffentliche Gewalt in seinen Rechten verletzt, so steht ihm der Rechtsweg offen (Art. 19 Abs. 4 S. 1 GG). Vor einer Klage vor dem Verwaltungsgericht ist regelmäßig ein Vorverfahren, das behördliche Widerspruchsverfahren, durchzuführen. Widerspruch und Klage sind Rechtsbehelfe. Der Adressat eines Verwaltungsakts sollte die jeweils zutreffende Abwehrmöglichkeit kennen.

Den Mindestinhalt einer Rechtsbehelfsbelehrung regelt § 58 Abs. 1 VwGO. Die §§ 70 und 81 VwGO bestimmen die zulässigen Formen für den Widerspruch bzw. die Klage.

Inhalt der Rechtsbehelfsbelehrung

- Art des Rechtsbehelfs (z. B. Widerspruch, Klage)
- Behörde/Gericht, bei der/dem der Rechtsbehelf einzulegen ist
- Sitz (Adresse) der Behörde/des Gerichts
- Frist (regelmäßig ein Monat seit Bekanntgabe bzw. Zustellung)
- Form des Rechtsbehelfs

Dies ist der Mindestinhalt. In der Verwaltungspraxis sind Zusätze hinsichtlich Bevollmächtigung und – bei sofortiger Vollziehung – die Belehrung über den Antrag auf Anordnung bzw. Wiederherstellung der aufschiebenden

Wirkung des Widerspruchs gem. § 80 Abs. 5 VwGO gebräuchlich. Zunehmend werden auch verständlichere und erklärende Formulierungen gewählt. Erschwerende Zusätze sind nicht erlaubt.

Bedeutung der Rechtsbehelfsbelehrung

- Sie belehrt den Empfänger über die Möglichkeit, wie, wo und bis wann er den Verwaltungsakt überprüfen lassen kann. Es ist wünschenswert, wenn der Adressat sowohl die Tragweite eines Widerspruchs oder einer Klage als auch die Folgen eines Verzichts auf Rechtsbehelfe kennt.
- Die Rechtsbehelfsbelehrung setzt die Rechtsbehelfsfrist in Lauf (§ 58 VwGO). Nach Fristablauf ist der Verwaltungsakt unanfechtbar; die Behörde kann ihn erzwingen.

Vorgeschrieben sind Rechtsbehelfsbelehrungen für schriftliche Verwaltungsakte der Bundesbehörden (§ 59 VwGO); darüber hinaus ist z. T. aufgrund spezialgesetzlicher Regelung zu belehren. Zu empfehlen ist eine Rechtsbehelfsbelehrung für jeden schriftlichen Verwaltungsakt. Fehlt sie oder wird sie unrichtig erteilt, so verlängert sich die Rechtsbehelfsfrist auf ein Jahr (§ 58 Abs. 2 VwGO).

Die Wirksamkeit des Verwaltungsakts hängt aber nicht davon ab, ob eine Rechtsbehelfsbelehrung vorhanden ist oder ob sie richtig erteilt wurde.

Meistens ist über den Rechtsbehelf des Widerspruchs zu belehren. Ein Widerspruch hat grundsätzlich aufschiebende Wirkung, d. h., aus dem angefochtenen Verwaltungsakt dürfen keine Folgen hergeleitet werden (§ 80 Abs. 1 VwGO). Ausnahmsweise entfällt jedoch die aufschiebende Wirkung eines Widerspruchs (§ 80 Abs. 2 Nr. 1–4 VwGO). In diesen Fällen sollte auch darüber belehrt werden, dass das Verwaltungsgericht die aufschiebende Wirkung auf Antrag anordnen bzw. wiederherstellen kann.

2.2.2 Bescheidaufbau

Form und Inhalt von Bescheiden sind nicht umfassend rechtlich geregelt. Im allgemeinen Verwaltungsrecht und in Spezialgesetzen finden sich zahlreiche verstreute Vorschriften zu einzelnen Komponenten spezieller Bescheide, darüber hinaus besteht aber ein Gestaltungsfreiraum. Ziel der Behörden ist es, Bescheide rechtmäßig, inhaltlich klar und überzeugend sowie wirtschaftlich zu erstellen.

Für den Textkörper eines Bescheids (nach Betreffvermerk und Anrede) ist der folgende grundlegende Aufbau üblich:

■ **Tenor**	Hauptregelung (Hauptsachentscheidung, Regelung gem. § 35 VwVrG) Nebenbestimmungen
■ **Begründung**	wesentliche tatsächliche und rechtliche Gründe, Ermessensgesichtspunkte
■ **Rechtsbehelfsbelehrung**	über die Möglichkeit, einen Rechtsbehelf (z. B. Widerspruch) einzulegen

2.2.3 Sprache

Verwaltungsakte müssen vom Empfänger verstanden werden. Die Formulierungen müssen daher übersichtlich und logisch nachvollziehbar sein. Die Sprache sollte möglichst einfach gehalten werden, notwendige Fachausdrücke sind zu erläutern. Auch die Unterschiedlichkeit der Adressaten ist zu berücksichtigen. Über adressatengerechte Bescheidgestaltung wurden Bücher geschrieben, das Thema ist auch in den Fortbildungsangeboten zu finden. Schließlich führt die Akzeptanz von Verwaltungsakten sowohl zu einer geringeren Zahl von Verwaltungszwangsverfahren als auch zu weniger Widersprüchen. Das Image der Behörde verbessert sich dank größerer Kundenzufriedenheit.

Ist für das Verfahren ein Bevollmächtigter bestellt, so soll sich die Behörde gem. § 14 Abs. 3 VwVfG an ihn wenden. In diesem Fall wird vom Vollmachtgeber (Mandant) in der dritten Person gesprochen.

Viele Behörden regeln Grundsätze und Einzelheiten der Kommunikation in allgemeinen Dienstanweisungen oder Empfehlungen zum Schriftverkehr. Die Modellverwaltung Neustadt gibt ihren Mitarbeiterinnen und Mitarbeitern einen Kommunikationsleitfaden an die Hand (s. Anhang).

Einfaches Beispiel eines Bescheids

Stadt Neustadt
Der Bürgermeister

Stadt Neustadt · Postfach · 49999 Neustadt

Ihre Nachricht/Ihr Zeichen:

Postzustellungsauftrag
Herrn
Karl Spitz
Steinbruch 7
49999 Neustadt

Geschäftszeichen: 2.3-3
Fachbereich/Dienststelle: 2/3 – Ordnungsamt
Gebäude/Zimmer: Rathausplatz 1, Zimmer 9
Bearbeiter/-in: Herr Kurz
Telefon: 02999 177- 346
Telefax: 02999 177- 300
E-Mail: Kurz@stadtneu.de

Datum: 29. Januar 20..

Bodenverunreinigung im Bereich Ihres Schrottplatzes in Neustadt, Steinbruch 7
Ordnungsverfügung

Sehr geehrter Herr Spitz,

Sie werden hiermit aufgefordert,

1. die auf Ihrem Schrottplatz in Neustadt, Am Steinbruch 7, im Freien gelagerten ausgebauten Autobatterien innerhalb einer Woche nach Zustellung dieser Ordnungsverfügung in einer Abfallbeseitigungsanlage schadlos zu beseitigen und in derselben Frist das Erdreich des Lagerortes der Batterien sowie im Umkreis von fünf Metern bis auf eine Tiefe von 1,50 m auszubaggern und ebenfalls einer Abfallbeseitigungsanlage zuzuführen.
2. Diese Verfügung ist sofort vollziehbar. Das heißt, dass Sie die Beseitigung der Batterien und die Baggerarbeiten innerhalb der gesetzten Frist vornehmen müssen und ich diese Maßnahmen notfalls zwangsweise durchsetzen kann, auch wenn Sie gegen diese Ordnungsverfügung Klage erheben sollten.
3. Falls Sie Ihren Verpflichtungen (Ziffer 1) nicht fristgemäß und vollständig nachkommen, lasse ich die geforderten Maßnahmen auf Ihre Kosten von einem Unternehmen durchführen. Die voraussichtlichen Kosten der Ersatzvornahme betragen 8.000,00 €.

Begründung:

1. Nach mehreren Beschwerden von Passanten habe ich Ihr Grundstück Steinbruch 7 gestern besichtigt. Zwischen Lagerschuppen und Zaun lagern Sie mehrere Dutzend alter Autobatterien, die von Schwefelsäure bereits so zerstört sind, dass Bleisalze ausgewaschen werden und in den Boden eindringen. Die hierdurch eingetretene Bodenverunreinigung und drohende Grundwasservergiftung stellen eine Straftat (§ 324 a StGB) und damit eine Gefahr für die öffentliche Sicherheit dar, für die Sie aufgrund Ihres Verhaltens und als Grundstückseigentümer nach §§ 14 Abs. 1, 17 Abs. 1 und 18 Abs. 1 des Ordnungsbehördengesetzes NW verantwortlich sind.
2. Die Anordnung der sofortigen Vollziehung (Ziffer 2) beruht auf § 80 Abs. 2 Nr. 4 VwGO. Das öffentliche Interesse an der schnellen Beseitigung der Gefährdung und damit an der sofortigen Vollziehung der Ordnungsverfügung überwiegt ein mögliches privates Interesse an einem Vollziehungsaufschub, zumal die von Ihnen zu tragenden Kosten der Schadensbeseitigung erheblich ansteigen können.
3. Die Androhung der Ersatzvornahme (Ziffer 3) wird auf §§ 55–59 und 63 VwVG NW gestützt. Sie gewährleistet, dass die Bodenverunreinigung möglichst schnell beseitigt wird. Die Ersatzvornahme ist ein Zwangsmittel, das Sie und die Allgemeinheit am wenigsten beeinträchtigt.

Rechtsmittelbelehrung[1]

Gegen diesen Bescheid kann innerhalb eines Monats nach seiner Zustellung Klage erhoben werde. Die Klage ist beim Verwaltungsgericht Gelsenkirchen, Bahnhofsvorplatz 3, 45879 Gelsenkirchen, schriftlich einzureichen oder mündlich zur Niederschrift des Urkundenbeamten der Geschäftsstelle zu erklären. Die Klage muss den Kläger, den Beklagten und den Gegenstand des Klagebegehrens bezeichnen. Die Klage soll einen bestimmten Antrag enthalten. Falls die Frist durch das Verschulden eines von Ihnen Bevollmächtigten versäumt werden sollte, so wird dessen Verschulden Ihnen zugerechnet werden. Gegen die Anordnung der sofortigen Vollziehung können Sie beim Verwaltungsgericht Gelsenkirchen beantragen, die aufschiebende Wirkung wieder herzustellen.

Mit freundlichem Gruß

i. A. Kurz

Kurz

Vereinfachend wurde die Entscheidung ausschließlich auf das allgemeine Ordnungsrecht gestützt und leichtfasslich begründet.

Bankverbindung der Stadtkasse Neustadt:
Neustädter Sparkasse, BLZ 999 500 01, Konto 0 415 920 301,
IBAN DE99 9995 0001 0415 9203 01

Besuchszeiten
Montag, Dienstag, Mittwoch: 08:00–12:30 Uhr, 14:00–17:00 Uhr,
Donnerstag: 08:00–12:30 Uhr, 14:00–20:00 Uhr, Freitag: 08:00–12:30 Uhr

Internet
www.stadtneu.de

1 In diesem Beispiel ist in Nordrhein-Westfalen über das Rechtsmittel der Klage zu belehren, in den meisten Bundesländern über den Rechtsbehelf des Widerspruchs.

Absender (Behörde) mit Adresse und Hinweisen zur Erreichbarkeit (Dienststelle, Bearbeiter) Aktenzeichen

Datum

Betreff evtl. Überschrift (z. B. Ordnungsverfügung, Erlaubnis)

Anrede

Tenor

- **Hauptentscheidung,** evtl. **Nebenbestimmungen** (§§ 35, 36, 37 Abs. 1 VwVfG)
- evtl. **Anordnung der sofortigen Vollziehung** (§ 80 Abs. 2 Nr. 4 VwGO)
- evtl. **Zwangsmittelandrohung** (nach dem jeweils anzuwendenden Verwaltungsvollstreckungsgesetz)
- evtl. Gebührenentscheidung

Begründung

- der Hauptentscheidung und der Nebenbestimmungen (§ 39 VwVfG; Tatsachen, Rechtsgrundlagen, Ermessensgesichtspunkte)
- ebenso gegebenenfalls der sofortigen Vollziehung (§ 80 Abs. 3 VwGO)
- der Androhung des Verwaltungszwangs
- und der Gebührenentscheidung

Adressat mit Anschrift (§ 41 Abs. 1 VwVfG)

evtl. Zustellvermerk

Rechtsmittelbelehrung (§§ 70, 58 VwGO)

evtl. Zusätze zur Rechtsmittelbelehrung, die dem Bürger helfen, seine Rechte zu wahren

Unterschrift (i. A., i. V.) oder Namenswiedergabe oder Hinweis auf Gültigkeit ohne Unterschrift (§ 37 Abs. 5 VwVfG)

2.3 Nebenbestimmungen zu Verwaltungsakten

2.3.1 Zulässigkeit von Nebenbestimmungen

Die Hauptregelung eines Verwaltungsakts kann durch Nebenbestimmungen ergänzt werden. Erlaubnisse werden z. B. häufig durch Befristungen, Bedingungen oder Auflagen eingeschränkt. So hat die Verwaltung die Möglichkeit, eine Erlaubnis auch dann zu erteilen, wenn einzelne, weniger wichtige Voraussetzungen hierfür erst später erfüllt werden. Der Verwaltungsakt wird dann mit einer entsprechenden Nebenbestimmung (z. B. Auflage oder Bedingung) versehen.

Nebenbestimmungen wirken einschränkend und damit belastend auf die begünstigende Hauptregelung. Deshalb sind sie im Bereich der gebundenen Verwaltung (Legalitätsprinzip) nicht ohne Weiteres zugelassen. Nach § 36 Abs. 1 VwVfG darf ein Verwaltungsakt, auf den ein Anspruch besteht, nur dann mit einer Nebenbestimmung versehen werden, wenn diese

- durch Rechtsvorschrift zugelassen ist (z. B. Auflage nach § 5 GastG) oder
- wenn sie sicherstellen soll, dass die gesetzlichen Voraussetzungen des Verwaltungsakts erfüllt werden (z. B. durch nachträgliche Vorlage eines Dokuments als letzte noch zur erfüllende Voraussetzung für die Erteilung einer Erlaubnis).

Steht der Erlass des Verwaltungsakts jedoch im behördlichen Ermessen, so gelten die Ermessensgrundsätze auch für die Nebenbestimmung (§ 36 Abs. 2 VwVfG).

2.3.2 Arten der Nebenbestimmungen

Die Arten der Nebenbestimmungen sind in § 36 Abs. 2 VwVfG geregelt:

Nebenbestimmungen	Beispiele
Befristung	Die Blumenhandlung H. erhält die Erlaubnis, in der Zeit vom 1. bis 30. Mai einen Verkaufswagen auf dem Gehweg in der Nähe des Ladengeschäfts aufzustellen.
Bedingung	Die Blumenhandlung H. erhält die Erlaubnis, einen Verkaufswagen auf dem Gehweg in der Nähe des Ladengeschäfts so lange aufzustellen, bis die Straßenbauarbeiten in der Hauptstraße beendet sind (auflösende Bedingung). Das Chemieunternehmen B. erhält die Erlaubnis zur Einleitung von Abwässern in den Rhein unter der aufschiebenden Bedingung, dass die Abwässer zuvor gefiltert und ständig kontrolliert werden.
Auflage	Gastwirt G. erhält die beantragte Schankerlaubnis, allerdings mit der negativen Zusatzregelung, in der Gaststätte eine schalldämmende Decke einzubauen. (Die Schankerlaubnis für die Gaststätte ist nicht an die Erfüllung der Auflage gebunden.)
Auflagenvorbehalt	Gastwirt G. erhält die beantragte Gaststättenerlaubnis mit der negativen Zusatzregelung, dass sich die Behörde spätere Auflagen zur Lärmminderung vorbehält, falls die Nachbarschaft durch Lärm aus den Gasträumen erheblich belästigt wird.
Widerrufsvorbehalt	Rentner R. möchte auf dem Bürgersteig der Ortsdurchfahrt der Bundesstraße 54 einen Zeitungskiosk aufstellen. Mit erheblicher Zunahme des Straßenverkehrs ist zu rechnen. Die Behörde erteilt ihm die Erlaubnis mit dem Vorbehalt des jederzeitigen Widerrufs (durch einen späteren Verwaltungsakt).

Befristung, Bedingung und Widerrufsvorbehalt sind unselbstständige **Bestandteile** des Verwaltungsakts. Ist z. B. eine Bedingung nicht erfüllt, ist der Verwaltungsakt nicht wirksam.

Auflage und Auflagenvorbehalt hingegen sind **Neben-Verwaltungsakte**, die aber mit der Hauptregelung in einem sachlichen Zusammenhang stehen müssen. Wird die Auflage nicht erfüllt, ist die Hauptregelung dennoch wirksam. Auflage und Auflagenvorbehalt sind gesondert anfechtbar, die Auflage kann grundsätzlich auch mit Zwangsmitteln durchgesetzt werden.

5740456

Nebenbestimmungen des Verwaltungsakts

Befristung	Bedingung	Widerrufsvorbehalt
Regelung im Verwaltungsakt ist **zeitlich** begrenzt.	Regelung im Verwaltungsakt hängt ab vom **ungewissen** Eintritt eines zukünftigen **Ereignisses.**	Regelung im Verwaltungsakt endet, **wenn** die Behörde den Verwaltungsakt tatsächlich **widerruft.**
Begrenzung durch ■ Anfangstermin: **aufschiebende** Befristung ■ Endtermin: **auflösende** Befristung	Ereigniseintritt lässt die Regelung ■ wirksam werden: **aufschiebende** Bedingung ■ unwirksam werden: **auflösende** Bedingung	(Sonderfall der auflösenden Bedingung)

Auflage

Hauptregelung (begünstigender Verwaltungsakt)	verbunden mit	**Nebenregelung** (zusätzlich auferlegte Verpflichtung) **– Auflage –**

Auflagenvorbehalt

Hauptregelung (begünstigender Verwaltungsakt)	verbunden mit	**Nebenregelung** (Vorbehalt einer nachträglichen Auflage) **– Auflagenvorbehalt –**

2.4 Bekanntgabe von Verwaltungsakten

2.4.1 Formen der Bekanntgabe

Der Verwaltungsakt ist demjenigen bekannt zu geben, für den er bestimmt ist oder der von ihm betroffen wird. Erst im Zeitpunkt der Bekanntgabe erhält die beabsichtigte Regelung Außenwirkung und wird zum Verwaltungsakt.

Verwaltungsakte sind empfangsbedürftige Willenserklärungen. Von **„Empfangen"** des Willens der Behörde kann man nur dann sprechen, wenn der Adressat in der Lage ist, die Regelung der Behörde wahrzunehmen und zu erkennen. Bei schriftlichen Verwaltungsakten genügt das **Zugehen** (§ 130 BGB) des Bescheids; es kommt nicht darauf an, ob der Empfänger den Brief tatsächlich öffnet und liest. Ferner muss die Bekanntgabe durch die zuständige Behörde amtlich veranlasst werden. Zufälliges Kennen der Regelung – etwa aus privaten Gesprächen – genügt nicht.

Als **Empfänger** des Verwaltungsakts kommen infrage

- der Beteiligte, für den der Verwaltungsakt bestimmt ist (Adressat kann z. B. der Antragsteller sein),
- derjenige, der (außerdem) von dem Verwaltungsakt betroffen wird (z. B. der durch eine Baugenehmigung in seinen Rechten betroffene Nachbar),
- ein evtl. bestellter Bevollmächtigter.

Ausnahmsweise sind öffentliche Bekanntgabeformen zugelassen, z. B.

- bei Verwaltungsakten, deren Adressat nicht erreichbar ist (§ 10 VwZG),
- bei bestimmten Allgemeinverfügungen (§ 41 Abs. 3 Satz 2 VwVfG),
- bei Entscheidungen in bestimmten „Massenverfahren" (vgl. z. B. Bekanntmachungen gem. §§ 69 Abs. 2 und 74 Abs. 5 VwVfG).

Verwaltungsakte werden meistens schriftlich, seltener elektronisch, mündlich oder durch Zeichen übermittelt. Die Behörden wählen für schriftliche Verwaltungsakte oft die preiswerte Versendungsform des einfachen Briefes. Der Zeitpunkt des Zugehens ist hier kaum zu ermitteln. Deshalb legt § 41 Abs. 2 VwVfG für den **einfachen Postversand** nur eine **Zugangsvermutung** (keine verbindliche „Frist") fest: Als Bekanntgabezeitpunkt gilt hier grundsätzlich der dritte Tag nach der Aufgabe zur Post. Von diesem nur angenommenen Bekanntgabetag darf die Behörde jedoch nicht ausgehen, wenn der Adressat einen späteren Zeitpunkt oder den Nichtzugang behauptet und sie den Zugang nicht beweisen kann.

Die einfache Bekanntgabe eines schriftlichen Verwaltungsakts ist auch per **Fax oder E-Mail** möglich. Kommt ein Dokument beim Empfänger in elektronischer Form an (also nicht schriftlich), ist davon auszugehen, dass er den Brief auf Papier ausdrucken kann, da er die technische Möglichkeit zur Übermittlung elektronischer Post durch Mitteilen der Faxnummer bzw. E-Mail-Adresse selbst bekannt gegeben hat. Ein Verwaltungsakt, der schriftlich oder elektronisch übermittelt wird, gilt am dritten Tage nach der Absendung als bekannt gegeben. Dies gilt nicht, wenn er nicht oder zu einem späteren Zeitpunkt zugegangen ist. Die Beweislast trägt die Behörde.

2.4.2 Zustellungsarten

Der Zeitpunkt der Bekanntgabe ist bedeutsam für evtl. im Verwaltungsakt festgesetzte Handlungs- und Zwangsmittelfristen sowie für die Rechtsbehelfsfrist. Die bloße Zugangsvermutung bei den einfachen Briefen bringt die Behörde im Zweifelsfall in Beweisnot. Dieses Problem lässt sich durch eine „förmliche" Zustellung ausschließen.

Zustellung (im Sinne des Verwaltungsrechts) ist die Bekanntgabe eines schriftlichen oder elektronischen Dokuments in der gesetzlich bestimmten Form.

Festgelegt ist sie im Verwaltungszustellungsgesetz des Bundes (VwZG) und ähnlich in den Zustellungsgesetzen der Länder. Nachfolgend werden die bundesrechtlichen Regelungen zugrunde gelegt. Die Zustellung ist vorgeschrieben z. B. für Widerspruchsbescheide, beamtenrechtliche Verfügungen und Entscheidungen; im Landesrecht z. B. für Zwangsmittelandrohungen.

Die Zustellung wird durch einen Erbringer von Postdienstleistungen (Post) oder durch die Behörde ausgeführt. Daneben gibt es Sonderarten der Zustellung. Die Behörde hat die Wahl zwischen den einzelnen Zustellungsarten.

Wichtige **Zustellungsarten**:

- Zustellung mittels Einschreiben,
- Zustellung gegen Empfangsbekenntnis,
- Zustellung mit Zustellungsurkunde,
- öffentliche Zustellung.

Zustellung mittels Einschreiben

Die Erbringer von Postdienstleistungen – z. B. die Deutsche Post AG – bieten „Einwurf-Einschreiben", „Übergabe-Einschreiben" oder „Einschreiben mit Rückschein" an, jedoch zählen nur die beiden letztgenannten Varianten zu den Zustellungsformen nach dem VwZG.

Beim **„Übergabe-Einschreiben"** (Zustellvermerk: Einschreiben Eigenhändig) erhält die absendende Behörde bei der Aufgabe des Briefes einen Einlieferungsschein; anschließend wird der Brief persönlich an den Empfänger, seinen Ehegatten beziehungsweise Bevollmächtigten oder einen anderen Empfangsberechtigten gegen Unterschrift ausgeliefert. Da die Behörde keinen Nachweis über die Zustellung erhält, gilt der Brief grundsätzlich mit dem dritten Tag nach der Aufgabe zur Post als zugestellt.

Beim **Einschreiben mit Rückschein** fügt der Absender dem Brief einen ausgefüllten Rückschein bei. Die Post sendet die Empfangsbestätigung des Adressaten an den Absender zurück. Das bestätigte Empfangsdatum ist dann das Zustelldatum des Bescheids.

5740458

Trifft der Postzusteller den Adressaten oder dessen Angehörige bzw. Angestellte nicht an, hinterlässt er einen Benachrichtigungsschein. Da der Brief selbst noch im „Machtbereich" der Post verbleibt, geht der Verwaltungsakt erst mit dessen Aushändigung zu. Es ist auch möglich, dass der Adressat die Annahme verweigert. Daher ist die Zustellung durch eingeschriebenen Brief nur dann zweckmäßig, wenn zu erwarten ist, dass der Empfänger (oder Ersatzempfänger) angetroffen und das Schriftstück angenommen wird.

Zustellung mit Zustellungsurkunde

Der verschlossene Bescheid wird zusammen mit dem vorbereiteten Postzustellungsauftrag der Post übergeben. Der Postzusteller beurkundet die Zustellung. Die absendende Behörde erhält mit der Zustellungsurkunde einen exakten Zustellungsbeweis.

Wird der Adressat nicht angetroffen, kann ersatzweise an andere Personen zugestellt werden, und zwar in Geschäftslokalen an Mitarbeiter, in Wohnungen an Familienangehörige, an zum Haushalt gehörende erwachsene Personen (Ersatzzustellung). Bei Annahmeverweigerung lässt der Postzusteller den Brief am Ort der Zustellung zurück; damit ist die Zustellung bewirkt. Trifft er weder den Empfänger noch eine für die Ersatzzustellung infrage kommende Person an, legt er den Brief in den Hausbriefkasten. Ist auch dies nicht möglich, hinterlässt er eine Benachrichtigung (z. B. an der Wohnungstür oder bei Nachbarn) und legt den Brief bei der Postfiliale oder -agentur nieder. Dort liegt er drei Monate zur Abholung bereit. Durch die Niederlegung wird die Zustellung bewirkt. Der Verwaltungsakt gilt zum beurkundeten Zustellungszeitpunkt als bekannt gegeben. Der Empfänger kann sich dieser Zustellung nicht entziehen.

Zustellung durch die Behörde gegen Empfangsbekenntnis

Ein Mitarbeiter der absendenden Behörde händigt das Schriftstück aus. Der Empfänger unterschreibt das vorbereitete Empfangsbekenntnis. Das Datum der Aushändigung wird auf dem Empfangsbekenntnis und auf dem Schriftstück bzw. dem Umschlag vermerkt. Die Vorschriften über die Ersatzzustellung und Annahmeverweigerung entsprechen den Regelungen für den Postzustellungsauftrag.

Besonders geregelt ist die Zustellung gegen Empfangsbekenntnis bei **elektronischen Dokumenten**. Hierfür muss der Empfänger einen entsprechenden Zugang eröffnet haben, außerdem ist das Dokument mit einer qualifizierten elektronischen Signatur zu versehen. Das unterzeichnete Empfangsbekenntnis ist als elektronisches Dokument an die Behörde zurückzusenden.

Muss eine Behörde schnell zustellen, bietet sich das Empfangsbekenntnis an. Diese Art der Zustellung ist – wie auch die Postzustellungsurkunde – wesentlich sicherer als die Zustellung per Einschreiben.

Öffentliche Zustellung

Die öffentliche Zustellung ist nur in gesetzlich vorgesehenen Fällen zulässig und kommt relativ selten vor.

Diese Zustellung kann durch **öffentliche Bekanntmachung** erfolgen, wenn der Aufenthaltsort des Empfängers unbekannt ist und eine Zustellung an einen Vertreter nicht möglich ist oder wenn eine Zustellung im Ausland nicht möglich ist oder keinen Erfolg verspricht.

Die Benachrichtigung muss den Hinweis enthalten, dass das Dokument öffentlich zugestellt wird und Fristen in Gang gesetzt werden können, nach deren Ablauf Rechtsverluste drohen können. Das Dokument gilt als zugestellt, wenn seit dem Tag der Bekanntmachung der Benachrichtigung zwei Wochen vergangen sind.

Beispiel

NEUSTÄDTER Bekanntmachungen

Nr. 5 – 63. Jahrgang | **Amtsblatt der Stadt Neustadt** | **Mittwoch, 2. Februar 2011**

Öffentliche Zustellung

Für Herrn Mirko von Dannenberg, zuletzt wohnhaft: 49999 Neustadt, Dortmunder Straße 52, liegt beim Rechtsamt der Stadt Neustadt, Rathausplatz 1, Zimmer 219, folgendes Schriftstück zur Abholung bereit: Bescheid vom 08. Dezember 2010, Aktenzeichen: 30/OWi CB 530 700 077. Dieses Schriftstück kann in der vorgenannten Dienststelle von Montag bis Mittwoch in der Zeit von 8:00 bis 12:00 Uhr, 13:00 bis 15:30 Uhr, Donnerstag von 8:00 bis 12:00 Uhr, 13:00 bis 17:00 Uhr und Freitag von 8:00 bis 12:00 Uhr in Empfang genommen werden.

Neustadt, 25. Januar 2011

2.4.3 Wirksamkeit, Bestandskraft und Erlöschen des Verwaltungsakts

Verwaltungsakte sollen **verbindlich** und **dauerhaft** sein. Es würde zu Rechtsunsicherheit führen, wenn Behörden hoheitliche Regelungen beliebig abändern bzw. für ungültig erklären dürften oder wenn betroffene Bürger die Verbindlichkeit von Bescheiden immer wieder infrage stellen könnten.

Der Grundsatz der Rechtssicherheit muss allerdings mit dem des Rechtsschutzes (dem Schutz vor fehlerhaften Verwaltungsakten) in Einklang stehen. Hierzu tragen die Rechtsnormen über die **Wirksamkeit** und **Bestandskraft** des Verwaltungsakts bei.

Mit seiner Bekanntgabe wird der Verwaltungsakt **unmittelbar wirksam**, d. h., er bindet die Behörde und wird auch für den Betroffenen maßgeblich (s. § 43 Abs. 1 VwVfG). Diese Wirksamkeit wird in der Literatur auch einfache oder materielle Bestandskraft genannt.

Beispiel

Frau Kunze erhält am 21. Juli einen Bescheid über die Festsetzung der Hilfe zum Lebensunterhalt ab 18. Juli (Antragsdatum). An diesen Bescheid ist die Behörde ab 21. Juli gebunden. Solange die Voraussetzungen unverändert bleiben, ist der festgesetzte Sozialhilfebetrag zu zahlen, und zwar ab dem im Bescheid genannten Datum. Auch für Frau Kunze ist die Höhe der Zahlungen wie auch ihre Mitteilungspflicht über Veränderungen in den persönlichen oder wirtschaftlichen Verhältnissen vom Tage der Bekanntgabe des Verwaltungsakts an verbindlich.

Bestandskraft erlangt der Verwaltungsakt, wenn er mit Rechtsbehelfen nicht mehr angefochten werden kann. (Im VwVfG ist die Bestandskraft nicht näher bestimmt.)

Nach Ablauf der Rechtsbehelfsfrist ist der Verwaltungsakt regelmäßig unanfechtbar. (Ein Rechtsbehelf hingegen schiebt den Eintritt der Bestandskraft vorläufig auf.) Die durch Fristablauf eintretende Unanfechtbarkeit wird auch als formelle oder gesteigerte Bestandskraft bezeichnet.

Wirkungen der Bestandskraft

- Ein **Rechtsbehelf ist nun unzulässig**. Er kann nur ausnahmsweise nachgeholt werden. Versäumt jemand ohne Verschulden die Rechtsbehelfsfrist (z. B. wegen Klinikaufenthalts bei schwerer Krankheit), so ist ihm auf Antrag Wiedereinsetzung in den vorigen Stand zu gewähren (§ 60 Abs. 1 VwGO).
- Lässt die Behörde den Verwaltungsakt so bestehen, so bleibt er auch dann wirksam und bestandskräftig, **wenn er Fehler enthält**. Behördliche Beseitigungsmöglichkeiten sind gesetzlich geregelt; nur ausnahmsweise (bei schwersten Fehlern) ist der Verwaltungsakt nichtig und damit unwirksam.
- Einen befehlenden Verwaltungsakt kann die Behörde nun **erzwingen**.

Die **Bestandskraft endet** bei Rücknahme, Widerruf, anderweitiger Aufhebung, Zeitablauf oder sonstiger Erledigung des Verwaltungsakts.

Nicht zu verwechseln ist die Bestandskraft des Verwaltungsakts mit der Rechtskraft, die nur Gerichtsurteilen zukommt. Ein rechtskräftiges (nicht mehr anfechtbares) Urteil bindet nicht nur Kläger und Beklagten, sondern auch das Gericht; es hat als neutrale Instanz „das letzte Wort". Den bestandskräftigen Verwaltungsakt hingegen kann der Betroffene zwar nicht mehr anfechten, jedoch hat die Behörde unter bestimmten Voraussetzungen gesetzlich geregelte Aufhebungsmöglichkeiten.

Beispiel

Wenn der Bescheid an Frau Kunze am 20. Juli als einfacher Brief zur Post gegeben wurde, so gilt er kraft Gesetzes mit dem 23. Juli als bekannt gegeben; die Rechtsbehelfsfrist (Belehrung vorausgesetzt) endet mit Ablauf des 23. August. Erhebt Frau Kunze nicht Widerspruch, wird der Verwaltungsakt am 24. August unanfechtbar und damit bestandskräftig. Hat die Behörde die Hilfe irrtümlich auf einen um 25,00 € zu hohen Betrag festgesetzt, darf sie den Verwaltungsakt gem. § 45 SGB X auch nach dem 23. August mit Wirkung für die Zukunft zurücknehmen. Im Falle einer Rücknahme enden Bestandskraft und Wirksamkeit, ebenso bei Erledigung des Sozialhilfebescheids wegen Wegfalls der Hilfsbedürftigkeit.

5740460

Formen der Bekanntgabe des Verwaltungsakts				
einfache Bekanntgabe				
durch Zeichen	schriftlich		elektronisch	mündlich
Beispiel: Verkehrsregelung durch Polizisten	Übergabe durch Behörde (im Büro, durch Boten)	Postversand als einfacher Brief, Versand als Telefax	Übermittlung einer E-Mail	Beispiel: Gebäuderäumung vor Entschärfung einer Bombe

Zustellung (förmliche Bekanntgabe)	
durch Anbieter von Postdienstleistungen	durch die Behörde selbst
Zustellung ■ **mittels Einschreiben** (§ 4 VwZG), als Zustellungszeitpunkt gilt grundsätzlich der dritte Tag nach Aufgabe zur Post (Ausnahme: Bei Einschreiben mit Rückschein gilt das Zustelldatum.) ■ **mit Zustellungsurkunde** (§ 3 VwZG), Bekanntgabe zum beurkundeten Zeitpunkt der Zustellung	**Zustellung** ■ **gegen Empfangsbekenntnis** (§ 5 VwZG), Bekanntgabe zum Zeitpunkt der Zustellung (Elektronische Dokumente können auch gegen Empfangsbestätigung zugestellt werden.) ■ **durch öffentliche Zustellung** (§ 10 VwZG), der Verwaltungsakt gilt zwei Wochen nach Bekanntmachung der Benachrichtigung über den Bescheid als zugestellt. ■ **durch öffentliche Bekanntgabe** (§ 41 Abs. 3, 4 VwVfG), bei schriftlichen Allgemeinverfügungen kann als Bekanntgabezeitpunkt frühestens der auf die Bekanntmachung folgende Tag bestimmt werden; für **Massenverfahren** gelten spezielle Vorschriften.

Ohne Bekanntgabe wird ein fiktiver („gedachter") Verwaltungsakt wirksam: Nach § 42 a VwVfG gilt eine beantragte Genehmigung nach Ablauf einer Frist von grundsätzlich drei Monaten als erteilt, wenn dies durch Rechtsvorschrift angeordnet und der Antrag hinreichend bestimmt ist. Die fiktive Genehmigung kann nur entstehen, wenn die Behörde nicht fristgerecht entscheidet.

2.5 Aufheben von Verwaltungsakten

2.5.1 Möglichkeiten der Aufhebung von Verwaltungsakten

Die Wirksamkeit eines Verwaltungsakts kann auf unterschiedliche Weise enden.

„Lebensweg" eines Verwaltungsakts			
Verwaltungsverfahren	Rechtsbehelfsfrist (ein Monat)	Unanfechtbarkeit	Ende der Wirksamkeit
Eintritt der Wirksamkeit mit Bekanntgabe des Verwaltungsakts ↑	Eintritt der Bestandskraft mit Ablauf der Rechtsbehelfsfrist (wenn kein Rechtsbehelf eingelegt wird) ↑		z. B. durch Rücknahme, Widerruf, Aufhebung nach Anfechtung, Zeitablauf, Erledigung ↑

Während die Erledigung eines Verwaltungsakts z. B. durch Zeitablauf, Vornahme der aufgegebenen Handlung oder Auszahlung einer zugesagten Beihilfe meistens unproblematisch ist, stellt die Aufhebung eines Verwaltungsakts einen eher seltenen Ausnahmefall dar, der in unterschiedlicher Weise geschehen kann.

Der Adressat wie auch die Behörde können an der Beseitigung eines Verwaltungsakts interessiert sein.

Beispiele

- *Herr Winter erhält eine Bauerlaubnis mit Auflagen, die er zunächst akzeptiert. Nach zwei Monaten erfährt er, dass der zugrunde gelegte Bebauungsplan nicht rechtswirksam ist und die Auflage nicht hätte festgesetzt werden dürfen.*
- *Frau Sommer erhält eine Erlaubnis zum Bau eines zweistöckigen Hauses. Wenig später ändert die Stadt den Bebauungsplan; er lässt nur noch einstöckige Bauweise zu.*

Im ersten Beispiel wird Herr Winter sich den rechtswidrigen Auflagen nicht beugen. Er wird es nicht hinnehmen, dass die Behörde den Grundsatz der Gesetzmäßigkeit verletzt. Der Verwaltungsakt ist aber inzwischen unanfechtbar. Muss er sich nun mit den Auflagen abfinden?

Im zweiten Beispiel hat die Behörde die Erlaubnis zwar rechtmäßig erteilt, der neuen Rechtslage entspricht sie aber nicht mehr. Frau Sommer war sich sicher, auf den Bestand der Erlaubnis fest vertrauen zu können. Muss sie dennoch den zu erwartenden Widerruf des Verwaltungsakts durch die Behörde akzeptieren?

Beide Fälle zeigen ein Spannungsverhältnis zwischen zwei Grundsätzen des Rechtsstaats:

Gesetzmäßigkeit der Verwaltung ⟷ **Rechtssicherheit und Vertrauensschutz**

Diese Grundsätze sind bei der Aufhebung von Verwaltungsakten bedeutsam.

Das VwVfG regelt in den §§ 48, 49 die Rücknahme rechtswidriger und den Widerruf rechtmäßiger Verwaltungsakte unabhängig von deren Bestandskraft.

Vorrang gegenüber diesen Vorschriften des VwVfG haben die spezialgesetzlichen Regelungen, insbesondere zur anderweitigen Aufhebung (z. B. im Widerspruchsverfahren nach der VwGO), die Regelungen in § 44 ff. SGB X, die besonders weitreichende Rücknahmeverpflichtungen vorsehen, sowie die Regelungen in der AO.

Möglichkeiten der Beseitigung von Verwaltungsakten			
Aufhebung			
rechtmäßiger Verwaltungsakte	rechtswidriger Verwaltungsakte		
Widerruf	Rücknahme	Aufhebung in einem Rechtsbehelfsverfahren	
durch die Behörde (§ 49 VwVfG)	durch die Behörde (§ 48 VwVfG)	durch die Behörde („Abhilfe", § 73 VwGO)	durch ein Gericht (§ 113 VwGO)

Widerruf oder Rücknahme kommen z. B. infrage, wenn

- die Behörde selbst einen rechtswidrigen Verwaltungsakt zurücknehmen will,
- die Behörde sich genötigt sieht, einen rechtmäßig erlassenen Verwaltungsakt ausnahmsweise zu widerrufen,
- der Empfänger eines Verwaltungsakts nach Ablauf der Widerspruchsfrist das Wiederaufgreifen des Verfahrens beantragt und die Voraussetzungen des § 51 VwVfG vorliegen.

Die Aufhebung im Widerspruchs- bzw. Klageverfahren wird im Lernfeld 10 behandelt.

2.5.2 Rücknahme von Verwaltungsakten

Ein Verwaltungsakt ist sowohl für den Adressaten als auch für die erlassende Behörde wirksam, auch wenn er rechtswidrig ist. Der Adressat kann gegen eine (vermeintlich) fehlerhafte Entscheidung innerhalb eines Monats nach Bekanntgabe Widerspruch bzw. Klage erheben.

Hält der Adressat Widerspruch bzw. Klage für aussichtslos, so verzichtet er vielleicht auf einen Rechtsbehelf und lässt den belastenden Bescheid bestandskräftig werden. Dies wird als besonders ungerecht empfunden, wenn die Rechtswidrigkeit später klar erkannt wird. Häufiger tritt der Fall ein, dass ein Fehler in einem begünstigenden Bescheid nicht beseitigt wird, weil der Empfänger auf den unrechtmäßig erlangten Vorteil nicht verzichten will oder auf die Richtigkeit der behördlichen Entscheidung vertraut („Die Behörde wird schon wissen, was richtig ist."). In solchen Fällen ermöglicht § 48 VwVfG die Rücknahme des Verwaltungsakts. Das Gesetz unterscheidet dabei zwischen der Rücknahme belastender und begünstigender Verwaltungsakte.

Für nicht begünstigende (belastende) Verwaltungsakte gilt § 48 Abs. 1 Satz 1 VwVfG: Ein rechtswidriger Verwaltungsakt kann, auch nachdem er unanfechtbar geworden ist, ganz oder teilweise mit Wirkung für die Zukunft oder für die Vergangenheit zurückgenommen werden.

5740462

Beispiel

Der Bürgermeister der Stadt Neustadt hebt einen bestandskräftigen, rechtswidrigen Abgabenbescheid auf. Da § 48 Abs. 1 Satz 1 VwVfG hierzu Ermessen einräumt, wäre auch die entgegengesetzte Entscheidung durchaus möglich, wenn es z. B. um einen Bagatellbetrag ginge oder wenn zu erwarten wäre, dass die Bescheide in vielen gleichgelagerten Abgabenfällen wegen des Gleichbehandlungsgrundsatzes ebenfalls zurückgenommen werden müssten.

Für begünstigende Verwaltungsakte gilt § 48 Abs. 1 Satz 2 VwVfG: Ein rechtswidriger begünstigender Verwaltungsakt darf zwar auch zurückgenommen werden, aber nur unter den Einschränkungen der Absätze 2 bis 4. Diese Vorschriften schützen den Empfänger des Bescheids, der auf die Rechtmäßigkeit der für ihn günstigen Entscheidung vertraut hat.

Beispiel

Gärtnermeister Grün erhält einen staatlichen Zuschuss zur umweltfreundlichen Umrüstung seiner Heizungsanlage für die Gewächshäuser. Er verwendet den Betrag zweckentsprechend im Rahmen umfangreicher Baumaßnahmen. Nach einem halben Jahr stellt die Bewilligungsbehörde fest, dass die Subvention wegen eines Bearbeitungsfehlers des Sachbearbeiters unrechtmäßig bewilligt wurde. Kann die Behörde den Bewilligungsbescheid gemäß § 48 Abs. 2 VwVfG zurücknehmen?

Hier sind die Einschränkungen in § 48 Abs. 2–4 VwVfG zu beachten. Absatz 2 bezieht sich auf rechtswidrige Verwaltungsakte, die eine einmalige oder laufende Geldleistung gewähren sollen oder hierfür Voraussetzung sind. Der an Herrn Grün gerichtete Bescheid ist ein solcher rechtswidriger Verwaltungsakt, der eine einmalige Geldleistung (Subvention) gewährt. Nach § 48 Abs. 2 VwVfG darf der Verwaltungsakt allerdings nicht zurückgenommen werden, soweit der Begünstigte auf den Bestand des Verwaltungsakts vertraut und sein Vertrauen unter Abwägung mit dem öffentlichen Interesse (Gesetzmäßigkeit der Verwaltung, Haushaltsgrundsätze) an einer Rücknahme schutzwürdig ist. Das Vertrauen ist in der Regel dann schutzwürdig, wenn der Begünstigte die gewährte Leistung verbraucht oder eine Vermögensdisposition getroffen hat, die er nicht mehr oder nur unter unzumutbaren Nachteilen rückgängig machen kann. Diese Voraussetzungen sind im Fall des Herrn Grün gegeben: Er hat offensichtlich auf den Bestand des Verwaltungsakts vertraut (sonst hätte er die Heizung wahrscheinlich nicht umgebaut) und sein Vertrauen ist insofern schutzwürdig, als er bereits Vermögensdispositionen (Verträge mit Baufirmen, ausgeführte Baumaßnahmen) getroffen hat, die er nicht mehr ohne Weiteres rückgängig machen kann.

§ 48 Abs. 2 Satz 3 regelt, wann das Vertrauen des Begünstigten ausgeschlossen ist. Ein solcher Ausschluss kommt bei Herrn Grün aber nicht in Betracht. Im Ergebnis kann die Behörde diesen Bewilligungsbescheid nicht zurücknehmen.

(Falls der Bescheid jedoch auf EU-Recht basiert, ist zu beachten, dass das Gemeinschaftsrecht auch das nationale Verwaltungsrecht überlagert und dass deshalb die Beihilfebestimmungen des EG-Vertrags – Art. 87 ff. – anzuwenden sind, die die Rücknahme und Rückzahlung vorschreiben. Hier wiegt das öffentliche Interesse [§ 48 Abs. 2 VwVfG] an der Durchsetzung der EU-Wettbewerbsordnung schwerer als der Vertrauensschutz des Begünstigten.)

Rechtswidrige Verwaltungsakte, die nicht unter § 48 Abs. 2 VwVfG fallen (die also keine Geld- oder Sachleistung gewähren), können gemäß § 48 Abs. 3 VwVfG zurückgenommen werden. In diesen Fällen hat die Behörde dem Begünstigten den entstehenden Vermögensnachteil zu entschädigen, sofern dieser Vertrauensschutz genießt.

Beispiele

Rechtswidrige Baugenehmigungen, Gewerbeerlaubnisse

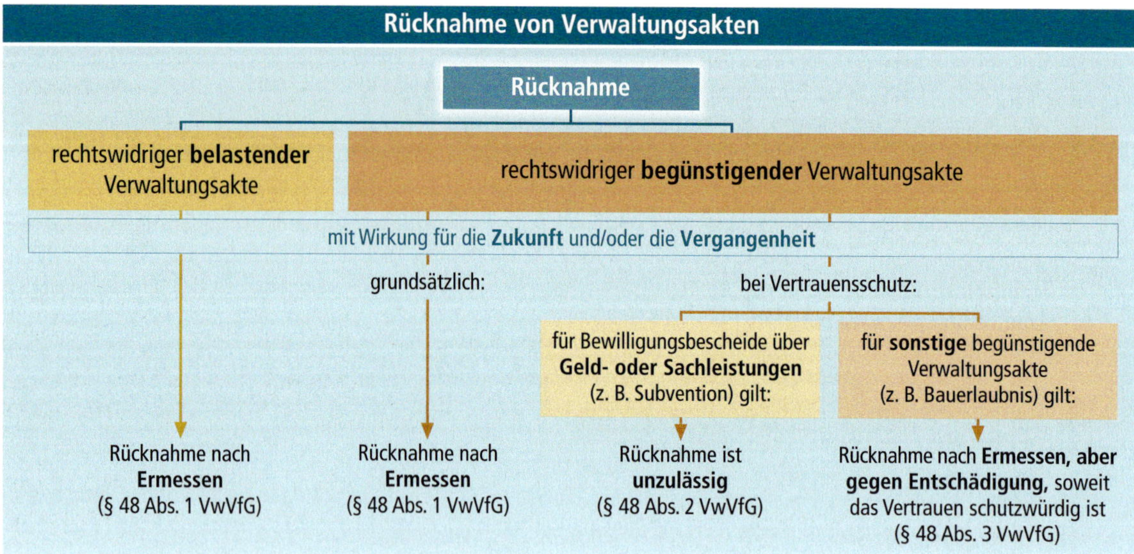

2.5.3 Widerruf von Verwaltungsakten

Der Widerruf von Verwaltungsakten bezieht sich auf rechtmäßige Verwaltungsakte. Er ist in § 49 VwVfG geregelt. Das Gesetz unterscheidet zwischen dem Widerruf belastender und begünstigender Verwaltungsakte.

Nach § 49 Abs. 1 VwVfG kann ein rechtmäßiger belastender (nicht begünstigender) Verwaltungsakt, auch nachdem er unanfechtbar geworden ist, ganz oder teilweise mit Wirkung für die Zukunft grundsätzlich widerrufen werden.

Bei rechtmäßigen begünstigenden Verwaltungsakten wird das Vertrauen des Adressaten in den Bestand der Entscheidung geschützt. Ein Widerruf ist nach § 49 Abs. 2 und 3 VwVfG nur erlaubt, wenn einer der abschließend aufgezählten Widerrufsgründe vorliegt.

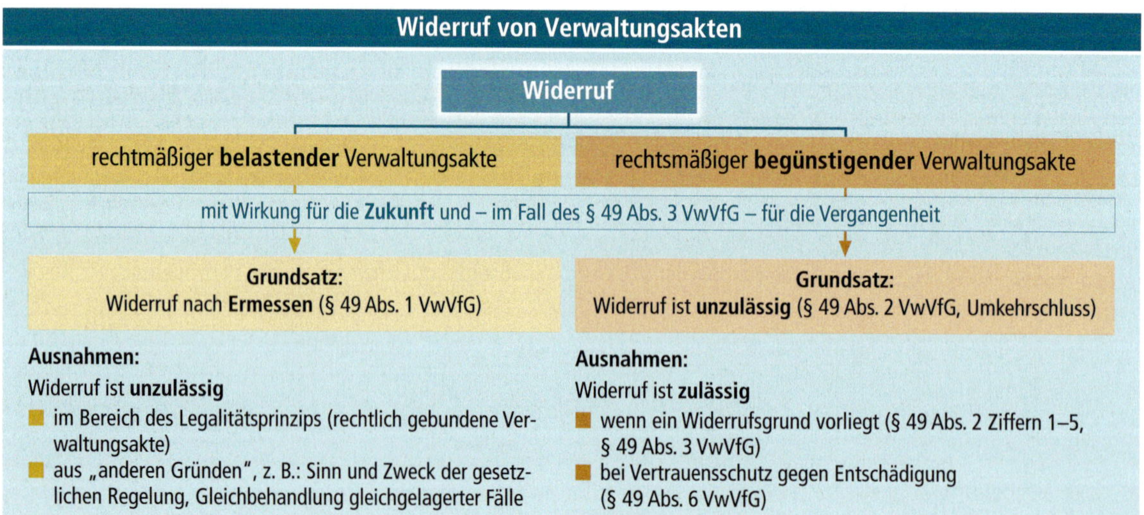

1 Rechtseingriffe zur Gefahrenabwehr

1.1 Entwicklung und Organisation des Gefahrenabwehrrechts

1.1.1 Geschichtliche Entwicklung des Polizeirechts

Seit dem 15. Jahrhundert wird der Ausdruck „Polizei" in Deutschland verwendet. Die „Polizey" (von griech.: politeía; lat.: policia = Staatsverwaltung) umfasste damals alle Maßnahmen zur Verwaltung eines Gemeinwesens; sie war dessen „gute Ordnung". Es gab die Bau-, Markt-, Ausländer- und Friedhofspolizei sowie weitere Polizeien. Heute würde man stattdessen von Bauverwaltung, Marktaufsicht, Ausländerbehörde bzw. Einwohnermeldeamt und Friedhofsverwaltung sprechen.

In den absoluten Fürstenstaaten des 17. und 18. Jahrhunderts war die Polizeigewalt der Landesfürsten rechtlich nahezu unbeschränkt: Sie schloss Gesetzgebung und Rechtsprechung ein („Polizeistaaten").

Mit der Zeit wurden staatliche Aufgaben zunehmend aus dem Polizeibegriff ausgeklammert. Er bezog sich immer enger auf die innere und allgemeine Verwaltung und schloss die Finanz-, Justiz-, Heeres- und äußeren Angelegenheiten aus.

Nach dem „Allgemeinen Preußischen Landrecht" (seit 1794) war die Polizei für die Erhaltung der öffentlichen Ruhe, Sicherheit und Ordnung und „der dem Publiko oder einzelnen Mitgliedern desselben bevorstehenden Gefahr" und nicht mehr für die „Wohlfahrtsförderung" zuständig.

Die Beschränkung der Polizei auf den Bereich der Gefahrenabwehr konnte sich in Deutschland allerdings erst Ende des 19. Jahrhunderts endgültig durchsetzen. Entscheidend hierfür war das **„Kreuzberg-Urteil"** (1882) des Preußischen Oberverwaltungsgerichts:

Die Berliner Baubehörde hatte einem Bürger die Bauerlaubnis versagt. Sie befürchtete, das Bauvorhaben würde die Sicht auf das Kreuzberger Kriegerdenkmal beeinträchtigen. Das Gericht erklärte diese Entscheidung jedoch für rechtswidrig, weil sie nicht der Gefahrenabwehr, sondern der Wohlfahrtspflege diene und auf diesem Gebiet keine gesetzlichen Ermächtigungen für polizeiliche Rechtseingriffe bestünden.

Damit unterstrich das Gericht zunächst die **Grenzen des polizeilichen Aufgabenbereichs** (Gefahrenabwehr), außerdem bestätigte es den **Gesetzesvorbehalt** für das Handeln der Polizei (kein Rechtseingriff ohne gesetzliche Ermächtigung).

In Preußen wurde das Polizeirecht erstmals 1931 im Polizeiverwaltungsgesetz (PVG) zusammengefasst (kodifiziert). Die Generalklausel des § 14 PVG prägt auch heute noch als Eingriffsgrundlage das Polizei- und Ordnungsrecht nahezu aller Bundesländer.

§ 14 S. 1 PVG (Generalklausel)
„Die Polizeibehörden haben im Rahmen der geltenden Gesetze die nach pflichtgemäßem Ermessen notwendigen Maßnahmen zu treffen, um von der Allgemeinheit oder dem Einzelnen Gefahren abzuwehren, durch die die öffentliche Sicherheit oder Ordnung bedroht wird."

In der NS-Zeit wurde die Polizei zum Instrument der Diktatur. Wichtige Grundrechte wurden außer Kraft gesetzt; zudem ging die Polizeigewalt von den Ländern auf das Reich über. Die Bürger standen somit der Polizei – insbesondere der Geheimen Staatspolizei (Gestapo) – schutzlos gegenüber.

Nach dem Ende der Gewaltherrschaft verkleinerten die Besatzungsmächte den aufgeblähten Polizeiapparat und reduzierten seine Befugnisse: In der britischen und amerikanischen Zone war die Polizei nur noch für Vollzugsaufgaben (Schutzpolizei) und die Kriminalitätsbekämpfung (Kriminalpolizei) zuständig; die Aufgaben der allgemeinen Gefahrenabwehr sollten Verwaltungsbehörden (Ordnungsbehörden) wahrnehmen, z. B. im Bau-, Melde-, Gesundheits- und Gewerbewesen. Diese „Entpolizeilichung" durch die Siegermächte sowie die Übertragung der Gesetzgebungszuständigkeit auf die Länder führten dazu, dass heute das Recht der Gefahrenabwehr in den Bundesländern Unterschiede aufweist.

In den meisten Ländern sind neben der Polizei (Vollzugs- und Kriminalpolizei) Verwaltungsbehörden mit unterschiedlichen Bezeichnungen für die Gefahrenabwehr zuständig (z. B. Ordnungsbehörden, allgemeine Polizeibehörden). Daneben befassen sich auch die Gerichte mit der Abwehr innerstaatlicher Gefahren (z. B. durch Strafvollzug für Straftäter).

Öffentliche Ordnung

Das menschliche Zusammenleben wird nicht nur durch die bereits angesprochenen Rechtsnormen, sondern auch durch **moralische Wertvorstellungen und soziale Verhaltensregeln** bestimmt. Vieles von dem, was als „normal" gilt, was „sich so gehört", wurde durch Gesetze rechtsverbindlich gemacht (geschriebenes Recht). Daneben existiert ein Feld rechtlich nicht festgelegter, sozialer Verhaltenserwartungen. Gemeinsam bilden sie die öffentliche Ordnung. Zu ihr gehören z. B. Anschauungen über

- religiöse Überzeugung und Betätigung,
- menschenunwürdige Gewalthandlungen,
- Achtung des politischen Gegners,
- Nichtverbreitung nationalsozialistischen Gedankenguts,
- Totenruhe.

Eine Verletzung der Sitten- und Anstandsregeln oder der moralisch und religiös geprägten (inneren) Wertvorstellungen kann die öffentliche Ordnung dann empfindlich stören, wenn diese Wertvorstellungen von der ganz überwiegenden Mehrheit der Bevölkerung geteilt und wirklich als unerlässliche Mindestanforderungen eines gedeihlichen menschlichen und staatsbürgerlichen Zusammenlebens angesehen werden.

Die Wertvorstellungen, die insgesamt die „öffentliche Ordnung" bilden, können sich von einer Generation zur anderen wandeln; sie sind auch geografisch verschieden.

Beispiele

Über die Geschlechtertrennung beim Baden dachte die Bevölkerungsmehrheit früher anders als heute.

Was den „Anstand" verletzt, wird man auf der Reeperbahn in St. Pauli anders bewerten als in einer Landgemeinde.

Gerichtlich ausgetragen wurde der Streit darüber, ob wegen des Todes des ersten Bundespräsidenten Prof. Heuss öffentliche Tanzveranstaltungen bis zum Beisetzungstage verboten werden durften.

Es ist schwierig, zu beurteilen, wann eine Störung der öffentlichen Ordnung vorliegt. Deshalb sollte vor einer ordnungsbehördlichen Maßnahme vorrangig geprüft werden, ob diese nicht auf die Abwehr einer Gefahr für die öffentliche Sicherheit zu stützen ist. Die in der Bevölkerung verwurzelten elementaren Wertvorstellungen sind in den meisten Fällen gesetzlich geregelt. (Deshalb ist die öffentliche Ordnung z. B. in den Polizeigesetzen mehrerer Länder nicht mehr als Tatbestandsmerkmal der Einzelfallgefahr genannt.)

Begriffsmerkmale der öffentlichen Ordnung

Ungeschriebene Wertvorstellungen über das Verhalten in der Öffentlichkeit,

die sich bei der **Bevölkerungsmehrheit** durchgesetzt haben

und

die als unerlässliche Mindestanforderung für ein geordnetes Zusammenleben angesehen werden.

Die öffentliche Ordnung ist nur dann verletzt, wenn alle Merkmale dieser Begriffsbestimmung erfüllt sind.

1.2.3 Arten und Grade der Gefahr

Begriff: Grundsätzlich versteht man unter einer Gefahr im ordnungsrechtlichen Sinne eine Sachlage, bei der die hinreichende Wahrscheinlichkeit besteht, dass in absehbarer Zeit ein Schaden für die öffentliche Sicherheit oder Ordnung eintreten wird.

Zwei Begriffsmerkmale sind für eine Gefahr wesentlich:

- **Schadenseintritt**
  Die Schutzgüter der öffentlichen Sicherheit oder Ordnung (Leben, körperliche Unversehrtheit, öffentliche Einrichtung usw.) befinden sich in einem regelwidrigen Zustand. Dabei handelt es sich um eine nicht unerhebliche Beeinträchtigung, nicht nur um eine geringfügige Belästigung oder Unbequemlichkeit.

- **hinreichende Wahrscheinlichkeit**
  „Hinreichend wahrscheinlich" ist ein nicht allgemein bestimmbarer Begriff. Schadensgewissheit ist nicht erforderlich, eine weit entfernte Schadensmöglichkeit reicht aber grundsätzlich nicht aus. Maßgeblich ist die Beurteilung im Zeitpunkt des Einschreitens.

Im Ordnungsrecht werden verschiedene Gefahrenarten und -grade unterschieden, von denen jeweils unterschiedliche Handlungsmöglichkeiten abhängen.

Grundlegende Gefahrenarten	
allgemeine Gefahr (abstrakte Gefahr)	**Gefahr im Einzelfall (konkrete Gefahr)**
Eine **mögliche Sachlage,** die nach allgemeiner Lebenserfahrung oder Erkenntnissen fachkundiger Stellen gegebenenfalls eine Gefahr darstellt. *Beispiel: Brandgefahr durch Abfallverbrennung in Wohngebieten. Da die Gefahr allgemein besteht, Handlungsbeteiligte, -orte und -zeiten also nicht bekannt sind, kann sie auch nur durch eine allgemeine Rechtsvorschrift vorbeugend bekämpft werden.*	Ein **tatsächlicher Sachverhalt** (Einzelfall, das „schädigende Ereignis"), der einen **Schaden** der zu schützenden Rechtsgüter **hinreichend wahrscheinlich macht.** *Beispiel: Ein kranker Baum in einer Siedlung droht, umzustürzen. Ist der Schaden bereits eingetreten (der Baum ist umgestürzt), so kann von diesem Sachverhalt erneut eine Gefahr für die öffentliche Sicherheit ausgehen (dann, wenn der Baum auf der Straße liegt, jedoch nicht, wenn er auf einem Nachbargrundstück liegt).*
Maßnahme	**Maßnahme**
Allgemeine Ge- und Verbote in einer **Verordnung** zur Gefahrenabwehr (ordungsbehördliche Verordnung, Polizeiverordnung)	**Einzelfallregelung** in einem **Verwaltungsakt** (Ordnungsverfügung, polizeiliche Verfügung)

Zur Beurteilung der Wahrscheinlichkeit eines Schadenseintritts ist es erforderlich, die künftige Entwicklung des gegenwärtigen Sachverhalts abzuschätzen. Dabei ist vom erfahrungsgemäß zu erwartenden Ablauf auszugehen, mögliche äußerliche Einwirkungen auf den Sachverhalt sind zu berücksichtigen.

Beispiel

Bei einem kranken Baum erhöhen die Belastung durch das Gewicht der Früchte zur Erntezeit, unübersichtliche Straßenverhältnisse oder zu erwartende Herbststürme die Schadenswahrscheinlichkeit.

Bei der konkreten Gefahr wird die Tätigkeit der Ordnungsbehörde vom jeweiligen Gefahrengrad unterschiedlich beeinflusst.

Gefahrengrade bei konkreten Gefahren		
Gefahrengrad	**Beschreibung**	**Hinweise/Anwendungsfälle**
latente Gefahr	Verborgene Gefahr, die erst durch das Hinzutreten weiterer Umstände zu erkennen ist.	Wichtig für die Entscheidung, wer eine spätere konkrete Gefahr zu beseitigen hat.
gegenwärtige Gefahr	Eine besonders dringliche Art der konkreten Gefahr; die **Einwirkung** des schädigenden Ereignisses **hat begonnen oder steht mit an Sicherheit grenzender Wahrscheinlichkeit unmittelbar bevor.**	Voraussetzung für den sofortigen Vollzug (Vollstreckungsrecht)
erhebliche Gefahr	Ein **besonders bedeutsames Rechtsgut** (Leben, Gesundheit, Freiheit der Person, wichtige öffentliche Einrichtungen) ist bedroht.	Inanspruchnahme des Nichtstörers bei gegenwärtiger erheblicher Gefahr
Gefahr im Verzug	Eine sehr dringliche Gefahr, die **ein rechtzeitiges Eingreifen der zuständigen Ordnungsbehörde nicht mehr erlaubt,** sodass an ihrer Stelle eine andere Ordnungsbehörde zur Abwendung des sonst sicheren Schadens handeln muss.	Voraussetzung für außerordentliche Zuständigkeit

1.3.3 Zustandsverantwortlichkeit

Gefährdet der Zustand einer Sache die öffentliche Sicherheit oder Ordnung, so richtet die Ordnungsbehörde ihre Maßnahmen gegen den **Eigentümer oder gegen den Inhaber der tatsächlichen Gewalt** (Zustandsstörer).

Sachen sind körperliche Gegenstände (§ 90 BGB), also Immobilien und bewegliche Sachen; auf Tiere sind ordnungsrechtliche Vorschriften grundsätzlich ebenso anzuwenden (siehe § 90 a BGB). Die Gefahr muss von der **Beschaffenheit oder der Lage der Sache** (bzw. dem Verhalten des Tieres) ausgehen, das Verschulden ist auch hier unerheblich. Behördliche Maßnahmen gegen den Eigentümer muten diesem häufig Vermögenseinbußen zu, für die er grundsätzlich nicht entschädigt wird. Hierin liegt allerdings keine Verletzung des Eigentumsrechts, da in Art. 14 Abs. 2 GG eine Sozialpflichtigkeit des Eigentums begründet wird („Eigentum verpflichtet. Sein Gebrauch soll zugleich dem Wohle der Allgemeinheit dienen.").

„Inhaber der tatsächlichen Gewalt" kann z. B. der Pächter, Mieter oder Entleiher sein.

Zustandsstörer ist	Beispiele
■ der **Eigentümer**, von dessen Sache eine Gefahr ausgeht,	*H. lässt seinen nicht abgerichteten Schäferhund frei herumlaufen. Ihn trifft die Zustandshaftung für das Tier.*
■ bei einer **herrenlosen Sache**, von der eine Gefahr ausgeht, der letzte Eigentümer der Sache,	*A. hat die Nummernschilder seines alten Autos abgeschraubt und das ausgeschlachtete Fahrzeug auf einem Waldweg offensichtlich in der Absicht abgestellt, sich durch Aufgabe des Eigentums der Ordnungspflicht zu entziehen.*
■ der **Inhaber der tatsächlichen Gewalt** über eine Sache, von der eine Gefahr ausgeht.	*P. hat eine Obstwiese gepachtet. Ein großer abgestorbener Ast eines Baumes droht auf die Straße zu fallen. Obwohl ihm der Baum nicht gehört, kann die Ordnungsbehörde sich an ihn wenden.*

1.3.4 Verursachung und Zweckveranlassung

Es kommt vor, dass **mehrere Faktoren** zu einer Gefahr beitragen. Ausschlaggebend ist grundsätzlich die unmittelbare (letzte) Ursache.

Beispiel

Kinobesitzer K. hat die deutsche Erstaufführung eines Films angekündigt, der sich mit einer bestimmten Religion äußerst kritisch auseinandersetzt. Anhänger dieser Religion versammeln sich nun vor dem Kino, um den Besuch der Filmveranstaltung unmöglich zu machen. Es kommt zu Beschimpfungen und Körperverletzungen zwischen Demonstranten, Besuchern und dem Personal. Kann die Ordnungs- bzw. Polizeibehörde von K. verlangen, den Film aus dem Programm zu nehmen?

Das Vorführen des Films ist hier Anlass für die Auseinandersetzungen, diese stören (als strafbare Handlung) die öffentliche Sicherheit. Der Kinobesitzer ist als **mittelbarer Verursacher der Gefahr nicht ordnungspflichtig.** Störer sind hier nur die Demonstranten, da erst ihr Verhalten die „Gefahrengrenze" überschreitet.

Ausnahmsweise kann auch der mittelbare Verursacher (Veranlasser) in Anspruch genommen werden.

Beispiel

Kaufmann K. lässt Bademode im Schaufenster vorführen, um Schaulustige auf sein Geschäft aufmerksam zu machen. Erwartungsgemäß finden sich auf der engen Straße zahlreiche Schaulustige ein. Die Menschenansammlung legt in kurzer Zeit den Straßenverkehr lahm.

Hier sind nicht nur die Zuschauer Störer, sondern (ausnahmsweise) auch K. Er hat den Anlass für die Menschenansammlung gezielt gesetzt und damit die vorhersehbare Verkehrsstörung in Kauf genommen. Als **„Zweckveranlasser"** überschreitet auch er die Gefahrengrenze und ist ebenfalls (neben den Zuschauern) ordnungspflichtig.

5740476

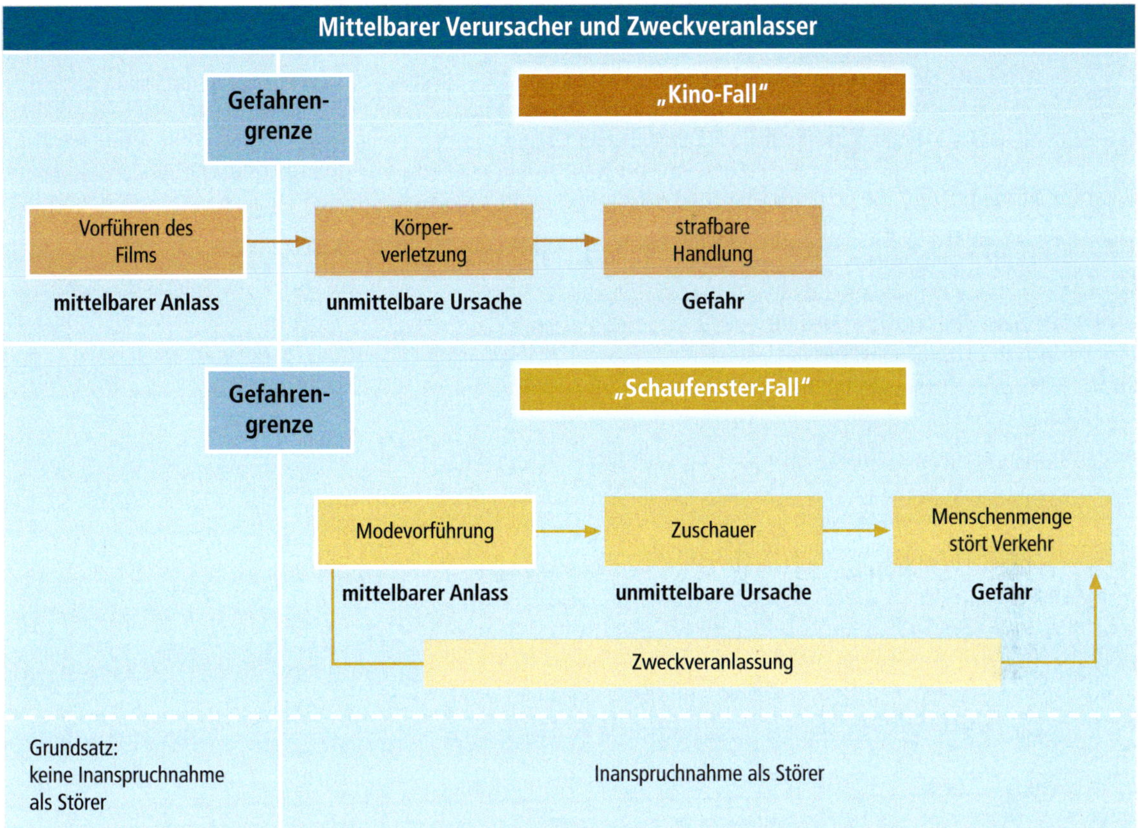

Wer eine Gefahr nur **mittelbar** verursacht, ist grundsätzlich nicht ordnungspflichtig, es sei denn, er ist Zweckveranlasser. **Zweckveranlasser** ist, wer gefahrerhöhende typische Risiken schafft oder die störende Folge bezweckt, sodass andere letztlich eine Gefahr auslösen.

1.3.5 Störerauswahl

Für ein und dieselbe Gefahr sind häufig mehrere Personen verantwortlich. Aber wen kann bzw. soll die Behörde in Anspruch nehmen?

Nach dem Prinzip der Verhältnismäßigkeit entscheidet die Behörde, ob sie einen oder mehrere Störer gleichzeitig oder nacheinander zur Beseitigung der Gefahr heranzieht. Hierbei sind folgende Grundsätze zu beachten:

- Für die Maßnahme kommt insbesondere derjenige in Betracht, der die Gefahr **schnell und wirksam beseitigen** kann (zeitliche und räumliche Nähe zur Gefahr; persönliche, sachliche und finanzielle Leistungsfähigkeit zur Gefahrbeseitigung).
- Der **Verhaltensstörer ist regelmäßig vor dem Zustandsstörer** in Anspruch zu nehmen, weil er durch sein Verhalten den engeren Bezug zur Gefahr hat.
- Der **Grad der Beteiligung** beim Verursachen der Gefahr ist bei der Auswahl eines Störers zu berücksichtigen.

1.3.6 Inanspruchnahme nicht verantwortlicher Personen

Beispiel

Aufgrund eines Räumungsurteils wird Familie F. am 1. Oktober obdachlos. Das Ehepaar F. ist arbeitslos und hat drei kleine Kinder. Die Gemeinde hat keine freien Notunterkünfte. Nachbar N. verfügt über eine leere Wohnung, die er aber nicht an Familie F. vermieten will.

Die Gefahr für die öffentliche Sicherheit und Ordnung ist offensichtlich; Familie F. als Verhaltensstörer kann sie nicht abwenden. Auch die Ordnungsbehörde hat keine eigene Möglichkeit dazu. Um Familie F. vor Gesundheitsschäden und Verwahrlosung zu schützen, liegt es nahe, sie in die leere Wohnung des N. einzuweisen. Zwar ist N. für die Lage der Familie F. nicht verantwortlich („Nichtstörer"), doch könnte diese Unterkunft die Notlage vorerst abwenden. Die allgemeinen Ordnungsgesetze erlauben es, N. als nicht verantwortliche Person ausnahmsweise vorläufig in Anspruch zu nehmen. Er ist nicht ordnungspflichtig, aber „notstandspflichtig".

Inanspruchnahme nicht verantwortlicher Personen	
Voraussetzungen	**Folgen**
gegenwärtige erhebliche Gefahr; Maßnahmen gegen Störer sind ■ **nicht möglich** oder ■ **nicht rechtzeitig möglich** oder ■ **nicht Erfolg versprechend;**	**Nichtverantwortlicher kann in Anspruch genommen werden.**
Behörde kann Gefahr nicht (rechtzeitig) **selbst** abwehren;	Diese Möglichkeit besteht nur, solange die Gefahr **nicht auf andere Weise** abgewehrt werden kann.
Zumutbarkeit der Inanspruchnahme (weder erhebliche Eigengefährdung noch Verletzung höherwertiger Pflichten des Nichtstörers)	Der Notstandspflichtige hat Anspruch auf angemessene **Entschädigung.**

1.4 Maßnahmen zur Gefahrenabwehr

Die zuständigen Behörden haben grundsätzlich zwei Möglichkeiten der Gefahrenbekämpfung:

- eigenes Handeln mit eigenen Mitteln,
- Maßnahmen gegen Personen.

Häufig reichen eigene Mittel des Ordnungsamts oder anderer Dienststellen aus, eine Gefahr zu beseitigen. Oft liegt hier bloß tatsächliches Handeln vor (Realakte), manchmal wird die Behörde schlicht hoheitlich tätig.

Beispiele

Wegräumen eines Verkehrshindernisses, Einsatz der Feuerwehr, Gewährung von Obdach im städtischen Obdachlosenasyl, Streifenfahrt, Auskunft über die Vermeidung von Gefahren bei Gartenfesten, Beratung über Abfallbeseitigung.

Maßnahmen gegen Personen sind regelmäßig mit Beeinträchtigungen von Individualrechten verbunden und deshalb gesetzlich genau geregelt.

- In ordnungsbehördlichen bzw. polizeilichen **Verordnungen** können bei einer allgemeinen (abstrakten) Gefahr allgemeine Ge- und Verbote aufgestellt werden.
- Zur Abwehr konkreter Gefahren erlassen die Behörden im Einzelfall **Verwaltungsakte** (Ordnungs- bzw. Polizeiverfügungen), die notfalls mit **Zwangsmitteln** durchgesetzt werden.
- Bestimmte Rechtsverstöße können außerdem als **Ordnungswidrigkeit** geahndet werden.
- In bestimmten Bereichen des Polizei- und Ordnungsrechts spielen darüber hinaus die **Erlaubnisse** und die polizeilichen **Standardmaßnahmen** eine wichtige Rolle.

1.4 Maßnahmen zur Gefahrenabwehr

1.4.1 Verordnungen

Sachverhalte, die nach ihrer Art regelmäßig eine allgemeine Gefahr darstellen, können nur durch eine allgemeine Rechtsvorschrift vorbeugend bekämpft werden.

Beispiel

In Neustadt haben frei laufende Hunde in letzter Zeit häufig Kinder auf Spielplätzen sowie Jogger und Radfahrer im Stadtwald angegriffen und verletzt. Ferner nehmen die Klagen über Verschmutzungen der Gehwege durch Hunde zu. Viele Tierhalter haben die Tiere offensichtlich nicht genügend unter Kontrolle. Deshalb ergänzt die Stadt Neustadt ihre ord-nungsbehördliche Verordnung zur Aufrechterhaltung der öffentlichen Sicherheit und Ordnung auf Straßen, Plätzen und öffentlichen Sport-, Spiel- und Grünanlagen um folgende Regelungen:

§ 8

(1) Wer ein Tier mit sich führt, hat dafür zu sorgen, dass es Straßen, Wege und Anlagen nicht verunreinigt. Verschmutzungen sind unverzüglich zu beseitigen.

(2) Hunde sind an der Leine zu führen.

(3) Auf Sport- und Spielplätzen sind Hunde verboten.

§ 9

Ordnungswidrig handelt, wer vorsätzlich oder fahrlässig den §§ 2 bis 8 dieser Verordnung zuwiderhandelt.

Ein frei laufender Hund kann eine konkrete Gefahr für die öffentliche Sicherheit verursachen. Zwar tritt die Gefahr in den meisten Fällen nicht ein, doch kommt es immer wieder zu konkreten Verkehrsgefährdungen und Verletzungen. Es handelt sich noch nicht um eine konkrete Gefahr, aber um einen allgemein gefährlichen Sachverhalt und damit um eine **abstrakte Gefahr.** Ihr begegnet die Stadt Neustadt, indem sie von vornherein **allgemeine Ge- und Verbote** in einer Rechtsverordnung festlegt. Die allgemeinen Ordnungsgesetze der Länder und mehrere Spezialgesetze ermächtigen zum Erlass solcher Verordnungen, die je nach Bundesland als Verordnung, Ordnungsbehördliche Verordnung oder Polizeiverordnung bezeichnet werden.

Verordnungen zur Gefahrenabwehr sind **Rechtsquellen.** Sie enthalten **Gebote und Verbote,** die für eine **unbestimmte Anzahl von Fällen** an eine **unbestimmte Anzahl von Personen** gerichtet sind und der **vorbeugenden Abwehr allgemeiner Gefahren** für die öffentliche Sicherheit oder Ordnung dienen. Für den Fall einer Zuwiderhandlung können Geldbußen angedroht werden.

Da diese Verordnungen Pflichten begründen, sind sie **Gesetze im materiellen Sinne.** Wie alle Rechtsverordnungen stellen sie eine Durchbrechung der Gewaltenteilung dar und bedürfen deshalb einer gesetzlichen Ermächtigung durch das jeweilige allgemeine Ordnungsgesetz oder ein Spezialgesetz. Die Verordnung muss sich ausdrücklich auf diese Ermächtigung beziehen. Verordnungen aufgrund von Spezialgesetzen können z. B. die Straßenreinigung, den Immissionsschutz, die Marktordnung und die Droschkenordnung (für Taxen) betreffen.

Wer **erlässt** Verordnungen zur Gefahrenabwehr? Ermächtigt sind die Fachminister der Länder, die Bezirksregierungen, die Kreise und Gemeinden. Die Verordnungen der Kommunen werden – mit kleinen Abweichungen – nach den für Satzungen geltenden Vorschriften erlassen. (Beschluss des Rates bzw. Kreistags, öffentliche Bekanntmachung). Es gelten strenge Formerfordernisse.

Verordnungen zur Gefahrenabwehr werden öffentlich bekannt gemacht. Ihre Ge- und Verbote werden aber häufig auf Hinweisschildern wiederholt, damit z. B. die Besucher von Grünanlagen sie auch einhalten. Werden **Zuwiderhandlungen** in der Verordnung ausdrücklich zu Ordnungswidrigkeiten erklärt, so können sie nach dem Gesetz über Ordnungswidrigkeiten (OWiG) geahndet werden. Im Falle einer bestehenden konkreten Gefahr für die öffentliche Sicherheit oder Ordnung kann die Einhaltung eines Ge- oder Verbots (zusätzlich) auch durch eine Ordnungsverfügung (bzw. Polizeiverfügung) durchgesetzt und im Verwaltungszwangsverfahren erzwungen werden.

Beispiele

Wenn Herr Zwindorf Bellos Hinterlassenschaft nicht vom Gehweg räumt, muss er mit einer Verwarnung rechnen, denn die Verunreinigung stellt nach § 9 der Verordnung eine Ordnungswidrigkeit dar.

Nimmt er mit dem angeleinten Bello eine Abkürzung über den Spielplatz, verstößt er gegen § 8 Abs. 3 der Verordnung und begeht aufgrund des § 9 ebenfalls eine Ordnungswidrigkeit, die nach dem Gesetz über Ordnungswidrigkeiten mit einem Verwarnungs- oder Bußgeld geahndet werden kann.

Verhält er sich als „Wiederholungstäter", der vermutlich auch in Zukunft gegen das „Spielplatzverbot" verstoßen wird, so liegt eine konkrete Gefahr vor, auf die die Behörde mit einer Ordnungsverfügung mit Zwangsgeldandrohung reagieren wird.

Rechtsschutz erlangt der von einer Verordnung Betroffene, indem er mit einem förmlichen Rechtsbehelf gegen den jeweiligen ihn betreffenden Vollzugsakt vorgeht.

Rechtliche Einordnung der Verordnung zur Gefahrenabwehr

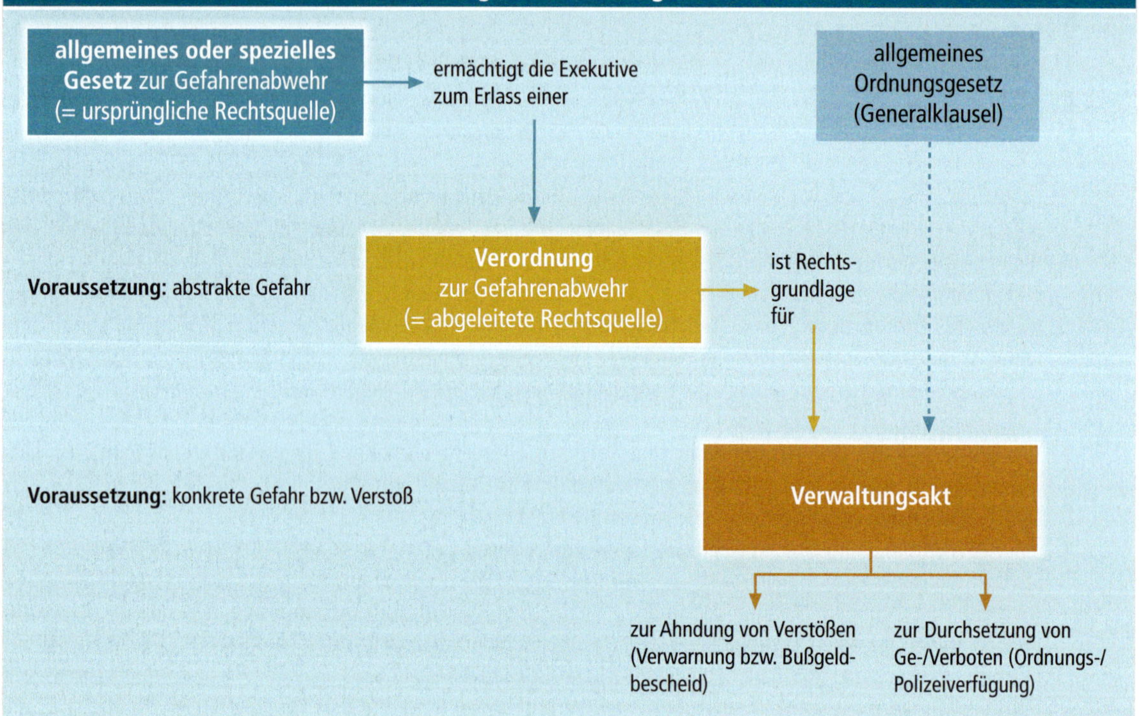

1.4.2 Verwaltungsakte (Ordnungs- und Polizeiverfügungen)

An einzelne Personen gerichtete Gebote oder Verbote zur Abwehr einer konkreten Gefahr werden in Form von Verwaltungsakten ausgesprochen. Die Gefahrenabwehrgesetze sehen hierfür von Land zu Land verschiedene Namen vor.

Beim Aufbau einer solchen Verfügung sind die Vorschriften des jeweiligen Ordnungsgesetzes (Schriftlichkeit) sowie der § 35 ff. VwVfG über Anforderungen an schriftliche Verwaltungsakte zu beachten. Hinzu kommen insbesondere die Regelungen im Ordnungs- bzw. Polizeirecht des jeweiligen Landes.

Aufbau einer Verfügung zur Gefahrenabwehr (Ordnungs-/Polizeiverfügung)

(Die rechtlich bedeutendsten Punkte der Verfügung sind **fett** gedruckt.)

1. **Erlassende Behörde**
   (Name, Sitz, Anschrift; § 37 Abs. 3 VwVfG)

2. **Adressat**
   Ein bestimmter „Störer" wird herangezogen.
   Mit einem Zustellungsvermerk, z. B. „gegen Postzustellungsauftrag", „gegen Empfangsbekenntnis", kann die Behörde einen Zustellungsnachweis (Beweismittel) schaffen. (Zum Teil ist förmliche Zustellung vorgeschrieben, wenn ein Zwangsmittel angedroht wird.)

3. Datum und Bezugszeichen, Geschäftszeichen, Name des Sachbearbeiters

4. Betreff: Gegenstand der Entscheidung; in einigen Bundesländern sind bestimmte Überschriften vorgeschrieben, z. B. „Ordnungsverfügung", „Ordnungsverfügung mit Androhung eines Zwangsgeldes".

5. Anrede

6. **Entscheidung/-en (Entscheidungstenor)**

   a) **Sachentscheidung**
   Dies ist die Regelung im Sinne des § 35 VwVfG. Die Anordnung muss eindeutig, vollständig und aus sich heraus verständlich sein, sodass der Empfänger klar erkennt, was die Behörde will.

   b) **Androhung eines Zwangsmittels**
   Um die Befolgung der Verfügung zu sichern, wird oft eine Androhung ausgesprochen. Sie soll insbesondere dann in die Verfügung aufgenommen werden, wenn ein Rechtsbehelf keine aufschiebende Wirkung hat. Wird eine Handlung verlangt, ist eine angemessene Frist zu bestimmen.

   c) **Anordnung der sofortigen Vollziehung**
   gem. § 80 Abs. 2 Nr. 4 VwGO, wenn einem Rechtsbehelf die aufschiebende Wirkung genommen werden soll.

7. **Begründung der Entscheidungen**
   Nach § 39 Abs. 1 VwVfG besteht grundsätzlich Begründungspflicht: Tatsächliche Gründe (wesentlicher Sachverhalt) und rechtliche Gründe (Rechtsgrundlagen der Entscheidung) sind mitzuteilen. Bei Ermessensentscheidungen sind die Gesichtspunkte der Ermessensausübung anzugeben.
   Gegebenenfalls ist bei Anordnung der sofortigen Vollziehung gem. § 80 Abs. 3 VwGO das öffentliche Interesse bzw. das überwiegende Interesse eines Beteiligten darzulegen.

8. **Gebühren-/Kostenregelung**
   (nach spezialgesetzlicher Vorschrift, nicht in allen Bundesländern generell vorgesehen)

9. **Rechtsbehelfsbelehrung**
   Die Belehrung über die Widerspruchs- oder Klagemöglichkeit (§§ 68–70, § 58 Abs. 1 VwGO) sollte nicht fehlen, auch wenn sie nicht in allen Bundesländern vorgeschrieben ist.
   Auf die Möglichkeit vorläufigen Rechtsschutzes (§ 80 Abs. 4, 5 VwGO) sollte hingewiesen werden, wenn die sofortige Vollziehung angeordnet wurde.

10. Grußformel und **Unterschrift**
    (§ 37 Abs. 3 VwVfG)

Beispiel eines Verwaltungsaktes zur Gefahrenabwehr[1]

Stadt Neustadt
Der Bürgermeister

Stadt Neustadt · Postfach · 49999 Neustadt

Ihre Nachricht/Ihr Zeichen:

Gegen Empfangsbekenntnis
Herrn
Ernst Morsch
Gartenstraße 23
49999 Neustadt

Geschäftszeichen: 2/3-Kn
Fachbereich/Dienststelle: 2/3 – Ordnungsamt
Gebäude/Zimmer: Rathausplatz 1, Zimmer 9
Bearbeiter/-in: Kurt Knoop
Telefon: 02999 177- 628
Telefax: 02999 177- 168
E-Mail: KKnoop@stadtneu-wvd.de

Datum: 12. Oktober 20..

Beseitigung eines abgestorbenen Baumes auf Ihrem Grundstück Gartenstraße 23 in Neustadt
Ordnungsverfügung[1]

Sehr geehrter Herr Morsch,

1. Sie werden hiermit aufgefordert, die auf Ihrem Grundstück Gartenstraße 23 in Neustadt stehende Pappel unverzüglich zu fällen bzw. fällen zu lassen.
2. Sollten Sie dieser Aufforderung nicht bis zum 28. Oktober 20.. nachkommen, lasse ich die geforderten Maßnahmen auf Ihre Kosten von einem Unternehmen durchführen. Die Kosten dieser Ersatzvornahme betragen voraussichtlich etwa 500,00 €.
3. Die sofortige Vollziehung der Ziffer 1 dieser Verfügung wird angeordnet. Das heißt, dass ich diese Beseitigung des Baumes nach Ablauf der gesetzten Frist zwangsweise durchsetzen kann, auch wenn Sie gegen diese Verfügung Widerspruch einlegen sollten.

Begründung

Zu 1. Mitarbeiter der Abteilung Tiefbauwesen der Stadt Neustadt stellten im September fest, dass die ca. 12 m hohe Pappel auf Ihrem Grundstück abgestorben ist. Der morsche und nicht mehr standsichere Baum droht, insbesondere bei Sturm auf die unmittelbar vorbeiführende stark befahrene Gartenstraße zu stürzen. Durch herabfallende brüchige Äste können die Benutzer des Bürgersteigs und der Fahrbahn verletzt und Sachschäden verursacht werden. Damit geht von dem Baum eine erhebliche Gefahr für die öffentliche Sicherheit im Sinne der §§ 1 und 13 des Ordnungsbehördengesetzes Bbg (OBG) aus, für die Sie als Grundstückseigentümer nach § 17 Abs. 1 OBG verantwortlich sind[1]. Da die Pappel abgestorben ist, kommt für die Abwehr der Gefahr nur die Beseitigung des Baumes infrage.

Zu 2. Die Ersatzvornahme wird gemäß §§ 15, 19 und 23 des Verwaltungsvollstreckungsgesetzes Bbg angedroht[1], um die schnelle Beseitigung der Gefahr zu sichern.

Zu 3. Die sofortige Vollziehung dieser Verfügung wird gem. § 80 Abs. 2 Nr. 4 VwGO angeordnet. Das zu erwartende stürmische Herbstwetter erhöht die Umsturzgefahr und damit das Schadensrisiko der Verkehrsteilnehmer. Das öffentliche Interesse an der umgehenden Vermeidung dieser Gefahren für Gesundheit und Eigentum der Verkehrsteilnehmer überwiegt Ihr mögliches Interesse an der Vermeidung der Kosten für das Fällen des Baumes. Die Anordnung der sofortigen Vollziehung ist daher im öffentlichen Interesse geboten.

Rechtsbehelfsbelehrung

Gegen diesen Bescheid können Sie Widerspruch erheben. Ein Widerspruch führt zu einer nochmaligen behördlichen Überprüfung des Bescheides. Wenn Sie gegen die Stadt klagen wollen, ist er unbedingt erforderlich. Ein Widerspruch muss der Behörde innerhalb eines Monats nach Zustellung dieses Bescheides vorliegen. Er ist bei der Stadtverwaltung Neustadt (Anschrift wie oben) schriftlich einzulegen oder mündlich zur Niederschrift zu erklären. Falls die Frist durch das Verschulden eines von Ihnen Bevollmächtigten versäumt werden sollte, würde dessen Verschulden Ihnen zugerechnet werden. Gegen die Anordnung der sofortigen Vollziehung können Sie beim Verwaltungsgericht in 45879 Gelsenkirchen, Bahnhofsvorplatz 3, beantragen, die aufschiebende Wirkung wiederherzustellen.

Hochachtungsvoll

i. A. *Knoop*

Knoop

Bankverbindung der Stadtkasse Neustadt:
Neustädter Sparkasse, BLZ 999 500 01, Konto 0 415 920 301,
IBAN DE99 9995 0001 0415 9203 01

Besuchszeiten
Montag, Dienstag, Mittwoch: 08:00–12:30 Uhr, 14:00–17:00 Uhr,
Donnerstag: 08:00–12:30 Uhr, 14:00–20:00 Uhr, Freitag: 08:00–12:30 Uhr

Internet
www.stadtneu-wvd.de

1 Der Bezug des Beispiels auf das Landesrecht (hier: Brandenburgs) ist an einigen Stellen unvermeidbar; nach Änderung der Überschrift und der Gesetzesbezüge ist der Text auf andere Bundesländer übertragbar.

5740482

1.4.3 Polizeiliche Standardmaßnahmen

Als polizeiliche Standardmaßnahmen bezeichnet man besonders geregelte typische Eingriffe der Behörden zur Gefahrenabwehr.

Bestimmte Standardmaßnahmen spielen im Bereich der (Vollzugs-)Polizei eine bedeutende Rolle, können großenteils aber auch von der Verwaltung ergriffen werden.

Beispiele

Identitätsfeststellung: *Festhalten von Personen und Verlangen von Ausweispapieren zur Aufklärung von Sachbeschädigungen in einem Sportstadion;*

Vorladung: *Aufforderung, zu einer Aussage im Rahmen der Gefahrenabwehr zu einem bestimmten Zeitpunkt zur Dienststelle zu kommen;*

Prüfung von Berechtigungsscheinen: *Kontrolle von Führerscheinen, Waffenscheinen, Fischereischeinen (die Aushändigungspflicht ist häufig in Spezialvorschriften geregelt, die vorrangig gelten);*

Sicherstellung: *Einziehen von Mikro-Abhörgeräten („Wanzen"), die zum Verkauf angeboten werden.*

Einige Eingriffe (z. B. Platzverweise, Durchsuchung von Personen, Betreten und Durchsuchen von Wohnungen) stellen Grundrechtseinschränkungen dar. Sie bedürfen einer speziellen gesetzlichen Grundlage. Daher sind die eindeutig und abschließend geregelten Tatbestandsmerkmale der Standardmaßnahmen vorrangig vor der auslegungsbedürftigen Generalklausel anzuwenden. Sind die Voraussetzungen für eine bestimmte Standardmaßnahme nicht erfüllt, so darf die Behörde die Maßnahme auch nicht auf die Generalklausel stützen.

Beispiel

Beabsichtigt jemand, giftigen Abfall in einem Baggersee zu „entsorgen", so könnte es zweckmäßig sein, ihn vorerst in polizeilichen Sicherheitsgewahrsam zu nehmen. Sind die strengen Tatbestandsvoraussetzungen für diese Standardmaßnahme im Einzelfall jedoch nicht erfüllt, kann die Polizeibehörde eine solche Handlungsweise nun nicht auf die Generalklausel stützen; sie muss eine andere Maßnahme ergreifen.

1.4.4 Erlaubnisse

Erlaubnisse sind in Spezialgesetzen geregelt und betreffen die Gebiete des besonderen Polizei- und Ordnungsrechts. In vielen Lebensbereichen liegen allgemeine Gefahren für die öffentliche Sicherheit, sodass der Gesetzgeber Handlungen in diesen Bereichen von einer Erlaubnis abhängig macht. Wenn die Behörde bei Vorliegen der jeweiligen Voraussetzungen verpflichtet ist, eine Erlaubnis zu erteilen, spricht man von einer gebundenen Erlaubnis.

Beispiel

Gewerberechtliche Erlaubnisse, Gaststättenerlaubnis, Bauerlaubnis, Fahrerlaubnis

Über Ordnungswidrigkeitsverfahren informiert das folgende Kapitel.

Handlungsmöglichkeiten der Behörden zur Gefahrenabwehr

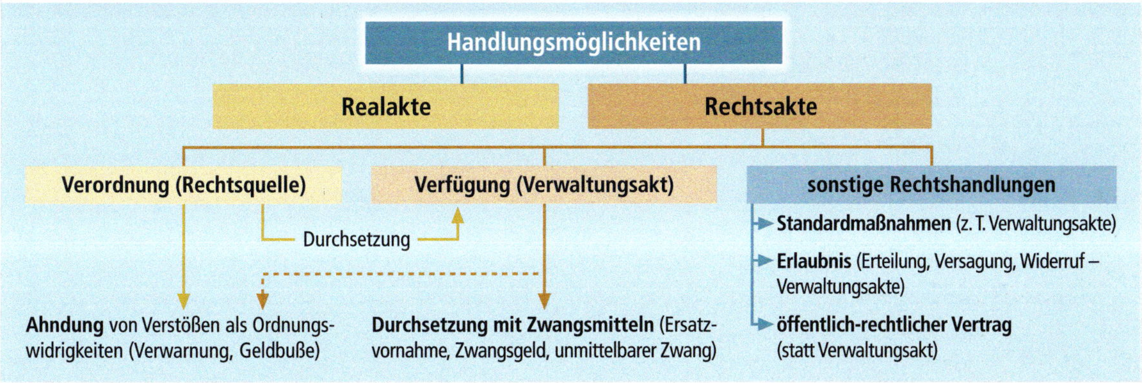

1.5 Rechtliche Anforderungen an Rechtseingriffe zur Gefahrenabwehr

Alle Maßnahmen zur Gefahrenabwehr müssen rechtmäßig sein. Ein Verwaltungsakt muss auf einer gesetzlichen Ermächtigung basieren, er muss formell und materiell rechtmäßig sein. Im Falle von Beschwerden oder Widersprüchen gegen Ordnungs- oder Polizeiverfügungen ist deren Rechtmäßigkeit zu überprüfen. Wie man bei dieser gutachtlichen Prüfung systematisch vorgeht, zeigt das folgende Schema.

Aufbauhilfe: Prüfung der Rechtmäßigkeit von Verwaltungsakten im Gefahrenabwehrrecht

1. Ermächtigungsgrundlage

1.1 Spezialermächtigung aus dem besonderen Gefahrenabwehrrecht (z. B. GewO, BauO, GastG), VA-Befugnis oder

1.2 Ermächtigung zu Standardmaßnahmen aus dem allgemeinen Gefahrenabwehrrecht oder

1.3 Generalklausel des allgemeinen Gefahrenabwehrrechts

2. Formelle Rechtmäßigkeit

2.1 Zuständigkeit

2.1.1 sachlich (Ordnungsbehörde/Polizei)

2.1.2 örtlich

2.1.3 instanziell

2.2 Verfahren (entspr. VwVfG, insbes. Anhörung)

2.3 Form (zum Teil ist landesspezifisch Schriftform, evtl. Zustellung vorgeschrieben, Bestimmtheit, Begründung)

3. Materielle Rechtmäßigkeit

3.1. **Tatbestandsvoraussetzungen der Ermächtigungsgrundlage**
bei Generalklausel des allgemeinen Gefahrenabwehrrechts:

3.1.1 **Schutzgut „öffentliche Sicherheit"** (Unversehrtheit von Leben, Gesundheit, Freiheit, Ehre und Vermögen eines Einzelnen, Bestand und Funktionsfähigkeit des Staates und seiner Einrichtungen, gesamte Rechtsordnung);

3.1.2 **Schutzgut „öffentliche Ordnung"** (Gesamtheit der ungeschriebenen Regeln für das Verhalten in der Öffentlichkeit, deren Beachtung nach den jeweils herrschenden Anschauungen als unerlässliche Voraussetzung eines geordneten staatsbürgerlichen Lebens betrachtet wird);

3.1.3 **konkrete Gefahr** (hinreichende Wahrscheinlichkeit des Eintritts eines Schadens für die vorstehenden Rechtsgüter im Einzelfall).

3.2 **Tatbestandsvoraussetzungen der Ordnungspflicht**
(Wer kommt als Verantwortlicher infrage?)

- aufgrund einer Spezialvorschrift,
- aufgrund einer Vorschrift über Standardmaßnahmen,
- aufgrund der Verhaltens- oder Zustandsverantwortlichkeit (als Störer) gemäß Generalklausel,
- evtl. als Nichtstörer.

3.3. **Ermessensausübung**

3.3.1 Entschließungsermessen (Handeln/Nichthandeln)

3.3.2 Auswahlermessen

- Auswahl des Mittels
- Auswahl des VA-Adressaten aus dem Kreis der Ordnungspflichtigen

3.3.3 Verhältnismäßigkeit des Mittels

- Geeignetheit, Erforderlichkeit und Angemessenheit
- Austauschmittel, das der Ordnungspflichtige eventuell vorschlägt

4. Ergebnis

2 Verwaltungszwangsverfahren und Verfahren wegen Ordnungswidrigkeiten

2.1 Verwaltungszwangsverfahren im Gefahrenabwehrrecht

2.1.1 Grundlagen der Verwaltungsvollstreckung

Wenn Privatleute die Erfüllung von Ansprüchen durchsetzen wollen, beantragen sie ein gerichtliches Mahnverfahren oder sie klagen vor Gericht, denn das Gewaltmonopol besitzt der Staat: Nur er darf das Recht mit Zwang durchsetzen. Ein Gerichtsurteil, das z. B. das Bestehen einer Forderung feststellt, ist die Grundlage für die Zwangsvollstreckung dieser Forderung. Ohne diesen „vollstreckbaren Titel" werden weder das Vollstreckungsgericht (Amtsgericht) noch der Gerichtsvollzieher tätig.

Will der Staat die Befolgung eines befehlenden Verwaltungsakts (z. B. Steuerbescheid, Ordnungsverfügung) erzwingen, so vollstreckt die Exekutive selbst ihren Verwaltungsakt. Die Behörde muss also nicht erst ein Gerichtsurteil als „vollstreckbaren Titel" erwirken; Grundlage der Vollstreckung ist der Verwaltungsakt. Das Verwaltungsvollstreckungsverfahren wird ausgeführt durch Vollstreckungsbehörden und Vollziehungsbeamte der Verwaltung, nicht etwa durch Gerichtsvollzieher.

Gerichtliche und behördliche Vollstreckung

	gerichtliche Vollstreckung	behördliche Vollstreckung
Ziel	Durchsetzung **privater Ansprüche** (nach Klage auf Erfüllung)	Durchsetzung von **Verwaltungsakten**
Grundlage der Vollstreckung	rechtskräftiges **Urteil eines Gerichts** („vollstreckbarer Titel")	vollstreckbarer **Verwaltungsakt einer Behörde**
Durchführung der Vollstreckung	Vollstreckungsverfahren durch Vollstreckungsgericht, **Gerichtsvollzieher**	Vollstreckungsverfahren durch die **Behörde selbst**

Verwaltungsvollstreckung ist die zwangsweise Durchsetzung verwaltungsrechtlicher Ansprüche durch die Behörde.

Rechtsgrundlagen

Behördliche Vollstreckungsmaßnahmen sind Rechtseingriffe. Sie unterliegen dem Gesetzesvorbehalt, bedürfen also ausdrücklicher gesetzlicher Ermächtigungen.

Rechtsgrundlagen für Vollstreckungsmaßnahmen

der Bundesbehörden:	der Landes- und Kommunalbehörden:
Verwaltungsvollstreckungsgesetz des Bundes (BVwVG)	Verwaltungsvollstreckungsgesetze (VwVG) der Länder
Gesetz über den unmittelbaren Zwang bei Ausübung öffentlicher Gewalt durch Vollzugsbeamte des Bundes (UZwG)	zum Teil Landesgesetze über die Polizei bzw. Ordnungsbehörden

Die Regelungen des Vollstreckungsrechts stimmen im Wesentlichen überein.

Abgrenzung und Arten der Verwaltungsvollstreckung

Begünstigende, gestaltende und feststellende Verwaltungsakte können nicht „vollstreckt" werden, denn sie enthalten keine verwaltungsrechtlichen Ansprüche, die evtl. zwangsweise durchgesetzt werden müssten.

Beispiele

Die bewilligte Sozialhilfe wird ausgezahlt, eine Beamtin wird mit ihrer Zustimmung ernannt, jemand kann von seiner Fahrerlaubnis Gebrauch machen.

Befehlende Verwaltungsakte aber enthalten Anordnungen, die nicht immer freiwillig befolgt werden und in diesen Fällen von der Behörde vollstreckt werden müssen. Je nach dem Inhalt der Verwaltungsakte unterscheidet man zwei Arten der Verwaltungsvollstreckung:

- **Handlungen, Duldungen oder Unterlassungen** kann die Behörde in einem Verwaltungszwangsverfahren erzwingen.

- **Öffentlich-rechtliche Geldforderungen** werden in einem besonders geregelten Beitreibungsverfahren vollstreckt.

Vollstreckungsverfahren nach dem Inhalt der Verwaltungsakte

Erzwingung von Handlungen, Duldungen oder Unterlassungen	Vollstreckung wegen öffentlich-rechtlicher Geldforderungen
↓	↓
Verwaltungszwangsverfahren	**Beitreibungsverfahren (Vollstreckungsverfahren)**

2.1.2 Erzwingung von Handlungen, Duldungen und Unterlassungen

Die Behörde hat die Möglichkeit, Handlungen, Duldungen und Unterlassungen notfalls zu erzwingen:

Beispiele

*Zu erzwingende **Handlungen** können sein*

- *der Abriss eines baufälligen Hauses,*
- *das Streuen des Gehweges bei Glätte,*
- *die Beseitigung einer wilden Müllkippe.*

*Eine **Duldung** wird von einem Kranken verlangt, wenn er zwangsweise in einer psychiatrischen Einrichtung untergebracht wird. (Dies ist unter engen gesetzlichen Voraussetzungen möglich.) Ein Vermieter muss unter bestimmten Umständen dulden, dass die Behörde seine Mietwohnung einer Familie zur Abwendung der Obdachlosigkeit vorläufig zuweist.*

*Auf eine **Unterlassung** gerichtet sind die Anordnungen,*

- *eine Gaststätte zu schließen,*
- *Radiolärm zu unterlassen,*
- *kein Wasser mehr aus dem eigenen Brunnen zu entnehmen.*

2.1.2.1 Zwangsmittel

Die Behörde kann die folgenden gesetzlich vorgesehenen Zwangsmittel einsetzen:

- **Ersatzvornahme**
- **Zwangsgeld**
- **unmittelbarer Zwang**

Zwangsmittel sollen ein **künftiges Verhalten erzwingen.** Sie sind **Beugemittel,** keine Strafen für begangenes Unrecht. Im Gegensatz zu Ahndungsmitteln (Strafen, Geldbußen) können Zwangsmittel (insbesondere Zwangsgelder) im selben Fall wiederholt angewandt werden, sogar neben einer Strafe oder Geldbuße. Zwangsmittel dürfen nicht mehr angewendet werden, wenn ihr Zweck erreicht ist.

Ersatzvornahme

Führt der durch Verwaltungsakt zu einer Handlung Verpflichtete diese Handlung nicht durch, so kann die Behörde einen anderen beauftragen, die Handlung auf Kosten des Pflichtigen vorzunehmen. Merkmale der Ersatzvornahme sind also:

- Ausführung durch einen anderen
- im Auftrag der Behörde
- auf Kosten des Pflichtigen

Ersatzvornahme ist nur bei **vertretbaren Handlungen** möglich, d.h. bei Handlungen, die auch ein anderer durchführen kann.

Beispiel

Gemüsehändler H. kommt der behördlichen Aufforderung, eine wilde Müllkippe auf seinem Grundstück zu beseitigen, nicht nach. Die Müllbeseitigung ist eine vertretbare Handlung, denn auch ein anderer kann sie für H. vornehmen. Um die Gesundheitsgefährdung schnell abzuwenden, beauftragt die Behörde den Fuhrunternehmer F. mit der Abfuhr des Abfalls. Sie belastet H. mit den Kosten.

In den meisten Bundesländern umfasst die Ersatzvornahme nicht nur die Ausführung der Handlung durch Dritte (Fremdvornahme, z. B. durch Unternehmer), sondern auch die Ausführung durch die Behörde selbst (Selbstvornahme, z. B. durch eine städtische Dienststelle).

Bei der Androhung der Ersatzvornahme gibt die Behörde die voraussichtlichen Kosten an. Sie kann sie bei der Festsetzung des Zwangsmittels im Voraus verlangen.

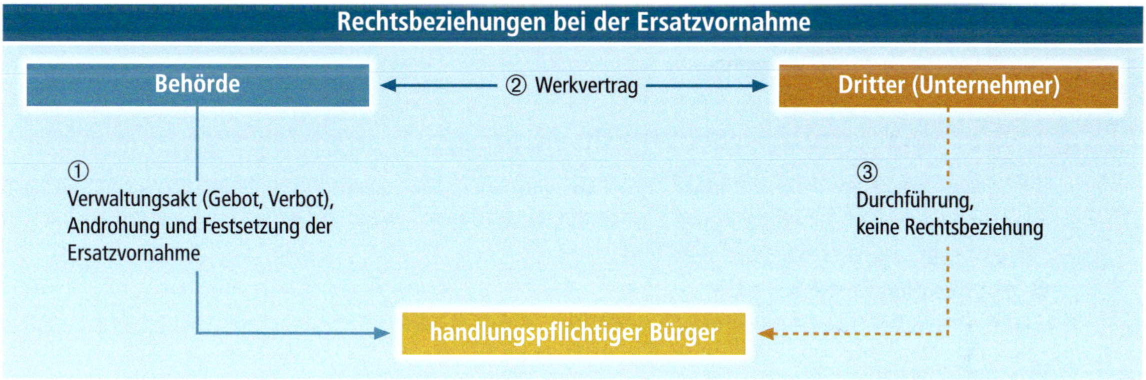

Zwangsgeld

Wird die Verpflichtung zu einer Duldung, Unterlassung oder **nicht vertretbaren Handlung** nicht erfüllt, kann der Pflichtige durch ein Zwangsgeld zu der Handlung bzw. Unterlassung angehalten werden.

Beispiel

Das Chemieunternehmen C. leitet trotz eines behördlichen Verbots ungeklärte Abwässer in einen Bach. Ersatzvornahme ist hier nicht möglich, C. muss das Verbot schon selbst einhalten. Die Behörde wird die Höhe des anzudrohenden Zwangsgeldes so wählen, dass C. es voraussichtlich vorziehen wird, das Verbot zu respektieren. Werden weiter ungeklärte Abwässer eingeleitet, muss C. mit immer höheren Zwangsgeldern rechnen.

Auch bei vertretbaren Handlungen kann das Zwangsgeld angewandt werden, wenn die Ersatzvornahme unzweckmäßig ist. Der mögliche Mindest- und Höchstbetrag des Zwangsgeldes richtet sich nach der jeweiligen Rechtsgrundlage. Zwangsgeld ist immer in bestimmter Höhe anzudrohen und festzusetzen.

Zahlt der Pflichtige nicht fristgerecht, wird das Zwangsgeld durch die Kasse als Vollstreckungsbehörde beigetrieben. Ist es uneinbringlich, so kann das **Verwaltungsgericht** eine **Zwangshaft** (in einigen Bundesländern Ersatzzwangshaft) unter folgenden Voraussetzungen anordnen:

- Antrag der Vollzugsbehörde an das Verwaltungsgericht und
- Hinweis auf die Ersatzzwangshaft (in der Regel bei Androhung des Zwangsgeldes).

Die Zwangshaft hat nur „Stellvertreterfunktion", ist also kein selbstständiges Zwangsmittel und praktisch von geringer Bedeutung.

Unmittelbarer Zwang

Unter unmittelbarem Zwang versteht man die Einwirkung auf Personen oder Sachen durch Anwendung von

- körperlicher Gewalt,
- von Hilfsmitteln körperlicher Gewalt
- oder von Waffen.

Beispiele

Körperliche Gewalt *ist das zwangsweise Vorführen von Personen durch die Polizei, ebenso das gewaltsame Öffnen einer Wohnungstür durch Vollzugsbeamte.*

Hilfsmittel körperlicher Gewalt *sind z.B. Fesseln, technische Sperren, Dienstwagen, Nachschlüssel.*
Zu den ***Waffen*** *zählen Schlagstöcke, Schusswaffen und Reizstoffe.*

Der unmittelbare Zwang ist das schärfste Zwangsmittel. Er wird deshalb erst dann angewandt, wenn andere Zwangsmittel nicht möglich, nicht Erfolg versprechend oder nicht zweckmäßig sind. Die Anwendung dieses Zwangsmittels ist ausführlich gesetzlich geregelt und nur besonders ermächtigten Vollzugsbeamten erlaubt. Der Schusswaffengebrauch unterliegt zusätzlichen Einschränkungen. Andere Zwangsmittel als Ersatzvornahme, Zwangsgeld und unmittelbarer Zwang stehen der Behörde zur Erzwingung von Handlungen, Duldungen oder Unterlassungen nicht zur Verfügung.

2.1.2.2 Voraussetzungen des Verwaltungszwangs

Nicht jeder befehlende Verwaltungsakt muss bzw. darf sofort nach seiner Bekanntgabe erzwungen werden. Zwangsmittel darf die Behörde erst dann festsetzen und anwenden, wenn der Verwaltungsakt (oft auch als zu vollstreckende „Grundverfügung" bezeichnet)

- **unanfechtbar geworden ist**

oder

- **sofort vollziehbar ist.**

Ordnet die Behörde eine relativ „harmlose" Maßnahme an und hält sie die Befolgung des Verwaltungsakts für sehr wahrscheinlich, so wird sie auf die nicht gerade bürgerfreundliche Zwangsmittelandrohung im Verwaltungsakt verzichten.

Beispiel

H. wurde am 4. September (Absendedatum) aufgefordert, innerhalb eines Monats an seinem Haus eine Hausnummer anzubringen. H. bleibt untätig. Der Bescheid enthielt eine korrekte Rechtsbehelfsbelehrung. Widerspruch ist deshalb nur bis zum 7. Oktober möglich; ab dem 8. Oktober ist der Verwaltungsakt unanfechtbar. Nun können Zwangsmittel eingesetzt werden.

Die H. in der „Grundverfügung" gesetzte Frist für die Beschilderung endet mit dem 7. Oktober. Die Behörde schickt H. am 8. Oktober einen „Androhungsbescheid".

Im Falle eines Widerspruchs- und Klageverfahrens kann es Monate oder Jahre dauern, bis der Verwaltungsakt bestandskräftig ist. Deshalb ordnet die Verwaltung in begründeten Fällen die sofortige Vollziehbarkeit an, die an die Stelle der Unanfechtbarkeit (als Vollstreckungsvoraussetzung) tritt.

Beispiel

B. ist Eigentümer eines Grundstücks, das zur Straße durch eine alte Mauer abgegrenzt wird. Die zwei Meter hohe Mauer weist immer größere Risse auf, die Einsturzgefahr nimmt zu.

Die Behörde

- *gibt dem B. die Reparatur der Mauer auf,*
- *setzt ihm hierfür eine Frist von zwei Wochen,*
- ***ordnet die sofortige Vollziehung dieser Verfügung gemäß § 80 Abs. 2 Nr. 4 VwGO an,***
- *droht für den Fall der Nichtbefolgung die Ersatzvornahme an*
- *und teilt deren voraussichtliche Kosten mit.*

Dies bedeutet für den handlungspflichtigen **Bürger** (B.):

- **Wirksam** wird der Bescheid mit seiner Bekanntgabe, deshalb muss B. in der gesetzten Frist für die Reparatur sorgen. Solange die Rechtsbehelfsfrist läuft, ist der Bescheid aber noch anfechtbar.
  B. kann Widerspruch bzw. Klage erheben. Dies hat aber **ausnahmsweise keine aufschiebende Wirkung,** weil die Behörde die **sofortige Vollziehung** der Reparatur im Verwaltungsakt ausdrücklich angeordnet hat.

5740488

Sofortige Vollziehung:
Ist ein Verwaltungsakt sofort vollziehbar, so hat ein gegen ihn gerichtetes Rechtsmittel keine aufschiebende Wirkung. Die sofortige Vollziehbarkeit ergibt sich entweder

- aus dem Gesetz (z. B. § 80 Abs. 2 Nr. 1–3 VwGO oder Regelungen in den Ausführungsgesetzen der Länder zur VwGO über die sofortige Vollziehung von Vollstreckungsmaßnahmen)

oder

- aus einer besonderen behördlichen Anordnung im Einzelfall (§ 80 Abs. 2 Nr. 4 VwGO).

Der Verwaltungsakt ist also unabhängig von einem evtl. Widerspruch zu befolgen. B. kann in diesem Fall durch Rechtsbehelf keinen Aufschub erreichen.

- Wenn B. seine Pflicht nicht erfüllt, **kann die Behörde die Reparatur durch Ersatzvornahme erzwingen;** nach Ablauf der im Bescheid gesetzten Frist muss B. mit der Festsetzung dieses Zwangsmittels rechnen.

Die **Behörde** muss beachten:

- Die Anordnung der sofortigen Vollziehung (§ 80 Abs. 2 Nr. 4 VwGO) führt zu einer **Verkürzung des Verwaltungszwangsverfahrens.** Die sofortige Vollziehung darf aber nur im öffentlichen Interesse oder im überwiegenden Interesse eines Beteiligten angeordnet werden.
  Gemäß § 80 Abs. 3 VwGO muss die Behörde **das besondere Interesse an der Anordnung der sofortigen Vollziehung schriftlich begründen.**

Beispiel

„Mit zunehmendem Verfall der Mauer und bei zu erwartendem stürmischem Herbstwetter wächst die Gefahr, dass Mauerstücke auf die Straße stürzen und Passanten verletzen. Das öffentliche Interesse an der Vermeidung derartiger Gesundheitsschäden überwiegt Ihr mögliches Interesse an der Vermeidung von Reparaturkosten. Die Anordnung der sofortigen Vollziehung ist daher im öffentlichen Interesse geboten."

- Bei Anordnung der sofortigen Vollziehung verbindet die Behörde die Zwangsmittelandrohung mit dem Verwaltungsakt.

Gesetzliche Voraussetzungen des Verwaltungszwangs		
Verwaltungsakt (Grundverfügung) und **Unanfechtbarkeit** des Verwaltungsakts	**oder**	**Verwaltungsakt** (Grundverfügung) und **Fehlen der aufschiebenden Wirkung** des möglichen Rechtsmittels
Ein Verwaltungsakt ist unanfechtbar, ■ wenn die **Rechtsbehelfsfrist abgelaufen** ist (§§ 70, 58 VwGO) oder ■ wenn er – nach Widerspruch und Klage – durch ein rechtskräftiges Urteil bestätigt worden ist.		Die aufschiebende Wirkung entfällt in den Fällen des § 80 Abs. 2 VwGO, z. B. ■ bei bestimmten Polizeimaßnahmen (kraft Gesetzes), ■ bei ausdrücklicher **Anordnung der sofortigen Vollziehung** des Verwaltungsakts durch die Behörde.

2.1.2.3 Ablauf von Verwaltungszwangsverfahren

Der auf eine Handlung, Duldung oder Unterlassung gerichtete Verwaltungsakt wird grundsätzlich von der Behörde vollzogen, die ihn erlassen hat. So sind z. B. die Ordnungs- und Polizeibehörden Vollzugsbehörden in ihrem Zuständigkeitsbereich.

Das Verwaltungszwangsverfahren umfasst im Regelfall drei Stufen: Androhung, Festsetzung und Anwendung des Zwangsmittels. Die Androhung kann mit der Grundverfügung verbunden werden. Bleibt sie erfolglos, wird das Zwangsmittel entsprechend der Androhung in einem besonderen Bescheid festgesetzt. Danach kann das Zwangsmittel angewendet werden. In den Verwaltungsvollstreckungsgesetzen der Länder sind die Einzelheiten allerdings unterschiedlich geregelt.

Ablauf des Verwaltungszwangsverfahrens	
Stufen	**Erläuterungen**
Androhung des Zwangsmittels	■ schriftlich, in den meisten Bundesländern förmliche Zustellung, ■ angemessene Frist für Handlungen (im „gestreckten Verfahren" bis zum Ende der Widerspruchsfrist), ■ genaue Bestimmung des Zwangsmittels, (bei Ersatzvornahme: Kostenschätzung),
Festsetzung des Zwangsmittels	■ bei Nichterfüllung der Verpflichtung, ■ durch besonderen schriftlichen Bescheid (in einigen Bundesländern abweichende Regelungen),
Anwendung des Zwangsmittels	■ sofort nach Festsetzung (deshalb unterscheiden die Verwaltungsvollstreckungsgesetze einiger Länder nicht zwischen Festsetzung und Anwendung), ■ bei **Ersatzvornahme:** Auftrag an Dritten (wenn nicht Selbstvornahme durch Behörde), Kostenbeitreibung und Durchführung der Maßnahme, ■ bei **Zwangsgeld:** Beitreibung (ohne Mahnfrist), ■ bei **unmittelbarem Zwang:** körperliche Gewaltanwendung.

Gestrecktes Verfahren

Das dreistufige Verwaltungszwangsverfahren kann – nach Erlass des Verwaltungsakts (Grundverfügung) und Eintritt der Unanfechtbarkeit – **in drei gesonderten „Akten"**, nämlich Androhungsbescheid, Festsetzungsbescheid und Anwendungsmaßnahmen, durchgeführt werden. Die Behörde kann die Androhung auch in die Grundverfügung aufnehmen. Dieses gestreckte Verfahren ist besonders zeitaufwendig.

Verkürztes Verfahren

Wenn die Voraussetzungen für die **Anordnung der sofortigen Vollziehung** gem. § 80 Abs. 2 Nr. 4 VwGO vorliegen, wird die Behörde diese Anordnung mit besonderer Begründung (§ 80 Abs. 3 VwGO) wie auch die Zwangsmittelandrohung in die Grundverfügung hineinnehmen. In bestimmten Fällen ist ein Verwaltungsakt bereits kraft Gesetzes sofort vollziehbar (s. § 80 Abs. 2 Nr. 2 oder 3 VwGO). In allen Fällen des § 80 Abs. 2 VwGO muss die im Bescheid gesetzte Frist, nicht aber die Unanfechtbarkeit abgewartet werden. Nach Möglichkeit ist das verkürzte Verfahren durchzuführen.

Sofortiger Vollzug

Es kommt vor, dass die Zeit weder für den Erlass eines schriftlichen Verwaltungsakts noch für ein normales Zwangsverfahren ausreicht.

Beispiele

Bei Tiefbauarbeiten wird eine Bombe aus dem letzten Weltkrieg gefunden. Die Umgebung des Fundorts wird sofort durch körperliche Gewalt (Wegdrängen, Absperrung) und gleichzeitige Lautsprecherdurchsagen geräumt, die Bombe wird so schnell wie möglich entschärft.

Ist bei einem Unfall Dieselöl aus einem Tankwagen ausgelaufen, trifft die Behörde ebenfalls ohne vorausgehenden Verwaltungsakt Sofortmaßnahmen. Sie wird ölbindende Mittel einsetzen und den verunreinigten Boden ausheben und abfahren lassen (sofortiger Vollzug durch Ersatzvornahme gegenüber dem Grundstückseigentümer).

Für derart eilbedürftige Fälle sehen die Verwaltungsvollstreckungsgesetze den sofortigen Vollzug vor.

Sofortiger Vollzug (im Sinne des Vollstreckungsrechts) ist die Anwendung von Verwaltungszwang ohne vorausgegangenen Verwaltungsakt.

Dieser Sofortvollzug (auch „sofortiger Zwang" genannt) darf nicht mit der „sofortigen Vollziehung" nach der VwGO verwechselt werden, durch die einem Rechtsbehelf die aufschiebende Wirkung genommen wird.

Aus der Sicht der kommunalen Verwaltung kommt der sofortige Vollzug nur in **Ausnahmefällen** infrage. Er setzt eine außerordentliche Eilbedürftigkeit und Beachtung der eng gefassten behördlichen Anwendungsbefugnis voraus.

Die Androhung und die Festsetzung eines Zwangsmittels können mit dem Widerspruch bzw. der Klage angefochten werden, ebenso die Maßnahmen des sofortigen Vollzugs. Der Rechtsbehelf gegen Vollstreckungsmaßnahmen hat regelmäßig keine aufschiebende Wirkung.

5740490

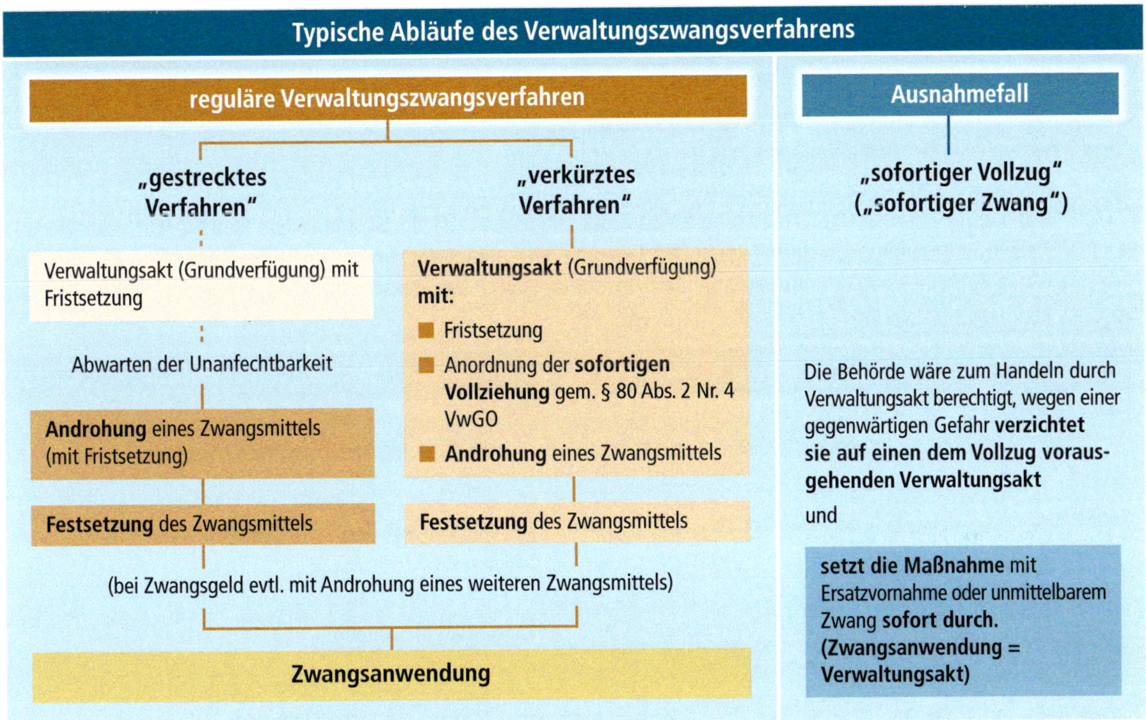

Grundrechtseinschränkungen bei Verwaltungszwangsverfahren

Verwaltungsakte zur Gefahrenabwehr wie auch Maßnahmen im Verwaltungszwangsverfahren greifen in der Regel in Grundrechte ein. Daher enthalten die Gefahrenabwehr- und Verwaltungsvollstreckungsgesetze Einschränkungen der folgenden Grundrechte:

- Leben und körperliche Unversehrtheit (Art. 2 Abs. 2 Satz 1 GG),
- Freiheit der Person (Art. 2 Abs. 2 Satz 2 GG),
- Unverletzlichkeit der Wohnung (Art. 13 GG).

In den jeweiligen Artikeln des GG ist die Einschränkung durch Gesetze ausdrücklich zugelassen. Art. 19 Abs. 1 GG verlangt, dass das einschränkende Gesetz allgemein und nicht nur für den Einzelfall gilt und das eingeschränkte Grundrecht nennt. Bestimmte Eingriffe bedürfen richterlicher Zustimmung.

2.2 Exkurs: Verwaltungszwangsverfahren im Gaststättenrecht

2.2.1 Zusammenhang zwischen allgemeinen und speziellen Gesetzen im Gaststättenrecht

Das **Gaststättenrecht** ist ein wichtiger Zweig des Gewerberechts. In der Föderalismusreform 2006 wurde den Ländern die Gesetzgebungszuständigkeit für das Gaststättenrecht übertragen. Einige Länder haben daraufhin Gaststättengesetzte erlassen. Soweit dies nicht geschehen ist, gilt das GastG des Bundes weiter. Der darzustellende Zusammenhang zwischen speziellen und allgemeinen Rechtsvorschriften ist unabhängig davon, ob das GastG des Bundes oder eines Landes angewandt wird.

Die Bestimmungen der **Gewerbeordnung** werden nach § 31 GastG auf das Gaststättenrecht insoweit angewandt, als das GastG keine besonderen Bestimmungen enthält. So ist z. B. die Rücknahme einer Gaststättenerlaubnis in § 15 Abs. 1 GastG geregelt. Falls der Gastwirt, der nach einer Rücknahme der Erlaubnis die Gaststätte nicht mehr betreiben darf, weiterhin Gäste bewirtet, wird die Behörde den Betrieb in der Regel schließen. Da die Schließung im GastG jedoch nicht geregelt ist, ist hier nach § 31 GastG die Gewerbeordnung anzuwenden. § 15 Abs. 2 GewO bestimmt, dass die Behörde in diesem Fall die Fortsetzung des Betriebs verhindern kann.

Dies wiederum ist mit den Mitteln des **Verwaltungsvollstreckungsrechts** möglich. Auch weitere Regelungen des allgemeinen Verwaltungsrechts, insbesondere des Verwaltungsverfahrensrechts, sind anzuwenden, soweit keine speziellen Vorschriften bestehen.

Auch das **allgemeine Polizei- und Ordnungsrecht** ist nur anwendbar, soweit spezielle gaststätten- oder gewerberechtliche Bestimmungen fehlen.

Schließlich kann auch die **Einschränkung von Grundrechten** durch behördliche Maßnahmen wie z. B. die Rücknahme einer Gaststättenerlaubnis zum Problem werden. Art. 12 GG garantiert dem Einzelnen die Berufsfreiheit und damit zugleich das Recht, ein Gewerbe im Rahmen der gesetzlichen Bestimmungen zu betreiben (Gewerbefreiheit). Allerdings kann die Berufsausübung durch Gesetz oder aufgrund eines Gesetzes (einschränkend) geregelt werden (Art. 12 Abs. 1 S. 2 GG).

Spezielle und allgemeine Rechtsvorschriften am Beispiel des Gaststättenrechts

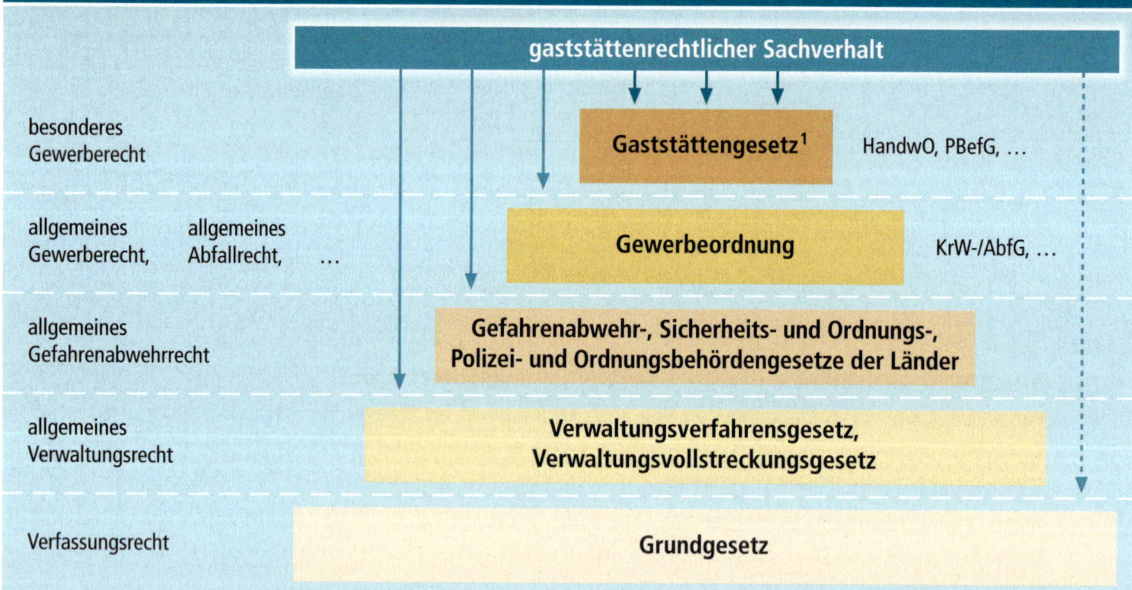

2.2.2 Spezielle Regelungen von Zwangsmaßnahmen im Gaststättenrecht

Der rechtliche Begründungszusammenhang bei der Schließung einer Gaststätte wird nun beispielhaft skizziert.

Auszüge aus Quellen des speziellen Verwaltungsrechts

Auszug aus dem GastG

§ 15 Rücknahme und Widerruf der Erlaubnis

(1) Die Erlaubnis zum Betrieb eines Gaststättengewerbes ist zurückzunehmen, wenn bekannt wird, dass bei ihrer Erteilung Versagungsgründe nach § 4 Abs. 1 Nr. 1 vorlagen.

(2) Die Erlaubnis ist zu widerrufen, wenn nachträglich Tatsachen eintreten, die die Versagung der Erlaubnis nach § 4 Abs. 1 Nr. 1 rechtfertigen würden.

(3) Sie kann widerrufen werden, wenn

1. der Gewerbetreibende oder sein Stellvertreter die Betriebsart, für welche die Erlaubnis erteilt worden ist, unbefugt ändert, andere als die zugelassenen Räume zum Betrieb verwendet oder nicht zugelassene Getränke oder Speisen verabreicht oder sonstige inhaltliche Beschränkungen der Erlaubnis nicht beachtet,
2. der Gewerbetreibende oder sein Stellvertreter Auflagen nach § 5 Abs. 1 nicht innerhalb einer gesetzten Frist erfüllt,
3. der Gewerbetreibende seinen Betrieb ohne Erlaubnis durch einen Stellvertreter betreiben lässt,
4. ... (weitere Widerrufsgründe)

1 GastG des Bundes oder eines Landes

§ 4 Versagungsgründe

(1) Die Erlaubnis ist zu versagen, wenn

1. Tatsachen die Annahme rechtfertigen, dass der Antragsteller die für den Gewerbebetrieb erforderliche Zuverlässigkeit nicht besitzt, insbesondere dem Trunke ergeben ist oder befürchten lässt, dass er Unerfahrene, Leichtsinnige oder Willensschwache ausbeuten wird oder dem Alkoholmissbrauch, verbotenem Glücksspiel, der Hehlerei oder der Unsittlichkeit Vorschub leisten wird oder die Vorschriften des Gesundheits- oder Lebensmittelrechts, des Arbeits- oder Jugendschutzes nicht einhalten wird,
2. ... (weitere Versagungsgründe)

§ 31 Anwendbarkeit der Gewerbeordnung

Auf die den Vorschriften dieses Gesetzes unterliegenden Gewerbebetriebe finden die Vorschriften der Gewerbeordnung soweit Anwendung, als nicht in diesem Gesetz besondere Bestimmungen getroffen worden sind; die Vorschriften über den Arbeitsschutz werden durch dieses Gesetz nicht berührt.

Auszug aus der GewO

§ 15 Betrieb ohne Zulassung

(1) ...

(2) Wird ein Gewerbe, zu dessen Ausübung eine Erlaubnis, Genehmigung, Konzession oder Bewilligung (Zulassung) erforderlich ist, ohne diese Zulassung betrieben, so kann die Fortsetzung des Betriebs von der zuständigen Behörde verhindert werden. ...

Beispiel für eine rechtliche Begründungskette

Sachverhalt: *Die Ordnungsbehörde erfährt, dass der Gastwirt bereits bei Erteilen der Gaststättenerlaubnis unzuverlässig für dieses Gewerbe war.*

§ 15 Abs. 1 GastG ↓	„Die Erlaubnis zum Betrieb eines Gaststättengewerbes ist zurückzunehmen, wenn bekannt wird, dass bei ihrer Erteilung Versagungsgründe nach § 4 Abs. 1 Nr. 1 vorlagen."
§ 4 Abs. 1 Nr. 1 GastG ↓	„Die Erlaubnis ist zu versagen, wenn Tatsachen die Annahme rechtfertigen, dass der Antragsteller die für den Gewerbebetrieb erforderliche Zuverlässigkeit nicht besitzt, insbesondere ..." Wenn der vorliegende Sachverhalt die Annahme rechtfertigt, dass der Gewerbetreibende die für das Gaststättengewerbe erforderliche Zuverlässigkeit nicht besitzt, ist die Erlaubnis zum Betrieb des Gaststättengewerbes zurückzunehmen. Die Rücknahme der Erlaubnis schließt jedoch noch nicht aus, dass der Gastwirt die Gaststätte möglicherweise ohne Erlaubnis weiterbetreibt. Gibt der Sachverhalt hierfür einen Anhalt, muss die Fortsetzung des Betriebs verhindert werden, erforderlichenfalls mit Zwang. Hierfür erforderliche rechtliche Ermächtigungsgrundlagen finden sich aber nicht unmittelbar im GastG.
§ 31 GastG ↓	„Auf die den Vorschriften dieses Gesetzes unterliegenden Gewerbebetriebe finden die Vorschriften der Gewerbeordnung soweit Anwendung, als nicht in diesem Gesetz besondere Bestimmungen getroffen worden sind; ..."
§ 15 Abs. 2 GewO ↓	„Wird ein Gewerbe, zu dessen Ausübung eine Erlaubnis, Genehmigung, Konzession oder Bewilligung (Zulassung) erforderlich ist, ohne diese Zulassung betrieben, so kann die Fortsetzung des Betriebs von der zuständigen Behörde verhindert werden." Die Verhinderung der Fortsetzung des Gaststättenbetriebs bedeutet, dass die Behörde den Gastwirt auffordert, die nunmehr ohne Erlaubnis betriebene Gaststätte sofort zu schließen, also das Betreiben zu unterlassen. § 15 Abs. 2 GewO stellt die erforderliche Ermächtigungsgrundlage (VA-Befugnis) für diesen VA dar. Eine solche Schließungsverfügung wird in der Regel mit einer Zwangsmittelandrohung und der Anordnung der sofortigen Vollziehung versehen.
allgemeines Verwaltungsrecht	Da die Gewerbeordnung Näheres hierzu nicht regelt, sind das Verwaltungsverfahrensgesetz und das Vollstreckungsrecht des jeweiligen Bundeslandes nun anzuwenden.

2.3 Verfahren wegen Ordnungswidrigkeiten

2.3.1 Bedeutung und Einordnung der Ordnungswidrigkeit

Mit den Staatsaufgaben nahm auch die Zahl der gesetzlichen Gebote und Verbote zu. Dies gilt nicht allein für das Polizei- und Ordnungsrecht. Neben dem Strafgesetzbuch sind hier auch das Sozialgesetzbuch sowie zivil-, finanz-, und wirtschaftsrechtliche Vorschriften zu nennen. Der Staat hat die Einhaltung der Ge- und Verbote in diesen Rechtsquellen zu sichern.

Schwerere Rechtsverstöße – Verbrechen und Vergehen – verletzen elementare Werte des Gemeinschaftslebens und sind deshalb unter Strafe gestellt. Straftaten sind von Staatsanwaltschaft und Gerichten nach dem Legalitätsprinzip zu verfolgen.

Dies gilt nicht für Ordnungswidrigkeiten, wie z. B. das Parken im Parkverbot, das Unterlassen des Bauantrags für einen kleinen Umbau oder unlauteren Wettbewerb. Hier geht es meistens um Bagatellfälle, zum Teil handelt es sich nur um „Verwaltungsunrecht". Bei leichten Gesetzesübertretungen wäre es unangemessen, die Täter zu vorbestraften Kriminellen zu machen. Deshalb sieht das Gesetz über Ordnungswidrigkeiten (OWiG) zunächst kein gerichtliches, sondern ein Verwaltungsverfahren zur Ahndung dieser kleineren Gesetzesverstöße vor.

Die Verwaltungsbehörden verfolgen Ordnungswidrigkeiten nach dem Opportunitätsprinzip und ahnden (= vergelten, bestrafen) sie mit einem Bußgeld, wenn nicht eine Verwarnung bereits ausreicht. Polizeibeamte sind bei der Erforschung von Ordnungswidrigkeiten auch tätig, geben die Anzeigen bzw. Akten danach aber an die Verwaltungsbehörde ab. Der Bußgeldbescheid ist ein Appell, sich ordnungsgemäß zu verhalten. Bestimmte Ordnungswidrigkeiten werden in das Verkehrszentralregister bzw. das Gewerbezentralregister aufgenommen, jedoch nicht ins Strafregister eingetragen.

Einordnung des Ordnungswidrigkeitenrechts

Verwaltungsrecht		Strafrecht (im weiteren Sinne)
Bundes- und Landesgesetze, die bestimmte Handlungen als **Ordnungswidrigkeit** einstufen	**Ordnungwidrigkeitengesetz (OWiG)** regelt **Ahndung von Ordnungswidrigkeiten** im Verwaltungs- und evtl. Gerichtsverfahren. ↓ **1. Verwaltungsverfahren** ■ Ermittlungsverfahren ■ Ahndungsverfahren ■ evtl. Einspruchsverfahren →	**Strafgesetzbuch** und Nebengesetze regeln **Bestrafung von Straftaten (= Verbrechen, Vergehen).** **2. Gerichtsverfahren** → Rechtsbehelfsverfahren (nach verworfenem Einspruch)

Der Gesetzgeber kann Gesetzesverstöße im Gesetz als Straftat oder als Ordnungswidrigkeit qualifizieren.

2.3.2 Begriff der Ordnungswidrigkeit

§ 1 OWiG

(1) Eine Ordnungswidrigkeit ist eine **rechtswidrige** und **vorwerfbare Handlung,** die den **Tatbestand eines Gesetzes verwirklicht, das die Ahndung mit einer Geldbuße zulässt.**

Voraussetzung einer Ahndung durch die Behörde ist, dass der Betroffene – dies kann eine natürliche oder juristische Person sein – durch sein Tun oder Unterlassen (Handlung) einen **„Ordnungswidrigkeits-Tatbestand"** erfüllt. Die Tatbestandsmerkmale müssen in einem Gesetz (im materiellen Sinne) geregelt sein, nur dann kann es sich um eine Ordnungswidrigkeit handeln. Eine Generalklausel wie im Polizei- und Ordnungsrecht gibt es hier nicht. In vielen Gesetzen werden Verstöße als Ordnungswidrigkeiten qualifiziert.

Beispiele

Der 14-jährige Tobias hat einen Fußball in eine Schaufensterscheibe geschossen. Er wird von der Polizei gestellt, gibt aber anstelle seiner Personalien Namen, Alter und Adresse seines Mitschülers Fabian an. Durch diese falschen Angaben erfüllt Tobias die Tatbestandsvoraussetzungen des § 111 OWiG. (Von der Ordnungswidrigkeit der Falschangabe ist die Schadensersatzpflicht nach § 823 BGB wegen unerlaubter Handlung gegenüber dem Ladenbesitzer rechtlich zu trennen.)

5740494

2.3 Verfahren wegen Ordnungswidrigkeiten

Benno Reimers lässt bestimmte Arbeiten an seinem Neubau von seinem Bekannten Rüdiger Sattler für 8.000,00 € ausführen. Dieser hatte ihm erzählt, er käme mit dem Arbeitslosengeld II nicht aus.

Aus dem Gesetz zur Bekämpfung der Schwarzarbeit und illegalen Beschäftigung:

§ 8 Bußgeldvorschriften

(1) Ordnungswidrig handelt, wer

1. a) entgegen § 60 Abs. 1 Satz 1 Nr. 1 des Ersten Buches Sozialgesetzbuch eine Tatsache, die für eine Leistung nach dem Sozialgesetzbuch erheblich ist, nicht richtig oder nicht vollständig anzeigt,
   b) entgegen § 60 Abs. 1 Satz 1 Nr. 2 des Ersten Buches Sozialgesetzbuch eine Änderung in den Verhältnissen, die für eine Leistung nach dem Sozialgesetzbuch erheblich ist, nicht, nicht richtig, nicht vollständig oder nicht rechtzeitig mitteilt,
   c) entgegen § 8a des Asylbewerberleistungsgesetzes die Aufnahme einer Erwerbstätigkeit nicht, nicht richtig, nicht vollständig oder nicht rechtzeitig meldet,
   d) der Verpflichtung zur Anzeige vom Beginn des selbstständigen Betriebs eines stehenden Gewerbes (§ 14 der Gewerbeordnung) nicht nachgekommen ist oder die erforderliche Reisegewerbekarte (§ 55 der Gewerbeordnung) nicht erworben hat oder
   e) ein zulassungspflichtiges Handwerk als stehendes Gewerbe selbstständig betreibt, ohne in die Handwerksrolle eingetragen zu sein (§ 1 der Handwerksordnung)

   und Dienst- oder Werkleistungen in erheblichem Umfang erbringt **oder**
2. Dienst- oder Werkleistungen in erheblichem Umfang ausführen lässt, indem er eine oder mehrere Personen beauftragt, die diese Leistungen unter vorsätzlichem Verstoß gegen eine in Nummer 1 genannte Vorschrift erbringen.

(3) Die Ordnungswidrigkeit kann in den Fällen des Absatzes 1 Nr. 1 Buchstabe a bis c sowie Nr. 2 in Verbindung mit Nr. 1 Buchstabe a bis c mit einer Geldbuße bis zu dreihunderttausend Euro, in den Fällen des Absatzes 1 Nr. 1 Buchstabe d und e sowie Nr. 2 in Verbindung mit Nr. 1 Buchstabe d und e mit einer Geldbuße bis zu fünfzigtausend Euro, in den Fällen des Absatzes 2 Nr. 1 Buchstabe a und Nr. 3 mit einer Geldbuße bis zu dreißigtausend Euro und in den übrigen Fällen mit einer Geldbuße bis zu tausend Euro geahndet werden.

§ 9 Erschleichen von Sozialleistungen im Zusammenhang mit der Erbringung von Dienst- oder Werkleistungen

Wer eine in § 8 Abs. 1 Nr. 1 Buchstabe a, b oder c bezeichnete Handlung begeht und dadurch bewirkt, dass ihm eine Leistung nach einem dort genannten Gesetz zu Unrecht gewährt wird, wird mit Freiheitsstrafe bis zu drei Jahren oder mit Geldstrafe bestraft, wenn die Tat nicht in § 263 des Strafgesetzbuchs mit Strafe bedroht ist.

Hier erfüllen Reimers und Sattler den Tatbestand eines Gesetzes, das die Ahndung mit einer Geldbuße zulässt. Das Verfahren allerdings richtet sich nach dem OWiG. Sattler begeht darüber hinaus die Straftat des Erschleichens von Sozialleistungen. Der Strafrahmen hierfür beträgt drei Jahre, sofern der Tatbestand des Betrugs erfüllt ist (§ 263 StGB) fünf Jahre.

Erfüllt die Handlung alle gesetzlichen Tatbestandsmerkmale, so ist sie regelmäßig auch **rechtswidrig.** Ausnahmen sind gesetzliche Rechtfertigungsgründe wie z. B. Notwehr (§ 15 OWiG), rechtfertigender Notstand (§ 16 OWiG) oder eine behördliche Erlaubnis dieses Handelns.

Beispiel

Ein Arzt parkt im Halteverbot, um bei einem schweren Verkehrsunfall Erste Hilfe zu leisten. Die Notstandslage rechtfertigt sein Verhalten (siehe § 16 OWiG).

Eine Ordnungswidrigkeit setzt außerdem die **Vorwerfbarkeit** der Handlung voraus.

Nicht vorwerfbar handelt, wer bei Begehung einer Handlung noch nicht vierzehn Jahre als ist (§ 12 OWiG). Jugendliche sind entsprechend ihrer Reife und Einsichtsfähigkeit bedingt verantwortlich.

Nach § 10 OWiG kann nur vorsätzliches Handeln als Ordnungswidrigkeit geahndet werden, außer wenn das Gesetz fahrlässiges Handeln ausdrücklich mit Geldbuße bedroht. Dies ist meistens der Fall.

Beispiele

Reimers (siehe oben) kam es auf den wirtschaftlichen Vorteil der Schwarzarbeit an. Er handelt ebenso vorsätzlich wie Tobias. Gegen beide kann ein Bußgeldbescheid erlassen werden.

Verwaltungszwangsverfahren und Verfahren wegen Ordnungswidrigkeiten

Begriffsmerkmale der Ordnungswidrigkeit (nach § 1 OWiG)

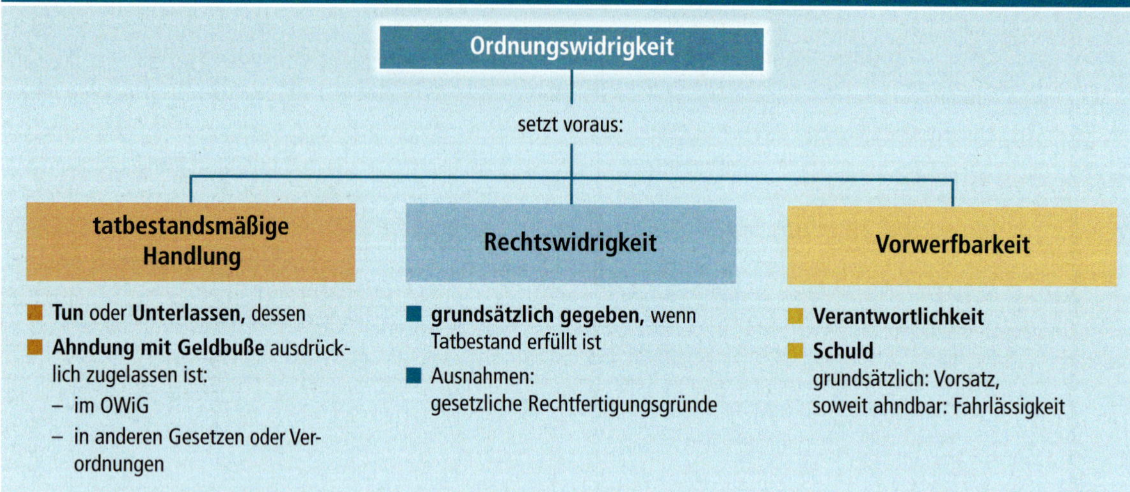

Nicht selten begeht jemand eine Ordnungswidrigkeit durch ein Verhalten, das zugleich eine weiter bestehende Gefahr für die öffentliche Sicherheit oder Ordnung darstellt.

Beispiel

Die „wilde Müllkippe" erfüllt sowohl den Tatbestand einer Ordnungswidrigkeit nach dem Abfall- und Kreislaufwirtschaftsgesetz als auch den Tatbestand einer (zunächst weiter bestehenden) Gefahr für die öffentliche Sicherheit nach dem Gefahrenabwehrrecht.

In einem solchen Fall wird die Behörde zur Gefahrenabwehr eine Ordnungsverfügung erlassen und diese notfalls mit Zwangsmitteln durchsetzen. Außerdem muss sie entscheiden, ob sie die Ordnungswidrigkeit mit einem Bußgeld ahnden will. Das in beiden Rechtsbereichen geltende Opportunitätsprinzip lässt ihr einen Handlungsspielraum.

Unterscheidung: Ahndung von Ordnungswidrigkeiten – Verwaltungszwang

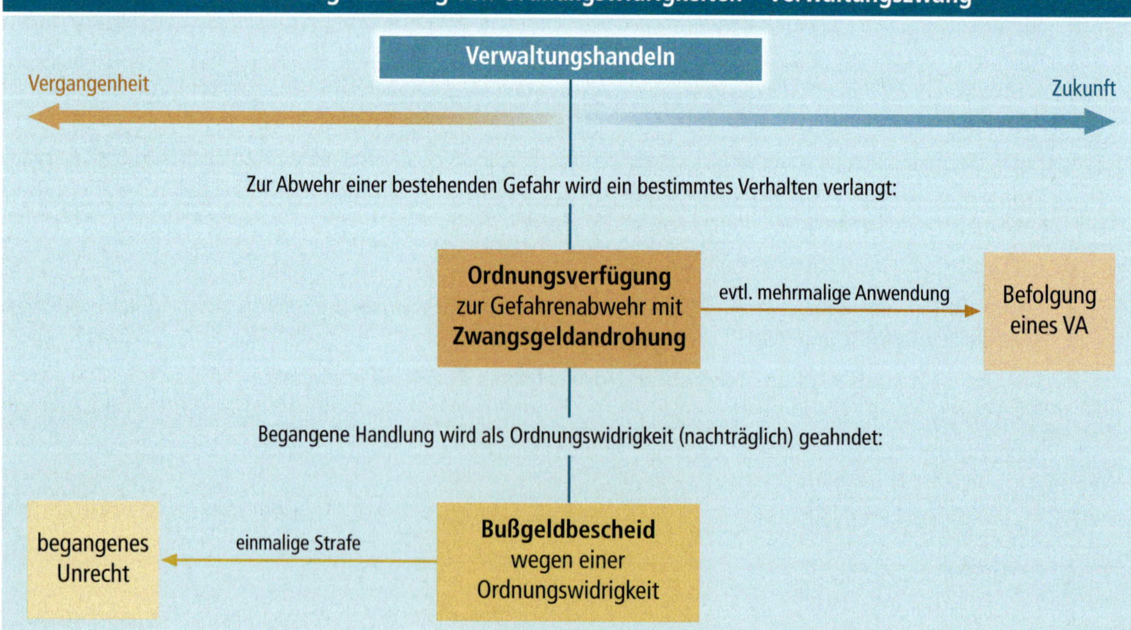

5740496

2.3.3 Folgen von Ordnungswidrigkeiten

Das OWiG erlaubt mehrere Ahndungsmittel, die jedoch nur einmal auf eine Tat angewandt werden dürfen: Im Vordergrund steht die Geldbuße; außerdem sind Verwarnung und die Festlegung von Nebenfolgen vorgesehen.

Bei geringfügigen Ordnungswidrigkeiten kann die Verwaltungsbehörde den Betroffenen verwarnen und ein **Verwarnungsgeld** von 5,00 bis 35,00 € erheben. Sie kann eine Verwarnung ohne Verwarnungsgeld erteilen. Für häufige Verwarnungsfälle (geringfügige Straßenverkehrsdelikte) bestehen Verwarngeldkataloge als Verwaltungsvorschriften. Rechtliche Wirksamkeitsvoraussetzungen einer gebührenpflichtigen Verwarnung sind neben der Belehrung über das Weigerungsrecht des Betroffenen dessen Einverständnis und die rechtzeitige Zahlung. Ein Bußgeldbescheid nach wirksamer Verwarnung ist ausgeschlossen. Ein Rechtsbehelf gegen die Verwarnung ist nicht vorgesehen; der Betroffene kann aber Einverständnis und Zahlung verweigern.

Zahlt der Betroffene das Verwarnungsgeld nicht (rechtzeitig), wird die Behörde eine **Geldbuße** verhängen. Ein Bußgeldbescheid kommt auch dann infrage, wenn die Ordnungswidrigkeit nicht mehr geringfügig ist und ein Verwarnungsgeld von 35,00 € deshalb nicht ausreicht. Der in § 17 Abs. 1 OWiG vorgegebene Bußgeldrahmen (5,00 bis 1.000,00 €) wird in vielen Spezialgesetzen nach oben erweitert. So sieht z. B. das Kreislaufwirtschafts- und Abfallgesetz Geldbußen bis zu 50.000,00 € vor, das Gaststättengesetz bis zu 5.000,00 €. § 17 OWiG enthält Gesichtspunkte für die Festsetzung der Höhe der Geldbuße.

Neben der Geldbuße kann die Behörde gleichzeitig bestimmte **Nebenfolgen** anordnen, wenn ein Gesetz sie hierzu ausdrücklich ermächtigt.

Folgen von Ordnungswidrigkeiten

Ahndungsmittel

Verwarnung

- nur bei **geringfügiger Ordnungswidrigkeit**
- mündliche oder schriftliche Verwarnung
- mit oder ohne Festsetzung eines Verwarnungsgelds (5,00 bis 35,00 €)

Geldbuße

Hauptfolge einer Ordnungswidrigkeit

Die Höhe ergibt sich aus:

- Spezialvorschrift (z. B. besonderem Bußgeldkatalog)
- § 17 Abs. 1 OWiG (Höhe bei Vorsatz 5,00 bis 1.000,00 €)
- auf den Einzelfall bezogenen Bemessungskriterien, z. B. Bedeutung (Umfang) der Ordnungswidrigkeit, Schwere der Schuld, wirtschaftliche Verhältnisse des Betroffenen, allgemeine Bemessensgrundsätze (siehe § 17 OWiG)

Nebenfolgen

(nur aufgrund gesetzlicher Ermächtigung)

Beispiele:

- Einziehung von Tatwerkzeugen
- Fahrverbot gem. § 25 SVG für ein bis drei Monate
- Abführung des (Mehr-)Erlöses aus der Ordnungswidrigkeit

Durch die **Verjährung** wird die Verfolgung von Ordnungswidrigkeiten ausgeschlossen. Die Verfolgung von Ordnungswidrigkeiten verjährt grundsätzlich in sechs Monaten, diese Frist beginnt mit dem Ende der ordnungswidrigen Handlung. Überschreitet die Geldbuße im Höchstmaß 1.000,00 €, verlängert sich die Frist mit zunehmender Höhe der Geldbuße.

Dies gilt, soweit andere Gesetze keine speziellen Regelungen treffen. Ordnungswidrigkeiten im Straßenverkehr z. B. verjähren grundsätzlich in drei Monaten, solange wegen der Handlung weder ein Bußgeldbescheid ergangen noch öffentliche Klage erhoben ist, danach in sechs Monaten. (§ 26 III StVG).

Zu beachten sind die Vorschriften über das Ruhen und über die Unterbrechung der Verjährung (§§ 32, 33 OWiG). Nach jeder Unterbrechung beginnt die Verjährung von neuem.

Wirkungen und Folgen fehlerhafter Verwaltungsakte

Die Folgen fehlerhafter Verwaltungsakte sind sehr unterschiedlich und hängen nicht von der Art (formelle/materielle Fehler), sondern von der **Schwere des einzelnen Fehlers** ab.

Die Fehlerwirkungen werden in zwei Stufen dargestellt:

Erste Stufe: Entspricht der fehlerhafte Verwaltungsakt noch geltendem Recht? (Begriffspaar „rechtmäßig" – „rechtswidrig")

Zweite Stufe: Ist der VA rechtswidrig, so ist zu klären, ob der Betroffene ihn trotzdem beachten muss, ob also der VA Rechtswirkungen entfaltet oder nicht (Begriffspaar „wirksam" – „unwirksam").

„Fehlerhaft" bedeutet also nicht unbedingt „rechtswidrig".

„Rechtswidrig" bedeutet nicht unbedingt „unwirksam".

3.2 Fehlerhafte Verwaltungsakte und ihre Folgen

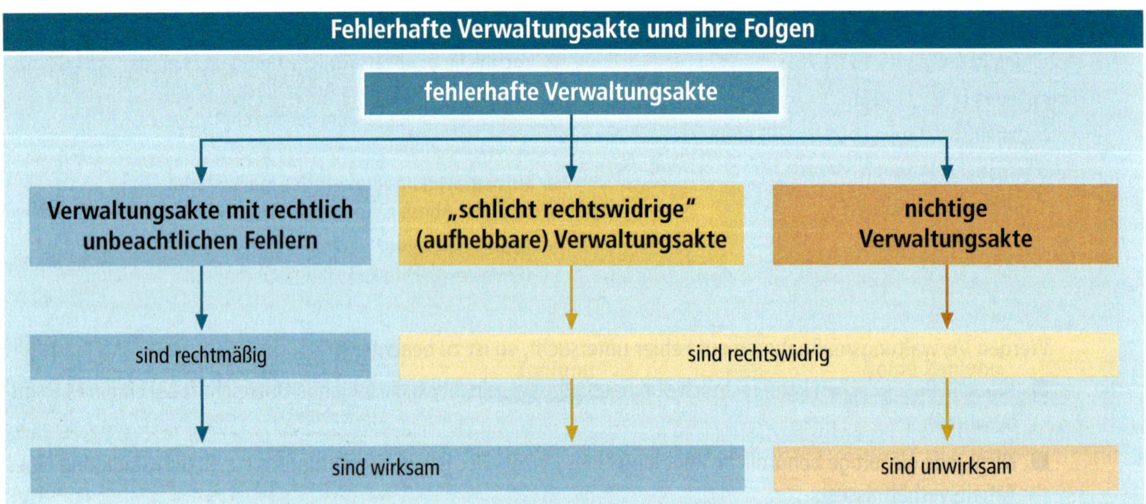

3.2.1 Verwaltungsakte mit unbeachtlichen Fehlern

Es gibt leichte formelle Fehler, die man als unbeachtlich bezeichnet, weil sie **nicht zur Rechtswidrigkeit des Verwaltungsakts** führen. Fälle solcher unbeachtlicher Fehler sind:

- **offenbare Unrichtigkeiten** (§ 42 VwVfG)
- **fehlende oder unrichtige Rechtsbehelfsbelehrung** (§ 58 Abs. 2 VwGO)
- **bestimmte Verfahrens- und Formfehler**, soweit sie geheilt wurden (§ 45 VwVfG) oder sich auf die Sachentscheidung offensichtlich nicht auswirken (§ 46 VwVfG).

Zu den **offenbaren Unrichtigkeiten** zählen gem. § 42 VwVfG insbesondere Schreib- und Rechenfehler. Wenn der Sinn des Verwaltungsakts verständlich bleibt, gilt er mit diesem erkennbar gemeinten Inhalt. Bei berechtigtem Interesse des Empfänger hat die Behörde den Bescheid zu berichtigen.

Beispiele

Heinz Schulte, Heuweg 2, erhält einen Abgabenbescheid, obwohl dieser wegen eines Schreibfehlers an Heinz Schulze, Heustraße 2, adressiert ist.

Die Berechnung eines zu zahlenden Betrags lautet: 30,00 € + Mahngebühr 6,00 € = 30,00 €. Trotz des Rechenfehlers erkennt der Empfänger, dass die Behörde 36,00 € von ihm haben will.

Bei **fehlender oder unrichtiger Rechtsbehelfsbelehrung** beträgt die Rechtsbehelfsfrist grundsätzlich ein Jahr. Auch wenn die Rechtsbehelfsbelehrung vorgeschrieben ist (z. B. für Bundesbehörden in § 59 Abs. 2 VwGO), beeinflusst ein Fehler bei der Belehrung die Rechtswirkung des Verwaltungsakts nicht.

Einige Verfahrens- und Formfehler, die nicht zur Nichtigkeit des Verwaltungsakts führen, sind unter bestimmten Voraussetzungen rechtlich unbeachtlich:

Die Verletzung bestimmter Verfahrens- oder Formvorschriften kann gem. § 45 VwVfG **geheilt** werden, z. B. durch nachträgliche Antragstellung, Begründung oder Anhörung. Die versäumte Handlung muss aber spätestens bis zum Abschluss des verwaltungsgerichtlichen Klageverfahrens nachgeholt werden. Danach ist der Fehler regelmäßig unerheblich. Allerdings ist zu beachten, dass im Falle einer fehlenden erforderlichen Begründung oder Anhörung und eines dadurch begründeten Versäumnisses der Widerspruchsfrist diese als nicht verschuldet gilt.

Beispiel

Beim Erlass einer Ordnungsverfügung wurde die erforderliche Begründung vergessen. Wird die Begründung bis zum Abschluss des Klageverfahrens nachgeholt, ist der Fehler geheilt und damit rechtlich unbeachtlich.

Basiert die falsche Entscheidung in einem Verwaltungsakt auf einer unvollständigen Sachverhaltsermittlung und ist dies wegen einer fehlenden Begründung dem Empfänger nicht bekannt, so folgt aus dem Begründungsmangel auch, dass ein eventuelles Überschreiten der Widerspruchsfrist nicht verschuldet und daher rechtlich unbeachtlich wäre.

Unbeachtlich sind formelle Fehler auch, soweit sie **sich auf die Sachentscheidung offensichtlich nicht auswirken**. Nach § 46 VwVfG kann die Aufhebung eines Verwaltungsakts nicht allein deshalb beansprucht werden, weil er unter Verletzung von Vorschriften über das Verfahren, die Form oder die örtliche Zuständigkeit zustande gekommen ist, wenn offensichtlich ist, dass die Verletzung die Entscheidung in der Sache nicht beeinflusst hat.

Beispiel

Nach § 15 Abs. 2, 4 Abs. 1 Nr. 1 GastG ist eine erteilte Gaststättenerlaubnis bei Vorliegen bestimmter Einzeltatbestände zu widerrufen. Die Behörde widerruft die Erlaubnis gegenüber dem vor Kurzem wegen wiederholter Hehlerei, Rauschgifthandels und verbotenen Glücksspiels vorbestraften und – wie jetzt bekannt wird – trunksüchtigen Dieter Blume, weil er mehrere Widerrufstatbestände zugleich erfüllt. Der Bescheid enthält keine Begründung. Da das Gesetz die Entscheidung zwingend vorschreibt, kann Blume die Aufhebung der Widerrufsverfügung nicht deshalb verlangen, weil die Begründung fehlt.

3.2.2 Nichtige Verwaltungsakte

Ist der Fehler in einem Verwaltungsakt nicht „unbeachtlich", wiegt er also schwerer, so ist der Verwaltungsakt rechtswidrig. Das heißt aber noch nicht, dass er auch unwirksam (nichtig) ist. Unwirksamkeit oder Wirksamkeit hängen von der Schwere der Fehler ab.

Die Nichtigkeit eines Verwaltungsakts ist ein **Ausnahmefall**. Um diesen seltenen Fall möglichst auszuschließen, prüft man bei der systematischen Fehlersuche als Nächstes die Nichtigkeitstatbestände. Dabei geht man folgendermaßen vor:

1. Ist die Nichtigkeit des Verwaltungsakts durch eine **spezialgesetzliche Vorschrift** geregelt?

Beispiel

Nach § 13 Abs. 1 BBG ist eine Ernennung nichtig, wenn sie von einer sachlich unzuständigen Behörde ausgesprochen wurde oder wenn der Ernannte im Zeitpunkt der Ernennung nicht die Fähigkeit zur Bekleidung öffentlicher Ämter hatte.

2. Liegt einer der absoluten **Nichtigkeitsgründe des § 44 Abs. 2 VwVfG** vor?

Beispiel

Eine Beamtenernennung oder eine Einbürgerung erfordert immer die Aushändigung der entsprechenden Urkunde. Ein Verstoß gegen diese Form macht den Verwaltungsakt immer nichtig.

3. Kann der vorliegende Sachverhalt unter die Tatbestandsmerkmale der Generalklausel des **§ 44 Abs. 1 VwVfG** subsumiert werden?

Beispiel

Die Agentur für Arbeit stellt einen Jagdschein aus. Die Prüfungsschritte 1. und 2. sind erfolglos. Es handelt sich entsprechend den Tatbestandsmerkmalen des § 44 Abs. 1 VwVfG um „einen besonders schwerwiegenden Fehler", dies ist „bei verständiger Würdigung aller ... Umstände offenkundig". (Ausnahmetatbestände des Abs. 3 treffen hier nicht zu.)

Die **Folge** nichtiger Verwaltungsakte ist ihre **Unwirksamkeit**. Niemand muss sie beachten. Um auch den Anschein eines Verwaltungsakts zu beseitigen, kann der Betroffene die Nichtigkeit feststellen lassen (§ 44 Abs. 5 VwVfG). Die Behörde kann dies auch von Amts wegen (ohne Antrag) tun.

3.2.3 Schlicht rechtswidrige Verwaltungsakte

Besteht ein Fehler nicht aus einer rechtlich „harmlosen" Unrichtigkeit, liegt andererseits aber auch kein Nichtigkeitsgrund vor, so kann die Behörde den Verwaltungsakt aufheben. Der Verwaltungsakt ist also nicht nichtig, sondern „vernichtbar". Diese Möglichkeit ergibt sich nach einem Widerspruch. Auch eine Anfechtungsklage kann zur Aufhebung des Verwaltungsakts führen. Ohne eine derartige Anfechtung bleibt ein schlicht rechtswidriger Verwaltungsakt grundsätzlich so verbindlich wie ein rechtmäßiger Verwaltungsakt.

Weil sich der Bürger auf Äußerungen der Staatsautorität verlassen können soll (Vertrauensschutz), gilt für Verwaltungsakte grundsätzlich eine **Gültigkeits- und Richtigkeitsvermutung**. Bei Zweifeln über die Nichtigkeit oder Vernichtbarkeit eines rechtswidrigen Verwaltungsakts ist also von dessen Aufhebbarkeit und vorläufiger Wirksamkeit auszugehen.

Widerspruch und Klage haben normalerweise eine aufschiebende (nicht aufhebende) Wirkung auf den Verwaltungsakt (§ 80 Abs. 1 VwGO). Er muss dann vorerst nicht befolgt werden. Ausnahmen enthält § 80 Abs. 2 VwGO.

Heilbare Verfahrens- und Formmängel bieten zwar grundsätzlich einen Anfechtungsgrund, nach ihrer Heilung sind sie gemäß § 45 VwVfG unbeachtlich. Die Möglichkeit der Umdeutung eines fehlerhaften Verwaltungsakts (§ 47 VwVfG) ist nur selten gegeben.

Die **Folgen** schlicht rechtswidriger Verwaltungsakte sind mehrschichtig:

zunächst:	**Wirksamkeit** des schlicht rechtswidrigen Verwaltungsakts
nach Anfechtung:	■ grundsätzlich **vorläufige Aufschiebung der Wirksamkeit** des Verwaltungsakts ■ Ausnahmefälle siehe § 80 Abs. 2 VwGO
mögliche Behördenentscheidungen:	■ **Aufhebung** des Verwaltungsakts ■ evtl. **Heilung** bestimmter Form- und Verfahrensfehler ■ Umdeutung des Verwaltungsakts (selten)

5740502

Fehler und Fehlerfolgen rechtswidriger Verwaltungsakte

rechtswidriger Verwaltungsakt

Fehler:

- Fehler, die **besonders schwerwiegend** und außerdem **offenkundig** sind
- **alle anderen** Rechtsfehler

Folge:

- **Nichtigkeit** (Verwaltungsakt ist unwirksam; er muss nicht befolgt werden.)
- Verwaltungsakt ist trotz Rechtswidrigkeit (zunächst) **wirksam.**
  - bei Anfechtung durch Rechtsbehelf: **aufschiebende Wirkung** bis zur Entscheidung (Ausnahmen: § 80 Abs. 2 VwGO)
  - kein Rechtsbehelf und keine Aufhebung: Verwaltungsakt erlangt trotz **Rechtswidrigkeit Bestandskraft.**

Im Falle einer Beschwerde oder eines Widerspruchs gegen einen Verwaltungsakt ist er auf Fehler zu untersuchen. Eine solche gutachtliche Prüfung wird von Fall zu Fall unterschiedlich aufzubauen sein. Manchmal kommt es auf Spezialvorschriften an, bisweilen sind Generalklauseln zu prüfen. Das Prüfen von Ermessensentscheidungen ist oft aufwendiger als das Untersuchen einer gebundenen Entscheidung. Im Allgemeinen ist folgender Grundaufbau hilfreich (siehe auch Aufbauhilfe im Kapitel 1.5 in diesem Lernfeld):

Aufbauhilfe — Prüfung der Rechtmäßigkeit von Verwaltungsakten

1. Bestimmen der anzuwendenden **Rechtsgrundlagen**
   (z. B. Ermächtigungsgrundlage, Befugnis zur Regelung durch Verwaltungsakt)
2. Prüfen der **formellen Rechtmäßigkeit** des Verwaltungsakts
   (Beachten von Zuständigkeit, Verfahrens- und Formvorschriften)
3. Prüfen der **materiellen Rechtmäßigkeit** des Verwaltungsakts
   (Beachten aller Tatbestandsmerkmale der anzuwendenden Rechtsnormen, Suchen nach weiteren materiellen Fehlern)
4. **Ergebnis**
   (Zusammenfassen der Fehlerfolgen, Vorschlag einer begründeten Behördenreaktion)

4 Verwaltungsrechtsschutz

4.1 Arten der Rechtsbehelfe

Im Rechtsstaat ist die Verwaltung an Gesetz und Recht gebunden. Doch unterlaufen auch den Behörden gelegentlich Fehler. Durch gerichtliche und behördliche Kontrollen können sich die Bürger gegen fehlerhafte Verwaltungsmaßnahmen wehren. Mithilfe der Medien, der Parteien und Verbände können Fehler an die Öffentlichkeit gelangen.

Die Einhaltung der Gesetze gewährleistet der Staat insbesondere durch die Gerichte. Art. 19 Abs. 4 GG eröffnet jedem den Rechtsweg, der durch die öffentliche Gewalt in seinen Rechten verletzt wird. Meistens ist dies der Weg zu den von der Verwaltung unabhängigen Verwaltungsgerichten.

Darüber hinaus hat der Staat die Behörden verpflichtet, ihre Maßnahmen unter bestimmten Voraussetzungen schon vor einem Gerichtsverfahren selbst zu überprüfen.

Den Schutz der Rechte des Bürgers gegenüber der Verwaltung durch Gerichte und Behörden bezeichnet man als **Verwaltungsrechtsschutz.**

Rechtsbehelfe nennt man die Möglichkeiten, mit denen sich der Bürger gegen (tatsächlich oder vermeintlich) unrichtige Verwaltungs- oder Gerichtsentscheidungen zur Wehr setzen kann.

Rechtsbehelfe

formlose („unechte") Rechtsbehelfe	förmliche („echte") Rechtsbehelfe nach der VwGO
sind weder form- noch fristgebunden	sind form- und fristgebunden
Beispiele:	**Beispiele:**
■ Gegenvorstellung	■ Widerspruch
■ Fachaufsichtsbeschwerde	■ Klage → Rechtsmittel
■ Dienstaufsichtsbeschwerde	■ Berufung → Rechtsmittel
	■ Revision → Rechtsmittel

4.2 Formlose Rechtsbehelfe

Art. 17 GG – Petitionsgrundrecht

Jedermann hat das Recht, sich einzeln oder in Gemeinschaft mit anderen schriftlich mit Bitten oder Beschwerden an die zuständigen Stellen und an die Volksvertretung zu wenden.

Das verfassungsmäßige **Petitionsrecht** (Beschwerderecht) sichert, dass die Bürger ihre Nöte, Sorgen und Beschwerden auch außerhalb förmlicher Verfahren den staatlichen Stellen mitteilen können. Es sind weder Fristen noch Formen vorgeschrieben.

Soll durch eine Petition gegenüber der Verwaltung deren Maßnahme aufgehoben oder geändert werden, so spricht man von einem **formlosen Rechtsbehelf.**

Im Allgemeinen unterscheidet man drei Arten formloser Rechtsbehelfe:

Gegenvorstellung	Fachaufsichtsbeschwerde	Dienstaufsichtsbeschwerde
Der Beschwerdeführer bittet die Behörde, die für die beanstandete Maßnahme zuständig ist, um erneute Sachprüfung.	Der Beschwerdeführer bittet die übergeordnete Behörde, der zuständigen Behörde bestimmte Weisungen zu erteilen.	Der Beschwerdeführer wendet sich wegen des (behaupteten) Fehlverhaltens eines Bediensteten an dessen (Dienst-)Vorgesetzten.

Damit Artikel 17 GG keine wirkungslose Vorschrift bleibt, leitet man bestimmte **Reaktionspflichten** der Behörde aus dem Petitionsgrundrecht ab. Die Behörde muss

- die Eingabe annehmen,
- die Angelegenheit prüfen (je nach Begehren des Beschwerdeführers mehr oder weniger eingehend),
- über die Erledigung der Eingabe entscheiden und den Beschwerdeführer darüber informieren.

Die Antwort der Behörde ist kein Verwaltungsakt, wenn sie an den bisherigen Rechtsbeziehungen zwischen Staat und Bürger nichts ändert.

4.3 Widerspruch

Für einige Verwaltungsbereiche sind Einspruch bzw. Beschwerde zulässige Rechtsbehelfe (z. B. gegen Bußgeldbescheide wegen Ordnungswidrigkeiten sowie gegen Steuerbescheide der Finanzämter).

Meistens jedoch kann der in seinen Rechten Verletzte gegen einen Verwaltungsakt Widerspruch einlegen. Der Rechtsbehelf des Widerspruchs ist in der VwGO geregelt. Das Sozialgerichtsgesetz (SGG) enthält entsprechende Normen für die Sozialverwaltung, auf die im Lernfeld 11 eingegangen wird.

Der Widerspruch ist der wichtigste außergerichtliche **förmliche Rechtsbehelf.** Wer einen Verwaltungsakt gerichtlich anfechten will, muss grundsätzlich vor der Klage Widerspruch erheben. Die Behörde prüft aufgrund des Widerspruchs Rechtmäßigkeit und Zweckmäßigkeit des Verwaltungsakts in einem Vorverfahren (§ 68 Abs. 1 S. 1 VwGO). Das Vorverfahren (Widerspruchsverfahren) beginnt mit der Erhebung des Widerspruchs (§ 69 VwGO).

Das Widerspruchsverfahren dient im Wesentlichen **drei Zielen:**

- Rechtsschutz des Betroffenen (mit geringem Kostenrisiko),
- Selbstkontrolle der Verwaltung durch Überprüfung der Recht- und Zweckmäßigkeit ihrer Maßnahme,
- Entlastung der Verwaltungsgerichte durch behördeninterne Streitbereinigung.

Ein **Nachteil** des Widerspruchsverfahrens vor dem Klageverfahren ist die insgesamt längere Verfahrensdauer, die die tatsächliche Verwirklichung eines Vorhabens verzögern kann.

§ 68 Abs. 1 Satz 2 VwGO erlaubt den Ausschluss von Widerspruchsverfahren durch Gesetz. So können Klageverfahren beschleunigt werden. Einige Bundesländer haben diese Ermächtigung aufgegriffen[1] und erproben den Verzicht auf Widerspruchsverfahren z. T. für große Bereiche des Verwaltungsrechts.

Form, Frist und Einlegungsstelle für den Widerspruch werden in § 70 VwGO festgelegt. Der Widerspruch ist innerhalb eines Monats, nachdem der Verwaltungsakt bekannt gegeben worden ist, schriftlich oder zur Niederschrift bei der Behörde zu erheben, die den Verwaltungsakt erlassen hat. Die Frist wird auch durch Einlegung bei der Behörde, die den Widerspruchsbescheid zu erlassen hat, gewahrt.

Der Widerspruch hat grundsätzlich **aufschiebende Wirkung** (§ 80 Abs. 1 VwGO). Sie verhindert die Vollstreckung des Verwaltungsakts. Die aufschiebende Wirkung endet erst, wenn der Widerspruchsbescheid bzw. eine gerichtliche Entscheidung unanfechtbar wird.

Zu beachten sind die **Ausnahmefälle,** in denen die aufschiebende Wirkung

- kraft Gesetzes entfällt (§ 80 Abs. 2 Nr. 1–3 VwGO – Anforderung öffentlicher Abgaben und Kosten, unaufschiebbare Polizeivollzugsmaßnahmen und bundesgesetzlich vorgeschriebene Fälle),
- entfällt, weil die sofortige Vollziehung des Verwaltungsakts besonders angeordnet wurde (§ 80 Abs. 2 Nr. 4 i. V. m. § 80 Abs. 3 VwGO).

Ist der Widerspruch zulässig, hat die Behörde die Rechtmäßigkeit und – bei Ermessensentscheidungen – die Zweckmäßigkeit des Verwaltungsakts nachzuprüfen. Hilft sie dem Widerspruch nicht ab, ergeht ein Widerspruchsbescheid.

1 Bayern, Hessen, Niedersachsen, Nordrhein-Westfalen

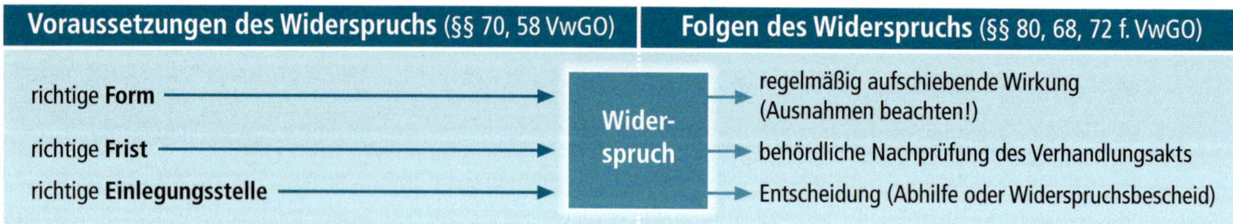

4.3.1 Widerspruchsverfahren

Häufig wird mit einem Widerspruch ein bereits erlassener Verwaltungsakt angefochten (Anfechtungswiderspruch). Der Rechtsbehelf kann aber auch darauf gerichtet sein, einen beantragten, aber bisher abgelehnten Verwaltungsakt zu erwirken (Verpflichtungswiderspruch).

Beispiele

- *Der Empfänger eines Hundesteuerbescheids hält keine Hunde mehr; er wird den Bescheid mit dem Widerspruch anfechten.*
- *Lehnt die Behörde den Bauantrag eines Bauherrn ab, so will dieser mit seinem Widerspruch eine Bauerlaubnis erwirken, nicht nur die Aufhebung der Ablehnung. Im Widerspruchsverfahren muss die Behörde also erneut prüfen, ob der abgelehnte Verwaltungsakt nicht doch erlassen werden kann.*

Im Widerspruchsverfahren hat die Behörde zunächst die Zulässigkeit des Widerspruchs und – wenn diese gegeben ist – danach die Rechtmäßigkeit und Zweckmäßigkeit des betreffenden Verwaltungsakts zu prüfen. Die Einordnung beider Prüfungsphasen in das gesamte Verfahren und die wichtigsten Prüfungspunkte zeigt das folgende Schaubild.

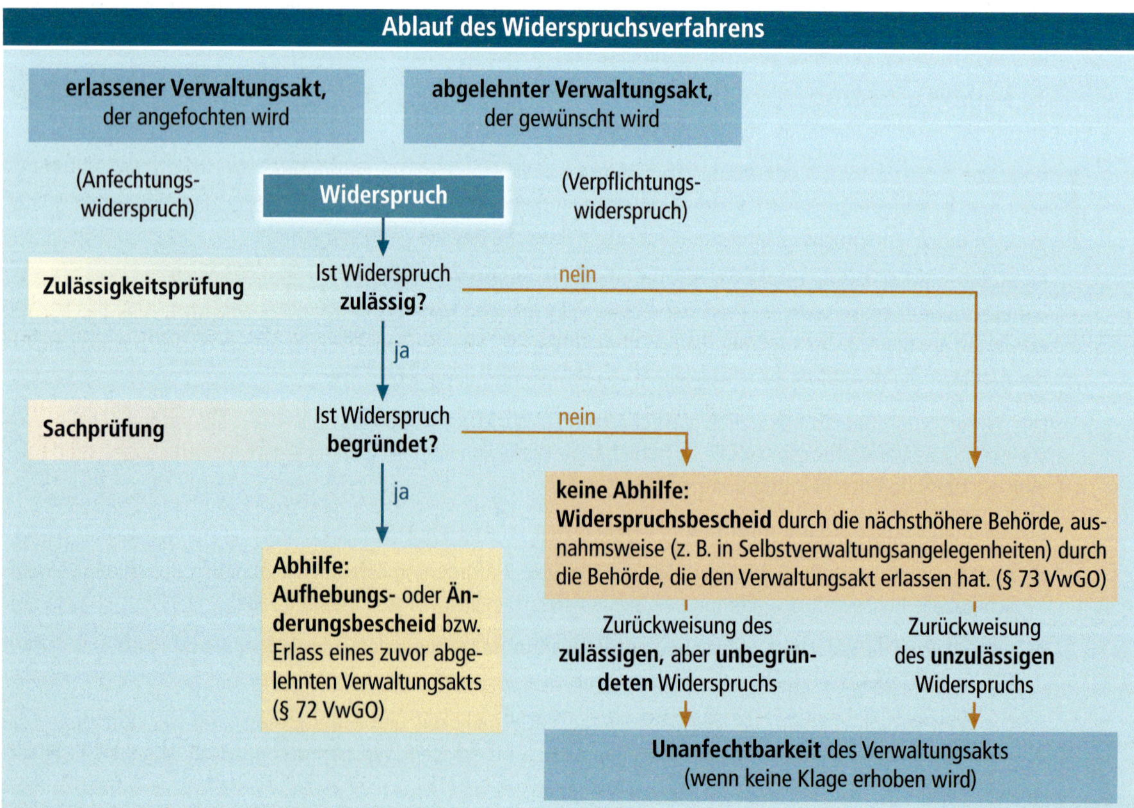

Der Rechtsbehelf des Widerspruchs ist form- und fristgebunden. Nicht jeder, der sich „betroffen" fühlt, kann ein Widerspruchsverfahren in Gang setzen. Ebenso kann nicht jede Verwaltungsmaßnahme mit diesem Rechtsbehelf angefochten werden, kurz: Der Widerspruch ist nicht in jedem Fall zulässig. Deshalb sind die formalen Zulässigkeitsfragen vor der inhaltlichen Auseinandersetzung mit dem Rechtsbehelf zu klären. Welche Punkte bei der Bearbeitung eines Widerspruchs im Einzelnen zu prüfen sind, zeigt das folgende Schema.

Aufbauhilfe — **Zulässigkeits- und Sachprüfung eines Widerspruchs**

Zulässigkeitsprüfung	Sachprüfung (Prüfung der Begründetheit)
1. Ist der Widerspruch statthaft? (Verwaltungsakt? Widerspruch?) 2. Ist der **Verwaltungsrechtsweg** gegeben? (§ 40 VwGO) 3. Wurde der Widerspruch **ordnungsgemäß erhoben**? (Form, Frist, Einlegungsstelle, §§ 70, 58, VwGO) 4. Ist die **Widerspruchsbefugnis** gegeben (analog § 42 Abs. 2 VwGO) 5. Sind die **allgemeinen Zulässigkeitsvoraussetzungen** (z. B. Beteiligungs- und Handlungsfähigkeit) erfüllt?	1. Ist der angefochtene Verwaltungsakt (bzw. die Ablehnung des beantragten Verwaltungsakts) **rechtswidrig** und 2. Wird der Widerspruchsführer dadurch in seinen Rechten verletzt? 3. War (bei einer Ermessensentscheidung) die Maßnahme der Behörde unzweckmäßig?

4.3.2 Zulässigkeitsprüfung des Widerspruchs

Ein Widerspruch ist zulässig, wenn alle folgenden Voraussetzungen erfüllt sind:

1. Der Rechtsbehelf „Widerspruch" muss statthaft sein (nach Spezialvorschrift oder § 68 VwGO).

Zu prüfen ist hier: Darf die zu prüfende Verwaltungsmaßnahme mit diesem Rechtsbehelf angefochten werden?

§ 68 VwGO schreibt vor, dass vor der Erhebung bestimmter Klagearten Rechtmäßigkeit und Zweckmäßigkeit des Verwaltungsakts in einem Vorverfahren – beginnend mit der Erhebung des Widerspruchs – nachzuprüfen sind. Man könnte auch fragen: Wird hier einem **Verwaltungsakt widersprochen?** (Liegt ein Verwaltungsakt vor? Handelt es sich bei dem eingelegten Rechtsbehelf um einen Widerspruch?)

Ist unklar, ob der Beschwerdeführer Widerspruch oder einen formlosen Rechtsbehelf einlegen will, so ist Widerspruch als der stärkere Rechtsbehelf zu vermuten.

Nach § 68 Abs. 1 S. 2 VwGO kann ein Widerspruchsverfahren ausnahmsweise **durch Gesetz ausgeschlossen** sein. Dabei kann es sich um ein Bundesgesetz handeln oder um ein Landesgesetz (in Bayern, Hessen, Niedersachsen und Nordrhein-Westfalen gibt es zahlreiche Ausnahmen!).

2. Der Verwaltungsrechtsweg muss zugelassen sein (nach Spezialvorschrift oder § 40 Abs. 1 VwGO).

Ein späteres Klageverfahren vor dem Verwaltungsgericht setzt voraus, dass der Verwaltungsrechtsweg zugelassen ist. Deshalb prüft man bereits beim Widerspruch die Zulässigkeit des Verwaltungsrechtswegs, denn ohne Klagemöglichkeit wäre das Vorverfahren (Widerspruchsverfahren) überflüssig.

Voraussetzungen des Verwaltungsrechtswegs:

- öffentlich-rechtliche Streitigkeit nichtverfassungsrechtlicher Art (bei Streitigkeiten der Verfassungsorgane scheidet der Verwaltungsrechtsweg aus),
- keine Zuweisung durch Bundesgesetz an ein anderes Gericht, z. B. an ein Finanz-, Sozial- und ordentliches Gericht. (Für Verfahren nach dem SGB einschließlich Sozialhilfe sind nach § 51 SGG die Sozialgerichte zuständig. Ausbildungsförderung, Wohngeld und Jugendhilfe sind ihnen jedoch nicht zugewiesen, sodass Streitigkeiten auf diesen Gebieten vor die Verwaltungsgerichte gehören. Für Kindergeldstreitigkeiten nach dem Einkommensteuergesetz ist die Finanzgerichtsbarkeit zuständig.)

3. Der Widerspruch muss ordnungsgemäß erhoben worden sein.

Hier geht es um die richtige Form, Frist und Einlegungsstelle.

- **Form** (§ 70 Abs. 1 S. 1 VwGO): Der Widerspruch ist schriftlich oder zur Niederschrift zu erheben. Widerspruch kann auch per Telefax eingelegt werden. In der Regel ist zwar die eigenhändige Unterschrift erforderlich. Nach der Rechtsprechung ist es jedoch ausreichend, wenn bei fehlender Unterschrift die Urheberschaft aus der Absenderkennung ersehen werden kann. Die Verwaltung sollte darauf bestehen, dass das Original-Schriftstück mit Unterschrift nachgereicht wird. Ein Widerspruch per E-Mail oder Computerfax ist ohne Verwendung einer qualifizierten Signatur nicht formgerecht. (Hierzu gibt es noch keine einheitliche Rechtsprechung.)

- **Frist** (§ 70 Abs. 1 S. 1 und Abs. 2 VwGO): Widerspruch kann grundsätzlich innerhalb eines Monats nach Bekanntgabe des Verwaltungsakts erhoben werden.

  Ausnahmen:
  - War die Rechtsbehelfsbelehrung unrichtig oder ist sie unterblieben, beträgt die Frist ein Jahr.
  - Wurde in der Rechtsbehelfsbelehrung ein Rechtsbehelf ausgeschlossen, kann Widerspruch unbefristet erhoben werden. Dasselbe gilt bei Unmöglichkeit in Fällen höherer Gewalt.
  - Wurde die Rechtsbehelfsfrist unverschuldet versäumt und daher die Wiedereinsetzung in den vorigen Stand gewährt (§ 60 VwGO), verlängert sich die Frist.

  Die **Berechnung** der Widerspruchsfrist richtet sich nach § 187 ff. BGB. Danach endet die Monatsfrist mit dem Ablauf des Tages, der durch seine Zahl dem Tag entspricht, in den die Bekanntgabe fällt. Das heißt, die Ordnungsziffer des letzten Tages der Frist entspricht der Ordnungsziffer des Tages der Bekanntgabe. Wird z. B. ein Bescheid am 15. Februar zur Post aufgegeben, so gilt er nach § 41 Abs. 2 VwVfG (Drei-Tage-Fiktion) am 18. Februar als bekannt gegeben. Die Widerspruchsfrist endet grundsätzlich mit Ablauf des 18. März. Fällt dieser Tag aber auf einen Sonnabend, Sonntag oder gesetzlichen Feiertag, so endet die Frist gem. § 193 BGB am folgenden Werktag.

- **Einlegungsstelle** (§ 70 Abs. 1 S. 1 und 2 VwGO): Der Widerspruch ist grundsätzlich bei der Behörde einzulegen, die den Verwaltungsakt erlassen hat; er kann aber auch fristgemäß bei der Behörde eingelegt werden, die den Widerspruchsbescheid zu erlassen hat (§ 73 VwGO, vgl. abweichende Regelung in § 84 SGG).

4. Der Widerspruchsführer muss widerspruchsbefugt sein (Widerspruchsbefugnis; § 42 Abs. 2 VwGO analog).

Der Widerspruchsführer hat dann ein Rechtsschutzinteresse und ist widerspruchsbefugt, wenn die Möglichkeit nicht auszuschließen ist, dass der Verwaltungsakt die Rechte des Widerspruchsführers verletzt oder – bei Ermessensentscheidungen – unzweckmäßig ist.

5. Allgemeine Zulässigkeitsvoraussetzungen

Aufgrund des § 79 VwVfG gelten z. B. für die Beteiligungsfähigkeit und die Handlungsfähigkeit auch im Widerspruchsverfahren die Regelungen des VwVfG (§§ 11, 12 VwVfG).

Ist eine dieser formellen Voraussetzungen **nicht erfüllt,** so ist der Widerspruch **unzulässig** und deshalb zurückzuweisen. Der zulässige Widerspruch hingegen ist in der Sache zu prüfen.

4.3.3 Sachprüfung des Widerspruchs

Zu untersuchen ist, ob der Widerspruch aufgrund eines Fehlverhaltens der Behörde begründet ist. „Begründung des Widerspruchs" heißt hier nicht, dass der Widerspruchsführer Gründe nennt (das muss er nicht!), sondern dass der angefochtene Verwaltungsakt rechtswidrig bzw. unzweckmäßig ist und seine Fehlerhaftigkeit einen Grund darstellt, der Behörde zu widersprechen.

Der Widerspruch ist dann begründet,

- wenn der Verwaltungsakt **rechtswidrig** und
- der Widerspruchsführer **hierdurch in seinen Rechten verletzt** ist.
- Bei Ermessensentscheidungen kann auch die **Unzweckmäßigkeit der Maßnahme** den Widerspruch rechtfertigen.

Vorgehensweise bei der Sachprüfung:

Bei der Sachprüfung empfiehlt es sich, zunächst auf die möglicherweise vorgebrachten **Einwände** des Widerspruchsführers einzugehen.

Damit ist die Behörde ihrer Pflicht, Rechtmäßigkeit und Zweckmäßigkeit des Verwaltungsakts nachzuprüfen (§ 68 Abs. 1 S. 1 VwGO), jedoch noch nicht in vollem Umfang nachgekommen, denn es sind **weitere rechtliche Fehler** möglich. Also kommt nun das gesamte Spektrum eventueller formeller und materieller Fehler ins Blickfeld (s. Aufbauhilfe in Kapitel 3.2.3).

5740508

Auch wenn das Verhalten der Behörde rechtmäßig war, so ist bei Ermessensentscheidungen deren **Zweckmäßigkeit** nachzuprüfen, vor allem dann, wenn der Widerspruchsführer selbst **Änderungen** der Maßnahme vorschlägt.

4.3.4 Abhilfe- und Widerspruchsbescheid

Hält die Behörde den Widerspruch für gerechtfertigt, so hilft sie ihm ab und entscheidet über die Kosten. Abhilfe kann z. B. die Aufhebung des alten Bescheids und den Erlass eines neuen bedeuten. Auch die Heilung von Form- und Verfahrensfehlern (§ 45 VwVfG) ist bis zum Ende des Klageverfahrens noch möglich.

Hält die Behörde den Widerspruch für unbegründet, so legt sie ihn zusammen mit ihrer Stellungnahme der Widerspruchsbehörde vor. Dies ist im Regelfall die nächsthöhere Behörde (§ 73 Abs. 1 S. 2 Nr. 1 VwGO).

Ausnahmsweise ist die erlassende Behörde zugleich Widerspruchsbehörde,

- wenn die nächsthöhere Behörde eine oberste Bundes- oder Landesbehörde ist (§ 73 Abs. 1 S. 2 Nr.x2 VwGO) oder
- wenn es sich um eine Selbstverwaltungsangelegenheit handelt (§ 73 Abs. 1 S. 2 Nr. 3 VwGO).

Die Widerspruchsbehörde erlässt den Widerspruchsbescheid. Sein Inhalt ist in § 73 Abs. 3 VwGO geregelt.[1]

Einen verspäteten oder in der Form mangelhaften Widerspruch wird die Behörde regelmäßig als unzulässig zurückweisen; entscheidet sie „als Herrin des Verfahrens" ausnahmsweise dennoch in der Sache und weist den Widerspruch als unbegründet zurück, so verschafft sie dem Widerspruchsführer eine günstigere Position im gerichtlichen Prozess.

Auch einen nicht ordnungsgemäß erhobenen Widerspruch wird die Behörde bearbeiten, wenn ein Grund zur Rücknahme eines rechtswidrigen Verwaltungsakts vorliegt (§ 48 VwVfG) und die Behörde den Verwaltungsakt ohnehin aufheben würde.

4.4 Vorläufiger Rechtsschutz

Der in Art. 19 Abs. 4 GG garantierte Rechtsschutz muss im einzelnen Fall auch wirksam sein. Hier könnte eine Lücke entstehen, wenn z. B. die Verwaltung nach der Anordnung des sofortigen Vollzugs „vollendete Tatsachen" schafft, ehe ein Gericht tätig werden konnte.

Beispiel

Inge Mai hat ihren Verkaufskiosk nach und nach zum Schnellimbiss erweitert und nun in einem weiteren Raum auch Sitzplätze hergerichtet, ohne die nötigen Gästetoiletten bereitstellen zu können. Da sie sich trotz Aufforderung nicht um eine nachträgliche Genehmigung bemüht, ordnet die Behörde die Schließung des Betriebs und die sofortige Vollziehung dieser Verfügung an. Frau Mai will den Imbissverkauf zumindest bis zu einer Gerichtsentscheidung weiterführen. Reicht es aus, wenn sie Widerspruch erhebt?

Der Rechtsschutz wäre unvollständig, wenn nur gegen den Verwaltungsakt, nicht jedoch gegen seine sofortige Vollziehbarkeit ein Rechtsbehelf eingelegt werden könnte. In der VwGO sind deshalb Möglichkeiten vorgesehen, vorläufigen Rechtsschutz zu erlangen:

- Antrag nach § 80 Abs. 5 VwGO an das Verwaltungsgericht auf Wiederherstellung der aufschiebenden Wirkung.
- Antrag nach § 80 Abs. 4 VwGO an die Behörde, die den Verwaltungsakt erlassen hat, oder an die Widerspruchsbehörde auf Aussetzung der Vollziehung. Die Aussetzung soll bei öffentlichen Abgaben und Kosten erfolgen, wenn ernstliche Zweifel an der Rechtmäßigkeit des angegriffenen Verwaltungsakts bestehen, z. B. wenn die Entscheidung in einem Musterprozess abgewartet werden soll. Dieser Antrag ist zuerst zu stellen, wenn auch ein Antrag nach § 80 Abs. 5 VwGO infrage kommt.

1 Einige Ausführungsgesetze der Länder zur VwGO sehen zur Entscheidung über den Widerspruch Besonderheiten vor: In Hessen z. B. ist der Widerspruchsführer in Verfahren vor bestimmten Behörden vor deren Entscheidung grundsätzlich durch einen Ausschuss mündlich zu hören (§ 7 ff. HessAGVwGO). In Rheinland-Pfalz und im Saarland z. B. tritt im Kommunalbereich an die Stelle der in § 73 Abs. 1 Nr. 1 und 3 der VwGO genannten Widerspruchsbehörden grundsätzlich der Rechtsausschuss des Kreises bzw. der Stadt (§ 6 ff. AGVwGO Rh.-Pfalz; § 8 Saarl. AGVwGO).

- Antrag an das Verwaltungsgericht auf eine einstweilige Anordnung gem. § 123 VwGO. Dieser Antrag ist möglich, wenn die Gefahr besteht, dass durch die Veränderung eines bestehenden Zustands ein Recht des Antragstellers vereitelt oder wesentlich erschwert werden könnte. Dies gilt für den Fall, dass ein begünstigender Verwaltungsakt begehrt wird. (Genauere Darstellung s. Band „Lernsituationen und Übungen".)

4.5 Verwaltungsgerichtlicher Rechtsschutz

4.5.1 Verwaltungsgerichtsbarkeit

Mit Erlass eines Widerspruchsbescheids durch die Behörde ist ein Rechtsstreit zwischen Bürger und Verwaltung in vielen Fällen noch nicht abgeschlossen. Der Bürger kann die Verwaltungsentscheidung durch ein Gericht überprüfen lassen.

Art. 19 Abs. 4 GG
Wird jemand durch die öffentliche Gewalt in seinen Rechten verletzt, so steht ihm der Rechtsweg offen. Soweit eine andere Zuständigkeit nicht begründet ist, ist der ordentliche Rechtsweg gegeben.

Art. 19 Abs. 4 GG eröffnet den Bürgern den Weg zu den ordentlichen Gerichten (Zivilgerichtsbarkeit). Die Zuständigkeit der Verwaltungsgerichtsbarkeit ist nach § 40 VwGO gegeben in allen öffentlich-rechtlichen Streitigkeiten nichtverfassungsrechtlicher Art, soweit die Streitigkeiten nicht durch Bundesgesetz einem anderen Gericht ausdrücklich zugewiesen sind.

Zulässigkeit des Verwaltungsrechtsweges (§ 40 VwGO)

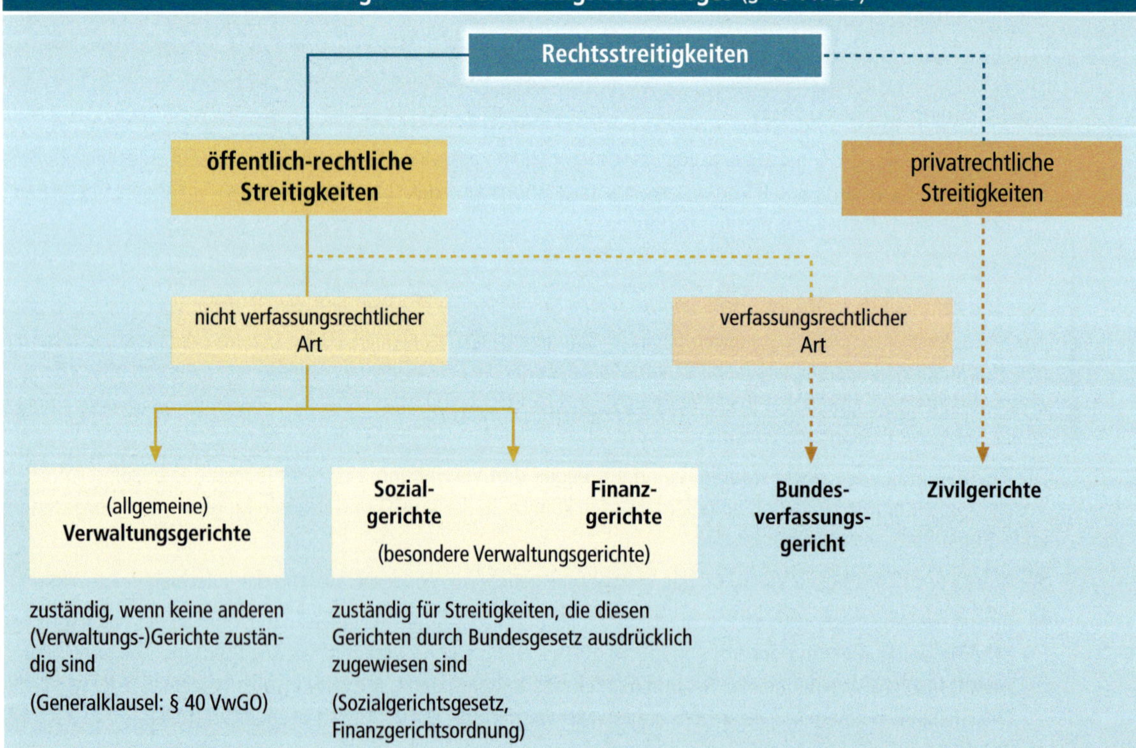

Die allgemeine Verwaltungsgerichtsbarkeit ist dreistufig aufgebaut. In den Ländern bestehen 52 Verwaltungsgerichte (VG) als erste Instanz und 16 Oberverwaltungsgerichte (OVG; in Baden-Württemberg, Bayern und Hessen „Verwaltungsgerichtshöfe") als zweite Instanz. In jedem Bundesland ist ein Oberverwaltungsgericht eingerichtet. Dritte (oberste) Instanz ist das Bundesverwaltungsgericht (BVerwG) mit Sitz in Leipzig.

Während die VG für alle Streitigkeiten zuständig sind, für die der Verwaltungsrechtsweg gegeben ist, sind die OVG Berufungsgerichte, die über Urteile des VG und über Beschwerden (z. B. über Beschlüsse des VG) zu entscheiden haben. In der Berufung wird das Urteil der Vorinstanz einerseits bezüglich der zugrunde liegenden Tatsachen und andererseits rechtlich überprüft.

Das BVerwG als Revisionsgericht befindet über Urteile der OVG und über Beschwerden (bei der Sprungrevision auch über Urteile des VG). In der Revision wird das vorinstanzliche Urteil lediglich rechtlich überprüft.

Die Verwaltungsgerichtsbarkeit

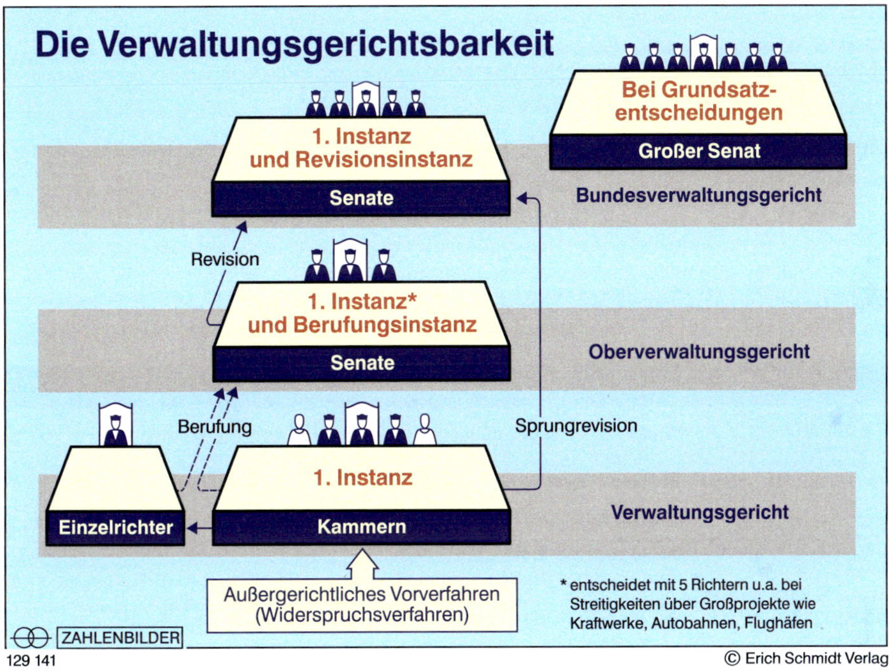

4.5.2 Klage vor dem Verwaltungsgericht

Klagen vor dem Verwaltungsgericht sind nur dann zulässig, wenn der Verwaltungsrechtsweg gegeben ist (siehe § 40 VwGO) und wenn sie vor dem zuständigen Gericht (§ 45 ff. VwGO) ordnungsgemäß erhoben werden.

Wichtige Voraussetzungen des verwaltungsgerichtlichen Klageverfahrens gem. § 82 Abs. 1 VwGO:

- Die Klagefrist von einem Monat muss eingehalten werden.
- Die Klageschrift muss den Kläger, den Beklagten und den Gegenstand des Klagebegehrens bezeichnen und soll einen bestimmten Antrag enthalten.
- Die zur Begründung dienenden Tatsachen und Beweismittel sollen angegeben, die angefochtene Verfügung (Verwaltungsakt) und der Widerspruchsbescheid beigefügt werden.
- Zusätzliche Voraussetzungen werden nachfolgend bei den verschiedenen Klagearten angegeben.

Wer nach seinen persönlichen und wirtschaftlichen Verhältnissen die Kosten der Prozessführung nicht oder nur zum Teil oder nur in Raten aufzubringen in der Lage ist, kann gem. § 166 VwGO und § 114 ff. ZPO beim Prozessgericht (hier: Verwaltungsgericht) **Prozesskostenhilfe** beantragen. Bei nicht hinreichenden Erfolgsaussichten oder bei bestehendem Versicherungsschutz ist die Prozesskostenhilfe für das Klageverfahren ausgeschlossen.

Je nach dem **Ziel,** das der Kläger in einem verwaltungsgerichtlichen Verfahren verfolgt, werden im Verwaltungsprozessrecht **drei Klagearten** unterschieden (siehe § 43 Abs. 2 VwGO):

Klagearten		
Gestaltungsklage	**Leistungsklage**	**Feststellungsklage**
■ Anfechtungsklage	■ Verpflichtungsklage ■ allgemeine Leistungsklage	

Mit der **Anfechtungsklage** (siehe § 42 Abs. 1, 1. Halbsatz VwGO) möchte der Kläger die Aufhebung eines belastenden Verwaltungsakts erreichen.

Beispiele

Aufhebung einer Abbruchverfügung für ein Wochenendhaus in einem Landschaftsschutzgebiet; Aufhebung eines Beitragsbescheids über Erschließungsbeiträge; Aufhebung einer Gewerbeuntersagung

Anfechtungsklage	
Ziel	Aufhebung eines bestehenden (belastenden) Verwaltungsakts
Zulässigkeitsvoraussetzungen	■ belastender Verwaltungsakt ■ Behauptung einer Rechtsverletzung ■ erfolgloses Widerspruchsverfahren (Vorverfahren, soweit dieses vorgeschrieben ist) ■ Einhaltung der Klagefrist [innerhalb eines Monats nach Zustellung des (Widerspruchs-)Bescheids, § 74 Abs. 1 VwGO]
Klagebegründungen	■ Rechtswidrigkeit des Verwaltungsakts ■ Verletzung der Rechte des Klägers
Urteil	■ Aufhebung des fehlerhaften Verwaltungsakts (siehe § 113 Abs. 1 VwGO)

Mit einer **Verpflichtungsklage** (§ 42 Abs. 1, 2. Halbsatz VwGO) beabsichtigt der Kläger, dass die Behörde zum Erlass eines abgelehnten (Vornahmeklage) oder unterlassenen Verwaltungsakts (Untätigkeitsklage) verurteilt wird.

Beispiel

Herr Müller beantragt die Anerkennung einer Schwerbehinderung. Die Behörde lehnt den Antrag nach eingehender Prüfung ab. Durch Verpflichtungsklage (als Vornahmeklage) soll die Behörde zum Erlass des begehrten Verwaltungsakts verurteilt werden.

Durch eine Anfechtungsklage könnte der ablehnende Bescheid der Behörde zwar aufgehoben werden, sein Ziel – nämlich die Anerkennung seiner Schwerbehinderung – hätte Herr Müller damit aber noch nicht erreicht. Ein neuer Antrag wäre erforderlich. Mit einer Verpflichtungsklage könnte die Behörde hingegen zum Erlass eines entsprechenden Bescheids verurteilt werden.

Bleibt die Behörde im selben Fall untätig, so wird der erstrebte Verwaltungsakt ebenfalls durch Verpflichtungsklage (nun aber als Untätigkeitsklage) begehrt (siehe § 75 VwGO).

5740512

Verpflichtungsklage	
Ziel	Erlass eines (begünstigenden) Verwaltungsakts
Zulässigkeitsvoraussetzungen	■ Begehren eines abgelehnten oder unterlassenen Verwaltungsakts ■ Behauptung einer Rechtsverletzung ■ erfolgloses Widerspruchsverfahren (soweit vorgeschrieben, bei Untätigkeitsklage **nicht** erforderlich) ■ Einhaltung der Klagefrist [innerhalb eines Monats nach Zustellung des (Widerspruchs-)Bescheids; bei **Untätigkeitsklage** frühestens drei Monate nach Antragstellung]
Klagebegründung	■ subjektives öffentliches Recht auf Erlass eines (begünstigten) Verwaltungsakts
Urteil	■ **Vornahmeurteil** (Behörde wird verpflichtet, die beantragte Amtshandlung vorzunehmen; in der Regel bei gebundener Verwaltung) **oder** ■ **Bescheidungsurteil** (Behörde wird verpflichtet, den Kläger unter Beachtung der Rechtsauffassung des Gerichtes neu zu bescheiden; in der Regel bei Ermessensentscheidungen) (siehe § 113 Abs. 1 VwGO)

Die **allgemeine Leistungsklage** zielt auf die Verurteilung der Behörde zur Vornahme einer Leistung ab, die nicht im Erlass eines Verwaltungsakts besteht. Diese Klageart kann aber auch – in der Form einer Unterlassungsklage – zur Abwehr von Verwaltungshandlungen, die nicht Verwaltungsakte sind, eingesetzt werden. Die allgemeine Leistungsklage ist in der VwGO zwar erwähnt (siehe § 43 Abs. 2, S. 1 VwGO), aber nicht ausdrücklich geregelt. Sie ist an keine Klagefrist gebunden, ein Vorverfahren ist nicht erforderlich.

Beispiele

Die Behörde gibt eine eingezogene Fahrerlaubnis trotz rechtskräftigen Urteils nicht an den Berechtigten zurück. Die Behörde weigert sich widerrechtlich, bestimmte Schriftstücke aus einer Personalakte zu entfernen.

Mit der **Feststellungsklage** (§ 43 VwGO) soll das Bestehen oder Nichtbestehen eines Rechtsverhältnisses oder die Nichtigkeit eines Verwaltungsakts festgestellt werden.

Wichtige Klagearten nach Klagezielen

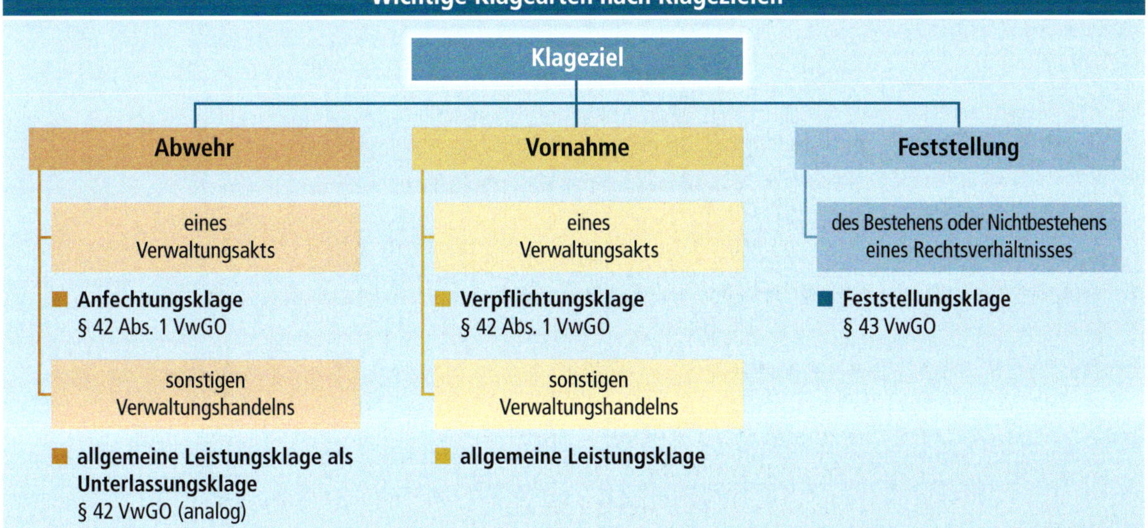

5 Exkurs: Staats- und verfassungsrechtliche Zusammenhänge

Am Ende dieses Lernfeldes soll die Bedeutung bestimmter Inhalte des Staats- und Verfassungsrechts für die Verwaltungsarbeit betrachtet werden. Die Einordnung der Verwaltung in die Staatsgewalt, die Auswirkungen der Verfassungsprinzipien des Grundgesetzes auf den Rahmen und die Inhalte des Verwaltungshandelns, insbesondere die große Bedeutung des Rechtsstaatsprinzips und die Beachtung der Grundrechte, sind Themen, die auch für die Berufsabschlussprüfung der Verwaltungsfachangestellten wichtig sind.

Im Prüfungsbereich Wirtschafts- und Sozialkunde sind wirtschaftliche, rechtliche und gesellschaftliche Beziehungen der Berufs- und Arbeitswelt darzustellen und zu beurteilen. Dies soll anhand praxisbezogener Aufgaben oder Fälle – auch aus dem Gebiet der staats- und verfassungsrechtlichen Zusammenhänge – geschehen.

Diese Zusammenhänge wurden im Lernfeld 2 erörtert. Nachdem im Lernfeld 10 auch die Praxis der Eingriffsverwaltung behandelt wurde, sollen nun konkrete behördliche Eingriffe in Grundrechte an den Ansprüchen des Grundgesetzes gemessen und Abwehrmöglichkeiten gegen ungerechtfertigte Eingriffe behandelt werden.

5.1 Eingriffe der Verwaltung in Freiheitsrechte

Fühlt sich ein Bürger durch einen Verwaltungsakt in einem Grundrecht verletzt, so hat er – meistens nach vorausgehendem Widerspruchsverfahren – eine Klagemöglichkeit vor dem Verwaltungsgericht. Eine solche Grundrechtsverletzung durch eine Behörde macht den fehlerhaften Verwaltungsakt anfechtbar. Der Fehler muss aber nicht unbedingt bei der Verwaltung liegen. Es könnte auch sein, dass das angewandte Gesetz eine Grundrechtseinschränkung enthält, deren Vereinbarkeit mit dem Grundgesetz bezweifelt wird. Gegenstand einer „Grundrechtsprüfung" kann also z. B. ein Gesetz oder ein Verwaltungsakt, aber auch ein Gerichtsurteil sein.

Vereinfacht sind bei Eingriffen in Freiheitsrechte drei Punkte zu untersuchen:

- Schutzbereich des Grundrechts
- Eingriff in den Schutzbereich
- Rechtfertigung des Eingriffs

Die Prüfung von Eingriffen in Freiheitsrechte sollte an Beispielen aus dem Band „Lernsituationen und Übungen" angewandt werden. Dort werden auch die Schutzbereiche einzelner Grundrechte näher erörtert. Einen möglichen Aufbau einer Prüfung zeigt die folgende Übersicht.

Aufbauhilfe	Prüfung von Eingriffen in Freiheitsrechte
1.	Welches **Grundrecht** wird (eventuell) verletzt?
2.	Auf welchen **persönlichen Schutzbereich** (Bürgerrechte, Menschenrechte, inländische juristische Personen) bezieht sich das Grundrecht?
3.	Welchen **sachlichen Schutzbereich** (z. B. Umfang der Meinungsfreiheit, der Versammlungsfreiheit usw.) garantiert das Grundrecht?
4.	Liegt ein **Eingriff** in die geschützte Freiheit vor? (z. B. durch eine Rechtsvorschrift, eine Verwaltungsmaßnahme, ein Gerichtsurteil)
5.	Könnte der Eingriff durch Grundrechtsbeschränkungen grundsätzlich **gerechtfertigt** sein? ■ verfassungsunmittelbare Schranken ■ Gesetzesvorbehalt ■ verfassungsimmanente Schranken
6.	Sind die **Einschränkungen verfassungsmäßig**? ■ formell: Zuständigkeit, Verfahren, Form ■ materiell: Bestimmtheit des Gesetzes, Verbot von Einzelfallgesetzen, Wesensgehaltsgarantie
7.	Hat die Verwaltung bei dem Eingriff das **Grundrecht und seine Einschränkungen beachtet**? Hat sie bei der Entscheidung auch sonst rechtsfehlerfrei (insbesondere ohne Ermessensfehler) gehandelt?
8.	Ergebnis

5740514

5.2 Eingriffe der Verwaltung in Gleichheitsrechte

Art. 3 Abs. 1 GG enthält den allgemeinen Gleichheitsgrundsatz: „Alle Menschen sind vor dem Gesetz gleich." Diese knappe Formulierung muss inhaltlich präzisiert werden, um sie richtig zu verstehen. Sie bezieht sich sowohl auf die Rechtsetzung als auch auf die Rechtsanwendung.

Die **Rechtsetzungsgleichheit** bedeutet, dass jeder Gesetzgeber und jeder sonstige Normgeber tatbestandlich Gleiches gleich, Ungleiches seiner Eigenart entsprechend verschieden zu behandeln hat. Im Normalfall ist zu prüfen, ob eine bestimmte Rechtsvorschrift, die eine Ungleichbehandlung vorsieht, dem Gebot der Rechtsetzungsgleichheit entspricht (z. B. ungleiche Behandlung eines möglichen Dachgeschossausbaus in verschiedenen Bebauungsplänen einer Gemeinde).

Nach der Rechtsprechung des BVerfG ist hier die zentrale Frage, ob für die Ungleichbehandlung „Gründe von solcher Art und solchem Gewicht bestehen, dass sie die ungleichen Rechtsfolgen rechtfertigen können." Es ist also zu untersuchen, ob für die Differenzierung ein wirklich hinreichender sachlicher Grund existiert.

Mit **Rechtsanwendungsgleichheit** ist gemeint, dass auch Verwaltung und Gerichte tatbestandlich Gleiches gleich, Ungleiches seiner Eigenart entsprechend verschieden behandeln. Bei Ermessensentscheidungen ist die Rechtsanwendungsgleichheit ein wichtiges Prinzip. Wird das Ermessen durch Verwaltungsvorschriften gesteuert, sind diese gleich anzuwenden. Sie sind zwar keine Rechtsnormen, binden aber die Verwaltung, das geltende Recht gleich anzuwenden. Eine ähnliche **Selbstbindung der Verwaltung** entsteht – auch ohne Verwaltungsvorschriften – durch eine ständige Verwaltungspraxis, von der die Behörde nicht ohne Grund abweichen darf. Die Verwaltung ist jedoch nicht verpflichtet, etwa nach einer Fehlentscheidung vergleichbare Fälle ebenfalls falsch zu entscheiden: Es gibt keine Gleichheit im Unrecht.

Der allgemeine Gleichheitssatz ist nicht anwendbar, wenn **spezielle Gleichheitssätze** vorgehen. Vorrangig anzuwenden sind z. B. die Gleichheit von Mann und Frau (Art. 3 Abs. 2 GG), das Diskriminierungsverbot hinsichtlich des Geschlechts, der Abstammung, der Rasse, der Sprache, der Heimat und Herkunft, des Glaubens, der religiösen oder politischen Anschauungen oder der Behinderung (Art. 3 Abs. 3 GG), die Gleichstellung nicht ehelicher Kinder (Art. 6 Abs. 5 GG) oder die Gleichbehandlung der Parteien durch den Staat (Art. 21 GG).

Zu vergleichen sind immer nur die Handlungen eines Hoheitsträgers. Gemeinde A muss in ihrem Gebiet gleiche Hundesteuerfälle gleich behandeln, sie muss aber nicht die gleichen Steuersätze erheben wie Gemeinde B.

Das Prüfungsschema für Gleichheitsrechte weicht erheblich von dem für Freiheitsrechte ab. Insbesondere gibt es keine zulässigen Eingriffe in Gleichheitsrechte (das wäre Willkür).

<table>
<tr><th>Aufbauhilfe</th><th>Prüfung von Eingriffen in Gleichheitsrechte</th></tr>
<tr><td colspan="2">■ Worauf bezieht sich die mögliche Verletzung der Gleichheit vor dem Gesetz?
(ein besonderer oder der allgemeine Gleichheitssatz, Rechtsetzungs- oder Rechtsanwendungsgleichheit)</td></tr>
<tr><td colspan="2">besondere Gleichheitssätze (vorrangig)</td></tr>
<tr><td colspan="2">allgemeiner Gleichheitssatz (Art. 3 Abs. 1 GG)</td></tr>
<tr><td>Rechtsetzungsgleichheit</td><td>Rechtsanwendungsgleichheit</td></tr>
<tr><td>■ Welche Grundrechtsträger in einer bestimmten Situation werden ungleich behandelt?
■ Besteht dafür ein hinreichender sachlicher Grund?
oder
■ Welche unterschiedlichen Fälle werden gleich behandelt?
■ Besteht dafür ein zwingender sachlicher Grund?</td><td>■ bei Ermessensentscheidungen: wichtiger Ermessensgrundsatz
■ Verwaltungsvorschriften und eine stetige Verwaltungspraxis führen zu einer Selbstbindung der Verwaltung
■ keine Gleichheit im Unrecht</td></tr>
</table>

5.3 Gerichtliche Überprüfung von Grundrechtseingriffen

Grundrechtseingriffe durch die öffentliche Verwaltung können von den **Fachgerichten**, insbesondere den Verwaltungs- und Sozialgerichten, überprüft werden.

Geht es z. B. in einem verwaltungsgerichtlichen Verfahren um eine Grundrechtsverletzung, so prüft das Gericht, ob der Kläger wirklich in einem Grundrecht verletzt wurde, und gibt im Falle einer Grundrechtsverletzung der Klage statt. Wenn sich die Verletzung daraus ergibt, dass ein formelles Gesetz möglicherweise verfassungswidrig ist, holt das Verwaltungsgericht die Entscheidung des Bundesverfassungsgerichts ein (Art. 100 GG); denn nur das Bundesverfassungsgericht kann ein formelles Gesetz für nichtig erklären. Im Übrigen führt das Verwaltungsgericht das Klageverfahren und hat die Aufgabe, Grundrechtsverletzungen rückgängig zu machen. Der Rechtsschutz bei Grundrechtsverletzungen wird also primär durch die Fachgerichte gewährt, und zwar in allen Instanzen.

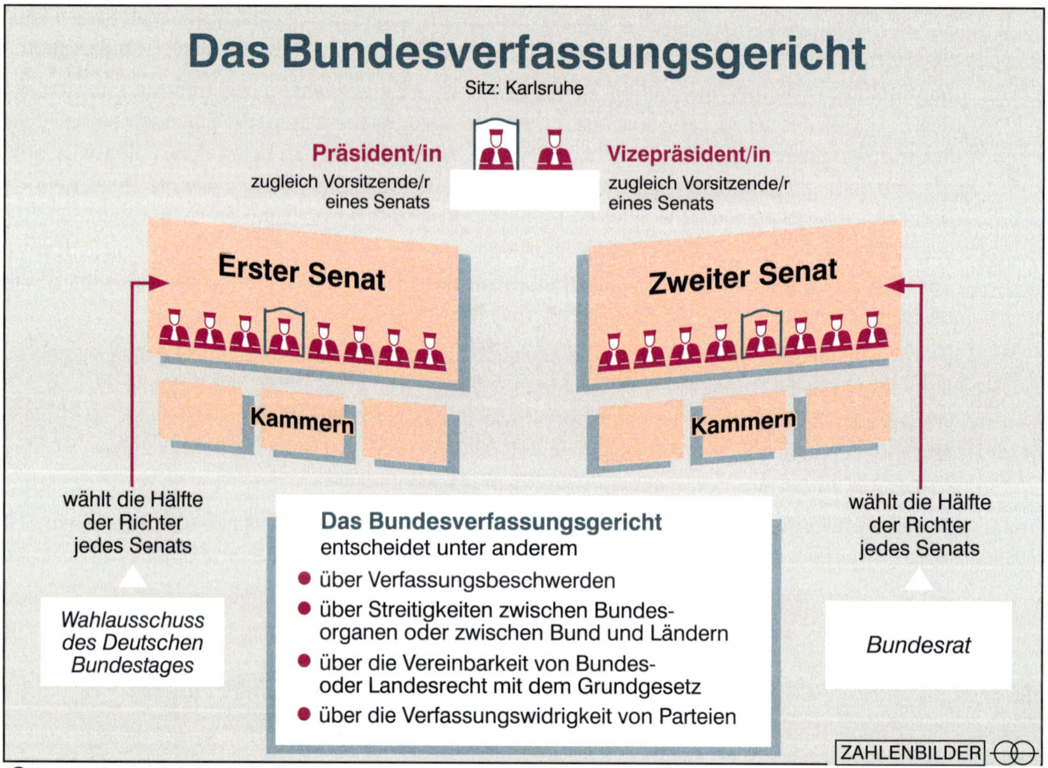

129 015

Das **Bundesverfassungsgericht** in Karlsruhe ist nach seiner Stellung und Bedeutung das höchste Gericht des Bundes, es stellt jedoch nicht die Fortsetzung des Instanzenzugs anderer Gerichtszweige dar. Es hat spezielle Aufgaben, die in Art. 93 GG geregelt sind. Seine Hauptaufgabe ist es, auf Antrag die Vereinbarkeit bestimmter staatlicher Machtäußerungen mit dem Grundgesetz zu überprüfen. Das BVerfG gilt deshalb auch als „Hüterin der Verfassung". In den Bundesländern bestehen außerdem Landesverfassungsgerichte (Verfassungsgerichtshöfe).

Dem Grundsatz der Gewaltenteilung entsprechend ist das Bundesverfassungsgericht ein gegenüber den anderen Verfassungsorganen selbstständiger und unabhängiger Gerichtshof. Die Art. 93 und 94 GG sowie das Gesetz über das Bundesverfassungsgericht (BVerfGG) regeln Organisation und Arbeit dieses Gerichts.

Die **Verfassungsbeschwerde** ist eine Beschwerde, die jeder, der sich durch die öffentliche Gewalt in einem Grundrecht verletzt fühlt, beim Bundesverfassungsgericht einlegen kann. Sie ist in Art. 93 Abs. 1 Nr. 4a GG sowie im Gesetz über das Bundesverfassungsgericht (BverfGG) geregelt. Die Definition im GG enthält bereits die wichtigsten Voraussetzungen:

- Die Verfassungsbeschwerde kann von **jedermann** erhoben werden.
- Hierzu reicht die **Behauptung** aus,
- durch die **öffentliche Gewalt verletzt** zu sein
- in einem seiner **Grundrechte** oder in einem seiner in Artikel 20 Abs. 4, 33, 38, 101, 103 und 104 enthaltenen Rechte.
- Weitere Voraussetzung ist grundsätzlich die Erschöpfung des Rechtswegs (§ 90 Abs. 2 BVerfGG).

Wichtige Verfahren vor dem Bundesverfassungsgericht

Verfahrensart	Gegenstand	Verfahrenseinleitung	Frist
Verfassungsbeschwerde	Entscheidung über die Behauptung, durch die öffentliche Gewalt in einem Grundrecht oder einem ähnlichen Recht verletzt zu sein (Art. 93 Abs. 1 Nr. 4a GG)	jedermann	Gegen eine Gerichts- oder Verwaltungsentscheidung kann grundsätzlich nach Ausschöpfung des Rechtswegs binnen eines Monats, gegen eine Rechtsvorschrift kann binnen eines Jahres seit Inkrafttreten Verfassungsbeschwerde erhoben werden (§ 93 Abs. 1, 3 BVerfGG).
	Entscheidung über die Verletzung des Rechts auf Selbstverwaltung einer Gemeinde oder eines Gemeindeverbands nach Artikel 28 GG durch ein (Bundes-)Gesetz (Art. 93 Abs. 1 Nr. 4b GG)	Gemeinde, Gemeindeverband	ein Jahr seit Inkrafttreten des Gesetzes (§ 93 Abs. 3 BVerfGG)
Normenkontrollverfahren	Entscheidung über die Unvereinbarkeit eines Gesetzes mit dem Grundgesetz. Konkrete Normenkontrolle: Hält ein Gericht ein Gesetz für verfassungswidrig und will es deshalb nicht anwenden, muss es die Entscheidung des Bundesverfassungsgerichts einholen (Art. 100 Abs. 1 GG).	Gericht	keine
	Abstrakte Normenkontrolle: Bestimmte Staatsorgane können die Verfassungsmäßigkeit einer Rechtsnorm überprüfen lassen (Art. 93 Abs. 1 Nr. 2 GG).	Bundesregierung, eine Landesregierung oder ein Drittel der Mitglieder des Bundestags	keine
Verfassungsstreit zwischen Staatsorganen	Entscheidung bei Meinungsverschiedenheiten zwischen Verfassungsorganen oder zwischen Bund und Ländern über die gegenseitigen verfassungsmäßigen Rechte und Pflichten (Organstreit bzw. Bund-Länder-Streit, Art. 93 Abs. 1 Nr. 1 bzw. Art. 93 Abs. 1 Nr. 2a, 3; 84 Abs. 4 GG)	Bundesorgane bzw. Bundesregierung und jeweilige Landesregierung	sechs Monate nach Kenntnis der beanstandeten Maßnahme oder Unterlassung; Antrag nach Art. 84 Abs. 4 GG: ein Monat
Parteiverbot	Feststellung der Verfassungswidrigkeit einer Partei (Art. 21 Abs. 2 GG)	Bundestag, Bundesrat, Bundesregierung	keine

Die Verfassungsbeschwerde kann von jedem erhoben werden, der Träger des Grundrechts sein kann, um dessen Schutz es geht. Der Beschwerdeführer muss prozessfähig (grundsätzlich volljährig) sein. Ist ein Minderjähriger nicht grundrechtsmündig, wird er von den Eltern vertreten.

Für die Verfassungsbeschwerde reicht die Behauptung einer Grundrechtsverletzung aus. Ob sie tatsächlich vorliegt, kann erst das folgende Verfahren erweisen. Zunächst genügt es, dass eine Grundrechtsverletzung nicht auszuschließen ist.

Die behauptete Grundrechtsverletzung muss durch die deutsche öffentliche Gewalt geschehen sein. Dabei kann es sich um Maßnahmen der Verwaltung (Verwaltungsakte, Realakte) oder eines Gerichts handeln (Urteile und alle anderen gerichtlichen Entscheidungen, auch der Zivilgerichte). Zu den angreifbaren Hoheitsakten zählen auch Gesetze, Rechtsverordnungen und andere Rechtsnormen des Bundes und auch eines Landes, soweit nicht bei Verletzung von Grundrechten eines Landes das entsprechende Landesverfassungsgericht zuständig ist. Die Grundrechtsverletzung muss den Beschwerdeführenden selbst, gegenwärtig und unmittelbar betreffen.

Der Kreis der Grundrechtsverletzungen ist weit gezogen. Art. 93 Abs. 1 Nr. 4b GG räumt auch Gemeinden und Gemeindeverbänden das Recht einer Verfassungsbeschwerde wegen Verletzung des Rechts auf Selbstverwaltung nach Artikel 28 GG durch ein Gesetz ein.

Vor einer Verfassungsbeschwerde muss der Rechtsweg vor der jeweiligen Fachgerichtsbarkeit vollständig durchlaufen werden. Abweichend davon kann das Bundesverfassungsgericht über eine vor Erschöpfung des Rechtswegs eingelegte Verfassungsbeschwerde sofort entscheiden, wenn sie von allgemeiner Bedeutung ist („Musterprozess“) oder wenn dem Beschwerdeführer sonst ein schwerer und unabwendbarer Nachteil entstünde.

Die Frist für den Rechtsbehelf der Verfassungsbeschwerde beträgt einen Monat (bei Gesetzen ein Jahr).

Ist die Beschwerde zulässig, überprüft das Bundesverfassungsgericht die behauptete Grundrechtsverletzung inhaltlich und entscheidet gem. § 95 BVerfGG. Es kann angefochtene Verwaltungsakte und Urteile aufheben und angefochtene Gesetze für nichtig erklären.

Beispiele für Entscheidungen veröffentlicht das Bundesverfassungsgericht im Internet:

www.bundesverfassungsgericht.de

1 Das soziale Sicherungssystem in Deutschland

1.1 Wesen und Begriff der gewährenden Verwaltung

Die gewährende Verwaltung ist dem Sozialstaatsprinzip gem. Art. 20 Abs. 1 GG unterworfen. Das Sozialstaatsprinzip verpflichtet den Staat, und hier insbesondere den Gesetzgeber, auf das Ziel der sozialen Gerechtigkeit. Angestrebt wird dieses Ziel durch ein umfassendes System der sozialen Sicherung und durch den Ausgleich sozialer Gegensätze (vgl. auch LF 2, Kapitel 1.2.4).

Der Gesetzgeber hat den Auftrag des Grundgesetzes in vielfältiger Weise angenommen und ein Netz der sozialen Sicherung geknüpft, das verschiedene Verwaltungsträger auszuführen haben.

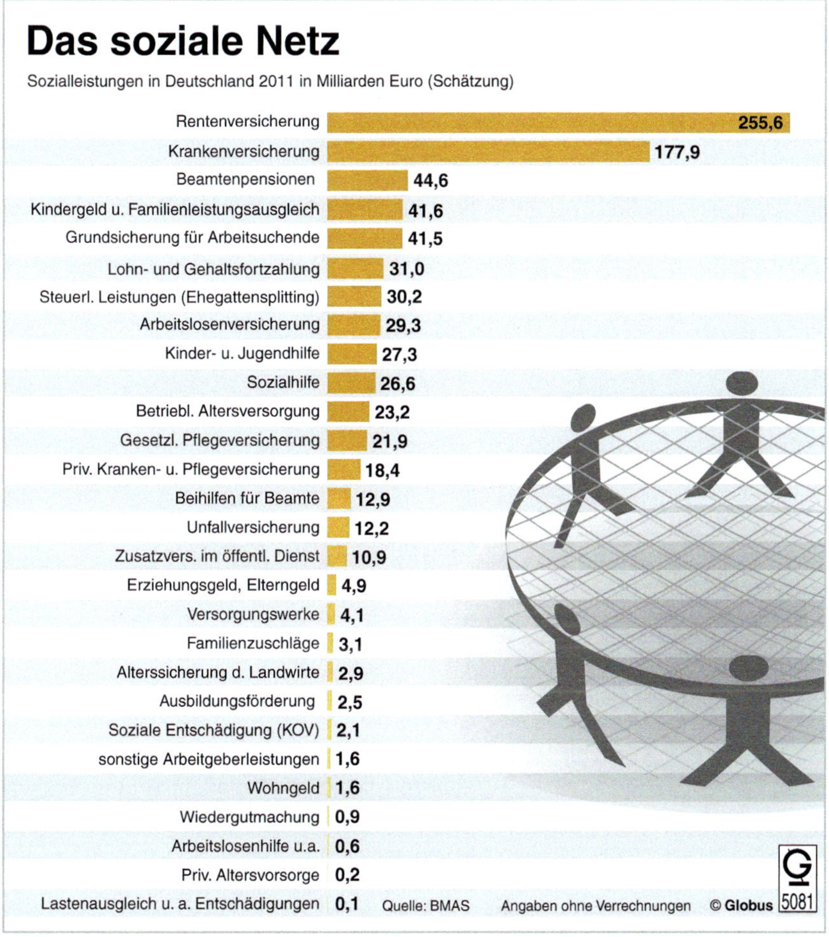

Die gewährende Verwaltung ist Teil dieses sozialen Netzes und kann als Leistungsverwaltung bezeichnet werden.

Leistungsverwaltung ist im Gegensatz zur Eingriffsverwaltung (überwiegend Gefahrenabwehr) der Teil der öffentlichen Verwaltung, der Dienst-, Geld- und Sachleistungen für den Bürger erbringt. Zur Leistungsverwaltung zählen zum Beispiel die Gewährung von Wohngeld, Ausbildungs- oder Arbeitsförderung und nachrangig (subsidiär) von Sozialhilfe.

Auch die Gewährung von Unterhaltsvorschuss ist ein Beispiel für die leistende Verwaltung. In diesem Falle übernimmt der Staat für einen festgelegten Zeitraum familienrechtliche Unterhaltsverpflichtungen.

Instrumente der Leistungsverwaltung sind insbesondere den Bürger begünstigende Verwaltungsakte sowie die vielen unterschiedlichen Beratungs-, Aufklärungs- und Informationshandlungen (Realakte).

Als schlichte Hoheitsverwaltung setzt der Staat in diesem Bereich seine Ziele überwiegend ohne staatlichen Zwang um.

In einzelnen Leistungsbereichen, z. B. im Bereich des Sozialgesetzbuchs, 2. Buch (SGB II), können Pflichtverletzungen des Hilfeempfängers allerdings zur Absenkung des Arbeitslosengelds und zum Wegfall von Zuschlägen führen.

Pflichtverletzungen können z. B. darin liegen, sich nicht aktiv um die Beendigung von Arbeitslosigkeit zu kümmern oder zu bestimmten Meldeterminen nicht zu erscheinen.

Insgesamt hat auch die schlichte Hoheitsverwaltung wie die Eingriffsverwaltung das öffentliche Recht mit einigen Besonderheiten zu beachten.

Die Sozialversicherung als wesentlicher Teil der sozialen Sicherung eines Bürgers/Arbeitnehmers wird in LF 6, Kapitel 3 mit Blick auf das Beschäftigungsverhältnis von Arbeitnehmerinnen und Arbeitnehmern dargestellt.

1.2 Träger der sozialen Sicherung

Es besteht eine fast undurchschaubare Vielfalt an Trägern sozialer Leistungen in der Bundesrepublik Deutschland. Hilfesuchende erhalten aus diesem Grund in ihren Gemeinden allerdings häufig durch eine informative Internetpräsenz der Stadtverwaltung ausreichend Hinweise auf zuständige Stellen für einzelne Hilfearten.

Sinnvollerweise werden die öffentlich-rechtlichen Angebote durch Internet-Links beispielsweise zu Verbänden der freien Wohlfahrtspflege oder zu Selbsthilfeeinrichtungen ergänzt und deren private Hilfsangebote damit bekannt gemacht.

1.2.1 Öffentlich-rechtliche Träger

Die öffentlich-rechtlichen Träger werden mit ihren Leistungen in der nachfolgenden Übersicht dargestellt.

Sie können grob unterteilt werden in

- Bund,
- Länder,
- Gemeinden und deren jeweilig zuständige Dienststellen,
- Sozialversicherungsträger als Selbstverwaltungskörperschaften und
- die Bundesagentur für Arbeit.

Sozialrechtsbereich (Gesetzestext)	Grundprinzipien und Träger	Leistungen
Versicherungsprinzip/Sozialversicherung/soziale Vorsorge		
Gesetzliche Arbeitslosenversicherung (SGB III)	Bundesagentur für Arbeit	Arbeitslosengeld, Insolvenz-, Kurzarbeitergeld, Berufsberatung, Ausbildungs- und Arbeitsvermittlung, Förderung der beruflichen Aus- und Weiterbildung, Eingliederung behinderter Menschen
Gesetzliche Krankenversicherung (SGB V)	144 gesetzliche Krankenkassen (Orts-, Betriebs-, Innungs-, Ersatzkassen) Stand 01.10.2012, vgl. www.gkv-spitzenverband.de	Krankengeld, Mutterschaftsgeld, Krankenbehandlung, Arznei-, Heil- und Hilfsmittel, Rehabilitationsmaßnahmen
Gesetzliche Rentenversicherung (SGB VI)	Deutsche Rentenversicherung Bund (seit Oktober 2005)	Rente wegen Alter, verminderter Erwerbsfähigkeit und Tod, medizinische und berufliche Rehabilitation
Gesetzliche Unfallversicherung (SGB VII)	Deutsche Gesetzliche Unfallversicherung (seit Juli 2007)	Verletztengeld, Verletztenrenten, Übergangsgeld, Unfallrente, Hinterbliebenenrente
Gesetzliche Pflegeversicherung (SGB XI)	Gesetzliche Pflegekassen (integriert in die gesetzlichen Krankenkassen)	häusliche und stationäre Pflegeleistungen bei entsprechender Bedürftigkeit (Pflegestufen)

Sozialrechtsbereich (Gesetzestext)	Grundprinzipien und Träger	Leistungen
Sozialhilfeprinzip (früher „Fürsorge")/Existenzsicherung		
Grundsicherung für Arbeitssuchende (SGB II)	Bundesagentur für Arbeit, Optionskommunen und Kreise (Neuregelung März 2010, Art. 91 e GG), Anzahl: 108, 4/2011	Arbeitslosengeld II, Sozialgeld, Eingliederungshilfe
Kinder- und Jugendhilfe (SGB VIII)	örtliche und überörtliche Träger (Kreise, kreisfreie Städte und deren Jugendämter, Landesjugendämter), kommunale Selbstverwaltung	Jugendsozialarbeit, Kinder- und Jugendschutz, Förderung der Familie, Hilfen für behinderte Kinder und Jugendliche
Grundsicherung/Sozialhilfe (SGB XII)	Sozialamt der Gemeinde-, Stadt- und Kreisverwaltung	Grundsicherung an dauerhaft Erwerbsgeminderte, Hilfe zum Lebensunterhalt, Kranken-, Alten- und Pflegehilfe
Versorgungsprinzip/soziale Entschädigung/soziale Förderung		
Soziale Entschädigung (BVG, SVG, ZDG, OEG, InfektionsschutzG)	Versorgungsämter	Beschädigtenrenten für Kriegsopfer, Soldaten, Zivildienstleistende, für Opfer von Gewalttaten und Impfschädigungen, Hinterbliebenenrente, SED-Unrechtsopfer
Ausbildungsförderung (BAföG)	Ämter für Ausbildungsförderung	Förderung von Schul- und Hochschulausbildung
Kindergeld (BKGG, EStG)	Bundesagentur für Arbeit (Kindergeldkasse), Finanzamt	Kindergeld als Geldleistung, Freibeträge als Steuerentlastung
Elterngeld, Elternzeit (BEEG)	länderspezifische Regelungen	Elterngeld (max. 14 Monatsbeträge), Gewährung von Elternzeit (max. 3 Jahre)
Wohngeld (WohngeldG)	Gemeinde, Stadt- bzw. Kreisverwaltung	Zuschuss zur Miete
Unterhaltsvorschuss (UnterhaltsvorschussG)	Gemeinde, Stadt- bzw. Kreisverwaltung	zeitlich befristete Übernahme von Unterhaltszahlungen

In diesem umfangreichen Sicherungssystem werden die Ansprüche nach verschiedenen Voraussetzungen erworben. Die Leistungen der öffentlich-rechtlichen Träger werden unterschiedlich finanziert (vgl. hierzu die nachfolgende Tabelle).

Insgesamt unterliegen alle Leistungen dem Sozialstaatsprinzip nach Art. 20 GG. Sie stehen zunehmend unter dem Gebot haushaltsrechtlicher Verfügbarkeit. Sie sind kürz- und im Leistungszuschnitt änderbar.

	Sozialversicherung	soziale Versorgung	soziale „Fürsorge"
Wer hat Anspruch?	Mitglieder der Sozialversicherung, wenn der Versicherungsfall eintritt, unabhängig von individueller Bedürftigkeit	besonderer Rechtsanspruch für Personengruppen, die „Sonderopfer" erbringen, unabhängig von individueller Bedürftigkeit	grundsätzlich alle Bürger und Bürgerinnen, abhängig von individueller Bedürftigkeit, nachrangig zu gewähren, individuell zu bestimmen
Finanzierung	beitragsfinanziert, Versicherungsbeiträge zur Sozialversicherung (fixe Prozentteile von der Lohnhöhe)	steuermittelfinanziert	steuermittelfinanziert

1.2.2 Private Träger

Ein Mitarbeiter der Verwaltung sollte Kenntnis darüber haben, welche Leistungen private Träger Hilfesuchenden gewähren können. Öffentlich-rechtliche Mittel stehen unter dem Vorbehalt der verfügbaren Ressourcen. Sollten diese Mittel nicht zur Verfügung stehen oder wegen ihrer Nachrangigkeit (Subsidiarität) nicht geleistet werden können, bleiben für die Bürger zusätzlich private Angebote, auf die die Verwaltungsmitarbeiter hinweisen können.

Bereich	Träger	Angebote (Beispiele)
Wirtschaft	■ Arbeitgeber (-verbände) ■ Gewerkschaften ■ Genossenschaften	z. B. durch Stiftungen
Gesellschaft	■ Kirchen und Religionsgemeinschaften	Kindergärten, Krankenhäuser, Altenheime, soziale Dienste
	■ Verbände der freien Wohlfahrtspflege	Krankenhäuser, Behindertenwerkstätten, Erziehungs-, Beratungs- und Behandlungsstellen, Kindergärten, ambulante Sozial- und Pflegedienste
	■ Freie Träger der Jugendhilfe	vielfältige Angebote für junge Menschen und Familien
	■ Selbsthilfeorganisationen zu Themen wie Familie, Behinderung, Sucht, Krebserkrankung, Misshandlung usw.	gemeinsame und gleichberechtigte Bewältigung von Problemen in Gesprächsgruppen und Arbeitskreisen
	■ andere Organisationen und Hilfswerke (z. B. Arbeiter-Samariter-Bund, Johanniter-Unfall-Hilfe, Malteser Hilfsdienst, Müttergenesungswerk)	Krankenpflege, Erste Hilfe, Rettungsdienst

Quelle: zusammengestellt nach Alfons Gunkel, SGB II und SGB XII für Studium und Praxis, Verlag Bernhardt, S. 6–8, Witten 3. Auflage 2011

Für den Bereich von Stiftungen und Selbsthilfeeinrichtungen vergleichen Sie auch die Internetadressen
www.dag-shg.de
www.selbsthilfenetz.de (Nordrhein-Westfalen)
www.stiftungen.org (Bundesverband)
mit weiteren externen Links zum Thema.

1.3 Zukunft der sozialen Sicherung

„(...) Armut in einem reichen Land ist mehr als nur eine Herausforderung, sie ist ein Skandal. Die Möglichkeiten, die unserem Land zur Verfügung stehen, um nachhaltig vor Armut zu schützen, sind historisch gesehen enorm. (...)"

Bischof Dr. Wolfgang Huber, Vorsitzender des Rats der Evangelischen Kirche Deutschland, im Rahmen einer Denkschrift der Evangelischen Kirche über Armut in Deutschland, 2006

Diese oder ähnlich nachdenkliche Worte werden ausgesprochen im Rahmen von Diskussionen über die Zukunft unseres sozialen Sicherungssystems.

In Deutschland werden Lebensrisiken wie Krankheit, Unfall, Arbeitslosigkeit sowie die Versorgung im Alter überwiegend durch Sozialversicherungsbeiträge der Beschäftigten und Rentner abgesichert. Die Bemessungsgrundlage stellen Löhne, Gehälter und Renten dar. Arbeitnehmer und Arbeitgeber tragen diese Kosten in der Renten-, Pflege- und Arbeitslosenversicherung je zur Hälfte. Die Beiträge zur Unfallversicherung trägt der Arbeitgeber allein (vgl. LF 6, Kapitel 3). In der Krankenversicherung beträgt der Beitragssatz 15,5 % vom Bruttoeinkommen. Der Arbeitnehmerbeitrag beträgt dabei 8,2 %, der Anteil des Arbeitgebers liegt bei 7,3 % (Stand 2012).

Die Kosten für die Absicherung von Lebensrisiken sind in den letzten Jahren stetig gestiegen, wie die Grafik auf der folgenden Seite zeigt:

Als Gründe werden häufiger

- hohe Arbeitslosigkeit,
- zunehmende Alterung der Bevölkerung (demografische Entwicklung),
- Leistungsmissbrauch und zu freigiebige Leistungsgewährung und
- die Kosten der deutsch-deutschen Vereinigung

genannt.

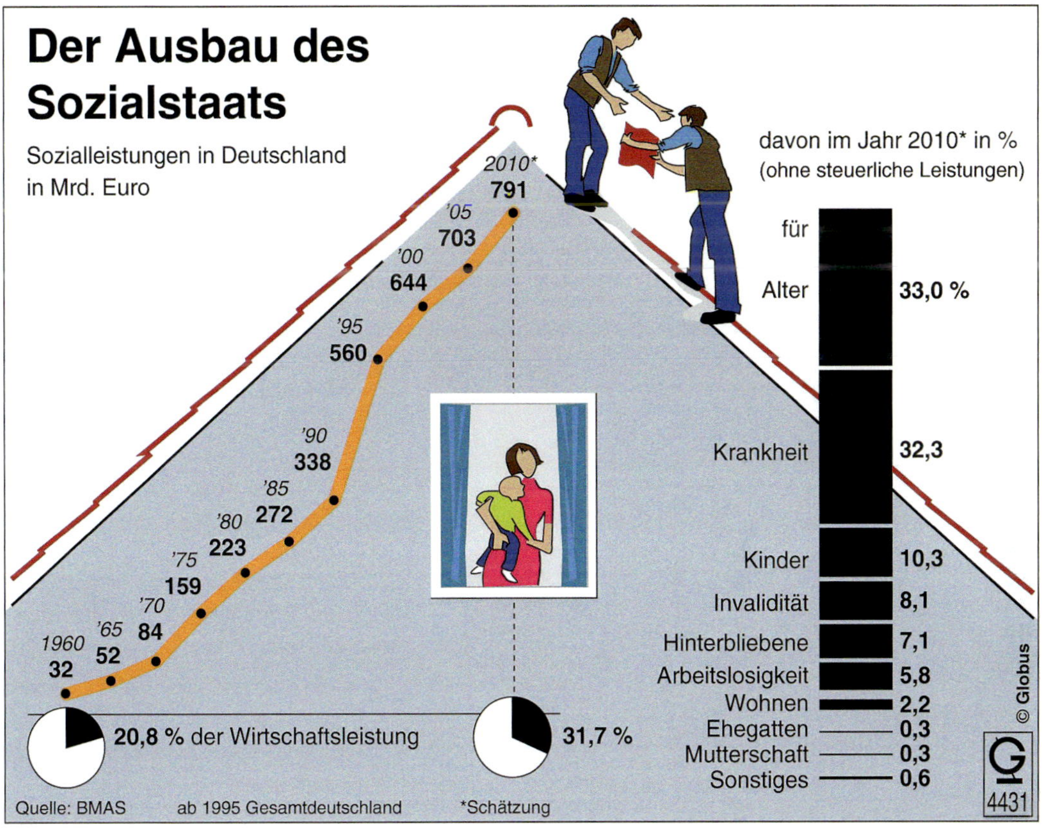

Außerdem sei der deutsche Sozialstaat aufgrund der globalisierenden Weltwirtschaft und der weltweiten Konkurrenz unter Druck geraten. Eine „Verschlankung" des Sozialstaats sei damit unerlässlich, meinen die Kritiker.

In der gesetzlichen Krankenversicherung klagen die Krankenkassen über hohe Gesundheitsausgaben und zunehmende Defizite. Als Gründe werden die Bevölkerungsentwicklung und der medizinisch-technische Fortschritt genannt.

Die pharmazeutische Industrie entwickelt ständig neue Medikamente, die bezahlt werden wollen. Die Ärzteschaft sorgt sich wegen einer zunehmenden Budgetierung ihrer Einkommen um einen angemessenen Verdienst. Die Patienten haben nicht selten hohe Ansprüche an ihre gesundheitliche Versorgung, die eine Solidargemeinschaft möglicherweise aber nicht tragen kann.

Die Patienten werden daher in Zukunft vermutlich höhere Selbstanteile tragen müssen. Die Gesundheitskosten werden wahrscheinlich trotzdem weiter steigen.

Diskutiert wird die Einführung einer Bürgerversicherung. Alle Deutschen (auch Selbstständige und Beamte) zahlen bei diesem Modell Krankenversicherungsbeiträge. Zur Berechnung der Beiträge werden alle Einkünfte, also nicht nur die Erwerbseinkommen, sondern auch Vermögens-, Zins- und Mieteinkommen, herangezogen.

Ein anderes Modell bevorzugt die Kopfpauschale. Hier zahlt jeder Beitragszahler unabhängig vom Einkommen einen einheitlichen festen Beitrag. Der Arbeitgeberanteil wird auf einen bestimmten Prozentsatz begrenzt und an die Arbeitnehmer ausbezahlt. Krankheit wird damit zunehmend zur privaten Angelegenheit.

Das bisherige Rentenversicherungssystem scheint nicht mehr uneingeschränkt zukunftsfähig zu sein. Weniger Jüngere und mehr Rentner führen in Zukunft dazu, dass die Beiträge der Erwerbstätigen kaum zur Finanzierung der Rentenversicherung ausreichen. Die staatlichen Zuschüsse in die Rentenkasse nehmen schon jetzt erheblich zu. Eine längere Lebensarbeitszeit ist bereits beschlossen („Rente mit 67"). Zudem tragen die Rentner ihren Beitrag zur Pflegeversicherung allein (2,05 % des Rentenzahlbetrags) (Pflegereform 2013).

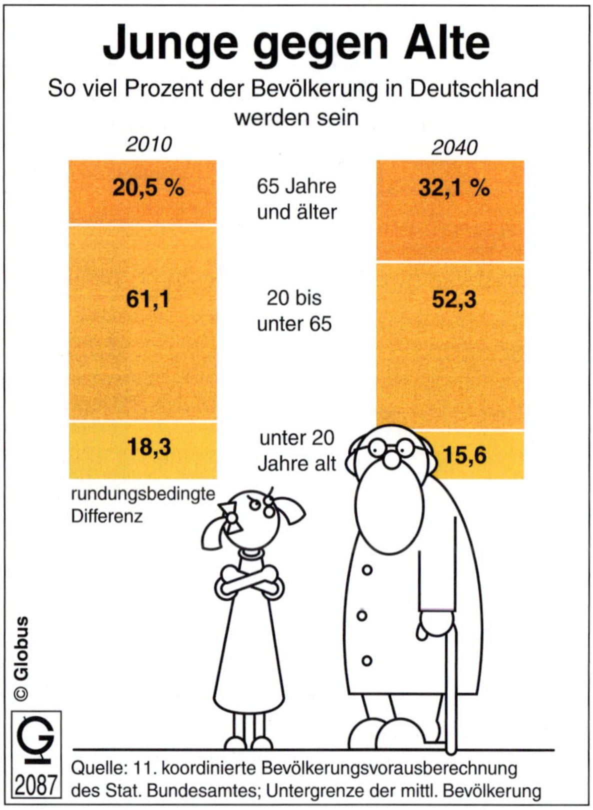

Seit dem 1. April 2004 wird allen Rentnern der volle Beitrag zur Pflegeversicherung abverlangt.

Die Erhöhung von Renten steigt zudem langsamer. Daneben wird Eigenvorsorge zum Teil staatlich gefördert (z. B. sogenannte Riester- oder Rürup-Rente).

Für die jüngeren Generationen stellt sich die Frage, ob ihr Erwerbseinkommen überhaupt ausreichen wird, um eine angemessene Alterssicherung ansparen zu können.

Die Bezugsdauer des Arbeitslosengeldes wurde zum 1. Februar 2006 auf zwölf Monate verkürzt. Nur ältere Arbeitnehmer erhalten gestaffelt nach Lebensalter länger Arbeitslosengeld. Für einen Hilfeempfänger, der Arbeitslosengeld II (bisher Arbeitslosenhilfe und Sozialhilfe) erhält, ist fast jede Arbeit, unter Umständen auch unter dem Tariflohn, zumutbar.

Die Arbeitgeber fordern, die Lohnnebenkosten (Beiträge zur Sozialversicherung) zu senken, um die eigene Konkurrenzfähigkeit zu sichern und zu steigern.

Die Gewerkschaften stehen vor der schwierigen Aufgabe, einerseits Arbeitsplätze sichern zu wollen und andererseits Gehalts- und Lohnsteigerungen erreichen zu müssen, die dem Anstieg der Lebenshaltungskosten gerecht werden.

Die Vertreter der Kirchen verlangen im Grundsatz ebenfalls Reformen des Sozialstaats. Diese Reformen sollten aber weiterhin an den Interessen der sozial Schwachen und der künftigen Generationen orientiert sein. Es wird darauf hingewiesen, dass zur Würde des Menschen die Sicherung des Existenzminimums gehört.

Deutlicher angemahnt wird (wieder) eine Ausrichtung der Sozialpolitik an Kriterien der moral-ethischen Gerechtigkeit.

Es stellt sich vor diesem Hintergrund die Frage, ob der Einzelne für die Absicherung seiner Lebensrisiken zunehmend allein verantwortlich sein wird oder ob und in welchen Formen die staatliche Gemeinschaft wie bisher solidarisch helfen kann.

2 Das Sozialgesetzbuch

2.1 Aufbau des Gesamtwerks

Das Sozialrecht war lange Zeit unübersichtlich und in viele Spezialgesetze zersplittert. Um es im Interesse der Bürger zu vereinfachen und die Rechtsanwendung für die im öffentlichen Dienst Beschäftigten zu erleichtern, wurde ein Sozialgesetzbuch (SGB) geschaffen, das in unterschiedliche Bücher aufgeteilt ist.

Mit den Arbeiten zur Schaffung eines einheitlichen Gesetzwerkes des Sozialrechts wurde 1970 begonnen. Im Laufe von über 30 Jahren wurden im Wandel der Zeit sozialrechtliche Bestimmungen des SGB erheblich ergänzt und verändert:

SGB I	Allgemeiner Teil (1976)
SGB II	Grundsicherung für Arbeitssuchende (2005)
SGB III	Arbeitsförderung (1998)
SGB IV	Gemeinsame Vorschriften für die Sozialversicherung (1977)
SGB V	Gesetzliche Krankenversicherung (1989)
SGB VI	Gesetzliche Rentenversicherung (1992)
SGB VII	Gesetzliche Unfallversicherung (1997)
SGB VIII	Kinder- und Jugendhilfe (1991)
SGB IX	Rehabilitation und Teilhabe behinderter Menschen (2001)
SGB X	Sozialverwaltungsverfahren und Sozialdatenschutz (1977/1983)
SGB XI	Soziale Pflegeversicherung (1995)
SGB XII	Sozialhilfe (2005)

Anmerkung: In Klammern ist das jeweilige Jahr des Inkrafttretens der einzelnen Bücher angeführt.

Einzelne Rechtsbereiche der sozialen Sicherung, z. B. die Versorgung der Beamten im öffentlichen Dienst, sind im SGB nicht berücksichtigt, sondern gesondert geregelt.

Mit den bisher vorgelegten Büchern sind die Arbeiten am Sozialgesetzbuch im Wesentlichen beendet.

2.2 Das SGB I – Allgemeiner Teil

Das Erste Buch des Sozialgesetzbuchs (SGB I) enthält vier größere Abschnitte mit Vorschriften, die

- die Aufgaben des SGB und die sozialen Rechte der Bürger grundlegend darstellen,
- Sozialleistungen und Leistungsträger im Überblick aufführen (sog. Einweisungsvorschriften),
- gemeinsame Vorschriften für alle Sozialleistungsbereiche des SGB benennen und
- in Übergangs- und Schlussvorschriften die Gesetze auflisten, die bis zu ihrer Einordnung als besondere Teile des SGB gelten.

Bedeutsam für den Mitarbeiter einer Stadtverwaltung ist es, dass bis zu ihrer Einordnung in das Sozialgesetzbuch eine größere Zahl von Sozialgesetzen weiterhin als besondere Teile des SGB gelten (vgl. § 68 SGB I).

Das hat zur Folge, dass der Allgemeine Teil des SGB (SGB I) und das SGB X mit den Bestimmungen zum Sozialverwaltungsverfahren und zum Sozialdatenschutz bereits vor der Einordnung der besonderen Sozialgesetze in das SGB auf diese anzuwenden sind.

Ein Mitarbeiter des Wohngeldamtes hätte somit beispielsweise die Datenschutzbestimmungen des Sozialgesetzbuchs zu beachten.

Die Mitarbeiter müssen allerdings immer gleichzeitig auf die Modifizierungen und Erweiterungen der allgemeinen Bestimmungen und Grundsätze in den einzelnen Büchern des SGB sowie in den besonderen Sozialgesetzen achten.

In der Rechtsanwendung sind nämlich, auch bedingt durch länderspezifische Regelungen, wiederholt Ausnahmen von der Anwendbarkeit der SGB I-Bestimmungen in allen Büchern des Sozialgesetzbuchs feststellbar.

Während z. B. das SGB I herausstellt, dass Anträge auf Sozialleistungen beim zuständigen Leistungsträger zu stellen sind, setzt Sozialhilfe nach dem SGB XII ein, sobald dem Träger der Sozialhilfe bekannt wird, dass die Voraussetzungen für die Leistung vorliegen. Bekanntwerden setzt aber nicht unbedingt einen Antrag voraus.

2.2.1 Soziale Leitideen

Das Sozialrecht im Sozialgesetzbuch stellt die wichtigste Konkretisierung des Sozialstaatsprinzips dar (vgl. Art. 20 Abs. 1 und Art. 28 Abs. 1 GG).

Ziel des Sozialgesetzbuchs ist es, zur Verwirklichung sozialer Gerechtigkeit und sozialer Sicherheit durch Sozialleistungen beizutragen (§ 1 Abs. 1 S. 1 SGB I). Sozialleistungen können Dienst-, Geld- und Sachleistungen sein (§ 11 SGB I).

Diese Sozialleistungen sollen helfen, die Leitideen des SGB nach § 1 Abs. 1 S. 2 SGB I umzusetzen:

- ein menschenwürdiges Dasein sichern
- gleiche Voraussetzungen für die freie Entfaltung der Persönlichkeit schaffen
- die Familie schützen und fördern
- den Erwerb des Lebensunterhalts durch eine frei gewählte Tätigkeit ermöglichen
- besondere Belastungen des Lebens abwenden oder ausgleichen (auch durch Hilfe zur Selbsthilfe)

Diese Leitideen werden in den einzelnen Büchern des Sozialgesetzbuchs oder in den Spezialgesetzen des Sozialrechts in konkrete Leistungen umgesetzt (z. B. Wohngeldgesetz, Künstlersozialversicherungsgesetz).

2.2.2 Soziale Rechte nach SGB

Das SGB I weist im § 2 auf die in den §§ 3 bis 10 SGB I enthaltenen sozialen Rechte hin. Diese gewähren den Bürgern grundsätzlich keine eigenständigen, subjektiven Rechtsansprüche.

Diese sind vielmehr ausschließlich in den Bestimmungen der besonderen Teile und in den Gesetzen, die als Teile des SGB gelten, zu ermitteln.

Ein Anspruch auf Sozialhilfe z. B. kann also nicht auf das „soziale Recht" des § 9 SGB I gestützt werden, sondern ausschließlich auf § 17 SGB XII. Die sozialen Rechte sind daher sozialpolitische Leitvorstellungen des Gesetzgebers, die als Auslegungshilfen in anderen Regelungsbereichen dienen können.

Diese „Rechte" umfassen im Einzelnen:

- Bildungs- und Arbeitsförderung
- Sozialversicherung
- soziale Entschädigung bei Gesundheitsschäden
- Minderung des Familienaufwandes
- Zuschuss für eine angemessene Wohnung
- Kinder- und Jugendhilfe
- Sozialhilfe
- Teilhabe behinderter Menschen

Die genannten Rechte finden sich im Großen und Ganzen in ähnlicher Reihenfolge in den Büchern des SGB wieder und werden dort konkretisiert.

Von größerer praktischer Bedeutung sind für Mitarbeiter der zuständigen Stellen die §§ 13 bis 17 SGB I. Diese gewähren den Bürgern Aufklärungs-, Beratungs-, Auskunfts- und Betreuungsansprüche, um das unübersichtliche und schwer verständliche Sozialrecht transparenter zu machen.

In Kommunalverwaltungen werden diese Ansprüche auf Beratung und Aufklärung z. B. durch die Auslage von Merkblättern und Informationsbroschüren an geeigneten Stellen (Bürgerbüros) verwirklicht. Die Websites der Kommunen halten zudem die notwendigen Antragsformulare für Sozialleistungen immer häufiger zum Herunterladen bereit. Zukünftig werden sich Beschäftigte der Sozialverwaltungen darauf einstellen müssen, dass sie Anträge der Berechtigten online erhalten werden, falls die notwendigen und gesetzlich vorgeschriebenen Verschlüsselungen technisch vorgenommen werden können.

Zu erheblichen Rechtsfolgen kann eine unrichtige oder fehlerhafte Aufklärung oder Beratung durch die Beschäftigten der zuständigen Stellen führen. Unter Umständen entsteht ein Schadensersatzanspruch der Bürgerin/des Bürgers nach § 839 BGB (Haftung bei Amtspflichtverletzung), falls den Beschäftigten ein Verschulden trifft.

Der Leistungsträger selbst, z. B. die Gemeinde, hätte den Bürger zudem so zu stellen, wie er stehen würde, wenn richtig und vollständig beraten worden wäre (Rechtsprechung Bundessozialgericht 1980). Auf ein Verschulden kommt es bei diesem sog. Herstellungsanspruch durch den Leistungsträger nicht an.

Wenn sich in einer Beratungssituation herausstellt, dass weitere Sozialleistungen möglich sind, ist darauf hinzuweisen. Eine begehrte Leistung des Antragstellers könnte z. B. ergänzt werden müssen um Leistungen für weitere Familienmitglieder.

Das Bundesministerium für Familie, Senioren, Frauen und Jugend gibt einen Überblick über Sozialleistungen für den Bereich Familie mit weiteren Links zu länder- und regionalspezifischen Regelungen:

www.familien-wegweiser.de

Nach § 16 SGB I können Anträge auf Sozialleistungen u. a. bei allen Gemeinden abgegeben werden. Beschäftigte der Gemeinden müssen Anträge auch entgegennehmen, wenn sie unzuständig sind, und diese ohne schuldhaftes Zögern (unverzüglich) an die zuständigen Leistungsträger weiterleiten.

Antragsabhängige Leistungen gelten nämlich auch dann als beantragt, wenn der Antrag bei einer unzuständigen Behörde eingeht.

Eine Besonderheit müssen die Beschäftigten der Sozialleistungsträger noch beachten. Jugendliche sind gem. § 36 SGB I nach Vollendung des 15. Lebensjahres bei Sozialleistungen handlungsfähig und können einen Antrag auf Sozialleistungen stellen.

Die Jugendlichen können die Sozialleistung auch entgegennehmen. Der Leistungsträger soll jedoch den gesetzlichen Vertreter über die Antragstellung und die erbrachten Sozialleistungen unterrichten. Die Handlungsfähigkeit ist durch die gesetzlichen Vertreter einschränkbar, aber nicht gänzlich aufhebbar.

2.2.3 Mitwirkungspflichten der Leistungsempfänger

Mitwirkungspflichten eines Leistungsberechtigten (§§ 60 bis 67 SGB I) sind in der Rechtsanwendung des Sozialrechts sehr wichtig.

Verzögerungen und Unrichtigkeiten bei der Leistungsbewilligung können sich nicht zuletzt durch mangelhafte Mitwirkung des Hilfesuchenden ergeben.

Nach den Vorschriften des Sozialverwaltungsverfahrensrechts (§ 20 SGB X) hat der Sozialleistungsträger grundsätzlich den Sachverhalt von Amts wegen zu ermitteln. Er ist an das Vorbringen und die Beweisanträge der Beteiligten nicht gebunden (Untersuchungsgrundsatz oder Amtsermittlungsgrundsatz).

Ohne Informationen des Hilfesuchenden kann der Leistungsträger den Sachverhalt jedoch nicht feststellen. Daher hat jeder, der Sozialleistungen beantragt oder erhält, alle Tatsachen anzugeben, die für die Leistung erheblich sind.

Was im Einzelnen unter die Mitwirkungspflicht fällt und damit erheblich ist, ist rechtlich z. T. sehr umstritten.

Im Bereich der Sozialhilfe z. B. müssen alle Tatsachen mitgeteilt werden, die für die Beurteilung der Bedürftigkeit notwendig sind (Beweismittel, Beweisurkunden). Die Mitteilungspflicht kann im Einzelfall auch die Pflicht umfassen, von Dritten leistungsrelevante Fakten zu beschaffen (z. B. von Ärzten, Versicherungen, Geldinstituten usw.).

Die leistungserheblichen Tatsachen sind vom Hilfesuchenden selbstständig anzugeben, auch wenn diese nicht ausdrücklich verlangt werden.

Dritte im Sinne des Gesetzes sind alle natürlichen und juristischen Personen (z. B. Arbeitgeber, Ärzte, Banken, Finanzämter, Krankenhäuser, private Versicherungen usw.).

Es können in anderen Leistungsbereichen z. B. noch ärztliche Untersuchungen, medizinische Heilbehandlungen, berufsfördernde Maßnahmen oder psychologische Eignungstests als spezielle Mitwirkungspflichten für die Leistungsgewährung erforderlich sein.

In der Praxis ergeben sich bei der Vorlage von Kontoauszügen immer wieder erhebliche rechtliche Schwierigkeiten. Mit Hinweis auf Mitwirkungspflichten wird die Leistungsgewährung im Rahmen des SGB II verweigert oder aufgeschoben, falls nicht ungeschwärzte Kontoauszüge über einen längeren Zeitraum vorgelegt werden.

Da die Schwärzung von Kontoauszügen auch ein relevantes Thema des Datenschutzes ist, werden in diesem Rechtsbereich auch Hinweise zur datenschutzgerechten Ausgestaltung der Anforderung von Kontoauszügen gegeben (Gemeinsame Hinweise der Landesbeauftragten für den Datenschutz der Länder Berlin, Brandenburg, Hamburg, Mecklenburg-Vorpommern, Sachsen-Anhalt und Schleswig-Holstein, April 2009):

Quelle: www.datenschutzzentrum.de/material/themen/bekannt/kontoaus.htm

Nicht jede als Mitwirkung geforderte Pflicht muss erfüllt werden. Unter bestimmten Voraussetzungen kann die Mitwirkungspflicht wegfallen:

Grenzen der Mitwirkungspflichten (§ 65 Abs. 1 Nr. 1 – 3 SGB I)

Eine Mitwirkungspflicht besteht nicht, …	
Tatbestände	**Beispiele**
■ wenn die Erfüllung der Pflicht in einem unangemessenen Verhältnis zur begehrten Leistung steht.	Die Kosten eines ärztlichen Gutachtens übersteigen den Wert eines beantragten Hilfsmittels.
■ wenn die Erfüllung dem Betroffenen aus einem wichtigen Grund nicht zugemutet werden kann.	Ein Familienmitglied wird ganztägig über einige Wochen gepflegt. Hier könnte beispielsweise eine Terminverschiebung oder die Bevollmächtigung eines Dritten zugelassen werden. Eine persönliche Pflichterfüllung wäre nicht zumutbar.
■ wenn der Leistungsträger sich durch einen geringeren Aufwand als der Antragsteller die erforderlichen Kenntnisse beschaffen kann.	Eventuell lässt sich durch Amtshilfe bei einem anderen Leistungsträger oder durch rechtlich zulässige Amtsermittlung bei Dritten (z. B. Ärzten, Arbeitgebern) die Belastung für kranke, ältere oder behinderte Menschen abmildern oder vermeiden.

Sozialleistungen können bei Verstößen gegen die Mitwirkungspflichten versagt oder entzogen werden. Voraussetzung ist, dass der Hilfesuchende seinen Mitwirkungspflichten nach § 60 ff. SGB I nicht nachgekommen ist, obwohl die Mitwirkung möglich war. Auf schuldhaftes Verhalten (Vorsatz oder Fahrlässigkeit) des Hilfesuchenden kommt es nicht an.

Eine solche Versagung oder der Entzug einer Leistung kann bei fehlender Mitwirkung allerdings nicht sofort verfügt werden. Der Antragsteller muss auf diese Rechtsfolge hingewiesen worden sein. Außerdem ist ihm eine angemessene Frist für die Erfüllung seiner Mitwirkungspflichten zu setzen.

Die Entscheidung steht letztlich im Ermessen des Leistungsträgers.

Zur Absicherung von Leistungsanträgen enthalten diese abschließend häufig sogenannte Schlusserklärungen. In diesen Erklärungen versichern die Hilfesuchenden, dass sie die rechtlichen Regelungen zu den Mitwirkungspflichten und zum Datenschutz wahrgenommen haben bzw. darüber aufgeklärt worden sind.

5740528

Beispiel für eine Schlusserklärung im Bereich der Sozialhilfe:

Antrag auf Leistungen gem. SGB XII

Formulartext

(...)

Hinweise und Schlusserklärungen

1. Richtige Angaben

Ich versichere, dass sämtliche Erklärungen richtig sind. Insbesondere erkläre ich, dass ich alle Angaben über meine häuslichen Verhältnisse wahrheitsgemäß gemacht habe. Alle Personen (auch nicht verwandte), die sich im Haushalt aufhalten, wurden aufgeführt.

Die Angaben zum Einkommen und Vermögen sind vollständig und richtig. Mir ist bekannt, dass meine Ansprüche gegen Drittverpflichtete (z. B. auf Unterhalt) auf den Träger der Hilfe übergehen können. Der Träger der Hilfe kann außerdem Erstattungsansprüche gegen andere Leistungsträger (z. B. Mietzuschuss/Wohngeld, Arbeitslosengeld) geltend machen.

Ich bin mir bewusst, dass falsche Angaben zu einer strafrechtlichen Verfolgung wegen Betruges (§ 263 Strafgesetzbuch) führen können.

Zu Unrecht erhaltene Leistungen muss ich erstatten.

2. Meine Mitwirkungspflichten

Ich nehme zur Kenntnis, dass ich verpflichtet bin, Änderungen in den Verhältnissen, die für die Leistung erheblich sind oder über die im Zusammenhang mit der Leistung Erklärungen abgegeben worden sind, mitzuteilen.

Ich habe dies unverzüglich, ohne schuldhaftes Zögern, einem Mitarbeiter der Sozialhilfebehörde anzuzeigen (§ 60 Abs. 1 Satz 1 Nr. 2 SGB I). Daher werde ich unaufgefordert alle Änderungen, insbesondere in den Familien-, Einkommens- und Vermögensverhältnissen sowie in den häuslichen Verhältnissen (z. B. durch Zu- oder Wegzug von Personen), anzeigen.

3. Aushändigen des Merkblattes

Ich bestätige den Erhalt eines Merkblattes mit den Vorschriften über die Mitwirkungspflichten nach den §§ 60 bis 67 SGB I, dem § 263 StGB (Betrug) und den Vorschriften zum Sozialdatenschutz.

☐ Bitte ankreuzen!

4. Hinweise zum Datenschutz

Die vorstehenden Daten werden aufgrund der Bestimmungen des SGB XII erhoben. Rechtsgrundlage für die Erhebung sind § 60 ff. SGB I und § 67 ff. SGB X. Die Daten werden in automatischen Datenverarbeitungsanlagen gespeichert und können nach Maßgabe des § 118 SGB XII zur Vermeidung von Leistungsmissbrauch auch anderen Trägern der Sozialhilfe übermittelt werden.

5. Unterschriften

Mit meiner Unterschrift bestätige ich die Richtigkeit und Vollständigkeit aller abgegebenen Erklärungen.

______________	______________	______________
Ort, Datum	Unterschrift Hilfesuchende/ Hilfesuchender	Unterschrift Ehegatte/ Lebenspartner/Lebenspartnerin

2.3 Das SGB X – Verwaltungsverfahren

Für das Sozialrecht nach dem Sozialgesetzbuch ist mit dem SGB X ein einheitliches sozialrechtliches Verwaltungsverfahren vorgesehen. Es lehnt sich inhaltlich an die Verwaltungsverfahrensgesetze des Bundes und der Länder an.

Nach § 37 SGB I gilt das SGB X insbesondere auch für das Sozialhilferecht, soweit sich dort nichts Abweichendes ergibt. Das SGB X regelt neben dem Verwaltungsverfahren auch den Schutz der Sozialdaten und die Zusammenarbeit der Leistungsträger nach dem SGB untereinander und ihre Beziehung zu Dritten.

2.3.1 Allgemeine Verfahrensgrundsätze

Die Vorschriften über das sozialrechtliche Verwaltungsverfahren (1. Kapitel SGB X, §§ 1–66) entsprechen weitgehend dem Verwaltungsverfahrensgesetz (VwVfG) des Bundes. Nach § 2 Abs. 2 Nr. 4 VwVfG gilt dieses nicht für Verfahren nach dem Sozialgesetzbuch.

Weitgehend inhaltlich gleich sind die allgemeinen Vorschriften über das Verwaltungsverfahren und deren Grundsätze (§§ 9–34 VwVfG/§§ 8–30 SGB X). Regelungen über Beratungen und Auskünfte fehlen im SGB X.

Sie sind als ausgeprägte Pflichten der Sozialleistungsträger aber schon in § 14 f. SGB I geregelt (vgl. Kapitel 2.2.2). Ebenso finden sich dort Vorschriften über das Ermessen und die Geheimhaltung.

Das Sozialverwaltungsverfahren ist an keine besondere Form gebunden. Es ist einfach und zweckmäßig durchzuführen. In der Regel setzen die einzelnen Sozialleistungsgesetze einen Antrag voraus, der mitunter fristabhängig ist.

Es ist auch möglich, einen Beistand bzw. Bevollmächtigten einzusetzen, der dem Hilfesuchenden bei der Antragstellung und im weiteren Verfahren hilft.

Auch der Untersuchungsgrundsatz (Ermittlung von Amts wegen) und das Prinzip der Anhörung sind prägend für das Sozialverwaltungsverfahren.

Die Kostenfreiheit des Sozialverwaltungsverfahrens kennt das allgemeine Verwaltungsverfahren allerdings nicht. Nach § 64 SGB X werden keine Gebühren und Auslagen für Verfahren nach dem SGB erhoben. Im allgemeinen Verwaltungsverfahren werden regelmäßig Verwaltungsgebühren erhoben.

Wegen der in beiden Verwaltungsverfahren ansonsten geltenden allgemeinen Grundsätze kann darüber hinaus auf die Darstellungen im LF 9 verwiesen werden.

Die folgende Synopse (vergleichende Übersicht) zeigt die weitgehend gleiche Abfolge der Verfahrensvorschriften. Die Inhaltsgleichheit bzw. Unterschiedlichkeit kann parallel nachgelesen werden.

Führen die Länder Bundesrecht aus, gelten die Bundesbestimmungen nicht, soweit die Länder eigene Regelungen getroffen haben. Auf die bundesrechtlichen Regelungen darf wegen der weitgehenden Inhaltsgleichheit der länderspezifischen Verwaltungsverfahren hingewiesen werden.

Synopse (vergleichende Übersicht) der Vorschriften zum Verwaltungsakt nach VwVfG und SGB X/SGB I

Inhalt	VwVfG – Bund/NRW	SGB X/SGB I
Verwaltungsverfahren	§ 9	§ 8 SGB X
Beteiligte	§ 13	§ 12 SGB X
Bevollmächtigte und Beistände	§ 14	§ 13 SGB X
Ausgeschlossene Personen	§ 20	§ 16 SGB X
Befangenheit	§ 21	§ 17 SGB X
Beginn des Verfahrens	§ 22	§ 18 SGB X
Untersuchungsgrundsatz	§ 24	§ 20 SGB X
Beratung und Auskunft	§ 25	§ 14 f. SGB I
Beweismittel	§ 26	§ 21 SGB X
Anhörung Beteiligter	§ 28	§ 24 SGB X
Akteneinsicht durch Beteiligte	§ 29	§ 25 SGB X
Geheimhaltung	§ 30	§ 35 SGB I
Wiedereinsetzung	§ 32	§ 27 SGB X
Verwaltungsakt	§ 35	§ 31 SGB X

Synopse (vergleichende Übersicht) der Vorschriften zum Verwaltungsakt nach VwVfG und SGB X/SGB I		
Bestimmtheit und Form	§ 37	§ 33 SGB X
Begründung	§ 39	§ 35 SGB X
Ermessen	§ 40	§ 39 SGB I
Bekanntgabe des Verwaltungsakts	§ 41	§ 37 SGB X
Offenbare Unrichtigkeiten	§ 42	§ 38 SGB X
Wirksamkeit des Verwaltungsakts	§ 43	§ 39 SGB X
Nichtigkeit	§ 44	§ 40 SGB X
Heilung	§ 45	§ 41 SGB X
Rücknahme eines rechtswidrigen Verwaltungsakts	§ 48	–
Rücknahme eines rechtswidrigen nicht begünstigenden Verwaltungsakts	–	§ 44 SGB X
Rücknahme eines rechtswidrigen begünstigenden Verwaltungsakts	–	§ 45 SGB X
Widerruf eines rechtmäßigen nicht begünstigenden Verwaltungsakts	–	§ 46 SGB X
Widerruf eines rechtmäßigen begünstigenden Verwaltungsakts	–	§ 47 SGB X
Aufhebung eines Verwaltungsakts mit Dauerwirkung bei Änderung der Verhältnisse	–	§ 48 SGB X
Widerruf eines rechtmäßigen Verwaltungsakts	§ 49	–
Rücknahme und Widerruf im Rechtsbehelfsverfahren	§ 50	§ 49 SGB X

Im Hauptteil des Verwaltungsverfahrens sind die Vorschriften über das Zustandekommen eines Verwaltungsakts inhaltlich weitgehend übereinstimmend. Eine Bestimmung zum Ermessen fehlt im SGB X. Für das Verwaltungsverfahren des Sozialrechts ist aber eine entsprechende Regelung schon im SGB I enthalten (§ 39 SGB I).

Die Regelungen über die Bestandskraft eines Verwaltungsakts (§§ 39, 40, 41, 42 und 43 SGB X) stimmen weitgehend mit den Regelungen des Verwaltungsverfahrensgesetzes überein. Wichtige Unterschiede bestehen allerdings bei den Paragrafen über die Aufhebung eines Verwaltungsakts (§§ 48–52 VwVfG und §§ 44–51 SGB X). Diese Regelungen müssen als Besonderheiten des sozialrechtlichen Verwaltungsverfahrens gesehen werden.

2.3.2 Besonderheiten des begünstigenden Verwaltungshandelns

Ein Verwaltungsakt, der eine soziale Leistung gewährt, wird in dem Zeitpunkt wirksam, in dem er bekannt gegeben wird (vgl. § 39 Abs. 1 SGB X). Die Wirksamkeit bleibt gem. § 39 Abs. 2 SGB X so lange erhalten, bis der Verwaltungsakt zurückgenommen, widerrufen oder anderweitig aufgehoben wird oder durch Zeitablauf oder andere Weise erledigt ist. Damit bleibt ein rechtswidriger Verwaltungsakt zunächst genauso wirksam wie ein rechtmäßiger.

Ausgenommen sind nur nichtige Verwaltungsakte, die von Anfang an unwirksam sind gem. § 39 Abs. 3 SGB X. Hier liegen besonders schwerwiegende Fehler als Inhalts- oder Formfehler vor. Auf die Ausführungen im allgemeinen Verwaltungsrecht wird verwiesen.

Die nachträgliche Heilung von Verfahrens- und Formfehlern wird nach § 41 SGB X ebenfalls zugelassen. Die erforderliche Begründung eines Leistungsbescheides oder die gesetzlich vorgesehene Anhörung eines Beteiligten kann beispielsweise bis zur letzten Tatsacheninstanz eines sozial- oder verwaltungsgerichtlichen Verfahrens nachgeholt werden.

Wenn Verfahrens- oder Formvorschriften verletzt wurden, besteht kein Anspruch auf Aufhebung des Verwaltungsakts, wenn die Entscheidung in der Sache nicht anders hätte getroffen werden können (vg. § 42 SGB X). Die Anhörung eines Betroffenen muss allerdings immer vorgenommen bzw. wirksam nachgeholt werden. Dies ist kein belangloser Verfahrensfehler.

Aufhebung ist als Obergriff für die Beseitigung von Verwaltungsakten zu sehen:

- Der Sozialleistungsträger kann oder muss rechtswidrige Verwaltungsakte zurücknehmen (vgl. §§ 44, 45 SGB X).
- Rechtmäßige Verwaltungsakte werden widerrufen (vgl. §§ 46, 47 SGB X).
- Verwaltungsakte mit sogenannter Dauerwirkung werden nach § 48 SGB X aufgehoben.

Im Gegensatz zum VwVfG wird im SGB X nochmals danach unterschieden, ob der Verwaltungsakt über die Sozialleistung auf den Hilfesuchenden begünstigend oder nicht begünstigend, d. h. überwiegend belastend wirkt.

Eine Aufhebungsmöglichkeit, wie sie § 48 SGB X darstellt, ist im VwVfG ebenfalls nicht enthalten.

Ein nicht begünstigender Verwaltungsakt liegt dann vor, wenn dem Hilfeersuchen des Antragstellers nicht oder nicht in vollem Umfang entsprochen wurde. Auch wenn eine Leistung durch Verwaltungsakt gewährt wurde, ist dieser u. U. nicht begünstigend, wenn der Hilfesuchende eine höhere Leistung begehrte.

Beispiel

Eine Rentnerin erhält erstmalig Altersrente aus der gesetzlichen Rentenversicherung. Sie wird durch den zugrunde liegenden Rentenbescheid grundsätzlich begünstigt. Werden jedoch Beschäftigungszeiten bei der Berechnung der Rentenhöhe vergessen, liegt eine Belastung vor.

Ein begünstigender Verwaltungsakt liegt vor, wenn der Hilfeempfänger ein Recht oder einen rechtlichen Vorteil erhält, z. B. die Bewilligung von Sozialhilfe nach SGB XII.

Ein begünstigender Verwaltungsakt kann nur unter engen Voraussetzungen zurückgenommen werden, weil der Hilfeempfänger in besonderer Weise darauf vertraut, dass der Verwaltungsakt rechtmäßig ist.

Die Aufhebung eines Verwaltungsakts wird von Amts wegen oder aufgrund eines eingeräumten Ermessens mit Wirkung für die Vergangenheit oder mit Wirkung für die Zukunft vorgenommen. Abhängig ist dies von den jeweiligen Aufhebungstatbeständen und deren Rechtsfolgen.

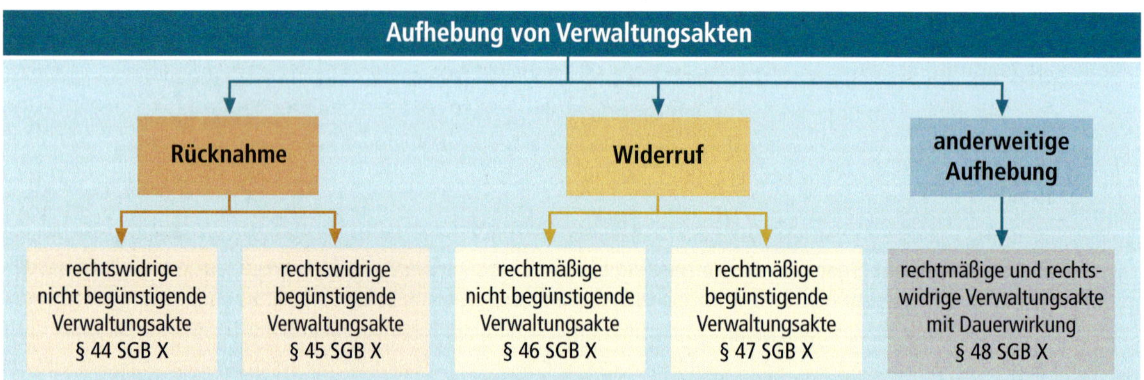

Die Aufhebungsformen bieten dem Sozialleistungsträger die Möglichkeit, die rechtliche Bindung an die Inhalte zu beseitigen, auch nachdem der Verwaltungsakt unanfechtbar und damit bestandskräftig geworden ist.

Einerseits ist das Interesse des Leistungsempfängers am Fortbestand der einmal getroffenen Entscheidung zu sehen. Andererseits müssen unrechtmäßige Zustände jederzeit vom Sozialleistungsträger beseitigt werden können.

Im Verwaltungsalltag ist die Korrektur fehlerhaften Verwaltungshandelns (vgl. §§ 44 und 45 SGB X) naturgemäß bedeutsamer als die Aufhebung rechtmäßiger Verwaltungsakte (§§ 46 und 47 SGB X).

Der Sozialleistungsträger ist gem. § 44 Abs. 1 SGB X von Amts wegen verpflichtet, einen Verwaltungsakt zurückzunehmen, wenn bei seinem Erlass

- Recht nicht richtig angewendet wurde oder
- von einem Sachverhalt ausgegangen worden ist, der sich als unrichtig erweist.

Sind aus diesen Gründen Sozialleistungen zu Unrecht nicht erbracht worden oder Beiträge zu Unrecht erhoben worden, ist der Verwaltungsakt trotz Unanfechtbarkeit für die Vergangenheit zurückzunehmen.

Ob der Verwaltungsakt bei seinem Erlass rechtswidrig war, entscheidet sich nach der bei seiner Bekanntgabe herrschenden Sach- und Rechtslage.

Die Rücknahme ist dann nicht vorzunehmen, wenn der Verwaltungsakt auf Angaben beruht, die der Betroffene vorsätzlich unrichtig oder unvollständig gemacht hat (vgl. § 44 Abs. 1 S. 2 SGB X).

Ist ein Verwaltungsakt für die Vergangenheit zurückgenommen worden, werden die neu festgesetzten Sozialleistungen längstens für einen Zeitraum von bis zu vier Jahren vor der Rücknahme erbracht.

Sollte der Verwaltungsakt bei seinem Erlass rechtmäßig gewesen sein, könnte eine Aufhebung wegen einer eingetretenen Änderung in der Sach- oder Rechtslage nach § 48 SGB X in Betracht kommen. Es müsste sich aber um einen Verwaltungsakt mit Dauerwirkung handeln (z. B. Rente nach SGB VI). Die rechtlichen Verhältnisse würden sich beispielsweise i. S. d. § 48 Abs. 1 Satz 1 SGB X ändern, wenn einer Rentnerin drei Jahre nach Rentenbeginn aufgrund einer Gesetzesänderung Kindererziehungszeiten höher angerechnet würden als beim Erlass des Rentenbescheids. Hier kommt zum Ausdruck, dass die Verwaltung nicht mehr an eine Entscheidung gebunden sein soll, wenn sich die tatsächlichen oder rechtlichen Verhältnisse wesentlich ändern, auf denen die Entscheidung beruht.

Grundsätzlich sind diese Verwaltungsakte für die Zukunft zurückzunehmen. Für die Vergangenheit sollen sie zurückgenommen werden, wenn eine der in § 48 Abs. 1 Nr. 1–4 SGB X genannten Voraussetzungen vorliegt. Die Rücknahme eines rechtswidrigen begünstigenden Verwaltungsakts ist nur nach strengen Regeln möglich. § 45 SGB X enthält einen weiterreichenden Vertrauensschutz als § 48 VwVfG (vgl. insbesondere die §§ 48 Abs. 2 Nr. 2 VwVfG und 45 Abs. 2 Nr. 2 SGB X).

Rechtswidrige begünstigende Verwaltungsakte dürfen ganz oder teilweise mit Wirkung für die Zukunft oder die Vergangenheit zurückgenommen werden. Die Entscheidung liegt im Ermessen des Sozialleistungsträgers. Auch bei dieser Aufhebungsform muss der Verwaltungsakt bei seinem Erlass rechtswidrig gewesen sein. Ein rechtswidriger begünstigender Verwaltungsakt darf nicht zurückgenommen werden, soweit der Begünstigte auf den Verwaltungsakt vertraut hat. Sein Vertrauen müsste zudem unter Abwägung mit dem öffentlichen Interesse an einer Rücknahme schutzwürdig sein. Nach gesetzlicher Definition ist es dann regelmäßig schutzwürdig, wenn der Begünstigte erbrachte Leistungen verbraucht oder eine Vermögensdisposition getroffen hat, die er nicht mehr oder nur unter unzumutbaren Nachteilen rückgängig machen kann.

Beispiel

Ein Leistungsberechtigter erhält gem. § 30 Abs. 5 SGB XII wegen Krankheit vom zuständigen Sozialamt einen Mehrbedarf für kostenaufwendige Ernährung zuerkannt. Tatsächlich berechtigte die Art der Krankheit aber diese Mehrbedarfsleistung nicht. Hat der Hilfeempfänger den Irrtum des Sozialamts nicht erkennen können und ist die ausgezahlte Mehrleistung verbraucht, wäre sein Vertrauen schutzwürdig (vgl. § 45 Abs. 2 Nr. 3 SGB X – Umkehrschluss).

Auf Vertrauensschutz kann sich ein Begünstigter dann nicht berufen, wenn er unredlich oder bösgläubig war (vgl. § 45 Abs. 2 Nr. 1–3 SGB X).

Beispiel

Ein Sozialhilfeempfänger hat bei der Antragstellung Vermögen bewusst verheimlicht. Da Sozialhilfe erst gewährt wird, wenn eigenes Einkommen und Vermögen eingesetzt worden sind (Nachrang der Sozialhilfe), ist der Sozialhilfebescheid rechtswidrig zustande gekommen.

Auf Vertrauensschutz kann sich ein Hilfeempfänger hier nicht berufen.

Gem. § 50 SGB X wäre der Hilfeempfänger verpflichtet, die zu Unrecht gewährte Sozialhilfe zu erstatten. Sollte er nicht leistungsfähig sein, können Stundung, Niederschlagung oder Erlass der Rückforderung nach haushaltsrechtlichen Vorschriften geprüft werden. Eine Erleichterung der Rückzahlung durch Erlass könnte dann nicht in Betracht kommen, wenn Mitteilungspflichten i. S. d. § 60 SGB I verletzt worden wären.

3 Einzelne Hilfearten des SGB im Überblick

3.1 Das SGB II – Grundsicherung für Arbeitssuchende

Wer gekündigt wird oder trotz aller Bemühungen keinen neuen Arbeitsplatz findet, bekommt unter bestimmten Voraussetzungen Geldleistungen vom Staat. Die Gewährung von Leistungen für den Fall dieses Lebensrisikos richtet sich hauptsächlich nach dem SGB II sowie nach dem SGB III.

Es erhält allerdings nur derjenige staatliche Hilfe, der sich nicht selbst helfen kann. Der Hilfebedürftige muss von sich aus alle Anstrengungen unternehmen, um diesen Zustand zu beenden.

Das „Vierte Gesetz für moderne Dienstleistungen am Arbeitsmarkt", allgemein auch Hartz IV genannt, trat am 1. Januar 2005 in Kraft. Hartz IV regelt im SGB II die Zusammenführung der bisher getrennten Fürsorgesysteme Arbeitslosenhilfe und Sozialhilfe für erwerbsfähige Langzeitarbeitslose zum sogenannten Arbeitslosengeld II (ALG II). Den höchsten Anteil von Hartz IV-Empfängern haben Berlin, Bremen und die neuen Bundesländer. Im Durchschnitt bezogen im Januar 2010 7,9 % der Einwohner (rund 3,5 Mio. Haushalte) Hartz IV – Leistungen.

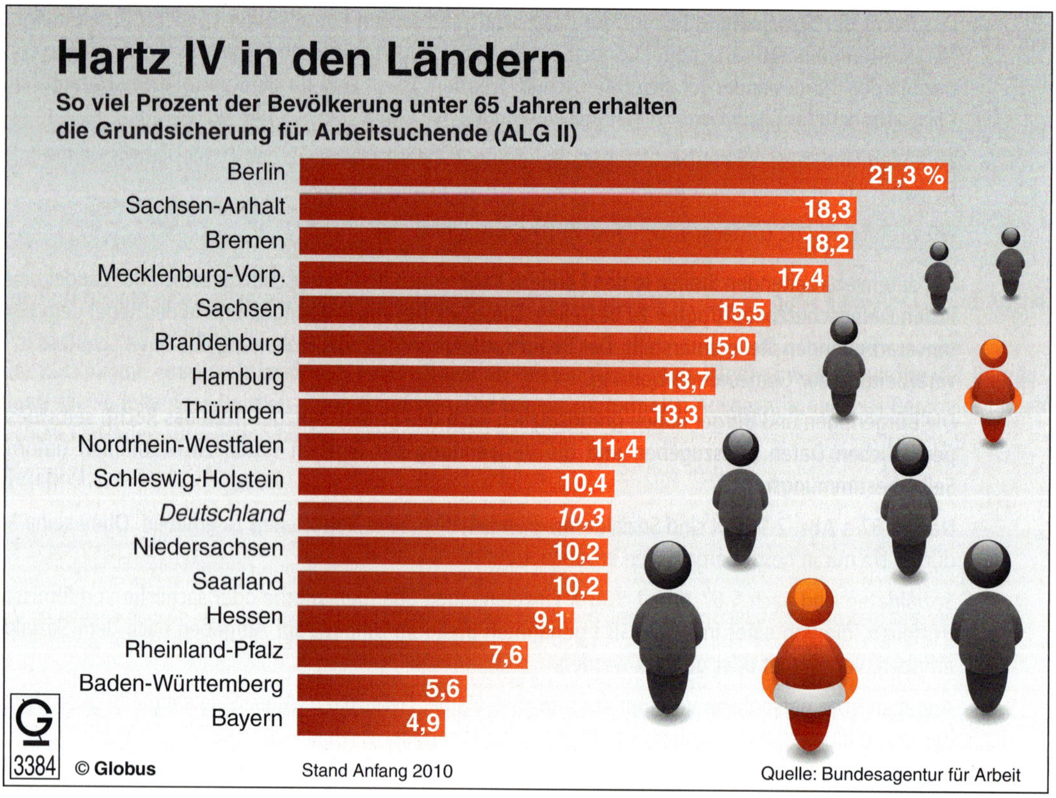

Zunehmende Arbeitslosigkeit und demografischer Wandel erforderten eine Modernisierung der Gesetze des Arbeitsmarkts. Sozialhilfe und Arbeitslosenhilfe wurden bis 2005 von unterschiedlichen Stellen ausgezahlt, den Sozialämtern und den Agenturen für Arbeit. Dieser behördliche Rahmen war ineffizient, führte nicht ausreichend zu Beschäftigung und war zudem kostenträchtig.

Darüber hinaus hatten die Bezieher der staatlichen Leistungen eine unterschiedliche soziale Absicherung hinzunehmen. Arbeitslosenhilfebezieher waren auf Kosten des Bundes umfassend sozialversichert, Sozialhilfeempfänger waren hingegen in aller Regel in der Rentenversicherung nicht weiterversichert. Zudem mussten Arbeitslosenhilfebezieher, die zusätzlich Sozialhilfe zur Absicherung bezogen, zwei verschiedene Behörden aufsuchen.

Im SGB II ist aus diesem Grunde die Bildung von gemeinsamen Arbeitsgemeinschaften zwischen den Agenturen für Arbeit und den Kommunen vorgesehen worden (vgl. auch LF 6, Kapitel 2.1.5). Diese Konstruktion war allerdings nach einem Urteil des Bundesverfassungsgerichts aus dem Jahr 2007 verfassungswidrig.

Daneben waren zunächst bundesweit 69 Kommunen (kreisfreie Städte und Landkreise) zugelassen worden, die als sogenannte Optionskommunen die Aufgaben der Bundesagentur für Arbeit mit übernommen haben.

Mit der Jobcenter-Reform und einer Grundgesetzänderung (Art. 91 e GG) im Sommer 2010 sind seit dem 01. Januar 2012 weitere 41 Kommunen als zugelassene Träger für die Grundsicherung für Arbeitsuchende unbefristet zuständig. Insgesamt sind nun 108 Optionskommunen tätig.

Quelle: www.landkreistag.de

Die Kommunen erbringen im Wesentlichen die Leistungen für Unterkunft und Heizung sowie einige Sonderleistungen wie Schuldnerberatung, Suchtberatung, Leistungen für Klassenfahrten usw. Insbesondere bei der Feststellung einer angemessenen Unterkunft haben die Mitarbeiterinnen und Mitarbeiter der Kommunen schwierige Entscheidungen zu treffen.

Als „Grundsicherung für Arbeitssuchende" (SGB II) werden Leistungen für erwerbsfähige Hilfeempfängerinnen und Hilfeempfänger und deren Angehörige als ALG II und Sozialgeld gewährt. Dies geschieht unabhängig von vorherigen Erwerbsleistungen. Das Arbeitslosengeld II ist eine Steuerleistung. Daher sind auch Bedürftige berechtigt, die vorher keine versicherungspflichtige Beschäftigung ausgeübt haben. Sozialgeld erhalten nicht erwerbsfähige Angehörige, die mit erwerbsfähigen Hilfebedürftigen in einer Bedarfsgemeinschaft leben.

Geldleistungen werden zur Eingliederung in den Arbeitsmarkt und zur Sicherung des Lebensunterhalts gezahlt. Neben den Geldleistungen sieht das SGB II aber auch Dienstleistungen in Form von Beratung und Information sowie Sachleistungen vor. Sollten Hilfeleistungen nicht zweckentsprechend eingesetzt werden, können z. B. bei Alkoholabhängigkeit und Verschwendung von Hilfeleistungen auch Lebensmittelgutscheine als Sachleistungen ausgeteilt werden. Gutscheine sind allerdings umstritten, weil sie die Hilfeempfänger diskriminieren können.

Immer häufiger wird ALG II auch neben einem Erwerbseinkommen gezahlt, weil der notwendige Lebensbedarf damit nicht gedeckt werden kann. Mini-Jobber und Teilzeitbeschäftigte sind als sogenannte „Aufstocker" nicht selten auf ALG II als Zusatzleistung angewiesen.

Entgeltersatzleistungen als Versicherungsleistung wegen gezahlter Beiträge auf das Erwerbseinkommen (Arbeitslosenversicherung) werden nach den Bestimmungen des SGB III als Arbeitslosengeld I gewährt (vgl. auch LF 6, Kapitel 2.1.5 und nachfolgendes Kapitel). Es geht dem ALG II zeitlich vor, obwohl es im Sozialgesetzbuch an nachfolgender Stelle geregelt ist.

Hilfeempfänger, die nicht erwerbsfähig sind, erhalten nun nach SGB XII Sozialhilfe. Auch die Grundsicherung im Alter und bei Erwerbsminderung sind hier neu geregelt (vgl. folgende Abb.).

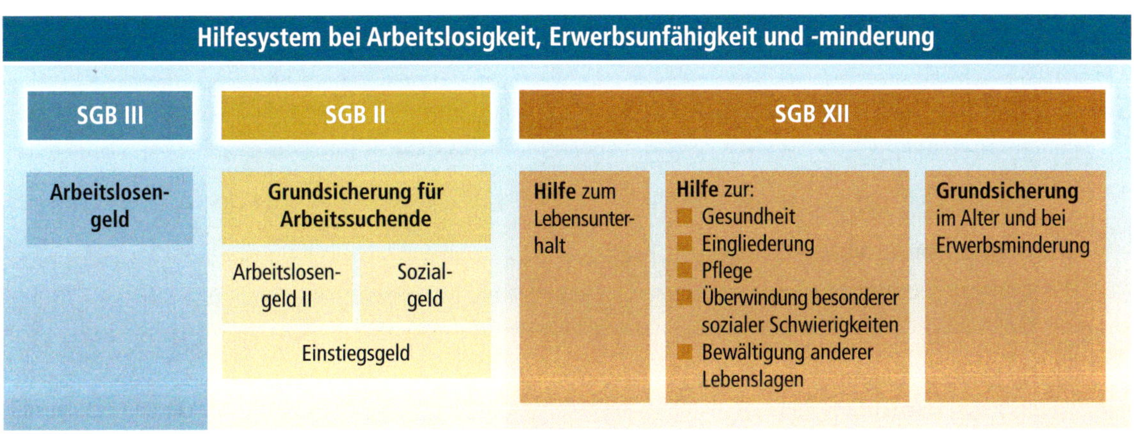

ALG II wird so lange gezahlt, wie die Arbeitslosigkeit dauert.

3 Einzelne Hilfearten des SGB im Überblick

Hans Möller wird als Arbeitsloser unter bestimmten Voraussetzungen in besonderem Maße von den Regelungen der Arbeitsförderung des SGB III erfasst.

Die Arbeitsförderung steht im Mittelpunkt der staatlichen Arbeitsmarktpolitik. Sie hat das Ziel, einen hohen Beschäftigungsstand zu erreichen und zu erhalten sowie Zeiten der Arbeitslosigkeit abzusichern und zu verkürzen. Realisiert werden soll dies durch einen breit gefächerten Maßnahmenkatalog aktiver und passiver Hilfen.

Für die Organisation der Arbeitsförderung und die Aufgaben nach dem SGB III sind die Bundesagentur für Arbeit (BA) mit Sitz in Nürnberg, zehn Regionaldirektionen, die örtlichen 178 Agenturen für Arbeit und ca. 600 Geschäftsstellen zuständig.

Die Kommunen sind in diesem Bereich, anders als in der Grundsicherung nach dem SGB II, nicht verantwortlich.

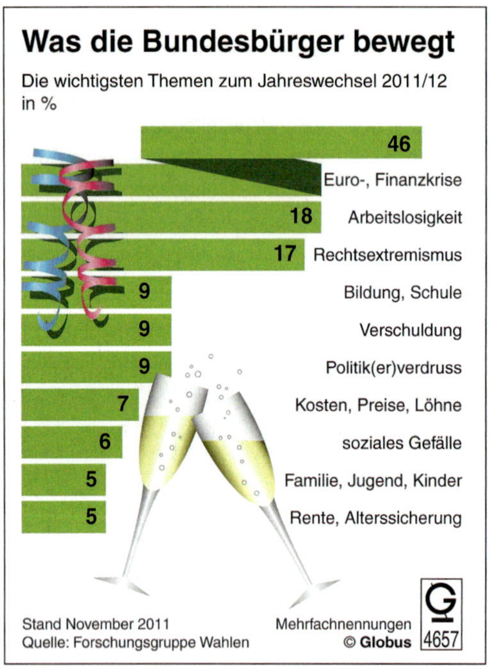

Das Risiko, arbeitslos zu werden, scheint die Bürgerinnen und Bürger in besonderem Maße zu sorgen. Neben den allgemein steigenden Kosten belegt die Arbeitslosigkeit den Spitzenplatz in der Sorgenliste.

Um einer längerfristigen Arbeitslosigkeit zu entgehen, könnte in unserem Beispiel Hans Möller Beratungs-, Vermittlungs- und Weiterqualifizierungsleistungen seiner Agentur für Arbeit in Anspruch nehmen (sogenannte aktive Hilfen). Falls dies nicht unmittelbar wieder zur Beschäftigung führt, stehen ihm parallel dazu Leistungen aus der Arbeitslosenversicherung (passive Hilfen), insbesondere das Arbeitslosengeld I, zur Verfügung.

Das Arbeitslosengeld I als Entgeltersatzleistung ist daran geknüpft, dass ein Arbeitnehmer sozialversicherungspflichtig beschäftigt war.

Vermittlungs- und Beratungsdienste stehen allen Arbeitnehmern, unabhängig von ihrer Eigenschaft als Beitragszahler in die Arbeitslosenversicherung, zur Verfügung. Diese Leistungen sind grundsätzlich unentgeltlich.

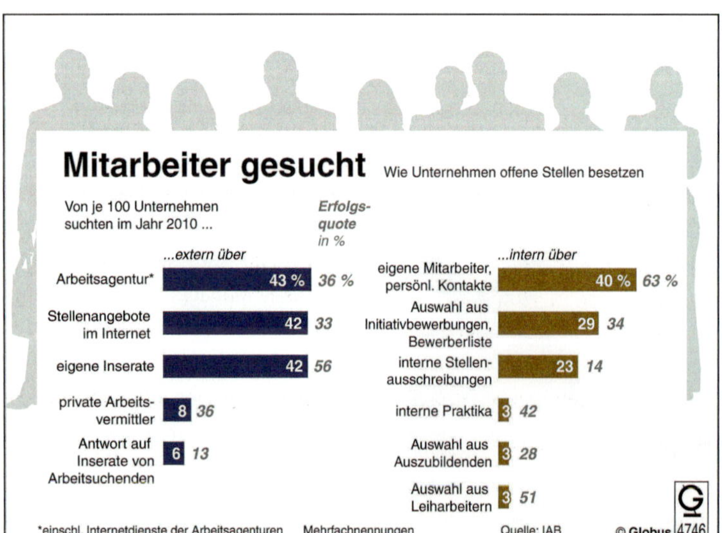

Offene Stellen werden nicht nur durch staatliche Vermittlungsbemühungen besetzt, wie die nebenstehende Grafik zeigt. Arbeitsvermittlung kann auch durch private Vermittlungsunternehmen geschehen. Diese sind im Rahmen der Arbeitsförderung ausdrücklich zugelassen und werden für erfolgreiche Vermittlungen auch honoriert.

Hans Möller gehört zur Gruppe der ca. 3,0 Millionen gemeldeten Arbeitslosen (4. Quartal 2010). Mit seinem Lebensalter gehört er zur prozentual größten Gruppe der Nichterwerbstätigen. Die Chance, innerhalb eines Jahres wieder einen Arbeitsplatz zu finden, liegen statistisch gesehen bei etwas mehr als 50 %. Da Hans Möller erst 40 Jahre alt ist, droht ihm nach einem Jahr Bezug des ALG I der Übergang in den Bezug von ALG II. Die Gruppe der ALG II-Empfänger stellte mit über 80 % am Gesamtaufkommen die meisten Arbeitslosen im Jahr 2007.

Merkmale	2012				Veränderung gegenüber Vorjahresmonat (Arbeitslosenquote Vorjahreswerte)
	Sept.	Aug.	Juli	Juni	Juli (in %)
Erwerbstätigkeit					
Erwerbstätige (Monatsdurchschnitt: Inland)	…	41 724 000	41 681 000	41 695 000	1,1
Soz.-Verspfl. Beschäftigte (Bestand, geschätzt)	…	…	28 903 400	28 908200	1,9
Arbeitslosigkeit registriert nach § 16 BGB III					
– Bestand	2 788 243	2 905 112	2 875 971	2 809 105	–2,2
30,9 % Rechtskreis SGB III	861 564	909 528	884 815	817 203	3,0
69,1 % Rechtskreis SGB II	1 926 679	1 995 584	1 991 156	1 991 902	–4,3
dar.: 52,3 % Männer	1 457 916	1 515 630	1 510 471	1 492 189	–1,6
47,7 % Frauen	1 330 327	1 389 482	1 365 500	1 316 916	–2,8
10,1 % 15 bis unter 25 Jahre	282 876	323 451	300 920	254 807	–2,8
1,8 % dar.: 15 bis unter 20 Jahre	51 472	63 885	52 466	42 420	–5,4
31,6 % 50 Jahre und älter	881 144	899 328	899 656	896 933	0,1
18,9 % dar.: 55 und älter	527 757	535 927	535 786	533 936	0,9
16,6 % Ausländer	464 031	477 721	471 250	464 062	1,5
83,2 % Deutsche	2 320 215	2 423 329	2 400 742	2 341 113	–2,9
6,2 % schwerbehinderte Menschen	172 786	177 062	175 778	174 221	–2,3
Arbeitslosenquoten bezogen auf					
– alle zivilen Erwerbspersonen insgesamt	6,5	6,8	6,8	6,6	7,0
Männer	6,5	6,7	6,7	6,6	6,9
Frauen	6,7	6,9	6,8	6,6	7,1
15 bis unter 25 Jahre	6,1	6,9	6,5	5,5	6,6
15 bis unter 20 Jahre	4,0	4,9	4,0	3,3	4,1
50 bis unter 65 Jahre	7,2	7,4	7,4	7,4	7,7
55 bis unter 65 Jahre	7,8	7,9	7,9	7,9	8,3
Ausländer	13,8	14,2	14,1	13,8	14,4
Deutsche	5,9	6,2	6,1	6,0	6,3
– abhängige zivile Erwerbspersonen insgesamt	7,3	7,6	7,5	7,4	7,8

Quelle: Statistik der Bundesagentur für Arbeit (Hrsg.) „Der Arbeits- und Ausbildungsmarkt in Deutschland", Monatsbericht Nürnberg, September 2012.

Das SGB III bezieht sich grundsätzlich auf alle abhängig beschäftigen Arbeitnehmer, auf Arbeitslose wie auf Arbeitssuchende.

Entgeltersatzleistungen wie das ALG I knüpfen an die Versicherungspflicht eines Arbeitnehmers. Versicherungspflichtig sind grundsätzlich alle Personen, die gegen Arbeitsentgelt beschäftigt sind. Zu den versicherungspflichtigen Arbeitnehmern zählen auch Auszubildende.

Aus diesem Grunde sind z. B. Beamte vom Leistungsbezug ausgeschlossen. Für sie gelten besondere Sicherungssysteme.

Versicherungsfreiheit in der Arbeitslosenversicherung gilt noch für Arbeitnehmer, die Anspruch auf Regelaltersrente haben oder die geringfügig beschäftigt sind. Auch Arbeitnehmer, die aufgrund einer vollen Erwerbsminderung der Arbeitsvermittlung nicht zur Verfügung stehen, sind versicherungsfrei. Darüber hinaus sind weitere Gruppen versicherungsfrei.

Die Arbeitsförderung im Sinne von Beratung, Vermittlung und Qualifizierung umfasst u. a. folgende Teilleistungen:

- Beratung im Sinne des § 29 ff. SGB III,
- Vermittlung nach § 35 ff. SGB III oder
- Förderung der Berufsausbildung nach § 59 ff. SGB III
- und weitere.

Wenn Auszubildende außerhalb des elterlichen Haushalts wohnen, können sie unter bestimmten Voraussetzungen finanzielle Unterstützung für ihren Lebensunterhalt, ihre Fahrtkosten, für sonstige Aufwendungen (z. B.

Kosten für Arbeitskleidung) oder Lehrgangskosten erhalten. Diese Berufsausbildungsbeihilfe erfolgt durch Zuschüsse, die nicht zurückgezahlt werden müssen. Abhängig ist diese Berufsausbildungsbeihilfe vom Einkommen des Auszubildenden und seiner Eltern. Die Berechnung und Anrechnung von Einkommen geschieht entsprechend nach den Vorschriften des BAföG.

Bei Arbeitslosigkeit tritt als Entgeltersatzleistung das Arbeitslosengeld I ein. Es tritt an die Stelle des ausgefallenen Arbeitsentgelts und soll den Lebensstandard des Hilfebedürftigen im Großen und Ganzen erhalten.

Daneben sind weitere Entgeltersatzleistungen wie Kurzarbeitergeld oder Insolvenzgeld vorgesehen.

Arbeitslosengeld erhält nur derjenige, der sich persönlich bei der Agentur für Arbeit arbeitslos gemeldet hat. Eine schriftliche oder telefonische Meldung ist nicht ausreichend. Sie muss spätestens am ersten Tag der Beschäftigungslosigkeit erfolgen.

Anspruch auf Arbeitslosengeld I hat, wer

- vorübergehend nicht beschäftigt ist (Beschäftigungslosigkeit),
- sich bemüht, seine Beschäftigungslosigkeit zu beenden (Eigenbemühungen), und
- den Vermittlungsbemühungen der Agentur für Arbeit zur Verfügung steht (Verfügbarkeit).

Zur Verfügung steht ein Arbeitnehmer, wenn er eine zumutbare versicherungspflichtige, mindestens 15 Stunden wöchentlich umfassende Beschäftigung aufnehmen und ausüben könnte.

Zumutbar kann eine Beschäftigung auch dann sein, wenn längere Pendelzeiten zwischen Wohnung und Arbeitsstätte, ein Umzug oder Einbußen beim Beschäftigungsentgelt vorkommen. Es muss u. U. auch eine Beschäftigung in einem nicht erlernten Berufsfeld übernommen werden.

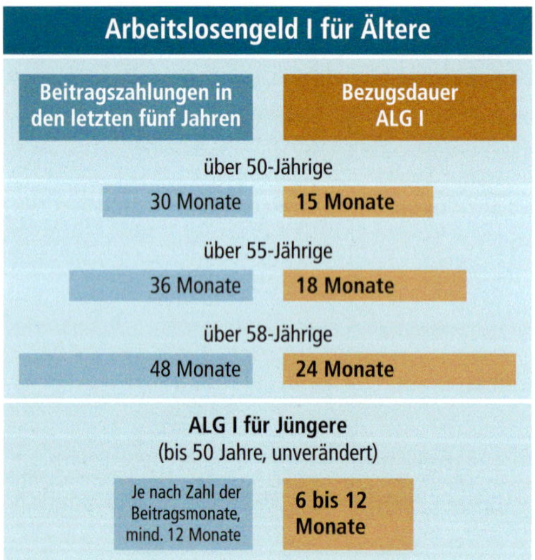

Die Anwartschaftszeit für das ALG I hat grundsätzlich erfüllt, wer in einem Zeitraum von zwei Jahren (Rahmenfrist) mindestens zwölf Monate in einem Versicherungspflichtverhältnis gestanden hat.

Für Ältere ergeben sich rückwirkend zum 1. Januar 2008 andere Beitrags- und Bezugsdauerzeiträume:

Die Grafik beschreibt die Verlängerung des Arbeitslosengeldes I. Über 58-Jährige haben bei vier Beitragsjahren innerhalb der letzten fünf Jahre jetzt 24 Monate Anspruch auf Arbeitslosengeld. Jüngere Arbeitslose erhalten weiterhin höchstens ein Jahr Arbeitslosengeld I.

Das Bruttoarbeitsentgelt, das der Arbeitslose im letzten Jahr vor der Entstehung des Anspruchs auf ALG I durchschnittlich täglich erzielt hat (Bemessungsentgelt), ist Ausgangspunkt der Bemessung.

Das Bemessungsentgelt vermindert sich um eine Sozialversicherungspauschale von 21 % und um die sonstigen gesetzlichen Abzüge ohne Kirchensteuer.

Quelle: www.bundesregierung.de/Content/DE/Artikel/2007/12/Bilder/2007-12-11-grafik-stufenmodell-arbeitslosengeld-1,property=poster.jpg

Dieses pauschalierte Nettoarbeitsentgelt (Leistungsentgelt) ist die Berechnungsgröße für das ALG I. In unserem Ausgangsbeispiel erhält Hans Möller 67 % des Nettoarbeitsentgeltes als ALG I, da er mindestens ein Kind hat. Kinderlos bekäme er nur 60 % dieses Leistungsentgelts.

Vom Arbeitslosengeld muss Hans Möller keine Steuern abführen. Die Beiträge zur Sozialversicherung werden von der Bundesagentur für Arbeit übernommen.

Unbedingt beachten müsste Hans Möller, dass er persönlich keinen Grund für eine Sperrzeit liefert, in der der Anspruch auf ALG I ruht.

Er dürfte u. a.

- seine Arbeitslosigkeit nicht vorsätzlich oder grob fahrlässig herbeigeführt haben, z. B. wenn er ohne wichtigen Grund selbst gekündigt hat,

5740542

- keine angebotene zumutbare Stelle ablehnen oder
- sich nicht weigern, an einer beruflichen Weiterbildungsmaßnahme teilzunehmen.

Die Agentur für Arbeit und weitere Sozialberatungsstellen bieten auf ihren Internetseiten Rechner für die **Höhe des Arbeitslosengelds** (ALG I) an. Mit der Eingabe des Bruttogehalts und wenigen weiteren Mausklicks kann man sich schnell einen Überblick über die Höhe des zu erwartenden ALG I verschaffen.

Auf diese Weise könnte Hans Möller mit einem monatlichen Bruttoarbeitsentgelt von 4.500,00 € für das Kalenderjahr 2012 eine Selbstberechnung seines ALG I durchführen. Am Ende seiner Berechnung wird die Höhe des kalendertäglichen Arbeitslosengelds angezeigt.

Das Ergebnis stellt wegen möglicher Besonderheiten des Einzelfalles einen Orientierungswert dar. Regelmäßig weisen alle Internet-Rechner darauf hin, dass das Ergebnis daher nicht rechtlich bindend sein kann.

Bitte nehmen Sie die erforderlichen Eintragungen vor.

Tragen Sie hier Ihr durchschnittliches **monatliches Bruttoarbeitsentgelt der versicherungspflichtigen Beschäftigungen der letzten 12 Monate ein** (Arbeitsentgelt sonstiger Versicherungspflichtverhältnisse z.B. Krankengeld-Bezug bleibt außer Betracht). — 4500,00 EURO

Format: Euro,Cent (KEINE Punkte verwenden!!)

In welchen Bundesländern waren Sie im letzten Jahr beschäftigt? — Alte Bundesländer

Übersteigt das monatliche Bruttoarbeitsentgelt die Beitragsbemessungsgrenze, wird bei der Berechnung ein Bruttoarbeitsentgelt in Höhe der Beitragsbemessungsgrenze berücksichtigt. Die monatliche Beitragsbemessungsgrenze beträgt: — 5600,00 EURO

Wählen Sie Ihre **Lohnsteuerklasse** aus: III

Haben Sie, Ihre Ehegatte oder Lebenspartner ein **Kind**, für das Sie, Ihr Ehegatte oder Lebenspartner Kindergeld erhalten? — JA

Berechnen

Ergebnisse der Berechnung:

Bruttoentgelt/tgl. (Bemessungsentgelt gerundet) Das tägliche Bruttoentgelt wird errechnet, indem der von Ihnen eingegebene Monatswert mit 12 multipliziert und durch 365 dividiert wird (täglicher Wert im Monatsdurchschnitt).	147,95 EURO
Lohnsteuer	19,34 EURO
Solidaritätszuschlag	1,06 EURO
Sozialversicherungsbeiträge (21%-Pauschale, gerundet)	31,07 EURO
Nettoentgelt/tgl. (Leistungsentgelt)	96,48 EURO
(x 67%)= **Arbeitslosengeld/kalendertäglich (Leistungssatz gerundet)**	64,64 EURO
(x 30 Kalendertage)= **Arbeitslosengeld für volle Monate**	1939,20 EURO

Quelle: http://www.pub.arbeitsagentur.de/selbst.php?jahr=2012

Anmerkung: Die vorgenommenen Abzüge im vorangegangenen Beispiel stellen Beträge dar, die ausschließlich zur Berechnung des pauschalierten Nettoentgelts dienen. Sie werden nicht tatsächlich abgeführt.

Die Ausgaben der Bundesagentur für Arbeit werden überwiegend durch Beiträge der versicherungspflichtig Beschäftigten finanziert.

3 Einzelne Hilfearten des SGB im Überblick

Die Beitragsbemessungsgrenze ist der Höchstbetrag, bis zu dem Arbeitsentgelt und Arbeitseinkommen bei der Berechnung des Versicherungsbeitrags berücksichtigt werden. Für darüber hinausgehendes Einkommen sind keine Beiträge zu zahlen.

Beitragsbemessungsgrenze 2013		
2013	**alte Bundesländer**	**neue Bundesländer**
jährlich	69.600,00 €	58.800,00 €
monatlich	5.800,00 €	4.900,00 €

Die Beiträge zur Arbeitslosenversicherung werden von Arbeitnehmern und Arbeitgebern je zur Hälfte getragen.

Wenn diese bei ungünstiger Konjunkturlage nicht ausreichen, um die Kosten zu decken, erhält die Bundesagentur für Arbeit einen Beitrag des Bundes, um Mindereinnahmen teilweise auszugleichen, gegebenenfalls auch Darlehen oder Zuschüsse.

3.3 Das SGB VIII – Jugendhilfe

Die Verschärfung gesellschaftlicher Probleme bedeutet insbesondere für Kinder und Jugendliche eine nicht zu unterschätzende Belastung und Bedrohung (vgl. Abb.).

Die Arbeitslosigkeit der Eltern und die Gefahr, selbst keinen Ausbildungsplatz zu finden, können z. B. mutlos machen. Familiäre Belastungen durch überforderte Eltern führen u. a. zu Ehescheidungen und nicht selten zu dauerhaften Folgeerscheinungen.

Erziehungsschwierigkeiten, Schulversagen, erschwerte Haushaltsführung und Alltagsbewältigung, soziale Isolation oder psychische Erkrankungen sind nur einige dieser Folgen.

Kinder und Jugendliche sind als Ergebnis dieser Situation im Alltag, in Schule und Ausbildung stark belastet und häufig hilfe- und schutzbedürftig.

Die häufigsten Ängste Jugendlicher (12 bis 25 Jahre) 2010

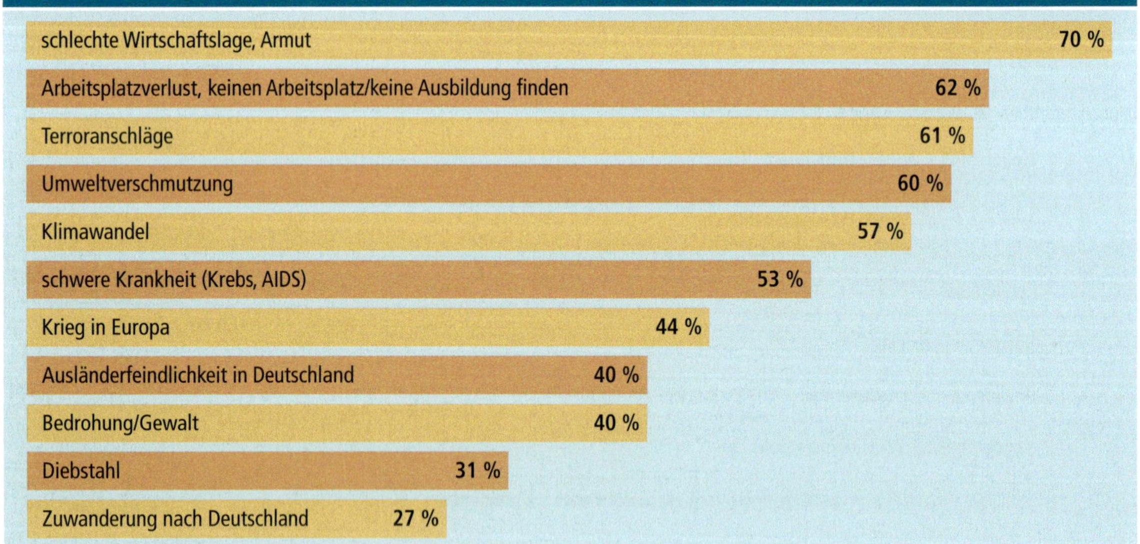

Quelle: 16. Shell Jugendstudie 2010, S. 119

Kinder und Jugendliche sind Träger von Grundrechten. Der Staat hat sich in Art. 6 GG verpflichtet, darüber zu wachen, dass Eltern ihr Erziehungsrecht verantwortlich ausüben (staatliches Wächteramt).

Eltern- und Kinderrechte sowie -pflichten (!) sind daher sowohl im privaten als auch im öffentlichen Recht verankert. Im Familienrecht des Bürgerlichen Gesetzbuchs (BGB) sowie im Kinder- und Jugendhilfegesetz (SGB VIII) finden sich zentrale Regelungen des privaten als auch des öffentlichen Rechts für Eltern, Kinder und Jugendliche.

Darüber hinaus stellt eine große Zahl weiterer Gesetze Schutzbestimmungen und Hilfen für Heranwachsende bereit (vgl. nachfolgende Abb.). Die Hilfen werden sowohl in Form von Geldleistungen (z. B. Elterngeld) als auch durch Sach- und Dienstleistungen (Betreuungseinrichtungen, Beratung) bereitgestellt.

Standort des Kinder- und Jugendhilfegesetzes innerhalb des Bundesrechts

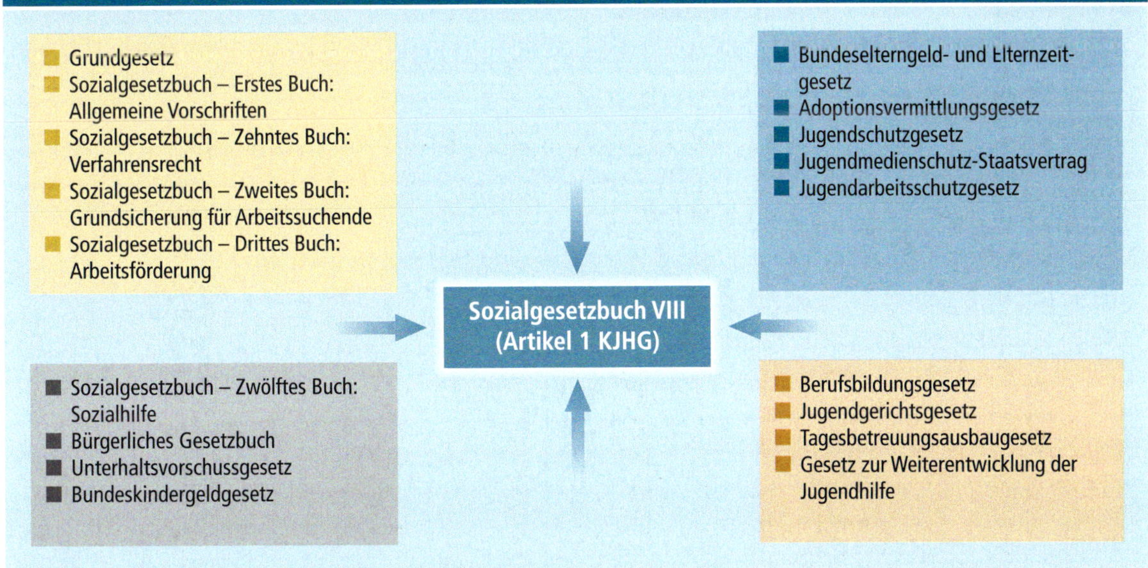

Quelle: www.kinder-jugendhilfe.info

Die gesetzgebenden Parlamente haben in vielen Rechtsbereichen (vgl. nachfolgende Tabelle) Schutzbestimmungen der Entwicklung von Kindern und Jugendlichen und damit bestimmte Altersgrenzen angepasst.

Altersbezogene gesetzliche Regelungen für Kinder- und Jugendliche

Regelungen	Alter
Die Rechtsfähigkeit des Menschen beginnt mit der Vollendung der Geburt.	0
Kinder haben vom vollendeten dritten Lebensjahr bis zum Schuleintritt Anspruch auf den Besuch eines Kindergartens (§ 24 SGB VIII).	3
Beginn der Schulpflicht	6
Besuch der jeweils für die Altersgruppe freigegebenen Filme	6, 12, 16, 18
Ein Minderjähriger, der das siebente Lebensjahr vollendet hat, ist nach Maßgabe der §§ 107 bis 113 BGB in der Geschäftsfähigkeit beschränkt.	7
Wer nicht das siebente Lebensjahr vollendet hat, ist für einen Schaden, den er einem anderen zufügt, nicht verantwortlich.	7
Kinderarbeit ist bis zum Alter von 15 Jahren grundsätzlich verboten, Ausnahmen sind zulässig.	15
aktives und passives Wahlrecht für die Jugendvertretung im Betrieb	14
bedingte Strafmündigkeit	14
Straftaten von Jugendlichen (14 bis 18 Jahre) werden in jedem Fall vor Jugendgerichten verhandelt; dies gilt auch für Heranwachsende (18 bis 21 Jahre), die zur Zeit der Tat nach ihrer sittlichen und geistigen Entwicklung noch einem Jugendlichen gleichstanden.	14 bis 20
uneingeschränkte Strafmündigkeit	21

Altersbezogene gesetzliche Regelungen für Kinder- und Jugendliche	
Recht zum Erwerb des Führerscheins für:	
■ Mofas bis 25 km/h Geschwindigkeit	15
■ Mopeds bis 50 km/h und Leichtkrafträder bis 80 km/h	16
■ PKW (Klasse B) und Motorräder bis 20 kW (Klasse A)	18
Auf Probezeit für Fahrten in Begleitung	17
■ Motorräder (Klasse A), vorausgesetzt, man besitzt den Führerschein A 1 seit mindestens zwei Jahren	20
■ LKW (Klasse C)	21
Erlaubnis zur Vollzeitbeschäftigung, abhängig von der Dauer der Vollzeitschulpflicht in den einzelnen Bundesländern	(15) 16
Nachtschichten sind gestattet ab	18
Abgabe von Tabakwaren an Jugendliche, auch aus Zigarettenautomaten, und Rauchen in der Öffentlichkeit ab	18
Abgabe alkoholischer Getränke an Jugendliche ab	18
Erlaubnis zur Anwesenheit bei öffentlichen Tanzveranstaltungen bis 24:00 Uhr	16
Heirat mit Zustimmung des Vormundschaftsgerichtes ist möglich, wenn der/die künftige Ehepartner/-in volljährig ist.	16
Pflicht zum Besitz eines Personalausweises	16
Eine Ehe soll nicht vor Eintritt der Volljährigkeit eingegangen werden (Ehemündigkeit). Das Familiengericht kann auf Antrag von dieser Vorschrift Befreiung erteilen, wenn der Antragsteller das 16. Lebensjahr vollendet hat und sein künftiger Ehegatte volljährig ist.	16
Beginn der Wehrpflicht für Männer; Neuregelung	18
Frauen können Dienst an der Waffe leisten, dürfen jedoch nicht dazu verpflichtet werden (Grundgesetz § 12 a, Beschluss des Bundestages vom 27. Oktober 2000).	18
Strafbar ist für Erwachsene: ■ sexuelle Handlungen an einem Kind vorzunehmen oder durch ein Kind an sich vornehmen zu lassen; ■ ein Kind dazu zu bestimmen, dass es sexuelle Handlungen an einem Dritten vornimmt oder von einem Dritten an sich vornehmen lässt; ■ Einwirkung auf ein Kind durch Vorzeigen pornografischer Abbildungen oder Darstellungen durch Abspielen von Tonträgern pornografischen Inhalts oder durch entsprechende Reden; ■ Verführung von Mädchen unter 16 Jahren zum Beischlaf; ■ sexueller Missbrauch von Schutzbefohlenen unter 18 Jahren.	
Recht, einer Gewerkschaft beizutreten, sobald ein Arbeitsverhältnis begonnen wurde	15/16
Ende der Schulpflicht	18
Volljährigkeit ab	18
aktives und passives Wahlrecht (Besonderheiten im Kommunalrecht)	16/18
Altersgrenze für den Erwerb und Besitz von Schusswaffen für Jäger, nach Ablegung der Jägerprüfung	18
Altersgrenze für den Erwerb und Besitz von Schusswaffen	21
Dienst als ehrenamtlicher Richter oder als Schöffe	25

Quelle: www.kinder-jugendhilfe.info

5740546

Das Kinder- und Jugendhilfegesetz im SGB VIII bietet vor Ort ein verzahntes System von Hilfen in partnerschaftlicher Zusammenarbeit zwischen den öffentlichen und freien Trägern der Kinder- und Jugendhilfe an.

Nach § 1 Abs. 3 SGB VIII verfolgt die Kinder- und Jugendhilfe bestimmte Ziele:

- junge Menschen in ihrer individuellen und sozialen Entwicklung zu fördern und dazu beizutragen, Benachteiligungen zu vermeiden oder abzubauen,
- Eltern und andere Erziehungsberechtigte bei der Erziehung zu beraten und zu unterstützen,
- Kinder und Jugendliche vor Gefahren für ihr Wohl zu schützen,
- dazu beizutragen, positive Lebensbedingungen für junge Menschen und ihre Familien sowie eine kinder- und familienfreundliche Umwelt zu erhalten oder zu schaffen.

Vorrangiges Ziel aller Hilfeleistungen ist es, Familien durch geeignete Angebote Hilfe zur Selbsthilfe zu geben und die Erziehungsarbeit ggf. zu ergänzen, notfalls in sie einzugreifen. Grundsätzlich sind sämtliche Jugendhilfeaufgaben wegen des in Artikel 6 Absatz 2 GG geschützten Elternrechtes auf Erziehung als nachrangig zu sehen.

Adressatenkreis des Kinder- und Jugendhilfegesetzes sind in erster Linie Minderjährige und ihre Familien, aber auch noch nicht 27 Jahre alte Volljährige (vgl. § 7 Abs. 1 SGB VIII).

Das Gesetz geht nicht vom hergebrachten Familienverständnis verheirateter Eltern mit Kindern aus. Erfasst werden heute alle familiären Lebensformen, z. B. Ein-Eltern-Familien, unverheiratete Paare mit Kindern, Pflegeeltern sowie Kinder, die von nahen Verwandten (z. B. Großeltern) erzogen werden.

Leistungsangebote der Kinder- und Jugendhilfe finden im örtlichen Lebensraum von Kindern und Jugendlichen statt. Die Träger der öffentlichen Jugendhilfe werden durch Landesrecht bestimmt. Die örtlichen Träger sind gesetzlich verpflichtet, ein Jugendamt einzurichten. Unter bestimmten Voraussetzungen können auch kreisangehörige Gemeinden ein Jugendamt einrichten.

Das kommunale Jugendamt plant, gewährleistet und finanziert als zentrale Einrichtung vor Ort die Aufgaben und Leistungen der Kinder- und Jugendhilfe. Die Aufgaben des Jugendamtes werden durch den Jugendhilfeausschuss und durch die Verwaltung des Jugendamts wahrgenommen (vgl. folgende Abb.).

Aufbau des Jugendamtes auf örtlicher Ebene

Jugendamt

Jugendhilfeausschuss (JHA)

Der **JHA** befasst sich mit allen Angelegenheiten der Jugendhilfe, inbesondere mit:

- der Beratung von Problemlagen junger Menschen und Familien
- Vorschlägen für die Weiterentwicklung der Jugendhilfe
- der Jugendhilfeplanung
- der Förderung der freien Jugendhilfe

Verwaltung

laufende Verwaltung im Rahmen der Satzung und der Beschlüsse der Vertretungskörperschaft und des Jugendhilfeausschusses

Zusammensetzung des Jugendhilfeausschusses:
zu **2/5** freie Träger, Jugendverbände, Wohlfahrtsverbände, Religionsgemeinschaften, Vereine
zu **3/5** Vertreter des Kommunalparlaments

Quelle: www.kinder-jugendhilfe.info

Die Organisation der Kinder- und Jugendhilfe gehört zur kommunalen Selbstverwaltung. Während die Verwaltung des Jugendamts die Beschlüsse und Gesetze ausführt, ist der Jugendhilfeausschuss steuernd und planend in die Kinder- und Jugendhilfe eingebunden. Die täglichen Geschäfte der laufenden Verwaltung werden von der Verwaltung des Jugendamts im Rahmen einer kommunalen Satzung und der Beschlüsse des Gemeinderats und des Jugendhilfeausschusses wahrgenommen (vgl. § 70 Abs. 2 SGB VIII).

Die Beteiligung freier Träger der Kinder- und Jugendhilfe im Jugendhilfeausschuss bietet die Gewähr, dass die Interessen von Kindern, Jugendlichen und ihren Eltern unmittelbar einbezogen werden.

Träger der freien Jugendhilfe sind u. a. Jugendverbände, Jugendwohlfahrtsverbände, die Kirchen und Selbsthilfe-Organisationen, z. B. Deutscher Caritasverband, Diakonisches Werk, Arbeiterwohlfahrt oder Deutscher Paritätischer Wohlfahrtsverband.

In der alltäglichen Praxis erbringen die freien Träger der Jugendhilfe im Verhältnis zur öffentlichen Jugendhilfe erhebliche Jugendhilfeleistungen. Deutlich wird dies vor allem bei der Trägerschaft von Kindergärten, Heimen sowie im Bereich der Jugendarbeit.

Das Jugendamt ist Partner für Familien-, Vormundschafts- und Jugendgerichte, Polizei und Staatsanwaltschaft. Es ist Anlaufstelle für Hilfesuchende und zentraler Ansprechpartner bei Gefährdungen des Kindeswohls.

Die Aufgaben des Jugendamtes sind im SGB VIII als „Leistungen und andere Aufgaben zugunsten junger Menschen und Familien" definiert.

Leistungen der Jugendhilfe sind u. a.:

- Jugendarbeit, Jugendsozialarbeit sowie Kinder- und Jugendschutz anzubieten,
- die Erziehung in der Familie zu unterstützen,
- Kinder in Tageseinrichtungen und Tagespflege zu fördern oder
- seelisch behinderten Kindern und Jugendlichen zu helfen.

Andere Aufgaben der Jugendhilfe sind unter anderem:

- Kinder und Jugendliche in Obhut zu nehmen, d. h. sie vorläufig sicher außerhalb der Familie unterzubringen,
- Kinder oder Jugendliche aus einer Wohnumgebung herauszunehmen,
- in Verfahren vor den Vormundschafts- und Familiengerichten mitzuwirken,
- in Adoptionsverfahren zu beraten und aufzuklären,
- in Verfahren nach dem Jugendgerichtsgesetz mitzuwirken,
- Pfleger und Vormünder zu beraten und zu unterstützen,
- Amtspflegschaft, Amtsvormundschaft und Beistandschaft einzurichten.

Die Leistungen der Jugendhilfe haben überwiegend beratenden Charakter. Sie stellen Angebote dar, die freiwillig in Anspruch genommen werden können. Angeordnet oder erzwungen werden können sie im Grundsatz nicht. Leistungen sind von den Jugendämtern aber immer anzubieten. Sie stellen einklagbare Rechtsansprüche Hilfesuchender dar, z. B. auf Beratungsangebote.

Der Bereich der Beratung und Hilfeleistung wird allerdings verlassen, wenn das Kindeswohl gefährdet ist. Durch das Familiengericht sind Eingriffe in das elterliche Sorgerecht möglich (vgl. nachfolgende Abb.). Das Jugendamt spielt in diesem Verfahren eine zentrale Rolle.

Mitwirkungen in Verfahren vor dem Familiengericht	
„Pflege und Erziehung sind das natürliche Recht der Eltern und die zuvörderst ihnen obliegende Pflicht. Über ihre Betätigung wacht die staatliche Gemeinschaft." (Art. 6 Abs. 2 GG) Entscheidungen über Eingriffe ins elterliche Sorgerecht können nur vom Familiengericht getroffen werden.	**Eingriffe in dieses Recht (Sorgerecht) sind nach § 1666 BGB nur möglich,** ■ **wenn** das Wohl des Kindes gefährdet ist (Vernachlässigung, Misshandlung, Missbrauch) ■ **und** die Eltern nicht bereit oder in der Lage sind, diese Gefährdungssituation zu beenden, ■ **und** andere Maßnahmen (z. B. der Jugendhilfe) erfolglos geblieben sind oder zur Abwendung der Gefahr nicht ausreichen (§ 1666 a BGB) ■ **und** die ergriffenen Maßnahmen eine geeignete und verhältnismäßige Form der Gefahrenabwehr darstellen.
Das Jugendamt kann das Gericht anrufen.	Das Gericht muss das Jugendamt anhören.

Quelle: http://www.kinder-jugendhilfe.info/wai1/showcontent.asp?ThemaID=4503

5740548

Die tägliche Arbeit einer Mitarbeiterin/eines Mitarbeiters eines Jugendamts ist durch bestimmte Verfahrensgrundsätze (vgl. nachfolgende Abb.) geprägt, die zu beachten sind.

Es muss u. a. ein Hilfeplan (§ 36 Abs. 2 SGB VIII) aufgestellt und dem Wunsch- und Wahlrecht der Betroffenen (§ 5 SGB VIII) gefolgt werden.

Verfahrensgrundsätze (Auswahl) im Jugendamt	
■ Information und Beratung von Eltern und Kindern/Jugendlichen bei der Auswahl der Hilfe ■ Berücksichtigung des Wunsch- und Wahlrechts der Betroffenen (Eltern und Kinder) ■ Entscheidungen im Zusammenwirken mehrerer Fachkräfte (kollegiale Beratung im Fachteam) ■ Aufstellen eines Hilfeplans ■ regelmäßige Entscheidungsüberprüfung	**Bei Hilfe außerhalb der eigenen Familie (Pflegefamilien, Heime, sonstige betreute Wohnformen):** ■ Sicherung der Zusammenarbeit mit den Eltern ■ weitere Unterstützung der Herkunftsfamilie, Wiederherstellen der Erziehungsfähigkeit (Rückkehroption für das Kind) ■ mittelfristige Klärung und Entscheidung, ob die Unterbringung auf Zeit oder auf Dauer erfolgt

Quelle: www.kinder-jugendhilfe.info

Es ist immer das gesamte Umfeld der Kinder und Jugendlichen zu berücksichtigen. Die Familie, Freunde, die Ausbildungsstätte oder die Rahmenbedingungen in der Gemeinde sind in alle Jugendhilfe-Aktivitäten einzubeziehen.

Wenn Jugendhilfe gewährt wird, bedeutet dies nicht, dass Unterhalts- oder Sorgeverpflichtete sich ihren Pflichten entziehen können (vgl. § 10 SGB VIII). Jugendhilfe ist gegenüber den Elternrechten und -pflichten nachrangig anzuwenden.

Nach § 10 Abs. 2 SGB VIII gehen allerdings Jugendhilfeleistungen den Sozialhilfeleistungen vor. Sozialhilfe bleibt also im Verhältnis zur Jugendhilfe nachrangig (Nachrangprinzip der Sozialhilfe).

3.4 Das SGB XII – Sozialhilfe

Menschen, die hilfebedürftig, aber nicht erwerbsfähig sind, erhalten nach Sozialgesetzbuch, Zwölftes Buch (XII), Sozialhilfe. Sozialhilfe ist eine Leistung der Kommunen, auf die bei Vorliegen der gesetzlichen Voraussetzungen ein Anspruch besteht, wie auf andere Sozialleistungen auch (z. B. Kindergeld). In dieses Gesetz integriert wurde auch die Grundsicherung im Alter und bei Erwerbsminderung.

Personen, die erwerbsfähig und hilfebedürftig sind, erhalten keine Sozialhilfe, sondern das ALG II (vgl. Kapitel 3.1).

Viele Menschen geraten ohne eigenes Verschulden in eine Notsituation. Daher ist der Anspruch auf Sozialhilfe im Gesetz verschuldensunabhängig ausgestaltet worden.

Sozialhilfe kann grundsätzlich

- als Dienstleistung, z. B. unterstützend bei der Wohnungsbeschaffung, oder vermittelnd zu anderen Sozialleistungsträgern,
- als Geldleistung in Form monatlicher Zahlungen oder
- als Sachleistung, zum Beispiel bei der Beschaffung von Haushaltsgegenständen,

gewährt werden.

Der überwiegende Teil der Sozialhilfeleistungen sind Muss-Leistungen, auf die bei Vorliegen der Voraussetzungen ein Rechtsanspruch besteht (z. B. Hilfe zur Pflege oder zum Lebensunterhalt).

Daneben sind auch Soll- und Kann-Leistungen im SGB XII vorgesehen.

3.4.1 Grundsätze

Die Leistungen werden in den Kapiteln drei bis neun des SGB XII geregelt.

Es sind dabei drei Grundformen der Leistungserbringung vorgesehen:

Leistungen nach dem SGB XII

Hilfe zum Lebensunterhalt	Hilfe zur	Grundsicherung im Alter und bei Erwerbsminderung
	■ Gesundheit ■ Eingliederung ■ Pflege ■ Überwindung besonderer sozialer Schwierigkeiten ■ Bewältigung anderer Lebenslagen	

SGB XII

Bei der Erbringung dieser Leistungen sind von den Mitarbeitern der Sozialbehörden wichtige Grundsätze zu beachten:

- Nach § 9 SGB XII sind die Leistungen auf den individuellen Bedarf abzustimmen; dabei sind die Lebenslage, die Wünsche und die Fähigkeiten des Leistungsempfängers zu berücksichtigen.
- Im Sinne von § 2 SGB XII ist Sozialhilfe eine nachrangige Leistung (Subsidiaritätsprinzip) und wird daher grundsätzlich erst dann geleistet, wenn alle anderen Möglichkeiten ausgeschöpft sind. Der Leistungsberechtigte hat zunächst sein Einkommen und Vermögen, ihm ggf. zustehende Unterhaltsleistungen und seine eigene Arbeitskraft einzusetzen oder seine Ansprüche gegenüber vorrangigen Leistungsträgern geltend zu machen. Wenn Leistungen von Trägern der freien Wohlfahrtspflege gewährt werden, soll Sozialhilfe ebenfalls nur nachrangig gewährt (vgl. § 5 Abs. 4 SGB XII). Dies gilt nicht für Geldleistungen.
- Sozialhilfe muss nicht beantragt werden, sondern setzt unmittelbar ein, wenn dem Träger der Sozialhilfe bekannt wird, dass die Leistungsvoraussetzungen gegeben sind (vgl. § 18 Abs. 1 SGB XII), z. B. durch persönliche oder telefonische Vorsprache oder einen formlosen Brief.
  Die Leistungen der Grundsicherung im Alter und die Leistungen bei Erwerbsminderung nach dem vierten Kapitel müssen allerdings beantragt werden (vgl. § 41 Abs. 1 SGB XII).
- Im Sinne von § 10 SGB XII werden Leistungen vorrangig als Geldleistungen erbracht. Dienst- oder Sachleistungen sind daneben ebenfalls möglich. Gutscheine gehören zu den Sachleistungen.
- Nach § 11 SGB XII besteht auch ein Anspruch auf Beratung und weitere Unterstützungsformen, die von der Sozialhilfe unabhängig machen sollen.
- Grundsätzlich haben ambulante Hilfen Vorrang vor stationären. Stationäre Hilfe soll erst nach Prüfung von Bedarf, möglichen Alternativen und Kosten erfolgen.
- Mitwirkungspflichten des Leistungsberechtigten sind trotz fehlender oder geminderter Erwerbsfähigkeit deutlich herauszustellen.
- Sozialhilfe übernimmt bis auf wenige Ausnahmen, z. B. zur Wohnraumsicherung, keine Schulden.
- Sozialhilfe wird grundsätzlich im Inland gewährt. Im Ausland lebende Deutsche haben nur in außergewöhnlichen Notlagen Anspruch auf Sozialhilfe.

3.4.2 Aufgaben und Ziele

Krankheit, Unfall, Pflegebedürftigkeit oder Arbeitslosigkeit sind Lebensrisiken, die durch die Leistungsbereiche der Sozialversicherung weitgehend abgedeckt sind. Es können sich aber Notlagen ergeben, die nicht durch eine private oder öffentlich-rechtliche Versicherung oder private Hilfe durch Verwandte abgesichert sind.

5740550

Für diese Notlagen steht als nachrangige und „letzte Hilfe" die Sozialhilfe zur Verfügung.

Aufgabe der Sozialhilfe ist es gem. § 1 SGB XII, den Leistungsberechtigten die Führung eines Lebens zu ermöglichen, das der Würde des Menschen entspricht. Die Leistungen sind im Wesentlichen Hilfe zur Selbsthilfe, bei der die Leistungsberechtigten nach ihren Kräften mitzuwirken haben.

3.4.3 Organisation und Träger der Sozialhilfe

Das Sozialhilferecht ist mit dem SGB XII als Bundesgesetz geregelt. Als öffentliche „Fürsorge" gehört die Sozialhilfe gem. Art. 74 Nr. 7 GG zum Bereich der konkurrierenden Gesetzgebung. Die Länder wären nur dann für die Sozialhilfe gesetzgeberisch verantwortlich, solange der Bund keine Notwendigkeit sieht, durch ein Bundesgesetz gleichwertige Lebensverhältnisse und Rechtseinheitlichkeit im gesamten Bundesgebiet herstellen zu müssen. Die Notwendigkeit einer bundeseinheitlichen Regelung wird für das Sozialhilferecht aber gesehen.

Die Behörden der Bundesländer führen das Sozialhilferecht nach Art. 84 GG als eigene Angelegenheit aus, d. h., sie bestimmen im Wesentlichen die behördliche Organisation. Die Leistungen der Sozialhilfe werden aus Steuermitteln der Länder finanziert.

Die örtlichen Träger der Sozialhilfe sind gem. § 3 SGB XII die kreisfreien Städte und die Kreise, die verfassungsrechtlich zu den Ländern gehören. Örtlich umgesetzt werden die Sozialhilferegeln durch Sozialämter, Fachbereiche für Soziales und ähnliche Organisationseinheiten.

Die Kommunen haben die Sozialhilfeausgaben aus den ihnen zustehenden Steuereinnahmen und aus Mitteln des Finanzausgleichs innerhalb des Bundeslands zu bestreiten.

3.4.4 Hilfe zum Lebensunterhalt

Hilfe zum Lebensunterhalt erhält, wer den notwendigen Lebensunterhalt weder aus eigenen Mitteln (Einkommen und Vermögen) und Kräften (Arbeitskraft), noch mit Hilfe Dritter (z. B. Unterhaltszahlungen) sicherstellen kann. Es besteht im Grundsatz eine hohe Verpflichtung, sich selbst zu helfen.

Hilfe zum Lebensunterhalt wird sowohl vorübergehend als auch längerfristig gewährt, wenn es die individuelle Notlage der Leistungsberechtigten erfordert.

Die Hilfe zum Lebensunterhalt soll die Grundbedürfnisse des täglichen Lebens eines Menschen sichern (Bedarf). Dazu gehören u. a. die angemessenen Kosten der Unterkunft einschließlich Heizung, Ernährung, Kleidung und Hausrat. Umzugskosten können im Einzelfall übernommen werden.

Mit der Verlagerung von Sozialhilfeleistungen für Erwerbsfähige in den Bereich der Grundsicherung nach dem SGB II ab 2005 hat sich die Zahl der Leistungsempfänger in den Kommunen deutlich verringert (vgl. nachfolgende Abb.).

EmpfängerInnen von Hilfe zum Lebensunterhalt 1963 bis 2009

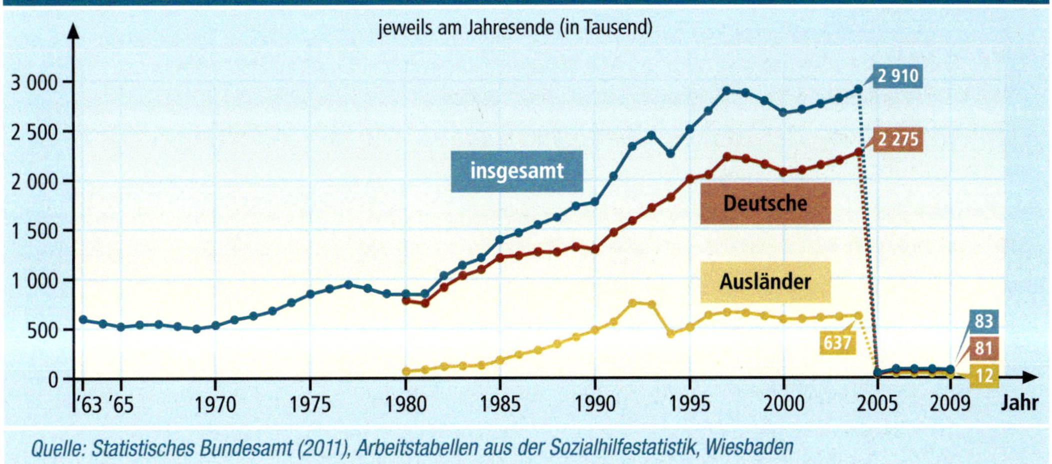

Quelle: Statistisches Bundesamt (2011), Arbeitstabellen aus der Sozialhilfestatistik, Wiesbaden

3 Einzelne Hilfearten des SGB im Überblick

Die Hilfe zum Lebensunterhalt wird durch Regelbeträge weitgehend pauschaliert. Die Unterhaltsleistungen nach dem SGB II richten sich ebenfalls nach diesen Regelbeträgen.

Sozialhilfe als laufende Hilfe zum Lebensunterhalt berechnet sich vereinfacht nach nebenstehendem Schema:

	Regelfall
+	Mehrbedarf
+	Sonderbedarf
+	Unterkunftskosten
+	Kranken- und Pflegeversicherungsbeiträge
–	Einkommen
–	Vermögen
=	Hilfe zum Lebensunterhalt

Für die Berechnung muss ein Leistungsempfänger umfangreich über seine persönlichen und finanziellen Verhältnisse Auskunft erteilen.

Regelmäßig müssen u. a. folgende Nachweise erbracht werden:

- Lohn- oder Gehaltsabrechnungen,
- Kontoauszüge,
- Vermögensnachweise über Sparverträge, Lebensversicherungen usw.,
- Versicherungspolicen (z. B. über Hausrat- oder Haftpflichtversicherung),
- Mietvertrag,
- Kindergeldbescheid,
- Unterhaltszahlungen,
- Nachweise über eine besondere Pflegebedürftigkeit.

Zum Einkommen sind grundsätzlich alle Einkünfte in Geld oder Geldeswert zu zählen. Das können zum Beispiel Arbeitseinkommen aus geringfügiger Beschäftigung, Renten, Kindergeld oder Unterhaltsvorschussleistungen sein. Nicht zum Einkommen gehören u. a. Leistungen nach dem SGB XII selbst. Vom Einkommen und Vermögen bleiben bestimmte Beträge anrechnungsfrei (vgl. Ausführungen in Kapitel 3.1).

Regelsätze (RS) in der Hilfe zum Lebensunterhalt und der Grundsicherung im Alter und bei Erwerbsminderung (alle Beträge in Euro) ab 1. Januar 2013

gültig ab	Regelbedarfsstufe 1	Regelbedarfsstufe 2	Regelbedarfsstufe 3	Regelbedarfsstufe 4	Regelbedarfsstufe 5	Regelbedarfsstufe 6
1.1.2013	382	345	306	289	255	224

Regelbedarfsstufe 1:
alleinstehende oder alleinerziehende Leistungsberechtigte

Regelbedarfsstufe 2:
Ehegatten und Lebenspartner sowie andere erwachsene Leistungsberechtigte, die in einem gemeinsamen Haushalt leben und gemeinsam wirtschaften

Regelbedarfsstufe 3:
erwachsene Leistungsberechtigte, die keinen eigenen Haushalt führen, weil sie im Haushalt anderer Personen leben

Regelbedarfsstufe 4:
Jugendliche von Beginn des 15. bis zur Vollendung des 18. Lebensjahres

Regelbedarfsstufe 5:
Kinder vom Beginn des 7. bis zur Vollendung des 14. Lebensjahres

Regelbedarfsstufe 6:
Kinder bis zur Vollendung des 6. Lebensjahres

Quelle: www.bundesregierung.de/Content/DE/Artikel/2012/09/2012-09-19-regelbedarf-erhoeht-mehr-geld-fuer-arbeitsuchende.html

Seit dem 1. Januar 2013 gilt in der Regelbedarfsstufe 1 ein Regelsatz 382,00 €. Der Regelsatz soll die dargestellten Bedarfe sichern. Diesen Betrag erhalten Alleinstehende und alleinerziehende Leistungsberechtigte. Weitere Haushaltsangehörige erhöhen diesen Betrag. Bei Kindern bleibt es im Grundsatz bei den alten Regelungen. Zusammenlebende Ehepaare und Lebenspartner erhalten, wie beim ALG II, jeweils 90 % des Eckregelsatzes (vgl. zu den Regelsätzen auch die Tabellen auf den Seiten 538 und 552).

Zusätzlich übernimmt das Sozialamt die angemessenen Kosten der Unterkunft und die Heizkosten. Wegen dieser Übernahme haben Sozialhilfeempfänger keinen zusätzlichen Anspruch auf Wohngeld.

Sozialhilfe soll sich grundsätzlich nach den Besonderheiten des Einzelfalles richten (vgl. § 9 Abs. 1 SGB XII). Die Gewährung von Sozialhilfe als pauschalierte Regelleistung steht zu diesem Grundsatz in einem gewissen Widerspruch. Die Mitarbeiter der Sozialbehörden können diesen Widerspruch durch das ihnen eingeräumte Ermessen auflösen. Von pauschalierten Leistungen darf daher im Einzelfall wegen Sonder- oder Mehrbedarf abgewichen werden, wenn eine ausreichende Hilfeleistung anders nicht gewährt werden kann.

Mehrbedarfe können z. B. entstehen durch Schwangerschaft, eine Behinderung oder eine kostenaufwendigere Ernährung. Auch voll Erwerbsgeminderte mit einem Merkzeichen G im Schwerbehindertenausweis können Mehrbedarfe haben.

3.4.5 Grundsicherung im Alter und bei Erwerbsminderung

Die Grundsicherung im Alter und bei dauerhaft voller Erwerbsminderung ist eine der im SGB XII geregelten Sozialhilfeleistungen. Sie stellt den Bedarf für den Lebensunterhalt älterer und dauerhaft Erwerbsgeminderter sicher.

Sie ist eine bedürftigkeitsabhängige Leistung, die in ihrem Umfang weitgehend den Leistungen der Hilfe zum Lebensunterhalt entspricht.

Beantragen können diese Leistung im Einzelnen Personen mit gewöhnlichem Aufenthalt in der Bundesrepublik Deutschland,

- die das 65. Lebensjahr vollendet haben oder
- die das 18. Lebensjahr vollendet haben und dauerhaft voll erwerbsgemindert sind.

Beanspruchen können diese Personen die Grundsicherung,

- wenn sie ihren Lebensunterhalt nicht aus eigenem Einkommen und Vermögen oder
- aus dem Einkommen und Vermögen des nicht getrennt lebenden Ehegatten oder Lebenspartners bestreiten können.

Zum Einkommen gehören u. a. Renten und Pensionen, Erwerbseinkommen, Einkünfte aus Vermietung und Verpachtung oder Unterhaltsleistungen des geschiedenen Ehegatten. Abzugsfähig vom Einkommen sind Steuern und bestimmte Versicherungen.

Zum Vermögen gehören u. a. Bargeld und Wertpapiere, Immobilien, Spargelder oder auch der eigene PKW. Ein bestimmtes Schonvermögen bleibt unberücksichtigt.

Die Grundsicherung ist ähnlich ausgestaltet wie die Hilfe zum Lebensunterhalt. Daher ist auch bei dieser Form der Sozialhilfe von den bekannten Regelsätzen auszugehen.

Die Grundsicherung schützt unterhaltsverpflichtete Kinder, weil sie steuerfinanziert ist. Ältere Menschen müssen daher den Rückgriff des Sozialamts auf die Einkommen der Kinder nicht befürchten.

Keinen Anspruch auf Leistungen haben Personen u. a.,

- wenn das Einkommen von Unterhaltspflichtigen einen Betrag von jährlich 100.000,00 € übersteigt oder
- wenn sie ihre Bedürftigkeit innerhalb der letzten zehn Jahre vor dem Hilfegesuch vorsätzlich oder grob fahrlässig herbeigeführt haben.

Eine vereinfachte Bedarfsberechnung wird in der folgenden Situation dargestellt.

Hiltrud Möller, 69 Jahre alt, ist Witwe und stark gehbehindert. Sie wohnt in einer 46 m² großen Wohnung. Wegen ihrer beiden Kinder war sie nur wenige Jahre berufstätig. Ihr verstorbener Ehemann hatte ihre Berufstätigkeit immer kritisch gesehen. Ihre Versichertenrente ist daher gering. Da ihr verstorbener Ehemann ebenfalls keine hohe Rente bezogen hatte, fällt ihre Witwenrente gering aus.

Eine Bedarfsberechnung könnte vereinfacht folgendermaßen aussehen:

Einkommen:	€/Monat
eigene Rente (bereinigt um Pflichtversicherungsbeiträge)	87,00
Witwenrente (ebenso bereinigt)	315,00
Summe Einkommen:	402,00
Bedarf an Grundsicherung:	
Regelsatz Haushaltsvorstand (ab 2013 vorgesehen)	382,00
Mehrbedarf von 17 % wegen Gehbehinderung	65,00
Unterkunftskosten	280,00
Heizkosten	58,00
Bedarf insgesamt	785,00
Grundsicherungsleistung:	
Gesamtbedarf	785,00
abzüglich Einkommen	410,00
Grundsicherung monatlich	375,00

Hiltrud Möller hätte einen Anspruch auf Grundsicherungsleistung im Alter in Höhe von monatlich 375,00 €. Dieser würde nur dann entfallen, wenn ihre Kinder über mehr als 100.000,00 € Einkommen jährlich verfügen. Ihre Kinder müssten diese Sozialhilfeleistung auch nicht erstatten.

Für Sozialhilfeberechtigte und Grundsicherungsberechtigte wie Hiltrud Möller werden die tatsächlichen Kosten für Unterkunft und Heizung übernommen. Ein Anspruch auf Wohngeld entfällt damit.

Folgende Wohnungs- und Hausgrößen gelten als angemessen (Bsp. Stadt Bochum, NRW):

- bis zu 50 m² für eine Person
- bis zu 65 m² für zwei Personen
- bis zu 80 m² für drei Personen
- bis zu 95 m² für vier Personen
- ein eigenes Haus darf ca. 130 m² groß sein, eine eigene Wohnung bis 120 m²

Eine Mitarbeiter der Sozialbehörde muss die Besonderheiten des Einzelfalls berücksichtigen. Richtlinien des Sozialhilfeträgers sind zu beachten.

Eine Grundsicherung wegen dauerhaft voller Erwerbsminderung setzt voraus, dass das Leistungsvermögen wegen Krankheit oder Behinderung stark herabgesetzt ist. Die leistungsberechtigte Person müsste auf nicht absehbare Zeit außerstande sein, unter üblicherweise geltenden Arbeitsbedingungen mindestens drei Stunden täglich erwerbstätig zu sein (vgl. § 43 SGB XII).

3.4.6 Weitere Leistungen nach SGB XII

Neben der Hilfe zum Lebensunterhalt und der Grundsicherung im Alter und bei Erwerbsminderung tritt die Sozialhilfe auch ein, wenn Menschen in einer besonderen Lebenssituation stecken. Krankheit, Pflegebedürftigkeit, Behinderung oder besondere soziale Schwierigkeiten können eine spezielle Unterstützung wegen einer besonderen Bedarfssituation erforderlich machen.

Im Einzelnen können folgende Hilfen besondere Unterstützungen liefern:

- Hilfen zur Gesundheit (§§ 47 bis 52 SGB XII)
- Eingliederungshilfe für behinderte Menschen (§§ 53 bis 60 SGB XII)
- Hilfe zur Pflege (§§ 61 bis 66 SGB XII)
- Hilfe zur Überwindung besonderer sozialer Schwierigkeiten (§§ 67 bis 69 SGB XII)
- Hilfe in anderen Lebenslagen (§§ 70 bis 74 SGB XII)

Die Ausgaben für diese Hilfen sind im Vergleich zur Hilfe zum Lebensunterhalt und zur Grundsicherung im Alter und bei Erwerbsminderung deutlich höher (vgl. nachfolgende Abb.).

Nettoausgaben in der Sozialhilfe (SGB XII) nach Leistungsarten in den Jahren 2009 und 2010

	Nettoausgaben SGB XII im Jahr 2009			Nettoausgaben SGB XII im Jahr 2010	
Leistung	Netto-ausgaben in Mio. €	Anteile der Ausgaben nach Kap. an Gesamtkosten	Erhöhung 2010 gegenüber 2009	Netto-ausgaben in Mio. €	Anteile der Ausgaben nach Kap. an Gesamtkosten
Hilfe zum Lebensunterhalt	999,2	4,8 %	+ 12,5 %	1.028,3	4,7 %
Grundsicherung im Alter und bei Erwerbsminderung[1]	3.916,5	18,7 %	+ 6,7 %	4.107,4	18,9 %
Hilfen zur Gesundheit ohne Kostenerstattung an GKV[2]	777,3	3,7 %	– 9,2 %	753,0	3,5 %
Eingliederungshilfe	11.967,3	57,2 %	+ 6,8 %	12.481,3	57,4 %
Hilfe zur Pflege	2.878,3	13,8 %	+ 4,6 %	2.966,9	13,6 %
Hilfe zur Überwindung besonderer sozialer Schwierigkeiten Hilfe in anderen Lebenslagen	391,6	1,9 %	+ 0,4 %	411,9	1,9 %
Ausgaben insgesamt	20.930,1	100 %	+ 3,9 %	21.748,8	100 %

1 Ausgaben ohne Kosten für von den Trägern der gesetzlichen Rentenversicherung durchgeführte Gutachten zur Feststellung einer dauerhaften vollen Erwerbsminderung

2 einschließlich Erstattungszahlungen an die Krankenkassen für Krankenbehandlung nach § 264 SGB V

Quelle: Bundesministerium für Arbeit und Soziales (Hrsg.), Übersicht über das Sozialrecht, 9. Auflage, 2012, S. 804

3.4.7 Überleitung von Ansprüchen auf den Sozialhilfeträger

Der Übergang von Unterhaltsansprüchen auf den Sozialhilfeträger ist in § 94 SGB XII geregelt. Eine leistungsberechtigte Person, die Unterhaltsansprüche gegen einen Unterhaltspflichtigen nach bürgerlichem Recht hat, „verliert" diesen Anspruch gewissermaßen an den Sozialhilfeträger.

Durch eine Überleitungsanzeige an Unterhaltsverpflichtete werden die privatrechtlichen Ansprüche auf den Sozialhilfeträger übergeleitet. Der Unterhaltsanspruch geht dabei bis zur Höhe der geleisteten Hilfe auf den Träger über. Ein solcher Unterhaltsrückgriff ist allerdings nur bei Unterhaltsansprüchen in gerader Linie möglich, d. h. ausschließlich zwischen Eltern und ihren Kindern und umgekehrt. Unterhaltsverpflichtete dürfen durch den Unterhaltsrückgriff allerdings nicht selbst hilfebedürftig werden. Der Unterhaltsrückgriff ist, wie oben dargestellt, nicht möglich in der Grundsicherung im Alter und bei Erwerbsminderung.

4 Ausgewählte weitere öffentlich-rechtliche Leistungen

4.1 Kindergeld

Die Familienpolitik in der Bundesrepublik Deutschland steht auch im Jahr 2013 weiter im Blickpunkt. Kontrovers diskutiert wird u. a. die Einführung eines Betreuungsgelds. Fehlender Nachwuchs gefährdet vor allen Dingen die Sozialversicherungssysteme, die überwiegend (noch) als Generationenverträge ausgestaltet sind. Darüber hinaus beklagt die Wirtschaft schon jetzt spürbar einen Facharbeitermangel.

Aus diesen Gründen hat die staatliche Unterstützung von Familien ein hohes Gewicht. In der Bundesrepublik Deutschland werden Familien überwiegend materiell durch steuerliche Freibeträge und Kindergeld gefördert. In anderen Ländern sind Sachleistungen ausgeprägter (vgl. nachfolgende Grafik).

In Deutschland ist die Geburtenrate weltweit eine der niedrigsten mit 1,39 (2010) Kindern pro Frau. Beklagt wird allgemein eine schlechte Vereinbarkeit von Beruf und Familie. In Island beträgt die Geburtenrate 2,2 (2010) Kinder je Frau.

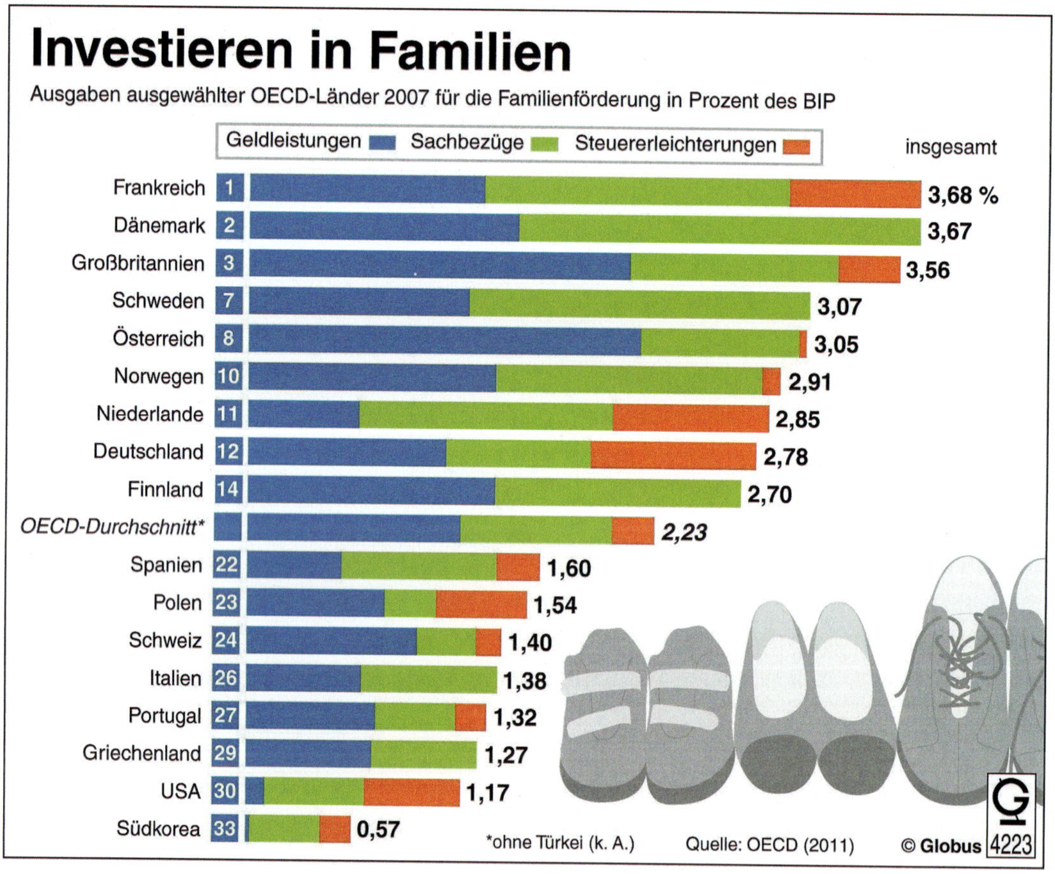

Kindergeld ist keine Sozialleistung im herkömmlichen Sinne. Durch das monatlich gezahlte Kindergeld sollen Eltern eher steuerlich entlastet und das Existenzminimum des Kindes in dieser Höhe abgesichert werden.

Bei der Veranlagung zur Einkommensteuer einmal jährlich wird geprüft, ob die Gewährung steuerlicher Kinder- und Betreuungsfreibeträge für das Existenzminimum eines Kindes sich günstiger auswirken würde als das ausgezahlte Kindergeld (sogenannte Günstigerregelung). Ist dies der Fall, erfolgt eine Verrechnung mit dem ausgezahlten Kindergeld.

Geregelt ist das Kindergeld im X. Abschnitt des Einkommensteuergesetzes sowie im Bundeskindergeldgesetz. Kindergeld nach dem Bundeskindergeldgesetz wird aber nur für einen kleinen Kreis von Berechtigten gezahlt und tritt hinter die steuerrechtlichen Regelungen zurück.

4.1 Kindergeld

Grundsätzlich erhält Kindergeld, wer seinen Wohnsitz oder seinen gewöhnlichen Aufenthalt in Deutschland hat. Daneben erhält Kindergeld, wer zwar im Ausland wohnt, in Deutschland aber unbeschränkt einkommensteuerpflichtig ist.

Als Kinder des Antragstellers zählen leibliche und adoptierte Kinder, Kinder des Ehegatten sowie Enkelkinder, wenn Großeltern als Antragsteller diese in ihren Haushalt aufgenommen haben. Ebenfalls als Kinder zählen Pflegekinder, soweit eine auf Dauer angelegte familienähnliche Beziehung entstanden ist. Einen Anspruch auf Kindergeld haben grundsätzlich die Eltern, nicht aber die Kinder selbst.

Das Kindergeld ist bei der zuständigen Familienkasse der Bundesagentur für Arbeit schriftlich zu beantragen. Für Angehörige des öffentlichen Dienstes gelten Sonderzuständigkeiten. Ein Anspruch besteht für jeden Monat, in dem die Anspruchsvoraussetzungen für mindestens einen Tag vorgelegen haben. Rückwirkend kann Kindergeld für vier Jahre festgesetzt werden.

Kindergeld wird mindestens bis zum 18. Lebensjahr des Kindes gezahlt. Befindet sich das Kind in einer Schul- oder Berufsausbildung bzw. im Studium, wird Kindergeld bis zur Vollendung des 25. Lebensjahres gezahlt. Hat ein in Studium oder Ausbildung befindliches Kind Zivil- oder Wehrdienst geleistet, verlängert sich der Anspruchszeitraum um die Dauer des Wehr- bzw. Zivildienstes (vgl. Schaubild). Eine Ausnahme von der Altersgrenze gilt bei schwerbehinderten Kindern, sofern die Schwerbehinderung vor dem 25. Lebensjahr festgestellt wurde und mindestens ein Elternteil noch lebt.

Anspruchsvoraussetzungen

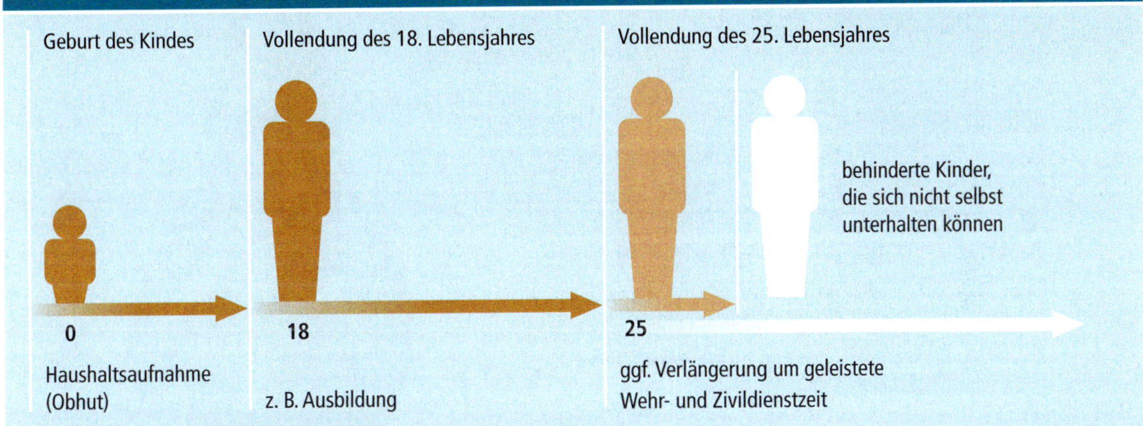

Quelle: Bundeszentralamt für Steuern (Hrsg.), Merkblatt Kindergeld, Januar 2012, S. 9

Kindergeld wird zurzeit monatlich in folgender Höhe gezahlt:

- für die ersten zwei Kinder jeweils 184,00 €
- für ein drittes Kind 190,00 €
- für jedes weitere Kind 215,00 €

Welches Kind bei einem Berechtigten erstes, zweites, drittes oder weiteres Kind ist, richtet sich nach der Reihenfolge der Geburten.

Erhält ein Kind wegen Erreichen der Altersgrenze kein Kindergeld mehr, rücken die Geschwisterkinder auf. Diese stellen die sogenannten Zahlkinder dar.

Berücksichtigt werden aber auch die sogenannten Zählkinder. Diese sind Kinder des Kindergeldberechtigten, für die er aber kein Kindergeld erhält, z. B. weil ein anderer kindergeldberechtigt ist. Die Zählkinder werden bei der Gesamtzahl der Kinder mitgezählt und können den Anspruch auf die Höhe des Kindergelds verändern.

Aktuelle Informationen über die Leistungen der Familienkassen der Bundesagentur für Arbeit findet man im Internet unter: www.familienkasse.de oder www.bzst.de

4.2 Elterngeld und Elternzeit

Elterngeld gibt es für Kinder, die ab dem 1. Januar 2007 geboren wurden, zusätzlich zum Kindergeld. Es wird in der Regel für den Zeitraum von zwölf Monaten gezahlt. Zwei zusätzliche Partnermonate können hinzugewonnen werden, wenn sich auch der Partner Zeit für das Kind nimmt und seine Erwerbstätigkeit einschränkt oder unterbricht. Auch Alleinerziehende können diese zwei Monate hinzubekommen.

Die 14 Monate können zwischen Vater und Mutter frei aufgeteilt werden. Sie könnten von den Eltern auch gemeinsam genommen werden. In der Praxis wird die Aufteilung häufig danach entschieden, auf welche Weise das Familieneinkommen am besten sichergestellt werden kann.

Familienpolitisches Ziel dieses Bonus ist es, dass sich Väter oder Eltern gemeinsam stärker in die Erziehung ihrer Kinder einbinden lassen und Verantwortung übernehmen.

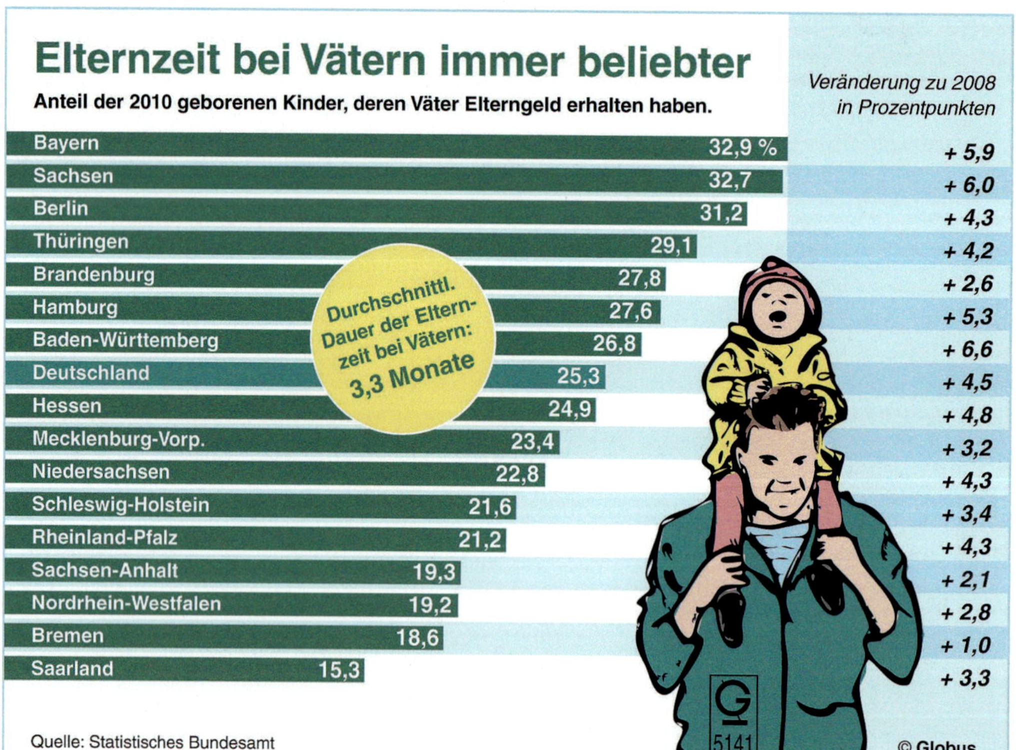

Das Elterngeld ist eine wichtige Unterstüzung für Familien nach der Geburt eines Kindes. Das belegen Zahlen des Statistischen Bundesamts: In drei Bundesländern hat die Väterquote mittlerweile die 30 Prozent-Hürde überschritten, Bayern liegt mit 32,9 % an der Spitze, gefolgt von Sachsen mit 32,7 % und Berlin mit 31,2 % . 2008 lag die Väterbeteiligung im Jahresdurchschnitt bei knapp 21 %. 2010 stieg sie auf 25,3 %.

Quelle: http://www.destatis.de/jetspeed/portal/cms/Sites/destatis/Internet/DE/Presse/pm/2010/... vom 29.10.2010

67 % bis 65 % des bisherigen monatlichen Nettoeinkommens werden durch diese soziale Leistung ersetzt. Für das Elterngeld gilt eine obere Grenze von 1.800,00 € monatlich. 300,00 € werden monatlich mindestens gezahlt. Für Nettoeinkommen ab 1.240,00 € und mehr vor der Geburt des Kindes sinkt seit Januar 2011 die Ersatzrate des Elterngelds von 67 % auf 65 %.

Das Elterngeld wird beim Arbeitslosengeld II, bei der Sozialhilfe und beim Kinderzuschlag seit dem 1. Januar 2011 vollständig als Einkommen angerechnet, mit Ausnahme eines Elternfreibetrags für Eltern, die vor der Geburt erwerbstätig waren.

Quelle: www.bmfsfj.de/Elterngeldrechner

Das durchschnittliche Nettoeinkommen in den letzten zwölf Monaten vor der Geburt bestimmt die Höhe des Anspruchs. Väter und Mütter, die mehr als 30 Stunden pro Woche berufstätig sind, haben keinen Anspruch.

5740558

Das Elterngeld wird, wie das Kindergeld, nicht versteuert. Es wird steuer- und abgabenfrei gewährt. Das Elterngeld wird aber bei der Ermittlung des persönlichen Steuersatzes als Einkommen berücksichtigt.

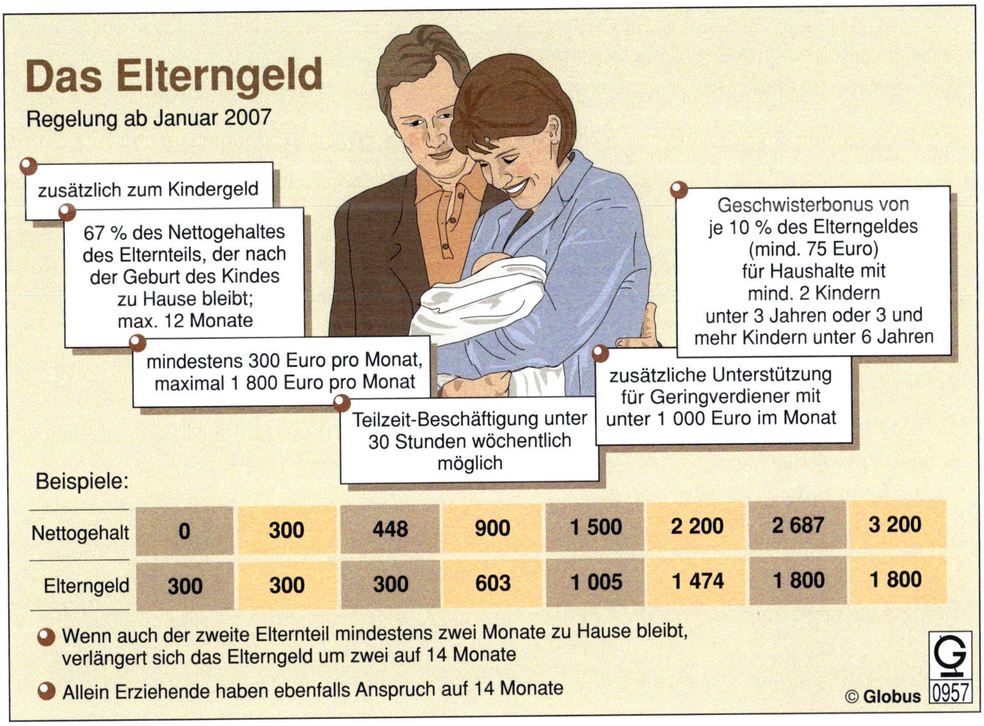

Nettogehalt	0	300	448	900	1 500	2 200	2 687	3 200
Elterngeld	300	300	300	603	1 005	1 474	1 800	1 800

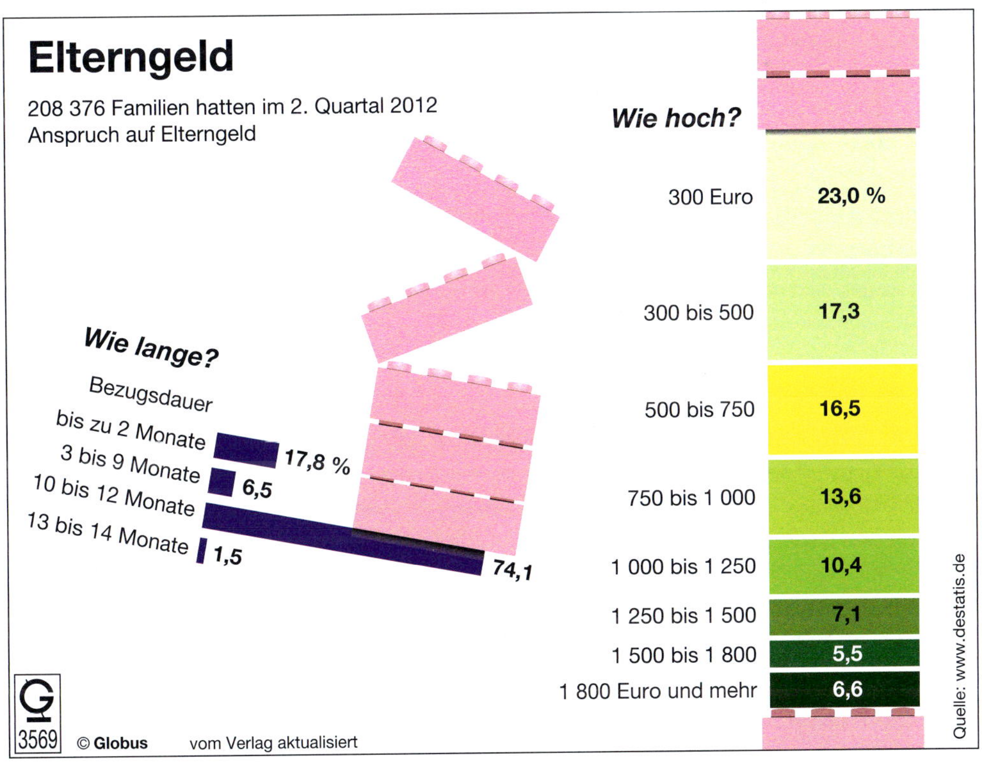

Die Grafik zeigt die Verteilung der Leistungen nach der Bezugsdauer und der Höhe des Elterngelds.

Elternzeit

- Nach der Geburt eines Kindes können Eltern, die in einem Arbeitsverhältnis stehen, auch ganz oder zeitweise gemeinsam, bis zur Vollendung des dritten Lebensjahres Elternzeit nehmen.
- Mit Zustimmung des Arbeitgebers kann Elternzeit von bis zu einem Jahr für später (bis zum 8. Lebensjahr) aufgespart werden; das gilt z. B. auch, wenn Zwillinge oder nach kurzer Zeit Geschwisterkinder geboren werden.

Anmeldefrist

Sieben, frühestens acht Wochen vor Beginn der Elternzeit, auch wenn die Elternzeit sofort nach dem Mutterschutz bzw. der Geburt beginnen soll. Die Anmeldung muss beim Arbeitgeber schriftlich erfolgen.

Zulässige Teilzeitarbeit

30 Std./Woche für beide = max. 60 Std./Woche

Rechtsanspruch auf Teilzeitarbeit in Betrieben mit mehr als 15 Mitarbeitern

Elterngeld und Elternzeit sind rechtlich nicht voneinander abhängig. Der Anspruch auf Elternzeit muss beim Arbeitgeber geltend gemacht werden, um Arbeitszeit reduzieren und Elterngeld nutzen zu können.

Die Elternzeit soll jedem Elternteil die Möglichkeit geben, ihr Kind in Ruhe und ohne Sorge vor Kündigung betreuen und erzielen zu können. Sie bedarf nicht der Zustimmung des Arbeitgebers.

Die Hauptpflichten des Arbeitsverhältnisses ruhen in der Elternzeit. Das Arbeitsverhältnis bleibt aber bestehen und nach Ablauf der Elternzeit besteht ein Anspruch auf Rückkehr auf den Arbeitsplatz.

vgl. zu Elterngeld und Elternzeit auch:

http://www.bmfsfj.de/RedaktionBMFSFJ/Broschuerenstelle/Pdf-Anlagen/Elterngeld-und-Ellternzeit

4.3 Unterhaltsvorschuss

Der Unterhaltsvorschuss ist eine wichtige finanzielle Hilfe und soziale Leistung für Alleinerziehende. Die besondere Belastung Alleinerziehender soll durch eine öffentlich-rechtliche Unterhaltsleistung aufgehoben bzw. gemildert werden.

Die Leistung wird nur vorübergehend gewährt, weil sie keine Ausfallleistung für privatrechtliche Unterhaltsverpflichtungen sein soll.

Liegen die Unterhaltszahlungen des unterhaltspflichtigen Elternteils unter dem festgesetzten Regelbedarf oder wird kein Unterhalt gezahlt, soll das Unterhaltsvorschussgesetz (UVG) Hilfe leisten.

Nach § 1 UVG müssen folgende Voraussetzungen erfüllt sein:

- Das Kind darf das zwölfte Lebensjahr noch nicht vollendet haben.
- Das Kind muss in Deutschland bei einem (alleinerziehenden) Elternteil leben, der ledig, geschieden, verwitwet oder dauernd getrennt lebend ist.
- Das Kind erhält nicht ausreichend, nicht regelmäßig oder gar keinen Unterhalt vom unterhaltspflichtigen Elternteil.

Der Elternteil ist nicht alleinerziehend, wenn er verheiratet ist und nicht dauernd getrennt lebt oder wenn er unverheiratet mit dem anderen Elternteil zusammenlebt.

Seit dem 1. Januar 2010 ergeben sich folgende monatliche Unterhaltsvorschussbeträge:

- für Kinder bis unter 6 Jahren 133,00 €;
- für Kinder bis unter 12 Jahren 180,00 €.

Von den genannten Unterhaltsvorschussbeträgen werden Unterhaltszahlungen des anderen Elternteils oder die Waisenbezüge abgezogen. Die Leistungen werden insgesamt längstens für 72 Monate ab Antragstellung gezahlt. Ein mündlicher Antrag, z. B. durch Telefonanruf, würde nicht genügen.

Örtlich und sachlich zuständig ist in der Regel das Jugendamt der Stadt-, Gemeinde- oder Kreisverwaltung. Dieses ist ausführende Stelle des Bundeslands, die das Unterhaltsvorschussgesetz als eigene Angelegenheit ausführt.

Eine Besonderheit im Verfahren entsteht durch den sogenannten Übergang von Unterhaltsansprüchen. Wenn einem Kind ein Unterhaltsanspruch gegen den mit ihm nicht zusammenlebenden Elternteil zusteht, geht dieser privatrechtliche Unterhaltsanspruch in Höhe des geleisteten Unterhaltsvorschusses auf das Land über. Das Land kann also ggf. diesen Anspruch einklagen und vollstrecken.

Darüber hinaus kann der Hilfesuchende freiwillig durch einen schriftlichen Antrag beim Jugendamt eine Beistandschaft erwirken, wenn er das alleinige Sorgerecht hat. Das Jugendamt macht dann für das Kind Unterhaltsansprüche geltend und setzt diese auch durch.

Der Anspruch auf Unterhaltsvorschussleistungen könnte u. a. dann verloren gehen, wenn der alleinerziehende Elternteil sich weigert, Auskünfte zu erteilen, oder wenn die Mutter eines Kindes bei der Feststellung der Vaterschaft nicht mitwirkt.

Nur bei einer besonderen Konfliktlage, z. B. bei Furcht vor Bedrohung oder Misshandlung, könnte die Auskunft verweigert werden. Besteht kein glaubhafter Konflikt, entfällt grundsätzlich der Anspruch auf Unterhaltsvorschuss wegen Verletzung der Mitwirkungspflichten.

Unterhaltsvorschuss schließt Sozialhilfe oder Sozialgeld nicht aus, wird aber als vorrangige Sozialleistung auf Leistungen nach dem SGB II oder SGB XII angerechnet. Wenn der notwendige Lebensunterhalt durch den Unterhaltsvorschuss nicht vollständig gedeckt wird, kommt Sozialgeld oder Sozialhilfe in Betracht.

vgl. zum Unterhaltsvorschuss:

http://www.bmfsfj.de/RedaktionBMFSFJ/Service/Publikationen/publikationen,did=3150.html

Wenn Eltern nicht zahlen können oder wollen, gewährt das Amt unter bestimmten Voraussetzungen Unterhaltsvorschuss.

http://www.lz.de/home/nachrichten_aus_lippe/kreis_lippe/6425683_Kreisjugendamt_zahlt_mehr_fuer_Kinder.html

5 Rechtsbehelfe und Rechtsmittel gegen Verwaltungsentscheidungen

Bürger, die eine Leistung für ihre soziale Absicherung begehren, können sich in der Regel mit einem formlosen Antrag an den jeweiligen Leistungsträger wenden. Wenn die gesetzlichen Voraussetzungen vorliegen, wird dem Antrag entsprochen und der Bürger erhält die beantragte Leistung.

Wenn der Leistungsträger der beantragten Leistung nicht oder nicht in vollem Umfange entspricht, muss sich der Bürger in vorgeschriebenen Verfahren gegen diese Entscheidung wehren.

Grundsätzlich sind die nach dem Sozialgerichtsgesetz (SGG) vom 3. September 1953, zuletzt geändert am 21. Juli 2012, vorgesehenen Verfahrenswege und -mittel zu nutzen, um sich gegen Verwaltungshandeln zu wehren.

Entscheidungen der gewährenden Verwaltung stellen rechtlich Verwaltungsakte dar. Wie gegen alle Verwaltungsakte, durch die sich Bürger belastet fühlen, können auch diese angefochten werden.

Auch begünstigende Verwaltungsakte können mit Widersprüchen angefochten werden. Nur wenn die gewährte Leistung genau der beantragten entspricht, könnte es an einem Rechtsschutzbedürfnis fehlen.

Rechtsbehelfe bzw. Rechtsmittel in einem gerichtlichen Verfahren wären dann nicht statthaft.

Die zuständige Verwaltungsbehörde bzw. das zuständige Gericht können sich je nach gewährter Leistung unterscheiden.

Während Wohngeld-Entscheidungen vor dem Verwaltungsgericht zu beklagen sind, müssen z. B. Elterngeld-Entscheidungen vor den Sozialgerichten verhandelt werden. Dies liegt an spezialgesetzlicher Zuweisung im § 13 BEEG, welche das Sozialgerichtsgesetz im § 51 Abs. 1 Nr. 10 SGG ausdrücklich zulässt.

Formlos kann sich jedermann gegen Verwaltungsentscheidungen wehren. Dieses Recht leitet sich letztlich aus Art. 17 GG (Petitionsrecht) ab, wonach sich jedermann schriftlich einzeln oder in Gemeinschaft mit Bitten oder Beschwerden an die zuständigen Stellen und an die Volksvertretung wenden kann.

Rechtsbehelfe

förmliche Rechtsbehelfe/Rechtsmittel

- Widerspruch
- Klage (verschiedene Formen)

Rechtsmittel:

- Revision
- Berufung

formlose Rechtsbehelfe

- Petition
- Gegenvorstellung
- Fachaufsichtsbeschwerde
- Dienstaufsichtsbeschwerde

5.1 Formlose Rechtsbehelfe

Wenn ein Bürger mit einem bestimmten Handeln der Verwaltung nicht einverstanden ist, gibt es neben der Durchführung förmlicher Verfahren noch die Möglichkeit, formlose außergerichtliche Rechtsbehelfe einzulegen. Hierzu gehören die Petition, die Gegenvorstellung sowie die Fach- und Dienstaufsichtsbeschwerde. Im Gegensatz zum Widerspruch sind diese Rechtsbehelfe nicht an Formen und Fristen gebunden. Sie können bei der Behörde eingelegt werden, die die strittige Entscheidung getroffen hat, bzw. bei deren Aufsichtsbehörde oder speziell dafür vorgesehenen Ausschüssen (Petitionsausschüsse im Bundes- bzw. den Landtagen).

Bei der grundgesetzlich verankerten Petition i. S. d. Art. 17 GG kann sich jeder Bürger an eine Behörde oder einen Petitionsausschuss wenden und dabei ein bestimmtes Verwaltungshandeln kritisieren bzw. begehren.

Es besteht ein Anspruch darauf, dass eine Petition entgegengenommen und sachlich geprüft wird. Dem Beschwerdeführer muss mitgeteilt werden, wie seine Eingabe erledigt wurde und wie das weitere Verfahren ist.

5740562

Ziel einer Gegenvorstellung ist es, dass die erlassende Behörde ihre Entscheidung in rechtlicher oder tatsächlicher Hinsicht noch einmal überprüft.

Bei der Fachaufsichtsbeschwerde wird anders als bei der Gegenvorstellung die Aufhebung oder Änderung eines Verwaltungshandelns nicht von der Erlassbehörde, sondern von deren Aufsichtsbehörde, der übergeordneten Behörde, begehrt.

Steht nicht die Rechtmäßigkeit einer bestimmten Verwaltungsmaßnahme im Vordergrund, sondern das persönliche Verhalten eines Angehörigen des öffentlichen Dienstes, so kann sich der Betroffene im Wege einer Dienstaufsichtsbeschwerde an den (Dienst-)Vorgesetzten bzw. die Dienstaufsichtsbehörde wenden.

Formlose Rechtsbehelfe sind keine Voraussetzung für ein förmliches Rechtsbehelfsverfahren und ersetzen ein solches auch nicht. Ein formloser Rechtsbehelf kann daher jederzeit erhoben werden.

Wird durch ein formloses Rechtsbehelfsverfahren keine Abhilfe für den Beschwerdeführer geschaffen, so schafft diese Ablehnung keine Widerspruchs- oder Klagemöglichkeit.

Formlose Rechtsbehelfe sind in ihrer Wirkung keinesfalls nur als „formlos, fristlos und fruchtlos" einzustufen. Sie stellen für die Behörde wichtige Hinweise dar, mögliche eigene Fehler jederzeit abstellen bzw. korrigieren zu können (vgl. Ausführungen zum Verwaltungsverfahren, Kapitel 2.3)

5.2 Förmliche Rechtsbehelfe

Förmliche Rechtsbehelfe sind Widerspruch, verschiedene Klagearten, Berufung und Revision. Während der Widerspruch noch im Verwaltungsverfahren zu behandeln ist, sind Klagen und die gegen sie möglichen Rechtsmittel Berufung und Revision auf den verschiedenen Ebenen der Sozialgerichtsbarkeit einzulegen (siehe Schaubild Kapitel 5.3.1).

Der Klage geht im Regelfall gem. § 78 SGG ein **Widerspruchsverfahren** voraus. In diesem Vorverfahren wird die Verwaltungsentscheidung zunächst intern vor einem Widerspruchsausschuss bzw. einer Widerspruchsstelle überprüft.

Eine Klage ist gem. § 57 SGG bei dem Sozialgericht einzureichen, in dessen Bezirk der Kläger seinen Sitz, Wohnsitz oder Beschäftigungssitz hat. Die **Frist** beträgt gem. § 87 SGG einen Monat nach der **Bekanntgabe** des Widerspruchsbescheids.

Ist die Klagefrist abgelaufen, so kann unter Umständen gem. § 67 SGG eine **Wiedereinsetzung in den vorigen Stand** gewährt werden, z. B. wenn der Kläger sich während der Klagefrist in stationärer Krankenhausbehandlung befand. Er muss ohne Verschulden verhindert gewesen sein, eine gesetzliche Verfahrensfrist einzuhalten.

Das Gericht ermittelt, anders als im Zivilprozess, den Sachverhalt der Klage von Amts wegen (Amtsermittlungsgrundsatz). Es ist nicht an die Eingaben und Beweise Beteiligter gebunden, sondern klärt den Sachverhalt von sich aus, z. B. durch ein medizinisches Gutachten, das in Auftrag gegeben wird.

5.3 Rechtsmittel in der Sozialgerichtsbarkeit

Rechtsmittel in der Sozialgerichtsbarkeit sind ähnlich wie in anderen Gerichtsverfahren Berufung und Revision. Diese sind bei nicht rechtskräftigen Entscheidungen der Sozialbehörde bzw. eines Sozialgerichtes möglich. Sie folgen zeitlich gesehen nach den förmlichen Rechtsbehelfen Widerspruch und Klage.

Die Berufung ist ein Rechtsmittel beim Landessozialgericht gegen ein Urteil eines Sozialgerichts. Die Revision beim Bundessozialgericht ist ein Rechtsmittel gegen ein Urteil eines Landessozialgerichtes.

Diese Rechtsmittel gestatten die nochmalige Überprüfung des Ursprungsbescheides der Verwaltungsbehörde bzw. eines darauffolgenden Sozialgerichtsurteils beim Landessozialgericht bzw. beim Bundessozialgericht (vgl. Abb. Kapitel 5.3.1, Dreistufige Sozialgerichtsbarkeit).

5.3.1 Aufbau der Sozialgerichtsbarkeit

Die Sozialgerichtsbarkeit steht selbstständig neben den übrigen vier Zweigen der Gerichtsbarkeit, nämlich der ordentlichen Gerichtsbarkeit (Zivil- und Strafgerichte), der allgemeinen Verwaltungsgerichtsbarkeit, der Arbeitsgerichtsbarkeit und der Finanzgerichtsbarkeit.

Mit den allgemeinen Verwaltungsgerichten und den Finanzgerichten bilden die Sozialgerichte eine besondere Verwaltungsgerichtsbarkeit im weiteren Sinne. Gerichte der Sozialgerichtsbarkeit sind die Sozialgerichte, die Landessozialgerichte und das Bundessozialgericht (vgl. nachfolgende Grafik).

Gerichtsbarkeiten in Deutschland

Bundesverfassungsgericht (Karlsruhe)				Verfassungsgerichte der Länder
Oberste Gerichtshöfe des Bundes				
Bundesgerichtshof (Karlsruhe)	Bundesarbeitsgericht (Erfurt)	Bundesverwaltungsgericht (Leipzig)	Bundesfinanzhof (München)	Bundessozialgericht (Kassel)
Gerichte der Länder				
Oberlandesgerichte	Landesarbeitsgerichte	Oberverwaltungsgerichte	Finanzgerichte	Landessozialgerichte
Landgerichte				
Amtsgerichte	Arbeitsgerichte	Verwaltungsgerichte		Sozialgerichte
Ordentliche Gerichtsbarkeit	**Arbeitsgerichtsbarkeit**	**Allgemeine Verwaltungsgerichtsbarkeit**	**Finanzgerichtsbarkeit**	**Sozialgerichtsbarkeit**

Quelle: nach: www.bund.de/nn_3610/Microsites/Deutsche-Demokratie/Rechtsprechung/Rechtssystem/Bundes-und-Landesgerichte/Bundes-und-Landesgerichte-knoten.html__nnn=true

Sie entscheiden über öffentlich-rechtliche Streitigkeiten nichtverfassungsrechtlicher Art, die ihnen gesetzlich zugewiesen sind. Die Sozialgerichtsbarkeit hat die Aufgabe, Rechtsschutz zu bieten in weiten Teilen des in der Bundesrepublik Deutschland geltenden Systems der sozialen Sicherung.

Die Zuständigkeit, die Organisation und das Verfahren der Sozialgerichtsbarkeit sind im Sozialgerichtsgesetz (SGG) geregelt. Die sachliche Zuständigkeit der Sozialgerichte erstreckt sich dabei auf große Teile des gesamten Sozialrechtes.

Die Sozialgerichte entscheiden gemäß § 51 SGG unter anderem in folgenden Angelegenheiten:

- Krankenversicherung, Pflegeversicherung, Unfallversicherung, Rentenversicherung
- Arbeitsförderung und übrige Aufgaben der Agentur für Arbeit (z. B. Arbeitslosenhilfe, Förderungsmaßnahmen nach dem SGB III)
- Grundsicherung für Arbeitssuchende

5740564

- Sozialhilfe (SGB XII) und Angelegenheiten des Asylbewerberleistungsgesetzes
- Fragen des Schwerbehindertenrechtes und -ausweises gemäß § 69 SGB IX
- Angelegenheiten, in denen die Zuständigkeit der Sozialgerichte spezialgesetzlich vorgesehen ist
- und weitere

Streitigkeiten der privaten Pflegeversicherung sind nun ebenfalls vor den Sozialgerichten zu verhandeln. Damit wird privat Pflichtversicherten das Kostenrisiko einer evtl. Zivilklage vor einem ordentlichen Gericht genommen und eine Gleichstellung gegenüber gesetzlich Versicherten erreicht.

Die Sozialgerichtsbarkeit ist im Gegensatz zur Ordentlichen Gerichtsbarkeit dreistufig aufgebaut:

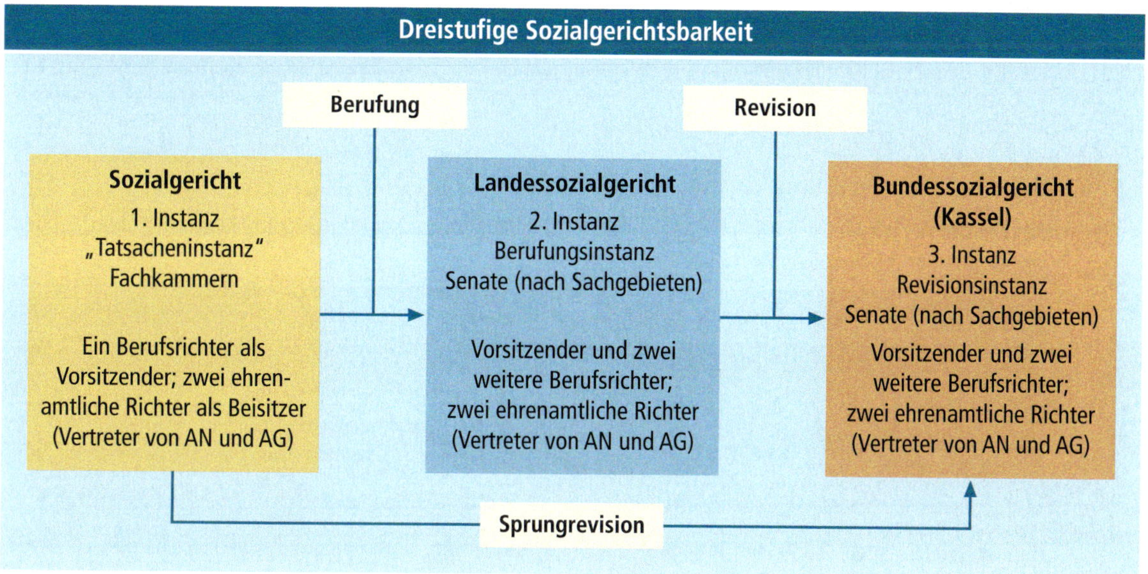

Die Kammern der Sozialgerichte sind mit einem Berufsrichter und zwei ehrenamtlichen Richtern besetzt. Die ehrenamtlichen Richter werden aus Vorschlagslisten der Gewerkschaften sowie der Vereinigungen der Arbeitgeber ausgewählt. Sie haben gleiches Stimmrecht und sollen die Verbindung herstellen zur Alltagswirklichkeit.

Die Verfahrensvorschriften ähneln denen der **Verwaltungsgerichtsordnung** (VwGO). Es herrscht der Amtsermittlungsgrundsatz (§ 103 SGG), wie an anderer Stelle beschrieben. Es besteht kein Vertretungszwang durch einen Rechtsanwalt. Ein Vertretungszwang durch Prozessbevollmächtigte mit der Befähigung zum Richteramt besteht nur vor dem Bundessozialgericht. Vor den Sozial- und Landessozialgerichten kommen als Prozessbevollmächtigte neben Rechtsanwälten z. B. auch Gewerkschaftsvertreter in Betracht.

Im Gegensatz zum Verfahren vor einem Verwaltungsgericht ist es dem Kläger möglich, sich auf eigene Kosten von einem Arzt seiner Wahl ein Gutachten erstellen zu lassen (§ 109 SGG).

Regelmäßig werden auch verschiedene Klagearten kombiniert (§ 54 SGG). Die Kombination von Anfechtungsmit Verpflichtungsklage ist im sozialgerichtlichen Verfahren häufig anzutreffen.

Sozialgerichte fällen in der Regel sogenannte Stuhlurteile, das Urteil wird also unmittelbar in der Sitzung verkündet. Das Urteil eines Sozialgerichts, das mittels Berufung nicht angefochten wird, wird rechtskräftig und bindet die Beteiligten.

5.3.2 Kosten eines Verfahrens – Prozesskostenhilfe

Gerichtskosten werden gem. § 183 SGG in allen drei Instanzen von den Versicherten, Leistungsempfängern und Behinderten grundsätzlich nicht erhoben. Es könnten allerdings Gerichtskosten anfallen, wenn jemand einen Rechtsstreit trotz eines entsprechenden Hinweises des Vorsitzenden des Gerichtes schuldhaft verzögert oder missbräuchlich fortführt.

Gerichtskosten fallen dagegen für jede Streitigkeit an, wenn in einer Streitsache weder der Kläger noch der Beklagte Versicherter, Leistungsempfänger oder Behinderter ist. Für diese Fälle sind Pauschalgebührenregelungen eingeführt worden.

Außergerichtliche Kosten, also Rechtsanwaltskosten, trägt jeder Verfahrensbeteiligte grundsätzlich erst einmal selbst. Das Sozialgericht entscheidet bei Beendigung des Verfahrens, ob und in welchem Umfang der Klagegegner ggf. diese Kosten zu erstatten hat.

Ist es einem Beteiligten nach seinen finanziellen Verhältnissen nicht zuzumuten, die außergerichtlichen Kosten zu übernehmen, kann er auf Antrag Prozesskostenhilfe nach den Vorschriften der Zivilprozessordnung (ZPO) erhalten. Voraussetzung ist, dass die Rechtsverfolgung nicht aussichtslos oder mutwillig erscheint.

Mitglieder von Gewerkschaften können sich durch Prozessbevollmächtigte ihrer Gewerkschaft kostenlos beraten und vor Gericht vertreten lassen. In einem solchen Falle könnte keine Prozesskostenhilfe gewährt werden.

5.3.3 Das Berufungsverfahren

Jährlich werden bundesweit vor den Sozialgerichten in der ersten Instanz über 300 000 Klagen erhoben, Tendenz weiter steigend, siehe folgende Tabelle.

Klageverfahren bei den Sozialgerichten 2005 bis 2010				
Art des Nachweises	**2005**	**2008**	**2009**	**2010**
beim Sozialgericht eingegangene Klagen insgesamt	308 160	369 300	387 791	422 214
darunter Klagen in Angelegenheiten des SGB II	38 960	165 632	151 674	177 343
in Prozent	12,6	36,7	39,1	42,0

Quelle: http://www.destatis.de/DE/ZahlenFakten/GesellschaftStaat/Rechtspflege/Gerichtsverfahren/Tabellen/Sozialgerichte.html

Berufung kann gegen Urteile des Sozialgerichts eingelegt werden. Nur in Bagatellfällen mit einem Beschwerdewert bis 750,00 € ist die Berufung unzulässig.

Im Berufungsverfahren wird die gesamte strittige Angelegenheit noch einmal überprüft, d. h., dass auch neue Tatsachen bzw. Beweise in die Verhandlung eingebracht werden können. Der Streitfall wird in gleichem Umfang geprüft wie beim Sozialgericht. Damit ist das Landessozialgericht eine weitere Tatsacheninstanz.

Auch das Berufungsverfahren ist grundsätzlich kostenfrei.

5.3.4 Das Revisionsverfahren

Im Unterschied zur Berufung ist die Revision zum Bundessozialgericht nur dann möglich, wenn sie entweder vom Landessozialgericht in seinem Urteil oder vom Bundessozialgericht durch besonderen Beschluss im Einzelfall zugelassen wird (§ 160 SGG).

Als Revisionsgründe kommen u. a. grundsätzliche Rechtsfragen oder erhebliche Verfahrensmängel in Betracht. Das Bundessozialgericht trifft im Revisionsverfahren keine eigenen Sachverhaltsfeststellungen. Es klärt die aufgeworfenen Rechtsfragen auf der Grundlage der tatsächlichen Feststellungen der Vorinstanzen (§ 163 SGG). Es ist damit eine reine Rechtsinstanz, die die Urteile der Landessozialgerichte auf Rechtsfehler hin überprüft.

Ein solcher Fehler läge z. B. dann vor, wenn eine Bestimmung aus dem Sozialgesetzbuch nicht oder nicht richtig angewendet worden wäre.

Die Sprungrevision (vgl. Abbildung Kapitel 5.3.1) ist ein Rechtsmittel gegen ein Sozialgerichtsurteil, das unmittelbar beim Bundessozialgericht eingelegt wird. Es kann nur dann dort eingelegt werden, wenn der Klagegegner schriftlich zustimmt und das erstinstanzliche Sozialgericht die Sprungrevision zugelassen hat.

Zugelassen werden darf sie dann, wenn die Rechtssache von grundsätzlicher Bedeutung ist oder das Urteil von einer Entscheidung des Bundessozialgerichts abweicht.

1 Erfüllung öffentlicher Aufgaben durch öffentliche Unternehmen

1.1 Öffentliche Einrichtungen und kommunale Unternehmen

Die Gemeindeordnungen der Bundesländer fordern die Kommunen dazu auf, spezielle öffentliche Einrichtungen zur Förderung des wirtschaftlichen, sozialen und kulturellen Wohlergehens ihrer Bürger zu schaffen (vgl. z. B. § 8 GO NRW). Die öffentlichen Einrichtungen übernehmen wichtige Aufgaben der Daseinsvorsorge. Sie sind im LF 2, Kapitel 3.3.2 dargestellt.

Im Rahmen ihrer Organisationshoheit können die Gemeinden den internen Verwaltungsaufbau bestimmen. Sie entscheiden also selbst, welche Einrichtungen sie errichten und welche Aufgaben diese wahrnehmen sollen. Für die Errichtung, Gründung, Übernahme, wesentliche Erweiterung, teilweise und vollständige Veräußerung, Aufhebung oder Auflösung öffentlicher Einrichtungen ist nach den Regelungen der Gemeindeordnungen grundsätzlich der Rat der Kommune zuständig.

Öffentliche Einrichtungen werden sowohl in Organisationsformen des öffentlichen Rechts als auch des privaten Rechts betrieben:

Organisationsformen des öffentlichen Rechts	Organisationsformen des privaten Rechts
■ Amt/Fachbereich ■ Regiebetrieb ■ nicht rechtsfähige Anstalt des öffentlichen Rechts } Organisationsformen innerhalb der Kommunalverwaltung ■ Eigenbetrieb/eigenbetriebsähnliche Einrichtung ■ rechtsfähige Anstalt des öffentlichen Rechts ■ Stiftung des öffentlichen Rechts[1]	■ Eigengesellschaft (z. B. die Verkehrsbetrieb Neustadt GmbH, Stadtwerke Dortmund AG) ■ Beteiligungsgesellschaft (z. B. die Stadtmarketing Neustadt GmbH, Stadtwerke Göttingen AG)

Eigenbetriebe, rechtsfähige Anstalten des öffentlichen Rechts (AöR) sowie Eigen- oder Beteiligungsgesellschaften werden auch als **öffentliche** bzw. **kommunale Unternehmen** bezeichnet. Sie etablieren sich im Bereich kommunaler Daseinsvorsorge zunehmend als Alternative zum Amt oder Regiebetrieb, weil sie mit höherer Selbstständigkeit geführt werden können. Davon verspricht sich die Kommune eine wirtschaftlichere Arbeitsweise.

Bedeutung kommunaler Unternehmen

Anzahl der bundesweit im kommunalen Bereich Beschäftigten

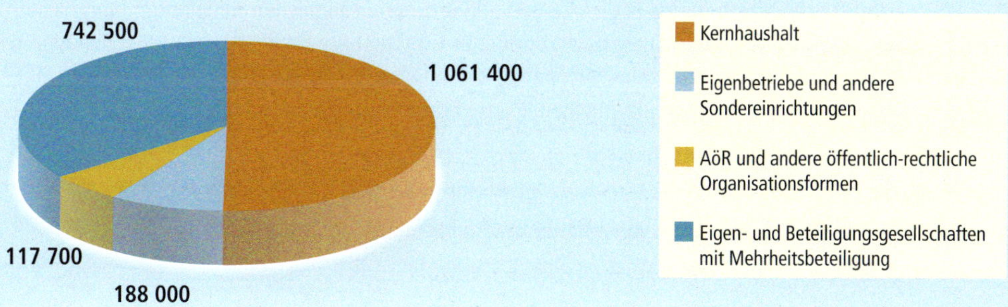

Zahlenangaben: Statistisches Bundesamt, Stand: 20.06.2011

1 Die nichtrechtsfähige Anstalt und die Stiftung des öffentlichen Rechts nehmen eine Sonderrolle ein. Sie bleiben deshalb in den weiteren Ausführungen unberücksichtigt.

1.2 Merkmale zur Beurteilung der Selbstständigkeit öffentlicher Einrichtungen

Um die Selbstständigkeit der verschiedenen Organisationsformen öffentlicher Einrichtungen beurteilen zu können, muss zwischen rechtlicher, organisatorischer und finanzwirtschaftlicher Selbstständigkeit unterschieden werden.

Rechtliche Selbstständigkeit

Sie liegt dann vor, wenn eine Organisationsform rechtsfähig ist. Rechtsfähigkeit ist die Fähigkeit, Träger von Rechten und Pflichten zu sein. Rechtsfähige öffentliche Einrichtungen können auf eigenen Namen Verträge schließen, klagen (und verklagt werden) und Verpflichtungen eingehen. Rechtsfähig sind natürliche und juristische Personen. Rechtlich unselbstständige öffentliche Einrichtungen können somit nicht selbstständig Verträge abschließen, sondern handeln „im Auftrag" der Behörde.

Organisatorische Selbstständigkeit

Für die organisatorische Selbstständigkeit einer öffentlichen Einrichtung sprechen folgende Merkmale:

- **eigene Organe**

  Das Wort „Organ" kommt aus dem Griechischen und bedeutet sinngemäß „Werkzeug". Juristische Personen können nur durch ihre Organe handeln.

Organisationsform	Organe
Gemeinde	Bürgermeister und Gemeinderat[1]
Eigenbetrieb	Betriebsleitung und Betriebssausschuss[2]
GmbH	Geschäftsführer, Gesellschafterversammlung

  Die Organe eines Eigenbetriebs oder einer kommunalen GmbH sind in der Regel mit größeren Befugnissen ausgestattet als der Leiter eines Amtes oder eines Regiebetriebs. Wichtige Entscheidungen können somit nicht nur schneller, sondern auch wirtschaftlicher getroffen werden, weil weniger Personen daran beteiligt sind.

- **eigenes Personal und eigenes Vermögen**

  Die Vorteile der Selbstständigkeit in diesem Punkt liegen auf der Hand: Das Personal und die Betriebsmittel (z. B. Betriebs- und Geschäftsausstattung) können nach den speziellen Erfordernissen der zu erfüllenden Aufgabe durch die Einrichtung selbst beschafft werden. Zusätzlich wirkt sich die größere Selbstständigkeit durch eine höhere Flexibilität bei der Personaleinstellung und -entlassung aus: In organisatorisch unselbstständigen Einrichtungen ist der Bürgermeister als Dienstvorgesetzter für Einstellungen und Entlassungen zuständig, in einer organisatorisch selbstständigen Einrichtung dagegen die Geschäftsführung bzw. der Vorstand der Einrichtung.

- **Befreiung vom öffentlichen Dienstrecht**

  Das für die Beschäftigten des öffentlichen Dienstes geltende Dienstrecht offenbart sich in den Bestimmungen des Tarifvertrages für den öffentlichen Dienst (TVöD/TV-L) und in speziellen Verträgen, z. B. zur Altersvorsorge und Arbeitszeit, die zusätzlich zu den allgemeinen gesetzlichen Regelungen angewandt werden. Die Befreiung vom öffentlichen Dienstrecht bringt aus Arbeitgebersicht die Vorteile einer flexibleren Personaleinsatzplanung und damit sinkender Personalkosten mit sich. Weitere Rationalisierungsmöglichkeiten ergeben sich aus dem gegenüber dem öffentlichen Dienstrecht reduzierten Kündigungsschutz.

- **eigene Organisationsstruktur**

  Selbstständige Einrichtungen haben die Möglichkeit, ihre Aufbau- und Ablauforganisation (siehe dazu auch LF 8, Kapitel 3 und 4) frei von externen Vorgaben selbst zu gestalten.

- **Möglichkeit zur Beteiligung privaten Kapitals**

  Die Beteiligung Privater an öffentlichen Einrichtungen bietet die Chance, den kommunalen Finanzeinsatz zu verringern. Diese Maßnahme ist nur durchführbar, wenn die Einrichtung in privatrechtlicher Form geführt wird.

1 Die Bezeichnung der Gemeindeorgane ist in den Bundesländern nicht einheitlich (vgl. LF 3, Kap. 3.4)

2 In einigen Bundesländern werden die Organe des Eigenbetriebs auch Werkleitung und Werkausschuss genannt.

Finanzwirtschaftliche Selbstständigkeit

Sie lässt sich an den folgenden Merkmalen festmachen:

- **eigene Kassen- und Kreditwirtschaft**

  Traditionell werden alle Ein- und Auszahlungen der Gemeinde über eine zentrale Kasse abgewickelt, Kredite werden zentral über die Gemeinde aufgenommen. Wenn die Einrichtung eine eigene Kasse führt und selbst Kredite aufnehmen kann, erfüllt sie einen Aspekt der finanzwirtschaftlichen Selbstständigkeit. Da diese Kredite den Haushalt der Gemeinde nicht unmittelbar belasten, erhöht sich der Kreditspielraum der Gemeinde.

- **eigene doppelte Buchführung und eigener Jahresabschluss**

  Die doppelte Buchführung ermöglicht Aussagen über die Wirtschaftlichkeit der Aufgabenerfüllung.

- **Nettobetrieb**

  Nur das Ergebnis der Geschäftstätigkeit erscheint im Haushaltsplan der Gemeinde: Der Gewinn bzw. die Gewinnausschüttung als Ertrag, der Verlust bzw. der Zuschussbedarf als Aufwand. Bruttobetriebe werden hingegen detailliert im Haushaltsplan der Gemeinde erfasst.

- **eigene Pläne**

  In klassischen Organisationsformen bildet der Haushaltsplan der Gemeinde die Grundlage des Wirtschaftens. Finanzwirtschaftlich selbstständige Organisationsformen haben aber einen einrichtungsspezifischen Wirtschafts- und Finanzplan.

- **(teilweise) Befreiung vom Vergaberecht**

  Das Vergaberecht umfasst die Gesamtheit der Regeln und Vorschriften, die den öffentlichen Auftraggebern eine bestimmte Vorgehensweise beim Einkauf von Gütern und Leistungen vorschreiben. Bestimmte Organisationsformen sind zumindest teilweise von der Anwendung des Vergaberechts befreit. In diesen Fällen lässt sich die Güterbeschaffung schneller, mit geringerem Arbeitsaufwand und demnach kostengünstiger durchführen. Es dürfen Verhandlungen mit Bietern geführt werden, nachdem diese ihr Angebot abgegeben haben. So wird es möglich, günstigere Vertragskonditionen auszuhandeln.

Selbstständigkeit öffentlicher Einrichtungen

rechtlich	organisatorisch	finanzwirtschaftlich
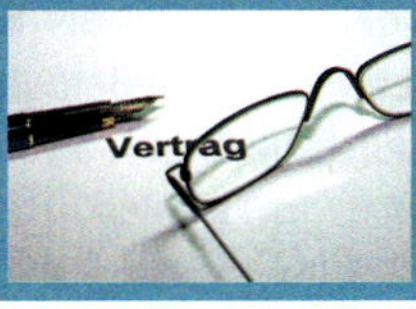		
Rechtsfähigkeit	■ eigene Organe ■ eigenes Personal und eigenes Vermögen ■ Befreiung vom öffentlichen Dienstrecht ■ eigene Organisationsstruktur und eigene Arbeitsorganisation ■ Möglichkeit zur Beteiligung privaten Kapitals	■ eigene Kassen- und Kreditwirtschaft ■ eigene doppelte Buchführung und eigener Jahresabschluss ■ Nettobetrieb ■ eigene Pläne ■ (teilweise) Befreiung vom Vergaberecht

Je mehr für Selbstständigkeit sprechende Merkmale die Organisationsform einer öffentlichen Einrichtung erfüllt, desto größer ist der Grad an Selbstständigkeit.

mund GmbH). Die Trägerkommune erhofft sich von der höheren Selbstständigkeit des öffentlichen Unternehmens Rationalisierungsvorteile und dadurch Haushaltsentlastungen. Im Haushaltsplan der Gemeinde wird das Ergebnis ihrer doppelten Buchführung nur per Saldo übernommen.

Eine **Beteiligungsgesellschaft** ist eine Gesellschaft mit privatrechtlicher Rechtsform, die nicht in vollem Eigentum der Gemeinde steht. Vielmehr beteiligt sich die Gemeinde an einem Unternehmen, indem sie zur Erfüllung einer öffentlichen Aufgabe Anteile an einer Gesellschaft, z. B. Aktien oder GmbH-Anteile, erwirbt. So wird die Gemeinde Miteigentümerin des Unternehmens und erlangt damit grundsätzlich Einfluss auf die Unternehmensführung. Außerdem kann die Gemeinde in ein bestehendes öffentliches Unternehmen weitere Kapitaleigner aufnehmen oder mit ihnen zusammen ein öffentliches Unternehmen gründen. Sind die anderen Gesellschafter Träger öffentlicher Verwaltung, handelt es sich um eine gemischtöffentliche Beteiligungsgesellschaft; sind einzelne Gesellschafter Private, handelt es sich um eine gemischtwirtschaftliche Beteiligungsgesellschaft. Diese Organisationsform ermöglicht somit die Beteiligung privater Kapitalgeber an der Erfüllung öffentlicher Aufgaben. Beispiele auf kommunaler Ebene: Volkshochschule Braunschweig GmbH, Zoo Duisburg AG. Im Haushaltsplan der Gemeinde erscheinen nur die Höhe der Beteiligung und der Anteil der Gewinnausschüttung an die Gemeinde.

Gesellschaftsformen des Privatrechts sind grundsätzlich rechtlich, organisatorisch und finanzwirtschaftlich selbstständig. Die organisatorische Selbstständigkeit ist an dem Vorhandensein eigener Organe (in der GmbH z. B. Geschäftsführer und Gesellschafterversammlung) sowie eigenen Personals und Vermögens zu erkennen. Privatrechtliche Organisationsformen haben keine Dienstherrenfähigkeit und können somit keine Beamten beschäftigen. Entsprechende Regelungen des öffentlichen Dienstrechts werden also nicht angewendet. Die Vorschriften des öffentlichen Dienstrechts für die anderen Beschäftigten sind im kommunalen Bereich grundsätzlich ebenfalls nicht anzuwenden, die Organisation kann sich aber unter bestimmten Voraussetzungen dem TVöD oder entsprechenden Regelungen anschließen (siehe Kapitel 2.1.1).

Es gibt keine externen Vorgaben für die Organisationsstruktur und die Arbeitsorganisation, die Eigen- bzw. Beteiligungsgesellschaften legen diese eigenständig fest. Die finanzwirtschaftliche Selbstständigkeit ist daran zu erkennen, dass die Organisationsformen des Privatrechts eine eigene Kassen- und Kreditwirtschaft haben und eine eigene doppelte Buchführung mit Jahresabschluss führen. Die Gemeindeordnungen fordern, dass die Eigen- und Beteiligungsgesellschaften in Satzung bzw. Gesellschaftsvertrag sicherstellen, dass Wirtschafts- und Finanzpläne aufgestellt werden.

Privatrechtliche Gesellschaften, die sich ganz oder mehrheitlich im Eigentum der öffentlichen Hand befinden, sind nur oberhalb der EU-Schwellenwerte zur Anwendung des Vergaberechts verpflichtet (siehe LF 3, Kapitel 4.1.3). Es bleibt den Gemeinden unbenommen, in den Gesellschaftssatzungen die Anwendung des Vergaberechts auch unterhalb der Schwellenwerte vorzuschreiben. Davon rät aber z. B. der Städte- und Gemeindebund Nordrhein-Westfalens ab, weil die Güterbeschaffung dadurch unflexibler und teurer wird (siehe LF 12, Kapitel 1.2).

5740572

1.4 Handlungsformen öffentlicher Aufgabenerfüllung

Grundsätzlich stehen den Verwaltungen Handlungsformen des öffentlichen Rechts und des privaten Rechts zur Verfügung (siehe LF 9, Kapitel 9.1).

Den Organisationsformen Amt und Regiebetrieb sowie den kommunalen Unternehmen in öffentlich-rechtlicher Rechtsform (Eigenbetrieb, AöR) stehen mit den Rechtsnormen des öffentlichen Rechts spezielle Regelungen zur Verfügung, aus denen sich mögliche Handlungsformen zur Erfüllung öffentlicher Aufgaben ergeben. So können juristische Personen des öffentlichen Rechts beispielsweise grundsätzlich **Satzungen** und **Verwaltungsakte** erlassen. Diese Handlungsform ist für Gesellschaftsformen des Privatrechts nicht gegeben.

Des Weiteren kann sich die Verwaltung auch den Handlungsformen des Privatrechts bedienen, insbesondere kann sie privatrechtliche Verträge schließen (fiskalisches Verwaltungshandeln). Die privatrechtlichen Handlungsformen stehen allen öffentlichen Einrichtungen zur Verfügung.

Mögliche Handlungsformen am Beispiel öffentlicher Bibliotheken

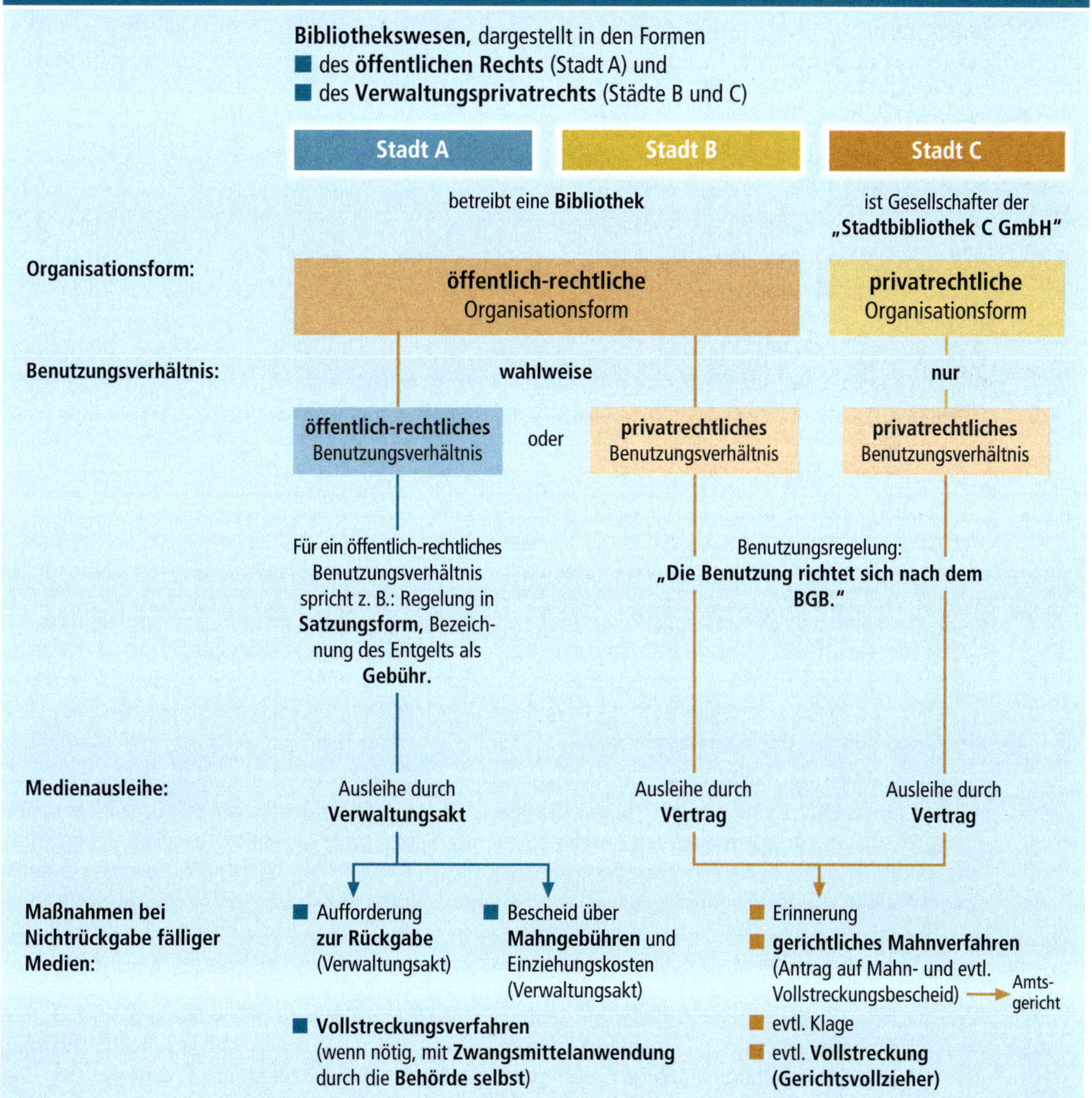

1.5 Exkurs: Steuerpflicht öffentlicher Unternehmen

Grundsätzlich werden juristische Personen des öffentlichen Rechts und des Privatrechts im Steuerrecht aus Gründen der Wettbewerbsneutralität gleich behandelt. Öffentliche Einrichtungen **können** deshalb grundsätzlich der Steuerpflicht unterliegen (Körperschaftssteuer, Gewerbesteuer, Umsatzsteuer). Eine Ausnahme bildet die gemeinnützige GmbH (gGmbH), auf die in Kapitel 5.3.4 eingegangen wird.

Die Organisationsformen des öffentlichen Rechts (Ämter, Regie- und Eigenbetriebe sowie AöR) sind nur dann unbeschränkt körperschaftssteuerpflichtig, wenn sie steuerrechtlich als „Betrieb gewerblicher Art" einzustufen sind:

Körperschaftssteuergesetz

§ 4 Betriebe gewerblicher Art von juristischen Personen des öffentlichen Rechts

(1) Betriebe gewerblicher Art von juristischen Personen des öffentlichen Rechts ... sind vorbehaltlich des Absatzes 5 alle Einrichtungen, die einer nachhaltigen wirtschaftlichen Tätigkeit zur Erzielung von Einnahmen außerhalb der Land- und Forstwirtschaft dienen und die sich innerhalb der Gesamtbetätigung der juristischen Person wirtschaftlich herausheben. Die Absicht, Gewinn zu erzielen, und die Beteiligung am allgemeinen wirtschaftlichen Verkehr sind nicht erforderlich.

(2) Ein Betrieb gewerblicher Art ist auch unbeschränkt steuerpflichtig, wenn er selbst eine juristische Person des öffentlichen Rechts ist.

(3) Zu den Betrieben gewerblicher Art gehören auch Betriebe, die der Versorgung der Bevölkerung mit Wasser, Gas, Elektrizität oder Wärme, dem öffentlichen Verkehr oder dem Hafenbetrieb dienen.

(4) ...

(5) Zu den Betrieben gewerblicher Art gehören nicht Betriebe, die überwiegend der Ausübung der öffentlichen Gewalt dienen (Hoheitsbetriebe). Für die Annahme eines Hoheitsbetriebs reichen Zwangs- oder Monopolrechte nicht aus.

- Der **Körperschaftssteuer**satz beträgt für öffentliche Unternehmen privatrechtlicher Organisationsform und für Betriebe gewerblicher Art 15 % des körperschaftssteuerpflichtigen Einkommens. Am Aufkommen der Körperschaftssteuer sind gemäß Art. 106 Abs. 3 GG der Bund und die Länder je zur Hälfte beteiligt.
- Öffentliche Unternehmen in öffentlich-rechtlicher Organisationsform unterliegen in der Regel nur dann der **Gewerbesteuer**pflicht, wenn sie als Betrieb gewerblicher Art ihre Tätigkeit selbstständig mit Gewinnerzielungsabsicht ausüben und sich am allgemeinen wirtschaftlichen Verkehr beteiligen. Kapitalgesellschaften wie AG und GmbH unterliegen stets der Gewerbesteuerpflicht. Das Aufkommen der Gewerbesteuer steht gem. Art. 106 Abs. 6 GG den Gemeinden zu.
- Am Aufkommen der **Umsatzsteuer** sind Bund, Länder und Gemeinden beteiligt. Der Umsatzsteuersatz beträgt grundsätzlich 19 %. Umsatzsteuerpflichtig sind neben den Unternehmen in privatrechtlicher Organisationsform auch Leistungen der juristischen Personen des öffentlichen Rechts, wenn sie im Rahmen eines Betriebes gewerblicher Art erbracht werden (siehe Band Rechnungswesen, Kapitel 4.3.1) Gemäß § 4 Umsatzsteuergesetz sind allerdings eine Vielzahl von Ausnahmen von der Umsatzsteuerpflicht vorgesehen, beispielsweise für Theater, Büchereien und Museen, die von Gemeinden betrieben werden. Für das Unternehmen selbst stellt die Umsatzsteuer nur einen durchlaufenden Posten dar, da letztendlich der Verbraucher die Umsatzsteuer trägt.

Öffentliche Einrichtungen, die **hoheitliche Aufgaben** in öffentlich-rechtlicher Organisationsform erfüllen, sind keine Betriebe gewerblicher Art und somit nicht steuerpflichtig (z. B. Entwässerungs- und Entsorgungsbetriebe); sind sie dagegen privatrechtlich organisiert, greift grundsätzlich die Steuerpflicht bezüglich Körperschafts-, Gewerbe- und Umsatzsteuer.

5740574

1.6 Rechtliche Grenzen für kommunale Unternehmen

1.6.1 Notwendigkeit rechtlicher Grenzen

Die Kommunen sind in das in der Bundesrepublik Deutschland bestehende System der sozialen Marktwirtschaft eingebettet. Wesentliche Bestandteile dieser Wirtschaftsordnung sind Privateigentum, freie Preisbildung und Wettbewerb. Die Gemeinden nehmen aber nach dem Sozialstaatsprinzip am Wirtschaftsgeschehen teil, wenn „der Markt versagt" und die Privatwirtschaft nicht zu den politisch gewollten Ergebnissen führt (siehe LF 3, Kapitel 3.3.1).

Um die Privatwirtschaft vor einer drohenden Beeinträchtigung durch den Wettbewerb mit kommunalen Unternehmen und die Gemeinden als Träger der öffentlichen Unternehmen selbst zu schützen, sind für die Einrichtung und Führung kommunaler Unternehmen gesetzliche Grenzen zu beachten.

Zu diesen Gesetzen zählen neben den Wettbewerbsregeln des Vertrags über die Arbeitsweise der Europäischen Union (Art. 101–113 AEUV) vor allem die **gemeindewirtschaftsrechtlichen Regelungen der Kommunalgesetze** der Bundesländer. In ihnen sind die Voraussetzungen und Grenzen der wirtschaftlichen Betätigung von Gemeinden sowie die zulässigen Organisationsformen, teilweise mit unterschiedlichen Inhalten, festgelegt (vgl. §§ 102–108 BaWüGO; Art. 86–96 BayGO; §§ 91–100 BbgKVerf; §§ 121–127 b HessGO; §§ 68–77 KV M-V; §§ 136–152 NKomVG, §§ 107–115 GO NRW, §§ 85 –92 RhPfGO; §§ 108–118 SaarlKSVG; §§ 95–102 SächsGO; §§ 116–124 GO LSA; §§ 101–109 GO SH; §§ 71–77 ThürKO).

Unternehmen in kommunaler Hand: mögliche Kriterien

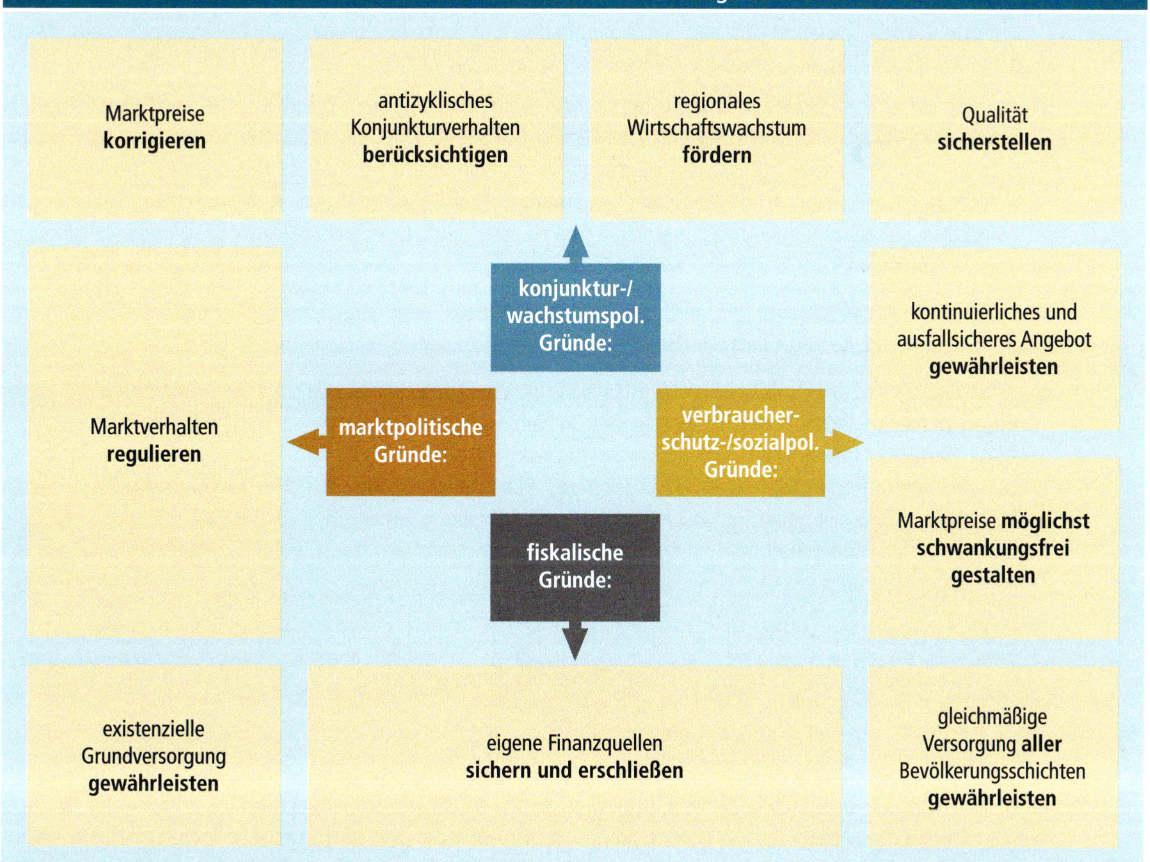

Quelle: Konrad-Adenauer-Stiftung, eLearning Kommunalpolitik, Abb. 3.5

Soll die Erfüllung öffentlicher Aufgaben von kommunalen Unternehmen übernommen werden (Eigenbetrieb, AöR, Eigen- oder Beteiligungsgesellschaft), müssen bestimmte Voraussetzungen erfüllt sein. Die meisten Gemeindeordnungen unterscheiden „wirtschaftliche Betätigung" und „nichtwirtschaftliche Betätigung", für die bei der Wahl der Organisationsform abweichende Voraussetzungen zu berücksichtigen sind. Diese Voraussetzungen werden im Folgenden am Beispiel des Niedersächsischer Kommunalverfassungsgesetzes (NKomVG) bzw. der Gemeindeordnung Nordrhein-Westfalens (GO NRW) geschildert.

1.6.2 Rechtliche Grenzen für wirtschaftliche Betätigung

Als wirtschaftliche Betätigung ist der Betrieb von Unternehmen zu verstehen, die als Hersteller, Anbieter oder Verteiler von Gütern und Dienstleistungen am Markt tätig werden, sofern die Leistung ihrer Art nach auch von einem Privatunternehmer mit der Absicht der Gewinnerzielung betrieben werden könnte (§ 107 Abs. 1 S. 3 GO NRW). Beispiele hierfür sind Versorgungsbetriebe (Wasser-, Gas-, Elektrizitäts-, Fernwärmewerke), Verkehrsbetriebe (Straßenbahnen, Busse, Bergbahnen, Hafenanlagen, Flughäfen, Parkhäuser), Betriebe der Urproduktion (Molkereien, Forstbetriebe, Kies- und Sandgruben) und sonstige Betriebe (Messehallen, Gaststätten).

Gemeinsame Voraussetzungen der Gemeindeordnungen für die Errichtung, Übernahme oder wesentliche Erweiterung wirtschaftlicher Unternehmen sind, dass

- **ein (dringender) öffentlicher Zweck das Unternehmen rechtfertigt.** Der öffentliche Zweck einer kommunalen Einrichtung ist gegeben, wenn die Einrichtung Zielsetzungen verfolgt, die aus der Verpflichtung der Kommune zur Förderung des gemeinsamen Wohls ihrer Einwohnerschaft zu rechtfertigen sind. Das Merkmal des öffentlichen Zwecks obliegt der Einschätzung durch die Entscheidungsträger der Gemeinde. Kein öffentlicher Zweck ist aber eine vorrangige Gewinnerzielungsabsicht.
- **die Betätigung nach Art und Umfang in einem angemessenen Verhältnis zur Leistungsfähigkeit (und zum voraussichtlichen Bedarf) der Gemeinde steht.** Die Gemeinde muss in der Lage sein, die Errichtung bzw. Erweiterung und Unterhaltung des Unternehmens zu finanzieren. Diese Voraussetzung will die Kommunen vor Aktivitäten bewahren, die ihre Finanzkraft überfordern. Auch das Merkmal des Bedarfs dient dem Schutz der Kommunen: Überkapazitäten sind zu vermeiden. Eine Bedarfsprognose sollte Entscheidungsgrundlage sein.

Verschiedene Gemeindeordnungen enthalten darüber hinaus eine sogenannte Subsidiaritätsklausel. Das NKomVG z. B. lässt eine wirtschaftliche Betätigung nur dann zu, wenn

- **der öffentliche Zweck nicht ebenso gut und wirtschaftlich durch einen privaten Dritten erfüllt wird oder erfüllt werden kann.** Wirtschaftliche Unternehmen sollen demnach nur dort auftreten, wo private Wirtschaftstätigkeit allein ein bestimmtes Güter- oder Dienstleistungsangebot nicht oder nur mit unbefriedigenden Ergebnissen erbrächte („Lückenfüller-Funktion", Subsidiarität der Gemeindewirtschaft gegenüber der Privatwirtschaft). Anhaltspunkte für die Entscheidungsfindung können die Zuverlässigkeit privater Wettbewerber, die gleichmäßige Versorgung der Einwohner, die Notwendigkeit sozial ausgerichteter Leistungsentgelte, die Wirtschaftlichkeit der Betriebsführung sowie sämtliche Qualitätsmerkmale der Leistung sein.

Schrankentrias

Sind diese Voraussetzungen erfüllt, kann das wirtschaftliche Unternehmen grundsätzlich als **Eigenbetrieb** oder als **Anstalt des öffentlichen Rechts** geführt werden.

Die Führung eines wirtschaftlichen Unternehmens als **Eigen- oder Beteiligungsgesellschaft** ist vom Vorliegen zusätzlicher Voraussetzungen abhängig, auf die in Kapitel 4.2 (Grenzen der Rechtsformwahl) genauer eingegangen wird.

1.6.3 Rechtliche Grenzen für nichtwirtschaftliche Betätigung

In den Gemeindeordnungen einiger Länder werden Einrichtungen genannt, die per Gesetz **nicht** als wirtschaftliche Betätigung anzusehen sind. Einen ausführlichen Katalog nichtwirtschaftlicher Betätigung enthält das nordrhein-westfälische Landesrecht:

Demnach gehören zu den nichtwirtschaftlichen Einrichtungen:

- Einrichtungen, zu denen die Gemeinde gesetzlich verpflichtet ist,
- Einrichtungen auf den Gebieten der Erziehung, Bildung und Kultur (Schulen, Volkshochschulen, Tageseinrichtungen für Kinder, Bibliotheken, Stadthallen), auf den Gebieten des Gesundheits- und Sozialwesens (Krankenhäuser, Senioren- und Behindertenheime), auf den Gebieten Sport und Erholung (Sportanlagen, zoologische Gärten, Bäder), auf den Gebieten die der Straßenreinigung, Wirtschaftsförderung oder der Wohnraumversorgung dienen, Einrichtungen des Umweltschutzes, insbesondere der Abfallentsorgung oder Abwasserbeseitigung sowie des Messe- und Ausstellungswesens,
- Hilfsbetriebe, die ausschließlich der Deckung des Eigenbedarfes der Gemeinde dienen.

Sofern die öffentliche Einrichtung als „nichtwirtschaftlich" einzustufen ist, steht der Kommune in erster Linie der Regiebetrieb und damit die unmittelbare Kommunalverwaltung als Organisationsform zur Verfügung.

Einrichtungen der Abwasserbeseitigung, der Straßenreinigung und der Abfallbeseitigung können außerdem als Eigenbetrieb oder AöR geführt werden; sie können auch in privater Rechtsform betrieben werden, wenn die Gemeinde allein oder zusammen mit anderen kommunalen Körperschaften über die Mehrheit der Anteile verfügt (§ 136 Abs. 4 NKomVG).

Andere nichtwirtschaftliche Einrichtungen können nach der Niedersächsischen GO nur dann als Eigenbetrieb oder AöR geführt werden, wenn ein wichtiges Interesse daran besteht. Ein wichtiges Interesse an der Führung einer Einrichtung in einer alternativen Organisationsform kann unter anderem darin liegen, dass die Einrichtung in dieser Organisationsform im Vergleich zur bisherigen kostengünstiger oder flexibler geführt werden kann. Bei der Einschätzung der Gemeinde, ob ein wichtiges Interesse vorliegt, können daneben beispielsweise auch eine größere Autonomie bei der Aufgabenerfüllung und die bessere Gewinnung qualifizierten Fachpersonals berücksichtigt werden.

Die Gründung einer Eigen- oder Beteiligungsgesellschaft ist nur zulässig, wenn „... ein wichtiges Interesse der Kommune daran besteht und ... in einem Bericht ... unter umfassender Abwägung der Vor- und Nachteile dargelegt wird, dass die Aufgabe im Vergleich zu den zulässigen Organisationsformen des öffentlichen Rechts wirtschaftlicher durchgeführt werden kann (§ 136 Abs. 4 S. 4 NKomVG)." Auch die weiteren Beschränkungen zur Führung von Eigen- oder Beteiligungsgesellschaften sind zu beachten (siehe Kapitel 4). Außerdem muss sich die Gemeinde, sofern sie über die Mehrheit der Anteile verfügt, ein Letztentscheidungsrecht in allen wichtigen Angelegenheiten der Einrichtung sichern (§ 137 Abs. 1 Nr. 7 NKomVG).

öffentliche Einrichtungen	
wirtschaftliche Betätigung	**nichtwirtschaftliche Betätigung**
Beispiele ■ **Versorgungsbetriebe** Wasser-, Gas-, Elektrizitäts- und Fernheizwerke ■ **Verkehrsbetriebe** Straßenbahnen, Busse, Hafenanlage, Flughäfen, Parkhäuser ■ **Betriebe der Urproduktion** Molkereien, Kies- und Sandgruben, Steinbrüche	**Beispiele** ■ **Schulen, Einrichtungen der Wissenschaft, der Forschung und der Kultur** Museen, Theater, Volkshochschulen, Büchereien ■ **Einrichtungen der sozialen Sicherung** Kindergärten, Altenheime, Behindertenheime, Obdachlosenheime ■ **Einrichtungen für Gesundheit, Sport und Erholung** Krankenhäuser, Sportanlagen, Badeanstalten ■ **Einrichtungen des Umweltschutzes** Abwasserbeseitigung, Abfallwirtschaft

4 Rechtsformen kommunaler Unternehmen

4.1 Rechtsformen von Unternehmen im Überblick

Unternehmen können in verschiedenen **Rechtsformen** betrieben werden. Die Rechtsform stellt den rechtlich vorgeschriebenen Rahmen für das Unternehmen dar, sie ist seine „Verfassung". Die Entscheidung für eine Rechtsform hängt grundlegend vom Kapitalbedarf und der Aufgabenstellung des Unternehmens ab. Man unterscheidet grundsätzlich zwischen Rechtsformen des öffentlichen Rechts, die in den Gemeindeordnungen und anderen öffentlich-rechtlichen Rechtsvorschriften geregelt sind, und Rechtsformen des privaten Rechts, die sich aus privatrechtlichen Gesetzen (§ 705 ff. BGB, HGB, GmbH-Gesetz, Aktiengesetz) ergeben:

Rechtsformen von Unternehmen im Überblick				
Rechtsformen des öffentlichen Rechts	Rechtsformen des privaten Rechts			
	Einzelunternehmen	Gesellschaftsunternehmen		
		Personengesellschaften	Kapitalgesellschaften	weitere Gesellschaftsformen[1]
z. B.: ■ Eigenbetrieb ■ rechtsfähige Anstalt des öffentlichen Rechts	z. B.: ■ Einzelkaufmann, Einzelkauffrau (e. K., e. Kfm., e. Kffr.)	z. B.: ■ Gesellschaft des bürgerlichen Rechts (BGB-Gesellschaft) ■ Offene Handelsgesellschaft (OHG) ■ Kommanditgesellschaft (KG) ■ GmbH & Co. KG ■ Stille Gesellschaft	z. B.: ■ Gesellschaft mit beschränkter Haftung (GmbH) ■ Aktiengesellschaft (AG)	z. B.: ■ eingetragene Genossenschaft (e. G.) ■ Vereine ■ Stiftungen des privaten Rechts

Die Rechtsformen des öffentlichen Rechts stehen nur Trägern öffentlicher Verwaltung zur Verfügung.

Ein **Einzelunternehmen** ist ein Unternehmen, dessen Eigenkapital von einer natürlichen Person aufgebracht wird. Diese leitet das Unternehmen und haftet zugleich für dessen Schulden mit ihrem gesamten Vermögen, also auch mit dem Privatvermögen.

Personengesellschaften zeichnen sich dadurch aus, dass bestimmte Personen zusammen einen bestimmten Zweck verfolgen. Gesellschaftszweck und Mitgliederbestand sind eng miteinander verflochten. Die persönliche Arbeitsteilung steht im Vordergrund. Scheidet ein Gesellschafter aus, ist grundsätzlich auch die Personengesellschaft aufgelöst.

- Die **Gesellschaft des bürgerlichen Rechts (GbR/BGB-Gesellschaft)** ist eine typische Organisationsform von Klein- und Mittelbetrieben. Sie entsteht durch die vertragliche Vereinigung von mindestens zwei Personen zur Erreichung eines gemeinsamen Zweckes. Die Rechte und Pflichten der Gesellschafter ergeben sich aus § 705 ff. BGB. Die Gesellschafter führen ihre Gesellschaft gemeinschaftlich und haften mit ihrem gesamten Vermögen.
- Auch die Rechtsform der **Offenen Handelsgesellschaft (OHG)** ist vorrangig für Klein- und Mittelbetriebe geeignet. Sie ist eine vertragliche Vereinigung (Gesellschaftsvertrag) von zwei oder mehr Personen zum Betrieb eines Handelsgewerbes unter gemeinschaftlicher Firma (das ist der Unternehmensname) mit unbeschränkter Haftung aller Gesellschafter. Die Rechte und Pflichten der Gesellschafter ergeben sich aus § 105 ff. HGB.
- Die **Kommanditgesellschaft (KG)** ist der vertragliche Zusammenschluss von mindestens einem Vollhafter (Komplementär) und einem Teilhafter (Kommanditist) zum Betrieb eines Handelsgewerbes unter gemeinschaftlicher Firma. Der Vollhafter führt die Geschäfte der Gesellschaft und haftet dafür mit seinem gesamten

1 Die weiteren Unternehmensformen werden im Folgenden nicht weiter betrachtet, da sie für kommunale Unternehmen grundsätzlich nicht infrage kommen.

Vermögen. Der Kommanditist hat im Wesentlichen nur die Aufgabe eines Kapitalgebers; er ist nicht zur Geschäftsführung berechtigt und haftet für die Gesellschaft nur mit seinem eingebrachten Kapital. Dafür bekommt er einen Anteil am Gewinn der KG. Weitere Rechte und Pflichten der Gesellschafter ergeben sich aus § 161 ff. HGB.

- Die **GmbH & Co. KG** ist eine Kommanditgesellschaft, bei der der einzige Vollhafter in der Regel eine juristische Person des privaten Rechts ist, nämlich eine GmbH. Die „volle" Haftung ist somit auf das Vermögen der GmbH beschränkt. Entsprechend ergeben sich die Rechte und Pflichten der Gesellschafter sowohl aus dem HGB als auch aus dem GmbH-Gesetz.
- Eine **stille Gesellschaft** entsteht dadurch, dass ein Einzelunternehmen oder eine Gesellschaft einen weiteren Gesellschafter aufnimmt, der Kapital in die Gesellschaft einbringt und dadurch das Recht auf einen Anteil des Gewinns erlangt. Der „stille" Gesellschafter hat kein Recht zur Geschäftsführung und tritt nach außen nicht in Erscheinung, er haftet grundsätzlich nur mit seiner Einlage (§§ 230–236 HGB, § 705 ff. BGB).

Bei **Kapitalgesellschaften** ist der Gesellschaftszweck gegenüber den Mitgliedern verselbstständigt; im Vordergrund steht die Zweckverfolgung, unabhängig vom jeweiligen Mitgliederbestand. Die Gesellschafter beteiligen sich am Unternehmen mit ihrer Kapital- oder Sacheinlage.

- Die **Gesellschaft mit beschränkter Haftung (GmbH)** ist eine juristische Person des privaten Rechts, die gegenüber Dritten nur mit ihrem Gesellschaftsvermögen haftet. Die Gesellschafter sind mit Stammeinlagen am Stammkapital beteiligt. Die GmbH entsteht durch die Eintragung ins Handelsregister. Sie kann durch eine oder mehrere Personen für jeden gesetzlich zulässigen Zweck gebildet werden. Die Rechte und Pflichten der Gesellschafter ergeben sich insbesondere aus dem GmbH-Gesetz (GmbHG).
- Die **Aktiengesellschaft (AG)** ist eine juristische Person des privaten Rechts, die gegenüber Dritten nur mit ihrem Gesellschaftsvermögen haftet. Die Gesellschafter (Aktionäre) sind mit Anteilen an dem in Wertpapiere (Aktien) zerlegten Grundkapital der Gesellschaft beteiligt. Das Grundkapital beträgt mindestens 50.000,00 €. Die Gründung kann durch eine oder mehrere Personen erfolgen. Die Rechte und Pflichten der Gesellschafter ergeben sich aus dem Aktiengesetz.

In der folgenden Tabelle sind weitere Unterscheidungsmerkmale von Personen- und Kapitalgesellschaften dargestellt:

	Personengesellschaften	Kapitalgesellschaften
rechtliche Selbstständigkeit	Personengesellschaften sind **keine juristischen Personen.** Sie sind aber gegebenenfalls rechtsfähig (§ 14 Abs. 2 BGB) und können unter ihrer Firma klagen und verklagt werden.	Kapitalgesellschafen sind **juristische Personen** des privaten Rechts und als solche rechtsfähig. Sie benötigen aber die gesetzlich vorgeschriebenen Organe, die für die Gesellschaft handeln.
Entscheidungsstruktur	Sieht der Gesellschaftsvertrag nichts anderes vor, sind alle Gesellschafter zur **Führung der Geschäfte** und zur Vertretung der Gesellschaft nach außen verpflichtet. (Ausnahme: KG, stille Gesellschaft)	In den Verfassungen der Kapitalgesellschaft ist eine „Gewaltenteilung" der **Organe** vorgeschrieben: In der Regel zwingend einzurichten sind: ■ ein ausführendes Organ (Geschäftsführung und Vertretung nach außen), ■ ein überwachendes Organ, ■ ein beschließendes Organ.
Haftung	Grundsätzlich haftet jeder Gesellschafter gesamtschuldnerisch (= jeder Gesellschafter haftet für die gesamte Verbindlichkeit, nicht anteilig; Ausgleichspflicht zwischen den Gesellschaftern), unmittelbar (= Gläubiger kann nicht zunächst auf das Gesellschaftsvermögen verwiesen werden) und unbeschränkt (= mit Privat- und Gesellschaftsvermögen, in unbegrenzter Höhe).	Die Gesellschaft haftet nur mit ihrem eigenen Vermögen für ihre Schulden. Die Gesellschafter haften beschränkt in Höhe ihrer vereinbarten Einlagen in das Gesellschaftsvermögen.

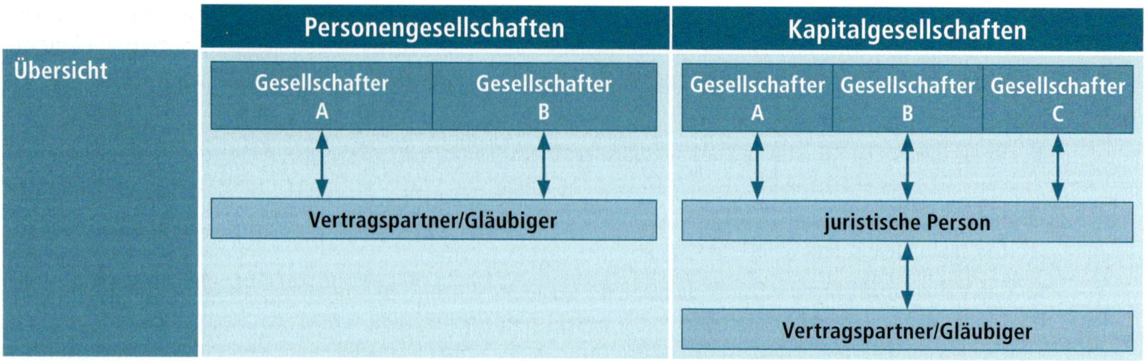

4.2 Grenzen der Rechtsformenwahl für kommunale Unternehmen

Öffentliche Unternehmen (auch die privatrechtlich organisierten) sollen als Instrumente ihrer Träger öffentliche (und nicht privatwirtschaftliche) Ziele verfolgen. Um die Verfolgung der bedarfswirtschaftlichen Ziele zu gewährleisten, ist die **Steuerung** des öffentlichen Unternehmens durch den Träger mittels möglichst konkreter Zielvorgaben und der entsprechenden **Kontrolle** der Zielerreichung notwendig.

Eine weitere Ursache des Steuerungs- und Kontrollbedarfs öffentlicher Unternehmen ergibt sich aus dem Demokratieprinzip. Im System parlamentarischer Demokratie geschieht jede Verwaltungstätigkeit in Verantwortung vor dem Volk und dessen gewählten Vertretern.

Rat bzw. Gemeindevertretung und -verwaltung haben volle Einwirkungsmöglichkeiten auf die unmittelbare Kommunalverwaltung. Mit jeder Verselbstständigung von Aufgaben und der Einrichtung entsprechender gesonderter Organisationen ist jedoch ein Verlust von politischer Einflussnahme verbunden. Wesentliche und weitreichende Entscheidungen fallen nicht mehr im Sitzungssaal des Rathauses, sondern in Aufsichtsräten, Betriebsausschüssen und Gesellschafterversammlungen der kommunalen Unternehmen. Um eine „ununterbrochene Legitimationskette" vom Volk über Volksvertretung bis hin zum Amtsträger dennoch zu sichern, ist die Verwaltung zur Steuerung und Kontrolle der öffentlichen Unternehmen berechtigt und verpflichtet.

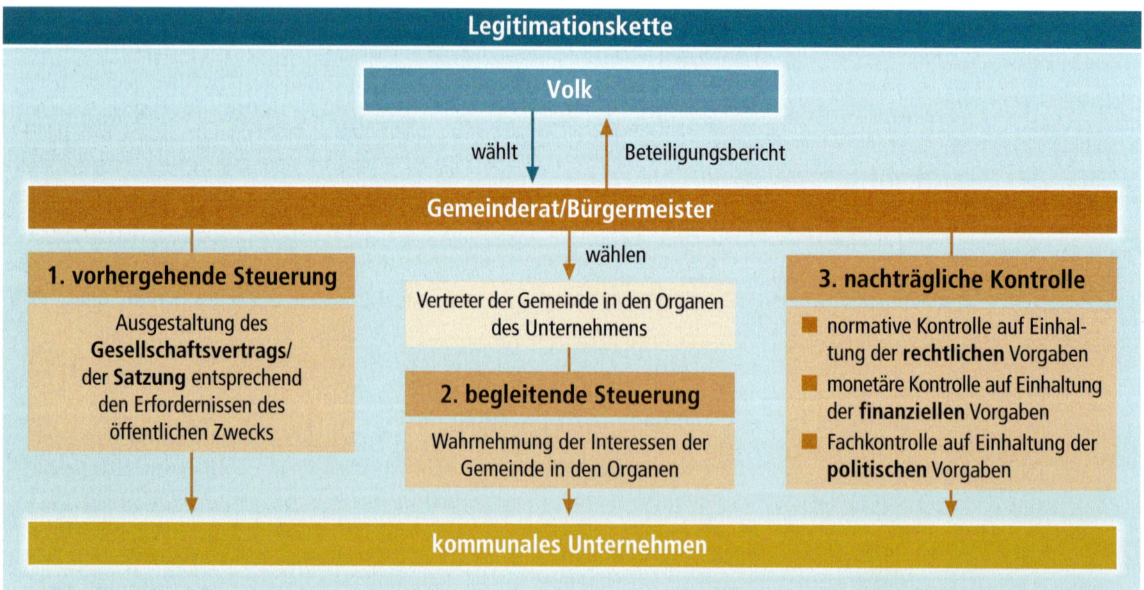

vgl. auch: Talkenberg, D.: Steuerung der wirtschaftlichen Unternehmen in der Landeshauptstadt Saarbrücken, S. 343 und Bremeier, W.: Verwaltung 2000: Kommunale Unternehmen im Wettbewerb, S. 332; beide in Töpfer, A. (Hrsg.): Die erfolgreiche Steuerung öffentlicher Verwaltungen, Wiesbaden 2000

4.2 Grenzen der Rechtsformenwahl für kommunale Unternehmen

Genau diese sich aus dem Demokratieprinzip ergebenden Voraussetzungen bilden auch die rechtlichen Grenzen der Rechtsformwahl öffentlicher Unternehmen. Öffentliche Unternehmen dürfen nur unter bestimmten Voraussetzungen in einer Rechtsform des privaten Rechts geführt werden:

- Durch Ausgestaltung des Gesellschaftsvertrags oder der Satzung des kommunalen Unternehmens muss sichergestellt sein, dass der öffentliche Zweck erfüllt wird (vgl. § 137 Abs. 1 Nr. 5 NKomVG). **(vorhergehende Steuerung)**
- Die Gemeinde muss einen angemessenen und gesicherten Einfluss, insbesondere im Aufsichtsrat oder in einem entsprechenden Überwachungsorgan, erhalten (vgl. § 137 Abs. 1 Nr. 6 NKomVG). **(begleitende Steuerung)**
- Darüber hinaus hat die Gemeinde in einem jährlichen Bericht über ihre Unternehmen in der Rechtsform des privaten Rechts Angaben über den Stand der Erfüllung des öffentlichen Zwecks, die Grundzüge des Geschäftsverlaufs und die Auswirkungen auf die Haushalts- und Finanzwirtschaft zu machen (vgl. § 151 a NKomVG). **(nachträgliche Kontrolle)**

Die Steuerung versucht, die Tätigkeiten und Ergebnisse des kommunalen Unternehmens vorausgehend zu beeinflussen, indem bestimmte Zielvorgaben oder Vereinbarungen zur Sicherstellung der Erfüllung des öffentlichen Zwecks im Gesellschaftsvertrag bzw. der Satzung des kommunalen Unternehmens festgeschrieben werden.

Die Entsendung von Vertreterinnen oder Vertretern der Gemeinde in die Organe des kommunalen Unternehmens stellt eine Möglichkeit der begleitenden Steuerung dar. Die Vertreterinnen oder Vertreter der Gemeinde haben in den Organen die Interessen der Gemeinde zu verfolgen und sind grundsätzlich an die Beschlüsse des Gemeinderats gebunden. Die Gemeindeordnungen der Länder enthalten häufig präzise Vorgaben für die Vertretung der Gemeinde in Unternehmen und Einrichtungen (z. B. § 138 NKomVG).

Mit der Kontrolle werden die Tätigkeiten, Ergebnisse und Zielerreichungsgrade des kommunalen Unternehmens im Nachhinein überprüft. Innerhalb der Gemeindeverwaltung sind Prüfungsinstanzen der normativen Kontrolle beispielsweise Rechnungsprüfungsämter, die monetäre Kontrolle wird in der Regel vom Kämmerer durchgeführt, für die Fachkontrolle sind meist das Fachdezernat bzw. die Fachämter zuständig. Zusätzlich werden externe normative Kontrollen durch Kommunalaufsicht, Wirtschaftsprüfer oder überörtliche Prüfungsbehörden durchgeführt. Ein entsprechender Bericht über die Beteiligungen und den Stand der Erfüllung des öffentlichen Zwecks ist jährlich zu erstellen. Die Einsicht in diesen Bericht ist jedermann gestattet.

Eine weitere Grenze der Rechtsformwahl stellt die **Haftung** dar. Für die Verbindlichkeiten der rechtlich nicht selbstständigen Einrichtungen haftet die Trägerkommune unbeschränkt, da rechtlich gesehen die Schulden dieser Einrichtungen Schulden der Kommune sind. Auch für die Schulden einer kommunalen Anstalt des öffentlichen Rechts haftet in den meisten Bundesländern der Träger der Anstalt subsidiär (Gewährträgerhaftung, vgl. z. B. § 114 a Abs. 5 GO NRW).

Diese Gewährträgerhaftung ist aber europarechtlich nur bei Beachtung der Artikel 106 und 107 des Vertrags über die Arbeitsweise der EU zulässig. Auf das eingebrachte Kapitel beschränkt ist die Haftung des Trägers beispielweise für Sparkassen (§ 3 Abs. 1 Sparkassengesetz) oder in Niedersachen (§ 144 Abs. 2 S. 2 NKomVG).

Um das finanzielle Risiko einer Kommune kalkulierbar zu machen, darf sie ein Unternehmen in einer Rechtsform des privaten Rechts aber nur dann führen oder sich daran beteiligen, wenn die Haftung der Kommune auf einen bestimmten Betrag begrenzt ist. Eine entsprechende Regelung findet sich in den Gemeindeordnungen:

Es ist eine Rechtsform zu wählen, die die Haftung der Gemeinde auf einen bestimmten Betrag begrenzt. (vgl. § 137 Abs. 1 Nr. 2 NKomVG) Die Voraussetzungen dieser Haftungsbegrenzung erfüllen diejenigen Gesellschaften, bei denen die Haftung auf das Gesellschaftsvermögen beschränkt ist. Unzulässig ist dagegen die Beteiligung der Kommunen an Gesellschaften, deren Gesellschafter unbeschränkt haften.

Einzelunternehmen können nur von natürlichen Personen betrieben werden und kommen deshalb als Rechtsform für öffentliche Unternehmen nicht infrage. Zusätzlich haften bei Einzelunternehmen der Inhaber und bei allen Personengesellschaften die Gesellschafter unbeschränkt, sodass diese Rechtsformen für kommunale Unternehmen grundsätzlich nicht in Betracht kommen.

Eine Ausnahme bildet die Kommanditgesellschaft (KG), bei der die Gesellschafter sowohl Vollhafter (Komplementäre) als auch Teilhafter (Kommanditisten) sein können. Der Kommune steht die Rechtsform der KG wegen der Haftungsbeschränkung nur als Kommanditist zur Verfügung. Die Kommanditisten sind nach § 164 HGB aber von der Geschäftsführung ausgeschlossen. Zudem haben sie nur einen Anspruch auf Mitteilung des Jahresabschlusses, nicht jedoch das Recht auf begleitende Steuerung. Aus diesen Gründen kommt die Rechtsform „KG" für kommunale Unternehmen grundsätzlich selbst dann nicht infrage, wenn die Gemeinde Kommanditist ist.

4.3 Rechtsformen kommunaler Unternehmen

4.3.1 Der Eigenbetrieb

Der Eigenbetrieb ist die gemeindetypische und gemeindespezifische öffentlich-rechtliche Organisationsform für kommunale Unternehmen. Eigenbetriebe sind rechtlich unselbstständige Vermögens- und Verwaltungsteile der Gemeinde. Maßgeblich für die Organisation und Rechtsform der Eigenbetriebe sind

- die Kommunalverfassungen der Bundesländer,
- die Eigenbetriebsgesetze bzw. Eigenbetriebsverordnungen der Bundesländer,
- die Betriebssatzung des Eigenbetriebs[1].

Die Vorschriften der Bundesländer stimmen in den Grundzügen des Eigenbetriebsrechts weitgehend überein. Im Folgenden sind exemplarisch die entsprechenden niedersächsischen Regelungen angegeben.

Niedersächsisches Kommunalverfassungsgesetz

§ 140 Eigenbetriebe

(1) Die Kommune hat für ihre Eigenbetriebe Betriebssatzungen zu erlassen.

(2) Für die Eigenbetriebe sind Betriebsausschüsse zu bilden.

(3) Die Vertretung kann durch die Betriebssatzung den Betriebsausschüssen bestimmte Angelegenheiten zur eigenen Entscheidung übertragen. ...

(4) Die laufenden Geschäfte des Eigenbetriebs führt die Betriebsleitung.

(5) ...

Willensbildung und Entscheidungs- bzw. Kontrollkompetenzen sind vier verschiedenen Organen zugewiesen:

- Betriebsleitung,
- Betriebsausschuss,
- Hauptverwaltungsbeamte der Trägerkommune,
- Vertretung/Rat der Trägerkommune.

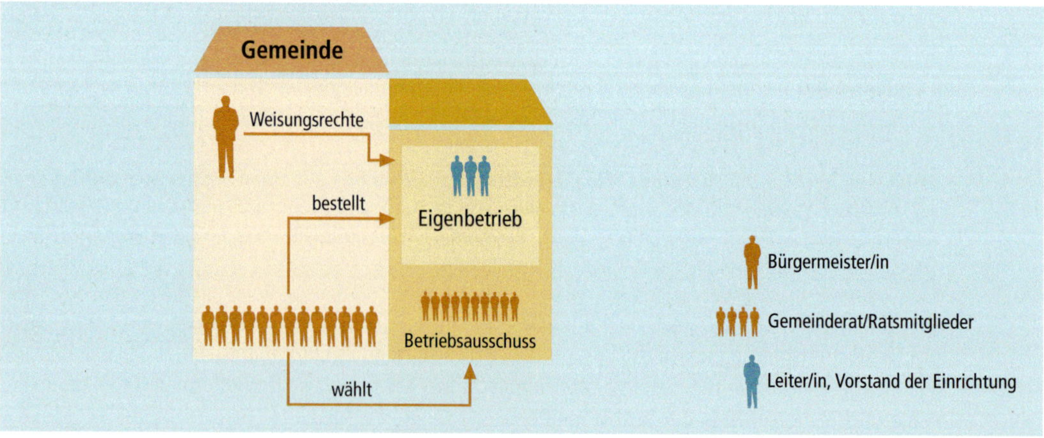

1 Das Muster einer Eigenbetriebssatzung finden Sie auf der CD.

Eine klare Abgrenzung der Rechte und Pflichten der einzelnen Organe ist schwierig. Eine präzise Zuordnung der Kompetenzen auf die einzelnen Organe ist somit in der Betriebssatzung erforderlich.

Rat der Trägerkommune

Die Gemeinde regelt die Rechtsverhältnisse des Eigenbetriebs durch die gesetzlich vorgeschriebene Betriebssatzung. Zuständig für den Erlass oder die Änderung von Satzungen ist gemäß Gemeindeordnung der Rat der Trägergemeinde. Zudem bestellt der Rat den oder die Betriebsleiter und wählt die Mitglieder des Betriebsausschusses. Als formal wichtigstes Beschlussfassungs- und Überwachungsorgan sind dem Rat der Kommune weitere grundlegende Entscheidungen vorbehalten, z. B. die Feststellung des Wirtschaftsplans. Der Rat stellt den Jahresabschluss und den Lagebericht fest und entscheidet über die Verwendung des Gewinns. Er hat somit weitreichende Kontroll- und Prüfmöglichkeiten, darf aber nicht in die laufende Geschäftsführung eingreifen.

Hauptverwaltungsbeamte der Trägerkommune

Der Hauptverwaltungsbeamte der Trägerkommune ist Dienstvorgesetzter der Mitarbeiter des Eigenbetriebs. Er ist somit grundsätzlich für die Einstellung, Beförderung und Entlassung der Dienstkräfte zuständig. Soweit nicht Beamte betroffen sind, können die genannten Befugnisse in der Betriebssatzung auch der Betriebsleitung übertragen werden.

Der Hauptverwaltungsbeamte hat wichtige Unterrichtungs- und Weisungsrechte gegenüber der Betriebsleitung und überwacht somit den Eigenbetrieb. Die Betriebsleitung hat den Hauptverwaltungsbeamten über alle wichtigen Angelegenheiten rechtzeitig zu unterrichten, der Hauptverwaltungsbeamte kann von der Betriebsleitung Auskunft verlangen. Er regelt die Geschäftsverteilung innerhalb der Betriebsleitung. Sein Weisungsrecht gegenüber der Betriebsleitung gilt nur im Interesse der Einheitlichkeit der Verwaltungsführung (z. B. eine einheitliche Festsetzung der Dienststunden), er darf nicht in die laufende Betriebsführung eingreifen.

Betriebsausschuss

Der Betriebsausschuss ist ein besonderer Ausschuss des Rats der Trägerkommune, der sich ausschließlich mit den Angelegenheiten des Eigenbetriebs zu befassen hat. Er besteht aus Ratsmitgliedern und – sofern das Landesrecht es zulässt – aus sachkundigen Bürgern, die vom Rat gewählt werden, sowie ggf. aus Vertretern der Beschäftigten des Eigenbetriebs (vgl. z. B. § 110 Abs. 2 NPersVG).

Der Betriebsausschuss hat die Aufgabe, die Beschlüsse der Gemeindevertretung vorzubereiten. Er setzt zudem die allgemeinen Lieferungsbedingungen des Eigenbetriebs fest und ist somit ebenfalls Beschlussfassungsorgan. Darüber hinaus ist der Betriebsausschuss über alle wichtigen Angelegenheiten vom Hauptverwaltungsbeamten und von der Betriebsleitung zu unterrichten.

Betriebsleitung

Die Betriebsleitung besteht aus einem oder mehreren Betriebsleitern, die vom Rat der Trägerkommune unmittelbar bestellt werden. Der Eigenbetrieb wird von der Betriebsleitung selbstständig geleitet. Um eine gegenseitige Kontrolle in der Betriebsführung zu gewährleisten, sollten mindestens zwei Betriebsleiter bestellt werden, z. B. einer für den Verwaltungs- und einer für den technischen Bereich. Auch Beamte oder Angestellte der Kommune selbst können als Betriebsleiter bestellt werden.

Die Betriebsleitung ist für die Angelegenheiten der laufenden Betriebsführung des Eigenbetriebs grundsätzlich allein zuständig. Hierzu gehören alle im täglichen Betrieb ständig wiederkehrenden Maßnahmen, die zur Aufrechterhaltung des Betriebs notwendig sind, z. B. innerbetrieblicher Personaleinsatz, Einkauf von Materialien, Instandhaltung von Anlagen und die innere Organisation des Eigenbetriebs. Die Betriebsleitung, die Fachaufsicht über die Dienstkräfte des Eigenbetriebs, führt die Beschlüsse des Betriebsausschusses und des Rats durch und vertritt den Eigenbetrieb nach außen.

4.3.2 Anstalt des öffentlichen Rechts (AöR)

Die Rechtsform der kommunalen AöR ergibt sich aus den landesrechtlichen Regelungen und der Satzung der Anstalt[1].

Organe der Anstalt sind

- der Vorstand
- und der Verwaltungsrat.

Weitgehende Befugnisse hat außerdem der Rat der Trägerkommune.

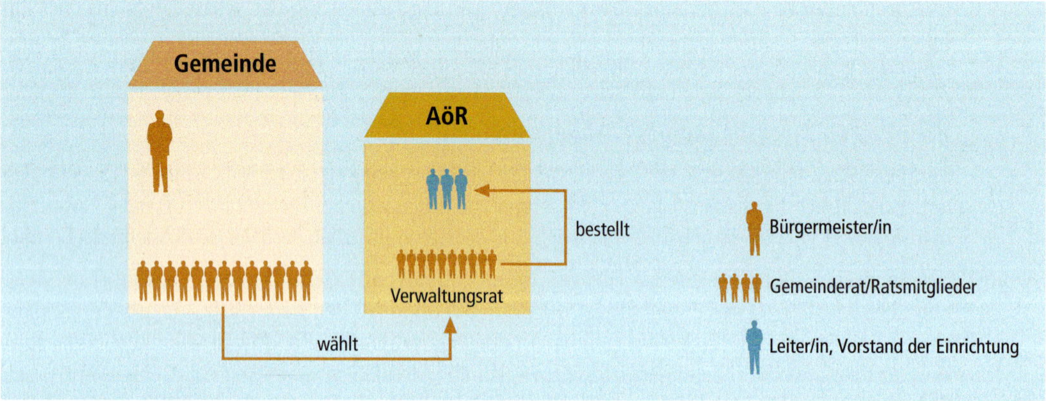

Rat der Trägerkommune

Die Gemeinde regelt die Rechtsverhältnisse der Anstalt durch eine Satzung. Sie kann der Anstalt Aufgaben ganz oder teilweise übertragen und der Anstalt das Recht einräumen, an ihrer Stelle Satzungen für das übertragene Aufgabengebiet zu erlassen. Der Anstalt kann durch die Satzung Dienstherrnfähigkeit verliehen werden. In der Satzung der Anstalt kann vorgesehen werden, dass bei Entscheidungen der Organe der Anstalt von grundsätzlicher Bedeutung die Zustimmung des Gemeinderats erforderlich ist. Falls in der Satzung so vorgesehen, kann der Rat somit Einfluss auf die laufende Geschäftsführung nehmen bzw. Überwachungs- und Beschlussfassungsfunktionen haben. Der Gemeinderat wählt die stimmberechtigten Mitglieder des Verwaltungsrats der Anstalt.

Verwaltungsrat der Anstalt

Die Anzahl der Mitglieder des Verwaltungsrats wird von der Gemeinde durch die Satzung der Anstalt geregelt. Der Verwaltungsrat besteht grundsätzlich aus dem vorsitzenden Mitglied, den übrigen stimmberechtigten Mitgliedern und – je nach Landesrecht – der Mitarbeitervertretung der Anstalt. Den Vorsitz des Verwaltungsrats führt in der Regel der Bürgermeister. Die übrigen stimmberechtigten Mitglieder des Verwaltungsrats der Anstalt werden vom Rat der Trägerkommune gewählt, sie sind meist Ratsmitglieder.

Hauptaufgaben des Verwaltungsrats sind:

- Bestellung des Vorstands
- Überwachung der Geschäftsführung des Vorstands
- Erlass von Satzungen für das übertragene Aufgabengebiet
- strategische Entscheidungen
- Feststellung des Wirtschaftsplans und des Jahresabschlusses
- Bestellung des Abschlussprüfers
- Entscheidung über die Ergebnisverwendung

Er hat somit Beschlussfassungs- und weitreichende Überwachungs- und Kontrollmöglichkeiten.

Bei dem Erlass von Satzungen für das übertragene Aufgabengebiet und bei in der Satzung entsprechend festgeschriebenen Angelegenheiten unterliegt der Verwaltungsrat den Weisungen des Gemeinderats.

1 Ein Muster einer Satzung einer AöR finden Sie auf der CD.

Vorstand der Anstalt

Der Vorstand wird vom Verwaltungsrat bestellt. Die Anzahl der Mitglieder des Vorstands ergibt sich aus der Satzung der Anstalt. Der Vorstand des Theaters Regensburg (AöR) besteht beispielsweise aus dem Intendanten und einem kaufmännischen Vorstand. Der Vorstand leitet die Anstalt in eigener Verantwortung, soweit nicht durch die Satzung der Gemeinde etwas anderes bestimmt ist. Gegebenenfalls können Weisungsbefugnisse des Verwaltungs- oder Gemeinderats gegenüber dem Vorstand in der Satzung verankert werden. Der Vorstand vertritt die Anstalt gerichtlich und außergerichtlich.

4.3.3 Gesellschaft mit beschränkter Haftung (GmbH)

Die Gesellschaft mit beschränkter Haftung (GmbH) ist eine der häufigsten Rechtsformen für mittelständische Unternehmen und wird oftmals für Familienunternehmen gewählt. Auch im kommunalen Bereich erfreut sie sich großer Beliebtheit.

Die GmbH wird durch einen notariell beurkundeten Gesellschaftsvertrag und Eintragung ins Handelsregister von einem oder mehreren **Gesellschaftern** gegründet. Die Gesellschafter haben die Pflicht zur Leistung einer **Stammeinlage** und das Recht als Miteigentümer auf weitgehende Mitverwaltung sowie einen Anspruch auf den Gewinn im Verhältnis ihrer Geschäftsanteile.

Die GmbH ist als Kapitalgesellschaft eine juristische Person des Privatrechts, die ihren Gläubigern gegenüber nur mit ihrem Gesellschaftsvermögen haftet und deren **Stammkapital** (als Summe der Stammeinlagen) grundsätzlich mindestens 25.000,00 € betragen muss. Seit der Modernisierung des GmbH-Rechts 2008 ist es auch möglich, eine entsprechende Gesellschaft mit weniger Stammkapital zu gründen. Diese muss dann aber die Bezeichnung „Unternehmergesellschaft (haftungsbeschränkt)" oder „UG (haftungsbeschränkt)" führen. Zusätzlich wurde die Gründung von GmbH bzw. UG in einem vereinfachten Verfahren ermöglicht. Hierzu stehen in der Anlage zum GmbH-Gesetz zwei Musterprotokolle zur Verfügung – eines für die Einpersonengesellschaft, das andere für die Mehrpersonengesellschaft.

Die Rechtsform der GmbH ergibt sich aus dem Gesetz betreffend die Gesellschaften mit beschränkter Haftung (GmbHG) und dem Gesellschaftsvertrag der GmbH[1].

Die GmbH hat gesetzlich zwingend zunächst zwei **Organe:**

- die Gesellschafterversammlung (§ 48 ff. GmbHG)
- und einen oder mehrere Geschäftsführer (§§ 6, 35 ff. GmbHG).

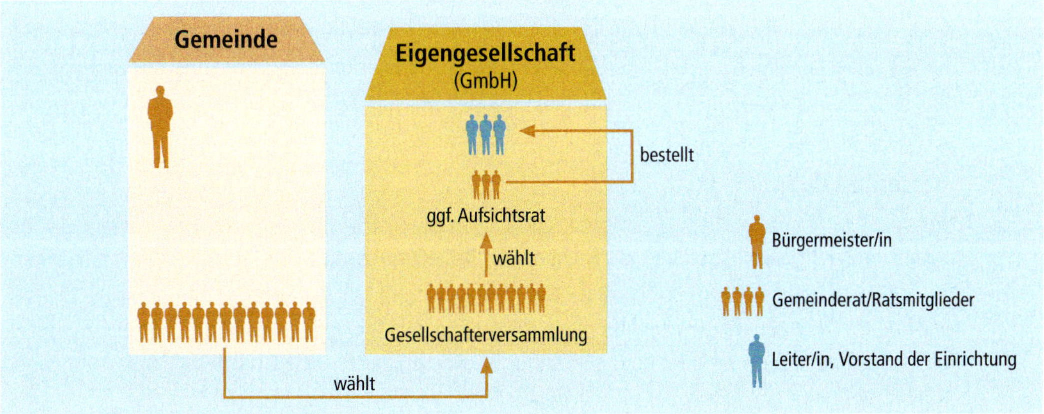

Wenn mehr als 500 Arbeitnehmer in der GmbH beschäftigt sind, muss zusätzlich ein Aufsichtsrat gebildet werden (§ 1 Abs. 1 Nr. 3 DrittelbG). Dieser ist zu einem Drittel mit Vertretern der Arbeitnehmer zu besetzen. Hat das Unternehmen über 2 000 Beschäftigte, dann besteht der Aufsichtsrat nach § 7 des Mitbestimmungsgesetzes zur Hälfte aus Arbeitnehmern (paritätische Mitbestimmung).

1 Ein Muster eines Gesellschaftsvertrags für eine GmbH finden Sie auf der CD.

Hat die GmbH weniger als 501 Arbeitnehmer, kann ein Aufsichtsrat freiwillig (fakultativ) eingerichtet werden (§ 52 GmbHG). Die Berücksichtigung von Arbeitnehmern ist dabei nicht vorgeschrieben.

Gesellschafterversammlung

Die Gesellschafterversammlung setzt sich aus den Gesellschaftern der GmbH zusammen. Ihre Rechte ergeben sich aus dem Gesellschaftsvertrag. Werden dort keine spezifischen Regelungen getroffen, ergeben sich die Rechte der Gesellschafterversammlung aus dem GmbH-Gesetz:

Der Gesellschafterversammlung obliegen die Beschlussfassung und die Überwachung der Gesellschaft. Sie kann z. B.:

- den Gesellschaftsvertrag erlassen und ändern,
- den Jahresabschluss feststellen und über die Verwendung des Ergebnisses bestimmen,
- Geschäftsführer bestellen und abberufen,
- Regelungen zur Prüfung und Überwachung der Geschäftsführung aufstellen.

Die Bandbreite der im Gesellschaftsvertrag auszugestaltenden Zuständigkeiten der Gesellschafterversammlung ist somit sehr groß; sie reicht von einer weitgehenden Anbindung der Geschäftsführung an Beschlüsse der Gesellschafterversammlung bis zu einer weitgehenden Entscheidungsfreiheit der Geschäftsführung.

Allerdings sind die Möglichkeiten der Gestaltung des Gesellschaftervertrags dann geringer, wenn die GmbH mehr als 500 Arbeitnehmer beschäftigt und somit dem Geltungsbereich des Drittelbeteiligungsgesetzes bzw. des Mitbestimmungsgesetzes unterliegt. In diesem Fall ist Aktienrecht zwingend anzuwenden, das eine unmittelbare Einflussnahme auf die Geschäftsführung durch die anderen Unternehmensorgane nicht zulässt. Doch die wenigsten kommunalen Gesellschaften mit beschränkter Haftung beschäftigen mehr als 500 Arbeitnehmer. Daher kommen die beschrieben Einschränkungen bei der Gestaltung des Gesellschaftsvertrags auf kommunaler Ebene selten zum Tragen.

Der Einfluss der Kommune auf die Zusammensetzung der Gesellschafterversammlung und auf die Ausgestaltung der Satzung hängt vom Geschäftsanteil der Kommune am Stammkapital der Gesellschaft ab: Bei einer Eigengesellschaft ist die Kommune alleiniger Gesellschafter, sodass der Gemeinderat die Zusammensetzung der Gesellschafterversammlung bestimmt und so die Gesellschafterversammlung selbst bildet. Die Gesellschafterversammlung könnte z. B. aus dem jeweiligen Rat bestehen. Daneben kann der Rat auch einzelne Ratsmitglieder und Mitarbeiter der Verwaltung in die Gesellschafterversammlung entsenden. Die Vertreter der Kommune bestimmen dann selbst die Geschäftsführer und überwachen sie. Als „Herrin der Satzung" kann die Gesellschafterversammlung die Geschäftsführungsbefugnis des Geschäftsführers weitgehend einschränken und festlegen, dass die Gesellschafterversammlung dem Geschäftsführer Weisungen erteilen kann.

Im Falle von Beteiligungsgesellschaften setzt sich die Gesellschafterversammlung aus den von der Kommune bestimmten Vertretern und den Vertretern der übrigen Gesellschafter zusammen. In diesen Fällen richtet sich die Zahl der Stimmen nach dem Geschäftsanteil der einzelnen Gesellschafter am Stammkapital der Gesellschaft.

Geschäftsführer

Der oder die Geschäftsführer werden grundsätzlich von der Gesellschafterversammlung bestellt, daneben kann der Kommune im Gesellschaftsvertrag das Recht auf die Bestellung des bzw. der Geschäftsführer eingeräumt werden.

Der Geschäftsführer vertritt die Gesellschaft gerichtlich und außergerichtlich und leitet die GmbH. Allerdings kann durch Gesellschaftsvertrag oder durch Beschlüsse der Gesellschafter die Geschäftsführungsbefugnis weitgehend eingeschränkt werden. Im Ergebnis hat die Kommune als Gesellschafterin damit weitgehende Einflussmöglichkeiten auf die Geschäftsführung einer GmbH:

Gesetz betreffend die Gesellschaften mit beschränkter Haftung

§ 37 Beschränkung der Vertretungsbefugnis

(1) Die Geschäftsführer sind der Gesellschaft gegenüber verpflichtet, die Beschränkungen einzuhalten, welche für den Umfang ihrer Befugnis, die Gesellschaft zu vertreten, durch den Gesellschaftsvertrag oder, soweit dieser nicht ein anderes bestimmt, durch die Beschlüsse der Gesellschaft festgesetzt sind. ...

5740594

Der oder die Geschäftsführer müssen nicht hauptamtlich angestellt sein, sodass bei kleineren Gesellschaften einer Kommune ein Mitarbeiter der Verwaltung im Nebenamt mit der Aufgabe der Geschäftsführung der GmbH betraut werden kann. Bei größeren Gesellschaften sollten zumindest zwei Geschäftsführer angestellt werden.

Aufsichtsrat

Die Pflicht zur Einrichtung eines Aufsichtsrats dürfte bei kommunalen Gesellschaften mit beschränkter Haftung eher die Ausnahme sein (s. o.). Wird ein Aufsichtsrat auf freiwilliger Basis eingerichtet, gehen auf ihn vor allen Dingen solche Zuständigkeiten der Gesellschafterversammlung über, die Kontroll- und Überwachungsfunktion haben. So wird der mindestens dreiköpfige Aufsichtsrat vor allem darauf achten, ob

- die Geschäftsführung richtig besetzt und in ihrer Arbeitsweise sachgerecht organisiert ist,
- die Unternehmensplanung, das Rechnungswesen sowie das Berichtswesen den Erfordernissen entsprechen,
- die Entscheidungen der Geschäftsführung mit der gebotenen Sorgfalt erarbeitet, begründet und vorgetragen wurden.

Bisweilen wird kritisiert, dass zahlreiche Ratsmitglieder gleichzeitig in mehreren Aufsichtsräten vertreten sind und deshalb ihre Aufgabe nicht mit der gebotenen Sorgfalt wahrnehmen können. Ferner wird vorgebracht, es bestehe die Gefahr, dass Mitglieder der Gesellschafterversammlung bzw. des Aufsichtsrats eher die überwiegend wirtschaftlichen Interessen der GmbH verfolgen und weniger das Ziel, die Daseinsvorsorge für die Bürger zu verbessern. Gestützt werden diese Argumente dadurch, dass die Sitzungen der Gesellschafterversammlung und des Aufsichtsrats nicht öffentlich sind, während beispielsweise Betriebsausschüsse von Eigenbetrieben öffentlich tagen.

4.3.4 Exkurs: Die gemeinnützige GmbH (gGmbH)

Die Besonderheit der gemeinnützigen GmbH (gGmbH) liegt in der Verfolgung bestimmter Zwecke, für die steuerliche Vergünstigungen eingeräumt werden.

Steuerbegünstigte Zwecke im Sinne der Abgabenordnung (AO) sind gemeinnützige, mildtätige und kirchliche Zwecke:

steuerbegünstigte Zwecke		
gemeinnützige Zwecke § 52 AO	**mildtätige Zwecke § 53 AO**	**kirchliche Zwecke § 54 AO**
= selbstlose Förderung der Allgemeinheit	**= selbstlose Unterstützung Hilfsbedürftiger**	**= selbstlose Förderung religiöser Zwecke**
insbesondere Förderung von ■ Wissenschaft und Forschung, Bildung und Erziehung, Kunst und Kultur, Religion, Völkerverständigung, Entwicklungshilfe, Umwelt-, Landschafts-, und Denkmalschutz, Heimatgedanke ■ Jugendhilfe, Altenhilfe, öffentlichem Gesundheitswesen, Wohlfahrtwesen, Sport ■ demokratischem Staatswesen ■ Tierzucht, Pflanzenzucht, Kleingärtnerei, traditionellem Brauchtum, Soldaten- und Reservistenbetreuung, Amateurfunk, Modellflug, Hundesport	Unterstützung von Personen, ■ die infolge ihres körperlichen, geistigen oder seelischen Zustands auf die Hilfe anderer angewiesen sind und ■ deren Bezüge bestimmte Grenzen nicht überschreiten	insbesondere ■ Errichtung, Ausschmückung und Unterhaltung von Gotteshäusern und kirchlichen Gemeindehäusern ■ Abhaltung von Gottesdiensten ■ Ausbildung von Geistlichen ■ Erteilung von Religionsunterricht ■ Beerdigung und die Pflege des Andenkens der Toten ■ Verwaltung des Kirchenvermögens ■ Besoldung und Versorgung von Geistlichen und Kirchendienern

Vielfach werden diese Zwecke von Vereinen (z. B. Sport-, Alpen-, Gesang-, Kleingarten-, Karneval-, Kaninchenzuchtverein, Fördervereine von Schulen, Umweltschutzorganisationen, Friedensinitiativen), Stiftungen, Kirchen und Wohlfahrtsverbänden wahrgenommen. Immer häufiger werden für einzelne steuerbegünstigte Betätigungsfelder aber auch gGmbHs gegründet. In der Praxis trifft man sie vor allem im Bereich von Krankenhäusern sowie Alten- und Behindertenheimen an. Weitere mögliche Betätigungsfelder auf kommunaler Ebene liegen im Bereich der nichtwirtschaftlichen Einrichtungen, beispielsweise Volkshochschulen, Frauenhäuser, Musikschulen und Einrichtungen des Sports, der Kultur, des Friedhofwesens sowie des Umweltschutzes und der Landschaftspflege.

Die Anerkennung der Gemeinnützigkeit obliegt dem zuständigen Finanzamt. Die Rechtsform der gGmbH ist bezüglich Rechtsgrundlagen, Aufbau und Entscheidungsstruktur identisch mit der GmbH. Sie bietet aber im Vergleich zu einer GmbH, die keine steuerbegünstigten Zwecke verfolgt, wesentliche steuerliche Vorteile: Die gGmbH ist von der Körperschafts- und Gewerbesteuer befreit.

4.3.5 Aktiengesellschaft (AG)

Die **Aktiengesellschaft (AG)** ist die typische Rechtsform von Großunternehmen. Sie hatte ihren Aufschwung in der Zeit der Industrialisierung, als einzelne Personen das notwendige Kapital für ihre Unternehmung nicht mehr aufbringen konnten und deshalb von vielen Personen Kapital einsammelten und diesen dafür Anteilsscheine **(Aktien)** an der Unternehmung gaben. Der Eigentümer der Aktie **(Aktionär)** ist somit Miteigentümer der Aktiengesellschaft, er ist in Höhe des **Nennwertes** seiner Aktie am Gesellschaftskapital beteiligt. Der Nennwert einer Aktie ist auf der Aktie aufgedruckt und beträgt mindestens einen Euro. Die Summe der Nennwerte aller Aktien bildet das **Grundkapital** der Aktiengesellschaft, dieses muss mindestens 50.000,00 € betragen. Aktionäre haben u. a. das Recht auf einen Anteil am Bilanzgewinn **(Dividende)** und die Pflicht zur Haftung mit dem Wert des Kaufpreises der eigenen Aktien. Der Aktionär kann seine Aktie jederzeit verkaufen. Die Aktien vieler großer Aktiengesellschaften werden an der Börse gehandelt. Der Preis, den der Aktionär für seine Aktie erzielt **(Kurswert)**, ergibt sich aus Angebot und Nachfrage nach Aktien dieser AG und kann erheblich vom Nennwert der Aktie abweichen, sodass der Aktionär **Kursgewinne** (oder -verluste) erzielen kann.

In der Praxis findet sich die Rechtsform der AG für kommunale Unternehmen häufig nur für größere Betriebe, sie ist damit überwiegend größeren Städten vorbehalten.

Rechtliche Grundlagen der Aktiengesellschaft ergeben sich aus dem Aktiengesetz (AktG). Für das Zusammenwirken der Gesellschaftsorgane und die kommunale Einflussnahme ist ferner die Satzung der AG von Bedeutung.

Aktiengesetz

§ 1 Wesen der Aktiengesellschaft

(1) Die Aktiengesellschaft ist eine Gesellschaft mit eigener Rechtspersönlichkeit. Für die Verbindlichkeiten der Gesellschaft haftet den Gläubigern nur das Gesellschaftsvermögen.

(2) Die Aktiengesellschaft hat ein in Aktien zerlegtes Grundkapital.

Gesetzlich zwingend vorgeschriebene **Organe der Aktiengesellschaft** sind

- die Hauptversammlung (§ 118 ff. AktG),
- der Aufsichtsrat (§ 95 ff. AktG) sowie
- der Vorstand (§ 76 ff. AktG).

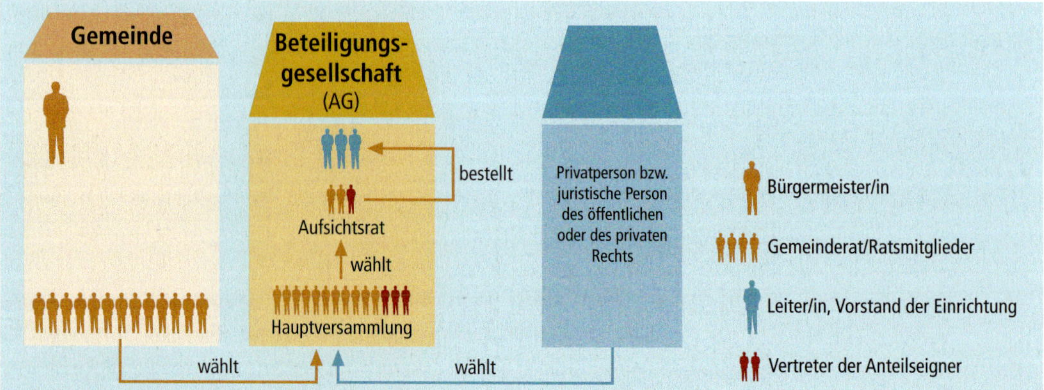

Hauptversammlung

Die Hauptversammlung ist das oberste Organ der AG und für die Beschlussfassung zuständig. Sie setzt sich aus den Aktionären der Gesellschaft zusammen. Nach dem Aktiengesetz beschließt die Hauptversammlung insbesondere über die Satzung und Satzungsänderungen, die Bestellung von Mitgliedern in den Aufsichtsrat und die Verwendung des Bilanzgewinns. Über Fragen der Geschäftsführung kann sie nur entscheiden, wenn der Vorstand es verlangt.

Der Einfluss der Kommune auf die Zusammensetzung der Hauptversammlung und auf die Ausgestaltung der Satzung bzw. des Gesellschaftsvertrags hängt vom Anteil der Kommune am Grundkapital der Gesellschaft ab: Bei einer Eigengesellschaft ist die Kommune alleiniger Aktionär, sodass der Gemeinderat die Zusammensetzung der Hauptversammlung bestimmt. Die Hauptversammlung könnte z. B. aus dem jeweiligen Rat bestehen. Daneben kann der Rat auch bestimmen, dass die Kommune von einzelnen Ratsmitgliedern und Mitarbeitern der Verwaltung vertreten wird. Die Vertreter der Kommune wählen dann selbst die Aufsichtsratsmitglieder. Als „Herrin der Satzung“ kann die Hauptversammlung alle über das Alltagsgeschäft hinausgehenden Geschäfte des Vorstands von der Zustimmung des Aufsichtsrats abhängig machen. Der Alleinaktionär kann somit über die Hauptversammlung die Grundzüge der Unternehmenspolitik bestimmen.

Im Falle von Beteiligungsgesellschaften setzt sich die Hauptversammlung aus den von der Kommune bestimmten Vertretern und den Vertretern der übrigen Gesellschafter zusammen. In diesen Fällen richtet sich die Zahl der Stimmen nach den Anteilen der einzelnen Gesellschafter am Grundkapital der Gesellschaft.

Aufsichtsrat

Der Aufsichtsrat besteht aus Vertretern der Aktionäre und der Arbeitnehmer der AG. Er umfasst gem. § 95 AktG drei Mitglieder; die Satzung kann eine höhere Zahl festlegen.

Zusammensetzung des Aufsichtsrates (§ 96 Abs. 1 AktG)		
Unternehmenstyp	**Rechtsquelle**	**Zusammensetzung**
AG und GmbH mit mehr als 2 000 Mitarbeitern	Mitbestimmungsgesetz	50 % Vertreter der Anteilseigner 50 % Vertreter der Arbeitnehmer
Unternehmen des Bergbaus und der Eisen und Stahl erzeugenden Industrie in der Rechtsform AG oder GmbH mit mehr als 1 000 Mitarbeitern	Montan-Mitbestimmungsgesetz	4 Vertreter der Anteilseigner 4 Vertreter der Arbeitnehmer 3 weitere Mitglieder
herrschende Unternehmen des Bergbaus und der Eisen und Stahl erzeugenden Industrie in der Rechtsform AG oder GmbH	Mitbestimmungsergänzungsgesetz	7 Vertreter der Anteilseigner 7 Vertreter der Arbeitnehmer 1 weiteres Mitglied
AG und GmbH mit mehr als 500 Mitarbeitern	Drittelbeteiligungsgesetz	$^2/_3$ Vertreter der Anteilseigner $^1/_3$ Vertreter der Arbeitnehmer
übrige Gesellschaften		Vertreter der Anteilseigner

Grundsätzlich werden die Vertreter der Anteilseigner (Aktionäre) auf Vorschlag des Aufsichtsrats oder eines Aktionärs von der Hauptversammlung in den Aufsichtsrat gewählt. Wenn die Gesellschaftssatzung einzelnen Aktionären (hier z. B. der Kommune) Entsendungsrechte einräumt, kann die Kommune als Aktionärin Mitglieder direkt gem. § 101 Abs. 2 AktG in den Aufsichtsrat der AG entsenden. Mitglieder des Aufsichtsrats können aus Sicht der Kommune Ratsmitglieder, Vertreter der Verwaltung oder sonstige vom Rat bestellte Personen sein. Allerdings haben diese „Vertreter“ der Kommune im Aufsichtsrat der AG nicht vorrangig die Interessen der Kommune als Anteilseignerin wahrzunehmen, sondern nach Aktienrecht ausdrücklich die Belange des Unternehmens (vgl. §§ 93, 116 AktG). Mit dieser besonderen Pflichtenstellung der Aufsichtsratsmitglieder sind aber Weisungsrechte der entsendenden Kommune grundsätzlich unvereinbar, insoweit überlagert das bundesrechtliche Gesellschaftsrecht das Kommunalrecht der Bundesländer.

Der Aufsichtsrat hat zwei Hauptaufgaben:

- die Bestellung und Abberufung des Vorstands (§ 84 Abs. 1 AktG),
- die laufende Überwachung und Kontrolle der Betriebsführung (§ 111 AktG):

Aktiengesetz

§ 111 Aufgaben und Rechte des Aufsichtsrats

(1) Der Aufsichtsrat hat die Geschäftsführung zu überwachen.

(2) Der Aufsichtsrat kann die Bücher ... der Gesellschaft sowie die Vermögensgegenstände ... einsehen und prüfen. ...

(3) Der Aufsichtsrat hat eine Hauptversammlung einzuberufen, wenn das Wohl der Gesellschaft es fordert. ...

(4) Maßnahmen der Geschäftsführung können dem Aufsichtsrat nicht übertragen werden. Die Satzung oder der Aufsichtsrat hat jedoch zu bestimmen, dass bestimmte Arten von Geschäften nur mit seiner Zustimmung vorgenommen werden dürfen. ...

...

Vorstand

Aktiengesetz

§ 76 Leitung der Aktiengesellschaft

(1) Der Vorstand hat unter eigener Verantwortung die Gesellschaft zu leiten.

(2) Der Vorstand kann aus einer oder mehreren Personen bestehen. ...

...

Dem Vorstand einer AG kommt eine starke Stellung zu; er leitet – gesetzlich zwingend – das Unternehmen eigenverantwortlich, sodass er durch den Anteilseigner Kommune weder mithilfe von Weisungen noch durch sonstige Kontrollrechte beeinflusst werden kann. Der Vorstand ist ausschließlich dem Wohl der Gesellschaft verpflichtet.

Zuständigkeiten des Vorstands können auch nicht durch Satzung oder durch Beschluss der Hauptversammlung auf andere Organe der Gesellschaft verlagert werden. Eine – allerdings schwache – Beschränkung der umfassenden Befugnisse des Vorstands ist allenfalls dadurch möglich, dass in der Satzung der Gesellschaft festgelegt wird, dass bestimmte Arten von Geschäften nur mit Zustimmung des Aufsichtsrats vorgenommen werden dürfen.

Auch kann in der Satzung der AG nicht festgelegt werden, dass die Kommune ein Mitglied des Rats oder der Verwaltung unmittelbar in den Vorstand entsendet. Vielmehr ist die Bestellung der Vorstandsmitglieder einer AG kraft Gesetz ausschließlich dem Aufsichtsrat zugewiesen.

Die Sichtweisen der unterschiedlichen Interessengruppen bei der Wahl einer alternativen Rechtsform für öffentliche Einrichtungen sind in der unten stehenden Grafik zusammengefasst. Diese Grafik finden Sie animiert auf der CD.

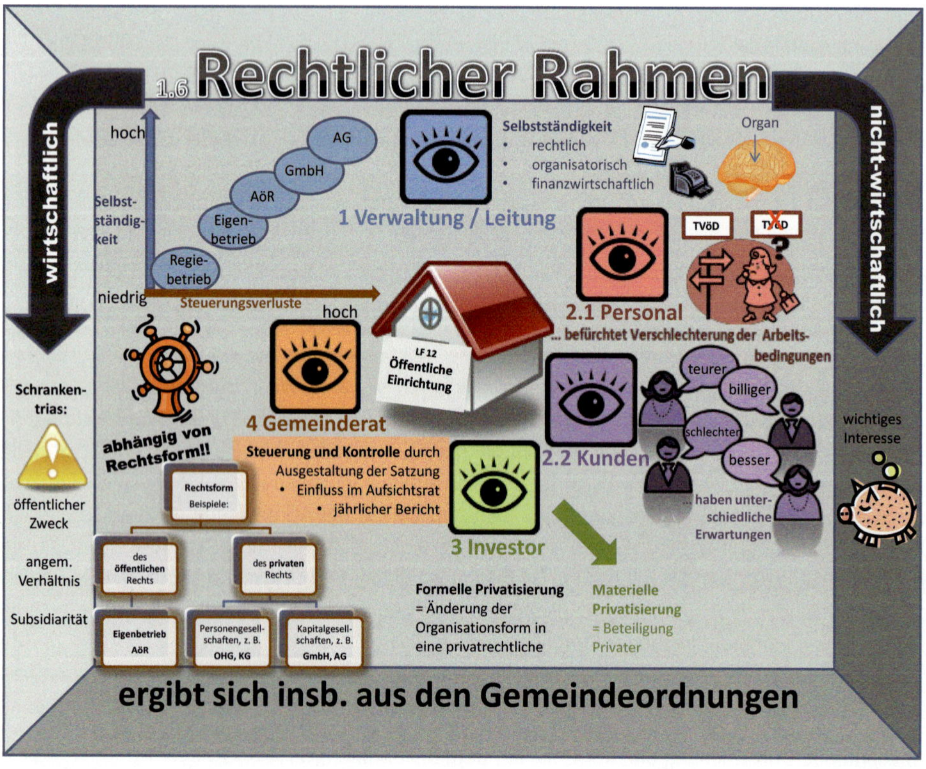

5740598

1 Merkmale der sozialen Marktwirtschaft

1.1 Ordnungsmodelle

In einer arbeitsteiligen Wirtschaft erfolgt die Produktion von Gütern in den Unternehmen unabhängig vom Konsum, den die Haushalte entwickeln. Das Angebot der Betriebe und die Nachfrage der Konsumenten müssen demnach aufeinander abgestimmt werden. Betrachtet man den Lenkungs- und Koordinationsmechanismus der Geld- und Güterströme zwischen den Wirtschaftssubjekten mehr von der grundlegenden theoretischen Seite her, so beschreibt man das Wirtschaftssystem einer Volkswirtschaft.

Unter Wirtschaftssystem versteht man ein gedankliches Ordnungsmodell, das den Lenkungsmechanismus und die wichtigsten Strukturmerkmale in einer Gesellschaft kennzeichnet.

Versteht man unter Wirtschaftssystem die theoretische Ordnung einer Wirtschaft, so bezeichnet der Begriff Wirtschaftsordnung die konkrete Ausgestaltung der Wirtschaft durch Gesetze und Verordnungen, durch Organisationen, aber auch durch die Verhaltensweisen der Menschen. Die Wirtschaftsordnung ist Teil der Gesellschaftsordnung.

Unter Wirtschaftsordnung versteht man die Gesamtheit der Regeln, die für den Aufbau und den Ablauf des volkswirtschaftlichen Koordinationsprozesses tatsächlich gelten.

Wer die reale Wirtschaftsordnung eines Landes wie der Bundesrepublik Deutschland verstehen will, benötigt zunächst genauere Informationen über das theoretische Wirtschaftssystem, das dieser Wirtschaftsordnung zugrunde liegt.

Das **Wirtschaftssystem** als grundlegendes Organisationsmodell einer Volkswirtschaft beruht auf bestimmten Ordnungselementen.

Ein wesentliches Gestaltungselement einer Volkswirtschaft sind die **Eigentumsverhältnisse.** Ökonomisch stellt Eigentum das ausschließliche Recht einer Person an einem Wirtschaftsgut dar, d. h. die Möglichkeit, es zu verkaufen, zu verleihen oder zu verschenken. Prinzipiell kann ein Gut einem einzelnen Wirtschaftssubjekt gehören, dann liegt Privateigentum vor, oder es gehört allen Wirtschaftssubjekten zusammen, dann spricht man von Gemeineigentum (Kollektiveigentum).

Das Verfügen über Eigentum oder Besitz erfordert rechtliche Regelungen durch **Vertragsverhältnisse.** Gilt der Grundsatz der Vertragsfreiheit, so hat jedermann das Recht, über seine Güter nach freiem Ermessen Verträge abzuschließen, wobei der Staat die Durchsetzung der Ansprüche durch seine Gerichtsbarkeit gewährleistet. Prinzipiell besteht noch die Möglichkeit der totalen Einschränkung der Vertragsfreiheit, d. h., sowohl die Abschlussfreiheit als auch die Inhaltsfreiheit von Verträgen werden den Individuen nicht gewährt.

Die verschiedenen Formen von Eigentums- und Vertragsverhältnissen erzwingen unterschiedliche **Koordinationsmechanismen** zwischen Produktion und Konsum. Entweder erfolgt die Abstimmung zwischen Angebot und Nachfrage am Markt über den Mechanismus des Preises oder durch die Festsetzung einer Zentralbehörde in Form eines Planes. Beim Koordinationsmechanismus des Planes muss die Zentralbehörde Freiheitsrechte unterbinden, da die Gründung bzw. Auflösung eines Betriebes und die Verfügung über Arbeitskräfte alleiniges Recht der Zentrale sind.

1 Merkmale der sozialen Marktwirtschaft

Die Alternativen Markt oder Plan haben noch für weitere Bereiche der Volkswirtschaft Konsequenzen.

Bei der **Preisbildung** auf den Märkten können sich die Preise frei nach Angebot und Nachfrage entwickeln. Beim Koordinationsmechanismus des Planes werden sie von der Zentralbehörde festgelegt.

Die **Lohnbildung** am Arbeitsmarkt ermöglicht das freie Aushandeln des Arbeitsentgelts von Arbeitnehmern und Arbeitgebern. Im anderen Fall kann die Lohnhöhe von einer Zentralbehörde festgelegt werden.

Werden gleichartige Ordnungselemente zusammengefasst, so kommt man zu Ordnungsmodellen, wobei zwei prinzipielle Wirtschaftssysteme zu unterscheiden sind. Werden die einzelnen Pläne der Wirtschaftssubjekte über das Angebot und die Nachfrage an Sachgütern, Dienstleistungen und Produktionsfaktoren über Märkte koordiniert, spricht man von einem dezentral gesteuerten Wirtschaftssystem, auch freie Marktwirtschaft genannt. Werden die Einzelpläne von einer Planbehörde aus abgestimmt, liegt ein zentral gesteuertes Wirtschaftssystem vor, auch Zentralverwaltungswirtschaft genannt.

Der Grundsatz der **freien Marktwirtschaft** lautet: Alle planen das Ihre. Die Unternehmen planen selbstständig ihre Produktion und die privaten Haushalte ihren Verbrauch. Die Information, wie viel produziert werden soll und was verbraucht werden kann, erfolgt über den Preis am Markt. Der Markt fungiert nicht nur als Informationssystem, sondern auch als Sanktionssystem, da über den Preismechanismus die Produktion und der Konsum angeregt bzw. gedrosselt werden. (Zu den Preisfunktionen in Märkten siehe LF 3.)

Der Grundsatz der **Zentralverwaltungswirtschaft** lautet: Einer plant alles. Der Wirtschaftsprozess wird von einer zentralen Stelle aus gelenkt und der Informationsfluss erfolgt zwischen der Planbehörde und dem einzelnen Wirtschaftssubjekt. Hierbei sind dauernde Anordnungen der Zentrale und Rückmeldungen von den Wirtschaftseinheiten nötig. Das Sanktionssystem besteht aus Prämiengewährung und -entzug.

Vergleich der Wirtschaftssysteme

freie Marktwirtschaft ⟵	Ordnungselemente	⟶ Zentralverwaltungswirtschaft
Privateigentum	Eigentumsverhältnisse	Kollektiveigentum
Vertragsfreiheit	Vertragsverhältnisse	keine Vertragsfreiheit
Markt	Koordinationsverhältnisse	Plan
freie Preisbildung	Preisbildung	Preisfestsetzung
freie Lohnbildung	Lohnbildung	Lohnfestsetzung

1.2 Freie Marktwirtschaft

Die Auffassung über die Stellung des einzelnen Menschen in der Gesellschaft beeinflusst sehr stark die Art und Weise, wie eine Wirtschaft organisiert ist. Steht der Mensch, das Individuum (lat. das Unteilbare) im Mittelpunkt der Weltanschauung, so spricht man vom **Individualismus.** Für den Individualismus ist die Freiheit des Einzelnen und dessen Recht auf Streben nach Glück oberster Grundsatz.

Der Individualismus ist die Grundlage für den **Liberalismus,** einer geistig-politischen Bewegung am Ende des 18. Jahrhunderts. Der Liberalismus geht von der Vorstellung aus, dass die größtmögliche Freiheit der Individuen zu einer vollkommenen Ordnung führt.

Auf der Idee des Liberalismus beruht das Modell der **freien Marktwirtschaft,** deren Grundlagen und Funktionsweise von dem Schotten Adam Smith (1723–1790) in seinem Werk „An inquiry into the nature and causes of wealth of nations" beschrieben wurden. Wichtige Triebfedern einer Wirtschaft sind seiner Meinung nach der wirtschaftliche Egoismus seiner Bürger und die „invisible hand" des Wettbewerbs auf Märkten.

1.2 Freie Marktwirtschaft

Am Markt treffen Anbieter und Nachfrager aufeinander, wobei der Anbieter sein Produkt möglichst teuer verkaufen will, um Gewinn zu erwirtschaften. Der Nachfrager möchte möglichst günstig einkaufen, um seinen Nutzen zu erhöhen. Der Ausgleich zwischen diesen unterschiedlichen Vorstellungen erfolgt über den Preis. Ist z. B. die nachgefragte Menge größer als die angebotene Menge, so steigt der Preis. Sind mehr Güter auf dem Markt, als die Käufer haben wollen, so sinkt deren Preis.

Beim Ordnungsmodell der freien Marktwirtschaft handelt es sich um ein sich selbst steuerndes System, bei dem zwischen den Plänen einzelner Wirtschaftssubjekte ein Mengenausgleich von Angebot und Nachfrage über flexible Preise am Markt erfolgt.

Der Koordinationsmechanismus des Marktes hat eine Reihe von Vor- und Nachteilen.

Wichtige **Vorteile** dieses Ordnungsmodells sind:

- Die uneingeschränkte Freiheit der einzelnen Wirtschaftssubjekte fördert deren Egoismus als stärkste Triebkraft des menschlichen Handelns. Das Streben nach Wohlstand, Reichtum und Unabhängigkeit erhöht die Leistungsbereitschaft aller und infolgedessen die Gesamtversorgung der Bevölkerung **(Leistungsbereitschaft).**
- Funktionierende Märkte führen dazu, dass dynamische und innovative Unternehmer ihr Erfolgsinteresse besonders gut verwirklichen können, wenn sie Marktlücken aufspüren, Produkte verbessern und kostensparende Produktionsverfahren entwickeln. Der technische Fortschritt findet damit in diesem System besonders günstige Rahmenbedingungen **(ermöglicht technischen Fortschritt).**
- Bei sinkenden Preisen muss der Unternehmer seine Produktion drosseln und auf andere Produkte umstellen. Falls der Produzent die veränderte Marktlage überhaupt nicht oder zu spät erkennt, gerät er in die Verlustzone und wird aus dem Markt verdrängt. Über den Preis werden damit diejenigen Betriebe in die Insolvenz getrieben und ausgelesen, die auf Marktsignale nicht reagieren **(Auslesefunktion).**

Das Schild hängt da jetzt auch schon seit Jahren ...

Als wesentliche **Nachteile** des Modells sind zu nennen:

- Der Selbststeuerungsmechanismus des Preises funktioniert im Wesentlichen nur bei privaten Gütern, nicht jedoch für öffentliche Güter, die vom Staat angeboten werden, wie z. B. Bildung, Verwaltungsleistungen, innere und äußere Sicherheit. Dasselbe gilt für bestimmte Bedürfnisse wie Ruhe, Erholung, gesunde Umwelt, die keinen konkreten Preis haben. Würde man die Bildung der Bevölkerung dem Marktmechanismus überlassen, so könnten sich nur wenige kaufkräftige Personen dieses Gut leisten **(begrenzte Funktionsweise).**
- Die Möglichkeit der freien Entfaltung des Individuums kann in einer Wirtschaftsordnung zu einem rücksichtslosen Kampf um Erfolg führen, dessen Begleiterscheinungen Neid, Hass und Aggressionslust sind. Alles, was nicht direkt dem materiellen Erfolg dient, wird gering geschätzt und vernachlässigt. Für den Glücklosen, den sozial Schwachen ist in diesem Modell kein Platz **(übersteigerter Egoismus).**
- Der Preismechanismus kann sozial negative Folgen haben, wenn sich bei Preissteigerungen nur diejenigen Wirtschaftssubjekte die gewünschten Waren kaufen können, die über ein hohes Einkommen verfügen **(unsoziale Güterverteilung).**
- Die Nachfrage nach einem Gut beruht auf der Kaufkraft, die ein Wirtschaftssubjekt für dieses Gut zur Verfügung stellt. Hierbei kann durch eine geschickte Werbung die Kaufkraft auf ein bestimmtes Gut gelenkt werden. Es ist demnach möglich, Güter herzustellen, die allein dem Prestige- und Geltungsbedürfnis der Menschen dienen. Damit entsteht eine Konsumgesellschaft, für die die These gilt: Man kauft das, was man

nicht braucht, mit dem Geld, das man nicht hat, um dem zu imponieren, den man nicht mag. Infolge dieses unkontrollierten Konsumierens, um des Konsums willen, wird eine Reihe von wertvollen Rohstoffen verbraucht, die kommenden Generationen nicht mehr zu Verfügung stehen **(Prestigekonsum und Ressourcenverschwendung)**.

- Zwar führt der Leistungswettbewerb zu einer optimalen Ausnutzung der Produktionsfaktoren, aber er ermöglicht auch Formen der ruinösen Konkurrenz. Hierbei können finanzstarke Unternehmen einen konkurrierenden Betrieb so lange preislich unterbieten, bis dieser sein Unternehmen aufgibt, oder das finanzstarke Unternehmen kauft den Konkurrenten auf und schließt den Betrieb. Infolgedessen bilden sich im Laufe der Zeit Märkte, auf denen einzelne Betriebe monopolartige Stellungen erringen und den freien Wettbewerb ausschalten **(monopolartige Märkte)**.

1.3 Soziale Marktwirtschaft

Die Wirtschaftsordnung der Bundesrepublik Deutschland ist ein Mischsystem, das schwerpunktmäßig aus Ordnungselementen des Wirtschaftssystems der freien Marktwirtschaft besteht und in Teilbereichen durch Elemente der Zentralverwaltungswirtschaft ergänzt wird. Es trägt den Namen **soziale Marktwirtschaft.**

„Die soziale Marktwirtschaft versucht, das Prinzip der Freiheit auf dem Markt mit dem des sozialen Ausgleichs zu verbinden. Ihr primäres Koordinationsprinzip soll der Wettbewerb sein."

aus: Müller-Armack, A.: Soziale Marktwirtschaft, in: Handwörterbuch der Sozialwissenschaften, Band 9, S. 39

Die **Entstehung der sozialen Marktwirtschaft** ist an die äußerst schwierige Situation nach dem Zweiten Weltkrieg gebunden. Deutschland war nach 1945 durch starke Kriegszerstörungen, eine zerrüttete Währung und eine unzureichende Nahrungsmittelversorgung gekennzeichnet. In der Zeit von 1945 bis 1947 kam es infolge der Kriegsnachwirkungen zu einer Ernährungskrise, die durch den harten Winter von 1946/1947 noch verstärkt wurde. Die Nahrungsmittelrationen für den Normalverbraucher lagen bei 1 300 Kalorien und konnten zeitweilig nicht eingehalten werden. Die schlechte Versorgungslage und die sich anbahnende politische Auseinandersetzung zwischen der ehemaligen Sowjetunion und den westlichen Alliierten zwangen zu einer Veränderung der staatlich gelenkten Wirtschaftsordnung aus der Zeit des Nationalsozialismus. Eine Neuordnung der Währung und in diesem Zusammenhang der gesamten wirtschaftlichen Verhältnisse war unbedingt notwendig.

Das wissenschaftliche Konzept für eine neue Wirtschaftsordnung in Westdeutschland war bereits vorhanden. Ihre geistigen Väter waren die Mitglieder der sogenannten „Freiburger Schule". Dazu gehörten die Wirtschaftsprofessoren Walter Euken, Franz Böhm und Wilhelm Röpke, die das Konzept der sozialen Marktwirtschaft an der Universität Freiburg während des Zweiten Weltkriegs entwickelt hatten. Sie verfochten den Gedanken einer grundsätzlich freiheitlichen Gesellschafts-, Wirtschafts- und Sozialordnung, die aber deutliche soziale Verpflichtungen einschloss.

In die Tat umgesetzt wurde die Konzeption der sozialen Markwirtschaft von **Ludwig Erhard.** Dieser war zunächst Direktor im Zweizonen-Wirtschaftsrat und beabsichtigte, die notwendige Währungsreform mit einer Wirtschaftsreform zu verbinden. Der 20. Juni 1948 brachte die Währungsreform und damit das Ende der abgewirtschafteten Reichsmark (RM), die durch die Deutsche Mark (DM) ersetzt wurde. Jeder Bewohner der Westzone konnte bei seiner bisherigen Lebensmittelkontrollstelle 40,00 RM in 40,00 DM umtauschen. Sparguthaben wurden im Verhältnis 100,00 RM : 6,50 DM eingetauscht und Reichsmarkverbindlichkeiten im Verhältnis 10 : 1 umgestellt.

Ludwig Erhard

1.3 Soziale Marktwirtschaft

Der eigentliche Geburtstag der sozialen Marktwirtschaft fiel auf den 24. Juni 1948. Das vom Zweizonen-Wirtschaftsrat erlassene „Gesetz über Leitsätze für die Bewirtschaftung und Preispolitik nach der Geldreform" legte die Prinzipien für die neue Wirtschaftsordnung fest, hob zahlreiche Bewirtschaftungsvorschriften auf und stellte die Weichen für die Einführung der Marktwirtschaft.

Wichtige **Merkmale der sozialen Marktwirtschaft** sind die klare Entscheidung für die Ordnungselemente der freien Marktwirtschaft, jedoch werden diese Elemente durch staatliche Gesetze und Regelungen beschränkt, um einseitige Machtpositionen zu verhindern. Die Ordnungselemente unterliegen in der Bundesrepublik Deutschland folgenden Begrenzungen:

Einschränkung des Privateigentums

Das Privateigentum ist das Fundament, auf dem sich freie Initiative und Unternehmergeist entwickeln können, und damit besteht eine wesentliche Motivation für technischen und wirtschaftlichen Fortschritt. Allerdings wird aus verschiedenen Gründen das Privateigentum zum Wohle der Allgemeinheit eingeschränkt. Damit z. B. das Eigentum an Produktionsmitteln nicht zur vollständigen Herrschaft der Arbeitgeber über die Arbeitnehmer führt, werden den Arbeitnehmern demokratische Mitwirkungsrechte in Form von Mitbestimmungsregelungen in den Betrieben gewährt.

Grundsätzlich haben die privaten Unternehmen das Eigentum an den Produktionsmitteln. In Fällen, in denen die private Wirtschaft die erforderlichen Leistungen nicht oder nur unzureichend erbringt, übernimmt der Staat die Güterproduktion, wie z. B. im Gesundheits- und Bildungswesen.

Das Grundgesetz der Bundesrepublik Deutschland gewährleistet zwar in Art. 14 GG das Privateigentum, betont aber auch die Sozialgebundenheit des Eigentums. Der Staat begrenzt im öffentlichen Interesse das Eigentum durch eine Reihe von Vorschriften, wie z. B. Regelungen der Baugestaltung, der Grenzabstände, des Wasserrechts oder Umweltauflagen.

Einschränkung der Vertragsfreiheit

Die Vertragsfreiheit ermöglicht es den Wirtschaftssubjekten, Verträge der Form und dem Inhalt nach frei zu gestalten. Um negative Auswüchse in Verbraucherverträgen, Wohnungsmietverträgen oder Arbeitsverträgen zu vermeiden, wurden begrenzende rechtliche Regelungen geschaffen. Schutzbestimmungen, wie die Regelungen zu den AGB im BGB oder die Preisangabenverordnung, verbessern die rechtliche Position des Verbrauchers gegenüber dem Unternehmer. Mieterschutzregelungen im BGB verhindern willkürliche Mieterhöhungen oder Kündigungen von Mietern durch den Vermieter. Eine Reihe von Arbeitsschutzgesetzen, wie die Arbeitszeit-, Mindesturlaubs- und Kündigungsregelungen, wendet Missbrauch beim Abschluss und der Beendigung von Arbeitsverträgen ab.

Ebenso bestehen für die Niederlassungs- und Gewerbefreiheit viele Einschränkungen. Die Führung eines zulassungspflichtigen Handwerksbetriebes, wie z. B. Dachdecker oder Elektromaschinenbauer, ist vom Bestehen der Meisterprüfung abhängig. Arzneimittel und Gifte dürfen nur von solchen Personen verkauft werden, die persönlich zuverlässig und sachkundig sind. Zur Einrichtung von Anlagen, die für die Umwelt erhebliche Gefahren oder Belästigungen bedeuten, sind besondere Genehmigungen erforderlich.

Einschränkung der freien Preisbildung

Der Mechanismus der freien Preisbildung lenkt in einer Wirtschaft die Investitionen, den Arbeitseinsatz und die Einkommensverteilung, da die Hauptmotivation für unternehmerische Aktivitäten die über den Preis und Absatz erzielten Gewinne sind. In Branchen und Regionen, in denen keine ausreichenden Gewinne erwirtschaftet werden, unterbleiben diese Investitionen und es kommt zu einer Unterversorgung.

Darum lenkt der Staat z. B. auf den Teilmärkten des Verkehrswesens (Straßen- und Schienennetz) und des Versorgungswesens (Abwasser, Müll) das Güterangebot und legt Preise fest. Dies gilt ebenso für Agrarprodukte, um den Landwirten im Rahmen des europäischen Marktes ein entsprechendes Mindesteinkommen zu ermöglichen.

Auf allen anderen Märkten wird darauf geachtet, dass Machtkonzentrationen in Form von Monopolen und Oligopolen den Wettbewerb nicht ausschließen oder behindern dürfen. Der Zusammenschluss marktbeherrschender

Unternehmen wird durch die Fusionskontrolle, die unfaire Ausübung von Marktmacht durch die sogenannte Missbrauchsaufsicht sowie wettbewerbsbeschränkende Preis- oder Regionalabsprachen zwischen Unternehmen durch das Kartellverbot verhindert. Rechtliche Grundlagen sind das „Gesetz gegen Wettbewerbsbeschränkungen", dessen Einhaltung das Bundeskartellamt überwacht, sowie Regelungen des europäischen Rechts, die die Wettbewerbsdirektion der EU-Kommission anwendet.

Einschränkung der freien Lohnbildung

Wenn nicht der Staat auf dem Arbeitsmarkt durch nachträgliche Korrektur, d. h. durch Umverteilung, die freie Lohnbildung beeinflusst, wird bei steigendem Arbeitskräfteangebot der Lohn sinken und die Arbeitnehmer an den Rand ihrer Existenz bringen. Um diesem „ehernen ökonomischen Gesetz" von Ferdinand Lassalle entgegenzuwirken, sind die Gewerkschaften im Rahmen der Tarifautonomie bestrebt, Löhne mit den Arbeitgebern zu vereinbaren. In bestimmten Branchen ist durch das Arbeitnehmer-Entsendegesetz ein deutschlandweiter Mindestlohn eingeführt worden (Bauhauptgewerbe, Dachdecker-, Maler- und Lackierhandwerk, Gebäudereinigung).

Der Staat selbst regelt die Einkommensumverteilung mit dem Ziel, den mittleren und höheren Einkommensschichten Kaufkraft zu entziehen, um den niedrigen Einkommensschichten über Kindergeld, Ausbildungsförderung, Arbeitslosengeld oder Sparförderung Kaufkraft zur Verfügung zu stellen.

Ordnungselemente und Einschränkungen	
Ordnungselemente der freien Marktwirtschaft	**Beispiele für Beschränkungen in der sozialen Marktwirtschaft**
Privateigentum	■ Mitbestimmung der Arbeitnehmer an Produktionsmitteln ■ Versorgung mit öffentlichen Gütern ■ Sozialbindung des Eigentums
Vertragsfreiheit	■ Verbraucherschutzbestimmungen ■ Mieter- und Arbeitsschutzgesetze ■ begrenzte Gewerbefreiheit
freie Preisbildung	■ auf Teilmärkten überwachte Preise (Versorgungsunternehmen, Landwirtschaft)
freie Lohnbildung	■ ausgehandelte Tariflöhne ■ Mindestlöhne in bestimmten Branchen ■ Einkommensumverteilung durch den Staat

2 Wirtschaftspolitische Ziele der sozialen Marktwirtschaft

2.1 Preisniveaustabilität und hoher Beschäftigungsstand

Um das Wirtschaftsgeschehen beurteilen und planmäßig ordnen oder beeinflussen zu können, müssen Ziele bestimmt werden. Die Oberziele jeglicher Politik ergeben sich dabei aus den Grundwerten der Bundesrepublik Deutschland und der Europäischen Union (Freiheit, Gleichheit, Gerechtigkeit, Innere Sicherheit, Frieden, Umweltschutz). Aus diesen Grundwerten werden die für die Wirtschaftspolitik maßgeblichen Ziele abgeleitet. Diese findet man in Rechtsvorschriften. Eine wesentliche Norm für die deutsche Wirtschaftspolitik ist das Gesetz über die Bildung eines Sachverständigenrats zur Begutachtung der gesamtwirtschaftlichen Lage von 1963 (SVR-Gesetz), mit dem die „Fünf Wirtschaftsweisen" als Beratungsgremium der Bundesregierung berufen und erstmalig wirtschaftspolitische Ziele benannt wurden.

Wirtschaftspolitische Oberziele

Rechtsnorm	Ziel
Art. 20 GG	Staatsziel Sozialstaat (Versorgung mit Gütern, Verteilungsgerechtigkeit hinsichtlich Gütern sowie Einkommen und Vermögen)
Art. 20 a GG 1994	Staatsziel Schutz der natürlichen Lebensgrundlagen (Umweltschutz)
Art. 109 GG	gesamtwirtschaftliches Gleichgewicht
SVR-Gesetz 1963	gerechte Einkommens- und Vermögensverteilung

Darauf folgte das Stabilitäts- und Wachstumsgesetz (Stabilitätsgesetz, StWG) von 1967, in dem die vier wichtigsten wirtschaftspolitischen Ziele und einige zur Zielerreichung vorgesehene Mittel festgelegt wurden. Nach dem Stabilitätsgesetz hat die Bundesregierung in ihrem Jahresbericht jedes Jahr im Januar auf das vom Sachverständigenrat vorgelegte Gutachten des Vorjahres zu antworten.

> **§ 1 Stabilitäts- und Wachstumsgesetz 1967 –** Erfordernisse der Wirtschaftspolitik
> Bund und Länder haben bei ihren wirtschafts- und finanzpolitischen Maßnahmen die Erfordernisse des gesamtwirtschaftlichen Gleichgewichts zu beachten. Die Maßnahmen sind so zu treffen, dass sie im Rahmen der marktwirtschaftlichen Ordnung gleichzeitig zur Stabilität des Preisniveaus, zu einem hohen Beschäftigungsstand und außenwirtschaftlichem Gleichgewicht bei stetigem und angemessenem Wirtschaftswachstum beitragen.

Die starken Zusammenhänge und Verflechtungen zwischen wirtschaftlichen Aktivitäten und der Umwelt zwingen dazu, den Umweltschutz in den Katalog der wirtschaftspolitischen Ziele aufzunehmen. Da eine vollkommene und gleichzeitige Verwirklichung aller Ziele an Zauberei grenzt, spricht man vom magischen Viereck bzw. Sechseck.

„Magisches Sechseck" der wirtschaftspolitischen Ziele

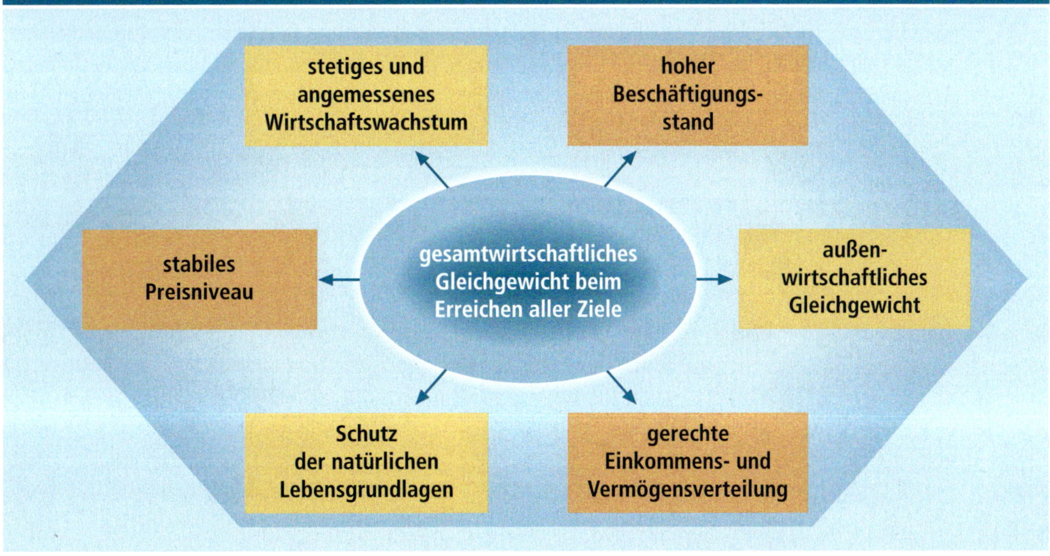

Preisniveaustabilität bedeutet nicht, dass die Preise der einzelnen Sachgüter und Dienstleistungen konstant bleiben müssen, sondern dass sich der Durchschnitt der Preise nicht ändern soll. Eine marktwirtschaftliche Ordnung mit dem Ausgleich von Angebot und Nachfrage über den Preis fordert geradezu bewegliche Preise nach unten und nach oben. Preissteigerungen einzelner Güter sollten durch Preissenkungen anderer Güter ausgeglichen werden, sodass das Preisniveau gleich bleibt.

Zur **Begründung** des Zieles wird angeführt, dass eine wesentliche Aufgabe der Wirtschaftspolitik darin besteht, Geldwertschwankungen und damit eine ungerechte Einkommens- und Vermögensverteilung zu verhindern.

Die Geldordnung des Eurosystems und damit der Bundesrepublik Deutschland fußt nämlich auf dem sogenannten Nominal(wert)prinzip, d. h. auf der Regelung, nach der „Euro gleich Euro" ist. Ändern sich im Zeitablauf die Preise in einem Land, so hat dieses Prinzip sowohl Auswirkungen auf die Vermögensverteilung als auch auf die Einkommensverteilung einer Bevölkerung. Durch das Nominalwertprinzip bleibt die Höhe der betragsmäßig festgelegten Geldschulden gleich, auch wenn die Preise der Waren und Dienstleistungen steigen oder sinken.

Entwicklung des Geldwerts		
Inflation	**Stabilität**	**Deflation**
steigendes Preisniveau/sinkender Geldwert	Preisniveau-/Geldwertstabilität	sinkendes Preisniveau/steigender Geldwert

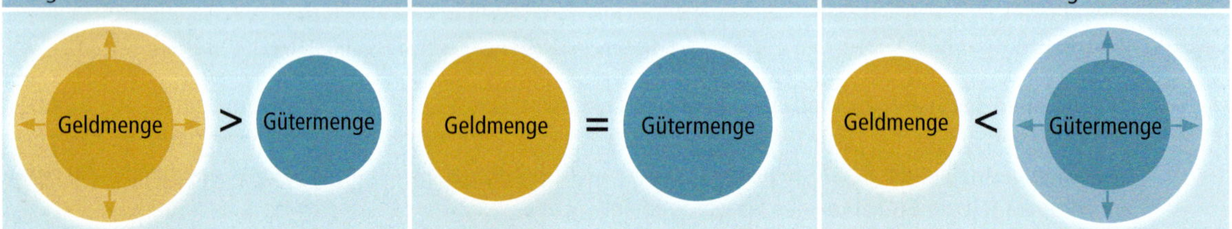

Geld erfüllt bei Geldwertstabilität folgende Funktionen:

- Tauschmittel (Tausch Geld gegen Güter)
- gesetzliches Zahlungsmittel (Es muss nach gesetzlichen Vorschriften zur Tilgung von Geldschulden angenommen werden.)
- Wertmaßstab und Recheneinheit (Bezugsgröße für Bilanzen und Statistiken)
- Wertaufbewahrung (Sparen)
- Wertübertragung (Erbschaft, Schenkung, Spenden)

Bei stetig sinkendem Geldwert verliert das Geld eine Reihe seiner Funktionen. In der Hyperinflation der Weimarer Republik von 1918 bis 1923 arbeiteten die Notenpressen im Auftrag der Reichsbank Tag und Nacht, um Geldscheine herzustellen. Das Geld verlor seine Funktionen als Wertaufbewahrungsmittel, als Recheneinheit und als Tauschmittel. Die Funktion als gesetzliches Zahlungsmittel blieb bestehen: Man konnte weiterhin seine Schulden damit tilgen. Am 30. August 1924 wurde die Reichsmark eingeführt. Der Umtauschkurs betrug 1 Billion (1.000.000.000.000) Mark = 1 neue Reichsmark. Die Ersparnisse großer Teile der Bevölkerung waren vernichtet.

Banknoten zu Beginn und am Ende der Inflation von 1918 bis 1923

Jede Inflation bedeutet Verringerung des Geldwerts über Preiserhöhungen und führt neben einer ungerechten Vermögensverteilung auch zu unerwünschten Veränderungen in der Einkommensverteilung. Hier sind es die Bezieher fester oder nur langsam steigender Einkommen, die für ihr Geld einen immer geringer werdenden Gegenwert an Gütern erhalten. Die Arbeitnehmer sind normalerweise erst nach Ablauf des Tarifvertrags, der meist eine Laufzeit von ein bis zwei Jahren hat, in der Lage, Einkommenserhöhungen durchzusetzen. In der gleichen Situation befinden sich auch die Rentner, Pensionäre und Sozialhilfeempfänger. Hohe Preissteigerungen benachteiligen in starkem Maße Sparer und Arbeitnehmer, also untere und mittlere Schichten und damit den größten Teil der Bevölkerung. Bei einer deflationären Entwicklung, also Geldwertsteigerung, ergeben sich umgekehrte Prozesse. Gläubiger wie die Sparer, die Kreditgeber, z. B. Banken, und die Bezieher fester Einkommen sind bevorzugt.

Die **Messung** der Preisveränderungen in einer Volkswirtschaft erfolgt durch Indexziffern, die zeitliche und örtliche Vergleiche ermöglichen. Die Ermittlung des Preisindexes erfolgt anhand eines sogenannten Warenkorbs. Hierzu werden bestimmte Güter ausgewählt, ihr Wert ermittelt und die Preisveränderungen im Zeitablauf registriert. Für die Bundesrepublik Deutschland kalkuliert das Statistische Bundesamt in Wiesbaden monatlich einen Warenkorb für rund 700 Waren, hinter denen 300 000 Einzelpreise in fast 200 Gemeinden stehen. Der daraus errechnete deutsche Verbraucherpreisindex (VPI) misst die durchschnittliche Preisveränderung aller Waren und Dienstleistungen, die von privaten Haushalten für Konsumzwecke gekauft werden. Berücksichtigt werden Güter des täglichen Bedarfs (z. B. Lebensmittel, Bekleidung), Mieten, langlebige Gebrauchsgüter (z. B. Kraftfahrzeuge, Kühlschränke) und Dienstleistungen (z. B. Friseur, Reinigung, Versicherungen). Der Verbraucherpreisindex ist ein Maßstab dafür, wie die Gesamtheit aller privaten Haushalte in Deutschland von Preisveränderungen betroffen ist. Single-Haushalte sind ebenso berücksichtigt wie Rentnerehepaare oder Großfamilien.

Wägungsschema Verbraucherpreisindex

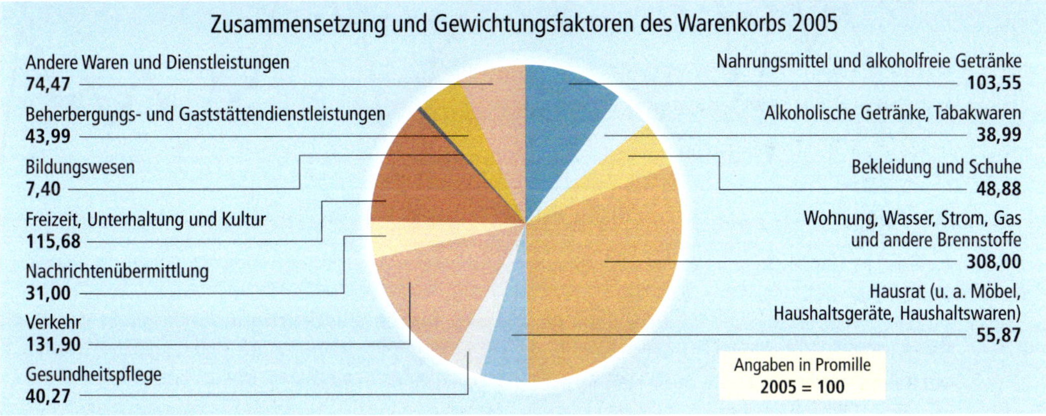

Quelle: Statistisches Bundesamt Deutschland 2008

Neben dem Statistischen Bundesamt ermittelt Eurostat, das statistische Amt der EU, seit 1997 einen harmonisierten Verbraucherpreisindex (HVPI). Mit diesem harmonisierten Preisindex sollen länderspezifische Besonderheiten der Lebenshaltung ausgeschaltet werden, um so zu einer größtmöglichen Vergleichbarkeit der Inflationsraten zu gelangen. Dem HVPI, der für jedes EU-Land, aber auch für das Euro-Währungsgebiet berechnet wird, liegt ein Warenkorb zugrunde, der nur Güter und Dienstleistungen enthält, die sich auch in allen nationalen Warenkörben befinden.

Die Preisindizes dienen drei Zwecken:

- Sie sind Indikatoren für die Geldwertstabilität und werden zur Messung der Inflation verwendet. Aus diesem Grund wird die Veränderungsrate eines Preisindexes auch als „Inflationsrate" bezeichnet.
- Sie sind für die volkswirtschaftlichen Gesamtrechnungen notwendig. Bestimmte Werte können besser interpretiert werden, wenn man die Preissteigerungen „abzieht" bzw. zu konstanten Preisen rechnet. (Beispiel: Eine Erhöhung des Bruttoinlandsprodukts vom Jahr 1 auf das Jahr 2 kann bei gestiegenen, gleich gebliebenen oder sogar sinkenden Produktionsmengen zustande kommen; es kommt wesentlich auf die jeweiligen Preis-

steigerungs- bzw. Inflationsraten an. Wenn man das BIP des Jahres 2 in Preisen des Jahres 1 ausdrückt, spricht man vom deflationierten, realen Bruttoinlandsprodukt. Die entsprechende Veränderungsrate vom Jahr 1 auf das Jahr 2 nennt man Wachstum. Es drückt die Mengenänderungen in der Produktion aus.)

- Sie dienen als Maßstab für Wertsicherungsklauseln, die in manchen Vertragsbeziehungen erlaubt sind (z. B. kann sich eine Wohnungsmieterhöhung an der Veränderung des Preisindexes orientieren).

Die Interpretation der Verbraucherpreise ergibt, dass Westdeutschland bis zur Wiedervereinigung im Jahre 1990 zum Teil mit hohen Inflationsraten zu kämpfen hatte. Auch nach der Wiedervereinigung stiegen die Preise auf bis zu 4 %. Seit der Einführung des Euro als Buchgeld im Jahr 1999 bewegt sich die Veränderung des Verbraucherpreisindexes um die 2 %.

Preisniveaustabilität in der Bundesrepublik Deutschland 1960 bis 2011

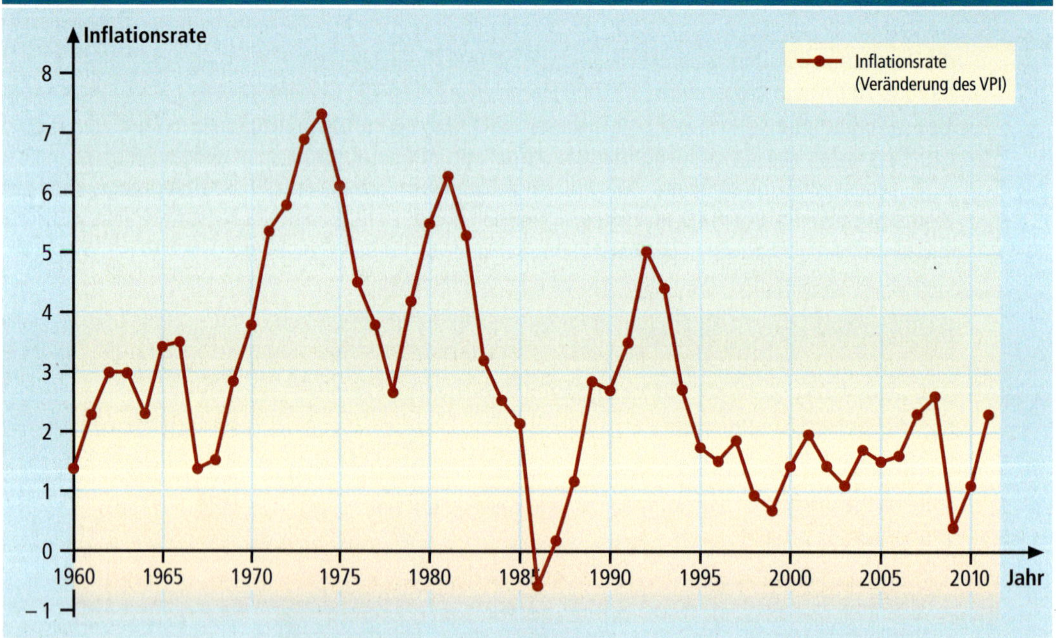

Seit Jahren wird das wirtschaftspolitische Ziel des **hohen Beschäftigungsstands** in der Bundesrepublik Deutschland nicht erreicht. Unter hohem Beschäftigungsstand, teilweise auch als Vollbeschäftigung bezeichnet, versteht man die Situation, in der möglichst viele Menschen eine Arbeit haben.

Das Ziel – die Vermeidung oder der Abbau von Arbeitslosigkeit – hat einen zentralen Stellenwert. **Gründe** sind, dass Arbeitslosigkeit starke Auswirkungen sowohl auf den Arbeitslosen selbst und sein familiäres Umfeld als auch auf die Gesellschaft als Ganzes hat.

Zunächst führt Arbeitslosigkeit zu Einkommenseinbußen für die Betroffenen; vor allem müssen persönliche Ausgaben eingeschränkt und vorgesehene Anschaffungen zurückgestellt werden. Manchmal stehen die Betroffenen am Anfang einer Schuldenspirale. Stärker noch als die finanziellen werden von den Arbeitslosen die nichtfinanziellen Belastungen empfunden: Die durch die Arbeitslosigkeit entstandene freie Zeit wird zum Problem, mitmenschliche Beziehungen werden in Mitleidenschaft gezogen.

Hohe Arbeitslosigkeit kann für die Gesellschaft eine Gefährdung des sozialen Friedens bedeuten: zunehmende Kriminalität, psychische Schäden, Alkoholismus, Drogenabhängigkeit, Obdachlosigkeit, möglicherweise auch politische Veränderungen und „Radikalisierung" sind möglich. Unmittelbar entstehen dem Staat durch Arbeitslosigkeit erhebliche finanzielle Belastungen durch Einnahmeausfälle (Ausfälle an Steuern und Beiträgen zur Sozialversicherung) und Ausgabenerhöhungen (Zahlungen der Arbeitslosenversicherung an Arbeitslose, gegebenenfalls Unterstützungszahlungen an die Sozialversicherungsträger). Schließlich ist der enorme mit Arbeitslosigkeit verbundene volkswirtschaftliche Verlust zu bedenken, der durch den Ausfall möglicher Produktion entsteht.

Es liegt darum im Interesse des Einzelnen und der Gemeinschaft, dass die Zahl der Arbeitslosen möglichst gering gehalten wird.

Die **Messung** der Höhe der Arbeitslosigkeit erfolgt durch die Arbeitslosenquote. Arbeitslos im Sinne der amtlichen Statistik ist in der Bundesrepublik Deutschland ein Arbeitnehmer, der vorübergehend nicht in einem Beschäftigungsverhältnis steht oder nur eine geringfügige Beschäftigung ausübt und sich persönlich bei der Agentur für Arbeit als Arbeitssuchender gemeldet hat.

$$\text{Arbeitslosenquote} = \frac{\text{registrierte Arbeitslose} \cdot 100}{\text{beschäftigte Arbeitnehmer} + \text{registrierte Arbeitslose}}$$

Ein hoher Beschäftigungsstand ist erreicht, wenn ein möglichst hoher Prozentsatz der vorhandenen Arbeitskräfte beschäftigt ist bzw. die Arbeitslosenquote möglichst niedrig ist. Außerdem werden häufig noch weitere Daten zur Beurteilung der Situation auf dem Arbeitsmarkt hinzugezogen: Anzahl der offenen Stellen, Zahl der Langzeitarbeitslosen, Zahl der arbeitslosen Jugendlichen usw.

Bei den Ursachen der Arbeitslosigkeit können verschiedene **Arten** unterschieden werden:

- Die **friktionelle Arbeitslosigkeit** entsteht im Zusammenhang mit dem zwischenbetrieblichen Arbeitgeberwechsel bzw. mit der Arbeitsplatzsuche nach Abschluss einer Ausbildung. Sie dauert meist nur wenige Wochen.
- Die **saisonale Arbeitslosigkeit** bildet sich durch jahreszeitliche, meist witterungsbedingte Schwankungen der Produktion bzw. der Nachfrage nach bestimmten Gütern. Sie ist ihrem Wesen nach nur begrenzt vermeidbar.
- Die **strukturelle Arbeitslosigkeit** bildet sich, wenn die Nachfrage oder das Angebot an Arbeitskräften örtlich, zeitlich oder im Hinblick auf die Qualifikationsstruktur nicht zusammenpassen. Strukturelle Arbeitslosigkeit ist darum immer durch einen sogenannten Mismatch bedingt, wobei zwischen qualifikationsbedingtem bzw. regionalem Mismatch unterschieden wird. Ein Mismatch besteht auch, wenn eine Differenz zwischen Lohnanspruch und Lohnangebot besteht.
- Die **konjunkturelle Arbeitslosigkeit** beruht auf den Konjunkturschwankungen, wobei in der Depression (Rezession) Arbeitskräfte entlassen werden, die man im wirtschaftlichen Aufschwung meist wieder einstellt.

Die Arbeitslosigkeit bot in der Vergangenheit folgendes Bild:

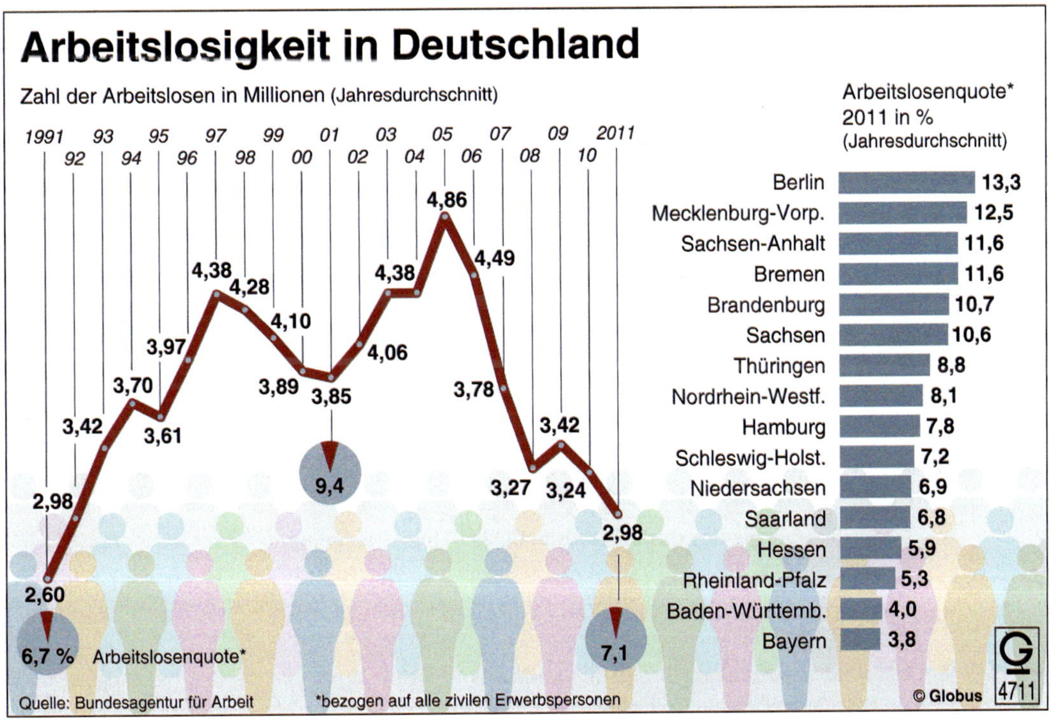

Nach der Wiedervereinigung stieg die Arbeitslosigkeit auf über vier Millionen Beschäftigte, wobei starke Unterschiede zwischen Westdeutschland und Ostdeutschland entstanden. In Ostdeutschland kam es, verursacht durch den Wegfall der Absatzmärkte in Osteuropa und der mangelnden Konkurrenzfähigkeit der Unternehmen, zum Zusammenbruch ganzer Industriezweige. Nach der Finanzkrise 2008/2009 entwickelte sich ein starker Wirtschaftsaufschwung, der 2012 zu einem Rückgang der Arbeitslosigkeit unter 3 Mio. führte.

2.2 Wirtschaftswachstum und außenwirtschaftliches Gleichgewicht

Das Ziel eines **stetigen und angemessenen Wirtschaftswachstums** wird verfolgt, weil Wachstum eine Zunahme der Güterproduktion bedeutet und damit hilft, Arbeitsplätze zu sichern. Zunehmende Beschäftigung ermöglicht ein höheres Einkommen und im Gefolge einen gleich bleibenden bzw. steigenden Lebensstandard. Der materielle Wohlstand war und ist für viele Menschen Grundlage ihrer persönlichen Entfaltung.

Wesentliche **Gründe** für das Ziel sind, dass es bei einer wachsenden Wirtschaft dem Staat eher möglich ist, strukturelle Probleme zu lösen, die soziale Sicherheit aufrechtzuerhalten und Entwicklungshilfe zu zahlen. Steigende Gewinne ermöglichen den Unternehmen, Investitionen durchzuführen und sich so dem nationalen und internationalen Wettbewerb anzupassen.

Einer der größten Vorteile des Wirtschaftswachstums ist die Tatsache, dass mehrere miteinander in Konkurrenz stehende Ziele gleichzeitig verwirklicht werden können. Man kann die Arbeitszeit verkürzen und trotzdem ein höheres Realeinkommen erwarten, die Armut bekämpfen, ohne von den Wohlhabenden Opfer zu verlangen, die Leistungen des Staates anheben, ohne die Steuersätze zu erhöhen, und den Entwicklungsländern wirtschaftliche Hilfe gewähren, ohne den nationalen Lebensstandard zu vermindern.

Die Grundlage der **Messung** des Wirtschaftswachstums ist das Bruttoinlandsprodukt (BIP).

Das Bruttoinlandsprodukt besteht aus der Summe an Sachgütern und Dienstleistungen, die in einem Zeitraum in einer Volkswirtschaft erzeugt und zu Preisen bewertet werden.

Das Bruttoinlandsprodukt zu Marktpreisen erhält man, indem die Güterproduktion eines Jahres mit den jeweiligen Preisen bewertet wird. Steigen die Preise in einem Jahr stark an, nimmt das Bruttoinlandsprodukt zu, obwohl vielleicht die Sachgüter- und Dienstleistungsproduktion gleich geblieben oder sogar gesunken ist.

Unter Wirtschaftswachstum ist die Veränderung des realen, also des um die Inflationsrate korrigierten Bruttoinlandsprodukts zu verstehen. Die prozentuale Zu- oder Abnahme der Produktion von Sachgütern und Dienstleistungen in einer Periode, z. B. in einem Jahr gegenüber dem Vorjahr, bezeichnet man als Wachstumsrate.

$$\text{Wachstumsrate} = \frac{\text{Veränderung des Bruttoinlandsprodukts} \cdot 100}{\text{Bruttoinlandsprodukt (des Vorjahres)}}$$

Das Bruttoinlandsprodukt ist eine der wichtigsten Größen zur Beurteilung der Wirtschaftsentwicklung eines Landes. Wie jede statistische Zahl, die das Ergebnis von Umfragen, Teilerhebungen, wissenschaftlichen Abgrenzungen usw. ist, enthält auch das Bruttoinlandsprodukt einige Unzulänglichkeiten:

- Für einen Teil der erzeugten Güter gibt es keine Marktpreise, wie z. B. bei den Leistungen der staatlichen Behörden. Diese Leistungen werden zu den Herstellungskosten in das Bruttoinlandsprodukt aufgenommen.
- Eine Vielzahl von Tätigkeiten werden in das Bruttoinlandsprodukt überhaupt nicht eingerechnet, z. B. die Leistungen der Hausfrauen, der mithelfenden Kinder oder die sogenannte Schattenwirtschaft (Schwarzarbeit).
- Es gibt Bestandteile des Bruttoinlandsprodukts, die erst aufgrund der Zerstörung von Werten entstehen. (Beispiel: Wird ein Auto – das bei seiner Fertigstellung die Bruttowertschöpfung bereits erhöhte – durch einen Verkehrsunfall beschädigt, entsteht durch die nachfolgende Reparaturleistung wiederum ein Beitrag zum Bruttoinlandsprodukt.)
- Das Bruttoinlandsprodukt für sich betrachtet lässt keine Aussagen über seine Verteilung, also über den Wohlstand breiter Bevölkerungsschichten zu.

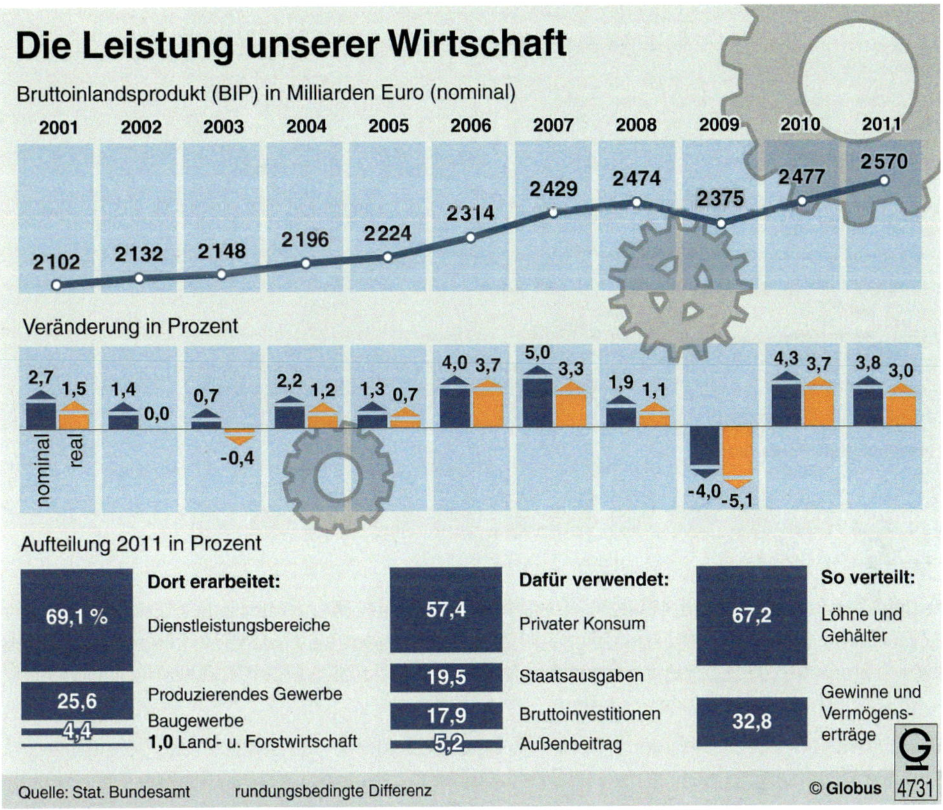

Die Definition des Ziels des **außenwirtschaftlichen Gleichgewichts** gestaltet sich schwierig. Allgemein spricht man von außenwirtschaftlichem Gleichgewicht, wenn sich die Zahlungsbilanz im Gleichgewicht befindet. Die Zahlungsbilanz erfasst sämtliche (in Geld ausgedrückten) Transaktionen zwischen dem Inland und dem Ausland. Sie wird in mehrere Teilbilanzen untergliedert, zu denen z.B. die Leistungsbilanz, aber auch die Devisenbilanz gehören. Die Leistungsbilanz erfasst zum überwiegenden Teil die Waren- und Dienstleistungsimporte und -exporte und die Dienstleistungsbilanz registriert die nationalen Währungsreserven, also die Geld- und Devisenbestände sowie die Forderungen gegenüber der Europäischen Zentralbank (siehe Kapitel 8.3). Da definitionsgemäß die Zahlungsbilanz als statistische Übersicht immer ausgeglichen ist, spricht man von außenwirtschaftlichem Gleichgewicht, wenn einzelne Teilbilanzen im Gleichgewicht sind.

Für die **Messung** des außenwirtschaftlichen Gleichgewichts gibt es unterschiedliche Varianten. Die erste bezieht sich auf eine ausgeglichene Devisenbilanz, d.h., wenn über einen längeren Zeitraum (z.B. zwei bis drei Jahre) die Gold- und Devisenabflüsse den Gold- und Devisenzuflüssen entsprechen. Das heißt, die Zahlungsströme von der Bundesrepublik Deutschland ins Ausland und vom Ausland in die Bundesrepublik sind ausgeglichen und die Währungsreserven bleiben unverändert.

Die zweite Möglichkeit betrifft die Leistungsbilanz. Eine ausgeglichene Leistungsbilanz bedeutet allerdings nicht, dass keine Überschüsse bzw. Defizite in der Handels- und Dienstleistungsbilanz vorhanden sind. Im Gegenteil, die Bundesrepublik Deutschland benötigt in begrenztem Umfang einen Ausfuhrüberschuss, um ihren Verpflichtungen gegenüber den Entwicklungsländern, den Organisationen der Europäischen Gemeinschaft nachzukommen und die Überweisungen der ausländischen Arbeitskräfte in ihre Heimatländer außerhalb des Eurosystems zu ermöglichen. Für den regen Urlaubsverkehr der Deutschen in die außereuropäischen Länder ist ebenfalls ein Devisenpolster erforderlich. Manchmal betrachtet man auch lediglich den dritten Indikator, den Außenbeitrag (Saldo der Aus- und Einfuhr von Waren und Dienstleistungen zwischen Inländern und der übrigen Welt). In der Bundesrepublik gilt ein positiver Außenbeitrag – ein Ausfuhrüberschuss – von ca. 2 % des BIP im Allgemeinen als außenwirtschaftliches Gleichgewicht.

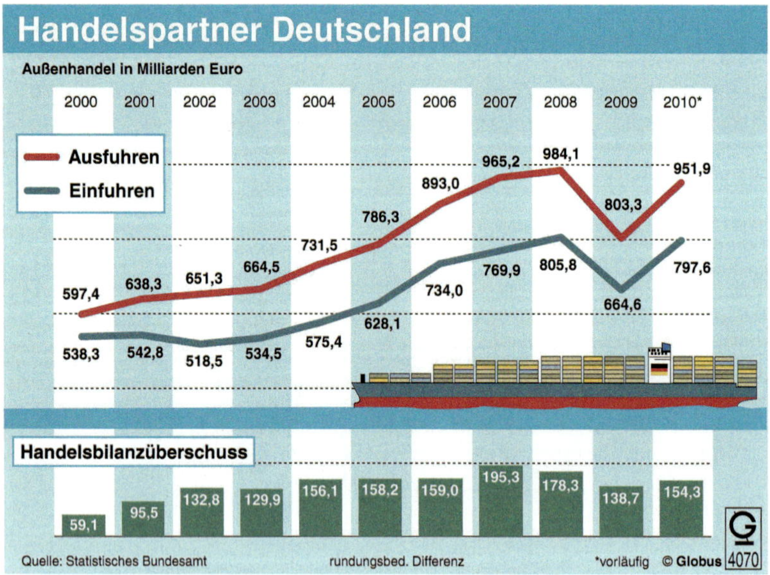

Die **Begründung** für das Ziel des außenwirtschaftlichen Gleichgewichts ist, dass jede Volkswirtschaft einen Ausgleich der Zahlungseingänge aus dem Ausland und der Zahlungsausgänge ins Ausland anstreben muss, andernfalls ergeben sich Störungen des Leistungsaustauschs und der internationalen Arbeitsteilung, die sowohl die Überschussländer als auch die Defizitländer betreffen.

Überschussländer haben aufgrund verstärkter Exporte steigende Devisenreserven. Defizitländer, deren Übergewicht im Import liegt, bezahlen die eingeführten Güter mit ausländischen Devisen. Diese Länder drohen mit dem Dahinschmelzen ihrer Gold- und Devisenreserven allmählich international zahlungsunfähig zu werden. Zahlungsunfähigkeit bringt einem Land starke Rückschläge in der sozialen, politischen und wirtschaftlichen Entwicklung.

Die Außenhandelssituation der Bundesrepublik Deutschland ist seit Jahren durch einen Ausfuhrüberschuss gekennzeichnet, d.h. durch eine ständige Zunahme sowohl der Ausfuhren als auch Einfuhren verbunden mit einem Übergewicht der Ausfuhren. Der Grund für die zum Teil hohen Ausfuhrüberschüsse liegt darin, dass Deutschland eine Veredelungswirtschaft betreibt. Hierbei werden Vorleistungen und Energie importiert und Fertigerzeugnisse wie Maschinen, chemische Produkte und Automobile auf den Weltmärkten verkauft.

Die Bundesrepublik Deutschland zählt sowohl in der Weltausfuhr als auch in der Welteinfuhr mit China, den Vereinigten Staaten von Amerika und Japan zu den führenden Handelsnationen. Sie gehört demnach zu den Ländern, die dem internationalen Wettbewerbsdruck und damit der Globalisierung verstärkt ausgesetzt sind.

2.3 Gerechte Einkommensverteilung und Umweltschutz

Selbst wenn in einer Volkswirtschaft alle Ziele des magischen Vierecks erreicht werden und das Bruttoinlandsprodukt stark ansteigt, bedeutet dies noch nicht, dass eine **gerechte Einkommens- und Vermögensverteilung** gegeben ist. Der **Grund** für die Verfolgung dieses Zieles ist die Gewährleistung des sozialen Friedens in einer Gesellschaft.

Die Vermögensverteilung wird durch den Staat indirekt mittels Steuern (Erbschaftsteuer) und Sparförderung (Arbeitnehmersparzulage) beeinflusst. Eine direkte staatliche Enteignung von Vermögen wird in marktwirtschaftlich orientierten Ländern abgelehnt. Bei der Verteilung von Einkommen versuchen Wirtschaftssubjekte, ihren Anteil zu erhöhen. Darüber werden „Kämpfe" ausgefochten: über Löhne (Arbeitnehmer über Gewerkschaften in Tarifkämpfen), Preise (Unternehmer über Preiserhöhungen ihrer Sachgüter und Dienstleistungen), aber auch über Steuern (z. B. Unternehmenssteuerreform), Subventionen (z. B. Agrarsubventionen) und Transfers (z. B. Elterngeld).

Die **Messung** der Einkommensverteilung geschieht häufig durch die Lohnquote, diese weist den Anteil der Arbeitnehmerentgelte am Volkseinkommen aus.

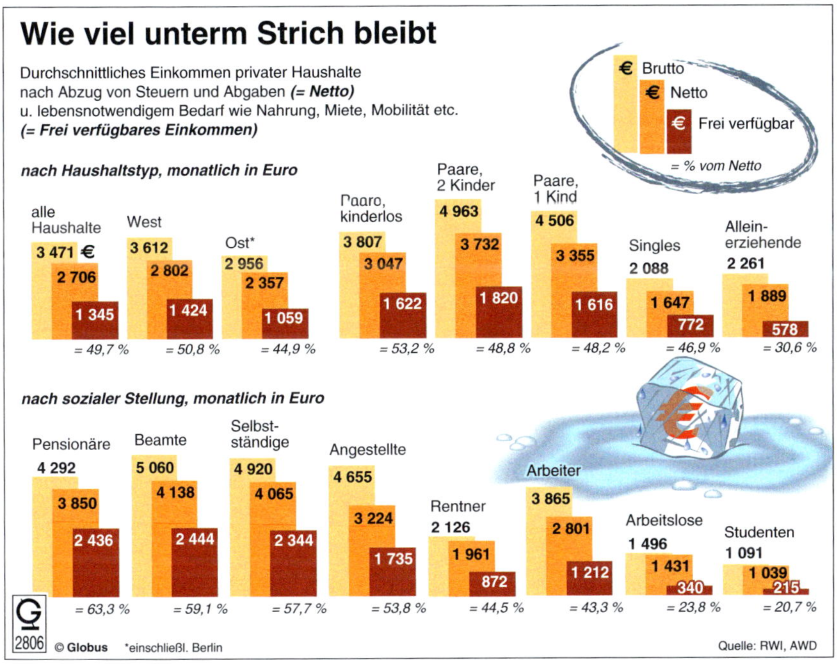

In zunehmendem Maße erkennen die Staaten der Erde, dass das Ziel des **Schutzes der natürlichen Lebensgrundlagen (Umweltschutz)** ein unverzichtbarer Bestandteil jeder Wirtschaftspolitik sein muss.

Der Mensch ist es seit Jahrhunderten gewohnt, die Umwelt zum „Nulltarif" in seine Produktionskalkulation einzusetzen. Die Natur, die eine Vielfalt von Gütern wie Luft, Wasser, Bodenschätze für den Produktionsvorgang zur Verfügung stellt, wird als freies Gut betrachtet.

Die Bundesrepublik Deutschland hat sich im Laufe der Zeit zu einer Wohlstandsgesellschaft entwickelt, die eine steigende Güterproduktion erfordert und zu einem starken Anwachsen der Umweltbelastung beiträgt. Auf die Gefahr, die der Menschheit durch ein übersteigertes Wirtschaftswachstum droht, wurde 1972 in dem Buch von Dennis Meadows „Grenzen des Wachstums" erstmals eindringlich hingewiesen. Die heutige **Begründung** für die zentrale Bedeutung des Umweltschutzes in wirtschaftspolitischen Zielen ist die Notwendigkeit des „Sustainable Development". Unter dem Begriff Sustainable Development versteht man eine nachhaltige wirtschaftliche Entwicklung, welche den Bedürfnissen der heutigen Generation entspricht, ohne die Möglichkeiten künftiger Generationen zu gefährden, ihre Bedürfnisse zu befriedigen.

Sustainable Development

„Der Begriff Sustainable Development, also eine nachhaltige Entwicklung, ist der Forstwirtschaft entlehnt. Dort kennzeichnet Nachhaltigkeit eine Art der Waldbewirtschaftung, bei der die Reproduktionskraft des Waldes und die jeweilige Holzernte so miteinander in Einklang gebracht werden, dass nur so viel Holz geschlagen wird, wie wieder nachwächst. In der Umweltpolitik bezeichnet der Begriff der Nachhaltigen Entwicklung ein Wirtschaftswachstum, das die Erhaltung der Umwelt und ihrer Funktionen auch für die künftigen Generationen sichert. ‚Sustainable Development' war der Leitbegriff der Konferenz von Rio de Janeiro (1992) und der Berliner UN-Klimakonferenz (1995)."

aus: Lexikon der Volkswirtschaft, 1. Auflage, München 2000 (Beck), S. 409

Eine umfassende Kennziffer zur **Messung** der Zielerreichung gibt es beim Umweltschutz nicht. Da die Umwelt keine Lobby hat, muss der Staat als Ordnungshüter den Umweltgedanken in seine Gesetzgebung aufnehmen und versuchen, eine regulierende Umweltpolitik zu betreiben. Es ist eine Reihe von Gesetzen und Verordnungen vorhanden, in denen z. B. Ge- und Verbote (zulässige Höchst- bzw. Niederstwerte für die Umweltbelastung oder Nutzungsquoten), Abgaben („Ökosteuer") oder Subventionen (für erneuerbare Energien aus Wind und Sonne) festgelegt werden. Auch auf internationaler Ebene wird versucht, den Umweltschutz vertraglich zu verankern (z. B. Kyoto-Protokoll zur Verringerung des CO_2-Ausstoßes).

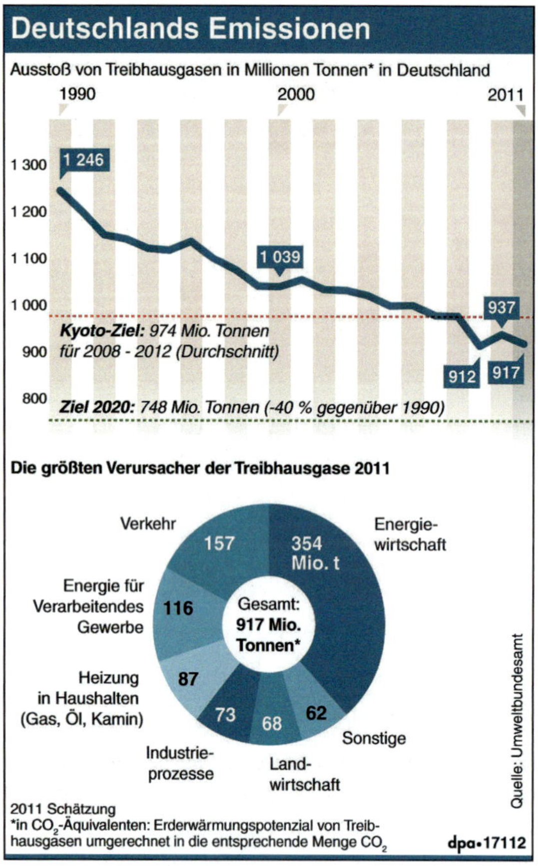
Deutschlands Emissionen
Ausstoß von Treibhausgasen in Millionen Tonnen* in Deutschland
1990
2000
2011
1 300
1 200
1 100
1 000
900
800
1 246
1 039
937
912
917
Kyoto-Ziel: 974 Mio. Tonnen für 2008 - 2012 (Durchschnitt)
Ziel 2020: 748 Mio. Tonnen (-40 % gegenüber 1990)
Die größten Verursacher der Treibhausgase 2011
Verkehr 157
Energiewirtschaft 354 Mio. t
Energie für Verarbeitendes Gewerbe 116
Gesamt: 917 Mio. Tonnen*
Heizung in Haushalten (Gas, Öl, Kamin) 87
Industrieprozesse 73
Landwirtschaft 68
Sonstige 62
Quelle: Umweltbundesamt
2011 Schätzung
*in CO_2-Äquivalenten: Erderwärmungspotenzial von Treibhausgasen umgerechnet in die entsprechende Menge CO_2
dpa•17112

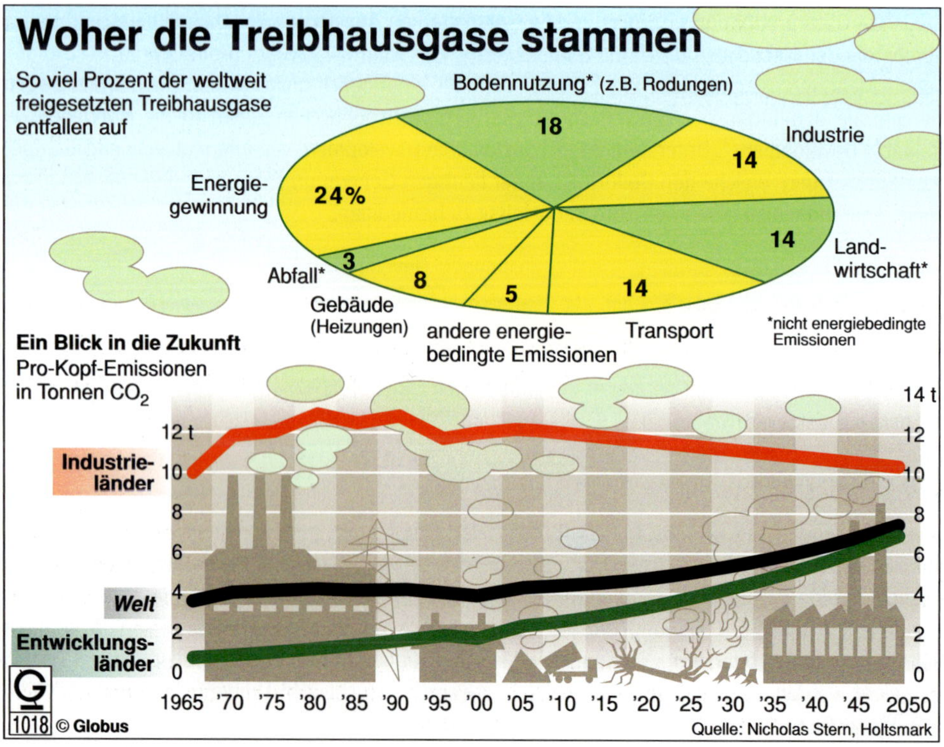
Woher die Treibhausgase stammen
So viel Prozent der weltweit freigesetzten Treibhausgase entfallen auf
Bodennutzung* (z.B. Rodungen) 18
Industrie 14
Landwirtschaft* 14
Transport 14
andere energiebedingte Emissionen 5
Gebäude (Heizungen) 8
Abfall* 3
Energiegewinnung 24%
*nicht energiebedingte Emissionen
Ein Blick in die Zukunft
Pro-Kopf-Emissionen in Tonnen CO_2
Industrieländer
Welt
Entwicklungsländer
14 t
12 t
10
8
6
4
2
0
1965 '70 '75 '80 '85 '90 '95 '00 '05 '10 '15 '20 '25 '30 '35 '40 '45 2050
1018 © Globus
Quelle: Nicholas Stern, Holtsmark

5740614

3 Wirtschaftskreislauf und volkswirtschaftliche Gesamtrechnungen

3.1 Stationäre und evolutorische Volkswirtschaft

Die wirtschaftlichen Beziehungen in einer arbeitsteilig organisierten Volkswirtschaft wie der Bundesrepublik Deutschland sind sehr vielfältig und können nur schwer erfasst werden. Um trotzdem die prinzipiellen Zusammenhänge zu erkennen, bedient man sich eines Modells, also einer vereinfachten Abbildung der gesamten Volkswirtschaft. So wie der Globus das vereinfachte Modell der Erde ist, so bildet das **Kreislaufmodell** die ökonomischen Verflechtungen in einer Volkswirtschaft ab.

Das einfache Kreislaufmodell wird auch als **Modell einer stationären (= stillstehenden) Volkswirtschaft** bezeichnet, weil sich die Wirtschaft nicht weiterentwickelt, d.h., es wird weder gespart noch zusätzlich investiert. Es wird angenommen, dass das vorhandene Anlagevermögen sich nicht abnutzt: Es gibt keine Wertminderungen (Abschreibungen). Die Wirtschaft wächst nicht.

Der einfache Wirtschaftskreislauf besteht aus zwei Sektoren:

- Der **Sektor Haushalt (H)** – auch konsumtive Wirtschaftseinheit genannt – entsteht durch die gedankliche Zusammenfassung sämtlicher privater Haushalte einer Volkswirtschaft. Es ist das ökonomische Hauptziel der privaten Haushalte, die Bedürfnisse ihrer Mitglieder so gut wie möglich zu befriedigen. Der Haushalt ist der Bereich des Konsums, also des Güterverbrauchs.
- Der **Sektor Unternehmen (U)** – auch produktive Wirtschaftseinheit genannt –, entsteht durch die Zusammenfassung sämtlicher Unternehmen, also Industrie-, Handwerks- und Dienstleistungsbetriebe. Das Unternehmen als Bereich der Gütererstellung verfolgt dabei das Ziel, Gewinne zu erwirtschaften.

Die beiden Sektoren Unternehmen und Haushalte sind durch folgende Ströme verbunden:

Strom der Faktorleistungen

Um ihren Bedarf zu befriedigen, bieten die privaten Haushalte ihre Arbeitsleistung den Unternehmen an. Der Sektor Unternehmen benötigt den Produktionsfaktor Arbeit, um Gegenstände und Waren herzustellen. Arbeitskräfte führen aber nur in sinnvoller Kombination mit den Schätzen der Natur (z.B. Holz, Erze, Energie) und dem entsprechenden Sachkapital (z.B. Werkzeuge, Maschinen, Geräte) zur Erzeugung eines Gegenstandes, auch Gut genannt.

Die Kombination der Produktionsfaktoren Arbeit, Natur und Kapital vollzieht sich im Sektor Unternehmen. Der Sektor Haushalt stellt dem Sektor Unternehmen sämtliche Faktorleistungen zur Verfügung.

Strom des Volkseinkommens (Y)

Zum Ausgleich für die erbrachte Arbeitsleistung zahlt das Unternehmen an die Haushalte Löhne und Gehälter. Aber nicht nur für die geleisteten Arbeitsstunden muss eine Gegenleistung erbracht werden, sondern auch das zur Verfügung gestellte Kapital soll einen Gewinn oder Zins erbringen. Fließt der Gewinn bzw. Zins den Haushalten zu, bildet er für den Sektor Haushalt ein zusätzliches Einkommen. Ebenso gehören zum Volkseinkommen Mieten und Pachteinnahmen für den Produktionsfaktor Natur/Boden.

Strom der Konsumausgaben (C)

Die Haushalte verwenden das von ihnen erzielte Einkommen für die Deckung ihres Bedarfs, d.h., sie geben es für Konsumgüter aus. Die Konsumausgaben der Haushalte bilden für die Unternehmung wiederum Erlöse.

Strom der Konsumgüter

Den wertgleichen Gegenstrom der Konsumausgaben bildet der Strom der Konsumgüter. Er besteht aus den Sachgütern und Dienstleistungen, die die Haushalte erhalten.

Der einfache Kreislauf enthält die realen Ströme Faktorleistungen und Konsumgüter und die Geldströme Volkseinkommen und Konsumausgaben. Die Güterströme können vernachlässigt werden, ohne den Informationswert des Kreislaufmodells stark zu beeinträchtigen. Die Begründung dafür ist, dass Geld- und Realströme wertmäßig gleich sind. Sachgüter und Dienstleistungen werden in einer arbeitsteiligen Volkswirtschaft mit Geld bewertet; Geld ist Wertmesser und Vergleichsmaßstab. Jede Ware und jede geleistete Arbeitsstunde hat ihren Preis. Der Wert eines Gutes und der Preis, den man dafür bezahlt, sind nur die unterschiedlichen Seiten ein und derselben Sache.

3 Wirtschaftskreislauf und volkswirtschaftliche Gesamtrechnungen

Einfacher Wirtschaftskreislauf/stationäre Volkswirtschaft (2-Sektoren-Modell)

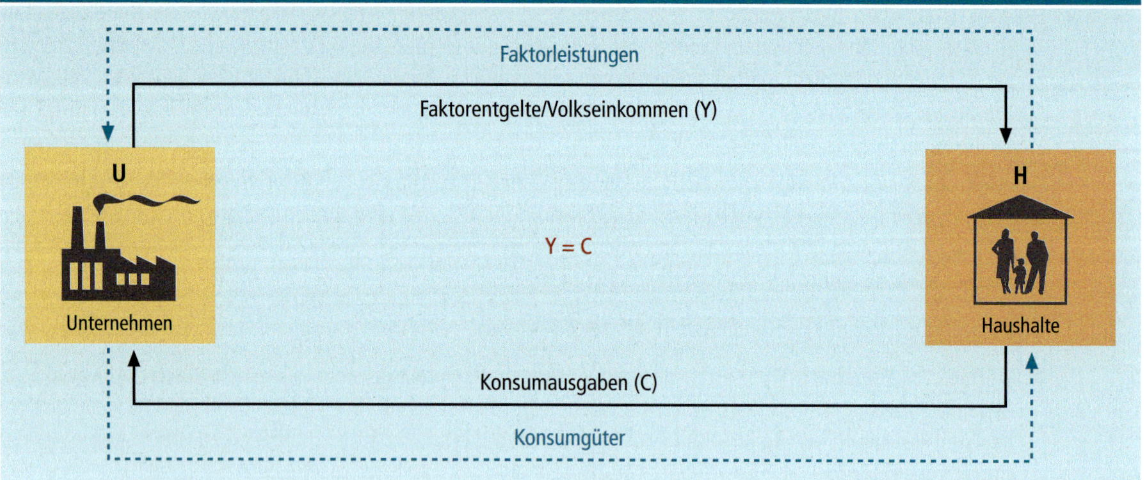

Wenn in den folgenden Kreislaufmodellen die Realströme in den grafischen Darstellungen nicht mehr erscheinen, sollte man sich trotzdem bewusst sein, dass grundsätzlich jedem Geldstrom ein Realstrom entspricht, der entgegengesetzt verläuft. Auf Ausnahmen wie Steuern und Subventionen (Geldströme ohne Gegenleistung) wird in den folgenden Abschnitten noch hingewiesen.

Der veränderte Kreislauf enthält die zwei Kreislaufsektoren

U = Unternehmen (produktive Einheiten),

H = Haushalte (konsumtive Einheiten),

und die Geldströme

Y = Volkseinkommen (Y = Yield = Ertrag),

C = privater Konsum (C = Consum, Consumption).

Im Modell einer stationären Volkswirtschaft wird unterstellt, dass die Haushalte ihr gesamtes Einkommen für den privaten Konsum ausgeben und demzufolge die Unternehmen nur Konsumgüter herstellen. Es handelt sich um einen geschlossenen Kreislauf, die Summe aller Zugänge entspricht der Summe aller Abgänge eines Sektors.

Das Modell des stationären Kreislaufs entspricht nicht der Realität moderner Volkswirtschaften und muss der Wirklichkeit angenähert werden. Bei den meisten Ländern handelt es sich um Volkswirtschaften, die sich allmählich entwickeln und deren Produktionskapazität durch Investitionen wächst. Diese Situation wird mit dem **Modell einer evolutorischen (= sich entwickelnden) Volkswirtschaft** abgebildet.

In einer evolutorischen Volkswirtschaft verwenden die Unternehmen die Faktorleistungen der Haushalte nicht nur für die Produktion von Konsum- und Ersatzgütern, sondern erstellen auch **Bruttoinvestitionen (I^{br})**, die sich aus **Neu(Netto)investitionen (I^n)** und **Ersatzinvestitionen (I^e)** zusammensetzen. Ersatzinvestitionen tätigen heißt, nur die Maschinen und Werkzeuge auszuwechseln, die während eines bestimmten Zeitabschnitts verbraucht worden sind. Die laufende Wertminderung durch Abnutzung der Anlagen nennt auch man auch **Abschreibung (D).**

Die Haushalte erhalten in einer evolutorischen Volkswirtschaft mehr Einkommen, als sie für den Konsum wieder ausgeben. Den restlichen Teil des Einkommens legen sie als **Ersparnisse (S)** zurück.

Sparen bedeutet den Nichtverbrauch von Einkommensteilen. Wer spart, leistet Konsumverzicht. Das Sparvolumen einer Volkswirtschaft ist in einer Periode genauso groß wie die Güter, die im Unternehmenssektor in Form von Nettoinvestitionen verblieben sind.

Auch hier gilt, dass es sich um einen geschlossenen Kreislauf handelt, d.h., alles, was in einen Sektor hineinfließt, fließt auch wieder heraus. Damit der evolutorische Kreislauf geschlossen ist, erfasst man die Ströme I^n und D (= I^e) sowie S in dem Sektor **Vermögensänderung (VÄ).**

Erweiterter Wirtschaftskreislauf/evolutorische Volkswirtschaft (3-Sektoren-Modell)

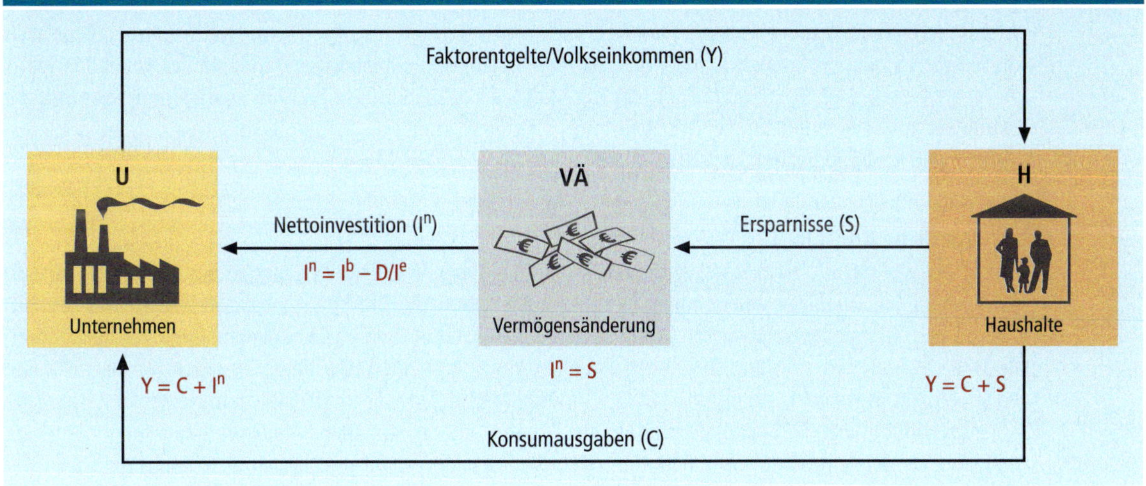

Der Vermögensänderungssektor zeigt, wie viel und in welcher Form während einer Wirtschaftsperiode Vermögen gebildet wird und in welcher Weise sich daher das zu Beginn der Periode vorhandene Vermögen geändert hat. Der Vermögensänderungssektor enthält auch Aussagen über die Finanzierung des gebildeten Vermögens.

Beim Sektor Unternehmen wird der Sachgüterbestand um die Netto-/Neuinvestitionen (I^n) erhöht, sodass das Realvermögen der Volkswirtschaft zunimmt. Beim Sektor Haushalt hat sich das Vermögen der Haushalte durch Sparen (S) in Gestalt von Forderungen aller Art, z. B. Spar-, Termin-, Sichtguthaben und Aktien, erhöht.

Der Sektor Vermögensänderung ist im Unterschied zu den Sektoren Haushalt und Unternehmen nicht durch die Zusammenfassung von tatsächlich vorhandenen Wirtschaftssubjekten entstanden, sondern ist ein gedachter Sektor, der die Vermögenszuwächse einer Volkswirtschaft erfasst.

3.2 Volkswirtschaft mit staatlicher Aktivität und Ausland

Das Modell einer evolutorischen Volkswirtschaft berücksichtigt nicht die Aktivitäten des Staates. Das Wesen des Staates liegt in seiner Umverteilung, d. h., er beschafft sich seine Mittel in der Regel nicht durch die Teilnahme am privatwirtschaftlichen Produktionsprozess, sondern er schöpft einen Teil der Kaufkraft ab, der in der Privatwirtschaft entstanden ist. Diese Mittel benötigt er, um öffentliche Güter bereitstellen zu können, wie z. B. Bau von Straßen und Brücken, Verwaltung, Verteidigung. Wird der Sektor Staat in das Kreislaufmodell aufgenommen, spricht man vom **Modell einer evolutorischen Volkswirtschaft mit staatlicher Aktivität.**

Gedanklich entsteht der **Sektor Staat (St)** durch die Aggregation (= Zusammenfassung) der Gebietskörperschaften, also Bund, Länder, Gemeinden und die von diesen aus Haushaltsmitteln finanzierten Gemeinschaftseinrichtungen. Neben den Gebietskörperschaften zählt zum Sektor Staat auch die gesetzliche Sozialversicherung mit der Krankenversicherung, der Unfallversicherung, der Rentenversicherung der Arbeiter und Angestellten, der Arbeitslosenversicherung und der Pflegeversicherung.

Die Umverteilungsfunktion des Sektors Staat bedingt, dass er durch Einnahmen- und Ausgabenströme mit den Sektoren private Haushalte und Unternehmen in Verbindung steht.

Zu den Einnahmenströmen gehören:

- die **direkten Steuern (T^{dir})**
  Sie werden unmittelbar beim Einkommensempfänger, also beim Haushalt, erhoben. Zu den direkten Steuern rechnet man die Lohn- und Einkommensteuer, die Erbschaftsteuer, die Körperschaftsteuer, ebenso die Grundsteuer und die Kraftfahrzeugsteuer. Die Beiträge zu Kranken-, Unfall-, Renten-, Pflege- und Arbeitslosenversicherung, also die Sozialversicherungsbeiträge der Arbeitgeber und Arbeitnehmer, werden im Kreislauf wie direkte Steuern behandelt.

- die **indirekten Steuern (T^{ind})**
  Sie werden im Produktionsbereich (Unternehmen) erhoben. Zu ihnen rechnet man die Umsatzsteuer (Mehrwertsteuer), die Zölle, die verschiedenen Verbrauchsteuern (z. B. Mineralöl-, Tabak-, Kaffeesteuer), aber auch die Gewerbesteuer. Es handelt sich bei den indirekten Steuern um Kostensteuern, die in der Regel überwälzt werden können, d. h., Steuerpflichtiger (der die Steuer an das Finanzamt abführt) und Steuerträger (der die Steuerlast aus seinem Einkommen letztlich trägt) sind nicht identisch. Steuerpflichtiger ist der Sektor Unternehmen, Steuerträger ist der Sektor Haushalt.

Zu den Ausgabenströmen gehören:

- der **staatliche Konsum (C_{St})**
  Der staatliche Konsum, auch Staatsverbrauch genannt, entspricht den Aufwendungen des Staates für Verwaltungsleistungen. Zu diesen Aufwendungen werden alle Waren und Dienstleistungskäufe des Staates gezählt, ebenso wie unterstellte Nettomieten für die vom Staat genutzten eigenen Gebäude. Zu dieser Größe gehören auch die Ausgaben des Staates für Dienstleistungen, die von privaten Haushalten bezogen werden, z. B. Gehälter, Vergütungen und Löhne für Beamte, Angestellte und Arbeiter im öffentlichen Dienst. Der staatliche Konsum enthält noch die Bruttoinvestitionen des Staates und aus Vereinfachungsgründen werden die Löhne und Gehälter der Angestellten und Beamten des Staates aus dem Volkseinkommen nicht herausgelöst.
- die **Übertragungen an die Haushalte (Z_H)**
  Die Größe Z_H umfasst vor allem Zuzahlungen in Form von Renten und Pensionen, Wohngeld und Kindergeld.
- die **Übertragungen an die Unternehmen (Z_U)**
  Hier handelt es sich um Zahlungen des Staates an Wirtschaftsbereiche wie Landwirtschaft oder Bergbau. Diese Zahlungen haben das Ziel, die Leistungsbereitschaft in diesen Wirtschaftsbereichen aufrechtzuerhalten, da sie sonst wegen mangelnder Rentabilität eingestellt werden müssten.

Ein gemeinsames Merkmal der Stromgrößen Z_H und Z_U, aber auch von T^{dir} und T^{ind} ist, dass den Leistungen des Staates keine direkten Gegenleistungen des Empfängers gegenüberstehen. Dem Geldstrom fehlt als Gegenstrom der Real- bzw. Güterstrom.

Erweiterter Wirtschaftskreislauf mit staatlicher Aktivität

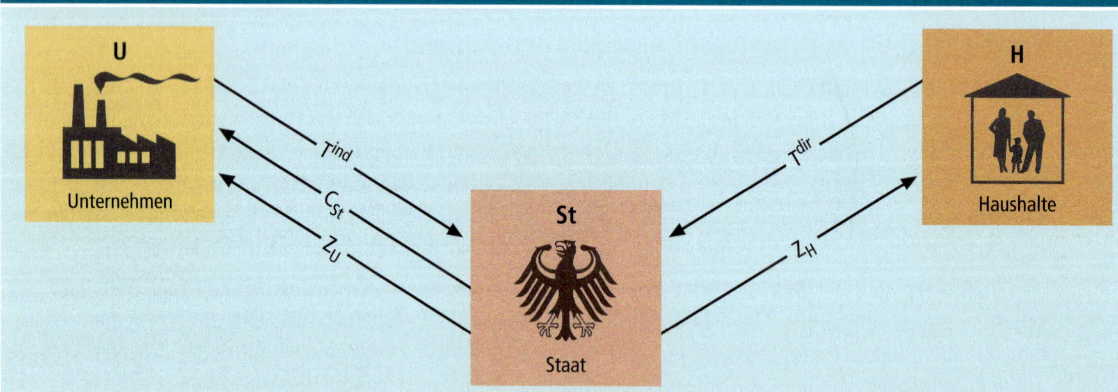

Um das Kreislaufmodell so weit wie möglich an die ökonomische Realität anzunähern, müssen noch die Beziehungen zum Ausland berücksichtigt werden. Hierzu führt man den **Sektor Ausland (A)** ein, der ebenso wie die Sektoren U, H und St durch die Zusammenfassung aller Länder entsteht, die mit einem Land in wirtschaftlichen Beziehungen stehen. Das dadurch entstehende Modell ist das **Modell einer offenen Volkswirtschaft mit staatlicher Aktivität.**

Das Inland steht mit dem Ausland durch Exportströme und Importströme in Beziehung.

Exporte (Ex) oder Ausfuhren sind Verkäufe von Sachgütern und Dienstleistungen an ausländische Wirtschaftssubjekte. Der Realstrom der Waren- und Dienstleistungsexporte verläuft von den inländischen Unternehmen zum Ausland. Der Geldstrom verläuft entgegengesetzt, d. h. vom Ausland zu den Unternehmen.

Importe (Im) oder Einfuhren sind Käufe inländischer Wirtschaftssubjekte von ausländischen Wirtschaftssubjekten.

Erweiterter Wirtschaftskreislauf/offene Volkswirtschaft

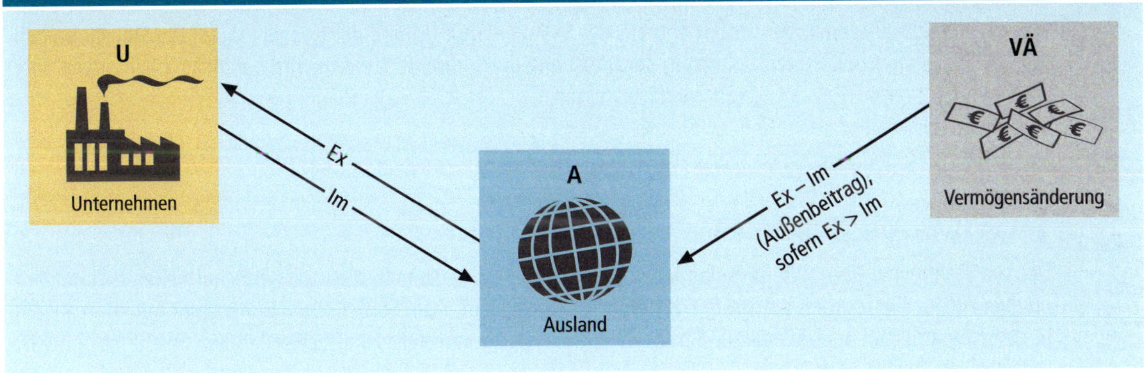

Sind die Exporte größer als die Importe, ergibt sich ein **positiver Außenbeitrag (Ex – Im)** oder Exportüberschuss. Ein Exportüberschuss bedeutet Verzicht auf Konsum oder Investition im Inland zugunsten des Auslands. Ein positiver Außenbeitrag (Ex > Im) kommt zustande, wenn bei unveränderter Ersparnis im Inland die Investitionen (= Verzicht auf Investition) gesunken sind oder bei unveränderten Investitionen eine erhöhte Ersparnis (= Konsumverzicht) vorgelegen hat. In beiden Fällen gilt, dass die inländische Produktion (C + I + Ex) größer ist als die inländische Verwendung (C + I + Im). Durch einen positiven Außenbeitrag erhöht sich das Vermögen der Volkswirtschaft. Ein negativer Außenbeitrag (Ex < Im) bedeutet, dass das Land „über seine Verhältnisse lebt", die inländische Verwendung (C + I + Im) ist größer als die inländische Produktion (C + I + Ex).

Das Kreislaufmodell ist ein wichtiges Instrument, um gesamtwirtschaftliche Zusammenhänge und Prozesse zu diagnostizieren und entsprechende Prognosen abzuleiten.

Hierfür ein Beispiel: Ermittelt das Statistische Bundesamt eine rückläufige Auslandsnachfrage Ex (a) oder einen Rückgang der Investitionen I^n (a), geht unter sonst gleich bleibenden Bedingungen die Produktion zurück. Die Kapazitäten sind nicht mehr ausgelastet; es kommt zu Kurzarbeit und Arbeitslosigkeit, in deren Folge sich das Volkseinkommen Y (b) verkleinert. Ein geringeres Einkommen führt zu einem nachlassenden privaten Konsum C_H (c) und zu niedrigeren Steuereinnahmen des Staates; ein vermindertes Volkseinkommen bedingt den Rückgang der Lohn- und Einkommensteuer T^{dir} (d), weniger Konsum schmälert die Mehrwertsteuereinnahmen T^{ind} (d).

Erweiterter Wirtschaftskreislauf/offene evolutorische Volkswirtschaft mit staatlicher Aktivität (5-Sektoren-Modell)

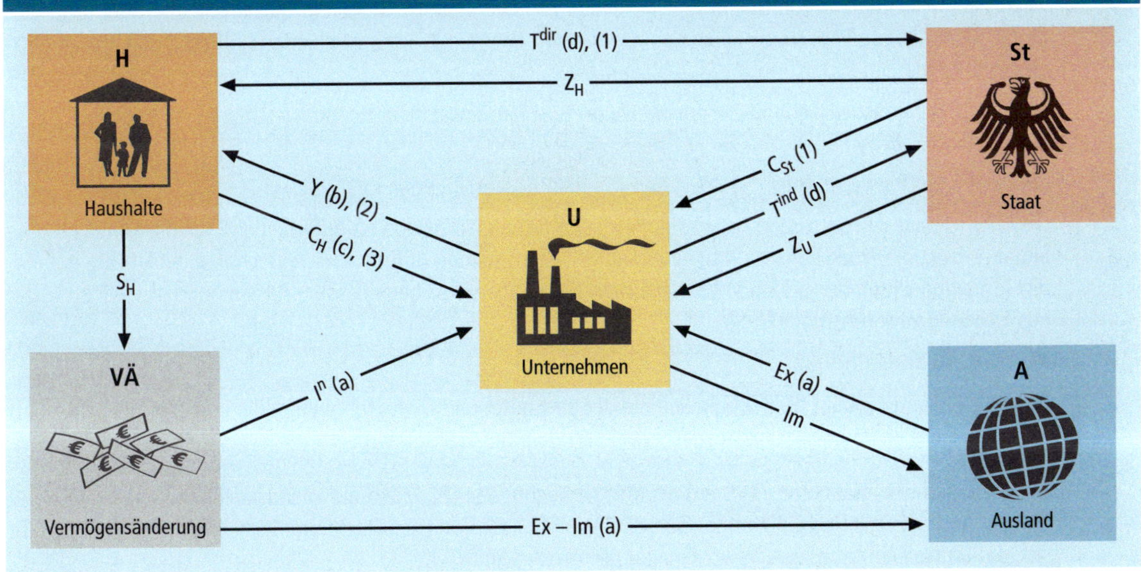

Dem rückläufigen privaten Konsum kann der Sektor Staat durch erhöhten staatlichen Konsum C_{St} (1) oder durch Senkung der direkten Steuern T^{dir} (1) entgegenwirken. Bei erhöhter Staatsnachfrage verbessern sich die Auftragslage und die Produktion in den Unternehmen, das Einkommen Y (2) und der Konsum C_H (3) der Haushalte nehmen zu. Bei einer schwächeren Belastung der Haushalte durch direkte Steuern wird bei gleich bleibendem Sparverhalten der private Konsum C_H (3) ebenfalls steigen.

3.3 Gesamtwirtschaftliche Größen

Den umfassendsten Überblick über das wirtschaftliche Geschehen bieten die volkswirtschaftlichen Gesamtrechnungen (VGR). Hier werden die Ströme des Wirtschaftskreislaufs vom Statistischen Bundesamt mit ihren absoluten Werten ermittelt und dienen zur Berechnung wichtiger gesamtwirtschaftlicher Größen. Solche gesamtwirtschaftlichen Größen sind:

Gesamtwirtschaftliche Nachfrage

Die gesamtwirtschaftliche Nachfrage eines Zeitraums ist die gesamte Kaufkraft, welche Inländer (Sektoren H, St, U) und Ausländer (Sektor A) in einer Volkswirtschaft zum Gütererwerb zu gegebenen Marktpreisen aufzuwenden bereit sind.

Ein Teilstrom der gesamtwirtschaftlichen Nachfrage (N) ist der **private Konsum (C_H)**. Der private Konsum besteht aus den Konsumausgaben der privaten Haushalte und hängt von der Einkommenshöhe, der Einkommensverteilung, dem Grad der Besteuerung, der Höhe der staatlichen Zuschüsse usw. ab. Die Preiserwartungen, die Mentalität der Bevölkerung sowie die Sparförderung sind ebenfalls wichtige Einflussfaktoren.

Ein weiterer Teilstrom ist der **staatliche Konsum (C_{St})**. Wichtige Einflussgrößen sind hier die staatlichen Einnahmen aus Steuern, Zöllen und Abgaben und die Ausgaben der öffentlichen Hand. Weiter spielt die Bereitschaft des Staates, sich zu verschulden und Kredite aufzunehmen, eine entscheidende Rolle.

Der dritte Teilstrom sind **Bruttoinvestitionen (I^b)**. Die Investitionen einer Volkswirtschaft orientieren sich an den Umsätzen und Gewinnen der letzten Perioden und an den Absatzerwartungen in der Zukunft. Weil Investitionen meist aus Krediten finanziert werden, können niedrige Zinsen Investitionen fördern, während höhere Zinsen die Investitionslust dämpfen. Risikobereitschaft der Unternehmer und ihr Vertrauen in die Zukunft sind ebenfalls entscheidend.

Der letzte Teilstrom der gesamtwirtschaftlichen Nachfrage sind die **Exporte (Ex)**. Sie ergeben sich, wenn z. B. im Ausland eine kaufkräftige Nachfrage vorhanden ist oder wenn die Waren im Ausland teurer oder nicht verfügbar sind. Sowohl Importe als auch Exporte werden von den Preisunterschieden und Wechselkursungleichgewichten zwischen Inland und Ausland beeinflusst.

Gesamtwirtschaftliche Nachfrage = priv. Konsum + staatl. Konsum + Bruttoinvestitionen + Exporte

$$N = C_H + C_{St} + I^b + Ex$$

(wobei I^b = Nettoinvestitionen I^n + Ersatzinvestitionen/Abschreibungen I^e/D)

Die Entwicklung der Teilströme der gesamtwirtschaftlichen Nachfrage ist entscheidend für die konjunkturelle Situation bzw. die Wirtschaftsstruktur eines Landes. Eine wichtige Aufgabe der Wirtschaftspolitik besteht darin, die Teilkomponenten der gesamtwirtschaftlichen Nachfrage so zu beeinflussen, dass möglichst viele Ziele des magischen Vielecks erreicht werden.

Bruttoinlandsprodukt

Das Bruttoinlandsprodukt (BIP) ist die Summe der Sachgüter und Dienstleistungen, die in einer Volkswirtschaft innerhalb eines Zeitraumes (Jahr) ausgedrückt in Geldwerten erzeugt wird.

Die beiden Konsumgrößen (C_H, C_{St}) und die Bruttoinvestitionen (I^b) bilden die Inlandsnachfrage und die Exporte (Ex) die Auslandsnachfrage. Zieht man von der gesamtwirtschaftlichen Nachfrage N die Importe (Im) ab, ergibt sich das Bruttoinlandsprodukt, berechnet von der Verwendungsseite.

5740620

Unter kreislauftheoretischem Aspekt ist das Bruttoinlandsprodukt identisch mit dem Güterstrom, der in einem bestimmten Zeitraum den privaten und öffentlichen Haushalten und den Unternehmen zugeflossen ist. Die Exporte entstammen der Inlandsproduktion und werden der inländischen Verwendung entzogen; die Importe hingegen sind Produkte des Auslands und werden der inländischen Verwendung zugeführt. Es ist daher notwendig, Exporte und Importe gegeneinander aufzurechnen und nur die Differenz, den Außenbeitrag, in das Inlandsprodukt einzubeziehen.

Bruttoinlandsprodukt = priv. Konsum + staatl. Konsum + Bruttoinvestitionen + (Exporte – Importe)

$$BIP = C_H + C_{St} + I^b + (Ex - Im)$$

Entstehungs-, Verwendungs- und Verteilungsrechnung des Bruttoinlandsprodukts

Ein Ziel der volkswirtschaftlichen Gesamtrechnungen ist die Messung der Leistung einer Volkswirtschaft als Ganzes. Dies kann aus drei Blickwinkeln heraus erfolgen:

- Die Entstehungsrechnung geht den Fragen nach: Wo ist die Leistung entstanden? Wie haben die einzelnen Wirtschaftsbereiche zum gesamtwirtschaftlichen Ergebnis beigetragen?
- Die Verwendungsrechnung geht den Fragen nach: Wofür wurde das, was erarbeitet wurde, verwendet? Wurde es investiert, konsumiert oder exportiert?
- Die Verteilungsrechnung geht der Frage nach: Wie wurde das bei der Erarbeitung der gesamtwirtschaftlichen Leistung entstandene Einkommen verteilt?

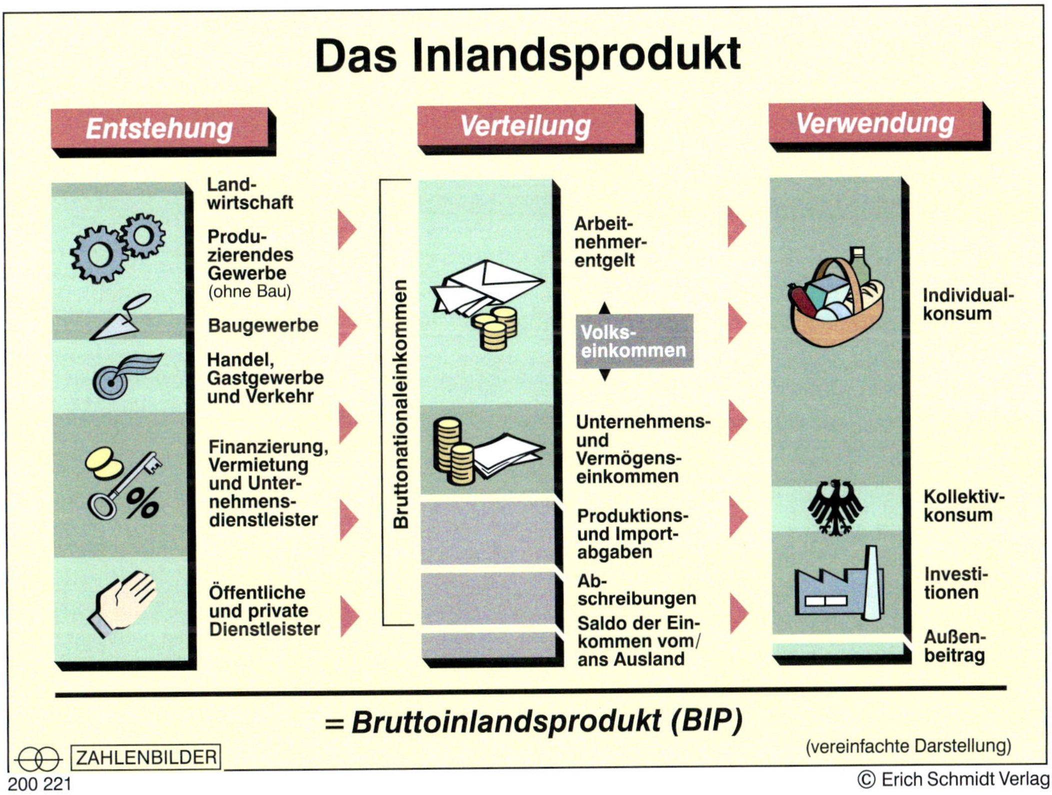

aus: Statistisches Bundesamt (Hrsg.): Datenreport 2006, Zahlen und Fakten über die Bundesrepublik Deutschland, S. 243

Als zentrale Größen werden in der Entstehungsrechnung die Bruttowertschöpfung, in der Verwendungsrechnung der Konsum, die Bruttoinvestitionen sowie der Außenbeitrag und in der Verteilungsrechnung das Bruttonationaleinkommen, das Volkseinkommen, das Arbeitnehmerentgelt sowie die Unternehmens- und Vermögenseinkommen ausgewiesen.

Inlandsproduktberechnung			
Gesamtwirtschaftliche Größe	in Mrd. €		
	2009	2010	2011
Bruttowertschöpfung	2.117,21	2.216,81	2.295,50
Land- und Forstwirtschaft, Fischerei	16,23	18,67	21,86
produzierendes Gewerbe ohne Baugewerbe	496,06	548,05	589,13
darunter: verarbeitendes Gewerbe	413,89	462,50	504,52
Baugwerbe	94,83	96,25	100,73
Handel, Verkehr, Gastgewerbe	321,95	335,86	350,04
Information und Kommunikation	91,41	89,05	88,29
Finanzierung und Versicherungsdienstleister	105,48	117,91	118,38
Grundstücks- und Wohnungswesen	263,23	264,05	266,12
Unternehmensdienstleister	231,38	238,57	245,57
öffentliche Dienstleister, Erziehung, Gesundheit	394,65	404,96	411,86
sonstige Dienstleister	101,99	103,44	103,52
Bruttoinlandsprodukt	2.374,50	2.476,80	2.570,80
Konsumausgaben	1.863,24	1.911,79	1.974,49
private Konsumausgaben	1.387,43	1.423,02	1.473,11
Konsumausgaben des Staates	475,81	488,77	501,38
Bruttoanlageninvestitionen	409,26	433,58	467,69
Vorratsveränderungen und Nettozugang an Wertsachen	– 16,51	– 4,02	0,97
inländische Verwendung von Gütern	2.255,99	2.341,35	2.443,15
Außenbeitrag (Exporte minus Importe)	118,51	135,45	127,65
Bruttonationaleinkommen	2.424,85	2.522,75	2.620,43
Volkseinkommen	1.806,15	1.897,84	1.970,57
Arbeitnehmerentgelt	1.231,48	1.262,87	1.318,65
Unternehmens- und Vermögenseinkommen	574,67	634,97	651,92

Stand: 24. Mai 2012

Bruttonationaleinkommen

Der Berechnung des Bruttoinlandsprodukts und des Bruttonationaleinkommens liegen unterschiedliche Konzepte zugrunde, wobei zwischen Inländern und Ausländern bzw. Inland und Ausland unterschieden werden muss.

Unter **Inländer** versteht man die Einwohner eines Landes, also alle Personen (Staatsangehörige und Ausländer), die ihren ständigen Wohnsitz und den Schwerpunkt ihrer wirtschaftlichen Tätigkeiten im Inland haben. **Ausländer** sind Personen, die ihren festen Wohnsitz außerhalb der betrachteten Volkswirtschaft haben.

Bei den Ländern wird zwischen **Inland** und **Ausland** unterschieden, wobei der Begriff Ausland – auch als übrige Welt bezeichnet – die Länder umfasst, mit denen ein Land in wirtschaftlichen Beziehungen steht.

Setzt man Personen und Länder in Beziehung, ergeben sich folgende Kombinationsmöglichkeiten:

- Inländer im Inland, also ein Bayer, der in Deutschland arbeitet.
- Inländer im Ausland, also ein Deutscher, der in Polen tätig ist.

- Ausländer im Inland, also ein Tscheche, der in Deutschland arbeitet.
- Ausländer im Ausland, also ein Tscheche, der in Prag tätig ist.

Durch die unterschiedliche Zusammenfassung der Personen erhält man das Inlandskonzept und das Inländerkonzept.

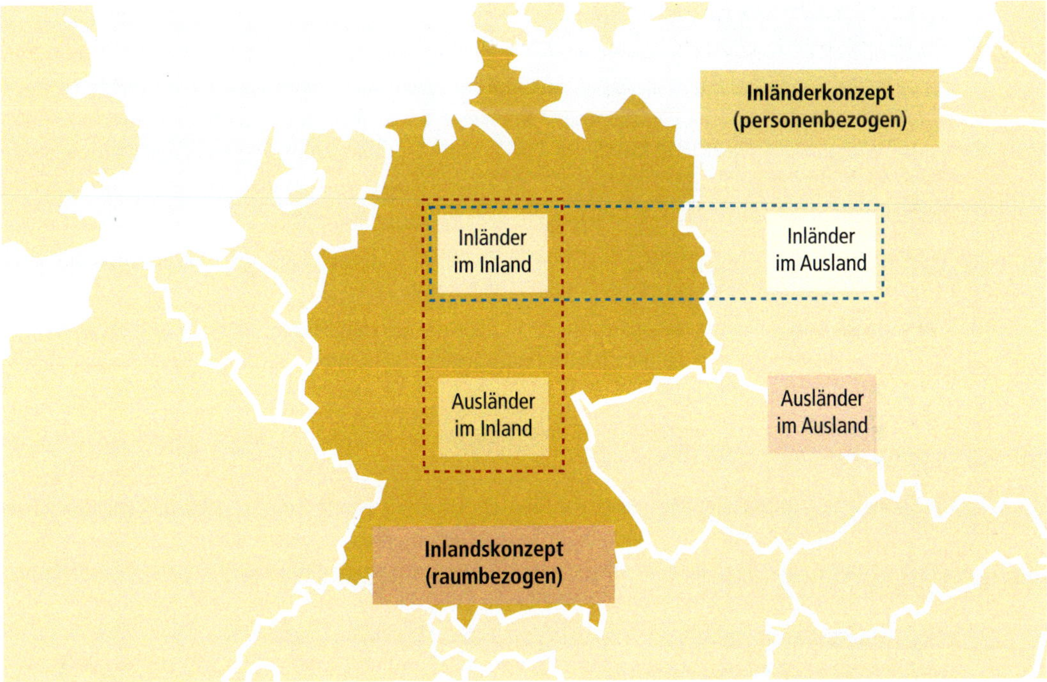

Beim Inlandskonzept erfasst man die wirtschaftlichen Aktivitäten von Inländern und Ausländern im Inland. Das **Bruttoinlandsprodukt** beruht auf dem **Inlandskonzept.** Es ist das Ergebnis aller Prodktionsprozesse innerhalb der geografischen Grenzen eines Landes und wird im internationalen Sprachgebrauch als **„domestic product"** bezeichnet. Zum Bruttoinlandsprodukt zählen demnach nicht nur die Leistungen aller in Deutschland lebenden Personen, sondern auch die Arbeitsleistung z. B. eines tschechischen Grenzgängers in Bayern.

Beim **Inländerkonzept** erfasst man die wirtschaftlichen Aktivitäten aller Inländer, gleichgültig, ob sie sich im Inland oder im Ausland befinden. Das **Bruttonationaleinkommen** beruht auf dem Inländerkonzept. Es handelt sich um eine personenbezogene Größe, die auch als **„national income"** bezeichnet wird. Zum Bruttonationaleinkommen gehören sowohl die Leistungen aller in Deutschland lebenden Personen wie auch das Einkommen, das z. B. ein deutscher Bauingenieur im Ausland verdient. Das Bruttonationaleinkommen wurde bis 1999 als Bruttosozialprodukt bezeichnet und im Zuge der europäischen Vereinheitlichung durch das Bruttoinlandskonzept ersetzt.

Zwischen dem Bruttoinlandsprodukt und Bruttoinländerprodukt besteht folgender grundsätzlicher Zusammenhang: Addiert man zum Bruttoinlandsprodukt das Primäreinkommen aus der übrigen Welt (also das, was die Deutschen im Ausland verdient haben) und subtrahiert das Primäreinkommen an die übrige Welt (also was die Ausländer in Deutschland erwirtschaftet haben), so erhält man das Bruttonationaleinkommen. Verrechnet man die Zu- und Abflüsse des Primäreinkommens, erhält man den Saldo der Primäreinkommen mit der übrigen Welt.

	BRUTTOINLANDSPRODUKT (BIP)
+/–	Saldo der Primäreinkommen mit der übrigen Welt
	BRUTTONATIONALEINKOMMEN (BNE)

4 Konjunktur und Konjunkturpolitik

4.1 Indikatoren und Ausgangslage

Die wirtschaftliche Situation eines Landes wird durch Indikatoren beschrieben. **Indikatoren sind Maßgrößen in Form statistischer Zahlenreihen,** die wirtschaftliche Entwicklungsvorgänge aufzeigen und sich häufig auf eine Grundzahl mit dem Index = 100 beziehen.

Die Aufgabe der Informationsbeschaffung und Datensammlung erfüllen amtliche Stellen – wie das Statistische Amt der Europäischen Union (EUROSTAT), das Statistische Bundesamt (destatis), die statistischen Landesämter, die Deutsche Bundesbank und die Bundesagentur für Arbeit – und nichtamtliche Stellen. Zu Letzteren gehören wirtschaftswissenschaftliche Forschungsinstitute wie z. B. das Institut der deutschen Wirtschaft (IdW) oder das Deutsche Institut für Wirtschaftsforschung (DIW), außerdem Wirtschaftsverbände und Meinungsforschungsinstitute. Auch internationale Institutionen wie die Organisation für wirtschaftliche Zusammenarbeit (OECD) und der Internationale Währungsfonds (IWF) liefern wertvolle Informationen.

Eine Unterscheidung der Indikatoren kann nach der zeitlichen Beziehung zur Wirtschaftssituation erfolgen. Hierbei unterscheidet man Früh-, Präsens- und Spätindikatoren.

Frühindikatoren kündigen den zukünftigen Verlauf der wirtschaftlichen Entwicklung an und sind darum für eine Wirtschaftsprognose unentbehrlich. Die wichtigsten Indikatoren sind dabei der Index des Geschäftsklimas und der des Auftragseingangs.

Beim Geschäftsklimaindex verschickt das ifo-Institut für Wirtschaftsforschung in München einen Fragebogen an rund 200 000 Unternehmen und ermittelt dadurch die Erwartungen der Betriebe für die Zukunft.

Der Index des Auftragseingangs wird von den statistischen Landesämtern nach den Meldungen von 18 000 Betrieben mit im Allgemeinen 25 und mehr Beschäftigten erhoben, wobei die in einem Monat eingegangenen und angenommenen Bestellungen erfasst werden. Der Auftragseingang wird für viele Wirtschaftsbereiche, wie z. B. das Bauhauptgewerbe oder das verarbeitende Gewerbe, aus dem Inland oder dem Ausland erfasst.

Präsensindikatoren laufen zur Wirtschaftsentwicklung parallel und verdeutlichen damit die von den Frühindikatoren angezeigte Bewegungsrichtung.

Zu den Präsensindikatoren gehören die Kapazitätsauslastung in den verschiedenen Wirtschaftszweigen, die Produktion z. B. in der Metallindustrie, Textilindustrie oder im Bauhauptgewerbe, sowie die Einzelhandelsumsätze oder die Einfuhren und Ausfuhren.

Spätindikatoren zeigen Veränderungen am Ende einer abgelaufenen Wirtschaftsperiode an.

Solche Indikatoren sind z. B. der Verbraucherpreisindex, die Arbeitslosenquote, die das Verhältnis der Arbeitslosen zur Gesamtzahl der Beschäftigten angibt, oder die Veränderung des Inlandsprodukts, das aus der Summe der Sachgüter und Dienstleistungen, die in einem Zeitraum in einer Volkswirtschaft erzeugt werden, besteht.

Arten von Indikatoren nach der zeitlichen Beziehung zur Wirtschaftssituation		
Zeit ↓	Index des Geschäftsklimas Auftragseingang	Frühindikatoren
	Kapazitätsauslastung Industrieproduktion	Präsensindikatoren
	Veränderung des BIP/Wirtschaftswachstum Arbeitslosenquote	Spätindikatoren

Eine weitere Einteilungsmöglichkeit der Indikatoren kann nach Mengen- und Preis- bzw. Kostenindikatoren erfolgen.

Mengenindikatoren sind vor allem im Produktionsbereich von Bedeutung, wobei der wichtigste Indikator der Index der industriellen Produktion ist. Weitere Mengenindikatoren sind z. B. der Auftragseingang, die Lagerhaltung, die Auslastung der Kapazitäten oder die Zahl der Arbeitslosen.

Preis- bzw. Kostenindikatoren zeigen die Verteuerung (Verbilligung) bestimmter Sachgüter oder Dienstleistungen im Zeitablauf an. Zu ihnen gehören die Veränderung der Löhne und Gehälter (Einkommen aus unselbstständiger Arbeit), die Veränderung der Gewinne (Einkommen aus selbstständiger Arbeit), die Preisveränderungen für die Lebenshaltung, für die industriellen und landwirtschaftlichen Produkte, die Entwicklung der Zinsen und die Veränderung der Aktienkurse.

Kosten- und Preisindikatoren folgen den Mengenindikatoren meist mit deutlicher Verzögerung. Verlässliche Folgerungen von der Veränderung der Mengenindikatoren auf die Entwicklung der Preisindikatoren sind nicht möglich.

Durch die Beobachtung einzelner Indikatoren im Zeitablauf erhält man Informationen über Veränderungen und Vorgänge in Teilbereichen der Wirtschaft. Ermittelt man mehrere Indikatoren, so erhält man einen Überblick über die gesamtwirtschaftliche Situation.

Fasst man mehrere wichtige Indikatoren zusammen, so ergibt sich ein Einblick in die gesamtwirtschaftliche Situation zu einer bestimmten Zeit, d. h., die Ausgangslage einer Volkswirtschaft wird diagnostiziert.

Eine Vielzahl von Indikatoren ermöglicht somit eine Lageanalyse, mit deren Hilfe gewisse Schlüsse auf die mutmaßliche weitere Entwicklung gezogen werden können. Die Diagnose einer Ausgangslage anhand der Indikatoren beschreibt den augenblicklichen Stand einer Volkswirtschaft. Sie bietet Einblicke in die wichtigsten Probleme einer Volkswirtschaft. Die exakte Kenntnis der Problemlage einer gesamtwirtschaftlichen Situation ist die Grundlage für die Festlegung von Zielen. Genaue Zielsetzungen bestimmen wiederum die Art und Intensität von Maßnahmen, mit denen die Probleme gelöst werden können. Die genaue Diagnose der wirtschaftlichen Situation ermöglicht – verbunden mit der Kenntnis um die Wirkungsweise der Maßnahmen – eine fundierte Prognose für die wirtschaftliche Zukunft. Im Zeitablauf verändern die ergriffenen Maßnahmen die Ausgangslage, schaffen neue Probleme und erfordern geänderte Zielsetzungen.

Diagnose und Prognose der Lage einer Volkswirtschaft

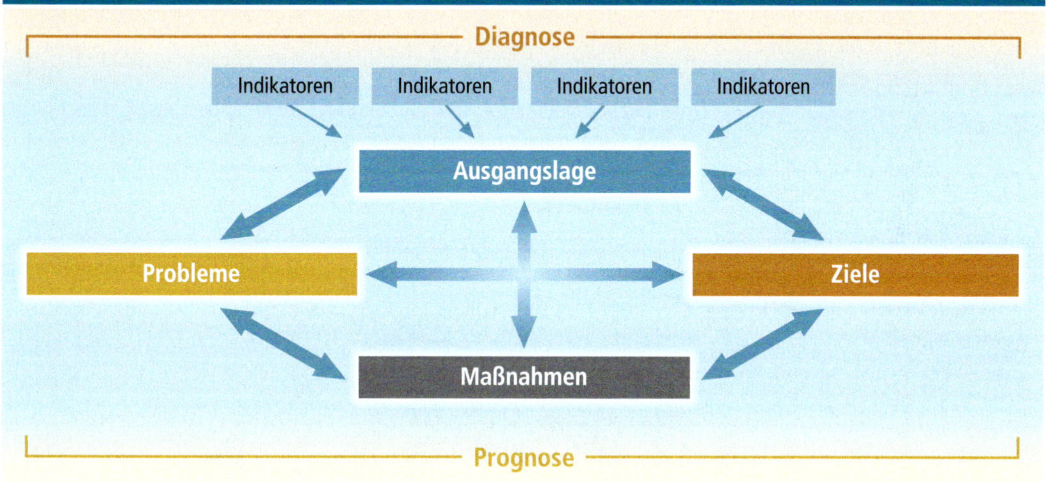

4.2 Konjunktur und Wirtschaftsschwankungen

Als Schüsselindikator für die Beschreibung einer volkswirtschaftlichen Ausgangslage eignet sich das Bruttoinlandsprodukt als typischer Spätindikator sehr gut.

Die Veränderungen der Wachstumsraten des realen Bruttoinlandsprodukts im Zeitablauf werden als Konjunkturschwankungen bezeichnet.

Da Konjunkturschwankungen mit einer gewissen Regelmäßigkeit auftreten, bezeichnet man einen Teilausschnitt davon als Konjunkturzyklus. Der Konjunkturzyklus besteht in vereinfachter Form aus einem wellenförmigen Verlauf mit bestimmter Zyklusdauer und Schwankungsbreite, die von Land zu Land unterschiedlich sind. Ein Zyklus erstreckt sich vom unteren (oberen) Wendepunkt der wirtschaftlichen Entwicklung zum nächsten unteren (oberen) Wendepunkt.

4 Konjunktur und Konjunkturpolitik

Ein **Konjunkturzyklus** wird in unterschiedliche Phasen eingeteilt. Die häufigste Unterteilung ist der 4-Phasen-Zyklus mit:

- **Aufschwungphase** (Wiederbelebung, Expansion)
  Ein Aufschwung wird meist durch Ausweitung der privaten oder staatlichen Nachfrage ausgelöst. Dadurch nehmen im Unternehmensbereich die Bestellungen zu, das Geschäftsklima und die Auftragslage verbessern sich. Die Produktion kann in vielen Zweigen der Wirtschaft durch Auslastung bisher unzureichend genutzter Kapazitäten schnell ausgeweitet werden. Viele ursprünglich Arbeitslose werden in den Produktionsprozess aufgenommen und finden Beschäftigung.
- **Phase der Hochkonjunktur** (Boom, Hausse)
  Mit dem weiteren Ansteigen der Nachfrage werden die Produktionskapazitäten erst in einigen, dann in allen Produktionsbereichen voll ausgelastet. Die Zahl der Überstunden nimmt zu und die Arbeitskräfte werden knapp. Die Unternehmen zahlen Lohnzuschläge, um Arbeitskräfte aus anderen Betrieben abzuwerben und um eigene Arbeitskräfte zu halten. Nach der Auslastung der Kapazitäten sind zusätzliche Investitionen nötig, um die Nachfrage zu befriedigen. Diese Übernachfrage sowohl nach Arbeitskräften als auch nach Sachgütern und Dienstleistungen führt zu starken Preissteigerungen, d. h., die Mengenkonjunktur des Aufschwungs wird von einer reinen Preiskonjunktur abgelöst.
- **Abschwungphase** (Krise, Kontraktion, Rezession)
  Weisen die Indikatoren im Aufschwung und in der Hochkonjunktur eine positive Tendenz auf, so verändern sich die Vorzeichen im Abschwung und in der Depression. Ein Merkmal des Abschwungs sind rückläufige Absätze im Unternehmensbereich, die in der Hochkonjunktur geräumten Lager werden wieder aufgebaut. Ist ein weiterer Lageraufbau nicht mehr sinnvoll, drosselt man die Produktion, die Kapazitäten können nicht mehr voll ausgelastet werden. Um die Lohnkosten zu senken, wird man Kurzarbeit beantragen und Arbeitskräfte entlassen. Damit nimmt der Indikator Arbeitslosenquote zu.
- **Depressionsphase** (Rezession, Tief, Stagnation)
  Die wesentlichsten Kennzeichen der Depression sind ein niedriger Auftragsbestand, gepaart mit einer geringen Kapazitätsauslastung und zunehmender Arbeitslosigkeit. Investitionen sind in dieser Zeit riskant und werden unterlassen; der private Konsum ist rückläufig. Die pessimistische Gesamtnachfrage wirkt bremsend auf die Steigerungsraten der Preisindizes.

Konjunkturzyklus und Konjunkturphasen

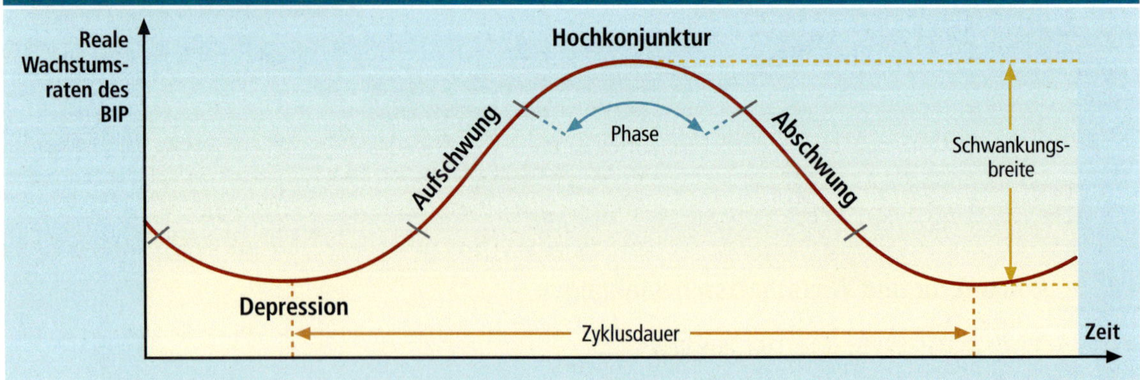

Die Schwankungen der wirtschaftlichen Aktivitäten beschränken sich nicht nur auf die Veränderung des realen Bruttoinlandsprodukts – als Indikator der Gesamtwirtschaft –, sondern treten auch in einzelnen Teilbereichen und in unterschiedlicher zeitlicher Länge einer Volkswirtschaft auf.

Kurzfristige Schwankungen finden sich im Baugewerbe, wo die Beschäftigungs- und Produktionsindikatoren alljährlich einen ganz bestimmten klimaabhängigen Verlauf aufzeigen. Diese saisonalen, klima- und witterungsbedingten Schwankungen sind auch in anderen Wirtschaftsbereichen zu finden, z. B. in der Land- und Forstwirtschaft, dem Baustoffhandel, der Getränkeindustrie und dem Transportwesen. Durch das Verbraucherverhalten werden ebenfalls kurzfristige Schwankungen ausgelöst, beispielsweise der Anstieg von Einzelhandelsumsätzen während der Weihnachtszeit oder die Überfüllung von Ferienhotels zur Sommerzeit. Solche saisonalen Schwankungen dauern meist ein bis drei Monate und werden von der Geschäftswelt gut vorhergesehen.

Mittelfristige Schwankungen sind die bereits beschriebenen Konjunkturzyklen. Unter Konjunkturzyklen versteht man Schwankungen des Auslastungsgrades des Produktionspotenzials einer gesamten Volkswirtschaft, die meist an der Veränderung des realen Bruttoinlandsprodukts gemessen werden. Sie unterscheiden sich in der Länge und im Verlauf und werden durch Nachfrageveränderungen in Teilbereichen der Wirtschaft ausgelöst.

Langfristige Schwankungen wurden 1926 von dem russischen Statistiker N. D. Kondratieff nachgewiesen, dabei stellte er eine Periodenlänge von etwa 50 Jahren fest.

Die langen Wellen der Konjunktur und ihre Basisinnovationen

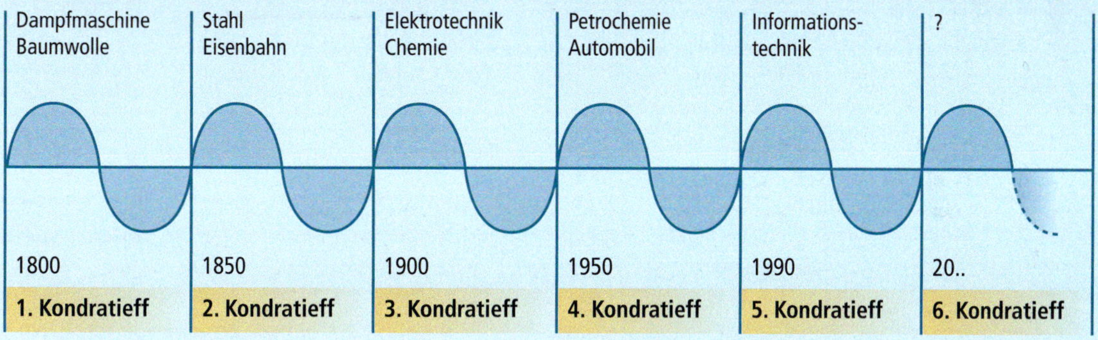

Der Wissenschaftler J. A. Schumpeter hat versucht, den Kondratieff-Wellen die entsprechenden Ursachen zuzuordnen. So umfasst die historisch bekannte erste Welle von 1770 bis 1850 die industrielle Revolution, die zweite Welle 1850 bis 1900 das Zeitalter des „Dampfes und Stahls", die dritte Welle von 1900 bis 1950 das Zeitalter der Elektrifizierung, der chemischen Industrie und der Motorisierung. Unter der Annahme, dass dieser Zyklus auch heute noch gilt, befinden wir uns in einem sechsten Zyklus, der durch die technische Neuerung des Flugzeugs, der Raumfahrt und des Computers ausgelöst wurde.

Arten von zyklischen Bewegungen der ökonomischen Entwicklung

Art	Zeitdauer	Wesen	Umfang
saisonale Schwankung	1–3 Monate	klima- und konsumbedingte Schwankungen	Schwankungen in Teilbereichen der Volkswirtschaft
konjunkturelle Schwankung	3–5 Jahre	durch Nachfrageschwankungen in Teilbereichen der Wirtschaft hervorgerufen	Schwankungen der gesamten Volkswirtschaft
Kondratieff-Zyklus	40–50 Jahre	durch technische Erfindungen ausgelöste strukturelle Veränderungen	Schwankungen aller marktwirtschaftlich orientierten Länder

4.3 Konjunkturverlauf in Deutschland

Jede Konjunktur hat individuelle Züge, die sich in der unterschiedlichen Schwankungsbreite und Zeitdauer eines Zyklus äußern. Kein bisher beobachteter Zyklus gleicht irgendeinem anderen, da sich wichtige wirtschaftliche Einflüsse wie technisches Wissen, Produktionsmethoden, Altersaufbau und Berufsstruktur der Bevölkerung und deren Konsumgewohnheiten ständig ändern. Es ist zu berücksichtigen, dass Wirtschaftsschwankungen nur in marktwirtschaftlich orientierten Wirtschaftsordnungen auftreten, d. h. bis ca. 1991 nur in den alten Bundesländern. In der zentralverwaltungswirtschaftlich organisierten Wirtschaft der ehemaligen Deutschen Demokratischen Republik gab es keine Konjunkturzyklen. Ab etwa 1991 werden deshalb die Zyklen des wiedervereinigten Deutschlands beschrieben.

Wirtschaftswachstum in Deutschland*

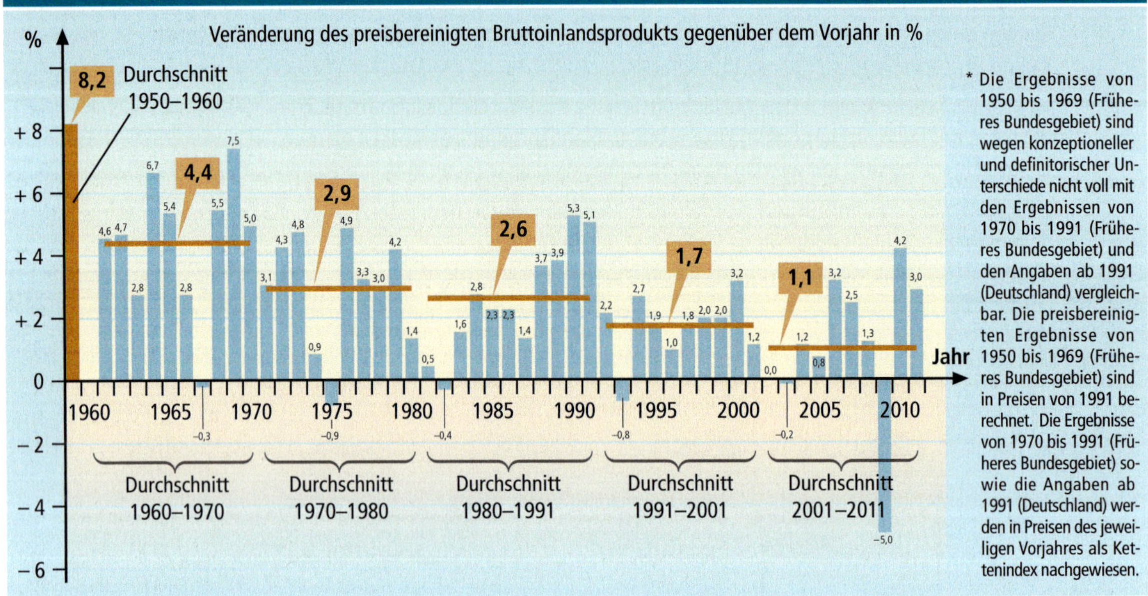

© Statistisches Bundesamt, Wiesbaden: Bruttoinlandsprodukt 2009 für Deutschland, S. 6 und www.destatis.de/DE/ZahlenFakten/GesamtwirtschaftUmwelt/VGR/Inlandsprodukt vom 9.11.2012.

Der **erste Zyklus,** der die Zeitspanne von 1949/1950 bis 1954 umfasst, war geprägt durch den Ausbruch des Krieges in Korea im Jahr 1950. Diese politische Krise löste in der ganzen Welt Angst- und Hortungskäufe aus. Die vorgezogenen Käufe führten in den Jahren 1950 und 1951 zum sogenannten „Korea-Boom", dem aber zwangsläufig in den Jahren 1952/1953 eine Periode starker Kaufzurückhaltung vor allem bei Konsumgütern, teilweise auch bei Investitionsgütern, folgte, die sogenannte „Korea-Baisse".

Der **zweite Konjunkturzyklus** erstreckte sich über die Jahre 1954 bis 1958, sein Höhepunkt fiel in die Jahre 1956/57. Den Anstoß für den neuen Aufschwung gab eine starke Zunahme des Verbrauchs, denn die „Korea-Vorräte" waren weitgehend verwertet und in allen deutschen Familien bestand damals, so wenige Jahre nach der Währungsreform, ein größerer Nachholbedarf. Die Bürger Westdeutschlands gaben sehr viel für den privaten Konsum aus, sodass dieser Zyklus den Spitznamen „erste Fresswelle" erhielt. Das wichtigste Kennzeichen dieser Periode war, dass nun erstmals seit Kriegsende in der ehemaligen Bundesrepublik Vollbeschäftigung erreicht wurde.

Der **dritte Zyklus** begann um 1959 mit sprunghaft wachsenden Auslandsaufträgen; er erreichte seinen Höhepunkt 1960/61 und lief dann bis Anfang 1963 in einer milden Abschwungsphase aus. Das Charakteristikum dieser Runde waren extrem hohe Exportüberschüsse, die durch das günstige Umtauschverhältnis zwischen den fremden Währungen und der DM ausgelöst wurden.

Der **vierte Zyklus** begann Mitte 1963 ebenfalls durch eine starke Nachfrage des Auslands, zu der sich bald auch inländische Auftriebskräfte gesellten, die noch übermäßig angeheizt wurden durch eine gewaltige, vor der Bundestagswahl 1965 anrollende öffentliche Ausgabenwelle. Die „Maßhalteappelle" des ehemaligen Wirtschaftsministers (1949 bis 1963) und des Bundeskanzlers (1963 bis 1966) Ludwig Erhard fruchteten nur wenig. Diese Übersteigerungen, zusammen mit dem scharfen Bremskurs der Bundesbank, führten schließlich 1966/1967 zu der bis dahin stärksten Konjunkturabschwächung in Westdeutschland seit der Währungsreform, der „Erhardkrise".

Der **fünfte Zyklus** wurde 1967 mit einer kräftigen Spritze durch zwei staatliche Konjunkturförderprogramme in Höhe von 7,8 Milliarden DM in Bewegung gesetzt. Es war das Verdienst des damaligen Wirtschaftsministers Karl Schiller und des Finanzminister Franz-Josef Strauß, dass bis in die erste Jahreshälfte 1970 ein ungebrochener Aufschwung entstand, der sich in den folgenden Jahren in einer Abschwächung bemerkbar machte.

Der **sechste Zyklus** begann nach einer nur mäßigen Abschwächung Ende 1971, und zwar auf einem zuvor nie gekannten hohen Preisniveau. Es handelte sich zunächst um eine Inflationskonjunktur, die aber 1974/75 durch die überhöhten Ölpreisforderungen der OPEC-Länder (englisch: Organization of the Petroleum Exporting Countries, deutsch: Organisation erdölexportierender Länder, Sitz des Sekretariats ist in Wien) und die Gefahr einer Energieversorgungskrise in die schwerste Depression der Nachkriegszeit einmündete. In dieser ersten Ölkrise Westdeutschlands stieg die Zahl der Arbeitslosen auf einen Sockel von einer Million.

Der **siebte Zyklus** führte aufgrund der starken Unterauslastung des vorhergehenden Zyklus zu einem steilen Wirtschaftswachstum, dem 1977 ein schwacher Abschwung folgte.

Der **achte Zyklus** dauerte bis 1981/82 und endete mit der zweiten Ölkrise. Die hohen Ölpreisforderungen der erdölexportierenden Länder führten in der stark energieabhängigen Bundesrepublik zu einem erneuten Wirtschaftsschock. 1982 war die dritte „Rezession" in Westdeutschland und das Wirtschaftswachstum wies negative Zuwachsraten auf. Die Zahl der Arbeitslosen stieg auf ca. zwei Millionen.

Der **neunte Zyklus** war durch einen lang andauernden Aufschwung gekennzeichnet, der 1990 in den Wiedervereinigungsboom überging. Die Wirtschaft der alten Bundesländer profitierte vom Zusammenbruch der Planwirtschaft der ehemaligen Deutschen Demokratischen Republik. Durch die Öffnung der Grenzen zu den ehemaligen Ostblockstaaten kam es zu einem starken Nachfrageschub auf den westdeutschen Konsumgütermärkten. 1993 endete der ungewöhnlich lange neunte Zyklus mit einem Minuswachstum. (Wiedervereinigungsrezession)

Der **zehnte Zyklus** kann mit dem Begriff „gespaltene Konjunktur" belegt werden, da die Konjunktur zwischen Ost und West anfangs teilweise sehr unterschiedlich verlief. Besonders die Arbeitslosigkeit war in den neuen Ländern mehr als doppelt so hoch wie in den alten Ländern. Zudem entwickelte die Aufschwungsphase nur eine geringe Dynamik und wurde immer wieder durch kurz andauernde Schwankungen unterbrochen. Seine entscheidenden zyklischen Impulse erhielt der Aufschwung von den Exporten. Allerdings waren die Anstöße nicht stark genug, um auf die Inlandsnachfrage überzugreifen, und die Zahl der Arbeitslosen bezifferte sich auf ca. vier Millionen. Der Konjunkturzyklus zeigt somit ein „Wellblechprofil" und endete 2003.

Der **elfte Zyklus** begann im Jahr 2003 mit einem Minuswachstum von 0,2 %. Die Zahl der Arbeitlosen bewegte sich auf hohem Niveau von vier Millionen bei einer Arbeitslosenquote von ca. 10 %. Zentrale Ursache für die hartnäckige Stagnation war vor allem ein Umstrukturierungsprozess, der durch die Globalisierung ausgelöst wurde. Im Herbst 2006 zeigte sich in der Bundesrepublik eine konjunkturelle Aufwärtsentwicklung, die sich 2007 fortsetzte.

2008 bis 2011 kam es zu einem starken Rückgang des Wirtschaftswachstums, der durch die internationale Finanz- und Bankenkrise ausgelöst wurde.

Begünstigt durch umfangreiche staatliche Förderprogramme begann der **zwölfte Zyklus** mit einem starken Wirtschaftswachstum und einem Rückgang der Arbeitslosenzahlen auf unter drei Millionen.

5 Beschäftigungspolitik

Unter Beschäftigungspolitik versteht man die Summe aller wirtschaftspolitischen Maßnahmen, die darauf zielen, den Beschäftigungsstand in einer Volkswirtschaft möglichst auf hohem Niveau zu halten („Vollbeschäftigung").

Hierbei ist es vor allem Aufgabe des Staates, durch geeignete Maßnahmen die Arbeitslosigkeit zu bekämpfen und Vollbeschäftigung zu erreichen (staatliche Beschäftigungspolitik). Im weiteren Sinne können auch die Gewerkschaften und Arbeitgeberverbände im Rahmen ihrer Tarifautonomie Beschäftigungspolitik betreiben (Lohnpolitik der Tarifparteien).

5.1 Staatliche Beschäftigungspolitik

Bei der staatlichen Beschäftigungspolitik stehen sich zwei unterschiedliche Konzeptionen gegenüber. Die nachfrageorientierte Wirtschaftspolitik, die erstmals von dem englischen Ökonomen John M. Keynes unter dem Eindruck der Weltwirtschaftskrise in seinem Buch „Allgemeine Theorie der Beschäftigung, des Zinses und des Geldes" formuliert wurde, und die angebotsorientierte Wirtschaftspolitik in der Form des Monetarismus, die der amerikanische Nationalökonom und Nobelpreisträger Milton Friedmann entwickelt hat.

John Maynard Keynes

Die **nachfrageorientierte Wirtschaftspolitik** baut auf der Erkenntnis auf, dass zur Beseitigung von Arbeitslosigkeit die Marktkräfte nicht ausreichen, sondern der Staat gezielte Maßnahmen zum Abbau der Arbeitslosigkeit ergreifen muss. Zentraler Ansatzpunkt der keynesschen Theorie ist die gesamtwirtschaftliche Nachfrage, die sich aus privatem Konsum, staatlichem Konsum, Bruttoinvestitionen und Exporten zusammensetzt. Da sich Konjunkturschwankungen durch ein Auseinanderklaffen von gesamtwirtschaftlichem Angebot und gesamtwirtschaftlicher Nachfrage ergeben, fällt dem Staat die Aufgabe zu, die Nachfrage so zu steuern, dass sie dem Angebot entspricht.

Ist die gesamtwirtschaftliche Nachfrage wegen nicht ausreichendem privatem Konsum zu gering, so muss der Staat diese fehlende Nachfrage durch Erhöhung seiner Ausgaben ausgleichen. Er kann aber auch versuchen, die private Nachfrage durch Steuererleichterung anzuregen. Im Falle einer überhöhten gesamtwirtschaftlichen Nachfrage hat der Staat seine Ausgaben und die der privaten Wirtschaft zu drosseln. Um den Konsum in der Depression zu erhöhen, soll die Regierung ein Haushaltsdefizit in Kauf nehmen, in der Hochkonjunktur hingegen einen Haushaltsüberschuss bilden, damit die gesamtwirtschaftliche Nachfrage schrumpft.

Der Staat hat sich mit Haushaltsdefiziten bzw. -überschüssen antizyklisch (= dem Zyklus entgegenrichtet) zum Konjunkturverlauf zu verhalten. Der Haushaltsausgleich braucht dabei nicht jährlich zu erfolgen, sondern sollte über die Zeitdauer des Konjunkturzyklus abgeschlossen sein. Da nach Ansicht der Keynesianer Beschäftigungspolitik überwiegend Haushaltspolitik ist und vom Fiskus betrieben wird, bezeichnet man diese Theorie auch als **Fiskalismus.**

Die Grundgedanken der keynesschen Beschäftigungstheorie wurden im Jahr 1967 in das „Gesetz zur Förderung der Stabilität und des Wachstums der Wirtschaft", kurz Stabilitätsgesetz genannt, aufgenommen. Dieses Gesetz enthält eine Reihe von Instrumenten, die es Bund und Ländern ermöglichen, dem Konjunkturverlauf entgegenzusteuern und eine antizyklische Finanzpolitik zu betreiben.

Antizyklische Haushaltspolitik

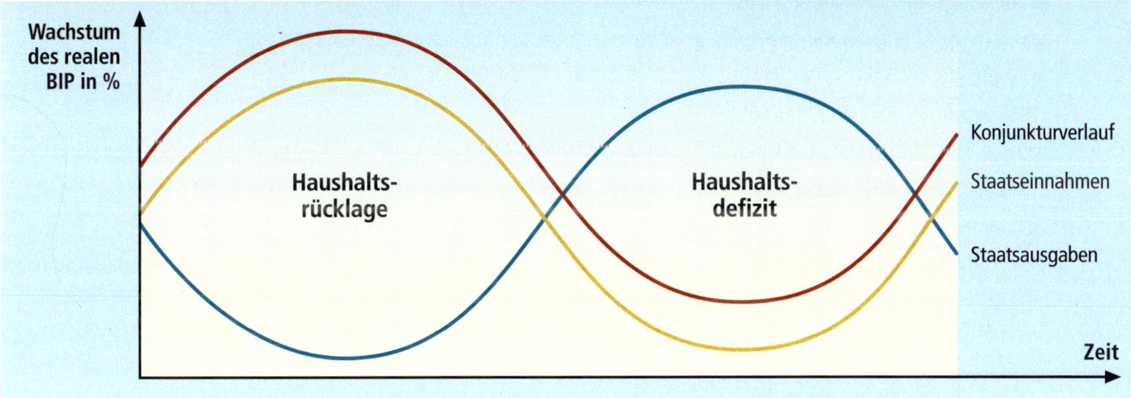

Zu den wichtigen Maßnahmen der Beschäftigungspolitik im Rahmen des Fiskalismus gehören:

Hochkonjunktur	Depression
■ Senkung der Staatsausgaben	■ Erhöhung der Staatsausgaben
■ Erhöhung der Einkommen- und Körperschaftsteuer	■ Senkung der Einkommen- und Körperschaftsteuer
■ Aussetzung der steuerlichen Abschreibungsvergünstigungen	■ Wiedereinführung von steuerlichen Abschreibungsvergünstigungen
■ Streichung von Investitionszulagen	■ Gewährung von Investitionszulagen
■ Beschränkung der staatlichen Kreditvergabe	■ Gewährung staatlicher Kredite

Während der Fiskalismus unter Beschäftigungspolitik vor allem die kurz- bzw. mittelfristige Beeinflussung der Teilströme der gesamtwirtschaftlichen Nachfrage versteht, will die **angebotsorientierte Wirtschaftspolitik**/der **Monetarismus** des Milton Friedman vor allem die langfristigen Rahmenbedingungen für die Güterproduktion günstig gestalten.

Die Theorie des Milton Friedman knüpft an den Grundsatz der klassischen Nationalökonomie an, der lautet: So viel Markt wie möglich und so viel Staat wie nötig. Friedman unterstellt wie Adam Smith, dass der Markt ein harmonisches System ist, in dem stets Kräfte wirksam werden, die zum Gleichgewicht hinführen. Dadurch ergibt sich eine Absage an eine aktive Beschäftigungspolitik über den Staatshaushalt. Für die notwendige Steuerung der gesamtwirtschaftlichen Größen soll nicht die Staatsnachfrage eingesetzt werden, sondern die Geldmengensteuerung der Zentralbank. Die Bevorzugung der Geldmenge hat diesem Konzept den Namen Monetarismus eingetragen.

Milton Friedman

Die Theorie des Monetarismus baut auf folgenden Annahmen auf:

- Wachstumsschwächen, und damit Arbeitslosigkeit, haben ihre Ursachen in Störungen auf der Angebotsseite.
- Unterbeschäftigung ist damit vor allem auf unzureichende Investitionen zurückzuführen.
- Die Veränderung des realen Volkseinkommens und damit die Nachfrageentwicklung hängt in erster Linie von der Veränderung der Geldmenge ab.
- Die wirtschaftlichen Ungleichgewichte kommen nicht vom privaten Sektor, sondern sind die Folge von falschen staatlichen Eingriffen.

Zur staatlichen Beschäftigungspolitik im Rahmen des Monetarismus gehören folgende Maßnahmen:

- Beseitigung von Investitionshemmnissen, vor allem der Bürokratieabbau,
- steuerliche Entlastung und dadurch indirekte Förderung gewerblicher Investitionen,
- Stärkung der Antriebskräfte des Marktes durch Verzicht auf Interventionen, Abbau von Subventionen und leistungshemmenden Steuern,
- Konsolidierung der Staatsfinanzen durch Abbau der Staatsverschuldung und die Bevorzugung investiver statt konsumtiver Ausgaben.

Zusammenfassend kann festgestellt werden, dass der Bundeshaushalt und die Möglichkeiten der Gesetzgebung die zentralen Instrumente sowohl der nachfrage- wie auch der angebotsorientierten Beschäftigungspolitik sind. So können z. B. steuerrechtliche Regelungen das gesamtwirtschaftliche Angebot und die Nachfrage beeinflussen.

Beschäftigungspolitik wird auch von der bundesmittelbaren Körperschaft der **Bundesagentur für Arbeit** betrieben. Sie hat ihren Sitz in Nürnberg, steht unter der Rechtsaufsicht des Bundesministeriums für Arbeit und Soziales und wird vor allem durch die Sozialversicherungsbeiträge der sozialversicherungspflichtigen Beschäftigten (Arbeitnehmer und Arbeitgeber) bezahlt. Der Bund leistet allerdings finanzielle Hilfen, wenn die Mittel der Bundesagentur nicht für die Erfüllung ihrer Zahlungsverpflichtungen ausreichen.

Zu den zentralen Aufgaben der Bundesagentur für Arbeit im Rahmen der Beschäftigungspolitik gehören:

- Beobachtung des Arbeitsmarktes in Verbindung mit der Beratung und Arbeitsvermittlung,
- Zahlungen von Lohnersatzleistungen, wie z. B. Arbeitslosengeld und Insolvenzgeld,
- Förderung der Berufsausbildung, also berufsvorbereitende Bildungsmaßnahmen, ausbildungsbegleitende Hilfen und die Ausbildung in außerbetrieblichen Einrichtungen,
- aktiven Arbeitsförderung in Form von Arbeitsbeschaffungs- und Strukturanpassungsmaßnahmen.

Arbeitsbeschaffungsmaßnahmen (ABM) sind in Zeiten hoher Arbeitslosigkeit vom Arbeitsmarkt bezuschusste Tätigkeiten, um Arbeitssuchenden bei der Wiedereingliederung in eine Beschäftigung zu helfen oder ein geringes Einkommen zu sichern. Die Arbeitskräfte werden hauptsächlich bei den Kommunen und in Vereinen zu zusätzlichen gemeinnützigen Arbeiten eingesetzt.

Veranlasst durch die hohe Zahl der Arbeitslosen und die geringe Effizienz der ehemaligen Bundesanstalt für Arbeit wurde unter der Leitung von Dr. Peter Hartz eine Kommission eingesetzt, deren Vorschläge zu einer deutlichen Reduzierung der Arbeitslosigkeit führen sollten. Das Hartz-Paket enthält eine Reihe von Maßnahmen zur Verbesserung der Beschäftigungssituation. Dazu gehört z. B. die Regelung der **„Ein-Euro-Jobs"**. Langzeitarbeitslosen soll hier die Möglichkeit geboten werden, durch Zusatzjobs wieder in das reguläre Arbeitsleben zu kommen.

Zu den Hartz-Regelungen gehört auch die Konstruktion des **Gründungszuschusses.** Empfänger des Arbeitslosengeldes I (nicht jedoch ALG II, also „Hartz IV"-Empfänger), die durch die Aufnahme einer selbstständigen hauptberuflichen Tätigkeit ihre Arbeitslosigkeit beenden, können einen monatlichen Existenzgründungszuschuss beantragen. Ein noch bestehender Anspruch auf Arbeitslosengeld wird jedoch während der Förderung aufgebraucht.

5.2 Lohnpolitik der Tarifparteien

Unter Lohnpolitik versteht man die Gesamtheit aller Maßnahmen zur Beeinflussung von Höhe und Struktur der Löhne. In Deutschland sind die Träger der Lohnpolitik aufgrund der verfassungsmäßig garantierten Koalitionsfreiheit und Tarifautonomie nach Artikel 9 Absatz 3 des Grundgesetzes die Tarifpartner, also die Gewerkschaften und die Arbeitgeberverbände.

Artikel 9 GG

(1) Alle Deutschen haben das Recht, Vereine und Gesellschaften zu bilden.

(3) Das Recht, zur Wahrung und Förderung der Arbeits- und Wirtschaftsbedingungen Vereinigungen zu bilden, ist für jedermann und für alle Berufe gewährleistet. Abreden, die dieses Recht einschränken oder zu behindern suchen, sind nichtig, hierauf gerichtete Maßnahmen sind rechtswidrig. Maßnahmen (...) dürfen sich nicht gegen Arbeitskämpfe richten, die zur Wahrung und Förderung der Arbeits- und Wirtschaftsbedingungen von Vereinigungen im Sinne des Satzes 1 geführt werden.

Die Gewerkschaften und die Arbeitgeberverbände haben das Recht Tarifverträge abzuschließen. Bei den Tarifverträgen unterscheidet man:

- Mantel- bzw. Rahmentarifverträge
  Sie enthalten auf längere Zeit festgelegte Regelungen zu den grundsätzlichen Fragen des Arbeitsverhältnisses. Dazu gehören die Urlaubsgewährung, Arbeitszeitregelungen, vom BGB abweichende Kündigungsfristen, Übernahme der Auszubildenden sowie grundlegende Entgeltschemata.
- Vergütung bzw. Lohntarifverträge
  Sie enthalten die kurzfristigen Vergütungsregelungen für die Arbeitsleistung der Arbeitnehmer, die über ein bis zwei Jahre laufen. Dazu gehören auch Sonderzahlungen wie das Weihnachtsgeld, Urlaubsgeld oder Gratifikationen.

In der Bundesrepublik Deutschland gibt es mehrere **Gewerkschaften,** wobei der Deutsche Gewerkschaftsbund (DGB) mit acht Einzelgewerkschaften die größte ist. Der DGB ist der Dachverband seiner acht Mitgliedsgewerkschaften. Ihre Delegierten wählen auf den unterschiedlichen Ebenen – in den 88 Regionen, in den neun Bezirken und im Bund – Vorstände.

Neben den Einheitsgewerkschaften des DGB gibt es noch die weniger mitgliederstarken Verbände des Christlichen Gewerkschaftsbundes Deutschlands (CGB) und des Deutschen Beamtenbunds und Tarifunion (dbb). Der dbb ist eine Spitzenorganisation von Gewerkschaften des öffentlichen Dienstes und des privaten Dienstleistungssektors. 16 Landesbünde des dbb agieren auf der Ebene der Bundesländer.

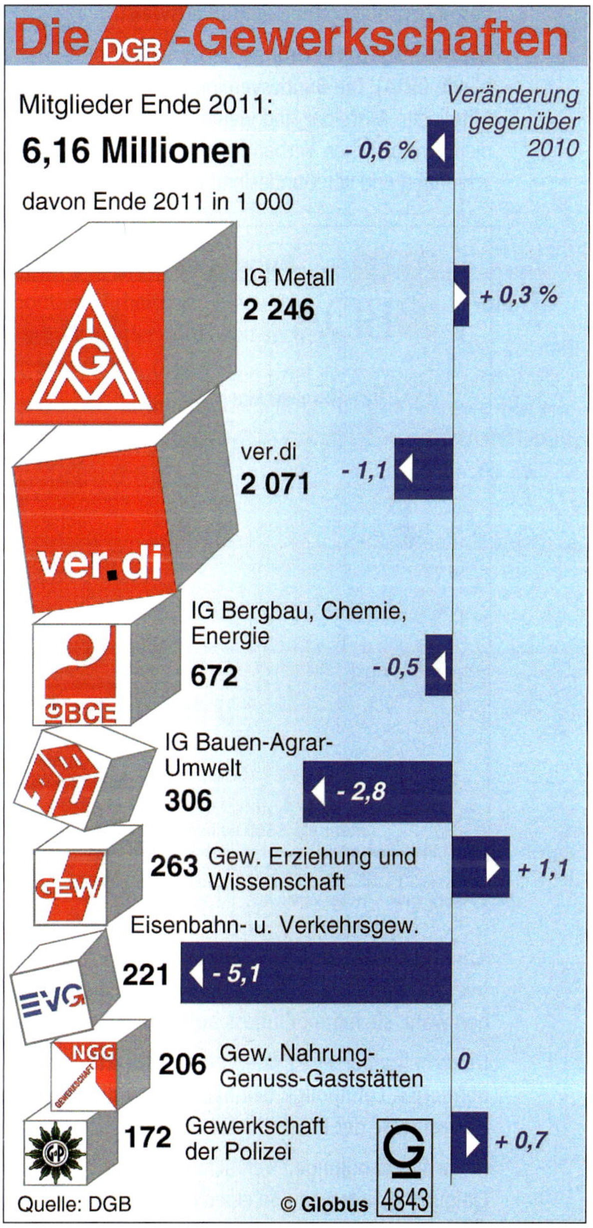

5 Beschäftigungspolitik

Da die Tarifpartner mit ihrer Lohnpolitik über die Verteilung eines großen Teils des Inlandsprodukts entscheiden, stellen sie wichtige Weichen für die Arbeitsplatzsituation in einer Volkswirtschaft. Erhöhen die Tarifparteien die Löhne, dann erhalten die privaten Haushalte eine größere Geldmenge, von der sie aufgrund der Steuerprogression einen steigenden Anteil an den Staat abführen müssen. Der verbleibende Rest zuzüglich Transfers wie Wohn- und Kindergeld ergibt das verfügbare Einkommen. Dieses können die Haushalte zur Erhöhung des privaten Konsums oder für Ersparnisse verwenden. Steigender Konsum der privaten Haushalte bedeutet für die Unternehmen steigende Umsätze und normalerweise einen erhöhten Gewinn. Mittel- und langfristig müssen die Unternehmen Investitionen tätigen, um die steigende Nachfrage zu befriedigen. Zusätzliche Investitionen bedeuten neue Arbeitsplätze und sinkende Arbeitslosigkeit. Die Kaufkrafttheorie des Lohnes besagt demnach, dass höhere Löhne zu einer steigenden Nachfrage verbunden mit zunehmender Beschäftigung und sinkender Arbeitslosigkeit führen.

Andererseits stellen Löhne für den Unternehmer Kosten dar. Kann ein Unternehmen aufgrund der Marktlage die erhöhten Lohnkosten nicht auf die Preise überwälzen, so bedeuten Lohnsteigerungen sinkende Gewinne. Da der Gewinn die Grundlage für Investitionen ist, kommt es mittel- und langfristig zu einem Rückgang von Investitionen verbunden mit steigender Arbeitslosigkeit.

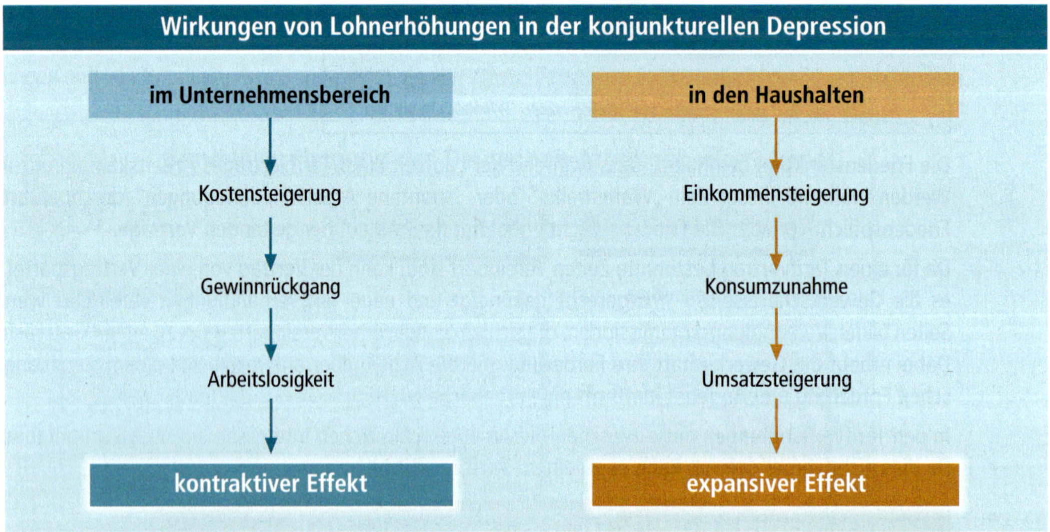

Ein Problem der Lohnpolitik der Tarifpartner besteht darin, dass die Gewerkschaften vor allem die Interessen der Insider – also der Inhaber eines Arbeitsplatzes – vor Augen haben. Die Interessen der Outsider – dies sind die Arbeitlosen – finden demgegenüber kaum Gehör. So sind etwa Abkommen zur Beschäftigungssicherung zum Schutz der vorhandenen Belegschaft weit verbreitet.

6.1 Europäisches System der Zentralbanken

Im Rahmen der dritten Stufe der Europäischen Wirtschafts- und Währungsunion (WWU) wurden 1999 das **Europäische System der Zentralbanken (ESZB)** und der Euro als gemeinsame Währung der teilnehmenden Länder, zu denen auch die Bundesrepublik Deutschland gehört, eingeführt. Die Organe des ESZB sind die Europäische Zentralbank (EZB) und die nationalen Zentralbanken (NZBen). Dem ESZB wurden verschiedene Aufgaben übertragen, die von der Europäischen Zentralbank und den nationalen Zentralbanken auszuführen sind. Beim ESZB wird, solange der Euro nicht in allen Mitgliedstaaten der EU eingeführt ist, zwischen dem ESZB einerseits und dem Eurosystem andererseits unterschieden. Das Eurosystem umfasst die EZB und die NZBen der Euro-Währungsunion.

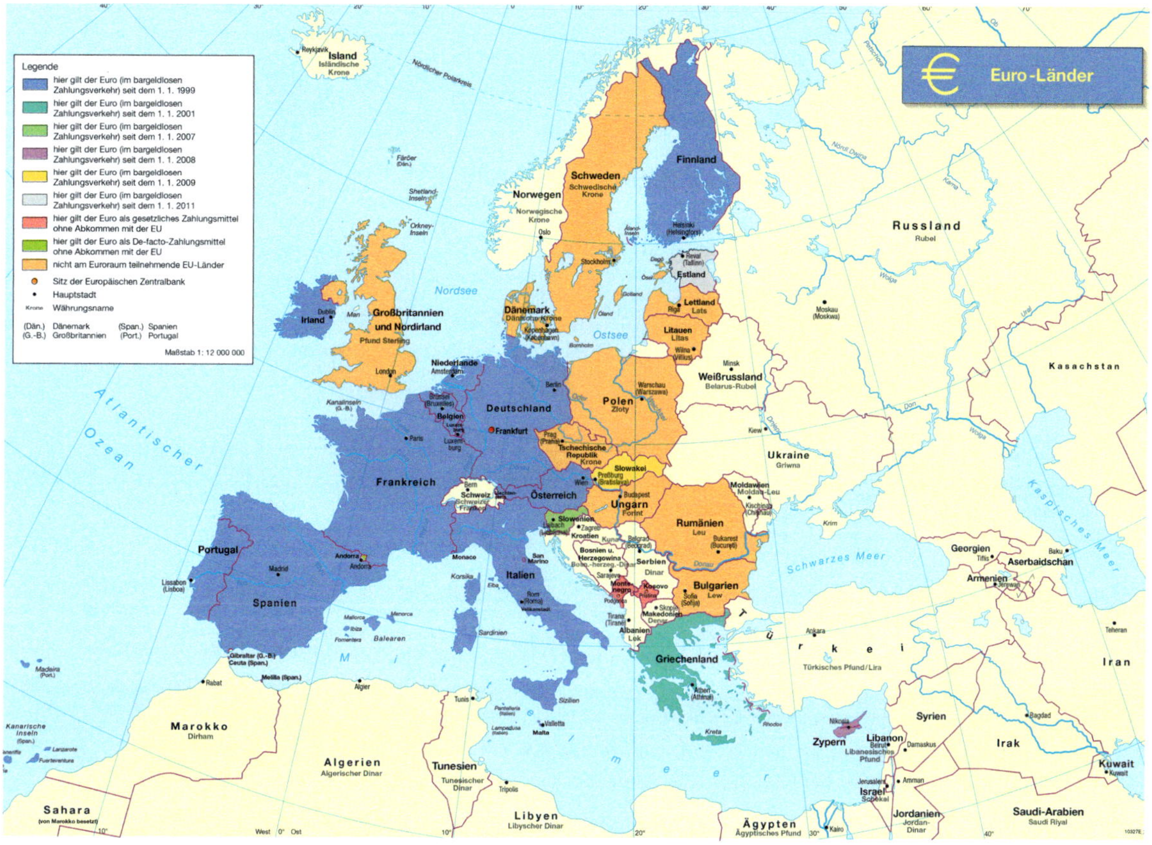

Die **Europäische Zentralbank** ist die gemeinsame Währungsbehörde für die Mitgliedstaaten der Europäischen Währungsunion und hat ihren Sitz in Frankfurt am Main. Ihr oberstes Entscheidungsorgan ist der **Europäische Zentralbankrat (EZB-Rat).** Der EZB-Rat (22 Mitglieder) besteht aus dem Direktorium der EZB (6 Mitglieder) und den Präsidenten der nationalen Zentralbanken der Euroländer (16 Mitglieder, Stand: 2010). Die Deutsche Bundesbank ist wie die übrigen nationalen Zentralbanken integraler Bestandteil des Europäischen Systems der Zentralbanken. Die Präsidenten der nationalen Zentralbanken werden von jedem Mitgliedstaat bestimmt und haben eine Amtszeit von mindestens fünf Jahren. Damit der EZB-Rat bei einer Erweiterung des Eurolands noch entscheidungsfähig bleibt, hat der EU-Rat Abstimmungsregeln für diesen Fall beschlossen. Künftig sollen maximal 15 Präsidenten nationaler Zentralbanken stimmberechtigt sein. Sollte die Zahl der Euroländer diese Grenze überschreiten, tritt ein Rotationssystem in Kraft, das die Größe der Wirtschafts- und Finanzkraft der jeweiligen Teilnehmerländer berücksichtigt.

Der EZB-Rat tagt in der Regel alle vierzehn Tage und ist für die geldpolitischen Entscheidungen im Euroland verantwortlich. Das Gremium legt mit einfacher Mehrheit die Richtlinien der Geldpolitik fest. Jedes Mitglied hat dabei eine Stimme. Nach dieser Regelung haben also die Vertreter großer Notenbanken dasselbe Stimmrecht wie die Vertreter kleiner Zentralbanken. Der Sinn dieser Regelung besteht darin, dass sich jedes Ratsmitglied nicht als Vertreter seines Landes verstehen, sondern in persönlicher Verantwortung die europäische Geldpolitik mitgestalten soll.

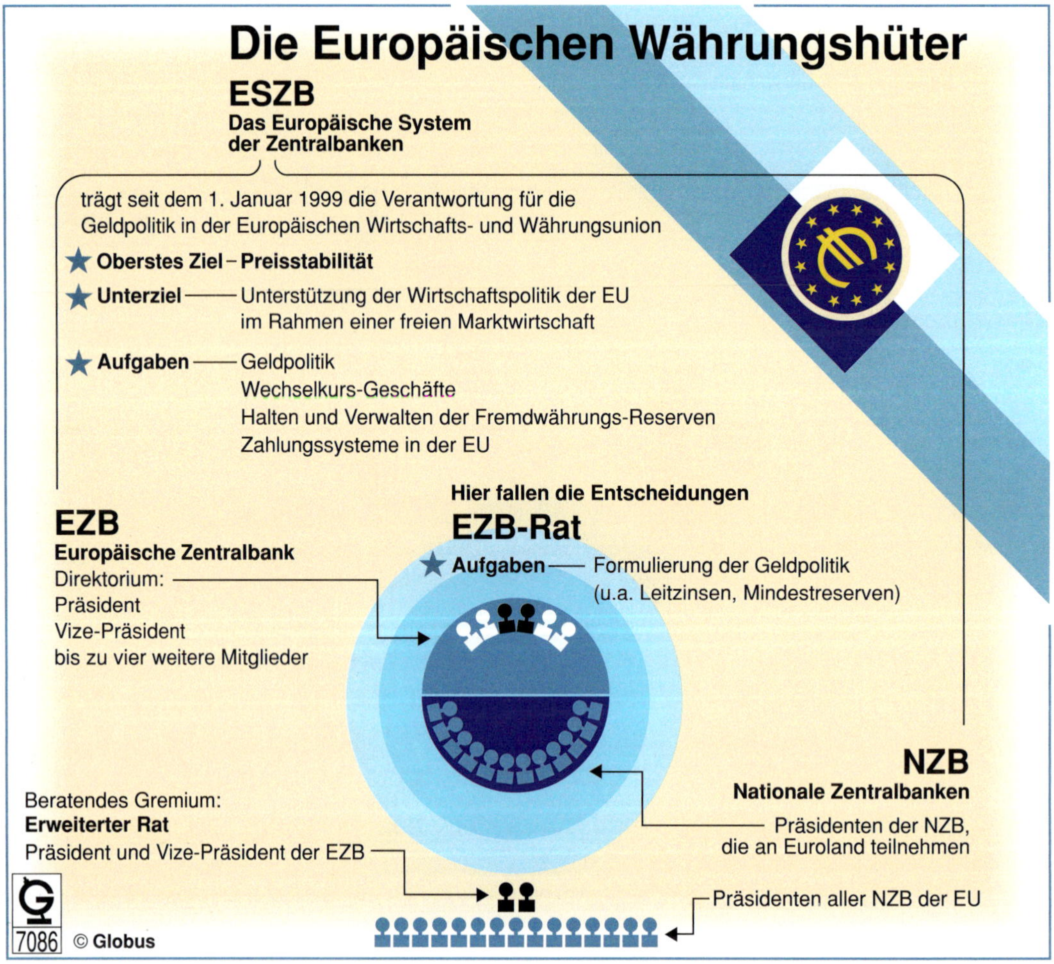

Das **EZB-Direktorium** besteht aus dem Präsidenten und dem Vizepräsidenten sowie bis zu vier weiteren Mitgliedern. Das Direktorium führt die laufenden Geschäfte der Europäischen Zentralbank, bereitet die Sitzungen des EZB-Rats vor, sorgt für die Durchführung der Beschlüsse des EZB-Rates und gibt die nötigen Anweisungen an die nationalen Zentralbanken, die für die praktische Umsetzung der Beschlüsse verantwortlich sind. Alle Mitglieder des Direktoriums werden von den Staats- und Regierungschefs der Teilnehmerstaaten einvernehmlich auf Empfehlung der Wirtschafts- und Finanzminister ausgewählt und auf acht Jahre ohne Verlängerungsmöglichkeit ernannt.

Neben dem Direktorium und dem EZB-Rat gibt es ein drittes Organ, den **Erweiterten Rat der EZB.** Ihm gehören der EZB-Präsident, der Vizepräsident der EZB sowie die Präsidenten aller nationalen Zentralbanken der EU-Mitgliedstaaten an – also auch die Nichtteilnehmerstaaten. In diesem Gremium werden die Vorarbeiten beraten, die für die Teilnahme weiterer Mitgliedstaaten an der Währungsunion erforderlich sind. Geldpolitische Entscheidungen werden nicht getroffen.

5740638

Das Europäische System der Zentralbanken verfolgt nach dem EU-Vertrag das vorrangige **Ziel,** die Preisstabilität in den EU-Mitgliedsländern zu gewährleisten. Daneben soll es die allgemeine Wirtschaftspolitik in der Gemeinschaft unterstützen. Die EZB darf die allgemeine Wirtschaftspolitik in den EU-Staaten jedoch nur dann unterstützen, wenn dadurch das primäre Ziel der Preisstabilität nicht gefährdet wird. Unter Preisstabilität versteht man den Anstieg des harmonisierten Verbraucherpreisindex (HVPI) für das Euro-Währungsgebiet von unter 2 % gegenüber dem Vorjahr. Die Preisstabilität muss mittelfristig gewährleistet werden.

Um das Ziel der Preisstabilität zu erreichen, muss die Zentralbank die Geldmenge in der europäischen Wirtschaft beeinflussen. Ansatzpunkt für die Geldmengensteuerung ist der Bedarf an Zentralbankgeld der Geschäftsbanken. Der Zentralbank stehen dabei verschiedene Instrumente zur Verfügung, mit denen sie die Geld- und Kreditschöpfung der Banken und damit die Geldmenge steuert.

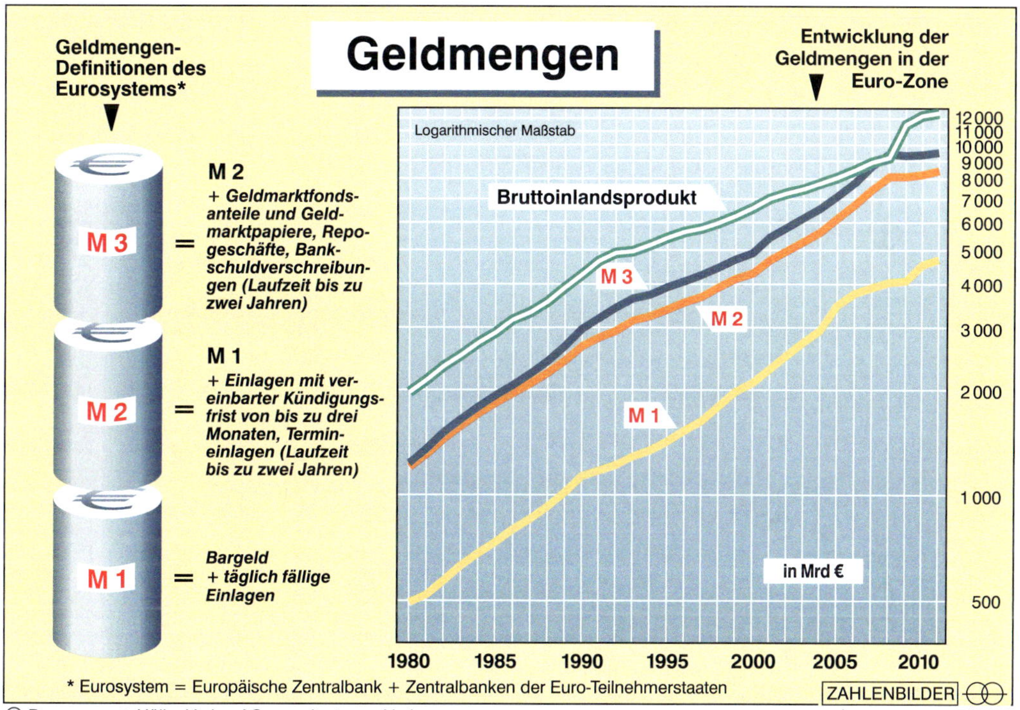

 715 572

Neben dem grundlegenden Ziel, für die Preisstabilität in der Gemeinschaft zu sorgen, erfüllt das ESZB noch weitere wichtige Aufgaben:

- Es muss die Geldpolitik der EU-Mitgliedstaaten festlegen und ausführen. Um dieser Aufgabe im Euro-Währungsgebiet nachzukommen, verfügt die EZB über Instrumente wie z. B. die Offenmarktpolitik, die Mindestreservepolitik und die Fazilitätenpolitik (siehe hierzu Kapitel 6.2).
- Das ESZB führt die Devisengeschäfte im Rahmen der Wechselkurspolitik der EU-Länder durch.
- Es hält und verwaltet die offiziellen Währungsreserven der teilnehmenden Mitgliedstaaten.
- Eine weitere Aufgabe ist, die Aufsicht über die Kreditinstitute wahrzunehmen und deren Anordnungen und Regelungen zu überwachen. Das ESZB muss für die Stabilität des Finanzsystems sorgen und die reibungslose Durchführung der finanziellen Maßnahmen und Transaktionen gewährleisten.
- Außerdem trägt es Sorge für ein reibungsloses Funktionieren des Zahlungsverkehrs. Über Maßnahmen, die den Umlauf des Eurogelds betreffen, entscheidet die Europäische Zentralbank. Die EZB hat das alleinige Recht, die Euro-Banknoten als gesetzliche Zahlungsmittel in der Währungsunion über die nationalen Zentralbanken auszugeben. Das Recht, Münzen zu prägen (das sogenannte „Münzregal"), bleibt bei den Mitgliedstaaten. Allerdings entscheidet das Eurosystem darüber, wie viele Münzen in Umlauf gebracht werden.

Um die Aufgabe der Geldwertsicherung erfüllen zu können, wurde das Europäische Zentralbanksystem mit einem klaren gesetzlichen Auftrag und einer unabhängigen Stellung ausgestattet. Bei der **Unabhängigkeit** kann man vier Dimensionen unterscheiden:

- Operative Unabhängigkeit bedeutet die Entscheidungsfreiheit der Notenbank hinsichtlich der Methoden, mit denen sie den gesetzlichen Auftrag erfüllen möchte. Oberstes Ziel des ESZB ist die Geldwertstabilität. Erst nachrangig darf die allgemeine Wirtschaftspolitik in der Gemeinschaft unterstützt werden.
- Institutionelle Unabhängigkeit ist dann gesichert, wenn die EZB und die nationalen Zentralbanken bei der Ausübung ihrer Befugnisse frei von Weisungen der nationalen oder gemeinschaftlichen politischen Instanzen sind. Ebenso darf die EZB Haushaltsdefizite der Gemeinschaft oder Euro-Teilnehmerländer nicht finanzieren.
- Finanzielle Unabhängigkeit meint die Freiheit einer Notenbank im Umgang mit ihren finanziellen Mitteln. Dazu ist die EZB von den Notenbanken des Euro-Währungsraums mit Kapital und Währungsreserven ausgestattet worden, über die sie uneingeschränkt verfügen kann.
- Personelle Unabhängigkeit bezieht sich auf das Auswahlverfahren und die Freiheit in der Amtsausübung der Personen, die Leitungsorgane einer Zentralbank zu besetzen. Zum Beispiel kann ein Mitglied des EZB-Rates nur bei sehr schweren Verfehlungen seines Amtes enthoben werden.

Die EZB in Stichworten	
Ziele	■ Preisniveaustabilität ■ Unterstützung der allgemeinen Wirtschaftspolitik der Gemeinschaft
Organe	■ EZB-Rat (Beschlussorgan) ■ EZB-Direktorium (Exekutivorgan) ■ erweiterter Rat der EZB
Aufgaben	■ Geldpolitik festlegen und ausführen ■ Währungsreserven verwalten und Devisengeschäfte durchführen ■ Zahlungsverkehr organisieren ■ Kreditwesen überwachen
Unabhängigkeit	■ operative Unabhängigkeit ■ institutionelle Unabhängigkeit ■ finanzielle Unabhängigkeit ■ personelle Unabhängigkeit
Instrumente	■ Offenmarktpolitik ■ Fazilitätenpolitik ■ Mindestreservepolitik

Die Deutsche Bundesbank hat ihre geldpolitische Autonomie verloren und führt im Rahmen von Leitlinien und Weisungen der unabhängigen Europäischen Zentralbank die Geldpolitik in Deutschland durch. Die Organe der Deutschen Bundesbank (DB) sind der Zentralbankrat der DB, das Direktorium der DB und die Vorstände der Landeszentralbanken. Das Direktorium der DB besteht aus dem Präsidenten, dem Vizepräsidenten und sechs weiteren Direktoriumsmitgliedern. Daneben finden sich im Zentralbankrat noch die neun Präsidenten der Landeszentralbanken. Der Zentralbankrat der DB bestimmt die Geschäftspolitik der Bundesbank und handelt bei der Erfüllung der Aufgaben, die ihm von der Europäischen Zentralbank übertragen werden.

Die Geschäftsfelder der Deutschen Bundesbank sind insbesondere die Förderung der Stabilität des Preisniveaus sowie eines funktionierenden Finanz- und Währungssystems, die Sicherung der Bargeldversorgung in Deutschland, die Gewährleistung der Sicherheit und Effizienz der unbaren Zahlungsabwicklung, die Bankenaufsicht, gemeinsam mit der Bundesanstalt für Finanzdienstleistungsaufsicht (BaFin).

5740640

6.2 Geldpolitische Instrumente im Eurosystem

Im Mittelpunkt der Geldpolitik der EZB steht die **Offenmarktpolitik.** Mit ihr wird die laufende Steuerung der Zinssätze und der Liquidität (= Zahlungsfähigkeit, Geldverfügbarkeit) am Geldmarkt vorgenommen. Der Geldmarkt umfasst Geschäfte mit kurzfristigen Wertpapieren bis zu einer Laufzeit von zwei Jahren und den Handel von Zentralbankgeld zwischen den Banken, während der Kapitalmarkt längerfristige Geldtransaktionen beinhaltet.

Unter Offenmarktgeschäften versteht man den Ankauf und Verkauf, aber auch die Verpfändung von Wertpapieren durch die Zentralbank auf dem offenen Markt.

Die Zentralbank kann die Wertpapiergeschäfte dabei sowohl mit Banken als auch mit Nichtbanken abwickeln. Sie stellt damit Zentralbankgeld überwiegend in Form von Sichtguthaben zur Verfügung. Sichtguthaben werden bei „Sicht", d.h. in der Regel sofort fällig, wie Girokonten.

Ansatzpunkt für die geldpolitischen Instrumente der Offenmarktpolitik ist der Bedarf der Geschäftsbanken an Zentralbankgeld. Die Menge des Zentralbankgelds ist für die Banken wiederum die Grundlage für ihre eigene Kreditvergabe an ihre Kunden. Über die Bedingungen, zu denen die Notenbank Zentralbankgeld an die Banken abgibt, steuert sie die Geld- und Kreditschöpfung der Banken und beeinflusst damit den Zins und letztlich auch die Preisentwicklung.

Die Notenbank kann die Wertpapiere „endgültig" ankaufen oder verkaufen, d.h., das Eigentum an den Vermögensgegenständen geht vollständig vom Verkäufer auf den Käufer über. Ebenso kann sie die Wertpapiere für einen bestimmen Zeitraum in Form befristeter Transaktionen als Pfand nehmen. Hier handelt es sich um sogenannte Pensionsgeschäfte, bei denen die abgebende Bank ihre Wertpapiere am Ende der Frist wieder zurücknehmen muss, d.h. die Wertpapiere für eine relativ kurze Zeitspanne „in Pension" gegeben werden.

Nehmen die EZB bzw. die nationalen Zentralbanken des Eurolandes solche Käufe vor, so fließt dem Markt Zentralbankgeld zu und die Kreditschöpfungsmöglichkeiten der Geschäftsbanken erhöhen sich. Verkaufen die Zentralbanken des Eurosystems dagegen Wertpapiere, so wird dem Markt Liquidität entzogen. Die Initiative zu den Offenmarktgeschäften geht vom Eurosystem aus, da es die Bedingungen, zu denen die Transaktionen durchgeführt werden, bestimmt. Die Laufzeit der Offenmarktgeschäfte variiert zwischen einer Woche für das **Hauptrefinanzierungsinstrument,** drei Monaten für **längerfristige Refinanzierungsgeschäfte** und frei festgelegten Zeiträumen für weitere Geschäfte (Feinsteuerungsoperationen, strukturelle Operationen).

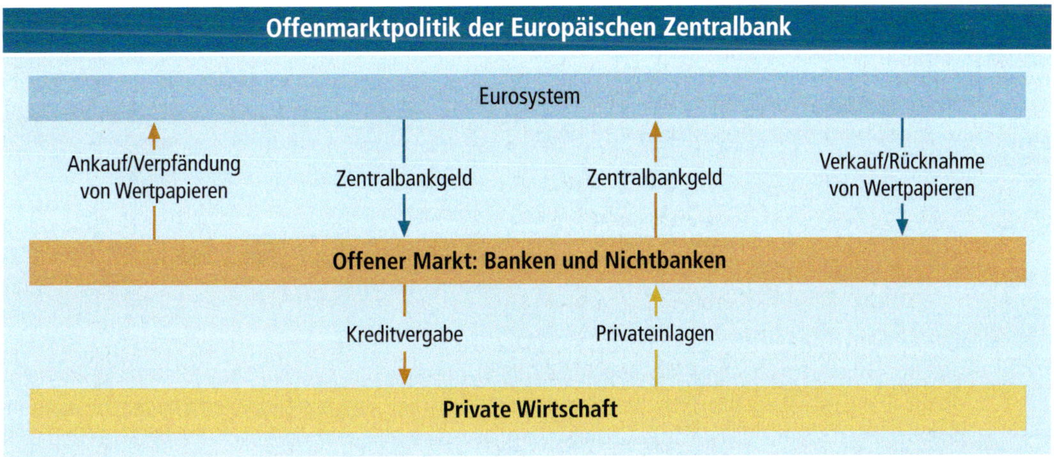

In der Hochkonjunktur mit der Gefahr steigender Preise werden die Zentralbanken des Eurosystems Wertpapiere verkaufen, damit sich die Geldmenge verringert, und das Zinsniveau anheben, also eine **kontraktive Geldpolitik** verfolgen. Höhere Leitzinsen verteuern die Geldbeschaffung der Geschäftsbanken bei der EZB. Diese Verteuerung geben die Banken an ihre Kunden weiter, indem sie die Kreditzinsen erhöhen.

In der Depression wird die Europäische Zentralbank eine **expansive Geldpolitik** betreiben, d.h., sie wird Wertpapiere ankaufen, um die Geldmenge zu erhöhen, und die Leitzinsen schrittweise senken. Damit wird die Bankenliquidität erhöht und die Geldinstitute haben die Möglichkeit, ihren Kunden günstigere Kredite einzuräumen.

Ständige Fazilitäten ermöglichen es den Geschäftsbanken, ihre täglichen Liquiditätsspitzen auszugleichen, indem sehr kurzfristige Gelder bei den nationalen Notenbanken entweder angelegt oder aufgenommen werden.

Unter Fazilität versteht man ganz allgemein die Kreditmöglichkeit, die bei Bedarf in Anspruch genommen wird.

Fazilitäten sind Geschäfte, die nur für einen Tag („über Nacht") abgeschlossen werden. Es können dabei sowohl Übernacht**kredite** (Spitzenrefinanzierungsfazilitäten) zu einem bestimmten Zinssatz aufgenommen oder auch Übernacht**einlagen** (Einlagenfazilitäten) zu einem gegebenen Zinssatz erfolgen.

Ziel des Einsatzes dieses Instruments ist die Beeinflussung der Zinssätze für Tagesgeld (= täglich verfügbares Geld). Die Inanspruchnahme der Fazilitäten geht im Gegensatz zu den Offenmarktgeschäften jeweils auf die Initiative der Kreditinstitute zurück.

Die Zinsen für die Spitzenrefinanzierungsfazilität und die Einlagenfazilität bilden einen Zinskorridor für den Geldmarkt. Der Zinssatz für den Übernachtkredit bildet die Obergrenze des Tagesgeldsatzes. Er ist höher als der Zinssatz für die Übernachteinlage, der die Untergrenze des Tagesgeldsatzes bildet. Diese beiden Zinssätze bilden den Schwankungsbereich für den Tagesgeldzins und damit für die Leitzinsen am Geldmarkt einer Volkswirtschaft.

In der Hochkonjunktur wird das Zentralbanksystem die Zinssätze für die Fazilitäten schrittweise steigern, somit die Tagesgeldsätze auf dem Geldmarkt erhöhen und durch diese Zinserhöhung die Kreditfinanzierung bei den Unternehmen zunehmend ungünstiger gestalten. Kreditfinanzierte Investitionen können sich rückläufig entwickeln und damit einen Teil der gesamtwirtschaftlichen Nachfrage drosseln (kontraktive Geldpolitik).

In der Depression wird die Zentralbank die Zinssätze für Fazilitäten und damit die Tagesgeldsätze am Geldmarkt schrittweise senken. Dies kann bei den Unternehmen zunehmende kreditfinanzierte Investitionen auslösen; die Haushalte können bei niedrigen Kreditzinsen ihre Konsumnachfrage ebenfalls erhöhen. Es werden demnach günstige Rahmenbedingungen für expansive Effekte geschaffen.

Fazilitätenpolitik der Europäischen Zentralbank

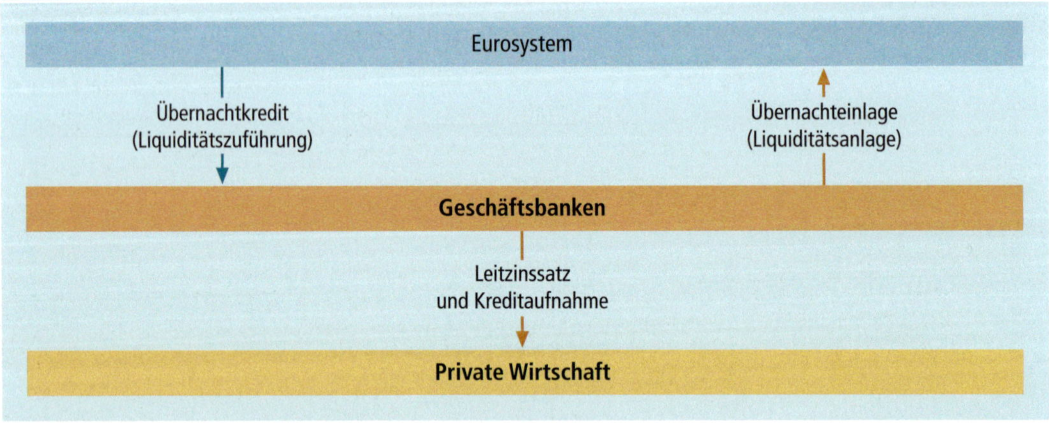

Bei der **Mindestreservepolitik** werden die Mindestreserven der Geschäftsbanken von der Zentralbank beeinflusst. Die Geschäftsbanken erhalten von ihren inländischen und ausländischen Kunden Einlagen in Form von Sichteinlagen, also täglich fälligen Geldern, Termineinlagen mit unterschiedlichen Laufzeiten und Spareinlagen.

Zur Sicherheit und aus Gründen des Vertrauensschutzes gegenüber ihren Gläubigern halten die Geschäftsbanken einen Teil der Kundeneinlagen als Barreserve. Zusätzlich zwingt das Zentralbanksystem die Geschäftsbanken, einen bestimmten Prozentsatz für bestimmte Kundeneinlagen bei den NZB des Eurosystems auf Konten als Mindestreserve zu halten.

Mindestreserven sind Zwangsguthaben, die die Geschäftsbanken des Euro-Währungsraums auf Girokonten bei der jeweiligen nationalen Zentralbank für bestimmte, genau festgelegte Kundeneinlagen (u. a. täglich fällige Einlagen und Einlagen mit einer Laufzeit bis zu zwei Jahren) unterhalten müssen.

5740642

Bei den Offenmarktoperationen und den ständigen Fazilitäten können sich die Geschäftsbanken selbst entscheiden, ob sie Geschäfte mit der Zentralbank tätigen oder auf einen Geschäftsabschluss verzichten wollen; der Mindestreserveverpflichtung können sich die Kreditinstitute jedoch nicht entziehen. Die bei der Zentralbank angelegte Mindestreserve wird verzinst, und zwar zum Hauptfinanzierungssatz der Offenmarktgeschäfte.

Die Wirkungsweise der Mindestreservepolitik beruht darauf, dass die Guthaben, die die Geschäftsbanken auf Konten nationaler Zentralbanken des Euroraums halten müssen, nicht für Kreditgeschäfte eingesetzt werden können. Dadurch erhöhen sich die Finanzierungskosten der Banken und schmälern ihre Erlösbasis. Geringe Mindestreserven erhöhen den Kreditschöpfungsspielraum der Banken; hohe Mindestreservesätze mindern ihn.

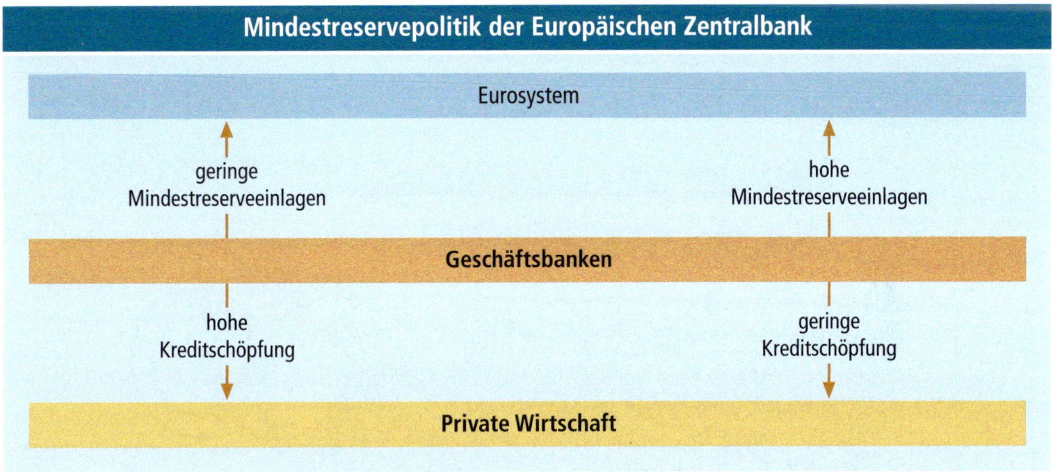

In der Hochkonjunktur kann die EZB die Mindestreservesätze heraufsetzen und dadurch müssen die Geschäftsbanken einen größeren Teil der Kundeneinlagen hinterlegen. Damit schrumpft die Überschussreserve und die Liquidität der Banken sinkt. Die Geldmenge, die dem Geschäftsbankensektor für die Kreditvergabe zur Verfügung steht, vermindert sich (kontraktiver Effekt).

In der Depression hat die EZB die Möglichkeit, stufenweise die Mindestreservesätze zu senken und damit die Kreditschöpfungsmöglichkeiten der Geschäftsbanken zu erhöhen. Die verbesserte Liquiditätslage der Banken kann zu einem sinkenden Zinsniveau auf dem Geldmarkt führen (expansiver Effekt).

6.3 Grenzen der Geldpolitik

Die Wirtschaftspolitik im Eurosystem steht vor dem Problem, dass die geldpolitischen Entscheidungen zentral vom EZB-Rat in Frankfurt beschlossen werden und für den gesamten Euroraum gelten. Maßnahmen und Entscheidungen zur Konjunktur-, Wachstums- und Beschäftigungspolitik werden jedoch dezentral von den jeweiligen souveränen Teilnehmerstaaten getroffen. Die Euroländer haben z. T. stark unterschiedliche Zielvorstellungen und Konzeptionen bezüglich der Wirtschaftspolitik, sodass Konfliktsituationen mit der Politik der EZB möglich sind. Je nach Entscheidungslage kann es zwischen der Geldpolitik der EZB und der Finanz- bzw. Beschäftigungspolitik der Mitgliedstaaten zu Verstärkungs- und Schwächungsprozessen kommen.

Trotz des reichhaltigen Instrumentariums und auch bei sinnvoller Kombination der Maßnahmen stößt die Geldpolitik der EZB damit an Grenzen. Neben den spezifisch europäischen Fragen gibt es noch allgemeine Probleme, die ihren Grund in der Konstruktion des Geldsystems haben.

Geldpolitik und Krisenbekämpfung

Hat die Zentralbank zur Bekämpfung eines Konjunkturabschwungs die Kreditschöpfungsfähigkeit der Banken sowie das Geldangebot erweitert und ist eine Zinssenkung erreicht worden, so wird dadurch meist keine wesentliche Erhöhung der gesamtwirtschaftlichen Nachfrage herbeigeführt. Die Geschäftsbanken können kein Wirtschaftssubjekt zur Aufnahme von Krediten und zur Nachfrageausweitung zwingen.

Reaktion der Investitionen auf Zinsänderungen

Befindet sich die Wirtschaft in einer Phase der konjunkturellen Überhitzung, nutzen die geld- und kreditpolitischen Instrumente ebenfalls nur wenig. Es ist höchst zweifelhaft, ob ein hoher Zinssatz die Investitionsneigung heute noch wesentlich beeinträchtigt. Das Gewicht der Zinsen ist im Rahmen der Kalkulation der Gesamtkosten der Unternehmen, zu denen auch die Steuern gehören, häufig zu gering, als dass die Unternehmer bereit wären, aus Zinsgründen von ihren meist langfristig angelegten Investitionsprogrammen Abstriche zu machen. Häufig lassen sich, wenn die Marktlage es erlaubt, die hohen Zinsen auf die Verkaufspreise abwälzen. Investitionen hängen nur in geringem Umfang vom Zinsniveau ab, in weit größerem Maße von den Absatzchancen und den Gewinnerwartungen, die sich Betriebe für die Zukunft erhoffen.

Elastizität (= Beweglichkeit) des Geldsystems

Die Zentralbank versucht mit ihren Instrumenten, über die Geschäftsbanken den Umfang der Kreditaufnahme durch Nichtbanken – wie private Haushalte und Unternehmen – zu steuern.

Die Einwirkung auf die Kreditgewährung der Geschäftsbanken und damit auf die Geldmenge ist nur indirekt möglich und hängt von den Liquiditätsreserven der Geschäftsbanken ab. Solange eine Bank flüssige Finanzmittel besitzt, braucht sie ihre Kreditschöpfung nicht einzuschränken. Sind die eigenen Reserven erschöpft, kann sie die eventuell noch vorhandenen Reserven bei anderen Geschäftsbanken übernehmen.

Die Zentralbank kann nicht direkt auf das Geldvolumen Einfluss nehmen. Sie besitzt keine straffen Zügel, um das Pferd der Wirtschaft zu lenken, sondern eher ein dehnbares Gummiband. Eine Wirkung ergibt sich erst bei sehr starker Straffung des Bandes; bis dahin vergeht aber meist so viel Zeit, dass die ergriffene Maßnahme zu spät, sogar prozyklisch wirken kann.

7 Finanzpolitik

7.1 Staatshaushalt und Stabilitätspakt

Die Finanzpolitik ist ebenso wie die Geldpolitik ein Teilgebiet der allgemeinen Wirtschaftspolitik und beschäftigt sich mit den Einnahmen und Ausgaben des Staatshaushalts. In einer modernen Volkswirtschaft hat die Finanzpolitik drei wichtige Funktionen zu erfüllen:

- **Bedarfsdeckungsfunktion:**
  Der Staat muss sich Einnahmen verschaffen, mit denen er die für die Gemeinschaft notwendigen öffentlichen Güter wie Bildung an Schulen und Hochschulen, die Bereitstellung von Verkehrswegen, Polizei und Verteidigung usw. finanziert. Diese Funktion gehört zu den traditionellen Aufgaben des Fiskus, wobei er dem Grundsatz eines ausgeglichenen Staatshaushalts verpflichtet ist.
- **Umverteilungsfunktion:**
  Hier versucht der Staat, durch Höherbesteuerung höherer Einkommen und durch Sozialleistungen und Subventionen an Bedürftige ökonomische Ungleichheiten zu mindern.
- **Stabilisierungsfunktion:**
  Über die Steuerung der Ausgaben und Einnahmen versucht der Staat, die unerwünschten Wirkungen von Konjunkturschwankungen wie z. B. die Arbeitslosigkeit zu reduzieren.

Um diese Aufgaben zu erfüllen, kann die öffentliche Hand über Einnahmen und Ausgaben ihre Haushalte gestalten und variieren.

Bei den **Einnahmen** der öffentlichen Hand werden ordentliche und außerordentliche Einnahmen unterschieden.

Die ordentlichen Einnahmen sind regelmäßig wiederkehrende Beträge und bestehen aus Abgaben, öffentlichen Erwerbseinkünften und Zuweisungen. Abgaben sind Einnahmen, die der Staat kraft seiner Finanzhoheit erhebt. Zu den Abgaben gehören die Steuern, Gebühren und Beiträge. Hinzu treten die Erwerbseinkünfte aus öffentlichen Unternehmen und Zuweisungen, z. B. vom Bundesland an Gemeinden. Außerordentliche Einnahmen sind unregelmäßig auftretende Einnahmen, vor allem aus Krediten. Kredite kann der Staat bei der privaten Wirtschaft und bei Haushalten aufnehmen, indem er Anleihen und Schatzbriefe auflegt.

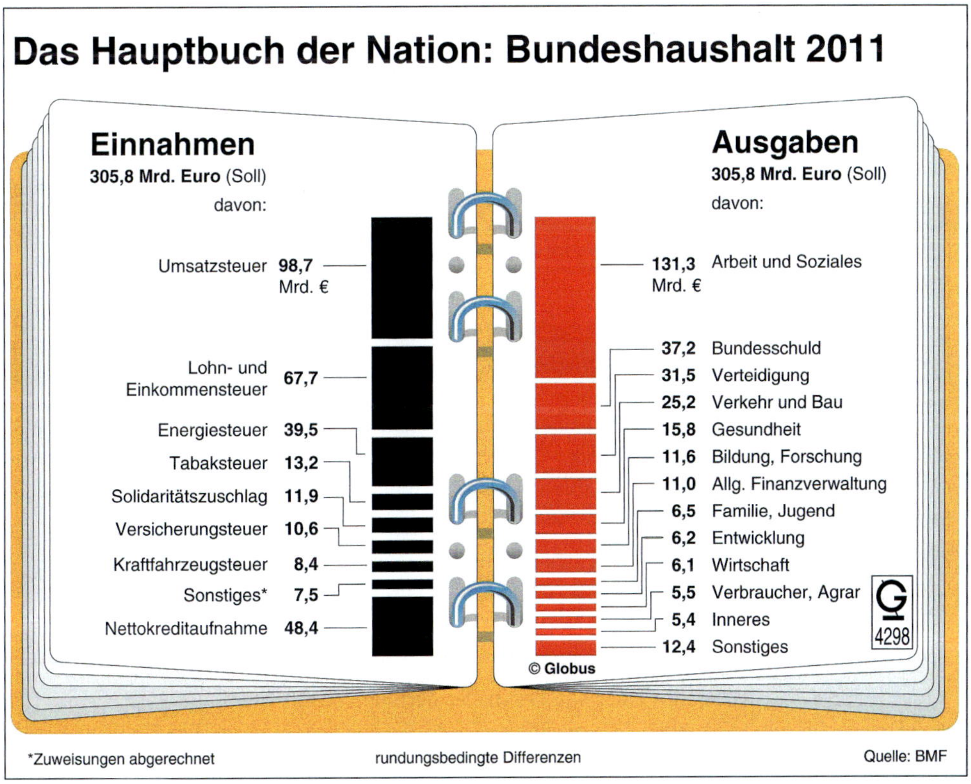

Die **Ausgaben** der öffentlichen Hand können – ebenso wie die Einnahmen – in ordentliche und außerordentliche Ausgaben unterteilt werden.

Ordentliche Ausgaben sind regelmäßig wiederkehrende Ausgaben für den laufenden öffentlichen Bedarf und sollen aus den ordentlichen Einnahmen finanziert werden. Hier sind z. B. Personalausgaben für Löhne und Gehälter von Angestellten und Beamten und Sachausgaben für staatliche Investitionen zu nennen.

Außerordentliche Ausgaben sind unregelmäßig auftretende Ausgaben, die bei Katastrophenschäden oder im Verteidigungsfall auftreten können.

In einem föderativen Staat wie dem der Bundesrepublik Deutschland erfolgt die Umverteilung durch den Staat auf drei Ebenen: die des Bundes (einschließlich verschiedener Fonds und Sondervermögen), der Länder (einschließlich der Stadtstaaten) und der Gemeinden (mit Gemeindeverbänden).

Mit dem Beitritt der Bundesrepublik zur Europäischen Wirtschafts- und Währungsunion muss Deutschland außerdem in seiner Haushaltspolitik die Konvergenzkriterien des **EU-Stabilitätspakts** berücksichtigen. Der Stabilitäts- und Wachstumspakt ist eine Vereinbarung der Mitgliedsländer, die für einen stabilen Euro sorgen soll, indem vor allem die Haushaltsverschuldung geregelt wird. Im Maastricht-Vertrag von 1992 einigten sich die EG-Mitgliedstaaten auf sogenannte Konvergenzkriterien, die Staaten erfüllen müssen, die den Euro als Währung einführen wollen.

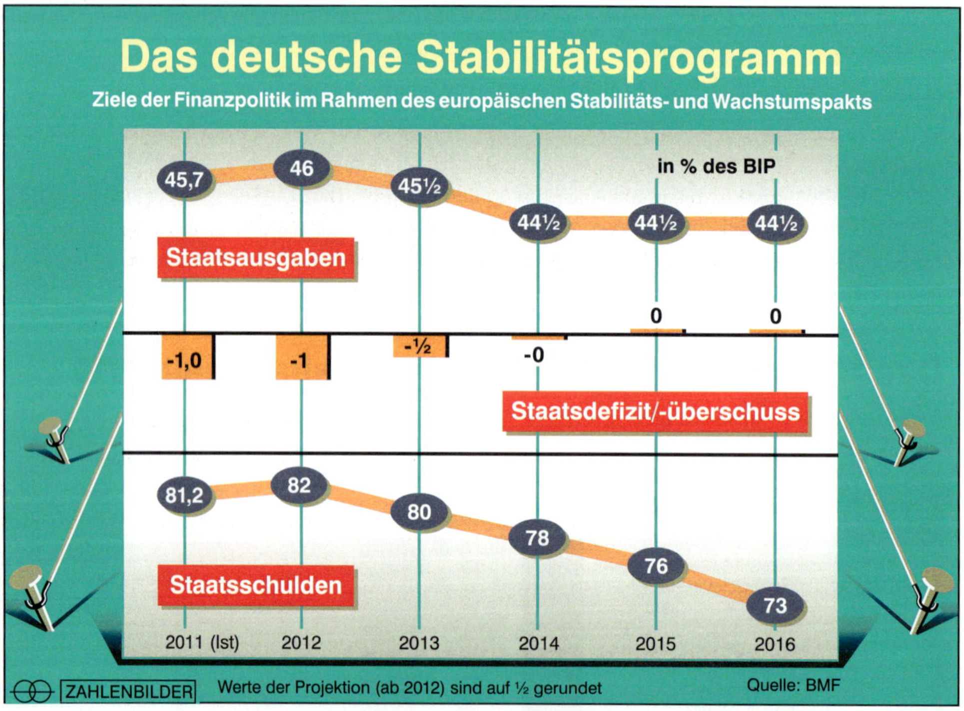

Auf Initiative des damaligen deutschen Finanzministers Theo Waigel wurden zwei dieser Kriterien auf dem EG-Gipfel 1996 in Dublin auch über den Euro-Eintritt hinaus festgeschrieben. Die Neuverschuldung eines Staates darf 3 % des Bruttoinlandsprodukts (BIP) nicht überschreiten und die Gesamtverschuldung sollte 60 % des Bruttoinlandsprodukts betragen.

Ziel dieses Paktes ist die Förderung von Stabilität und Wachstum in Europa. Das Regelwerk soll dabei insbesondere verhindern, dass durch eine übermäßige Verschuldung der Euroländer die Inflation steigt und Unsicherheit entsteht. Es zeigte sich jedoch, dass einige Länder (vor allem Griechenland) die Maastricht-Kriterien nicht einhielten und eine Verschuldenspolitik betrieben. Nach 2010 waren deshalb umfangreiche Rettungsschirme erforderlich.

Nähert sich das Haushaltsdefizit eines Mitgliedstaates der Drei-Prozent-Grenze, so erhält der betreffende Staat eine Frühwarnung in Form eines „Blauen Briefes". Falls die Neuverschuldung 3 % des Bruttoinlandsprodukts überscheitet, startet die EU-Kommission weitere Sanktionen.

7.2 Staatsverschuldung und Staatsquote

Die Bundesrepublik Deutschland hat eine **hohe Staatsverschuldung**, für die mehrere Ursachen genannt werden können.

Anfänge einer verstärkten Kreditaufnahme finden sich aufgrund der antizyklischen Fiskalpolitik, wie sie nach dem Inkrafttreten des Stabilitätsgesetzes von 1967 in Westdeutschland verfolgt wurde. Diese konjunkturell bedingte Verschuldung hatte ihre Gründe in der falschen Handhabung des nachfrageorientierten keynesschen Konzepts. In der Phase der Depression wurde die schwache private Nachfrage durch eine staatliche, kreditfinanzierte Nachfrage ersetzt. Dieser Politik des deficit spending folgte jedoch in der Hochkonjunktur keine Politik der Rücklagenbildung, sodass die Verschuldung zunahm.

Ein weiterer Grund war die strukturell bedingte Verschuldung durch die Wiedervereinigung Deutschlands. Der Beitritt der neuen Bundesländer machte hohe Investitionen in den öffentlichen, aber auch in sozialen Bereichen erforderlich. Diese stark steigenden Ausgaben für den Aufbau einer modernen Infrastruktur der ehemaligen Deutschen Demokratischen Republik wurden weitestgehend über Kredite finanziert.

Einen weiteren Hemmschuh für den Abbau der hohen Staatsverschuldung bildet die in Deutschland vorfindbare Mentalität, dem Staat die Alleinzuständigkeit für die soziale Daseinsfürsorge des Einzelnen zu übertragen. Eine Vielzahl von staatlich mitfinanzierten Sozialleistungen wie Renten, Arbeitslosenunterstützungen oder das Gesundheitssystem führen zu Haushaltslöchern, die über Kredite finanziert wurden.

Die seit den 70er-Jahren stark steigende Arbeitslosigkeit hat in Deutschland ebenfalls zu steigenden Transferleistungen in Form von Arbeitslosenunterstützung und Ausgaben für Beschäftigungsprogramme geführt. Zudem bedeutet Arbeitslosigkeit sinkende Steuer- und Sozialversicherungseinnahmen, wodurch der Staatshaushalt zusätzlich in Anspruch genommen wird.

Den letzten großen Anstieg der Staatsverschuldung brachte die Finanz- und Wirtschaftskrise von 2008/2009, in der die Bundesregierung zwei Konjunkturpakete mit einem Gesamtvolumen von ca. 40 Mrd. € auflegte.

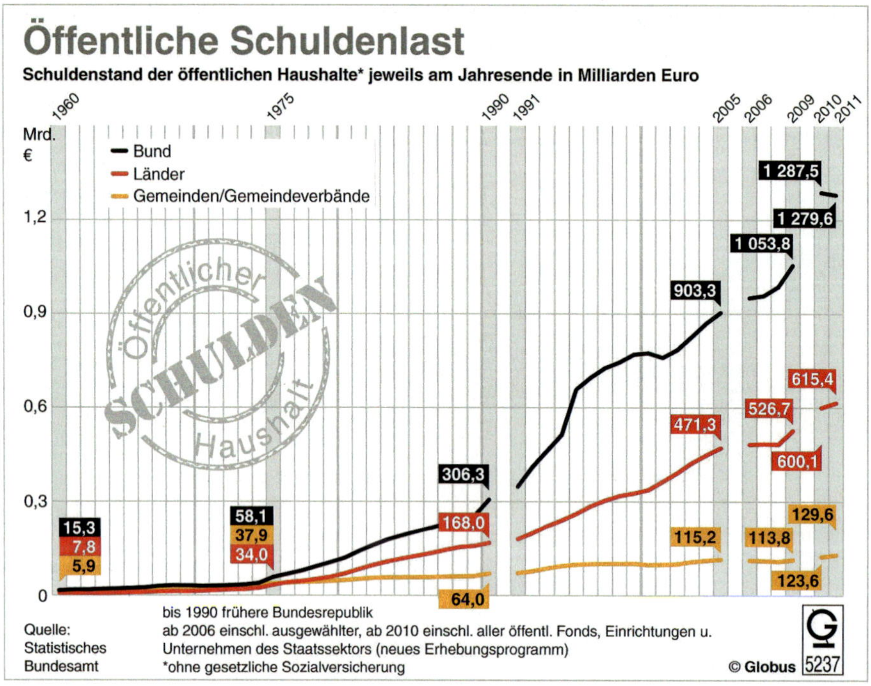

Eine ständig zunehmende Kreditaufnahme wirft die Frage auf, wo die **Grenzen der Verschuldung** der öffentlichen Hand liegen. Hierbei kann zwischen den gesetzlichen und den ökonomischen Grenzen unterschieden werden.

Die **gesetzlichen Grenzen** schreibt Artikel 115 des Grundgesetzes dem Bund vor. Nach dieser Vorschrift dürfen die Einnahmen aus Krediten die Summe der im Haushaltsplan veranschlagten Ausgaben für die Investitionen nicht überschreiten. Ausnahmen sind nur zur Abwehr einer Störung des gesamtwirtschaftlichen Gleichgewichts zulässig.

Die **ökonomischen Grenzen** sind jedoch bei der Betrachtung der öffentlichen Verschuldung von größerer Bedeutsamkeit, da es gesamtwirtschaftlich zu folgenden negativen Effekten kommen kann:

- Eine langfristig zunehmende Staatsverschuldung bedeutet, dass ein ständig wachsender Teil der Staatseinnahmen für den Schuldendienst, also die Zahlungen für Zinsen und Tilgung, blockiert wird. Dies engt nicht nur den finanzpolitischen Spielraum der öffentliche Hand ein, sondern kann dazu führen, dass der Schuldendienst nicht mehr über die laufenden Einnahmen finanziert werden kann. Um alte Schulden zu tilgen, müssen neue Kredite aufgenommen werden.
- Eine steigende Staatsverschuldung kann auch dazu führen, dass die öffentliche Hand durch ihre Kreditnachfrage die private Kreditnachfrage und damit einen Teil der privaten Investitionen verdrängt. Diese Verdrängungseffekte werden als Crowding-out bezeichnet.
- Einer der schwerwiegendsten negativen Effekte der Staatsverschuldung ist die Belastung zukünftiger Steuerzahler. In den vergangenen Jahrzehnten hat jede Generation über ihre Verhältnisse gelebt und Lasten für zukünftige Generationen angehäuft. Die künftigen Erwerbstätigen müssen sich auf höhere Steuern und wegen der hohen Zins- und Tilgungslasten auch auf niedrigere Staatsausgaben einstellen.

Die **Staatsquote** (besser: Staatsausgabenquote) ist das Verhältnis zwischen den gesamten öffentlichen Ausgaben und dem Bruttoinlandsprodukt eines Landes. Zu den öffentlichen Ausgaben gehören die Leistungen von Bund, Ländern und Gemeinden sowie die Sozialversicherung. Allgemein gilt die Staatsquote als Kennziffer für den Umfang der staatlichen Tätigkeit in einer Volkswirtschaft. Sie steigt z. B., wenn die Staatsausgaben stärker wachsen als das Bruttoinlandsprodukt, und sinkt bei rückläufigen öffentlichen Ausgaben.

$$\text{Staatsquote} = \frac{\text{öffentliche Ausgaben}}{\text{Bruttoinlandsprodukt}}$$

Der deutsche Finanzwissenschaftler Adolph Wagner hat bereits 1876 die These aufgestellt, dass die Staatstätigkeit im Verhältnis zu den gesamten wirtschaftlichen Aktivitäten überproportional zunimmt. Diese Aussage wird als „Gesetz der wachsenden Staatstätigkeit" oder auch als „Wagnersches Gesetz" bezeichnet. Betrachtet man die Staatsquote im Zeitablauf, so betrug sie um 1900 in Deutschland etwa 15 %. Nach dem Zweiten Weltkrieg kam es in vielen Industrieländern zu einem starken Anstieg der Staatsquoten.

Die Staatsquote in Deutschland von 1973 bis 2011

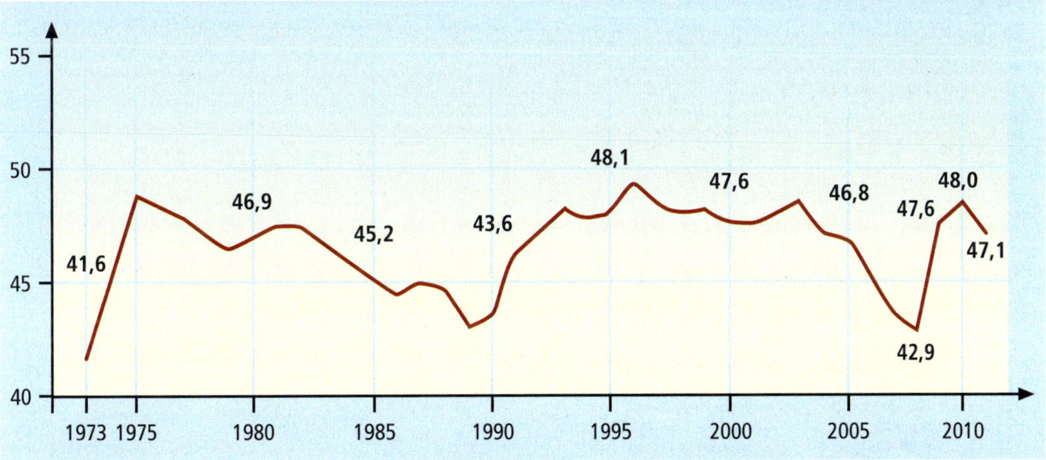

Quelle: www.bundesfinanzministerium.de

Zwischen 1960 und 1970 entwickelte sich die Staatsquote in Westdeutschland von knapp 33 % auf 39 %. Im Rezessionsjahr 1975 stieg sie, verursacht durch „Konjunkturspritzen" und wachsende Sozialleistungen, auf 49 %. Die deutsche Vereinigung brachte für die Gebietskörperschaften und die Sozialversicherungsträger eine starke Zunahme der Ausgaben, die zu einem Anstieg der Staatsquote auf knapp 50 % im Jahr 1996 führte.

Ein Vergleich der Staatsquoten verschiedener Länder zeigt, dass die europäischen Länder überwiegend hohe Staatsquoten um die 50 % haben, während die Quote in den Vereinigten Staaten oder Kanada bei ungefähr 35 % liegt.

Die Wirtschaftspolitik der Bundesrepublik verfolgt in den letzten Jahren deshalb das Ziel eines „schlanken Staates". Der Rückzug der öffentlichen Hand aus der Privatwirtschaft, also eine niedrigere Staatsquote, bedeutet z. B., dass der Staat weniger Steuern und Abgaben für seine umfangreichen Ausgaben benötigt und demzufolge keine zusätzlichen Schulden aufnehmen, Staatskredite tilgen oder Rücklagen bilden kann. Der Umfang der staatlichen Umverteilung wird verringert. Weniger Staat könnte zu mehr Wachstum führen. Eine hohe Staatsquote bedingt immer eine Einschränkung der persönlichen Entfaltungsmöglichkeiten. Viele staatliche Leistungen sind durch Gesetze und Verordnungen genauestens geregelt. Werden die staatlichen Aktivitäten eingeschränkt, erweitert sich der Freiraum des Bürgers.

7.3 Staatliches Handeln und soziale Kosten

Der Staat als wichtigster Gestalter der Wirtschaftspolitik muss vor allem dort eingreifen, wo der Selbststeuerungsmechanismus des Marktes über den Preis nicht mehr funktioniert. Es handelt sich dabei um das Problem der öffentlichen Güter, aber auch der sozialen Kosten.

Öffentliche Güter wie die Gewährleistung innerer und äußerer Sicherheit, aber auch das Straßen- und Wegenetz, haben keinen Marktpreis und müssen demzufolge vom Staat zur Verfügung gestellt werden. Soziale Kosten entstehen durch individuell zwar rationale Verhaltensweisen, die für die Gemeinschaft aber zu einem nachteiligen Ergebnis führen. Es handelt sich um negative externe Effekte, die nicht vom verursachenden Wirtschaftssubjekt getragen werden, sondern der Gesellschaft oder einem Dritten aufgebürdet werden.

Beispiel

Durch die Produktion von Strom in einem Kohlekraftwerk wird die Luft der Umgebung verunreinigt, sodass die Anwohner unter Atemwegserkrankungen leiden, die Gebäudefassaden verschmutzt und die umliegende Natur geschädigt werden. Die Kosten für die medizinische Betreuung der Erkrankten, die häufigeren Außenanstriche der Fassaden hat das Unternehmen in seiner Preiskalkulation nicht zu berücksichtigen. Der Strom, den dieses Kraftwerk liefert, wird demzufolge billiger angeboten, als er in Wirklichkeit ist. Der Marktpreis entspricht nicht dem tatsächlichen Preis und berücksichtigt die sozialen Kosten nicht. Müsste das Unternehmen für die durch den negativen Effekt der Luftverschmutzung entstandenen Kosten aufkommen, so wäre der Preis des erzeugten Stromes entsprechend höher und die nachgefragte Menge geringer.

Unter sozialen Kosten versteht man die Auswirkungen des ökonomischen Handelns auf die Wohlfahrt eines unbeteiligten Dritten, für die der Verursacher nicht bezahlt. Die Gesellschaft muss für die sozialen Kosten aufkommen.

Zu den negativen externen Effekten gehören z. B. die Folgen der

- Produktionsaktivitäten der Unternehmen, wobei durch Schadstoffausstoß, Abwässereinleitungen, Lärmbelästigungen viele Menschen beeinträchtigt werden.
- Konsumaktivitäten der Haushalte, wobei durch laute Musik, Autolärm, Müllentsorgung andere Haushalte beeinflusst werden.
- Lärm- und Abgasbelästigung von Flugzeugen, Autos und der Eisenbahn, die das Wohlbefinden der Bevölkerung mindern.

Vor allem der Personen- und Güterverkehr bedeuten für die Umwelt erhebliche Belastungen und Kosten. Diese Kosten werden nur zum Teil von den Verkehrsteilnehmern getragen und überwiegend auf die Allgemeinheit bzw. auf unbeteiligte Dritte abgewälzt. Nach den Regeln des Marktes werden die Umweltressourcen als freies Gut betrachtet und an die Gesellschaft kostenlos abgegeben. Dieses Marktversagen führte zu einer exzessiven Nutzung der Umwelt und zu steigenden Umweltbelastungen. Vor allem die verkehrsbedingten externen Effekte brachten einen steigenden CO_2-Ausstoß und eine Veränderung des Weltklimas mit sich.

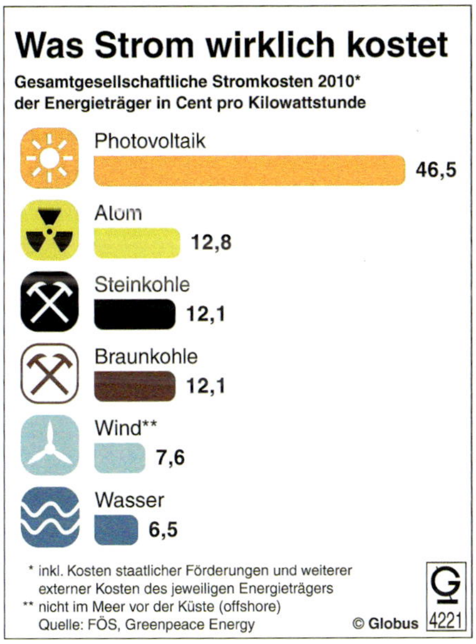

Bei den negativen externen Effekten ist es sinnvoll, wenn der Staat in den Marktmechanismus durch Regelungen und gesetzliche Maßnahmen steuernd eingreift. Das staatliche Handeln wird am Beispiel der sozialen Kosten für die Umwelt belegt. Hier kann der Staat z. B.

- Grenzwerte festlegen: Durch die Vorgabe von Obergrenzen wird die Emission von Schadstoffen begrenzt. Ein Kraftwerk darf danach nur eine bestimmte Menge Schwefeldioxid, Stickstoffoxid und Kohlenmonoxid pro Kubikmeter Abgasmenge an die Außenluft abgeben.
- Gebote erlassen: Es dürfen nur bestimmte Güter wie schwefelarmes Heizöl oder bleifreies Benzin verwendet werden.
- Verbote aussprechen: Bei extrem schädlichen Stoffen wie z. B. bestimmten hochgiftigen Insektiziden kann der Staat die Produktion oder Emission vollständig untersagen.
- Emissionssteuern einführen: Durch diese Steuern will der Staat das Verhalten der Wirtschaftssubjekte beeinflussen. Eine höhere Steuer bedeutet höhere Kosten, die einen steigenden Preis verursachen, wobei dies möglicherweise zu einem Rückgang der Nachfrage führt. Emissionssteuern sind in ihrer Wirkung schwer vorhersagbar.
- Emissionslizenzen handeln: Hier werden Emissionslizenzen ausgegeben, die das Recht zur Emission einer bestimmten Menge Schadstoff verbriefen. Die Verursacher müssen dem Staat im Rahmen einer Versteigerung Lizenzen abkaufen. Je nach Bedarf der Verursacher können die Lizenzen untereinander gehandelt werden.

7.4 Europäische Schuldenkrise – Ursachen, Maßnahmen, Probleme

Ursachen

Die Immobilienblase in den Vereinigten Staaten führte zu einer internationalen Krise der Großbanken und löste die Wirtschafts- und Finanzkrise der Jahre 2008 und 2009 aus. Die Regierungen der Industrienationen wollten eine Weltwirtschaftskrise, wie sie sich 1929 ereignete, verhindern. Sie waren demzufolge gezwungen, umfangreiche Rettungspakete für die Banken aufzulegen, um einen drohenden Abschwung durch milliardenschwere Konjunkturprogramme zu verhindern. Diese Maßnahmen führten zu einer stark zunehmenden Staatsverschuldung der meisten europäischen Länder.

Im Frühjahr 2010 spitzte sich die Verschuldungssituation vor allem in Griechenland zu. Bereits beim Eintritt in das Eurosystem im Jahre 2001 war das Land hoch verschuldet und konnte die europäischen Konvergenzkriterien nur mit manipulierten Zahlen erfüllen. Die Gründe für den hohen Schuldenstand lagen vor allem in den umfangreichen sozialen Leistungen z. B. für Rentner (Frührente), der aufgeblähten Bürokratie, aber auch in der Neigung vieler Griechen, Steuern zu hinterziehen und Schattenwirtschaft zu betreiben.

©ROGER SCHMIDT WWW.KARIKATUR-CARTOON.DE

Der hohe Schuldenstand zwang das Land zunehmend, ältere Schuldenpapiere durch die Aufnahme neuer Schulden zu finanzieren, d. h., Griechenland benötigte immer mehr frisches Kapital, um die Zinsen und die Tilgung der alten Staatsanleihen zu bedienen. Dieses Vorgehen bezeichnet man als das „Rollen der Schulden". Bei diesem Verfahren tritt jedoch ein Problem auf: Solide Schuldner bekommen ihre Anleihe für relativ niedrige Zinsen am Kapitalmarkt. Staaten mit gestiegenem Risiko, wie z. B. Griechenland, müssen immer höhere Zinsen zahlen. Die Zinsunterschiede, auch Spreads genannt, zwischen Schuldenpapieren sicherer Staaten und der von Zahlungsunfähigkeit bedrohten Länder des Euroraums gingen immer weiter auseinander.

Europäische Schuldenkrise 2010

Ursachen

- Wirtschafts- und Finanzkrise 2008/2009
- zunehmende Staatsverschuldung
- Griechenlandkrise

Maßnahmen

- Paket I: Hilfskredite
- Paket II: Europäische Finanzstabilitätsfaszilität (EFSF)
- Paket III: Europäische Stabilitätsmechanismus (ESM)
- Kauf von Staatsanleihen durch die Europäische Zentralbank
- Schuldenrückkaufprogramm

Probleme

- innenpolitische Widerstände
- Verschärfung der konjunkturellen Situation
- Inflationsgefahr

Die Bonität, also die Kreditwürdigkeit eines Landes, wird von Ratingagenturen festgelegt und die Schuldenratings für Griechenland wurden schrittweise herabgesetzt, wodurch das Land immer weniger kreditwürdig wurde und die Zinsen anstiegen. Im April/Mai 2010 war das Rollen der Schulden nicht mehr möglich und die griechische Regierung stand kurz vor dem Staatsbankrott. Im Falle der Zahlungsunfähigkeit hätte dem Land ein Ausschluss vom Kapitalmarkt gedroht.

5740652

Die Schuldenkrise der Griechen blieb nicht nur auf Griechenland beschränkt, sondern hatte auch Auswirkungen auf andere Länder wie Portugal, Irland, Italien und Spanien. Auch diese Staaten waren durch strukturelle Haushaltsprobleme, einen schwachen Bankensektor und schlechte Wirtschaftsaussichten gekennzeichnet. Zudem löste die Schuldenkrise der südeuropäischen Länder eine Spekulationswelle gegen den Euro aus und führte zu Kurseinbrüchen an den Börsen. Bei einer anhaltenden Schwäche des Euro fürchtete man tief greifende Auswirkungen auf die internationalen Investitionen und das Wirtschaftswachstum der Eurostaaten.

Maßnahmen

Um die Finanzmärkte zu stabilisieren, den Euro zu stärken und den Staatsbankrott eines oder mehrerer Euroländer zu verhindern, schnürten die Regierungen der Europäischen Union unterschiedliche Rettungspakete und ergriffen zusätzliche Stützungsmaßnahmen.

Paket I: Hilfskredite

Im Frühjahr 2010 drohte der Geldfluss von den Finanzmärkten an den griechischen Staat zu versiegen. Die EU-Staaten und der Internationale Währungsfonds (IWF) übernahmen die Aufgaben des Marktes und finanzierten Griechenland, indem sie zunächst Hilfskredite von 110 Milliarden Euro zur Verfügung stellten. Diese Kredite sollten irgendwann mit Zins und Tilgung zurückgezahlt werden. Als Gegenleistung für die gewährten Kredite hatte Griechenland harte Sparauflagen zu erfüllen. So mussten u. a. die Renten ebenso wie die Löhne der Staatsdiener gekürzt werden, die Mehrwertsteuer wurde erhöht und die griechische Regierung sollte Staatseigentum verkaufen.

Paket II: Europäische Finanzstabilitätsfazilität (EFSF)

Da der europäische Finanzmarkt weiterhin an der Zahlungsfähigkeit Griechenlands, aber auch von Irland und Portugal zweifelte und die gemeinsame Währung auseinanderzubrechen drohte, wurde ein zweites Hilfspaket aufgelegt. Es handelt sich um ein Paket mit dem Namen: Europäische Finanzstabilitätsfaszilität (EFSF). Im Unterschied zum Paket I überweisen hier die Euro-Staaten, die EU-Kommision und der IWF keine Gelder direkt an die notleidenden Staaten. Sie stellen nur die Bürgschaften für Kredite zur Verfügung, die der EFSF am Markt aufnimmt und die hilfsbedürftige Länder in Anspruch nehmen können. Der EFSF wurde 2010 gegründet und ist bis zum Jahr 2013 befristet.

Paket III: Europäischer Stabilitätsmechanismus (ESM)

Die Eurofinanzminister haben 2012 einen weiteren Fonds auf den Weg gebracht, den sogenannten Europäischen Stabilitätsmechanismus (ESM). Hier treten die geldgebenden Länder nicht nur als Bürgen auf, sondern es muss Geld in Form von Bareinlagen und Garantien eingebracht werden. Im Extremfall kann die Bundesrepublik Deutschland mit 190 Milliarden Euro belastet werden. Der ESM darf mit den bereitgestellten Geldern entweder Staatsanleihen direkt bei den hoch verschuldeten Ländern kaufen oder auch Kredite vergeben. Für den ESM ist der EU-Vertrag zu ändern und die betroffenen Länder müssen zustimmen.

Kauf von Staatsanleihen durch die europäische Zentralbank

Zusätzlich zu den verschiedenen Rettungspaketen hat die Europäische Zentralbank Staatsanleihen von den verschuldeten Ländern aufgekauft, um diese vor dem finanziellen Untergang zu bewahren. Der größte Teil der gekauften Staatsanleihen entfällt auf Griechenland. Der Kauf von Staatsanleihen durch die Europäische Zentralbank wird kontrovers diskutiert, da er nicht zu den Aufgaben einer Zentralbank gehört und im Falle der Zahlungsunfähigkeit eines Schuldnerlandes die Steuerzahler haftet.

Schuldenrückkaufprogramm

Bei diesem Programm erhält der griechische Staat von den europäischen Rettungstöpfen Geld, um eigene Anleihen von den Investoren zurückkaufen zu können, d. h., Griechenland kauft seine eigenen, stark unter dem ursprünglichen Ausgabepreis (Nominalwert) gehandelten Anleihen wieder zurück und senkt damit seine Schuldenquote. Dies funktioniert jedoch nur, wenn die Inhaber griechischer Staatsanleihen zum Verkauf bereit sind. Das Schuldenrückkaufprogramm wurde im Dezember 2012 von den Euro-Finanzministern und dem Internationalen Währungsfonds (IWF) entwickelt.

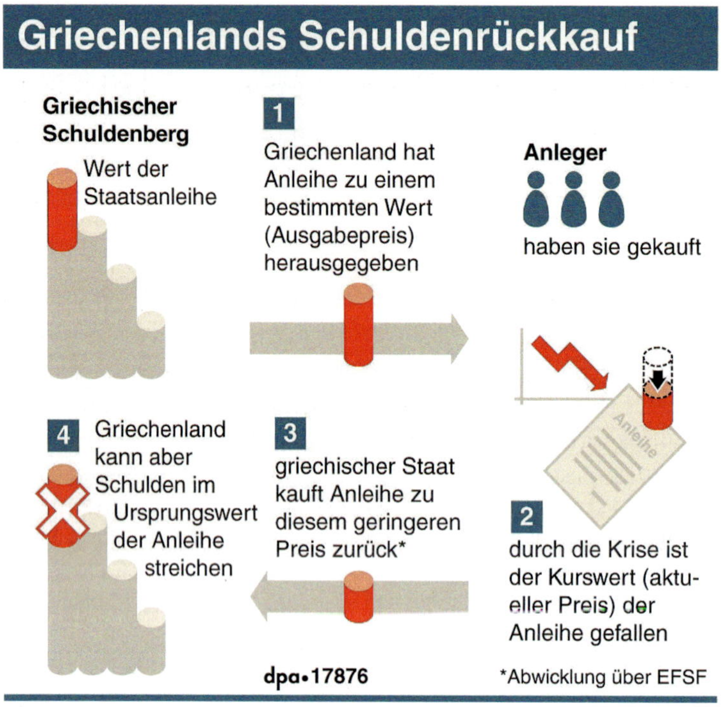

Probleme

Alle diese Maßnahmen zeigen ein zentrales Defizit der Europäischen Union: die Eurostaaten haben zwar eine gemeinsame Währung, sie haben aber noch keine gemeinsame Wirtschafts- und Finanzpolitik. Die Eurostaaten müssen deshalb in der Zukunft mit folgenden Problemen rechnen:

- Zum einen führen die Streichungen in den Staatshaushalten zu empfindlichen Einschnitten in den gekürzten Wirtschaftsbereichen und für die betroffenen Personen. Es besteht die Gefahr zunehmender innenpolitischer Widerstände.
- Darüber hinaus führen Staatsausgabenkürzungen, aber auch Steuererhöhungen, zu einem Rückgang der gesamtwirtschaftlichen Nachfrage und entsprechend der Keynesschen Theorie zu einem Abschwung mit den entsprechenden negativen Folgen. Haushaltskonsolidierungen können die konjunkturellen Probleme verschärfen.
- Werden die Rettungspakete von den Krisenländern in Anspruch genommen und weiterhin eine Schuldenpolitik betrieben, so kommt es zu einer Aufblähung der Geldmenge im Euroraum. Eine zunehmende Geldmenge im Vergleich zu einer gering wachsenden Gütermenge bedeutet Preissteigerungen und führt zu inflationären Prozessen. Allerdings fällt es den Regierungen bei einer Geldentwertung leichter, ihre hohen Schulden mit wertloserem Inflationsgeld zurückzuzahlen.

5740654

8 Außenwirtschaftspolitik und Globalisierung

8.1 Außenhandel und Außenwirtschaftspolitik

Unter **Außenhandel** versteht man den grenzüberschreitenden Warenverkehr eines Landes, der aus Exporten und Importen besteht. Er wird in der Handelsbilanz erfasst.

Die **Gründe,** warum Länder wirtschaftliche Beziehungen aufnehmen können, sind vielfältig.

Sind bestimmte Güter in einem Land überhaupt nicht oder nur in minderer Qualität vorhanden, ist man gezwungen, diese im Ausland zu kaufen. Deutschland als rohstoffarmes und dicht besiedeltes Land benötigt vor allem Güter, die aufgrund geologischer Verhältnisse hier nicht vorkommen (Erdöl, Kupfer) oder wegen klimatischer Bedingungen nicht gedeihen – Kaffee, Kakao, Südfrüchte – **dauerhafte Nichtverfügbarkeit.**

Neben den geografischen Gegebenheiten können unterschiedlich verlaufende technische Entwicklungen zu Handelsströmen führen. In hoch entwickelten Volkswirtschaften behaupten sich industrielle Neuerungen bereits erfolgreich in der Produktionspraxis, während andere Länder so lange gezwungen sind, diese Güter zu kaufen, bis sie diese selbst herstellen können – **zeitweilige Nichtverfügbarkeit.**

Ebenso ist internationaler Handel vorteilhaft, wenn die Einkaufspreise auf Auslandsmärkten einschließlich Transport- und Versandkosten niedriger sind als im Inland und demnach **Preis- und Kostendifferenzen** vorliegen. Der Außenhandel folgt wie der Binnenhandel dem Grundsatz der Arbeitsteilung und der Gewinnsteigerung, jedoch mit dem Unterschied, dass Grenzen überschritten werden.

Mit der Einführung des Europäischen Binnenmarktes zum 1. Januar 1993 sind die zollamtlichen Kontrollen an den Binnengrenzen der Mitgliedstaaten der Europäischen Union weggefallen und man unterscheidet seitdem zwei **Arten des Außenhandels.** Der **Intrahandel** erfasst den grenzüberschreitenden Warenverkehr zwischen Deutschland und den anderen Mitgliedstaaten der Europäischen Union. Der **Extrahandel** registriert den grenzüberschreitenden Warenverkehr zwischen Deutschland und den sogenannten Drittländern, also Länder außerhalb der Europäischen Union. Die Erfassung der Daten über die grenzüberschreitenden Warenbewegungen erfolgt im Grundsatz entweder klassisch über die Zollverwaltung (Extrahandel) oder im Wege einer direkten Firmenanmeldung (Intrahandel).

Beim Extrahandel werden Waren und Dienstleistungen in Drittländer – der Einfachheit halber hier mit dem Außereuroraum gleichgesetzt – verkauft bzw. von dort gekauft. Dieser grenzüberschreitende Außenhandel erfordert Devisenbörsen und Wechselkurssysteme.

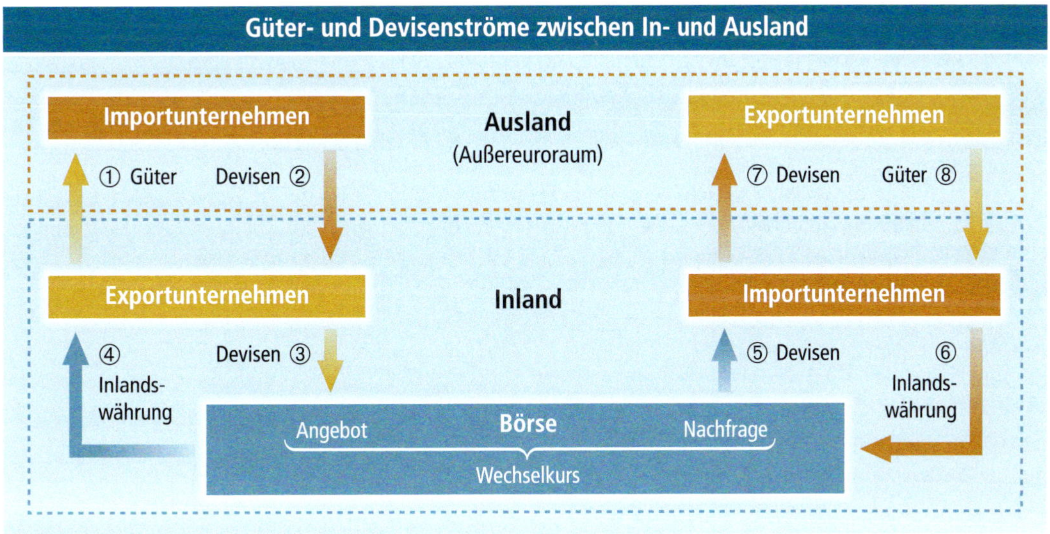

Verkauft ein inländisches Exportunternehmen Güter (1) in den Außereuroraum, erhält es von seinem Geschäftspartner ausländisches Geld, auch Devisen (2) genannt. Unter **Devisen** versteht man auf inländische Währungen lautende und im Außereuroraum zahlbare Überweisungen, Schecks und Wechsel. Im allgemeinen Sprachgebrauch rechnet man zu den Devisen auch die **Sorten,** das sind ausländische Banknoten und Münzen. Unter **Währung** versteht man das Geldwesen eines Landes und die Bezeichnung für die Zahlungsmittel.

Das inländische Exportunternehmen bietet seine Devisen (3) an der Börse an und erhält dafür Inlandswährung (4), mit der es seinen Verpflichtungen nachkommt, die aus der Exportgüterproduktion entstanden sind.

Die Nachfrager an der Börse bilden die inländischen Importunternehmen, die Devisen (5) gegen Inlandswährung (6) kaufen. Der Ort, an dem Angebot und Nachfrage nach Devisen aufeinandertreffen, ist die **Devisenbörse.** Hier bildet sich der Devisenkurs als der Preis einer ausländischen Währung, ausgedrückt in heimischer Währung. Statt von Devisenkurs wird auch von Wechselkurs gesprochen. Mit den an der Börse erworbenen Devisen (7) bezahlt der Importeur seine Güter (8), die er im Außereuroraum erwirbt.

Bei den geschilderten Außenhandelsbeziehungen ist nur ein Devisenmarkt im Inland nötig. Da internationale Wirtschaftsbeziehungen auf verschiedenartigsten vertraglichen Abmachungen beruhen, benötigt der ausländische Wirtschaftspartner ebenfalls eine Devisenbörse.

Wie jede Währung hat der Euro als international anerkanntes Zahlungsmittel einen Binnenwert (abhängig von der Inflationsrate) und einen Außenwert.

Änderungen des Außenwerts erkennt man am Wechselkurs des Euro gegenüber Drittländern, also z. B. US-Dollar pro Euro. Der Wechselkurs als Preis für eine ausländische Geldeinheit kann in Form der Preis-, aber auch als Mengennotierung erfolgen. Zum 1. Januar 1999 wurde in allen Euroländern die Darstellung der Devisenkurse von der Preis- auf die Mengennotierung umgestellt. Es wird nicht mehr angegeben, wie viel eine feste Einheit Fremdwährung in heimischer Währung kostet:

z. B. statt 1 USD = 0,7900 EUR (preisnotierter Wechselkurs)

wird angegeben, wie viel Fremdwährung man für 1 EUR erhält:

z. B. 1 EUR = 1,2658 USD (mengennotierter Wechselkurs).

Der Wert des Euro zu den Außereuroländern kann prinzipiell durch zwei unterschiedliche **Wechselkurssysteme** geregelt werden.

Man beeinflusst den Wechselkurs an den Devisenbörsen nicht und er kann sich nach den Marktgesetzen frei entfalten. Erfolgt ein solches Floating (engl. to float = schwimmen, treiben), so spricht man von **flexiblen Wechselkursen.** Beim System der flexiblen Wechselkurse bildet sich der Devisenkurs durch Angebot und Nachfrage frei am Markt. Die Zentralbank ist nicht verpflichtet den Kurs zu stabilisieren, also Devisen anzukaufen bzw. zu verkaufen. Der Kurs wird ausschließlich von den Marktkräften beeinflusst und bewegt sich in Richtung des Gleichgewichtspreises. Dies ist beim Euro im Verhältnis zu Nicht-EU-Ländern der Fall.

Der Devisenmarkt bei flexiblen Wechselkursen

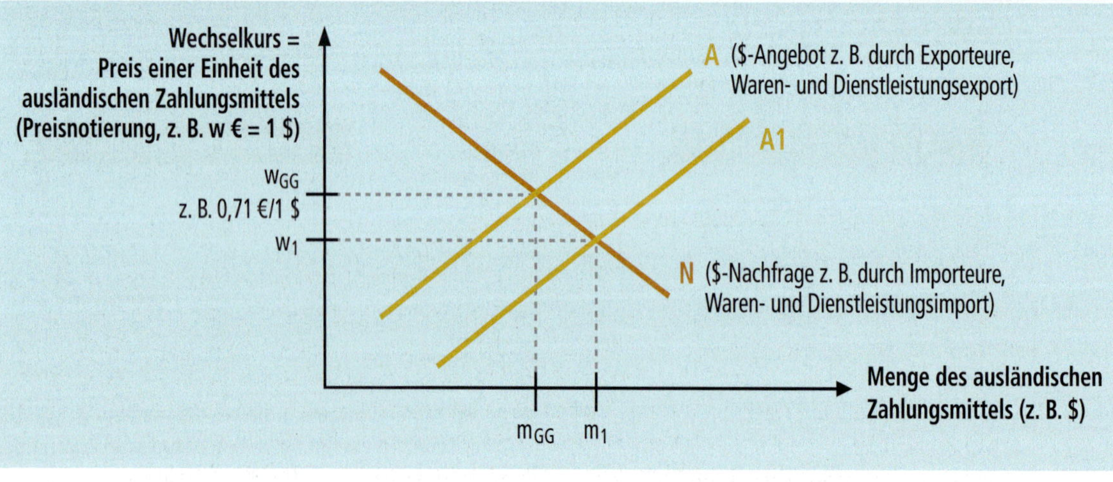

Kommt es in einem Land z. B. aufgrund zunehmender Exporte zu einem steigenden Devisenangebot von A nach A_1, so wird der Wechselkurs so lange sinken, bis Angebot und Nachfrage bei w_1, m_1 ausgeglichen sind (siehe Abbildung).

Versucht man hingegen, in den Marktmechanismus einzugreifen und den Wechselkurs auf einer bestimmten Höhe zu halten, so spricht man von starren bzw. **festen Wechselkursen.** Beim festen Wechselkurs handelt es sich um einen Paritätskurs, d. h., es wird zunächst ein festes Austauschverhältnis zwischen den beiden Währungen (z. B. zwischen Euro und der tschechischen Krone) festgesetzt. Da sich die angebotenen und nachgefragten Devisenmengen an der Börse bei diesem fixierten Mittelkurs selten einpendeln, lässt man meist eine Schwankung des Wechselkurses von z. B. +/– 1 % zu. Diesen Schwankungsbereich bezeichnet man als **Bandbreite.** Hier handelt es sich um keine starren Wechselkurse, sondern um begrenzt freie Wechselkurse.

Kommt es zwischen den Währungen zu längerfristigen fundamentalen Ungleichgewichten (= an statistischen Daten erkennbare, gefestigte wirtschaftliche Entwicklungen), so sind Aufwertungen bzw. Abwertungen erforderlich. Bei der Aufwertung wird der Paritätskurs gesenkt und der Außenwert der Währung steigt; bei der Abwertung wird der Paritätskurs erhöht und der Außenwert der Währung sinkt. Dies ist in der EU beim Wechselkursmechanismus II gegeben. Neben den flexiblen Kursen des Euro zum Außereuroraum gibt es den Wechselkursmechanismus II (WKM II). Er besteht aus dem Euro und den Währungen der EU-Staaten, die (noch) nicht dem Eurosystem beigetreten sind.

Unter Außenwirtschaftspolitik versteht man die Gesamtheit aller staatlichen Maßnahmen zur Beeinflussung der außenwirtschaftlichen Beziehungen, also des Waren-, Dienstleistungs- und Kapitalverkehrs mit dem Ausland.

Hierbei kann man zwischen den Maßnahmen der Außenwährungspolitik und den Maßnahmen der Preis- und Mengenpolitik im Außenwirtschaftsverkehr unterscheiden.

Zu den Maßnahmen der **Außenwährungspolitik** gehören:

- **Interventionen:** Im Rahmen des Systems starrer Wechselkurse führt die Zentralbank Stützungskäufe bzw. -verkäufe durch, um den Wechselkurs innerhalb der festgesetzten Bandbreiten zu halten.
- **Erweiterung der Bandbreiten:** Befindet sich der Wechselkurs dauernd am oberen oder unteren Interventionspunkt, so kann die Schwankungsbreite z. B. von +/– 1 % auf +/– 2 % usw. erhöht werden. Im Allgemeinen sind nach bestimmten Zeitabläufen wiederum Interventionen nötig.
- **Paritätskursänderungen:** Bei fundamentalen Ungleichgewichten muss der Paritätskurs erhöht (Abwertung) bzw. gesenkt (Aufwertung) werden.

Überwiegen die Nachteile der starren Wechselkurse, so wird man den Wechselkurs freigeben, d. h., es werden keine Interventionen mehr durchgeführt und die Devisenkurse entwickeln sich frei nach Angebot und Nachfrage. Es herrschen flexible Wechselkurse.

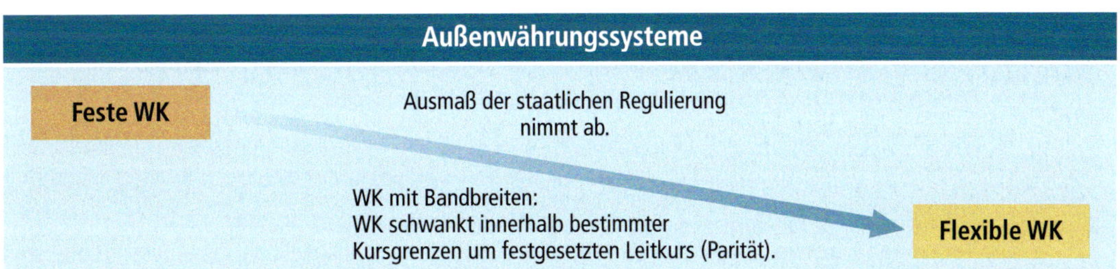

Die Entscheidung, ob in den EU-Staaten feste oder flexible Wechselkurse zu finden sind, trifft der Rat der Wirtschafts- und Finanzminister (ECOFIN-Rat) der Europäischen Union (siehe Kapitel 8.4). Der ECOFIN-Rat entscheidet auch, welches Währungssystem gegenüber Drittwährungen, wie z. B. dem US-Dollar oder dem Yen, gelten soll, d. h., ob feste oder flexible Wechselkurse bestimmt werden. Aufgrund der überwiegend negativen Erfahrung mit dem Festkurssystem im Rahmen des Internationalen Währungsfonds floatet der Euro gegenüber den Währungen von Drittländern. Zudem können feste Wechselkurse das ESZB in Konflikt mit dem Ziel der Geldwertstabilität geraten lassen. Andererseits führen flexible Wechselkurse dazu, dass Unternehmen bei Im- und Exporten sowie Investitionen wegen des Kursrisikos unsichere Kalkulationsgrundlagen haben. Bei stark schwankenden Wechselkursen können in exportorientierten Branchen Absatzprobleme entstehen, die zu Entlassungen und damit zu Arbeitslosigkeit führen.

Die Außenwirtschaftspolitik kann nicht nur die Geldströme zwischen den Ländern beeinflussen, sondern auch die Güterströme. Zu den **Maßnahmen der Preis- und Mengenpolitik im Außenwirtschaftsverkehr** gehören Zölle und Kontingente.

Werden die ein- oder ausgeführten Güter an der Grenze mit Abgaben belegt, so spricht man von Zollpolitik. Die Erhebung von **Zöllen** ist nötig, wenn ausländische Hersteller ihre Produkte zu niedrigen Preisen auf den Binnenmärkten anbieten und dies zu Absatzrückgängen und Arbeitslosigkeit führt. Um dies zu verhindern, können Schutzzölle in Form von Importzöllen erhoben werden. Von Finanzzöllen spricht man, wenn der Staat durch Anheben der Zölle sich lediglich Einnahmen verschaffen will. Zölle führen zu Wettbewerbsverzerrungen und deshalb haben sich viele Länder dem GATT (General Agreement on Tarifs and Trade) bzw. später der WTO (World Trade Organization) angeschlossen, um Handelsbeschränkungen abzubauen (siehe Kapitel 8.4).

Kontingente sind mengenmäßige Beschränkungen der Einfuhr oder der Ausfuhr innerhalb eines bestimmten Zeitraumes. Wird bei ausgewählten Gütern der Handel gänzlich untersagt, liegt ein Embargo vor. Am wichtigsten ist die Kontingentierung der Einfuhren; die Ausfuhrkontingente dienen ähnlich wie der Ausfuhrzoll der Einschränkung des Exports.

8.2 Zahlungsbilanz

Die grenzüberschreitenden Geld- und Güterströme werden in der Zahlungsbilanz erfasst.

Die Zahlungsbilanz ist die systematische Aufzeichnung aller wirtschaftlichen Transaktionen zwischen Inländern und Ausländern innerhalb einer Wirtschaftsperiode.

Aufgrund der Vielzahl an Transaktionen wird die Zahlungsbilanz in die Leistungsbilanz und die Kapitalbilanz unterteilt, die wiederum in Teilbilanzen zerfallen. Daneben enthält sie noch Vermögensübertragungen, Veränderungen der Währungsreserven und Restposten.

Die Teilbilanzen der **Leistungsbilanz** sind:

- **Außenhandel:** Er erfasst den Warenverkehr zwischen den Inländern und Ausländern und ist die Gegenüberstellung von Warenexporten (Ausfuhr von Maschinen, Fahrzeugen, chemischen Produkten usw.) und Warenimporten (Einfuhr von Erdöl, Textilien, Südfrüchten). Bei einem Überschuss der Warenausfuhr gegenüber der -einfuhr spricht man von einer aktiven Handelsbilanz.
- **Dienstleistungen:** Sie sind unterteilt in Dienstleistungseinnahmen und -ausgaben. Einnahmen resultieren aus dem Reiseverkehr der Ausländer im Inland und Ausgaben fallen für inländische Touristen und Geschäftsreisende im Ausland an.
- **Erwerbs- und Vermögenseinkommen:** Diese Bilanz erfasst die Kapitalerträge und -einkommen aus selbstständiger Arbeit, die zwischen In- und Ausländern fließen.
- **laufende Übertragungen:** Zu diesen Posten gehören Überweisungen ausländischer Arbeitskräfte, Renten, Pensionen, Unterstützungszahlungen, Zahlungen an die Europäische Union und an sonstige internationale Organisationen.

Die **Vermögensübertragungen** werden aus der Leistungsbilanz ausgegliedert und gesondert ausgewiesen, da es sich um Bestandsänderungen handelt. Vermögensübertragungen sind u. a. Schuldenerlasse (z. B. erlässt Deutschland Entwicklungsländern ihre Schulden), Erbschaften, Vermächtnisse und Schenkungen sowie die Vermögenstransfers von Aus- und Einwanderern.

Die Kapitalaus- und -einfuhren werden in der **Kapitalbilanz** erfasst, wobei ein Passivsaldo (–) Kapitalexport und ein Aktivsaldo (+) Kapitalimport bedeutet.

Weitere Teilbilanzen der Zahlungsbilanz sind:

- Die **Veränderungen der Währungsreserven** einschließlich der Goldreserven und damit die Auslandsposition der Deutschen Bundesbank.
- Der Saldo der statistisch nicht aufgliederbaren Transaktionen, auch als **Restposten** bezeichnet.

Teile der Zahlungsbilanz (vereinfacht)			
A. Leistungsbilanz	Unterbilanzen	Erläuterung	Beispiel
	Handelsbilanz/Außenhandel	Warenimporte und -exporte	Ein deutsches Unternehmen verkauft Maschinen an ein Unternehmen in Dubai.
	Dienstleistungsbilanz	Einnahmen und Ausgaben bei grenzüberschreitenden Dienstleistungen	Flug mit einer deutschen Airline nach USA
	Saldo: Außenbeitrag		
	Bilanz der Erwerbs- und Vermögenseinkommen	Einkommen aus unselbstständiger Arbeit für Grenzgänger und Saisonarbeiter; Zinsen und Dividenden	Ein Deutscher arbeitet im Winter in einem Schweizer Skigebiet.
	Bilanz der laufenden Übertragungen	laufende unentgeltliche Zuwendungen: Zahlungen an internationale Organisationen, Versicherungsprämien	Deutschland zahlt für die Mitgliedschaft in der UNO.
	Saldo der Leistungsbilanz		
B. Bilanz der Vermögensübertragung		unentgeltliche Leistungen, die das Einkommen in den beteiligten Ländern nicht verändern und einmalig erfolgen	Die EU überweist Deutschland Mittel für den Bau der Autobahn A 20.
C. Kapitalbilanz	(fünf Unterbilanzen, hier nicht angegeben)	Forderungen und Verbindlichkeiten gegenüber Ausländern, z. B. aufgrund von Investitionen vom oder im Ausland, Kreditgewährung, Wertpapieranlagen	Ein ausländisches Unternehmen kauft Aktien eines deutschen Unternehmens auf.
D. Devisenbilanz		Veränderungen der nationalen Währungsreserven (Gold- und Devisenbestände) sowie Forderungen gegenüber der EZB	Die deutsche Bundesbank verkauft einen Teil ihrer Goldreserven.
E. Ausgleichs-/ Restposten		dient dem Ausgleich der Zahlungsbilanz, bei ungeklärten Beträgen aufgrund statistischer Ermittlungsfehler	

Die Zahlungsbilanz ist nach den Regeln der Doppik aufgebaut und registriert die internationalen Vorgänge im Soll (Aktiva) und im Haben (Passiva). Jeder Vorgang, der im Inland zu Zahlungseingängen führt, wird auf der Aktivseite verbucht und jeder Vorgang, der im Inland Zahlungsabflüsse auslöst, auf der Passivseite. Die Zahlungseingänge der Aktivseite führen zum Devisenangebot, die Zahlungsabflüsse auf der Passivseite zur Nachfrage an Devisen. Da jede internationale Transaktion sowohl auf der Aktivseite als auch auf der Passivseite verbucht wird, ist die Zahlungsbilanz immer ausgeglichen. Ungleichgewichte ergeben sich demnach nur für die einzelnen Teilbilanzen.

Die Bundesrepublik Deutschland ist eine der größten Außenhandelsnationen der Welt. Der Export deutscher Waren ins Ausland stellt seit Jahren die wichtigste Triebfeder der Volkswirtschaft dar und mittlerweile hängt jeder fünfte Arbeitsplatz direkt oder indirekt vom Export ab. Ein wichtiges ökonomisches Merkmal der Bundesrepublik besteht darin, dass Rohstoffe und Halberzeugnisse aus dem Ausland bezogen, diese im Inland zu hochwertigen Fertigprodukten zusammengebaut und anschließend auf den Weltmärkten verkauft werden. Demzufolge führt ein steigender Export immer zu steigenden Importen. Wie die Leistungsbilanz zeigt, ermöglichen die Deviseneinnahmen aus dem Exportüberschuss den Bundesbürgern umfangreiche Reiseaktivitäten.

Zahlungsbilanz (Salden)

Position	in Mrd. €					
	2000	2005	2007	2008	2009	2010
Leistungsbilanzsaldo	– 35,2	112,9	181,2	154,8	133,7	141,4
Außenhandel	59,1	158,2	195,3	178,3	138,7	154,5
Ergänzungen zum Warenhandel	– 9,1	– 14,1	– 9,8	– 14,1	– 11,6	– 11,4
Dienstleistungen	– 49,0	– 27,4	– 14,9	– 11,6	– 10,4	– 8,0
Erwerbs- und Vermögenseinkommen	– 8,3	24,9	43,3	35,6	50,1	44,5
Laufende Übertragungen	– 28,0	– 28,7	– 32,8	– 33,4	– 33,0	– 38,1
Vermögensübertragungen	6,8	– 1,4	0,1	– 0,2	0,1	– 0,6
Kapitalbilanz	34,2	– 129,6	– 210,2	– 160,2	– 145,4	– 131,4
Direktinvestitionen	153,8	– 22,9	– 66,1	– 49,8	– 29,2	– 44,3
Veränderung der Währungsreserven[1]	5,8	2,2	– 1,0	– 2,0	3,2	– 1,6
Restposten[2]	– 5,8	18,1	28,9	5,6	11,6	– 9,4

1 = Zunahme

2 Saldo der statistisch nicht aufgliederbaren Transaktionen

Quelle: Deutsche Bundesbank, Institut der deutschen Wirtschaft Köln 2011

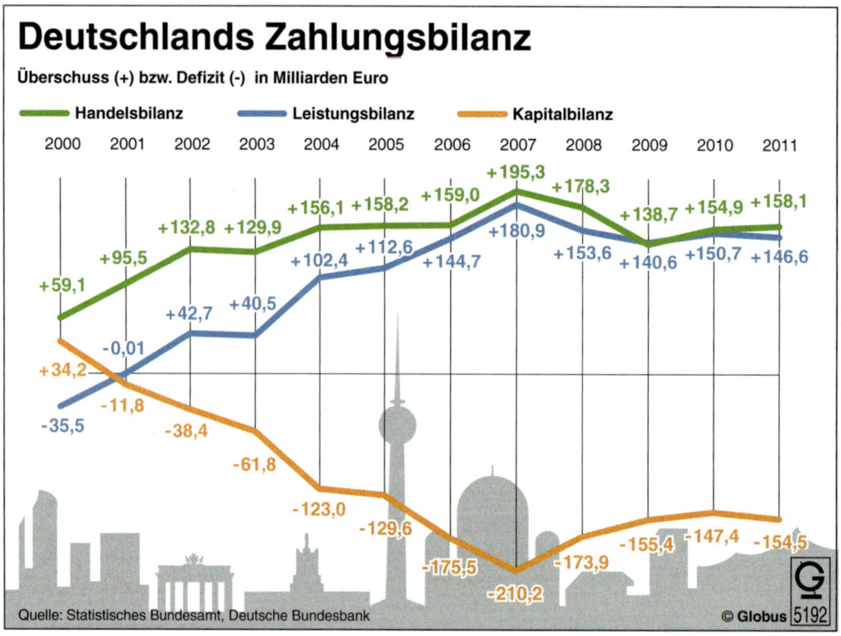

8.3 Globalisierung

Eine zentrale Herausforderung im Außenwirtschaftsverkehr der Bundesrepublik Deutschland bildet der weltweite Vorgang der Globalisierung.

Unter Globalisierung versteht man einen Prozess, der die national(staatlich)en Grenzen überwindet, eine internationale Arbeitsteilung beinhaltet und zur Ausweitung und Intensivierung wirtschaftlicher, technischer, wissenschaftlicher, aber auch kultureller Beziehungen zwischen Ländern bzw. Kontinenten führt.

Als **Ursache** für die Globalisierung werden mehrere Faktoren genannt, die zu einer veränderten Ausgangslage in der Weltwirtschaft geführt haben:

- Der technische Fortschritt, vor allem bei den modernen Informations- und Kommunikationssystemen, ermöglicht internationale Aktivitäten ohne nennenswerte Zeit- und Informationsverluste zu verhältnismäßig geringen Kosten.

- Politische Veränderungen durch internationale Vereinbarungen und internationale Institutionen, wie z. B. das GATT bzw. die WTO, führen zu Einschränkungen der wirtschafts- und sozialpolitischen Handlungsmöglichkeiten von Einzelstaaten.
- Sinkende Transportkosten und ein Lohngefälle zwischen den Ländern begünstigen die Verlagerung von Produktionsstandorten bzw. Auslagerung von Unternehmensbereichen (Outsourcing).
- Die Herausbildung internationaler Kapitalmärkte, die unabhängig von nationalen Zwängen sind, ermöglicht es jedermann, seine finanziellen Mittel dort einzusetzen, wo sie den meisten Ertrag bringen, d. h. weltweit zu investieren.

Als zentrale **Auswirkungen** der Globalisierung ergeben sich für die Bundesrepublik Deutschland wie auch für andere hoch entwickelte Länder folgende Veränderungen:

- Es entstehen transnationale Unternehmen, sogenannte Global Player, die auf weltweiten Märkten operieren. Neue Arten der Zusammenarbeit bzw. Unternehmenszusammenschlüsse treten auf, wobei „strategische Allianzen" mit globalen Produktions- und Vertriebsnetzen geschaffen werden. Deutsche Unternehmen investieren und kooperieren mit dem Ausland; ausländische Unternehmen suchen nach günstigen Bedingungen in Deutschland.
- Der Einfluss und die Wirksamkeit politischer Maßnahmen durch nationale Träger der Wirtschaftspolitik wie Regierungen und Wirtschaftsverbände sind eingeschränkt. Durch die internationale Arbeitsteilung können die Global Player bei Steuererhöhungen, Umweltauflagen, erhöhten Lohnforderungen oder Sozialabgaben ihren Standort in ein anderes Land verlegen. Bei Zinsvariationen werden umfangreiche Kapitaltransaktionen innerhalb kürzester Zeit ausgelöst.
- Die Beschäftigungs- und Einkommensstruktur eines Landes erfährt fundamentale Veränderungen. In den Bereichen der neuen Technologien kommt es zu einer starken Zunahme an Arbeitsplätzen, vor allem bei qualifizierten Tätigkeiten mit hohem Einkommen. In Wirtschaftssektoren, wie z. B. dem produzierenden Gewerbe mit geringerer Qualifikation der Arbeitnehmer und mittlerem Einkommen, kommt es zu einer strukturellen Arbeitslosigkeit. Ursache dieses Prozesses ist die Verlagerung der Unternehmensstandorte aus dem Inland in Niedriglohnländer, um Lohnkosten zu sparen.

Der Vorgang der Globalisierung führt in jedem Land zu Ungleichheiten, vor allem auf dem Arbeitsmarkt, und es ist die Aufgabe der staatlichen Wirtschaftspolitik, diese Ungleichgewichte zu mildern bzw. zu verhindern. Das Ziel der nationalen Strukturpolitik muss es sein, die Bundesrepublik Deutschland für den internationalen Wettbewerb „fit" zu machen, d. h., in Deutschland müssen die Rahmenbedingungen geschaffen werden, die es dem Land erlauben, sich dem internationalen Wettbewerb zu stellen.

Zu den wichtigen **Maßnahmen,** mit denen Deutschland auf die Herausforderung der Globalisierung reagieren kann, gehören:

- Schaffung von günstigen Investitionsbedingungen für ausländische Unternehmen in Deutschland: Die Bundesregierung muss versuchen, ihr Steuer- und Abgabensystem, die Verwaltungsbestimmungen, evtl. auch Umweltauflagen internationalen Standards anzugleichen; die Tarifparteien sollten die Arbeitszeitregelung, Lohnniveau, Maschinenlaufzeiten usw. an den Gepflogenheiten der „Leaderländer" orientieren.
- Entwicklung von Produktionsstrukturen für ein Hochlohnland: Nach 1945 hatte sich Westdeutschland zu einem Hochlohnland entwickelt, in dem einfache manuelle Tätigkeiten relativ teuer bezahlt werden müssen. Da sinkende Löhne aus sozialen Überlegungen und tariflichen Bindungen in Deutschland nicht durchsetzbar sind, besteht nur die Möglichkeit, einfache Tätigkeiten in Niedriglohnländer zu verlagern und sich auf die Herstellung „intelligenter Produkte" zu konzentrieren. Qualifizierte Arbeiten wie die Entwicklung, Konstruktion und die Herstellung von „higher sophisticated products" schaffen neue Arbeitsplätze. Qualifizierte Tätigkeiten erfordern den Einsatz von Humankapital, flexible Arbeitszeitmodelle und Lohndifferenzierungen.
- Förderung der Hochtechnologie: Die Bundesregierung bietet Steuererleichterungen und Subventionsleistungen, um Betriebsgründungen in der Informations- und Kommunikationstechnologie, der Bio- und Gentechnologie als Schlüsseltechnologien des 21. Jahrhunderts zu ermöglichen.
- Ausbau des Bildungssystems: Die Bedingung für qualifizierte Tätigkeiten, technische Innovationen, Mobilität und Flexibilität einer Bevölkerung ist ein gut ausgebautes Bildungssystem. Nicht nur die Förderung von Leistungsbereitschaft und Auslese in den allgemeinbildenden und berufsbildenden Schulen ist ein zentrales Anliegen des Bildungswesens, sondern auch die Erhöhung der Produktivität des „human capital" an den Hochschulen.

Die negativen Folgen der Globalisierung können gemindert werden, wenn nicht nur staatliche Forschungsprojekte und -einrichtungen wie z. B. die Max-Planck-Gesellschaft oder das Fraunhofer-Institut bezuschusst werden, sondern auch die Zusammenarbeit staatlicher Forschungsstellen mit der Wirtschaft gefördert wird, um die Umsetzung von Forschungsergebnissen in marktfähige Produkte zu beschleunigen.

Globalisierung	
Vorteile	**Nachteile**
■ steigende Beschäftigung in den Billiglohnländern ■ Zunahme von hoch qualifizierten Arbeitsplätzen in den Industrieländern ■ geringere Produktionskosten, da niedrigere Löhne, Steuern und Umweltabgaben genutzt werden ■ günstigere Preise der global vermarkteten Waren und Dienstleistungen ■ internationale Konkurrenz bedeutet Leistungssteigerung ■ internationaler Kapitalverkehr ermöglicht optimalen Kapitaleinsatz	■ Abwanderung von Arbeitsplätzen für wenig qualifizierte Arbeitskräfte in Billiglohnländer ■ sinkender Einfluss der Nationalstaaten gegenüber multinationalen Konzernen ■ Kluft zwischen Armen und Reichen wird immer größer, d. h., die Entwicklungsländer werden benachteiligt ■ Einkommensunterschiede auch in Hochlohnländern verschärfen sich ■ steigende Transportleistungen und damit zunehmender Energieverbrauch; Wandel des Weltklimas ■ Gefahr internationaler Finanzkrisen steigt

8.4 Wirtschaftspolitische Zusammenarbeit von Staaten

Wirtschaftspolitik findet auf unterschiedlichen Ebenen statt: Auf **nationaler Ebene** treffen die Bundes- und Landesregierungen mit den Parlamenten im Rahmen ihrer Haushaltspolitik wichtige Entscheidungen. Wesentliche Träger der nationalen Wirtschaftspolitik sind auch die Tarifparteien. Auf der **europäischen Ebene** wird die Wirtschaftspolitik der Nationalstaaten ebenfalls beeinflusst. Die Europäische Union besitzt eine eigene Rechtspersönlichkeit und kann unter bestimmten Bedingungen auf dem Gebiet der Gemeinschaft rechtliche Regelungen schaffen, die die Wirtschaft betreffen. Darüber hinaus gibt es Organisationen, die länderübergreifend auf **internationaler Ebene** die Wirtschaftspolitik beeinflussen.

5740662

Die Europäische Union

Die Europäische Union kann in dem Ausmaß, in dem die Mitgliedstaaten ihr Befugnisse zugewiesen haben, durch ihre supranationalen Organe Wirtschaftspolitik betreiben. Bezüglich der an die Europäische Union übertragenen Kompetenzen unterscheidet man Bereiche mit einer einheitlichen Politik. Dazu gehören die Geld- und Währungspolitik, die von der **Europäischen Zentralbank** betrieben werden (siehe Kapitel 6). Bei den Bereichen mit einer gemeinsamen Politik kommt es zu einer Zusammenarbeit z. B. auf dem Gebiet der Landwirtschaft, der Fischerei, des Verkehrs sowie des Handels. Darüber hinaus gibt es noch Bereiche, in denen Koordinierung angestrebt wird. Hierzu gehören unterschiedliche Felder, wie z. B. die Beschäftigungspolitik, Umweltpolitik oder Sozialpolitik, bei denen bis jetzt nur ein geringer Kooperationsgrad erreicht wurde.

Grundlage für die wirtschaftliche Zusammenarbeit sind die verschiedenen Organe der Europäischen Union.

Zu diesen Organen gehören:

Der Europäische Rat

Hier treffen sich die Staats- und Regierungschefs zusammen mit dem Präsidenten der Kommission in der Regel zweimal im Jahr. Auf diesem Gipfel werden Grundsatzfragen geklärt und Weichen für weitere Entwicklungen gestellt. Mögliche Themen sind hier die Energiepolitik oder die Strukturpolitik.

Der Rat der Europäischen Union (Ministerrat)

Im Ministerrat treffen sich je nach Politikfeld die entsprechenden Fachminister, also z. B. Landwirtschaftsminister, Finanzminister oder Wirtschaftsminister der nationalen Regierungen, um Entscheidungen zu treffen. Treten die Wirtschafts- und Finanzminister zusammen, so spricht man vom ECOFIN-Rat. Der ECOFIN-Rat ist eines der mächtigsten Entscheidungsgremien der EU. Er überwacht die Haushaltspolitik und die öffentlichen Finanzen der Mitgliedsländer im Rahmen des Stabilitätspaktes. Jeder Minister vertritt sein Land. Der Ministerrat ist das zentrale Beschlussorgan der EU und lenkt die Zusammenarbeit der Mitgliedstaaten, er erlässt europäische Richtlinien und Verordnungen und beschließt zusammen mit dem Parlament den EU-Haushalt. Bei bestimmten wirtschaftlichen Problemen wie z. B. Steuern oder Arbeitnehmerrechten ist Einstimmigkeit verlangt; in vielen anderen Fragen genügt eine qualifizierte Mehrheit.

Die Europäische Kommission

Die Kommission ist das eigentliche ausführende Organ der Europäischen Union. An ihrer Spitze steht der Präsident und jedes Kommissionsmitglied ist für ein bestimmtes Sachgebiet verantwortlich. Die Mitglieder werden zwar von den nationalen Regierungen vorgeschlagen, sie vertreten jedoch nicht ihr Land, sondern in erster Linie die Interessen der EU. Eine Aufgabe der Europäischen Kommission besteht darin, die Wirtschaftspolitik eines jeden Mitgliedstaats zu beurteilen und zu überprüfen, ob sie mit den vereinbarten wirtschaftlichen, sozialen und ökologischen Zielen der EU in Einklang steht. Zudem spricht sie Frühwarnungen aus, wenn sie erkennt, dass ein Land seine Defizitgrenzen wahrscheinlich überschreitet.

Das Europäische Parlament

Die Abgeordneten des Parlaments haben z. B. Mitentscheidungsrechte bei der Aufstellung, Beratung und Verabschiedung des EU-Etats sowie bei der europäischen Normsetzung, darüber hinaus besitzen die Parlamentarier noch Kontroll- und Beratungsrechte.

Der Europäische Gerichtshof

Der Gerichtshof überprüft Entscheidungen des Ministerrats und der Kommission, er kann aber auch Regelungen der nationalen Regierungen für ungültig erklären, wenn sie europäischem Recht widersprechen.

Mit diesen Organen werden wichtige Aufgabenfelder der Europäischen Union beeinflusst. Neben der Außen- und Sicherheitspolitik und der Innen- und Justizpolitik beschäftigt sich die Europäische Gemeinschaft mit zentralen wirtschaftspolitischen Aufgabenfeldern wie der Zollunion und dem Außenhandel, der Agrarpolitik ebenso wie der Strukturpolitik, die die Förderung schwacher Regionen übernimmt. Darüber hinaus sind die Verkehrs-, Energie-, und Kommunikationspolitik weitere Säulen der Europäischen Wirtschaftspolitik.

Die Grundlage für den wirtschaftlichen Einigungsprozess im europäischen Binnenmarkt bilden die vier Grundfreiheiten, der freie Personen-, Dienstleistungs-, Waren- und Kapitalverkehr.

Die vier Freiheiten im Binnenmarkt			
freier Personenverkehr	**freier Dienstleistungsverkehr**	**freier Warenverkehr**	**freier Kapitalverkehr**
■ Wegfall von Grenzkontrollen ■ Harmonisierung der Einreise-, Asyl-, Waffen- und Drogengesetze ■ Niederlassungs- und Beschäftigungsfreiheit für EG-Bürger ■ verstärkte Außenkontrollen	■ Liberalisierung der Finanzdienste ■ Harmonisierung der Banken- und Versicherungsaufsicht ■ Öffnung der Transport- und Telekommunikationsmärkte	■ Wegfall der Grenzkontrollen ■ Harmonisierung oder gegenseitige Anerkennung von Normen und Vorschriften ■ Steuerharmonisierung	■ größere Freizügigkeit für Geld- und Kapitalbewegungen ■ Schritte zu einem gemeinsamen Markt für Finanzleistungen ■ Liberalisierung des Wertpapierverkehrs

Internationale Organisationen

Auf internationaler Ebene sind vor allem nach dem Zweiten Weltkrieg eine Reihe von Organisationen gegründet worden, die das Ziel einer zunehmenden wirtschaftlichen Kooperation zwischen den jeweiligen Mitgliedstaaten verfolgen. Zu diesen Organisationen gehören:

World Trade Organization

Die Welthandelsorganisation, abgekürzt WTO, hat ihren Sitz in Genf in der Schweiz. Ihre primäre Zielsetzung ist die Verbesserung der internationalen Handels- und Wirtschaftsbeziehungen vor allem durch den Abbau von Handelshemmnissen und die Liberalisierung der Weltwirtschaft. Es handelt sich um eine international anerkannte Institution, die unparteiische Regeln vorgibt, um zwischen den Staaten Verträge zu ermöglichen, und bei Streitigkeiten Hilfestellung zur Beilegung bietet. Die WTO hat zurzeit ca. 150 Mitglieder, die mehr als 90 % des Welthandelsvolumens erwirtschaften und zu denen die USA, Japan, China, die Mitgliedstaaten der EU und viele Entwicklungsländer gehören. Die Welthandelsorganisation ist die Weiterentwicklung des GATT und wurde 1994 gegründet.

Bereits 1947 einigten sich 23 Staaten auf ein allgemeines Zoll- und Handelsabkommen (General Agreement on Tarifs and Trade GATT), um über völkerrechtliche Verträge eine Liberalisierung des Handels zu erreichen und zum Wiederaufbau der Weltwirtschaft beizutragen. In insgesamt acht Verhandlungsrunden kam man dem Ziel eines unbeschränkten Warenverkehrs, z. B. durch den Abbau von Einfuhrzöllen, Schritt für Schritt näher. Die letzte Runde, die sogenannte Uruguay-Runde, dauerte von 1986 bis 1994.

Welthandelsorganisation (WTO)		
155 Mitgliedstaaten; Prinzip der Konsensentscheidungen: Eine Entscheidung gilt als angenommen, wenn ihr kein Mitgliedstaat formell widerspricht.		
Güter- und Zollabkommen (GATT)	**Dienstleistungsabkommen (GATS)**	**Abkommen über geistiges Eigentum (TRIPS)**
regelt den Warenverkehr in den Bereichen: ■ Industriegüter: Zollsenkungen bis zu 100 % ■ Landwirtschaft: Abbau von Subventionen ■ Textilhandel: Abbau von Exportbeschränkungen	regelt den Handel mit Dienstleistungen. Öffnung der Märkte, Abbau von Handelshemmnissen in den Bereichen: ■ Telekommunikation ■ Banken und Versicherungen ■ Transport ■ Tourismus	regelt den Schutz des geistigen Eigentums in den Bereichen: ■ Patente ■ Marken ■ Urheberrecht ■ Industriedesign ■ Computerprogramme
Streitschlichtung – Regelung bei Handelskonflikten		
Prinzip der Meistbegünstigung: Handelsvorteile müssen allen Mitgliedstaaten in gleicher Weise gewährt werden. **Prinzip der Nichtdiskriminierung:** keine Benachteiligung eines einzelnen Mitgliedstaats gegenüber anderen Mitgliedstaaten **Prinzip der Inländerbehandlung:** keine Begünstigung inländischer Güter und Dienstleistungen gegenüber ausländischen Produkten **Prinzip der Transparenz:** keine geheimen Abkommen, sondern gegenseitige Informationen über Handelsvorschriften		

aus: Politik und Unterricht 4/2003, Globalisierung, hrsg. von der Landeszentrale für politische Bildung Baden-Württemberg, S. 28

5740664

Organisatorisch unterscheidet man bei der WTO die drei Teilbereiche: Das **GATT** regelt den Welthandel, d.h., es trifft Vereinbarungen gegen Dumping und Subventionen oder erlässt Bestimmungen zu grenzüberschreitenden Investitionen. Das **GATS** (General Agreement on Trade in Service) gilt für den Handel mit Dienstleistungen und beinhaltet z.B. die Liberalisierung der Telekommunikation oder von Finanzdienstleistungen (Banken, Börsendienste, Fonds und Versicherungen). Das **TRIPS** (Trade-related Aspects of Intellectual Property Rights) enthält Bestimmungen zum Schutze von Patenten und Geschäftsgeheimnissen.

Die Zielsetzung eines freien Welthandels wird in der WTO durch folgende Prinzipien verwirklicht:

- **Liberalisierung:** Tarifäre Handelshemmnisse (Zölle) und nichttarifäre Handelsbeschränkungen (Kontinente) sollen abgebaut werden.
- **Meistbegünstigung:** Das heißt, Handelserleichterungen, die ein WTO-Mitglied einem anderen Land gewährt, müssen auch allen weiteren WTO-Mitgliedern zugestanden werden.
- **Gegenseitigkeit:** Handelsvergünstigungen sollen immer gegenseitig sein. Wenn ein Land einem anderen eine Zollsenkung zubilligt, muss dies durch entsprechende Zollsenkungen beantwortet werden.
- **Inländerbehandlung:** Anbieter aus dem Ausland dürfen nicht schlechter gestellt werden als inländische, d.h., es darf keine Sondersteuer auf Einfuhren erhoben werden.
- **Transparenz:** Die WTO-Mitglieder dürfen ihre Abkommen nicht geheim halten, sondern müssen sich gegenseitig über ihre Handelsvorschriften informieren.

Die Arbeit der WTO wird in der breiten Öffentlichkeit z. T. kontrovers diskutiert.

Die Gegner argumentieren beispielsweise:

- Die WTO benachteiligt die ohnehin schon schwachen Entwicklungsländer und fungiert als verlängerter Arm der multinationalen Konzerne. Die armen Länder werden gezwungen, ihre Agrarmärkte zu öffnen, obwohl sie ihren eigenen Bauern damit schaden.
- Die WTO ist eine Ansammlung von undemokratischen und undurchsichtigen Verhandlungsstrategien und Regeln. Es gibt die verschiedensten politischen und wirtschaftlichen Bündnisse innerhalb der WTO.
- Die WTO drängt den Einfluss der Regierungen zurück und vernachlässigt die Menschenrechte und den Umweltschutz.

Die Befürworter argumentieren z. B.:

- Die WTO hat eine demokratische Struktur, in der die Regel „One man, one vote" gilt.
- Während der Handelsrunden können sich die WTO-Länder mit gleichen Interessen zu Koalitionen zusammenschließen und für ihre Ziele kämpfen.
- Jedes Land der WTO hat die Möglichkeit der Anklage im Rahmen des WTO-Streitschlichtungsverfahrens. Europa und die USA wurden bereits mehrmals von den ärmeren Entwicklungsländern angeklagt.

Insgesamt fördert die WTO den Prozess der Globalisierung.

Organisation for Economic Cooperation and Development

Die OECD (Organisation für wirtschaftliche Zusammenarbeit und Entwicklung) ist eine internationale Organisation, in der fast alle Mitgliedstaaten Industrieländer sind. Sie hat den Charakter einer permanent tagenden Konferenz, in der sie für die Regierungsvertreter der Mitgliedsländer eine Plattform für Diskussionen und Erfahrungsaustausch bietet. Sie ermöglicht die gemeinsame Lösung von Problemen sowie die Koordinierung nationaler und internationaler Politik. Die OECD gliedert sich in einen Rat, das Sekretariat, diverse Ausschüsse bzw. Arbeitsgruppen und hat ihren Sitz in Paris.

Die Vorläuferorganisation der OECD war die Organisation for European Economic Cooperation (OEEC), die 1948 von 18 Ländern gegründet wurde. Es waren vor allem europäische Länder, die in den Entscheidungsprozess über die Verwendung der Gelder aus dem European Recovery Programm (ERP) – auch „Marshall-Plan" genannt – eingebunden wurden. Die OECD als Nachfolgeorganisation der OEEC wurde 1961 gegründet und besteht aus 34 Mitgliedstaaten (Stand 2012).

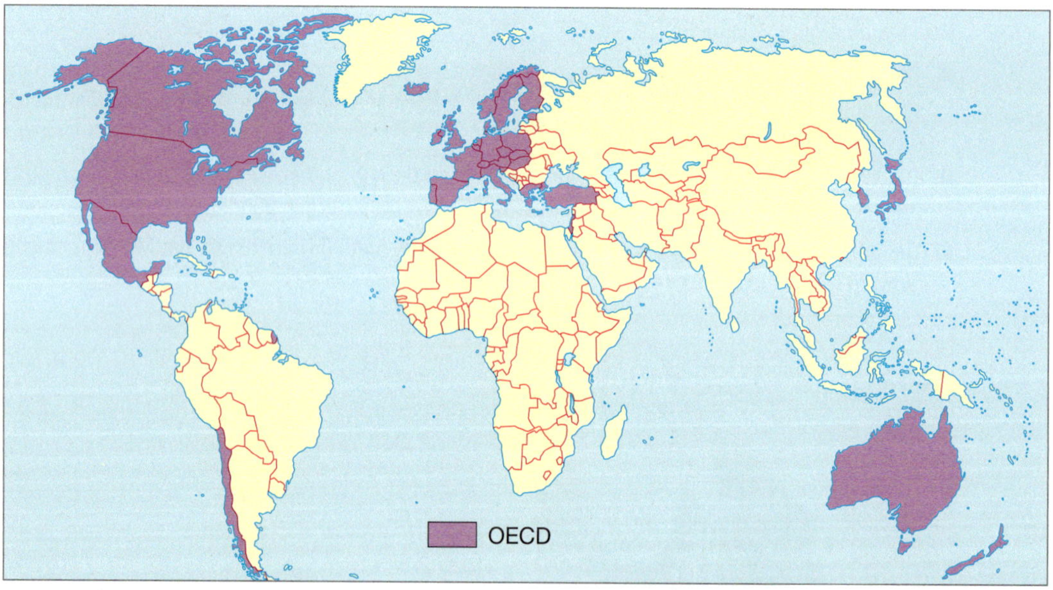

Die satzungsmäßigen Ziele der OECD sind einerseits, zu einer optimalen Wirtschaftsentwicklung und einem steigenden Lebensstandard in ihren Mitgliedstaaten beizutragen, andererseits das Wirtschaftswachstum in den Entwicklungsländern zu fördern und eine Ausweitung des Welthandels zu begünstigen. Zu den ursprünglichen Zielen trat im Laufe der Zeit noch die Unterstützung der Transformationsländer, also der Staaten, die sich von der Zentralverwaltungswirtschaft zur Marktwirtschaft hinbewegen. Im Auftrag der OECD werden auch die regelmäßigen Untersuchungen im Rahmen der sogenannten PISA-Studie (Programme for International Student Assessment) durchgeführt. Ziel der PISA-Studie ist die ländervergleichende Erhebung von Kompetenzen 15-jähriger Jugendlicher in den Bereichen Lesen, Mathematik und Naturwissenschaften.

Internationaler Währungsfonds

Der Internationale Währungsfonds (IWF), im englischen als International Monetary Fund (IMF) bezeichnet, ist eine Sonderorganisation der Vereinten Nationen, hat seinen Sitz in Washington D. C. und ist die Schwesterorganisation der Weltbank. Der IWF ist bereits vor Ende des Zweiten Weltkriegs in dem kleinen Ort Bretton Woods im Bundesstaat New Hampshire mit dem Ziel einer verstärkten internationalen Zusammenarbeit in der Währungspolitik gegründet worden.

Die Mitgliedstaaten des IWF verpflichten sich,

- ihre Wechselkurs- und Devisenpolitik unter die Aufsicht des IWF zu stellen, damit ein stabiles internationales Wechselkurssystem gefördert werden kann.
- in Fragen der internationalen Währungspolitik und des Zahlungsverkehrs eng zusammenzuarbeiten, um z. B. Devisenkontrollen so weit wie möglich zu vermeiden.
- sich bei Zahlungsbilanzdefiziten zu helfen.

Um diese Aufgaben zu erfüllen, muss jedes Mitglied Zahlungen an einen Fonds leisten, wobei bestimmte Quoten festgelegt sind. Hat ein Land Zahlungsbilanzdefizite, so gewährt der IWF einen Kredit. Ein Mitgliedsland kann demnach auf Antrag beim IWF die Währung eines anderen Landes in Höhe seiner Quote gegen Gold oder Landeswährung kaufen. Dies bezeichnet man als Ziehung. Die Sonderziehungsrechte (SZR) sind seit 1969 die offizielle Recheneinheit des IWF, in der die Quoten berechnet und die Währungsreserven gehalten werden. Es handelt sich um eine Art Weltgeld im Zahlungsverkehr zwischen den Zentralbanken. Die Höhe der Quoten bestimmt die Stimmrechte, aber auch den Umfang der Kredite, die in Anspruch genommen werden können. Benötigt ein Mitgliedsland einen Kredit, der über seine Quote hinausgeht, so ist dieser an bestimmte Bedingungen wie z. B. Kürzung der Staatsausgaben, niedrigere Inflationsraten oder Liberalisierung des Bankwesens gekoppelt.

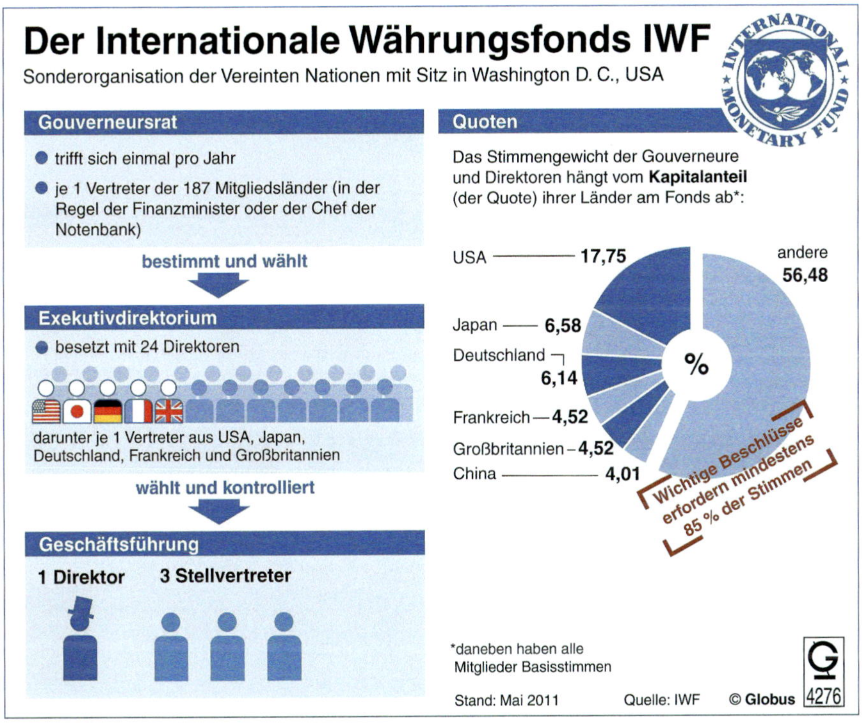

Weltbank

Die Internationale Bank für Wiederaufbau und Entwicklung, kurz Weltbank genannt, wurde ebenso wie der IWF im Abkommen von Bretton Woods beschlossen. Die ursprüngliche Zielsetzung, den Aufbau Europas nach dem Zweiten Weltkrieg zu fördern, wurde bereits früh durch das Ziel der Unterstützung der Entwicklungsländer ersetzt.

Die Weltbank vergibt langfristige Darlehen mit einer Laufzeit von 15 bis 20 Jahren an die Regierungen vorwiegend der Entwicklungsländer. Die Gelder müssen immer für Projekte verwendet werden, die die wirtschaftliche Entwicklung des Empfängerlandes verbessern. Darüber hinaus übernimmt die Weltbank die Beratung der Entwicklungsländer bei wirtschaftlichen, technischen und organisatorischen Fragen.

Die Weltbankgruppe hat nicht nur mehrere Unterorganisationen gegründet, sondern verfügt auch über regional tätige Banken, wie z. B. die Europäische Investitionsbank in Luxemburg oder die Osteuropabank in London.

Auch die Weltbank wird von Umweltschutzorganisationen und Globalisierungsgegnern kritisiert, da sie oft Großprojekte wie Staudämme oder Pipelines fördert, die für die ansässige Bevölkerung von Nachteil sein können.

Weltwirtschaftsgipfel (G8)

Der erste Weltwirtschaftsgipfel, das Treffen der Staats- und Regierungschefs der führenden Industrienationen, fand 1975 in Rambouillet/Frankreich statt. Die jährlichen Weltwirtschaftsgipfel dienen der Erörterung wichtiger wirtschafts- und sicherheitspolitischer Fragen wie z. B. der Förderung des Welthandels und des Kampfes gegen die Armut in den Entwicklungsländern, der Arbeitslosigkeit und des Terrorismus.

Mitglieder sind zurzeit die acht führenden Wirtschaftsnationen („Gruppe der Acht", G8) Deutschland, Frankreich, Großbritannien, Italien, Japan, USA, Kanada und Russland. Auch die Europäische Union nimmt an den Treffen als Beobachter teil; sie wird durch die Europäische Kommission und das Land, das die EU-Präsidentschaft innehat, vertreten.

Die G8 hat keine formale Organisationsstruktur. Die führenden Industrienationen treffen sich regelmäßig zu informellen Ministertreffen sowie jährlich auf der Ebene der Staats- und Regierungschefs. Den Vorsitz übernehmen die G8-Mitglieder im Wechsel für jeweils ein Jahr (2005 Großbritannien, 2006 Russische Föderation, 2007 Deutschland 2008 Japan, 2009 Italien, 2010 Kanada, 2011 Nizza, 2012 Camp David). Die Gipfeltreffen der Staats- und Regierungschefs werden durch die Mitgliedstaaten vorbereitet und finanziert.

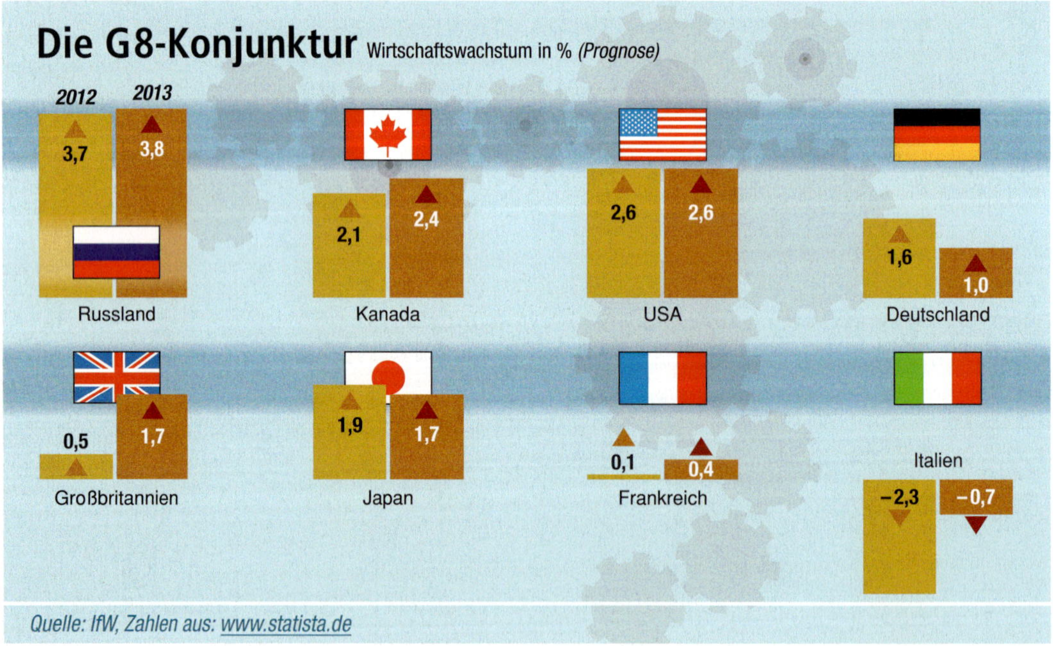

Internetadressen zu internationalen Organisationen

http://europa.eu/index_de.htm	Europäische Union (in deutscher Sprache)
www.oecd.org	OECD (in englischer und französischer Sprache)
www.wto.org	WTO (Englisch, Französisch, Spanisch)
www.worldbank.org	Weltbank (Englisch, Französisch, Spanisch u. a.)
www.imf.org	Internationaler Währungsfonds IWF (Englisch, Französisch, Spanisch u. a.)

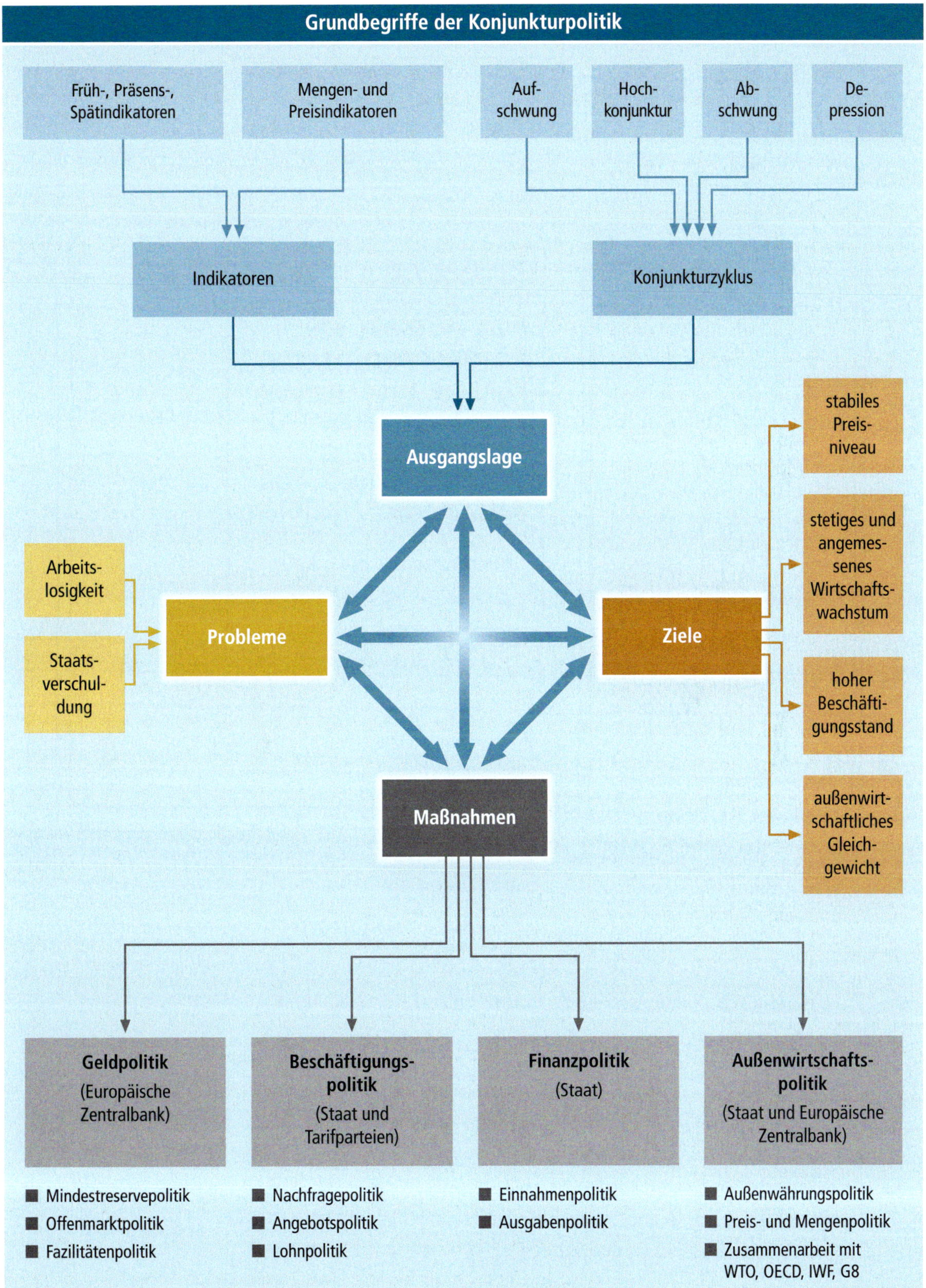
Grundbegriffe der Konjunkturpolitik
Früh-, Präsens-, Spätindikatoren
Mengen- und Preisindikatoren
Auf-schwung
Hoch-konjunktur
Ab-schwung
De-pression
Indikatoren
Konjunkturzyklus
Ausgangslage
stabiles Preis-niveau
stetiges und angemes-senes Wirtschafts-wachstum
Arbeits-losigkeit
Probleme
Ziele
Staats-verschul-dung
hoher Beschäfti-gungsstand
außenwirt-schaftliches Gleich-gewicht
Maßnahmen
Geldpolitik (Europäische Zentralbank)
Beschäftigungs-politik (Staat und Tarifparteien)
Finanzpolitik (Staat)
Außenwirtschafts-politik (Staat und Europäische Zentralbank)
Mindestreservepolitik
Offenmarktpolitik
Fazilitätenpolitik
Nachfragepolitik
Angebotspolitik
Lohnpolitik
Einnahmenpolitik
Ausgabenpolitik
Außenwährungspolitik
Preis- und Mengenpolitik
Zusammenarbeit mit WTO, OECD, IWF, G8

ZI 13 A / III D - 204
HIER AUSGABE VON ANTRAGSFORMULAREN FÜR DIE AUSGABE VON ANTRÄGEN ÜBER VORSCHLÄGE ZUR VEREINFACHUNG VON ANTRAGSFORMULAREN
SCHALTERSTUNDEN 14°° - 14¹⁵

Leitfaden zur Gestaltung der Kommunikation in der Stadtverwaltung Neustadt

„Wenn die Sprache nicht stimmt, so ist das,
was gesagt wird, nicht das, was gemeint ist.
Ist das, was gesagt wird, nicht das, was gemeint ist,
so kommen die Werke nicht zustande …"
(Konfuzius, 551 v. Chr.)

Empfehlungen für die Mitarbeiterinnen und Mitarbeiter der Stadtverwaltung Neustadt 2013

Vorwort von Bürgermeister Schultheiß

1. Einleitung

2. Grundsätze mündlicher Kommunikation

2.1 Bürgerinnen und Bürger haben Interessen

2.2 Ein wenig notwendige Theorie

2.2.1 Ein Kommunikationsmodell – oder die vier Seiten einer Nachricht
2.2.2 Körpersprache als Titelblatt des Inneren

2.3 Vermeiden Sie Gesprächsstörer

2.4 Hören Sie aktiv und effizient zu

2.5 Argumentieren Sie schlüssig und überzeugend

2.6 Diskutieren Sie zielführend

2.7 Führen Sie Gespräche bürgernah und verbindlich

2.7.1 KABA ist kein Getränk – Aufbau eines (Bürger-)Gesprächs
2.7.2 „Goldene Regeln" für bürgernahes Gesprächsverhalten

2.8 Lächeln Sie beim Telefonieren

3. Grundsätze schriftlicher Kommunikation

3.1 Fachsprache und Stil der Verwaltung

3.1.1 Wie Sie zukünftig moderner formulieren
3.1.2 Kommunizieren Sie barrierefrei mit sehbehinderten Bürgerinnen und Bürgern
3.1.3 Stellen Sie Männer und Frauen sprachlich gleich

3.2 Schreiben Sie richtig

3.2.1 Neue Rechtschreibregeln – halb so schlimm
3.2.2 DIN 5008 – kein Buch mit sieben Siegeln

3.3 Geschäfts-/Bürgerbriefe sind Visitenkarten

3.4 Protokollieren Sie formgerecht und genau

3.5 Fertigen Sie nachvollziehbare Aktenvermerke

3.6 Niederschriften sind förmliche Beweismittel

3.7 Aktenverfügungen in Geschäftsvorgängen

3.8 Bescheiden Sie bürgernah, formgerecht und rechtssicher

3.8.1 Bauen Sie den Bescheid sachgerecht auf
3.8.2 Wie wir verständlicher werden
3.8.3 Neue Bescheide in Neustadt

4. Zu guter Letzt – schmunzeln Sie

Und wenn sie nicht gestorben sind …

Rotkäppchen und der Wolf

Vorwort

Wir wollen verstanden werden

Sehr geehrte Mitarbeiterinnen und Mitarbeiter,

das Ziel des vorliegenden Leitfadens ist es, Ihnen Tipps und Empfehlungen zu geben für Schreib- und Sprechanlässe, die Sie täglich sowohl intern als auch extern gegenüber den Bürgerinnen und Bürgern zu bewältigen haben.

Bürgerinnen und Bürger unserer Stadt haben sich in Umfragen zur Kundenorientierung der Stadtverwaltung zum Teil enttäuscht und verärgert über eine in Wort und Schrift unverständliche Verwaltungssprache geäußert. In Mitarbeiterbefragungen hat sich dies übrigens bestätigt.
Der Verwaltungsvorstand hat dies zum Anlass genommen, die Ihnen bekannte Kommunikationswerkstatt einzurichten. Ein Jahr lang haben Sie und die Bürgerinnen und Bürger dieser Stadt Informationsschreiben, Formulare, Bescheide und andere „städtische Texte" durchgesehen. Die Verbesserungsvorschläge zu den schriftlichen Texten und zum mündlichen Sprachgebrauch sind von der Arbeitsgruppe Kommunikation aufgegriffen worden und in diesen Leitfaden eingeflossen.

Der Leitfaden enthält noch keine Dienstanweisungen. Es ist aber nicht auszuschließen, dass fachbereich- und ämterspezifisch einzelne Empfehlungen zu Dienstanweisungen werden und dann verbindlich zu beachten wären.

Mit Blick auf das Leitbild der Stadt Neustadt sollen diese Empfehlungen dazu führen, dass wir verständlicher werden, dass sich Ihre Belastungen durch weniger Rückfragen oder Beschwerden verringern, dass wir in unserem Handeln effizienter werden und dass nicht zuletzt die Bürgerinnen und Bürger zufrieden sind mit ihrer Stadtverwaltung.

In Kooperation mit dem Germanistischen Institut der Universität Neustadt sollen unsere vorläufigen Ergebnisse sprachwissenschaftlich begleitet werden, damit wir juristisch präzise und doch allgemein verständlich bleiben.

Ich möchte Sie ausdrücklich ermuntern, immer wieder unsere Arbeitstexte im Sinne unserer Bürgerinnen und Bürger zu verbessern. Legen Sie im Zweifel Ihre Vorschläge unseren Juristen im Hause zur rechtlichen Überprüfung vor. Brauchbare Vorschläge fließen dann in unsere Texte ein. Unser Fortbildungsprogramm wird darüber hinaus das Thema „Verständliche Verwaltungssprache" kontinuierlich anbieten.

Zum Schluss möchte ich Ihnen allen danken für die bisher geleistete Arbeit, die manchmal mühsam, aber letztlich doch fruchtbar war.

Vielen herzlichen Dank!

Ihr

Bürgermeister Schultheiß

Verbindungen aus Verb und Verb		
Bei Verbindungen aus zwei Verben ist grundsätzlich getrennt zu schreiben. Bei übertragener Bedeutung in einer Verbindung mit bleiben oder lassen ist es wieder erlaubt, zusammenzuschreiben. Einen besonderen Fall stellt die Verbindung kennen lernen/kennenlernen dar. Hier sind in jedem Anwendungsfall beide Schreibweisen möglich.		
Schreibweise 2004	**Bedeutung**	**Schreibweise 2006**
(etwas) bleiben lassen	nicht beginnen, aufhören	bleibenlassen/bleiben lassen
kennen lernen	Sonderfall	kennenlernen/kennen lernen
laufen lernen	zwei selbstständige Verben	laufen lernen
sitzen bleiben	nicht versetzt werden	sitzenbleiben/sitzen bleiben

Die übrigen Änderungen im Bereich der Getrennt- und Zusammenschreibung sind in den einschlägigen Wörterbüchern nachzuschlagen.

Für die **Worttrennung am Zeilenende** gilt neu:

Es werden keine einzelnen Buchstaben (Vokale) am Anfang oder Ende von Wörtern abgetrennt; dies gilt ebenso bei Wortzusammensetzungen (Abend, Ju-li-abend, Fei-er-abend). Es bleibt grundsätzlich bei den übrigen Neuerungen, z. B. der Trennung von st (Fens-ter) oder der Abtrennung von ck (Zu-cker, Bä-cker). Die Trennstelle eines Wortes stimmt in der Regel mit seiner Silbengrenze überein.

Wenn **Zeichen gesetzt** werden, sind im Wesentlichen neu die Anwendungsfälle der Kommasetzung betroffen. Damit soll das Textverständnis wieder besser gesichert werden gegenüber der bisher beabsichtigten weitgehenden Freistellung der Kommasetzung (vgl. Institut für deutsche Sprache [Hrsg.], Sprachreport, Zur Neuregelung der deutschen Rechtschreibung ab 1. August 2006, Mannheim Juli 2006).

Bei der Reihung von Hauptsätzen, die durch nebenordnende Konjunktionen wie und, oder, bzw., entweder – oder, nicht – noch oder weder – noch verbunden sind, kann ein Komma gesetzt werden. Damit soll der Ganzsatz in seiner Gliederung deutlich gemacht werden (Entweder Sie kommen in die Dienststelle (,) oder Sie schreiben uns einen Brief.) Für die Reihung von Nebensätzen mit den genannten Konjunktionen gilt dies nicht mehr. (Aus einem Aktenvermerk: Herr Meier hat nichts geäußert, weder dass er zahlungsunfähig ist [hier kein Komma möglich] noch die Stundung in Form von Ratenzahlungen wünscht.)

Verpflichtend ist die Kommasetzung, über die bisherige Reform hinausgehend, wieder bei zwei Gruppen:

- Infinitiv-, Partizip- oder Adjektivgruppen werden durch ein Komma abgegrenzt, wenn sie nachgeschobene Zusätze zu Substantiven oder Pronomen darstellen und damit die übliche Satzstruktur verändern. (Das Unfallopfer kam auf mich zu, lauthals schreiend. Das Unfallopfer, wild gestikulierend, kam auf mich zu.)
- Infinitivgruppen werden weiterhin durch Komma abgegrenzt, wenn sie mit als, anstatt, außer, ohne, statt, um eingeleitet sind oder von einem Substantiv abhängen. (Dem Beklagten fiel nichts Besseres ein, als zu flüchten. Er studierte die Aktenlage, um neue Erkenntnisse zu gewinnen.)

Schließlich sollen nun bei der **Groß- und Kleinschreibung** die folgenden Änderungen gelten:

Wörter wie angst, bange, recht werden mit den Verben sein/bleiben/werden kleingeschrieben. Neu werden nun ab 2006 auch feind, freund, klasse, spitze und unrecht in diesen Verbindungen kleingeschrieben (Sie ist ihm feind. Wir bleiben ihm freund. Das Fernsehspiel war klasse.).

Klein- oder großgeschrieben werden nun die Wörter Recht, Unrecht in Verbindung mit den Verben behalten, bekommen, geben, haben und tun (Sie hat recht/Recht.).

In Briefen darf man die Anredepronomen du und ihr in allen Formen wieder großschreiben (Ich schreibe dir/Dir heute wegen …; Da du/Du dich/Dich noch nicht gemeldet hast …; Liebe Sportkameraden, in eurer/Eurer letzten Postkarte habt ihr/Ihr euch/Euch …).

3.2.2 DIN 5008 – kein Buch mit sieben Siegeln

Die Stadt Neustadt möchte zukünftig stärker als bisher auf ein einheitliches Erscheinungsbild der Korrespondenz achten (Corporate identity). Unsere Schriftstücke sollen vor allem im Außenverhältnis gegenüber den Bürgerinnen und Bürgern lesefreundlich, zweckmäßig und übersichtlich verfasst sein.

Die Schreib- und Gestaltungsregeln für die Textverarbeitung (DIN 5008) des Deutschen Institutes für Normung bilden dafür eine gute Grundlage. Diese Normen sind Empfehlungen und damit unverbindlich. Jede Mitarbeiterin und jeder Mitarbeiter hat mit diesen Empfehlungen aber einen nachvollziehbaren Orientierungsrahmen für Schreiben, die sich an Bürger richten. Die DIN 5008 aus dem Jahre 2011 legt u. a. Regeln für die Verwendung von Satzzeichen, Rechenzeichen, Formeln, Zahlengliederungen, Tabellen sowie die Gliederung von Texten fest.

Diese hat auch das Ziel, die DIN 676 (Vordrucke) in die DIN 5008 (Schreib- und Gestaltungsregeln) zu integrieren und weitere Aspekte der Textgestaltung aufzunehmen, die in täglichen Büroabläufen häufiger vorkommen.

Mit neuen Regelungen für Diagramme und bildliche Darstellungen soll z. B. modernen Textverarbeitungsprogrammen Rechnung getragen werden, die Grafisches zunehmend in Texte einbauen können. Die neuen akademischen Grade Bachelor und Master werden nun berücksichtigt sowie die gesamte Rechtschreibung an die z. Zt. gültigen und amtlichen Rechtschreibregeln angepasst. Anwendungsbeispiele sind für den Nutzer der neuen DIN 5008 dementsprechend auf den aktuellen Stand gebracht.

Näheres zu diesen und weiteren Änderungen gibt es unter der Internet-Adresse:

http://www.nia.din.de

vgl. auch: Karl Wilhelm Henke, Die neue DIN 5008, Winklers Verlag, 1. Auflage 2012

Die folgenden Hinweise veranschaulichen an ausgewählten Empfehlungen das Regelwerk. Die Empfehlungen beziehen sich auf Notwendigkeiten, die in täglichen Schreibanlässen der Verwaltung zu beachten sind.

Zu beachten ist, dass im Postanschriftenfeld auf Anregung der Deutschen Post AG sämtliche Leerzeilen entfallen sind.

Der Bereich für das Brieffenster heißt Anschriftfeld (9-zeilig), das unterteilt wird in die Zusatz- und Vermerkzone und in die Anschriftzone. Bestandteile des Anschriftfelds sind Zusätze und Vermerke (die ersten drei Zeilen) sowie die eigentliche Anschrift (die folgenden sechs Zeilen).

In die Zusatz- und Vermerkzone gehören Vorausverfügungen (z. B. „Nicht nachsenden!"; „Wenn unzustellbar, zurück!"), Produktbezeichnungen (z. B. „Einschreiben Rückschein"; „Einschreiben Einwurf") und elektronische Freimachungsvermerke (z. B. „Stampit").

Neben diesen Angaben sind auch Barcodes erlaubt, z. B. für das Sortieren der rücklaufenden Sendungen beim Absender.

Bei Angabe einer Produktbezeichnung **oder** Vorausverfügung steht diese in der dritten Zeile der Zusatz- und Vermerkzone. Bei Produktbezeichnung und Vorausverfügung werden die zweite **und** dritte Zeile benutzt (siehe Beispiele unten). Die Zusatz- und Vermerkzone mit Rücksendeangabe (Absender) wird auf fünf Zeilen mit einer Schriftgröße von 8 Punkt erweitert.

Die Anschriftzone hat, angeglichen an internationale Normungen, sechs Zeilen. Ohne Zusätze und Vermerke beginnt die Anrede in der ersten Zeile der Anschriftzone. Berufs- oder Amtsbezeichnungen stehen hinter der Anrede. Akademische Grade stehen vor dem Namen (z. B. Dipl.-Ing.; Dr.; Prof.). Bachelor- und Mastergrade werden in der Regel hinter dem Namen aufgeführt. Die Straßenbezeichnung steht im Allgemeinen in der dritten Zeile der Anschriftzone, während für die Postleitzahl und den Wohnort die vierte Zeile vorgesehen ist.

1
2
3 Nicht nachsenden!

Zusatz- und Vermerkzone mit Vorausverfügung

1 Herrn
2 Klaus Schmidt
3 Neustädter Weg
4 49999 Neustadt
5
6

40 mm

1
2
3 Einschreiben Einwurf

Zusatz- und Vermerkzone mit Barcode und Produktbezeichnung

1 Herrn Oberstudienrat
2 Dr. Volker Möller
3 Neustädter Landstraße 26 a
4 49999 Neustadt
5
6

Anschriftzone mit Berufsbezeichnung und Titel

85 mm

Im Einzelnen können noch folgende Empfehlungen gegeben werden:

- Postleitzahlen werden nicht gegliedert: 49999
- Postfachnummern werden in Zweiergruppen von rechts nach links gegliedert: 2 19 39 23
- Bankleitzahlen sind achtstellig und werden so gegliedert: 360 605 91; die internationale Bankleitzahl IBAN wird wie folgt geschrieben: IBAN DE89 3304 0955 0933 9980 00
- Telefon-/Telefaxnummern werden funktionsbezogen gegliedert. Getrennt werden die einzelnen Bestandteile durch Leerzeichen in der Reihenfolge: Anbieter (mobil), Land, Ort, Einzelanschluss. Der Durchwahlanschluss wird durch einen Mittestrich kenntlich gemacht:

  Nationale Schreibung

  Mobilanschluss 0152 999222
  Festnetz-Einzelanschluss 0234 999
  Festnetz-Durchwahlanschluss 0234 999-3456

  Internationale Schreibung

  +49 234 999
  +49 234 999-3456 (Farbhervorhebung oder Fettschrift, z. B. für die Durchwahl, ist zulässig.)

- Uhrzeiten werden mit Doppelpunkt geschrieben: 18:54 Uhr, 00:05 Uhr, 15 Uhr (bei voller Stunde erlaubt)
- Kalenderdaten können numerisch auf- oder absteigend gegliedert werden.

  aufsteigend: 05.11.2012 oder 05.11.12
  absteigend: 2012-11-05 oder 12-11-05 (nur wenn eindeutig!)

  International üblich ist die absteigende Schreibweise. Erlaubt ist auch die alphanumerische Form 11. November 2012. Bei einstelliger Tagangabe ist keine Null davorzusetzen: 1. November 2012.

- In Texten sollten die Währungseinheiten hinter dem Betrag stehen: 70 EUR, 70 €. Mittestriche in Währungseinheiten gibt es nicht mehr. Es werden Ziffern verwendet: 70,00 EUR.
- Geldbeträge sollen aus Sicherheitserwägungen heraus dreistellig mit Punkt gegliedert werden: 270.000 €, 1.342,60 €, 242.850,00 €, 2.348.552,53 EUR. Zahlen, die mehr als drei Stellen haben, werden in Dreiergruppen gegliedert und von rechts nach links angeordnet (außer Jahreszahlen): Im Ortsteil Rastrup-Mauxel wählen 2 380 Bürgerinnen und Bürger, in Essen leben 750 000 Einwohner. Merkregel: Geldbeträge mit Tausender-Punkt, Mengenangaben mit Tausender-Leerzeichen!
- Abkürzungen, die wie das ungekürzte Wort gesprochen werden, erhalten einen Punkt: evtl., Std., Mrd. Folgen Abkürzungen einzelner Worte aufeinander, werden sie mit Leerzeichen geschrieben: z. B., u. Ä., i. A. (Ausnahme: usw.). Abkürzungen, die buchstäblich gesprochen werden, werden ohne Punkt und Leerzeichen geschrieben: BGB, AG, LKW.
- Vor und nach dem Prozent- oder Promille-Symbol wird ein Leerzeichen eingefügt: 3,5 % Zuwachs, da das Symbol das Wort „Prozent" ersetzt, das ebenfalls mit Leerzeichen abgesetzt würde.
- Das Paragrafenzeichen darf nur verwendet werden, wenn eine Ziffer folgt. Ansonsten muss der Begriff ausgeschrieben werden: § 9; aber: Das Artikelgesetz hat acht Paragrafen. Doppelparagrafen sind stets zusammenhängend zu schreiben: Nach den §§ 66, 67 BGB; nach den §§ 66 und 67 BGB; die §§ 66 bis 70 BGB.
- Der Gedankenstrich ist mit vorausgehendem und folgendem Leerzeichen zu schreiben: Bitte prüfen Sie – nach Eingang der Sendung –, ob die Anlagen vollständig sind. Dies gilt auch, wenn der Strich als Wortersatz für „bis" oder Strecken verwendet wird: 08:15 – 9:45 Uhr, Düsseldorf – Neustadt.
- Der Mittestrich wird als Silbentrennungsstrich und zur Aneinanderreihung von Worten verwendet und ist stets ohne Leerzeichen zu schreiben: Neustadt-Kronberg, Warenein- und -ausgang, 25-jährig. Bei Wortergänzungen ist nach dem Mittestrich ein Leerzeichen zu setzen.
- Beispiele für Hausnummern: Amtsgerichtsplatz 7 – 11, Bergstraße 8 a
- Absätze werden im Brieftext stets mit einer Leerzeile vom nächsten Absatz getrennt. Einzüge werden mit Tabulator bei 2,5 cm, 5 cm, 7,5 cm usw. gesetzt. Geschäftsbriefe schreibt man mit einzeiligem Zeilenabstand.
- Der Briefabschluss ist für eine Originalunterschrift mit drei Leerzeilen zu gestalten. Der Vermerk, dass Anlagen beigefügt sind, wird eine Leerzeile nach der Wiedergabe der Unterschrift geschrieben, ein Beglaubigungsvermerk ebenso.

Mit freundlichem Gruß Der Bürgermeister *Schultheiß* Schultheiß Anlagen	Mit freundlichem Gruß im Auftrag Weber Beglaubigt *Steinhaus* Steinhaus Stadt Neustadt

Diese Empfehlungen sollen zukünftig von den Mitarbeiterinnen und Mitarbeitern bei der Gestaltung ihrer Geschäftsbriefe, Bescheide, Mitteilungen usw. für die Bürgerinnen und Bürger unserer Stadt beachtet werden.

Zugrunde gelegt werden sollen auch die maßgeblichen Formhinweise für den Aufbau unserer Schreiben.

Der folgende Briefbogen der Stadt Neustadt setzt die Empfehlungen der DIN-Norm 5008 für die Praxis um.

Stadt Neustadt
Der Bürgermeister

Stadt Neustadt · Postfach · 49999 Neustadt

•
•
Postzustellungsauftrag
Herrn
Franz Buttenschön
Neustädter Weg 23 a
49999 Neustadt
•
•

Ihre Nachricht/Ihr Zeichen:

Geschäftszeichen:
Fachbereich/Dienststelle:
Gebäude/Zimmer: Rathausplatz 1, Zimmer 17
Bearbeiter/-in:
Telefon: 02999 177-
Telefax: 02999 177- 166
E-Mail: (Name)@stadtneu-wvd.de

Datum: 15. Oktober 20..

•
•
(Betreff)
•
•
(Anrede)
•
(Text, zwischen Absätzen 1 Leerzeile)
•
(Einzüge bei 2,5 cm und ein Vielfaches)
•
(Text, zwischen Absätzen 1 Leerzeile)
•

•
Mit freundlichen Grüßen
•
im Auftrag
•
• (Raum für Original-Unterschrift)
•
Name

Bankverbindung der Stadtkasse Neustadt:
Neustädter Sparkasse, BLZ 999 500 01, Konto 0 415 920 301,
IBAN DE99 9995 0001 0415 9203 01

Besuchszeiten
Montag, Dienstag, Mittwoch: 08:00 – 12:30 Uhr, 14:00 – 17:00 Uhr,
Donnerstag: 08:00 – 12:30 Uhr, 14:00 – 20:00 Uhr, Freitag: 08:00 – 12:30 Uhr

Internet
www.stadtneu-wvd.de

3.3 Geschäfts-/Bürgerbriefe sind Visitenkarten

Nach Auswertung der Bürger- und Mitarbeiterbefragungen in unserer Kommunikationswerkstatt gibt die Arbeitsgruppe Kommunikation für die schriftliche Gestaltung von Texten die folgenden Empfehlungen.

Unsere Texte sollen einfach, kurz und treffend (prägnant), geordnet und gegliedert sowie anschaulich und ermunternd sein. Das haben Sie im Rahmen der Darstellung über die Fachsprache und den Sprachstil in der Verwaltung schon lesen können. Schreiben an die Bürgerinnen und Bürger haben eine uns oft nicht bewusste Wirkung. Wir geben gewissermaßen eine gelungene bzw. misslungene Visitenkarte der Stadtverwaltung ab.

Stellen Sie sich folgende Situation vor: Ein Personalausweis soll von einem Bürger abgeholt werden.

Ihr Text könnte nach den oben genannten Kriterien folgendermaßen aussehen:

Ihr Personalausweis

Sehr geehrter Herr Buttenschön,

Ihr neuer Ausweis liegt für Sie bereit. Sie können ihn im Bürgerbüro abholen.

Verschicken dürfen wir den Personalausweis auf dem Postwege nicht.

Bitte bringen Sie den alten Personalausweis mit, weil wir ihn entwerten müssen. Falls Sie jemanden beauftragen, den Ausweis abzuholen, benötigen wir eine schriftliche Vollmacht.

Weitere Informationen können Sie erhalten unter der

Telefonnummer 02999 177-166 (Fritz Herkenschrath).

Mit freundlichem Gruß

Bürgerbüro

im Auftrag

Herkenschrath

Sie erreichen uns im Bürgerbüro:

montags bis mittwochs von	08:00 – 16:00 Uhr
donnerstags von	08:00 – 18:00 Uhr
freitags von	08:00 – 12:00 Uhr
samstags von	09:00 – 11:00 Uhr

Einfach wird dieser Text durch bekannte und anschauliche Wörter. Der Satzbau ist einfach und leicht zu erfassen. Der Text versucht, nur das für den Vorgang Notwendige aufzunehmen. Der Inhalt bleibt nur dann bei Herrn Buttenschön haften, wenn er treffend ist. Überflüssige Erläuterungen und unnötige Details müssen unterbleiben. Der Text ist geordnet und gegliedert, weil er die notwendigen Handlungsschritte für den Bürger klar durch Leerzeilen bzw. Absatzbildung herausstellt. Herr Buttenschön weiß sofort, um was es geht und was er tun soll bzw. kann.

3.4 Protokollieren Sie formgerecht und genau

Protokolle sind schriftliche Berichte über Konferenzen, Sitzungen, Dienstbesprechungen, Lehrgänge usw. Als Verlaufs- und/oder Ergebnisprotokoll geben sie die wesentlichen Inhalte der Gespräche in sachlicher Form wieder. Das Protokoll muss objektiv und genau sein (Beweis- und Dokumentationsfunktion) und auf das Wesentliche beschränkt sein. Als Niederschrift hat es eine besondere rechtliche Bedeutung.

Tipps für die Anfertigung eines Verlaufs- oder Ergebnisprotokolls:

- Führen Sie die Mitschrift gewissenhaft durch. Alle wesentlichen Äußerungen, Beschlüsse und Vorgänge sollten Sie in Stichworten notieren. Eine nachträgliche Niederschrift müsste ausdrücklich als sogenanntes Gedächtnisprotokoll gekennzeichnet werden. Eine Tonaufnahme mithilfe technischer Geräte muss von den Anwesenden genehmigt werden.
- Erfassen Sie den Kern der Aussage. Unwichtiges, z. B. Zwischenrufe, Wiederholungen, brauchen nicht in das Protokoll aufgenommen zu werden.
- Bewahren Sie Ordnung in Ihrem Protokoll. Rüsten Sie sich mit genügend Notizpapier und einem Ersatzkugelschreiber. Nummerieren Sie Ihre Seiten. Lassen Sie Raum für Ergänzungen und Nachträge.
- Ausführlich wiedergeben müssen Sie Anträge und Beschlüsse (wörtlich) und wichtige Diskussionsbeiträge der Teilnehmer (sinngemäß und in indirekter Rede).
- Lassen Sie sich eingebrachte Anträge in schriftlicher Form vorlegen. Sie können dann bei der Reinschrift des Protokolls darauf Bezug nehmen.
- Ordnen Sie Ihr Protokoll. Alle Beiträge zu einem Tagesordnungspunkt oder zu einem Themenkreis erscheinen nach der Reinschrift des Protokolls gebündelt.
- Unterschreiben Sie Ihr Protokoll als Protokollführer/als Protokollführerin. Auch dem Leiter der Veranstaltung muss das Protokoll zur Unterschrift vorgelegt werden. Es wird mit diesen Unterschriften zur Urkunde und dient später als Beweismittel, Gedächtnisstütze für die Teilnehmer oder zur Information für Abwesende.
- Das fertige Protokoll muss an dem dafür vorgesehenen Ort aufbewahrt werden, um jederzeit einsehbar zu sein. Unter Umständen muss es auch an Teilnehmer oder interessierte Stellen verschickt werden.

Wesentliche Merkmale:

- Aufbau des Protokolls (Gliederung): in der Regel vom zeitlichen Ablauf und dem Anlass der Veranstaltung bestimmt
- Stil und Ausdruck: sachlich, knapp, anschaulich
- Rechtschreibung: einwandfrei; nach den neuesten, gültigen Regeln
- Zeitform: Präsens (Gegenwart)
- Spezielle Protokollformen: abhängig vom Anlass, z. B. Sitzungsprotokoll im Rathaus, Niederschrift
- Lassen Sie die äußere Form der Funktion folgen („form follows function"):
  Protokollkopf, Protokolltext, Protokollfuß

5740694

In dem folgenden Beispiel werden der Aufbau, der Stil und die Sprache eines Protokolls dargestellt:

Protokoll zur Dienstbesprechung im Kulturbüro (Auszug)

Zeit:	Mittwoch, 7. November 20..
Ort:	Rathaus Neustadt, Kulturbüro, Raum 206
Teilnehmer:	Frau Moswig-Freund, Herr Dehnke, Herr Büngen, Herr Mundig (Gast, Schauspielhaus), Herr Jansen (Leiter des Kulturbüros), Herr Möller, Herr Meier, Herr Milde (Anmerkung: Es erfolgt hier eine Auflistung der Teilnehmer oder der folgende Hinweis „siehe Anwesenheitsliste".)
Tagesordnung:	1. Planungsgespräch mit dem stellvertretenden künstlerischen Leiter des Schauspielhauses, Herrn Mundig, über die Neustädter Kulturtage im Mai 20.. 2. Arbeitsstand Umsetzung der Doppelten Buchführung 3. Verschiedenes (insbesondere Termine) (Anmerkung: hier wird die TO (Tagesordnung) aufgeführt oder wie nachstehend auf die Einladung zur Sitzung verwiesen: Siehe Einladung zur Sitzung vom …
Leitung:	Herr Städtischer Oberamtsrat Jansen
Protokollführung:	Herr Verwaltungsfachangestellter Möller
Beginn:	14:05 Uhr
Zu TOP 1:	Erörtert werden hier die Beteiligungsmöglichkeiten des Schauspielhauses an den Neustädter Kulturtagen sowie Fragen der organisatorischen und inhaltlichen Abstimmung von Programmpunkten. (…) (…)
Zu TOP 2:	Herr Dehnke berichtet als Projektbegleiter über den Stand der Umsetzung der kaufmännischen Buchführung in den einzelnen Fachbereichen der Stadt Neustadt. (…)
Zu TOP 3:	(…)

Herr Jansen schließt die Sitzung mit einem herzlichen Dank an die Kollegin und die Kollegen um 15:50 Uhr.

Neustadt, 07. November 20..

Jansen	Möller
(Sitzungsleiter)	(Protokollführer)

3.5 Fertigen Sie nachvollziehbare Aktenvermerke

Interner Schriftverkehr

In jeder Behörde gibt es einen internen Schriftverkehr zwischen einzelnen Ämtern, Fachbereichen, Abteilungen oder zumindest kurze Mitteilungen und Aktenvermerke an Mitarbeiter.

Da vielfach auf diese Weise für die Sachbearbeitung wichtige Inhalte weitergegeben werden, müssen Form und Inhalt dieser Schriftstücke dem jeweiligen Zweck entsprechen.

Aktenvermerke

In Vermerken werden wichtige Informationen behördenintern festgehalten. Angaben zum Sachverhalt, Rechtsansichten, Abreden, Auskünfte, kurzum alle für die Bearbeitung eines Vorgangs wichtigen Punkte werden schriftlich dokumentiert.

Sie werden häufig nach einem Gespräch formuliert oder auch aus dem Gedächtnis verfasst. Sie sind an keine formalen Vorschriften in der Gestaltung gebunden. Im Regelfall sind Aktenvermerke eigenständige Texte, die als Telefonvermerk, aber auch auf dem Geschäftsschreiben notiert werden.

Sie haben die Funktion,

- das Ergebnis eines Gesprächs, einer Prüfung kurz und protokollähnlich aktenkundig zu machen.
- einen Vorgang zusammenzufassen, um den Überblick zu erleichtern und anderen, die bei dem Gespräch nicht dabei waren, in knapper Form die Ereignisse mitzuteilen.
- (begründete) Bewertungen und Fakten festzuhalten.
- Grundlage und Information für weitere Bearbeitungen zu sein, z. B. als gutachterliche Stellungnahme in indirekter Rede.
- das eigene Handeln in der Sachbearbeitung abzusichern und dafür einen Beleg abzuliefern.

Jeder Aktenvermerk sollte auf folgende Fragen Antworten geben:

WER HAT MIT WEM
WANN
WO } **GESPROCHEN**
WORÜBER
WIE

Zu den Aktenvermerken/-notizen im weiteren Sinne zählen auch die Telefonnotizen, Gesprächs- und Besuchsnotizen oder Notizen über besuchte Veranstaltungen und Seminare. Der Aktenvermerk wird in diesem Fall in indirekter Rede verfasst. Vom Gespräch oder Telefonat werden nur die wesentlichen Fakten und/oder Äußerungen festgehalten.

Werden rechtliche Fragestellungen im Aktenvermerk festgehalten, wird grundsätzlich im Gutachtenstil formuliert.

Nach den folgenden Tipps sollten Sie Ihren Aktenvermerk anfertigen:

- Sammeln Sie Fakten und Ergebnisse und halten Sie sie fest.
- Formulieren Sie kurz und verständlich (Telegrammstil).
- Nutzen Sie sinnvolle Vordrucke.
- Stellen Sie den Inhalt objektiv und übersichtlich dar.

Aufbauschema eines Vermerkes

Fachbereich/ Amt
Geschäftszeichen

Datum
ggf. Uhrzeit

Vermerk
(ggf. Anlass, Gegenstand, Betreff oder Ähnliches)

Text

Unterschrift

3.6 Niederschriften sind förmliche Beweismittel

Im Gegensatz zum Aktenvermerk ist die Niederschrift ein förmliches Beweismittel, weil sie von allen Beteiligten unterschriftlich anerkannt wird. Zweckmäßig, sachangemessen und z. T. formal vorgeschrieben, hält sie als sogenannte Verhandlungsniederschrift mündliche Erklärungen von besonderer tatsächlicher und/oder rechtlicher Bedeutung fest. So können beispielsweise Widersprüche schriftlich oder mündlich zur Niederschrift eingelegt werden. Die Niederschrift enthält Ort und Datum der Vorsprache, Vor- und Zuname des Erklärenden sowie seine Anschrift, evtl. auch seine Geburtsdaten und einen Hinweis auf seine Legitimationsgrundlage. Niederschriften im Rahmen von Widersprüchen werden nach dem Wegfall des Widerspruchsverfahrens in unserem Bundesland nur noch in Ausnahmefällen anfallen.

Berufskolleg XX
Schulsekretariat
Schülerstammnummer: …

Datum: …

Niederschrift
Widerspruch gegen das Abschlusszeugnis im Bildungsgang Verwaltungsfachangestellte/-r vom …

Am 23. November 20.. um 10:00 Uhr erscheint Herr Peter Müller, wohnhaft in Neustadt, Neustädter Weg 8, geboren am … (volljährig) in …, hier persönlich bekannt, im Schulsekretariat und erklärt:

„…"

v. g. u. geschlossen

Unterschrift des Schülers Unterschrift des Schriftführers

Die Erklärungen der Beteiligten sind nicht wie beim Aktenvermerk in indirekter, sondern in direkter Rede wiederzugeben. Anschließend lesen Sie als Schriftführer dem Erklärenden die Niederschrift vor. Ist dieser damit einverstanden, setzen Sie wie in dem obigen Beispiel unter den Text die Abkürzung „v. g. u." (vorgelesen, genehmigt und unterschrieben). Danach unterschreiben Sie als Schriftführerin bzw. Schriftführer unter „geschlossen" und schließen so die Niederschrift ab.

3.7 Aktenverfügungen in Geschäftsvorgängen

Insbesondere unsere jüngeren, neuen Mitarbeiterinnen und Mitarbeiter haben der Textform „Aktenverfügung" ihre Aufmerksamkeit zu schenken. Sie stellt eine Anweisung dar, einen Vorgang (Geschäftsfall) sachlich in einer festgelegten Reihenfolge zu erledigen. Sie wird zur Hauptakte genommen. Soll ein bestimmtes Schreiben an den Bürger gerichtet werden, wird praxisgerecht die Durchschrift gleichzeitig zum Bestandteil der Aktenverfügung. Die Aktenverfügung kann mit dem oben dargestellten Aktenvermerk verbunden sein. Der Aktenvermerk würde die tatsächliche Situation zunächst darstellen, während am Ende der Aktenverfügung dazu eine sogenannte Schlussverfügung ergeht. Wer die Verfügungstechnik beherrscht, sorgt für eine effektive Bearbeitung des Vorgangs. Äußerlich ist die Verfügung an der Abkürzung „V" zu erkennen.

Die Aktenverfügung folgt in der Regel dem folgenden Aufbau:

- Fachbereich/Amt bzw. sonstige Organisationseinheit
- Akten-/Geschäftszeichen
- Ort und Datum
- Betreff (Sachgebiet, konkrete Situation)
- evtl. Bezüge
- Überschrift
- Inhalte: ggf. Aktenvermerk, Hauptverfügung(en), Schlussverfügung
- typische Schlussverfügungen (Auswahl): „zu den Akten" (zdA), „Wiedervorlage" (Wv), „zur Kenntnis" (zK), „zum Verbleib" (zV) oder „zur weiteren Veranlassung" (zwV)
- Namenszeichen

Wer unterzeichnungsberechtigt ist, unterschreibt direkt unter der Verfügung, alle übrigen, z. B. der Entwurfsverfasser, zeichnen rechts unterhalb der Aktenverfügung ab.

3.8 Bescheiden Sie bürgernah, formgerecht und rechtssicher

Der Bescheid kann als schriftliche Form eines Verwaltungsakts im Sinne der Verwaltungsverfahrensgesetze bezeichnet werden. Diese Verfahrensvorschriften enthalten formale Regelungen für das Erstellen von Bescheiden. Das Wort „Bescheid" taucht im Gesetz nicht auf.

Rechtliche Aspekte werden in diesem Leitfaden nicht aufgegriffen; sie können den einschlägigen Fachbüchern entnommen werden. Es fehlen auch Hinweise auf einzelne Bescheidtypen (z. B. Ausgangsbescheid, Widerspruchsbescheid, Abhilfebescheid usw.) sowie besondere Bekanntgabeformen. Eingehen möchte der Leitfaden auf Aufbau- und Sprachaspekte der Bescheiderstellung. Verweise auf einzelne Normen fehlen daher.

Fachlich und stilistisch überzeugende Bescheide zu erstellen, ist kompliziert, anspruchsvoll und bedarf der Übung. Wenn Sie als Sachbearbeiterin oder Sachbearbeiter einen Bescheid verfassen wollen, haben Sie nicht nur das formelle und materielle Recht, die Verwaltungspraxis und die Rechtsprechung zu beachten, sondern ebenso die Erwartungen des Bürgers sowie seine wirtschaftliche und soziale Situation.

Bescheide unterscheiden sich von herkömmlichen Geschäftsbriefen durch ihren hoheitlichen Charakter. Auch wenn Sie bürgerfreundlich formulieren, müssen Sie verbindlich und rechtssicher bleiben.

Das unpersönliche und distanzierte Amtsdeutsch sollten Sie jedoch vermeiden; es ist nicht mehr zeitgemäß. Zukünftig möchte sich die Stadt Neustadt in ihren Bescheiden noch bürgerfreundlicher und weiterhin klar und verbindlich in der Sache darstellen. Überprüfen Sie daher einmal erstellte „Muster", ob diese noch zeitgemäß und rechtlich haltbar sind.

Folgende Tipps und Hinweise möchte die Arbeitsgruppe Kommunikation zunächst allgemein geben:

- Lassen Sie deutlich erkennen, dass Sie fachlich versiert und in der Sache richtig entschieden haben.
- Sprechen Sie den Bürger persönlich mit seinem Namen an.
- Formulieren Sie einfach, verständlich und so kurz wie möglich.
- Gliedern Sie Ihren Bescheid klar und überschaubar.
- Geben Sie dem Tenor Ihres Bescheids einen eindeutigen und verständlichen Inhalt.
- Formulieren Sie im Urteilsstil.
- Befassen Sie sich mit den Argumenten, Einwänden und Hinweisen des Bürgers.
- Begründen Sie sorgsam und situationsbezogen (!) Ihre Argumentation und Entscheidung.
- Beschränken Sie sich immer auf das Wesentliche.

Es gelten selbstverständlich auch bei der Bescheiderstellung die Hinweise an anderer Stelle des Leitfadens zu den Themen Fachsprache, Behördendeutsch, DIN-Norm 5008 sowie Rechtschreibung.

3.8.1 Bauen Sie den Bescheid sachgerecht auf

Trotz aller Reformbemühungen hat sich der klassische Aufbau eines Bescheids im Interesse der Rechtssicherheit und Rechtsklarheit durchgesetzt. Er dient damit selbstverständlich auch den Interessen der Bürgerinnen und Bürger in unserer Stadt.

1. Briefkopf (Behörde, Aktenzeichen, Ort, Datum, Bearbeiter, Fachbereich usw.)
2. Besondere Zustellungsvermerke
3. Adressat
4. Betreff, Bezug, Anlage
5. Überschrift (z. B. Ordnungsverfügung)
6. Anrede
7. Entscheidungssatz (sogenannter „Tenor")
   a) Hauptregelung(en)
   b) Nebenbestimmung(en)
   c) ggf. Anordnung der sofortigen Vollziehung
   d) ggf. Zwangsmittelandrohung
   e) ggf. Kostenentscheidung
8. Begründungen
   a) Sachverhaltsdarstellung (tatsächliche Gründe)
   b) Rechtliche Gründe (zu jedem Tenorteil 7 a – e)
   c) ggf. Begründungen zu Ermessensentscheidungen und Verhältnismäßigkeitserwägungen
9. Rechtsbehelfsbelehrung (auch ergänzende Hinweise, z. B. zu Tenor 7 c, Wiederherstellung der aufschiebenden Wirkung)
10. Grußformel
    im Auftrag (i. A.)/in Vertretung (i. V.)
    Unterschrift/Unterzeichnung
    Name in Maschinenschrift

3.8.2 Wie wir verständlicher werden

Die Amtssprache ist deutsch. So weisen es die Verfahrensbestimmungen der Verwaltungsgesetze aus. Doch nur was beim Bürger, dem Empfänger unserer Nachrichten, tatsächlich „ankommt", ist inhaltlich verständlich und damit kundenorientiert mitgeteilt. Die rechtliche Wirkung eines Bescheids könnte sich auch ohne diese Verständlichkeit entfalten. Akzeptanz fände ein derartiger Verwaltungsakt allerdings nicht.

Allgemein haben sich vier Merkmale für verständliche Texte herausgebildet. Diese Merkmale gehen zurück auf Reinhard Tausch, Inghard Langer und Friedemann Schulz von Thun („Hamburger Verständlichkeitsansatz") und sind im Rahmen eines Forschungsprojekts zum Thema Textverständlichkeit in den 1970er-Jahren im deutschsprachigen Raum entwickelt worden.

Schulz von Thun nennt diese Merkmale „Verständlichmacher" (Friedemann Schulz von Thun, Miteinander reden 1, Störungen und Klärungen, Reinbek bei Hamburg, Oktober 1981, S. 141). „Sie heißen (im Einzelnen, d. Verf.): Einfachheit, Gliederung – Ordnung, Kürze – Prägnanz und zusätzliche Stimulanz (ebd.)."

Bürgerinnen und Bürgern müssen unsere benutzten Wörter geläufig sein. Der Satzbau soll kurz und nicht verschachtelt sein. Unbekannte Abkürzungen, unerklärte Fach- oder Fremdwörter und „Bandwurmsätze" bewirken das Gegenteil und machen einen Text kompliziert (vgl. Schulz von Thun, a. a. O., S. 143).

Unsere Gedanken müssen folgerichtig und übersichtlich niedergelegt werden. Es bietet sich ein festes Gerüst an, dem Sie als Sachbearbeiter immer folgen sollten (vgl. Punkt 3.7.1). So bleibt der berühmte rote Faden erhalten. Durch klare Absatzbildung wird ein Text äußerlich übersichtlich. Wesentliche Punkte dürfen hervorgehoben werden, z. B. durch Fettdruck oder seitliches Ausrücken von Textteilen (vgl. Schulz von Thun, a. a. O., S. 144).

Beschränken Sie sich auf das Wesentliche, bleiben Sie knapp. „Viel Informationen mit wenig Worten, kurz und bündig, aufs Wesentliche beschränkt", so lautet die Empfehlung des Experten (vgl. Schulz von Thun, a. a. O., S. 145).

Stimulierend (anregend) kann ein Text durch verschiedene Stilmittel werden. Durch direkte Anrede, lebensnahe Beispiele und Vergleiche oder Fragesätze werden unsere Texte möglicherweise mit sehr viel mehr Interesse gelesen als bisher. Sie wirken persönlicher und nicht langweilig (vgl. Schulz von Thun, a. a. O., S. 147).

Ein belastender Verwaltungsakt wird durch die „Verständlichmacher" in seiner rechtlichen Wirkung nicht verbessert. Aber Respekt gegenüber den Bürgerinnen und Bürgern und das erkennbare Bemühen um verständliche Verwaltungstexte hinterlassen unter Umständen einsichtigere und verständnisvollere Textempfänger.

3.8.3 Neue Bescheide in Neustadt

Die Bürgerinnen und Bürger unserer Stadt möchten das Wesentliche eines Bescheids schnell erkennen können. Nach den Erfahrungen in unseren Umfragen und in unserer Schreibwerkstatt möchte sich niemand beim Erfassen eines Textes „quälen".

Die Textabsicht muss im Betreff kurz und treffend genannt und damit deutlich werden.

Ein gegliederter Text, logisch und gedanklich folgerichtig, wird nachvollziehbar. Gleichzeitig erleichtert eine gute Struktur das Lesen des Textes; er wird nicht vorzeitig aus der Hand gelegt.

Im nachfolgenden Beispiel werden einzelnen Abschnitten Überschriften oder einleitende Fragen vorangestellt. Wichtige Daten werden aufgelistet und „verschwinden" nicht in einem Fließtext. Wesentliche Aussagen werden durch Fettdruck hervorgehoben.

Insgesamt werden wichtige Informationen durch diese Gestaltung zügig und sicher beim Leser ankommen.

Stadt Neustadt
Der Bürgermeister

Stadt Neustadt · Postfach · 49999 Neustadt

Ihre Nachricht/Ihr Zeichen:

Postzustellungsauftrag
Herrn
Franz Buttenschön
Neustädter Weg 23 a
49999 Neustadt

Geschäftszeichen: AZ: 30 3231-/0044
Fachbereich/Dienststelle: Finanzen
Gebäude/Zimmer: Rathausplatz 1, Zimmer 17
Bearbeiter/-in: Herr Wirtz
Telefon: 02999 177- 2425
Telefax: 02999 177- 166
E-Mail: Wirtz@stadtneu-wvd.de

Datum: 15. Oktober 2012

Ratenzahlung; Ihr Antrag vom 13. Juli 2012 – Stundungsbescheid

Sehr geehrter Herr Buttenschön,

ich gewähre Ihnen Ratenzahlung für den Abgabenbescheid vom 30. April 2012 nach den Vorschriften der … . Zinsen erhebe ich ausnahmsweise nicht. Die Ratenzahlung kann ich jederzeit widerrufen.

Was müssen Sie nun bei der Zahlung beachten?

Zahlen Sie bitte Ihre Raten mit den folgenden Angaben und überweisen Sie die Beträge pünktlich an die Stadtkasse Neustadt:

Kassenzeichen:		30 3231-/0044
mtl. Raten:	X	Euro, zu zahlen **am** TT.MM.2012 und **am** TT.MM.2012
Restbetrag:	X	Euro, zu zahlen **am** TT.MM.2012

Änderungen in Ihren wirtschaftlichen Verhältnissen müssen Sie mir mitteilen!

Meine Entscheidung, Ihnen die Zahlung des Abgabenbescheides zu erleichtern, geht von Ihren jetzigen wirtschaftlichen und persönlichen Verhältnissen aus. Sollten sich diese ändern, müssen Sie mir dies unverzüglich mitteilen. Wenn Sie hier unsicher sind oder Zweifel haben, fragen Sie bitte unbedingt bei mir nach.

Wichtiger Hinweis: Was geschieht, wenn Sie nicht pünktlich zahlen?

Falls Sie verspätet zahlen, müssen Sie den gesamten Restbetrag in einer Summe zahlen. Verspätet sind Sie dann, wenn Sie die Zahlungsfristen um mehr als eine Woche überschreiten, ohne mir dies näher zu begründen.

Ihre Rechte

Gegen diesen Bescheid kann innerhalb eines Monats nach Zustellung Klage erhoben werden.
Die Klage ist bei dem Verwaltungsgericht in 49875 Neuburg, Bahnhofsvorplatz 4, schriftlich einzureichen oder zur Niederschrift des Urkundsbeamten der Geschäftsstelle zu erklären. Wird die Klage schriftlich erhoben, so empfiehlt es sich, ihr zwei Abschriften beizufügen.

Falls die Frist durch das Verschulden eines von Ihnen Bevollmächtigten versäumt werden sollte, so würde dessen Verschulden Ihnen zugerechnet werden.

Mit freundlichen Grüßen

i. A. Wirtz

Wirtz

Bankverbindung der Stadtkasse Neustadt:
Neustädter Sparkasse, BLZ 999 500 01, Konto 0 415 920 301,
IBAN DE99 9995 0001 0415 9203 01

Besuchszeiten
Montag, Dienstag, Mittwoch: 08:00 – 12:30 Uhr, 14:00 – 17:00 Uhr,
Donnerstag: 08:00 – 12:30 Uhr, 14:00 – 20:00 Uhr, Freitag: 08:00 – 12:30 Uhr

Internet
www.stadtneu-wvd.de

4. Zu guter Letzt – schmunzeln Sie

Und wenn sie nicht gestorben sind …

Rotkäppchen und der Wolf

Version für Verwaltungsmitarbeiter der Stadt Neustadt

Im Kinderfall unserer Stadtgemeinde ist eine hierorts wohnhafte, noch unbeschulte Minderjährige aktenkundig, welche durch ihre unübliche Kopfbekleidung gewohnheitsrechtlich Rotkäppchen genannt zu werden pflegt.

Der Mutter besagter R. wurde seitens ihrer Mutter ein Schreiben zustellig gemacht, in welchem dieselbe Mitteilung ihrer Krankheit und Pflegebedürftigkeit machte und um Zustellung einer Sendung von Nahrungs- und Genussmitteln zu Genesungszwecken bat. Vor ihrer Inmarschsetzung wurde die R. seitens ihrer Mutter über das Verbot betreffs des Verlassens der Waldwege auf Kreisebene unterrichtet. Dieselbe machte sich jedoch infolge von gravierender Nichtbeachtung dieser Vorschrift straffällig und begegnete sodann beim zusätzlichen Übertreten des amtlichen Blumenpflückverbots einem polizeilich nicht gemeldeten Wolfe ohne festen Wohnsitz. Dieser verlangte in gesetzwidriger Amtsanmaßung Einsicht in das zu Transportzwecken von Konsumgütern dienende Korbbehältnis, welches die R. mitführte, und traf in Tötungsabsicht die Feststellung, dass die R. zu ihrer verschwägerten und verwandten, im Baumbestand angemieteten Großmutter eilend war.

Da seitens des Wolfes eine Knappheit an Nahrungsmitteln vorlag, fasste dieser den Entschluss, bei der Großmutter der R. unter Vorlage falscher Papiere vorstellig zu werden. Weil dieselbe wegen eines Augenleidens krankgeschrieben war, gelang dem in Fressvorbereitung Befindlichen die diesfallsige Täuschungsabsicht zur Durchführung zu bringen, wobei es zu einem strafbaren Mundraub kam. Ferner täuschte das Tier bei der später eintreffenden R. seine Identität mit der Großmutter vor, stellte dieser nach und in der Folge durch Zweitverschlingung der R. seinen Tötungsvorsatz unter Beweis.

Der sich auf einem Dienstgang befindliche und für das örtliche Forstwesen zuständige Waldbeamte B. vernahm Schnarchgeräusche und stellte deren Urheberschaft seitens des Maules des polizeilich nicht gemeldeten Tieres fest. Er reichte bei seiner vorgesetzten Dienststelle ein Tötungsgesuch ein, das dortens zuschlägig beschieden und pro Schuss bezuschusst wurde. Nach Beschaffung einer Pulverschießvorrichtung zu Jagdzwecken gab er in wahrgenommener Einflussnahme auf das Raubwesen einen Schuss ab. Dieses wurde in Fortführung der Raubtiervernichtungskartei auf Kreisebene nach Empfangnahme des Geschosses ablebig. Die gespreizte Beinhaltung des Totgutes weckte in dem Schussgeber die Vermutung, dass der Leichnam Menschenmaterial beinhalte. Zwecks diesbezüglicher Feststellung öffnete er unter Zuhilfenahme eines Messers den Kadaver zur Totvermarktung und stieß hierbei auf die noch lebhafte R. nebst anliegender Großmutter.

Durch die unverhoffte Wiedererlangung der Freiheit bemächtigte sich der beiden Personen ein gesteigertes, amtlich nicht zulässiges Lebensgefühl, dem sie durch groben Unfug, öffentliches Ärgernis erregenden Lärm und Nichtbeachtung anderer Polizeiverordnungen Ausdruck verliehen, was ihre Haftpflichtigmachung zur Folge hatte.

Der Vorfall wurde von den kulturschaffenden Gebrüdern Grimm zu Protokoll genommen und starkbekinderten Familien in Märchenform zustellig gemacht.

Wenn die Beteiligten nicht durch Hinscheid abgegangen und in Fortfall gekommen sind, sind dieselben derzeitig noch lebhaft und vernehmungsfähig …

(Quelle: Thaddäus Troll (Künstlername), in: Das große Thaddäus-Troll-Lesebuch, Hamburg 1981)

Produktplan der Stadt Neustadt (gekürzte Darstellung)

Produktbereiche		Produktgruppen[1]		Produkte[1]	
01	Innere Verwaltung	01	Politische Gremien	01	Rat und Ausschüsse
				02	Fraktionen
		02	Verwaltungsführung	01	Entwicklung von Konzepten und Rahmenregelungen
		03	Gleichstellung von Frau und Mann	01	Gleichstellung von Frau und Mann
		04	Beschäftigtenvertretung	01	Personalrat
				02	Vertretung der Schwerbehinderten
		05	Rechnungsprüfung	01	Gesetzlich vorgeschriebene und übertragene Prüfungen
		06	Zentrale Dienste	01	Druckerei
				02	Postdienst
				04	Fuhrpark
				05	Bau- und Betriebshof
		07	Presse- und Öffentlichkeitsarbeit	01	Pressebetreuung
				02	Amtliche Veröffentlichungen
				03	Internet-Präsentation
		08	Personalmanagement	01	Personalplanung
				02	Personalentwicklung
				03	Personalbetreuung
				06	Arbeitssicherheit/Gesundheitsschutz
		09	Finanzmanagement und Rechnungswesen	01	Haushaltsplanung
				02	Vermögens- und Schuldenverwaltung
				03	Geschäftsbuchführung
				04	Zahlungsabwicklung
				06	Kosten- und Leistungsrechnung
				07	Haushaltscontrolling
		10	Organisation und Datenverarbeitung	01	Organisation
				02	Datenverarbeitung
		11	Recht	01	Rechtsangelegenheiten
		12	Immobilienmanagement	01	Reinigungsdienste
				02	Kantine
				03	Hausverwaltung
				04	Gebäudeinstandhaltung
				05	Liegenschaftsverwaltung
02	Sicherheit und Ordnung	01	Allgemeine Sicherheit und Ordnung	01	Allgemeine Gefahrenabwehr
				04	Fundangelegenheiten
				05	Ermittlungs- und Vollzugsmaßnahmen
		02	Gewerbewesen	01	Führen des Gewerberegisters
				02	Gaststättenangelegenheiten

Produktplan der Stadt Neustadt (gekürzte Darstellung)

Produktbereiche		Produktgruppen[1]		Produkte[1]	
				03	Überwachung von sonstigen Gewerbebetrieben und Veranstaltungen
				06	Märkte
		05	Tierseuchenbekämpfung	01	Tierseuchenbekämpfung
		07	Verkehrsangelegenheiten	01	Verkehrsregelung und -lenkung
		10	Einwohnerangelegenheiten	01	Meldeangelegenheiten
		11	Personenstandswesen	01	Eheschließung/Eintragung von Lebenspartnerschaften
		15	Gefahrenabwehr	01	Brandbekämpfung
				02	Technische Hilfeleistung
		16	Gefahrenvorbeugung	02	Brandsicherheitsschauen
03	Schulträgeraufgaben	01	Bereitstellung schulischer Einrichtungen	01	Grundschule
				02	Hauptschule
				03	Realschule
				04	Gymnasium
				05	Gesamtschule
				06	Sonderschule
		02	Zentrale schulbezogene Leistungen	02	Schulpsychologie
				03	Schülerbeförderung
				02	Schullandheim
04	Kultur und Wissenschaft	01	Kommunale Veranstaltungen	01	Kommunale Veranstaltungen
		04	Musikschule	01	Kursangebot
				02	Veranstaltungen
		05	Bibliothek	01	Medien und Information
		07	Museum	01	Ausstellungen
		08	Volkshochschule	01	Kursangebot
		09	Theater [2]		
05	Soziale Leistungen	02	Hilfe zum Lebensunterhalt (3. Kapitel SGB XII)	01	einmalige Leistungen
				02	Laufende Leistungen
		03	Grundsicherung im Alter und bei Erwerbsminderung (4. Kapitel SGB XII)	01	Leistungen der Grundsicherung
06	Kinder-, Jugend- und Familienhilfe	01	Förderung von Kindern in Tagesbetreuung	01	Tageseinrichtungen
				02	Tagespflege
		04	Sonstige Leistungen der Kinder-, Jugend- und Familienhilfe	05	Amtsvormundschaften
				08	Familiengerichtshilfe und Jugendgerichtshilfe
07	Gesundheitsdienste	02	Rettungsdienst	01	Notfallrettung
				02	Krankentransport

Produktbereiche		Produktgruppen[1]		Produkte[1]	
08	Sportförderung	01	Bereitstellung und Betrieb von Sportanlagen	01	Turn- und Sporthallen
		02	Sportförderung	01	Schulsportförderung
				02	Vereine und Verbände
				03	Eigene Veranstaltungen
		03	Sport- und Freizeitbetrieb [2]		
09	Räumliche Planung und Entwicklung, Geoinformationen	01	Räumliche Planung	01	Landes-, Regional- und Raumordnung, Stadtumlandplanung
				02	Flächennutzungsplan
				03	Bebauungspläne
		02	Räumliche Entwicklung	01	Städtebauliche Sanierung und Entwicklung
				02	Städtebauliche Sonderprogramme
				03	Städtebauliche Verträge
				04	Finanzierung von Erschließungsmaßnahmen
10	Bauen und Wohnen	01	Maßnahmen der Bauaufsicht	01	Genehmigungsverfahren
				02	Bauüberwachung und Überprüfung
				03	Stellungnahmen
		02	Baubehördliche Beratung und Information	01	Beratung und Information
		03	Denkmalschutz u. Denkmalpflege	01	Denkmalschutz
				02	Denkmalpflege
11	Ver- und Entsorgung	01	Wasserwerk Neustadt [2]		
		02	Entsorgungsbetrieb Neustadt [2]		
12	Verkehrsflächen und -anlagen	01	Öffentliche Verkehrsflächen	01	Straßenkataster
				02	Neubau von Straßen
				03	Unterhaltung von Straßen
				04	Neubau von Brücken und Tunneln
				05	Unterhaltung von Brücken und Tunneln
				06	Geh- und Radwege
				07	Parkplätze/Parkhäuser
		05	Straßenreinigung und Winterdienst	01	Reinigung von Wegen und Flächen
				02	Winterdienst
13	Natur- und Landschaftspflege	01	Öffentliches Grün	01	Parkanlagen
		02	Natur und Landschaft	02	Baumschutz
		06	Friedhöfe	01	Nutzungsrecht Grabstätten
				02	Bestattung
14	Umweltschutz	01	Umweltinformation und -koordination	01	Koordination von Maßnahmen bei unvorhergesehenen Umweltbeeinträchtigungen
				02	Öko-Audit

Produktplan der Stadt Neustadt (gekürzte Darstellung)

Produktbereiche		Produktgruppen[1]		Produkte[1]	
				03	Umwelt-Beratung
		03	Umweltvorsorge	01	Umweltverträglichkeitsprüfung
				02	Schutz vor Schadstoffen in Gebäuden
		04	Luft, Lärm	01	Luftreinhaltung
				03	Lärmschutz
15	Wirtschaft und Tourismus	01	Wirtschaftsförderung	01	Bestandspflege und -entwicklung
				05	Beschäftigungssicherung und -entwicklung
				06	Existenzgründungsförderung und -hilfen
		02	Tourismus	01	Touristische Öffentlichkeitsarbeit
				02	Betreuung von Besuchern
16	Allgemeine Finanzwirtschaft	01	Steuern	01	Grundsteuer
		02	Zuweisungen	01	Schlüsselzuweisungen
17	Stiftungen	01	Nicht rechtsfähige Stiftungen	01	Neustädter Kulturstiftung

1 In diesem Produktplan sind die 17 Produktbereiche vollständig aufgeführt; bei den Produktgruppen und Produkten sind nur einige typische Beispiele genannt. Zu einem vollständigen Produktplan gehören außerdem Produktbeschreibungen, die eine eindeutige Zuordnung konkreter Leistungen gewährleisten.

2 Die Erfassung der Eigenbetriebe bei den Produktgruppen dient der Einbeziehung der Netto-Ergebnisse (Gewinn, Verlust) in die Haushaltswirtschaft der Stadt Neustadt. Für die Eigenbetriebe wie auch für die Eigengesellschaften bestehen jedoch spezielle Produktpläne.

5740706

Sachwortverzeichnis

B

5740714

W

Bildquellenverzeichnis

adpic Bildagentur, Bonn: 569.1 (M. Schlutter), 569.2 (S. Ugurlu), 569.3 (S. Werner-Ney);
akg-images GmbH, Berlin: 149, 210.4 (CDA/Guillemot);
Baaske Cartoons, Müllheim: 647 (Mester), 661 (Plaßmann);
Bergmoser + Höller Verlag AG, Aachen: 76, 320, 323, 511, 516, 621, 634.3, 639, 646;
Bildarchiv Preußischer Kulturbesitz, Berlin: 606.2;
Bildmaschine.de, Berlin: 187.2 (Erwin Wodicka);
Bundesamt für Sicherheit in der Informationstechnik, Berlin: 231.2;
Bundesrat, Berlin: 52 (EYES-OPEN), 54 (Peter Wilke);
CCC/www.c5.net, Pfaffenhofen: 635.1 (Luff), 650, 665 (Mester), 670 (Liebermann);
Christlicher Gewerkschaftsbund Deutschlands (CGB), Berlin: 634.2;
Corbis, Düsseldorf: 630 (© Hulton-Deutsch Collection);
dbb - dbb beamtenbund und tarifunion, Berlin: 634.1;
Deutsche Bank AG, Frankfurt: 225.1;
Deutsche Postbank AG, Bonn: 232;
Deutscher Sparkassen Verlag GmbH, Stuttgart: 225, 227, 228;
die bildstelle, Hamburg: 210.2 (McPhoto);
Filser, Wolfgang , Augsburg: 210.5;
fotolia.com, New York: 210.1 (© Eric Isselée);
Fotolia, Zlatan Durakovic: 561
Helga Lade Fotoagentur GmbH, Frankfurt/Main: 210.3;
ING DiBa AG, Frankfurt: 225.2;
Meissner Cartoons, Köln: 601;
Picture-Alliance, Frankfurt/M.: 224.2 (K. Lenz), 539 (Johannes Eisele), 602 (Rohwedder);
dpa-Infografik/Picture-Alliance, Frankfurt/M.: 36, 51, 80, 339, 348, 351, 354, 356, 358, 359, 519, 523, 524, 536, 540, 556, 558, 559, 609, 611, 612, 613, 614, 633, 635.2, 638, 645, 648, 651, 654, 660, 667;
Potente, Jan, Stuttgart: 187.1;
Schmidt, Roger, Brunsbüttel: 629, 644, 652;
SERVODATA GmbH, Frankfurt am Main: 231.1;
Stills-Online Bildagentur, Hamburg: 233;
SV-Bilderdienst, München: 631;
TOONCAFE, Berlin: 632;
ullstein bild, Berlin: 600, 606.1 (Archiv Gerstenberg);

Übrige Infografiken:
Claudia Hild, Grafikdesign, Angelburg;
Daniela Ringhut, Mediengestaltung, Dreieich

Trotz intensiver Nachforschungen ist es uns in manchen Fällen nicht gelungen, die Rechteinhaber zu ermitteln. Wir bitten diese, sich mit dem Verlag in Verbindung zu setzen.

5740720